Großkommentare der Praxis

W DE G
RECHT

# Strafgesetzbuch

## Leipziger Kommentar

**Großkommentar**

**12., neu bearbeitete Auflage**

herausgegeben von

Heinrich Wilhelm Laufhütte
Ruth Rissing-van Saan
Klaus Tiedemann

**Neunter Band**

§§ 263 bis 283d

**2. Teilband**

§§ 267 bis 283d

Bearbeiter:

§§ 267–282: Frank Zieschang
§§ 283–283d: Klaus Tiedemann

RECHT

**De Gruyter Recht · Berlin**

Stand der Bearbeitung: April 2009

Redaktor: Klaus Tiedemann
Sachregister: Friederike Gerber

ISBN 978-3-89949-697-0

*Bibliografische Information der Deutschen Nationalbibliothek*

Die Deutsche Nationalbibliothek verzeichnet diese Publikation in der Deutschen Nationalbibliografie; detaillierte bibliografische Daten sind im Internet über http://dnb.d-nb.de abrufbar.



Datenkonvertierung/Satz: WERKSATZ Schmidt & Schulz, 06773 Gräfenhainichen
Druck und Bindung: Bercker Graphischer Betrieb GmbH, 47614 Kevelaer
Printed in Germany

# Verzeichnis der Bearbeiter der 12. Auflage

Dr. **Dietlinde Albrecht**, Referentin im Innenministerium des Landes Mecklenburg-Vorpommern, Schwerin

**Gerhard Altvater**, Bundesanwalt beim Bundesgerichtshof, Karlsruhe

Dr. **Georg Bauer**, Oberstaatsanwalt beim Bundesgerichtshof, Karlsruhe

Dr. **Gerhard Dannecker**, Universitätsprofessor an der Ruprecht-Karls-Universität Heidelberg

Dr. **Karlhans Dippel**, Vorsitzender Richter am Oberlandesgericht a.D., Kronberg i.Ts.

Dr. **Robert Esser**, Universitätsprofessor an der Universität Passau

Dr. **Klaus Geppert**, Universitätsprofessor an der Freien Universität Berlin

Dr. **Ferdinand Gillmeister**, Rechtsanwalt, Freiburg

**Duscha Gmel**, Oberstaatsanwältin beim Bundesgerichtshof, Karlsruhe

**Michael Grotz**, Bundesanwalt beim Bundesgerichtshof, a.D., Nationales Mitglied von Eurojust, Den Haag

Dr. **Georg-Friedrich Güntge**, Oberstaatsanwalt bei der Generalstaatsanwaltschaft in Schleswig

**Joachim Häger** (†), Richter am Bundesgerichtshof, Karlsruhe

Dr. **Ernst-Walter Hanack**, em. Universitätsprofessor an der Johannes-Gutenberg-Universität Mainz

Dr. Dr. **Eric Hilgendorf**, Universitätsprofessor an der Julius-Maximilians-Universität Würzburg

Dr. Dr. h.c. **Thomas Hillenkamp**, Universitätsprofessor an der Ruprecht-Karls-Universität Heidelberg

Dr. **Tatjana Hörnle**, Universitätsprofessorin an der Ruhr-Universität Bochum

Dr. **Kristian Hohn**, Wissenschaftlicher Assistent an der Bucerius Law School Hamburg

Dr. **Jutta Hubrach**, Richterin am Oberlandesgericht Düsseldorf

Dr. **Florian Jeßberger**, Universitätsprofessor an der Humboldt-Universität zu Berlin

**Stefan Kirsch**, Rechtsanwalt in Frankfurt am Main

Dr. **Peter König**, Richter am Bundesgerichtshof, Karlsruhe und Honorarprofessor an der Ludwig-Maximilians-Universität München

**Juliane Krause**, Staatsanwältin als Gruppenleiterin bei der Staatsanwaltschaft Hof

Dr. **Matthias Krauß**, Oberstaatsanwalt beim Bundesgerichtshof, Karlsruhe

Dr. **Christoph Krehl**, Oberstaatsanwalt beim Bundesgerichtshof, Karlsruhe

**Perdita Kröger**, Regierungsdirektorin im Bundesministerium der Justiz, Berlin

**Annette Kuschel**, Richterin am Landgericht Hamburg

**Heinrich Wilhelm Laufhütte**, Vorsitzender Richter am Bundesgerichtshof a.D., Berlin

Dr. **Hans Lilie**, Universitätsprofessor an der Martin Luther-Universität Halle-Wittenberg

Dr. **Manfred Möhrenschlager**, Ministerialrat a.D., Bonn

Dr. **Jens Peglau**, Richter am Oberlandesgericht, Hamm

Dr. **Ruth Rissing-van Saan**, Vorsitzende Richterin am Bundesgerichtshof, Karlsruhe

Dr. **Thomas Rönnau**, Universitätsprofessor an der Bucerius Law School Hamburg

**Ellen Roggenbuck**, Richterin am Bundesgerichtshof, Karlsruhe
Dr. **Henning Rosenau**, Universitätsprofessor an der Universität Augsburg
Dr. **Wolfgang Ruß**, Vorsitzender Richter am Bundesgerichtshof a.D., Karlsruhe
**Wilhelm Schluckebier**, Richter am Bundesverfassungsgericht, Karlsruhe
**Johann Schmid**, Oberstaatsanwalt beim Bundesgerichtshof, Karlsruhe
Dr. **Wilhelm Schmidt**, Bundesanwalt beim Bundesgerichtshof, Karlsruhe
Dr. **Hendrik Schneider**, Universitätsprofessor an der Universität Leipzig
Dr. **Heinz Schöch**, Universitätsprofessor an der Ludwig-Maximilians-Universität München
Dr. Dr. h.c. **Friedrich-Christian Schroeder**, em. Universitätsprofessor an der Universität Regensburg
Dr. Dr. h.c. mult. **Bernd Schünemann**, Universitätsprofessor an der Ludwig-Maximilians-Universität München
Dr. **Christoph Sowada**, Universitätsprofessor an der Universität Rostock
**Werner Theune**, Richter am Bundesgerichtshof a.D., Karlsruhe
Dr. Dr. h.c. mult. **Klaus Tiedemann**, em. Universitätsprofessor an der Albert-Ludwigs-Universität Freiburg
Dr. **Brian Valerius**, Wissenschaftlicher Mitarbeiter an der Julius-Maximilians-Universität Würzburg
Dr. **Joachim Vogel**, Richter am Oberlandesgericht Stuttgart, Universitätsprofessor an der Eberhard-Karls-Universität Tübingen
Dr. Dr. **Thomas Vormbaum**, Universitätsprofessor an der Fern-Universität Hagen
Dr. **Tonio Walter**, Universitätsprofessor an der Universität Regensburg
Dr. **Thomas Weigend**, Universitätsprofessor an der Universität zu Köln
Dr. **Gerhard Werle**, Universitätsprofessor an der Humboldt-Universität zu Berlin
**Hagen Wolff**, Vorsitzender Richter am Oberlandesgericht a.D., Celle
Dr. **Frank Zieschang**, Universitätsprofessor an der Julius-Maximilians-Universität Würzburg

# Vorwort

Der zweite Teilband von Band 9 enthält die Erläuterungen des 23. und des 24. Abschnitts des Strafgesetzbuchs.

Die *Urkundenstraftatbestände* sind seit langem ein zentrales Betätigungsfeld der Rechtsprechung. Ihr steht die nunmehr vorgelegte Kommentierung kritischer gegenüber als die Vorauflagen. Einzuarbeiten waren aber vor allem die zahlreichen Neuerungen, die sich aus der rasanten Fortentwicklung der Technik, insbesondere der Computerisierung von Wirtschaft, Verwaltung und Rechtspflege ergeben. Frank *Zieschang* hat die Erläuterungen von Günter *Gribbohm* übernommen, dem Herausgeber und Verlag herzlich danken; sein reiches Kompilations- und Systematisierungswerk wirkt in der Neukommentierung fort.

Die *Insolvenzstrafbestände* sind zwar formal seit dem 1. Gesetz zur Bekämpfung der Wirtschaftskriminalität von 1976 kaum verändert, inhaltlich aber durch die – bereits mehrfach geänderte – Insolvenzordnung von 1999 durchgehend neu gestaltet worden, wobei der Rechtsanwender vor besonderen Schwierigkeiten steht, da bei der Reform des Insolvenzrechts deren Auswirkungen auf das Strafrecht kaum Beachtung gefunden haben. Selbst zentrale Begriffe wie die Überschuldung und die Zahlungsunfähigkeit sind in der höchstrichterlichen Strafrechtsprechung ebenso wenig geklärt wie die von der Praxis bisher nicht angenommene Generalklausel des § 283 Abs. 1 Nr. 8 StGB. Zahlreiche wissenschaftliche Veröffentlichungen, die hier ausgewertet wurden, bereiten eine gesicherte Auslegung vor. Insgesamt ist die Neubearbeitung der §§ 283 ff von besonderer Aktualität, wird doch die anhaltende Finanz- und Wirtschaftskrise in diesem Jahr zu einem drastischen Anstieg der Unternehmensinsolvenzen führen – auch wenn der Gesetzgeber den Überschuldungstatbestand durch das Finanzmarktstabilisierungsgesetz vom 17.10.2008, ein typisches Zeitgesetz, gleichsam ausgesetzt hat (dazu *Tiedemann* Rdn. 161a Vor § 283).

Auch dieser Teilband trägt der zunehmenden Globalisierung und Harmonisierung der Wirtschaftsordnungen Rechnung – bei den Urkundendelikten vor allem durch Einbeziehung EU-rechtlicher Sachverhalte und durch Hinweise auf benachbarte Strafrechtsordnungen, bei den Insolvenzdelikten durch Behandlung der Probleme grenzüberschreitender Konzerninsolvenzen und so genannter Scheinauslandsgesellschaften (Limited, SARL usw.) sowie ausführliche Darstellung des Insolvenzstrafrechts in den wichtigsten Mitgliedstaaten der EU und in den USA.

Die hiermit vorgelegten Kommentierungen befinden sich auf dem Stand von April 2009. In die Druckfahnen eingearbeitet werden konnten noch das Gesetz zur Modernisierung des Bilanzrechts (BilMoG) vom 25.5.2009 (BGBl. 1102 ff) und der bisher unveröffentlichte Beschluss BGH 3 StR 372/08 vom 10.2.2009, in dem der 3. Strafsenat seine Absicht mitteilt, an der (in diesem Kommentar seit der 10. Auflage kritisierten) „Interessenformel“ bei der Abgrenzung der Insolvenzdelikte von den Vermögensstraftaten nicht mehr festzuhalten und so den §§ 283 ff StGB für Handelsgesellschaften (§ 14 StGB) einen sachgerechten Anwendungsbereich zu eröffnen.

Freiburg im Breisgau, Mai 2009 *Klaus Tiedemann*

# Inhaltsübersicht



## ERLÄUTERUNGEN

## BESONDERER TEIL

### Dreiundzwanzigster Abschnitt
### Urkundenfälschung



### Vierundzwanzigster Abschnitt
### Insolvenzstraftaten

# Abkürzungsverzeichnis

| | |
|---|---|
| AA | Auswärtiges Amt |
| **aA** | anderer Ansicht |
| aaO | am angegebenen Ort |
| AbfG | Gesetz über die Vermeidung und Entsorgung von Abfällen (Abfallgesetz) |
| AbfVerbrG | Gesetz über die Überwachung und Kontrolle der grenzüberschreitenden Verbringung von Abfällen (Abfallverbringungsgesetz) |
| Abg. | Abgeordneter |
| AbgO | Reichsabgabenordnung |
| abgedr. | abgedruckt |
| Abk. | Abkommen |
| **abl.** | ablehnend |
| ABl. | Amtsblatt |
| AblEU | Amtsblatt der Europäischen Union (ab 2003); Ausgabe C: Mitteilungen und Bekanntmachungen; Ausgabe L: Rechtsvorschriften |
| AblKR | Amtsblatt des Kontrollrats |
| Abs. | Absatz |
| Abschn. | Abschnitt |
| abw. | abweichend |
| AbwAG | Abwasserabgabengesetz |
| AcP | Archiv für civilistische Praxis (zit. nach Band u. Seite) |
| AdVermiG | Gesetz über die Vermittlung der Annahme als Kind und über das Verbot der Vermittlung von Ersatzmüttern (Adoptionsvermittlungsgesetz) |
| AE | Alternativ-Entwurf eines StGB, 1966 ff |
| a.E. | am Ende |
| ÄndG | Änderungsgesetz |
| ÄndVO | Änderungsverordnung |
| Anh | Anhang |
| a.F. | alte Fassung |
| AFG | Arbeitsförderungsgesetz |
| AfP | Archiv für Presserecht |
| AG | Amtsgericht; in Verbindung mit einem Gesetz: Ausführungsgesetz |
| AGBG/AGB-Gesetz | Gesetz zur Regelung des Rechts der Allgemeinen Geschäftsbedingungen |
| AHK | Alliierte Hohe Kommission |
| AktG | Gesetz über Aktiengesellschaften und Kommanditgesellschaften auf Aktien (Aktiengesetz) |
| AktO | Anweisung für die Verwaltung des Schriftguts bei den Geschäftsstellen der Gerichte und der Staatsanwaltschaften (Aktenordnung) |
| allg. | allgemein |
| allg. M. | allgemeine Meinung |
| Alt. | Alternative |
| **aM** | anderer Meinung |
| A&M | Arzneitmittel und Recht (Zeitschrift für Arzneimittel und Arzneimittelpolitik) |
| AMG | Arzneimittelgesetz |
| amtl. Begr. | amtliche Begründung |

| | |
|---|---|
| **and.** | anders |
| Angekl. | Angeklagte(r) |
| Anh. | Anhang |
| AnhRügG | Gesetz über die Rechtsbehelfe bei Verletzung des Anspruchs auf rechtliches Gehör (Anhörungsrügengesetz) |
| Anl. | Anlage |
| Anm. | Anmerkung |
| Annalen | Annalen des Reichsgerichts |
| AnwBl. | Anwaltsblatt |
| ao | außerordentlich |
| AO 1977 | Abgabenordnung |
| AöR | Archiv des öffentlichen Rechts |
| AOStrÄndG | Gesetz zur Änderung strafrechtlicher Vorschriften der Reichsabgabenordnung und anderer Gesetze |
| AP | Arbeitsrechtliche Praxis (Nachschlagewerk des Bundesarbeitsgerichts) |
| AR | Arztrecht |
| ArchKrim. | Archiv für Kriminologie |
| ArchPF | Archiv für das Post- und Fernmeldewesen |
| ArchPR | Archiv für Presserecht |
| ArchPT | Archiv für Post und Telekommunikation |
| ARSP | Archiv für Rechts- und Sozialphilosophie (zit. nach Band u. Seite) |
| Art. | Artikel |
| AT | Allgemeiner Teil des Strafgesetzbuches |
| AtG/AtomG | Gesetz über die friedliche Verwendung der Kernenergie und den Schutz gegen ihre Gefahren (Atomgesetz) |
| AÜG | Arbeitnehmerüberlassungsgesetz |
| Auff. | Auffassung |
| aufgehob. | aufgehoben |
| Aufl. | Auflage |
| AuR | Arbeit und Recht |
| ausdrückl. | ausdrücklich |
| ausführl. | ausführlich |
| AusfVO | Ausführungsverordnung |
| ausl. | ausländisch |
| AuslG | Ausländergesetz |
| AusnVO | Ausnahmeverordnung |
| ausschl. | ausschließlich |
| AV | Allgemeine Verfügung |
| AVG | Angestelltenversicherung |
| AWG | Außenwirtschaftsgesetz |
| AWG/StÄG | Gesetz zur Änderung des Außenwirtschaftsgesetzes, des Strafgesetzbuchs und anderer Gesetze |
| Az. | Aktenzeichen |
| b. | bei |
| BA | Blutalkohol, Wissenschaftliche Zeitschrift für die medizinische und die juristische Praxis |
| BAK | Blutalkoholkonzentration |
| BÄK | Bundesärztekammer |
| BÄO | Bundesärzteordnung |
| BAG | Bundesarbeitsgericht |
| BAK | Blutalkoholkonzentration |
| BAnz. | Bundesanzeiger |

| | |
|---|---|
| BauGB | Baugesetzbuch |
| BauR | Zeitschrift für das gesamte öffentliche und private Baurecht |
| Bay. | Bayern, bayerisch |
| BayBS | Bereinigte Sammlung des Bayerischen Landesrechts (1802–1956) |
| BayLSG | Bayerisches Landessozialgericht |
| BayObLG | Bayerisches Oberstes Landesgericht |
| BayObLGSt | Sammlung von Entscheidungen des Bayerischen Obersten Landesgerichts in Strafsachen |
| BayVBl. | Bayerische Verwaltungsblätter |
| BayVerf. | Verfassung des Freistaates Bayern |
| BayVerwBl. | Bayerische Verwaltungsblätter |
| BayVerfGHE | s. BayVGHE |
| BayVGH | Bayerischer Verwaltungsgerichtshof |
| BayVGHE | Sammlung von Entscheidungen des Bayerischen Verwaltungsgerichtshofs mit Entscheidungen des Bayerischen Verfassungsgerichtshofes, des Bayerischen Dienststrafhofs und des Bayerischen Gerichtshofs für Kompetenzkonflikte (zit. nach Band u. Seite) |
| BayZ | Zeitschrift für Rechtspflege in Bayern (1905–1934) |
| BB | Betriebs-Berater |
| BBG | Bundesbeamtengesetz |
| BBodSchG | Gesetz zum Schutz vor schädlichen Bodenveränderungen und zur Sanierung von Altlasten (Bundes-Bodenschutzgesetz) |
| Bd., Bde | Band, Bände |
| BDH | Bundesdisziplinarhof |
| BDO | Bundesdisziplinarordnung |
| BDSG | Bundesdatenschutzgesetz |
| Bearb. | Bearbeitung |
| begl. | beglaubigt |
| BegleitG zum TKG | Begleitgesetz zum Telekommunikationsgesetz |
| Begr., begr. | Begründung, begründet |
| Bek. | Bekanntmachung |
| Bekl., bekl. | Beklagter, beklagt |
| Bem. | Bemerkung |
| ber. | berichtigt |
| bes. | besonders, besondere(r, s) |
| Beschl. | Beschluss |
| Beschw. | Beschwerde |
| Bespr. | Besprechung |
| Best. | Bestimmung |
| bestr. | bestritten |
| betr. | betreffend |
| BeurkG | Beurkundungsgesetz |
| BewH | Bewährungshilfe |
| BezG | Bezirksgerichte |
| BFH | Bundesfinanzhof |
| BfJG | Gesetz über die Errichtung des Bundesamtes für Justiz = Art. 1 des Gesetzes zur Errichtung und zur Regelung der Aufgaben des Bundesamtes für Justiz |
| BG | Bundesgericht (Schweiz) |
| BGB | Bürgerliches Gesetzbuch |
| BGBl. I, II, III | Bundesgesetzblatt Teil I, II und III |
| BGE | Entscheidungen des schweizerischen Bundesgerichts (Amtliche Sammlung) |
| BGH | Bundesgerichtshof |

| | |
|---|---|
| BGHGrS | Bundesgerichtshof, Großer Senat |
| BGHSt | Entscheidungen des Bundesgerichtshofes in Strafsachen (zit. nach Band u. Seite) |
| BGHZ | Entscheidungen des Bundesgerichtshofes in Zivilsachen (zit. nach Band u. Seite) |
| BG Pr. | Die Praxis des Bundesgerichts (Entscheidungen des schweizerischen Bundesgerichts) |
| BilMoG | Gesetz zur Modernisierung des Bilanzrechts |
| BImSchG | Bundes-Immissionsschutzgesetz |
| BImSchVO | Bundes-Immissionsschutzverordnung |
| BinnSchiffG/BinSchG | Gesetz betr. die privatrechtlichen Verhältnisses der Binnenschiffahrt (Binnenschiffahrtsgesetz) |
| BiRiLiG | Bilanzrichtlinien-Gesetz |
| BJagdG | Bundesjagdgesetz |
| BJM | Basler Juristische Mitteilungen |
| BK | Basler Kommentar zum Strafgesetzbuch (auch: Bonner Kommentar zum Grundgesetz) |
| BKA | Bundeskriminalamt |
| BKAG/BKrimAG | Gesetz über die Einrichtung eines Bundeskriminalpolizeiamtes (Bundeskriminalamtes) |
| Bln. | Berlin |
| Bln.GVBl.Sb. | Sammlung des bereinigten Berliner Landesrechts, Sonderband I (1806–1945) und II (1945–1967) |
| Blutalkohol | Blutalkohol, Wissenschaftliche Zeitschrift für die medizinische und juristische Praxis |
| BMI | Bundesminister(ium) des Inneren |
| BMJ | Bundesminister(ium) der Justiz |
| BNatSchG | Gesetz über Naturschutz und Landschaftspflege (Bundesnaturschutzgesetz) |
| BNotÄndG | Drittes Gesetz zur Änderung der Bundesnotarordnung und anderer Gesetze |
| BNotO | Bundesnotarordnung |
| BR | Bundesrat |
| BRAGO | Bundesgebührenordnung für Rechtsanwälte |
| BRAK | Bundesrechtsanwaltskammer |
| BranntwMG/BranntwMonG | Branntweinmonopolgesetz |
| BRAO | Bundesrechtsanwaltsordnung |
| BRAOÄndG | Gesetz zur Änderung der Bundesrechtsanwaltsordnung, der Patentrechtsanwaltsordnung und anderer Gesetze |
| BRD | Bundesrepublik Deutschland |
| BR-Drs./BRDrucks. | Bundesrats-Drucksache |
| BReg. | Bundesregierung |
| Brem. | Bremen |
| BRProt. | Protokolle des Bundesrates |
| BRRG | Beamtenrechtsrahmengesetz |
| BRStenBer. | Verhandlungen des Bundesrats, Stenographische Berichte (zit. nach Sitzung u. Seite) |
| BS | Sammlung des bereinigten Landesrechts |
| BSeuchG | Bundes-Seuchengesetz |
| BSG | Bundessozialgericht |
| BSHG | Bundessozialhilfegesetz |
| Bsp. | Beispiel |
| BStBl. | Bundessteuerblatt |
| BT | Besonderer Teil des StGB (auch: Bundestag) |
| BTDrucks. | Bundestags-Drucksache |

| | |
|---|---|
| BtMG | Gesetz über den Verkehr mit Betäubungsmitteln (Betäubungsmittelgesetz) |
| BTProt. | s. BTVerh. |
| BTRAussch. | Rechtsausschuss des Deutschen Bundestags |
| BTStenBer. | Verhandlungen des deutschen Bundestags, Stenographische Berichte (zit. nach Wahlperiode u. Seite) |
| BTVerh. | Verhandlungen des Deutschen Bundestags |
| Buchst. | Buchstabe |
| BVerfG | Bundesverfassungsgericht |
| BVerfGE | Entscheidungen des Bundesverfassungsgerichts (zit. nach Band u. Seite) |
| BVerfGG | Gesetz über das Bundesverfassungsgericht |
| BVerwG | Bundesverwaltungsgericht |
| BVerwGE | Entscheidungen des Bundesverwaltungsgerichts (zit. nach Band u. Seite) |
| BVwVfG | (Bundes-)Verwaltungsverfahrensgesetz |
| BW | Baden-Württemberg |
| bzgl. | bezüglich |
| BZR | Bundeszentralregister |
| BZRG | Gesetz über das Bundeszentralregister und das Erziehungsregister (Bundeszentralregistergesetz) |
| bzw. | beziehungsweise |
| ca. | circa |
| ChemG | Gesetz zum Schutz vor gefährlichen Stoffen (Chemikaliengesetz) |
| CR | Computer und Recht |
| CWÜAG | AusführungsG zum Chemiewaffenübereinkommen (CWÜ-AG) |
| DA | Deutschland Archiv |
| DÄBl. | Deutsches Ärzteblatt |
| dagg. | dagegen |
| DAR | Deutsches Autorecht |
| DAV | Deutscher Anwaltsverein |
| DB | Der Betrieb |
| DDevR | Deutsche Devisen-Rundschau (1951–1959) |
| DDR | Deutsche Demokratische Republik |
| DDT-G | Gesetz über den Verkehr mit DDT |
| DepotG | Gesetz über die Verwahrung und Anschaffung von Wertpapieren (Depotgesetz) |
| ders./dies. | derselbe/dieselbe |
| dgl. | dergleichen |
| DGVZ | Deutsche Gerichtsvollzieher-Zeitung |
| d.h. | das heißt |
| dies. | dieselbe(n) |
| Diff., diff. | Differenzierung, differenzierend |
| Diss. | Dissertation |
| DJ | Deutsche Justiz, Rechtspflege und Rechtspolitik |
| DJT | Deutscher Juristentag |
| DJZ | Deutsche Juristenzeitung (1896–1936) |
| DMW | Deutsche Medizinische Wochenschrift |
| DNA-AnalysG | Gesetz zur Novellierung der forensischen DNA-Analyse |
| DNutzG | Gesetz zur effektiven Nutzung von Dateien im Bereich der Staatsanwaltschaften |
| DÖV | Die Öffentliche Verwaltung |
| DOGE | Entscheidungen des Deutschen Obergerichts für das Vereinigte Wirtschaftsgebiet |

| | |
|---|---|
| DR | Deutsches Recht, Wochenausgabe (vereinigt mit Juristische Wochenschrift) (1931–1945) |
| DRechtsw. | Deutsche Rechtswissenschaft (1936–1943) |
| DRiB | Deutscher Richterbund |
| DRiG | Deutsches Richtergesetz |
| DRiZ | Deutsche Richterzeitung |
| DRM | Deutsches Recht, Monatsausgabe (vereinigt mit Deutsche Rechtspflege) |
| DRpfl. | Deutsche Rechtspflege (1936–1939) |
| Drs./Drucks. | Drucksache |
| DRsp. | Deutsche Rechtsprechung, hrsg. von Feuerhake (Loseblattsammlung) |
| DRZ | Deutsche Rechts-Zeitschrift (1946–1950) |
| DSB | Datenschutzberater |
| DStrR | Deutsches Steuerrecht |
| DStR | Deutsches Strafrecht (1934–1944); jetzt: Deutsches Steuerrecht |
| DStrZ | Deutsche Strafrechts-Zeitung (1914–1922) |
| DStZ A | Deutsche Steuerzeitung, bis Jg. 67 (1979): Ausgabe A |
| dt. | deutsch |
| DtZ | Deutsch-Deutsche Rechts-Zeitschrift |
| DuD | Datenschutz und Datensicherheit |
| DuR | Demokratie und Recht |
| DVBl. | Deutsches Verwaltungsblatt |
| DVJJ | Deutsche Vereinigung für Jugendgerichte und Jugendgerichtshilfen e.V. |
| DVO | Durchführungsverordnung |
| DVollzO | Dienst- und Vollzugsordnung |
| DVP | Deutsche Verwaltungspraxis |
| DVR | Datenverarbeitung im Recht (bis 1985, danach vereinigt mit IuR) |
| DWW | Deutsche Wohnungswirtschaft |
| DZWiR | Deutsche Zeitschrift für Wirtschafts- und Insolvenzrecht |
| E | Entwurf bzw. Entscheidung |
| E 1927 | Entwurf eines Allgemeinen Deutschen Strafgesetzbuches nebst Begründung (Reichstagsvorlage) 1927 |
| E 62 | Entwurf eines Strafgesetzbuches mit Begründung 1962 |
| EAO | Entwurf einer Abgabenordnung |
| ebd. | ebenda |
| ebso. | ebenso |
| ed(s) | editor(s) |
| EEGOWiG | Entwurf eines Einführungsgesetzes zum Gesetz über Ordnungswidrigkeiten |
| EEGStGB | Entwurf eines Einführungsgesetzes zum Strafgesetzbuch (EGStGB) |
| EFG | Entscheidung der Finanzgerichte (zit. nach Band u. Seite) |
| EG | Einführungsgesetz bzw. Europäische Gemeinschaft(en) bzw. Erinnerungsgabe |
| EGBGB | Einführungsgesetz zum Bürgerlichen Gesetzbuch |
| EG-FinanzschutzG/ EGFinSchG | Gesetz zum Übereinkommen v. 26.8.1995 über den Schutz der finanziellen Interessen der Europäischen Gemeinschaften |
| EGGVG | Einführungsgesetz zum Gerichtsverfassungsgesetz |
| EGH | Ehrengerichtliche Entscheidungen der Ehrengerichtshöfe der Rechtsanwaltschaft des Bundesgebiets und des Landes Berlin (zit. nach Band u. Seite) |
| EGInsO | Einführungsgesetz zur Insolvenzordnung |

| | |
|---|---|
| EGInsOÄndG | Gesetz zur Änderung des Einführungsgesetzes zur Insolvenzordnung und anderer Gesetze |
| EGKS | Europäische Gemeinschaft für Kohle und Stahl |
| EGMR | Europäischer Gerichtshof für Menschenrechte |
| EGOWiG | Einführungsgesetz zum Gesetz über Ordnungswidrigkeiten |
| EGStGB | Einführungsgesetz zum Strafgesetzbuch |
| EGStPO | Einführungsgesetz zur Strafprozeßordnung |
| EGV | Vertrag zur Gründung der Europäischen Gemeinschaft |
| EheG | Ehegesetz |
| ehem. | ehemalig |
| EhrenGHE | Ehrengerichtliche Entscheidungen (der Ehrengerichtshöfe der Rechtsanwaltschaft des Bundesgebietes und des Landes Berlin) |
| Einf. | Einführung |
| eingeh. | eingehend |
| einschl. | einschließlich |
| einschr. | einschränkend |
| Einl. | Einleitung |
| EJF | Entscheidungen aus dem Jugend- und Familienrecht (1951–1969) |
| EKMR | Europäische Kommission für Menschenrechte |
| EmmingerVO | Verordnung über Gerichtsverfassung und Strafrechtspflege |
| EMRK | Europäische Menschenrechtskonvention |
| entgg. | entgegen |
| Entsch. | Entscheidung |
| entspr. | entsprechend |
| Entw. | Entwurf |
| Erg. | Ergebnis bzw. Ergänzung |
| ErgBd. | Ergänzungsband |
| ErgThG | Ergotherapeutengesetz |
| Erl. | Erläuterung |
| Erw. | Erwiderung |
| ESchG | Embryonenschutzgesetz |
| EStG | Einkommensteuergesetz |
| etc. | et cetera |
| Ethik Med. | Ethik in der Medizin |
| ETS | European Treaty Series |
| EU | Europäische Union |
| EUBestG | Gesetz zum Protokoll v. 27.9.1996 zum Übereinkommen über den Schutz der finanziellen Interessen der Europäischen Gemeinschaften (EU-Bestechungsgesetz) |
| eucrim | The European Criminal Law Associations' Forum |
| EuGH | Gerichtshof der Europäischen Gemeinschaft |
| EuGHE | Entscheidungen des Gerichtshofs der Europäischen Gemeinschaften – Amtliche Sammlung |
| EuGRZ | Europäische Grundrechte-Zeitschrift |
| EuHbG | Gesetz zur Umsetzung des Rahmenbeschlusses über den Europäischen Haftbefehl und die Übergabeverfahren zwischen den Mitgliedstaaten der Europäischen Union (Europäisches Haftbefehlsgesetz – EuHbG) |
| EuR | Europarecht |
| EurGHMR | Europäischer Gerichtshof für Menschenrechte |
| EurKomMR | Europäische Kommission für Menschenrechte |
| europ. | europäisch |
| EuropolG | Europol-Gesetz |
| EUV | Vertrag über die Europäische Union |
| EuZW | Europäische Zeitschrift für Wirtschaftsrecht |

| | |
|---|---|
| EV | Vertrag zwischen der Bundesrepublik Deutschland und der Deutschen Demokratischen Republik über die Herstellung der Einheit Deutschlands – Einigungsvertrag |
| EV I bzw. II | Anlage I bzw. II zum EV |
| evtl. | eventuell |
| EWG | Europäische Wirtschaftsgemeinschaft |
| EWGV | Vertrag zur Gründung der Europäischen Wirtschaftsgemeinschaft |
| EWiR | Entscheidungen zum Wirtschaftsrecht |
| EWiV | Europäische wirtschaftliche Interessenvereinigung |
| EWR | Schriftenreihe zum europäischen Weinrecht (auch: Europäischer Wirtschafts-Raum) |
| EzSt | Entscheidungssammlung zum Straf- u. Ordnungswidrigkeitenrecht, hrsg. von Lemke (zit. nach Band u. Seite) |
| f, ff | folgende, fortfolgende |
| FA | Fachanwalt für Arbeitsrecht |
| FAG | Gesetz über Fernmeldeanlagen |
| FamRZ | Ehe und Familie im privaten und öffentlichen Recht. Zeitschrift für das gesamte Familienrecht |
| FAO | Fachanwaltsordnung |
| FAZ | Frankfurter Allgemeine Zeitung |
| Festschr. | Festschrift |
| FG | Finanzgericht (auch: Festgabe) |
| FGG | Gesetz über die Angelegenheiten der freiwilligen Gerichtsbarkeit |
| FGO | Finanzgerichtsordnung |
| fin. | finanziell |
| FinVerwG/FVG | Gesetz über die Finanzverwaltung |
| FlaggRG/FlRG | Gesetz über das Flaggenrecht der Seeschiffe und die Flaggenführung der Binnenschiffe (Flaggenrechtsgesetz) |
| FlRV | Flaggenrechtsverordnung |
| FMStG | Finanzmarktstabilisierungsgesetz |
| Fn. | Fußnote |
| Forens Psychiatr Psychol Kriminol | Forensische Psychiatrie, Psychologie, Kriminologie |
| Fortschr Neurol Psychiat | Fortschritte der Neurologie. Psychiatrie |
| fragl. | fraglich |
| FS | Festschrift |
| G bzw. Ges. | Gesetz |
| G 10 | Gesetz zur Beschränkung des Brief-, Post- und Fernmeldegeheimnisses (Gesetz zu Artikel 10 Grundgesetz) |
| GA | Goltdammer's Archiv für Strafrecht, zit. nach Jahr u. Seite (bis 1933: Archiv für Strafrecht und Strafprozeß, zit. nach Band u. Seite) |
| GBA | Generalbundesanwalt |
| GBG | Gesetz über die Beförderung gefährlicher Güter |
| GBl. | Gesetzblatt |
| GebFra | Geburtshilfe und Frauenheilkunde (zit. nach Band u. Seite) |
| GedS | Gedächtnisschrift |
| gem. | gemäß |
| Gemeinsame-Dateien-Gesetz | Gesetz zur Errichtung gemeinsamer Dateien von Polizeibehörden und Nachrichtendiensten des Bundes und der Länder |
| GenG | Gesetz betreffend die Erwerbs- und Wirtschaftsgenossenschaften |
| GenStA | Generalstaatsanwalt |
| GerS | Der Gerichtssaal |
| GeschlKG/GeschlkrG | Gesetz zur Bekämpfung der Geschlechtskrankheiten |

| | |
|---|---|
| GeschO | Geschäftsordnung |
| gesetzl. | gesetzlich |
| GesO | Gesamtvollstreckungsordnung |
| GesR | Gesundheitsrecht (Zeitschrift für Arztrecht, Krankenrecht, Apotheken- und Arzneimittelrecht) |
| GesRZ | Der Gesellschafter |
| GewArch | Gewerbearchiv, Zeitschrift für Gewerbe- und Wirtschaftsverwaltungsrecht |
| GewO | Gewerbeordnung |
| GewVerbrG | Gesetz gegen gefährliche Gewohnheitsverbrecher und über Maßregeln der Sicherung und Besserung |
| gg. | gegen |
| GG | Grundgesetz für die Bundesrepublik Deutschland |
| ggf. | gegebenenfalls |
| GjS/GjSM | Gesetz über die Verbreitung jugendgefährdender Schriften und Medieninhalte |
| GKG | Gerichtskostengesetz |
| gl. | gleich |
| GmbHG | Gesetz betreffend die Gesellschaften mit beschränkter Haftung |
| GmbHR/GmbH-Rdsch | GmbH-Rundschau (vorher: Rundschau für GmbH) |
| GMBl. | Gemeinsames Ministerialblatt |
| GnO | Gnadenordnung (Landesrecht) |
| GoB | Grundsätze ordnungsmäßiger Buchführung |
| GoBiL | Grundsätze ordnungsmäßiger Bilanzierung |
| grdl. | grundlegend |
| grds. | grundsätzlich |
| GrS | Großer Senat |
| GrSSt. | Großer Senat in Strafsachen |
| GRUR | Gewerblicher Rechtsschutz und Urheberrecht |
| GS | Der Gerichtssaal (zit. nach Band u. Seite) |
| GSNW | Sammlung des bereinigten Landesrechts Nordrhein-Westfalen (1945–1956) |
| GSSchlH | Sammlung des schleswig-holsteinischen Landesrechts, 2 Bde (1963) |
| GÜG | Gesetz zur Überwachung des Verkehrs mit Grundstoffen, die für die unerlaubte Herstellung von Betäubungsmitteln mißbraucht werden können |
| GV | Gemeinsame Verfügung (mehrerer Ministerien) (auch: Grundlagenvertrag) |
| GVBl. | Gesetz- und Verordnungsblatt |
| GVBl. I–III | Sammlung des bereinigten Hessischen Landesrechts |
| GVG | Gerichtsverfassungsgesetz |
| GWB | Gesetz gegen Wettbewerbsbeschränkungen |
| GwG | Gesetz über das Aufspüren von Gewinnen aus schweren Straftaten (Geldwäschegesetz) |
| h.A. | herrschende Ansicht |
| HaagLKO/HLKO | Haager Abkommen betr. die Gesetze und Gebräuche des Landkriegs |
| Halbs./Hbs. | Halbsatz |
| Hamb. | Hamburg |
| HambJVBl | Hamburgisches Justizverwaltungsblatt |
| HannRpfl | Hannoversche Rechtspflege |
| Hans. | Hanseatisch |
| HansGZ bzw. HGZ | Hanseatische Gerichtszeitung (1889–1927) |
| HansJVBl | Hanseatisches Justizverwaltungsblatt (bis 1946/47) |

| | |
|---|---|
| HansOLGSt | Entscheidungen des Hanseatischen Oberlandesgerichts in Strafsachen (1879–1932/33) |
| HansRGZ | Hanseatische Rechts- und Gerichtszeitschrift (1928–43), vorher: |
| HansRZ | Hanseatische Rechtszeitschrift für Handel, Schiffahrt und Versicherung, Kolonial- und Auslandsbeziehungen sowie für Hansestädtisches Recht (1918–1927) |
| Hdb. | Handbuch |
| HdbStR | Isensee/Kirchhof (Hrsg.), Handbuch des Staatsrechts der Bundesrepublik Deutschland |
| HeilPrG | Gesetz über die berufsmäßige Ausübung der Heilkunde ohne Bestallung (Heilpraktikergesetz) |
| Hess. | Hessen |
| HeSt | Höchstrichterliche Entscheidungen, Sammlung von Entscheidungen der Oberlandesgerichte und der Obersten Gerichte in Strafsachen (1948–49) (zit. nach Band u. Seite) |
| HFR | Höchstrichterliche Finanzrechtsprechung |
| HGB | Handelsgesetzbuch |
| hins. | hinsichtlich |
| Hinw. | Hinweis |
| h.L. | herrschende Lehre |
| h.M. | herrschende Meinung |
| HöchstRR | Höchstrichterliche Rechtsprechung auf dem Gebiete des Strafrechts, Beilage zur Zeitschrift für die gesamte Strafrechtswissenschaft (1 zu Bd. 46, 2 zu Bd. 47, 3 zu Bd. 48) |
| HRR | Höchstrichterliche Rechtsprechung (1928–1942), bis 1927: Die Rechtsprechung, Beilage zur Zeitschrift Juristische Rundschau |
| HRRS | Höchstrichterliche Rechtsprechung zum Strafrecht |
| Hrsg. bzw. hrsg. | Herausgeber bzw. herausgegeben |
| h. Rspr. | herrschende Rechtsprechung |
| HWiStR | Krekeler/Tiedemann/Ulsenheimer/Weinmann (Hrsg.) Handwörterbuch des Wirtschafts- und Steuerstrafrechts |
| i. Allg. | im Allgemeinen |
| i. allg. S. | im allgemeinen Sinn |
| i.d.F. | in der Fassung |
| i.d.R. | in der Regel |
| i.d.S. | in diesem Sinne |
| i.E./i. Erg. | im Ergebnis |
| i.e.S. | im engeren Sinn |
| IGH | Internationaler Gerichtshof |
| i. gl. S. | im gleichen Sinn |
| i. Grds. | im Grundsatz |
| IHK | Industrie- und Handelskammer |
| i.H.v. | in Höhe von |
| ILC | International Law Commission |
| ILM | International Legal Materials |
| IM | Innenminister(ium) |
| IMT | International Military Tribunal (Nürnberg) |
| inl. | inländisch |
| insb./insbes. | insbesondere |
| insges. | insgesamt |
| InsO | Insolvenzordnung |
| IntBestG | Gesetz zur Bekämpfung internationaler Bestechung |
| inzw. | inzwischen |
| IPBPR | Internationaler Pakt über bürgerliche und politische Rechte |

| | |
|---|---|
| i.R.d. | im Rahmen der/des |
| i.R.v. | im Rahmen von |
| IStGH | Internationaler Strafgerichtshof |
| IStGH-Statut | Internationaler Strafgerichtshof – Statut |
| IStR | Internationales Strafrecht |
| i.S. | im Sinne |
| i.S.d. | im Sinne der/des |
| i.S.e. | im Sinne einer(s) |
| IStGH | (ständiger) Internationaler Strafgerichtshof (Den Haag) |
| i.S.v. | im Sinne von |
| i. techn. S. | im technischen Sinne |
| i.U. | im Unterschied |
| i. üb. | im Übrigen |
| IuKDG | Gesetz zur Regelung der Rahmenbedingungen für Informations- und Kommunikationsdienste (Informations- und Kommunikationsdienstegesetz) |
| IuR | Informatik und Recht |
| i.V.m. | in Verbindung mit |
| i.w. | im Wesentlichen |
| i.w.S. | im weiteren Sinne |
| i.Z.m. | im Zusammenhang mit |
| JA | Juristische Arbeitsblätter für Ausbildung und Examen |
| JahrbÖR | Jahrbuch des öffentlichen Rechts der Gegenwart |
| JahrbPostw. | Jahrbuch des Postwesens (1937–1941/42) |
| JA-R | Juristische Arbeitsblätter – Rechtsprechung |
| JAVollzO | Jugendarrestvollzugsordnung |
| JBeitrO | Justizbeitreibungsordnung |
| JBl | Justizblatt; auch: Juristische Blätter (Österreich) |
| JBlRhPf. | Justizblatt Rheinland-Pfalz |
| JBl Saar | Justizblatt des Saarlandes |
| JbVerkR | Jahrbuch Verkehrsrecht |
| jew. | jeweils |
| JFGErg. | Entscheidungen des Kammergerichts und des Oberlandesgerichts München in Kosten-, Straf-, Miet- und Pachtschutzsachen (= Jahrbuch für Entscheidungen in Angelegenheiten der freiwilligen Gerichtsbarkeit und des Grundbuchrechts. ErgBd.) |
| JGG | Jugendgerichtsgesetz |
| JK | Jura-Kartei |
| JKomG | Gesetz über die Verwendung elektronischer Kommunikationsformen in der Justiz (Justizkommunikationsgesetz – JKomG) |
| JM | Justizminister(ium) |
| JMBlNRW/JMBlNW | Justizministerialblatt für das Land Nordrhein-Westfalen |
| JÖSchG | Gesetz zum Schutze der Jugend in der Öffentlichkeit |
| JOR | Jahrbuch für Ostrecht |
| JR | Juristische Rundschau |
| JRE | Jahrbuch für Recht und Ethik |
| JSt | Journal für Strafrecht |
| JStGH | Internationaler Strafgerichtshof für das ehemalige Jugoslawien |
| JStGH-Statut | Internationaler Strafgerichtshof für das ehemalige Jugoslawien – Statut |
| 1. JuMoG | Erstes Gesetz zur Modernisierung der Justiz (1. Justizmodernisierungsgesetz) |
| 2. JuMoG | Zweites Gesetz zur Modernisierung der Justiz (2. Justizmodernisierungsgesetz) |

| | |
|---|---|
| JurA | Juristische Analysen |
| Jura | Juristische Ausbildung |
| JurBl./JBl. | Juristische Blätter |
| JurJahrb. | Juristen-Jahrbuch |
| JurPC | Internet-Zeitschrift für Rechtsinformatik und Informationsrecht |
| JuS | Juristische Schulung, Zeitschrift für Studium und Ausbildung |
| Justiz | Die Justiz, Amtsblatt des Justizministeriums von Baden-Württemberg |
| JuV | Justiz und Verwaltung |
| JVA | Justizvollzugsanstalt |
| JVBl. | Justizverwaltungsblatt |
| JVKostO | Gesetz über Kosten im Bereich der Justizverwaltung |
| JVollz. | Jugendstrafvollzugsordnung; s. auch JAVollzO |
| JW | Juristische Wochenschrift |
| JWG | Jugendwohlfahrtsgesetz |
| JZ | Juristenzeitung |
| JZ-GD | Juristenzeitung – Gesetzgebungsdienst |
| Kap. | Kapitel |
| KastG/KastrG | Gesetz über die freiwillige Kastration |
| KE | Kommissionsentwurf |
| KFG | Gesetz über den Verkehr mit Kraftfahrzeugen |
| Kfz. | Kraftfahrzeug |
| KG | Kammergericht bzw. Kommanditgesellschaft |
| KGJ | Jahrbuch für Entscheidungen des Kammergerichts in Sachen der freiwilligen Gerichtsbarkeit, in Kosten-, Stempel- und Strafsachen (1881–1922) (zit. nach Band u. Seite) |
| KindRG | Gesetz zur Reform des Kindschaftsrechts |
| KJ | Kritische Justiz |
| KKZ | Kommunal-Kassen-Zeitschrift |
| KO | Konkursordnung |
| KOM | (EU-)Kommission |
| KorBekG/KorrBekG/KorrBG | Gesetz zur Bekämpfung der Korruption |
| K&R | Kommunikation und Recht |
| KRABl. | s. ABlKR |
| KreditwesenG/KWG | Gesetz über das Kreditwesen |
| KRG | Kontrollratsgesetz |
| KriegswaffKG/KWKG | Gesetz über die Kontrolle von Kriegswaffen |
| KrimAbh. | Kriminalistische Abhandlungen, hrsg. von Exner |
| KrimGwFr | Kriminologische Gegenwartsfragen (zit. nach Band u. Seite) |
| Kriminalistik | Kriminalistik, Zeitschrift für die gesamte kriminalistische Wissenschaft und Praxis |
| KrimJournal | Kriminologisches Journal |
| krit. | kritisch |
| KritJ/Krit. Justiz | Kritische Justiz |
| KritV/KritVj | Kritische Vierteljahresschrift für Gesetzgebung und Rechtsprechung |
| KrW-/AbfG | Gesetz zur Förderung der Kreislaufwirtschaft und Sicherung der umweltverträglichen Beseitigung von Abfällen (Kreislaufwirtschafts- und Abfallgesetz) |
| KTS | Konkurs-, Treuhand- und Schiedsgerichtswesen (jetzt: Zeitschrift für Insolvenzrecht) |
| KunstUrhG/KUrhG | Kunsturhebergesetz |
| KuT | Konkurs-, Treuhand- und Schiedsgerichtswesen |
| KuV/k+v/K+V | Kraftfahrt u. Verkehrsrecht, Zeitschrift der Akademie für Verkehrswissenschaft, Hamburg |
| KWG | s. KreditwesenG |

| | |
|---|---|
| LegPer. | Legislaturperiode |
| LFGB | Lebens- und Futtermittelgesetzbuch |
| LG | Landgericht |
| lit. | littera (Buchstabe) |
| Lit. | Literatur |
| LM | Nachschlagewerk des Bundesgerichtshofs, hrsg. v Lindenmaier/Möhring u.a. (zit. nach Paragraph u. Nummer) |
| LMBG | Gesetz über den Verkehr mit Lebensmitteln, Tabakerzeugnissen, kosmetischen Mitteln und sonstigen Bedarfsgegenständen (Lebensmittel- und Bedarfsgegenständegesetz) |
| LPG | Landespressegesetz |
| LPK | Lehr- und Praxiskommentar |
| LRA | Landratsamt |
| LRE | Sammlung lebensmittelrechtlicher Entscheidungen |
| LS | Leitsatz |
| lt. | laut |
| LT | Landtag |
| Ltd. | Limited (Private company limited by shares) |
| LuftSiG | Gesetz zur Neuregelung von Luftsicherheitsaufgaben (Luftsicherheitsgesetz) |
| LuftVG | Luftverkehrgesetz |
| LuftVO/LuftVVO | Verordnung über den Luftverkehr |
| LuftVZO | Luftverkehrs-Zulassungs-Ordnung |
| LVerf. | Landesverfassung |
| LZ | Leipziger Zeitschrift für Deutsches Recht (1907–1933) |
| | |
| m. | mit |
| m. Anm. | mit Anmerkung |
| Mat. | Materialien zur Strafrechtsreform (1954). Band I: Gutachten der Strafrechtslehrer. Band II: Rechtsvergleichende Arbeiten |
| m.a.W. | mit anderen Worten |
| m. Bespr. | mit Besprechung |
| MdB | Mitglied des Bundestages |
| MdL | Mitglied des Landtages |
| MDR | Monatsschrift für Deutsches Recht |
| MDStV | Staatsvertrag über Mediendienste |
| MedR | Medizinrecht |
| MedSach | Der Medizinische Sachverständige |
| MfS | Ministerium für Staatssicherheit |
| MiStra | Anordnung über Mitteilungen in Strafsachen |
| mißverst./missverst. | mißverständlich/missverständlich |
| Mitt. | Mitteilung |
| MittIKV | Mitteilungen der Internationalen Kriminalistischen Vereinigung (1889–1914; 1926–1933) |
| MK | Münchener Kommentar zum Strafgesetzbuch |
| m. krit. Anm. | mit kritischer Anmerkung (von) |
| MMR | MultiMedia und Recht |
| MMW | Münchner Medizinische Wochenschrift |
| MoMiG | Gesetz zur Modernisierung des GmbH-Rechts und zur Bekämpfung von Missbräuchen |
| MRG | Militärregierungsgesetz |
| MschrKrim./MonKrim. | Monatsschrift für Kriminologie und Strafrechtsreform |
| MschrKrimBiol/ MonKrimBiol. | Monatsschrift für Kriminalbiologie und Strafrechtsreform |

| | |
|---|---|
| MschrKrimPsych/ MonKrimPsych. | Monatsschrift für Kriminalpsychologie und Strafrechtsreform (1904/05–1936) |
| MStGO | Militärstrafgerichtsordnung |
| m.w.N. | mit weiteren Nachweisen |
| m. zust./abl. Anm. | mit zustimmender/ablehnender Anmerkung |
| Nachtr. | Nachtrag |
| Nachw. | Nachweis |
| NATO-Truppenstatut/NTS | Abkommen zwischen den Parteien des Nordatlantikvertrags v. 19.6.1951 über die Rechtsstellung ihrer Truppen (NATO-Truppenstatut) |
| Nds. | Niedersachsen |
| NdsRpfl./Nds.Rpfl | Niedersächsische Rechtspflege |
| NEhelG | Gesetz über die Rechtsstellung der nichtehelichen Kinder |
| n.F. | neue Fassung |
| Niederschr./Niederschriften | Niederschriften über die Sitzungen der Großen Strafrechtskommission |
| Nieders.GVBl. (Sb. I, II) | Niedersächsisches Gesetz- und Verordnungsblatt, Sonderband I und II, Sammlung des bereinigten niedersächsischen Rechts |
| NJ | Neue Justiz |
| NJW | Neue Juristische Wochenschrift |
| NJW-CoR | Computerreport der Neuen Juristischen Wochenschrift |
| NJW-RR | NJW-Rechtsprechungs-Report Zivilrecht |
| NK | Nomos Kommentar zum Strafgesetzbuch |
| NKrimP | Neue Kriminalpolitik |
| NPA | Neues Polizei-Archiv |
| Nr.(n) | Nummer(n) |
| NRW | Nordrhein-Westfalen |
| NStE | Neue Entscheidungssammlung für Strafrecht, hrsg. von Rebmann, Dahs und Miebach |
| NStZ | Neue Zeitschrift für Strafrecht |
| NStZ-RR | NStZ-Rechtsprechungs-Report Strafrecht |
| NuR | Natur und Recht |
| NVwZ | Neue Zeitschrift für Verwaltungsrecht |
| NWB | Neue Wirtschaftsbriefe für Steuer- und Wirtschaftsrecht |
| NWVBl | Nordrhein-Westfälische Verwaltungsblätter |
| NZA | Neue Zeitschrift für Arbeits- und Sozialrecht |
| NZA-RR | NZA-Rechtsprechungsreport Arbeitsrecht |
| NZG | Neue Zeitschrift für Gesellschaftsrecht |
| NZI | Neue Zeitschrift für das Recht der Insolvenz und Sanierung |
| NZM | Neue Zeitschrift für Miet- und Wohnungsrecht |
| NZS | Neue Zeitschrift für Sozialrecht |
| NZV | Neue Zeitschrift für Verkehrsrecht |
| NZWehrr/NZWehrR | Neue Zeitschrift für Wehrrecht |
| o. | oben |
| o.ä. | oder ähnlich |
| ob. dict. | obiter dictum |
| OBGer | Obergericht (Schweizer Kantone) |
| öffentl. | öffentlich |
| ÖJZ/ÖstJZ | Österreichische Juristenzeitung |
| Öst OGH | Österreichischer Oberster Gerichtshof; ohne Zusatz: Entscheidung des Öst OGH in Strafsachen (zit. nach Band u. Seite) |
| o.g. | oben genannt |
| OG | Oberstes Gericht der DDR |

| | |
|---|---|
| OGDDR | Entscheidungen des Obersten Gerichts der DDR |
| OGH | Oberster Gerichtshof (Österreich) |
| OGHSt | Entscheidungen des Obersten Gerichtshofes für die Britische Zone in Strafsachen (1949/50) (zit. nach Band u. Seite) |
| OHG | Offene Handelsgesellschaft |
| OLG | Oberlandesgericht |
| OLGSt | Entscheidungen der Oberlandesgerichte zum Straf- u. Strafverfahrensrecht (zit. nach Paragraph u. Seite, n.F. nach Paragraph u. Nummer) |
| OR | Obligationenrecht (Schweiz) |
| o.R. | ohne Rechnung |
| OrgK | Organisierte Kriminalität |
| OrgKG | Gesetz zur Bekämpfung des illegalen Rauschgifthandels und anderer Erscheinungsformen der Organisierten Kriminalität |
| OrgKVerbG | Gesetz zur Verbesserung der Bekämpfung der Organisierten Kriminalität |
| OVG | Oberverwaltungsgericht |
| OWiG | Gesetz über Ordnungswidrigkeiten |
| PartG | Gesetz über die politischen Parteien (Parteiengesetz) |
| PartGG | Partnerschaftsgesellschaftsgesetz |
| PatG | Patentgesetz |
| PAuswG | Gesetz über Personalausweise |
| PflanzenSchG/PflSchG | Gesetz zum Schutz der Kulturpflanzen (Pflanzenschutzgesetz) |
| PharmR | PharmaRecht |
| PHI | Produkthaftpflicht International |
| PolG | Polizeigesetz |
| polit. | politisch |
| Polizei | Die Polizei (seit 1955: Die Polizei – Polizeipraxis) |
| PolV/PolVO | Polizeiverordnung |
| PostG | Gesetz über das Postwesen (Postgesetz) |
| PostO | Postordnung |
| Pr. | Preußen |
| PrG | Pressegesetz |
| PrGS | Preußische Gesetzessammlung (1810–1945) |
| ProdSG | Produktsicherheitsgesetz |
| Prot. | Protokolle über die Sitzungen des Sonderausschusses für die Strafrechtsreform |
| Pr. OT | Preußisches Obertribunal |
| PrPVG | Preußisches Polizeiverwaltungsgesetz |
| Prot. BT-RA | Protokolle des Rechtsausschusses des Deutschen Bundestages (zit. nach Nummern) |
| PrOVG | Preußisches Oberverwaltungsgericht |
| PrZeugnVerwG | Gesetz über das Zeugnisverweigerungsrecht der Mitarbeiter von Presse und Rundfunk |
| PStG | Personenstandsgesetz |
| psych. | psychisch |
| PsychThG | Gesetz über die Berufe des psychologischen Psychotherapeuten und des Kinder- und Jugendlichenpsychotherapeuten (PsychotherapeutenG) |
| PTV | Polizei, Technik, Verkehr |
| PVT | Polizei, Verkehr und Technik |
| qualif. | qualifizierend |
| R | Rechtsprechung des Reichsgerichts in Strafsachen (zit. nach Band u. Seite) |

| | |
|---|---|
| R & P | Recht und Psychiatrie |
| RabgO/RAO | Reichsabgabenordnung |
| RAussch. | Rechtsausschuß/Rechtsausschuss |
| RBerG | Gesetz zur Verhütung von Mißbrauch auf dem Gebiet der Rechtsberatung |
| RdA | Recht der Arbeit |
| RdErl. | Runderlaß/Runderlass |
| RdJB | Recht der Jugend und des Bildungswesens |
| RdK | Das Recht des Kraftfahrers, Unabhängige Monatsschrift des Kraftverkehrsrechts (1926–43, 1949–55) |
| Rdn. | Randnummer |
| Rdschr./RdSchr. | Rundschreiben |
| RDStH | Entscheidungen des Reichsdienststrafhofs (1939–41) |
| RDStO | Reichsdienststrafordnung |
| RDV | Recht der Datenverarbeitung |
| Recht | Das Recht, begründet von Soergel (1897–1944) |
| RechtsM | Rechtsmedizin |
| rechtspol. | rechtspolitisch |
| RechtsTh | Rechtstheorie |
| rechtsvergl. | rechtsvergleichend |
| Reg. | Regierung |
| RegBl. | Regierungsblatt |
| rel. | relativ |
| RfStV | Rundfunkstaatsvertrag |
| RG | Reichsgericht |
| RGBl., RGBl. I, II | Reichsgesetzblatt, von 1922–1945 Teil I und Teil II |
| RGRspr. | Rechtsprechung des Reichsgerichts in Strafsachen (1879–1888) |
| RGSt | Entscheidungen des Reichsgerichts in Strafsachen (zit. nach Band u. Seite) |
| RGZ | Entscheidungen des Reichsgerichts in Zivilsachen (zit. nach Band u. Seite) |
| RHG | Rechnungshofgesetz |
| RHilfeG/RHG | Gesetz über die innerdeutsche Rechts- und Amtshilfe in Strafsachen |
| RhPf. | Rheinland-Pfalz |
| RiAA | Grundsätze des anwaltlichen Standesrechts – Richtlinien gem. § 177 Abs. 2 Satz 2 BRAO |
| RIDP | Revue internationale de droit pénal |
| RiJGG | Richtlinien der Landesjustizverwaltungen zum Jugendgerichtsgesetz |
| RiOWiG | Gemeinsame Anordnung über die Zuständigkeit der Staatsanwaltschaft zur Verfolgung von Ordnungswidrigkeiten und über die Zusammenarbeit mit den Verwaltungsbehörden |
| RiStBV | Richtlinien für das Strafverfahren und das Bußgeldverfahren |
| RiVASt | Richtlinien für den Rechtshilfeverkehr mit dem Ausland in strafrechtlichen Angelegenheiten |
| RIW | Recht der Internationalen Wirtschaft |
| RKG/RKnappschG | Reichsknappschaftsgesetz |
| RKGE | Entscheidungen des Reichskriegsgerichts (zit. nach Band u. Seite) |
| RMBl. | Reichsministerialblatt, Zentralblatt für das Deutsche Reich (1923–45) |
| RMG/RMilGE | Entscheidungen des Reichsmilitärgerichts (zit. nach Band u. Seite) |
| RöntgVO/RöV | Röntgenverordnung |
| ROW | Recht in Ost und West. Zeitschrift für Rechtsvergleichung und interzonale Rechtsprobleme |
| R & P | Recht und Psychiatrie |
| Rpfleger | Der Deutsche Rechtspfleger |

| | |
|---|---|
| RpflG | Rechtspflegergesetz |
| Rspr. | Rechtsprechung |
| RStGH | Internationaler Strafgerichtshof für Ruanda |
| RStGH-Statut | Internationaler Strafgerichtshof für Ruanda – Statut |
| RT | Reichstag |
| RTDrucks. | Drucksachen des Reichstags |
| RTVerh. | Verhandlungen des Reichstags |
| RuP | Recht und Politik. Vierteljahreshefte für Rechts- und Verwaltungspolitik |
| RVO | Reichsversicherungsordnung |
| s. | siehe |
| S. | Seite oder Satz |
| s.a. | siehe auch |
| SA | Sonderausschuss für die Strafrechtsreform |
| SaarRZ | Saarländische Rechts- und Steuerzeitschrift |
| SaBremR | Sammlung des bremischen Rechts (1964) |
| SächsArch. | Sächsisches Archiv für Rechtspflege, seit 1924 (bis 1941/42). Archiv für Rechtspflege in Sachen, Thüringen und Anhalt |
| SächsOLG | Annalen des Sächsischen Oberlandesgerichts zu Dresden (1880–1920) |
| Sarl | Societé à responsabilité limitée |
| ScheckG/SchG | Scheckgesetz |
| SchiedsmZ | Schiedsmannszeitung (1926–1945), seit 1950 Der Schiedsmann |
| SchKG | Gesetz zur Vermeidung und Bewältigung von Schwangerschaftskonflikten (Schwangerschaftskonfliktgesetz) |
| SchlH | Schleswig-Holstein |
| SchlHA | Schleswig-Holsteinische Anzeigen |
| Schriften der MGH | Schriften der Monumenta Germanicae historica |
| SchwangUG | (DDR-)Gesetz über die Unterbrechung der Schwangerschaft |
| schweiz. | schweizerisch |
| SchwJZ | Schweizerische Juristen-Zeitung |
| SchwZStr. | Schweizer Zeitschrift für Strafrecht (zit. nach Band u. Seite) |
| SeemannsG | Seemannsgesetz |
| SeeRÜbk./SRÜ | Seerechtsübereinkommen der Vereinten Nationen; Vertragsgesetz |
| Sen. | Senat |
| SeuffBl. | Seufferts Blätter für Rechtsanwendung (1836–1913) |
| SexualdelikteBekG | Gesetz zur Bekämpfung von Sexualdelikten und anderen gefährlichen Straftaten – Sexualdeliktebekämpfungsgesetz – |
| SFHÄndG | Schwangeren- und Familienhilfeänderungsgesetz |
| SFHG | Gesetz zum Schutz des vorgeburtlichen/werdenden Lebens, zur Förderung einer kinderfreundlicheren Gesellschaft, für Hilfen im Schwangerschaftskonflikt und zur Regelung des Schwangerschaftsabbruchs (Schwangeren- und Familienhilfegesetz) |
| SG/SoldatG | Gesetz über die Rechtsstellung der Soldaten |
| SGB I, III, IV, V, VIII, X, XI | I: Sozialgesetzbuch, Allgemeiner Teil<br>III: Sozialgesetzbuch, Arbeitsförderung<br>IV: Sozialgesetzbuch, Gemeinsame Vorschriften für die Sozialversicherung<br>V: Sozialgesetzbuch, Gesetzliche Krankenversicherung<br>VIII: Sozialgesetzbuch, Kinder- und Jugendhilfe<br>X: Sozialgesetzbuch, Verwaltungsverfahren, Zusammenarbeit der Leistungsträger und ihre Beziehung zu Dritten<br>XI: Soziale Pflegeversicherung |
| SGb. | Sozialgerichtsbarkeit |

| | |
|---|---|
| SGG | Sozialgerichtsgesetz |
| SGV.NW | Sammlung des bereinigten Gesetz- und Verordnungsblatts für das Land Nordrhein-Westfalen (Loseblattsammlung) |
| SichVG | Gesetz zur Rechtsvereinheitlichung der Sicherungsverwahrung |
| SJZ | Süddeutsche Juristen-Zeitung (1946–50), dann Juristenzeitung |
| SK | Systematischer Kommentar zum Strafgesetzbuch |
| s.o. | siehe oben |
| sog. | sogenannt(e) |
| Sonderausschuß | Sonderausschuß des Bundestags für die Strafrechtsreform, Niederschriften zitiert nach Wahlperiode und Sitzung |
| SortenSchG | Gesetz über den Schutz von Pflanzensorten (Sortenschutzgesetz) |
| SozVers | Die Sozialversicherung |
| spez. | speziell |
| SprengG/SprengstoffG | Gesetz über explosionsgefährliche Stoffe (Sprengstoffgesetz) |
| SpuRT | Zeitschrift für Sport und Recht |
| SSt | Entscheidungen des österreichischen Obersten Gerichtshofes in Strafsachen und Disziplinarangelegenheiten |
| StA | Staatsanwalt(schaft) |
| StaatsGH | Staatsgerichtshof |
| StaatsschStrafsG | Gesetz zur allgemeinen Einführung eines zweiten Rechtszuges in Staatsschutz-Strafsachen |
| StÄG | s. StRÄndG |
| StAZ | Das Standesamt. Zeitschrift f. Standesamtswesen, Personenstandsrecht, Ehe- u. Kindschaftsrecht, Staatsangehörigkeitsrecht |
| StB | Der Steuerberater |
| StenB/StenBer | Stenographischer Bericht |
| StGB | Strafgesetzbuch |
| StPO | Strafprozeßordnung |
| str. | streitig, strittig |
| StrAbh. | Strafrechtliche Abhandlungen |
| StRÄndG | Strafrechtsänderungsgesetz<br>(1. vom 30.8.1951)<br>18. ~ Gesetz zur Bekämpfung der Umweltkriminalität<br>27. ~ – Kinderpornographie<br>28. ~ – Abgeordnetenbestechung<br>31. ~ – Zweites Gesetz zur Bekämpfung der Umweltkriminalität<br>37. ~ – §§ 180b, 181 StGB<br>40. ~ – Gesetz zur Strafbarkeit beharrlicher Nachstellungen |
| StraffreiheitsG/StrFG | Gesetz über Straffreiheit |
| StraFo | Strafverteidigerforum |
| strafr. | strafrechtlich |
| StrafrAbh. | Strafrechtliche Abhandlungen, hrsg. von Bennecke, dann von Beling, v. Lilienthal und Schoetensack |
| StraßVerkSichG/ | 1. Gesetz zur Sicherung des Straßenverkehrs (Straßenverkehrssicherungsgesetz – StraßenVSichG) |
| StrEG | Gesetz über die Entschädigung für Strafverfolgungsmaßnahmen |
| StREG | Gesetz über ergänzende Maßnahmen zum 5. StrRG (Strafrechtsreformergänzungsgesetz) |
| StrlSchuV/StrlSchVO | Strahlenschutzverordnung |
| StrRG | Gesetz zur Reform des Strafrechts (1. ~, 2. ~, ... 6. ~) |
| StRR | Strafrechtsreport |
| st. Rspr. | ständige Rechtsprechung |
| StS | Strafsenat |
| StuR | Staat und Recht |
| StV/StrVert. | Strafverteidiger |

| | |
|---|---|
| StVE | Straßenverkehrsentscheidungen, hrsg. von Cramer, Berz, Gontard, Loseblattsammlung (zit. nach Paragraph u. Nummer) |
| StVG | Straßenverkehrsgesetz |
| StVGÄndG | Gesetz zur Änderung des Straßenverkehrsgesetzes und anderer Gesetze |
| StVj/StVJ | Steuerliche Vierteljahresschrift |
| StVK | Strafvollstreckungskammer |
| StVO | Straßenverkehrsordnung |
| StVollstrO | Strafvollstreckungsordnung |
| StVollzÄndG | Gesetz zur Änderung des Strafvollzugsgesetzes |
| StVollzG | Gesetz über den Vollzug der Freiheitsstrafe und der freiheitsentziehenden Maßregeln der Besserung und Sicherung – Strafvollzugsgesetz |
| StVollzK | Blätter für Strafvollzugskunde (Beilage zur Zeitschrift „Der Vollzugsdienst“) |
| 1. StVRG | Erstes Gesetz zur Reform des Strafverfahrensrechts |
| 1. StVRErgG | Erstes Gesetz zur Ergänzung des 1. StVRG |
| StVZO | Straßenverkehrs-Zulassungs-Ordnung |
| s.u. | siehe unten |
| SubvG | Subventionsgesetz |
| SV | Sachverhalt |
| TDG | Gesetz über die Nutzung von Telediensten |
| TerrorBekG | Gesetz zur Bekämpfung des internationalen Terrorismus (Terrorismusbekämpfungsgesetz) |
| TerrorBekErgG | Gesetz zur Ergänzung des Terrorismusbekämpfungsgesetzes (Terrorismusbekämpfungsergänzungsgesetz) |
| TierschG/TierschutzG | Tierschutzgesetz |
| Tit. | Titel |
| TKG | Telekommunikationsgesetz |
| TPG | Gesetz über die Spende, Entnahme und Übertragung von Organen – Transplantationsgesetz |
| TV | Truppenvertrag |
| Tz. | Textziffer, -zahl |
| u. | unten (auch: und) |
| u.a. | unter anderem (auch: andere) |
| u.ä. | und ähnliche |
| u.a.m. | und anderes mehr |
| UdG | Urkundsbeamter der Geschäftsstelle |
| Üb. | Überblick; Übersicht |
| Übereink./Übk. | Übereinkommen |
| ÜbergangsAO | Übergangsanordnung |
| ü. M. | überwiegende Meinung |
| UFITA | Archiv für Urheber-, Film-, Funk- und Theaterrecht |
| U-Haft | Untersuchungshaft |
| UMAG | Gesetz zur Unternehmensintegrität und Modernisierung des Anfechtungsrechts |
| umstr. | umstritten |
| UmwRG | Umweltrahmengesetz der DDR |
| UNO | United Nations Organization (Vereinte Nationen) |
| UNTS | United Nations Treaty Series |
| unv. | unveröffentlicht |
| UPR | Umwelt- und Planungsrecht |
| UrhG | Gesetz über Urheberrecht und verwandte Schutzrechte (Urheberrechtsgesetz) |

| | |
|---|---|
| UStG | Umsatzsteuergesetz |
| usw. | und so weiter |
| UTR | Umwelt- und Technikrecht, Schriftenreihe des Instituts für Umwelt- und Technikrecht der Universität Trier, hrsg. von Rüdiger Breuer u.a. |
| u.U. | unter Umständen |
| UVNVAG | Ausführungsgesetz v. 23.7.1998 (BGBl. I S. 1882) zu dem Vertrag v. 24.9.1996 über das umfassende Verbot von Nuklearversuchen – Zustimmungsgesetz |
| UWG | Gesetz gegen den unlauteren Wettbewerb |
| UZwG | Gesetz über den unmittelbaren Zwang bei Ausübung öffentlicher Gewalt durch Vollzugsbeamte des Bundes |
| UZwGBw | Gesetz über die Anwendung unmittelbaren Zwanges und die Ausübung besonderer Befugnisse durch Soldaten der Bundeswehr und zivile Wachpersonen |
| v. | von, vom |
| VAE | Verkehrsrechtliche Abhandlungen und Entscheidungen |
| VAG | Versicherungsaufsichtsgesetz |
| v.A.w. | von Amts wegen |
| VBlBW | Verwaltungsblätter für Baden-Württemberg |
| VD | Verkehrsdienst |
| VDA bzw. VDB | Vergleichende Darstellung des deutschen und ausländischen Strafrechts, Allgemeiner bzw. Besonderer Teil |
| VE | Vorentwurf |
| VerbrBekG | Gesetz zur Änderung des Strafgesetzbuches, der Strafprozeßordnung und anderer Gesetzte (Verbrechensbekämpfungsgesetz) |
| VerbringungsverbG | Gesetz zur Überwachung strafrechtlicher und anderer Verbringungsverbote |
| VereinfVO | Vereinfachungsverordnung<br>1. ~, VO über Maßnahmen auf dem Gebiet der Gerichtsverfassung und Rechtspflege<br>2. ~, VO zur weiteren Vereinfachung der Strafrechtspflege<br>3. ~, Dritte VO zur Vereinfachung der Strafrechtspflege<br>4. ~, Vierte VO zur Vereinfachung der Strafrechtspflege |
| VereinhG | Gesetz zur Wiederherstellung der Rechtseinheit auf dem Gebiete der Gerichtsverfassung, der bürgerlichen Rechtspflege, des Strafverfahrens und des Kostenrechts |
| VereinsG | Gesetz zur Regelung des öffentlichen Vereinsrechts (Vereinsgesetz) |
| VerfGH | Verfassungsgerichtshof |
| VerglO | Vergleichsordnung |
| Verh. | Verhandlungen des Deutschen Bundestages (BT), des Deutschen Juristentages (DJT) usw. |
| VerjährG | Gesetz über das Ruhen der Verjährung bei SED-Unrechtstaten<br>2. VerjährG., Gesetz zur Verlängerung strafrechtlicher Verjährungsfristen vom 27.9.1993<br>3. VerjährG., Gesetz zur weiteren Verlängerung strafrechtlicher Verjährungsfristen vom 22.12.1997 |
| VerkMitt/VerkMitt./VM | Verkehrsrechtliche Mitteilungen |
| VerkProspektG | Wertpapiere-Verkaufsprospektgesetz |
| vermitt. | vermittelnd |
| VerpflG | Gesetz über die förmliche Verpflichtung nichtbeamteter Personen (Verpflichtungsgesetz) idF v. Art. 42 EGStGB |
| VerschG | Verschollenheitsgesetz |
| VersG | Gesetz über Versammlungen und Aufzüge (Versammlungsgesetz) |

| | |
|---|---|
| VersR | Versicherungsrecht, Juristische Rundschau für die Individualversicherung |
| VerwArch. | Verwaltungsarchiv |
| VG | Verwaltungsgericht |
| VGH | Verwaltungsgerichtshof |
| vgl. | vergleiche |
| Vhdlgen | s. Verh. |
| VN | Vereinte Nationen |
| VN-Satzung | Satzung der Vereinten Nationen |
| VO | Verordnung |
| VOBl. | Verordnungsblatt |
| VOR | Zeitschrift für Verkehrs- und Ordnungswidrigkeitenrecht |
| Voraufl. | Vorauflage |
| Vorbem. | Vorbemerkung |
| vorgen. | vorgenannt |
| VRS | Verkehrsrechts-Sammlung, Entscheidungen aus allen Gebieten des Verkehrsrechts (zit. nach Band u. Seite) |
| VStGB | Völkerstrafgesetzbuch |
| VVDStRL | Veröffentlichungen der Vereinigung deutscher Staatsrechtslehrer (zit. nach Heft u. Seite) |
| VVG | Gesetz über den Versicherungsvertrag |
| VwGO | Verwaltungsgerichtsordnung |
| VwVfG | Verwaltungsverfahrensgesetz |
| VwVG | Verwaltungsvollstreckungsgesetz |
| VwZG | Verwaltungszustellungsgesetz |
| WaffG/WaffenG | Waffengesetz |
| Warn./WarnRspr | Sammlung zivilrechtlicher Entscheidungen des RG, hrsg. von Warneyer (zit. nach Jahr u. Nummer) |
| WBl | Wirtschaftsrechtliche Blätter (Österreich) |
| WDO | Wehrdisziplinarordnung |
| WehrpflG | Wehrpflichtgesetz |
| WeimVerf./WV | Verfassung des Deutschen Reichs (sog. „Weimarer Verfassung“) |
| WeinG | Weingesetz |
| weitergeh. | weitergehend |
| WHG | Gesetz zur Ordnung des Wasserhaushalts (Wasserhaushaltsgesetz) |
| WiB | Wirtschaftsrechtliche Beratung |
| 1. WiKG | 1. Gesetz zur Bekämpfung der Wirtschaftskriminalität |
| 2. WiKG | 2. Gesetz zur Bekämpfung der Wirtschaftskriminalität |
| WiStG | Gesetz zur weiteren Vereinfachung des Wirtschaftsstrafrechts (Wirtschaftsstrafgesetz 1954) |
| wistra | Zeitschrift für Wirtschaft, Steuer, Strafrecht; dann: Zeitschrift für Wirtschafts- und Steuerstrafrecht |
| WiVerw | Wirtschaft und Verwaltung |
| WK | Wiener Kommentar zum Strafgesetzbuch |
| WM | Wertpapier-Mitteilungen |
| w.N.b. | weitere Nachweise bei |
| WoÜbG | Gesetz zur Umsetzung des Urteils des Bundesverfassungsgerichts vom 3. März 2004 (akustische Wohnraumüberwachung) v. 24.6.2005 |
| WuM | Wohnungswirtschaft und Mietrecht |
| WPg | Die Wirtschaftsprüfung |
| WpHG | Gesetz über Wertpapierhandel |
| WRP | Wettbewerb in Recht und Praxis |

| | |
|---|---|
| WStG | Wehrstrafgesetz |
| WZG | Warenzeichengesetz |
| z. | zur, zum |
| (Z) | Entscheidung in Zivilsachen |
| ZahlVGJG | Gesetz über den Zahlungsverkehr mit Gerichten und Justizbehörden |
| ZAkDR | Zeitschrift der Akademie für Deutsches Recht (1934–1944) |
| ZaöRV | Zeitschrift für ausländisches öffentliches Recht und Völkerrecht |
| z.B. | zum Beispiel |
| ZBB | Zeitschrift für Bankrecht und Bankwirtschaft |
| ZbernJV/ZBJV | Zeitschrift des Bernischen Juristenvereins |
| ZBl. f. Verk. Med. | Zentralblatt für Verkehrsmedizin, Verkehrspsychologie, Luft- und Raumfahrtmdeizin |
| ZDG | Gesetz über den Zivildienst der Kriegsdienstverweigerer (Zivildienstgesetz) |
| ZfB | Zeitschrift für Binnenschifffahrt und Wasserstraßen |
| ZfBR | Zeitschrift für deutsches und internationales Baurecht |
| Z. f. d. ges. Sachverst.wesen | Zeitschrift für das gesamte Sachverständigenwesen |
| ZFIS | Zeitschrift für innere Sicherheit |
| ZfJ | Zentralblatt für Jugendrecht |
| ZfRV | Zeitschrift für Rechtsvergleichung, Internationales Privatrecht und Europarecht |
| ZfS/ZfSch | Zeitschrift für Schadensrecht |
| ZfStrVo | Zeitschrift für Strafvollzug und Straffälligenhilfe |
| ZfW | Zeitschrift für Wasserrecht |
| ZfZ | Zeitschrift für Zölle und Verbrauchssteuern |
| ZGR | Zeitschrift für Unternehmens- und Gesellschaftsrecht |
| ZHR | Zeitschrift für das gesamte Handelsrecht und Wirtschaftsrecht, begr. v. Goldschmidt |
| Zif./Ziff. | Ziffer(n) |
| ZInsO | Zeitschrift für das gesamte Insolvenzrecht |
| ZIP | Zeitschrift für Wirtschaftsrecht |
| ZIS | Zeitschrift für internationale Strafrechtsdogmatik |
| zit. | zitiert |
| ZIP | Zeitschrift für Wirtschaftsrecht |
| ZIS | Zeitschrift für Internationale Strafrechtsdogmatik |
| ZMR | Zeitschrift für Miet- und Raumrecht |
| ZollG | Zollgesetz |
| ZPO | Zivilprozeßordnung |
| ZRP | Zeitschrift für Rechtspolitik |
| ZSchwR | Zeitschrift für Schweizerisches Recht |
| ZStW | Zeitschrift für die gesamte Strafrechtswissenschaft (zit. nach Band u. Seite) |
| z.T. | zum Teil |
| ZUM | Zeitschrift für Urheber- und Medienrecht/Film und Recht |
| zusf. | zusammenfassend |
| zust. | zustimmend |
| ZustErgG | Gesetz zur Ergänzung von Zuständigkeiten auf den Gebieten des Bürgerlichen Rechts, des Handelsrechts und des Strafrechts (Zuständigkeitsergänzungsgesetz) |
| ZustG | Zustimmungsgesetz |
| ZustVO | Verordnung über die Zuständigkeit der Strafgerichte, die Sondergerichte und sonstige strafverfahrensrechtliche Vorschriften |
| zutr. | zutreffend |

| | |
|---|---|
| z.V.b. | zur Veröffentlichung bestimmt |
| ZVG | Gesetz über die Zwangsversteigerung und die Zwangsverwaltung (Zwangsversteigerungsgesetz) |
| ZVS | Zeitschrift für Verkehrssicherheit |
| zw. | zweifelhaft (auch: zweifelnd) |
| ZWehrR | Zeitschrift für Wehrrecht (1936/37–1944) |
| z.Z. | zur Zeit |
| ZZP | Zeitschrift für Zivilprozeß (zit. nach Band u. Seite) |

# Schrifttum und abgekürzt zitierte Literatur

Das Schrifttum zum Kernstrafrecht sowie sämtliche strafrechtlich relevanten Festschriften und vergleichbare Werke finden sich unter 1. Es folgt in alphabetischer Reihenfolge das Schrifttum zum Nebenstrafrecht und zu nichtstrafrechtlichen Gebieten: 2. Betäubungsmittelstrafrecht, 3. Bürgerliches Recht, 4. DDR-Strafrecht, 5. Europäisches Recht, 6. Handelsrecht einschließlich Bilanz- und Gesellschaftsrecht, 7. Jugendstrafrecht, 8. Kriminologie, 9. Ordnungswidrigkeitenrecht, 10. Presserecht, 11. Rechtshilfe, 12. Rechtsmedizin und Arztrecht, 13. Strafprozess- und Strafvollzugsrecht, 14. Straßenverkehrsrecht, 15. Verfassungsrecht, 16. Wettbewerbs- und Kartellrecht, 17. Wirtschafts- und Steuerstrafrecht, 18. Zivilprozess- und Insolvenzrecht, 19. Sonstiges (einschließlich Völkerrecht und Waffenrecht).

## 1. Strafrecht (StGB) und Festschriften


| | |
|---|---|
| AK | Kommentar zum Strafgesetzbuch – Reihe Alternativkommentare, hrsg. v. Wassermann, Bd. 1 (1990), Bd. 3 (1986) |
| Ambos | Internationales Strafrecht, 2. Aufl. (2008) |
| Appel | Verfassung und Strafe (1998) |
| Arzt/Weber BT | Strafrecht, Besonderer Teil, Lehrbuch (2000) (Überarbeitung der in fünf Heften erschienenen Ausgabe) |
| v. Bar | Gesetz und Schuld im Strafrecht, 1. Bd. (1906), 2. Bd. (1907), 3. Bd. (1909) |
| Baumann | Strafrecht, Allgemeiner Teil, 7. Aufl. (1975) |
| Baumann/Weber/Mitsch | Strafrecht, Allgemeiner Teil, Lehrbuch, 11. Aufl. (2003) |
| Beling | Die Lehre vom Verbrechen (1906) |
| Binding, Grundriß | Grundriß des Deutschen Strafrechts, Allgemeiner Teil, 8. Aufl. (1913) |
| Binding, Handbuch | Handbuch des Strafrechts (1885) |
| Binding, Lehrbuch I, II | Lehrbuch des gemeinen Deutschen Strafrechts, Besonderer Teil, 2. Aufl. Bd. 1 (1902), Bd. 2 (1904/05) |
| Binding, Normen | Die Normen und ihre Übertretung, 2. Aufl., 4 Bände (1890–1919) |
| BK | Basler Kommentar zum Strafgesetzbuch, hrsg. von Niggli/Wiprächtiger (2003) (s. aber auch 15. Verfassungsrecht) einzeln 2003/Gesamtwerk 2002 |
| Blei I, II | Strafrecht I, Allgemeiner Teil, 18. Aufl. (1983); Strafrecht II, Besonderer Teil, 12. Aufl. (1983) |
| Bochumer Erläuterungen | Bochumer Erläuterungen zum 6. Strafrechtsreformgesetz, hrsg. v. Schlüchter (1998) |
| Bockelmann BT 1, 2, 3 | Strafrecht, Besonderer Teil, Bd. 1: Vermögensdelikte, 2. Aufl. (1982); Bd. 2: Delikte gegen die Person (1977); Bd. 3: Ausgewählte Delikte gegen Rechtsgüter der Allgemeinheit (1980) |
| Bockelmann/Volk | Strafrecht, Allgemeiner Teil, 4. Aufl. (1987) |
| Bringewat | Grundbegriffe des Strafrechts, 2. Aufl. (2008) |
| Bruns, Strafzumessungsrecht | Strafzumessungsrecht: Gesamtdarstellung, 2. Aufl. (1974) |
| Bruns, Recht der Strafzumessung | Das Recht der Strafzumessung, 2. Aufl. (1985) |

| | |
|---|---|
| Bruns, Reflexionen | Neues Strafzumessungsrecht? „Reflexionen" über eine geforderte Umgestaltung (1988) |
| Burgstaller | Das Fahrlässigkeitsdelikt im Strafrecht (1974) |
| Coimbra-Symposium | s. Schünemann/de Figueiredo Dias |
| Dalcke/Fuhrmann/Schäfer | Strafrecht und Strafverfahren, 37. Aufl. (1961) |
| Dölling/Duttge/Rössner | StGB, StPO, Nebengesetze – Handkommentar (2008) |
| Ebert | Aktuelle Probleme der Strafrechtspflege: Beiträge anläßlich eines Symposiums zum 60. Geburtstag von E. W. Hanack, hrsg. v. Ebert (1991) |
| Ebert AT | Strafrecht, Allgemeiner Teil, 3. Aufl. (2001) |
| Einführung 6. StrRG | Einführung in das 6. Strafrechtsreformgesetz (1998) (bearb. v. Dencker u.a.) |
| Eisele BT 1 | Strafrecht – Besonderer Teil I: Straftaten gegen die Person und die Allgemeinheit (2008) |
| Erbs/Kohlhaas | Strafrechtliche Nebengesetze, Loseblattausgabe, 4. Aufl. (1988 ff), 5. Aufl. (1993 ff) |
| Erinnerungsgabe Grünhut | Erinnerungsgabe für Max Grünhut (1965) |
| Eser (et al.), Rechtfertigung und Entschuldigung I–IV | Rechtfertigung und Entschuldigung: rechtsvergleichende Perspektiven. Beiträge aus dem Max-Planck-Institut für ausländisches und internationales Strafrecht, Bd. 1, hrsg. v. Eser/Fletcher (1987); Bd. 2, hrsg. v. Eser/Fletcher (1988); Bd. 3: Deutsch-Italienisch-Portugiesisch-Spanisches Strafrechtskolloquium 1990 in Freiburg, hrsg. v. Eser/Perron (1991); Bd. 4: Ostasiatisch-Deutsches Strafrechtskolloquium 1993 in Tokio, hrsg. v. Eser/Nishihara (1995) |
| Eser/Koch | Schwangerschaftsabbruch im internationalen Vergleich, Bd. 1: Europa (1988); Bd. 2: Außereuropa (1989); Bd. 3: Rechtsvergleichender Querschnitt – rechtspolitische Schlußbetrachtungen – Dokumentation zur neueren Rechtsentwicklung (1999) |
| Festgabe BGH 25 | 25 Jahre Bundesgerichtshof |
| Festgabe BGH 50 | 50 Jahre Bundesgerichtshof, Festgabe aus der Wissenschaft, Band V: Straf- und Strafprozeßrecht (2000) |
| Festgabe Frank | Festgabe für Reinhard von Frank zum 70. Geburtstag: 16. August 1930, 2 Bde. (1930) |
| Festgabe Kern | Festgabe für Eduard Kern zum 70. Geburtstag (1957) |
| Festgabe Paulus | Festgabe für Rainer Paulus zum 70. Geburtstag (2009) |
| Festgabe Peters | Wahrheit und Gerechtigkeit im Strafverfahren: Festgabe für Karl Peters aus Anlaß seines 80. Geburtstages (1984) |
| Festgabe RG I–VI | Die Reichsgerichtspraxis im deutschen Rechtsleben: Festgabe der juristischen Fakultäten zum 50jährigen Bestehen des Reichsgerichts (1. Oktober 1929) (1929) |
| Festgabe Schultz | Lebendiges Strafrecht: Festgabe zum 65. Geburtstag von Hans Schultz (1977) |
| Festgabe Schweizer JT | Festgabe zum Schweizerichen Juristentag (1963) |
| Festschrift Amelung | Grundlagen des Straf- und Strafverfahrensrechts. Festschrift für Knut Amelung zum 70. Geburtstag (2009) |
| Festschrift Androulakis | Festschrift für Nikolaos Androulakis zum 70. Geburtstag, (2003) |
| Festschrift Augsburg | Recht in Europa – Festgabe zum 30-jährigen Bestehen der Juristischen Fakultät Augsburg (2002) |
| Festschrift Baumann | Festschrift für Jürgen Baumann zum 70. Geburtstag (1992) |
| Festschrift Bemmann | Festschrift für Günter Bemmann zum 70. Geburtstag (1997) |
| Festschrift BGH 50 | Festschrift aus Anlaß des fünfzigjährigen Bestehens von Bundesgerichtshof, Bundesanwaltschaft und Rechtsanwaltschaft beim Bundesgerichtshof (2000) |

| | |
|---|---|
| Festschrift Blau | Festschrift für Günter Blau zum 70. Geburtstag (1985) |
| Festschrift Bockelmann | Festschrift für Paul Bockelmann zum 70. Geburtstag (1979) |
| Festschrift Böhm | Festschrift für Alexander Böhm zum 70. Geburtstag (1999) |
| Festschrift Böttcher | Festschrift für Reinhard Böttcher zum 70. Geburtstag (2007) |
| Festschrift Boujong | Verantwortung und Gestaltung, Festschrift für Karlheinz Boujong zum 65. Geburtstag (1996) |
| Festschrift Brauneck | Ehrengabe für Anne-Eva Brauneck (1999) |
| Festschrift Bruns | Festschrift für Hans-Jürgen Bruns zum 70. Geburtstag (1978) |
| Festschrift Burgstaller | Festschrift für Manfred Burgstaller zum 65. Geburtstag (2004) |
| Festschrift v. Caemmerer | Festschrift für Ernst von Caemmerer zum 70. Geburtstag (1978) |
| Festschrift Celle I | Göttinger Festschrift für das Oberlandesgericht Celle: zum 250jährigen Bestehen des Oberlandesgerichts Celle (1961) |
| Festschrift Celle II | Festschrift zum 275jährigen Bestehen des Oberlandesgerichts Celle (1986) |
| Festschrift Dahs | Festschrift für Hans Dahs zum 70. Geburtstag (2005) |
| Festschrift DJT | Hundert Jahre deutsches Rechtsleben: Festschrift zum hundertjährigen Bestehen des Deutschen Juristentages 1860–1960, 2 Bde. (1960) |
| Festschrift Dreher | Festschrift für Eduard Dreher zum 70. Geburtstag (1977) |
| Festschrift Dünnebier | Festschrift für Hans Dünnebier zum 75. Geburtstag (1982) |
| Festschrift Eisenberg | Festschrift für Ulrich Eisenberg zum 70. Geburtstag (2009) |
| Festschrift Engisch | Festschrift für Karl Engisch zum 70. Geburtstag (1969) |
| Festschrift Ermacora | Fortschritt im Bewußtsein der Grund- und Menschenrechte, Festschrift für Felix Ermacora zum 65. Geburtstag (1988) |
| Festschrift Eser | Menschengerechtes Strafrecht, Festschrift für Albin Eser zum 70. Geburtstag (2005) |
| Festschrift Fezer | Festschrift für Gerhard Fezer zum 70. Geburtstag (2008) |
| Festschrift Friebertshäuser | Festgabe für den Strafverteidiger Dr. Heino Friebertshäuser (1997) |
| Festschrift GA | 140 Jahre Goltdammer's Archiv für Strafrecht: eine Würdigung zum 70. Geburtstag von Paul-Günter Pötz (1993) |
| Festschrift Gallas | Festschrift für Wilhelm Gallas zum 70. Geburtstag (1973) |
| Festschrift Gauweiler | Recht und Politik, Festschrift für Peter Gauweiler zum 60. Geburtstag (2002) |
| Festschrift Geerds | Kriminalistik und Strafrecht: Festschrift für Friedrich Geerds zum 70. Geburtstag (1995) |
| Festschrift Geilen | Bochumer Beiträge zu aktuellen Strafrechtsthemen: Festschrift für Gerd Geilen zum 70. Geburtstag (2003) |
| Festschrift Geiß | Festschrift für Karlmann Geiß zum 65. Geburtstag (2000) |
| Festschrift Germann | Rechtsfindung – Beiträge zur juristischen Methodenlehre: Festschrift für Oscar Adolf Germann zum 80. Geburtstag (1969) |
| Festschrift Gleispach | Gegenwartsfragen der Strafrechtswissenschaft: Festschrift zum 60. Geburtstag von Graf W. Gleispach (1936) (Nachdruck 1995) |
| Festschrift Göppinger | Kriminalität, Persönlichkeit, Lebensgeschichte und Verhalten: Festschrift für Hans Göppinger zum 70. Geburtstag (1990) |
| Festschrift Gössel | Festschrift für Karl Heinz Gössel zum 70. Geburtstag (2002) |

| | |
|---|---|
| Festgabe Graßhoff | Der verfasste Rechtsstaat, Festgabe für Karin Graßhoff (1998) |
| Festschrift Grünwald | Festschrift für Gerald Grünwald zum 70. Geburtstag (1999) |
| Festschrift Grützner | Aktuelle Probleme des internationalen Strafrechts – Beiträge zur Gestaltung des internationalen und supranationalen Strafrechts: Heinrich Grützner zum 65. Geburtstag (1970) |
| Festschrift Hamm | Festschrift für Rainer Hamm zum 65. Geburtstag (2008) |
| Festschrift Hanack | Festschrift für Ernst-Walter Hanack zum 70. Geburtstag (1999) |
| Festschrift Heidelberg | Richterliche Rechtsfortbildung: Festschrift der Juristischen Fakultät zur 600-Jahr-Feier der Universität Heidelberg (1986) |
| Festschrift Heinitz | Festschrift für Ernst Heinitz zum 70. Geburtstag (1972) |
| Festschrift Henkel | Grundfragen der gesamten Strafrechtswissenschaft: Festschrift für Heinrich Henkel zum 70. Geburtstag (1974) |
| Festschrift v. Hentig | Kriminologische Wegzeichen: Festschrift für Hans v. Hentig zum 80. Geburtstag (1967) |
| Festschrift Herzberg | Strafrecht zwischen System und Telos, Festschrift für Rolf Dietrich Herzberg zum 70. Geburtstag (2008) |
| Festschrift Heusinger | Ehrengabe für Bruno Heusinger (1968) |
| Festschrift Hilger | Datenübermittlungen und Vorermittlungen, Festgabe für Hans Hilger (2003) |
| Festschrift Hirsch | Festschrift für Hans Joachim Hirsch zum 70. Geburtstag (1999) |
| Festschrift Honig | Festschrift für Richard M. Honig zum 80. Geburtstag (1970) |
| Festschrift Hruschka | Jahrbuch für Recht und Ethik: Festschrift für Joachim Hruschka zum 70. Geburtstag (2006) |
| Festschrift Hubmann | Beiträge zum Schutz der Persönlichkeit und ihrer schöpferischen Leistung; Festschrift für Heinrich Hubmann zum 70. Geburtstag (1985) |
| Festschrift Hübner | Festschrift für Heinz Hübner zum 70. Geburtstag (1984) |
| Festschrift Jakobs | Festschrift für Günther Jakobs zum 70. Geburtstag (2007) |
| Festschrift Jauch | Wie würden Sie entscheiden? Festschrift für Gerd Jauch zum 65. Geburtstag (1990) |
| Festschrift Jescheck | Festschrift für Hans-Heinrich Jescheck zum 70. Geburtstag, 2 Bde. (1985) |
| Festschrift Jung | Festschrift für Heike Jung zum 65. Geburtstag (2007) |
| Festschrift JurGes. Berlin | Festschrift zum 125jährigen Bestehen der Juristischen Gesellschaft zu Berlin (1984) |
| Festschrift Kaiser | Internationale Perspektiven in Kriminologie und Strafrecht: Festschrift für Günther Kaiser zum 70. Geburtstag, 2 Bde. (1998) |
| Festschrift Arthur Kaufmann I | Jenseits des Funktionalismus: Arthur Kaufmann zum 65. Geburtstag (1989) |
| Festschrift Arthur Kaufmann II | Strafgerechtigkeit: Festschrift für Arthur Kaufmann zum 70. Geburtstag (1993) |
| Festschrift Kern | Tübinger Festschrift für Eduard Kern (1968) |
| Festschrift Kleinknecht | Strafverfahren im Rechtsstaat: Festschrift für Theodor Kleinknecht zum 75. Geburtstag (1985) |
| Festschrift Klug | Festschrift für Ulrich Klug zum 70. Geburtstag, 2 Bde. (1983) |

| | |
|---|---|
| Festschrift Koch | Strafverteidigung und Strafprozeß, Festgabe für Ludwig Koch (1989) |
| Festschrift Kohlmann | Festschrift für Günter Kohlmann zum 70. Geburtstag (2003) |
| Festschrift Kohlrausch | Probleme der Strafrechtserneuerung: Eduard Kohlrausch zum 70. Geburtstage dargebracht (1944; Nachdruck 1978) |
| Festschrift Köln | Festschrift der Rechtswissenschaftlichen Fakultät zur 600-Jahr-Feier der Universität zu Köln (1988) |
| Festschrift Krause | Recht und Kriminalität: Festschrift für Friedrich-Wilhelm Krause zum 70. Geburtstag (1990) |
| Festschrift Küper | Festschrift für Wilfried Küper zum 70. Geburtstag (2007) |
| Festschrift Lackner | Festschrift für Karl Lackner zum 70. Geburtstag (1987) |
| Festschrift Lampe | Jus humanum: Grundlagen des Rechts und Strafrechts, Festschrift für Ernst-Joachim Lampe zum 70. Geburtstag (2003) |
| Festschrift Lange | Festschrift für Richard Lange zum 70. Geburtstag (1976) |
| Festschrift Laufs | Humaniora, Medizin – Recht – Geschichte, Festschrift für Adolf Laufs zum 70. Geburtstag (2006) |
| Festschrift Leferenz | Kriminologie – Psychiatrie – Strafrecht: Festschrift für Heinz Leferenz zum 70. Geburtstag (1983) |
| Festschrift Lenckner | Festschrift für Theodor Lenckner zum 70. Geburtstag (1998) |
| Festschrift Lüderssen | Festschrift für Klaus Lüderssen zum 70. Geburtstag (2002) |
| Festschrift Maihofer | Rechtsstaat und Menschenwürde: Festschrift für Werner Maihofer zum 70. Geburtstag (1988) |
| Festschrift Maiwald | Fragmentarisches Strafrecht, Für Manfred Maiwald aus Anlass seiner Emeritierung (2003) |
| Festschrift Mangakis | Strafrecht – Freiheit – Rechtsstaat: Festschrift für Georgios Mangakis (1999) |
| Festschrift Maurach | Festschrift für Reinhart Maurach zum 70. Geburtstag (1972) |
| Festschrift H. Mayer | Beiträge zur gesamten Strafrechtswissenschaft: Festschrift für Hellmuth Mayer zum 70. Geburtstag (1966) |
| Festschrift Meyer-Goßner | Festschrift für Lutz Meyer-Goßner zum 65. Geburtstag (2001) |
| Festschrift Mezger | Festschrift für Edmund Mezger zum 70. Geburtstag (1954) |
| Festschrift Middendorff | Festschrift für Wolf Middendorff zum 70. Geburtstag (1986) |
| Festschrift Miyazawa | Festschrift für Koichi Miyazawa: dem Wegbereiter des japanisch-deutschen Strafrechtsdiskurses (1995) |
| Festschrift E. Müller | Opuscula Honoraria, Egon Müller zum 65. Geburtstag (2003) |
| Festschrift für Egon Müller | Festschrift für Egon Müller zum 70. Geburtstag (2008) |
| Festschrift Müller-Dietz I | Das Recht und die schönen Künste: Heinz Müller-Dietz zum 65. Geburtstag (1998) |
| Festschrift Müller-Dietz II | Grundlagen staatlichen Strafens: Festschrift für Heinz-Müller-Dietz zum 70. Geburtstag (2001) |
| Festschrift Nehm | Strafrecht und Justizgewährung, Festschrift für Kay Nehm zum 65. Geburtstag (2006) |
| Festschrift Nishihara | Festschrift für Haruo Nishihara zum 70. Geburtstag (1998) |
| Festschrift Odersky | Festschrift für Walter Odersky zum 65. Geburtstag (1996) |
| Festschrift Oehler | Festschrift für Dietrich Oehler zum 70. Geburtstag (1985) |
| Festschrift Otto | Festschrift für Harro Otto zum 70. Geburtstag (2007) |

| | |
|---|---|
| Festschrift Pallin | Strafrecht, Strafprozeßrecht und Kriminologie: Festschrift für Franz Pallin zum 80. Geburtstag (1989) |
| Festschrift Partsch | Des Menschen Recht zwischen Freiheit und Verantwortung, Festschrift für Karl Josef Partsch zum 75. Geburtstag (1989) |
| Festschrift Peters | Einheit und Vielfalt des Strafrechts: Festschrift für Karl Peters zum 70. Geburtstag (1974) |
| Festschrift Pfeiffer | Strafrecht, Unternehmensrecht, Anwaltsrecht: Festschrift für Gerd Pfeiffer zum Abschied aus dem Amt als Präsident des Bundesgerichtshofes (1988) |
| Festschrift Pfenniger | Strafprozeß und Rechtsstaat, Festschrift zum 70. Geburtstag von H. F. Pfenniger (1976) |
| Festschrift Platzgummer | Festschrift für Winfried Platzgummer zum 65. Geburtstag (1995) |
| Festschrift Pötz | s. Festschrift GA |
| Festschrift Rasch | Die Sprache des Verbrechens – Wege zu einer klinischen Kriminologie: Festschrift für Wilfried Rasch (1993) |
| Festschrift Rebmann | Festschrift für Kurt Rebmann zum 65. Geburtstag (1989) |
| Festschrift Reichsgericht | Die Reichsgerichtspraxis im deutschen Rechtsleben, Festgabe der juristischen Fakultäten zum 50jährigen Bestehen des Reichsgerichts, Bd. 5, Strafrecht und Strafprozeß (1929) |
| Festschrift Reichsjustizamt | Vom Reichsjustizamt zum Bundesministerium der Justiz, Festschrift zum 100jährigen Gründungstag des Reichsjustizamtes am 1.1.1877 (1977) |
| Festschrift Richterakademie | Justiz und Recht: Festschrift aus Anlaß des 10jährigen Bestehens der Deutschen Richterakademie in Trier (1983) |
| Festschrift Rieß | Festschrift für Peter Rieß zum 70. Geburtstag (2002) |
| Festschrift Richter | Verstehen und Widerstehen, Festschrift für Christian Richter II zum 65. Geburtstag (2006) |
| Festschrift Rittler | Festschrift für Theodor Rittler zu seinem 80. Geburtstag (1957) |
| Festschrift Rolinski | Festschrift für Klaus Rolinski zum 70. Geburtstag (2002) |
| Festschrift Rosenfeld | Festschrift für Ernst Heinrich Rosenfeld zu seinem 80. Geburtstag (1949) |
| Festschrift Roxin | Festschrift für Claus Roxin zum 70. Geburtstag (2001) |
| Festschrift Rudolphi | Festschrift für Hans-Joachim Rudolphi zum 70. Geburtstag (2004) |
| Festschrift Salger | Straf- und Strafverfahrensrecht, Recht und Verkehr, Recht und Medizin: Festschrift für Hannskarl Salger zum Abschied aus dem Amt als Vizepräsident des Bundesgerichtshofes (1995) |
| Festschrift Sarstedt | Festschrift für Werner Sarstedt zum 70. Geburtstag (1981) |
| Festschrift Sauer | Festschrift für Wilhelm Sauer zu seinem 70. Geburtstag (1949) |
| Festschrift G. Schäfer | NJW-Sonderheft für Gerhard Schäfer zum 65. Geburtstag (2002) |
| Festschrift K. Schäfer | Festschrift für Karl Schäfer zum 80. Geburtstag (1980) |
| Festschrift Schaffstein | Festschrift für Friedrich Schaffstein zum 70. Geburtstag (1975) |
| Festschrift Schewe | Medizinrecht – Psychopathologie – Rechtsmedizin: diesseits und jenseits der Grenzen von Recht und Medizin: Festschrift für Günter Schewe zum 60. Geburtstag (1991) |

| | |
|---|---|
| Festschrift Schleswig-Holstein | Strafverfolgung und Strafverzicht: Festschrift zum 125jährigen Bestehen der Staatsanwaltschaft Schleswig-Holstein (1992) |
| Festschrift Schlüchter | Freiheit und Verantwortung in schwieriger Zeit: kritische Studien aus vorwiegend straf(prozeß)rechtlicher Sicht zum 60. Geburtstag von Ellen Schlüchter (1998) |
| Festschrift Schmid | Recht, Justiz, Kritik: Festschrift für Richard Schmid zum 85. Geburtstag (1985) |
| Festschrift Eb. Schmidt | Festschrift für Eberhard Schmidt zum 70. Geburtstag (1961) |
| Festschrift Schmidt-Leichner | Festschrift für Erich Schmidt-Leichner zum 65. Geburtstag (1977) |
| Festschrift Schmitt | Festschrift für Rudolf Schmitt zum 70. Geburtstag (1992) |
| Festschrift Schneider | Kriminologie an der Schwelle zum 21. Jahrhundert: Festschrift für Hans Joachim Schneider zum 70. Geburtstag (1998) |
| Festschrift Schreiber | Strafrecht, Biorecht, Rechtsphilosophie, Festschrift für Hans-Ludwig Schreiber zum 70. Geburtstag (2003) |
| Festschrift Schroeder | Festschrift für Friedrich-Christian Schroeder zum 70. Geburtstag (2006) |
| Festschrift Schüler-Springorum | Festschrift für Horst Schüler-Springorum zum 65. Geburtstag (1993) |
| Festschrift Schwind | Kriminalpolitik und ihre wissenschaftlichen Grundlagen, Festschrift für Hans-Dieter Schwind zum 70. Geburtstag (2006) |
| Festschrift Schwinge | Persönlichkeit in der Demokratie: Festschrift für Erich Schwinge zum 70. Geburtstag (1973) |
| Festschrift Seebode | Festschrift für Manfred Seebode zum 70. Geburtstag (2008) |
| Festschrift Sendler | Bürger-Richter-Staat, Festschrift für Horst Sendler zum Abschied aus seinem Amt (1991) |
| Festschrift Spendel | Festschrift für Günter Spendel zum 70. Geburtstag (1992) |
| Festschrift Spinellis | Die Strafrechtswissenschaft im 21. Jahrhundert: Festschrift für Dionysios Spinellis, 2 Bde. (2001) |
| Festschrift Stock | Studien zur Strafrechtswissenschaft: Festschrift für Ulrich Stock zum 70. Geburtstag (1966) |
| Festschrift Stree/Wessels | Beiträge zur Rechtswissenschaft: Festschrift für Walter Stree und Johannes Wessels zum 70. Geburtstag (1993) |
| Festschrift Stutte | Jugendpsychiatrie und Recht: Festschrift für Hermann Stutte zum 70. Geburtstag (1979) |
| Festschrift Tiedemann | Strafrecht und Wirtschaftsstrafrecht: Dogmatik, Rechtsvergleich, Rechtstatsachen; Festschrift für Klaus Tiedemann zum 70. Geburtstag (2008) |
| Festschrift Trechsel | Strafrecht, Strafprozessrecht und Menschenrechte, Festschrift für Stefan Trechsel zum 65. Geburtstag (2002) |
| Festschrift Triffterer | Festschrift für Otto Triffterer zum 65. Geburtstag (1996) |
| Festschrift Tröndle | Festschrift für Herbert Tröndle zum 70. Geburtstag (1989) |
| Festschrift Tübingen | Tradition und Fortschritt im Recht: Festschrift gewidmet der Tübinger Juristenfakultät zu ihrem 500jährigen Bestehen 1977 von ihren gegenwärtigen Mitgliedern (1977) |
| Festschrift Venzlaff | Forensische Psychiatrie – Entwicklungen und Perspektiven: Festschrift für Ulrich Venzlaff zum 85. Geburtstag (2006) |
| Festschrift Waseda | Recht in Ost und West: Festschrift zum 30jährigen Jubiläum des Instituts für Rechtsvergleichung der Waseda-Universität (1988) |

| | |
|---|---|
| Festschrift Wassermann | Festschrift für Rudolf Wassermann zum 60. Geburtstag (1985) |
| Festschrift v. Weber | Festschrift für Hellmuth von Weber zum 70. Geburtstag (1963) |
| Festschrift Weber | Festschrift für Ulrich Weber zum 70. Geburtstag (2004) |
| Festschrift Welzel | Festschrift für Hans Welzel zum 70. Geburtstag (1974) |
| Festschrift Widmaier | Strafverteidigung, Revision und die gesamten Strafrechtswissenschaften – Festschrift für Gunter Widmaier zum 70. Geburtstag (2008) |
| Festschrift Wolf | Mensch und Recht: Festschrift für Erik Wolf zum 70. Geburtstag (1972) |
| Festschrift Wolff | Festschrift für E. A. Wolff zum 70. Geburtstag (1998) |
| Festschrift Würtenberger | Kultur, Kriminalität, Strafrecht: Festschrift für Thomas Würtenberger zum 70. Geburtstag (1977) |
| Festschrift Würzburger Juristenfakultät | Raum und Recht, Festschrift 600 Jahre Würzburger Juristenfakultät (2002) |
| Festschrift Zeidler | Festschrift für Wolfgang Zeidler (1987) |
| Festschrift Zweibrücken | 175 Jahre Pfälzisches Oberlandesgericht: 1815 Appellationshof, Oberlandesgericht 1990 (1990) |
| Fischer | Strafgesetzbuch und Nebengesetze, Kurzkommentar, 56. Aufl. (2009); bis zur 54. Auflage *Tröndle/Fischer* |
| Forster/Joachim | Alkohol und Schuldfähigkeit (1997) |
| Frank | Das Strafgesetzbuch für das Deutsche Reich nebst dem Einführungsgesetz, 18. Aufl. (1931) |
| Freiburg-Symposium | s. Tiedemann |
| Freund AT | Strafrecht, Allgemeiner Teil, 2. Aufl. (2009) |
| Frisch, Vorsatz und Risiko | Vorsatz und Risiko: Grundfragen des tatbestandsmäßigen Verhaltens und des Vorsatzes (1983) |
| Frisch, Tatbestandsmäßiges Verhalten | Tatbestandsmäßiges Verhalten und Zurechnung des Erfolgs (1988) |
| Frister | Strafrecht Allgemeiner Teil, 2. Aufl. (2007) |
| Gallas, Beiträge | Beiträge zur Verbrechenslehre (1968) |
| Gedächtnisschrift Delitala | Gedächtnisschrift für (Studi in memoria di) Giacomo Delitala (3 Bde.) (1984) |
| Gedächtnisschrift Armin Kaufmann | Gedächtnisschrift für Armin Kaufmann (1989) |
| Gedächtnisschrift H. Kaufmann | Gedächtnisschrift für Hilde Kaufmann (1986) |
| Gedächtnisschrift Keller | Gedächtnisschrift für Rolf Keller (2003) |
| Gedächtnisschrift Meurer | Gedächtnisschrift für Dieter Meurer (2002) |
| Gedächtnisschrift K. Meyer | Gedächtnisschrift für Karlheinz Meyer (1990) |
| Gedächtnisschrift Noll | Gedächtnisschrift für Peter Noll (1984) |
| Gedächtnisschrift H. Peters | Gedächtnisschrift für Hans Peters (1967) |
| Gedächtnisschrift Radbruch | Gedächtnisschrift für Gustav Radbruch (1968) |
| Gedächtnisschrift Schlüchter | Gedächtnisschrift für Ellen Schlüchter (2002) |
| Gedächtnisschrift Schröder | Gedächtnisschrift für Horst Schröder (1978) |
| Gedächtnisschrift Tjong | Gedächtnisschrift für Zong Uk Tjong (1985) |
| Gedächtnisschrift Vogler | Gedächtnisschrift für Theo Vogler (2004) |
| Gedächtnisschrift Zipf | Gedächtnisschrift für Heinz Zipf (1999) |
| Gimbernat u.a. | Internationale Dogmatik der objektiven Zurechnung und der Unterlassungsdelikte: Spanisch-Deutsches Symposium zu Ehren von Claus Roxin, hrsg. v. Gimbernat u.a. (1995) |
| Gössel I, II | Strafrecht, Besonderer Teil, Bd. 1: Delikte gegen immaterielle Rechtsgüter des Individuums (1987), 2. Aufl. (1999); Bd. 2: Straftaten gegen materielle Rechtsgüter des Individuums (1996) |

| | |
|---|---|
| Gössel/Dölling | Strafrecht, Besonderer Teil, Bd. 1: Straftaten gegen Persönlichkeits- und Gemeinschaftswerte, 2. Aufl. (2004) |
| Gropp AT | Strafrecht, Allgemeiner Teil, 3. Auflage (2005) |
| Gropp, Sonderbeteiligung | Deliktstypen mit Sonderbeteiligung (1992) |
| Grundfragen | Grundfragen des modernen Strafrechtssystems, hrsg. v. Schünemann (1984) |
| Haft AT, BT | Strafrecht, Allgemeiner Teil, 9. Aufl. (2004); Besonderer Teil I, 8. Aufl. (2004); Besonderer Teil II, 8. Aufl. (2005) |
| Hanack-Symposium | s. Ebert |
| Hefendehl | Empirische Erkenntnisse, dogmatische Fundamente und kriminalpolitischer Impetus. Symposium für Bernd Schünemann zum 60. Geburtstag, hrsg. v. Hefendehl (2005) |
| Heinrich | Strafrecht AT I und II (2005) |
| v. Hippel I, II | Deutsches Strafrecht, Bd. 1 (1925), Bd. 2 (1930) |
| Hruschka | Strafrecht nach logisch-analytischer Methode, 2. Aufl. (1988) |
| Jakobs AT | Strafrecht, Allgemeiner Teil, 2. Aufl. (1993) |
| Jescheck, Beiträge I, II | Strafrecht im Dienste der Gemeinschaft: ausgewählte Beiträge zur Strafrechtsreform, zur Strafrechtsvergleichung, zum internationalen Strafrecht, 1953–1979 (1980) (I); Beiträge zum Strafrecht 1980–1998 (1998) (II), jew. hrsg. v. Vogler |
| Jescheck/Weigend | Lehrbuch des Strafrechts, Allgemeiner Teil, 5. Aufl. (1996) |
| Joecks | Strafgesetzbuch, Studienkommentar, 7. Aufl. 2007 |
| Kienapfel AT | Strafrecht, Allgemeiner Teil, 4. Aufl. (1984) |
| Kienapfel, Urkunden | Urkunden im Strafrecht (1967) |
| Kindhäuser AT, BT I, II | Strafrecht, Allgemeiner Teil, 3. Aufl. (2008); Besonderer Teil I: Straftaten gegen Persönlichkeitsrechte, Staat und Gesellschaft, 3. Aufl. (2007); Besonderer Teil II: Straftaten gegen Vermögensrechte, 5. Aufl. (2008) |
| Kindhäuser LPK | Strafgesetzbuch, Lehr- und Praxiskommentar, 3. Aufl. (2006) |
| Köhler AT | Deutsches Strafrecht, Allgemeiner Teil (1997) |
| Kohlrausch/Lange | Strafgesetzbuch mit Erläuterungen und Nebengesetzen, 43. Aufl. (1961) |
| Krey AT I, II | Deutsches Strafrecht, Allgemeiner Teil, Bd. 1: Grundlagen, Tatbestandsmäßigkeit, Rechtswidrigkeit, Schuld, 3. Aufl. (2008); Bd. 2: Täterschaft und Teilnahme, 3. Aufl. (2008) |
| Krey/Heinrich | Strafrecht, Besonderer Teil, Bd. 1: Besonderer Teil ohne Vermögensdelikte, 14. Aufl. (2008) |
| Krey/Hellmann | Strafrecht, Besonderer Teil, Bd. 2: Vermögensdelikte, 15. Aufl. (2008) |
| Kühl AT | Strafrecht, Allgemeiner Teil, 6. Aufl. (2008) |
| Küper BT | Strafrecht, Besonderer Teil, 7. Aufl. (2008) |
| Küpper BT | Strafrecht, Besonderer Teil, Bd. 1: Delikte gegen Rechtsgüter der Person und Gemeinschaft, 3. Aufl. (2007) |
| Lackner/Kühl | Strafgesetzbuch mit Erläuterungen, 26. Aufl. (2007) |
| v. Liszt, Aufsätze | Strafrechtliche Aufsätze und Vorträge, 2 Bde. (1925) |
| v. Liszt/Schmidt AT, BT | Lehrbuch des deutschen Strafrechts, Allgemeiner Teil, 26. Aufl. (1932); Besonderer Teil, 25. Aufl. (1925) |
| LK | Strafgesetzbuch, Leipziger Kommentar, 11. Aufl. (1992–2006) hrsg. v. Jähnke/Laufhütte/Odersky; 12. Aufl. hrsg. v. Laufhütte/Rissing-van Saan/Tiedemann (2006 ff.) |
| Lutz | Strafrecht AT, 4. Aufl. (2008) |

| | |
|---|---|
| Madrid-Symposium | s. Schünemann/Suárez |
| Manoledakis/Prittwitz | Strafrechtsprobleme an der Jahrtausendwende: Deutsch-Griechisches Symposium in Rostock 1999, hrsg. v. Manoledakis/Prittwitz (2000) |
| Matheus | Strafrecht BT 2 (2008) |
| Maurach AT, BT | Strafrecht, Allgemeiner Teil, 4. Aufl. (1971); Besonderer Teil, 5. Aufl. (1969) mit Nachträgen von 1970/71 |
| Maurach/Zipf | Strafrecht, Allgemeiner Teil, Teilbd. 1: Grundlehren des Strafrechts und Aufbau der Straftat, 8. Aufl. (1992) |
| Maurach/Gössel/Zipf | Strafrecht, Allgemeiner Teil, Teilbd. 2: Erscheinungsformen des Verbrechens und Rechtsfolgen der Tat, 7. Aufl. (1989) |
| Maurach/Schroeder/Maiwald I, II | Strafrecht, Besonderer Teil, Teilbd. 1: Straftaten gegen Persönlichkeits- und Vermögenswerte, 9. Aufl. (2003); Teilbd. 2: Straftaten gegen Gemeinschaftswerte, 9. Aufl. (2005) |
| H. Mayer AT | Strafrecht, Allgemeiner Teil (1953) |
| H. Mayer, Strafrecht | Das Strafrecht des deutschen Volkes (1936) |
| H. Mayer, Studienbuch | Strafrecht, Allgemeiner Teil, Studienbuch (1967) |
| Mezger, Strafrecht | Strafrecht, Lehrbuch, 3. Aufl. (1949) (ergänzt durch: Moderne Wege der Strafrechtsdogmatik [1950]) |
| Mitsch BT 1, 2 | Strafrecht, Besonderer Teil, Bd. 2: Vermögensdelikte, Teilbd. 1: Kernbereich, 2. Aufl. (2003); Teilbd. 2: Randbereich (2001) |
| MK | Münchener Kommentar zum Strafgesetzbuch, hrsg. von Joecks/Miebach (ab 2003) |
| Naucke | Strafrecht, Eine Einführung, 11. Aufl. (2008) |
| Niederschriften I–XIV | Niederschriften über die Sitzungen der Großen Strafrechtskommission, 14 Bde. (1956–1960) |
| Niethammer | Lehrbuch des Besonderen Teils des Strafrechts (1950) |
| NK | Nomos-Kommentar zum Strafgesetzbuch, hrsg. von Kindhäuser/Neumann/Paeffgen, 1. Auflage Loseblatt (1995 ff); 2. Aufl. gebunden (2005) |
| Oehler | Internationales Strafrecht, 2. Aufl. (1983) |
| v. Olshausen | Kommentar zum Strafgesetzbuch für das Deutsche Reich, 12. Aufl. (§§ 1–246) bearb. von Freiesleben u.a. (1942 ff); sonst 11. Aufl. bearb. von Lorenz u.a. (1927) |
| Otto AT, BT | Grundkurs Strafrecht: Allgemeine Strafrechtslehre/Die einzelnen Delikte, jeweils 7. Aufl. (2005) |
| Pfeiffer/Maul/Schulte | Strafgesetzbuch, Kommentar an Hand der Rechtsprechung des Bundesgerichtshofes (1969) |
| Preisendanz | Strafgesetzbuch, Lehrkommentar, 30. Aufl. (1978) |
| Puppe | Strafrecht Allgemeiner Teil, Band 1 (2002); Band 2 (2005) |
| Rengier BT 1, 2 | Strafrecht, Besonderer Teil, Bd. 1: Vermögensdelikte, 10. Aufl. (2008); Bd. 2: Delikte gegen die Person und Allgemeinheit, 9. Aufl. (2008) |
| Rostock-Symposium | s. Manoledakis/Prittwitz |
| Roxin AT I | Strafrecht, Allgemeiner Teil, Bd. 1: Grundlagen – Der Aufbau der Verbrechenslehre, 4. Aufl. (2006) |
| Roxin AT II | Strafrecht, Allgemeiner Teil, Bd. 2: Besondere Erscheinungsformen der Straftat (2003) |
| Roxin TuT | Täterschaft und Tatherrschaft, 8. Aufl. (2006) |
| Roxin/Stree/Zipf/Jung | Einführung in das neue Strafrecht, 2. Aufl. (1975) |
| Roxin-Symposium | s. Gimbernat |
| Sack | Umweltschutz-Strafrecht, Erläuterung der Straf- und Bußgeldvorschriften, Loseblattausgabe, 4. Aufl. (1997 ff |

| | |
|---|---|
| Sauer AT, BT | Allgemeine Strafrechtslehre, 3. Aufl. (1955); System des Strafrechts, Besonderer Teil (1954) |
| Schäfer/v. Dohnanyi | Die Strafgesetzgebung der Jahre 1931 bis 1935 (1936) (Nachtrag zur 18. Aufl. von Frank: das Strafgesetzbuch für das Deutsche Reich [1931]) |
| Schmidt | Strafrecht, Allgemeiner Teil, 7. Aufl. (2008) |
| Schmidt/Priebe | Strafrecht Besonderer Teil I und II, jeweils 7. Aufl. (2008) |
| Schmidt-Salzer | Produkthaftung, Bd. 1: Strafrecht, 2. Aufl. (1988) |
| Schmidhäuser | Einführung in das Strafrecht, 2. Aufl. (1984) |
| Schmidhäuser AT, BT, StuB | Strafrecht, Allgemeiner Teil, 2. Aufl. (1975); Besonderer Teil, 2. Aufl. (1983); Studienbuch: Allgemeiner Teil, 2. Aufl. (1984) |
| Schöch | Wiedergutmachung und Strafrecht: Symposium aus Anlaß des 80. Geburtstages von Friedrich Schaffstein, hrsg. v. Schöch (1987) |
| Schönke/Schröder | Strafgesetzbuch, Kommentar, 27. Aufl. (2006) |
| Schroth BT | Strafrecht, Besonderer Teil, 4. Aufl. (2006) |
| Schünemann/de Figueiredo Dias | Bausteine des Europäischen Strafrechts: Coimbra-Symposium für Claus Roxin, hrsg. v. Schünemann/de Figueiredo Dias (1995) |
| Schünemann/Suárez | Bausteine des europäischen Wirtschaftsstrafrechts: Madrid-Symposium für Klaus Tiedemann, hrsg. v. Schünemann/Suárez (1994) |
| Sieber | Verantwortlichkeit im Internet (1999) |
| SK | Systematischer Kommentar zum Strafgesetzbuch, Loseblattausgabe, Bd. 1: Allgemeiner Teil, 8. Aufl. (2001 ff); Bd. 2: Besonderer Teil, 7. Aufl. (1999 ff) |
| sLSK | Systematischer Leitsatzkommentar zum Sanktionenrecht, hrsg. v. Horn, Loseblattausgabe (1983 ff) |
| Sonnen | Strafrecht Besonderer Teil (2005) |
| SSW | Strafgesetzbuch, Kommentar, hrsg. v. Satzger/Schmitt/Widmaier (2009) |
| Stratenwerth/Kuhlen AT | Strafrecht, Allgemeiner Teil, Bd. 1: Die Straftat, 5. Aufl. (2004) |
| Tendenzen der Kriminalpolitik | Neuere Tendenzen der Kriminalpolitik, Beiträge zu einem deutsch-skandinavischen Strafrechtskolloquium, hrsg. v. Cornils/Eser (1987) |
| Tiedemann | Wirtschaftsstrafrecht in der Europäischen Union, Harmonisierungsvorschläge zum Allgemeinen und Besonderen Teil (Freiburg-Syposium), hrsg. v. Tiedemann (2002) |
| Tiedemann, Tatbestandsfunktionen | Tatbestandsfunktionen im Nebenstrafrecht (1969) |
| Walter, Kern des Strafrechts | Der Kern des Strafrechts (2006) |
| v. Weber | Grundriß des deutschen Strafrechts, 2. Aufl. (1948) |
| Welzel, Strafrecht | Das Deutsche Strafrecht, 11. Aufl. (1969) |
| Welzel, Strafrechtssystem | Das neue Bild des Strafrechtssystems, 4. Aufl. (1961) |
| Wessels/Beulke | Strafrecht, Allgemeiner Teil, 38. Aufl. (2008) |
| Wessels/Hettinger | Strafrecht, Besonderer Teil 1: Straftaten gegen Persönlichkeits- und Gemeinschaftswerte, 32. Aufl. (2008) |
| Wessels/Hillenkamp | Strafrecht, Besonderer Teil 2: Straftaten gegen Vermögenswerte, 31. Aufl. (2008) |
| WK | Wiener Kommentar zum Strafgesetzbuch – StGB; hrsg. v. Höpfl/Ratz, 2. Aufl. (1999 ff) |
| Wolters | Das Unternehmensdelikt (2001) |
| Zieschang AT | Strafrecht, Allgemeiner Teil, 2. Aufl. (2009) |
| Zieschang Gefährdungsdelikte | Die Gefährdungsdelikte (1998) |

### 2. Betäubungsmittelstrafrecht


| | |
|---|---|
| Franke/Wienroeder | Betäubungsmittelgesetz, Kommentar, 3. Aufl. (2008) |
| Joachimski/Haumer | Betäubungsmittelgesetz (mit ergänzenden Bestimmungen), Kommentar, 7. Aufl. (2002) |
| Körner | Betäubungsmittelgesetz, (ab 4. Aufl.) Arzneimittelgesetz, Kurzkommentar, 6. Aufl. (2007) |
| Webel | Betäubungsmittelstrafrecht (2003) |
| Weber | Betäubungsmittelgesetz, Verordnungen zum BtMG, Kommentar, 2. Aufl. (2003) |


### 3. Bürgerliches Recht


| | |
|---|---|
| Jauernig | Bürgerliches Gesetzbuch: BGB, 13. Aufl. (2009) |
| MK BGB | Münchener Kommentar zum Bürgerlichen Gesetzbuch, 4. Auflage (ab 2000); 5. Aufl. (ab 2008), hrsg. von Rebmann/Säcker/Rixecker |
| Palandt | Bürgerliches Gesetzbuch mit Einführungsgesetz (Auszug), Gesetz zur Regelung des Rechts der Allgemeinen Geschäftsbedingungen, Verbraucherkreditgesetz, Gesetz über den Widerruf von Haustürgeschäften und ähnlichen Geschäften, Kurzkommentar, 68. Aufl. (2009) |
| Prütting/Wegen/Weinreich | BGB Kommentar, 4. Aufl. (2009) |
| RGRK | Das Bürgerliche Gesetzbuch, Kommentar, mit besonderer Berücksichtigung der Rechtsprechung des Reichsgerichts und des Bundesgerichtshofes (Reichsgerichtsrätekommentar), hrsg. v. Mitgliedern des Bundesgerichtshofes, 12. Aufl. (1975–1999) |
| Staudinger | J. von Staudingers Kommentar zum Bürgerlichen Gesetzbuch mit Einführungsgesetz und Nebengesetzen; 13. ff. Bearbeitungen (1993 ff.) |


### 4. DDR-Strafrecht


| | |
|---|---|
| StGB-Komm.-DDR | Strafrecht der Deutschen Demokratischen Republik, Kommentar, 5. Aufl. (1987) |
| StGB-Lehrb.-DDR AT, BT | Strafrecht der DDR, Lehrbuch: Allgemeiner Teil, 2. Aufl. (1976); Besonderer Teil (1981) |
| StGB-Lehrb.-DDR 1988 | Strafrecht der DDR, Lehrbuch, Allgemeiner Teil (1988) |
| StPO-Komm.-DDR | Strafprozeßrecht der Deutschen Demokratischen Republik, Kommentar, 3. Aufl. (1989) |
| StPO-Lehrb.-DDR | Strafverfahrensrecht, Lehrbuch, 3. Aufl. (1987) |


### 5. Europäisches Recht


| | |
|---|---|
| Bleckmann | Europarecht, 6. Aufl. (1997) |
| Geiger | EUV, EGV, Kommentar 4. Aufl. (2004); (1. und 2. Aufl. unter dem Titel: EG-Vertrag) |
| Grabitz/Hilf | Das Recht der Europäischen Union, Kommentar, Loseblattausgabe, Altbd. I, II, hrsg. v. Grabitz/Hilf (1983 ff) (jew. bearb. v. Bandilla u.a.); Bd. 1 EUV/EGV, hrsg. v. Meinhard Hilf (bearb. v. Bandilla u.a.); Bd. 2 EUV/EGV, hrsg. v. Meinhard Hilf (bearb. v. Brühann u.a.); Bd. 3 Sekundär- |

| | |
|---|---|
| | recht: A EG-Verbraucher- und Datenschutzrecht, hrsg. v. Manfred Wolf; Bd. 4 Sekundärrecht: E EG-Außenwirtschaftsrecht, hrsg. v. Hans Günter Krenzler, 35. Aufl. (2008) |
| Hailbronner/Klein/Magiera/Müller-Graff | Handkommentar zum Vertrag über die Europäische Union (EUV/EGV), Loseblattausgabe (1991 ff) |
| HdEuropR | Handbuch des Europäischen Rechts, Loseblattausgabe, hrsg. v. Bieber/Ehlermann (1982 ff) |
| Hecker | Europäisches Strafrecht, 2. Aufl. (2007) |
| Immenga/Mestmäcker EG | Wettbewerbsrecht EG, 2 Bde., hrsg. v. Immenga/Mestmäcker, 4. Aufl. (2007) (bearb. v. Basedow u.a.) |
| Satzger | Internationales und Europäisches Strafrecht, 3. Aufl. (2009) |
| Schweitzer/Hummer | Europarecht, 6. Aufl. (2008) |
| Streinz | Europarecht, 8. Aufl. (2008) |


### 6. Handelsrecht einschließlich Bilanz- und Gesellschaftsrecht


| | |
|---|---|
| Baumbach/Hopt | Handelsgesetzbuch: HGB mit GmbH & Co., Handelsklauseln, Bank- und Börsenrecht, Transportrecht, 33. Aufl. (2008) |
| Ebenroth/Boujong/Joost/Strohn | Handelsgesetzbuch, 2. Aufl. (2009) |
| Großfeld/Luttermann | Bilanzrecht, 5. Auf. (2009) |
| Hachenburg | GmbHG, Kommentar, 8. Aufl. (1993 bis 1997) |
| Heymann | HGB, Kommentar, 4. Aufl. (2004) |
| Hopt/Wiedemann | Großkommentar zum Aktiengesetz, 4. Aufl. (1992 ff) |
| Hüffer | Aktiengesetz: AktG, Kommentar, 8. Aufl. (2008) |
| MK HGB | Münchener Kommentar zum Handelsgesetzbuch, 2. Aufl. (2005 ff) |
| Schmidt/Lutter | Aktiengesetz, Kommentar (2007) |
| Scholz | Kommentar zum GmbH-Gesetz in 3 Bänden, 10. Aufl. (2006 ff) |
| Staub | Großkommentar zum HGB, 5. Aufl. (2008 ff) |
| Ulmer/Habersack/Winter | GmbHG Kommentar (2008) |


### 7. Jugendstrafrecht


| | |
|---|---|
| AK JGG | Kommentar zum Jugendgerichtsgesetz – Reihe Alternativkommentare, hrsg. v. Wassermann (1987) |
| Brunner | Jugendgerichtsgesetz, Kommentar, 9. Aufl. (1991) |
| Brunner/Dölling | Jugendgerichtsgesetz, Kommentar, 12. Aufl. (2008) |
| Böhm | Einführung in das Jugendstrafrecht, 4. Aufl. (2004) |
| Diemer/Schoreit/Sonnen | Jugendgerichtsgesetz, Kommentar, 5. Aufl. (2008) |
| Eisenberg JGG | Jugendgerichtsgesetz, Kommentar, 13. Aufl. (2009) |
| Laubenthal/Baier | Jugendstrafrecht (2006) |
| Ostendorf JGG | Jugendgerichtsgesetz, Kommentar, 7. Aufl. (2007) |
| Schaffstein/Beulke | Jugendstrafrecht, 14. Aufl. (2002) |
| Streng | Jugendstrafrecht (2003) |
| Walter, Jugendkriminalität | Jugendkriminalität: eine systematische Darstellung, 3. Aufl. (2005) |

## 8. Kriminologie


| | |
|---|---|
| Dittmann, Volker | Kriminologie zwischen Grundlagenwissenschaften und Praxis, hrsg. von Volker Dittmann (2003) |
| Eisenberg, Kriminologie | Kriminologie, 6. Aufl. (2005) |
| Göppinger | Kriminologie, 4. Aufl. (1980) |
| Göppinger/Bock | Kriminologie, 6. Aufl. (2008) |
| HwbKrim | Handwörterbuch der Kriminologie, hrsg. v. Sieverts/ Schneider, Bd. 1–3, Ergänzungsband (4. Bd.), Nachtrags- und Registerband (5. Bd.), 2. Aufl. (1966–1998) |
| IntHdbKrim | Internationales Handbuch der Kriminologie, hrsg. v. H.-J. Schneider, Bd 1 (2007); Bd. 2 (2009) |
| Kaiser | Kriminologie, Lehrbuch, 2. Aufl. (1988), 3. Aufl. (1996) |
| Kaiser, Einführung | Kriminologie: eine Einführung in die Grundlagen, 10. Aufl. (1997) |
| Meier | Kriminologie, 3. Aufl. (2007) |
| Mezger, Kriminologie | Kriminologie, Studienbuch (1951) |
| Schneider | Kriminologie, Lehrbuch, 3. Aufl. (1992) |
| Schwind | Kriminologie, 17. Aufl. (2007) |


## 9. Ordnungswidrigkeitenrecht


| | |
|---|---|
| Bohnert | Kommentar zum Ordnungswidrigkeitenrecht, 2. Aufl. (2007) |
| Bohnert, Grundriss | Ordnungswidrigkeitenrecht, Grundriss für Praxis und Ausbildung, 2. Aufl. (2004) |
| Göhler | Gesetz über Ordnungswidrigkeiten, Kurzkommentar, 15. Aufl. (2009) |
| HK OWiG | Heidelberger Kommentar zum Ordnungswidrigkeitengesetz, hrsg. v. Lemke u.a., 2. Aufl. (2005) |
| KK OWiG | Karlsruher Kommentar zum Gesetz über Ordnungswidrigkeiten, hrsg. v. Boujong, 3. Aufl. (2006) |
| Mitsch OWiG | Recht der Ordnungswidrigkeiten, 2. Aufl. (2005) |
| Rebmann/Roth/Hermann | Gesetz über Ordnungswidrigkeiten: Kommentar, Loseblattausgabe (2002 ff) |


## 10. Presserecht


| | |
|---|---|
| Groß | Presserecht, 3. Aufl. (1999) |
| Löffler | Presserecht, Kommentar, Bd. 1: Allgemeine Grundlagen, Verfassungs- und Bundesrecht, 2. Aufl. (1969); Bd. 1 (in der 2. Aufl. noch Bd. 2): Die Landespressegesetze der Bundesrepublik Deutschland, 5. Aufl. (2006) |
| Soehring | Presserecht, 3. Aufl. (2000) |


## 11. Rechtshilfe


| | |
|---|---|
| Grützner/Pötz | Grützner/Pötz, Internationaler Rechtshilfeverkehr in Strafsachen, Loseblattausgabe, 2. Aufl. (1980 ff) |
| Hackner/Lagodny/ Schomburg/Wolf | Internationale Rechtshilfe in Strafsachen (2003) |
| Schomburg/Lagodny/ Gleß/Hackner | Internationale Rechtshilfe in Strafsachen, 4. Aufl. (2006) |

| | |
|---|---|
| Vogler/Wilkitzki | Gesetz über die Internationale Rechtshilfe in Strafsachen (IRG), Kommentar, Loseblattausgabe (1992 ff) als Sonderausgabe aus Grützner/Pötz (siehe dort) |

**12. Rechtsmedizin und Medizinrecht**

| | |
|---|---|
| Forster | Praxis der Rechtsmedizin (1986) |
| Forster/Ropohl | Rechtsmedizin, 5. Aufl. (1989) |
| HfPsych I, II | Handbuch der forensischen Psychiatrie, hrsg. v. Göppinger/Witter, Bd. 1: Teil A (Die rechtlichen Grundlagen) und B (Die psychiatrischen Grundlagen); Bd. 2: Teil C (Die forensischen Aufgaben der Psychiatrie) und D (Der Sachverständige, Gutachten und Verfahren) (jew. 1972) |
| Laufs | Arztrecht, 6. Aufl. (2001) |
| Laufs, Fortpflanzungsmedizin | Fortpflanzungsmedizin und Arztrecht (1992) |
| Psychiatrische Begutachtung | Ein praktisches Handbuch für Ärzte und Juristen, hrsg. v. Foerster/Dreßing, 5. Aufl. (2009) |
| Rieger | Lexikon des Arztrechts, Loseblatt, 2. Aufl. (2001 ff) |
| Roxin/Schroth | Handbuch des Medizinstrafrechts, 3. Aufl. (2007) |
| Ulsenheimer | Arztstrafrecht in der Praxis, 4. Aufl. (2008) |

**13. Strafprozess- und Strafvollzugsrecht**

| | |
|---|---|
| AK StPO | Kommentar zur Strafprozeßordnung – Reihe Alternativkommentare, hrsg. v. Wassermann, Bd. 1 (1988), Bd. 2 Teilbd. 1 (1992), Bd. 2 Teilbd. 2 (1993), Bd. 3 (1996) |
| AK StVollzG | Kommentar zum Strafvollzugsgesetz – Reihe Alternativkommentare, hrsg. v. Wassermann, 3. Aufl. (1990) |
| Arloth | Strafvollzugsgesetz, Kommentar, 2. Aufl. (2008) |
| Beulke | Strafprozeßrecht, 10. Aufl. (2008) |
| Bringewat | Strafvollstreckungsrecht: Kommentar zu den §§ 449–463d StPO (1993) |
| Calliess/Müller-Dietz | Strafvollzugsgesetz, Kurzkommentar, 11. Aufl. (2008) |
| Eisenberg | Beweisrecht der StPO, Spezialkommentar, 6. Aufl. (2008) |
| HK StPO | Heidelberger Kommentar zur Strafprozeßordnung, hrsg. v. Lemke u.a., 3. Aufl. (2001) |
| Isak/Wagner | Strafvollstreckung, 7. Aufl. (2004); vormals: Wetterich/Hamann |
| Jessnitzer | Der gerichtliche Sachverständige, 12. Aufl. (2007) |
| Joecks | Studienkommentar StPO, 2. Aufl. (2008) |
| Kamann | Handbuch für die Strafvollstreckung und den Strafvollzug, 2. Aufl. (2008) |
| Kammeier | Maßregelvollzugsrecht, Kommentar, 2. Aufl. (2002) |
| KK | Karlsruher Kommentar zur Strafprozeßordnung und zum Gerichtsverfassungsgesetz mit Einführungsgesetz, hrsg. v. Pfeiffer, 6. Aufl. (2008) |
| Kleinknecht/Meyer-Goßner | Strafprozeßordnung, Gerichtsverfassungsgesetz, Nebengesetze und ergänzende Bestimmungen, Kurzkommentar, 46. Aufl. (2003); nunmehr: Meyer-Goßner |
| KMR | Kleinknecht/Müller/Reitberger (Begr.), Kommentar zur Strafprozeßordnung, Loseblattausgabe, 8. Aufl. (1990 ff), ab 14. Lfg. hrsg. von v. Heintschel-Heinegg/Stöckel |

| | |
|---|---|
| Kramer | Grundbegriffe des Strafverfahrensrechts: Ermittlung und Verfahren, 6. Aufl. (2004) |
| Kühne, Strafprozeßlehre | Strafprozeßlehre, 4. Aufl. (1993) |
| Kühne, Strafprozessrecht | Strafprozessrecht, 7. Aufl. (2007) |
| LR | Löwe-Rosenberg, Die Strafprozeßordnung und das Gerichtsverfassungsgesetz mit Nebengesetzen, Großkommentar, 26. Aufl. (2006 ff) |
| Marschner/Volckart | Freiheitsentziehung und Unterbringung, 4. Aufl. (2001) (vormals Saage/Göppinger) |
| Meyer-Goßner | Strafprozeßordnung, Gerichtsverfassungsgesetz, Nebengesetze und ergänzende Bestimmungen, Kurzkommentar, 51. Aufl. (2008) vormals Kleinknecht/Meyer-Goßner |
| Müller | Beiträge zum Strafprozessrecht (2003) |
| Peters | Strafprozeß, Ein Lehrbuch, 4. Aufl. (1985) |
| Pfeiffer | Strafprozeßordnung und Gerichtsverfassungsgesetz, 6. Aufl. (2008) |
| Pohlmann/Jabel/Wolf | Strafvollstreckungsordnung, Kommentar, 8. Aufl. (2001) |
| Putzke | Strafprozessrecht (2005) |
| Roxin, Strafverfahrensrecht | Studienbuch, 25. Aufl. (1998) |
| Roxin/Arzt/Tiedemann | Einführung in das Strafrecht und Strafprozeßrecht, 5. Auflage (2006) |
| Saage/Göppinger | Freiheitsentziehung und Unterbringung, 3. Aufl. (1994) (ab der 4. Auflage Marschner/Volckart) |
| Sarstedt/Hamm | Die Revision in Strafsachen, 6. Aufl. (1998) |
| Schäfer, Strafverfahren | Die Praxis des Strafverfahrens, 7. Aufl. (2007) |
| Schäfer, Strafzumessung | Die Praxis der Strafzumessung, 4. Aufl. (2008) |
| Schätzler | Handbuch des Gnadenrechts, 2. Aufl. (1992) |
| Eb. Schmidt, Lehrkommentar I–III | Strafprozeßordnung, Lehrkommentar, Bd. 1: Die rechtstheoretischen und die rechtspolitischen Grundlagen des Strafverfahrensrechts, 2. Aufl. (1964); Bd. 2: Erläuterungen zur Strafprozeßordnung und zum Einführungsgesetz zur Strafprozeßordnung (1957) (mit Nachtragsband 1 [1967] und 2 [1970]); Bd. 3: Erläuterungen zum Gerichtsverfassungsgesetz und zum Einführungsgesetz zum Gerichtsverfassungsgesetz (1960) |
| Schwind/Böhm/Jehle | Strafvollzugsgesetz, Kommentar, 4. Auflage (2005) |
| SK StPO | Systematischer Kommentar zur Strafprozeßordnung und zum Gerichtsverfassungsgesetz, Loseblattausgabe (1986 ff) |
| Volckart | Maßregelvollzug, 6. Aufl. (2002) |
| Volk | Grundkurs StPO, 6. Aufl. (2008) |
| Walter, Strafvollzug | Strafvollzug, 2. Aufl. (1999) |


**14. Straßenverkehrsrecht**


| | |
|---|---|
| Bär/Hauser/Lehmpuhl | Unfallflucht, Kommentar, Loseblattausgabe (1978 ff) |
| Cramer | Straßenverkehrsrecht, Bd. 1: StVO, StGB, 2. Aufl. (1977) |
| Full/Möhl/Rüth | Straßenverkehrsrecht: Kommentar (1980) mit Nachtrag (1980/81) |
| Hentschel, Straßenverkehrsrecht | Straßenverkehrsrecht: Straßenverkehrsgesetz, Straßenverkehrs-Ordnung, Strassenverkehrs-Zulassungs-Ordnung, Fahrerlaubnis-Verordnung, Bußgeldkatalog, Gesetzesmaterialien, Verwaltungsvorschriften und einschlägige Bestimmungen des StGB und StPO, 40. Aufl. (2009), vormals Jagusch/Hentschel |

| | |
|---|---|
| Hentschel | Trunkenheit, Fahrerlaubnisentziehung, Fahrverbot im Straf- und Ordnungswidrigkeitenrecht, 10. Aufl. (2006) |
| Hentschel/Born | Trunkenheit im Straßenverkehr, 7. Aufl. (1996) |
| Himmelreich/Bücken | Verkehrsunfallflucht: Verteidigerstrategien im Rahmen des § 142 StGB, 4. Aufl. (2005) |
| Himmelreich/Hentschel | Fahrverbot, Führerscheinentzug; Bd. 1: Straf- und Ordnungswidrigkeitenrecht, 8. Aufl. (1995) |
| HK StVR | Heidelberger Kommentar zum Straßenverkehrsrecht, hrsg. v. Griesbaum u. a. (1993) |
| Janker | Straßenverkehrsdelikte: Ansatzpunkte für die Verteidigung (2002) |
| Jagow/Burmann/Heß | Straßenverkehrsordnung, Kommentar, 20. Aufl. (2008); vormals: Janiszewski/Jagow/Burmann |
| Jagusch/Hentschel | Straßenverkehrsrecht, Kurzkommentar, 35. Aufl. (1999) |
| Janiszewski | Verkehrsstrafrecht, 5. Aufl. 2004 |
| Mühlhaus/Janiszewski | Straßenverkehrsordnung, Kommentar, 15. Aufl. (1998); nunmehr: Janiszewski/Jagow/Burmann |
| Müller I–III | Straßenverkehrsrecht, Großkommentar, 22. Aufl., Bd. 1 (1969) mit Nachtrag 1969, Bd. 2 (1969), Bd. 3 (1973) |
| Rüth/Berr/Berz | Straßenverkehrsrecht, Kommentar, 2. Aufl. (1988) |


**15. Verfassungsrecht**


| | |
|---|---|
| BK | Kommentar zum Bonner Grundgesetz (Bonner Kommentar), Loseblattausgabe, hrsg. v. Dolzer/Vogel (1954 ff) |
| Dreier I–III | Grundgesetz, Kommentar, Bd. 1: Art. 1–19 (1996), 2. Aufl. (2004); Bd. 2: Art. 20–82 (1998); Bd. 3: Art. 83–146 (2000); Bd. 2 2. Aufl. (2008) |
| HdStR I–IX | Handbuch des Staatsrechts der Bundesrepublik Deutschland, hrsg. v. Isensee/Kirchhof, Bd. 1, 3. Aufl. (2003); Bd. 2, 3. Aufl. (2004); Bd. 3, 3. Aufl. (2005); Bd. 4, 3. Aufl. (2006); Bd. 5, 3. Aufl. (2007); Bd. 6, 2. Aufl. (2001); Bd. 7 (1992); Bd. 8 (1995); Bd. 9 (1997); Bd. 10 (2000) |
| Jarass/Pieroth | Grundgesetz für die Bundesrepublik Deutschland: Kommentar, 10. Aufl. (2009) |
| v. Mangoldt/Klein/Starck | Kommentar zum Grundgesetz, Bd. 1 (Artt. 1–19), Bd. 2 (Artt. 20–82), Bd. 3 (Artt. 83–146), 5. Aufl. (2005); früherer Titel: Das Bonner Grundgesetz |
| Maunz/Dürig | Grundgesetz, Kommentar, Loseblattausgabe, 7. Aufl. (1991 ff) (bearb. v. Badura u.a.), 51. Aufl. (2008) |
| Maunz/Schmidt-Bleibtreu/Klein/ Ulsamer | Bundesverfassungsgerichtsgesetz, Kommentar, Loseblattausgabe, 3. Aufl. (1992 ff) |
| v. Münch/Kunig | Grundgesetz, Kommentar, Bd. 1, 5. Aufl. (2000); Bd. 2, 4./5. Aufl. (2001); Bd. 3, 5. Aufl. (2003) |
| Sachs | Grundgesetz-Kommentar, 4. Auflage (2007) |
| Schmidt-Bleibtreu/Klein | Kommentar zum Grundgesetz, 11. Aufl. (2008) |
| Stern I–V | Das Staatsrecht der Bundesrepublik Deutschland, Bd. 1, 2. Aufl. (1984); Bd. 2 (1980); Bd. 3/1 (1988); Bd. 3/2 (1994); Bd. 4 (1997); Bd. 5 (2000) |

**16. Wettbewerbs- und Kartellrecht**


| | |
|---|---|
| Baumbach/Hefermehl | Wettbewerbsrecht, Kurzkommentar, ab 23. Aufl. als Hefermehl/Köhler/Bornkamm: Wettbewerbsrecht weitergeführt |
| Emmerich, Kartellrecht | Kartellrecht, Studienbuch, 11. Aufl. (2008) |
| Emmerich, Wettbewerbsrecht | Unlauterer Wettbewerb, 7. Auflage (2004) |
| FK Kartellrecht [GWB] | Frankfurter Kommentar zum Kartellrecht, mit Kommentierung des GWB, des EG-Kartellrechts und einer Darstellung ausländischer Kartellrechtsordnungen, Loseblattausgabe, hrsg. v. Glassen u.a. (2001 ff) bis zur 44. Lfg. unter dem Titel: Frankfurter Kommentar zum Gesetz gegen Wettbewerbsbeschränkungen |
| Fezer | Lauterkeitsrecht (Kommentar zum UWG) 2 Bände, 2. Aufl. (2009) |
| Immenga/Mestmäcker GWB | Wettbewerbsrecht, Kommentar, hrsg. v. Immenga/Mestmäcker, 4. Aufl. (2007) |
| Hefermehl/Köhler/Bornkamm | Wettbewerbsrecht: Gesetz gegen den unlauteren Wettbewerb, Preisangabenverordnung, 26. Aufl. (2008) |
| Köhler/Piper | Gesetz gegen den unlauteren Wettbewerb, Kommentar, 4. Aufl. (2006) |
| Rittner/Dreher | Europäisches und deutsches Wirtschaftsrecht, 3. Aufl. (2008) |
| Rittner/Kulka | Wettbewerbs – und Kartellrecht, 7. Aufl. (2008) |


**17. Wirtschafts- und Steuerstrafrecht**


| | |
|---|---|
| Achenbach/Ransiek | Handbuch Wirtschaftsstrafrecht, hrsg. v. Achenbach/Ransiek, 2. Aufl. (2008) |
| Belke/Oehmichen | Wirtschaftskriminalität – aktuelle Fragen des Wirtschaftsstrafrechts in Theorie und Praxis (1983) |
| Bender | Zoll- und Verbrauchssteuerstrafrecht, Loseblatt |
| Bittmann | Insolvenzstrafrecht, hrsg. von Bittmann (2004) |
| Franzen/Gast/Joecks | Steuerstrafrecht: mit Steuerordnungswidrigkeiten und Verfahrensrecht; Kommentar zu §§ 369–412 AO 1977 sowie zu § 80 des ZollVG, 7. Aufl. (2009) |
| Geilen, Aktienstrafrecht | Erläuterungen zu §§ 399–405 AktG von Gerd Geilen, Erläuterungen zu § 408 AktG von Wolfgang Zöllner (1984) (Sonderausgabe aus der 1. Aufl. des Kölner Kommentars zum Aktiengesetz) |
| Greeve/Leipold | Handbuch des Baustrafrechts (2004) |
| Hellmann/Beckemper | Wirtschaftsstrafrecht, 2. Aufl. (2008) |
| Hübschmann/Hepp/Spitaler | Abgabenordnung, Finanzgerichtsordnung, Kommentar, Loseblattausgabe, 10. Aufl. (1995 ff) (bearb. v. Söhn u.a.) |
| HWiStR | Handwörterbuch des Wirtschafts- und Steuerstrafrechts, Loseblattausgabe (1985–1990), hrsg. v. Krekeler/Tiedemann u.a. |
| Joecks | Steuerstrafrecht, 3. Aufl. (2003) |
| Klein, AO | Abgabenordnung einschließlich Steuerstrafrecht, Kommentar, 10. Aufl. (2009) |
| Kohlmann | Steuerstrafrecht, Kommentar zu den §§ 369–412 AO 1977, Loseblattausgabe, 7. Aufl. (1997 ff) |
| Kohlmann/Löffler | Die strafrechtliche Verantwortlichkeit des GmbH-Geschäftsführers (1990) |

| | |
|---|---|
| Müller-Gugenberger/Bieneck | Wirtschaftsstrafrecht, 4. Aufl. (2006) |
| Otto, Aktienstrafrecht | Erläuterungen zu den §§ 399–410 AktG (1997) (Sonderausgabe aus der 4. Aufl. des Großkommentars zum Aktiengesetz) |
| Park | Kapitalmarktstrafrecht, Handkommentar, 2. Aufl. (2008) |
| Ransiek | Unternehmensstrafrecht (1996) |
| Rolletschke | Steuerstrafrecht, 3. Aufl. (2009) |
| Schröder (Chr.) | Kapitalmarktstrafrecht, 2. Aufl. (2009) |
| Tiedemann, GmbH-Strafrecht | GmbH-Strafrecht (§§ 82–85 GmbHG und ergänzende Vorschriften), 4. Aufl. (2002), 5. Aufl. (2010) (Sonderausgabe der 10. Aufl. des Kommentars zum GmbHG Bd. III von Scholz 2009) |
| Tiedemann, Wirtschaftsstrafrecht AT, BT | Wirtschaftsstrafrecht, Einführung und Allgemeiner Teil, 2. Aufl. (2007), Besonderer Teil, 2. Aufl. (2008) |
| Tiedemann, Wirtschaftsstrafrecht I, II | Wirtschaftsstrafrecht und Wirtschaftskriminalität, Bd. 1: Allgemeiner Teil; Bd. 2: Besonderer Teil (jew. 1976) |
| Wabnitz/Janovsky | Handbuch des Wirtschafts- und Steuerstrafrechts, 3. Aufl. (2007) |
| Weyand/Diversy | Insolvenzdelikte, 7. Aufl. (2006) |
| Ziouvas | Das neue Kapitalmarktstrafrecht (2005) |

**18. Zivilprozessrecht und Insolvenzrecht**

| | |
|---|---|
| Baumbach/Lauterbach/Albers/Hartmann | Zivilprozessordnung, 66. Aufl. (2008) |
| FK InsO | Frankfurter Kommentar zur Insolvenzordnung, hrsg. v. Wimmer, 5. Aufl. (2008) |
| HK InsO | Heidelberger Kommentar zur Insolvenzordnung, hrsg. v. Eickmann, 4. Aufl. (2006) |
| Jaeger, InsO | Insolvenzordnung, Großkommentar, hrsg. v. Henckel/Gerhardt (2004 ff) |
| Kübler/Prütting | InsO – Kommentar zur Insolvenzordnung, Loseblatt |
| MK InsO | Münchener Kommentar zur Insolvenzordnung, 2. Aufl. (ab 2007) |
| MK ZPO | Münchener Kommentar zur ZPO, 3. Aufl. (2007) |
| Musielak | Kommentar zur Zivilprozessordnung, 6. Aufl. (2008) |
| Rosenberg/Schwab/Gottwald | Zivilprozessrecht, 16. Aufl. (2004) |
| Smid InsO | Insolvenzordnung (InsO) mit Insolvenzrechtlicher Vergütungsverordnung (InsVV), Kommentar, 2. Aufl. (2001) |
| Stein/Jonas/Bearbeiter | Kommentar zur Zivilprozeßordnung, 22. Aufl. (2002 ff) |
| Zöller | Zivilprozessordnung, Kommentar, 26. Aufl. (2007) |

**19. Sonstiges (einschließlich Völkerrecht und Waffenrecht)**

| | |
|---|---|
| Brownlie | Principles of Public International Law, 7. Aufl. (2008) |
| Corpus Juris | The implementation of the Corpus Juris in the Member States/La mise en œuvre du Corpus Juris dans les Etats Membres, hrsg. v. Delmas-Marty/Vervaele (2000); Deutsche Version der Entwurfsfassung von 1997: Delmas-Marty (Hrsg.), Corpus Juris der strafrechtlichen Regelungen zum Schutz der finanziellen Interessen der Europäischen Union, Deutsche Übersetzung von Kleinke und Tully, Einführung von Sieber (1998) |
| Dahm/Delbrück/Wolfrum | Völkerrecht, 2. Aufl., Band I/1 (1989), Band I/2 (2002), Band I/3 (2002) |

| | |
|---|---|
| Fuhr/Stahlhacke | Gewerbeordnung, Kommentar, Gewerberechtlicher Teil, Loseblattausgabe, hrsg. v. Friauf (2001 ff) |
| Götz/Tolzmann | Bundeszentralregistergesetz, Kommentar, 4. Aufl. (2000); Nachtrag (2003) |
| Herdegen | Völkerrecht, 7. Aufl. (2008) |
| HMmR | Handbuch Multimedia-Recht, Loseblattausgabe, hrsg. v. Hoeren/Sieber (1998 ff) |
| HwbRW I–VIII | Handwörterbuch der Rechtswissenschaft, hrsg. v. Stier-Somlo u.a., Bd. 1 (1926), Bd. 2 (1927), Bd. 3 (1928), Bd. 4 (1927), Bd. 5 (1928), Bd. 6 (1929), Bd. 7 (1931), Bd. 8 (1937) (unter dem Titel: Die Rechtsentwicklung der Jahre 1933 bis 1935/36) |
| Ipsen | Völkerrecht, 5. Aufl. (2004) |
| Keller/Günther/Kaiser | Embryonenschutzgesetz, Kommentar (1992) |
| Kröger/Gimmy | Handbuch zum Internetrecht, 2. Aufl. (2002) |
| Landmann/Rohmer I, II | Gewerbeordnung und ergänzende Vorschriften, Kommentar, Loseblattausgabe, Bd. 1: Gewerbeordnung; Bd. 2: Ergänzende Vorschriften (jew. 1998 ff) |
| LdR | Lexikon des Rechts: Strafrecht, Strafverfahrensrecht, hrsg. v. Ulsamer, 2. Aufl. (1996) |
| Lüder | Materialien zum Völkerstrafgesetzbuch: Dokumentation des Gesetzgebungsverfahrens (2002) |
| Michalke | Umweltstrafsachen 2. Aufl. (2000) |
| Rebmann/Uhlig | Bundeszentralregister, Gewerbezentralregister, Verkehrszentralregister und ergänzende Bestimmungen, Kommentar (1985) |
| Schölz/Lingens | Wehrstrafgesetz, Kommentar, 4. Aufl. (2000) |
| Seidl-Hohenveldern | Lexikon des Rechts – Völkerrecht, 2. Aufl (1992) |
| Seidl-Hohenveldern/Stein | Völkerrecht, 11. Aufl. (2005), vormerkbar 12. Aufl. (2009) |
| Shaw | International Law, 5. Aufl. (2003) |
| Steindorf | Waffenrecht: Waffengesetz mit Durchführungsverordnungen, Kriegswaffenkontrollgesetz und Nebenbestimmungen, Kurzkommentar, 8. Aufl. (2007) |
| Strupp/Schlochauer | Wörterbuch des Völkerrechts, 2. Aufl., Band 1 (1960), Band 2 (1961), Band 3 (1962) |
| Tolzmann | Bundeszentralregistergesetz, Kommentar, Zentralregister, Erziehungsregister und Gewerbezentralregister, Nachtrag zur 4. Aufl. mit Verwaltungsvorschriften (2003) |
| Verdross/Simma | Universelles Völkerrecht, 3. Auflage (1984) |
| Vitzthum | Völkerrecht, 4. Aufl. (2007) |
| Werle | Völkerstrafrecht, 2. Aufl. (2007) |

# Strafgesetzbuch

vom 15. Mai 1871 (RGBl. 1871, 127);
neugefasst durch Bek. v. 13.11.1998 (BGBl. I 3322);
zuletzt geändert durch Gesetz v. 31.10.2008 (BGBl. I 214a)

## BESONDERER TEIL

### DREIUNDZWANZIGSTER ABSCHNITT

### Urkundenfälschung

### Vorbemerkungen zu den §§ 267 ff

#### Schrifttum

*Freund* Grundfälle zu den Urkundendelikten, JuS **1993** 731, 1016, **1994** 30, 125, 305; *ders.* Urkundenstraftaten (1996); *Geerds* Urkundendelikte, in Handwörterbuch der Kriminologie, 2. Aufl. Erg.-Bd. (1979) S. 205 ff; *Geppert* Zum Verhältnis der Urkundendelikte untereinander, insbesondere zur Abgrenzung von Urkundenfälschung und Urkundenunterdrückung (§§ 267 und 274 I Nr. 1 StGB), Jura **1988** 158; *Helle* Die nachträgliche Veränderung einer Urkunde durch ihren Aussteller, Diss. Tübingen 2001; *Jakobs* Urkundenfälschung – Revision eines Täuschungsdelikts (2000); *Kienapfel* Urkunden im Strafrecht (1967, zit.: Urkunden I); *ders.* Grundfragen des Urkundenstrafrechts, JZ **1972** 394; *ders.* Urkunden und andere Gewährschaftsträger (1979, zit.: Urkunden II); *Otto* Die Probleme der Urkundenfälschung (§ 267 StGB) in der neueren Rechtsprechung und Lehre, JuS **1987** 761; *Prechtel* Urkundendelikte (§§ 267 ff StGB) (2005); *Puppe* Die neue Rechtsprechung zu den Fälschungsdelikten, JZ **1986** 938; *dies.* Die neue Rechtsprechung zu den Fälschungsdelikten, JZ **1997** 490; *dies.* Urkundenschutz im Computerzeitalter, Festschrift BGH 50 (2000) 569; *Samson* Urkunde und Beweiszeichen (1968); *ders.* Grundprobleme der Urkundenfälschung, JuS **1970** 369; *ders.* Grundprobleme der Urkundenfälschung, JA **1979** 526, 658; *Schilling* Reform der Urkundenverbrechen (1971); *Sieber* Computerkriminalität und Strafrecht, 2. Aufl. (1980).

Siehe im Übrigen die Angaben bei den jeweiligen Vorschriften. Zum älteren Schrifttum vor 1945 vgl. die Nachweise in der Vorauflage.

#### Entstehungsgeschichte

Seit In-Kraft-Treten des Reichsstrafgesetzbuchs von 1871 schützte sein 23. Abschnitt jahrzehntelang, auch nachdem das Gesetz vom 4.9.1941 (RGBl. I S. 549) die Vorschrift gegen den Missbrauch von Ausweispapieren (§ 281 StGB) eingefügt hatte, im Wesentlichen vor Urkundenfälschung; **bis 1943** enthielt er – abgesehen von § 281 StGB – folgende Tatbestände: einfache Urkundenfälschung (§ 267 StGB), schwere Urkundenfälschung (§ 268 StGB), Blankettfälschung (§ 269 StGB), Gebrauch einer falschen oder verfälschten Urkunde (§ 270 StGB), einfache mittelbare Falschbeurkundung (§ 271 StGB), schwere mittelbare Falschbeurkundung (§ 272 StGB), Gebrauchmachen von einer mittelbaren Falschbeurkundung (§ 273 StGB), Urkundenunterdrückung und Grenzverrückung (§ 274 StGB), Fälschung und Wiederverwendung von Stempel-, Post- und Telegraphenwertzeichen (§§ 275, 276 StGB), Fälschung von Gesundheitszeugnissen (§ 277 StGB) sowie Ausstellen und Gebrauchmachen von unrichtigen Gesundheitszeugnissen (§§ 278, 279 StGB).

Art. 11 der **StrafrechtsangleichungsVO** vom 29.5.1943 (RGBl. I S. 339) ersetzte die früheren §§ 267 bis 270 StGB durch eine Neufassung des § 267 StGB. In der Folgezeit wurde der Schutz, den der 23. Abschnitt gewährt, auf andere Gegenstände als Urkunden erweitert. Das **Erste Gesetz zur Reform des Strafrechts** (1. StrRG) vom 25.6.1969 (BGBl. I S. 645) bezog die technischen Aufzeichnungen in den Schutz mit ein (§§ 268, 274 Abs. 1 Nr. 1 StGB, § 282 StGB i.d.F. des Art. 1 Nrn. 79, 82 und 84 des 1. StrRG). Das **Einführungsgesetz zum Strafgesetzbuch** (EGStGB) vom 2.3.1974 (BGBl. I S. 469) beseitigte die früheren Vorschriften (§§ 275, 276 a.F. StGB) über die Fälschung und Verwendung von Wertzeichen und bedrohte die Vorbereitung der Fälschung von amtlichen Ausweisen mit Strafe (§ 275 StGB i.d.F. des Art. 19 Nr. 143 EGStGB; Art. 19 Nr. 144 EGStGB). Das **Zweite Gesetz zur Bekämpfung der Wirtschaftskriminalität** (2. WiKG) vom 15.5.1986 (BGBl. I S. 721) dehnte den Schutz auf die Speicherung und Verarbeitung von Daten aus (§§ 269, 270, 271 Abs. 1, 273, 274 Abs. 1 Nr. 2 StGB i.d.F. des Art. 1 Nrn. 12 bis 15 des 2. WiKG). Das **Verbrechensbekämpfungsgesetz** (VerbrBekG) vom 28.10.1994 (BGBl. I S. 3186) fügte besondere Bestimmungen ein, die sich gegen das Verschaffen falscher amtlicher Ausweise oder anderer Papiere richten (§ 275 Abs. 1 StGB, §§ 276, 276a StGB i.d.F. des Art. 1 Nrn. 18 bis 20 VerbrBekG).[1]

Zu einer Reihe weiterer Änderungen führte das **Sechste Gesetz zur Reform des Strafrechts** (6. StrRG) vom 26.1.1998 (BGBl. I S. 164). Es griff in die Strafrahmen der Vorschriften ein (§ 267 Abs. 3 StGB, § 268 Abs. 5 StGB, § 269 Abs. 3 StGB) und schuf mehrere qualifizierte Tatbestände (§ 267 Abs. 4 StGB, § 268 Abs. 5 StGB, § 269 Abs. 3 StGB, § 275 Abs. 2 StGB, § 276 Abs. 2 StGB). Es fasste die verschiedenen Tatbestände der mittelbaren Falschbeurkundung (§§ 271 bis 273 a.F. StGB) in einer Vorschrift zusammen (§ 271 n.F. StGB), fügte als neuen Tatbestand das Verändern von amtlichen Ausweisen ein (§ 273 n.F. StGB) und änderte den § 282 StGB (Einzelheiten bei den genannten Normen). Das **Zuwanderungsgesetz** vom 20.6.2002 (BGBl. I S. 1946) hatte in § 276a StGB die Worte „Aufenthaltsgenehmigungen und Duldungen" durch den Begriff „Aufenthaltstitel" ersetzt; jedoch hat das BVerfG (BVerfGE **106** 310) dieses Gesetz für verfassungswidrig und nichtig erklärt. Durch das Zuwanderungsgesetz vom 30.7.2004 (BGBl. I S. 1950) ist nunmehr in § 276a StGB die Formulierung „Aufenthaltstitel und Duldungen" zu finden.

*Übersicht*



[1] Zur rechtsgeschichtlichen Entwicklung der Fälschungsdelikte *Erb* MK Rdn. 1 f, § 267 Rdn. 14 f; *Prechtel* S. 7 ff; *Sch/Schröder/Cramer/Heine* Rdn. 1 ff; *Tröndle* LK[10] Rdn. 7 ff; siehe auch *Joecks* § 267 Rdn. 4.

*Alphabetische Übersicht*



## I. Zum Inhalt des 23. Abschnitts

**1. Allgemeines.** Die Überschrift des Abschnitts – „Urkundenfälschung" – ist ungenau, sein Inhalt im Übrigen nicht erschöpfend. Einerseits betrifft er nicht nur Urkunden im Sinne der Rechtsprechung, sondern – wie die Entstehungsgeschichte zeigt – auch andere Beweismittel wie technische Aufzeichnungen und Daten. Andererseits gibt es weitere Delikte, die der Urkundenfälschung ähnlich sind, ohne dass sie im 23. Abschnitt erscheinen (vgl. §§ 146 ff, 348 StGB).[2] Manche dieser Delikte sind zudem außerhalb des Strafgesetzbuchs geregelt, so zum Beispiel § 402 AktG (falsche Ausstellung oder Verfälschung von Hinterlegungsbescheinigungen) und §§ 22, 22a StVG (Kennzeichenmissbrauch sowie missbräuchliches Herstellen, Vertreiben oder Ausgeben von Kennzeichen). 1

Zur **Kriminologie** der Urkundendelikte vgl. *Arzt/Weber* BT § 30 Rdn. 9; *Freund* Urkundenstraftaten Rdn. 11 bis 13. *Arzt/Weber* heben a.a.O. Rdn. 4 und 9 zutreffend hervor, dass die Fälschung von Beweismitteln nicht Selbstzweck, sondern auf einen anderen, meist **wirtschaftlichen Zweck** gerichtet ist, insbesondere der Begehung von Betrug oder der Verschleierung von Unterschlagung dient. Zum **Kriminalitätsumfang** weist die Polizeiliche Kriminalstatistik für die Bundesrepublik Deutschland für das Berichtsjahr 2007 62993 Fälle von Urkundenfälschung aus; dies bedeutet gegenüber 2006 mit 59239 Fällen einen Anstieg von 6,3 Prozent (3754 Taten). Die **Aufklärungsquote** lag 2007 bei 87,2 Prozent (54908 Fälle), im Vorjahr bei 88,8 Prozent (52576 Fälle). Diese vergleichsweise hohe Quote lässt sich darauf zurückführen, dass regelmäßig zugleich mit der Tat auch der Täter entdeckt wird.[3] Der Anteil der versuchten Taten betrug 2007 2,1 Prozent (1323 Fälle), 2006 1,7 Prozent (1007 Fälle). Die Zahl der Tatverdächtigen beläuft sich für 2007 auf 50361, davon 78,7 Prozent (39632 Personen) männliche und 21,3 Prozent (10729 Personen) weibliche Verdächtige. Für das Vorjahr weist die Statistik eine Anzahl von 49269 (38913 männlichen und 10356 weiblichen) Verdächtigen aus. Nordrhein-Westfalen führt die Länderliste hinsichtlich der Häufigkeit mit 11981 erfassten Fällen im Jahr 2007 an (2006: Bayern mit 11203 Fällen), gefolgt von Bayern mit 11481 Fällen (2006: Nordrhein-Westfalen mit 10188 Fällen). Das Land Baden-Württemberg rangiert – wie im Vorjahr – an dritter Stelle (6624 Fälle; 2006: 6581 Fälle). In der Rangfolge einzelner Straftaten(gruppen) nach ihren Anteilen an der Gesamtzahl der erfassten Fälle befindet sich die Urkundenfälschung 2007 ebenso wie im Vorjahr an elfter Stelle. Hin- 2

---

[2] Vgl. auch *Erb* MK Rdn. 4.

[3] Vgl. *Arzt/Weber* BT § 30 Rdn. 9.

sichtlich der **Tatsituationen** ist der genannte Zusammenhang insbesondere mit §§ 263, 246, aber auch mit § 266 StGB festzustellen.[4]

3 2. **Sonderfälle.** Innerhalb des 23. Abschnitts finden sich zwei spezielle Gruppen von Vorschriften.

4 a) **Ausweispapiere.** Es handelt sich zum einen um die §§ 273, 275, 276, 276a und 281 StGB, die sich auf Ausweise beziehen. Sie enthalten Sonderregelungen. § 273 StGB erfasst in diesem Bereich bestimmte Fälle, die **nicht** als **Urkundenfälschung** (§ 267 StGB) oder Urkundenunterdrückung (§ 274 StGB) mit Strafe bedroht sind. In den §§ 275, 276 StGB werden im Einzelnen bezeichnete **Vorbereitungshandlungen,** welche amtliche Ausweispapiere betreffen, unter Strafe gestellt. § 281 StGB schließlich dehnt den Strafrechtsschutz bei Ausweisen auch auf den **Missbrauch echter Urkunden** aus.

5 b) **Gesundheitszeugnisse.** Zum anderen geht es um die §§ 277 bis 279 StGB. Soweit sich Parallelen ziehen lassen, enthalten die Vorschriften eine Privilegierung gegenüber § 267 StGB. Die Motive, die den Gesetzgeber zu ihrem Erlass bewogen haben, sind zum Teil dunkel. Das gilt sowohl für das Verhältnis des § 277 StGB zu § 267 StGB, soweit die Fälschung von Gesundheitszeugnissen gegenüber der Urkundenfälschung allgemein privilegiert wird, als auch für das Verhältnis der Tatbestände der §§ 277 und 279 StGB zueinander, von denen der Erste Fälschung und Gebrauch voraussetzt, während der Zweite – bei gleicher Strafdrohung – den Gebrauch allein genügen lässt.

## II. Geschütztes Rechtsgut

6 Der 23. Abschnitt dient mit dem Schutz von Urkunden, technischen Aufzeichnungen und beweiserheblichen Daten der **Sicherheit und Zuverlässigkeit des Rechtsverkehrs** im Umgang mit ihnen, sei es im Geschäftsleben oder im Privatverkehr, in gerichtlichen oder behördlichen Verfahren (vgl. BGHSt **9** 44, 45).[5]

7 Soweit *Fischer* (§ 267 Rdn. 1) annimmt, seit In-Kraft-Treten des 6. StrRG sei die Urkundenfälschung im Hinblick auf § 267 Abs. 3 Satz 2 Nrn. 1 und 2 StGB auch ein **Vermögensdelikt,**[6] kann dem nicht beigepflichtet werden. Gesetzliche Regelbeispiele für besonders schwere Fälle haben ihren Standort im Bereich der Strafzumessung. Umstände, die hierfür von Gewicht sind, können zwar das geschützte Rechtsgut betreffen, müssen es aber nicht. Sie tun es auch nicht in den Fällen des § 267 Abs. 3 Satz 2 Nrn. 1 und 2 StGB. Dass die Herbeiführung eines großen Vermögensverlustes in Nummer 2 ein gesetzliches Regelbeispiel begründet, hängt ersichtlich damit zusammen, dass Urkundenfälschung und Betrug insbesondere im Bereich organisierter Kriminalität tatsächlich oft Hand in Hand gehen.

---

[4] *Arzt/Weber* BT § 30 Rdn. 9; siehe auch *Brockhaus* ZIS **2008** 556.

[5] Siehe auch BGHSt **2** 50, 52; RGSt **50** 420, 421; **56** 235, 236; **76** 233, 234; *Arzt/Weber* BT § 30 Rdn. 1; *Blei* II S. 305; *Brodag* BT S. 300; *Gössel/Dölling* BT 1 § 52 Rdn. 1; *Haft* BT II S. 185; *Jäger* BT Rdn. 425; *Joecks* Rdn. 1; *Küpper* BT 1 Teil II § 1 Rdn. 1; *Lackner/Kühl* § 267 Rdn. 1; *Otto* BT § 69 Rdn. 1; *Sch/Schröder/Cramer/Heine* § 267 Rdn. 1; *Sonnen* BT S. 217; *Schroth* BT S. 244; *Wessels/Hettinger* BT 1 Rdn. 789; ablehnend *Jakobs* S. 5 ff; **kritisch** unter anderen auch *Erb* MK § 267 Rdn. 1 ff; *Hoyer* SK Rdn. 7 ff; *Kargl* JA **2003** 604, 608 ff; *Puppe* NK § 267 Rdn. 1 ff; *dies.* FS BGH, 569 ff; eingehend zu den verschiedenen Ansätzen *Helle* S. 14 ff.

[6] Ebenso *Hohmann/Sander* BT II § 17 Rdn. 2.

Zu beachten ist jedoch, dass es sich im Rahmen des Gesamtkomplexes des 23. Abschnitts nicht um den Schutz eines einheitlichen, bei allen Vorschriften gleichen Rechtsguts handelt. Vielmehr ist bei den einzelnen Tatbeständen zu differenzieren, und zwar je nachdem, ob der strafrechtliche Schutz dem Ursprung oder der Herkunft der genannten Gegenstände gilt (**Echtheitsschutz**), der inhaltlichen Richtigkeit von Angaben (**Wahrheitsschutz**), dem Erhalt der Beweismittel (**Bestandsschutz**) oder ihrer ordnungsgemäßen Verwendung (**Schutz vor Missbrauch**). Der Urkundenschutz etwa erstreckt sich, wenn auch in unterschiedlichem Umfang, in alle vier Richtungen: 8

In ihrer Echtheit sind Urkunden umfassend geschützt (§ 267 StGB). Es geht hierbei um die Frage, ob der angegebene Aussteller auch der wirkliche ist. Der Echtheitsschutz geht auf das Verbot zurück, Wahres oder Unwahres mit unechten Beweismitteln zu beweisen. In ihrer Wahrheit sind nur öffentliche Urkunden und bestimmte ärztliche Zeugnisse geschützt, nicht jedoch Privaturkunden (§§ 271, 278, 348 StGB). Dabei geht es um die Frage, ob der Inhalt der Urkunde Richtiges aussagt. Der Wahrheitsschutz lässt sich auf das Verbot zurückführen, Unwahres mit echten Beweismitteln zu beweisen. In ihrer Unversehrtheit werden alle Urkunden geschützt, die dem Täter überhaupt nicht oder nicht ausschließlich gehören (§ 274 Abs. 1 Nr. 1 StGB). Es geht hierbei um den Fortbestand der Urkunde als Beweismittel. Dieser Bestandsschutz beruht auf dem Verbot, einen Beweis durch Unterdrückung echter Beweismittel zu verhindern. Schließlich werden Ausweispapiere als Urkunden, allerdings nur sie, gegen missbräuchliche Verwendung geschützt (§ 281 StGB). 9

## III. Das Recht des Einigungsvertrags

Die Vorschriften des 23. Abschnitts (Urkundenfälschung) sind in der Fassung, in der sie damals galten, am 3.10.1990 in den neuen Bundesländern in Kraft getreten. Zu den relevanten Strafvorschriften im DDR-StGB, die mit der Wiedervereinigung außer Kraft getreten sind, vgl. die Vorauflage. 10

## IV. Hinweise zum ausländischen Recht

Das **österreichische** Strafgesetzbuch regelt die Urkundenstraftaten in den §§ 223 ff öStGB. Pönalisiert sind die Urkundenfälschung (§ 223 öStGB), die Fälschung besonders geschützter Urkunden (§ 224 öStGB), die Annahme, die Weitergabe oder der Besitz falscher oder verfälschter besonders geschützter Urkunden (§ 224a öStGB), die Fälschung öffentlicher Beglaubigungszeichen (§ 225 öStGB), die Datenfälschung (§ 225a öStGB), die Vorbereitung der Fälschung öffentlicher Urkunden oder Beglaubigungszeichen (§ 227 öStGB), die mittelbare unrichtige Beurkundung oder Beglaubigung (§ 228 öStGB), die Urkundenunterdrückung (§ 229 öStGB), die Versetzung von Grenzzeichen (§ 230 öStGB) sowie der Gebrauch fremder Ausweise (§ 231 öStGB). § 226 öStGB enthält Vorschriften zur **tätigen Reue** in den Fällen der §§ 223 bis 225a öStGB. Im **schweizerischen** Strafgesetzbuch finden sich normiert in Art. 251 schwStGB die Urkundenfälschung, in Art. 252 schwStGB die Fälschung von Ausweisen, in Art. 253 schwStGB die Erschleichung einer falschen Beurkundung, in Art. 254 schwStGB die Unterdrückung von Urkunden. Art. 255 schwStGB befasst sich mit *Urkunden des Auslands*, Art. 256 schwStGB regelt die Grenzverrückung und Art. 257 schwStGB die Beseitigung von Vermessungs- und Wasserstandszeichen. Urkundensonderdelikte bilden § 317 schwStGB (Urkundenfälschung im Amt) und § 318 schwStGB (Falsches ärztliches Zeugnis). § 317$^{bis}$ schwStGB nimmt Fälle 11 der §§ 251, 252, 255 und 317 schwStGB von der Strafbarkeit aus, in denen eine richterliche Genehmigung vorlag. Der **französische** Code Pénal stellt die Urkundendelikte als so genannte „Fälschungen" im 1. Kapitel des 4. Buchs, 4. Titel (Beeinträchtigungen des öffentlichen Vertrauens), unter Strafe (Art. 441-1 bis 441-12 frz. Code Pénal). Siehe zum österreichischen Recht *Bertel/Schwaighofer* Österreichisches Strafrecht, BT II, 8. Aufl. (2008), S. 103 ff, zum schweizerischen Recht *Stratenwerth* Schweizerisches Strafrecht, Bd. 2, 6. Aufl. (2008), § 36 Rdn. 1 ff, § 58 Rdn. 1 ff; zum französischen Recht *Larguier/Larguier* Droit pénal spécial, 14. Aufl. (2007), S. 418 ff.

## § 267
## Urkundenfälschung

**(1) Wer zur Täuschung im Rechtsverkehr eine unechte Urkunde herstellt, eine echte Urkunde verfälscht oder eine unechte oder verfälschte Urkunde gebraucht, wird mit Freiheitsstrafe bis zu fünf Jahren oder mit Geldstrafe bestraft.**

**(2) Der Versuch ist strafbar.**

**(3) In besonders schweren Fällen ist die Strafe Freiheitsstrafe von sechs Monaten bis zu zehn Jahren. Ein besonders schwerer Fall liegt in der Regel vor, wenn der Täter**

1. **gewerbsmäßig oder als Mitglied einer Bande handelt, die sich zur fortgesetzten Begehung von Betrug oder Urkundenfälschung verbunden hat,**
2. **einen Vermögensverlust großen Ausmaßes herbeiführt,**
3. **durch eine große Zahl von unechten oder verfälschten Urkunden die Sicherheit des Rechtsverkehrs erheblich gefährdet oder**
4. **seine Befugnisse oder seine Stellung als Amtsträger missbraucht.**

**(4) Mit Freiheitsstrafe von einem Jahr bis zu zehn Jahren, in minder schweren Fällen mit Freiheitsstrafe von sechs Monaten bis zu fünf Jahren wird bestraft, wer die Urkundenfälschung als Mitglied einer Bande, die sich zur fortgesetzten Begehung von Straftaten nach den §§ 263 bis 264 oder 267 bis 269 verbunden hat, gewerbsmäßig begeht.**

### Schrifttum

Siehe vor § 267. Ferner: *Beckemper* Die Urkundenqualität von Telefaxen – OLG Zweibrücken, NJW 1998, 2918, JuS 2000 123; *Benfer* Verdeckte Ermittlungen durch Polizeibeamte, MDR **1994** 12; *Bettendorf* Der Irrtum bei den Urkundendelikten (1997); *Böse* Rechtsprechungsübersicht zu den Urkundendelikten, NStZ **2005** 370; *Bröse* Urkundenfälschung und Schriftexpertise, in: „Betrug und Urkundenfälschung", BKA Wiesbaden (1956) S. 99; *Bruns* Urkundenfälschung an Stimm- und Wahlzetteln? NJW **1954** 456; *ders.* Ein notwendiges Wort der Erwiderung zur Methode der Rechtsfindung im Strafrecht, NJW **1954** 948; *Dedy* Preiswert Wohnen und Trinken, Jura **2002** 137; *Ebbing* Schriftform und E-Mail, CR **1996** 271; *Eck* Strafrechtliche Probleme der neuen Datendienste der Deutschen Bundespost, ArchPF **1986** 38; *Emde* Die Rezeptfälschung im Fotokopierverfahren, wistra **1995** 328; *Engert/Franzmann/Herschlein* Fotokopien als Urkunden, § 267, JA **1997** 31; *Ennuschat* Der Einfluss des Zivilrechts auf die strafrechtliche Begriffsbestimmung am Beispiel der Urkundenfälschung gemäß § 267 StGB (1998); *Erb* Urkunde und Fotokopie, GA **1998**, 577; *Fahl* § 267 StGB: Reflektierende Folie auf Kfz-Kennzeichen, JA **1997** 925; *Finke* Die strafrechtliche Verantwortung von Internet-Providern, Diss. Tübingen 1998; *Fortun* Probleme der Rezeptfälschung, wistra **1989** 176; *Fortun/Renzikowski* Die strafrechtliche Beurteilung der Rezeptfälschung, PharmaR **1991** 34; *Freund* Zur Frage der Urkundeneigenschaft von Fotokopien, JuS **1991** 723; *Fringuelli/Wallhäuser* Formerfordernisse beim Vertragsschluss im Internet, CR **1999** 93; *Geppert*

Zur Urkundsqualität von Durchschriften, Abschriften und insbesondere Fotokopien, Jura **1990** 271; *Gerstenberg* Löschen von Tonbändern als neuer strafrechtlicher Tatbestand, NJW **1956** 540; *Gigerl* Die öffentliche Urkunde im Strafrecht, insbesondere ihre Beweiseignung für und gegen jedermann, Diss. Bochum 1981; *Grimm* Die Problematik der Urkundenqualität von Fotokopien, Diss. Heidelberg 1994; *Gustafsson* Die scheinbare Urkunde (1993); *Hartmann* Neue Herausforderungen für das Urkundenstrafrecht im Zeitalter der Informationsgesellschaft (2003); *Haurand* Urkundenfälschung, Kriminalistik **2004** 63; *Hasselberg* Urkundenfälschung und Fälschung von Augenscheinsobjekten, Diss. Göttingen 1962; *Hebler* Probleme des Betrugs und der Urkundenfälschung nach dem StGB, in: „Betrug und Urkundenfälschung", BKA Wiesbaden (1956) S. 171; *Hecker* Der manipulierte Parkschein hinter der Windschutzscheibe – ein (versuchter) Betrug? – OLG Köln, NJW 2002, 527, JuS **2002** 224; *B. Heinrich* Missbrauch gescannter Unterschriften als Urkundenfälschung, CR **1997** 622; *Heinrichs* Beweiszeichen und Kennzeichen (1996); *Herbe* Die Gesamturkunde (2005); *Hilgendorf/Frank/Valerius* Computer- und Internetstrafrecht (2005); *Hirsch* Zum Spannungsverhältnis von Theorie und Praxis im Strafrecht, Festschrift für Tröndle (1989) 19; *Honig* Der gefälschte Meisterbrief, GewArch **1995** 144; *Jaeger* Computerkriminalität, 2. Aufl. (1998); *Jagow* Rote Kennzeichen: Keine Urkunden im Sinne von § 267 StGB, Verkehrsdienst (VD) **1988** 97; *Jakobs* Bemerkungen zur Urkundenfälschung, Festschrift für Küper (2007) 225; *Joecks* Urkundenfälschung „in Erfüllung steuerrechtlicher Pflichten" (§ 393 Abs. 2 Satz 1 AO)? wistra **1998** 86; *Kaeser* Das rechtliche Verhältnis der in § 267 StGB genannten Ausführungsmodalitäten, Diss. Mainz 1967; *Kargl* Urkundenverfälschung durch den Aussteller, JA **2003** 604; *Kaufmann, Armin* Die Urkunden- und Beweismittelfälschung im E 1959, ZStW **71** (1959) 409; *Kienapfel* Absichtsurkunden und Zufallsurkunden, GA **1970** 193; *ders.* Zur Urkundenqualität von Fotokopien, Xerokopien und Abschriften, NJW **1971** 1781; *ders.* Grundfragen des Urkundenstrafrechts, JZ **1972** 394; *ders.* Neue Horizonte des Urkundenstrafrechts, Festschrift Maurach (1972) 431; *ders.* Urkunden und Beweiszeichen, Festschrift Würtenberger (1977) 187; *ders.* Grundprobleme des Urkundenstrafrechts in rechtsvergleichender Sicht, SchwZStr. **98** (1981) 25; *ders.* Der strafrechtliche Urkundenbegriff im Spiegel der neuesten Iudikatur, ÖJZ **1981** 505; *ders.* Urkundenbegriff und „Rechtserheblichkeit", ZStW **82** (1970) 344; *ders.* Zur Abgrenzung von Urkundenfälschung und Urkundenunterdrückung, Jura **1983** 185; *Koppenhöfer* Über das Verhältnis von Urkundenfälschung und Übertretung der Reichsmeldeordnung, NJW **1956** 1345; *Krause* Zum Urkundenbeweis im Strafprozess, Diss. Hamburg 1966; *Laghzaoui/Wirges* Der Einsatz von Telefaxgeräten als zivilprozessuales Problem, MDR **1996** 230; *Lampe* Die sog. Gesamturkunde und das Problem der Urkundenfälschung durch den Aussteller, GA **1964** 321; *ders.* Unterdrückung unechter Urkunden, JR **1964** 14; *ders.* Zusammengesetzte und abhängige Urkunden, NJW **1965** 1746; *ders.* Der strafrechtliche Schutz der Geisteswerke, Ufita **1978** 15; *Lenckner* Zum Begriff der Täuschungsabsicht in § 267 StGB, NJW **1967** 1890; *Lindemann* Zur systematischen Interpretation des § 274 I Nr. 1 StGB im Verhältnis zum § 267 I Var. 2 StGB, NStZ **1998** 23; *Löffler* Künstlersignatur und Kunstfälschung, NJW **1993** 1421; *Mätzke* Die Sanktionslosigkeit von Manipulationen belastender Vermerke in amtlichen Ausweisen, MDR **1996** 19; *Meurer* Urkundenfälschung durch Verwendung des eigenen Namens, NJW **1995** 1655; *Mewes* Urkundenfälschung durch Personalienmanipulationen im Versandhandel, NStZ **1996** 14; *D. Meyer* Fotokopien als Urkunden im Sinne des § 267, MDR **1973** 9; *Miehe* Zum Verhältnis des Fälschens zum Gebrauchmachen im Tatbestand der Urkundenfälschung, GA **1967** 270; *Mosiek* Das Bestandteilsprinzip im Urkundenstrafrecht (1972); *Münsch* Lenk- und Ruhezeiten im Straßenverkehr und ihre Kontrolle durch Fahrtschreiber und Kontrollgerät, DAR **1994** 460; *Mürbe* Urkundenfälschung mithilfe fotografischer Reproduktionen (Fotografie, Fotokopie), JA **1990** 63; *Neuhaus* Der endgültige Täuschungsentschluss – eine Strafbarkeitsvoraussetzung der Urkundenfälschung? GA **1994** 224; *Niese* Wie verhält sich das „Gebrauchmachen" zum „Fälschen" in § 267 StGB? DRiZ **1951** 177; *Obermair* Die Abgrenzung der Beweiszeichen von den Kennzeichen beim Urkundenbegriff des § 267 StGB (2000); *Ohr* Das formungültige eigenhändige Testament als unechte Urkunde und OLG Düsseldorf NJW 1966, 749, JuS **1967** 255; *Pape/Notthoff* Prozessrechtliche Probleme bei der Verwendung von Telefax, NJW **1996** 417; *Pasker* Urkundenfälschung durch Verwenden von Fotokopien eines Falsifikats, JA **1992** 95; *Pommerenke* Ist die Kreditakte einer Bank eine Gesamturkunde? wistra **1996** 212; *Pordesch/Nissen* Fälschungsrisiken elektronisch signierter Dokumente, CR **1995** 562; *Puppe* Die Fälschung technischer Aufzeichnungen (1972, zit.: Fälschung); *dies.* Die Bedeutung der Geistigkeitstheorie für die Feststellung des Urkundenausstellers bei offen gelegtem Handeln für einen anderen, NJW **1973** 1870; *dies.* Urkundenfälschung, Jura **1979** 630; *dies.* Erscheinungsformen der Urkunde, Jura **1980** 18; *dies.* Unzulässiges Handeln unter fremdem Namen als Urkundenfälschung, JR **1981** 441; *dies.* Zur Abgrenzung von Urkunden-„Echtheit" und Urkundenwahrheit in Fällen von Namenstäuschung, Jura **1986** 22; *dies.* Namenstäuschung und Identitätstäuschung, JuS **1987** 275; *dies.* Urkundenechtheit bei Handeln unter fremdem Namen und Betrug in mittelbarer Täterschaft – BayObLG NJW 1988, 1401, JuS **1989** 361; *dies.* Die neue Rechtsprechung zu den Fälschungsdelikten – Teil 2, JZ **1991** 550; *dies.* Die neue Rechtsprechung zu den Fälschungsdelikten, JZ **1997** 490; *Radtke* Neue Formen der Datenspeicherung und das Urkundenstrafrecht, ZStW **115** (2003) 26; *Ranft* Strafrechtliche Probleme der Beförderungserschleichung, Jura **1993** 84; *Rebmann* Der Einsatz verdeckt ermittelnder Polizeibeamter im Bereich der Strafverfolgung, NJW **1985** 1; *Rheineck* Fälschungsbegriff und Geistigkeitstheorie (1979); *Richter* Urkundenfälschung an Stimm- und Wahlzetteln, NJW **1954** 554; *Samson* Fälschung von Beweiszeichen? GA **1969** 353; *Sandmann* Die Strafbarkeit der Kunstfälschung (2004); *Sax* Das rechtliche Verhältnis fälschlicher Herstellung (Verfälschung) und Gebrauchens einer Urkunde in § 267 StGB, MDR **1951** 587; *ders.* Probleme des Urkundenstrafrechts, Festschrift Peters (1974) 137; *Schilling* Der strafrechtliche Schutz des Augenscheinsbeweises (1965, zit.: Augenscheinsbeweis); *ders.* Fälschung technischer Aufzeichnungen (1970, zit.: Technische Aufzeichnungen); *I. Schmid* Computerfaxe in einem Web of Trust, CR **1999** 609; *N. Schmid* Das neue schweizerische Computer-Strafrecht vom 17. Juni 1994, CR **1996** 163; *Schmidt* Ist die Fälschung von sog. „Postwertzeichen" (§ 148 StGB) seit der Postprivatisierung straffrei (Art. 103 Abs. 2 GG)? ZStW **111** (1999) 388; *F. Schmitz* Der Schutz des Beweisführungsinteresses im Urkundenstrafrecht (2001); *Schnitzler* Kraftstoffausweise als öffentliche Urkunden, MDR **1960** 813; *Schöning* Telegramm und Fernschreiben im Urkundenstrafrecht (1985); *Schroeder* Die Herbeiführung einer Unterschrift durch Täuschung oder Zwang, GA **1974** 225; *ders.* Urkundenfälschung durch Examenstäuschung? JuS **1981** 417; *ders.* Urkundenfälschung mit Auslandsberührung, NJW **1990** 1406; *ders.* Urkundenstraftaten an entwerteten Fahrkarten, JuS **1991** 301; *Schubert/Glöckner* Nachschlagewerk des Reichsgerichts zum Strafrecht, Bd. 2 (1996, zit.: RG NW); *Seier* Der Gebrauch falscher Namen und unzutreffender Zusatzbezeichnungen, JA **1979** 133; *Sieg* Zur Strafbarkeit der Änderung von Betriebsratsprotokollen, Festschrift für Weber (2004) 347; *Sippel* Hehlerei an durch Scheckeinreichung erlangtem Bargeld, NStZ **1985** 348; *Sonnen* Gebrauch eines verfälschten Führerscheins, JA **1985** 420; *ders.* Urkundenfälschung durch Gebrauch eines fremden Namens, JA **1986** 54; *Steinmetz* Der Echtheitsbegriff im Tatbestand der Urkundenfälschung – § 267 StGB (1991); *Stoffers* Überblick über die Rechtsprechung zum Schutz ausländischer Rechtsgüter durch das deutsche Strafrecht, insbesondere im Bereich der Aussage- und Urkundendelikte, JA **1994** 76; *Stumpf* Gibt es im materiellen Strafrecht ein Verteidigerprivileg? NStZ **1997** 7; *Teumer* Die Auswirkungen der Postreformen auf das materielle Strafrecht des StGB (2004); *Vahle* Strafrechtlicher Schutz urkundenmäßiger Informationsträger, DuD **1996** 73; *von Stetten* Die Sperrwirkung des § 258 StGB im Rahmen der Tätigkeit eines Strafverteidigers, StV **1995** 606; *Waider/Madea* Zur ärztlichen und rechtlichen Problematik bei mehrfacher Todesbescheinigung, ArchKrim. **1992** 176; *Weber* Probleme der strafrechtlichen Erfassung des Euroscheck- und Euroscheckkartenmissbrauchs nach In-Kraft-Treten des 2. WiKG, JZ **1987** 215; *Wegscheider* Strafrechtlicher Urkundenbegriff und Informationsverarbeitung, CR **1989** 923, 996; *Weidemann* Erstellen fingierter Fremdkostenbelege durch den faktischen Betriebsinhaber: Urkundenfälschung? NJW **1986** 1976; *Weiß* Das abredewidrig ausgefüllte Blankett – echte oder unechte Urkunde? Jura **1993** 288; *Welp* Die Urkunde und ihr Duplikat, Festschrift für Stree und Wessels (1993) 511; *Wurm* Blanketterklärung und Rechtsscheinhaftung, JA **1986** 577; *Würtenberger* Der Kampf gegen das Kunstfälschertum in der deutschen und schweizerischen Strafrechtspflege (1951); *ders.* Das Kunstfälschertum, in „Betrug und Urkundenfälschung", BKA Wiesbaden (1956) S. 119; *Zaczyk* „Kopie" und „Original" bei der Urkundenfälschung, NJW **1989** 2515; *Zielinski* Urkundenfälschung durch Computer, Gedächtnisschrift für Armin Kaufmann (1989) 605; *ders.* Urkundenfälschung durch den vollmachtlosen Stellvertreter? wistra **1994** 1; *ders.* Urkundenfälschung durch Telefax, CR **1995** 286; *Zieschang* „Urkundentricks", JA **2008** 192; *ders.* Urkundenfälschung beim Missbrauch vorhandener Befugnisse, Festgabe für Paulus (2009) 197; *Zoller* Die Mikro-, Foto- und Telekopie im Zivilprozess, NJW **1993** 429.

**Entstehungsgeschichte**

Vgl. zunächst Vor § 267 Entstehungsgeschichte. § 267 StGB in der **bis 1943** geltenden Fassung lautete:

*„Wer in rechtswidriger Absicht eine inländische oder ausländische öffentliche Urkunde oder eine solche Privaturkunde, welche zum Beweise von Rechten oder Rechtsverhältnissen von Erheblichkeit ist, verfälscht oder fälschlich anfertigt und von derselben zum Zwecke einer Täuschung Gebrauch macht, wird wegen Urkundenfälschung mit Gefängnis bestraft."*

Die **StrafrechtsangleichungsVO** vom 29.5.1943 (RGBl. I S. 339)[1] gab dem Tatbestand die geltende Fassung. Sie unterscheidet nicht mehr zwischen inländischen und ausländischen sowie öffentlichen und privaten Urkunden. Sie verzichtet entgegen der alten Fassung darauf, das Delikt zweiaktig auszugestalten. Seitdem genügt zur Erfüllung des Tatbestands – jeweils allein – entweder das Herstellen einer unechten oder das Verfälschen einer echten Urkunde einerseits oder der Gebrauch einer unechten oder verfälschten Urkunde andererseits. Die StrafrechtsangleichungsVO erklärte darüber hinaus den bis dahin straflosen Versuch des Vergehens für strafbar und drohte für schwere Fälle allgemein Zuchthaus als Verbrechensstrafe an.

Damit erübrigte es sich, den Verbrechenstatbestand der schweren Urkundenfälschung (§ 268 a.F. StGB) mit seiner unterschiedlichen Ausgestaltung für Privaturkunden und öffentliche Urkunden beizubehalten. Er setzte die Absicht voraus, sich oder einem anderen einen Vermögensvorteil zu verschaffen oder einem anderen Schaden zuzufügen, und differenzierte bei der Strafandrohung danach, ob Gegenstand der Urkundenfälschung eine Privaturkunde oder eine öffentliche Urkunde war. Diese Vorschrift hob man auf. Gestrichen wurden auch die Sondertatbestände der Blankettfälschung (§ 269 a.F. StGB) und des Gebrauchs einer falschen oder verfälschten Urkunde (§ 270 a.F. StGB). Nach Überleitung der Strafandrohungen durch Art. 3 ff des **1. StrRG** ersetzte Art. 19 Nr. 139 des **EGStGB** im dritten Absatz den Ausdruck „schwere Fälle" durch „besonders schwere Fälle".

Die Änderung von 1943 geht auf die Vorschläge der damaligen Amtlichen Strafrechtskommission zurück. Man erachtete sie als eine billigenswerte Weiterentwicklung des Rechts (OLG Halle HESt **2** 47) im Sinne einer Vereinfachung des Tatbestands und einer gesetzlichen Bereinigung. Sie wurde später überwiegend gutgeheißen.[2]

Das **6. StrRG** vom 26.1.1998 (BGBl. I S. 164) änderte den dritten Absatz und fügte Absatz 4 mit Wirkung vom 1.4.1998 ein. In Absatz 3 wurde die für besonders schwere Fälle angedrohte Strafe (früher: Freiheitsstrafe nicht unter einem Jahr) im Mindest- und Höchstmaß ermäßigt (Satz 1); in Satz 2 wird der besonders schwere Fall durch Regelbeispiele erläutert. Absatz 4 enthält einen Verbrechenstatbestand, wenn die Urkundenfälschung gewerbsmäßig als Mitglied einer Bande, die sich zur fortgesetzten Begehung bestimmter Straftaten verbunden hat, verwirklicht wird.

---

[1] Siehe dazu auch *Prechtel* S. 179 f.

[2] Vgl. nur *H. Mayer* AT § 42 I 2.

*Übersicht*

## *Alphabetische Übersicht*

## I. Sinn und Zweck der Vorschrift

1 Die Vorschrift dient der **Sicherheit und Zuverlässigkeit des Rechtsverkehrs** mit Urkunden, indem sie ihn vor dem Herstellen unechter, dem Verfälschen echter und dem Gebrauch unechter oder verfälschter Urkunden strafrechtlich schützt (Rdn. 6 ff

Vor § 267).[3] Sie bezieht sich nicht nur auf deutsche Urkunden, sondern umfasst auch ausländische (*Schroeder* NJW **1990** 1406)[4], was sich bereits aus der historischen Entwicklung der Vorschrift ergibt. § 267 StGB in der Fassung vor der Änderung 1943 nannte nämlich neben den inländischen ausdrücklich auch die ausländischen Urkunden, woran sich inhaltlich durch die Neufassung nichts geändert hat.

Die Vorschrift des § 267 StGB liegt ausschließlich **im Allgemeininteresse** am Rechtsinstitut Urkunde. Sie dient damit nicht unmittelbar dem Schutz von Individualinteressen,[5] insbesondere nicht solchen vermögensrechtlicher Art (Rdn. 7 Vor § 267). Der Schutz, der Individualinteressen durch sie zuteil wird, ist nur eine Reflexwirkung.[6] **2**

Demgemäß scheidet Urkundenfälschung als Vortat der Hehlerei aus (*Sippel* NStZ **1985** 348, 349); zudem ist die Vorschrift **kein Schutzgesetz** im Sinne des § 823 Abs. 2 BGB (BGHZ **100** 13, 14 ff, 18; OLG Düsseldorf FamRZ **1994** 441, 442).[7] Doch schließt dies die Möglichkeit eines **Klageerzwingungsverfahrens** (§ 172 StPO) nicht aus, wenn derjenige, der von einer Urkundenfälschung betroffen wird, wegen der Auswirkungen im Einzelfall als Verletzter anzusehen ist (OLG Karlsruhe Die Justiz **1988** 400 f; OLG Stuttgart NJW **1989** 2552, 2553). Auch ist eine **Strafmilderung** nach § 46a StGB im Zusammenhang mit § 267 StGB möglich, wenn der Täter zum Beispiel den *Vermögensschaden* wieder gutmacht, den er durch einen mit der Urkundenfälschung in Tateinheit stehenden Betrug angerichtet hat (OLG Karlsruhe NJW **1996** 3286). **3**

## II. Die Urkunde als Gegenstand der Tat

**1. Der Urkundenbegriff.** Urkunden sind sinnlich wahrnehmbare Gegenstände der Außenwelt, die nach Gesetz, Herkommen oder Vereinbarung der Beteiligten dazu bestimmt und geeignet sind, über ihr körperliches Dasein hinaus eine **Gedankenerklärung** des Urhebers darzustellen; sie haben **Beweis** für bestimmte rechtliche Beziehungen zu erbringen und müssen einen **Aussteller** erkennen lassen. Diese Definition hat das **Reichsgericht** entwickelt (RGSt **64** 48, 49; **77** 275, 277), wobei die Terminologie im Einzelnen schwankt, ohne dass sich allein daraus Sachunterschiede ergeben müssten.[8] Der **Bundesgerichtshof** ist dem gefolgt, teils in ausdrücklicher Fortführung der reichsgerichtlichen Grundsätze (BGHSt **13** 235, 238 f)[9], teils stillschweigend oder unter Berufung auf die überkommene höchstrichterliche Judikatur (BGHSt **16** 94, 95). Dasselbe gilt von der Rechtsprechung der **Obergerichte.**[10] Dieser Urkundenbegriff beschränkt sich nicht auf schriftliche Urkunden, sondern umfasst auch die so genannten Beweiszeichen (Rdn. 85 ff). Ihm folgen – mit Abweichungen im Einzelnen – große Teile des **Schrifttums.**[11] Visuelle **4**

---

3 Siehe dazu auch BGHZ **100** 13, 15 m. Anm. *Medicus* EWiR **1987** 583.

4 Vgl. auch BayObLG NJW **1980** 1057; *Möhrenschlager* in Wabnitz/Janovsky (Hrsg.) Wirtschafts- und Steuerstrafrecht 3. Kap. Rdn. 8; *Stoffers* JA **1994** 80.

5 *Kienapfel* Jura **1983** 187; **aA** etwa *Jakobs* S. 8.

6 Vgl. dazu auch *Arzt/Weber* BT § 30 Rdn. 4 f.

7 **Anders** *Freund* Urkundenstraftaten Rdn. 3 und *Puppe* JZ **1991** 552 f.

8 Vgl. zum Beispiel RGSt **34** 53 f; **40** 261 f; **42** 97, 98 f; **53** 141.

9 BGHSt **3** 82, 84 f; **4** 284, 285.

10 Siehe OGHSt **1** 253, 255; **1** 373, 374; BayObLGSt **1952** 114; BayObLG NJW **1966** 748; OLG Bremen NJW **1962** 1455; OLG Celle NJW **1960** 880; OLG Hamburg HESt **2** 21, 22; OLG Hamm VRS **5** 619; OLG Stuttgart NJW **1950** 197; OLG Stuttgart NJW **1954** 486.

11 Etwa *Arzt/Weber* BT § 31 Rdn. 1; *Baier* JuS **2004** 56; *Brodag* BT S. 301; *Fischer* Rdn. 2; *Gössel/Dölling* BT 1 § 52 Rdn. 2; *Haft* BT II S. 185; *Haurand* Kriminalistik **2004** 63; *Jäger* BT Rdn. 427; *Joecks* Rdn. 13; *Kargl* JA **2003** 604, 606; *Kindhäuser* BT I § 55

Erkennbarkeit der verkörperten Gedankenerklärung wird vorausgesetzt. Bloße Speicherungen zum Beispiel auf Daten- oder Tonträgern sind keine Urkunden.[12] Zu unterscheiden von diesem materiellen Urkundenbegriff ist der prozessuale, der hier ohne Bedeutung ist. Er bezieht sich nur auf die schriftliche Urkunde, das heißt die Verkörperung eines Gedankens durch übliche oder vereinbarte Schriftzeichen.[13]

5 Eine **Gegenansicht** im **Schrifttum** vertritt einen *engeren Urkundenbegriff.* Danach unterfallen dem Urkundenbegriff nur aus sich selbst heraus verständliche *Schriftstücke.* Dies ergebe sich aus dem natürlichen Sprachgebrauch und auch aus der geschichtlichen Entwicklung, weil noch das preußische StGB 1851 in § 247 Abs. 2 die Urkunde als „Schriftstück" bezeichnet habe (*Samson* JuS **1970** 372; *ders.* JA **1979** 528). Dieser engere Urkundenbegriff wird von einem nicht unerheblichen Teil des Schrifttums befürwortet.[14] Dadurch werden insbesondere Beweiszeichen aus dem Urkundenbegriff ausgeschieden. Das vermag jedoch nicht zu überzeugen. So ist bereits zu bedenken, dass sich etwa über den Schriftcharakter eines Autokennzeichens trefflich streiten lässt. Unabhängig davon ist diese Eingrenzung weder vom Wortlaut geboten noch entspricht sie dem alltäglichen Rechtsleben. Im Rechtsverkehr werden beweiserhebliche Daten vielfach in nichtschriftlicher Form festgehalten, denen der Rechtsverkehr ebenso Vertrauen entgegenbringt (*Rengier* BT II § 32 Rdn. 16; *Zieschang* FG Paulus, 200).

6 *Jakobs* geht es darum, die **Akzessorietät** der Urkundenfälschung **zum Zivilrecht** herauszuarbeiten (S. 44). Er definiert (S. 51; siehe auch *dens.* FS Küper, 225, 229 ff) als Urkunde „jede verkörperte Erklärung, die Rechtswirkungen hervorzurufen prätendiert, mögen die Rechtswirkungen in einer Gestaltung bestehen (Dispositivurkunden und solche ersetzende Zeugnisurkunden) oder im öffentlichen Glauben an die Richtigkeit einer Rechtsbehauptung (in öffentlichen Glauben erwachsende Zeugnisurkunden)." So verknüpft er den Urkundenbegriff mit einer oft relativen zivilrechtlichen Rechtswirksamkeit der verkörperten Erklärung und deren rechtlicher Reichweite. Demgemäß scheidet er Fälschungen wie einen fingierten Vertrag zwischen oder mit nicht existierenden Personen aus dem Urkundenbegriff aus (S. 35), dies selbst dann, wenn der Fälscher den schriftlichen Vertrag (zum Beispiel über die Erteilung eines lohnenden Großauftrags an ihn) seiner Bank zur Erschleichung eines Kredits vorlegt (S. 43 f). Indes wird bei einer solchen Sicht der Eigenständigkeit der strafrechtlichen Beurteilung nicht hinreichend Rechnung getragen (vgl. auch Rdn. 24). Zudem erscheinen die verwendeten Begrifflichkeiten („Rechtswirkungen hervorzurufen prätendiert") kaum praxistauglich.

---

Rdn. 8; *Krey/M. Heinrich* BT 1 Rdn. 679; *Küper* BT S. 305; *Küpper* BT 1 Teil II § 1 Rdn. 3 ff, 12; *Lackner/Kühl* Rdn. 2; *Otto* BT § 70 Rdn. 1 ff; *Rengier* BT II § 32 Rdn. 1; *Schmidt/Priebe* BT 1 Rdn. 1232; *Sch/Schröder/Cramer/Heine* Rdn. 2, 7, 21; *Sonnen* BT S. 217 f; *Schroth* BT S. 245 f; *Zieschang* FG Paulus, 198 ; *ders.* JA **2008** 192, 194; zu den verschiedenen Urkundenbegriffen siehe *Helle* S. 99 ff; kritisch zum Urkundenbegriff der h.M. etwa *Erb* MK Rdn. 30 ff, wobei er ausführt, dass die von ihm verwendete Definition „im Kern auf das gleiche Phänomen" abziele.

12 *Gerstenberg* NJW **1956** 540; *Hilgendorf/Frank/Valerius* Rdn. 162; *Kindhäuser* BT I § 55 Rdn. 18; *Lackner/Kühl* Rdn. 7; *Otto* BT § 70 Rdn. 7; *Sch/Schröder/Cramer/Heine* Rdn. 6; *Vehslage* Verwaltungsrundschau **2001** 374, 377.

13 Vgl. *Fringuelli/Wallhäuser* CR **1999** 94, 96; *Kienapfel* FS Maurach, 435.

14 *Armin Kaufmann* ZStW **71** (1959) 409; *Kienapfel* Urkunden II S. 205 ff; *Mosiek* S. 94, 116; *Otto* JuS **1987** 761, 762 f; *ders.* BT § 70 Rdn. 9; *Samson* Urkunde S. 94 ff; *Schilling* Urkundenverbrechen S. 70 ff; *Schmidhäuser* BT 14/10, 16; *Welzel* § 59 II 1; vgl. auch *Hirsch* FS Tröndle, 19, 31 f.

Seit der StrafrechtsangleichungsVO vom 29.5.1943 (RGBl. I S. 339) wird der Begriff „Urkunde" in § 267 StGB und § 274 Abs. 1 Nr. 1 StGB einheitlich verwendet.[15] Für eine engere Auslegung des Begriffs in § 267 StGB im Vergleich zu § 274 Abs. 1 Nr. 1 StGB fehlt jeglicher Grund, seitdem § 267 StGB nicht mehr von öffentlichen Urkunden und beweiserheblichen Privaturkunden spricht.[16] 7

**2. Die Bestandteile des Urkundenbegriffs im Einzelnen.** Die überkommene Definition des Urkundenbegriffs unterscheidet nicht zwischen echten und unechten Urkunden, so dass beide Konstellationen dem Urkundenbegriff unterfallen. Doch muss man sich dessen bewusst sein, dass Grundlage einer nach § 267 StGB strafbaren Urkundenfälschung sowohl eine Nichturkunde als auch eine Urkunde sein kann und dass entscheidend für die Urkundenqualität einer Fälschung die Gestalt ist, welche das Objekt durch die Tat erhalten hat. Dabei reicht es für die Annahme einer unechten oder verfälschten Urkunde aus, dass notwendige Urkundenbestandteile, welche bei einer echten Urkunde vom erkennbaren wirklichen Aussteller herrühren, bei der Fälschung ganz oder zum Teil von dem Täter (als nicht erkennbarem wirklichen Aussteller) stammen, während sie nach dem äußeren Anschein einem erkennbaren anderen als Aussteller zuzuordnen sind. 8

*Gustafsson* (S. 100, 102 ff)[17] bezeichnet die unechten als scheinbare Urkunden. Sie weicht damit aber von der Terminologie des Gesetzes ab, das von unechten und echten Urkunden spricht (§ 267 Abs. 1 StGB), also beide Fälle dem Urkundenbegriff unterstellt. Ihre Sicht kann auch dazu führen, auf dem Weg über die Annahme einer „scheinbaren Urkunde" Schriftstücke in den Tatbestand des § 267 StGB einzubeziehen, die keine (weder echte noch unechte) Urkunden sind.[18] Doch macht der Lösungsansatz immerhin deutlich, dass man die Urkundenqualität eines unechten oder verfälschten Schriftstücks unter dem Blickwinkel zu prüfen hat, ob es sich um eine echte oder unverfälschte Urkunde handeln würde, wenn der scheinbare Aussteller tatsächlich das getan hätte, was er nach dem vom Täter (als wirklichem, doch nicht erkennbaren Aussteller) gesetzten äußeren Schein getan hat.[19] 9

**a) Die verkörperte Erklärung**

**aa) Die „Verkörperung".** Das Merkmal betrifft die so genannte **Perpetuierungsfunktion** der Urkunde. Verkörperung bedeutet, dass die Erklärung, also die Kundgabe eines Gedankeninhalts (RGSt **53** 141), wenn auch nicht notwendig als Schriftstück, so doch als Objekt *gegenständlich* vorhanden und überdies *optisch wahrnehmbar* sein muss.[20] Deshalb sind zum Beispiel elektronisch gespeicherte Daten und Tonträger (etwa Schallplatten, Compact Discs oder Tonbänder) keine Urkunden.[21] Dem Sichtbarkeitserfordernis steht jedoch nicht entgegen, dass die Wahrnehmbarkeit von der Benutzung eines Hilfsmittels abhängig ist,[22] so wenn Schriftzeichen überhaupt nur unter einem Mikro- 10

---

[15] BGH NJW **1954** 1375; OLG Celle NJW **1960** 880; OLG Stuttgart NJW **1954** 486; *Kienapfel* Urkunden I S. 333; *ders.* ZStW **82** (1970) 357.

[16] Vgl. *Kienapfel* Urkunden I S. 41 ff, 324 f, 331 ff; *ders.* FS Maurach, 433, 449.

[17] Vgl. auch die Auffassung von *Erb* MK Rdn. 27 ff.

[18] Vgl. *Jakobs* S. 27 ff, 28.

[19] Vgl. auch *Arzt/Weber* BT § 31 Rdn. 30.

[20] *Hoyer* SK Rdn. 27; *Küpper* BT 1 Teil II § 1 Rdn. 4; *Lackner/Kühl* Rdn. 6 a.E.; *Sch/Schröder/Cramer/Heine* Rdn. 6; kritisch hierzu *Freund* JuS **1993** 1018.

[21] Siehe *Bockelmann* BT 3 S. 94; *Gössel/Dölling* BT 1 § 52 Rdn. 4; *Haft* BT II S. 186; *Hohmann/Sander* BT II § 17 Rdn. 10; *Hoyer* SK Rdn. 28; *Puppe* NK Rdn. 51; *Rengier* BT II § 32 Rdn. 3; *Wessels/Hettinger* BT 1 Rdn. 794; siehe dazu auch *Radtke* ZStW **115** (2003) 26, 27 ff.

[22] Vgl. *Puppe* NK Rdn. 51.

skop erkannt werden können. Der Computer ist aber ein solches Hilfsmittel nicht, da die dort gespeicherten Daten erst über Rechenvorgänge in Schriftzeichen auf dem Bildschirm umgewandelt werden müssen.

11 Die Art und Weise der Verkörperung ist in dem damit vorgegebenen Rahmen an sich gleichgültig; allerdings muss ihr eine gewisse **Dauerhaftigkeit** eigen sein.[23] Insoweit dürfen aber keine zu hohen Anforderungen gestellt werden. Auf die Erde gelegte Zweige oder Steine und Schriftzeichen in Sand oder Schnee sollen nach überkommener Auffassung nicht genügen.[24] Richtigerweise kommt es aber jeweils auf den Einzelfall an. So mag etwa unter bestimmten Witterungsbedingungen einer Schrift im Schnee durchaus Dauerhaftigkeit beizumessen sein. Das Erscheinen einer Schrift auf dem Bildschirm reicht in der Regel nicht aus.[25] Doch genügt eine Bleistiftnotiz auf einem Zettel, obwohl sie unschwer ausradiert werden kann.[26]

12 **bb) Das Wesen der Erklärung.** Unter einer Gedankenerklärung ist ein menschliches Verhalten zu verstehen, das darauf gerichtet ist, andere zu veranlassen, sich einen bestimmten Sachverhalt vorzustellen.[27] Die Erklärung vermittelt anderen einen Gedankeninhalt so, dass er von ihnen zur Kenntnis genommen werden kann.[28] Sie muss wenigstens für die Beteiligten oder für Eingeweihte (privat vereinbarter Code; vgl. *Blei* II S. 307; *Bockelmann* BT 3 S. 95; *Joecks* Rdn. 15; *Kindhäuser* LPK Rdn. 4) aus sich selbst heraus verständlich sein, und zwar entweder erschöpfend oder im Zusammenhang mit einer Vereinbarung oder der Verkehrssitte (RGSt **62** 261, 262). Möglich ist auch, dass die Erklärung nur in Verbindung mit einer Zeichnung (etwa bei einer Patentschrift) oder einem Bild (zum Beispiel einem Passbild) verständlich ist (vgl. RGSt **65** 49 ff).[29] Stets muss sie einen menschlichen Gedanken erkennen lassen, sei es eine Willensäußerung oder eine Bekundung (als Zeugnis oder Gutachten). Die Urkunde wirkt also nicht bloß als Augenscheinsobjekt auf die sinnliche Wahrnehmung, sondern darüber hinaus vermöge ihres geistigen Inhalts auf das Verständnis anderer von diesem Inhalt (RGSt **17** 103, 106). Keine Urkunden sind daher Augenscheinsobjekte, technische Aufzeichnungen sowie Kennzeichen:

13 **Augenscheinsobjekte.** Sie dienen allein durch ihr natürliches Dasein und ihre Eigenschaften oder durch Lage und Gestalt dazu, Beweis zu erbringen (RGSt **17** 103, 106; **55** 97, 98), so zum Beispiel Blutflecke, Einschüsse, Fußspuren und Fingerabdrücke. Ihnen ist wesentlich, dass ihnen keine Gedankenerklärung innewohnt.[30]

14 **Technische Aufzeichnungen.** Sie sind bloße Augenscheinsobjekte. Sie sind auch keine Urkunden im weiteren Sinne, bei denen auf das Merkmal der „Gedankenerklärung" verzichtet wurde (anders *Lampe* NJW **1970** 1097, 1099). Sie werden es nicht ohne Weiteres dadurch, dass ihr Herstellen durch einen „Erklärungswillen des Urhebers" verursacht wird. Es handelt sich bei der technischen Aufzeichnung um die Wiedergabe von Tat-

---

[23] *Gössel/Dölling* BT 1 § 52 Rdn. 4; *Lackner/Kühl* Rdn. 6 f; *Puppe* NK Rdn. 52; *dies.* Jura **1980** 18; *Sch/Schröder/Cramer/Heine* Rdn. 6.

[24] **Krit.** *Freund* JuS **1993** 1017 f.

[25] *Brodag* BT S. 301; *Jaeger* S. 169; *Puppe* NK Rdn. 51; *Vehslage* Verwaltungsrundschau **2001** 374, 377.

[26] *Blei* II S. 310.

[27] Ähnlich *Samson* JuS **1970** 370.

[28] RGSt **55** 97, 98; vgl. auch RGSt **40** 78; **53** 141.

[29] Vgl. ferner BGHSt **17** 97, 98; RGSt **46** 412, 413; **65** 316, 317.

[30] *Joecks* Rdn. 17; *Kindhäuser* LPK Rdn. 15 f; *Küper* BT S. 307; *Küpper* BT 1 Teil II § 1 Rdn. 4; *Puppe* Jura **1979** 636; *Rengier* BT II § 32 Rdn. 2; *Wessels/Hettinger* BT 1 Rdn. 793.

sachen oder Vorgängen, die durch einen technischen Apparat geschieht.[31] § 268 Abs. 2 StGB enthält insofern eine Legaldefinition. Die Beweiskraft einer solchen Aufzeichnung wird nicht durch die Glaubwürdigkeit oder Verlässlichkeit des Urhebers begründet, sondern durch die Präzision und Zuverlässigkeit des aufzeichnenden Apparats.[32]

Zu den technischen Aufzeichnungen in diesem Sinne gehören die verschiedenen Formen von Diagrammblättern und -scheiben.[33] Mechanisch oder auf andere Weise bewirkte Aufzeichnungen, die eine menschliche Gedankenerklärung enthalten[34] oder nach ihrem Herstellen von einem Urheber als Erklärung autorisiert[35] werden, sind aber trotz ihrer technischen Erscheinung Urkunden (so gedruckte, maschinengeschriebene oder gestempelte Erklärungen, computergefertigte Rechnungen und behördliche Bescheide).[36] Es handelt sich hierbei um Fälle der so genannten **technischen Schreibhilfe.**[37] Nach OLG Köln NJW **2002** 527 f (dazu *Hecker* JuS **2002** 224; *Otto* JK **6/02** StGB § 267/29) soll auch der durch den Automaten ausgeworfene Parkschein eine Urkunde sein.[38] Das zeigt, dass im Einzelfall die Abgrenzung zur technischen Aufzeichnung durchaus problematisch sein kann.[39] Bei der elektronischen Datenverarbeitung können auch Eingabebelege (Input) Urkundencharakter haben (OLG München JZ **1977** 410 m. Anm. *Sieber*). Eine Erklärung muss als solche aber immer einen Inhalt haben, der über die Aufzählung von Identitätsmerkmalen des Ausstellers (wie bei einer Visitenkarte) oder über bloße Kennzeichnungs- oder Unterscheidungsmerkmale hinausgeht.[40] 15

**Kennzeichen (Identitäts- oder Unterscheidungszeichen).** Im Gegensatz zu den Beweiszeichen, welche die Rechtsprechung den Urkunden zuordnet, enthalten sie keine Gedankenerklärung. Es handelt sich um Zeichen, die lediglich zur Kennzeichnung etwa der Herkunft oder des Eigentums dienen.[41] Auch hier kann die Unterscheidung im Einzelfall sehr schwierig sein. 16

cc) **Ermittlung des Inhalts der Erklärung.** Für die Beantwortung der Frage, welchen Gedankeninhalt eine Erklärung hat, kommt es nicht auf ihren Wortsinn an, sondern auf den Sachsinn. So hat eine Rechtschreibungsarbeit Urkundencharakter (BGHSt **17** 297, 298). Die verkörperte „Erklärung" liegt in diesem Fall nicht im diktierten Text, sondern in der Aussage darüber, wie sich der Schüler die richtige Schreibweise des ihm Diktierten denkt. Entsprechendes gilt für andere *Prüfungsarbeiten*, mit denen der Kandidat zugleich erklärt, er habe die Arbeit persönlich angefertigt (BayObLG NJW **1981** 772, 773).[42] Ist allein diese Erklärung unwahr, so wird die Urkunde dadurch aber nicht unecht (BayObLG aaO). 17

---

[31] Vgl. *Puppe* Jura **1979** 636; *Samson* JA **1979** 527 f.

[32] *Samson* JuS **1970** 371.

[33] OLG Hamm NJW **1959** 1380; OLG Stuttgart NJW **1959** 1379.

[34] Vgl. hierzu die bei *Kienapfel* Urkunden I S. 166 f aufgeführten Fälle; ferner *Sieber* S. 275.

[35] *Puppe* Jura **1979** 636; *Sieber* S. 282.

[36] *Hilgendorf/Frank/Valerius* Rdn. 165; *Radtke* ZStW **115** (2003) 26, 45.

[37] Nachweise bei *Kienapfel* Urkunden I S. 165 ff.

[38] Ebenso etwa *Gössel/Dölling* BT 1 § 52 Rdn. 3; *Haft* Repetitorium Nr. 1400a; *Hecker* JuS **2002** 224; *Kindhäuser* LPK Rdn. 17; *Matzky* Jura **2003** 191, 192.

[39] Zur Abgrenzung von menschlicher Gedankenerklärung und Darstellungen, die durch technische Aufzeichnungen bewirkt werden, vgl. *Sieber* S. 276 ff; siehe auch *Martin* JuS **2001** 364, 367.

[40] *Sch/Schröder/Cramer/Heine* Rdn. 5.

[41] Vgl. *Sonnen* S. 219; kritisch zu dieser Unterscheidung *Freund* JuS **1993** 1019.

[42] Hierzu *Samson* JA **1981** 366; *Schroeder* JuS **1981** 417.

18 dd) **Der Erklärungswille als Merkmal der Urkunde.** Von einer in der Urkunde verkörperten Gedankenerklärung kann man richtigerweise nur sprechen, wenn ihr ein Erklärungswille zu Grunde liegt. Unter Erklärungswillen sind hier Wille und Bewusstsein des Urkundenausstellers zu verstehen, den geäußerten Gedanken zur Kenntnisnahme durch andere niederzulegen und auch nach außen kundzutun.[43] Dabei können die Zeitpunkte der internen Niederlegung eines Gedankens und der seiner Kundgabe nach außen auseinander fallen. Bei der unechten Urkunde kommt es naturgemäß auf den Willen des wirklichen Ausstellers an, nicht auf den Willen derjenigen Person, über deren angebliche Erklärung getäuscht werden soll. Im Einzelnen ist vieles umstritten.[44]

19 In der **Rechtsprechung** finden sich hierzu folgende Aussagen: **Entwürfen** und Notizen kommt, solange sie nicht zur Kenntnis eines anderen bestimmt sind, kein Erklärungscharakter zu (BGHSt **3** 82, 85; vgl. auch RGSt **61** 161; siehe aber OLG Frankfurt/M. NJW **2007** 1221: Bereits mit der Unterzeichnung der Niederschrift des Protokolls einer Aktionärshauptversammlung durch den Notar liege eine Urkunde vor; **anders** OLG Frankfurt/M. NJW **2008** 91; dagegen aber BGH [Z] ZIP **2009** 460, 462 m. Anm. *Mutter*: Urkunde ist erst die vom Notar autorisierte, unterzeichnete und in den Verkehr gegebene Endfassung). Am Erklärungswillen fehlt es, wenn eine Äußerung offensichtlich nicht ernst gemeint ist oder wenn sie einem anderen Zweck dient, als es nach ihrem Inhalt den Anschein hat (RGSt **17** 103, 109). Ebenso soll es sich verhalten, wenn ein Schriftstück nach Vorstellung und Willen des Verfassers noch nicht die endgültige Form hat (vgl. RGSt **63** 125). Am Erklärungswillen fehlt es schließlich, wenn noch nicht darüber entschieden ist, ob und wann die Erklärung in den Verkehr gebracht wird, so dass der Aussteller – trotz Unterzeichnung – noch frei darüber verfügen kann. Beispiele: Ein Schuldschein wird in Erwartung des Darlehens fertig gestellt, aber noch zurückgehalten.[45] Der Amtsträger bereitet eine öffentliche Urkunde vollständig vor, lässt sie aber noch nicht in den Verkehr gelangen (RGSt **9** 214, 216 f; **64** 136 f). Bei solchen Gebilden fehlt der Abschluss- oder, wenn sie schon unterzeichnet sind, der Begebungswille, durch den ihnen erst die endgültige Gestalt oder rechtliche Bedeutung verliehen wird.[46] Für öffentliche Urkunden ist diese Auffassung sachgerecht und konsequent. Doch hat sie auch für andere Bereiche Bedeutung, so für private Briefe und Tagebücher. Im Übrigen nimmt die Rechtsprechung bei einem Entwurf Begebungswillen an, wenn er dem Urheber aus der Hand gerät und dieser ihn gleichwohl im Verkehr belässt. Zur Einordnung von *Bilanzentwürfen* und ihrer Abgrenzung von der (handelsrechtlichen) Bilanz *Tiedemann* LK § 283 Rdn. 136 und 150 m.N.

20 Wie der letzte Fall zeigt, kann ein Schriftstück **Urkundencharakter** aufgrund einer entsprechenden Willensbildung also auch **erst nach der Anfertigung** erlangen, nachdem es ohne Erklärungswillen in den Rechtsverkehr geraten ist. Umgekehrt kann es einen ihm bereits zugekommenen Charakter als Urkunde nachträglich aufgrund einer Willensänderung wieder verlieren.

21 **Nachträgliche Umwandlungen** dieser Art, die sich auf der Erklärungsebene bewegen, hat die Rechtsprechung zum Beispiel angenommen: wenn der vorbereitete Schuldschein dem Gläubiger ausgehändigt oder der Testamentsentwurf bei Gericht hinterlegt wird (RGSt **26** 138, 143);[47] ferner, wenn der Aussteller eine **Abschrift** mit Zustimmung aller Verfügungsberechtigten als Urschrift oder Zweitschrift verwendet oder wenn er sie als

---

[43] Vgl. *Arzt/Weber* BT § 31 Rdn. 4; *Joecks* Rdn. 16.

[44] Vgl. *Tröndle* LK[10] Rdn. 12 bis 14b.

[45] Vgl. *Weismann* ZStW **11** (1891) 30.

[46] RGSt **23** 205; **57** 310, 311.

[47] Vgl. auch RGSt **11** 257, 259 ff; **19** 243, 244 f.

Ersatz der Urschrift ausgibt (RGSt **59** 13, 16 f). Zu solchen Rechtsakten sind nur der Urheber (Aussteller) und dessen Vertreter in der Lage.[48] Zur *Rückverwandlung* einer Urschrift in einen Entwurf vgl. *Jagusch* LK[8] vor § 267 Anm. 3a a.E.

**Stellungnahme.** Die Auffassung der Rechtsprechung führt zu sachgerechten Ergebnissen. Die Befürchtung, der Urkundenbegriff verliere durch den Einbau des Erklärungswillens als subjektives Element objektiv an klaren Konturen, ist im Ergebnis unbegründet. Dennoch bedarf es im **Einzelfall** jeweils der exakten Prüfung, ob nicht der Erklärungswille vorhanden ist. Von der Täuschungsabsicht ist der Erklärungswille zu unterscheiden. Die Täuschungsabsicht ist eine in den Tatbestand (§ 267 Abs. 1 StGB) aufgenommene Willensrichtung, die bei der Urkundenfälschung über den bloßen Erklärungswillen hinausreicht und ihn gleichsam zur Grundlage hat.[49] **22**

Soweit der Täter ein Schriftstück als Urkundenoriginal verwendet, das nach dem Willen des Unterzeichners noch nicht Urkunde ist, stellt er durch den unbefugten Gebrauch selbst eine unechte Urkunde her, indem er, eigenmächtig handelnd, den Unterzeichner zum scheinbaren Aussteller einer Urkunde macht, auch wenn er das Schriftstück nicht verändert.[50] Seine Strafbarkeit hängt nicht von dessen Urkundenqualität schon vor der Tat ab. Grundlage einer Urkundenfälschung kann auch eine **Nichturkunde** sein (Rdn. 8). **23**

ee) **Zur Bedeutung von Willensmängeln für den Urkundenbegriff.** Bei der Prüfung dieser Frage zeigt sich die Eigenständigkeit des Strafrechts. Der Tatbestand der Urkundenfälschung ist nicht strikt an zivilrechtliche Vorgaben gebunden. Das resultiert schon daraus, dass Strafrecht einerseits und Zivilrecht andererseits im Grundsatz unterschiedliche Zwecke verfolgen (*Zieschang* FG Paulus, 208 f). Ist der Erklärende schuldunfähig, handelt er unter Zwang[51] oder ist seine Erklärung nach den Vorschriften des bürgerlichen Rechts sonst nichtig oder anfechtbar,[52] so beantworten Rechtsprechung und Schrifttum die Frage, ob bei ihm ein Erklärungswille anzunehmen ist, nicht einheitlich. Es trifft nicht zu, dass Nichtigkeit nach bürgerlichem Recht, etwa wegen Verstoßes gegen das Gesetz oder die guten Sitten, wegen Geschäftsunfähigkeit oder Formmangels, einer verkörperten Erklärung automatisch den Erklärungscharakter und damit ihrer Verkörperung die Eigenschaft einer (echten) Urkunde nimmt.[53] Das Reichsgericht hat in einem Fall einem Kaufangebot, das auf eine unmögliche Leistung gerichtet war, die Urkundeneigenschaft mit der Begründung abgesprochen, es sei wegen Nichtigkeit nicht beweiserheblich (RGSt **8** 351, 353). **24**

Der Erklärungswille wird verneint, wenn der „Erklärende" durch körperlichen **Zwang** oder unter schwerer Bedrohung (vgl. § 35 StGB) zur Unterschrift genötigt wird.[54] Im Übrigen lassen Rechtsprechung und Schrifttum einen **natürlichen Willen** in der Regel genügen.[55] Danach schließen Willensmängel, selbst wenn sie eine Erklärung anfechtbar machen, den Erklärungswillen in der Regel nicht aus; so, wenn sich der Aussteller verschreibt oder wenn er ein von der Schreibhilfe missverstandenes Diktat ungelesen unterzeichnet; ferner, wenn er über den Inhalt der von ihm unterzeichneten Erklärung getäuscht wird (RGSt **5** 410, 412 f). **25**

---

[48] Vgl. RGSt **26** 270, 271; **29** 357, 359 ff; **40** 179, 180 ff; **43** 52, 53 f.

[49] **Ablehnend** *Tröndle* LK[10] Rdn. 14 und 14a.

[50] Ebenso *Joecks* Rdn. 70.

[51] Vgl. hierzu *Blei* JA **1974** 673; *Schroeder* GA **1974** 225; *ders.* JuS **1981** 418.

[52] Zur Fallgruppe der abgenötigten oder abgelisteten Schriftstücke vgl. *Gustafsson* S. 56 ff, 163 ff.

[53] **Anders** *Jakobs* S. 61 ff.

[54] Vgl. auch *Rengier* BT II § 33 Rdn. 20.

[55] **Dagegen** *Jagusch* LK[8] vor § 267 Anm. 3a.

26 Teilweise werden im Schrifttum die Fälle der Täuschung des „Werkzeugs“ über das Herstellen einer Urkunde auf dem Weg über das Rechtsinstitut der **mittelbaren Täterschaft** gelöst.[56] Grundsätzlich für die Annahme von Urkundenfälschung in solchen Fällen *Freund* (JuS **1994** 30, 31), und zwar ohne Rücksicht darauf, ob Zwang und Täuschung die Erklärung zivilrechtlich (nur) anfechtbar oder (darüber hinaus) nichtig machen.

27 Die unterschiedlichen Auffassungen führen zu **entgegengesetzten Ergebnissen**, wie für den Fall der Täuschung des Unterzeichners über den Inhalt seiner Erklärung dargetan sei. Nach Ansicht des Reichsgerichts liegt in diesem Fall eine echte Urkunde des Unterzeichners vor, durch deren Gebrauch sich der Täuschende nicht wegen Urkundenfälschung strafbar macht (RGSt **5** 410, 412). Nach der abweichenden Auffassung, die im Schrifttum vertreten wird (Rdn. 26), stellt er dagegen eine unechte Urkunde her, obwohl die Unterschrift vom Getäuschten (als Unterzeichner) stammt. *Jakobs* (S. 63 f) hält die anfechtbare Erklärung bis zur Anfechtung für eine echte Urkunde und danach für eine unechte, wenn der Täter sie als echt gebraucht.

### b) Die Erkennbarkeit eines Ausstellers

28 **aa) Der Aussteller der Urkunde. Allgemeines.** Nach der so genannten **Geistigkeitstheorie** gilt als Aussteller der Urkunde der, von dem die Erklärung geistig herrührt (RGSt **75** 46, 47), nicht der, welcher sie körperlich hergestellt hat. Aussteller kann nicht nur ein Einzelner sein, sondern auch eine Personenmehrheit,[57] nicht nur eine natürliche Person, sondern auch eine Behörde, eine Handelsgesellschaft oder eine **juristische Person** (h.M.; anders etwa *Otto* JuS **1987** 761, 766 f). Zwei Gesichtspunkte sind dabei stets zu unterscheiden (*Zieschang* FG Paulus, 208 ff): Zum einen geht es darum, wer nach außen als (scheinbarer) Aussteller aus der Urkunde hervorgeht: Da es bei § 267 StGB um den Schutz des Rechtsverkehrs geht, beurteilt sich dies nach dessen Anschauungen. Abzustellen ist also auf die Sicht eines durchschnittlichen Beteiligten. Ist danach ein bestimmter Aussteller erkennbar, wird die zweite Frage später bei der Echtheit der Urkunde relevant: Es geht darum, wer der wahre Aussteller ist. Hierbei sind dann insbesondere auch die mit der Geistigkeitstheorie verbundenen besonderen Voraussetzungen (Rdn. 33) zu beachten.

29 Die so genannte Geistigkeitstheorie oder materielle Urheberlehre ist seit der Entscheidung RGSt **8** 92 (97 ff, 99, 100 f) in der Rechtsprechung[58] und im Schrifttum[59] **herrschend.** Danach kommt es für die Frage des Ausstellers darauf an, wer geistig hinter der Erklärung steht, sie als seine Erklärung gelten lässt, sich zu ihr bekennt und sich an sie gebunden fühlt. Der Erklärende bleibt Aussteller, auch wenn er den Inhalt der Urkunde

---

[56] Vgl. *Blei* JA **1974** 673; *Maurach/Schroeder/Maiwald* BT 2 § 65 Rdn. 62; *Schroeder* GA **1974** 227.

[57] Vgl. nur *Arzt/Weber* BT § 31 Rdn. 6.

[58] Vgl. etwa BGHSt **13** 382, 385; RGSt **22** 377, 379; **26** 270, 271; **43** 348, 349 f; **46** 286, 287 f; **66** 365, 366 f; **76** 125, 126 f; BayObLG NJW **1981** 773; OLG Düsseldorf wistra **1999** 233, 234.

[59] Vgl. etwa *Erb* MK Rdn. 125 ff; *Fischer* Rdn. 2; *Hoyer* SK Rdn. 41 f; *Jäger* BT Rdn. 430, 436; *Joecks* Rdn. 29; *Kindhäuser* LPK Rdn. 5; *ders.* BT I § 55 Rdn. 12 f; *ders.* Repetitorium BT I 12.7; *Krey/M. Heinrich* BT 1 Rdn. 708 f; *Kudlich* BT II Nr. 151; *Küpper* BT 1 Teil II § 1 Rdn. 28; *Lackner/Kühl* Rdn. 14, 55; *Maurach/Schroeder/Maiwald* BT 2 § 65 Rdn. 48; *Rengier* BT II § 32 Rdn. 9; *Sch/Schröder/Cramer/Heine* Rdn. 16, 55; *Schmidhäuser* BT 14/13; *Wessels/Hettinger* BT 1 Rdn. 801.

einer Schreibkraft diktiert.[60] Aussteller ist der Vollmachtgeber etwa, wenn der Bevollmächtigte unter dessen Namen eine Urkunde errichtet. In Fällen der offenen Stellvertretung gilt nach der Praxis Entsprechendes für den Vertretenen wenigstens dann, wenn es sich bei ihm um eine juristische Person oder Behörde handelt (s. Rdn. 176).[61]

Im **Schrifttum** werden gegen die Geistigkeitstheorie mitunter *Einwände* erhoben.[62] **30**
*Schroeder* (GA **1974** 230) meint, dass sie nicht das Richtige treffe, weil es im Falle des Zeichnens unter fremdem Namen nicht auf den geistigen Urheber der Erklärung ankomme, sondern darauf, ob die Stellvertretung rechtlich zulässig sei. *Puppe* (NK Rdn. 63)[63] hält die Bezeichnung Geistigkeitstheorie für irreführend und deren Ausstellerdefinition für falsch in der Erwägung, dass es gerade nicht darauf ankomme, wessen geistige Schöpfung die Erklärung sei, sondern darauf, als wessen Erklärung sie im Rechtsverkehr gelte. Es ist zuzugeben, dass die Formel „der, von dem die Erklärung geistig herrührt" ungenau ist. Denn als Aussteller ist nicht der gemeint, auf den die Erklärung in ihrer sprachlichen Fassung oder als Idee zurückgeht. Die Formel betrifft nicht die Genesis der Erklärung. Unter „geistig herrühren" versteht man von jeher „als Rechtsperson geistig dahinter stehen" und „sich an die Erklärung gebunden fühlen".

Die sogenannte **Körperlichkeitstheorie** ist demgegenüber überholt. Sie wurde vor **31**
allem von *Frank* (Anm. V 1b) und zuletzt von *Boldt* (DR **1941** 993) vertreten. Neuerdings hat *Steinmetz* die Geistigkeitstheorie insgesamt verworfen (S. 236, 239). Er möchte zu einer modifizierten Körperlichkeitstheorie zurückkehren (S. 245 ff, 252, 263), nach der Aussteller einer Urkunde (nur) derjenige sein soll, „der eine eigene Erklärung selbst körperlich herstellt oder sich bei der Herstellung eines technischen Hilfsmittels oder einer Hilfsperson bedient, die ihrerseits keine eigene Erklärung abgibt" (S. 252). Wenn diese Theorie auch den Bereich des Strafbaren (im Hinblick auf die in § 267 StGB vorausgesetzte Täuschungsabsicht) nicht notwendig ausdehnen muss, überzeugt dieser Lösungsansatz nicht, da der Bereich der Stellvertretung nicht hinreichend Beachtung findet, so dass die Auffassung der Rechtswirklichkeit nicht ganz gerecht wird.

Aus der Geistigkeitstheorie haben sich Folgerungen für den **Telegrafenverkehr** erge- **32**
ben. Soweit der Telegramminhalt den Anforderungen an eine Urkunde genügt, ist der, von dem das Telegramm herrührt (der Absender), Aussteller des Aufgabe- und des Ankunftstelegramms. Für das *Aufgabetelegramm* als Urschrift war das von jeher anerkannt[64], gleichgültig, ob es der Absender selbst oder ein Bevollmächtigter aufgegeben hat, und auch unabhängig davon, ob es handschriftlich abgefasst oder fernmündlich durchgegeben wird (RGSt **57** 321). Aber ebenfalls beim *Ankunftstelegramm* ist der Absender Aussteller. Es liegt nicht nur, wie man früher nach der Körperlichkeitstheorie angenommen hat,[65] eine beglaubigte Kopie des Aufgabetelegramms vor, sondern eine Art Zweitschrift der Urschrift. Sie gibt wieder, was der Absender dem Empfänger mitteilen will, und geht ihm im Auftrag des Absenders durch die Post zu. Anzumerken bleibt, dass das Telegramm angesichts der technischen Entwicklung erheblich an tatsächlicher Bedeutung verloren hat.

Da Aussteller der ist, der geistig hinter der Urkunde steht, ist **Zeichnen unter frem- 33**
**dem Namen** in Vertretungsfällen möglich, ohne dass sich an der Ausstellereigenschaft des

---

60 Vgl. BGH bei Holtz MDR **1979** 806.

61 Dazu *Jakobs* S. 81.

62 Grundsätzlich *Jakobs* S. 79 ff; vgl. auch *Arzt/Weber* BT § 31 Rdn. 17.

63 Siehe auch *Puppe* Jura **1979** 637, 639; ferner *Samson* JA **1979** 660.

64 *Weismann* ZStW **11** (1891) 31.

65 *Merkel/v. Holtzendorff* Handbuch Bd. IV S. 448.

Urhebers der Erklärung etwas ändert. *Drei Voraussetzungen* müssen allerdings erfüllt sein (RGSt **75** 46): Der Unterzeichner **will** den Namensträger **vertreten**; der Namensträger **will sich vertreten lassen**, und die Vertretung ist **rechtlich zulässig** (BayObLG JR **1990** 251 m. insoweit zust. Anm. *Otto* S. 252).[66]

**34** *Otto* (JuS **1987** 761, 764) meint, diese Ausstellerformel sei „normativ zu ergänzen und damit inhaltlich zu begrenzen", indem sie dahin zu fassen sei: Aussteller sei, wer sich die Erklärung *nach außerstrafrechtlichen Normen* rechtlich *zurechnen* lassen müsse. Diese Auffassung wird im Einzelfall oft zum richtigen Ergebnis führen. Sie geht in ihrer Allgemeinheit aber zu weit und trägt der Eigenständigkeit strafrechtlicher Begriffsbildung (vgl. Rdn. 24) nicht genügend Rechnung. Strikt angewendet führt sie zu einer nicht überzeugenden Einschränkung der Strafbarkeit. Sie müsste nämlich den Ausstellerbegriff auf Geschäftsherren ausdehnen, die das Verhalten des Täters weder kennen noch billigen, doch gleichwohl (etwa kraft Rechtsscheins) zivilrechtlich dafür einzustehen haben.

**35** Der geistige Ausstellerbegriff (Rdn. 28 ff) kann zu **Abgrenzungsschwierigkeiten** insbesondere dann führen, wenn der Hintermann den Ausführenden veranlasst, seinen – des Hintermannes – Namen zu verwenden, so etwa bei der Beschriftung eines Fahrtenschreiberdiagramms (vgl. BayObLG VRS **1986** 58; *Puppe* JZ **1997** 493). Die Ausstellereigenschaft des Ausführenden ist – abgesehen von den übrigen Voraussetzungen des Handelns unter fremdem Namen – in solchen Fällen wenigstens dann möglich, wenn eine Vertretung des Hintermannes unzulässig ist (vgl. RGSt **25** 325, 326).

**36** An den eingangs (Rdn. 33) genannten Voraussetzungen, von denen die Praxis ausgeht, fehlt es nach der *Rechtsprechung* zum Beispiel, wenn Kontoinhaber und Mittäter zum Zweck des gemeinschaftlichen Betrugs in der Weise zusammenwirken, dass der Kontoinhaber dem Mittäter Scheckvordrucke und Scheckheft überlässt und der Mittäter die Vordrucke unter Nachahmung der Unterschrift des Kontoinhabers einlöst, während der Kontoinhaber die Vordrucke als gestohlen meldet, um Ersatz für die Einlösungen vom Scheckkartenversicherer zu erlangen (BayObLG NJW **1988** 1401).[67] Urkundenfälschung kommt – trotz Einverständnisses des Namensinhabers – nach der Rechtsprechung auch in Betracht, wenn der Täter eine Lohnbescheinigung mit fremdem Namen unterschreibt, um dem Finanzamt oder der Sozialversicherungsbehörde eine Aushilfstätigkeit einer anderen Person vorzuspiegeln und so über die eigene Identität zu täuschen (BayObLG JR **1990** 251 m. Anm. *Otto* S. 252).[68]

**37** Der Unterschreibende will den Namensträger nicht vertreten, wenn er, obwohl er dessen Namen verwendet, sich selbst als geistigen Urheber der Erklärung betrachtet (RGSt **68** 240, 242) oder wenn er sich als Träger des Namens ausgibt (RGSt **22** 377, 378 f; **26** 220, 221) und etwa die Schriftzüge des anderen nachahmt (RGSt **37** 196). Die **Zustimmung des Namensträgers** hindert die Annahme einer Urkundenfälschung demgemäß nicht, wenn er das Einverständnis mit dem Gebrauch seines Namens gerade zu dem Zweck erteilt, dass sich der andere (der Unterschreibende) selbst als Namensträger ausgibt und so ein falscher Schein hinsichtlich des Urhebers der urkundlichen Erklärung erweckt wird (RGSt **68** 240, 242).

---

[66] Siehe dazu auch *Blei* II S. 315; *Bockelmann* BT 3 S. 100; *Gössel/Dölling* BT 1 § 52 Rdn. 16; *Rengier* BT II § 33 Rdn. 16; *Rheineck* S. 29, 32, 34 f; *Zieschang* FG Paulus, 211.

[67] Ablehnend *Jakobs* S. 9 Fn. 20; *Puppe* JuS **1989** 361 f; *dies.* JZ **1991** 447, 449; siehe auch OLG Düsseldorf NJW **1993** 1872.

[68] Ablehnend *Puppe* JZ **1991** 447, 450.

Es kommt es also nicht darauf an, ob sich der Hintermann die Erklärung **zivilrechtlich** zurechnen lassen muss (**aA** OLG Düsseldorf NJW **1993** 1872, 1873). Gegen eine strikte Anbindung der strafrechtlichen Beurteilung an zivilrechtliche Grundsätze spricht im Übrigen, dass es im Strafrecht nicht im Sinne einer Haftung um die Zurechnung von Erklärungen geht, sondern darum, wen der Rechtsverkehr als geistigen Hersteller der Urkunde ansieht. So ist etwa dem geistig verwirrten Betreuten die Erklärung des Betreuers zivilrechtlich zuzurechnen; dennoch erachtet der durchschnittlich Beteiligte in einem solchen Fall den Betreuer als Aussteller, hinter den der Betreute zurücktritt. **38**

Unter **Vertretung** ist im Zusammenhang mit dem strafrechtlichen Ausstellerbegriff *nicht allein* die *rechtsgeschäftliche* Vertretung zu verstehen, sondern auch die bloße „Vertretung in der Erklärung", wenn zum Beispiel eine Schreibhilfe eingesetzt oder ein Druckauftrag erteilt wird oder wenn, wie im Telegrafenverkehr, beim Herstellen des Ankunftstelegramms die Dienstleistung der Post in Anspruch genommen wird. Stets müssen aber der Namensträger und der Hersteller der verkörperten Erklärung darüber einig sein, dass die Erklärung den Namensträger binden soll und er sich zu ihr bekennt (RGSt **76** 125, 126). Zu beachten ist weiterhin, dass die im Zivilrecht anerkannte Möglichkeit, eine unechte Urkunde nachträglich vom angeblichen Aussteller genehmigen zu lassen (vgl. RGZ **145** 87; BGH JZ **1951** 783), für den Tatbestand des § 267 StGB unerheblich ist.[69] Strafrechtlich kann eine unechte Urkunde durch **Genehmigung** nicht mit rückwirkender Kraft echt werden. Erst recht vermag eine bloße Hoffnung oder Erwartung späterer Genehmigung die Echtheit zur Tatzeit nicht zu begründen. **39**

Zeichnen unter fremdem Namen macht dessen Träger nicht zum Aussteller, wo es *rechtlich unzulässig* ist.[70] Das gilt insbesondere dann, wenn die **Eigenhändigkeit der Unterschrift** gesetzlich vorgeschrieben wird, zum Beispiel bei der eidesstattlichen Versicherung nach § 294 ZPO (RGSt **69** 117, 119), bei bestimmenden prozessualen Erklärungen und Schriftsätzen eines Rechtsanwalts (vgl. RGSt **44** 69), etwa der Klageschrift oder Rechtsmittelschrift, aber auch im Strafprozess (vgl. § 345 Abs. 2 StPO) oder bei einem schriftlichen Sachverständigengutachten nach § 411 Abs. 1 Satz 1 ZPO. In solchen Fällen macht der Umstand, dass der Namensträger sich vertreten lassen will, die Urkunde mit seinem Namen als „Vertretenem" nicht zur echten. Erst recht gilt dies, wenn das Gesetz die eigenhändige Niederschrift der gesamten Urkunde gebietet wie beim privatschriftlichen Testament nach § 2247 Abs. 1 BGB (RGSt **57** 235 f; OLG Hamburg JW **1938** 582 Nr. 8). Gleiches gilt auch, wo Eigenhändigkeit nach Herkommen[71] oder sonst nach den Umständen vorausgesetzt wird, wie bei eigenhändigen Lebensläufen und bei der Niederschrift von Prüfungsarbeiten (RGSt **68** 240, 241 f). Dagegen ist die Urkunde nicht unecht, wenn eine Überweisung mit Wissen und Wollen des Kontoinhabers mit dessen Namen unterschrieben wird, selbst wenn nach den Geschäftsbedingungen der Bank eine Zeichnung von Überweisungsträgern durch Dritte ausgeschlossen ist (BayObLG StV **1999** 320). Die Bank muss dann zwar nicht die Überweisung ausführen, dagegen wird dadurch die Zeichnung im fremden Namen nicht rechtlich unzulässig. **40**

Zeichnen unter fremdem Namen soll nach einer in der Rechtsprechung vertretenen Ansicht unzulässig sein, soweit es um die Beschriftung einer **Diagrammscheibe** nach der Verordnung (EWG) Nr. 3821/85 geht. Folgt man dieser Auffassung, so ist der Fahrzeugführer für die Eintragungen auf der Scheibe verantwortlich, nicht der Unternehmer. Die dem Fahrer erteilte Einwilligung des Unternehmers, ihn fälschlich als Fahrer einzutragen, **41**

---

[69] *Sch/Schröder/Cramer/Heine* Rdn. 60a.

[70] Dieses Erfordernis ablehnend etwa *Erb* MK Rdn. 141 ff.

[71] RGSt 4 69, 71; 5 151 f.

macht den Unternehmer nicht zum Aussteller, und sie schließt den Tatbestand des § 267 StGB nicht aus, wenn der Fahrzeugführer ihr gemäß handelt (BayObLGSt **1993** 160, 161 f; vgl. auch BayObLG wistra **1992** 112).

**42** Der Erblasser ist – unbeschadet der **Formnichtigkeit** nach § 2247 Abs. 1 BGB – Aussteller der Urkunde, wenn er ein von einem anderen niedergeschriebenes privatschriftliches Testament selbst handschriftlich unterzeichnet. Durch die eigenhändige Unterschrift stellt er die Urkunde nicht nur „körperlich“ her; er steht auch geistig hinter ihr.[72] Auch wer als Kandidat eine fremde Leistung als eigene Prüfungsarbeit unterschreibt oder sie mit der eigenen Prüfungsnummer versieht und abgibt, ist trotz der unzulässigen Täuschung Aussteller und stellt keine unechte Urkunde her (BayObLG NJW **1981** 774).[73] Anders ist es, wenn sich ein anderer unter dem Namen des Kandidaten und mit dessen Einverständnis der Prüfung unterzieht und die Prüfungsarbeit mit dem Namen des Kandidaten abgibt (RGSt **68** 240); denn in einem solchen Fall ist die Vertretung nicht zulässig und die Urkunde damit unecht.[74] Der Umstand, dass eine Ermächtigung zum Zeichnen unter fremdem Namen nach bürgerlichem Recht unwirksam ist, etwa weil sie **zum Zwecke des Betruges** erteilt wird, ist für die Ausstellereigenschaft ohne Bedeutung und macht eine Urkunde nicht ohne Weiteres unecht (RGSt **43** 348, 352 f; **75** 46, 48). Auch wer als Kraftfahrzeugführer in Fällen, in denen (anders als im Falle Rdn. 41) der Kraftfahrzeughalter Urkundenaussteller ist, im Einverständnis mit ihm auf dem Fahrtenschreiberdiagramm einen falschen Fahrernamen einträgt, stellt eine unwahre, aber keine unechte Urkunde her (BayObLG NJW **1981** 775).

**43** Die Grundsätze über das Erfordernis der rechtlichen Zulässigkeit des Zeichnens mit fremdem Namen sind **herrschende Meinung.**[75] Der Ermächtigte braucht seinen Namen dem des Vertretenen nicht hinzuzufügen. Seine Vertretungsmacht muss er nicht kenntlich machen. Zur Unterzeichnung lediglich unter Benutzung des Namens des Ermächtigenden braucht er keine besondere oder ausdrückliche Ermächtigung (RGSt **45** 327, 328). Die **Gegenansicht** sieht in diesen Grundsätzen eine Inkonsequenz im Hinblick auf die Geistigkeitstheorie (*Samson* JuS **1970** 375); sie meint, dass die strafrechtlichen Merkmale der Urkunde mit der Rechtswirksamkeit der Erklärung verwechselt würden.[76] Das Argument greift im Ergebnis nicht durch. Zwar sind Echtheit der Urkunde und Wirksamkeit der in ihr verkörperten Erklärung voneinander zu unterscheiden. Doch ist es zu billigen, dass das Strafrecht die geistige Urheberschaft desjenigen, mit dessen Namen ein anderer eine Urkunde unterzeichnet, nur anerkennt, wenn eine solche Unterzeichnung in dem betroffenen Bereich nach der Rechtsordnung überhaupt zulässig ist. Ist das nicht der Fall, so gefährdet die Unterzeichnung mit fremdem Namen, da unwirksam, die Sicherheit des Rechtsverkehrs mit Urkunden in besonderem Maße.

---

[72] *Gössel/Dölling* BT 1 § 52 Rdn. 16; *Lackner/Kühl* Rdn. 18; *Maurach/Schroeder/Maiwald* BT 2 § 65 Rdn. 51; *Mohrbotter* NJW **1966** 1421; *Sch/Schröder/Cramer/Heine* Rdn. 59; **aA** OLG Düsseldorf NJW **1966** 749.

[73] *Puppe* JR **1981** 443; *Schroeder* JuS **1981** 417; *Sonnen* JA **1981** 366.

[74] Vgl. auch RGSt **75** 314, 317.

[75] RGSt **43** 348, 352 ff; **44** 69, 71 ff; **75** 285, 286 f; OLG Stuttgart NJW **1951** 206; *Fischer* Rdn. 18; *Lackner/Kühl* Rdn. 18; *Maurach/Schroeder/Maiwald* BT 2 § 65 Rdn. 48 f; *Otto* BT § 70 Rdn. 13; *Sch/Schröder/Cramer/Heine* Rdn. 56 ff; differenzierend *Hoyer* SK Rdn. 47 ff; **kritisch** *Erb* MK Rdn. 141 ff; *Puppe* NK Rdn. 66 ff.

[76] *Jagusch* LK[8] vor § 267 Anm. 3c; *Puppe* JR **1981** 442; *dies.* NK Rdn. 69.

**bb) Erkennbarkeit des Ausstellers. Allgemeines.** Siehe zunächst Rdn. 8 f und Rdn. 28. **44** Das Erkennbarkeitserfordernis, das sich bei echten Urkunden auf den wirklichen und bei falschen auf den scheinbaren Aussteller bezieht, steht im Einklang mit der ständigen Rechtsprechung (seit RGSt **17** 282, 283) und der einhelligen Auffassung im Schrifttum.[77] Die Urkunde schöpft ihren Beweiswert aus der Person des Ausstellers. Sie muss daher nicht nur die Erklärung, sondern auch den Bezug zum Erklärenden (Aussteller) dauerhaft fixieren.

**Erkennbarkeit** des Ausstellers bedeutet, dass der, der (wirklich oder scheinbar) hinter **45** der Urkunde steht, aus ihr als Person bestimmbar ist (RGSt **64** 97, 98; OLG Celle NdsRpfl. **1991** 182). Der Aussteller kann eine Einzelpersönlichkeit, eine juristische Person oder eine Behörde sein (BGHSt **9** 44, 46; Rdn. 28). Es reicht nicht aus, wenn er nur der Gattung nach[78] und nicht als bestimmte Persönlichkeit oder Stelle erkennbar ist (RGSt **46** 103, 105 f; **76** 205, 206 f). Doch genügt es, wenn er für die Beteiligten etwa infolge eines Spitznamens oder einer Vereinbarung festzustellen ist,[79] er aus dem Inhalt und Zusammenhang eines Schriftstücks und den begleitenden Umständen hervorgeht (zu eng daher OLG Stuttgart NStZ-RR **2001** 370; vgl. auch *Otto* JK **7/02** StGB § 267/30). Der Aussteller ist zum Beispiel erkennbar bei der Unterschrift „Euer Vater" in einem Testament, das die Kinder zu Erben bestimmt, oder durch die Absenderangabe auf einer Postkarte, deren Text nur den Vornamen des Schreibenden enthält. Eine bloße Sammelbezeichnung (wie: die Arbeiterschaft Berlins, die Studenten Heidelbergs oder die Belegschaft der Firma N.) reicht für die Individualisierung der Aussteller nicht aus (RGSt **35** 94, 95 f).

Das **Reichsgericht** hatte es anfangs genügen lassen, dass der Aussteller *außerhalb der* **46** *Urkunde* (durch Gesetz, Herkommen oder Übereinkommen der Beteiligten) gekennzeichnet sei oder ermittelt werden könne (RGSt **11** 183, 186; **13** 71, 74). Seit der Entscheidung RGSt **17** 282, 283 hat es aber an die Erkennbarbeit insofern strengere Anforderungen gestellt, als sich die Person des Ausstellers **mit aus der Urkunde** selbst ergeben muss. Es muss nicht nur die Erklärung, sondern auch die Person des Erklärenden in der Urkunde „verkörpert" oder „verbrieft" sein (RGSt **61** 161 f).[80] Völlig außerhalb des Urkundeninhalts liegende Anhaltspunkte über die Person des Ausstellers reichen für dessen Erkennbarkeit nicht mehr aus (RGSt **40** 217, 218; **52** 312, 313).

Doch hat sich das Reichsgericht selbst nicht immer an diese Grundsätze gehalten. Es **47** hat gelegentlich auf das Erfordernis der Erkennbarkeit des Ausstellers verzichtet (so im Wahlzettel-Fall RGSt **22** 182) oder das Problem stillschweigend übergangen (RGSt **55** 107). Auch im Übrigen wurde das Prinzip vergleichsweise **großzügig** gehandhabt. Nach der Kasuistik ist eine klare Linie nicht ersichtlich; sie erweckt den Eindruck einer gewissen Beliebigkeit, die das Problem zur Tatfrage herabstuft.

**Kasuistik.** Aus der Urkunde erkennbar ist der Aussteller, wenn er sie **unterschrieben** **48** hat (RGSt **30** 369, 371) oder wenn er im Kopf oder Text der Urkunde (RGSt **59** 38, 40) bezeichnet wird (benannte Urkunden).[81]

Aus anderen (unbenannten) Schriftstücken, ferner aus Beweiszeichen, Siegeln und **49** Plomben, die Urkunden sein können, ist der Aussteller auch erkennbar, wenn er sich aus

---

[77] Nachweise bei *Kienapfel* Urkunden I S. 254.

[78] *Gössel/Dölling* BT 1 § 52 Rdn. 11; *Kienapfel* Urkunden I S. 268 f.

[79] Vgl. RGSt **40** 217, 218; RG JW **1938** 168, 169.

[80] RGSt **26** 270, 271; **34** 205 f; **53** 237, 238 f.

[81] Siehe *Kienapfel* Urkunden I S. 259 f.

dem **sonstigen Inhalt** der Urkunde ergibt (RGSt **26** 270, 271; **66** 124, 125), wobei ihre Art, Form und übrige Beschaffenheit von Bedeutung sind (RGSt **46** 297, 299). Der Aussteller braucht auch nicht unmittelbar aus der Urkunde hervorzugehen. Die Erkennbarkeit kann sich aus den **begleitenden Umständen** (RGSt **76** 205, 207; *Zieschang* FG Paulus, 201)[82] ergeben.[83] Es genügt, dass der Aussteller aus den Umständen wenigstens für die Beteiligten und für Eingeweihte erkennbar ist (RGSt **52** 312, 313)[84], so die für den italienischen Staat handelnden Ausgabestellen für Benzingutscheine als Urheber der Jahresstempel auf Fahrzeugscheinen (BayObLG NJW **1980** 1057 f; *Oehler* JR **1980** 458).

**50** Die begleitenden Umstände können sich aus rechtlichen Beziehungen (RGSt **46** 297, 299), aus **Gesetz, Herkommen und Vereinbarung** (RGSt **77** 275, 277)[85] ergeben, wie etwa aus Dienstvorschriften (RGSt **55** 269, 270)[86], aus Satzung (RGSt **59** 38, 40), aus Vertrag (RGSt **17** 352, 357), aus Herkommen (RGSt **53** 327, 329)[87], aus innerbetrieblicher Übung (RGSt **55** 107)[88] oder aus stillschweigender Vereinbarung.[89]

**51** Bei **Fahrtenschreiberaufzeichnungen** zum Beispiel, die handschriftlich mit dem Namen des Fahrers und dem des Abfahrorts versehen sind, ist Aussteller entweder, wie in den Fällen des § 57a Abs. 2 Satz 2 StVZO, der Fahrzeughalter (BayObLG NJW **1981** 774, 775) oder sonst der Fahrer. Der Fahrer ist es jedenfalls dann, wenn es um eine Fahrt geht, die unter die Vorschriften des Fahrpersonalgesetzes fällt, diese in Verbindung mit den Sozialvorschriften der EG und des Europäischen Übereinkommens über die Arbeit des im internationalen Straßenverkehr beschäftigten Fahrpersonals (BayObLG NJW **1988** 2190).

**52** Die begleitenden Umstände, die auf den Aussteller hinweisen, können sich aber auch aus **tatsächlichen Beziehungen** ergeben, das heißt aus örtlichen (RGSt **52** 312, 313; **66** 124, 125), persönlichen (RGSt **40** 217, 218; **55** 97, 98; **76** 205, 207) und sonstigen Gegebenheiten.[90] Dass der Aussteller nur durch Schriftvergleichung ermittelt werden kann, genügt aber für die Erkennbarkeit nicht (RGSt **67** 419, 420).[91]

**53** Angesichts dieser extensiven Auslegung in der Rechtsprechung ist *Kienapfel* (Urkunden I S. 264) zuzugeben, dass das Reichsgericht bei unbenannten Urkunden (Rdn. 49) und Beweiszeichen an Stelle der Erkennbarkeit des Ausstellers im Grunde schon dessen Notorietät ausreichen lässt.

**54** Der **Bundesgerichtshof** und die Oberlandesgerichte haben an den Grundsätzen des Reichsgerichts im Wesentlichen festgehalten. Das Prinzip, dass sich die Erkennbarkeit des Ausstellers aus der Urkunde selbst und nicht erst durch weitere Beweiserhebung ergeben müsse, wird betont (BGHSt **13** 382, 385)[92] und strenger beachtet als vom Reichsgericht. **Wahlzettel** werden nicht als Urkunde anerkannt (BGHSt **12** 108, 112; vgl. näher Rdn. 62).

**55** Aus dem Erfordernis, dass bei einer Urkunde die Erklärung und ihr Bezug zum Erklärenden (dem Aussteller) dauerhaft fixiert sein müssen (Rdn. 44), folgt die Notwendigkeit einer relativ **festen Verbindung** miteinander (RGSt **51** 36, 38). Zusammenhalten mit Büroklammern genügt nicht, auch nicht Zusammenlegen verschiedener Bestandteile

---

82 Vgl. RGSt **35** 94, 96; **55** 269 f; OLG Köln NJW **2002** 527, 528.

83 Siehe auch *Radtke* ZStW **115** (2003) 26, 57.

84 Vgl. RGSt **40** 217, 218; **52** 312, 313; *Kienapfel* Urkunden I S. 261 ff.

85 RGSt **55** 269, 270; **76** 205, 206.

86 RGSt **56** 329, 330; RG DR **1941** 2290 f m. Anm. *Dahm*.

87 Vgl. RG LZ **1921** Sp. 234.

88 RGSt **52** 65, 67; RG JW **1938** 168.

89 RG DStrZ **1916** Sp. 77 (Striche des Wirts auf dem „Bieruntersetzer").

90 Vgl. ferner RGSt **59** 38, 40.

91 Ebenso BayObLG NJW **1991** 772, 773; hierzu *Kienapfel* Urkunden I S. 268; *Puppe* JR **1981** 443; *Schroeder* JuS **1981** 417.

92 Vgl. ferner BGHSt **5** 75, 78 f; **13** 235, 238; BGH GA **1963** 16, 17.

in einem Umschlag oder einer Mappe (RGSt **60** 17, 19 ff) oder Einlegen in eine schon bestehende Urkunde (RGSt **76** 79, 81), wohl aber Zusammenheften oder Zusammenkleben, ebenso Einordnen in einen Schnellhefter. Relativiert werden diese Gesichtspunkte jedoch dadurch, dass es ausreicht, wenn sich der Aussteller aus den begleitenden Umständen ergibt. Zum „Buchersatz durch geordnete Belege der Handelsbuchführung BGHSt **4** 271, 275; **14** 262, 264; *Tiedemann* LK § 283 Rdn. 94 m.w.N.

**Anonyme Erklärungen.** Bei ihnen handelt es sich nicht um Urkunden, weil sie den Aussteller nicht erkennen lassen.[93] **56**

Das gilt zunächst für Fälle **offener Anonymität** (wie anonyme Drohungen, Beleidigungen und Anzeigen).[94] Es fehlt in diesen Fällen in der Erklärung an Hinweisen auf den Urheber. Er will den Zusammenhang der Erklärung mit seiner Person nicht nach außen treten lassen und verbirgt, dass er hinter der Erklärung steht; er bekennt sich nicht zu ihr. Das ist auch der Fall, wenn er einen Decknamen, einen historischen oder literarischen Namen verwendet und dadurch offen zu Tage tritt, dass es ihm darum geht, seine Urheberschaft zu verdecken. So ist es, wenn ein Flugblatt mit „Spektator" oder „Christoph Columbus", eine Eingabe an eine Behörde mit „ein Bürger der Stadt" oder „ein Mitglied der Gemeinde" (RGSt **46** 297, 301) oder eine Literaturkritik mit „Walther von der Vogelweide" signiert wird. Dasselbe gilt, wenn ein Schriftstück in einer Form unterzeichnet wird, die nicht einmal den Anschein einer (unleserlichen) Unterschrift erweckt, sondern sich nur als Gekritzel oder Bildzeichen darstellt (*Ohr* JuS **1967** 256; *Rengier* BT II § 32 Rdn. 10). Weist aber eine solche „Unterzeichnung" ungeachtet der Unleserlichkeit auf eine bestimmte (wenn auch nicht existierende) Person hin, so liegt eine (unechte) Urkunde vor (BGH NStZ-RR **2003** 20, 21).[95] Entsprechendes gilt bei Deck- oder Phantasienamen, es sei denn, es fehlt an einer Identitätstäuschung. **57**

Von **versteckter Anonymität** spricht man, wenn der Urheber trotz Unterzeichnung mit einem Namen nicht auf eine bestimmte Person als Erklärenden hinweisen will. Hierzu gehört die Verwendung von Allerweltsnamen wie Meier, Müller oder Schmidt ohne Zusatz, es sei denn, es ist erkennbar, dass jemand für die Erklärung einstehen möchte. *Kienapfel* (Urkunden I S. 271) zählt auch die Unterschrift mit historischen oder literarischen Namen dazu. Anstatt von „versteckter" wird auch von „relativer"[96] Anonymität gesprochen. Der Ausdruck „gewollte Anonymität",[97] den *Kienapfel* (Urkunden I S. 271) als „treffenden Oberbegriff" bezeichnet, gibt für eine Unterscheidung wenig her, weil auch Fälle der „offenen" Anonymität gewollt sind. **58**

Wie die Fälle versteckter Anonymität zu behandeln sind, ist umstritten. Richtigerweise ist folgendermaßen zu unterscheiden: Ist für den Erklärungsadressaten ohne Weiteres erkennbar, dass sich der Urheber hinter einem Allerwelts- oder Decknamen verbergen und in Wahrheit **niemand dieses Namens** sich an der Erklärung festhalten lassen will, so ist dieser Fall mit dem der offenen Anonymität nicht wesensverschieden und daher gleich zu behandeln (OLG Koblenz NStZ-RR **2008** 120, 121). Will sich dagegen zwar der Urheber hinter dem verwendeten Namen verbergen, jedoch gegenüber dem Erklärungsadressaten zugleich vortäuschen, eine **bestimmte Person** habe die Erklärung abgegeben, **59**

---

[93] *Gössel/Dölling* BT 1 § 52 Rdn. 12; *Kindhäuser* BT I § 55 Rdn. 15; *Rengier* BT II § 32 Rdn. 10.

[94] Vgl. RGSt **38** 248, 250 f; **40** 217, 218; **46** 297, 300 f; *Arzt/Weber* BT § 31 Rdn. 11; *Erb* MK Rdn. 151.

[95] BGH NJW **1953** 1358; RGSt **41** 425 f; *Gössel/Dölling* BT 1 § 52 Rdn. 12; *Sch/Schröder/Cramer/Heine* Rdn. 18.

[96] *Maurach/Schroeder/Maiwald* BT 2 § 65 Rdn. 32.

[97] *Nagler* LK$^{6/7}$ Vorbem. IV 1 Bb vor § 267.

so liegt eine (unechte) Urkunde vor.[98] Daher wird nicht etwa schon beim Gebrauch eines häufig vorkommenden Namens die Urkundeneigenschaft ausgeschlossen (BGHSt 5 149, 151; *Gössel/Dölling* BT 1 § 52 Rdn. 12).

60 *Kienapfel* (Urkunden I S. 267, 271) meint, dass in Fällen versteckter Anonymität bei Zeichnung mit einem Namen (sei er auch unleserlich oder abgekürzt) der Wille zur Anonymität die Urkundenqualität der Erklärung nicht beseitigen könne. Es ist richtig, dass es dort, wo ein Aussteller benannt wird, für die Urkundeneigenschaft unerheblich ist, ob die benannte Person überhaupt existiert oder je existiert hat (BGHSt 5 149, 151). Ebenso ist gleichgültig, ob eine Unterschrift leserlich ist oder nicht.[99] Gleichwohl kann *Kienapfel* nicht gefolgt werden.[100] Er verkennt, dass es an einer Identitätstäuschung fehlt, wenn die versteckt anonyme Erklärung von vornherein erkennen lässt, dass „nichts dahinter" ist und der Urheber nicht einmal vorgibt, irgendjemand wolle sich an der Erklärung festhalten lassen. Ob eine Erklärung mit der Unterzeichnung „Dr. W." eine Urkunde ist, hängt von den Umständen des Einzelfalls ab. So handelt es sich um eine unechte Urkunde, wenn damit ein bestimmter Akademiker gemeint ist, dessen Zuname mit „W." anfängt.[101] Es kann sich in solchen Fällen aber auch anders verhalten, sei es, dass irgendeiner Person aus einem bestimmten Personenkreis die Erklärung zugeschrieben wird (RG JW **1908** 583), sei es, dass zum Beispiel eine Unterzeichnung mit „N. N." schlichte Anonymität zum Ausdruck bringen soll.[102] Für den Fall absichtlicher Unleserlichkeit der Unterschrift gilt grundsätzlich nichts anderes.

61 Von **unbeabsichtigter Anonymität** spricht man, wenn der Erklärende aus Versehen oder Bequemlichkeit seinen Namen nicht beifügt. Hier hat der Schreibende nicht geflissentlich seine Erkennbarkeit verhindert. Ob sie im Einzelfall anzunehmen ist, ist Tatfrage und hängt davon ab, ob die Person des Erklärenden aus dem Inhalt der Urkunde und den sie begleitenden Umständen hervorgeht.

62 **Weitere Fälle.** Keine Urkunden sind **Wahlscheine** (Stimmzettel); denn aus dem einzelnen Wahlschein lässt sich bei einer geheimen Wahl auch in Verbindung mit der Wählerliste kein bestimmter Aussteller erkennen (BGHSt **12** 108, 112).[103] Doch bildet die Gesamtheit der Stimmzettel innerhalb der Wahlurne zusammen mit der Wählerliste eine Gesamturkunde (BGH aaO; str.). Keine Urkunden sind auch Holzblättchen ohne nähere Kennzeichnung, die als **Spielmarken** verwendet werden (RGSt **55** 97, 98 f), sowie abgetrennte Abschnitte einer Lebensmittelkarte (OLG Schleswig SchlHA **1949** 295) oder anderen **Bezugskarte** (BGHSt **13** 235, 239).

63 c) **Beweisbestimmung und Beweiseignung der Urkunde für rechtliche Beziehungen.** Das subjektive[104] Merkmal der Beweisbestimmung ist in der reichsgerichtlichen Rechtsprechung ursprünglich als eingrenzendes Kriterium zu dem umfassenden (objektiven) Merkmal der Beweiseignung hinzugetreten (*Kienapfel* Urkunden II S. 180). Seit der Ent-

---

[98] Im Ergebnis ebenso *Krey/M. Heinrich* BT 1 Rdn. 707; *Sch/Schröder/Cramer/Heine* Rdn. 18; *Seier* JA **1979** 135.

[99] RG JW **1922** 1018, 1019 m. Anm. *Kitzinger*.

[100] *Seier* JA **1979** 134.

[101] RG GA Bd. **37** 190; vgl. auch RGSt **41** 425 f.

[102] Vgl. RGSt **46** 297, 298 ff; RG GA Bd. **55** 310, 311.

[103] Ebenso OLG Koblenz NStZ **1992** 134; *Bruns* NJW **1954** 456; *ders.* NJW **1954** 948; *Fischer* Rdn. 7; *Kienapfel* Urkunden I S. 242, 357; *Samson* Urkunde S. 150; *Sch/Schröder/Cramer/Heine* Rdn. 17; **aA** RGSt **22** 182, 184; OLG Stuttgart NJW **1954** 486; *Richter* NJW **1954** 664.

[104] So etwa *Hohmann/Sander* BT II § 17 Rdn. 19; *Joecks* Rdn. 24; *Küpper* BT 1 Teil II § 1 Rdn. 8; *Rengier* BT II § 32 Rdn. 5; **anders** zum Beispiel *Bockelmann* BT 3 S. 93; *Hoyer* SK Rdn. 40; *Kargl* JA **2003** 604, 606.

scheidung RGSt **17** 103, 105 wird in Rechtsprechung und Schrifttum überwiegend vorausgesetzt, dass Urkunden zum Beweis bestimmt und geeignet sein müssen;[105] mitunter lässt es das Reichsgericht auch genügen, dass sie hierzu bestimmt oder (wenigstens) geeignet sind.[106] Auf die Beweisbestimmung allein hatte es früher in der Entscheidung RGSt **4** 4, 6 abgehoben.

*Otto* (BT Rdn. § 70 Rdn. 18 ff; *ders.* JuS **1987** 761, 762)[107] hält beides – Beweisbestimmung und Beweiseignung – als Merkmale des Urkundenbegriffs für inhaltslos und untauglich. Das trifft in dieser Form nicht allgemein zu. Private Aufzeichnungen etwa, die der Verfasser nur für sich gemacht hat, sind mangels Beweisbestimmung keine Urkunden. Sie können dadurch Urkundenqualität erlangen, dass er sich entschließt, sie dem Gericht in einem Rechtsstreit als Beweismittel vorzulegen (vgl. RGSt **17** 103, 108). **64**

aa) **Zur Beweisbestimmung der Urkunde.** Die Beweisbestimmung setzt die Urkunde nicht allein zum Beweisverkehr im engeren Sinne, sondern überhaupt zum **Rechtsverkehr** in Beziehung. Daran fehlt es bei Verkehrsmarken und Zeichen, die nur, wie das Diktatzeichen einer Schreibkraft (BGH bei Holtz MDR **1979** 806), für den **internen Gebrauch** bestimmt sind. Beweisbestimmung ist demnach als für den Rechtsverkehr bestimmt zu deuten. Dies deckt sich mit der reichsgerichtlichen Rechtsprechung. Diesem Element der Urkunde entspricht auf der inneren Tatseite des § 267 StGB das Merkmal „zur Täuschung im Rechtsverkehr".[108] **65**

Durch das Kriterium der Beweisbestimmung (oder genauer: durch den Zeitpunkt seiner Entstehung) lassen sich die so genannten **Absichtsurkunden** von den so bezeichneten **Zufallsurkunden** trennen. Diese gängige Unterscheidung, die auf *Binding*[109] zurückgeht, hat im Rahmen des § 267 StGB allerdings nur geringe praktische Bedeutung,[110] weil die rechtlichen Voraussetzungen für die Zuerkennung der Urkundeneigenschaft bei beiden Arten gleich sind, sieht man einmal davon ab, dass Aussteller und Bestimmender bei Zufallsurkunden verschiedene Personen sein können.[111] Doch auch die Rechtsprechung differenziert der Sache nach in dieser Hinsicht.[112] **66**

**Beweisbestimmung von Anfang an (Absichtsurkunden).** Bei den Absichtsurkunden trifft der Aussteller die Beweisbestimmung von vornherein mit dem Herstellen der Urkunde; es handelt sich also um **originäre Urkunden.**[113] Er ist sich auch darüber im Klaren, dass die Erklärung für den Rechtsverkehr bestimmt ist. **67**

Zu den Absichtsurkunden gehören die **Dispositivurkunden** (Tatbestandsurkunden), in denen rechtsgeschäftliche Erklärungen niedergelegt werden, worin der Aussteller (konsti- **68**

---

105 BGHSt **4** 60, 61; **4** 284, 285; **5** 295, 296; **13** 235, 239, 382, 385; **16** 94, 96; **24** 140, 141; RGSt **26** 413, 416; **69** 271, 272; OGHSt **1** 253, 255, 373, 374; OLG Bremen NJW **1962** 1455; OLG Celle NJW **1960** 880; OLG Stuttgart NJW **1954** 486; *Fischer* Rdn. 8; *Gössel/Dölling* BT 1 § 52 Rdn. 2, 8; *Hoyer* SK Rdn. 10; *Lackner/Kühl* Rdn. 2; *Maurach/Schroeder/Maiwald* BT 2 § 65 Rdn. 33 f; *Sch/Schröder/Cramer/Heine* Rdn. 8.

106 RGSt **22** 60, 61; **42** 97, 98.

107 Siehe auch *Kienapfel* Urkunden II S. 18, 50, 81; *Puppe* NK Rdn. 18 ff; *Schmidhäuser* BT 14/8.

108 *Kienapfel* Urkunden I S. 217 f; *ders.* FS Maurach, 439.

109 Lehrb. Bd. 2 S. 187.

110 Vgl. auch *Sch/Schröder/Cramer/Heine* Rdn. 15.

111 Vgl. *Maurach/Schroeder/Maiwald* BT 2 § 65 Rdn. 34; *Otto* JuS **1987** 762; *ders.* BT § 70 Rdn. 21.

112 Seit RGSt **17** 103, 108 f; vgl. ferner BGHSt **3** 82, 84 f; **4** 284, 285; **13** 235, 238, 382, 385 f; **17** 297, 299.

113 *Blei* II S. 311; *Fischer* Rdn. 9; *Krey/M. Heinrich* BT 1 Rdn. 698.

tutiv oder deklaratorisch) Rechtsverhältnisse begründet, ändert oder aufhebt (Beispiele: Testament, Annahme eines Vertragsangebots, Ausstellung eines Wechsels, Erteilung einer Quittung und Kündigung); ferner **Zeugnisurkunden** (Beweisurkunden, Berichtsurkunden), die über rechtlich erhebliche Vorgänge berichten (wie Handelsbücher, die Niederschrift über eine Generalversammlung, ein Sachverständigengutachten,[114] geschäftliche oder private Auskünfte[115] oder Entschuldigungszettel für Schulversäumnisse[116]). Öffentliche Urkunden sind stets Absichtsurkunden. Der Sache nach können sie Dispositiv- oder Zeugnisurkunden sein.

69 In diesen Zusammenhang gehören auch die so genannten **Deliktsurkunden**. Das sind solche, deren Inhalt den Tatbestand eines Strafgesetzes erfüllt, wie zum Beispiel ein beleidigender Brief. Man kann sie zu den Absichtsurkunden zählen,[117] wenn man erkennt, dass sie von Anfang an für den Rechtsverkehr bestimmt sind, es dem Schreiber allerdings nicht darauf ankommt, ein Beweismittel gegen sich zu schaffen, sondern – in dem genannten Beispiel – darauf, die beleidigende Äußerung dem Adressaten mitzuteilen. Für die Beweisbestimmung genügt also das Bewusstsein des Ausstellers, dass ein anderer durch die Urkunde zu einem rechtserheblichen Verhalten veranlasst werden kann (vgl. *Erb* MK Rdn. 73; *Kindhäuser* LPK Rdn. 10; *Samson* JuS **1970** 373).

70 **Nachträgliche Beweisbestimmung (Zufallsurkunden).**[118] Bei den Zufallsurkunden tritt die Beweisbestimmung erst aufgrund eines späteren Umstands hinzu.[119] Die Bezeichnung „Zufallsurkunde" ist zwar anschaulich, von der Sache her aber verfehlt.[120] Man spricht besser von *„nachträglichen Urkunden"*.[121] Vor der Beweisbestimmung hat die Erklärung keine Urkundenqualität. Die Beweisbestimmung selbst ist aber alles andere als zufällig. Zufällig ist der Zeitpunkt, in der die Erklärung zur Urkunde wird, oder das Ereignis, das dazu Anlass bietet, sie zum Beweis zu bestimmen. So gesehen ist auch die Person dessen „zufällig", der etwas mit ihr beweisen will. Das kann der *Aussteller* selbst sein, wenn er sich etwa auf eine private Notiz besinnt, die unter neuen Gegebenheiten den Nachweis eines bestimmten, rechtlich bedeutsamen Vorgangs liefert. Ähnlich liegt es, wenn ein Kaufmann zur privaten Überwachung des Geschäftsstandes Eintragungen in einem Notizbuch gemacht hat (RGSt **4** 4, 7). Die nachträgliche Beweisbestimmung kann und wird oft auch *von einem anderen* als dem Aussteller ausgehen, so wenn der Richter Briefe beschlagnahmt, die zunächst nicht zu Beweiszwecken dienen sollten (RGSt **17** 103, 109), oder in einem Unterhaltsprozess ein Brief vorgelegt wird, der darauf hindeutet, dass die Kindesmutter während der Empfängniszeit noch mit einem anderen Mann Geschlechtsverkehr gehabt hat; in Betracht kommt etwa auch, dass ein Familienbrief über Tatsachen berichtet, die für erb- oder familienrechtliche Verhältnisse von Bedeutung sein können.

71 Auch **Entwürfe** können unter Umständen zum Beweis bestimmt werden. Im Zweifel wird es allerdings an der Beweisbestimmung fehlen (RGSt **57** 310, 311; **75** 318; Rdn. 140).[122] Das Fehlen einer Unterschrift steht ihr nicht unbedingt entgegen (vgl. RGSt **61**

---

114 RGSt **67** 117.

115 RGSt **31** 59; **44** 369; **62** 218.

116 RGSt **21** 187.

117 *Gössel/Dölling* BT 1 § 52 Rdn. 9; *Kienapfel* Urkunden I S. 202; *ders.* GA **1970** 196, 207; *Küper* BT S. 308 f; *Rengier* BT II § 32 Rdn. 6; *Sch/Schröder/Cramer/Heine* Rdn. 14; *Sonnen* BT S. 218; anders wohl RGSt **17** 103, 108 f; zweifelnd *Krey/M. Heinrich* BT 1 Rdn. 702.

118 Kritisch zu den Zufallsurkunden *Erb* MK Rdn. 34 ff.

119 *Kindhäuser* LPK Rdn. 10 f.

120 *Kienapfel* GA **1970** 204; *ders.* FS Maurach, 434; *Nagler* LK$^{6/7}$ Vorbem. IV 3b vor § 267.

121 *Fischer* Rdn. 9; *Krey/M. Heinrich* BT 1 Rdn. 699.

122 OLG Bremen NJW **1962** 1455; *Blei* II S. 309.

161), während die Beweisbestimmung nach herrschender Rechtsprechung eine unterschriebene Erklärung, bei der es am erforderlichen Begebungswillen mangelt, noch nicht zur Urkunde macht (vgl. RGSt **64** 136, 137). Die Absichtsurkunde verliert durch eine Änderung der Beweisbestimmung ihr Charakteristikum; ihr Fortbestand als Urkunde ist nur über die Kategorie der Zufallsurkunde möglich (vgl. BGHSt **4** 284, 285; **17** 297, 299).

Ein Teil des *Schrifttums* lehnt die Rechtsfigur der Zufallsurkunde überhaupt ab,[123] **72**
*Jakobs* (S. 56) von seinem Standpunkt mit der Begründung, es könne keine schlechthin unverbindlichen Äußerungen geben, denen nachträglich Beweiskraft, aber keine Kraft zur Erzeugung von Rechtswirkungen beigelegt werde.

Die nachträgliche Beweisbestimmung bei Zufallsurkunden ist an keine Form gebun- **73**
den.[124] Sie ist ein **tatsächlicher Akt.** Sie braucht mit der Rechtsordnung nicht übereinzustimmen, muss aber nach der Rechtsprechung nach außen in Erscheinung treten (BGHSt **3** 82, 86), was nicht überzeugend erscheint. Es reicht im Gegensatz zur Auffassung der Rechtsprechung bereits aus, dass ein Beweisinteressent den Entschluss fasst, von dem Schriftstück Gebrauch zu machen. Ein solcher interner Akt des Ausstellers oder Beweisinteressenten genügt (ebenso schon *Binding* Lehrb. Bd. 2 S. 190; anders die Vorauflage). Nach richtiger Ansicht ist also nicht zu fordern, dass der Beweisinteressent seinen Entschluss äußert. Natürlich liegt in einem solchen Fall erst recht eine Urkunde vor, indem er etwa ein Herausgabe-, Einsichts- oder Vorlagebegehren stellt (BGHSt **3** 82, 87; **17** 297, 299), das Schriftstück an Dritte oder eine Behörde übergibt (BGHSt **13** 235, 238; **13** 382, 386) oder darauf Bezug nimmt (BGHSt **17** 297, 299). Es genügt auch, dass eine Behörde das Schriftstück beschlagnahmt (RGSt **17** 103, 108) oder ein Gericht es im Beweisbeschluss bezeichnet (RGSt **16** 262, 266).

Die von *Kienapfel*[125] offen gelassene Frage, ob bei einer **behördlichen Anordnung** auf **74**
den Erlass der Verfügung oder auf ihre Zustellung abzustellen ist, wird sich in der Praxis gelegentlich von der inneren Tatseite her lösen lassen. Sobald der Täter davon Kenntnis hat, dass ein Beweisinteressent einen Beweiswillen aufweist, darf er an dem Schriftstück nicht mehr manipulieren. Das kann schon vor der Zustellung der Beschlagnahmeanordnung sein. Der Beschlagnahmeakt und die förmliche Zustellung, die an der Beweisbestimmung und damit an der Urkundeneigenschaft des Schriftstücks keinen Zweifel mehr lassen, genügen für ein Urkundendelikt indessen nicht, wenn der Täter von beiden nichts weiß. Die eingangs gestellte Frage wird allerdings entscheidungserheblich, wenn der Täter die Fälschung vorsätzlich und in Täuschungsabsicht verübt, nachdem die gerichtliche Verfügung erlassen, doch bevor sie den Beteiligten zugestellt worden ist. In Betracht kommt dann untauglicher Versuch oder vollendete Urkundenfälschung. Insofern wird man, da nach dem soeben Gesagten (Rdn. 73) bereits ein interner Akt genügt, den Erlass der Verfügung ausreichen lassen und im Beispielsfall Vollendung annehmen müssen.

**Änderung der Beweisbestimmung.** Die Richtung der Beweisbestimmung kann sich **75**
nachträglich ändern. Das gilt auch für Absichtsurkunden, die hierdurch vom Beweiszweck her den Charakter einer Zufallsurkunde bekommen (Rdn. 71 a.E.). So können „abgefahrene" Fahrkarten, die ursprünglich nur für das Rechtsverhältnis zwischen Bahn und Fahrgast von Bedeutung waren, Beweisbedeutung behalten für Fragen des inneren Dienstes und damit für das Verhältnis zwischen Bahn und ihren Bediensteten (BGHSt **4** 284, 285); „berechtigt" zu einer solchen Änderung der Beweisbestimmung ist nicht nur

---

[123] *Hoyer* SK Rdn. 39; *Jakobs* S. 56 f; *Puppe* NK Rdn. 9 ff.

[124] *Sch/Schröder/Cramer/Heine* Rdn. 14.

[125] GA **1970** 201 f.

der Aussteller oder der bisherige Beweisinteressent, sondern – wie beim Herstellen einer Zufallsurkunde – jedermann, der daran interessiert und dazu nach den Umständen in der Lage ist (anders möglicherweise BGHSt **4** 284, 285 f).

76 **Wegfall der Beweisbestimmung.** Die Beweisbestimmung kann nachträglich auch wegfallen. Damit geht die Urkundeneigenschaft verloren, so wenn Eisenbahnfahrkarten zum Einstampfen bestimmt werden (BGHSt **4** 284, 285). Dasselbe gilt, wenn Urkunden derelinquiert werden. Demgegenüber meint *Kienapfel*,[126] dass Urkunde immer bleibe, was einmal als Urkunde entstanden sei, solange die Erklärung vorhanden und der Aussteller erkennbar sei. Diese Ansicht mag mit dem allgemeinen Sprachgebrauch im Einklang stehen; sie wird aber der Eigenart des strafrechtlichen Urkundenbegriffs nicht gerecht.

77 **bb) Zur Beweiseignung der Urkunde.** Das objektive Merkmal der Beweiseignung (Beweisfähigkeit) muss zur Beweisbestimmung hinzutreten (Rdn. 63). Dies bedeutet, dass die Urkunde geeignet sein muss, **durch ihren Inhalt** Rechtserhebliches auszusagen, also allein oder in Verbindung mit anderen Beweismitteln[127] entweder dem Beweis oder der Glaubhaftmachung einer rechtserheblichen Tatsache zu dienen.[128] Bei der Prüfung der Beweiserheblichkeit (der erklärten Tatsache) muss von der Voraussetzung (oder besser: Unterstellung) ausgegangen werden, dass die Urkunde echt und unverfälscht wäre.[129] Das Merkmal der Beweiseignung als selbstständiger Bestandteil des Urkundenbegriffs geht auf § 267 a.F. StGB zurück.[130]

78 Die Beweiseignung als Urkundenmerkmal hat in neuerer Zeit unter einem anderen Aspekt erheblich an praktischer Bedeutung gewonnen, und zwar im Hinblick darauf, dass die **unbeglaubigte Fotokopie** im Rechtsverkehr weitgehend die Vorlage des Originals verdrängt hat; man spricht ihr dennoch in der Regel die Beweiseignung ab. Eine Collage, die aus einem erfundenen schriftlichen Text und ausgeschnittenen Firmennamen sowie Unterschriften hergestellt wird, ist selbst – auch nach Auffassung des Fälschers – keine Urkunde, da nicht zum Beweis geeignet. Auch der Gebrauch von Fotokopien davon, die als solche benutzt werden, ist keine Urkundenfälschung (BGH NStZ **2003** 543, 544 m. Anm. *Geppert* JK **3/04** StGB § 267/31; BayObLG JR **1993** 299 m. insoweit zust. Anm. *Keller* S. 300, 301 = NStZ **1994** 88 m. krit. Anm. *Mitsch*).[131]

79 **Abstraktheit des Begriffs.** Beweiseignung hat, was den Inhalt der Urkunde betrifft, der Sache nach mit der Beweisbestimmung und dem Willen des Ausstellers und des Beweisinteressenten nichts zu tun. Maßgebend für die Beantwortung der Frage sind vielmehr *Gesetz, Herkommen oder Vereinbarung*. Es ist eine **allgemeine (abstrakte) Beweiseignung** gemeint (RGSt **67** 117, 119; **67** 246, 248). Sie darf nicht mit wirklicher Beweisdienlichkeit im Einzelfall oder mit Beweiskraft in einem bestimmten Zusammenhang verwechselt werden. Es steht der allgemeinen Beweiseignung nicht entgegen, wenn der Urkunde im konkreten Fall der geltend gemachte Beweiswert abgesprochen wird, wenn ihre Beweiswirkung durch einen Gegenbeweis überwunden wird (RGSt **16** 262, 264) oder wenn sie sich im Prozess als falsch herausstellt. Es ist auch nicht erforderlich, dass sie zum Beweis gerade desjenigen Rechtsverhältnisses herangezogen wird, für das sie ursprünglich bestimmt war (RGSt **67** 117, 119; **67** 246, 248). Beweiseignung in diesem

---

126 Urkunden II S. 199.

127 RGSt **6** 289, 291; **10** 304, 306.

128 *Gössel/Dölling* BT 1 § 52 Rdn. 8; *Maurach/Schroeder/Maiwald* BT 2 § 65 Rdn. 33.

129 RG GA Bd. **56** 223, 224.

130 RGSt **12** 270, 275; **19** 174, 176 f; **24** 395 f (§ 267 StGB in der Fassung vor 1943: „Privaturkunde, welche zum Beweise von Rechten oder Rechtsverhältnissen von Erheblichkeit ist"; vgl. Entstehungsgeschichte).

131 OLG Düsseldorf NJW **2001** 167.

Sinne ist also formal zu verstehen. Sie bedeutet nicht mehr als eine Möglichkeit, die Urkunde im Hinblick auf ihre äußere Gestalt nach Gesetz, Herkommen oder Vereinbarung als formales Beweismittel verwenden zu können (vgl. auch OLG Celle NStZ-RR 2008 76). Insofern ist zuzugeben, dass der Begriff, sofern nicht die Randbedingungen hinreichend festgelegt sind, sehr vage bleibt.

**Bezug auf rechtserhebliche Tatsachen außerhalb der Urkunde.** Die Beweiseignung („Beweiserheblichkeit" im Sinne des § 267 a.F. StGB) kann sich auf alle Tatsachen und Vorgänge beziehen, die für die Entstehung, Erhaltung, Veränderung, Übertragung oder das Erlöschen eines Rechts, einer Rechtspflicht oder eines Rechtsverhältnisses (RGSt **37** 4, 6) öffentlichrechtlicher oder privatrechtlicher Natur bedeutsam sind (RGSt **7** 47, 51). Der Gedankeninhalt der verkörperten Erklärung muss zu rechtlich erheblichen Vorgängen und Verhältnissen in Beziehung gebracht werden können, sei es als Voraussetzung von Rechtswirkungen (RGSt **27** 91, 92), sei es als rechtserheblicher Sachverhalt, der Beweis für ein Recht oder Rechtsverhältnis erbringen kann.[132] Die Urkunde muss lediglich für **irgendein Rechtsverhältnis** beweiserheblich sein; nicht erforderlich ist, dass sie für dasjenige Rechtsverhältnis bestimmt war, für dessen Beweis sie erheblich wird[133] (vgl. Rdn. 79). Auch braucht der Aussteller nicht an dieses Rechtsverhältnis gedacht zu haben.[134] Ob die rechtserheblichen zu beweisenden Tatsachen dem Privatrecht oder dem öffentlichen Recht, dem sachlichen Recht oder dem Verfahrensrecht angehören, ist gleichgültig. Prüfungsleistungen sind zum Beispiel rechtserheblich für das Prüfungszeugnis (RGSt **68** 240, 241; AG Pfaffenhofen NStZ-RR **2004** 170). Die Beweiseignung muss sich **nicht** auf ein **gegenwärtig relevantes Recht** oder Rechtsverhältnis beziehen (anders die Vorauflage sowie *Haft* BT II S. 187). Auch historische Dokumente sind im strafrechtlichen Sinne „beweisgeeignet" (**aA** RGSt **76** 28, 30; *Erb* MK Rdn. 110).[135] Wer Hitler-Tagebücher fälscht, um sie als Rarität zu verkaufen, begeht also nicht nur Betrug, sondern auch Urkundenfälschung. Gestempelten Briefmarken, die vom Poststück losgelöst sind, fehlt die Beweiseignung (RGSt **58** 136). Gleiches gilt für einen *Parkberechtigungsschein*, wenn darin die Genehmigungsnummer und der Name des Berechtigten nicht eingetragen sind (BayObLG NStZ-RR **1998** 331 m. abl. Anm. *Schäfer* NStZ **1999** 191). **80**

Das Reichsgericht verlangt, dass die Urkunde darauf gerichtet sein müsse, „**eine außerhalb ihrer selbst liegende Tatsache** zu beweisen", also „durch die in ihr liegende Gedankenäußerung das Vorhandensein oder Nichtvorhandensein einer Tatsache festzustellen, die nicht lediglich in der Gedankenäußerung selbst besteht" (seit RGSt **17** 107).[136] Damit soll die Urkunde vom **Augenscheinsobjekt** abgegrenzt werden.[137] Mit Recht weisen *Cramer/Heine*[138] darauf hin, dass dieses Kriterium unbrauchbar ist. Es gibt nämlich Dispositivurkunden, die außer der darin verkörperten Gedankenerklärung nichts beweisen, wie es auch Augenscheinsobjekte gibt, die für außerhalb ihrer selbst liegende Tatsachen Beweis erbringen (so technische Aufzeichnungen). Diese Unterscheidung, die das Reichsgericht getroffen hat, ist überdies unnötig, weil Augenscheinsobjekt und Urkunde sich schon durch das Merkmal der Erklärung unterscheiden, das nur der Urkunde eigen ist.[139] **81**

**Bei Nichtigkeit von Rechtsgeschäften.** Nichtigkeit und bedingte rechtliche Wirksamkeit eines Rechtsgeschäfts stehen grundsätzlich nicht der Annahme einer Beweiseignung **82**

---

132 RGSt **17** 103, 105; **53** 109, 110.
133 RGSt **67** 117, 119; **67** 246, 248.
134 RGSt **19** 113, 114.
135 Wie hier *Kienapfel* FS Maurach, 446.
136 RGSt **60** 402, 403; **64** 97 f.
137 Vgl. *Samson* Urkunde S. 26 ff.
138 *Sch/Schröder/Cramer/Heine* Rdn. 13.
139 *Kienapfel* Urkunden I S. 181 Fn. 75.

entgegen (BGH GA **1971** 180).[140] Die Rechtsprechung des Reichsgerichts schwankt in diesem Punkt, zumal die Rechtsfrage unter der Geltung des § 267 a.F. StGB zusätzliche Schwierigkeiten bot. So hat es in einer Reihe von Entscheidungen,[141] insbesondere in Fällen eines nichtigen Testaments,[142] angenommen, dass Schriftstücke mit schweren Mängeln der „Rechtserheblichkeit" ermangelten und sie allenfalls Gegenstand einer versuchten Urkundenfälschung sein könnten. Andere Entscheidungen kommen auch in solchen Fällen dadurch zur Annahme einer vollendeten Tat, dass sie in dem nichtigen Testament noch andere rechtserhebliche Erklärungen verkörpert finden (RG JW **1917** 48) oder aus sonstigen Gründen von der Rechtserheblichkeit der Urkunde ausgehen,[143] so zum Beispiel, wenn bei einem nichtigen privatschriftlichen Grundstückskaufvertrag dessen Erheblichkeit für Schadensersatzansprüche entdeckt (RG LZ **1916** Sp. 1445) oder wenn auf die Möglichkeit späterer Heilung des Vertrags (RGSt **55** 261, 262) oder darauf verwiesen wird, dass auch nichtige Versprechen Rechtsfolgen haben können (RGSt **56** 66 f; vgl. auch OLG Celle NStZ-RR **2008** 76 f).

**83** Der **Bundesgerichtshof** (GA **1971** 180) hat anerkannt, dass auch nichtige Erklärungen und Verträge Gegenstand einer Urkunde sein können, ohne auf die zum Teil abweichende Rechtsprechung des Reichsgerichts einzugehen. Er hat ausgeführt, auch ein unwirksamer Quervermerk auf einem Scheck sei geeignet, Beweis dafür zu erbringen, dass die Bank ein Einlösungsversprechen abgegeben habe. Entsprechendes hat von einem nichtigen Testament, einem Schuldschein über eine Spielschuld, einem erpressten Schuldanerkenntnis und von einem wucherischen Wechsel zu gelten, und zwar nicht nur dann, wenn eine Umdeutung in ein wirksames Geschäft möglich wäre.[144] Eine Urkunde mag sich trotz Nichtigkeit für eine Beweisführung eignen. Das kann, wenn es um geistige oder seelische Eigenschaften des Urhebers geht, selbst bei rechtlichem oder tatsächlichem Widersinn des Inhalts gelten,[145] so wenn sich jemand für eine nichtige Schuld verbürgt, wenn ein Fahrkartenstempel als Datum den „11.14.1883" bezeichnet (**aA** wohl RG Rspr. **6** 552, 553 f) oder wenn jemand einen „Liebestrank" bestellt.[146] Doch setzt die Beweiseignung voraus, dass auch der widersprüchliche oder unsinnige Text eines Schriftstücks wenigstens für die Beteiligten verständlich ist. Erst recht kommt Schriftstücken, die nur bedingt wirksam sind, Beweiseignung zu.

**84** Das Reichsgericht hat früher „unbeschworenen Privatzeugnissen und Privatgutachten" zu Unrecht die Beweiseignung und damit die Urkundeneigenschaft abgesprochen.[147] Diese Praxis war von prozessualem Denken bestimmt und ist endgültig aufgegeben (RGSt **67** 117, 118 f).[148]

**85** **3. Beweiszeichen als Urkunde.** Der Urkundenbegriff beschränkt sich nicht auf Schriftstücke, sondern umfasst im Einklang mit der h.M. auch die so genannten Beweiszeichen.[149] Beweiszeichen sind Zeichen, die geeignet und bestimmt sind, wenn auch nur

140 *Kienapfel* JZ **1972** 394.
141 RGSt **8** 351, 353.
142 RGSt **43** 231, 236.
143 RG JW **1929** 1469 m. krit. Anm. *Merkel*.
144 **AA** *Sch/Schröder/Cramer/Heine* Rdn. 9.
145 *Jagusch* LK[8] vor § 267 Anm. 3e; einschränkend BGH GA **1971** 180.
146 **AA** RGSt **8** 351, 353.
147 RGSt **8** 187, 192 f; **19** 174, 176 f; **24** 395 ff.
148 Zu dieser Rechtsprechung vgl. *Jagusch* LK[7/8] vor § 267 Anm. 3e; *Kienapfel* Urkunden I S. 215, 286 f.
149 So etwa auch *Arzt/Weber* BT § 31 Rdn. 9; *Erb* MK Rdn. 41 ff; *Gössel/Dölling* BT 1 § 52 Rdn. 5; *Jäger* BT Rdn. 428; *Kindhäuser* LPK Rdn. 20 f, *ders.* BT I § 55 Rdn. 31 ff, der zutreffend darauf hinweist, dass sie oftmals wesentliche Teile von zusammengesetzten Urkunden sind; *Krey/M. Heinrich* BT 1 Rdn. 681; *Küper* BT S. 308; *Rengier* BT II § 32 Rdn. 13 ff; *Zieschang* FG Paulus, 200. Zur Gegenansicht, welche Schriftform verlangt, siehe oben die Nachweise Rdn. 5.

mit Hilfe anderer Beweismittel oder Auslegungsbehelfe, über ihr Dasein hinaus eine Gedankenäußerung des Urhebers zu vermitteln und für bestimmte rechtliche Beziehungen Beweis zu erbringen (RGSt **34** 435, 439 f).[150] In einer anderen Entscheidung (Recht **1924** Nr. 876, dort nicht mit abgedruckt) erläutert das Reichsgericht das Beweiszeichen wie folgt: „Der Urkundenbegriff beschränkt sich nicht auf zusammenhängende, ihrer Bedeutung nach ohne Weiteres für jeden Kundigen erkennbare Worte und Satzverbindungen, sondern es können auch an sich bedeutungslose Zeichen eine rechtserhebliche Gedankenerklärung enthalten, wenn ihnen durch **Rechtssatz, Verkehrssitte oder Übereinkommen** der Beteiligten eine **bestimmte Bedeutung** beigelegt wird, so dass in Kreisen der Beteiligten über die rechtliche Tragweite der in dem Zeichen liegenden Erklärung kein Zweifel besteht." Die Rechtsprechung setzt damit auch bei den Beweiszeichen alle Elemente der Urkunde voraus. Das Beweiszeichen ist aber im Vergleich zur Schrifturkunde in der Erscheinungsform verkürzt. Die Urkundenmerkmale, insbesondere die Gedankenerklärung und der Aussteller, sind oft erst aus dem Zusammenhang, in dem die Zeichen verwendet werden, oder durch den Gegenstand zu erkennen, zu dem sie in Beziehung gesetzt sind. Dem Beweiszeichen „an sich" fehlt eine schlüssige Erklärung.[151] Es lebt von der „konkreten sachlichen Beziehung" (RGSt **17** 352, 354 ff). Daher sind Beweiszeichen in den meisten Fällen Teile einer **zusammengesetzten Urkunde** (*Kindhäuser* LPK Rdn. 20; *ders.* BT I Rdn. 33, wobei zu beachten ist, dass es auch unabhängig von Beweiszeichen zusammengesetzte Urkunden gibt [zum Beispiel den Lichtbildausweis]; zu dieser Urkundenform siehe im Einzelnen Rdn. 100). Wird das Beweiszeichen von dem Gegenstand getrennt, so beweist es nichts mehr.

Beweiszeichen sind in der äußeren Form, da Übung und Übereinkommen für sie maß- **86**
gebend sind, **außerordentlich vielgestaltig**. Die Rechtsprechung hat Beweiszeichen anerkannt, die sich in einem Farbstreifen (RG Recht **1911** Nr. 3267) oder in einer Durchlochung des Stechuhrstreifens (RGSt **34** 435, 436) erschöpfen. Als Beweiszeichen werden insbesondere verwendet Zahlen, Buchstaben, Bilder, Zeichnungen und ähnliche Mitteilungsformen (Farb-, Grenz-, Kerb-, Pfahl-, Pfand-, Präge-, Sperr-, Wasserstands- und Waldhammerzeichen, ferner Plomben, Monogramme, Wappen, gesetzte Steine, Siegel- und Stempelabdrücke). Die Stempel sind teils Beglaubigungs-, teils Leistungs- und teils Entwertungszeichen. Für Beweiszeichen kann auch die Schriftform gewählt werden, so bei dem Aufdruck „Made in Germany" auf einer Ware oder bei dem Typenschild am Kraftfahrzeug. Sie sind dann den so genannten **verkürzten Urkunden** (Rdn. 94 f) ähnlich; sie bilden wie die meisten anderen Beweiszeichen mit ihrer Unterlage eine Einheit. Erst mit ihr haben sie einen Beweisgehalt, der sich dem Betrachter kraft Verkehrssitte und Übereinkunft erschließt. Bei Beweiszeichen kann eine ausdrückliche Erklärung ebenso fehlen wie die Angabe des Ausstellers. Doch muss beides in irgendeiner Weise für den Eingeweihten in dem Zeichen verkörpert und es zum Beweis im Rechtsverkehr bestimmt sein.

Gegen die Erstreckung des Urkundenbegriffs auf Beweiszeichen bestehen jedenfalls **87**
grundsätzlich keine Bedenken, wenn man dessen Kriterien, insbesondere Verkörperung der Gedankenerklärung (Rdn. 10 f) und Erkennbarkeit des Ausstellers (Rdn. 44 ff), auf Beweiszeichen ebenso anwendet wie auf Schrifturkunden.[152] Die Anerkennung der Beweiszeichen entspricht zudem den Anschauungen des Rechtsverkehrs.

---

150 Vgl. BGHSt **9** 235, 237 ff; RGSt **41** 315, 316 f; **50** 191 ff; **55** 97, 98 f; **56** 357 f; **67** 230, 232 f; **75** 306, 307.

151 Vgl. *Kienapfel* FS Maurach, 422.

152 Vgl. *Krey/M. Heinrich* BT 1 Rdn. 681.

88 a) **Die verkörperte Gedankenerklärung.** Beweiszeichen müssen eine **menschliche** Gedankenerklärung verkörpern. Hierauf hat die Rechtsprechung nie verzichtet, mag sie auch bei einer Reihe von Beweiszeichen, deren rechtliche Bedeutung und Wert im Geschäftsverkehr offensichtlich waren, an den Nachweis einer solchen Erklärung geringe Anforderungen gestellt haben.

89 Eine Gedankenerklärung ist zum **Beispiel** aufweisbar beim *Stempel* eines Fleischbeschauers (RGSt **29** 67, 68; **64** 136), beim Siegel eines Weinprüfers oder auf einer Weinflasche (RGSt **41** 315, 317) und bei einem Stempelaufdruck („H 9") auf Schienen, wenn damit bekundet werden soll, dass die Bahn die Schienen abgenommen hat (RGSt **17** 352, 355 f). Problematischer, aber von der Rechtsprechung bejaht ist die Frage, wenn an Gegenständen *Nummern* angebracht sind, die zugleich in Registern vermerkt werden, zum Beispiel polizeiliche *Kennzeichen an Kraftfahrzeugen* (BGHSt **45** 197; **18** 66, 70; OLG Stuttgart NStZ-RR **2001** 370)[153], Motor-, Rahmen- und Fahrgestellnummern (Fahrzeug-Identifizierungsnummer – FIN) eines Kraftfahrzeugs (BGHSt **16** 94, 95, 98 f)[154] sowie Kontrollnummern (Produktionsziffern) auf einer Aspirin-Packung mit Bayer-Kreuz (RG HRR **1929** Nr. 1973; vgl. auch Rdn. 93 a.E.); im letztgenannten Fall enthält das Prüfzeichen zugleich eine rechtlich relevante Gütezusicherung (*Tiedemann/Vogel* JuS **1988** 296 Fn. 12). Entsprechendes gilt für *Verschlussplomben*, in die die Rechtsprechung das eine Mal eine Erklärung hineininterpretiert, zum Beispiel bei der zollamtlichen Plombe (RG LZ **1916** Sp. 1253), der Stromzählerplombe (RGSt **50** 191, 192 f; RG JW **1911** 850) und dem Postbeutelverschluss (RGSt **67** 230, 232), das andere Mal jedoch die Urkundeneigenschaft verneint, so bei amtlichen Bleiplomben an Branntweinmessuhren (RG LZ **1930** Sp. 1327 Nr. 3).[155] Unter dem Gesichtspunkt der Gedankenerklärung sind problematisch alle *Aussteller- und Herkunftszeichen*. Ziemlich einhellig wird die Urkundeneigenschaft angenommen bei der Signierung eines Bildes durch den Künstler, also bei so genannten *Malerzeichen* (BGH NStE § 74 Nr. 7; RGSt **76** 28, 29).[156] Der Bundesgerichtshof hat hierzu im Anschluss an die Rechtsprechung des Reichsgerichts (RGSt **76** 28, 29) ausgeführt, das Namenszeichen des Künstlers beweise, dass er das Gemälde hergestellt sowie das Werk für vollendet und verkehrsreif erklärt habe.[157]

90 Im Bereich anderer *Hersteller-, Firmen- oder Namenszeichen* wird nur ausnahmsweise die Urkundeneigenschaft bejaht, zum Beispiel beim Korkbrand mit Originalflasche (RGSt **76** 186, 188).[158] Meistens werden aber Herstellerzeichen, etwa die Firmenaufschrift auf einer Heringstonne (RGSt **17** 282, 284)[159] und Eigentümerzeichen (RGSt **36** 15, 17; RG GA Bd. 77 202), als bloße Kennzeichen angesehen. Auch *Warenzeichen* enthalten keine Gedankenerklärung.[160] Sie sind aber in bestimmten Fällen gegen Missbrauch durch Sondernormen geschützt (vgl. §§ 143, 144 MarkenG). Zu Unrecht lässt das OLG Düsseldorf (JMBlNRW **1951** 207, 208) die unberechtigte Benutzung von Einwickelpapier einer holländischen Markenbutter unter § 267 StGB fallen. Ebenso kann bei bloßen *Wertzeichen* (RGSt **62** 203, 205 f)[161], also Beitrags-, Steuer- und Rabattmarken, von einer Gedanken-

---

153 Vgl. BGHSt **16** 94, 95; RGSt **40** 169 ff; *Baier* JuS **2004** 56, 57.

154 BGHSt **9** 235, 238; RGSt **58** 16, 17; **68** 94, 95 f; KG VRS **105** 215 f.

155 Vgl. *Puppe* Jura **1980** 21.

156 RGSt **34** 53 f; **56** 357; OLG Frankfurt/M. NJW **1970** 673, 674; *Lampe* Ufita **1978** 19, 25; vgl. auch *Samson* JA **1979** 529.

157 BGH, Urteil vom 11.3.1960 – 4 StR 32/60 –.

158 Hierzu krit. *Kienapfel* Urkunden I S. 381; *ders.* FS Würtenberger, 206; *ders.* SchwZStr. **98** (1981) 33.

159 Weitere Beispiele BGHSt **2** 370; RGSt **28** 152, 155; **60** 402, 403 f.

160 Hierzu *Kienapfel* Urkunden I S. 161 f, 380 ff; *ders.* FS Würtenberger, 204; *Sch/Schröder/Cramer/Heine* Rdn. 28.

161 RG JW **1935** 1786; **aA** RGSt **48** 278, 279 f.

erklärung nicht die Rede sein. Ihnen kommt lediglich wegen ihres Wertes rechtliche Bedeutung zu. Wertzeichen geben in der Regel über ihren Aussteller, ihren Wert und ihre Verwendungsmöglichkeit Aufschluss, nicht aber einen menschlichen Gedanken wieder. Sie repräsentieren einen Geldwert und können als Zahlungsmittel dienen (für Rabattmarken: BayObLG NJW **1980** 196 = JR **1980** 122 m. Anm. *Kienapfel* S. 123).[162] Keine Gedankenerklärung enthalten unstreitig *Fahrtenschreiberdiagramme* (§ 57a StVZO). Sie sind vielmehr Augenscheinsobjekte, die keinen Urkundencharakter haben.[163] Sie werden als technische Aufzeichnungen erfasst. Bloße Augenscheinsobjekte und nicht etwa Beweiszeichen sind ferner der Geschosseinschlag auf der Zielscheibe (RGSt **42** 97, 98 f) und Spuren jeder Art, mögen sie vom Urheber auch bewusst gelegt worden sein.[164]

b) **Die Erkennbarkeit des Ausstellers.** Die Rechtsprechung setzt bei Beweiszeichen **91**
nicht in jedem Fall voraus, dass sich der Urheber unmittelbar aus dem Beweiszeichen ergibt. Es genügt, dass er aus den begleitenden Umständen (Rdn. 49 ff) erkennbar ist. *Cramer/Heine*[165] lassen es jedoch nicht ausreichen, wenn dies nur „aus völlig außerhalb des Zeichens liegenden Umständen“ möglich ist.

c) **Beweisbestimmung und Beweiseignung.** Die Rechtsprechung setzt auch bei Be- **92**
weiszeichen voraus, dass ihnen Beweisbestimmung und Beweiseignung innewohnen müssen (RGSt **67** 230, 232). *Cramer/Heine*[166] meinen, dass es zum Beispiel bei den Merkstrichen auf einem Bierfilz (RG DStrZ **1916** Sp. 77) und bei den Zahlzeichen auf einem Förderkorb (RGSt **28** 152, 153 ff; **54** 327) grundsätzlich an der **Beweiseignung** fehle, weil diese Zeichen nur dem Schutz der eigenen Interessensphäre des Ausstellers dienten. Das trifft in dieser Allgemeinheit aber nicht zu. Die **Beweisbestimmung** ist ein wichtiges Kriterium der Beweiszeichen.[167] Sie wird ihnen – wie bei Absichtsurkunden – von vornherein vom Urheber mitgegeben. „Zufallsbeweiszeichen“ gibt es praktisch nicht.[168]

d) **Abgrenzung von den Kennzeichen.** Nicht zu den Urkunden zählt die Rechtspre- **93**
chung die so genannten Kennzeichen. Das Reichsgericht nennt sie gelegentlich auch „Erkennungs- und Unterscheidungsmerkmale“ (RGSt **58** 16, 17), „Unterscheidungszeichen“ (RGSt **75** 306, 309), „Identitätszeichen“ (RGSt **76** 205, 206), „Merkzeichen“ (RGSt **36** 15, 16), „Aufzählungszeichen“ (RG GA Bd. **62** 490) oder „Kontrollzeichen“ (RG DRiZ **1929** Rspr. Nr. 870).[169] In allen Fällen ist dasselbe gemeint. Es sind Zeichen verschiedener Art, die in der Regel weder für sich noch verbunden mit einer Sache einen über ihr bloßes Dasein hinausgehenden Beweis zu erbringen vermögen, weil sie keine Gedankenerklärung verkörpern, sondern lediglich **Ordnungs- oder Unterscheidungsaufgaben** dienen oder ihre Herkunft angeben. Das Reichsgericht meint, „auf Merkmale, die lediglich die Erkennbarkeit (Identität) des damit bezeichneten Gegenstandes zur Unterscheidung von anderen, besonders von gleichartigen Gegenständen sichern sollen, passt die Bezeichnung ‚Beweiszeichen‘ überhaupt nicht; sie sind begrifflich von den Urkunden verschie-

[162] Zur Fälschung von Briefmarken insbesondere nach der Postprivatisierung siehe unter dem Blickwinkel des § 267 StGB *Schmidt* ZStW **111** (1999) 388, 418 ff; *Teumer* S. 130 ff.
[163] BayObLG NJW **1981** 774; OLG Hamm NJW **1959** 1380; OLG Stuttgart NJW **1959** 1379.
[164] Hierzu *Puppe* Jura **1979** 636.
[165] *Sch/Schröder/Cramer/Heine* Rdn. 29.
[166] *Sch/Schröder/Cramer/Heine* Rdn. 27.
[167] Nachweise bei *Kienapfel* Urkunden I S. 200 Fn. 185.
[168] *Kienapfel* Urkunden I S. 119.
[169] Weitere Nachweise bei *Kienapfel* Urkunden I S. 127 Fn. 350; *ders.* FS Würtenberger, 193; *Puppe* Jura **1980** 19.

den“ (RGSt **34** 435, 439 f). Allerdings stößt diese Unterscheidung praktisch auf **unlösbare Schwierigkeiten.** Oftmals ist kaum nachvollziehbar, warum die Rechtsprechung in einem Fall von einer Urkunde, in einem anderen von einem bloßen Kennzeichen ausgeht.[170] Richtigerweise ist jeweils im **Einzelfall** zu prüfen, ob die Urkundenmerkmale erfüllt sind, ohne dass auf den schwer vom Beweiszeichen abgrenzbaren Begriff des Kennzeichens zu rekurrieren ist.[171] Auch die Rechtsprechung entscheidet häufig nach dem Einzelfall (Rdn. 89), zum Beispiel bei der Einordnung von Fabrikationsnummern (RG GA Bd. 59 352 – Bechstein-Flügel – Carl-Zeiss-Fernglas; *Tiedemann/Vogel* JuS 1988 296 m.w.N.)

### 4. Besondere Urkundenformen

**94** a) **Verkürzte Urkunden.** Im Schrifttum wird der Begriff der verkürzten Urkunde verwendet. Der Ausdruck stammt von *Nagler*,[172] wird von ihm aber als Synonym für die „einteilige Urkunde“ im Gegensatz zur zweiteiligen verwendet, bei der Gedankenäußerung und Urheberangabe verkörpert sind. Mit Recht hält *Kienapfel* (Urkunden I S. 91) dem entgegen, dass auch „verkürzte Urkunden“ zweiteilig sein können (so bei einem verkürzten, aber unterschriebenen Quittungsvermerk). Auf dem Boden des herrschenden extensiven Urkundenbegriffs wird man **Beweiszeichen** der Sache nach insgesamt als „verkürzte Urkunden“ bezeichnen können; indessen macht es schon sprachlich Mühe, alles, was „verkürzte Urkunde“ ist, zu den Beweiszeichen zu zählen, etwa eine Gegenzeichnung und Quittungs- (RGSt **55** 173, 174) oder Beglaubigungsvermerke (RGSt **72** 201, 202). Insgesamt sollte man auf den Begriff „verkürzte Urkunde“ verzichten, da er überflüssig erscheint.

**95** „Verkürzte Urkunden“ bieten keine besonderen Probleme. Es gilt für sie im Wesentlichen, was zu den Beweiszeichen ausgeführt ist (Rdn. 85, 87). Verkürzte Urkunden sind um das **zu ergänzen**, was ihnen im Sinne einer „vollständigen“ Urkunde äußerlich fehlt. Das zu Ergänzende kann offenkundig sein. Die Urkunde kann aber auch deswegen als vollständig gelten, weil ein positiver **Rechtssatz**, die **Verkehrssitte** oder eine **Vereinbarung** zwischen den Beteiligten es so bestimmt hat. So fehlt eine ausdrückliche formelle Erklärung zum Beispiel beim Absendervermerk auf einem Postpaket (RGSt **55** 269 f), bei der staats- oder verwaltungsrechtlichen Gegenzeichnung oder beim Wechselakzept. An der ausdrücklichen Urheberangabe fehlt es oft bei Theaterkarten und bei der Anschrift auf einem gestempelten Briefumschlag (RGSt **50** 213, 214).

**96** b) **Gesamturkunden.** Eine Gesamturkunde[173] entsteht, wenn **mehrere Einzelurkunden** zu einem sinnvollen und geordneten Ganzen (zu einer Bogen-, Buch- oder Akteneinheit) zusammengefasst werden, um damit eine **selbstständige Gesamterklärung** herbeizuführen, die über die einzelnen Urkundeninhalte hinausreicht.[174] Zu den wesentlichen

---

[170] **Kritisch** etwa auch *Arzt/Weber* BT § 31 Rdn. 23 ff; *Blei* II S. 310; *Bockelmann* BT 3 S. 96 f; *Freund* JuS **1993** 1020; *Kindhäuser* LPK Rdn. 23; *Puppe* NK Rdn. 32 ff; *Rengier* BT II § 32 Rdn. 15; *Rotsch* JuS **2004** 607, 608; *T. Walter* Jura **2002** 415, 418.

[171] Zur Abgrenzung siehe auch *Erb* MK Rdn. 78 ff.

[172] *Nagler* LK6/7 Vorbem. IV 1 C vor § 267; vgl. ferner *Kienapfel* Urkunden II S. 9; *ders.* ÖJZ **1981** 507.

[173] **Ablehnend** etwa *Erb* MK Rdn. 58; **kritisch** unter anderen auch *Bockelmann* BT 3 S. 107 f; *Lampe* NJW **1965** 1746; *Schmidhäuser* BT 14/15.

[174] Vgl. etwa auch *Blei* II S. 312; *Gössel/Dölling* BT 1 § 52 Rdn. 6; *Herbe* S. 4 ff; *Jäger* BT Rdn. 450; *Joecks* Rdn. 33 f; *Krey/M. Heinrich* BT 1 Rdn. 686 f; *Kudlich* BT II

Merkmalen einer Gesamturkunde gehört, dass die Beteiligten die Verbindung der mehreren Einzelurkunden zu einem neuen Ganzen bezweckt haben, um gewisse fortdauernde oder wiederkehrende Geschäftsbeziehungen in einer einheitlichen Übersicht erschöpfend zu erfassen. Die Gesamturkunde beweist nicht nur die in ihr enthaltenen Rechtsvorgänge, sondern auch das Nichtzustandekommen der nichtaufgenommenen Vorgänge (vgl. BGHSt **4** 60, 61). Jede der derart zusammengefügten Einzelurkunden behält ihre Eigenart und Selbstständigkeit bei und ist zugleich Teilstück der Gesamturkunde, die eine zusätzliche und selbstständige Gedankenäußerung mit eigener Beweiskraft darstellt (RGSt **60** 17, 19 f). Das Schrifttum lehnt die Annahme eines solchen besonderen Rechtsinstituts zum Teil ab.[175]

Die Gesamturkunde setzt dreierlei voraus: Die Beteiligten müssen die Verbindung der Einzelurkunden zu einem neuen Ganzen bezweckt haben, um gewisse Rechtsbeziehungen zum Beispiel bei einer Mehrheit von Vorgängen über einen längeren Zeitraum (vgl. BGHSt **4** 60, 61) in einer einheitlichen Übersicht zu erfassen. Das Einrichten, Herstellen und Führen der Gesamturkunde muss auf Rechtssatz, Geschäftsbrauch (RGSt **67** 245) oder Vereinbarung beruhen mit der Folge, dass jeder Beteiligte sein Beweisinteresse an der Zusammenfassung geltend machen darf (RGSt **69** 396, 399). Der einseitige Entschluss des Herstellers genügt folglich für die Errichtung einer Gesamturkunde nicht (RGSt **43** 52, 54). Die Gesamturkunde muss schließlich nach Art und Inhalt eine gewisse Gewähr für Festigkeit (RGSt **51** 36, 38), Geschlossenheit und Vollständigkeit der Sammlung aller auf denselben Geschäftsbereich bezüglichen Urkunden bieten. Wer mehrere Schriftstücke lose in einen Briefumschlag legt, schafft damit grundsätzlich noch keine Gesamturkunde (RGSt **60** 17, 19). **97**

**Beispiele:** Typische Gesamturkunden sind Handelsbücher (RGSt **50** 420, 421; **52** 88, 91; *Tiedemann* LK § 283 Rdn. 94 m.w.N.), das Posteinlieferungsbuch (RG LZ **1931** Sp. 259f Nr. 1), das Strafprozessregister (RGSt **38** 46, 47), die Kostenregister der Gerichtskasse (RGSt **23** 236, 237; **38** 46), Bierlieferungsbücher (RGSt **31** 175, 177; **51** 36, 38), unter Umständen auch Resteverzeichnisse von Verwaltungsbehörden zur Kontrolle erledigter Sachen (RGSt **49** 32, 35), das Trödlerbuch (BGH LM Nr. 14) und das Melderegister der Meldebehörden (BGH LM Nr. 19). **98**

**Keine Gesamturkunden** sollen die Handakten eines Rechtsanwalts (RGSt **48** 406, 407) sowie die Kreditakte einer Bank, die einen bestimmten Kreditnehmer betrifft, sein;[176] eine Gesamturkunde ist zu verneinen bei lose zusammengelegten Angeboten in einem Verdingungsprotokoll (RGSt **60** 17, 21) und bei der Postanweisung mit den verschiedenen Eintragungen (BGHSt **4** 60, 61).[177] Dagegen wird man die Gesamtheit der Stimmzettel in einer Wahlurne mit der ergänzten Wählerliste als Gesamturkunde anzusehen haben (BGHSt **12** 108, 112; OLG Koblenz NStZ **1992** 134).[178] An einer Gesamturkunde fehlt es bei einem ausländischen Reisepass, einem darin befindlichen ausländischen Zurückweisungsstempelabdruck und einem eingeklebten Einreisevisum eines dritten Staates (BayObLG NJW **1990** 264, 265).[179] In der Umfoliierung eines Blattes der Akten eines **99**

---

Nr. 155, *Küper* BT S. 311 f; *Rengier* BT II § 32 Rdn. 19 f; *Wessels/Hettinger* BT 1 Rdn. 814 f.

175 Vgl. *Kienapfel* JuS **1968** 520; *ders.* Jura **1983** 191, 192 f; *Lampe* GA **1964** 326; *Puppe* Jura **1980** 22; *Samson* JuS **1970** 376.

176 *Pommerenke* wistra **1996** 214.

177 OLG Köln NJW **1967** 742.

178 Wie hier BayObLG (OLGSt § 348 Nr. 1); *Fischer* Rdn. 14; *Greiner* NJW **1978** 927; *Haft* BT II S. 189; *Jagusch* LK[8] Anm. 3 f vor § 267, S. 492; **anders** die Vorauflage sowie *Kienapfel* Urkunden I S. 357; *Lackner/Kühl* Rdn. 5; *Maurach/Schroeder/Maiwald* BT 2 § 65 Rdn. 41; *Sch/Schröder/Cramer/Heine* Rdn. 31, 34.

179 Ebenso OLG Hamm NStZ-RR **1998** 331.

Bußgeldverfahrens und in der Löschung einer solchen Foliierung sieht der BGH keine Urkundenfälschung, weil die Foliierung einer Verfahrensakte nicht den Erklärungsinhalt hat, die einzelnen Blätter seien in bestimmter Reihenfolge eingegangen oder zu den Akten genommen worden (BGH, Beschluss vom 6.11.1996 – 5 StR 219/96).

c) **Zusammengesetzte Urkunden**

100 aa) **Begriff.** Von einer zusammengesetzten Urkunde spricht man, wenn eine Gedankenerklärung[180] mit einem Gegenstand, auf den sich ihr Erklärungsinhalt bezieht („Bezugsobjekt"), räumlich fest zu einer „Beweiseinheit verbunden" ist.[181] Oftmals sind *Beweiszeichen* mit einem Gegenstand verbunden. Das muss aber nicht so sein; so kann auch bei *Schriftstücken* und einem Augenscheinsobjekt, auf das sich der Erklärungsinhalt bezieht, eine zusammengesetzte Urkunde gegeben sein, wie dies beim Lichtbildausweis der Fall ist (vgl. BGHSt **17** 97, 98).[182] Weitere **Beispiele** für zusammengesetzte Urkunden: Preisauszeichnungen (OLG Köln NJW **1973** 1807)[183], Korkbrand mit Herkunftshinweis (RGSt **76** 186, 188; vgl. bereits oben Rdn. 90), Fahrgestellnummern in Verbindung mit dem Rahmen und den übrigen Fahrzeugteilen (Rdn. 89), Prüfplakette gemäß § 29 StVZO am Fahrzeug (OLG Karlsruhe DAR **2002** 229; AG Waldbröl NJW **2005** 2870, 2871), mit dem Fahrzeug fest verbundene Versicherungskennzeichen (OLG Koblenz VRS **60** 437) und eine Fahrtenschreiberaufzeichnung, die mit dem Namen eines Fahrers versehen ist (BayObLG NJW **1981** 774)[184]. **Keine** zusammengesetzte Urkunde liegt vor bei Rabattmarken, die in ein Sammelheft geklebt werden (BayObLG NJW **1980** 196).[185] Eine zusammengesetzte Urkunde ist schließlich das Signum des Künstlers mit dem Bild, auf dem er es anbringt (BGH NStE § 74 Nr. 7; RGSt **76** 28, 29). Ein anderer als der Künstler kann es auch dadurch verfälschen, dass er das Bild durch Übermalung verändert, doch das ursprüngliche Signum stehen lässt (zu Unrecht zweifelnd *Löffler* NJW **1993** 1425). Es ist nicht richtig, zusammengesetzte Urkunden, wie es mitunter geschieht, nur unter dem Gesichtspunkt der Gesamturkunde zu sehen und zu behandeln.[186]

101 bb) **Art und Weise der Verbindung zwischen Urkunde und Augenscheinsobjekt.** Die äußere Verbindung zwischen der Urkunde und dem Augenscheinsobjekt muss *fest und dauerhaft* sein (BGHSt **34** 375, 376).[187] Sie kann durch einen dritten Stoff (etwa einen Alleskleber) bewirkt werden. Die dergestalt zusammengesetzte Urkunde ist von vornherein auf einen bestimmten Beweiszweck gerichtet. Insofern sind Zufallsurkunden als zusammengesetzte Urkunde nicht denkbar. Ferner ist ein *innerer Zusammenhang* der beiden Urkundenteile erforderlich. Die Erklärung wird durch das mit ihr verbundene Augenscheinsobjekt (ausdrücklich oder konkludent) ergänzt.[188] Die „Beweisbeziehung"

---

180 *Küper* BT S. 315 weist zutreffend darauf hin, dass sich die Gedankenerklärung regelmäßig erst aus der Verbindung mit dem Bezugsgegenstand (vollständig) ergibt.

181 Siehe *Erb* MK Rdn. 47 ff; *Joecks* Rdn. 35 f; *Kindhäuser* LPK Rdn. 18 f; *Krey/M. Heinrich* BT 1 Rdn. 694; *Küper* BT S. 315; *Küpper* BT 1 Teil II § 1 Rdn. 12; *Sch/Schröder/Cramer/Heine* Rdn. 36a; *Wessels/Hettinger* BT 1 Rdn. 816.

182 BGH GA **1956** 182; RGSt **46** 412, 413; **65** 49, 50 f; OLG Hamm VRS **5** 619.

183 Hierzu *Kienapfel* FS Würtenberger, 209.

184 OLG Karlsruhe NStZ **2002** 652, 653; OLG Stuttgart NJW **1978** 715 = JR **1978** 205 m. Anm. *Puppe* S. 206; **aA** KG VRS **57** 121, 122 f.

185 = JR **1980** 122 m. Anm. *Kienapfel* S. 123.

186 Vgl. RGSt **65** 49, 50; *Jagusch* LK[8] vor § 267 Anm. 4c; dagegen *Lampe* NJW **1965** 1746.

187 Siehe dazu auch *Martin* JuS **2001** 364, 367.

188 *Kienapfel* Urkunden I S. 356 Fn. 46; *Lampe* NJW **1965** 1746.

zwischen Urkunde und Bezugsobjekt ist hinsichtlich ihres Beweiswerts im Rechtsverkehr dem Erklärungsinhalt einer Urkunde gleichzuachten,[189] das heißt, Erklärung und deren Ergänzung sind einander zugeordnet und für das Urkundenstrafrecht **als Gesamtheit** zu betrachten.[190] Die Gesamtbetrachtung ist aber nur möglich, wenn Urkunde und Bezugsobjekt einander räumlich fest zugewiesen sind. Bloßes Bezogensein beider Teile aufeinander, nur inhaltliche, funktionale und räumliche Zusammengehörigkeit, Bezugnahme oder Verweisung, Zusammenlegen und gemeinsame Aufbewahrung genügen nicht.[191]

Daher bilden mit dem jeweils beigegebenen Gegenstand **keine zusammengesetzte Urkunde**: ein Blutentnahmeprotokoll, dem eine Blutprobe lose beigefügt ist (BGHSt 5 75, 79); das Gutachten eines Mineralogen, dem ein Beutel mit Erzen beigegeben ist;[192] das Überführungskennzeichen nach § 28 StVZO, das an einem Kraftfahrzeug angebracht ist (BGHSt **34** 375, 376; OLG Stuttgart VRS **47** 25); die mit einem Preisschild versehene Klarsichtpackung, in der lose ein Hemd liegt (OLG Köln NJW **1979** 729 m. Anm. *Kienapfel* S. 730 = JR **1979** 213 m. Anm. *Lampe* S. 214), und der Strafzettel an der Windschutzscheibe (OLG Hamburg JR **1964** 228 m. Anm. *Schröder*). Ob der für die Annahme einer zusammengesetzten Urkunde erforderliche feste Zusammenhang vorhanden ist, hängt bei der Bezeichnung „Unverkäufliches Muster", die auf Arzneimitteln angebracht ist, von den Umständen des Einzelfalls ab (BGH NStZ **1984** 73 f). Beglaubigte Abschriften und beglaubigte Fotokopien kann man als Sonderformen der zusammengesetzten Urkunde ansehen,[193] weil der Beglaubigungsvermerk eine Urkunde und die Abschrift oder Fotokopie regelmäßig Augenscheinsobjekt ist. **102**

**d) Abhängige Urkunden.** Einer Urkunde kann als Bezugsgegenstand nicht nur ein Augenscheinsobjekt, sondern auch eine andere Urkunde dienen. *Cramer/Heine*[194] sehen hierin einen Sonderfall der zusammengesetzten Urkunde. *Lampe* (NJW **1965** 1748) spricht von abhängigen Urkunden, während *Jagusch* früher[195] diese Rechtsfigur unter der Rubrik „mehrere Urkunden auf demselben Träger" behandelt hat und *Puppe* (Jura **1980** 20) sie als „zusammengesetzte Urkunde" erachtet. Die Unterscheidung *Lampes* (NJW **1965** 1748) zwischen zusammengesetzten und abhängigen Urkunden ist indes sachlich begründet.[196] Bei den *zusammengesetzten Urkunden* sind die beiden Teile eine einzige Sinneinheit. Im „Urkundenteil" ist die Erklärung für sich allein unselbstständig und in der Beweisaussage unvollständig und bruchstückhaft, solange sie nicht durch den „Sachteil" ergänzt wird. Der „Sachteil" besagt für sich allein als Augenscheinsobjekt außer seiner Existenz nichts. Anders bei den *abhängigen Urkunden* im Sinne *Lampes*. Die beiden Teile sind zwar aufeinander bezogen; sie sind aber nicht so integriert wie bei der zusammengesetzten Urkunde. Die abhängigen Urkunden stehen zwar miteinander in engem sachlichen Zusammenhang, sind aber als Erklärungen und damit auch als Urkunden selbstständig begreifbar, ohne hinsichtlich ihrer Gültigkeit voneinander abzuhängen. Insofern stehen sie – trotz „Abhängigkeit" – selbstständig nebeneinander.[197] Von den Einzelstücken einer *Gesamturkunde* unterscheiden sie sich dadurch, dass ihre Zusammenfassung auf einem Urkundenträger keine zusätzliche Gesamterklärung mit zusätzlicher Beweisbedeutung schafft. Der Unterschied zwischen zusammengesetzten und abhängigen Urkunden kann bei der Beurteilung von Fälschungshandlungen Bedeutung erlangen.[198] **103**

---

189 *Sch/Schröder/Cramer/Heine* Rdn. 36a.
190 Hierzu *Lampe* JR **1979** 215.
191 *Kienapfel* Urkunden I S. 356; *ders.* NJW **1979** 729.
192 BGHSt 5 75, 80 unter Hinweis auf *Frank* Anm. V 1a, S. 619 f.
193 *Kienapfel* Urkunden I S. 355.
194 *Sch/Schröder/Cramer/Heine* Rdn. 36b.
195 LK[8] Vorbem. 4b vor § 267.
196 Kritisch *Kienapfel* JR **1975** 515.
197 Vgl. auch *Blei* II S. 313.
198 *Lampe* NJW **1965** 1749.

104 Abhängige Urkunden können in einem einzigen oder in einem mehrteiligen Schriftstück, aber auch in mehreren miteinander fest verbundenen Schriftstücken niedergelegt sein. Es bestehen dann mehrere Beweismittel nebeneinander. Ein typisches Beispiel für in diesem Sinne abhängige Urkunden sind die verschiedenen Erklärungen des Ausstellers, des Akzeptanten, des Bürgen, des Indossanten oder einer anderen Person auf einem Wechsel,[199] die nach dem Wechselgesetz auf demselben Papier oder auf einem fest verbundenen Anhang anzubringen sind. Ein weiteres Beispiel ist der Stempelaufdruck von Ausgabestellen italienischer Benzingutscheine auf dem Fahrzeugschein (BayObLG NJW **1980** 1057).[200] Auch öffentliche und private Urkunden können auf demselben Schriftstück zusammentreffen, so wenn eine Partei ein Gerichtsprotokoll (RGSt **39** 346, 347) oder der Schuldner ein Pfändungsprotokoll unterzeichnet (RG LZ **1925** Sp. 1227) oder wenn der Berechtigte seine Wochen- oder Monatskarte unterschreibt (RG JW **1924** 1741 Nr. 44 m. abl. Anm. *Merkel*). Die amtlichen Vermerke auf dem Aufgabe- und dem Ankunftstelegramm waren selbstständige öffentliche Urkunden (RGSt **46** 286, 287).

### 5. Abschriften und andere Schriftstücke

105 a) **Einfache Abschriften.** Sie sind regelmäßig **keine Urkunden** (BGHSt **2** 50, 51; unklar BGH wistra **1998** 106, 107, 108).[201] Sie verkörpern nicht die Erklärung des Ausstellers des Originals, sondern sie geben wieder, was in einem anderen Schriftstück verkörpert ist. Das, was in der Abschrift steht, verantwortet der Aussteller der Urschrift nicht. Er tut das selbst dann nicht, wenn er die Abschrift selbst herstellt und sie als solche bezeichnet. Denn nach seinem Willen wird die Erklärung grundsätzlich allein in der Originalurkunde verkörpert (*Lampe* StV **1989** 207). Mit der Abschrift bekundet er nur, dass es eine Urschrift entsprechenden Inhalts gebe. Stimmt dies nicht, so hat er nicht gefälscht, sondern eine **schriftliche Lüge** von sich gegeben. Eine Abschrift berichtet eben über Gedankeninhalt und Fassung der (angeblichen) Vorlage und soll auch nicht mehr tun, solange sie nur als Abschrift auftritt. Das Herstellen unrichtiger Abschriften fällt daher nicht unter § 267 StGB, und zwar gleichgültig, ob es eine Urschrift gibt oder nicht. Die Abschrift braucht als solche nicht bezeichnet zu sein. Es genügt, wenn der Zusatz „gez." oder „p." das Schriftstück kenntlich macht (RGSt **24** 281, 283; **36** 129). Ist jedoch die Abkürzung „gez." eine unverstandene Nachahmung des amtlichen Verkehrs und in Wahrheit Unterschrift des Ausstellers, so liegt eine Urkunde vor (RGSt **49** 336, 337 f; **57** 11; RG JW **1923** 932 m. zust. Anm. *Merkel*).

106 Einfache Abschriften können **ausnahmsweise** zur Urkunde „aufrücken", wenn der **Wille des Ausstellers** dahin kundgetan ist, dass die Reproduktion seiner Erklärung im Rechtsverkehr als Urschrift gelten soll, zum Beispiel beim Verlust des Originals (BGHSt **1** 117, 120; **2** 50, 51).[202] Das Reichsgericht hat ferner von jeher gewisse Abschriften der Urschrift gleichgestellt, wenn sie **kraft Gesetzes** an die Stelle der Urschrift treten sollen wie die früher zu den Gerichtsakten gegebene Abschrift der Klageschrift (RGSt **59** 13, 15 f). In diesen Fällen, die das Reichsgericht wechselnd mit „Abschrift" oder „Kopie"

---

[199] *Lampe* NJW **1965** 1749; **aA** *Samson* JuS **1970** 376.

[200] Hierzu *Oehler* JR **1980** 485.

[201] Vgl. auch BGHSt **1** 117, 120; RGSt **24** 281, 283; **29** 357, 359 f; **69** 228, 229; **76** 332, 333; OLG Koblenz HESt **2** 326, 327; OLG Oldenburg MDR **1948** 30 m. Anm. *Arndt*; *Erb* MK Rdn. 93; *Geppert* Jura **1990** 272; *Gustafsson* S. 22 ff, 156 ff; *Puppe* Jura **1979** 635.

[202] RGSt **59** 13, 16; **69** 228, 229; *Gössel/Dölling* BT 1 § 52 Rdn. 13; *Sch/Schröder/Cramer/Heine* Rdn. 40a.

bezeichnet, handelt es sich der Sache nach um beglaubigte Abschriften, Durchschriften oder Ausfertigungen,[203] die im Rechtsverkehr gegenüber den einfachen Abschriften weitere Funktionen haben und ihrer Bedeutung entsprechend anders behandelt werden müssen. Doch hat das Reichsgericht auch eine unbeglaubigte Grundbuchabschrift, aus der sich der Aussteller und der Zeitpunkt der Fertigung ergeben, als Urkunde angesehen (RG JW **1934** 1238, 1239 m. krit. Anm. *Oetker*).

b) **Beglaubigte Abschriften.** Sie sind ihrer Struktur nach **zusammengesetzte Urkunden** (Rdn. 100). Urkunde ist der Beglaubigungsvermerk, Bezugsobjekt die Abschrift. Die Abschrift ist daher, ohne selbst Urkundencharakter zu haben (RG HRR **1926** 263), Teil der Gesamtheit der Beglaubigungsurkunde (vgl. RGSt **34** 360, 362 f).[204] Wird nur eine Unterschrift beglaubigt, so ist nur sie Bezugsobjekt des als Urkunde anzusehenden Beglaubigungsvermerks. Der der Unterschrift vorausgehende Text wird durch die Beglaubigung nicht in die Urkunde einbezogen, kann aber selbst aus anderen Gründen Urkundencharakter haben. Ist das Ganze beglaubigt, so gehört die Richtigkeit der Abschrift in die Beweiseinheit der Urkunde.[205] Wird die Abschrift einer unechten Urkunde beglaubigt, so ändert dies an der Echtheit der Beglaubigung nichts (BGHSt **1** 117, 119); doch sind die Tatbestände der §§ 271, 348 StGB zu prüfen (dazu BGH StV **2001** 624, 625). Die Beglaubigung der „Abschrift" einer nicht bestehenden Urschrift ist eine unechte Urkunde, wenn der Beglaubigungsvermerk fälschlich hergestellt oder verfälscht ist (RG HRR **1940** Nr. 1364). Auch eine so beglaubigte Abschrift ist als Urkunde selbst **unecht**, wenn sie zu Beweiszwecken als Urschrift ausgegeben wird (BGHSt **1** 117, 120; Rdn. 106). **107**

Die Grundsätze über beglaubigte Abschriften gelten auch, wenn die Beglaubigung von einer **privaten Person** ausgeht.[206] Der bloße Prüfvermerk eines Beamten oder privaten Prüfers ist keine Beglaubigung. Eine Urkunde kann aber aus anderen Gründen vorliegen. Für beglaubigte **Übersetzungen** sind dieselben Grundsätze maßgebend wie für beglaubigte Abschriften (RGSt **76** 332, 333). **108**

c) **Durchschriften.** Sie sind als Zweitschriften selbstständige Urkunden.[207] Sie stehen neben der Erstschrift und verkörpern gleichermaßen die Erklärung des Ausstellers, soweit er die Durchschriften gerade deswegen herstellt, um mehrere Stücke im Rechtsverkehr zur Verfügung zu haben.[208] Dasselbe gilt, wenn die Urschrift auf technischem Wege (durch Matrizenabzüge, ausstellerautorisierte Ablichtungen oder Drucke) vervielfältigt wird (RGSt **29** 357, 359). In diesen Fällen ist jedes Stück als selbstständige Urkunde brauchbar, so wenn ein Bestellschein kopiert oder „durchgeschrieben" wird (vgl. BGHSt **2** 35).[209] Gibt der Aussteller den einzelnen Stücken einen verschiedenen Inhalt, so handelt es sich um selbstständige Urkunden, die alle echt, aber nicht alle wahr sind (RG DR **1945** 23). Keine unechte Urkunde stellt also her, wer eine von der Urschrift abweichende „Zweitschrift" nachträglich herstellt und als Urheber seinen richtigen Namen in der Weise hinzusetzt, als wäre er „durchgeschrieben" (BGHSt **2** 35, 37 f; OLG Hamm NJW **1973** 1809, 1810). **109**

---

203 Vgl. RGSt **24** 281, 283; **35** 145, 146 f.

204 Vgl. *Maurach/Schroeder/Maiwald* BT 2 § 65 Rdn. 39; *Sch/Schröder/Cramer/Heine* Rdn. 40a.

205 RGSt **38** 51, 52 f.

206 RG GA Bd. **56** 223 f.

207 Etwa *Blei* II S. 309; *Küper* BT S. 309; *Rengier* BT II § 32 Rdn. 23.

208 RG JW **1931** 2248; KG wistra **1984** 233; OLG Hamm NJW **1973** 1809, 1810; *Geppert* Jura **1990** 271; *Hoyer* SK Rdn. 23; *Lackner/Kühl* Rdn. 15.

209 Vgl. RGSt **73** 243, 245; *Kienapfel* Urkunden I S. 250 Fn. 159.

110 d) **Ausfertigungen.** Es sind Durchschriften, Abdrucke oder Abschriften von amtlichen Urkunden. Sie vertreten die Urschrift im Rechtsverkehr (§ 47 BeurkG). Sie sind Urkunden (RGSt **66** 132, 135).[210]

111 e) **Ablichtungen** (Fotokopien, Xerokopien, Mikrofilme, Mikrofiches). Sie sind grundsätzlich wie einfache Abschriften (Rdn.105) zu behandeln und daher **im Prinzip keine Urkunden** (BGHSt **24** 140, 141; BGH StV **1993** 524; BGH StV **1994** 18; OLG Düsseldorf NJW **2001** 167 m. Anm. *Erb* NStZ **2001** 317, *Geppert* JK **01** StGB § 267/28, *Puppe* NStZ **2001** 482 sowie *Sättele* StV **2001** 238; OLG Düsseldorf StV **2001** 233 m. Anm. *Freund* sowie Anm. *Wohlers* JR **2001** 83)[211], dies insbesondere dann, wenn sie erkennbar nur als Fotokopie verwendet werden (BayObLG NJW **1990** 3221;[212] BayObLG JR **1993** 299 m. Anm. *Keller* S. 300; OLG Köln StV **1987** 297; *Küper* BT S. 309).[213] Fotokopien enthalten zwar, insoweit der einfachen Abschrift ähnlich, die Erklärung, sie gäben den Inhalt eines ihnen entsprechenden Originals wieder. Doch lassen sie nicht erkennen, wer als Hersteller der Fotokopie „Aussteller" dieser Erklärung ist – er ist gerade nicht notwendig und nicht einmal in der Regel identisch mit dem Aussteller des Originals.

112 Wird eine Fotokopie **beglaubigt**, so gilt bei ihr das gleiche wie bei einer beglaubigten Abschrift (Rdn. 107). Dasselbe hat zu gelten, wo Fotokopien anstelle von Durchschriften oder Ausfertigungen vom Aussteller autorisiert werden oder der Aussteller des Originals die Fotokopie ausdrücklich an dessen Stelle setzt (OLG Düsseldorf StV **2001** 233). Darüber hinaus ist die Fotokopie allgemein als Urkunde zu betrachten, wenn sie **als Original in den Verkehr gebracht** wird, also der *Anschein* erweckt wird, es handele sich um eine *Originalurkunde*.[214]

113 Teilweise wird im Schrifttum vertreten, dass die Fotokopie im Rechtsverkehr **das Original vertrete** und wie dieses schutzwürdig sei.[215] Dafür könnte sprechen, welche technische Perfektion heutzutage Kopien oftmals aufweisen. Dennoch ist zu bedenken: Es wäre nicht sachgemäß, Ablichtungen allgemein urkundengleich zu behandeln und zu schützen. Wird eine Fotokopie als solche in den Verkehr gebracht, fehlt ein konstituierendes Merk-

---

[210] RGSt **29** 357, 359; *Lackner/Kühl* Rdn. 15; vgl. ferner *Kienapfel* Urkunden I S. 250 Fn. 159.

[211] *Arzt/Weber* BT § 31 Rdn. 12; *Erb* MK Rdn. 97; *Gössel/Dölling* BT 1 § 52 Rdn. 13; *Wohlers* JR **2001** 83 f; **aA** etwa *Freund* Urkundenstraftaten Rdn. 127; *ders.* StV **2001** 234; *Geppert* Jura **1990** 273 f; *Mitsch* NStZ **1994** 88, 89; *Puppe* NK Rdn. 49 f; *dies.* NStZ **2001** 482 f.

[212] Ablehnend *Freund* JuS **1991** 727; vgl. auch *Zielinski* CR **1995** 289.

[213] BGHSt 5 291, 293; BGH bei *Holtz* MDR **1976** 812, 813; OLG Köln StV **1987** 297; *Dedy* Jura **2002** 137, 138; *Erb* GA **1998** 586; *ders.* MK Rdn. 97; *Fischer* Rdn. 12b; *Hilgendorf/Frank/Valerius* Rdn. 166; *Hoyer* SK Rdn. 22; *Lackner/Kühl* Rdn. 16; **aA** *Freund* JuS **1991** 727; *Honig* GewArch **1995** 145 f; *Schröder* JR **1965** 232; *ders.* JR **1971** 469.

[214] Siehe BGH NStZ **2003** 543; BayObLG NJW **1990** 3221; OLG Dresden wistra **2001** 360; OLG Düsseldorf NJW **2001** 167; StV **2001** 233; OLG Nürnberg NStZ-RR **2007** 16; OLG Stuttgart JuS **2006** 855; *Eisele* Jura **2002** 59, 63; *Erb* MK Rdn. 96, 170 ff; *Fischer* Rdn. 12c; *Gössel/Dölling* BT 1 § 52 Rdn. 13; *Haft* BT II S. 188; *Haurand* Kriminalistik **2004** 63, 65; *Hohmann/Sander* BT II § 17 Rdn. 30; *Joecks* Rdn. 44; *Küper* BT S. 309; *von Lewinski* JuS **2005** 718, 719; *Park* JuS **1999** 887, 888; *Rengier* BT II § 32 Rdn. 27; *Sch/Schröder/Cramer/Heine* Rdn. 42a; *Sonnen* S. 220; *Wohlers* JR **2001** 83 f.

[215] Vgl. *Freund* JuS **1991** 725 ff; *ders.* Urkundenstraftaten Rdn. 130, 203; *Mitsch* NStZ **1994** 88, 89, jedenfalls für bestimmte Lebensbereiche, so etwa bei der Einreichung von Bewerbungsunterlagen.

mal des Urkundenbegriffs, nämlich die Erkennbarkeit des Ausstellers. Anders zu entscheiden liefe darauf hinaus, die anerkannten Merkmale der Urkunde zu ignorieren. Soll die Fotokopie dagegen im Rechtsverkehr als Original gelten, sind die Urkundenmerkmale erfüllt, denn dann ist Aussteller derjenige, der als solcher aus dem Schriftstück hervorgeht. Der Aussteller der Originalurkunde ist in diesen Fällen scheinbarer Aussteller der Reproduktion (*Joecks* Rdn. 44).

Das **Verfälschen einer Fotokopie** ist grundsätzlich keine Urkundenfälschung im Sinne des § 267 StGB. Auch entsteht keine (zusammengesetzte) Urkunde, wenn Kopfbogen, Urkundenfragmente und Stempelabdruck zusammengelegt und fotokopiert werden (BGH bei *Holtz* MDR **1976** 812, 813). **114**

Zu unterscheiden von den Fotokopiefällen sind Konstellationen, in denen der Täter unter **Verwendung fotomechanischer oder elektronischer Mittel** eine unechte Urkunde herstellt (vgl. BGH wistra **1999** 423, 424; BayObLG NJW **1990** 1677, 1679).[216] Das Gesetz erfasst auch solche Sachverhalte. Es schränkt den Tatbestand des Herstellens (§ 267 StGB) nicht durch eine Begrenzung der Tatmittel ein. **115**

Der hier vertretenen Ansicht steht nicht entgegen, dass es im Einzelfall schwierig sein mag, die **Grenze** zwischen bloßer Fotokopie (als Nichturkunde) und unechter Urkunde zu ziehen, die als Original präsentiert wird. Letztlich kommt es auf den Willen des wirklichen Ausstellers an, bei falschen Urkunden also auf den Willen des Fälschers. Es liegt in seiner Hand, als Täter zu entscheiden, welche „verkörperten“ Erklärungen er als (falsche) Originale schafft und welche er als bloße Kopien oder Abschriften in den Rechtsverkehr bringt.[217] In diesem Sinne trifft die Ansicht *Jakobs'* (S. 82 Fn. 127) zu, der Gebrauch einer Kopie **als vorgebliches Original** sei Gebrauch einer unechten Urkunde. **116**

**Urkundenfälschung** ist anzunehmen, wenn sich der Täter auf fotomechanischem Wege eine Vorlage schafft, die selbst noch nicht Urkunde ist, der er aber durch zusätzliche Manipulationen (wie Einkleben eines Passbildes, Vortäuschen einer Stempelung und Einfügen der eigenen Unterschrift) objektiv den Anschein einer echten Urkunde verleiht, die ein anderer ausgestellt hat. Das Produkt solcher Manipulationen ist, auch nach Vorstellung des Täters, zum Beweis im Rechtsverkehr bestimmt und geeignet und damit eine unechte Urkunde. **117**

**Urkundenfälschung** liegt vor, wenn sich der Täter durch Fotokopieren eines ärztlichen Originalrezepts, das er dabei teilweise abdeckt, zunächst als Blankett ein schon unterzeichnetes *Rezeptformular* herstellt, welches er sodann handschriftlich durch Einfügen der (angeblich ärztlichen) Verschreibung einer Arznei vervollständigt.[218] Ebenso ist es, wenn er mit einem Computer und zugehöriger Software den *Stempelaufdruck eines Ausfuhrzollamts* herstellt, den er mit dem Drucker auf inhaltlich falsche Ausfuhrdokumente setzt (BGH NStZ **1999** 620), oder wenn er mit Computer und Drucker unter Verwendung eines eingescannten und veränderten Textes sowie einer daruntergesetzten, eingescannten fremden Unterschrift ein neues Schriftstück produziert, das **als Originalurkunde erscheint** (*Heinrich* CR **1997** 624, 625 f; *Hilgendorf/Frank/Valerius* Rdn. 167). **118**

Unter diesem rechtlichen Aspekt ist auch dem BayObLG (NJW **1989** 2553, 2554 = StV **1989** 206 m. abl. Anm. *Lampe* S. 207)[219] im *Bahnkartenfall* zuzustimmen (Her- **119**

---

216 = JuS **1990** 850 m. Bespr. *Hassemer*.

217 Vgl. *Puppe* JZ **1991** 448.

218 So richtig *Emde* wistra **1995** 328, 329; **aA** *Fortun* wistra **1989** 178; *Fortun/Renzikowski* PharmaR **1991** 36.

219 Im Grundsatz wie BayObLG aaO: *Brodag* BT S. 303; *Vahle* DuD **1996** 75; *Zaczyk* NJW **1989** 2517; zustimmend auch *Mürbe* JA **1990** 64; *Puppe* JZ **1991** 448.

stellen falscher Monatskarten für die Bahn mit Farbkopierer);[220] aA AG Augsburg NStZ **1987** 76 m. zust. Anm. *Kappes* S. 76 f (auf der Grundlage einer Farbfotografie hergestellte Monatskarte keine unechte Urkunde).[221]

**120** Von der soeben (Rdn. 115 ff) erörterten Problematik (Fälschen von Urkunden unter Einsatz fotomechanischer oder elektronischer Mittel) ist die Frage zu unterscheiden, ob eine unechte Urkunde dadurch gebraucht werden kann, dass von ihr hergestellte Fotokopien als solche im Rechtsverkehr verwendet werden (vgl. *Pasker* JA **1992** 95; Rdn. 114). Nach Auffassung der Rechtsprechung (s. dazu unten Rdn. 217) kann eine **unechte Urkunde** dadurch **gebraucht** werden, dass eine **Fotokopie** davon vorgelegt wird (BGHSt **24** 140, 142; BGH wistra **1998** 106, 108; KG JR **1980** 516).[222] Das erscheint jedoch inkonsequent und ist daher abzulehnen (siehe im Einzelnen Rdn. 217).

**121** f) **Telegramme und Fernschreiben.** Telegramme sind Urkunden (Rdn. 32),[223] die dem **Absender als Aussteller** zuzurechnen sind. Dasselbe gilt, falls die Voraussetzungen im Übrigen vorliegen, für Fernschreiben, und zwar – wenn der Text den Absender erkennen lässt – sowohl für das Schriftstück, das von dem Fernschreibeapparat des Empfängers hergestellt wird,[224] als auch für das, welches auf Seiten des Absenders bei der Durchgabe auf dessen Schreib- und Sendegerät entsteht. Es verbleibt bei ihm und ist insofern einer Durchschrift vergleichbar.[225]

g) **Telefaxe und Computerfaxe**

**122** aa) **Telefaxe.** Für Telefaxschreiben (Fernkopien, Telebrief)[226] gilt im rechtlichen Ansatz Entsprechendes wie für Ablichtungen (Rdn. 111 ff).[227] Sie wären also (auf der Empfängerseite) im Unterschied zum Original beim Absender **grundsätzlich keine Urkunden** (OLG Zweibrücken NJW **1998** 2918 m. Anm. *Beckemper* JuS **2000** 123).[228] Anders ist dies jedoch, wenn sie *als Original* in den Verkehr gebracht werden.[229] Da dies sehr oft zutrifft, liegt regelmäßig eine Urkunde vor.

**123** Soweit der Faxverkehr, insbesondere **im Geschäftsleben**, an die Stelle des früher üblichen Schriftwechsels getreten ist[230] und damit das Empfängerfax wie ein Original in den Verkehr gebracht wird, ist der Fernkopie (dem Empfängerfax) als Zweitschrift Urkundeneigenschaft (mit dem *Absender als Aussteller*) zuzuerkennen.[231] Das ergibt sich in dogmatischer Hinsicht als Regel schon nach dem maßgebenden **Willen der Beteiligten.** Aus der Übersendung einer eigenen Gedankenerklärung mittels Telefax kann auf einen damit betätigten Erklärungswillen des jeweiligen Faxabsenders geschlossen werden (*Hoyer*

[220] Vgl. auch BayObLG NJW **1992** 3311 = JR **1993** 299 m. insoweit abl. Anm. *Keller* S. 300, 301; ablehnend ferner *Engert/Franzmann/Herschlein* JA **1997** 37.

[221] Vgl. auch LG Paderborn NJW **1989** 178, 179.

[222] BGHSt **5** 291, 292; BGH NJW **1965** 642; **aA** (zu § 281 StGB) BGHSt **20** 17 ff.

[223] Anders *Schöning* S. 232, 340 (für das Aufgabetelegramm).

[224] *Schöning* S. 342.

[225] Zur Entwicklung und Technik dieser Kommunikationsart siehe *Schöning* S. 42 ff.

[226] Dazu *Pape/Notthoff* NJW **1996** 417 Fn. 1; *Puppe* FS BGH, 569, 577 ff; *Schmittmann* JuS **1993** 440.

[227] *Schöning* S. 332.

[228] *Hohmann/Sander* BT II § 17 Rdn. 31; *Rengier* BT II § 32 Rdn. 28.

[229] Vgl. auch *Beckemper* JuS **2000** 123, 126; *Fischer* Rdn. 12d; *Hellmann/Beckemper* JA **2004** 891, 896.

[230] Vgl. *Zielinski* CR **1995** 286.

[231] *Joecks* Rdn. 45; *Krey/M. Heinrich* BT 1 Rdn. 717a; *Kudlich* BT II Nr. 163; *Rengier* BT II § 32 Rdn. 28.

SK Rdn. 21). Insoweit ist das Empfängerfax ebenso wie das Absenderfax *Originalurkunde.*[232]

Diese rechtliche Würdigung steht im Einklang damit, dass für die **Einlegung und Begründung eines Rechtsmittels**, das an die Schriftform gebunden ist, die Übermittlung durch Telefax ausreicht (BGH NJW **1990** 990; BGH CR **1999** 144; OLG Köln NJW **1992** 1774; vgl. für Fernschreiben BVerfG NJW **1987** 2067);[233] ferner auch damit, dass Telefaxschreiben im **Urkundenprozess** (§§ 592 ff ZPO) als Urkunden gelten, mit denen die zur Anspruchsbegründung erforderlichen Tatsachen, zum Beispiel ein Vertragsschluss, bewiesen werden können (OLG Köln NJW **1992** 1774 f).[234] Das Schrifttum spricht sich teils für,[235] teils gegen[236] die Urkundenqualität von Faxschreiben aus. **124**

Es ist allerdings geboten, die Fernkopie insoweit wie einfache Ablichtungen vom Urkundenbegriff auszunehmen, als sie der **Übermittlung bereits existenter Urkunden** (vorwiegend fremder Aussteller) dient, etwa in Form von Anlagen zu einem per Telefax gesandten Geschäftsbrief. Insoweit ist die Lage nicht anders, als hätte der Absender einem eigenen Schreiben einfache Ablichtungen zur Kenntnisnahme durch den Empfänger beigefügt.[237] **125**

Nicht überzeugend ist die Auffassung von *Cramer/Heine:*[238] Bei der Übermittlung anderer Urkunden, die nicht vom Absender zu stammen brauchten, ergebe sich aus der Kurzbezeichnung des Absenders eine **Garantieerklärung** für die originalgetreue Wiedergabe des gefaxten Schriftstücks; das Fax sei also einer beglaubigten Kopie gleichzusetzen. Insofern ist jedoch zu bedenken, dass der Vermerk echt wäre, wenn er vom Absender als Aussteller stammt; dies selbst dann, wenn die „Garantie" eine schriftliche Lüge ist, weil die angeblich übermittelte Urkunde nicht existiert oder das Empfängerfax sie falsch wiedergibt (vgl. Rdn. 105). **126**

**bb) Computerfaxe.** Bei ihnen braucht man im Gegensatz zum Telefax auf der Absenderseite kein verkörpertes Original, das in den hier interessierenden Fällen Urkunde wäre. Das Schreiben wird am Computer als Textdatei (mit eingescannter Unterschrift) erstellt und in der Regel ohne vorherigen Ausdruck mittels Modem dem Empfängerfaxgerät oder dem Rechner des Empfängers zugeleitet.[239] **127**

Trotz Fehlens eines Originals auf der Absenderseite bestehen keine Bedenken, einen Ausdruck des Computerfaxes beim Empfänger strafrechtlich als **vom Absender hergestellte Urkunde** zu werten.[240] Der Empfänger ist beim Ausdruck insofern unvorsätzlich handelndes Werkzeug des Absenders. **128**

An diesem Ergebnis – Computerfax als vom Absender ausgestellte Urkunde – ändert sich nichts dadurch, dass in der Rechtsprechung der obersten Bundesgerichtshöfe bis zur Entscheidung ihres Gemeinsamen Senats vom 5.4.2000 – GmS OGB 1/98 (BGHZ **144** 160 = NJW **2000** 2340) umstritten war, ob in Prozessen mit Vertretungszwang im Hinblick auf das **Erfordernis eigenhändiger Unterschrift** bestimmende Schriftsätze formwirksam durch Computerfax eingereicht werden können (vgl. BGH CR **1999** 144). Denn der **129**

---

232 *Schöning* S. 333 f; *Zielinski* CR **1995** 291; vgl. aber *Welp* FS Stree/Wessels, 519 f.

233 *Laghzaoui/Wirges* MDR **1996** 230; *Pape/Notthoff* NJW **1996** 418.

234 = JuS **1992** 969 m. Bespr. *K. Schmidt.*

235 *Hoyer* SK Rdn. 21; *Sch/Schröder/Cramer/Heine* Rdn. 43.

236 *Lackner/Kühl* Rdn. 16.

237 Im selben Sinne *Zielinski* CR **1995** 291 f.

238 *Sch/Schröder/Cramer/Heine* Rdn. 43.

239 *Schmid* CR **1999** 609, 613; *Welp* FS Stree/Wessels, 519.

240 Vgl. auch *Arzt/Weber* BT § 31 Rdn. 13; *Joecks* Rdn. 46; *Küper* BT S. 313; *Schmidt/Priebe* BT 1 Rdn. 1275; *Welp* FS Stree/Wessels, 519.

Urkundenbegriff des § 267 StGB verlangt eine solche Unterschrift nicht. Im Übrigen hat der Gemeinsame Senat in der genannten Entscheidung hervorgehoben: Maßgeblich für die Beurteilung der Wirksamkeit des elektronisch übermittelten Schriftsatzes sei nicht eine etwa beim Absender vorhandene Kopiervorlage oder eine nur im Textverarbeitungs-PC befindliche Datei, sondern „allein die auf seine Veranlassung am Empfangsort (Gericht) erstellte körperliche Urkunde." Zu den Fälschungsrisiken bei elektronisch signierten Dokumenten vgl. *Pordesch/Nissen* CuD **1995** 562 ff.

130 h) **E-Mail.** Auch eine Nachricht durch E-Mail (Electronic Mail) kann nach Ausdruck beim Empfänger Urkunde sein, die dem Absender als Aussteller zuzurechnen ist, sofern der Aussteller erkennbar ist.[241]

131 E-Mail ist der im geschäftlichen und privaten Verkehr am häufigsten eingesetzte Dienst im Internet.[242] Er gibt die Möglichkeit, weltweit Mitteilungen als elektronische Nachricht über den Computer zu verschicken.[243] Der Empfänger kann entscheiden, ob er den gespeicherten Text überhaupt ausdrucken lassen will.

132 Tut er dies nicht, so scheidet vollendete Urkundenfälschung bei einer E-Mail schon wegen **Fehlens einer stofflich ausreichend fixierten Gedankenerklärung** aus, ohne dass es darauf ankäme, ob sich der Absender unter falschem Namen meldet (vgl. *Jaeger* S. 169, 187; *Mankowski* NJW **2002** 2822, 2825). Wenn der Empfänger die Nachricht ausdruckt, kann er als unvorsätzlich handelndes Werkzeug des Absenders angesehen werden, so dass der Absender durchaus über diesen Aspekt Tatherrschaft hat (teilweise abweichend die Vorauflage). Der Umstand, dass ungewiss ist, ob es überhaupt zum Ausdruck kommt, ist nicht letztentscheidend; insofern geht es lediglich darum, ob die Tat vollendet oder nur versucht ist. Regelmäßig kann auch bezüglich des Risikos des Ausdrucks von dolus eventualis ausgegangen werden; es bedarf dann aber stets der exakten Prüfung, ob der Täter Täuschungsabsicht hat.

133 Aus dieser Rechtsansicht ergeben sich strafrechtlich folgende **Konsequenzen**: Lässt der Empfänger die Mitteilung ausdrucken, ist regelmäßig vollendete Urkundenfälschung anzunehmen, wenn eine der Tatvarianten des § 267 StGB erfüllt ist. Kommt es nicht zum Ausdruck, liegt Versuch vor. Zu beachten ist, dass dann, wenn es dem Absender *gleichgültig* ist, ob der Empfänger die Nachricht ausdruckt oder nicht, die Täuschungsabsicht, die § 267 StGB als besonderes subjektives Merkmal voraussetzt, fehlen kann.

134 i) **Computerausdrucke.** Es ist Tatfrage, ob und in welchem Umfang Unterlagen Urkundenqualität haben, die **in der Eingabephase** einer Datenverarbeitung (bei der Vorbereitung der Einspeicherung und bei der Erfassung der Daten in maschinenlesbarer Form) anfallen, wie Urbelege und Datenträger (Lochkarten, Klarschriftbelege und Markierungsbelege).[244]

135 Bei Computerausdrucken **nach Abschluss einer Datenverarbeitung** (zum Beispiel innerhalb eines Betriebs) handelt es sich nach außen strafrechtlich um Urkunden des Unternehmens, soweit die Ausdrucke die Voraussetzungen des Urkundenbegriffs erfüllen, insbesondere also eine Gedankenerklärung enthalten und das Unternehmen als Aussteller erkennen lassen.

---

241 Siehe zu diesem Problem auch *Fringuelli/Wallhäuser* CR **1999** 94 (für das Zivilrecht); *Puppe* FS BGH 569, 578 ff; *Schöning* S. 339; *Welp* FS Stree/Wessels, 519.

242 Vgl. *Ebbing* CR **1996** 273.

243 *Finke* S. 15; *Fringuelli/Wallhäuser* CR **1999** 97; *Jaeger* S. 129, 186 f.

244 Vgl. hierzu im Einzelnen *Wegscheider* CR **1989** 925 f.

Zur Ausstellereigenschaft im Sinne des § 267 StGB gehört nicht, dass der menschliche Gedanke, der in der Urkunde verkörpert wird, ein geistiges Produkt des Erklärenden ist. Der Aussteller kann sich auch einen fremden Gedanken zu Eigen machen und ebenso **als eigene Erklärung** das Ergebnis einer Datenverarbeitung, selbst wenn er sie nicht überprüft und (wegen der Art der maschinellen Verarbeitung) auch nicht selbst überprüfen könnte. Er kann das Ergebnis im Voraus autorisieren (vgl. dazu auch OLG Köln NJW **2002** 527, 528; *Otto* JK **6/02** StGB § 267/29).[245] **136**

Danach ist die **Urkundenqualität** etwa von maschinell gefertigten Steuer- oder Gebührenbescheiden, Bußgeld-, Mahn- und Vollstreckungsbescheiden, Telefonrechnungen, Kontoauszügen einer Bank oder Jahresabrechnungen eines gemeindlichen Unternehmens für Strom, Gas und Wasser zu bejahen. Da die Urkundeneigenschaft auch bei Schriftstücken deren Unterzeichnung durch den Aussteller nicht verlangt, macht der Hinweis, ein Bescheid sei maschinell erstellt und ohne Unterschrift gültig, in der Regel nur deutlich, dass es sich trotz Fehlens einer Unterschrift nicht um einen Entwurf handelt (vgl. § 37 Abs. 4 VwVfG, § 51 Abs. 1 Satz 2 OWiG).[246] **137**

Die Wiedergabe des Ergebnisses einer Datenverarbeitung in einer **Bildschirmanzeige** erfüllt den Urkundenbegriff schon deshalb nicht, weil es an der „Verkörperung" der Gedankenerklärung fehlt.[247] § 11 Abs. 3 StGB ändert daran nichts, weil § 267 StGB nicht auf ihn verweist.[248] **138**

Für das **Fälschen** und Verfälschen **von Computerausdrucken** mit Urkundenqualität, die in das Stadium nach dem Ausdruck fallen, gelten keine Besonderheiten. Eine unechte Urkunde liegt vor, wenn aus Datenfälschungen (Input-Manipulationen) von für die Dateneingabe *unzuständigen Mitarbeitern oder Externen* oder an sich *zuständigen Mitarbeitern, die ihre Befugnis überschreiten,* Ausdrucke hervorgehen (teilweise enger *Radtke* ZStW **115** [2003] 26, 47 ff, der den zuletzt genannten Kreis ausnehmen will; siehe auch *Zielinski* GS Armin Kaufmann, 612 ff; *Zieschang* FG Paulus, 197 ff; str.). Grundsätzlich ist zu beachten, dass es für die strafrechtliche Beurteilung nicht notwendig ausschlaggebend ist, wen zivilrechtlich das Fälschungsrisiko im Verhältnis zwischen Geschäftsherrn (als scheinbarem Aussteller) und Erklärungsadressaten trifft (Rdn. 34). **139**

j) **Entwürfe.** Sie sind, soweit sie eine Urkunde betreffen, selbst grundsätzlich keine Urkunde. Das gilt insbesondere vom unfertigen Entwurf. In diesem Fall ist der Inhalt der Erklärung noch ungewiss. Hingegen kann ein fertiger Entwurf Urkundenqualität erhalten.[249] Es kommt insoweit darauf an, ob er bereits zum Beweis bestimmt und begeben ist (Rdn. 71). Nicht entscheidend ist der Gesichtspunkt, ob der Entwurf schon unterschrieben ist.[250] Im Bereich der Entwürfe ist eine Urkundenfälschung ohne Veränderung der verkörperten Erklärung oder ihres Trägers möglich. Entwendet der Täter vor der Begebung eine vorbereitete, schon unterzeichnete Quittung des Gläubigers aus dessen Schreibtisch, um sie zum Nachweis der angeblichen Zahlung zu verwenden, so stellt er **140**

245 *Zielinski* GS Armin Kaufmann, 611.

246 Wie hier *Hoyer* SK Rdn. 20; *Lackner/Kühl* Rdn. 4; *Otto* BT § 70 Rdn. 31; *Sieg* Jura **1986** 356; *Wegscheider* CR **1989** 999 ff; *Winkelbauer* CR **1985** 41 f; *Zielinski* GS Armin Kaufmann, 607 ff, 610.

247 *Wegscheider* CR **1989** 999 f.

248 *Finke* S. 63, 68 f.

249 Zur Frage der Urkundeneigenschaft des Entwurfs siehe auch *Helle* S. 86 ff; zum Bilanzentwurf *Tiedemann* LK § 283 Rdn. 150 m. N.

250 Weitere Rechtsprechungsnachweise zum „fertigen" und „unfertigen" Entwurf bei *Kienapfel* Urkunden I S. 203 Fn. 201; *ders.* FS Maurach, 445; vgl. ferner *Gustafsson* S. 43 ff, 162 f.

damit eine unechte Urkunde her. Ablieferungsscheine (Rückscheine) bei Einschreibesendungen werden erst mit der Unterzeichnung durch den Empfänger zur Urkunde, weil sie erst dann die Ablieferung der Sendung beweisen (OLG Bremen NJW **1962** 1455). Formalisierte unfertige Entwürfe sind Vordrucke und Formblätter. Sie sind vor der Ausfüllung keine Urkunden, so die frühere Reichskleiderkarte (RGSt **75** 318, 319), Führerscheinvordrucke (BGH bei Holtz MDR **1978** 625 f) und nicht unterschriebene Vordrucke für Bezugskarten (BGHSt **13** 235)[251], ebenso Scheckvordrucke, selbst wenn die Kontonummer bereits aufgedruckt ist.[252]

**141** 6. **Kasuistik zum Urkundenbegriff.** Die folgenden Beispiele stammen großenteils aus der Rechtsprechung des Reichsgerichts. Sie sind für Praxis und Lehre auch heute noch von Relevanz. Das gilt selbst insoweit, als bei ihnen, wie oft, die Frage im Vordergrund steht, ob es sich im Einzelfall um eine Privaturkunde oder um eine (schlichte) öffentliche Urkunde (ohne öffentlichen Glauben) handelt. Diese Frage ist allerdings gegenstandslos, seit die bezeichnete Unterscheidung in der Fassung des § 267 StGB von 1943 (vgl. Entstehungsgeschichte) entfallen sowie der Tatbestand der Urkundenunterdrückung und -verfälschung im Amt (§ 348 Abs. 2 a.F. StGB) durch das EGStGB mit Wirkung vom 1.1.1975 aufgehoben worden ist (§ 348 Entstehungsgeschichte). Doch hat die Rechtsprechung des Reichsgerichts den strafrechtlichen Urkundenbegriff wesentlich mitgeprägt. Zudem können die Beispiele immer noch von Bedeutung sein für die Beantwortung der Frage, ob einem Gegenstand unter den gegenwärtigen Verhältnissen überhaupt Urkundenqualität zuzuerkennen ist.

a) **Urkunden**

**142** aa) aus dem Bereich des **Ausweis-, Pass- und polizeilichen Meldewesens**: die Arbeitslosenkarte und amtliche Vermerke darauf (RG LZ **1920** Sp. 573), das Einreisevisum auf dem Reisepass (BGH LM Nr. 22), die Eintragung im Einwohnermelderegister (BGH LM § 348 Abs. 2 Nr. 8), das Einwohnermeldermeldeverzeichnis als Gesamturkunde (BGH JR **1954** 308), der Führerschein (OLG Hamm NJW **1969** 625), der polizeiliche Meldeschein (RGSt **74** 291, 292)[253], der Personalausweis (BGH GA **1956** 182; OLG Celle NStZ-RR **2008** 76).

**143** bb) Aus dem Bereich des **Frachtverkehrs** und der **Personenbeförderung**: der Abnahmestempel bei Bahnschienen (RGSt **17** 352, 357), die Anrechtskarte für eine Straßenbahn (RG LZ **1918** Sp. 113 Nr. 14), die Anschrift auf einem Expressgut (RGSt **56** 240) oder auf einem Frachtgut (RGSt **76** 385, 386), ein Beklebezettel am Frachtgut (RG JW **1934** 1730) oder am Expressgut (RGSt **76** 385, 386), Fahrkarten der Bahn und der Verkehrsbetriebe (RGSt **8** 409; BayObLG JR **2003** 38, 39 m. Anm. *Stein*; OLG Köln VRS **59** 342);[254] der (im maschinellen Selbstentwertungsverfahren angebrachte) Entwertungsstempel auf der Fahrkarte, die (als Urkunde) durch seine unbefugte Entfernung verfälscht wird (*Freund* JuS **1994** 33; *Schroeder* JuS **1991** 302 f); der Frachtbrief (RGSt **52** 195, 196)[255], der Fahrschein einer gemeindlichen Straßenbahn (BayObLG JW **1928** 2328 m. Anm. *Merkel*), der Gepäckschein der Staatsbahn (RGSt **37** 318), die Gewichtsangabe

---

[251] Hierzu *Kohlhaas* LM Nr. 29.
[252] BGH, Urteil vom 18.10.1978 – 2 StR 219/78 –.
[253] RG JW **1939** 275; RG LZ **1915** Sp. 641 Nr. 13.
[254] RGSt 55 161; *Schroeder* JuS **1991** 301.
[255] OLG Hamm JMBlNRW **1950** 222.

auf einem Frachtbrief (BGH NJW **1953** 1840), die Zeitfahrkarte der Bundespost (BGHSt **5** 295, 296 f), ein Mehrfahrtenausweis eines Verkehrsbetriebs (OLG Köln NJW **1983** 2341, 2342).

cc) Aus dem Bereich des **Bank-, Geld- und Zahlungsverkehrs:** ein Auszahlungsbeleg trotz Fehlens der Unterschrift,[256] das Blankoindossament auf einem Wechsel an eigene Order ohne Ausstellergiro (RGSt **24** 192), das Depotbuch einer öffentlichen Sparkasse als Gesamturkunde (RGSt **63** 259, 261), die Angabe des Inhalts mit Namensbezeichnung der Geschäftsstelle auf einer Geldrolle (RGSt **13** 71), der Kontoauszug (RG DJ **1938** 78), der Scheck (RG GA Bd. **68** 280), das Sparkassenbuch (RG JW **1927** 1376 m. Anm. *Bonnem*), der Wechsel (OLG Saarbrücken NJW **1975** 658)[257], das Wechselakzept (BGH JR **1952** 285), die Wertpapierausgangsanzeige einer Bank (BGHSt **9** 44, 46), die Durchschrift eines Überweisungsträgers (OLG Düsseldorf JR **1998** 478 m. Anm. *Krack* S. 479), die ec-Karte. **144**

dd) Aus dem Bereich des **Beurkundungs-, Familienstands- und Registerwesens:** das Aufgebot durch den Standesbeamten (RGSt **20** 249), Eintragungen im Beschlussbuch des rheinischen Gemeinderats (RGSt **26** 165), die Eintragungen im Gefangenenregister (RGSt **34** 208)[258], die Eintragungen im allgemeinen Dienstregister des Gerichtsvollziehers (RGSt **7** 252), der Leichenschauschein (RGSt **17** 406), Quittungen in amtlichen Zahlungslisten (RG JR Rspr. **1925** Nr. 1843); Stimmzettel, soweit vom Wähler ausgefüllt und in die Wahlurne geworfen (OLG Stuttgart NJW **1954** 486)[259], das Trödlerbuch als Gesamturkunde (BGH MDR **1954** 309 f). **145**

ee) Aus dem Bereich des **Bewirtschaftungswesens und** der **Energieversorgung:** der Entwertungsvermerk auf der Reichsfettkarte (RG HRR **1942** Nrn. 45, 460), die Kundenliste des Kohlenhändlers bei der Bewirtschaftung (RG DR **1944** 368), die Lebensmittelkarte nach Eintragung des Berechtigten (BGHSt **7** 53, 57 f);[260] die Plombe am Stromzähler, wenn sie den Zählerstand beweisen soll (RGSt **50** 191).[261] **146**

ff) Aus dem Bereich des **Gesundheitswesens,** des **Veterinärwesens** und des **Lebensmittelrechts:** das ärztliche Rezept (RGSt **18** 149; RG GA Bd. **37** 190), das ärztliche Zeugnis zur Vorlage bei einer Behörde (OLG Hamburg LZ **1918** Sp. 661), die Kontrollnummer einer Aspirin-Packung (RG DRiZ **1929** Rspr. Nr. 870), Eintragungen des Laborpersonals über ermittelte Blutzuckerwerte des Patienten in den Krankenakten (OLG Koblenz NJW **1995** 1624, 1625); eine Eintragung im Brauregister (RGSt **10** 11), Eintragungen in Fleischbeschaubüchern oder Fleischbeschauscheinen[262], der Fleischbeschaustempel auf dem Fleisch (RGSt **29** 67; **74** 26, 30)[263], der Korkbrand mit Originalflasche (RGSt **76** 186; vgl. auch Rdn. 90 und Rdn. 100), der Siegelabdruck eines Weinprüfers (RGSt **41** 315); die amtliche Verschlussplombe an der Messuhr einer Brennerei, sofern sie nicht nur der Verschlusssicherung dient (RGSt **64** 48).[264] **147**

---

[256] BGH, Urteil vom 2.9.1958 – 5 StR 349/58 –.

[257] = JR **1975** 514 m. krit. Anm. *Kienapfel* S. 515; Nachweise bei *Kienapfel* Urkunden I S. 95 Fn. 155.

[258] RGSt **24** 308; **31** 262.

[259] *Richter* NJW **1954** 309; hiergegen *Bruns* NJW **1954** 456, 948.

[260] RGSt **75** 318; OLG Kiel HESt **2** 47; SchlHA **1947** 15.

[261] Vgl. ferner RGSt **75** 306, 307; RG JW **1934** 1053, 1054 m. krit. Anm. *Merkel*; RG HRR **1938** Nr. 1324.

[262] RGSt **9** 139; **17** 94; **19** 197.

[263] Hierzu *Kienapfel* FS Würtenberger, 203.

[264] Vgl. ferner RGSt **50** 191; **75** 306, 307; RG JW **1934** 1053 m. Anm. *Merkel*.

148 gg) Aus dem Bereich des **Kraftfahrzeugverkehrs und** des **Verkehrswesens**: die Fahrgestell- (FIN) und Motornummer am Kraftwagen (BGHSt **16** 94, 95)[265], der Führerschein (OLG Hamm NJW **1969** 625), Klebezettel mit polizeilicher Aufforderung an der Windschutzscheibe (OLG Hamburg JR **1964** 228 m. Anm. *Schröder* S. 229); das amtliche Kennzeichen des Kraftfahrzeugs (BGHSt **45** 197; **16** 94)[266], doch nicht ohne Weiteres ausländische Autokennzeichen (BGH NJW **1989** 3104); die Angaben über das Kennzeichen eines Kraftfahrzeugs in einer Genehmigungsurkunde für den internationalen Güterkraftverkehr durch Österreich (BayObLG wistra **1991** 232); der Kraftfahrzeugbrief (BGH LM Nr. 8), der Kraftfahrzeugschein (BGHSt **20** 186, 188; **26** 9, 11);[267] die Prüfplakette für die Fahrzeugüberwachung nach § 29 StVZO (BGHSt **26** 9, 11 f; OLG Karlsruhe DAR **2002** 229)[268], doch nur zusammen mit einer entsprechenden Eintragung im Kraftfahrzeugschein (OLG Celle bei Janiszewski NStZ **1991** 577f = NdsRpfl. **1991** 182), weil erst dadurch der Aussteller der Urkunde erkennbar wird (OLG Celle NdsRpfl. **1991** 182);[269] die Reparaturrechnung eines Autohauses, auch wenn es sich um eine Scheinrechnung handelt, die zur Vorlage bei einer Versicherungsgesellschaft bestimmt ist (OLG Stuttgart NJW **1981** 1223); der behördliche Stempel auf dem Kraftfahrzeugnummernschild (OLG Celle NdsRpfl. **1949** 162), das Typenschild eines Kraftfahrzeugs (BGHSt **16** 94, 95; RGSt **68** 94)[270], die unter dem Scheibenwischer angebrachte Unfallnachricht (OLG Celle GA **1966** 247)[271], das Versicherungskennzeichen eines Kleinkraftrades (BayObLG VRS **53** 353).[272]

149 Zu den Urkunden aus dem Bereich des Kraftfahrzeug- und Verkehrswesens gehört weiter die Eintragung des Fahrernamens auf dem **Schaublatt eines Fahrtenschreibers** (BayObLG NZV **1999** 344; NJW **1981** 774; bei Janiszewski NStZ **1986** 401; NStZ **1992** 269, 271; OLG Karlsruhe NStZ **2002** 652, 653; VRS **97** 166). Das Schaublatt (als Augenscheinsobjekt in Form einer technischen Aufzeichnung) wird zur Urkunde erst, wenn es die nach § 57a Abs. 2 Satz 2 StVZO vorgeschriebenen Eintragungen (über den Namen des Fahrers sowie über Ausgangspunkt und Datum der ersten Fahrt) wenigstens zum Teil enthält (OLG Karlsruhe Justiz **1988** 315, 316; NStZ **2002** 652, 653; vgl. *Langer* DAR **2002** 97, 103; *Münsch* DAR **1994** 462). Dabei ist Aussteller einer solchen Urkunde nach § 57a Abs. 2 Satz 2 StVZO der Kraftfahrzeughalter oder sein Bevollmächtigter (OLG Karlsruhe Justiz **1988** 315, 316), das heißt in der Praxis regelmäßig der Kraftfahrzeugführer (OLG Düsseldorf JMBlNRW **1994** 105), in den Fällen der VO (EWG) Nr. 3821/85 dagegen ausschließlich der Fahrer (BayObLG VRS **1986** 58; OLG Karlsruhe VRS **97** 166).[273] Bei falschen Angaben über den jeweiligen Kilometerstand des Wegstreckenzählers (vgl. § 57a Abs. 2 Satz 2 StVZO) soll es sich dagegen nach Auffassung des OLG Düsseldorf (JMBlNRW **1994** 105, 106) nur um eine schriftliche Lüge oder jedenfalls deshalb nicht um Urkundenfälschung handeln, weil sie den Beweiszweck der Urkunde (des beschrifteten Schaublatts) nicht beeinträchtigen. Nach OLG Köln NJW

---

265 RGSt **58** 16; **68** 94; RG JW **1935** 2636; RG HRR **1940** Nr. 191; KG VRS **105** 215; vgl. auch *Kienapfel* FS Würtenberger, 133.

266 BayObLG VRS **53** 351, 352; BayObLG bei Janiszewski NStZ **1988** 543, 544; OLG Düsseldorf NJW **1997** 1793, 1794 = JR **1998** 303 m. insoweit zust. Anm. *Lampe* S. 304 f; OLG Stuttgart VRS **47** 25; NStZ-RR **2001** 370.

267 M. Anm. *Pelchen* LM Nr. 2; ferner KG JR **1981** 37; OLG Koblenz VRS **55** 428.

268 BayObLG MDR **1966** 168; hierzu *Kienapfel* FS Würtenberger, 205.

269 *Puppe* JZ **1997** 491; *Zieschang* FG Paulus, 201.

270 RG JW **1935** 2326; RG HRR **1940** Nr. 191.

271 OLG Hamburg JR **1964** 228.

272 M. Anm. *Kienapfel* JR **1977** 468; *ders.* Urkunden II S. 130; OLG Koblenz VRS **60** 437.

273 **Ablehnend** *Puppe* JZ **1997** 493.

2002 527 f (dazu Hecker JuS **2002** 224; *Otto* JK **6/02** StGB § 267/29) soll auch der durch den Automaten ausgeworfene Parkschein eine Urkunde sein.[274]

**hh)** Aus dem Bereich **polizeilicher und gerichtlicher Verfahren** unter Einschluss des Dienstverkehrs: die beglaubigte, zu den Gerichtsakten gegebene Abschrift einer Klage (RGSt **59** 13, 15), die Strafanzeige (BGHSt **15** 18, 23)[275], die Anzeige an das Vormundschaftsgericht, dass ein Vormund bestellt sei (RGSt **27** 239); die Selbstanzeige oder Anzeige eines anderen, jeweils unter fremdem Namen (RG LZ **1918** Sp. 573 Nr. 19), gleichviel, ob dadurch die Straftat bewiesen oder die Behörde zum Einschreiten veranlasst werden soll; behördliche Auskünfte und Bescheinigungen (RGSt **75** 285, 287; **75** 402, 404)[276], das polizeiliche Führungszeugnis (RGSt **22** 151, 152), das außergerichtliche Geständnis (RGSt **7** 47, 50 f), die in den Grundakten gesammelten Anträge, Protokolle und Verfügungen (RG Rspr. **4** 470 f), der Haftbefehl der Staatsanwaltschaft (RGSt **15** 110), die schriftliche Klagerücknahme (RG GA Bd. **41** 37), die amtliche Ladung zur Hauptverhandlung (RGSt **18** 76), die Parteiladung (RGSt **14** 1), das Protokoll über eine Zeugenvernehmung durch einen württembergischen Ortsvorsteher (RGSt **25** 223); „Polizeiprotokolle" und „Belehrungsformulare", die der Beschuldigte in einem Ermittlungsverfahren wegen Fahrens ohne Fahrerlaubnis und Trunkenheit im Verkehr mit falschem Namen unterzeichnet (**aA** LG Dresden NZV **1998** 217 m. abl. Anm. *Saal* S. 218, 219); das Pfändungsprotokoll des Gerichtsvollziehers (RGSt **6** 184; **6** 361), das von ihm aufgenommene Versteigerungsprotokoll (RGSt **12** 331), Eintragungen im Strafregister (RG Rspr. **9** 432), der Strafregisterauszug eines württembergischen Ortsvorstehers (RGSt **26** 413), der Verschlussstempel des Gerichtsvollziehers an der Sendung (RGSt **41** 315, 317).[277] **150**

**ii)** Aus dem Bereich des **Post- und Telegrafenverkehrs**: der Absendervermerk auf Briefen (RG GA Bd. **51** 185)[278], Anschriften auf Paketkarten (RGSt **55** 269)[279] und auf anderen Postsendungen (RGSt **56** 329, 330)[280], der angebliche Brief einer nicht existierenden Person (BGHSt **2** 50, 52), ein beleidigender Brief (RGSt **8** 187, 193; **56** 114, 115), der Briefumschlag mit Anschrift und Stempel (RGSt **50** 213, 214), die Expressgutkarte und Paketanhänger (BGH bei Dallinger MDR **1975** 544), der Kontoauszug des Postscheckamts (RG DJ **1938** 78), der Nachsendeantrag (RG LZ **1920** Sp. 773 Nr. 60); bei der Postanweisung die Empfangsbescheinigung darauf (BGHSt **4** 60) und amtliche Vermerke darauf (RGSt **24** 130; OLG Köln NJW **1967** 742), das Posteinlieferungsbuch als Gesamturkunde (RG LZ **1931** Sp. 259), der datierte Poststempel auf der Briefmarke oder Postsendung, der für den inneren Dienst beweisend sein soll (RGSt **30** 381; **62** 11, 12), die Postzustellungsurkunde (RGSt **6** 17), die amtliche Quittung im Posteinlieferungsbuch (RGSt **30** 369, 372; **35** 218) und auf dem Posteinlieferungsschein (RGSt **9** 240, 242), der amtliche Vermerk auf dem Ankunftstelegramm (RGSt **30** 238; **31** 42), der Postbriefträgervermerk über die Unzustellbarkeit (RGSt **26** 118; **53** 224; **67** 256), der Zahlkartenabschnitt (RG DJ **1935** 1193). **151**

---

274 Ebenso etwa *Gössel/Dölling* BT 1 § 52 Rdn. 3; *Haft* Repetitorium Nr. 1400a; *Hecker* JuS **2002** 224; *Matzky* Jura **2003** 191, 192.
275 RGSt **28** 75 f; **32** 133.
276 RGSt **63** 74, 76; **66** 124, 125.
277 RG GA Bd. **54** 308.
278 Ebenso *Paeffgen* Jura **1980** 481.
279 OGHSt **1** 253, 255.
280 RG JW **1912** 433; RGSt **50** 213, 214 f; **63** 366; OLG Stuttgart NJW **1950** 197.

152 jj) Aus dem Bereich des **Prüfungswesens:** die Klassenarbeit eines Schülers (BGHSt **17** 297; AG Pfaffenhofen NStZ-RR **2004** 170)[281], die Klausurarbeit in der Referendarprüfung (RGSt **68** 240, 241; BayObLG NJW **1981** 772), das Reifezeugnis (RGSt **60** 375, 376 f).

153 kk) Aus dem Bereich des **rechtsgeschäftlichen Verkehrs** und der **kaufmännischen Buchführung:** der Anzeigenauftrag an eine Zeitung (RGSt **40** 78)[282], der Auftrag zum Abschluss einer Rennwette (RG GA Bd. **62** 129), der unterschriebene Bauplan (BGH LM Nr. 20), das Bierlieferungsbuch eines Bierkutschers als Gesamturkunde (RGSt **51** 36), die Merkstriche auf Bieruntersätzen (RG DStrZ **1916** Sp. 77; vgl. bereits oben Rdn. 92), das Briefmarkentauschheft einer Tauschvereinigung (RGSt **59** 38), Eintragungen in Handelsbüchern (RGSt **50** 420, 421; **69** 396, 398), Eintragungen in der Kladde eines Kaufmanns über Warenausgänge (RGSt **34** 131), die Empfehlung bei einem Kreditgesuch (RG GA Bd. **66** 80)[283] oder bei einem Stellengesuch (RG DStrZ **1918** Sp. 49); eine Tüte mit Fotoarbeiten, die mit dem Namen des Bestellers sowie Angaben über Art und Umfang seines Auftrags, dessen Ausführung und der in Rechnung gestellten Vergütung beschriftet ist (OLG Düsseldorf NJW **1989** 115, 116); ein privatwirtschaftliches Gutachten (RGSt **67** 117), das Inventurverzeichnis einer Handelsfirma (BGH GA **1963** 16), der Kassenstempel mit Kontroll- und Quittungsstempel (RG GA Bd. **47** 436), der Kassenzettel (RG LZ **1923** Sp. 65), der Lieferungszettel (RG GA Bd. **46** 431), die mit Namen, Wochenlohn und Firmenstempel versehene Lohntüte (BGH NJW **1961** 1123, 1124), der einseitig unterschriebene Mietvertrag (RG LZ **1921** Sp. 623), das Namenszeichen des Künstlers auf einem Gemälde (RGSt **56** 357 f; **76** 28, 29); die Ohrmarke am Tier, sofern nicht bloßes Kennzeichen (RG HRR **1935** Nr. 1635), unter Umständen anders als Namenszeichen an einem Tier (RGSt **36** 15); das Preisschild an einer Ware, wenn es mit ihr (zum Beispiel durch Aufkleben) fest verbunden ist (OLG Düsseldorf NJW **1982** 2268; vgl. auch OLG Köln JR **1979** 213 m. Anm. *Lampe*); die Quittung (RGSt **3** 337, 340), die Rechnung (RG GA Bd. **39** 229)[284], die Rechnungsbelege (BGHSt **12** 100, 103), die ausgelegte Speisekarte (RGSt **52** 179), eine Aufforderung zur Besichtigung käuflicher Schlachttiere (RG LZ **1917** Sp. 990); der Waldhammerschlag, sofern damit der Verkauf oder der Eigentumsübergang bezeugt wird (BGH bei Dallinger MDR **1958** 139, 140 f; RGSt **39** 147);[285] Zahlzeichen und Einkerbungen als Verkaufszeichen (RGSt **25** 244), das privatschriftliche Zeugnis (RGSt **67** 117).

154 ll) Aus dem Bereich des **Steuerrechts und** der **Sozialversicherung:** amtliche Vermerke auf der Arbeitslosenkarte (RG LZ **1920** Sp. 573), der Sozialversicherungsausweis (LG Bremen NStZ-RR **1999** 362), verwendete Beitragsmarken einer Rentenkasse (RGSt **48** 278), der Revisionsvermerk eines Steuerbeamten auf dem Brauereibetriebsplan (RGSt **19** 352, 354), die Quittungskarte einer öffentlichen Versicherungsanstalt (RGSt **23** 177 f), die Steuerkontokarten als Gesamturkunde (RG HRR **1935** Nr. 767).

155 mm) Aus dem Bereich des **Warenzeichenrechts:** der Korkbrand an der gefüllten Originalflasche (RGSt **76** 186; vgl. Rdn. 147, 100, 90), die Kontrollnummer auf der Aspirin-Packung (RG DRiZ **1929** Rspr. Nr. 870), die Verpackung ausländischer Butter mit Firmenaufdruck (OLG Düsseldorf JMBlNRW **1951** 208).

---

281 Anders *Erb* MK Rdn. 76.
282 RG GA Bd. **51** 192; RG LZ **1920** Sp. 661.
283 RG Rspr. **8** 298.
284 RG Rspr. **6** 529.
285 RGSt **14** 175, 180; **25** 244, 245.

nn) Aus **anderen Bereichen:** die Auskunft einer Auskunftei (RGSt **31** 59), die Auskunft eines Dienstherrn über einen Angestellten (RGSt **62** 218), der Eichstempel am Maß und an der Waage (RGSt **56** 355)[286], das Entschuldigungsschreiben bei Schulversäumnissen (RGSt **21** 187, 189), die väterliche Erlaubnis zum Dienstantritt (RGSt **21** 56), das gestochene Zifferblatt einer Kontrolluhr (RGSt **34** 435)[287]; der Stempel der Stempeluhr auf der Karte eines Arbeitnehmers, womit dessen Anwesenheitszeiten im Betrieb festgestellt werden (LAG Berlin BB **1988** 1531); das Künstlerzeichen auf einem Gemälde (RGSt **56** 357);[288] die Eintragung in einer Sammelliste (RG LZ **1918** Sp. 56)[289], das Siegel am Spundhahn, sofern es nicht bloße Verschlusssicherung ist (RG GA Bd. **37** 48). **156**

b) **Keine Urkunden.** Nach der Rechtsprechung ist die Urkundeneigenschaft in folgenden Fällen zu verneinen: eine Abschrift (BGHSt **2** 50, 51)[290], das Autogramm (RGSt **23** 213, 214; RG ZAkDR **1942** 190 m. Anm. *Bruns*), der Ausstellervermerk auf dem Postschecklastschriftzettel (RGSt **67** 431, 433 f), eine Bitte um Unterstützung (RG GA Bd. **50** 146), die losgelöste abgestempelte Briefmarke (RGSt **58** 136), eine Collage (BGH StV **1994** 18; OLG Düsseldorf NJW **2001** 167)[291], der Dienststempel in der Diensthose eines Polizisten (RG GA Bd. 77 202), das Diktatzeichen einer Schreibkraft (BGH bei *Holtz* MDR **1979** 806), der Entwertungsstrich auf der Brotmarke (RG LZ **1920** Sp. 926)[292]; der Entwertungsvermerk oder -stempel auf Brief- oder Stempelmarken (RGSt **67** 419, 422), sofern nicht ein dienstlicher Beweiszweck hinzutritt;[293] Euroscheck-Vordrucke (LG Berlin bei *Puppe* JZ **1986** 939; *Weber* NStZ **1986** 481, 484); die Fabriknummer auf Waren (RG GA Bd. **59** 352), die Firmenangabe bei der Warenpackung (RGSt **17** 282)[294], eine Fotokopie (BGHSt **5** 291, 293; zu Fotokopien siehe bereits Rdn. 111 ff), der Geschosseinschlag auf einer Zielscheibe (RGSt **42** 97), die Handakten eines Rechtsanwalts (BGHSt **3** 395 f, 399)[295], die bloße Handschrift (RGSt **76** 28, 30), die Herkunftsangabe auf Kopierstiften (BGHSt **2** 370; RGSt **17** 282), das Kälberzeichen als Buchstabe auf einem Kalb (RGSt **36** 15), das bloße Kennzeichen bei Kistenbeförderung (RG JW **1924** 975 m. Anm. *Hegler*), ungestempelte und entstempelte Kennzeichenschilder von Kraftfahrzeugen (BGHSt **18** 66, 70; BGH NJW **1989** 3104), der Lieferantenname auf der Heringstonne (RGSt **17** 282); ein für einen Parkplatz ausgestellter Berechtigungsschein, auf dem die vorgesehenen Angaben über die Genehmigungsnummer und den Namen des Berechtigten nicht eingetragen sind (BayObLG NStZ-RR **1998** 331 m. abl. Anm. *Schäfer* NStZ **1999** 191); Rabattmarken (BayObLG NJW **1980** 196 = JR **1980** 122 m. Anm. *Kienapfel* S. 123), eine Spielmarke (RGSt **55** 97 f), der Schusszähler am Webstuhl (RGSt **40** 261), ein vom Wähler ausgefüllter Stimmzettel für eine Kommunalwahl (OLG Koblenz NStZ **1992** 134)[296], das rote Überführungskennzeichen nach § 28 StVZO (BGHSt **34** 375, 376 f)[297], Verkehrszeichen (OLG Köln NJW **1999** 1042)[298], **157**

---

286 RGSt **23** 378 f.

287 RGSt **52** 65; **75** 314 = DR **1941** 2665 m. zust. Anm. *Mezger* S. 2666.

288 RGSt **34** 53; **76** 28 = ZAkDR **1942** 190 m. Anm. *Bruns*; OLG Frankfurt/M. NJW **1970** 673; vgl. auch *Kienapfel* FS Würtenberger; *Löffler* NJW **1993** 1423 f.

289 RG Rspr. **4** 670.

290 RGSt **26** 270, 271; **35** 145, 146.

291 **AA** *Zielinski* CR **1995** 289.

292 **AA** RG HRR **1942** Nr. 145.

293 RGSt **18** 286, 289 f; **32** 116; **48** 278, 280; **59** 321, 324.

294 Vgl. OLG Düsseldorf JMBlNRW **1951** 207.

295 RGSt **48** 406, 408 f; vgl. auch RGSt **60** 17, 19 ff.

296 Zustimmend *Puppe* JZ **1997** 490.

297 OLG Stuttgart VRS **47** 25; *Grohmann* DAR **2001** 57, 58; *Jagow* VD **1988** 97 ff; kritisch *Puppe* JZ **1991** 447; siehe auch RGSt **65** 316.

298 = NStZ **2000** 32 f m. **abl.** Anm. *Wrage* = NZV **1999** 134 m. **abl.** Anm. *Dedy* S. 136; **kritisch** zu OLG Köln auch *Böse* NStZ **2005** 370, 371; *Eger* Jura **2001** 112, 118; *Geppert* JK **99** StGB § 267/27; *Kudlich* BT II

Visitenkarten (*Vahle* DuD **1996** 73), der Waldhammerschlag als bloßes Eigentumszeichen (RGSt **25** 244 f; **39** 147)[299], Vordrucke und Formblätter vor der Ausfüllung.

158 Die obige Auflistung zeigt hinreichend, dass die Abgrenzung zwischen Bejahung einer Urkunde und Ablehnung einer solchen in der Rechtsprechung oft **kaum nachvollziehbar** und teilweise auch **widersprüchlich** erscheint. Ob die Rechtsprechung im Einzelfall von einer Urkunde ausgeht oder etwa nur ein bloßes Kennzeichen annimmt, ist nicht mit hinreichender Sicherheit vorauszusagen. Maßgeblich muss stets die Frage sein, ob **im Einzelfall** sämtliche konstituierenden Urkundeneigenschaften erfüllt sind.

## III. Die Tathandlungen des Grundtatbestands (Absatz 1)

159 Die Urkundenfälschung war bis zur Änderung von 1943 ein zweiaktiges Delikt (§ 267 a.F. StGB), das fälschliches Anfertigen oder Verfälschen **und** Gebrauchmachen verlangte, aber durch den einaktigen Tatbestand des § 270 a.F. StGB für solche Täter ergänzt wurde, die eine falsche oder verfälschte Urkunde gebrauchten, ohne Mittäter des Fälschers zu sein.[300] § 267 Abs. 1 StGB ist demgegenüber mit seinen drei Begehungsformen (Herstellen, Verfälschen und Gebrauchen) ein **einaktiges Delikt.** Jede der drei Handlungen genügt für sich allein zu seiner rechtlichen Vollendung. *Wahlfeststellung* zwischen den einzelnen Begehungsformen ist möglich (RGSt **35** 299, 300).[301]

### 1. Herstellen einer unechten Urkunde

160 a) **Echtheit und Unechtheit der Urkunde.** Eine Urkunde ist echt, wenn sie von dem herrührt, der in ihr als Aussteller erkennbar ist; sie ist unecht, wenn sie nicht von dem stammt, der in ihr als Aussteller erscheint. Für die Bestimmung des Ausstellers ist die so genannte Geistigkeitstheorie (materielle Urheberlehre) maßgebend: Aussteller ist, wer geistig hinter der Erklärung steht (Rdn. 28). Die unechte Urkunde täuscht in der Regel über die Identität des Ausstellers. Eine Ausnahme von diesem Grundsatz gilt (zu einer weiteren Ausnahme oben Rdn. 140) für den Fall, dass der Aussteller selbst die Urkunde nachträglich unbefugt ändert. Dieser Fall ist nur bei der Begehungsform des Verfälschens von Bedeutung.

161 Die Frage, ob eine Urkunde echt ist oder nicht, hat damit, ob ihr sachlicher Inhalt wahr ist, ebenso wenig etwas zu tun wie mit der Frage, wem die Urkunde rechtlich gehört. So kann eine Urkunde echt sein, also vom wirklichen Aussteller herrühren, obwohl sie inhaltlich unwahr ist. Solche **schriftlichen Lügen** sind in öffentlichen Urkunden (§§ 271, 348 StGB) und im Spezialfall des § 278 StGB strafbar. In § 267 StGB aber ist nicht der unwahre Inhalt, sondern die Tatsache, dass scheinbarer und tatsächlicher Aussteller auseinander fallen (Täuschung über die Identität des Ausstellers), das Entscheidende (RGSt **8** 187, 189; **48** 406, 408; OLG Düsseldorf wistra **1999** 233, 234).[302]

162 Demgemäß ist ein *sachlich falscher* Bautenstandsbericht, den eine (als Ausstellerin erscheinende) GmbH der kreditgebenden Bank vorlegt, als Urkunde echt, selbst wenn der zeichnungsberechtigte Geschäftsführer der GmbH ihn von einem für den Einzelfall

---

Nr. 156; *Otto* Jura **2005** 416, 417; *Rengier* BT II § 32 Rdn. 18a.

299 *Kienapfel* FS Würtenberger, 187, 201.

300 *Kohlrausch/Lange* 37. Aufl. § 270 Anm. 1.

301 RG LZ **1915** Sp. 897.

302 Aus dem Schrifttum *Bockelmann* BT 3 S. 100; *Joecks* Rdn. 56; *Kindhäuser* BT I § 55 Rdn. 49; *Küpper* BT 1 Teil II § 1 Rdn. 27; *Rengier* BT II § 33 Rdn. 6.

Bevollmächtigten unterschreiben lässt, um durch dessen richtigen Namen über die Identität des Bevollmächtigten zu täuschen (BGH StV **1986** 156).[303] Auch falsche Angaben über *Zeit* und *Ort* der Errichtung der Urkunde machen sie nicht unecht (BGHSt **9** 44), ebenso ein bewusst irreführendes Diktatzeichen (BGH bei Holtz MDR **1979** 806). Der Bundesgerichtshof hat Urkundenfälschung ferner in einem Fall verneint, in dem ein Beamter, der seine frühere Stellung in Ostpreußen verloren hat, eine öffentliche Urkunde so anfertigt, als hätte er sie schon in seiner früheren Amtszeit ausgestellt.[304] Schließt demnach die Unwahrheit des Inhalts die Echtheit der Urkunde nicht aus, so kann eine unechte Urkunde auch über Wahres berichten, etwa wenn ein Schuldner, der die Quittung des Gläubigers verloren hat, selbst eine neue Quittung herstellt (RGSt **17** 200 f).

b) **Herstellen einer unechten Urkunde als Täuschung über die Identität des Ausstellers.** Eine unechte Urkunde wird hergestellt, wenn ihr wirklicher Hersteller mit dem scheinbaren Aussteller nicht personengleich ist. Die unechte Urkunde täuscht den rechtsgeschäftlichen Verkehr über die Identität des Ausstellers (BGHSt **9** 44, 45; **40** 203, 204). Gleichgültig ist, ob der in der Urkunde genannte Aussteller, also der Träger des missbrauchten Namens, der Firma oder der Behördenbezeichnung, bekannt oder zu ermitteln ist oder ob er überhaupt existiert.[305] Er kann schon verstorben, als Gesamthand oder Behörde aufgelöst oder überhaupt erfunden sein (BGHSt **5** 149, 151).[306] Der Name muss jedoch auf einen möglichen Aussteller hinweisen; bloße Identitätsleugnung genügt hierfür nicht. Verwendet der Täter einen offenkundigen Phantasie- („Dagobert Duck") oder historischen Namen („Friedrich Barbarossa") oder unterschreibt er mit einem unleserlichen Gekritzel, so handelt es sich um einen Fall offener Anonymität, und es fehlt an einer Urkunde (Rdn. 57). Zu Fällen versteckter Anonymität vgl. Rdn. 58 ff. 163

*Cramer/Heine*[307] treten der hier vertretenen Auffassung entgegen mit der Erwägung, es bestehe kein „echter" Gegensatz zwischen **Identitätstäuschung** und **Identitätsleugnung**, weil in beiden Fällen die wahre und für den Beweis entscheidende Identität verborgen bleibe. Insoweit wird jedoch übersehen, dass eine Urkunde überhaupt nur dann vorliegt, wenn ein bestimmter Aussteller erkennbar ist. 164

Identitätstäuschung geschieht meistens durch **Namenstäuschung**. Eine Urkunde ist in der Regel unecht, wenn der Aussteller mit einem ihm nicht zustehenden Namen unterzeichnet. Das gilt jedoch nicht stets. Maßgebend ist, ob damit über die Identität der Person getäuscht wird oder nicht. Eine solche Täuschung wird nicht notwendig dadurch ausgeschlossen, dass der Täter dem anderen schon vorher unter falschem Namen bekannt war[308] oder dass er die Urkunde in dessen Gegenwart unterzeichnet[309]. Unterfertigt der Täter ein Schriftstück mit unrichtiger Firma, aber richtigem Namen, so hängt es vom Einzelfall ab, ob er über die Identität täuscht (OLG Kiel SchlHA **1947** 256; vgl. Rdn. 175 ff). 165

[303] Zustimmend *Puppe* JZ **1986** 942; *Zieschang* FG Paulus, 205.
[304] BGH, Urteil vom 23.4.1953 – 5 StR 552/52 –, wobei diese Auffassung freilich nicht überzeugt, denn im Zeitpunkt der Tathandlung hatte er die Stellung nicht mehr inne.
[305] BGH, Urteil vom 17.9.1953 – 3 StR 248/53 –; RGSt **8** 187, 190; **30** 43, 44; *Seier* JA **1979** 134.
[306] BGH, Urteil vom 22.11.1955 – 2 StR 296/55 – und Urteil vom 2.9.1958 – 5 StR 349/58 –; RGSt **46** 297, 300.
[307] *Sch/Schröder/Cramer/Heine* Rdn. 48; siehe auch *Ohr* JuS **1967** 256.
[308] RGSt **13** 245, 246 f; **30** 43, 44; **48** 238, 240; OLG Schleswig SchlHA **1949** 87, 88.
[309] RGSt **13** 245, 247; **30** 43, 44.

c) **Identitätstäuschung bei**

166 **aa) Verwendung eines dem Täter nicht zustehenden Namens.** Gebraucht der Täter einen ihm nach bürgerlichem Recht familienrechtlich nicht zukommenden Namen, so ist die Urkunde nicht unecht, solange nicht über die Person des Ausstellers getäuscht wird (BGHSt **1** 117, 121; BGH StraFo **2003** 253). Es handelt sich also nicht um Urkundenfälschung, wenn lediglich über den Namen getäuscht wird, der wirkliche Aussteller sich aber zu seiner Erklärung bekennt und sich aus ihr verpflichten lassen will.[310]

167 Das kann – je nach den Umständen – im *Einzelfall* so sein, wenn zum Beispiel eine Frau einen Scheck mit dem eigenen Vornamen und dem Familiennamen des Mannes unterschreibt, mit dem sie zusammenlebt (OLG Celle NStZ **1987** 27 m. Anm. *Kienapfel* S. 28)[311], oder wenn ein Asylbewerber, der sich ständig unter einem falschen Namen im Inland aufhält, ein polizeiliches Vernehmungsprotokoll mit diesem Namen unterzeichnet (BGH wistra **1998** 27, 29).[312] Verkauft indessen der Täter eine gestohlene Sache unter dem Namen des Eigentümers, so bedient er sich, wenn er mit dem fremden Namen unterzeichnet, nicht nur eines unrichtigen Namens, sondern er spiegelt dem Käufer auch vor, dass er Eigentümer und damit die andere Person sei.[313]

168 Urkundenfälschung ist es nach Auffassung des BGH, wenn der *faktische Inhaber* eines Betriebs auf dessen Briefbögen und unter dessen Firma, ohne dass die formellen Inhaber davon Kenntnis hätten, Scheinrechnungen für Lieferungen an sich selbst schreiben lässt, um damit angebliche Ansprüche auf Aufwendungsersatz gegenüber einem Dritten zu belegen (so BGHSt **33** 159, 161[314] = JR **1986** 113 m. **abl.** Anm. *Paeffgen* S. 114, der aus zivilistischer Sicht von einem Handeln des faktischen Betriebsinhabers im Rahmen einer wirksamen Bevollmächtigung ausgeht; siehe auch *Zieschang* FG Paulus, 205).

169 Wie der Täter bei der Benutzung eines ihm nicht zustehenden Namens vorgeht, ist nicht entscheidend. Er kann den eigenen Familiennamen, den Vornamen oder beides wechseln. Relativ *geringfügige Änderungen* können genügen, um den Eindruck zu erwecken, der Aussteller sei jemand anders als der Täter, so zum Beispiel bei Änderung nur der Schreibweise des eigenen Namens. Zu den Auswirkungen solcher Änderungen bei Warenbestellungen, die bei den Lieferanten in Datenverarbeitungsanlagen ausgeführt werden, vgl. § 270 StGB.[315]

170 Ob in derartigen Fällen zur äußeren Tatseite Urkundenfälschung anzunehmen ist, bestimmt sich zwar nach einem objektiven Maßstab (Rdn.180 ff). Entgegen der Auffassung *Kienapfels* (NStZ **1987** 28) gilt aber kein **„strenges Echtheitsprinzip“** in dem Sinne, dass stets eine unechte Urkunde herstellt, wer ein Schriftstück mit einem ihm nicht zustehenden Namen unterschreibt. Auch in einem solchen Fall kann für die beteiligten Kreise trotz des falschen Namens klar sein, wer die Urkunde unterschrieben hat. Ist sie objektiv

---

310 *Freund* Urkundenstraftaten Rdn. 165 ff; *Krey/M. Heinrich* BT 1 Rdn. 705; *Maurach/Schroeder/Maiwald* BT 2 § 65 Rdn. 59; *Otto* BT § 70 Rdn. 43 ff; **aA** *Hoyer* SK Rdn. 57; *Puppe* NK Rdn. 70; *Samson* JA **1979** 659; *Sch/Schröder/Cramer/Heine* Rdn. 51; differenzierend *Seier* JA **1979** 137.

311 RG JW **1934** 3064 Nr. 13 m. krit. Anm. *Schramm*; ablehnend zu OLG Celle (aaO) *Puppe* JuS **1987** 778; *dies.* JZ **1991** 451; kritisch *Otto* JuS **1987** 768.

312 Vgl. auch AG Bremen NStZ-RR **2005** 341, 342 f.

313 Vgl. BGH, Urteil vom 13.5.1958 – 1 StR 171/58 –.

314 Dazu kritisch *Otto* JuS **1987** 767; *Puppe* Jura **1986** 22 ff; *Sonnen* JA **1986** 55; *Weidemann* NJW **1986** 1976.

315 Hierzu BGHSt **40** 203, 204 f = JR **1995** 207 m. Anm. *Sander/Fey* S. 209; *Meurer* NJW **1995** 1657.

unecht, so kann es in Bezug auf die Unechtheit am Vorsatz des Täters fehlen, wenn er meint, mit der Verwendung des fremden Namens täusche er nicht über die eigene Person.

Nach dem strengen Echtheitsprinzip (Rdn. 170) müsste in den Fällen, in denen der Täter gerade durch **Benutzung seines richtigen** (gesetzlichen) **Namens** täuscht (Rdn. 173), Urkundenfälschung schlechthin ausgeschlossen sein. Die Vorteile dieser Lösung, die für Zweifel bei der rechtlichen Beurteilung keinen Raum mehr ließe, sind aber nur scheinbar. Sie würde auch Sachverhalte, die bei objektiver Betrachtung eindeutig als Identitätstäuschung zu bewerten sind, von vornherein von der Strafbarkeit nach § 267 StGB ausnehmen. **171**

Der Gebrauch von **Decknamen, Künstlernamen, Spitznamen und Pseudonymen** macht eine Urkunde nicht unecht, solange allgemein oder für die beteiligten Kreise die Person des Ausstellers damit hinreichend gekennzeichnet ist (vgl. RGSt **68** 2, 6).[316] Der ständige Gebrauch eines dem Aussteller nicht zustehenden Namens kann zu dessen Identitätsmerkmal werden. Wer ständig unter falschem Namen lebt und (ohne Identitätstäuschung) mit einem solchen Namen unterschreibt, stellt keine unechten Urkunden her.[317] Doch liegt Urkundenfälschung vor, wenn ein Maler auf seinen Gemälden eine Signatur verwendet, deren Eigenart für Eingeweihte auf einen anderen berühmten Künstler hinweist, mag sie auch Bestandteile des eigenen Namens des Malers enthalten (OLG Frankfurt/M. NJW **1970** 673, 674). Unterschreibt die in nichtehelicher Verbindung mit einem verheirateten Mann lebende Partnerin ein Schriftstück als Ehefrau, so kommt es darauf an, ob sie damit die Vorstellung hervorrufen will, sie sei wirklich die Ehefrau (also eine andere Person) oder ob sie nur das nichteheliche Verhältnis verschleiern will. Im ersten Fall ist die Urkunde unecht, im zweiten echt (RGSt **30** 43).[318] Unecht ist eine Leserzuschrift unter fingiertem Namen, wenn jemand auf diese Weise seine Anstellung als Chefredakteur zu erreichen sucht, indem er frühere Beiträge von sich rühmt und das Ausbleiben weiterer Beiträge aus seiner Feder bedauert.[319] **172**

**bb) Verwendung des eigenen Namens.** Wer mit seinem richtigen Namen unterzeichnet, kann eine unechte Urkunde herstellen, wenn hierdurch wegen der besonderen Umstände ein Irrtum über die Person des Ausstellers erregt wird (vgl. BGHSt **40** 203)[320], so wenn der gleichnamige Sohn einen auf den Vater gezogenen Wechsel akzeptiert (RGSt **4** 157; **37** 196, 197); wenn jemand seinen Familiennamen das eine Mal mit seinem Rufnamen und das andere Mal mit einem anderen Vornamen verwendet, um den Eindruck zu erwecken, die Unterschriften stammten von verschiedenen Personen (RGSt **13** 171, 174);[321] wenn er zwar seinen richtigen Namen benutzt, aber, um zu täuschen, absichtlich unleserlich und abweichend vom Üblichen unterzeichnet (BGH NJW **1953** 1358); wenn er einen Bestellschein mit seinem richtigen Namen unterschreibt, obwohl er unter falschem Namen reist,[322] oder wenn er unter falschem Namen auftritt und vorgibt, er habe den mit seinem Namen unterzeichneten Scheck von einem Dritten erhalten.[323] Eine unechte Ur- **173**

316 Vgl. RGSt **13** 245, 246; **48** 238, 241.
317 *Sch/Schröder/Cramer/Heine* Rdn. 50; *Seier* JA **1979** 136.
318 RG LZ **1917** Sp. 881; RG JW **1934** 3064 Nr. 13 m. krit. Anm. *Schramm*; vgl. auch *Koppenhöfer* NJW **1956** 1345.
319 BGH, Urteil vom 14.4.1954 – 1 StR 662/53 –.
320 OLG Karlsruhe VRS **97** 166; OLG Schleswig bei Ernesti/Jürgensen SchlHA **1973** 180, 184; *Freund* Urkundenstraftaten Rdn. 160 ff; *Otto* BT § 70 Rdn. 44; *Sonnen* BT S. 221; **anders** *Erb* MK Rdn. 165; *Marxen* BT S. 164.
321 BGH, Urteil vom 28.4.1964 – 1 StR 74/64 –.
322 RG LZ **1915** Sp. 549; RG DStrZ **1916** Sp. 253.
323 BGH, Urteil vom 13.5.1958 – 1 StR 171/58 –.

kunde stellt auch her, wer eine Auskunft über sich selbst dergestalt erteilt, dass er dies unter einem (von seinem Namen verschiedenen) Firmennamen tut und so den Eindruck erweckt, als wären Auskunfterteilender und er verschiedene Personen (RG JW **1936** 659 Nr. 27).

**174** In allen diesen Fällen benutzt der Täter den eigenen Namen bewusst als Mittel, um damit unter den obwaltenden Umständen über die Identität des Urkundenausstellers zu täuschen.[324] Der **Bundesgerichtshof** hat die hier dargelegte Rechtsauffassung in der Entscheidung BGHSt **40** 203, 205 ff (= JR **1995** 207 m. **krit.** Anm. *Sander/Fey* S. 209) mit dem Leitsatz bestätigt, die für die Annahme einer Urkundenfälschung erforderliche Identitätstäuschung könne auch in der Verwendung eines zutreffenden, sonst aber nicht gebrauchten Vornamens, eines unrichtigen Geburtsdatums und einer unrichtigen Anschrift liegen.[325]

**175** Eine unechte Urkunde kann auch herstellen, wer mit seinem richtigen Namen unterschreibt, aber einen **Zusatz beifügt**, der ihm nicht zusteht. So, wenn er seinem Namen „Dr. med." hinzusetzt und damit auf einen Arzt desselben Namens verweist (RG GA Bd. **50** 278)[326], oder wenn er seinem Namen „ppa. S." voranstellt (RGSt **55** 173, 174). Eine Identitätstäuschung liegt auch vor, wenn er seinem Namen sonst einen ihm nicht zustehenden *Vertretervermerk* hinzufügt in der Absicht vorzugeben, ein vertretungsberechtigtes *Organ einer Handelsfirma* habe unterzeichnet.[327] Die frühere Meinung, dass in diesen Fällen nur über die Vertretungsbefugnis und nicht über den Aussteller getäuscht werde, ist aufgegeben.[328]

**176** Die Unterzeichnung einer Urkunde mit dem richtigen Namen des Täters unter Angabe einer nicht bestehenden Vertretungsbefugnis **für eine Firma** ist eine Urkundenfälschung, wenn durch den Firmennamen der Eindruck hervorgerufen wird, es handele sich um eine Erklärung des Vertretenen, was Tatfrage ist; der richtige Name des Unterzeichners tritt in diesem Fall hinter dem Firmennamen zurück, so dass es sich nicht nur um eine straflose schriftliche Lüge über die (angebliche) Vertretungsmacht handelt (BGHR § 267 Abs. 1 Identität 1, insoweit in BGHSt **37** 168 nicht abgedruckt). Dagegen soll keine Urkundenfälschung begehen, wer als Angestellter eines Autohauses, der allgemein mit der Ausstellung von Reparaturrechnungen beauftragt ist, unter missbräuchlicher Verwendung eines Rechnungsformulars der Firma einem anderen eine fingierte Rechnung zur Vorlage bei einer Versicherungsgesellschaft ausstellt (OLG Stuttgart NJW **1981** 1223; kritisch *Puppe* JZ **1986** 943; vgl. auch OLG Düsseldorf wistra **1999** 233, 234). Das überzeugt nicht, da der Täter in diesem Fall seine Befugnis überschreitet, so dass die Urkunde unecht ist. Beim Missbrauch einer an sich gegebenen Zuständigkeit ist § 267 StGB zu bejahen, da sich dann der Vertretene so nicht vertreten lassen wollte (dazu im Einzelnen *Zieschang* FG Paulus, 197 m.w.N. zum Streitstand).[329]

**177** Keine Urkundenfälschung ist es grundsätzlich nach der Rechtsprechung, wenn es sich bei dem ohne Ermächtigung Vertretenen um eine **natürliche Person** handelt. In einem solchen Fall soll die Urkunde trotz des Zusatzes „i.V." echt sein, wenn der Täter bei der

---

[324] Ebenso *Freund* JuS **1994** 32.

[325] Dem BGH zustimmend *Meurer* NJW **1995** 1657; **ablehnend** *Hohmann/Sander* BT II § 17 Rdn. 41; *Puppe* JZ **1997** 492; siehe auch OLG Karlsruhe VRS **97** 166, 167 f.

[326] *Schroeder* GA **1981** 524; *Seier* JA **1979** 139.

[327] BGHSt **7** 149, 152; **9** 44; **17** 11; BGH StV **1993** 307, 308; RGSt **55** 173; *Blei* II S. 314.

[328] RGSt **33** 397 f; RG GA Bd. **48** 136; vgl. aber RG JW **1933** 436 Nr. 20 m. zust. Anm. *Hachenburg*.

[329] Ebenso *Erb* MK Rdn. 133; **anders** etwa BGHSt **26** 9, 10; *Fischer* Rdn. 18a; *Lackner/Kühl* Rdn. 19.

Unterzeichnung seinen (richtigen) Namen verwendet (BGHR § 267 Abs. 1 Urkunde, unechte 1[330]); dies deshalb, weil die Urkunde nach ihrem Inhalt und Erscheinungsbild unter den genannten Voraussetzungen als Aussteller grundsätzlich nicht den Vertretenen ausweise, sondern den Erklärenden (BGH NStZ **1993** 491).[331] Insofern ist zu beachten, dass es sich bei der vom BGH gewählten Unterscheidung von „Firma und Behörde" einerseits und „natürliche Person" andererseits gar nicht um Gegensätze handeln muss (*Zielinski* wistra **1994** 1, 2 f); so kann die Firma nämlich durchaus eine natürliche Person sein. Abgesehen davon kommt es jeweils auf den *Einzelfall* an, wer nach dem Inhalt des Schriftstücks für den Rechtsverkehr als Aussteller erscheint (*Zieschang* FG Paulus, 209). Hierbei besteht vom Ausgangspunkt in der Beurteilung kein Unterschied, ob der (scheinbar) Vertretene eine natürliche Person oder eine Firma oder Behörde ist, denn maßgeblich ist stets die Sicht des Rechtsverkehrs. Im Ergebnis ist aber festzustellen, dass bei Behörden und juristischen Personen **in der Regel** diese und nicht der Unterschriftleistende als Aussteller hervorgehen, wohingegen nach den Anschauungen des Rechtsverkehrs bei natürlichen Personen normalerweise der (angebliche) Vertreter als Aussteller anzusehen ist (*Zieschang* FG Paulus, 210). Das muss aber keineswegs immer so sein. So sprach im konkret vom BGH zu beurteilenden Fall mehr dafür, den angeblich Vertretenen nach außen als Aussteller anzusehen: Dort hatte der Angeklagte nämlich einen Quittungsvordruck neben seiner Unterschrift, welcher der Vermerk „i.V." vorangestellt war, zusätzlich noch mit dem Stempel eines Rechtsanwalts versehen: Ein solcher Fall hat aber durchaus Ähnlichkeiten mit Konstellationen, in denen jemand für eine juristische Person oder Behörde tätig wird. Die Umstände im konkreten Fall deuteten also darauf hin, im Gegensatz zur Auffassung des BGH den Rechtsanwalt nach außen als Aussteller anzusehen (*Zieschang* FG Paulus, 205 f).

Wer nach **§ 56 HGB** zur Entgegennahme von Zahlungen als ermächtigt gilt, macht **178** sich nach Auffassung des BGH nicht wegen Urkundenfälschung strafbar, wenn er auf die Quittung neben seinen Namen den Firmennamen setzt (BGH StV **1993** 307, 308; zustimmend *Puppe* JZ **1997** 492.).

cc) **Kasuistik** (dazu im Einzelnen *Zieschang* FG Paulus, 202 ff). Eine **Identitätstäuschung** ist nach der Rechtsprechung anzunehmen, wenn ein Kommanditist ohne Handlungsvollmacht für die Firma mit seinem richtigen Namen unter Beifügung des Firmenstempels Wechsel ausstellt (BGHSt **17** 11, 12 f)[332], oder wenn Vorstandsmitglieder und Prokuristen eines Kreditinstituts Urkunden namens einer Niederlassung ausstellen, für die sie nicht (mehr) vertretungsberechtigt sind (BGHSt **9** 44, 47);[333] ferner, wenn der an sich zeichnungsberechtigte Prokurist einen Wechsel mit dem Namen des Gesellschafters zeichnet.[334] Gleiches gilt bei der unbefugten Benutzung des Behördenstempels unter Zufügung des eigenen Namens (BGHSt **7** 149, 152 f; **9** 44, 46).[335] Verwendet der Täter den Namen eines anderen und fügt er dieser Unterschrift ein „i.A." hinzu, so liegt hierin **179**

---

330 = NStZ **1993** 491 = JuS **1994** 174 m. krit. Anm. *Jung*; siehe aber ebenfalls BGH StV 2008 151, 152; vgl. auch *Erb* MK Rdn. 167; *Kudlich* BT II Nr. 161; *Rengier* BT II § 33 Rdn. 11.

331 Zustimmend *Gössel/Dölling* BT 1 § 52 Rdn. 16; *Hohmann/Sander* BT II § 17 Rdn. 39; *Joecks* Rdn. 61; *Puppe* JZ **1997** 492; zweifelnd *Jung* Jus **1994** 174; **ablehnend** *Zielinski* wistra **1994** 5.

332 Hierzu *Fränkel* LM Nr. 32.

333 *Seier* JA **1979** 139; **aA** *Hoyer* SK Rdn. 48; *Samson* JuS **1970** 375; *ders.* JA **1979** 660.

334 BGH, Urteil vom 27.4.1954 – 1 StR 672/53 –; *Sieber* S. 292.

335 RG HRR **1940** Nr. 1364; *Hoyer* SK Rdn. 46; *Samson* JA **1979** 660; *Seier* JA **1979** 139.

eine Urkundenfälschung, wenn er ohne Ermächtigung des Namensträgers handelt, der nach dem Inhalt des Schriftstücks als Aussteller erscheint (OLG Hamm NJW **1973** 634 f). Der Fall ist nicht anders zu beurteilen, als wenn der Täter als Vertreter ohne Vertretungsmacht mit dem Namen des Vertretenen unterzeichnet hätte (Rdn. 33).[336]

**180** d) **Beurteilungsmaßstab.** Der fälschliche Eindruck davon, wer Aussteller der Urkunde ist, muss sich – nach objektivem Maßstab – schon **im Zeitpunkt der Errichtung** der unechten Urkunde wenigstens auch aus ihr selbst und den sie begleitenden Umständen ergeben. Nur auf dieser Grundlage kann der vom Bundesgerichtshof vertretene Rechtssatz richtig sein, bei der Prüfung der Echtheit im Sinne des § 267 StGB müsse auch der Verwendungszweck der Urkunde berücksichtigt werden (BGHSt **40** 203, 206 = JR **1995** 207 m. insoweit **abl.** Anm. *Sander/Fey* S. 209 f).[337]

**181** Eine bei Abschluss ihres Herstellens **echte Urkunde** wird nicht dadurch unecht, dass sie ohne Veränderung ihres Inhalts nachträglich zu Täuschungszwecken missbraucht wird; eine **unechte Urkunde** kann erst „gebraucht" werden, nachdem sie als solche hergestellt worden ist. Doch schließt all dies nicht aus, dass ein Schriftstück als **Nichturkunde** durch äußere Vorgänge ohne inhaltliche Veränderung zur unechten Urkunde wird, wie im Entwurfsfall beim Fehlen der Begebung (Rdn. 140), oder dass einer zunächst echten Unterschrift durch abredewidrige oder einverständliche Ausfüllung des auf sie bezüglichen Textes der falsche Anschein gegeben wird, sie stamme von einer anderen Person (gleichen Namens) als der, welche die Unterschrift geleistet hat (RGSt **48** 342, 343 ff).

**182** Geschieht bei Benutzung eines richtigen Namens der Hinweis auf einen anderen allein durch **völlig außerhalb der Urkunde liegende Umstände**, so bleibt sie echt (RGSt **27** 276, 278 f). Ebenso stellt keine unechte Urkunde her, wer, ohne über seine Person zu täuschen, Titel für sich in Anspruch nimmt, die ihm nicht zustehen. Wer sich also einen akademischen Grad anmaßt[338] (vgl. aber auch Rdn. 175), macht sich nicht nach § 267 StGB strafbar. An einer Identitätstäuschung fehlt es in der Regel auch, wenn sich der Täter, der unter seinem richtigen Namen auftritt, bei der Täuschung auf die Angabe einer falschen Anschrift beschränkt (BGH StV **1993** 308; BGHSt **40** 203, 207). Echt ist eine Urkunde, wenn der Aussteller eine Zweitschrift anfertigt und sie als Erstschrift ausgibt (RG JW **1922** 1683 m. zust. Anm. *Merkel*) oder wenn er einen angeblichen Durchschlag mit anderem Erklärungsinhalt herstellt (Rdn. 109). Schließlich liegt Urkundenfälschung auch nicht vor, wenn jemand auf einem Bauplan die fremde Unterschrift durch die eigene ersetzt. Er macht lediglich eine fremde schriftliche Gedankenerklärung zu seiner eigenen (BGH NJW **1954** 1375) und bringt damit zum Ausdruck, dass er sich zu ihr bekennt. Nichts anderes gilt, wenn der fremde durch den eigenen Briefkopf ersetzt wird (BGH NStZ **2003** 543, 544), oder wenn jemand eine fremde geistige Leistung als eigene Prüfungsleistung ausgibt (BayObLG NJW **1981** 773).[339]

**183** e) **Art und Weise der Tatausführung.** Der Täter kann nach Ansicht der Rechtsprechung eine unechte Urkunde dadurch herstellen, dass er sie dem scheinbaren Aussteller durch körperlichen **Zwang** oder unwiderstehliche Drohung (§ 35 StGB) abnötigt,[340] ihm die Unterschrift ohne dessen Wissen und Wollen, also durch **Täuschung**, ablistet (RG JW **1931** 2248, 2249 m. zust. Anm. *Oetker;* RGSt **50** 179, 180) oder einen Schuldunfähigen

---

336 Vgl. hierzu *Tröndle* LK[10] Rdn. 131 mit Nachweisen in Fn. 358 bis 360.

337 Vgl. auch *Mewes* NStZ **1996** 16 f.

338 RG GA Bd. **55** 310, 311.

339 Hierzu *Lampe* Ufita **1978** 26; *Schroeder* JuS **1981** 418; *Sonnen* JA **1981** 367.

340 Anders etwa *Krey/M. Heinrich* BT 1 Rdn. 713.

zur Unterschrift veranlasst. Das Schriftstück kann dem Aussteller vor der Begebung abhanden kommen und vom Täter als begebene Urkunde in den Verkehr gebracht werden. In diesem Fall fehlt es am Erklärungswillen des scheinbaren Ausstellers (vgl. RGSt **48** 125, 126). Es ist auch möglich, dass ein vorhandener Text oder eine Abschrift unbefugt unterzeichnet und dadurch zur unechten Urkunde wird (RGSt **40** 179, 180). Von wem der vorhandene Text stammt, ist hierbei gleichgültig; er kann auch vom angeblichen Aussteller herrühren. Dasselbe gilt, wenn jemand einen Entwurf als Original in den Rechtsverkehr einführt und sich damit die Umwandlungsbefugnis des verfügungsberechtigten Ausstellers anmaßt. Eine unechte Urkunde lässt sich dadurch herstellen, dass man einen vorgefundenen Text mit einer nicht hierzu gehörenden Urheberangabe zu einem neuen Ganzen verbindet (RG JW **1930** 3411). Diese Fälschungsart kommt vor allem bei den besonderen Urkundenformen vor, bei der Gesamturkunde (Rdn. 96), der zusammengesetzten Urkunde (Rdn. 100) und der abhängigen Urkunde (Rdn. 103), aber auch bei den Beweiszeichen (Rdn. 85). So, wenn jemand das Eichzeichen einer geprüften Waage ablöst und es an einer ungeprüften Waage anbringt (RGSt **23** 378, 379 f), eine abgetrennte Zollplombe anderweitig verwendet (RGSt **15** 214, 216 f) oder ein polizeiliches Kennzeichen an einem Kraftfahrzeug gebraucht, für das es nicht ausgestellt ist; es ist nicht erforderlich, dabei das Kennzeichen selbst zu ändern (Rdn. 148).

Die Vielfalt tatsächlicher **Begehungsweisen** ist groß. Beim mechanischen Herstellen **184**
von Wertpapieren etwa werden mehr als die aufgegebenen Stücke angefertigt; oder der Hersteller eines Stempels benutzt ihn ohne Wissen und Wollen des Bestellers (RGSt **12** 17; RG LZ **1924** Sp. 265). Möglich ist auch ein Herstellen mittels Scannen und Bildbearbeitungssoftware am Computer (BGH wistra **1999** 423, 424; *Harms/Jäger* NStZ-RR **2000** 129, 136). Demgegenüber begeht nach der Rechtsprechung keine Urkundenfälschung ein Sparkassenleiter, der falsche Sparkassenbücher durch seine Untergebenen ausstellen lässt; denn er erwecke weder den Anschein, dass die Urkunden nicht von der Sparkasse stammen, noch verändere er deren Inhalt.[341] Im **Unterlassen** liegt in der Regel kein Herstellen einer unechten Urkunde. Wer es als Ladenangestellter pflichtwidrig unterlässt, die Einnahmen durch die Registrierkasse auf einem Kontrollstreifen zu buchen, ist nicht wegen Urkundenfälschung strafbar (RGSt 77 34, 37).

f) **Sonderfall: Blankettfälschung.** Bis 1943 bildete die Blankettfälschung des § 269 **185**
**a.F. StGB** einen besonderen Tatbestand (vgl. Entstehungsgeschichte). Daraus erklärt es sich, dass sie unter dieser Bezeichnung in der Rechtsprechung zur Urkundenfälschung von anderen Fällen unterschieden wird.

§ 269 a.F. StGB lautete: „Der fälschlichen Anfertigung einer Urkunde wird es gleich **186**
geachtet, wenn jemand einem mit der Unterschrift eines anderen versehenen Papiere ohne dessen Willen oder dessen Anordnungen zuwider durch Ausfüllung einen urkundlichen Inhalt gibt." Die StrafrechtsangleichungsVO vom 29.5.1943 hat diese Vorschrift gestrichen (vgl. Entstehungsgeschichte), weil der Tatbestand lediglich besondere Fälle des Herstellens einer unechten Urkunde erfasste (BGHSt **5** 295, 296 f; *Zieschang* FG Paulus, 212). Denn ein Blankett wird erst zur Urkunde, wenn die Unterschrift, die es trägt, mit einem urkundlichen Inhalt versehen wird.[342] Steht diese Erklärung im Widerspruch zum Willen des Unterzeichners, so ist die Urkunde unecht.

---

[341] BGH, Urteil vom 14.1.1964 – 1 StR 246/63 –, insoweit in BGHSt **19** 188 nicht abgedruckt.

[342] Vgl. OLG Köln NJW **1967** 742; *Sch/Schröder/Cramer/Heine* Rdn. 62.

187 Für eine **Blankettfälschung** genügt jede ergänzungsfähige und mit Urheberangabe versehene Unterlage. Außer der Unterschrift können auch Erklärungen bereits vorhanden sein. Zur Urheberangabe genügt ein Handzeichen. Die Angabe kann durch Stempel oder Druck hergestellt sein (RGSt **57** 69, 72).[343] Der fälschende Zusatz kann die ganze Erklärung ausmachen oder einen vorhandenen Text benutzen, ergänzen oder ändern. Entstehen muss ein Schriftstück, das die Anforderungen einer Urkunde oder einer urkundengleichen Durchschrift erfüllt (RG HRR **1926** 264).

188 Auch die Blankettfälschung täuscht darüber, dass der Text nicht vom angegebenen Urheber herrührt. Sie lässt sich **in unterschiedlicher Weise** herstellen: Die Erklärung kann über oder unter den Ausstellernamen gesetzt oder einem beweiserheblichen Schriftstück in einem Nachsatz angefügt werden (RG JR Rspr. **1927** Nr. 986). Die Unterschrift kann allein auf der Unterlage stehen oder durch Abschneiden von einem anderen Text gelöst werden (RGSt **26** 138, 142 f; **40** 53). Eine nichturkundliche Erklärung kann in eine urkundliche umgewandelt oder behördliche Formblätter können missbraucht werden (BGHSt **5** 295). Der Täter kann das Blankett ohne Wissen und Willen des angeblichen Ausstellers ausfüllen, indem er etwa einen bereits unterschriebenen Bezugsschein mit dem eigenen Namen versieht (RG DR **1940** 1828, 1829 Nr. 9) oder indem er bereits unterstempelte Blankozeitkarten der Post missbraucht (BGHSt **5** 295). Er kann eine Ermächtigung, das Blankett auszufüllen, abredewidrig überschreiten (RG GA Bd. **47** 378), zum Beispiel durch Nichtbeachtung einer Bedingung (RGSt **63** 39, 40) oder durch Einfügung eines sittenwidrigen oder strafbaren Inhalts, den der Ermächtigende nicht einmal in groben Umrissen kennt (RGSt **74** 210, 211 f).

189 In den zuletzt genannten Fällen handelt es sich um einen **Missbrauch der Ausfüllungsvollmacht**: Der zu Grunde liegende Auftrag wird nicht beachtet (RG LZ **1917** Sp. 47; **1920** Sp. 928). Damit eine Prüfung in dieser Richtung möglich ist, muss der Tatrichter Feststellungen zu Inhalt und Umfang einer Ausfüllungsvollmacht treffen (BGHR § 267 Abs. 1 Blankovollmacht 1, insoweit in NStZ **1987** 225 nicht abgedruckt). Eine weisungswidrige Ausnutzung der Vollmacht liegt vor, wenn der Urkunde ein anderer als der vom Namensgeber gewollte und dem Ermächtigten ausdrücklich oder stillschweigend (RG GA Bd. **46** 423), einseitig oder vereinbarungsgemäß auferlegte Inhalt gegeben wird. Der typische Fall ist das **Blankoakzept**, das mit einer höheren Summe ausgefüllt wird (RGSt **15** 71; **51** 166). Wird abredewidrig eine niedrigere Wechselsumme als vereinbart eingesetzt, so fehlt es in der Regel an der Tatbestandsmäßigkeit der Handlung, weil sich der Ermächtigte im Rahmen des Auftrags hält. Widerspricht die Unterschreitung jedoch den Interessen des Auftraggebers, so kann Blankettfälschung in Betracht kommen (vgl. RG HRR **1926** 264).

190 Um Blankettfälschung handelt es sich auch, wenn ohne Wissen des Ausstellers ein anderer Wechselnehmer eingesetzt wird. Es genügt, dass der Täter dem Wechsel nachträglich einen bestimmten Inhalt gibt oder geben lässt, ohne die Erlaubnis des Ausstellers dazu zu haben.[344] Bei Blankettmissbrauch durch abredewidrige Ausfüllung entfällt Urkundenfälschung nicht deshalb, weil sich der Unterzeichner gegenüber einem gutgläubigen Dritten an der Erklärung festhalten lassen muss, die in der Urkunde verkörpert ist.[345] Das Beschaffen von Blankoquittungen in der Absicht, sie später unbefugt auszufüllen, ist noch kein Versuch einer Blankettfälschung; **Versuch** liegt erst beim Beginn der abredewidrigen Ausfüllung vor (BGH NJW **1965** 594, 595).

[343] RGSt **21** 183, 186; RG GA Bd. **50** 286.

[344] BGH, Urteil vom 12.7.1960 – 1 StR 228/60 –.

[345] *Wurm* JA **1986** 584.

## 2. Verfälschen einer echten Urkunde

### a) Verfälschen als nachträgliche Veränderung des beweiserheblichen gedanklichen Inhalts einer (ursprünglich) echten Urkunde

**aa) Grundsätzliches.** Eine echte Urkunde wird verfälscht, wenn ihr Gedankeninhalt nachträglich unbefugt so verändert wird, dass sie etwas anderes als zuvor zum Ausdruck bringt und beweist (BGHSt **45** 197, 201 f).[346] Man kann sagen, sie werde durch das Verfälschen (auch) unecht (BGH bei Dallinger MDR **1975** 21, 23): In ihrer veränderten Gestalt stammt sie nicht mehr von dem, der in ihr als Aussteller erscheint. Die Besonderheit liegt darin, dass sich der Verfälscher an einem Objekt betätigt, das zuvor bereits echte Urkunde gewesen ist. Doch wäre es im Hinblick auf die Gesetzessystematik verfehlt, diese Fälle aus dem Tatbestand des Verfälschens herauszunehmen und dem des Herstellens einer unechten Urkunde jedenfalls insoweit zuzuordnen, als Aussteller und Verfälscher nicht identisch sind. § 267 Abs. 1 Var. 2 StGB geht insofern der ersten Variante als Spezialfall vor.[347] **191**

Die nachträgliche Änderung des Erklärungs- und Beweisgehalts der Urkunde muss, wenn auch nicht unumkehrbar, so doch **auf Dauer angelegt** sein und in die Substanz oder den Text der Urkunde eingreifen. Als Verfälschen genügt also nicht bloßes Ver- oder Überdecken eines Urkundenteils, wenn die Manipulation bestimmungsgemäß ohne Weiteres wieder rückgängig gemacht werden soll (vgl. OLG Köln NJW **1983** 769 f, wo die Frage offen gelassen wird). **192**

Die nachträgliche Änderung kann sich auf **das Ganze** oder auf **Urkundenteile** beziehen; sie kann auf verschiedene Art und Weise geschehen, wobei der Täter mit der Änderung unterschiedliche Zwecke verfolgen kann. Wird die *Urheberangabe* geändert, so dass das Schriftstück den Namen eines anderen Ausstellers erhält, wird die ganze Urkunde unecht. Betrifft die Änderung den *Text*, so wird die Urkunde jedenfalls im geänderten Teil unecht; im unberührten Teil kann sie, falls er selbstständige Bedeutung hat, echt bleiben. Doch liegt auch *im Gebrauch des unverfälschten Teils einer teilweise verfälschten Urkunde* eine Urkundenfälschung, wenn er notwendig zugleich zur Verwendung des verfälschten Teils im Rechtsverkehr führt, so bei Aushändigung eines teilweise verfälschten Führerscheins bei einer polizeilichen Verkehrskontrolle (BGHSt **33** 105, 109 ff = JR **1986** 296 m. krit. Anm. *Kühl* S. 297).[348] **193**

Für ein Verfälschen genügt die Änderung eines rechtlich wesentlichen Punkts, etwa des Datums (RGSt **67** 246, 248). Es kann also **mehrfach verfälscht** werden, solange wesentliche Teile der ursprünglichen Urkunde noch in der alten Form vorhanden sind (BGH LM Nr. 22).[349] Hingegen ist es kein Verfälschen, wenn bei wiederholter Änderung der ursprüngliche Sinn der Urkunde wiederhergestellt wird.[350] Um einen solchen Fall handelt es sich nicht, wenn eine erste berechtigte Änderung, die keine Fälschung ist, vom Fälscher unbefugt rückgängig gemacht wird, so zum Beispiel bei der Entfernung des Entwertungsvermerks auf der Fettkarte (RG HRR **1942** Nrn. 45, 460; Rdn. 146) oder auf einer Fahrkarte (Rdn. 143). **194**

---

346 BGH GA **1963** 16, 17; RGSt **62** 11, 12; OLG Hamm NJW **1965** 625.

347 *Gössel/Dölling* BT 1 § 52 Rdn. 19; *Haft* BT II S. 191; *Jäger* BT Rdn. 426; *Kindhäuser* LPK Rdn. 46; *Sonnen* BT S. 222; *Wessels/Hettinger* BT 1 Rdn. 844.

348 Vgl. dazu auch *Hürxthal* DRiZ **1986** 173, 175; *Sonnen* JA **1985** 420.

349 Vgl. RGSt **4** 69, 71 a.E.; **68** 94, 96.

350 *Sch/Schröder/Cramer/Heine* Rdn. 66.

195 Entscheidend für die Annahme eines Verfälschens ist, dass die Urkunde nach der Änderung einen **irreführenden Beweisgehalt** hat, der vom angeblichen Urheber herzurühren scheint (RGSt **3** 370, 372). Die Urkunde beweist in ihrem verfälschten Teil nunmehr etwas anderes als zuvor (RGSt **62** 11, 12). Hieran fehlt es, wenn die Tat nicht die Beweisrichtung verändert, sondern den **Beweisinhalt beseitigt** oder beeinträchtigt. Wer einen Poststempel unleserlich macht oder von einer Fahrkarte so viel abschneidet, dass man das Ausgabedatum nicht mehr erkennen kann (OLG Köln VRS **59** 342), verfälscht nicht (RG HRR **1933** Nr. 1151). Ebenso verfälscht seinen Führerschein nicht, wer die Klassenbezeichnung entfernt oder unleserlich macht, um bei einer Kontrolle die Ausstellung des Führerscheins auf eine andere Klasse vorzuspiegeln (OLG Braunschweig NJW **1960** 1120). Wird in einem Schriftstück, das eine Geldsumme in Ziffern und Buchstaben angibt, nur die Ziffernangabe geändert, so ist zu unterscheiden: Besteht ein Rechtssatz, wonach beim Widerstreit beider Angaben das ausgeschriebene Zahlwort maßgebend ist, so liegt Versuch vor. Fehlt es an einem solchen Rechtssatz, so genügt die Änderung der Ziffern zur Vollendung.[351] Es kommt nicht darauf an, ob eine **Verfälschung** gut oder **schlecht gelungen** ist. Ist das Falsifikat so plump, dass damit eine Beweisfälschung kaum möglich erscheint, so bleibt es gleichwohl eine Fälschung (BGH GA **1963** 16, 17).[352] Wer das für den Entwertungsstempel vorgesehene Feld einer Fahrkarte mit einer abziehbaren Klarsichtfolie überklebt, um den Stempel nach der Entwertung der Fahrkarte zu beseitigen, begeht allein durch deren Präparierung keine Urkundenfälschung (*Schroeder* JuS **1991** 303).

196 § 267 StGB schützt die Echtheit der Urkunde, nicht (oder jedenfalls nicht unmittelbar) deren inhaltliche Richtigkeit. Eine Urkunde kann deshalb auch durch **Veränderung zur Wahrheit hin** verfälscht werden.[353] Möglicherweise fehlt dann aber die Täuschungsabsicht. Gleichgültig ist es, ob die Änderung einen Punkt betrifft, der für das Rechtsverhältnis bedeutsam ist, das der Verfälscher im Auge hat. Nach dem vom Reichsgericht ständig vertretenen Grundsatz der so genannten **abstrakten Rechts- und Beweiserheblichkeit** der Urkunden genügt es, dass die Änderung geeignet ist, zum Beweise irgendeines Rechtsverhältnisses zu dienen (RGSt **36** 167, 170; **67** 246, 248).

197 bb) **Kasuistik.** Die Formen des Verfälschens des Urkundentextes sind mannigfach. Sie können in **Zusätzen** bestehen, die der Beweisfähigkeit der Urkunde eine andere Richtung geben (OLG Koblenz VRS **47** 23), so wenn auf einem Wandergewerbeschein eine weitere Eintragung vorgenommen wird (RGSt **43** 140). Werden unbefugt Meldekarten in eine Kartei eingefügt, so wird die Kartei als Gesamturkunde verfälscht (RGSt **60** 152, 157).[354] Der Sinngehalt einer Urkunde kann auch durch **Abstriche** verfälscht werden (vgl. aber auch Rdn. 195), sei es durch Unleserlichmachen, Durchstreichen (RGSt **34** 114, 118), Beseitigen eines Außerkurssetzungsvermerks (RGSt **20** 6, 9), Überkleben (vgl. RG JR Rspr. **1927** Nr. 987) oder durch Radieren (RGSt **52** 103, 104). Ferner kann es sich um Urkundenfälschung handeln, wenn der Täter eine Bucheintragung teilweise ausradiert, sie aber im Übrigen noch rechtserheblich bleibt (RG LZ **1918** Sp. 779); wenn er einen Datumsstempel unkenntlich macht (RGSt **62** 11, 12; RG HRR **1933** Nr. 1151) oder einen Teil der Urkunde abschneidet, sofern der Urkundenrest noch Bedeutung hat (RGSt **3** 370, 371); wenn er Buchstaben und Ziffern eines Versicherungskennzeichens an einem Moped mit Farbe überstreicht, um das Bestehen einer Versicherung vorzutäuschen (OLG

---

351 RG Rspr. **4** 248, 251; RG GA Bd. **37** 435.

352 *Sch/Schröder/Cramer/Heine* Rdn. 67 nehmen in solchen Fällen lediglich Versuch an.

353 RGSt **3** 324 f; RG LZ **1918** Sp. 779.

354 RGSt **51** 36, 38.

Koblenz VRS **60** 438); wenn er zum Zeichen einer Fahrtunterbrechung einen Fahrausweis locht (RG JW **1935** 2966 Nr. 30)[355] oder einen Entwertungsvermerk entfernt (RG HRR **1942** Nrn. 45, 460);[356] schließlich in den Fällen der Gesamturkunde, wenn er einzelne Blätter herausnimmt (vgl. RGSt **50** 246, 248 f)[357] oder auf einer beklebten Versicherungskarte Versicherungsmarken ablöst oder nachträglich einklebt (RGSt **71** 205, 207).

Der Urkundentext kann auch dadurch verfälscht werden, dass der Erklärungsinhalt oder Teile davon durch einen anderen ersetzt oder **Urkundenteile ausgetauscht** werden.[358] So, wenn die Inhaltsangabe in einem Frachtbrief (RGSt **60** 187) oder der Datumsstempel auf einer Fahrkarte geändert wird (RG JW **1925** 625 Nr. 4 m. Anm. *Coenders*) oder wenn der Lehrer die Schreibweise in einer Rechtschreibungsarbeit abändert (BGHSt **17** 297; vgl. auch AG Pfaffenhofen NStZ-RR **2004** 170; dazu Rdn. 284). Verfälschen durch Austausch von Urkundenteilen spielt **bei den besonderen Urkundenformen** und bei Beweiszeichen eine große Rolle. So begeht nach überwiegender Meinung[359] Urkundenverfälschung: wer auf einem Reisepass (BGHSt **17** 97, 98; BGH LM Nr. 22) oder auf einer Straßenbahnzeitkarte (RGSt **46** 412, 413) das Lichtbild austauscht; wer in einem Briefmarkentauschheft wertvolle Marken durch minderwertige ersetzt (RGSt **59** 38, 41); wer missbräuchlich einen „Brandkorken" verwendet, auf dem das Wort „Originalabfüllung" und ein Kellereiname stehen (RGSt **76** 186; vgl. Rdn. 155, 147, 100, 90); Verschlussplomben an einem Versandbehälter, welche die Qualität des Versandgutes bestätigen (RGSt **15** 214, 216; **75** 306); oder Nummern, mit denen Holzstapel im Wald zum Beweis des Eigentumsübergangs versehen werden (RGSt **14** 175, 179 ff; **39** 147); wer ein Gemälde, das mit dem Namenszug des Künstlers versehen ist, übermalt, den Namenszug aber stehen lässt, um die Übermalung als von diesem Künstler herrührend auszugeben;[360] wer bei amtlichen Beglaubigungen die Unterschrift, die Zeitangabe oder den Erklärungstext, auf die sich der Beglaubigungsvermerk bezieht, ändert oder durch ein anderes Bezugsobjekt ersetzt (BGHSt **1** 117).[361] **198**

Das Verfälschen von zusammengesetzten Urkunden (Rdn. 100) kommt häufig an **Kraftfahrzeugen** vor: So, wenn der Täter die Fahrgestellnummer ändert oder sie oder den gesamten Rahmen ersetzt (BGHSt **9** 235; **16** 94, 95);[362] wenn er die Fabriknummer des Motors verändert, das Fabrikschild (§ 59 StVZO) gegen ein anderes auswechselt (BGHSt **16** 94), die Prüfplakette für die Kraftfahrzeugüberwachung (§ 29 StVZO) in beweiserheblicher Weise mit einer anderen Farbe übermalt (BayObLG MDR **1966** 168), das amtliche Kennzeichen eines Kraftfahrzeugs (§§ 23, 60 StVZO) vertauscht (BGHSt **16** 94)[363] oder durch Überkleben der Buchstaben verändert (BGHR § 267 Abs. 1 Urkunde 2). Doch ist das *Überkleben* der Buchstaben und Ziffern *des Kennzeichens* mit reflektierender Klarsichtfolie (so genannten Antiblitzbuchstaben), um so polizeiliche Geschwindigkeitskontrollen mit Überwachungskameras zu vereiteln, kein Verfälschen einer solchen Urkunde.[364] Gleiches gilt für den Fall, dass der Täter die Kennzeichen mit **199**

---

355 Vgl. RGSt **55** 161.

356 OLG Kiel SchlHA **1947** 15; vgl. *Schilling* S. 27 ff, 33.

357 Vgl. BGHSt **12** 108, 112; RGSt **31** 175 f; **38** 46, 49.

358 Vgl. *Mosiek* S. 70 ff.

359 *Fischer* Rdn. 19c; *Lackner/Kühl* Rdn. 22; *Lampe* NJW **1965** 1747; *Sch/Schröder/Cramer/Heine* Rdn. 65a, 36a.

360 BGH, Urteil vom 11.3.1960 – 4 StR 32/60 –; vgl. auch *Lampe* Ufita **1978** 26.

361 *Lackner/Kühl* Rdn. 22; *Sch/Schröder/Cramer/Heine* Rdn. 40a.

362 Hierzu *Kohlhaas* Anm. zu BGH LM Nrn. 26 und 31.

363 RGSt **58** 16 f; **68** 94, 95; **69** 200, 201.

364 **Anders** OLG Düsseldorf NJW **1997** 1793, 1794 m. abl. Anm. *Krack* NStZ **1997** 602 f

einer farblosen Flüssigkeit (einem Speziallack) übersprüht, deren Reflexwirkung bei Blitzlichtaufnahmen die schwarzen Buchstaben und Zahlen des Schildes „überblendet" (BGHSt **45** 197 = NStZ **2000** 423 m. Anm. *Krack* = JZ **2000** 424 m. Anm. *Kudlich*; BayObLG NZV **1999** 213). Urkundenfälschung scheidet aus, wenn – wie in diesen Kennzeichenfällen – durch die Tat nicht der unveränderte Beweisinhalt der Urkunde beeinträchtigt wird, sondern nur dessen Erkennbarkeit unter bestimmten äußeren Bedingungen (BGHSt **45** 197, 202). Urkundenfälschung ist jedoch wie erwähnt zu bejahen, wenn die Kfz-Prüfplakette mit einer bestimmten Farbe übermalt wird, so dass der Anschein erweckt wird, das Fahrzeug sei erst in einem späteren Jahr zur Hauptuntersuchung vorzuführen (AG Waldbröl NJW **2005** 2870, 2871).

**200** Urkundenfälschung scheidet mangels Veränderung des Beweisinhalts aus, wenn der Täter das Entwertungsfeld einer Fahrkarte mit einer Wachsschicht oder einem durchsichtigen Klebestreifen überzieht, um (von dem dadurch ungültig gewordenen) Ausweis den *Entwertungsstempel entfernen* zu können (OLG Köln NJW **1983** 2341, 2342).[365]

**201** Sind die **Kennzeichenschilder** ungestempelt oder entstempelt, so greift lediglich § 22 StVG ein; denn ein solches Kennzeichen ist keine Urkunde im Sinne des § 267 StGB (BGHSt **18** 66, 70). Keine Urkundenfälschung begeht, wer ohne Veränderung der Fabriknummer den Motor eines Kraftfahrzeugs in ein anderes einbaut (BGHSt **16** 94). Auch enthält der Austausch des Typenschildes kein Verfälschen, wenn es in eine andere Karosserie eingesetzt wird, jedoch bei dem Fahrgestell bleibt, zu dem es gehört. Für die Frage der Identität eines Kraftfahrzeugs ist stets das Fahrgestell entscheidend.[366]

**202** Bei so genannten **abhängigen Urkunden** (Rdn. 103) verfälscht eine Urkunde, wer deren Anlage, die wesentlicher Urkundenbestandteil ist, austauscht oder in einem rechtlich wesentlichen Punkt ändert, zum Beispiel eine Rechnung, auf die eine Quittung Bezug nimmt (RGSt **19** 403, 404). Ebenso verfälscht, wer auf einem Wechsel, der schon akzeptiert und indossiert ist, die Wechselsumme erhöht; wer zwischen zwei Blankoindossamenten sein eigenes Indossament einfügt, um gegen die Vorgänger Regress nehmen zu können (RGSt **36** 167); wer das Verfallsdatum eines bereits angenommenen Wechsels vorverlegt,[367] oder wer das Ausstellungsdatum eines Einreisevisums in einem Reisepass ändert (BGH LM Nr. 22). Eine *abweichende Meinung im Schrifttum* vertritt die Auffassung, dass bei **zusammengesetzten Urkunden** (Rdn. 100), insbesondere also bei Beweiszeichen, die mit einer Sache verbunden sind, keine Urkundenfälschung vorliege, wenn das Bezugsobjekt ausgetauscht werde.[368] Dem ist wegen des engen (sachlichen und gegenständlichen) Zusammenhangs zwischen Urkundenerklärung und Bezugsobjekt nicht zuzustimmen. Eine solche Sichtweise missachtet gerade die Eigenart der zusammengesetzten Urkunde.

### b) Der Aussteller der echten Urkunde als Verfälscher

**203** **aa) Die Erweiterung des Begriffs „unecht".** Auch der Aussteller kann eine echte Urkunde verfälschen, wenn er sie *nachträglich unbefugt ändert*. Das entspricht der stän-

---

= JR **1998** 303 f m. insoweit abl. Anm. *Lampe* S. 304, 305; kritisch auch *Fahl* JA **1997** 927; *Stollenwerk* VD **1998** 182.

365 Zu Fahrkartenfällen vgl. auch OLG Düsseldorf JR **1983** 428 m. Anm. *Puppe*; OLG Düsseldorf NJW **1990** 924; *Otto* JuS **1987** 768; *Ranft* Jura **1993** 84 ff; *Schroeder* JuS **1991** 303.

366 BGH, Urteil vom 29.11.1966 – 1 StR 488/66 –.

367 OLG Saarbrücken NJW **1975** 658 = JR **1975** 515 m. **krit.** Anm. *Kienapfel*.

368 *Hoyer* SK Rdn. 71 ff, 74; *Samson* Urkunde S. 13; *ders.* GA **1969** 361; *ders.* JuS **1970** 376; differenzierend *Puppe* NK Rdn. 86.

digen Rechtsprechung[369] und einer verbreiteten Meinung im Schrifttum.[370] In diesem Fall hat der Verfälschungstatbestand selbstständige Bedeutung, denn dann ist er nicht nur ein Unterfall des Tatbestands des Herstellens (vgl. Rdn. 191). Das Verfälschen führt hier nicht zu einer Täuschung über die Person des Ausstellers (Identitätstäuschung), sondern zu einer Täuschung über den ursprünglichen Erklärungsinhalt. Der Aussteller erweckt den Anschein, als hätte seine Erklärung von vornherein den ihr nachträglich beigelegten Inhalt gehabt. Wollte man, ohne dass dies notwendig wäre, alle unecht hergestellten oder verfälschten Urkunden unter dasselbe Begriffspaar „echt – unecht" fassen, so ließe sich sagen: Unecht ist eine Urkunde nicht nur, wenn der wirkliche mit dem scheinbaren Aussteller nicht personengleich ist, sondern auch dann, wenn sie zwar von dem darin genannten Aussteller herrührt, er sie aber nachträglich unbefugt verändert hat. Dementsprechend wäre eine Urkunde echt, wenn und soweit sie von dem aus ihr ersichtlichen Aussteller in ihrem unversehrten Beweisgehalt herrührt.[371] Der Tatbestand der Urkundenfälschung schützt damit Urkunden nicht nur in ihrer Echtheit im engen Sinne, sondern – wenigstens in einer Richtung – auch insoweit, als der Rechtsverkehr an ihnen ein Unversehrtheitsinteresse hat (Bestandsschutz). Diese Auslegung des § 267 StGB ist sachgerecht. Sie wird vom Gesetzeswortlaut und der Gesetzessystematik gedeckt und steht im Einklang mit dem allgemeinen Sprachgebrauch (Rdn. 210, 211).

**bb) Verfälschen als unbefugte nachträgliche Änderung der selbst ausgestellten Urkunde.** Solange sich die Urkunde im Herrschaftsbereich des Ausstellers befindet und kein fremder Anspruch auf ihren und kein fremdes Interesse an ihrem unversehrten Bestand bestehen, ist der Aussteller **befugt**, die Urkunde nachträglich zu ändern. Die nachträgliche Änderung ist in der Regel **unbefugt**, wenn er sich ihrer schon entäußert, sie „begeben" hat und sie damit in den Rechtsverkehr gelangt ist (BGHSt **13** 382, 387).[372] Sie ist dann im Rechtsverkehr wirksam geworden, so dass der Aussteller sie in dieser Fassung grundsätzlich gegen sich gelten lassen muss (RG HRR **1941** Nr. 571). So erlischt das Änderungsrecht des Künstlers, der ein von ihm geschaffenes Bild signiert hat, mit der Veräußerung des Werkes (*Löffler* NJW **1993** 1125). Unbefugt ist eine nachträgliche Änderung auch, wenn dem Aussteller die tatsächliche und rechtliche Verfügungsgewalt über die Urkunde entzogen ist (RGSt **74** 341, 343).[373] Hierfür ist nicht maßgebend, ob er das Eigentum an der Urkunde verloren (RGSt **52** 88, 90 f)[374] oder keinen Gewahrsam mehr daran hat (RGSt **40** 253, 254). Entscheidend ist allein, ob ein anderer einen *Anspruch auf unversehrten Bestand der Urkunde* erworben (BGH MDR **1954** 309, 310; *Zieschang* JA **2008** 192, 195)[375] oder ein berechtigtes Interesse an deren Unversehrtheit 204

369 Vgl. BGHSt **13** 382, 387; BGH GA **1963** 16, 17; RGSt **52** 78, 79 f; **58** 46 f; **69** 396, 398; **74** 341, 343; OLG Koblenz NStZ **1995** 138; OLG Stuttgart NJW **1978** 715 f.

370 Vgl. *Blei* II S. 315; *Bockelmann* BT 3 S. 104; *Brodag* BT S. 307; *Fischer* Rdn. 19a; *Gössel/Dölling* BT 1 § 52 Rdn. 19; *Helle* S. 152 ff, 183; *Hilgendorf/Frank/Valerius* Rdn. 180; *Kargl* JA **2003** 604, 608; *Kindhäuser* BT I § 55 Rdn. 62; *Kudlich* BT II Nr. 164; *Lackner/Kühl* Rdn. 21; *Marxen* BT S. 169 f; *Maurach/Schroeder/Maiwald* BT 2 § 65 Rdn. 65; *Rengier* BT II § 33 Rdn. 24; *Sax* FS Peters, 148 ff; *Schroeder* JuS **1981** 418; *Schroth* BT S. 247; *Sonnen* BT S. 223; *Zieschang* JA **2008** 192, 195; wohl auch *Sieg* FS Weber, 347, 360 f. Zur Gegenansicht siehe Rdn. 210. Weitere Nachweise zum Meinungsstand bei *Hillenkamp* 40 Probleme BT Nr. 13; *Küper* BT S. 326 ff.

371 *Nagler* LK$^{6/7}$ Vorbem. VII 2 A vor § 267; vgl. auch KG wistra **1984** 233; **kritisch** dazu *Puppe* JZ **1986** 944 f.

372 RGSt **50** 420, 421 f; **56** 235, 236.

373 RGSt **23** 236, 238; **48** 406, 408 f; **52** 78, 79 f.

374 RGSt **10** 11, 15; **35** 145, 147.

375 RGSt **10** 11, 14 f; **37** 83, 84 f; **50** 420, 421 f; **74** 341, 342 f; speziell zu Betriebsratsprotokollen siehe *Sieg* FS Weber, 347, 361 f.

erlangt hat (RGSt **69** 396, 399).[376] Der Wille allein, die Urkunde zum Beweis zu gebrauchen, genügt hierfür nicht (RGSt **67** 245, 246).

**205** Soweit die Rechtsprechung, insbesondere die des Reichsgerichts, die Annahme eines Änderungsverbots für den Aussteller auf **außerstrafrechtliche Vorschriften** (zum Beispiel des Handels- oder Verwaltungsrechts) gestützt hat, ist bei der Anwendung der von ihr entwickelten Grundsätze jeweils zu beachten, ob gleiche oder entsprechende Regelungen auch gegenwärtig noch gelten. Die §§ 38 bis 47b HGB (betreffend Handelsbücher) sind durch das Bilanzrichtlinien-Gesetz vom 19.12.1985 (BGBl. I S. 2355) aufgehoben worden.

**206** Nach den dargelegten Grundsätzen kommt Urkundenfälschung in Betracht, wenn der Geschäftsführer einer GmbH die Buchführung der Gesellschaft nachträglich durch Streichungen, Radieren oder Überkleben ändert (vgl. *Biletzki* NStZ **1999** 537, 541; *Tiedemann* LK § 283 Rdn. 107); wenn der Kraftfahrzeughalter (als Aussteller) auf dem wenigstens teilweise ausgefüllten Fahrtenschreiberschaublatt nachträglich (das heißt nach Fahrtbeginn) den Namen des angeblichen Fahrers einsetzt oder ändert (OLG Stuttgart Justiz **1988** 315, 316 f), oder wenn der Arzt, der den Leichenschauschein ausgestellt hat, zur Vermeidung kriminalpolizeilicher Ermittlungen den Todesartbefund „nicht natürlich" oder „nicht geklärt" in das Gegenteil verkehrt, nachdem die Leiche beschlagnahmt und in ein rechtsmedizinisches Institut überführt worden ist (*Waider/Madea* ArchKrim. **1992** 181).

**207** Im Übrigen sind bei der Frage, ob und wann eine nachträgliche Änderung des Urkundeninhalts **unbefugt** ist, die *Besonderheiten des Einzelfalls* zu berücksichtigen. Ausnahmsweise darf der Aussteller den Urkundeninhalt nach der Begebung ändern, wenn alle Berechtigten *zustimmen*. Dabei wiegen öffentliche und private Belange gleich (RGSt **36** 167, 168; **52** 88, 90). So können Vertragspartner, falls alle Mitunterzeichner einverstanden sind, die Vertragsurkunde umgestalten, wenn bei der Niederschrift Irrtümer unterlaufen sind oder sie die Vereinbarung geändert haben. War die Urkunde genehmigungsbedürftig und genehmigt, so muss auch die beteiligte Stelle zustimmen.

**208** Auch die Gemeinschaftlichkeit der Urkunde aufgrund eines **Einsichts- oder Vorlagerechts** (§ 810 BGB, § 426 ZPO) spielt eine Rolle (RGSt **69** 396, 398). Ändert der Absender die Durchschrift eines abgeschickten Handelsbriefes einseitig nachträglich, so wird die Durchschrift unecht (RGSt **35** 145, 146). Entsprechendes gilt, wenn ein Kaufmann die Eintragungen in seinem Kassenbuch ändert, nachdem die Steuerbehörde bereits an dem unveränderten Fortbestand der Eintragungen Interesse gezeigt hat (RGSt **50** 166, 169; **50** 420, 421 f); oder wenn ein Grundbuchbeamter nach Abschluss einer Eintragung einen Fehler berichtigt, ohne die Änderung als Berichtigung kenntlich zu machen (RG DR **1944** 155, 156). Ein Unversehrtheitsinteresse besteht insbesondere dann, wenn eine Partei im Prozess (RGSt **52** 88, 91) auf die Eintragung Bezug genommen hat. Eine Urkunde wird auch unecht, wenn der Aussteller das Frachtbriefduplikat (RGSt **60** 187, 188) oder seinen Frachtbrief nach zollamtlicher Abstempelung ändert (RGSt **56** 204; RG LZ **1917** Sp. 280). Dasselbe gilt bei nachträglichen Änderungen durch den Aussteller, nachdem der Fleischbeschauer die Eintragung im Fleischbeschaubuch bestätigt (RG GA Bd. **37** 193) oder die Polizei nach Prüfung einen Sichtvermerk im Trödlerbuch angebracht hat (BGH MDR **1954** 309);[377] ferner, wenn die Dauerkarte einer Beförderungsanstalt die Mitunterschrift des Inhabers trägt (RG LZ **1923** Sp. 325 f) oder Bucheintragungen von der Revision schon geprüft worden sind (RG GA Bd. **37** 193).

---

[376] RGSt **48** 55, 57; **52** 88, 90 f.

[377] Vgl. OLG Stuttgart MDR **1960** 242.

Der **Arzt** ist standesrechtlich und aufgrund des Behandlungsvertrags gehalten, die während der Behandlung eines Patienten erhobenen Befunde vollständig und in unmittelbarem zeitlichen Zusammenhang mit der Behandlungsmaßnahme durch schriftliche Aufzeichnungen zu dokumentieren. Er darf Blutzuckerwerte eines Patienten, die sein Laborpersonal ermittelt und in die von ihm geführten *Krankenakten* eingetragen hat, nicht nachträglich verändern (OLG Koblenz NJW **1995** 1624, 1625 = MedR **1995** 29 m. **abl.** Anm. *Rigizahn* S. 32). Das gilt jedenfalls dann, wenn die Eintragungen des Personals nicht nur Teil des (Gesamt-)Urkundenentwurfs „Krankenakten" sind (so offenbar *Puppe* JZ **1997** 491), sondern ihrerseits zugleich Einzelurkunden, für die Angehörige des Laborpersonals als Aussteller verantwortlich zeichnen (unklar insoweit OLG Koblenz NJW **1995** 1624, 1625). **209**

Eine im **Schrifttum** vertretene starke Meinung[378] hält die nachträgliche Veränderung einer Urkunde durch den Aussteller nicht nach § 267 StGB für strafbar. Sie weist insbesondere darauf hin, dass eine solche Änderung die Urkunde nie „unecht" (im engen Sinne, Rdn. 203) machen könne; denn auch in ihrer veränderten Gestalt stamme sie vom Aussteller, so dass es an einer Identitätstäuschung fehle. *Otto* (JuS **1987** 769) meint: Durch die nicht nur „ausstellerbezogene", sondern zugleich „erklärungsbezogene" Interpretation des Merkmals „echt" werde der Schutzbereich des § 267 StGB in diesem Fall um den des § 274 StGB erweitert: Dem Angriff auf die Echtheit der Urkunde werde der Angriff auf die inhaltliche Wahrheit der Urkunde gleichgestellt. Der Gesetzgeber habe den Bestandsschutz von Urkunden in § 274 StGB aber von weiteren Voraussetzungen abhängig gemacht, die bei § 267 StGB fehlten; seine (des Gesetzgebers) Entscheidung werde missachtet und umgangen. **210**

Diese Rechtsansicht überzeugt nicht (*Zieschang* JA **2008** 192, 195).[379] Sie geht am Gesetz (§ 267 StGB) vorbei. Sie berücksichtigt nicht genügend, dass der Gesetzgeber den Ausdruck „unecht" (im Sinne einer Täuschung über die Identität des Ausstellers) im Zusammenhang mit dem Verfälschen einer Urkunde nicht verwendet und der Wortlaut des § 267 StGB es zwanglos gestattet, die Vorschrift im Sinne der Rechtsprechung auszulegen; diese Auslegung ist sinnvoll, zumal der Begriff „unbefugt" auch in anderen Bereichen zur Abgrenzung von strafbarem und straflosem Verhalten gebraucht wird. Von willkürlicher Bestrafung schriftlicher Lügen[380] kann in diesem Zusammenhang also nicht die Rede sein. Der Aussteller, welcher seine Abänderungsbefugnis verloren hat, steht vielmehr der Urkunde wie ein beliebiger Dritter gegenüber (*Zieschang* JA **2008** 192, 195). **211**

Für das **Reichsgericht** war die Subsumtion der Fälle unter § 267 StGB so selbstverständlich, dass ihm der Umstand, die Verfälschung stamme vom Aussteller, anfangs nicht einmal einer Erwähnung wert erschien. So hat es in einem Fall, in dem ein Urkundsbeamter ein Pfändungsprotokoll nachträglich zum Richtigen hin veränderte, zur rechtlichen Möglichkeit einer Verurteilung nach § 267 StGB im Jahre 1881 apodiktisch er- **212**

---

378 *Erb* MK Rdn. 189 ff; *Freund* Urkundenstraftaten Rdn. 29 ff; *ders.* JuS **1993** 734; *ders.* JuS **1994** 34; *Haft* BT II S. 191; *Hohmann/Sander* BT II § 17 Rdn. 47; *Hoyer* SK Rdn. 83; *Joecks* Rdn. 79; *Armin Kaufmann* ZStW **71** (1959) 411; *Kienapfel* Urkunden I S. 205 Fn. 217; *ders.* JR **1975** 515; *ders.* Jura **1983** 191, 193; *Küpper* BT 1 Teil II § 1 Rdn. 43; *Lampe* GA **1964** 328; *Maiwald* ZStW **91** (1979) 958; *Otto* BT § 70 Rdn. 47 ff, 49; *ders.* JuS **1987** 769; *Puppe* NK Rdn. 89 ff, 91; *dies.* JR **1978** 207; *dies.* Jura **1979** 640; *Samson* JuS **1970** 375; *ders.* JA **1979** 661; *Schmidhäuser* BT 14/20; *F. Schmitz* S. 49 ff; *Sch/Schröder/Cramer/Heine* Rdn. 68.

379 Ebenso *Fischer* Rdn. 19a; *Geppert* Jura **1988** 160; *Lackner/Kühl* Rdn. 20; *Maurach/Schroeder/Maiwald* BT 2 § 65 Rdn. 65.

380 So *Freund* JuS **1994** 34.

klärt: „Denn als Verfälschung einer Urkunde ist jede unbefugte Veränderung derselben, sie mag der Wahrheit entsprechen oder nicht, anzusehen, durch welche das Verständnis ihres ursprünglichen Inhalts beeinträchtigt wird" (RGSt **3** 324, 325). Erst viel später (RGSt **50** 420, 421 f) hat es im Falle einer Gesamturkunde näher begründet, warum auch eine unbefugte Änderung durch den Aussteller den Verfälschungstatbestand verwirklicht. Dabei hat es ausgeführt, dass die Urkunde strafrechtlichen Schutz nicht im Interesse des Ausstellers oder Eigentümers genieße, sondern im Interesse der Sicherheit und Zuverlässigkeit des Rechtsverkehrs. Sicherheit und Zuverlässigkeit des Rechtsverkehrs aber werden durch Verfälschungen, die der Aussteller nachträglich unbefugt an den von ihm selbst errichteten Urkunden vornimmt, nicht weniger betroffen, als wenn sie einem anderen zur Last fielen. Vom Standpunkt der Gegenmeinung aus wäre es auch schwer verständlich, dass für den Aussteller in einem solchen Fall als Teilnehmer (Anstifter oder Gehilfe) strafbar ist, was ihm als Täter unter dem Aspekt des § 267 StGB nicht verboten wäre.

213 c) **Verfälschen durch Unterlassen.** Beim Tatbestand des Verfälschens ist Begehung durch Unterlassen jedenfalls bei Gesamturkunden rechtlich denkbar (Rdn. 184). Unterlässt der Aussteller einer Gesamturkunde, soweit er zur vollständigen und richtigen fortlaufenden Beurkundung rechtlich verpflichtet ist, bewusst Einzeleinträge, so kann sein Verhalten dem Herausnehmen und täuschendem Einfügen von Einzelurkunden gleichzuachten sein.

214 d) **Verfälschen unechter oder verfälschter Urkunden?** Nach dem Gesetz setzt der Verfälschungstatbestand eine echte Urkunde voraus. Wird dieselbe Urkunde mehrmals verfälscht, so ist zu unterscheiden: Bezieht sich das erneute Verfälschen auf einen Urkundenteil, der durch das frühere Verfälschen nicht beeinträchtigt worden und deshalb echt geblieben ist, so gilt nichts Besonderes; im Sinne der zweiten Begehungsform des § 267 StGB ist „eine echte Urkunde verfälscht" worden (BGH LM Nr. 22). Anders ist es hingegen, wenn die Urkunde als Ganzes abermals oder derselbe Urkundenteil wiederholt verfälscht wird. Das Reichsgericht hat früher insoweit die Möglichkeit einer Urkundenfälschung verneint (RGSt **4** 69, 71). Überwiegend wird in einer solchen Tat das Herstellen einer (neuen) unechten Urkunde gesehen (vgl. RGSt **68** 94, 96).[381] Dem ist beizutreten. Denn das Gesetz schränkt den Kreis der Mittel nicht ein, mit denen der Herstellungstatbestand verwirklicht werden kann. Nur unter diesem rechtlichen Aspekt lässt sich von „Verfälschen einer unechten Urkunde" sprechen.

### 3. Gebrauch einer unechten oder verfälschten Urkunde

215 a) **Objekt der Tat.** Es ist die unechte oder verfälschte (falsche) Urkunde. Es genügt, dass sie das Produkt einer Handlung ist, wie sie in der ersten und zweiten Begehungsform objektiv umschrieben ist;[382] dass sich der wirkliche Aussteller oder Verfälscher strafbar gemacht hat, wird nicht vorausgesetzt.

216 Die **Urkunde als solche** muss der Täter gebrauchen (BGH GA **1963** 16). Es genügt in der Regel nicht, dass er eine **Abschrift** vorlegt, weil ihr die Urkundenqualität fehlt (BGHSt **2** 50, 53).[383] Selbst wenn die Abschrift der (unechten) Urkunde einen (echten)

---

381 Vgl. nur *Sch/Schröder/Cramer/Heine* Rdn. 66.

382 *Fischer* Rdn. 23; *Maurach/Schroeder/Maiwald* BT 2 § 65 Rdn. 69; *Sch/Schröder/Cramer/Heine* Rdn. 75.

383 RGSt **16** 228, 231; **26** 270 f; **69** 228, 229 ff.

amtlichen Beglaubigungsvermerk enthielte, wäre ihre Vorlage kein Gebrauch der Urkunde als solcher (BGHSt **1** 117, 120;[384] **anders** für die beglaubigte *Fotokopie* BGH StV **2001** 624, 625, was sich im Hinblick auf die [abzulehnende] Auffassung der Rechtsprechung, wonach die Vorlage einer Fotokopie Gebrauch der Urkunde ist [Rdn. 217], konsequent, wenn auch sachlich unzutreffend ausnimmt). Anders liegt es, wenn der Beglaubigungsvermerk selbst gefälscht wird; denn er ist Urkunde, und der Täter macht beim Vorlegen der beglaubigten Abschrift auch von ihm Gebrauch (BGHSt **1** 117, 120). Aus dem nämlichen Grund ist auch das Vorlegen einer Abschrift Gebrauchen einer Urkunde, wenn die Abschrift ausnahmsweise selbst Urkundeneigenschaft hat (RGSt **69** 228, 229; Rdn. 106).[385]

Der **Bundesgerichtshof** sieht im Vorlegen von **Fotokopien** (Xerokopien, Mikrofilmen und Mikrofiches) eines Falsifikats eine Form des **Gebrauchs des unechten oder verfälschten Originals** und damit Urkundenfälschung (BGHSt **24** 140, 142).[386] Diese Auffassung überzeugt nicht.[387] Sie missachtet, dass der Fotokopie als bloßer Reproduktion grundsätzlich keine Urkundenqualität zukommt (Rdn. 111 ff). Ebenso wenig wie die ersten beiden Varianten einschlägig sind, ist konsequenterweise auch der Gebrauch der Fotokopie als solcher kein Fall des § 267 Abs. 1 Var. 3 StGB. Etwas anderes gilt nur dann, wenn die Fotokopie im Einzelfall Urkundenqualität besitzt, nämlich insbesondere dann, wenn sie **als Original in den Verkehr gebracht** wird (siehe Rdn. 112). **217**

Die Fälschung muss in ihrer Eigenschaft als Urkunde, das heißt **als Beweismittel** im Rechtsverkehr, benutzt werden. **218**

b) **Mögliche Täter des Gebrauchens.** Täter kann nicht nur sein, wer das Falsifikat hergestellt hat, sondern jeder, der es gebraucht. Praktische Bedeutung hat die dritte Tatbestandsvariante des § 267 StGB insbesondere dann, wenn derjenige, der die unechte oder verfälschte Urkunde gebraucht, sie nicht selbst hergestellt oder verfälscht hat und für die Vortat auch nicht als Mittäter verantwortlich ist. Insoweit entspricht diese Alternative dem Tatbestand des § 270 StGB in der Fassung bis zur StrafrechtsangleichungsVO vom 29.5.1943 (RGSt **70** 12, 15 f; vgl. Entstehungsgeschichte), wenn sie sich auch nicht darin erschöpft. **219**

c) **Gebrauchen als Zugänglichmachen der Urkunde für einen Beweisadressaten**

aa) **Zugänglichmachen.** Gebrauchen heißt Zugänglichmachen zur sinnlichen Wahrnehmung (BGHSt **1** 120; **36** 64, 65)[388], und zwar für den, der durch sie getäuscht werden soll (BGHSt **36** 64, 65). Die Urkunde muss in den Machtbereich des Beweisadressa- **220**

---

384 RGSt **76** 332, 333; vgl. aber RGSt **35** 337, 338; *Sch/Schröder/Cramer/Heine* Rdn. 74.

385 RGSt **59** 13, 16; RG JW **1924** 1878 Nr. 6 m. zust. Anm. *Kern*; RG JW **1931** 2248 m. zust. Anm. *Oetker*.

386 BGHSt **5** 291, 292; BGH NJW **1965** 642, 643 = JR **1965** 232 m. Anm. *Schröder*; BGH NJW **1978** 2042, 2043; BGH StV **2001** 624, 625; BGH NJW **2005** 2720, 2722; RGSt **69** 228, 230 f; BayObLG NJW **1991** 2163 m. Bespr. *Pasker* JA **1992** 95; OLG Düsseldorf StV **2001** 233 f; KG JR **1980** 517.

387 *Erb* MK Rdn. 198; *Haft* BT S. 192; *Hohmann/Sander* BT II Rdn. 48; *Hoyer* Rdn. 88; *Küper* BT S. 317 f; *Maurach/Schroeder/Maiwald* BT 2 § 65 Rdn. 69; *D. Meyer* MDR **1973** 11 f; *Otto* JuS **1987** 769 f; *Puppe* NK Rdn. 95 f; *Schmidhäuser* BT 14/22; *Schroth* BT S. 248; *Wessels/Hettinger* BT 1 Rdn. 852; *Wohlers* JR **2001** 83 f; **aA** die Vorauflage sowie *Bockelmann* BT 3 S. 103; *Fischer* Rdn. 12b, 24; *Kienapfel* NJW **1971** 1783; zweifelnd *Lackner/Kühl* Rdn. 23.

388 BGHSt **2** 50, 52; **5** 149, 151 f; RGSt **69** 228, 230 f.

ten kommen, so dass er ohne Weiteres die *Möglichkeit* hat, von ihr *Kenntnis* zu nehmen (RGSt **46** 224, 225).[389] Bei-sich-Führen eines Führerscheins ist, solange eine Kontrolle ausbleibt, kein Gebrauchen im Sinne des § 267 StGB (BGH StV **1989** 304; BGH GA **1973** 179).[390] Wie zugänglich gemacht wird, ob durch Vorlegen, Vorzeigen, Übergeben, Hinterlegen, Verlesen, Übersenden oder sonstiges Zur-Kenntnis-Bringen, ist gleichgültig. Es genügt jede Tätigkeit, die der Täuschung über die Echtheit der Urkunde dient. Es kommt jeweils auf den Einzelfall an (RGSt **8** 187, 194 f; **13** 71, 76). Die Vorlage einer *Fotokopie* reicht aber nicht aus (**aA** BayObLG NJW **1991** 2163; OLG Köln StV **1987** 297; Rdn. 217). Als *Hauptfall* des Gebrauchens kommt *Vorlegen* der Urkunde zur Einsicht zum Zwecke des Beweises in Betracht (BGHSt **5** 291, 292)[391], als weiterer Fall Vorlegen des gefälschten Originals zur Beglaubigung von Abschriften (RG JW **1927** 850 m. zust. Anm. *Merkel*). Zugänglichmachen in Form einer elektronischen Datei reicht nicht aus.

**221** Danach begeht zum Beispiel Urkundenfälschung, wer als stellvertretender Geschäftsführer einer *GmbH* in einem *Arbeitsgerichtsprozess* eine verfälschte Urkunde vorlegt, obwohl er nicht gesetzlicher Vertreter der GmbH ist (**aA** OLG Stuttgart NJW **1989** 2552, 2553). Das Oberlandesgericht (aaO) stellt zu Unrecht darauf ab, dass er Prozesshandlungen für die GmbH nicht wirksam habe vornehmen können. Denn die Beantwortung der Frage, ob das Tatbestandsmerkmal „gebrauchen" erfüllt ist, hängt nicht von der prozessualen Wirksamkeit der Handlung ab. Maßgebend ist das tatsächliche Geschehen. Ob jemand Täter des Gebrauchmachens ist, entscheidet sich nicht nach den Regeln des Prozessrechts oder der allgemeinen Vertretungslehre, sondern nach den Regeln über Täterschaft und Teilnahme (*Puppe* JZ **1991** 552). Auch ein bösgläubiger Überbringer einer falschen Urkunde kann sie als Täter oder Teilnehmer im Rechtsverkehr verwenden.

**222** Vorlegen einer *Abschrift* genügt nur dann (vgl. BGHSt **1** 117, 120), wenn die unechte Urkunde zugleich auf andere Weise zugänglich gemacht wird (RGSt **14** 242, 245 ff; **16** 228, 229 ff). Ferner kommen **als Tathandlung** in Betracht: Bereitstellen von Handelsbüchern für den Einsicht nehmenden Steuerbeamten, Vorlegen eines Schriftstücks im Prozess (RGSt **14** 242, 245 ff), Vorzeigen der gefälschten Urkunde (RGSt **58** 211, 212), Begeben eines Wechsels (RGSt **42** 39, 40), Diskontieren eines ausgefüllten Blankoakzepts (RGSt **42** 406 f); maschinelles Weiterverarbeiten einer aus einer elektronischen Datenverarbeitung gewonnenen und vom Urheber autorisierten Urkunde, soweit dies im Rechtsverkehr geschieht (*Sieber* S. 295); die Ausstellung eines gefälschten Kunstwerkes im Verkaufsraum einer Kunsthandlung oder die Aufnahme eines solchen Bildes in einen Verkaufs- oder Auktionskatalog, ohne dass bereits ein bestimmtes Kaufinteresse vorliegen müsste (*Löffler* NJW **1993** 1425).

**223** **Weitere Fälle** des Gebrauchens sind: Übergeben des Falsifikats, etwa bei der Zustellung (RGSt **39** 346, 348); Überlassen des unechten Wechsels an den Rechtsanwalt zur Klageerhebung (RGSt **5** 437, 440 f) oder Aushändigung des unechten Postabschnitts an den Empfänger; Hinterlegen eines Testaments beim Nachlassgericht (RGSt **26** 138, 143; **41** 144, 147 f); Beifügen einer gefälschten Steuerkarte unter andere Steuerkarten zur

---

[389] BGH, Urteil vom 23.2.1960 – 1 StR 694/59 – und Urteil vom 25.7. 1961 – 1 StR 125/61 –; RGSt **41** 144, 146 ff; **66** 298; *Bockelmann* BT 3 S. 103; *Gössel/Dölling* BT 1 § 52 Rdn. 21; *Joecks* Rdn. 83; *Kindhäuser* LPK Rdn. 52; *Wessels/Hettinger* BT 1 Rdn. 851.

[390] BGH bei Holtz MDR **1976** 986, 987 f; bei Hürxthal DRiZ **1978** 84, 85; *Gössel/Dölling* BT 1 § 52 Rdn. 22.

[391] BGH NJW **1965** 642, 643; bei Holtz MDR **1980** 812, 814; KG JR **1981** 37.

Kenntnisnahme (RGSt **60** 161, 162); Veröffentlichen oder Bekanntgeben durch öffentlichen Anschlag (RGSt **12** 17, 19) oder Auslegen einer gefälschten Speisekarte (RGSt **52** 179); Führen eines unechten polizeilichen Kennzeichens am Kraftwagen im Straßenverkehr (BGHSt **18** 66, 70; RGSt **72** 369, 370); Verlesen, wenn der Beweisadressat die Möglichkeit hat, die Urkunde einzusehen (RGSt **69** 228, 230);[392] bloßes Mitteilen oder Erteilen von Hinweisen kann im Einzelfall ausnahmsweise genügen: so, wenn dem Zivilgericht mitgeteilt wird, dass die Urkunde durch Anforderung der Strafakten zu erlangen sei (RGSt **14** 242, 245 ff); wenn auf eine bereits vorgelegte verfälschte Urkunde hingewiesen (OLG Hamm JMBlNRW **1957** 68)[393] oder wenn darauf aufmerksam gemacht wird, dass die unechte Urkunde schon zu den Akten des Unternehmens gebracht worden sei (RG GA Bd. **37** 205); nicht aber, wenn lediglich auf den Besitz der Urkunde hingewiesen wird (RG GA Bd. **37** 205, 206 f). Als Gebrauchen können schon Vorkehrungen genügen, die der Täter getroffen hat, so, wenn er einem Prüfer eine Mappe zur Einsichtnahme bereitlegt[394] oder wenn er ein unechtes Testament unter die Papiere des Verstorbenen legt (vgl. RGSt **41** 144, 147 f); desgleichen, wenn ein Sparbuch nach dem Fälschen an den früheren Aufbewahrungsort zurückgebracht wird (RGSt **19** 71 f).

Beruft sich der Täter auf eine Urkunde, die im Besitz des Beweisadressaten ist, so gebraucht er sie, wenn diesem dadurch die **Kenntnisnahme** erst **ermöglicht** wird, so zum Beispiel, wenn der angebliche Vermächtnisnehmer den Erben auf ein in dessen Besitz befindliches Testament aufmerksam macht, von dem der Erbe noch nichts wusste; oder wenn, wie beim Urkundenbeweis im Zivilprozess, die Verwertung des Urkundeninhalts von einem Antrag des Täters abhängt.[395] Ist die Urkunde im Besitz eines Dritten, so kann der Täter sie dadurch gebrauchen, dass er gegenüber dem Beweisadressaten auf sie verweist, etwa wenn er auf unechte Eintragungen in öffentlichen Büchern und Registern hinweist oder beantragt, Akten beizuziehen oder Auskünfte im Prozess einzuholen (vgl. RGSt **14** 242, 245; **19** 215, 216 f). In diesen Fällen ist das Gebrauchen jedoch nur vollendet, wenn die Kenntnisnahme ohne Weiteres möglich ist.[396] Daran fehlt es, wenn der Täter unechte Wechsel bei einem Notar hinterlegt, ohne dass er ihn täuschen will, und wenn er andere Beteiligte, die getäuscht werden sollen, lediglich auf die Existenz der hinterlegten Wechsel hinweist, ohne es ihnen anheim zu stellen, die Urkunden beim Notar in Augenschein zu nehmen (BGHSt **36** 64, 65 ff = JZ **1989** 595 m. zust. Anm. *Puppe* S. 596). Schließlich kann eine falsche Urkunde auch durch *Versenden* gebraucht werden. Die Tat ist dabei jedenfalls vollendet, wenn der Brief an den Empfänger ausgehändigt wird (RG GA Bd. **65** 549). Wird die Sendung an den Aussteller ausgeliefert, so fehlt es am Gebrauch (RGSt **48** 43, 44 ff). Bei postalischer Versendung werden unechte Urkunden nicht gegenüber den Angehörigen der Post gebraucht, welche die Beförderung besorgen (vgl. RG GA Bd. **65** 549); doch kann in diesen Fällen Versuch des Gebrauchens anzunehmen sein.[397] **224**

Das **Gebrauchen** der unechten oder verfälschten Urkunde folgt deren Herstellen denknotwendig nach. Es kann auch in einem **Unterlassen** liegen, so, wenn jemand, der die Urkunde ohne Täuschungsabsicht hergestellt hat, es geschehen lässt, dass ein anderer sie im Rechtsverkehr verwendet (RG JR Rspr. **1925** Nr. 1591); oder wenn er die Verwertung gefälschter Belege nicht verhindert, obwohl er hierzu vom Revisor angehalten worden **225**

---

[392] Vgl. RGSt **15** 110, 111 f; *Frank* Anm. V 2a, S. 623.
[393] Vgl. BGH, Urteil vom 22.1.1957 – 1 StR 394/56 –; **aA** OLG Braunschweig JZ **1951** 185.
[394] Vgl. RGSt **34** 360, 363 f; 60 161, 162; 66 298, 312 f.
[395] *Sch/Schröder/Cramer/Heine* Rdn. 76.
[396] *Sch/Schröder/Cramer/Heine* Rdn. 76.
[397] Vgl. *Sch/Schröder/Cramer/Heine* Rdn. 78.

ist.[398] Unterlässt er dies in Täuschungsabsicht, so ist er Täter, sonst kommt Beihilfe in Betracht.[399] Das Gebrauchen muss *nicht aus freien Stücken* geschehen. Es kann in Erfüllung einer Herausgabe- oder Amtspflicht (RGSt **70** 12, 17)[400] seinen Grund haben, etwa wenn eine Urkunde dem Vorgesetzten oder einer Amtsstelle vorgelegt werden muss (RGSt 70 12, 16 f).

226 Eine unechte oder verfälschte Urkunde **gebraucht nicht**, wer sich lediglich darauf beruft, dass er sie besitze (RG GA Bd. **37** 205, 206 f); wer sich bereit erklärt, sie vorzulegen (RGSt **16** 228, 230 f; RG Rspr. **8** 319, 321); wer sie (wie den Führerschein) lediglich bei sich führt (BGHR § 267 Abs. 1 Gebrauchmachen 3 = StV **1989** 304); wer eine Abschrift vorlegt (BGHSt **2** 50, 51 f); wer lediglich eine beglaubigte Übersetzung verwendet (RGSt **76** 332); wer die Urkunde als unecht vorlegt (RGSt **28** 130). Am Gebrauchen fehlt es auch, wenn die Urkunde ohne Willen des Inhabers eingesehen (RG LZ **1915** Sp. 1321) oder staatsanwaltschaftlich beschlagnahmt wird (RGSt **19** 215, 217).[401] Falls der Betroffene sie im letzten Fall nachträglich als echt bezeichnet, kann dies unter Umständen lediglich der Verteidigung dienen und deshalb kein Gebrauchen sein (RGSt **19** 215, 217; zw.).

227 bb) **Taugliche Beweisadressaten.** Die unechte oder verfälschte Urkunde muss gegenüber dem Beweisadressaten gebraucht werden, das heißt gegenüber dem, der durch sie als Beweismittel getäuscht werden soll. Wer dies ist, ist an sich gleichgültig. Doch können *Eingeweihte* nicht Adressaten sein (RGSt **48** 43, 45). Der Beweisadressat, der zu einem rechtserheblichen Verhalten bestimmt werden soll (RGSt **59** 394, 395), muss keine bestimmte Einzelperson sein (RGSt **12** 17, 19). Er braucht zur Zeit des Herstellens oder Verfälschens der Urkunde und auch bei ihrem Gebrauch weder gegenwärtig noch bekannt (RGSt **75** 19, 25) noch individualisierbar zu sein. Es genügt ein Gebrauchmachen *gegenüber dem, den es angeht*, zum Beispiel gegenüber dem künftigen Erben (RGSt **41** 144), gegenüber dem Prozessbevollmächtigten (RGSt **5** 437, 440), gegenüber einer Behörde oder einer Universität (vgl. RGSt **60** 375). Es genügt ferner im Falle öffentlichen Gebrauchens als Beweisadressat auch das **Publikum** (RGSt **72** 369, 370). Unerheblich ist, ob der Beweisadressat nach der Urkunde verpflichtet (RGSt **1** 186, 187), ob er oder der Täter an dem beurkundeten Rechtsverhältnis beteiligt ist (RGSt **3** 169, 172; **7** 47, 51) oder ob er oder ein anderer geschädigt werden soll (RGSt **48** 43).

228 cc) **Abgrenzung von Versuch und Vollendung.** Der rechtliche Abstand zwischen strafloser Vorbereitung und rechtlicher Vollendung der Tat, der für den Versuch offen steht, ist beim Gebrauchen gering. Denn die Vollendung des Tatbestands hängt nicht davon ab, ob der Beweisadressat von der unechten oder verfälschten Urkunde tatsächlich Kenntnis erlangt hat; es reicht aus, dass ihm die Möglichkeit dazu eröffnet wird (Rdn. 220). Bei den anderen Tatbeständen der Urkundenfälschung dehnt sich demgegenüber das Versuchsstadium aus, nämlich so weit, bis die Herstellungs- oder Verfälschungstätigkeit die unechte oder verfälschte Urkunde hervorgebracht hat. Raum für die Annahme eines Versuchs beim Gebrauchen besteht insbesondere dort, wo die falsche Urkunde zwar einem Dritten, aber (noch) nicht dem Beweisadressaten zugänglich gemacht ist.

229 **Einzelheiten.** Zur Vollendung ist nicht erforderlich, dass der Beweisadressat die falsche Urkunde tatsächlich wahrgenommen oder eingesehen hat (RGSt **64** 394, 397 f).[402] Es

---

[398] BGH, Urteil vom 22.1.1957 – 1 StR 394/56 –.

[399] *Sch/Schröder/Cramer/Heine* Rdn. 77.

[400] RGSt 52 88, 92; OLG Hamm GA **1973** 184.

[401] BGH, Urteil vom 16.11.1954 – 5 StR 344/54 –.

[402] RGSt **16** 228, 230; **63** 259, 262.

genügt, dass sie zu den Gerichtsakten eingereicht ist (vgl. RGSt **60** 161, 162) oder dass das Fahrzeug mit dem falschen Kennzeichen in die Stadt gefahren wird (RGSt **72** 369, 370), dass also der Beweisadressat das Falsifikat ohne Weiteres wahrnehmen kann (RGSt **66** 298, 313).[403] Soll es einem anderen durch einen Mittelsmann, etwa einen Boten, zugänglich gemacht werden (vgl. RG HRR **1940** Nr. 1272), so wird die Urkunde bei dessen Bösgläubigkeit stets, bei dessen Gutgläubigkeit wenigstens in der Regel nur gegenüber dem Beweisadressaten verwendet (RGSt **46** 224, 226 f).[404] Nicht vollendet ist der Gebrauch der Urkunde daher gegenüber dem Postbeamten, der sie mit der Post befördert, aber auch nicht gegenüber der nicht eingeweihten Mittelsperson, die den Täter durchschaut und entlarven will (RG JW **1922** 586 m. Anm. *Hegler*). Will der Täter auch den gutgläubigen Mittelsmann, zum Beispiel seinen Prozessbevollmächtigten (RGSt **5** 437, 440 f; **16** 228, 229), täuschen, so gebraucht er die Urkunde auch diesem gegenüber.

dd) **Weitere Kasuistik. Vollendeter Gebrauch** ist anzunehmen: wenn ein Kraftfahrzeugführer bei einer Verkehrskontrolle einen Führerschein mit einer verfälschten Fahrerlaubnisklasse vorlegt, dies unabhängig davon, ob die Fälschung die Klasse des von ihm bei der Kontrolle benutzten Fahrzeugs betrifft (BGHSt **33** 105, 109 ff = JR **1986** 296 m. krit. Anm. *Kühl* S. 297; Rdn. 193);[405] wenn der Täter die von ihm gefälschten Belege, die als Grundlage für die Buchführung seines Unternehmens und die Steuererklärung dienen sollen, dem Steuerberaterbüro übergibt, das mit der selbstständigen Erledigung dieser Aufgaben beauftragt ist (BGHR AO § 370 Abs. 1 Konkurrenzen 12); je nach Lage des Falles bei der Vorlegung einer gefälschten Urschrift zum Zwecke der Beglaubigung von Abschriften, die der Täter von ihr gefertigt hat (RG HRR **1926** 263, 264). **230**

Der Täter macht von einer unechten oder verfälschten Urkunde noch nicht Gebrauch, auch **nicht** in Form des **Versuchs**: wenn er unechte Belege in seine Buchhaltung einführt, dies auch, wenn er später auf deren Grundlage unwahre Bilanzen aufstellt und unrichtige Steuererklärungen abgibt (vgl. BGHSt **31** 225, 226 zu § 370 Abs. 3 Nr. 4 AO); wenn er Rechnungen fotokopiert, die Ablichtungen verfälscht, hiervon Fotokopien macht und sie benutzt (BGHR StGB § 267 Abs. 1 Urkunde 4); wenn er gefälschte Wechsel bei einem ahnungslosen Notar hinterlegt, ohne dass die Betroffenen die Möglichkeit haben, sie einzusehen (BGHSt **36** 64, 66); wenn er einem anderen einen nicht von ihm selbst gefälschten Ausweis zur Vorlage bei einer Behörde beschafft (BGHR StGB § 267 Abs. 1 Gebrauchmachen 1). **231**

## IV. Gewerbsmäßige Urkundenfälschung als Mitglied einer Bande (Absatz 4)

1. **Absatz 4 als qualifizierter Tatbestand.** Die Vorschrift wurde durch das 6. StrRG eingefügt (vgl. Entstehungsgeschichte). Sie ist als Verbrechen (§ 12 Abs. 1 und 3 StGB) ein gegenüber § 267 Abs. 1 StGB qualifizierter Tatbestand. Sie folgt im Wortlaut der Beschlussempfehlung (S. 21) und dem Bericht (S. 20 f) des Rechtsausschusses. Er ersetzte bei der Bezeichnung des Zwecks der Bande, welche der Gesetzgeber treffen wollte („zur fortgesetzten Begehung von Betrug oder Urkundenfälschung"), die Worte „Betrug oder Urkundenfälschung" des Entwurfs III durch „Straftaten nach den §§ 263 bis 264 oder 267 bis 269". Er schob den Sonderstrafrahmen für minder schwere Fälle ein und ließ das **232**

---

403 RGSt **14** 242, 246 f; **34** 360, 363 f; **41** 144, 146 f.

404 RGSt **16** 249, 251; RG LZ **1914** Sp. 780.

405 Im Ergebnis zustimmend *Otto* JuS **1987** 770.

zusätzliche Merkmal „Erlangung großer Vermögensvorteile für sich oder Dritte" fallen (vgl. hierzu die Stellungnahme des Bundesrats, E III S. 55, 65 Nr. 37). Die Verweisung des Absatzes 4 schließt damit auch Computerbetrug (§ 263a StGB), Subventionsbetrug (§ 264 StGB), Fälschung technischer Aufzeichnungen (§ 268 StGB) und Fälschung beweiserheblicher Daten (§ 269 StGB) ein. Mit Absatz 4 hat der Gesetzgeber im Hinblick auf Erscheinungsformen der organisierten Kriminalität im Bereich der Urkundenfälschung einen neuen Verbrechenstatbestand geschaffen, der auf banden- und gewerbsmäßiges Handeln in großem Stil zugeschnitten ist (vgl. E III, Begr. S. 22).

2. **Seine Voraussetzungen**

233 a) **Urkundenfälschung.** Voraussetzung ist eine Urkundenfälschung als Tat nach Absatz 1, ohne dass zwischen den verschiedenen Begehungsweisen (Herstellen, Verfälschen und Gebrauchen) unterschieden würde. Der Versuch einer solchen Tat (Absatz 2) reicht aus.

234 b) **Begehung als Mitglied einer Bande.** Zum Tatbestand gehören Mitgliedschaft in einer Bande der genannten Art sowie Begehung der Tat als Mitglied einer solchen Bande.

235 aa) **Bande und Bandenmitgliedschaft.** Eine *Bande* liegt vor, wenn sich mindestens **drei Personen** durch ausdrückliche oder stillschweigende Vereinbarung zur Begehung mehrerer selbstständiger, im Einzelnen noch ungewisser Taten verbunden haben (vgl. BGHSt **46** 321; BGH wistra **2004** 105, 108). *Mitglied* einer Bande ist, wer der Verbindung als Gründer oder aufgrund einverständlichen Beitritts angehört. Durch die Entscheidung des Großen Senats zu § 244 StGB (BGHSt **46** 321) ist nunmehr geklärt, dass eine Bande aus mindestens drei Personen bestehen muss.

236 bb) **Bandenzweck.** Die Bande muss auf fortgesetzte Begehung von Straftaten der in Absatz 4 bezeichneten Art gerichtet sein. Wie schon vor der Entscheidung BGHSt **40** 138 zu § 370 Abs. 3 Nr. 4 AO, welche die Rechtsfigur der fortgesetzten Handlung faktisch abgeschafft hat, klargestellt worden ist (BGHSt **35** 374, 376 ff), bedeutet *„fortgesetzt"* so viel wie „mehrfach wiederholt", ohne dass es auf Fragen eines Fortsetzungszusammenhangs alter Art ankäme. *Fortgesetzte Begehung* bedeutet, dass sich die Bande zur Begehung einer Mehrzahl von selbstständigen, nicht notwendig schon bestimmten Taten der Urkundenfälschung oder des Betrugs verbunden hat (*Joecks* § 263 Rdn. 124; *Zieschang* in: Park [Hrsg.] Kapitalmarktstrafrecht, § 263 Rdn. 78).

237 cc) **Begehung als Mitglied einer Bande.** Die Vorschrift verlangt nur Handeln „als Mitglied einer Bande" der bezeichneten Art. Sie unterscheidet sich damit in der Formulierung von anderen Tatbeständen, die als zusätzliches Merkmal eine Tatausführung „unter Mitwirkung eines anderen Bandenmitglieds" voraussetzen (vgl. § 244 Abs. 1 Nr. 2, § 250 Abs. 1 Nr. 2 StGB; § 373 Abs. 2 Nr. 3 AO). § 267 Abs. 4 StGB hat aber nicht zur Folge, dass jedes von einem der Bandenmitglieder aufgrund der Bandenabrede begangene Betrugs- oder Urkundendelikt den anderen Bandenmitgliedern ohne Weiteres über § 25 Abs. 2 StGB zugerechnet wird; es ist vielmehr nach den allgemeinen Kriterien zu untersuchen, ob *Mittäterschaft* vorliegt (BGH StV **2004** 21, 22).

238 Das rührt daher, dass die Urkundenfälschung kein Gewaltdelikt ist. Bei ihrer bandenmäßigen Begehung ergeben sich die Effizienz und Gefährlichkeit für die Allgemeinheit typischerweise aus einer sinnvollen Arbeitsteilung, bei der die Bandenmitglieder durch zeitlich und örtlich getrennte Beiträge am Erfolg der Bandentaten mitwirken.

c) **Gewerbsmäßigkeit.** Sie fällt einem Bandenmitglied zur Last, wenn es sich aus der wiederholten Tatbegehung eine nicht nur vorübergehende Einnahmequelle von einigem Umfang verschaffen möchte (*Joecks* § 263 Rdn. 123; *Kindhäuser* NK § 263 Rdn. 449). Schon eine einmalige Gesetzesverletzung kann dabei ausreichen (*Fischer* Vor § 52 Rdn. 62). 239

Bandenmäßige und gewerbsmäßige Begehung sind **kumulative** Merkmale. Der Bandenzweck, wie ihn Absatz 4 umschreibt, dürfte in der Regel zwar zur Folge haben, dass alle an der Tat beteiligten Bandenmitglieder auch gewerbsmäßig handeln. Doch ist das nicht notwendig der Fall. Zur Strafschärfung genügt es allerdings, dass bei der Bandentat allein das mitwirkende Mitglied gewerbsmäßig handelt, auf das die Qualifizierung angewendet werden soll. Im Gegensatz zu Absatz 4 werden in **Absatz 3 Nr. 1** Gewerbsmäßigkeit und Handeln als Mitglied einer Bande **alternativ** als Strafschärfungsgründe aufgeführt. 240

3. **Rechtsnatur der Qualifizierung.** Tatbeteiligte, die entweder nicht Bandenmitglied sind oder nicht gewerbsmäßig handeln, sind gemäß § 28 Abs. 2 StGB nach § 267 Abs. 1 StGB zu bestrafen, eventuell in Verbindung mit der Strafzumessungsvorschrift des Absatzes 3, insbesondere dessen Nummer 1, sowie gemäß den §§ 26, 27 StGB. Bandenmäßige und gewerbsmäßige Begehung nach Absatz 4 sind strafschärfende **persönliche Merkmale**, nicht strafbegründende Umstände. Das entspricht für die Gewerbsmäßigkeit herrschender Auffassung.[406] Trotz Bedenken, die im Schrifttum geäußert werden (*Roxin* LK$^{11}$ § 28 Rdn. 73), hat dies auch für die bandenmäßige Begehung zu gelten (BGHSt **12** 220, 226 f). 241

## V. Unrechts- und Tatbestandsausschluss

Bei den Urkundentatbeständen sind die Sicherheit und Zuverlässigkeit des Rechtsverkehrs das geschützte Rechtsgut (Rdn. 1 ff). Soweit der **Aussteller** die Urkunde deshalb nicht fälschlich herstellen oder verändern darf, kann seine **Einwilligung** auch die Rechtswidrigkeit eines fremden Fälschens nicht beseitigen. Dasselbe gilt für die Einwilligung des Eigentümers der Urkunde (RGSt **36** 167, 168). Zu beachten ist aber, dass bei zulässigem Zeichnen unter fremdem Namen (Rdn. 33 ff) die Einwilligung des Namensträgers (des Vertretenen) eine Urkundenfälschung ausschließt. 242

Das gilt allerdings nur für eine tatsächliche, nicht für eine mutmaßliche Einwilligung (BayObLG NStZ **1988** 313 m. zust. Anm. *Puppe*).[407] Auch ein tatsächliches Einverständnis ist wirkungslos, wenn es wegen der Absicht der Beteiligten, über die Identität des Urkundenausstellers zu täuschen, rechtlich unbeachtlich (unzulässig) ist. 243

Nach diesen Grundsätzen macht sich ein Amtsträger (Sachgebietsleiter eines Wehrbereichsverpflegungsamtes) der Urkundenfälschung schuldig, wenn er *Angebotsunterlagen* eines Anbieters ändert, nachdem sie bei der Sammelstelle eingegangen sind und die Angebotsfrist abgelaufen ist. Das gilt auch, wenn er dabei im Einverständnis mit den anbietenden Firmen handelt; denn die Firmen selbst sind nach dem Schlusstermin und der Eröffnung der Angebote in der Sammelstelle nicht mehr befugt, ihre Unterlagen zu ändern (BGHR StGB § 267 Abs. 1 Verfälschen 1, insoweit in NStZ **1989** 74 nicht abgedruckt). *Rechnungen*, die der Adressat (Leistungsempfänger) als Beleg zur Begründung eines Vor- 244

---

406 Vgl. *Ruß* LK$^{11}$ § 260 Rdn. 2.
407 Vgl. RG JW **1935** 3389, 3390 m. Anm. *Klefisch*.

steuerabzugs dem Finanzamt einreichen will, darf zwar der Aussteller ändern, nicht aber darf es der Leistungsempfänger tun, auch nicht aufgrund eines mutmaßlichen Einverständnisses des Ausstellers (BayObLG NStZ **1988** 313 f m. zust. Anm. *Puppe* S. 314 und *dies.* JZ **1991** 451).

**245** Für die Frage der Rechtswidrigkeit ist es grundsätzlich ohne Bedeutung, ob die falsche Urkunde *inhaltlich wahr* ist oder nicht und ob sie zu einem rechtmäßigen Erfolg führen soll, etwa zur Durchsetzung eines zu Unrecht bestrittenen Rechts.[408] Im Einzelfall bedarf es jedoch stets der Prüfung, ob möglicherweise Rechtfertigungsgründe greifen (vgl. dazu OLG Düsseldorf JR **1998** 478, 479 m. **abl.** Anm. *Krack* S. 479 f; OLG Köln HRR **1925** 17 f; ferner RGSt **17** 200, 201 f; **5** 149, 150).

**246** So ist zwar anerkannt, dass die Stellung als **Verteidiger** in einem Strafprozess und das damit verbundene Spannungsverhältnis zwischen Organstellung und Beistandsfunktion eine Abgrenzung zwischen erlaubtem und unerlaubtem Verhalten insbesondere in Bezug auf den Tatbestand der Strafvereitelung erforderlich machen (BGHSt **38** 345, 347).[409] Doch lassen sich die zu § 258 StGB entwickelten Grundsätze („Sperrwirkung" des Verteidigerverhaltens) nicht ohne Weiteres auf § 267 StGB übertragen, dies schon deshalb nicht, weil hier bedingter Vorsatz genügt, soweit es sich um Unechtheit oder Verfälschen der gebrauchten Urkunde handelt (BGHSt **38** 345, 348 = JR **1994** 114 m. insoweit zust. Anm. *Beulke* S. 116).[410]

**247** Zu Gunsten eines Verteidigers, der (hinsichtlich der Unechtheit der von ihm vorgelegten Urkunden) mit bedingtem Vorsatz handelt, gibt es auch *keinen besonderen Rechtfertigungsgrund* der Wahrnehmung von Verteidigerpflichten (BGHSt **38** 345, 349).[411] Legt er eine falsche Urkunde vor, die er von dem Angeklagten erhalten hat, ist in der Regel allerdings davon auszugehen, dass er strafbares Verhalten nicht billigt. Hat er lediglich *Zweifel* an der Echtheit der Urkunde, so ist er im Hinblick auf die Pflicht, seinen Mandanten so gut wie möglich zu verteidigen, nicht berechtigt, eine (objektiv unechte oder verfälschte) Urkunde zurückzuhalten (BGHSt **38** 345, 350 f = JR **1994** 114 m. insoweit krit. Anm. *Beulke* = StV 1993 470 m. krit. Anm. *Scheffler*).[412] *Stumpf* (NStZ **1997** 10 ff) zieht daraus vertretbar den Schluss, dass ein solches Verteidigerverhalten prozessual erlaubt sei (vgl. auch BGH NStZ **2001** 145).

**248** Für **verdeckte Ermittler** der Polizei, die unter ihrer Legende (einer ihnen verliehenen, auf Dauer angelegten, veränderten Identität) am Rechtsverkehr teilnehmen, enthält *§ 110a Abs. 2 und 3 StPO einen besonderen Rechtfertigungsgrund*, der auch den Gebrauch falscher Ausweise, Pässe, Führerscheine und Zeugnisse gestattet.[413]

**249** Notwehr und rechtfertigender Notstand gelten als allgemeine Unrechtsausschließungsgründe auch bei § 267 StGB. Doch reicht allein **politische Verfolgung** im Heimatland nicht oder nicht ohne Weiteres aus, den Gebrauch eines unechten oder verfälschten Passes bei oder unmittelbar nach der Einreise nach Deutschland durch das Asylrecht, nach Art. 31 FlüchtlAbk. oder wegen Notstands als gerechtfertigt anzusehen (OLG Frankfurt/M. StV **1997** 78).[414]

---

408 RGSt **2** 173, 176 f.

409 Siehe dazu auch *Fahl* JA **2004** 624, 629 f; *ders.* JA **2004** 796; vgl. ferner *Desseker* GA **2005** 142, 152.

410 Zustimmend *Stumpf* NStZ **1997** 10; **aA** *von Stetten* StV **1995** 610 f.

411 Vgl. *Krekeler* NStZ **1989** 146,151; **aA** *von Stetten* StV **1995** 610.

412 Ablehnend zur Vorsatzlösung des BGH *Puppe* JZ **1997** 494; *von Stetten* StV **1995** 611.

413 *Benfer* MDR **1994** 13.

414 **AA** AG Frankfurt/Höchst StV **1988** 306; AG Münden StV **1988** 306.

## VI. Zur inneren Tatseite

Dazu gehören **Vorsatz** und die **Absicht, im Rechtsverkehr zu täuschen.** 250

**1. Vorsatz. Bedingter** genügt, dies auch hinsichtlich der Unechtheit der Urkunde (BGH NStZ **1999** 619, 620; RG GA Bd. **62** 141 f). Der Täter muss wissen oder für möglich halten, dass das Tatobjekt eine Urkunde im Rechtssinne ist. Er braucht nur die Tatsachen zu kennen, welche die Urkundeneigenschaft begründen, nicht den Rechtsbegriff selbst. Es genügt eine allgemeine Vorstellung darüber, dass das Tatobjekt zum Beweis geeignet und bestimmt ist (so genannte „Parallelwertung in der Laiensphäre"[415]). Kennt der Täter alle Tatsachen, die den Urkundenbegriff erfüllen, hält er aber gleichwohl eine Urkunde nicht für gegeben, so liegt ein bloßer den Vorsatz nicht ausschließender Subsumtionsirrtum vor. Dieser kann dazu führen, dass ein Verbotsirrtum gemäß § 17 StGB gegeben ist, das muss aber keineswegs so sein. Wer eine Inventurliste für eine betriebsinterne „Schmierkladde" hält und sie verfälscht, handelt dagegen nicht vorsätzlich.[416] Schließt der Täter aus den ihm bekannten tatsächlichen Umständen irrtümlich, das Tatobjekt habe Urkundeneigenschaft, so handelt es sich nicht um versuchte Urkundenfälschung, sondern um ein strafloses Wahndelikt (BGHSt **13** 235, 241).[417] Irrt er über den Umfang der Ermächtigung, so fehlt es am Vorsatz (RGSt **51** 30, 31). Ebenso ist es, wenn er glaubt, er sei zur Stellvertretung bei der Zeichnung deswegen berechtigt, weil sich der (vermeintliche) Aussteller zur Zeit der Tat zur geistigen Urheberschaft bekannt habe (OLG Hamm NJW **1957** 638, 639).[418] 251

**2. Das Merkmal „zur Täuschung im Rechtsverkehr"**

**a) Täter und Täuschung.** Nach § 267 Abs. 1 StGB macht sich nur strafbar, wer beim Herstellen der unechten Urkunde, beim Verfälschen der echten oder beim Gebrauch der unechten oder verfälschten Urkunde „zur Täuschung im Rechtsverkehr" handelt. Hierbei geht es um ein neben dem Vorsatz erforderliches **besonderes subjektives Merkmal.** Der Tatbestand setzt nicht voraus, dass der Täter selbst jemand täuschen will; *Täuschender* kann (nach seiner Vorstellung) auch *ein anderer* sein, für den er fälscht und der sodann von der Fälschung Gebrauch macht. So ist es zum Beispiel, wenn ein gewerbsmäßiger Passfälscher seine Fälschungen vertreibt. 252

**b) Die unechte oder verfälschte Urkunde als Gegenstand der Täuschung.** Die gewollte Täuschung muss darauf gerichtet sein, den Eindruck zu erwecken, die Urkunde sei echt (BGHSt **2** 50, 52)[419] und deshalb zum Beweis einer rechtserheblichen Tatsache geeignet. Der Gebrauch des falschen Namens in der Urkunde oder deren veränderter Inhalt (beim 253

---

[415] Vgl. etwa OLG Düsseldorf NJW **2001** 167, 168; *Joecks* Rdn. 84; *Krey/M. Heinrich* BT 1 Rdn. 717b; *Rönnau* JuS **2004** 667, 668 f; *Zieschang* AT S. 37 f.

[416] BGH, Urteil vom 5.12.1961 – 1 StR 373/61 –.

[417] *Bockelmann* BT 3 S. 104; unzutreffend OLG Düsseldorf NJW **2001** 167, 168, vgl. *Böse* NStZ **2005** 370; *Erb* NStZ **2001** 317, 318; *Geppert* JK 01 StGB § 267/28; siehe auch *Otto* JK **7/02** StGB § 267/30. Vgl. ferner RGSt **66** 124, 126 f; **aA** (doch überholt durch BGHSt **13** 236, 241) BGHSt **7** 53, 58.

[418] *Bettendorf* S. 374 ff; *Maurach/Schroeder/Maiwald* BT 2 § 65 Rdn. 72; *Tiedemann* Wirtschaftsstrafrecht Rdn. 232.

[419] RG DR **1941** 261 m. Anm. *Bruns*.

Verfälschen) muss subjektiv dazu dienen, gerade durch die damit hervorgerufene Täuschung über die Person des Urhebers oder die Ursprünglichkeit der verkörperten Erklärung im Rechtsleben einen **Erfolg** zu erreichen (RGSt **68** 2, 6).[420] Es ist aber nicht erforderlich, dass objektiv dieser Erfolg auch eintritt.

254 Die Täuschungsabsicht ist zu verneinen, wenn der Benutzer nicht über eine durch die Urkunde selbst bescheinigte oder zu bescheinigende Tatsache täuscht, sondern über eine andere, die ganz außerhalb des Urkundeninhalts liegt (RGSt **62** 222, 223). Das Merkmal „zur Täuschung im Rechtsverkehr" kann dagegen auch bei einem so genannten *Fangbrief* (vgl. RGSt **65** 145 f) erfüllt sein, dies jedenfalls dann, wenn er der Post regelgerecht zur Beförderung im Briefdienst übergeben wird (RGSt **70** 312 f).[421]

255 Bestrafung nach § 267 StGB setzt nicht voraus, dass durch die Verwendung der falschen Urkunde ein Irrtum gerade bei jemand hervorgerufen werden soll, der an dem **Rechtsverhältnis** beteiligt ist, zu dessen Beweis die Urkunde ursprünglich hergestellt wird (BayObLG JR **2003** 38, 39). Hat etwa der Täter eine Quittung gefälscht, um gegenüber den Erben seines Gläubigers die Erfüllung der Schuld zu beweisen, so benutzt er sie gleichwohl zur Täuschung im Rechtsverkehr auch, wenn er sie später im Rahmen von Kreditverhandlungen einer Bank vorlegt, um seine Kreditwürdigkeit darzutun.[422]

256 Nach der Rechtsprechung handelt zur Täuschung im Rechtsverkehr beim Herstellen einer unechten oder verfälschten Urkunde auch derjenige, der sie **als Fotokopie** im Rechtsverkehr verwenden und sie auf diese Weise gebrauchen will (BayObLG NJW **1991** 2163). Nach der hier vertretenen Ansicht ist in diesem Fall § 267 Abs. 1 Var. 3 StGB schon objektiv nicht erfüllt (Rdn. 217).

257 c) **Der Adressat der Täuschung.** Die Adressatenfrage stellt sich nicht nur im Zusammenhang mit dem objektiven Tatbestandsmerkmal des Gebrauchens (Rdn. 227), sondern im Hinblick auf das subjektive Merkmal „zur Täuschung im Rechtsverkehr" – in etwas anderer Form – bei allen drei Begehungsweisen des § 267 StGB, also auch bei dem Herstellen einer unechten und dem Verfälschen einer echten Urkunde.

258 Die rechtliche **Funktion des Adressatenbegriffs** ist in beiden Bereichen verschieden. Im **objektiven** Bereich trennt er – nur beim Gebrauchmachen – die Stadien des Versuchs und der Vollendung dadurch, dass Vollendung erst eintreten kann, wenn die Urkunde dem (oft individuell bestimmten) Beweisadressaten zugänglich ist (Rdn. 220 ff). Im **subjektiven** Bereich hängt die Strafbarkeit der Tat, sei sie versucht oder vollendet, bei allen Begehungsformen davon ab, dass die Voraussetzungen des spezifischen Täuschungsmerkmals erfüllt sind.

259 Im subjektiven Bereich ist es nicht erforderlich, dass der Täter bereits beim Fälschen im Sinne hat, eine bestimmte Person zu täuschen; es genügt, dass er allgemein den Gedanken verfolgt, mit der falschen Urkunde auf den Rechtsverkehr einzuwirken, dass also **irgendjemand** irregeführt und zu einem rechtlich erheblichen Verhalten bewogen werden soll (BGHSt **5** 149, 151 f; RGSt **75** 19, 25; *Schmidhäuser* BT 14/9). Auch reicht es aus, dass nach dem Willen des Täters von der falschen Urkunde nur unter Voraussetzungen Gebrauch gemacht werden soll, deren Eintritt noch ungewiss ist (BGHSt **5** 149, 152; RGSt **75** 19, 25). Doch muss er den **Täuschungswillen** bei der Tathandlung bereits **gefasst** haben. Das subjektive Merkmal ist nicht erfüllt, wenn er zu diesem Zeitpunkt noch unentschlossen ist, ob er die Urkunde überhaupt in den Rechtsverkehr gelangen lassen will.

---

[420] RG DJ **1941** 261, 262 m. Anm. *Bruns*.
[421] Vgl. demgegenüber RGSt **69** 271 f.
[422] Vgl. RGSt **3** 337, 340 f; **19** 113 f.

d) **Veranlassen zu einem rechtserheblichen Verhalten als Ziel der Täuschung.** Die Täuschung muss sich auf das Gebiet des Rechtsverkehrs beziehen. Das ergibt sich seit der Gesetzesänderung von 1943 (vgl. Entstehungsgeschichte) unmittelbar aus § 267 Abs. 1 StGB. In der Zeit davor hat die Rechtsprechung das frühere Merkmal „in rechtswidriger Absicht" im gleichen Sinne ausgelegt (RGSt **51** 237, 239; **64** 95, 96). **260**

Der Täter muss auf das **Rechtsleben** Einfluss nehmen und einen anderen zu einem rechtserheblichen Verhalten bestimmen wollen. So dient eine unechte Urkunde zur Täuschung im Rechtsverkehr, wenn sie hergestellt wird, um die Polizei irrezuführen und die Strafverfolgung zu behindern. Andererseits fehlt es an dem Merkmal „zur Täuschung im Rechtsverkehr", wenn die Urkunde einem in die Umstände eingeweihten verdeckten Ermittler übergeben wird (BGH StV **2008** 188, 189). „Rechtsverkehr" ist nicht nur der private Rechtsverkehr, sondern die Gesamtheit der rechtlichen Beziehungen, innerhalb deren die Urkunde im Falle ihrer Echtheit irgendeine rechtliche Bedeutung haben soll (BGH NJW **1953** 955 f).[423] Auch Grenzkontrollen der früheren DDR gehörten im Sinne des § 267 StGB dazu (KG JR **1981** 37). **261**

Das mit der Täuschung erstrebte rechtserhebliche **Verhalten des Adressaten** kann auch in einem **Unterlassen** bestehen, so wenn etwa der Vorgesetzte veranlasst werden soll, keine strafrechtlichen Maßnahmen (RG JW **1935** 3389, 3390 m. zust. Anm. *Klefisch*) herbeizuführen, oder wenn die Polizei an der Strafverfolgung (BGH NJW **1953** 955) oder das Aufsichtspersonal einer Strafanstalt an der Kontrolle eingehender Pakete gehindert werden soll (BGH bei Dallinger MDR **1975** 541, 543 f). **262**

aa) **Beispiele für Rechtsverkehr.** Zur Täuschung im Rechtsverkehr handelt beispielsweise: wer durch gefälschte Kontoauszüge seine Kreditwürdigkeit nachweisen will; wer als Frau durch ein gefälschtes Schwangerschaftszeugnis einen Mann zur Eheschließung veranlassen will[424]; wer einer Prostituierten einen unechten Scheck gibt[425]; wer bei so genannten Deliktsurkunden (Rdn. 69) die Betroffenen durch Verwendung falscher Namen daran hindert, gegen ihn ein Strafverfahren in die Wege zu leiten (RGSt **56** 114, 115);[426] wer durch eine unechte Urkunde ein Strafverfahren gegen einen anderen herbeiführt (RG JW **1924** 99 f m. Anm. *Honig*); wer die Polizei irreführen und von der Verfolgung des Täters ablenken (BGH NJW **1953** 955) oder eine Durchsuchung oder Kontrolle verhindern will (BGH bei Dallinger MDR **1975** 541, 543 f); wer den Personalausweis für den Besuch einer Spielbank fälscht[427]; wer sein Alter auf der Zeitkarte der Verkehrsbetriebe ändert, um Zutritt zu Diskotheken zu erhalten (BayObLG JR **2003** 38, 39), durch die Täuschung einen Mitbewerber um einen Geschäftsvorteil prellt (RGSt **1** 293, 294); oder wer die Steuerbehörde irreführt, auch wenn dies nur für einen bestimmten Fall oder unter noch ungewissen Voraussetzungen geschehen soll (BGHSt **5** 149, 151 f)[428]. Ein Kraftfahrer, der bei einer Verkehrskontrolle einen Führerschein mit einer verfälschten Fahrerlaubnisklasse vorlegt, gebraucht ihn „zur Täuschung im Rechtsverkehr" unabhängig davon, ob sich die Fälschung auf die Klasse des von ihm bei der Kontrolle benutzten Kraftfahrzeugs bezieht oder nicht (BGHSt **33** 105, 109 ff = JR **1986** 296 m. krit. Anm. *Kühl* S. 297).[429] In einem solchen Fall kann er den Gebrauch nicht auf **263**

---

[423] BGH LM Nr. 18; RGSt **21** 69, 70; **23** 335, 338.

[424] *Sch/Schröder/Cramer/Heine* Rdn. 87b.

[425] RG NW Nr. 5.

[426] BGH LM Nr. 18; RG LZ **1915** Sp. 1530.

[427] BGH, Urteil vom 13.5.1952 – 1 StR 129/52 –.

[428] Vgl. RGSt **16** 133, 134 f; **75** 19, 24 f.

[429] = JuS **1985** 647 LS m. Bespr. *Hassemer.* **AA** OLG Hamm JMBlNRW **1956** 45; NJW **1976** 2222; differenzierend OLG Köln NJW **1981** 64 je nach Art und Weise der Verfälschung des Führerscheins (ob durch Verfälschung der eingetragenen Fahrerlaubnis-

den unverfälschten Teil der Urkunde beschränken, wie dies bei einem anders liegenden Sachverhalt, insbesondere im privatrechtlichen Bereich, möglich sein mag (vgl. Rdn. 193).

**264** bb) **Gegenbeispiele.** Zur Täuschung im Rechtsverkehr handelt nicht, wer es darauf anlegt, lediglich im **gesellschaftlichen** Verkehr oder im Rahmen ausschließlich **zwischenmenschlicher** Verhältnisse zu täuschen (RGSt **64** 95, 96).[430] So, wenn der Täter Urkunden fälscht, um aus Prahlsucht nach außen mehr zu scheinen, als er ist (RG DJ **1938** 2039); um einen guten persönlichen Eindruck zu machen (RG DJ **1938** 2039 f); um auf die Meinung eines anderen von einem Dritten einzuwirken (RG JW **1928** 2984 f m. Anm. *Bohne*) oder um ihn zu beruhigen (RGSt **47** 199, 200 f). Dasselbe gilt, wenn jemand mit der Täuschung nur Schmerzen lindern oder Freude bereiten will; so, wenn ein Ehemann seiner zurückbleibenden Frau als Abschiedsgeschenk ein gefälschtes Sparbuch überreicht (RG LZ **1920** Sp. 803; zw.) oder wenn ein Sohn, der durch das Examen gefallen ist, seinem Vater ein gefälschtes Diplom schickt.[431]

**265** Nichts anderes gilt, wenn der Täter durch die Täuschung lediglich Unfrieden und Missstimmung stiften (OLG Hamburg JW **1922** 319 m. zust. Anm. *Horowitz* S. 320) oder bei einem anderen eine „Gemütsstimmung" hervorrufen will (RGSt **64** 95, 96; RG LZ **1920** Sp. 803). Ebenso soll es sein, wenn eine Frau gegenüber ihrem Liebhaber jünger erscheinen möchte, als es ihrem Alter entspricht (RG Rspr. **7** 681, 682); dies sogar dann, wenn sie aus diesem Grunde die Altersangabe im Reisepass ändert und von dem Pass beim Grenzübergang Gebrauch macht (BayObLG MDR **1958** 264, zw.; vgl. den Führerscheinfall Rdn. 263 sowie Rdn. 269). Am Handeln zur Täuschung im Rechtsverkehr soll es schließlich fehlen, wenn es dem Täter nur darum geht, eine innerdienstliche Nachlässigkeit zu verheimlichen (zw.; OLG Celle NJW **1961** 1880; vgl. BayObLGSt **1996** 76, 77).[432]

**266** Der Schriftsteller, der einer Zeitung einen Beitrag unter dem Namen eines berühmten Kollegen liefert, täuscht im Rechtsverkehr, soweit er damit die Veröffentlichung fördern und deren Vorteile erlangen will, nicht aber, wenn er sich aus Scheu des fremden Namens bedient und annimmt, dass es nicht auf den Namen, sondern auf den sachlichen Wert des Beitrags ankomme (RGSt **68** 2, 4, 6 ff) oder dass die Fälschung den Entschluss der Gegenseite nicht beeinflusse (vgl. OLG Hamm JMBlNRW **1956** 45).[433] Liegt der Täuschung ein Scherz oder Schabernack zu Grunde, so ist der Tatbestand nicht erfüllt, sofern der Täter darauf vertrauen kann, dass der Adressat mit Sicherheit Verständnis dafür haben werde. Das Reichsgericht (RG GA Bd. **58** 447 f) ließ es in diesen Fällen aber nicht unbedingt an der „rechtswidrigen Absicht" (Täuschungsabsicht) fehlen.

**267** e) **Ursächlichkeit der Täuschung für den Erfolg.** Das subjektive Merkmal „zur Täuschung im Rechtsverkehr" ist erfüllt, wenn der Täter durch die mit der falschen Urkunde erstrebte Täuschung über die Person ihres Ausstellers oder die Ursprünglichkeit der Erklärung einen Erfolg erreichen will, den er *nach seiner Vorstellung* bei Gebrauch des eigenen Namens oder der unverfälschten Erklärung nicht erreichen kann (RGSt **68** 2, 6).

---

klasse oder deren fälschliche Ergänzung durch Hinzufügen weiterer Klassen); dem zustimmend und insoweit ablehnend zu BGHSt 33 105 *Puppe* JZ **1986** 946 ff.

430 RG LZ **1915** Sp. 640; *Erb* MK Rdn. 206.

431 *Maurach/Schroeder/Maiwald* BT 2 § 65 Rdn. 75; vgl. hierzu *Cramer* JZ **1968** 33.

432 RG JW **1931** 660, 661; **1935** 3389, 3390 m. zust. Anm. *Klefisch* S. 3390.

433 **AA** RG JW **1924** 1166 Nr. 11 m. **abl.** Anm. *Merkel.*

Insofern ist in diesem **subjektiven** Bereich Raum für Kausalitätserwägungen. Dagegen kommt es für die Erfüllung des Merkmals (ebenso wie bei dem des Gebrauchens, Rdn. 228) **nicht** darauf an, ob die Täuschung **objektiv** gelingt und zu einem irrtumsbedingten Erfolg führt (RGSt **2** 42, 43; **59** 394, 395). Es ist ebenfalls nicht maßgeblich, ob die Täuschung allein durch den Gebrauch der Urkunde oder nur in Verbindung mit anderen Mitteln erreicht wird. Unerheblich ist schließlich, ob der Zweck der Täuschung, wenn er erfüllt wird, objektiv auch ohne sie hätte erreicht werden können (weiter gehend RG JW **1924** 1166 Nr. 11 m. **abl.** Anm. *Merkel*).

So wie danach Handeln „zur Täuschung im Rechtsverkehr" ohne objektiv ursäch- **268** liche Auswirkung des Täuschungswillens möglich ist, kann umgekehrt bei Herstellen, Verfälschen oder Gebrauch der unechten oder verfälschten Urkunde der für die Strafbarkeit stets erforderliche Täuschungswille fehlen, obwohl der Täter durch sein Verhalten objektiv einen für den Rechtsverkehr erheblichen Irrtum beim Adressaten verursacht. Das mag zum Beispiel bei dem durchgefallenen Examenskandidaten (Rdn. 264) so sein, wenn der ahnungslose Vater das ihm übersandte Diplom bei seinen Bemühungen verwendet, eine Anstellung für den Sohn zu finden.

Darauf, dass ihm der **Täuschungswille** gefehlt habe, kann sich der Täter allerdings **269** nicht mit Erfolg berufen, wenn er – wie im Führerscheinfall (Rdn. 263) – bei Benutzung einer *teilverfälschten Urkunde* bewusst und gewollt auch den verfälschten Teil mit verwendet, bei dessen Entdeckung etwa im Rahmen einer polizeilichen Kontrolle er mit Schwierigkeiten rechnen muss (Rdn. 193). Hat also eine Frau die Angabe ihres Geburtsdatums im Reisepass geändert, um gegenüber ihrem Liebhaber jünger zu erscheinen (Rdn. 265), so handelt sie bei wortloser Vorlage ihres Passes beim Grenzübergang „zur Täuschung im Rechtsverkehr", wenn sie davon ausgeht, dass ihr bei Aufdeckung des Verfälschens Schwierigkeiten bereitet werden können, die sie vermeiden möchte (**aA** BayObLG MDR **1958** 264).[434]

f) **Absicht oder direkter Vorsatz?** Der Passfall (Rdn. 269) führt zur Frage, **welchen Grad** **270** der Täuschungswille als „überschießende Innentendenz" haben muss. Jedenfalls erfasst ist die stärkste Vorsatzform, also der dolus directus 1. Grades (als Streben nach einem Tatziel). Doch handelt zur Täuschung im Rechtsverkehr auch, wer weiß oder nach seiner Vorstellung **als sicher** davon ausgeht, dass er den Adressaten durch die Verwendung der unechten oder verfälschten Urkunde in einen Irrtum versetzt und zu einem rechtserheblichen Verhalten veranlasst (OLG Saarbrücken NJW **1975** 658, 659).[435] Auf diese Folge braucht es ihm also nicht besonders anzukommen (BayObLGSt **1998** 51, 52 f).[436] Dolus directus 2. Grades im Sinne der Gewissheitsvorstellung genügt. Zu beachten ist, dass das Streben nach einer rechtserheblichen Wirkung nicht der einzige Zweck des Handelns zu sein braucht (BGH LM Nr. 18; RG LZ **1915** Sp. 1530); zudem ist nicht erforderlich, dass der erstrebte Täuschungserfolg an sich rechtswidrig ist (BayObLG MDR **1958** 264).[437] Zur Täuschung im Rechtsverkehr handelt auch, wer mit einer gefälschten Quittung eine unberechtigte Klageforderung abwehrt (RGSt **47** 199; RG DStrZ **1917** Sp. 169) oder wer eine unrichtige Quittung, die ihm der Gläubiger erteilt hat, auf den tatsächlich bezahlten Betrag ändert (RG LZ **1918** Sp. 779; RG DStrZ **1921** Sp. 246 f).

Die Beantwortung der Frage, ob zur Täuschung im Rechtsverkehr sicheres Wissen **271** (dolus directus 2. Grades) um die Irrtumserregung und ihre als notwendig erkannte

[434] Vgl. ferner OLG Hamm JMBlNRW **1956** 45.

[435] = JR **1975** 515 m. Anm. *Kienapfel*.

[436] *Lenckner* NJW **1967** 1891 f; vgl. auch *Neuhaus* GA **1994** 224 ff.

[437] RGSt **21** 69, 70; **35** 117, 119; **60** 187, 188.

Folge ausreicht, ist umstritten. Ein großer Teil des **Schrifttums**[438] bejaht im Einklang mit der hier vertretenen Ansicht die Frage. Zum Teil hält es aber zur Einschränkung des Tatbestands Absicht im engeren Sinne jedenfalls bezüglich der Täuschungskomponente für erforderlich,[439] während dazu im Gegensatz vereinzelt sogar bedingter Vorsatz als ausreichend erachtet wird.[440]

272 Die **Rechtsprechung** hat geschwankt. Der Bundesgerichtshof hat die Frage zunächst offen gelassen (BGHSt **5** 149, 152 f). Im Führerscheinfall (BGHSt **33** 105 – Rdn. 263) hat er das Problem zwar nicht allgemein erörtert, in der Sache jedoch im hier vertretenen Sinne entschieden (BGHSt **33** 105, 109 ff; BGH NStZ **1999** 619, 620). Das Bayerische Oberste Landesgericht hat früher für die innere Tatseite bei allen drei Begehungsformen der Urkundenfälschung Absicht im engeren Sinne verlangt (BayObLG NJW **1967** 1476, 1477). Es hat diese Rechtsprechung inzwischen aufgegeben (BayObLGSt **1998** 51, 52 f; dazu *Geppert* JK **99** StGB § 267/25). Es hebt nunmehr zutreffend hervor, dass es im Interesse der Sicherheit und Zuverlässigkeit des Rechtsverkehrs geboten ist, Täuschungshandlungen, auch wenn sie primär auf einen außerrechtlichen Effekt abzielen, dann in den Anwendungsbereich des § 267 StGB einzubeziehen, wenn sie als sicheren Nebeneffekt eine Störung des Beweisverkehrs im Rechtsleben zur Folge haben (BayObLGSt **1998** 51, 52 f).

273 Der **Beweggrund** des Täters ist für die Frage der Strafbarkeit unerheblich (RGSt **56** 114, 115).[441] Auf den Anreiz zur Tat kommt es nicht an. Wer bei der Bestellung des Aufgebots eine Urkunde mit gefälschtem Geburtsdatum beim Standesamt einreicht, handelt zur Täuschung im Rechtsverkehr, auch wenn es ihm primär darum geht, gegenüber dem Ehepartner jünger zu erscheinen.[442]

274 **g) Täuschung bei Datenverarbeitung.** Hierzu wird auf die Gleichstellungsvorschrift des § 270 StGB und dessen Kommentierung verwiesen.

275 **3. Zur inneren Tatseite beim qualifizierten Tatbestand des Absatzes 4.** Insofern ist besonders zu beachten, dass der Täter der Qualifikation den Willen aufweisen muss, sich durch Urkundenfälschung eine Erwerbsquelle von einigem Umfang und gewisser Dauer zu verschaffen (Rdn. 239).

## VII. Vollendung, Versuch und Vorbereitung

276 **1. Vollendung.** Die Urkundenfälschung ist vollendet, sobald der Täter zur Täuschung im Rechtsverkehr die unechte Urkunde hergestellt, die echte Urkunde verfälscht oder die falsche Urkunde gebraucht hat (BGHSt **5** 291, 293). Beim **Herstellen und Verfälschen** kommt es auf den Zeitpunkt an, in dem der Täter den Fälschungsakt abschließt (vgl. BGH bei Holtz MDR **1978** 623, 625 f). Bei Mehrfachfertigung oder Serienherstellung ist die Fertigstellung des ersten zum Beweisgebrauch bestimmten Stücks maßgebend. Beim

---

[438] Etwa *Fischer* Rdn. 29; *Gössel/Dölling* BT 1 § 52 Rdn. 24; *Haft* BT II S. 192; *Hohmann/Sander* BT II § 17 Rdn. 50; *Küpper* BT 1 Teil II § 1 Rdn. 48; *Lackner/Kühl* Rdn. 25; *Lenckner* NJW **1967** 1890; *Sch/Schröder/Cramer/Heine* Rdn. 91; *Sonnen* BT S. 223.

[439] *Hoyer* SK Rdn. 92.

[440] *Erb* MK Rdn. 209; *Puppe* NK Rdn. 103.

[441] BGH LM Nr. 18; RG LZ **1920** Sp. 661.

[442] *Sch/Schröder/Cramer/Heine* Rdn. 93.

Abschluss des Fälschungsakts muss der Wille zur Beweistäuschung noch bestehen. Eine Begebung des Falschstücks ist nach der Gesetzesfassung nicht erforderlich, obwohl die Tat bis dahin nicht nach außen wirkt. Wer (erst) nach Abschluss des Fälschungsakts den Willen zur Beweistäuschung fallen lässt und das Falsifikat vor einer Begebung vernichtet, bleibt gleichwohl wegen vollendeter Tat strafbar. Die analoge Anwendung von Vorschriften, welche Straflosigkeit bei freiwilliger Aufgabe an sich strafbarer Vorbereitungshandlungen vorsehen, lässt sich, insbesondere im Hinblick auf die Gesetzesänderung des Jahres 1943, bei § 267 StGB nicht mit der Begründung rechtfertigen, Herstellen einer unechten und Verfälschen einer echten Urkunde seien materiell nur Vorbereitung zu deren Gebrauch.[443]

Gedanklich besteht nur scheinbar ein Bruch zwischen der rechtlichen Notwendigkeit der **Begebung**, die einem Schriftstück in bestimmten Fällen (so bei Entwürfen und persönlichen Notizen) erst die Eigenschaft einer echten Urkunde verleiht (Rdn. 19 ff), und dem Umstand, dass unechten oder verfälschten Urkunden Urkundencharakter bereits mit Abschluss ihres Herstellens zukommt, ohne dass es auf eine Begebung ankäme. Auch bei echten Urkunden ist eine Begebung in der Regel nicht erforderlich, wenn feststeht, dass ihnen der notwendige **Erklärungswille** (Rdn. 18 ff) zu Grunde liegt. **277**

Beim **Gebrauchen** ist die Tat vollendet, wenn die falsche Urkunde dem Adressaten zugänglich gemacht ist und er von ihr Kenntnis nehmen kann (Rdn. 220). Schon der erste Gebrauchsakt führt die Vollendung herbei. Doch kann die Tat im Versuch stecken bleiben, wenn der zu Täuschende bösgläubig ist (RG JW **1922** 586 m. zust. Anm. *Hegler*). Beendet ist die Tat erst, wenn der Gebrauch abgeschlossen ist (vgl. BGHSt **5** 291, 293; BGH GA **1955** 246). Das gilt auch dann, wenn der Fälscher das Falsifikat selbst gebraucht. Ob die Täuschung gelingt oder überhaupt gelingen kann, ist auch in diesem Zusammenhang unerheblich (Rdn. 220, 267). **278**

**2. Versuch.** Er ist mit Strafe bedroht, im Fall des § 267 Abs. 1 StGB nach Absatz 2 (§§ 23 Abs. 1, 12 Abs. 2 StGB) und beim Verbrechen nach Absatz 4 gemäß § 23 Abs. 1 StGB i.V.m. § 12 Abs. 1 StGB. Er beginnt mit dem unmittelbaren Ansetzen (§ 22 StGB) **zum Herstellen** (vgl. RGSt **23** 213), auch wenn zunächst ein Entwurf, ein Modell oder ein Probeabdruck in Angriff genommen wird. Im Hinblick auf ältere Rechtsprechung ist die Begriffsbestimmung des § 22 StGB zu beachten, die durch Art. 1 des 2. StrRG eingefügt worden ist. Wer Lebensmittelkarten mit einer Masse bestreicht, um später das Entwertungszeichen zu entfernen, kann bereits ins Versuchsstadium gelangt sein (OLG Kiel HESt **2** 47). Gleiches gilt für den, der sich Vordrucke verschafft oder herstellt, um sie unmittelbar danach zu Fälschungszwecken zu verwenden.[444] Doch genügt die Anfertigung von Führerscheinformularen jedenfalls dann nicht, wenn sie erst bei zeitlich unbestimmtem Bedarf mit dem Namen von Interessenten und deren Lichtbild versehen werden sollen (vgl. BGH NJW **1965** 594, 595).[445] Der Versuch setzt voraus, dass der Täter eine Beweistäuschung will. **279**

Zum Versuch beim **Gebrauchen** siehe zunächst Rdn. 228 ff. Er ist grundsätzlich anzunehmen, wenn der Täter bei der Versendung der falschen Urkunde an den Adressaten den Beförderungsautomatismus der Post in Gang setzt (*Paeffgen* Jura **1980** 489) oder wenn er dem Übermittler den Brief übergibt. Kein Versuch ist das Mit-sich-Führen eines **280**

---

443 **AA** *Sch/Schröder/Eser* § 24 Rdn. 116; *Schröder* FS Kern, 462.

444 BGH bei Holtz MDR **1978** 623, 626.

445 Anders BGH bei Hürxthal DRiZ **1979** 311; wie hier *Otto* JuS **1987** 770.

gefälschten Führerscheins (Rdn. 226; **aA** *D. Meyer* MDR **1977** 445); dessen Gebrauch würde erst beginnen, wenn der Täter Anstalten macht, ihn zum Beispiel bei einer Verkehrskontrolle vorzuzeigen.

**281** Im Hinblick auf den normativen Charakter des Merkmals „Urkunde" kann es im Einzelfall aus tatsächlichen oder rechtlichen Gründen zweifelhaft sein, ob in Fällen des **„umgekehrten Irrtums"** ein untauglicher Versuch oder ein Wahndelikt vorliegt; so, wenn der Täter zur Täuschung im Rechtsverkehr eine Fotokopie in der unzutreffenden Annahme benutzt, es handele sich dabei rechtlich um eine unechte oder verfälschte Urkunde. *Mitsch* (NStZ **1994** 88 f) möchte **untauglichen Versuch** annehmen, wenn der Täter bei der Benutzung zwar nicht die Vorstellung eines Urkundensachverhalts hatte, wohl aber die Vorstellung einer Urkundenbedeutung. Doch liegt nach dem sonst üblichen Maßstab ein strafloses Wahndelikt vor, wenn der Täter zutreffende Sachverhaltskenntnis hat, daraus jedoch zu seinem Nachteil falsche rechtliche Schlussfolgerungen herleitet (vgl. BGHSt **13** 235, 241; *Joecks* Rdn. 84; *Krey/M. Heinrich* BT 1 Rdn. 717b). Untauglicher Versuch ist nur gegeben, wenn der Täter irrtümlich von einem Sachverhalt ausgeht, nach dem, läge er tatsächlich vor, eine unechte oder verfälschte Urkunde gegeben wäre.

**282** 3. **Vorbereitung.** Im Rahmen des § 267 StGB ist die Vorbereitung einer Tat nach Absatz 1 straflos, die einer Tat nach Absatz 4 nur unter den Voraussetzungen der §§ 30, 31 StGB strafbar. Bestimmte Vorbereitungshandlungen, die dem Fälschen amtlicher Ausweise dienen, sind in besonderen Tatbeständen (§§ 275 bis 276a StGB) mit Strafe bedroht. Bei § 267 StGB gehört das Beschaffen der Gerätschaften, die zum Fälschen benötigt werden (wie Druckmaschine, Vervielfältigungsapparat und Papier), zur straflosen Vorbereitung.

## VIII. Täterschaft und Teilnahme

**283** Sie bestimmen sich nach den allgemeinen Regeln.[446]

**284** 1. **Täterschaft.** Täter ist, wer sämtliche Tatbestandsmerkmale in seiner Person verwirklicht, also eigenhändig eine unechte Urkunde herstellt oder eine echte verfälscht (BGH GA **1965** 149) und dabei die subjektiven Erfordernisse erfüllt (§ 25 Abs. 1 Alt. 1 StGB). Das kann in den Fällen der unbefugten Änderung auch der Aussteller selbst sein (Rdn. 203 ff). Täter ist der Gebrauchende, der sich zum Herstellen der Fälschung eines schuldlos Handelnden als Werkzeugs bedient (vgl. RGSt **40** 21, 41). Unzutreffend geht jedoch AG Pfaffenhofen NStZ-RR **2004** 170 (m. Anm. *Kudlich* JuS **2004** 1119; *Otto* JK **12/04** StGB § 267/32) von mittelbarer Täterschaft des Lehrers aus, der einem strafunmündigen Schüler erlaubt hat, nach Abschluss der Prüfungszeit die Schulaufgabe zu ändern. Vielmehr verwirklicht der Schüler § 267 Abs. 1 Var. 2 StGB (unbefugte Änderung durch den Aussteller; siehe dazu Rdn. 203), wobei der Lehrer Teilnehmer an der Tat ist. Die Strafunmündigkeit des Haupttäters hindert angesichts der limitierten Akzessorietät (vgl. §§ 26 f, 29 StGB) nicht die Bestrafung des Teilnehmers. Wer eine selbst hergestellte Fälschung einem anderen zum Gebrauch überlässt, ist Täter beim Herstellen und mittelbarer Täter beim Gebrauchen, wenn der andere die Urkunde in Unkenntnis

---

446 BGH bei *Dallinger* MDR **1967** 547, 548.

ihrer Unechtheit zu Beweiszwecken verwendet. *Schroeder* (GA **1974** 227) begreift die Herbeiführung einer Unterschrift durch Täuschung oder Zwang als mittelbare Täterschaft.[447] Richtigerweise wird man jedoch mittelbare Täterschaft nur dann annehmen können, wenn es an der Freiverantwortlichkeit des unmittelbar Handelnden fehlt. Nur dann besitzt der Hintermann Tatherrschaft.

2. **Mittäterschaft.** Sie ist regelmäßig anzunehmen, wenn aufgrund einer Abrede der eine die Urkunde herstellen lässt und der andere sie gebraucht (RGSt **70** 12, 15 f)[448] oder wenn beide beim Gebrauch zusammenwirken; ferner, wenn sich der Hersteller der unechten Urkunde zum eigenen Gebrauch eines bösgläubigen Mittelsmannes bedient (vgl. RG HRR **1940** Nr. 1364). Lässt jemand bei einem Unbekannten unter Überlassung von Lichtbild und Unterlagen einen falschen Pass herstellen, so liegt Mittäterschaft vor (OLG Hamm GA **1973** 184). Fertigen mehrere gemeinsam unechte Urkunden zur Täuschung im Rechtsverkehr an, teils zum eigenen Gebrauch und teils zum Gebrauch durch andere, so sind sie Mittäter, gleichgültig, wer von ihnen die gefälschte Unterschrift herstellt (vgl. RGSt **58** 279). Nicht jeder Mittäter muss eine tatbestandsmäßige Handlung begehen (BGH bei Dallinger MDR **1967** 547, 548). Bei einer Tatbeteiligung, die im Verschaffen falscher Papiere liegt, kann demnach Mittäter auch sein, wer die unechten Urkunden weder selbst herstellt noch benutzt. Doch versteht sich Mittäterschaft bei einem solchen Sachverhalt nicht von selbst, zumal entgegen der Ansicht der Rechtsprechung Mittäterschaft bei bloßer Mitwirkung im Vorbereitungsstadium nach zutreffender Auffassung abzulehnen ist. Es kommt auch Beihilfe in Betracht (BGHR StGB § 267 Abs. 1 Gebrauchmachen 1). Jeder Mittäter muss neben dem Vorsatz in seiner Person das besondere subjektive Merkmal der Täuschungsabsicht aufweisen. Der Gebrauchende ist, wenn er einen anderen zum Herstellen angestiftet hat, nur als (Mit-)Täter zu bestrafen (OLG Bamberg HESt **2** 325), nicht auch als Anstifter. **285**

3. **Teilnahme. Gehilfe** ist, wer dem Täter die Verwendung seines Namens zur Identitätstäuschung gestattet (vgl. RGSt **22** 377, 379; **26** 220, 221) oder wer als Mitaussteller einer Urkunde mit ihrem Verfälschen durch den anderen Mitaussteller einverstanden ist. Wird der Hersteller einer unechten Urkunde nach deren Fertigstellung außerhalb des Beweisgebrauchs unterstützt, so kommt beim Helfer Begünstigung in Betracht (§ 257 StGB). Der **Anstiftung** zur Urkundenfälschung macht sich schuldig, wer als Fahrlehrer den Täter veranlasst, bei der theoretischen Prüfung für den Erwerb der Fahrerlaubnis den Prüfbogen für einen anderen unter dessen Namen auszufüllen (OLG Hamm NStZ **1988** 26). In dem Vertragsabschluss mit einem Titelhändler kann ein Auftrag zur Herstellung einer unechten Urkunde und damit eine Anstiftung zur Urkundenfälschung liegen (BGH NStZ-RR **2008** 371). **286**

---

[447] Vgl. *Maurach/Schroeder/Maiwald* BT 2 § 65 Rdn. 62; *Schroeder* JuS **1981** 418; *ders.* GA **1981** 524; ihm folgend *Sch/Schröder/Cramer/Heine* Rdn. 98.

[448] BGH, Urteil vom 9.8.1963 – 4 StR 250/63 –.

## IX. Konkurrenzen

### 1. Innerhalb des § 267 StGB

#### a) Im Rahmen des Absatzes 1

287 **aa) Herstellen einer unechten oder Verfälschen einer echten Urkunde jeweils mit nachfolgendem Gebrauch.** Der Bundesgerichtshof hat angenommen, dass Fälschungsakt und Gebrauch des Falschstücks **eine Straftat** bilden, wenn der Gebrauch dem schon beim Fälschen oder Verfälschen bestehenden Plan des Täters entspricht *(Grundsatz des einheitlichen Deliktskomplexes)*. In diesem Fall wird die mit dem Fälschungsakt rechtlich vollendete Tat erst durch den Gebrauch beendet (BGHSt 5 291, 293).[449] Anders ist es, wenn der spätere Gebrauch auf einem neuen Entschluss beruht; dann ist das Gebrauchen eine weitere, rechtlich selbstständige Handlung (BGHSt 5 291, 293; BGH wistra **1998** 106, 107, 108; dazu *Geppert* JK **99** StGB § 267/24). Grundsätzlich liegen **mehrere selbstständige Handlungen** vor, wenn der Täter eine Urkunde in der allgemeinen Absicht fälscht, sie bei sich bietender Gelegenheit zur Täuschung zu verwenden, und wenn er später einmal oder mehrmals Gebrauch von ihr macht (BGHSt **17** 97).[450] Entsprechendes gilt, wenn er sich bei mehrfachem Gebrauch einer Falschurkunde bedient, die von einem anderen herrührt (BGHSt **17** 97). Durch dieses Gesetzesverständnis wird verhindert, dass der Täter, der eine Falschurkunde mehrmals gebraucht, im Hinblick auf das vorangegangene Fälschen besser gestellt wird als ohne dieses.

288 Gegen die Entscheidung BGHSt **17** 97 sind Bedenken erhoben worden.[451] Entscheidung und Kritik sind insoweit überholt, als sie Fragen des Fortsetzungszusammenhangs betreffen, den der Bundesgerichtshof inzwischen als Rechtsinstitut praktisch beseitigt hat (BGHSt **40** 138). Im Verhältnis zwischen Fälschen und Gebrauchen bleibt es bei dem in BGHSt **5** 291 aufrechterhaltenen Grundsatz, dass bei von vornherein beabsichtigtem nachfolgenden Gebrauch nur eine Straftat vorliegt, die mit dem Fälschen rechtlich vollendet und durch den Gebrauch beendet wird. Folgen einem Fälschen mehrere Gebrauchsakte nach oder gehen einem Gebrauchsakt mehrere Fälschungen voraus, so gilt der Grundsatz des einheitlichen Deliktskomplexes mit der Folge, dass die nach dem **Tatplan** zusammengehörenden Tathandlungen – Fälschen und Gebrauchen – eine Straftat bilden.[452] Dagegen sind die Gebrauchsakte selbstständige Handlungen, wenn sie über den ursprünglichen Tatplan hinausreichen oder wenn der Plan so unbestimmt ist, dass die Gebrauchsfälle nicht mehr einem einheitlichen Deliktskomplex zugerechnet werden können (vgl. BGH, Beschluss vom 28.12.1989 – 1 StR 629/89 –; RGSt **3** 311, 312). Werden mehrere Urkunden durch mehrere Handlungen gefälscht, aber in einem Gebrauchsakt zusammen verwendet, so liegt nur eine Urkundenfälschung vor.[453] Werden bei einem Vorgang durch dieselbe Urkunde mehrere Personen getäuscht, so handelt es sich um eine Tat (RGSt **15** 290). Das Gleiche gilt, wenn eine Person durch mehrere falsche Urkunden getäuscht wird, selbst wenn bei deren Herstellen beabsichtigt war, sie getrennt zu verwenden.[454]

---

[449] BGH StV **2008** 182; LM § 263 Nr. 6; GA **1955** 245; im Ergebnis ebenso etwa *Erb* MK Rdn. 217; *Freund* JuS **1994** 128 f.

[450] Hierzu *Geier* LM Nr. 33.

[451] *Häußling* JZ **1963** 69; *Miehe* GA **1967** 270.

[452] Vgl. *Erb* MK Rdn. 217; *Puppe* NK Rdn. 108; siehe auch BGH wistra **2005** 35; wistra **2004** 417.

[453] BGH StV **2008** 182, 183; wistra **2006** 66; RGSt **15** 290; *Fischer* Rdn. 44; *Sch/Schröder/Cramer/Heine* Rdn. 79c.

[454] OLG Bamberg HESt **2** 325.

Nach der Rechtsprechung des Bundesgerichtshofs kann dieselbe Urkunde mehrfach verfälscht werden (BGH LM Nr. 22). Dann liegt **Tatmehrheit** vor. Mehrere nicht zu natürlicher Handlungseinheit verbundene Urkundenfälschungen können nicht unter dem Gesichtspunkt des Gesamtvorsatzes zu einer einheitlichen Handlung zusammengefasst werden (BayObLG wistra **1996** 236 f). Das ist die Konsequenz aus der tatsächlichen Abschaffung der Figur der fortgesetzten Tat. **289**

Zur Frage, wie sich Herstellen, Verfälschen und Gebrauch nach ihrem **Unrechtsgehalt** zueinander verhalten, gehen die Auffassungen auseinander. Die einen erachten im Hinblick auf die gesetzliche Gleichbewertung alle drei Begehungsformen für gleichwertig[455] oder legen das Schwergewicht auf die Fälschungshandlung.[456] Die anderen bewerten den Fälschungsakt als Vorbereitungshandlung für das Gebrauchen und als *Gefährdungstatbestand* grundsätzlich milder.[457] Man kann sagen, dass der Gebrauch falscher Urkunden als **Rechtsgutsverletzung** für die Rechtsordnung regelmäßig gefährlicher ist, während das Fälschen beim Täter mehr verbrecherische Energie voraussetzt und die „eigentliche verbrecherische Leistung" (*Sax* MDR **1951** 588) ist. Der höhere Unrechtsgehalt kann daher durchaus beim Fälschungsakt liegen, so beim berufsmäßigen Passfälscher, in anderen Fällen jedoch beim Gebrauchen. Insbesondere im Hinblick auf den Gesetzeswortlaut sind alle drei Begehungsformen als gleichwertig zu erachten. Daher verbietet es sich, zwischen den Begehungsformen allgemein nach Haupttat sowie mitbestrafter Vor- oder Nachtat zu unterscheiden.[458] **290**

**bb) Konsequenzen für Täterschaft und Teilnahme.** Die Grundsätze über das Verhältnis der Tathandlungen des § 267 Abs. 1 StGB zueinander (Rdn. 287 ff) haben Konsequenzen für die rechtliche Annahme von Täterschaft und Teilnahme (Rdn. 283 ff). Sind die verschiedenen Tathandlungen als eine Tat zu bewerten, so konsumiert – als schwerere Beteiligungsform – Täterschaft bei der einen Handlung eine Teilnahme (§§ 26, 27 StGB) an der anderen. Das gilt unabhängig davon, wie man im Einzelfall den Unrechtsgehalt beurteilt, der den verschiedenen Begehungsweisen der Urkundenfälschung (§ 267 Abs. 1 StGB) im Verhältnis zueinander zukommt (Rdn. 290). Das Gesetz bewertet die drei Handlungen Herstellen, Verfälschen und Gebrauchen rechtlich gleich. Hat der Teilnehmer zum Fälschen angestiftet und beim Gebrauch nur geholfen, so wird er allein wegen Anstiftung bestraft, wenn sein Verhalten eine einheitliche Tat ist. **291**

**b) Im Verhältnis des Absatzes 4 zu Absatz 1 und Absatz 3. Absatz 4** ist im Verhältnis zu Absatz 1 die **speziellere Vorschrift**, die ihm vorgeht. Das gilt auch, wenn auf den Grundtatbestand des Absatzes 1 der Strafrahmen des Absatzes 3 für besonders schwere Fälle anzuwenden ist. Denn die Tat nach Absatz 4 ist Verbrechen, die des Absatzes 1 auch unter den Voraussetzungen des Absatzes 3 (nur) Vergehen (§ 12 Abs. 2 und 3 StGB). Die angedrohte Mindeststrafe des Regelstrafrahmens des Absatzes 4 ist höher als die Mindeststrafe des Absatzes 3 (vgl. auch Rdn. 302). Auch enthält der Tatbestand des Absatzes 4 kumulativ die Merkmale der Gewerbs- und Bandenmäßigkeit, die im Regelbeispielsfall des Absatzes 3 Nr. 1 alternativ verwendet werden (vgl. Rdn. 240). **292**

---

[455] Vgl. OLG Nürnberg MDR **1951** 53 m. zust. Anm. *Meister* S. 54; *Lenckner* NJW **1967** 1892; *Sax* MDR **1951** 589.

[456] *Weismann* VDB 7. Bd. S. 365.

[457] *Miehe* GA **1967** 279; vgl. auch *Geppert* Jura 2000 651, 654 f.

[458] Vgl. auch *Hoyer* SK Rdn. 113 f; *Puppe* NK Rdn. 108.

## 2. Mit anderen Vorschriften

293 a) **Aus dem StGB.** § 267 StGB gehen wegen **Gesetzeskonkurrenz** vor: Geld- und Wertzeichenfälschung, §§ 146 bis 149 StGB (*Fischer* § 267 Rdn. 45), § 152a StGB nach seiner Neufassung (BTDrucks. 15/1720 S. 9; *Fischer* § 152a Rdn. 21)[459] und § 152b StGB (BGH NStZ **2005** 329) sowie Fälschen von Gesundheitszeugnissen, § 277 StGB (RGSt **6** 1, 2; RG GA Bd. **58** 192) und Gebrauch unrichtiger Gesundheitszeugnisse, § 279 StGB. Umgekehrt verdrängt § 267 StGB als schwereres Delikt kraft ausdrücklicher Subsidiaritätsklausel den Tatbestand des Veränderns amtlicher Ausweise, § 273 StGB.

294 Schwierigkeiten bereitet das **Verhältnis** des § 267 StGB **zur Urkundenunterdrückung** (§ 274 Abs. 1 Nr. 1 StGB). Diese Vorschrift stellt auch die Beschädigung von Urkunden unter Strafandrohung. Die Rechtsprechung grenzt beide Tatbestände im Wege der Gesetzeskonkurrenz dahin gegeneinander ab, dass Urkundenunterdrückung ausscheidet, sofern die Beschädigung nur die nach wie vor bestehende Beweisbedeutung der Urkunde ändert; Urkundenunterdrückung erlangt grundsätzlich erst dann eigenständige Bedeutung, wenn das Schriftstück durch die Veränderung seine Urkundeneigenschaft verloren hat (vgl. BGH NJW **1954** 1375).[460] Urkundenbeschädigungen (als im Sinne des § 274 Abs. 1 Nr. 1 StGB tatbestandsmäßige Handlungen) treten, soweit sie bei Gelegenheit oder zum Zwecke von Verfälschungen vorgenommen werden, gegenüber dem Verfälschungstatbestand zurück.[461] Hingegen ist § 274 StGB anzuwenden, wenn in einer Urkunde selbstständige Teile, etwa der Datumsstempel auf einem Brief (RGSt **62** 11, 12)[462], entfernt werden oder wenn der Täter die Unterschrift des Ausstellers unter einer Urkunde durch die eigene ersetzt, um sich mit dem Urkundeninhalt zu identifizieren (BGH NJW **1954** 1375). Im Ergebnis wie hier differenzierend *Kienapfel* Jura **1983** 195 f; die Abgrenzung ist weitgehend **Tatfrage.** Für eine Tatbestandslösung, welche nur solche Handlungen unter den objektiven Tatbestand des § 274 Abs. 1 Nr. 1 StGB subsumiert, die von einer gegen den Bestand der Urkunde gerichteten Absicht getragen werden, treten *Geppert* Jura **1988** 160 und *Lindemann* NStZ **1998** 25 ein. Diese Auffassung beachtet jedoch nicht hinreichend die Gesetzesfassung des § 274 StGB, der eine solche Absicht nicht verlangt.

295 § 267 StGB verdrängt **§ 281 StGB** (**aA** BGH GA **1958** 182, der Tateinheit annimmt, wenn der Täter ein gefundenes Ausweispapier, das für einen anderen ausgestellt ist, nach Verfälschen gebraucht).

296 **Tateinheit** ist möglich mit § 268 StGB und § 271 StGB (RGSt **61** 410, 412) sowie mit § 276 StGB (vgl. BGH wistra **2003** 351, 352 f, anders BGHR StGB § 276 Konkurrenzen 1, wonach § 276 StGB hinter § 267 Abs. 1 Var. 3 StGB zurücktritt), ferner mit § 107a StGB (OLG Hamm NJW **1957** 638; OLG Köln NJW **1956** 1609 L), mit § 109a StGB (AG Bochum MDR **1967** 852), mit § 142 StGB, mit den §§ 153, 154 StGB (RGSt **60** 353, 354), mit § 156 StGB (RGSt **52** 74; **69** 117, 120), mit § 164 StGB (RGSt **7** 47, 50), mit den §§ 185 ff StGB (BGH LM Nr. 18), mit § 239 StGB, mit § 242 StGB, wenn das Aneignen durch Verfälschen geschieht (RG LZ **1918** Sp. 999; BayObLGSt **1996** 76, 78); mit § 253 StGB (BGH bei Hürxthal DRiZ **1978** 84, 85), mit § 263 StGB (BGH wistra **2006** 65; BGHR StGB § 52 Abs. 1 Handlung dieselbe 12; § 266b Abs. 1 Konkurrenzen 2;

---

[459] § 152a a.F. StGB stand zu § 267 StGB im Verhältnis der Tateinheit; BGH NStZ 2000 138.

[460] RGSt **3** 370, 371 f; **20** 6 f.

[461] *Sch/Schröder/Cramer/Heine* Rdn. 71; kritisch *Schilling* Urkundenverbrechen S. 27 ff, 47 ff; *Schroeder* JuS **1991** 301; Übersicht über den Meinungsstand bei *Geppert* Jura **1988** 159 f.

[462] RG HRR **1933** Nr. 1151; BayObLG NJW **1980** 1057 f.

siehe auch BGH wistra **2004** 105, 108), mit § 266 StGB und mit §§ 283, 283b StGB (*Tiedemann* LK § 283 Rdn. 240).

Urkundenfälschungen, die nach einem Verstoß gegen eine Norm mit einem anderen geschützten Rechtsgut begangen werden, sind grundsätzlich **keine mitbestrafte Nachtat**, sondern selbstständiges Vergehen. So, wenn ein Orderscheck nach Unterschlagung gefälscht wird (RGSt **60** 371, 372 f)[463], wenn der Täter nach der Entwendung eines Postsparbuchs auf dem Rückzahlungsschein die Unterschrift fälscht[464] oder wenn er nach Veruntreuung von Blankofahrkarten unbefugt Fahrscheine ausfüllt.[465] **Tatmehrheit** ist zum Beispiel gegeben mit § 242 StGB, wenn jemand gestohlene Schecks später verfälscht (RGSt **60** 371, 372; **aA** – Tateinheit – LG Wuppertal MDR **1992** 887); mit § 266 StGB (RG LZ **1915** Sp. 1026) und mit § 263 StGB, dies auch dann, wenn die Urkundenfälschung den Betrug vorbereitet (BGH wistra **1992** 181, 183). **297**

**Tatmehrheit** ist auch möglich im Verhältnis zu Hehlerei (§ 259 StGB), wenn der Täter gestohlene Euroschecks und Scheckkarten erwirbt, anschließend die Unterschriften der Berechtigten fälscht und die Schecks alsbald einlöst (BGHR StGB § 267 Abs. 1 Konkurrenzen 2); ebenso, wenn er sich gestohlene Blankopersonalpapiere und amtliche Stempel verschafft und damit einen falschen Pass herstellt (BGH NStE StGB § 52 Nr. 51). Tatmehrheit besteht schließlich im Verhältnis zu Bestechlichkeit (§ 332 StGB), wenn die Straftaten Bestandteil der pflichtwidrigen Diensthandlung des Beamten sind (BGH NStZ **1987** 326, 327). **298**

b) **Aus dem Nebenstrafrecht.** Nach der **Subsidiaritätsklausel** treten die Tatbestände des **§ 402 AktG** zurück, wenn die Tat nach den Vorschriften über Urkundenfälschung mit schwererer Strafe bedroht ist, wie bei § 267 Abs. 1, 3 und 4 StGB, § 271 Abs. 3 StGB und § 348 StGB. Bedeutung hat § 402 AktG deshalb nur bei Ausstellung einer falschen Hinterlegungsbescheinigung in Form (allein) einer schriftlichen Lüge und bei deren Gebrauch. Auch **§ 107 UrhG** ist gegenüber § 267 StGB kraft Gesetzes subsidiär (vgl. dazu *Löffler* NJW **1993** 1426 ff; *Tiedemann* Wirtschaftsstrafrecht Bes. Teil Rdn. 612). Zur *Tateinheit* des Gebrauchmachens mit **§§ 399 AktG, 82 GmbHG** *Tiedemann* GmbH-Strafrecht § 82 Rdn. 189 ff). **299**

**Tateinheit** von Urkundenfälschung ist möglich mit **§ 370 AO.**[466] Das gilt auch in besonders schweren Fällen des § 370 Abs. 3 Nr. 4 AO. Doch kommt auch Tatmehrheit in Betracht, wenn der Täter dem Steuerberaterbüro gefälschte Belege einreicht, aufgrund derer das Büro die Buchhaltung erstellt und danach die Umsatzsteuervoranmeldungen beim Finanzamt einreicht (BGHR AO § 370 Abs. 1 Konkurrenzen 12). Beim Zusammentreffen des § 267 StGB mit einer Steuerordnungswidrigkeit nach § 379 Abs. 1 Nr. 1 AO (Ausstellen von Belegen, die in tatsächlicher Hinsicht unrichtig sind) greift § 21 Abs. 1 OWiG ein. **300**

Tateinheit des § 267 StGB besteht mit *melderechtlichen* Bestimmungen, wenn sich der Täter mit falschem Namen in ein Fremdenbuch einträgt (BGH bei Dallinger MDR **1973** 554, 556). Entsprechendes gilt im Verhältnis zu § 21 Abs. 1 Nr. 1 *StVG*, wenn er ein falsches Kennzeichen am Kraftfahrzeug anbringt und ohne Fahrerlaubnis fährt (BGHSt **301**

---

463 RG LZ **1921** Sp. 24.

464 BGH, Urteil vom 26.7.1957 – 1 StR 259/57 –; vgl. auch RG HRR **1935** Nr. 1099.

465 BGH, Urteil vom 4.2.1954 – 4 StR 445/53 –.

466 BGH wistra **1982** 111; BGHR StGB § 52 Abs. 1 Handlung – dieselbe; BGH wistra **1999** 341; OLG Neustadt NJW **1963** 2180; vgl. auch BGH NJW **2005** 2720, 2722 f sowie BGH NStZ **2004** 582; ferner *Harms/Jäger* NStZ **2004** 191, 194.

18 66; BGHR StGB § 267 Abs. 1 Konkurrenzen 1). Wenn und soweit Urkundenfälschung (durch Vorzeigen eines verfälschten Führerscheins bei einer polizeilichen Kontrolle) und **Fahren ohne Fahrerlaubnis** in Tateinheit zusammentreffen, verbraucht die rechtskräftige Verurteilung nach § 21 Abs. 1 Nr. 1 StVG die Strafklage auch unter dem rechtlichen Gesichtspunkt des § 267 StGB (**aA** LG Memmingen NStZ-RR **1997** 140, 141). § 22 StVG ist als mildere Vorschrift wegen seiner Subsidiaritätsklausel unanwendbar, wenn sich das tatbestandsmäßige Verhalten auch als Urkundenfälschung erweist (BayObLGSt **1998** 51, 54).

## X. Strafe und andere Rechtsfolgen

302 **1. Allgemeines.** § 267 Abs. 1 und 3 StGB drohen Vergehensstrafe an, Absatz 4 Verbrechensstrafe. Absatz 3 Satz 2 in der Fassung des 6. StrRG enthält Regelbeispiele für die Annahme eines besonders schweren Falles, für den der Strafrahmen im Zuge der Strafrahmenharmonisierung gegenüber Absatz 3 a.F. im Mindest- und Höchstmaß herabgesetzt worden ist. Absatz 4 sieht einen milderen Strafrahmen für minder schwere Fälle gewerbs- und bandenmäßiger Urkundenfälschung vor.

303 **2. Die Regelbeispiele des § 267 Abs. 3 StGB.** Sie entsprechen der Beschlussempfehlung des Rechtsausschusses (S. 21 Nr. 62). Sie sind gegenüber dem Entwurf III (S. 10 Nr. 50) in Nummer 2 geändert. Dort wurde das Merkmal „aus grobem Eigennutz für sich oder eine dritte Person" gestrichen. Außerdem wurden die Worte „Vermögensvorteile großen Ausmaßes erlangt" ersetzt durch „einen Vermögensverlust großen Ausmaßes herbeiführt". Mit der Einführung der Regelbeispiele hat der Gesetzgeber anscheinend Gedanken aufgegriffen, die *Tröndle* (LK[10] Rdn. 267) zu § 267 Abs. 3 a.F. StGB wie folgt formulierte:

„... Die Annahme eines solchen (gesetzlich nicht benannten) besonders schweren Falles setzt voraus, dass Unrecht und Verschulden sich vom Durchschnittsfall deutlich nach oben abheben ... So kann ein besonders schwerer Fall vorliegen, wenn der Täter als Amtsträger gehandelt hat. Er kann sich aber auch aus der Vielzahl der gefälschten Urkunden oder deren Bedeutung für den Rechtsverkehr ergeben, ferner aus der Raffinesse des Vorgehens des Täters, der Zeitdauer der Tat, der Eignung des Tuns, das Vertrauen in die Zuverlässigkeit öffentlicher Urkunden zu erschüttern, oder auch aus der Erheblichkeit des entstandenen Schadens (so BGH bei Dallinger MDR **1975** 197)."

**Zu den Regelbeispielen des Absatzes 3** im Einzelnen:

304 **Nummer 1:** Gewerbsmäßiges und bandenmäßiges Handeln sind **alternative** Merkmale. Zu den Begriffen siehe Rdn. 234 ff (Bandenmäßigkeit) und Rdn. 239 f (Gewerbsmäßigkeit).

305 **Nummer 2:** Nach der Entstehungsgeschichte (Rdn. 303) kommt es hier nicht darauf an, ob sich der Täter von eigensüchtigen Motiven leiten lässt oder ob er sich durch die Tat selbst in großem Umfang bereichert hat. Unter welchen Voraussetzungen der herbeigeführte Vermögensverlust ein „großes Ausmaß" hat, ist nach **objektiven Kriterien** zu beurteilen. Der Gesetzgeber hat bewusst auf die Größe des durch die Tat bewirkten Vermögensverlusts abgestellt, nicht auf die des vom Täter (für sich oder andere) erlangten Vermögensvorteils. Gegen das zweite Merkmal hatte der Bundesrat (im Rahmen des Absatzes 4) Bedenken erhoben mit der Begründung, es werde „bei Aufdeckung einer Tat im Vorfeld der Tatbegehung in der Regel nicht ... bewiesen werden können" (E III S. 66). Ein Vermögensverlust großen Ausmaßes liegt bei einem außergewöhnlich hohen Schaden vor, was der Fall ist, wenn der beim Opfer eingetretene Verlust das durchschnittliche Maß

deutlich übersteigt. Die Untergrenze soll bei 50.000 € liegen (BGHSt **48** 360; ebenso etwa *Kindhäuser* LPK Rdn. 60; *ders.* NK § 263 Rdn. 454; *Krüger* wistra **2005** 247).[467]

**Nummer 3:** Das Regelbeispiel hat unverändert aus dem Entwurf II (S. 9 Nr. 50) über den Entwurf III (S. 10 Nr. 50) Eingang in § 267 Abs. 3 StGB gefunden. Für den Beurteilungsmaßstab gilt sinngemäß das, was zu Nummer 2 gesagt wurde. Auch hier kommt es auf **objektive Kriterien** an. Beide Merkmale, die große Zahl von Urkunden und die erhebliche Gefährdung der Sicherheit des Rechtsverkehrs, haben selbstständige Bedeutung. Bei einer großen Zahl unechter oder verfälschter Urkunden wird zwar in der Regel zugleich die Sicherheit des Rechtsverkehrs erheblich gefährdet. Doch sind Fallgestaltungen vorstellbar, in denen sich die Gefährdung trotz großer Urkundenzahl in engen Grenzen hält, so wenn sich die Schriftstücke insgesamt auf geringe Beträge beziehen und sich die Tat nur gegen eine Person richtet. **306**

**Nummer 4:** Zum Begriff des Amtsträgers siehe § 11 Abs. 1 Nr. 2 StGB. **Missbrauch der Befugnisse** ist anzunehmen, wenn der Amtsträger innerhalb einer an sich gegebenen Zuständigkeit handelt. Der Amtsträger **missbraucht seine Stellung**, wenn er außerhalb des Zuständigkeitsbereichs handelt, jedoch unter Ausnutzung der durch das Amt gegebenen Handlungsmöglichkeiten (*Tiedemann* LK[11] § 263 Rdn. 301; *Zieschang* in: Park [Hrsg.] Kapitalmarktstrafrecht, § 263 Rdn. 82). **307**

3. **Das Verbrechen nach § 267 Abs. 4 StGB.** Ein minder schwerer Fall des Absatzes 4 wird nicht notwendig durch die Erwägung ausgeschlossen, dass die Tat, wäre sie ein Vergehen, eines der gesetzlichen Regelbeispiele des Absatzes 3 erfüllen würde. Das ergibt sich schon daraus, dass die Tat nach Absatz 4 stets die Voraussetzungen des Absatzes 3 Nr. 1 umfasst. Im Übrigen kann die Entscheidung, ob ein minder schwerer Verbrechensfall vorliegt, nur aufgrund einer Gesamtwürdigung von Tat und Täter getroffen werden. **308**

4. **Andere Rechtsfolgen.** Zur verfassungswidrigen Vermögensstrafe (§ 43a StGB), zum Erweiterten Verfall (§ 73d StGB) und zur Einziehung (§ 74 StGB) siehe § 282 StGB i.d.F. des 6. StrRG. **309**

Bei *Kunstfälschungen* (vgl. Rdn. 89) reicht die bloße gedankliche Möglichkeit einer Verwendung der Fälschungen zu weiteren Straftaten nicht aus, um die **Einziehung** nach § 74 Abs. 2 Nr. 2 StGB anzuordnen (BGHR StGB § 74 Abs. 2 Nr. 2). Das hat der Bundesgerichtshof (NStE StGB § 74 Nr. 7) auch in einem Fall angenommen, in dem der Angeklagte 76 gefälschte Bilder im Stile der Maler Ackermann, Bissier, Grieshaber, Hoelzel und Miró in den Handel gebracht und mit großem Kostenaufwand zurückgekauft hatte. **310**

## § 268
## Fälschung technischer Aufzeichnungen

**(1) Wer zur Täuschung im Rechtsverkehr**
1. **eine unechte technische Aufzeichnung herstellt oder eine technische Aufzeichnung verfälscht oder**
2. **eine unechte oder verfälschte technische Aufzeichnung gebraucht,**

**wird mit Freiheitsstrafe bis zu fünf Jahren oder mit Geldstrafe bestraft.**

---
[467] Siehe auch *Peglau* wistra 2004 7.

**(2) Technische Aufzeichnung ist eine Darstellung von Daten, Meß- oder Rechenwerten, Zuständen oder Geschehensabläufen, die durch ein technisches Gerät ganz oder zum Teil selbsttätig bewirkt wird, den Gegenstand der Aufzeichnung allgemein oder für Eingeweihte erkennen läßt und zum Beweis einer rechtlich erheblichen Tatsache bestimmt ist, gleichviel ob ihr die Bestimmung schon bei der Herstellung oder erst später gegeben wird.**

**(3) Der Herstellung einer unechten technischen Aufzeichnung steht es gleich, wenn der Täter durch störende Einwirkung auf den Aufzeichnungsvorgang das Ergebnis der Aufzeichnung beeinflußt.**

**(4) Der Versuch ist strafbar.**

**(5) § 267 Abs. 3 und 4 gilt entsprechend.**

### Schrifttum

Siehe Vor § 267. Ferner *Böse* Rechtsprechungsübersicht zu den Urkundendelikten, NStZ **2005** 370; *Geppert* Fälschung technischer Aufzeichnungen durch Gegenblitzanlage? DAR **2000** 106; *Hartmann* Neue Herausforderungen für das Urkundenstrafrecht im Zeitalter der Informationsgesellschaft (2003); *Hecker* Der manipulierte Parkschein hinter der Windschutzscheibe – ein (versuchter) Betrug? – OLG Köln, NJW 2002, 527, JuS **2002** 224; *ders.* Herstellung, Verkauf, Erwerb und Verwendung manipulierter Telefonkarten, JA **2004** 762; *B. Heinrich* Missbrauch gescannter Unterschriften als Urkundenfälschung, CR **1997** 622; *Hellmann* Zur Strafbarkeit der Entwendung von Pfandleergut und der Rückgabe dieses Leerguts unter Verwendung eines Automaten, JuS **2001** 353; *Hilgendorf/Frank/Valerius* Computer- und Internetstrafrecht (2005); *Kienapfel* Neue Horizonte des Urkundenstrafrechts, Festschrift für Maurach (1972) 431; *Kunz* Die prestigefördernde Computer-Manipulation, JuS **1977** 604; *Lampe* Fälschung technischer Aufzeichnungen, NJW **1970** 1097; *ders.* Computerkriminalität, DSWR **1974** 242; *ders.* Die strafrechtliche Behandlung der sog. Computer-Kriminalität, GA **1975** 1; *Lechner/Irlinger* Nachweis der vorsätzlichen Fälschung von Fahrtschreiberblättern, ZVS **1960** 313; *Lenckner* Computerkriminalität und Vermögensdelikte (1981); *Puppe* Die Fälschung technischer Aufzeichnungen (1972); *dies.* Vom Wesen der technischen Aufzeichnung, MDR **1973** 460; *dies.* Störende Einwirkung auf den Aufzeichnungsvorgang, NJW **1974** 1174; *Schilling* Fälschung technischer Aufzeichnungen (1970); *T. Schneider* Das Fälschen technischer Aufzeichnungen (§ 268 StGB), Jura **1970** 241, *Sieber* Computerkriminalität, DSWR **1974** 245; *Steinke* Die Kriminalität durch Beeinflussung von Rechenabläufen, NJW **1975** 1867; *Stollenwerk* Gegenblitzanlagen und Radarwarngeräte, VD **1998** 182; *Sturm* Die Änderungen des Besonderen Teils des StGB zum 1.9.1969, NJW **1969** 1610; *von zur Mühlen* Computer-Kriminalität (1973); *von zur Mühlen/Scholten* Computer-Manipulationen aus strafrechtlicher Sicht, NJW **1971** 1642; *Welp* Strafrechtliche Aspekte der digitalen Bildbearbeitung, CR **1992** 291; *Widmaier* Unechte oder scheinbare technische Aufzeichnungen? NJW **1970** 1358; *Zieglwalner* Der strafrechtliche Schutz technischer Aufzeichnungen, k+v **1969** 348; *Zielinski* Urkundenfälschung durch Computer, Gedächtnisschrift für Armin Kaufmann (1989) 605.

### Entstehungsgeschichte

Die Ursprungsfassung des § 268 RStGB regelte die schwere Urkundenfälschung. Die Vorschrift ist durch die StrafrechtsangleichungsVO vom 29.5.1943 (RGBl. I S. 339) ersatzlos weggefallen. In die Leerstelle fügte das 1. StrRG den neuen § 268 StGB ein („Fälschung technischer Aufzeichnungen"). Die Vorschrift war seit dem 1.9.1969 in einer Übergangsfassung (mit abweichender Strafdrohung) und seit dem 1.4.1970 in der bis zum 6. StrRG geltenden Fassung in Kraft. Art. 1 Nr. 79 des 1. StrRG hatte den wesentlichen Inhalt des § 306 E 1962 (ohne den Absatz 2 des § 268 StGB) in das geltende Recht übernommen.[1]

Das Sechste Gesetz zur Reform des Strafrechts vom 26.1.1998 (6. StrRG) hat Absatz 3 des § 267 StGB geändert und dessen Absatz 4 eingefügt (vgl. § 267 StGB Entstehungsgeschichte). Auf dem Weg über die Verweisungsnorm des § 268 Abs. 5 StGB hat es entsprechende Änderungen auch beim Tatbestand der Fälschung technischer Aufzeichnungen vorgenommen.

**Gesetzesmaterialien.** E 1962 § 306. Niederschriften der Großen Strafrechtskommission 6. Band S. 156 bis 178, 8. Band S. 16, 23, 25, 258 bis 262, 487 ff, 13. Band S. 783; Prot. des Sonderausschusses 5. Wahlperiode S. 2396, 2409, 2618, 3161; 1. Schriftl. Bericht BTDrucks. V/4094 S. 37.

*Übersicht*



[1] Zu den Beratungen der Großen Strafrechtskommission über die einschlägigen Vorschriften der Entwürfe 1959, 1960 und 1962 siehe *Tröndle* LK[10] Rdn. 2 bis 4.

*Alphabetische Übersicht*

## I. Sinn und Zweck der Vorschrift

Bei der Schaffung der Vorschrift ging es darum, den strafrechtlichen Urkundenschutz zu ergänzen. Es sollten **Strafbarkeitslücken** geschlossen werden, weil in Industrie und Wirtschaft immer mehr selbsttätig (automatisch) arbeitende Geräte eingesetzt werden, deren Aufzeichnungen im Rechts- und Geschäftsleben für den Beweisverkehr große praktische Bedeutung erlangen.[2] Im Sonderausschuss für die Strafrechtsreform des Deutschen Bundestags wurde auch auf das „durch die technische Entwicklung bedingte Schutzbedürfnis“, zum Beispiel auf dem Gebiet der Datenverarbeitung, abgehoben.[3] § 268 StGB schließt die Lücke, die dadurch entsteht, dass bei § 267 StGB eine *menschliche Gedankenerklärung* vorliegen muss (*Hecker* JA **2004** 762, 763; *Kindhäuser* LPK Rdn. 1; *Rengier* BT II § 34 Rdn. 1; *Sonnen* BT S. 224). 1

Die Entstehungsgeschichte, der Standort der Vorschrift und der Versuch, sie der Tatbestandsfassung der Urkundenfälschung anzugleichen, belegen hinlänglich, dass es dem Gesetzgeber um **Echtheitsschutz** geht, der gegenüber dem des § 267 StGB modifiziert und tatbestandsbezogen zu begreifen ist. Das gilt auch für den umstrittenen Absatz 3 des § 268 StGB, der verschiedentlich als Ausprägung des *Wahrheitsschutzes* gedeutet wird. In der Tat ging es in den Beratungen der Großen Strafrechtskommission und im Sonderaus- 2

---

[2] Vgl. E 1962, Begr. S. 481 f; Niederschriften Bd. 8 S. 16.

[3] *Corves*, Sonderausschuss Prot. V/S. 2397; BTDrucks. V/4094 S. 3.

schuss auch um Fragen des Wahrheitsschutzes technischer Aufzeichnungen. Diese Überlegungen fanden aber in der endgültigen Fassung der Vorschrift keinen hinreichenden Niederschlag. Absatz 3 des § 268 StGB ist insoweit weniger ein Überbleibsel als vielmehr eine gesetzliche, verschiedentlich für entbehrlich gehaltene Erläuterung des (für die technischen Aufzeichnungen modifizierten) Echtheitsbegriffs. Er ist nach den Vorstellungen des Gesetzgebers, abweichend von § 267 StGB, nicht auf einen Aussteller bezogen, sondern auf die Herkunft aus einem vorgegebenen (unbeeinflussten) **Herstellungsvorgang** eines selbsttätig und ordnungsgemäß arbeitenden technischen Geräts (E 1962, Begr. S. 482; vgl. auch BGHSt **28** 300, 304). In diesem Sinne ist eine technische Aufzeichnung „unecht", wenn auf den Aufzeichnungsvorgang störend eingewirkt worden ist. § 268 StGB schützt also nicht explizit das sachlich „wahre" Ergebnis; er schützt aber das Vertrauen darauf, dass die technische Aufzeichnung in ihrem Sosein aus einem ordnungsgemäß arbeitenden Gerät herrührt (BGHSt **28** 300, 304; BGHR StGB § 268 Aufzeichnung 1). Damit ist bei programmgerechtem Funktionieren auch das sachlich richtige und – auf den Inhalt der Information bezogen – „wahre" Ergebnis verbürgt, dies jedenfalls in der Regel.

**3** Nach allem bedeutet der in § 268 StGB Gesetz gewordene Echtheitsschutz einen auf die Authentizität und auf die ordnungsgemäße und programmgerechte Arbeitsweise eines technischen Geräts bezogenen sachlichen **Richtigkeitsschutz.** Trotz zum Teil abweichender Terminologie entspricht dies anscheinend der herrschenden Auffassung.[4] Auch der Bundesgerichtshof meint nichts anderes, wenn er den Echtheitsbegriff des § 268 StGB so bestimmt, „dass in ihm der entscheidende Bezug des Vertrauens (der von menschlicher Einwirkung unberührte, in Übereinstimmung mit der Programmierung ablaufende Herstellungsvorgang) zum Ausdruck" komme (BGHSt **28** 300, 304). Mit diesen Überlegungen stimmt es überein, dass der Bundesgerichtshof (BGHSt **40** 26, 30)[5] als **Rechtsgut** des § 268 StGB die **Sicherheit der Informationsgewinnung** durch technische Geräte ansieht.[6]

**4** Die höchstrichterliche Rechtsprechung hat verhältnismäßig wenig Gelegenheit erhalten, Licht in die zahlreichen **Auslegungsprobleme** der Vorschrift zu bringen.[7] Überwiegend geht es darum, einer ausufernden Auslegung entgegenzutreten. So hat der Bundesgerichtshof mit Recht hervorgehoben, dass weder Fotokopien (BGHSt **24** 140, 142) noch die Anzeige des Kilometerstands in einem Kraftfahrzeug (BGHSt **29** 204) technische Aufzeichnungen sind. Im Übrigen befassen sich die Entscheidungen fast ausschließlich mit *Fahrtenschreiberdiagrammen.* Diese Fälle spielten, weil sie früher in den straffreien Raum fielen,[8] auch in der Reformdiskussion eine besondere Rolle. Das Bayerische Oberste Landesgericht verneint zu Unrecht bei der Verwendung eines gerätefremden Schaublatts tatbestandsmäßiges Handeln (BayObLGSt **1973** 155). Der Bundesgerichtshof hat aufgrund eines Vorlagebeschlusses des Bayerischen Obersten Landesgerichts (VRS **55** 425) angenommen, dass die vorsätzliche Verwendung eines gestörten Fahrtenschreibers

---

[4] Siehe nur *Fischer* Rdn. 2; *Sch/Schröder/Cramer/Heine* Rdn. 3 f; vgl. auch *Hoyer* SK Rdn. 1 ff; *Lackner/Kühl* Rdn. 2; *Puppe* NK Rdn. 6 ff.

[5] Vgl. auch BGHSt **29** 204, 209; ferner OLG Karlsruhe NStZ **2002** 652, 653.

[6] Ebenso etwa *Fischer* Rdn. 2; *Kindhäuser* LPK Rdn. 1; *Rengier* BT II § 34 Rdn. 1; *Sieber* S. 303.

[7] Kritisch gegenüber der Vorschrift des § 268 StGB etwa *Blei* II S. 324; ferner *Bockelmann* BT 3 S. 117; *Fischer* Rdn. 2; vgl. aber auch *Erb* MK Rdn. 5.

[8] Vgl. RG DR **1942** 1469 f; OLG Hamm NJW **1959** 1380; OLG Stuttgart NJW **1959** 1379.

für sich allein nicht nach § 268 Abs. 3 StGB strafbar ist, wenn es an einer auf den Aufzeichnungsvorgang *einwirkenden Manipulation* des Täters oder eines anderen *fehlt* und der Täter nur die „Entstörung" des Geräts unterlässt (BGHSt **28** 300, 306).

## II. Die technische Aufzeichnung als Gegenstand der Tat

**1. Der Begriff „technische Aufzeichnung".** Er ist in Absatz 2 gesetzlich definiert. Die 5
Begriffsbestimmung lehnt sich an den zu § 267 StGB entwickelten Urkundenbegriff und an die Urkundendefinition des § 303 Abs. 3 E 1962 an. Diese Anlehnung hat Konsequenzen für die Auslegung der Vorschrift. So setzt zum Beispiel auch eine technische Aufzeichnung ein selbstständig verkörpertes, vom Gerät abtrennbares Stück voraus; es genügt nicht, dass nur bestimmte Messwerte am aufzeichnenden Gerät angezeigt werden (BGHSt **29** 204, 208 f). Zu den technischen Aufzeichnungen in diesem Sinne gehören etwa die Aufzeichnungen eines Fahrtenschreibers auf der Tachografenscheibe (BGHSt **40** 26, 28), nicht aber die Wegstreckenanzeige (Anzeige des Kilometerstands in einem Kraftfahrzeug, BGHSt **29** 204).[9]

### 2. Die Bestandteile des gesetzlichen Begriffs „technische Aufzeichnung" im Einzelnen (Absatz 2)

### a) Die Darstellung von Daten, Mess- oder Rechenwerten, Zuständen oder Geschehensabläufen

**aa) Darstellung im Sinne des § 268 StGB.** Es sind Aufzeichnungen, bei denen die 6
Information in einem selbstständig verkörperten, vom Gerät abtrennbaren Stück enthalten ist (BGHSt **29** 204, 205, 208).[10] Das bedeutet, dass es sich um eine dauerhafte Verkörperung auf besonderer Unterlage (wie Papier, Streifband oder Magnetband) handeln muss (*Rengier* BT II § 34 Rdn. 4). Dafür spricht die dogmatische Anlehnung des § 268 StGB an den Tatbestand der Urkundenfälschung. An einer solchen **dauerhaften und selbstständig verkörperten** Darstellung fehlt es, wo Werte am Gerät nur angezeigt werden, zum Beispiel beim Kilometerstand eines Tachometers am Kraftfahrzeug (BGHSt **29** 204, 205, 208)[11] oder bei Angaben an anderen Zählwerken, wie einer Wasseruhr oder einem Strom- oder Wasserzähler.[12] Ein solches Zählwerk ist allein deshalb, weil es frühere Messwerte nicht löscht, sondern sie durch Addition in die folgenden Messwerte mit eingehen lässt, noch keine technische Aufzeichnung im Rechtssinne. In Bezug auf die Mani-

---

[9] Zu BGHSt **29** 204 abweichend in der Begründung *Puppe* JZ **1986** 949; kritisch *Freund* Urkundenstraftaten Rdn. 245 ff.

[10] OLG Düsseldorf VerkMitt. **1975** 54; **kritisch** zu dem Kriterium der Abtrennbarkeit *Erb* MK Rdn. 12 f.

[11] = JR **1980** 427 m. zust. Anm. *Kienapfel* S. 429; BGH wistra **2004** 145, 146; OLG Düsseldorf VerkMitt **1975** 54; *Erb* MK Rdn. 11; *Fischer* Rdn. 3; *Haft* Fallrepetitorium Nr. 1397; *Hohmann/Sander* BT II § 18 Rdn. 5 f; *Kindhäuser* LPK Rdn. 7 f; *ders.* BT I § 56 Rdn. 7 f; *Lackner/Kühl* Rdn. 3; *Marxen* BT S. 172 f; *Puppe* NK Rdn. 24; *Rengier* BT II § 34 Rdn. 5; letztlich auch *Wessels/Hettinger* BT 1 Rdn. 864; **aA** BGH bei Holtz MDR **1978** 984, 988; OLG Frankfurt/M. NJW **1979** 118 f; *Freund* Urkundenstraftaten Rdn. 245 ff; *Hoyer* SK Rdn. 9 f; *Joecks* Rdn. 9; *Sch/Schröder/Cramer/Heine* Rdn. 9; *Sonnen* BT S. 225; siehe zudem die Nachweise zum Streitstand bei *Hillenkamp* 40 Probleme BT Nr. 14.

[12] *Brodag* BT S. 310; *Krey/M. Heinrich* BT 1 Rdn. 724; *Schmidhäuser* BT 14/29; *Schroth* BT S. 250.

pulation von Kilometerzählern ist durch Gesetz vom 14.8.2005[13] ein neuer § 22b StVG geschaffen worden, der ein derartiges Verhalten ausdrücklich unter Strafe stellt. Im Hinblick auf diesen Fall ist daher die Kontroverse durch den Gesetzgeber entschärft worden. Erst recht sind Messwerte, die nur während des Messvorgangs durch Zeigerausschlag oder Zahlenangabe angezeigt werden, keine technischen Aufzeichnungen. Es fehlt in diesen Fällen an der Dauerhaftigkeit der Darstellung. Im Gegensatz zu Urkunden, bei denen eine optisch wahrnehmbare Verkörperung verlangt wird (§ 267 StGB Rdn. 10), kommt es bei den technischen Aufzeichnungen nach allgemeiner Auffassung auf die Art der Verkörperung nicht an. Eine visuelle Wahrnehmbarkeit ist also nicht erforderlich. Daher genügt auch die im Bereich der elektronischen Datenverarbeitung übliche elektromagnetische Fixierung (etwa die Speicherung auf Diskette); ferner reicht die akustisch wahrnehmbare Fixierung von Daten bei Tonträgern aus.[14]

7 bb) **Das Objekt der Darstellung.** Das Gesetz nennt Daten, Mess- und Rechenwerte, Zustände und Geschehensabläufe. Die Begriffe lassen sich nicht scharf voneinander abgrenzen, sondern überschneiden sich in weiten Bereichen.[15] Ursprünglich war im Entwurf 1962 (§ 306 Abs. 3) lediglich von der „Aufzeichnung eines Messwertes, Zustandes oder Geschehensablaufs“ die Rede. Der Sonderausschuss hat aufgrund einer Auskunft des Präsidenten der Physikalisch-Technischen Bundesanstalt die Definition um die Ausdrücke „Daten“ und „Rechenwerte“ erweitert, um auch künftig alle denkbaren Objekte technischer Aufzeichnungen, insbesondere die Produkte von Computern, in den Strafrechtsschutz einzubeziehen.[16] Hiermit ist klargestellt, dass Arbeitsergebnisse von Computern Schutzobjekt des § 268 StGB sein können.

8 **Daten** sind auf dem Gebiet der Elektronik durch „Zeichen oder kontinuierliche Funktionen aufgrund bekannter oder unterstellter Abmachungen zum Zwecke der Verarbeitung dargestellte Informationen“, die einer weiteren Verarbeitung in einer Datenverarbeitungsanlage unterliegen.[17] Die in § 202a Abs. 2 StGB enthaltene Definition des Begriffs „Daten“ ist für § 268 StGB nicht maßgeblich;[18] das ergibt sich schon daraus, dass § 268 StGB im Gegensatz zu anderen Vorschriften (vgl. nur § 274 Abs. 1 Nr. 2 StGB) nicht auf diese Norm verweist. Der Begriff in § 268 StGB ist daher umfassender; er geht über den Bereich elektronischer Datenverarbeitung hinaus und bezieht alles ein, was nach allgemeinem Sprachgebrauch unter den Begriff fällt. Er ist der Oberbegriff zu den „Mess- und Rechenwerten“.[19] Soweit von Computern errechnete Daten automatische Lohnabrechnungen und Gebühren- oder Steuerbescheide zum Gegenstand haben, liegen in der Regel (auch) Urkunden vor (§ 267 StGB Rdn. 137).

9 **Messwerte** sind End- oder Zwischenergebnisse einer Messung von Gegenständen jeder Art. Auch Ergebnisse des Abzählens und Abwiegens gehören dazu,[20] zum Beispiel bei

---

13 BGBl. I S. 2412.

14 Vgl. BGHSt **29** 204, 206; *Arzt/Weber* BT § 32 Rdn. 1; *Hellmann/Beckemper* JuS **2001** 1095, 1097; *Hohmann/Sander* BT II § 18 Rdn. 4; *Hoyer* Rdn. 8; *Joecks* Rdn. 8; *Lackner/Kühl* Rdn. 3; *Rengier* BT II § 34 Rdn. 4; *Sch/Schröder/Cramer/Heine* Rdn. 8; zur Manipulation an Telefonkarten vor dem Hintergrund des § 268 StGB siehe einerseits *Hecker* JA **2004** 762, 763 f, andererseits *Hilgendorf/Frank/Valerius* Rdn. 188.

15 *Schneider* Jura **1970** 247.

16 Vgl. *Sch/Schröder/Cramer/Heine* Rdn. 10.

17 Vgl. Nr. 16 E 1968 der Norm DIN 44300 „Informationsverarbeitung“; BTDrucks. V/4094 S. 37; *Corves*, Sonderausschuss Prot. V S. 2410, 2618. Vgl. ferner *Fischer* Rdn. 4; *Lackner/Kühl* § 263a Rdn. 3; *Schilling* Technische Aufzeichnungen S. 12; *Sch/Schröder/Cramer/Heine* Rdn. 11; **kritisch** *Kienapfel* JZ **1971** 165.

18 **Anders** *Hoyer* SK Rdn. 11.

19 Vgl. *Dreher*, Sonderausschuss Prot. V S. 2619; *Sch/Schröder/Cramer/Heine* Rdn. 11.

20 *Sch/Schröder/Cramer/Heine* Rdn. 12.

automatischen Waagen. Diese Messwerte werden meistens durch Zahlzeichen verkörpert, aber auch durch Punkt- oder Strichzeichen auf einem Messblatt (Schaublatt eines Fahrtenschreibers) oder durch eine Flüssigkeitssäule in Verbindung mit einer Messskala (Wärmemesser an einem Heizkörper). Stets ist ein erkennbarer Bezug zu einem Maßsystem erforderlich, das eine quantifizierbare Registrierung ermöglicht.

Mit dem Begriff der **Rechenwerte** soll sichergestellt werden, dass neben den eigentlichen Messwerten auch die Aufzeichnungen abstrakter Rechenoperationen mit umfasst sind.[21] **10**

Unter **Zuständen** können Gegebenheiten verschiedenster Art verstanden werden, also solche materialer Art (zum Beispiel die Positionen verschiedener Gegenstände) und nicht materialer Art (wie die Beschaffenheit einer bestimmten Energieform),[22] so bei Materialprüfungen, Wärmemessungen durch Thermografen und Röntgenaufnahmen. Ob Ablichtungen unter die Darstellung eines Zustands fallen,[23] entscheidet sich beim Merkmal des „selbsttätigen Bewirkens". *Hoyer* (SK Rdn. 11) definiert „Zustand" als statischen Sachverhalt. *Puppe* (NK Rdn. 11) bezeichnet als „Zustand oder Geschehensablauf" schlechthin jeden Sachverhalt, der überhaupt möglicher Gegenstand einer automatischen Registrierung und eines Augenscheinsbeweises sein kann. **11**

Versucht man, zwischen beiden Begriffen, Zustand und Geschehensablauf, zu unterscheiden, so ist es richtig, unter **Geschehensabläufen** Zustände zu verstehen, dargestellt in ihrer zeitlichen Abfolge während eines bestimmten Zeitraums. Hierzu gehören insbesondere die Aufzeichnungen auf Fahrtenschreiberschaublättern,[24] aber auch Elektrokardiogramme und Enzephalogramme, ferner Strahlenschutzmessungen durch Dosimeter. **12**

**b) Die selbsttätige Bewirkung durch ein technisches Gerät**

**aa) Technisches Gerät.** Darunter sind im Sinne dieser Vorschrift Instrumente zu verstehen, die unter Ausnutzung der Erkenntnisse der Technik und der Naturwissenschaften arbeiten[25] und zufolge ihrer Funktion, ihrer Bauart und ihrer Arbeitsweise in einem bestimmten Bereich selbsttätig, das heißt **voll- oder teilautomatisch**, wirken. Es fallen alle Geräte darunter, bei denen das Prinzip der Automation an die Stelle menschlicher Tätigkeit und Leistung oder einzelner menschlicher Denk- oder Lenkimpulse getreten ist. Der Begriff des technischen Geräts ist nicht auf irgendwelche Sach- oder Fachgebiete beschränkt. Es ist auch nicht vorausgesetzt, dass diese Geräte irgendwie geeicht, durch eine Behörde oder Prüfstelle zugelassen oder abgenommen oder durch eine Herkunfts- oder Fabrikationsstelle genormt sind. Der Schutzbereich der Vorschrift ist insoweit uferlos. Das Erfordernis der Beweisbestimmung grenzt ihn allerdings ein. Die technische Aufzeichnung muss durch ein technisches Gerät geschaffen werden. Das bedeutet, dass es sich um ein Gerät handelt, welches darauf angelegt ist, technische Aufzeichnungen zu produzieren. Fingerabdrücke auf einer Glasfläche und Rillen, die der gezogene Lauf einer Schusswaffe am Projektil verursacht, sind keine Aufzeichnungen in diesem Sinne. **13**

**Beispiele** technischer Geräte sind Fahrtenschreiber, Radarkontrollgeräte für die Messung von Geschwindigkeitsüberschreitungen (BayObLG NStZ **2002** 388, 389 m. Anm. *Keiser* JR **2003** 77), Flüssigkeitsmessgeräte, Registriergeräte der verschiedensten Art, etwa für die Aufzeichnung und Verrechnung verbrauchter Energie und Dosimeter zur Über- **14**

---

[21] BTDrucks. V/4094 S. 37; *Schilling* Technische Aufzeichnungen S. 16.

[22] *Sch/Schröder/Cramer/Heine* Rdn. 12b.

[23] So allgemein *Schilling* Technische Aufzeichnungen S. 13; *Sch/Schröder/Cramer/Heine* Rdn. 17.

[24] KG VRS **57** 121, 122.

[25] *Schneider* Jura **1970** 247.

wachung des Strahlenschutzes. Hingegen sind elektrische Schreibmaschinen, Schreibautomaten und Tonträger für sich allein keine technischen Geräte im Sinne des § 268 StGB. Sie können aber als Teil einer umfassenderen (automatisch arbeitenden) Anlage Bestandteil eines technischen Geräts sein.

15 **bb) Selbsttätigkeit der Bewirkung.** Der Gesetzgeber wollte durch dieses Merkmal zum Ausdruck bringen, was man gemeinhin unter einer voll- oder teilautomatischen Arbeitsweise eines Geräts versteht. Das ist für die Auslegung insofern von Bedeutung, als es ihm auf den Schutz des Herstellungsvorgangs der technischen Aufzeichnung ankam. Mit dem Erfordernis des selbsttätigen Bewirkens ist ein Aufzeichnungsvorgang gemeint, der zwar in der Programmierung seines Ablaufs menschlichen Ursprungs ist, aber als automatischer Vorgang ohne menschliches Zutun Gestalt gewinnt.[26] Dies ist gegenüber *Puppe* (S. 89 ff, 215 ff) hervorzuheben. Nach ihrer Auffassung soll fast die gesamte elektronische Datenverarbeitung aus dem Strafrechtsschutz des § 268 StGB herausfallen, weil sie bei Computern in der Regel von Menschen unabhängige „selbstständige Klassifikationsleistungen“ (S. 220) nicht nur bei Einlese- und Ausgabevorgängen, sondern bei der gesamten rechnerischen und kombinatorischen Verarbeitung vermisst. Nach *Puppe* handelt es sich nur beim „Abfragen“ und „Heraussuchen“ von Daten aus einem elektronischen Dokumentationssystem um eine selbstständige Klassifikationsleistung. Diese Auffassung führt zu einer außerordentlich restriktiven Auslegung des § 268 StGB, die dem Wortlaut des Gesetzes und seinem Sinn, aber auch dem Willen des Gesetzgebers zuwiderläuft.[27] Mit *Sieber* (S. 312 f) ist für die Annahme selbsttätigen Bewirkens als maßgebend anzusehen, dass „die Aufzeichnung eine Information enthält, die nicht unmittelbar vom Menschen eingegeben, sondern durch das Gerät (entweder völlig selbstständig oder in Zusammenarbeit mit dem Menschen) neu erzeugt wurde“.

16 Hiernach erfüllt der Bereich der elektronischen **Datenverarbeitung,** wenn man von schlichten Druckprogrammen ohne Informationsproduktion absieht, das Tatbestandsmerkmal des ganz oder zum Teil selbsttätigen Bewirkens, mag auch fraglich sein, in welchen Fällen eine technische Aufzeichnung ganz und in welchen Fällen sie nur zum Teil selbsttätig bewirkt ist. Freilich sind die Übergänge zwischen fehlender und vorhandener Selbsttätigkeit der Bewirkung fließend. Ausgangspunkt bildet die Frage, ob das Gerät bei der Aufzeichnung – unbeschadet einer menschlichen Mitwirkung – mehr bietet, als durch den Bedienungsvorgang eingegeben wird.[28] Daran fehlt es regelmäßig beim Tippen der Tasten einer Schreibmaschine oder beim Eingeben eines Textes in den Computer, weil hierbei Informationen nur auf eine geräteentsprechende Weise verkörpert werden.[29] Zum Teil selbsttätig bewirkt ist die Leistung eines Geräts, wenn es (wie Rechenmaschinen, Rechner und Registrierkassen, soweit sie mit Schreibvorrichtungen versehen sind) eingegebene Daten verarbeitet, zum Beispiel addiert oder multipliziert, also gegenüber den eingegebenen Werten ein Mehr an Information liefert. Wesentlich ist, dass bestimmte Teile des Aufzeichnungsvorgangs unter Ausschluss menschlichen Zutuns „geräteautonom“ entstehen.

17 **Abgrenzungen und Beispiele.** Die Tatsache, dass Ausdrucke der elektronischen Datenverarbeitung nach Entstehung und Ergebnis dem § 268 StGB unterfallen, schließt nicht

---

[26] Vgl. auch *Wessels/Hettinger* BT 1 Rdn. 867.

[27] So mit Recht *Kunz* JuS **1977** 604; *Sieber* S. 312. Im Ergebnis ebenso *Fischer* Rdn. 7; *Lackner/Kühl* Rdn. 4; **aA** *Puppe* NK Rdn. 18 ff.

[28] Im Ergebnis ebenso *Sieber* S. 313.

[29] Ebenso *Hoyer* SK Rdn. 18; *Sch/Schröder/Cramer/Heine* Rdn. 16.

aus, dass zum Beispiel computergefertigte Rechnungen, Steuer- und Rentenbescheide, Kontoauszüge und Telefonrechnungen, sobald sie von einem Urheber autorisiert sind, (auch) Urkundencharakter haben (§ 267 StGB Rdn. 135 ff; so von jeher *Kienapfel*,[30] inzwischen herrschende Meinung).[31] **Fotokopien,** Tonaufnahmen, Fotografien und Filme sind keine technischen Aufzeichnungen. Der Bundesgerichtshof folgert dies für Fotokopien ohne weitere Begründung aus der Begriffsbestimmung des Absatzes 2 (BGHSt **24** 140, 142 = JR **1971** 469 m. abl. Anm. *Schröder*). Dies entspricht der herrschenden Auffassung.[32] Ihre Richtigkeit folgt aus dem Begriff des selbsttätigen Bewirkens. Bei Kopiergeräten, Foto- und Filmapparaten sowie Aufnahmegeräten fehlt es im Allgemeinen an einer selbsttätigen Arbeitsweise. Mit Recht weist *Sieber* (S. 304) darauf hin, dass in diesen Geräten keine neuen Informationen erzeugt, sondern lediglich vorhandene (eingegebene) Informationen geräteentsprechend reproduziert werden. Sie dienen nicht der durch § 268 StGB geschützten Informationsgewinnung, weil (in der Sprache der Datenverarbeitung) der Input dem Output entspricht (*Sieber* aaO). Aus demselben Grund sind auch die durch ein Digitalisierungsgerät, etwa einen **Scanner** oder eine **Digitalkamera,** wiedergegebenen Daten keine technischen Aufzeichnungen (*Erb* MK Rdn. 19; *Welp* CuR **1992** 293). Ein Scanner ist ein Gerät zur Herstellung elektronischer Kopien; es unterscheidet sich insofern nicht von einem herkömmlichen, zur Herstellung stofflicher Duplikate geeigneten Kopiergerät (*Welp* CuR **1992** 293 f). Auch beim digitalen Fotoapparat werden die vorhandenen Informationen letztlich lediglich reproduziert.

Etwas anderes gilt, wenn eine Bild- oder Tonaufnahme ohne menschliches Zutun aus- **18**
gelöst wird und sie selbst Bestandteil eines über die bloße Aufnahme hinausgehenden (selbsttätigen) technischen Aufzeichnungsvorgangs wird. Das ist zum Beispiel bei automatischen Kameras zur **Verkehrsüberwachung** der Fall, wenn durch eine selbsttätige Auslösung in Verbindung mit Kontrolluhren und anderen Messgeräten Fahrzeuge fotografiert werden, die bei Rot eine Ampel passieren oder die vorgeschriebene Geschwindigkeit überschreiten.[33] Technische Aufzeichnung ist auch der von der Parkuhr ausgedruckte Parkschein, da er selbsttätig die Information produziert, dass die Parkgebühr entrichtet wurde und für eine bestimmte Zeit eine Parkberechtigung besteht (zutreffend *Hecker* JuS **2002** 224, 226; siehe dazu auch § 267 StGB Rdn. 15). Als technische Aufzeichnung sind ferner Infrarotfotografien anzusehen, weil sie zusätzliche Informationen liefern; dagegen stellt die Vergrößerung von **Mikrofiches,** die für das menschliche Auge nicht lesbar sind, keine technische Aufzeichnung dar, da sie die vorhandenen Informationen bloß lesbar macht.[34]

---

[30] JZ **1971** 165.

[31] *Fischer* Rdn. 18 und § 267 Rdn. 3; *Hoyer* SK § 267 Rdn. 20; *Krey/M. Heinrich* BT 1 Rdn. 721; *Lackner/Kühl* § 267 Rdn. 4; *Puppe* NK § 267 Rdn. 31; *Sieber* S. 276 ff, 290; *ders.* JZ **1977** 412.

[32] Vgl. *Arzt/Weber* BT § 32 Rdn. 5; *Blei* II S. 325; *ders.* FS Henkel 118; *Erb* MK Rdn. 18; *Fischer* Rdn. 7; *Gössel/Dölling* BT 1 § 52 Rdn. 30; *Hohmann/Sander* BT II § 18 Rdn. 7; *Kienapfel* JZ **1971** 165 f; *ders.* NJW **1971** 1783 f; *Kindhäuser* LPK Rdn. 5; *ders.* BT I § 56 Rdn. 6; *Krey/M. Heinrich* BT 1 Rdn. 719 f; *Küpper* BT 1 Teil II § 1 Rdn. 76; *Lackner/Kühl* Rdn. 4; *Maurach/Schroeder/Maiwald* BT 2 § 65 Rdn. 83; *Otto* BT § 74 Rdn. 6; *Puppe* NK Rdn. 13; *Rengier* BT II § 34 Rdn. 6; *Schmidhäuser* BT 14/29; *Schmidt/Priebe* BT I Rdn. 1323; *Sch/Schröder/Cramer/Heine* Rdn. 17; *Sieber* S. 304, 311; *Sonnen* BT S. 225; *Wessels/Hettinger* BT 1 Rdn. 868; **aA** *Hoyer* SK Rdn. 19 a.E.; *Joecks* Rdn. 17; *Schilling* Technische Aufzeichnungen S. 17, 76; *Schneider* Jura **1970** 243.

[33] Ebenso etwa OLG München NJW **2006** 2132, 2133; *Baier* JuS **2004** 56, 58; *Erb* MK Rdn. 21; *Gössel/Dölling* BT 1 § 52 Rdn. 30; *Kienapfel* JZ **1971** 164; *Maurach/Schroeder/Maiwald* BT 2 § 65 Rdn. 83; *Puppe* NK Rdn. 15; *Wessels/Hettinger* BT 1 Rdn. 868.

[34] **Anders** *Sieber* S. 307.

19 c) **Die Erkennbarkeit des Gegenstands der Aufzeichnung.** Auch dieses Tatbestandsmerkmal erklärt sich aus der Angleichung des Begriffs der technischen Aufzeichnung an den der Urkunde. Es wurde aufgrund einer Kritik *Armin Kaufmanns*[35] in die Begriffsbestimmung aufgenommen, weil nach dessen Meinung die Schutzwürdigkeit der technischen Aufzeichnung davon abhängt, ob sie das „Objekt der Messung" angibt.

20 aa) **Auslegung des Begriffs „Gegenstand der Aufzeichnung".** Es ist unklar, was unter dem Gegenstand der Aufzeichnung zu verstehen ist. Wie *Sieber* (S. 314) darlegt, begreift die herrschende Meinung zu § 268 StGB als Gegenstand der Darstellung das **Bezugsobjekt** der Aufzeichnung,[36] das heißt den konkreten Sachverhalt, welcher ihr zu Grunde liegt und auf den sich die Information bezieht, zum Beispiel die Geschwindigkeit eines Kraftfahrzeugs, die Pulsfrequenz eines Patienten beim Elektrokardiogramm oder die Kesseltemperatur eines Heizkraftwerks.[37] Von der Frage, was im Einzelfall das ausreichend individualisierte Bezugsobjekt (der „Beweisbezug") ist, muss die weitere Frage unterschieden werden, ob die Darstellung im Sinne des § 268 Abs. 2 StGB es – allgemein oder für Eingeweihte – hinreichend genau erkennen lässt.

21 bb) **Die Erkennbarkeit des Gegenstands.** Für die Erkennbarkeit des Gegenstands der technischen Aufzeichnung genügt es, dass deren Sinn und Bedeutung von Eingeweihten verstanden wird, also von Personen, die mit solchen Geräten umzugehen und deren Aufzeichnungen zu lesen wissen. Die Erkennbarkeit braucht nicht unmittelbar **aus der Aufzeichnung** hervorzugehen. Sie kann sich auch in Verbindung **mit Umständen außerhalb** ihrer selbst ergeben, wenn der **Zusammenhang** klar ist. Das kann, wie *Schilling* früher dargelegt hat,[38] auf verschiedene Weise gewährleistet sein.

22 Die **kombinierte** technische Aufzeichnung enthält Messung und Abbildung und verbürgt so die Identität zwischen dem abgebildeten und gemessenen Objekt (Aufzeichnung eines Radarmessgeräts mit eingebauter Kamera zur Geschwindigkeitskontrolle; BayObLG NStZ **2002** 388, 389). Bei der **verbundenen** technischen Aufzeichnung ist die Aufzeichnung mit ihrem Bezugsobjekt räumlich-stofflich zu einer Beweiseinheit verbunden.[39] Der gleich bleibende Standort des Geräts verbürgt die Identifizierung der Aufzeichnung. Sie kann aber auch selbst mit dem Bezugsobjekt, etwa durch Aufkleben, also durch Menschenhand, verbunden sein. Dementsprechend genügt es bei der so genannten **erläuterten** technischen Aufzeichnung, dass der Aufzeichnung durch einen Beziehungsvermerk (Nameneintrag auf einem Elektrokardiogramm, Datums- und Kraftfahrzeugvermerk auf einer Tachografenscheibe) der erforderliche Beweisbezug durch menschliche Erklärung beigegeben wird.[40] Die Erklärung kann unter Umständen auch die Voraussetzung einer (zusammengesetzten) Urkunde erfüllen.[41] Das aufzeichnende Gerät braucht hinterher nicht genau bestimmbar zu sein; es reicht aus, dass der Gerätetyp feststeht.[42]

---

35 ZStW **71** (1959) 428.

36 Siehe *Erb* MK Rdn. 26; *Fischer* Rdn. 8; *Lackner/Kühl* Rdn. 5; *Sch/Schröder/Cramer/Heine* Rdn. 18 ff.

37 *Lackner/Kühl* Rdn. 5.

38 *Schilling* Technische Aufzeichnungen S. 25 f; auch *Sieber* S. 315 f.

39 *Sch/Schröder/Cramer/Heine* Rdn. 22, 27.

40 *Schilling* Technische Aufzeichnungen S. 26, 30; *Sch/Schröder/Cramer/Heine* Rdn. 27a.

41 *Kienapfel* Urkunden II S. 175.

42 *Fischer* Rdn. 8; *Schneider* Jura **1970** 249; *Sch/Schröder/Cramer/Heine* Rdn. 23a; **aA** insoweit *Schilling* Technische Aufzeichnungen S. 56 und für private technische Aufzeichnungen *Lampe* NJW **1970** 1101.

**d) Die Bestimmung der Darstellung zum Beweis einer rechtlich erheblichen Tatsache**

**aa) Beweisbestimmung.** Auch dieses Merkmal folgt aus der Angleichung des Begriffs der technischen Aufzeichnung an den Urkundenbegriff. Das objektive Moment der Beweiseignung, das die Rechtsprechung beim Urkundenbegriff voraussetzt (§ 267 StGB Rdn. 77 ff), wird bei § 268 StGB nicht erwähnt, weil der Gesetzgeber die Beweiseignung hier für selbstverständlich hält.[43] Da alle technischen Aufzeichnungen selbsttätig arbeitender Geräte unter den Strafrechtsschutz fallen, sind an das Merkmal der Beweisbestimmung strenge Anforderungen zu stellen.[44] Dienen die Aufzeichnungen rein technischen, innerbetrieblichen oder wirtschaftlichen Zwecken, so fehlt sie (E 1962, Begr. S. 483). Die Beweisbestimmung kann – wie bei der Unterscheidung von Absichts- und Zufallsurkunden – von vornherein vom Halter des technischen Geräts ausgehen. Technische Aufzeichnungen können aber auch erst nachträglich durch den Eintritt besonderer Umstände beweiserheblich werden, so wenn ein früheres Elektrokardiogramm unversehens Bedeutung für den Abschluss eines Versicherungsvertrags erlangt (vgl. E 1962, Begr. S. 483). 23

**bb) Richtung der Beweisbestimmung.** Eine technische Aufzeichnung im Sinne des § 268 Abs. 2 StGB liegt nur vor, wenn die Darstellung zum Beweis einer **rechtlich erheblichen Tatsache** bestimmt ist. Auch in dieser Hinsicht ist der strafrechtliche Aufzeichnungsbegriff dem der Urkunde in § 267 StGB nachgebildet, dem dasselbe Merkmal immanent ist. Zu seiner Bedeutung wird auf § 267 StGB Rdn. 80 ff verwiesen. Die Aufzeichnung muss also für die Verwendung **im Rechtsleben** bedeutsam sein; eine Verwendung nur im außerrechtlichen Bereich genügt nicht. 24

## III. Die Tathandlungen des Grundtatbestands (Absätze 1 und 3)

Tathandlungen sind: Herstellen einer unechten technischen Aufzeichnung, Verfälschen einer technischen Aufzeichnung (Absatz 1 Nr. 1), das dem Herstellen gleichgestellte störende Einwirken auf den Aufzeichnungsvorgang (Absatz 3) und Gebrauchen unechter oder verfälschter technischer Aufzeichnungen (Absatz 1 Nr. 2). Auch die Umschreibung der Tathandlungen ist der des § 267 StGB angeglichen. Die Vorschrift des § 268 StGB und die darin verwendeten Begriffe sind jedoch tatbestandsbezogen nach ihrem Sachsinn unter Berücksichtigung der Vorstellungen des Gesetzgebers auszulegen. 25

**1. Herstellung einer unechten technischen Aufzeichnung (Absatz 1 Nr. 1)**

**a) Echtheit und Unechtheit der technischen Aufzeichnung.** Anders als in § 267 Abs. 1 StGB verwendet das Gesetz in § 268 StGB nicht beide Bezeichnungen des Gegensatzpaares „echt – unecht". Es gebraucht nur den Ausdruck „unechte technische Aufzeichnung" und bezeichnet deren „echtes" Gegenstück schlicht als „technische Aufzeichnung". Unecht im Sinne des § 268 StGB ist eine technische Aufzeichnung, wenn sie nicht aus dem Aufzeichnungsvorgang eines in seiner Selbsttätigkeit ungestörten (manipulationsfreien) Geräts stammt, obwohl sie nach Aussehen und Inhalt auf die Herkunft aus einem solchen Vorgang hinweist und damit diesen Eindruck erweckt (OLG Hamm NJW **1984** 2173; *Hellmann* JuS **2001** 353, 356). Dieser **Begriff der Unechtheit** ist mit dem des § 267 StGB nicht konform. Er ist nicht wie bei der Urkunde auf einen bestimmten Aussteller 26

---

[43] *Schneider* Jura **1970** 249; *Sch/Schröder/Cramer/Heine* Rdn. 24.

[44] *Lackner/Kühl* Rdn. 6.

bezogen, sondern auf die Herkunft aus einem Herstellungsvorgang, der in seinem Ablauf durch die selbsttätige Arbeitsweise des technischen Geräts vorgegeben ist und damit in der Regel die Zuverlässigkeit der Aufzeichnung verbürgt (E 1962, Begr. S. 482).[45] Es geht hier also – wie im Schrifttum in der Fassung unterschiedlich, doch in der Sache im Wesentlichen übereinstimmend formuliert wird[46] – um die Authentizität eines automatisierten, für das betreffende Gerät typischen **Aufzeichnungsvorgangs,** den der Gesetzgeber im Hinblick auf das Vertrauen, das der Rechtsverkehr dieser Art von Aufzeichnungen entgegenbringt, gegen gerätefremde Störungen und Manipulationen schützt (vgl. BGHSt 28 300, 304).

**27** Auf die Herkunft aus einem bestimmten Gerät kommt es nicht an,[47] sondern auf die Herkunft aus einem bestimmten Gerätetyp, und zwar nicht als Fabrikationstyp, sondern als Gattungsart, wie sie die Aufzeichnung für sich beansprucht.[48] Auch die inhaltliche Richtigkeit des Aufzeichnungsergebnisses ist nicht von Belang. Die Echtheit im Sinne des § 268 StGB bezieht sich nur auf die Authentizität des automatisierten Herstellungsmodus (*Joecks* Rdn. 18). In der Sprache des Urkundenstrafrechts handelt es sich bei technischen Aufzeichnungen trotz Verwendung des Begriffs „unecht" weder um „Echtheits-" noch um „Wahrheitsschutz", sondern der Sache nach um einen (allein auf das maschinell-gerätetypische und manipulationsfreie Herstellungsverfahren bezogenen) **sachlichen Richtigkeitsschutz.**[49]

**28** b) **Herstellung einer unechten technischen Aufzeichnung als Täuschung über die Herkunft der Darstellung.** Eine unechte technische Aufzeichnung stellt zum Beispiel her, wer unter Verwendung des für echte Aufzeichnungen vorgesehenen Papiers und Farbstoffs manuell eine Kurvenzeichnung fertigt und ihr den Anschein gibt, sie stamme aus einem selbsttätig arbeitenden technischen Gerät;[50] ebenso, wer andere Hilfsmittel benutzt, um einen solchen Anschein zu erwecken. Eine ordnungsgemäß entstandene technische Aufzeichnung wird nicht dadurch unecht, dass sie unter einer Täuschung verwendet, zum Beispiel ausgewechselt, unterschoben oder sonst in einen irreführenden Beweisbezug gebracht wird, etwa durch einen falschen Namenseintrag auf einem Fahrtenschreiberdiagramm (KG VRS **57** 122) oder durch Verfälschung des Patientennamens bei einem Elektrokardiogramm.[51] In diesen Fällen kommt Urkundenfälschung in Betracht (§ 267 StGB Rdn. 100). Ausnahmsweise fällt das Auswechseln einer technischen Aufzeichnung unter den Tatbestand des § 268 StGB, wenn hierbei in den perpetuierten, selbsttätig hergestellten Beweisbezug einer echten technischen Aufzeichnung eingegriffen wird, um einen Beweisbezug zu einer anderen Sache herzustellen.[52] In einem solchen Fall, der in der Regel Verfälschen bedeutet, ist entscheidend, ob (auch) in das Endprodukt des Aufzeichnungsvorgangs eingegriffen wird oder ob es ohne stoffliche Tangierung in eine andere Beweisrichtung manipuliert wird.

---

45 BayObLGSt **1973** 155, 156; BayObLG VRS **55** 425.

46 Vgl. *Fischer* Rdn. 11a; *Hellmann* JuS **2001** 353, 356; *Lackner/Kühl* Rdn. 7; *Puppe* NK Rdn. 32; *Sch/Schröder/Cramer/Heine* Rdn. 31.

47 **AA** OLG Hamm VRS **52** 279; LG Stade NJW **1974** 2017, 2018.

48 *Hirsch* ZStW **85** (1973) 717; vgl. *Sieber* S. 320.

49 Ähnlich *Hirsch* ZStW **85** (1973) 724; *Kunz* JuS **1977** 606; *Maurach/Schroeder/Maiwald* BT 2 § 65 Rdn. 85; *Sieber* S. 320.

50 BayObLGSt **1973** 155, 156; E 1962, Begr. S. 482; *Fischer* Rdn. 11; *Gössel/Dölling* BT 1 § 52 Rdn. 32; *Hoyer* SK Rdn. 24; *Lackner/Kühl* Rdn. 7; *Sch/Schröder/Cramer/Heine* Rdn. 8 f; **aA** *Lampe* NJW **1970** 1101.

51 *Fischer* Rdn. 11b; *Hoyer* SK Rdn. 25; *Lackner/Kühl* Rdn. 9; *Sch/Schröder/Cramer/Heine* Rdn. 35.

52 *Fischer* Rdn. 11b; *Hoyer* SK Rdn. 25.

Eine unechte technische Aufzeichnung wird nicht hergestellt, wenn ein zum Beispiel infolge Verschleißes oder wegen eines Fabrikationsmangels fehlerhaftes Gerät weiterläuft (vgl. BGHSt **28** 300, 306, 308). Aufzeichnungen aus einem solchen Gerät können **unrichtig** sein; sie sind aber *nicht unecht* im Sinne des § 268 StGB.[53] Es fehlt dann an dem erforderlichen menschlichen Eingriff. Dementsprechend reicht allein die Pflicht des Fahrers oder Halters, einen solchen Mangel (Eigendefekt) zu beheben, nicht aus, um sein Unterlassen im Sinne des § 13 Abs. 1 StGB dem vom Gesetz (§ 268 Abs. 3 StGB) vorausgesetzten störenden Eingriff gleichzustellen (vgl. § 13 Abs. 1 a.E.; BGHSt **28** 300, 307 f).[54] **29**

c) **Die Gleichstellungsvorschrift (Absatz 3).** Störendes Einwirken auf den Aufzeichnungsvorgang steht dem Herstellen einer unechten technischen Aufzeichnung gleich. Es handelt sich um einen Unterfall des Herstellens,[55] dessen besondere gesetzliche Hervorhebung lediglich der Klarstellung dient. Auch der Bundesgerichtshof (BGHSt **28** 300, 303) geht zutreffend davon aus, dass unter den Voraussetzungen des Absatzes 3 zu Stande gekommene Aufzeichnungen zugleich unechte technische Aufzeichnungen im Sinne des § 268 Abs. 1 Nr. 1 StGB sind. Die Gegenmeinung kann sich zwar darauf berufen: Dann habe Absatz 3 keine selbstständige Bedeutung, und er sei als „Gleichstellungsvorschrift“ überflüssig.[56] Auch könne der Wortlaut des Absatzes 3, der von „Beeinflussen des Ergebnisses der Aufzeichnung“ spreche, Zweifel daran aufkommen lassen, ob es hierbei ebenso wie bei Absatz 1 nur um den Schutz des automatisierten gerätetypischen Herstellungsvorgangs gehe. Das sind indessen Argumente, die nichts daran ändern, dass der abgewandelte Echtheitsbegriff des § 268 StGB, was dessen Absatz 1 betrifft, sich auf den ungestörten gerätetypischen Herstellungsvorgang bezieht und dass der Schutz der gesamten Norm den störungsfreien maschinellen Entstehungsakt zum Gegenstand hat, um den es dann auch in Absatz 3 geht.[57] **30**

aa) **Die störende Einwirkung auf den Aufzeichnungsvorgang als Mittel zur Beeinflussung des Aufzeichnungsergebnisses.** Absatz 3 setzt voraus, dass störendes Einwirken auf den Aufzeichnungsvorgang das Ergebnis der Aufzeichnung beeinflusst. Es sind also Eingriffe notwendig, die den selbsttätig-fehlerfreien Funktionsablauf des aufzeichnenden Geräts in Mitleidenschaft ziehen (BGHSt **28** 300, 305).[58] Unter den genannten Voraussetzungen stellt § 268 Abs. 3 StGB die inhaltliche Unrichtigkeit technischer Aufzeichnungen deren Unechtheit gleich (OLG Hamm NJW **1984** 2173). Wer auf ein schadhaftes Gerät korrigierend einwirkt mit der Tendenz, es zu entstören, fällt nach allgemeiner Meinung nicht unter den Tatbestand.[59] Die Vorschrift knüpft an das Vertrauen an, das im Rechtsverkehr der Zuverlässigkeit der Aufzeichnung eines ordnungsgemäß arbeitenden selbsttätigen Geräts entgegengebracht wird. Hieraus wird gefolgert, dass in diesem Zusammenhang nur **Störungen im Funktionsablauf des Geräts** gemeint sind, nicht etwa **31**

---

[53] BayObLG VRS **55** 425, 426; *Gössel/Dölling* BT 1 § 52 Rdn. 32; *Lackner/Kühl* Rdn. 9; *Wessels/Hettinger* BT 1 Rdn. 872; **aA** *Schneider* Jura **1970** 254.

[54] *Arzt/Weber* BT § 32 Rdn. 16; *Blei* II S. 326; *Bockelmann* BT 3 S. 121 f; *Gössel/Dölling* BT 1 § 52 Rdn. 35; *Hohmann/Sander* BT II § 18 Rdn. 13 f.

[55] So schon E 1962, Begr. S. 482; siehe zudem BayObLG VRS **55** 426; *Brodag* BT S. 311; *Gössel/Dölling* BT 1 § 52 Rdn. 33; *Haft* BT II S. 196 f; *Joecks* Rdn. 20; *Küper* BT S. 28; *Sonnen* BT S. 225; *Wessels/Hettinger* BT 1 Rdn. 871.

[56] LG Stade NJW **1974** 2018.

[57] Ebenso etwa *Rengier* BT II § 34 Rdn. 7.

[58] *Fischer* Rdn. 13; *Lackner/Kühl* Rdn. 8; *Sch/Schröder/Cramer/Heine* Rdn. 48, 51.

[59] *Erb* MK Rdn. 35; *Fischer* Rdn. 13; *Lackner/Kühl* Rdn. 8; *Sch/Schröder/Cramer/Heine* Rdn. 51; vgl. auch *Hoyer* SK Rdn. 30; *Puppe* NK Rdn. 33.

*„täuschendes Beschicken“*, wie im Anschluss an *Schilling*[60] gesagt wird, oder „Füttern“ des Computers mit falschen Daten.[61] Keine störende Einwirkung auf den Aufzeichnungsvorgang sind demnach Fälle *nachträglichen* Unterschiebens oder Austauschens der Aufzeichnungen. Eine Tat nach § 268 StGB begeht ebenso wenig, wer zum Beispiel den Gegenstand, der geröntgt werden soll, durch einen anderen ersetzt; wer bei einem automatischen Messvorgang die Auflageschale zusätzlich beschwert, oder wer eine Filmplakette, die der Strahlenschutzüberwachung dient, künstlich stärker bestrahlt. § 268 StGB scheidet auch aus, wenn zwei gerätespezifische Schaublätter eines Fahrtenschreibers (Zweifahrergerät) unzulässig nur durch einen Fahrer benutzt werden (BayOblG NZV **2001** 522; OLG Karlsruhe NStZ **2002** 652; OLG Stuttgart NZV **2000** 96; vgl. aber auch Rdn. 36).[62]

**32** Entsprechendes gilt, wenn der Kraftfahrer durch eine an der Innenseite der Windschutzscheibe befestigte **„Gegenblitzanlage“** bewirkt, dass sein Gesicht auf Fotoaufnahmen bei Radargeschwindigkeitskontrollen oder „Fotoampeln“ bis zur Unkenntlichkeit überstrahlt wird.[63] Dadurch beeinträchtigt er zwar das Ergebnis der Fotoaufnahmen; doch geschieht dies nicht durch einen störenden Eingriff (§ 268 Abs. 3 StGB) in den Funktionsablauf des technischen Geräts (siehe auch OLG München NJW **2006** 2132, 2133; LG Flensburg NJW **2000** 1664 m. Anm. *Martin* JuS **2000** 822).[64]

**33** bb) **Zeitpunkt und Modalitäten der Einwirkung (Tun und Unterlassen).** Auf den Zeitpunkt und die Art und Weise des Einwirkens kommt es nicht an. Die Tat kann nicht nur **in jedem Stadium** der selbsttätigen Arbeit des Geräts (also bei dem Erfassen des Gegenstands im Gerät, dem Registrieren sowie der Verarbeitung der Informationen) geschehen, sondern ebenfalls schon vor Beginn des Aufzeichnungsvorgangs.[65]

**34** In diesem Rahmen kommt auch Verwirklichung durch **unechtes Unterlassen** in Betracht, so wenn ein Kraftfahrer in Kenntnis dessen, dass ein Arbeitskollege den ordnungsmäßigen Gang des Fahrtenschreibers durch einen Eingriff absichtlich gestört hat, es bewusst und gewollt unterlässt, das Gerät vor Antritt der eigenen Fahrt in Ordnung zu bringen (BGHSt **28** 300, 304 f = JR **1980** 345 m. krit. Anm. *Kienapfel*).[66] Dagegen scheidet strafbares Unterlassen nach den §§ 13, 268 StGB aus, wenn der schadhafte Zustand des Fahrtenschreibers auf Verschleiß zurückzuführen ist, mag auch der Fahrer dies für sich ausnutzen (BGHSt **28** 300, 306 ff; BayObLG VRS **55** 425, 427).[67] Zur notwendigen

---

[60] *Schilling* Technische Aufzeichnungen S. 49.

[61] *Brodag* BT S. 311; *Fischer* Rdn. 13a; *Hellmann* JuS **2001** 353, 356; *Hilgendorf/Frank/Valerius* Rdn. 190; *Kienapfel* JR **1980** 347; *Kindhäuser* Repetitorium BT I 12.49; *Krey/M. Heinrich* BT 1 Rdn. 730; *Kudlich* BT II Nr. 174; *Kunz* JuS **1977** 606; *Lackner/Kühl* Rdn. 8 a.E.; *Lampe* GA **1975** 4; *Sch/Schröder/Cramer/Heine* Rdn. 48; *Sieber* S. 325; *Steinke* NJW **1975** 1868; *Wessels/Hettinger* BT 1 Rdn. 874; *Winkelbauer* CR **1985** 42.

[62] Ebenso etwa *Kindhäuser* LPK Rdn. 10; *Kudlich* BT II Nr. 176; *Lackner/Kühl* Rdn. 8; *Otto* BT § 74 Rdn. 11; *Wessels/Hettinger* BT 1 Rdn. 873; siehe auch *Lehmpuhl* DAR **2002** 433, 436 f.

[63] **AA** *Stollenwerk* VD **1998** 182.

[64] Ebenso *Böse* NStZ **2005** 370, 374; *Geppert* DAR **2000** 106; *ders.* JK 00 StGB § 268/5; *Hentschel* NJW **2002** 1237; *Joecks* Rdn. 24; *Kindhäuser* LPK Rdn. 11; *Otto* BT § 74 Rdn. 11; *Rengier* BT II § 34 Rdn. 9; *Wessels/Hettinger* BT 1 Rdn. 875; **aA** AG Tiergarten JR **2000** 386, 387 m. abl. Anm. *Rahmlow* S. 388, 390.

[65] *Schneider* Jura **1970** 241; *Sch/Schröder/Cramer/Heine* Rdn. 49, 50.

[66] Im Ergebnis zustimmend *Puppe* JZ **1986** 949 f.

[67] *Rengier* BT II § 34 Rdn. 10.

Gleichstellung von positivem Tun und Unterlassen (vgl. § 13 Abs. 1 a.E.) ist also ein (vorheriger) menschlicher Eingriff erforderlich, sodass das bloße Ausnutzen eines Eigendefekts zur Begründung einer Strafbarkeit wegen Unterlassens trotz Garantenstellung nicht genügt.

In allen Tatbestandsalternativen des § 268 StGB ist die unechte oder verfälschte technische Aufzeichnung das Produkt der von Menschenhand gewollten Störung oder der Simulierung des Funktionsablaufs eines technischen Geräts. Damit ist ein **menschlicher Eingriff** in den programmierten funktionellen Ablauf notwendiger Bestandteil des Tatgeschehens, soweit eine Simulation ausscheidet (BGHSt **28** 300, 307). Fehlt er, etwa bei einem Eigendefekt des Geräts, so kann auch die Garantenstellung des Kraftfahrers nicht zur Strafbarkeit nach Absatz 3 führen.[68] Auch der Gesetzgeber[69] hat bloßes, wenn auch vorsätzliches Ausnutzen einer fehlerhaften, nicht auf Manipulation beruhenden Arbeitsweise eines Aufzeichnungsgeräts nicht als tatbestandsmäßig angesehen (BGHSt **28** 300, 307, 308). Der Fahrer macht sich als Täter ferner nicht strafbar, wenn er nicht weiß, dass die unrichtige Aufzeichnung tatsächlich das Ergebnis eines menschlichen Eingriffs ist (BGHSt **28** 300, 307). **35**

cc) **Kasuistik.** § 268 Abs. 3 StGB greift ein, wenn bei einem **Fahrtenschreiber** im Rahmen eines selbsttätigen Aufzeichnungsvorgangs andere (gerätefremde) Diagrammscheiben verwendet werden (BGHSt **40** 26, 28 = NStZ **1994** 547 auf Vorlage und im Anschluss an OLG Stuttgart NStZ **1993** 344 f).[70] Soweit das Bayerische Oberste Landesgericht (BayObLGSt **1973** 155, 157) zur Begründung seiner abweichenden Auffassung darauf abstellt, dass „die Auswechslung der Unterlage den technischen Ablauf als solchen unberührt" lasse, ist die Sicht sachwidrig verkürzt. § 268 Abs. 3 StGB setzt keine Einwirkung auf den Tachografen selbst oder dessen Funktionieren an sich voraus (vgl. OLG Stuttgart NStZ **1993** 344). In Fällen, in denen die Diagrammscheiben gerätespezifisch in dem Sinne sind, dass eine ordnungsgemäße Aufzeichnung nur bei Verwendung der vorgeschriebenen Diagrammscheiben möglich ist, können der Aufzeichnungsvorgang und das Medium, auf dem er verkörpert wird, nicht isoliert betrachtet werden (BGHSt **40** 26, 29 f; siehe auch BayObLG NZV **2001** 522; OLG Karlsruhe NStZ **2002** 652). Die gerätetypische Diagrammscheibe gehört zum ordnungsgemäßen Aufzeichnungsvorgang.[71] Der Fall liegt nicht anders, als wenn sonst ein Geräteteil verändert würde. **36**

Um **störende Eingriffe** handelt es sich ferner: wenn der Täter die zum EG-Kontrollgerät gehörende Zeituhr vor Fahrtantritt verstellt, sodass die nachfolgende Aufzeichnung von der gesetzlichen Zeit abweicht (OLG Hamm NJW **1984** 2173; BayObLGSt **1986** 33);[72] wenn er den Schreibstift des Geräts verbiegt (BayObLG wistra **1995** 316);[73] wenn er die Aufzeichnung der Fahrgeschwindigkeit durch Einlegen von Schaumgummi in den Fahrtenschreiber beeinflusst (vgl. OLG Hamm VRS **52** 278) oder wenn er durch Mani- **37**

---

68 *Erb* MK Rdn. 45; *Fischer* Rdn. 13 f; *Küpper* BT 1 Teil II § 1 Rdn. 78; *Lackner/Kühl* Rdn. 9 a.E.; *Puppe* NK Rdn. 43 f; *Rengier* BT II § 34 Rdn. 10; *Sonnen* BT S. 225 f; **aA** *Sch/Schröder/Cramer/Heine* Rdn. 55.

69 Vgl. BTDrucks. V/4094 S. 37.

70 Zustimmend etwa *Küpper* BT 1 Teil II § 1 Rdn. 78; *Puppe* JZ **1997** 495.

71 *Fischer* Rdn. 13c; *Hirsch* ZStW **85** (1973) 726; *Lackner/Kühl* Rdn. 8; *Maurach/Schroeder/Maiwald* BT 2 § 65 Rdn. 86; *Otto* BT § 74 Rdn. 11; *Puppe* NK Rdn. 41 f; *Schneider* Jura **1970** 250; *Sch/Schröder/Cramer/Heine* Rdn. 48a; **aA** *Hoyer* SK Rdn. 38; *Joecks* Rdn. 28.

72 *Lackner/Kühl* Rdn. 8; *Otto* BT § 74 Rdn. 11; *Puppe* JZ **1991** 553; vgl. ferner LAG Rheinland-Pfalz NZA-RR **2004** 473, 474.

73 *Lackner/Kühl* Rdn. 8; *Otto* BT § 74 Rdn. 11; kritisch *Puppe* JZ **1997** 494.

pulation am Tachometer des Fahrzeugs bewirkt, dass die Geschwindigkeit geringer als tatsächlich eingehalten angezeigt und vom Fahrtenschreiber aufgezeichnet wird (BGHSt 28 300, 301, 304).

**38** Besondere Probleme der Anwendung des Absatzes 3 ergeben sich im Rahmen der **elektronischen Datenverarbeitung.**[74] Die Fälle der Eingabefälschung (so genannte Input-Manipulation), in denen der Täter den Computer mit falschen Eingaben beschickt, ergreift § 268 StGB nicht (siehe Rdn. 31). Nach einer Meinung[75] soll dasselbe auch für Programmfälschungen gelten, also für so genannte Programm-Manipulationen,[76] bei denen der Täter durch Einbau falscher Programmroutinen auf den Output einwirkt, und für so genannte Konsolmanipulationen,[77] mit denen Unregelmäßigkeiten in der Verarbeitung über die Konsolschreibmaschine erreicht werden. Mit Recht weist *Sieber* (S. 325) darauf hin, dass diese Fälle im Hinblick auf Struktur und Arbeitsweise eines Computers nicht wie oder als (nach § 268 StGB nicht strafbare) Input-Manipulationen behandelt werden dürfen. Ein Computer setzt sich aus zwei „Bausteinen“ zusammen, die gleich wichtig sind: aus der Hardware, worunter die substanziellen, maschinellen Teile des Computers verstanden werden, und aus der Software, zu der insbesondere das Betriebssystem und die Programme gerechnet werden. Hieraus ergibt sich, dass Manipulationen an der Software, zum Beispiel am Programm, ebenso ein Eingriff in die Arbeitsweise des Computers sind wie Manipulationen an der Hardware, etwa über die Konsole.[78]

**39** **Abschaltungen eines Geräts** sind jedenfalls dann keine störenden Einwirkungen auf den Aufzeichnungsvorgang, wenn auf diese Weise der Vorgang nicht in Gang gebracht oder lediglich abgebrochen, eine Aufzeichnung also verhindert wird (BayObLG NJW **1974** 325). Doch greift Absatz 3 ein, wenn zeitweilige oder mehrfache Abschaltungen des Geräts dazu dienen, den kontinuierlichen Aufzeichnungsvorgang zu stören und sein Ergebnis zu beeinflussen.[79] Abweichend von der Entscheidung BayObLG NJW **1974** 325 ist daher in einem Fall, in dem der Lastzugfahrer mehrmals den Deckel des Fahrtenschreibers öffnet, um das Ergebnis der Aufzeichnung zu stören, zumindest wegen Versuchs zu bestrafen. Eine Verurteilung nach Absatz 3 hängt also nicht davon ab, ob das Gerät nach seiner Beschaffenheit nach dem Abschalten noch kurz nachläuft. Für Strafbarkeit in den Unterbrechungsfällen tritt auch das Schrifttum ein.[80]

### 2. Verfälschen einer technischen Aufzeichnung (Absatz 1 Nr. 1)

**40** a) **Der Gegenstand der Verfälschung.** Der Gesetzeswortlaut rechtfertigt, wie es scheint, die Auslegung, dass nicht nur eine echte, sondern auch eine unechte technische Aufzeichnung verfälscht werden kann.[81] Denn obwohl sich Absatz 1 Nr. 1 eng an den Tatbestand der Urkundenfälschung anlehnt, vermeidet er im Zusammenhang mit dem Verfälschen eine Unterscheidung nach dem Begriffspaar „echt oder unecht“ (Rdn. 26). Dennoch

---

[74] Ausführlich hierzu *Sieber* S. 297 ff, 325, 326.

[75] *Lampe* GA **1975** 14, 16 ff; *Steinke* NJW **1975** 1869.

[76] Hierzu *Puppe* NK Rdn. 38; *Sieber* S. 54 ff.

[77] Hierzu *Sieber* S. 60 ff.

[78] *Fischer* Rdn. 13b; *Hilgendorf/Frank/Valerius* Rdn. 190; *Hoyer* SK Rdn. 40; *Lackner/Kühl* Rdn. 8; *Maurach/Schroeder/Maiwald* BT 2 § 65 Rdn. 86; für Programmfälschungen anders *Puppe* NK Rdn. 38 ff.

[79] *Erb* MK Rdn. 40; *Fischer* Rdn. 13d; *Hoyer* SK Rdn. 36; *Lackner/Kühl* Rdn. 8; *Maurach/Schroeder/Maiwald* BT 2 § 65 Rdn. 86; *Otto* BT § 74 Rdn. 11; *Puppe* NK Rdn. 40; *Sch/Schröder/Cramer/Heine* Rdn. 48a.

[80] Etwa *Fischer* Rdn. 13d; *Lackner/Kühl* Rdn. 8; *Maurach/Schroeder/Maiwald* BT 2 § 65 Rdn. 86; *Puppe* NK Rdn. 40.

[81] *Fischer* Rdn. 12; *Sch/Schröder/Cramer/Heine* Rdn. 44.

kann Gegenstand dieser Tathandlung eine technische Aufzeichnung nur sein, wenn und soweit sie „echt" ist. Im Übrigen wäre die Verfälschung einer unechten technischen Aufzeichnung strafrechtlich allenfalls unter dem rechtlichen Gesichtspunkt des Herstellens einer unechten fassbar.[82]

b) **Der Verfälschungsbegriff.** Verfälschen setzt voraus, dass eine Aufzeichnung bereits vorhanden ist (BayObLGSt **1973** 156). Es liegt vor, wenn der Täter sie auf beweiserhebliche Weise verändert und so den Eindruck erweckt, als trüge sie die Gestalt, in der sie das technische Gerät nach ordnungsgemäßem Herstellungsvorgang verlassen hat (E 1962, Begr. S. 482). Die Verfälschung kann sich auf den Inhalt der Aufzeichnung oder auf den perpetuierten Beweisbezug beziehen, nicht jedoch auf einen nichtautomatisch hergestellten Bezugsvermerk;[83] in solchen Fällen kann § 267 StGB eingreifen. Auf eine Tendenz zur inhaltlichen Wahrheit der Aufzeichnung kommt es (hier wie bei § 267 StGB) nicht an. Der Annahme einer Verfälschung steht es also nicht entgegen, dass eine echte technische Aufzeichnung, die infolge eines Fehlers des Geräts sachlich unrichtig ist, durch Veränderung „richtig" gemacht wird (*Joecks* Rdn. 23). **41**

c) **Taugliche Täter.** Täter des Verfälschens kann jedermann sein, auch der Hersteller der echten technischen Aufzeichnung.[84] Die beim Tatbestand der Urkundenfälschung erörterte Frage, ob der Aussteller einer echten Urkunde Täter ihrer Verfälschung sein kann (§ 267 StGB Rdn. 203 ff), stellt sich, sinngemäß modifiziert, im Rahmen des § 268 StGB nicht; denn der hier geltende Echtheitsbegriff knüpft an den Herstellungsvorgang an, nicht an die Person des Herstellers (Rdn. 26 f). **42**

### 3. Gebrauch einer unechten oder verfälschten technischen Aufzeichnung (Absatz 1 Nr. 2)

a) **Der Gegenstand des Gebrauchs.** Absatz 1 Nr. 2 erfasst nicht nur Aufzeichnungen, die unter den Tatbestand des Herstellens oder Verfälschens nach Nummer 1 fallen, sondern auch solche, die nach Absatz 3 zustande gekommen sind. Doch ist umstritten, ob Strafbarkeit nach Absatz 1 Nr. 2 auch eintritt, wenn sich die Tat auf eine technische Aufzeichnung bezieht, welche **nicht vorsätzlich** als unechte nachgemacht oder als echte verfälscht worden ist. **43**

Im Gleichklang mit § 267 StGB (dort Rdn. 215) wird man richtigerweise als **Vortat** auch ein unvorsätzliches Verhalten genügen zu lassen haben.[85] Das gilt auch in Bezug auf Absatz 3 (anders die Vorauflage; *Sch/Schröder/Cramer/Heine* Rdn. 63), was im Übrigen nicht zur Konsequenz hat, dass nach Absatz 1 Nr. 2 i.V.m. Absatz 3 der Gebrauch technischer Aufzeichnungen, die infolge eines „Eigendefekts" (das heißt ohne besonderen menschlichen Eingriff) unrichtig sind, pönalisiert ist. Denn vorausgesetzt ist dann vielmehr auch eine (unvorsätzliche oder schuldlose) störende Einwirkung durch einen menschlichen Eingriff, wie etwa in dem Fall, dass jemand, ohne dass er es bemerkt, einen Aufzeichnungsvorgang beeinträchtigt, und der Täter dann diese Aufzeichnung verwendet. **44**

Demgegenüber wird im Schrifttum, restriktiver als hier, zum Teil die Auffassung vertreten, dass strafbarer Gebrauch nach § 268 Abs. 1 Nr. 2 StGB **stets** eine strafbare oder **45**

---

[82] *Hoyer* SK Rdn. 26.
[83] *Erb* MK Rdn. 33; *Fischer* Rdn. 12; *Sch/Schröder/Cramer/Heine* Rdn. 42.
[84] *Sch/Schröder/Cramer/Heine* Rdn. 43.
[85] *Bockelmann* BT 3 S. 120; *Erb* MK Rdn. 46; siehe auch Große Strafrechtskommission, Niederschriften Bd. 8 S. 31, 260, 263; OLG Hamm VRS 52 278.

wenigstens mit Strafe bedrohte **vorsätzliche** Handlung nach Absatz 1 Nr. 1, Abs. 3 voraussetze.[86] Das vermag indes nicht zu überzeugen. Es ist – auch im Hinblick auf § 267 Abs. 1 StGB – kein Grund ersichtlich, weshalb solche Aufzeichnungen, die objektiv unecht oder verfälscht sind, von der Anwendung des Absatzes 1 Nr. 2 ausgeschlossen sein sollten.

46 Nicht unter Absatz 1 Nr. 2 fällt, wer technische Aufzeichnungen gebraucht, bei denen sich das Fehlen der Beweiseignung oder die inhaltliche Unrichtigkeit daraus ergibt, dass sie ausgewechselt, unterschoben oder mit einer anderen Sache in einen **irreführenden Beweisbezug** gebracht worden sind. Entsprechendes gilt für unrichtige technische Aufzeichnungen, die auf eingegebenen unzutreffenden Daten beruhen, ohne dass dadurch der Aufzeichnungsvorgang gestört wurde. Auch erfasst Absatz 1 Nr. 2 nicht das bewusste Gebrauchen von solchen Aufzeichnungen, die ihre Herkunft einem defekten, aber manipulationsfrei arbeitenden Gerät verdanken.

47 Die Frage des Gebrauchs **bloß unrichtiger** technischer Aufzeichnungen (Rdn. 44 und 46) war schon bei den Vorarbeiten des Gesetzgebers umstritten. Man hat in der Großen Strafrechtskommission für diese Fälle einen Sondertatbestand erwogen, der entsprechend § 271 StGB nur für (unrichtige) Aufzeichnungen aus behördlich geprüften Geräten gelten sollte.[87] Diese Vorschrift fand jedoch keine Mehrheit und wurde nicht in den Entwurf 1962 eingestellt. Nach zutreffender Ansicht ist davon auszugehen, dass für die Anwendung des Absatzes 1 Nr. 2 die bloße Unrichtigkeit einer Aufzeichnung für sich allein nicht genügt (siehe Rdn. 44).

48 b) **Gebrauchen als Zugänglichmachen für einen Beweisadressaten.** Hierzu gilt sinngemäß, was zum Tatbestandsmerkmal des Gebrauchs bei § 267 StGB (dort Rdn. 220 ff) ausgeführt ist.

49 c) **Mögliche Täter.** Wie bei der Urkundenfälschung brauchen Hersteller oder Verfälscher und derjenige, der von dem Tatgegenstand Gebrauch macht, nicht identisch zu sein (§ 267 StGB Rdn. 219). Vgl. im Übrigen Rdn. 42.

## IV. Gewerbsmäßige Fälschung technischer Aufzeichnungen als Mitglied einer Bande (Absatz 5 i.V.m. § 267 Abs. 4 StGB)

50 Das 6. StrRG hat die Verweisung des Absatzes 5 auf Absatz 3 des § 267 StGB um die Anordnung der entsprechenden Geltung von dessen Absatz 4 erweitert. Damit hat es einen **qualifizierten Tatbestand** der gewerbs- und bandenmäßigen Fälschung technischer Aufzeichnungen als Verbrechen geschaffen. § 267 Abs. 4 StGB ist im Rahmen des § 268 StGB mit der Maßgabe anzuwenden, dass an die Stelle der Tatbezeichnung „Urkundenfälschung" die Worte „Fälschung technischer Aufzeichnungen" treten.

51 Wegen der **Voraussetzungen** des Verbrechenstatbestands im Einzelnen wird auf die Ausführungen zu § 267 StGB verwiesen, insbesondere dort Rdn. 235 (Bande und Ban-

[86] **Gegen** eine Einbeziehung nicht vorsätzlich bewirkter Aufzeichnungen in Absatz 1 Nr. 2 – mit unterschiedlicher Begründung – etwa BTDrucks. V/4094 S. 37 und Prot. V S. 2412 ff; BayObLGSt **1973** 157; OLG Frankfurt/M. NJW **1979** 119; LG Stade NJW **1974** 2017; hierzu *Hoyer* SK Rdn. 32, 41; *Kienapfel* JZ **1974** 654; *Krey/M. Heinrich* BT 1 Rdn. 733; *Sturm* NJW **1970** 1610.

[87] § 266a Umdruck U 63, Niederschriften Bd. 8 S. 495; *Koffka* und *Schäfer* Niederschriften Bd. 8 S. 260, 263.

denmitgliedschaft), 236 (Bandenzweck), 237 f (Begehung als Mitglied einer Bande) und 239 (Gewerbsmäßigkeit).

## V. Unrechts- und Tatbestandsausschluss

Vgl. § 267 StGB Rdn. 242 ff. 52

## VI. Zur inneren Tatseite

Der Täter muss – wie bei der Urkundenfälschung – bei allen Tathandlungen **zur Täuschung im Rechtsverkehr** handeln. Die Ausführungen zu § 267 StGB Rdn. 252 ff gelten sinngemäß. Im Übrigen ist **Vorsatz** erforderlich. Bedingter Vorsatz genügt (BGHSt 28 300, 304).[88] Er muss sich auf alle Merkmale der technischen Aufzeichnung beziehen, ferner auf die der Tathandlungen. Bei einem Verbrechen nach § 268 Abs. 5 StGB in Verbindung mit § 267 Abs. 4 StGB muss sich die innere Tatseite auch auf die banden- und gewerbsmäßige Begehung erstrecken. 53

## VII. Vollendung, Versuch und Vorbereitung

Der Versuch des Vergehens (§ 268 Abs. 1 StGB) ist nach Absatz 4 i.V.m. §§ 23 Abs. 1, 12 Abs. 2 StGB, der Versuch des Verbrechens (§ 268 Abs. 5 StGB in Verbindung mit § 267 Abs. 4 StGB) nach § 23 Abs. 1 StGB strafbar. Die Vorbereitung des Verbrechens ist im Rahmen des § 30 StGB mit Strafe bedroht. 54

Zur **Vollendung** ist nicht erforderlich, dass der Täter die mit der Tat bezweckte Täuschung erreicht. Es genügt, dass er eine unechte technische Aufzeichnung herstellt, eine technische Aufzeichnung verfälscht oder eines dieser Falsifikate gebraucht. § 268 StGB ist wie die Urkundenfälschung ein einaktiges Delikt. 55

Nach rechtlicher Vollendung zum Beispiel des Herstellens ist strafbefreiender **Rücktritt** ausgeschlossen, auch wenn der Täter freiwillig auf den Gebrauch der Fälschung verzichtet. Tätige Reue ist im Gesetz nicht vorgesehen und kommt deshalb nicht in Betracht.[89] Eine unechte technische Aufzeichnung ist erst hergestellt, wenn sie einen Beweisbezug erkennen lässt.[90] Zur Abgrenzung von Versuch und Vollendung beim Gebrauch vgl. § 267 StGB Rdn. 228 ff und dort Rdn. 280. 56

## VIII. Konkurrenzen

Soweit es um das Verhältnis der Tathandlungen des **§ 268 Abs. 1 Nrn. 1 und 2 StGB zueinander** geht, wird auf die Ausführungen zu § 267 StGB Rdn. 287 ff verwiesen, die sinngemäß gelten. Zu § 268 Abs. 5 StGB i.V.m. § 267 Abs. 4 StGB vgl. § 267 StGB Rdn. 292. Im Übrigen gilt zur Konkurrenz mit anderen Vorschriften: 57

Problematisch ist das Verhältnis des **§ 268 StGB zu § 267 StGB**. Die Entstehungsgeschichte der Vorschrift könnte die Auffassung nahe legen, dass die Tatbestände ein- 58

---

[88] *Erb* MK Rdn. 47; *Fischer* Rdn. 16.

[89] Ebenso *Tröndle* LK[10] Rdn. 41; aA *Sch/Schröder/Cramer/Heine* Rdn. 66.

[90] *Sch/Schröder/Cramer/Heine* Rdn. 66.

ander grundsätzlich ausschließen. Mit der herrschenden Meinung ist aber Tateinheit anzunehmen,[91] und zwar nicht nur in den Fällen, in denen technische Aufzeichnungen mit Urkunden (etwa bei der Verkörperung des „Beweisbezugs") gekoppelt sind, sondern auch dort, wo eine technische Aufzeichnung mit einer Unterschrift oder einem Zusatzvermerk versehen wird (vgl. KG VRS 57 121, 122 f), der Urkundencharakter hat. Gleiches gilt, wenn ein Aussteller sonst den Inhalt einer technischen Aufzeichnung zu seiner eigenen Erklärung macht.[92]

## IX. Strafe und andere Rechtsfolgen

**59** Siehe § 267 StGB Rdn. 303 ff und § 282 StGB. Die Strafrahmen der §§ 267 und 268 StGB entsprechen einander. Das gilt auch für die Strafrahmen für besonders schwere Fälle (§ 268 Abs. 5 StGB i.V.m. § 267 Abs. 3 StGB) und für minder schwere Fälle (§ 268 Abs. 5 StGB i.V.m. § 267 Abs. 4 StGB).

# § 269
# Fälschung beweiserheblicher Daten

**(1) Wer zur Täuschung im Rechtsverkehr beweiserhebliche Daten so speichert oder verändert, daß bei ihrer Wahrnehmung eine unechte oder verfälschte Urkunde vorliegen würde, oder derart gespeicherte oder veränderte Daten gebraucht, wird mit Freiheitsstrafe bis zu fünf Jahren oder mit Geldstrafe bestraft.**

**(2) Der Versuch ist strafbar.**

**(3) § 267 Abs. 3 und 4 gilt entsprechend.**

### Schrifttum

Siehe vor § 267. Ferner: *Achenbach* Das Zweite Gesetz zur Bekämpfung der Wirtschaftskriminalität, NJW **1986** 1835; *Böse* Rechtsprechungsübersicht zu den Urkundendelikten, NStZ **2005** 370; *Buggisch* Fälschung beweiserheblicher Daten durch Verwendung einer falschen E-Mail-Adresse? NJW **2004** 3519; *Bühler* Ein Versuch, Computerkriminellen das Handwerk zu legen – Das 2. WiKG, MDR **1987** 448; *Dornseif/Schumann* Probleme des Datenbegriffs im Rahmen des § 269 StGB, JR **2002** 52; *Eck* Strafrechtliche Probleme der neuen Datendienste der Deutschen Bundespost, Archiv für das Post- und Fernmeldewesen (ArchPF) **1986** 38; *Eisele/Fad* Strafrechtliche Verantwortlichkeit beim Missbrauch kartengestützter Zahlungssysteme, Jura **2002** 305; *Eßer* Der strafrechtliche Schutz des qualifizierten elektronischen Signaturverfahrens (2006); *Gercke* Die Strafbarkeit von „Phishing" und Identitätsdiebstahl, CR **2005** 606; *Goeckenjan* Pishing von Zugangsdaten für Online-Bankdienste und deren Verwertung, wistra **2008** 128; *dies.* Auswirkungen des 41. Strafrechtsänderungsgesetzes auf die Strafbarkeit des „Pishing", wistra **2009** 47; *Graf* „Phishing" derzeit nicht generell strafbar! NStZ **2007** 129; *Granderath* Das Zweite Gesetz zur Bekämpfung der Wirtschaftskriminalität, DB **1986**, Beilage Nr. 18/86, S. 1; *Haft* Das Zweite Gesetz zur Bekämpfung der Wirtschaftskriminalität – Teil 2: Computerdelikte, NStZ **1987** 6; *Hartmann* Neue Herausforderungen für das

[91] *Fischer* Rdn. 18; *Hecker* JuS 2002 224, 226; *Hoyer* SK Rdn. 43; *Joecks* Rdn. 33; *Lackner/Kühl* Rdn. 12; *Sch/Schröder/Cramer/Heine* Rdn. 68; einschränkend *Puppe* NK Rdn. 49 f.

[92] *Haft* BT II S. 195; *Rengier* BT II § 34 Rdn. 2, 13 f.

Urkundenstrafrecht im Zeitalter der Informationsgesellschaft (2003); *Haurand/Vahle* Computerkriminalität, RDV **1990** 128; *Hecker* Herstellung, Verkauf, Erwerb und Verwendung manipulierter Telefonkarten, JA **2004** 762; *Hefendehl* Strafrechtliche Probleme beim Herstellen, beim Vertrieb und bei der Verwendung von wieder aufladbaren Telefonkartensimulatoren, NStZ **2000** 348; *Heghmanns* Strafbarkeit des „Pishing" von Bankkontendaten und ihrer Verwertung, wistra **2007** 167; *Hofmann* Vermögenssicherung und Prävention vor Vermögensverlusten, WPg **1990** 233; *Höinghaus* Der hypothetische Vergleich des § 269 StGB unter Berücksichtigung der tatsächlichen und normativen Vergleichbarkeit von Schrifturkunde und moderner (Computer-)Datenurkunde (2006); *Lenckner/Winkelbauer* Computerkriminalität – Möglichkeiten und Grenzen des 2. WiKG (I), CR **1986** 483; (III), CR **1986** 824; *Mankowski* Wie problematisch ist die Identität des Erklärenden bei E-Mails wirklich? NJW **2002** 2822; *Möhrenschlager* Der Regierungsentwurf eines 2. WiKG, wistra **1982** 201; *ders.* Das neue Computerstrafrecht, wistra **1986** 128; *Radtke* Neue Formen der Datenspeicherung und das Urkundenstrafrecht, ZStW **115** (2003) 26; *Richter* Missbräuchliche Benutzung von Geldautomaten – Verwendung duplizierter und manipulierter Euroscheckkarten, CR **1989** 966; *Rinker* Strafbarkeit und Strafverfolgung von „IP-Spoofing" und „Portscanning", MMR **2002** 663; *Rösler* Die strafbare Fälschung beweiserheblicher Daten, IuR **1987** 412; *Rossa* Missbrauch beim electronic cash, CR **1997** 219; *Schlüchter* 2. WiKG (1987); *dies.* Bankomatenmissbrauch mit Scheckkarten-Blanketten, JR **1993** 493; *Sieg* Strafrechtlicher Schutz gegen Computerkriminalität, Jura **1986** 352; *Stuckenberg* Zur Strafbarkeit von „Phishing", ZStW **118** (2006) 878; *Tiedemann* Computerkriminalität und Missbrauch von Bankomaten, WM **1983** 1326; *ders.* Die Bekämpfung der Wirtschaftskriminalität durch den Gesetzgeber, JZ **1986** 865; *von Gravenreuth* Computerviren, Hacker, Datenspione, Crasher und Cracker, NStZ **1989** 201; *Wabnitz/Janovsky* Handbuch des Wirtschafts- und Steuerstrafrechts, 2. Aufl. 2004; *Wegscheider* Strafrechtlicher Urkundenbegriff und Informationsverarbeitung (I), CR **1989** 923; (II) CR **1989** 996; *Welp* Strafrechtliche Aspekte der digitalen Bildverarbeitung (II), CR **1992** 354; *ders.* Die Urkunde und ihr Duplikat, Festschrift für Stree und Wessels (1993) 511; *Winkelbauer* Computerkriminalität und Strafrecht, CR **1985** 40; *Zielinski* Urkundenfälschung durch Computer, Gedächtnisschrift für Armin Kaufmann (1989) 605.

## Entstehungsgeschichte

Vgl. zunächst vor § 267 StGB Entstehungsgeschichte. Die §§ 269, 270 StGB wurden durch Art. 1 Nr. 12 des Zweiten Gesetzes zur Bekämpfung der Wirtschaftskriminalität (2. WiKG) vom 15.5.1986 (BGBl. I S. 721) in das Strafgesetzbuch eingefügt (siehe dazu auch *Eßer* S. 24 ff). Sie sind seit dem 1.8.1986 in Kraft. Art. 1 Nr. 65 des 6. StrRG hat durch Änderung des § 269 Abs. 3 StGB die entsprechende Geltung der Absätze 3 und 4 des § 267 StGB bei der Fälschung beweiserheblicher Daten angeordnet, das heißt (unter Milderung des zuvor geltenden Sonderstrafrahmens) Regelbeispiele für die Annahme eines besonders schweren Falls eingeführt sowie einen qualifizierten Tatbestand gewerbsmäßiger Begehung als Mitglied einer Bande geschaffen.

**Gesetzesmaterialien.** Gesetzentwurf der Bundesregierung (Entwurf eines 2. WiKG), BRDrucks. 219/82 (E I); Stellungnahme des Bundesrats zum Entwurf eines 2. WiKG, BRDrucks. 219/82; Gesetzentwurf der Bundesregierung (Entwurf eines 2. WiKG), BTDrucks. 9/2008 (E II); Stellungnahme des Bundesrats zum Entwurf eines 2. WiKG, BRDrucks. 150/83; Gesetzentwurf der Abgeordneten Schmidt, Bachmeier u.a., BTDrucks. 10/119; Gesetzentwurf der Bundesregierung (Entwurf eines 2. WiKG), BTDrucks. 10/318 (E III); Beschlussempfehlung und Bericht des Rechtsausschusses (6. Ausschuss), BTDrucks. 10/5058; Gesetzesbeschluss des Deutschen Bundestags (2. WiKG), BR-Drucks. 155/86; Beschluss des Bundesrats zum 2. WiKG, BRDrucks. 155/86.

*Übersicht*



*Alphabetische Übersicht*

## I. Sinn und Zweck der Vorschrift

Die §§ 267 bis 270 StGB dienen einem gemeinsamen Rechtsschutzziel, der Sicherheit des Rechtsverkehrs im Umgang mit bestimmten Beweismitteln, seien es Urkunden oder Gegenstände, die ihnen im Rechtsleben an Bedeutung gleichkommen, wie technische Aufzeichnungen oder gespeicherte Daten. Rechtsgut des § 269 StGB ist die Sicherheit und Zuverlässigkeit des Rechtsverkehrs mit Daten als Beweismitteln.[1] Im Vordergrund steht auch hier der **Echtheitsschutz;** schriftliche Lügen sollen, ebenso wie bei der Urkundenfälschung, nicht erfasst werden.[2] Anlass für die Einführung der Vorschrift durch das 2. WiKG (Entstehungsgeschichte) waren **computerspezifische Strafbarkeitslücken,** die man bei Anwendung des Urkundenstrafrechts im Bereich der Datenverarbeitung befürchtete (E III, Begr. S. 31 f).[3] 1

[1] *Bär* in: Wabnitz/Janovsky 12/37; *Bühler* MDR **1987** 453; *Fischer* Rdn. 2; *Freund* JuS **1994** 209; *Haft* BT II S. 197; *Hartmann* S. 30 ff; *Joecks* Rdn. 1; *Krey/M. Heinrich* BT 1 Rdn. 733a; *Lackner/Kühl* Rdn. 1 m.w.N.; *Mankowski* NJW **2002** 2822, 2825; *Sch/Schröder/Cramer/Heine* Rdn. 4; anders etwa *Erb* MK Rdn. 1; *Puppe* NK Rdn. 7 ff.

[2] Beschlussempfehlung und Bericht des Rechtsausschusses zum Entwurf III, S. 34.

[3] Vgl. auch *Bühler* MDR **1987** 453; *Hoyer* SK Rdn. 2 f; *Möhrenschlager* wistra **1982** 203; *H. Scheffler/Dressel* CR **2000** 378, 384; *Sieg* Jura **1986** 354 f; *Tiedemann* WM **1983** 1326, 1330; *ders.* JZ **1986** 865, 869; *ders.* Wirtschaftsstrafrecht BT Rdn. 496.

2 Gedacht war hierbei insbesondere an Folgendes: für die **Eingangsphase** einer Datenverarbeitung an die Möglichkeit der Manipulation so genannter Sekundärbelege (zum Beispiel von Lochkarten), welche den Aussteller nicht erkennen lassen oder ohne zusätzliche Kontrolle in den Computer eingegeben werden; vor allem aber für die **Verarbeitungsphase** an die Möglichkeit, dass bereits eingespeicherte Daten verändert werden, die bei Aufnahme in eine Kartei nach der herkömmlichen manuellen Methode als Urkunden angesehen worden wären, doch im Hinblick auf die elektronische Speicherung wegen des *Erfordernisses der visuellen Wahrnehmbarkeit* der verkörperten Gedankenerklärung nicht unter den überlieferten Urkundenbegriff fallen (E III Begr. S. 31).[4] Für die Anwendung des § 267 StGB reicht es – unter dem Gesichtspunkt der Verkörperung der Erklärung – für sich allein nicht aus, dass die Daten in Dateien über Bildschirmterminals leicht einsehbar sind (Rechtsausschuss, Beschlussempfehlung und Bericht S. 33; § 267 StGB Rdn. 11, 138).

3 Im Zusammenhang mit der Einführung des § 269 StGB hat der Gesetzgeber weiter erwogen, dass der Rechts- und Beweisverkehr in zunehmendem Maße von solchen gespeicherten Daten abhängt und dass sie für eine **Vielzahl von Arbeitsvorgängen** verwendet werden, so zum Beispiel beim Gehaltsabrechnungsverfahren, im Rechnungs- und Zahlungsverkehr, im Bankverkehr sowie bei der Benutzung zahlreicher Register und Dateien (E III, Begr. S 32 f). Sie dienen auch steuer- und handelsrechtlichen Prüfungen und zur Erfüllung gesetzlicher Aufbewahrungspflichten, so für Handels- oder Geschäftsbriefe und für Buchungsbelege.[5] Auch etwa im gesamten Justizbereich nimmt ihre Bedeutung in erheblichem Umfang zu.

4 Der Tatbestand des § 268 StGB kann derartige Konstellationen nicht vollständig erfassen. So fällt etwa das „Füttern" des Computers mit Daten durch einen Nichtberechtigten nicht unter diese Vorschrift (vgl. § 268 StGB Rdn. 31). Oftmals kommt es auch gar nicht zu einer dauerhaften und selbstständigen Verkörperung. Ohne Ergänzung des Strafrechts (durch § 269 StGB) hätte die Umstellung verwaltungsmäßigen Handelns auf Datenverarbeitung den strafrechtlichen Schutz, der bis dahin über §§ 267, 268 StGB bestanden hatte, ungerechtfertigt verkürzt. Die Möglichkeit, dass Datenverarbeitungen zu Computerausdrucken mit Urkundenqualität führen können (§ 267 StGB Rdn. 134 ff), reicht für einen wirksamen Schutz gegenwärtig nicht mehr aus; denn in vielen Fällen werden entscheidungserhebliche Daten ohne Ausdruck **direkt aus dem Computer** zur (maschinellen) Weiterverarbeitung benutzt, wie dies insbesondere im Bank-, Rechnungs- und Zahlungsverkehr deutlich wird (Rechtsausschuss, Beschlussempfehlung und Bericht S. 33).

## II. Beweiserhebliche Daten als Gegenstand der Tat

5 Die geltende Fassung des § 269 StGB, die der Beschlussempfehlung und dem Bericht des Rechtsausschusses entspricht (S. 8 zu Nr. 6, S. 33 f), lehnt sich in Aufbau und Umfang der Strafbarkeit eng an den Tatbestand der Urkundenfälschung an.

6 **1. Daten.** Es sind Informationen, die von einer Datenverarbeitungsanlage in codierter Form bearbeitet werden können oder das Ergebnis einer solchen Bearbeitung darstellen.[6]

---

[4] Vgl. *Achenbach* NJW **1986** 1837; *Bühler* MDR **1987** 453; *Haft* NStZ **1987** 8 f; *Tiedemann* Wirtschaftsstrafrecht BT Rdn. 496.

[5] *Welp* CR **1992** 357.

[6] Vgl. *Haft* BT II S. 198; *Haurand/Vahle* RDV **1990** 132; *Hilgendorf/Frank/Valerius* Rdn. 168; *Joecks* Rdn. 5; *Tiedemann* Wirt-

Aus der Funktion des § 269 StGB, den Tatbestand des § 267 StGB zu ergänzen, wie aus seiner Ausgestaltung ergibt sich jedoch, dass nur solche (beweiserheblichen) Daten gemeint sind, die elektronisch, magnetisch oder sonst **nicht unmittelbar wahrnehmbar** gespeichert werden[7] oder die es bei Tatbegehung schon sind, zum Beispiel Daten auf Disketten, Festplatten im Hauptspeicher des Rechners oder auch während der Übertragung durch Kabel.[8] Von einer Verweisung auf § 202a Abs. 2 StGB hat der Gesetzgeber abgesehen, weil § 269 StGB auch Fälle erfasst, in denen Daten bereits vor der Eingabe in den Speicher verändert werden (Rechtsausschuss S. 34).[9]

Geschützt werden Daten **unabhängig von der Form,** in der sie nicht sichtbar oder unmittelbar lesbar gespeichert sind.[10] Einbezogen sind auch optische Speichermedien,[11] nach der Begründung des Entwurfs III (S. 33) „z.B. COM-Mikrofilmdateien (Computer Output on Microfilm), das ... CIM-System (Computer Input from Microfilm) oder Hologrammspeicher".[12] **7**

Als Daten im Sinne des § 269 StGB hat die Rechtsprechung angesehen: Kontendaten und Geheimnummern für codierte Automatenscheckkarten, die der Täter an einem Geldautomaten mit Hilfe von ihm entwickelter Geräte sammelt und speichert und mit einem Codiergerät auf Scheckkarten-Blankette überträgt, um damit über Geldautomaten Geld von fremden Konten abzuheben (BGHSt **38** 120, 122).[13] Ebenso enthält der Speicherchip einer Telefonkarte beweiserhebliche Daten (BGH StV **2004** 21, 22; *Gössel/Dölling* BT 1 § 52 Rdn. 38; *Hecker* JA **2004** 762, 764).[14] Auch die (absenderbezogenen) Informationen einer E-Mail sind Daten im Sinne des § 269 StGB (*Buggisch* NJW **2004** 3519, 3520). **8**

**2. Ihre Beweiserheblichkeit.** Dieses einschränkende Merkmal gibt in verkürzter Form die Auslegung wieder, dass vom Tatbestand allein solche Daten erfasst werden, „die dazu bestimmt sind, bei einer Verarbeitung im Rechtsverkehr als Beweisdaten für rechtlich erhebliche Tatsachen benutzt zu werden".[15] Sie müssen also einen Aussageinhalt haben, der **für das Rechtsleben** in irgendeiner Form relevant ist.[16] Daten, die der Systembetreiber ausschließlich für seine privaten, wirtschaftlichen, technischen oder wissenschaftlichen Zwecke erstellt, fallen ebenso wenig unter den Tatbestand der Datenfälschung wie **9**

---

schaftsstrafrecht BT Rdn. 474; eingehend zum Datenbegriff des § 269 StGB *Dornseif/Schumann* JR **2002** 52, 53 ff.

7 *Fischer* Rdn. 3; *Gössel/Dölling* BT 1 § 52 Rdn. 38; *Hilgendorf/Frank/Valerius* Rdn. 168; *Hoyer* SK Rdn. 5; *Kindhäuser* LPK Rdn. 3; *Radtke* ZStW **115** (2003) 26, 53; *Rengier* BT II § 35 Rdn. 1; anders *Erb* MK Rdn. 14.

8 *Granderath* DB **1986** Beilage Nr. 18/86 S. 5; *Haurand/Vahle* RDV **1990** 129.

9 Vgl. *Bär* in: Wabnitz/Janovsky 12/41; *Buggisch* NJW **2004** 3519, 3520; *Erb* MK Rdn. 14; *Fischer* Rdn. 3; *Hilgendorf/Frank/Valerius* Rdn. 168; *Maurach/Schroeder/Maiwald* BT 2 § 65 Rdn. 89; *Puppe* NK Rdn. 5; *Sch/Schröder/Cramer/Heine* Rdn. 7; dagegen an § 202a StGB anlehnend *Kindhäuser* LPK Rdn. 3; *ders.* Repetitorium BT I 12.52; vgl. auch *Küpper* BT 1 Teil II § 1 Rdn. 79 f.

10 *Fischer* Rdn. 3; *Granderath* DB **1986** Beilage Nr. 18/86 S. 5.

11 *Welp* CR **1992** 356.

12 Vgl. *Bühler* MDR **1987** 453; *Haurand/Vahle* RDV **1990** 132; ausführlich *Lenckner/Winkelbauer* CR **1986** 484 f.

13 **Zustimmend** *Tiedemann* Wirtschaftsstrafrecht BT Rdn. 496 m.w.N. Vgl. auch die Fallkonstellationen bei *Eisele/Fad* Jura 2002 306 ff.

14 Siehe auch die Beispiele bei *Wessels/Hettinger* BT 1 Rdn. 883.

15 So Rechtsausschuss S. 34 im Anschluss an die Formulierung der Entwürfe; vgl. *Bühler* MDR **1987** 453 f; *Haurand/Vahle* RDV **1990** 134.

16 *Lenckner/Winkelbauer* CR **1986** 825; *Radtke* ZStW **115** (2003) 26, 53 f, erachtet das Merkmal für überflüssig.

entsprechende Schriftstücke unter den der Urkundenfälschung.[17] Zu beachten ist aber, dass Daten durchaus für innerbetriebliche Rechtsverhältnisse von Bedeutung sein können, so dass in diesem Fall die Beweiserheblichkeit gegeben ist.[18]

## III. Die Tathandlungen des Grundtatbestands (Absatz 1)

10 § 269 Abs. 1 StGB enthält wie § 267 Abs. 1 StGB drei Tatbestände, wobei einerseits Speichern und Verändern dem Herstellen und Verfälschen in § 267 StGB entsprechen, andererseits Gebrauchen in beiden Vorschriften als dritte Handlungsform vorkommt.

### 1. Speichern oder Verändern

11 a) **Die Begriffe. Speichern** beweiserheblicher Daten bedeutet deren Eingeben in eine Datei mit der Möglichkeit, sie wieder abzurufen;[19] **Verändern,** ihren Inhalt nach dem Eingeben so umzugestalten, dass er vom ursprünglichen Inhalt der Daten abweicht.[20] Wie *Bühler* (MDR **1987** 454) betont, setzt das Tatbestandsmerkmal „verändern" also voraus, dass die betroffenen Daten in der Datenverarbeitungsanlage bereits gespeichert sind. Diese Auffassung erklärt sich zwanglos daraus, dass die Änderung noch nicht gespeicherter Daten bei deren Speicherung von § 269 StGB erfasst wird.

12 Nach einer im Schrifttum vertretenen Meinung[21] ist Verändern im Sinne des § 269 Abs. 1 StGB auch anzunehmen, wenn ein Bestand von Daten durch Neuadressierung unauffindbar gemacht wird. Insofern ist jedoch zu prüfen, ob nicht bloß ein Fall des § 274 Abs. 1 Nr. 2 StGB vorliegt (vgl. auch *Hoyer* SK Rdn. 9; *Lackner/Kühl* Rdn. 9; *Maurach/Schroeder/Maiwald* BT 2 § 65 Rdn. 93).

#### b) Der Handlungserfolg

13 aa) **Herstellen oder Verfälschen einer „hypothetischen Urkunde".** Die Tat ist ein *Erfolgsdelikt.* Speichern und Verändern der Daten sind als vollendete Tat nur strafbar, wenn bei Wahrnehmung der Daten eine unechte oder verfälschte Urkunde vorliegen würde (BGH StV **2004** 21, 22).[22] Diese **Konstruktion eines hypothetischen Vergleichs** mit Fällen der Urkundenfälschung (§ 267 StGB) ersetzt nicht nur das Kriterium der Verkörperung im Urkundenstrafrecht und das der mit ihr verbundenen visuellen Wahrnehmbarkeit, die zum Urkundenbegriff gehören (§ 267 StGB Rdn. 10).[23] Vielmehr schließt sie auch im Bereich des § 269 StGB die Strafbarkeit bloßer Lügen bei der Datenverarbeitung aus,[24] indem sie darauf abstellt, ob die „hypothetische Urkunde" unecht oder verfälscht wäre.[25] Dass tatsächlich die Möglichkeit bestehen muss, die gespeicherten Daten der menschlichen Wahrnehmung zugänglich zu machen, ist nicht erforderlich, denn es geht um einen hypothetischen Vergleich (*Otto* BT § 70 Rdn. 61).[26]

---

[17] Vgl. *Bühler* MDR **1987** 454; *Kindhäuser* BT I § 56 Rdn. 22; *Sch/Schröder/Cramer/Heine* Rdn. 19.

[18] Vgl. *Fad* Jura **2002** 632, 633.

[19] Vgl. auch *Hoyer* SK Rdn. 8.

[20] Vgl. *Eßer* S. 54; *Hilgendorf/Frank/Valerius* Rdn. 182; *Joecks* Rdn. 9.

[21] *Bühler* MDR **1987** 454.

[22] *Hellmann/Beckemper* JuS **2001** 1095, 1097; kritisch *Radtke* ZStW **115** (2003) 26, 30 ff; monographisch zum hypothetischen Vergleich *Höinghaus* S. 55 ff.

[23] *Freund* JuS **1994** 209 f; *Haurand/Vahle* RDV **1990** 134.

[24] *Lenckner/Winkelbauer* CR **1986** 424 f.

[25] *Granderath* DB **1986** Beilage Nr. 18/86 S. 5; *Lenckner/Winkelbauer* CR **1986** 824 f.

[26] In der Tendenz auch BGH StV **2004** 21, 22; anders wohl *Hoyer* SK Rdn. 17; *Joecks* Rdn. 13; *Sch/Schröder/Cramer/Heine* Rdn. 8.

Die **Urkundeneigenschaft** kann **hypothetisch** zum Beispiel anzunehmen sein, wenn es sich um einen elektronischen Kontoauszug, eine solche Rechnung oder Gehaltsabrechnung handelt. Einzelne Daten (Beträge oder Kontonummern) sind, für sich genommen, normalerweise keine Gedankenerklärung.[27] Sie werden es aber in der Regel im Zusammenhang mit anderen gespeicherten Daten, die im Rahmen des Programms verarbeitet werden, und genügen damit im Ergebnis dem Erfordernis der gebotenen hypothetischen Vergleichbarkeit.[28] Die Grundsätze über die zusammengesetzte Urkunde sowie Gesamturkunde gelten entsprechend (§ 267 StGB Rdn. 96 ff, 100 ff).[29] **14**

Nach *Welp* (CR **1992** 359) ist (im Hinblick auf die erforderliche hypothetische Erkennbarkeit des Urkundenausstellers) die rechtliche Beurteilung **elektronischer Duplikate** problematisch. Gegen die hypothetische Urkundenqualität solcher Duplikate sollen dieselben Gründe sprechen, die gegen die Urkundeneigenschaft körperlicher Kopien vorgebracht werden.[30] Insofern ist jedoch zweifelhaft, ob eine Unterscheidung von Original und Kopie überhaupt möglich ist, denn im Prinzip wird jede als Datei elektronisch gespeicherte Erklärung erfasst.[31] Jedenfalls werden regelmäßig derartige Duplikate wie Originale verwendet werden (vgl. § 267 StGB Rdn. 111 ff, 122 ff). **15**

**bb) Ihr Aussteller.** Aussteller der gedachten Urkunde, der bei dem hypothetischen Vergleich erkennbar sein muss,[32] ist nach der **Geistigkeitstheorie** (§ 267 StGB Rdn. 28 f) in der Regel nicht der im Betrieb tätige Angestellte des Computeranwenders, sondern der **Anwender** (Unternehmer oder Behörde als Systembetreiber) selbst.[33] Er ist aber *nur scheinbarer Aussteller*, wenn der an sich zuständige Angestellte seine Befugnisse überschreitet, wenn ein funktionell unzuständiger Angestellter Daten verfälscht oder ein Betriebsfremder (Externer) von innen oder außen die Fälschung bewirkt und damit vortäuscht, sie stammte von dem Unternehmer oder der Behörde, etwa dem Finanzamt. Dann sind diese Personen tatsächliche Aussteller (siehe *Zieschang* FG Paulus, 197 ff).[34] In diesen Fällen kommt dann § 269 StGB bei Vorliegen der Voraussetzungen im Übrigen in Betracht. **16**

Eine gleiche **Problematik** stellt sich bei der Urkundenfälschung, wenn sie mit Hilfe von Computerausdrucken begangen wird (§ 267 StGB Rdn. 135 ff) und Angestellte Urkunden unter dem Namen des Unternehmens ausstellen, für das sie tätig sind (§ 267 StGB Rdn. 139, 176). **17**

Im Zusammenhang mit **„Electronic Cash"**, das heißt Bezahlung im POS-Verfahren (durch Hingabe der ec-Karte und Eingeben der PIN) oder im POZ-Verfahren (durch Hingabe der ec-Karte und Unterschreiben des Belastungsbelegs) kommt Fälschung beweiserheblicher Daten in Betracht, wenn der Täter eine fremde ec-Karte (nebst zugehöriger **18**

---

27 *Haurand/Vahle* RDV **1990** 134.

28 *Haurand/Vahle* RDV **1990** 134; vgl. auch *Welp* CR **1992** 358.

29 Ebenso etwa *Kindhäuser* LPK Rdn. 4; *Lackner/Kühl* Rdn. 5; *Otto* BT § 70 Rdn. 60.

30 *Welp* CR **1992** 359; ebenso etwa *Bär* in: Wabnitz/Janovsky 12/43.

31 Vgl. *Dornseif/Schumann* JR **2002** 52, 55 f; *Erb* MK Rdn. 23; *Eßer* S. 48; *Lackner/Kühl* Rdn. 4; *Puppe* NK Rdn. 27; *Radtke* ZStW **115** (2003) 26, 36 f.

32 Vgl. dazu *Welp* CR **1992** 360.

33 *Lenckner/Winkelbauer* CR **1986** 825; *Welp* CR **1992** 359; *Winkelbauer* CR **1985** 42.

34 Vgl. dazu auch *Arzt/Weber* BT § 32 Rdn. 18; *Bär* in: Wabnitz/Janovsky 12/43; *Erb* MK Rdn. 31, § 267 Rdn. 133; *Sch/Schröder/Cramer/Heine* Rdn. 12–14; enger die Vorauflage sowie *Radtke* ZStW **115** (2003) 26, 46 ff, 56 f; *Rengier* BT II § 35 Rdn. 5; *Zielinski* GS Armin Kaufmann, 605, 612 ff; anders *Hilgendorf/Frank/Valerius* Rdn. 176; *Otto* BT § 70 Rdn. 63; *Puppe* NK Rdn. 17 f.

PIN), die er sich unrechtmäßig verschafft hat, zur Bezahlung eigener Schulden verwendet.[35] Ebenso ist der Tatbestand des § 269 StGB erfüllt, wenn ein Beauftragter (unter Überschreitung der Innenvollmacht) absprachewidrig ec-Karte und PIN des berechtigten Karteninhabers für eigene Zwecke verwendet (vgl. § 267 StGB Rdn. 176 a.E., 185 ff).[36] Von § 269 StGB wird weiter der Fall des IP-Spoofing erfasst, in dem Hacker im Internet bei der Versendung von Nachrichten falsche IP (Internet-Protokoll-)Adressen benutzen.[37] Auch wenn der Täter über einen Freemailer eine gefälschte E-Mail-Adresse, die einen bestimmten Aussteller erkennen lässt, verwendet, um etwa Waren zu bestellen, also etwas Rechtserhebliches zu bewirken, ist § 269 StGB erfüllt.[38] Entsprechendes gilt für das „Phishing“, bei dem es um das – unter unzutreffender Absenderangabe erfolgende – Versenden von E-Mails geht, um den Empfänger zur Preisgabe sensibler Daten (etwa der PIN) zu bewegen.[39]

**19** cc) **Kasuistik.** Fälle, die § 269 StGB betreffen, kommen in der höchstrichterlichen Rechtsprechung bislang noch selten vor. Das steht in Gegensatz zu der Bedeutung, welche der Vorschrift im Gesetzgebungsverfahren beigemessen wurde. Fälschung beweiserheblicher Daten (§§ 269, 270 StGB) ist zu Recht angenommen worden in einem Fall, in dem der Täter mithilfe von selbst entwickelten Geräten an Geldautomaten Kontendaten und Geheimnummern für codierte Automatenscheckkarten sammelte und speicherte, die Daten mit einem Codiergerät auf *Scheckkartenblankette* übertrug und sodann mit diesen Kopien an Geldautomaten von fremden Konten Geld abhob (BGHSt **38** 120, 121). Der BGH hat zudem § 269 StGB bejaht, wenn der Täter abtelefonierte *Telefonkarten* mit einem Telefonkartenaufladegerät unberechtigt wieder auflädt oder derart wieder aufgeladene Telefonkarten für Telefongespräche einsetzt (BGH StV **2004** 21; *Böse* NStZ **2005** 370, 375).[40] In diesem Zusammenhang ist § 269 StGB auch bejaht worden bei dem Gebrauch eines so genannten Telefonkartensimulators (einer Totalfälschung einer echten Telefonkarte), der bei Benutzung eines Kartentelefons einen Guthabenbetrag simuliert, ohne dass der Kontrollmechanismus der Telefonanlage die Manipulation erkennt (LG Würzburg NStZ **2000** 374 m. Anm. *Hefendehl* NStZ **2000** 348; *Otto* JK 00 StGB 263a/11 und *Schnabel* NStZ **2001** 374; siehe auch *Hecker* JA **2004** 762).

**20** Das Bayerische Oberste Landesgericht (JR **1994** 476, 478 m. Anm. *Hilgendorf* S. 478) hat die Frage offen gelassen, ob der Tatbestand erfüllt ist, wenn der Inhaber einer *ec-Karte* seine Kontonummer auf deren Magnetstreifen durch eine fremde ersetzt, um anschließend mit der Karte Geld aus Geldautomaten zu holen. Die Frage ist zu bejahen, weil das Geldinstitut die ec-Karte anders ausgestellt hat, als es nach der Änderung der Kontonummer der Fall zu sein scheint. Die ec-Karten gelten ausschließlich für das (vom Geldinstitut) auf ihnen angegebene Konto; sie können nur auf den Namen des Kontoinhabers oder eines Bevollmächtigten ausgestellt werden (BayObLG JR **1994** 476, 477). Der Kontoinhaber ist zu eigenmächtiger Änderung nicht befugt. Abgelehnt worden ist

---

35 *Rossa* CR **1997** 227, 228 f.

36 Anders die Vorauflage sowie *Rossa* CR **1997** 225.

37 *Bär* in: Wabnitz/Janovsky 12/42; *Rinker* MMR **2002** 663, 664.

38 Ebenso *Buggisch* NJW **2004** 3519, 3520 ff; *Mankowski* NJW **2002** 2822, 2825.

39 Siehe auch *Borges* NJW **2005** 3313; *Gercke* CR **2005** 606, 608 ff; *Goeckenjan* wistra **2008** 128, 129 f; *dies.* wistra **2009** 47; *Graf* NStZ **2007** 129; *Heghmanns* wistra **2007** 167; *Stuckenberg* ZStW **118** (2006) 878 ff.

40 *Fischer* Rdn. 3; *Hilgendorf/Frank/Valerius* Rdn. 170; *Lackner/Kühl* Rdn. 9; *Puppe* NK Rdn. 33; *Schmidt/Priebe* BT I Rdn. 1343; *Tiedemann* Wirtschaftsstrafrecht BT Rdn. 496.

§ 269 StGB, wenn der Täter mit einer falschen Personalausweisnummer ein *Altersverifikationssystem* (AVS) im Internet überwindet, da im Fall der Wahrnehmung der eingegebenen Daten keine Urkunde vorläge und der Personalausweisnummer im privaten Rechtsverkehr kein Beweiswert zukomme (KG NStZ-RR **2004** 249, 250).[41]

**2. Gebrauchen.** Mit Strafe bedroht ist auch das Gebrauchen der falsch gespeicherten oder veränderten (unechten oder verfälschten) Daten. Gebrauchen bedeutet hier wie bei § 267 StGB, einem Beweisadressaten die Möglichkeit zu geben, von den Daten Kenntnis zu nehmen (§ 267 StGB Rdn. 220 ff). Das kann geschehen, indem sie ihm auf dem Bildschirm sichtbar gemacht oder durch Eröffnung des Abrufs zugänglich gemacht werden.[42] Auf welche Weise der Dateninhaber von den falschen Daten Gebrauch macht, ist unerheblich. Doch genügt es nicht, dass er sie sich selbst auf dem Bildschirm ansieht.[43] Auch reicht es nicht aus, dass lediglich ein Ausdruck über das datenförmig Gespeicherte informiert.[44] **21**

## IV. Gewerbsmäßige Fälschung beweiserheblicher Daten als Mitglied einer Bande (Absatz 3 i.V.m. § 267 Abs. 4 StGB)

Durch die Verweisung auf § 267 Abs. 4 StGB wird ein Verbrechenstatbestand der banden- und gewerbsmäßigen Datenfälschung geschaffen. Wegen Einzelheiten wird auf § 267 StGB Rdn. 232 ff Bezug genommen.[45] **22**

## V. Unrechts- und Tatbestandsausschluss

Im Hinblick auf die Verknüpfung mit § 267 StGB scheidet – schon tatbestandsmäßig – Strafbarkeit nach § 269 StGB aus, wenn und soweit der Täter im Einzelfall zu der beanstandeten Datenspeicherung oder -änderung (noch) befugt ist (vgl. § 267 StGB Rdn. 204 ff; *Lackner/Kühl* Rdn. 9). **Verfügungsberechtigter** ist grundsätzlich derjenige, der die Daten erzeugt oder speichert, neben ihm (im Sinne einer Mitberechtigung) aber auch der Eigentümer des Datenträgers.[46] Wie bei der Ausstellereigenschaft bei § 267 StGB ist auch im Rahmen des § 269 StGB auf einen geistigen Urheberbegriff abzustellen. **23**

## VI. Zur inneren Tatseite

**1. Vorsatz.** Bedingter genügt (*Fischer* Rdn. 6; *Hoyer* SK Rdn. 27; *Kindhäuser* LPK Rdn. 10; *Sch/Schröder/Cramer/Heine* Rdn. 22). Er hat die tatsächlichen Umstände zu umfassen, die den Tatbestand erfüllen. Hinsichtlich der auf die falschen Daten bezogenen Wertung, „dass bei ihrer Wahrnehmung eine unechte oder verfälschte Urkunde vorliegen würde" (§ 269 Abs. 1 StGB), reicht eine *Parallelwertung in der Laiensphäre* aus, ähnlich **24**

---

41 Vgl. auch *Laue* JuS **2002** 359, 360.

42 *Arzt/Weber* BT S. 734; *Eßer* S. 55; *Lenckner/Winkelbauer* CR **1986** 826.

43 *Bühler* MDR **1987** 454.

44 *Erb* MK Rdn. 37 f; *Hoyer* SK Rdn. 11 f; *Joecks* Rdn. 10; **anders** *Bär* in: Wabnitz/Janovsky 12/44; *Lackner/Kühl* Rdn. 10; *Otto* BT § 70 Rdn. 65; *Puppe* NK Rdn. 35 f.

45 Vgl. zudem BGH StV **2004** 21, 22.

46 Vgl. zu § 303a StGB BayObLG JR **1994** 476, 477 m. insoweit zust. Anm. *Hilgendorf* S. 478 f.

der im Fall des § 267 StGB, wenn der Täter „eine unechte oder verfälschte Urkunde" gebraucht. Ein Subsumtionsirrtum kann zu einem Verbotsirrtum führen, muss dies aber nicht.

25 **2. Das Merkmal „zur Täuschung im Rechtsverkehr".** Das Merkmal ist aus § 267 StGB übernommen. Es soll hier wie dort (§ 267 StGB Rdn. 260 ff) Vorgänge von der Strafbarkeit ausnehmen, die das Rechtsleben nicht berühren. Das kommt etwa in Betracht, wenn eine Dateneingabe als bloß *innerbetriebliches* technisches Hilfsmittel benutzt wird, das nicht Beweiszwecken dienen soll.[47] Für den Bereich der Datenverarbeitung gilt die Gleichstellungsvorschrift des § 270 StGB.

## VII. Vollendung, Versuch und Vorbereitung

26 Die Tat ist *vollendet*, sobald die Fälschung fertig ist, also bei dem genannten hypothetischen Vergleich (Rdn. 13) eine unechte oder verfälschte Urkunde vorliegen würde. Beim Gebrauchen hängt die Vollendung nicht davon ab, ob der Beweisadressat, dem die unechten oder verfälschten Daten zugänglich gemacht werden (Rdn. 21), von ihnen tatsächlich Kenntnis nimmt (§ 267 StGB Rdn. 220, 229).

27 Der *Versuch* ist beim Vergehen (Absatz 1) nach § 23 Abs. 1, 12 Abs. 2 StGB i.V.m. § 269 Abs. 2 StGB strafbar, beim Verbrechen (Absatz 3 i.V.m. § 267 Abs. 4 StGB) gemäß § 23 Abs. 1 StGB. Die Vorbereitung ist beim Verbrechen im Rahmen des § 30 StGB mit Strafe bedroht.

## VIII. Konkurrenzen

28 **1. Innerhalb des § 269 StGB.** Innerhalb des Absatzes 1 gilt – wie bei § 267 StGB (dort Rdn. 287 ff) – der Grundsatz der **Deliktseinheit.** Das heißt, das Speichern unechter und das Verändern echter Daten bildet mit deren anschließendem Gebrauch in der Regel eine Tat. Das Verbrechen nach Absatz 3 (i.V.m. § 267 Abs. 4 StGB) geht als spezielles Delikt dem Vergehen nach Absatz 1 vor.

29 **2. Mit anderen Vorschriften.** Mit *§ 267* StGB und *§ 268* StGB ist Tateinheit möglich,[48] so mit § 267 StGB, wenn dem fälschlichen Speichern eine Urkundenfälschung vorausgegangen ist oder es beim Ausdruck der Information zu einer unechten Urkunde gerät. Je nach den Umständen des Einzelfalls kann auch Tatmehrheit in Betracht kommen.

30 Obwohl in einem solchen Fall das Schwergewicht des Unrechts und der Schuld bei der Datenfälschung liegt, ist die mit ihr verbundene **Urkundenfälschung** nicht als mitbestrafte Vor- oder Nachtat anzusehen. Denn regelmäßig führt die Datenfälschung nicht zur Urkundenfälschung, und gerade deshalb wurde dieser Tatbestand (§ 269 StGB) zur Schließung von Strafbarkeitslücken als Ergänzung zu § 267 StGB konzipiert (Rdn. 1 ff).

31 Umgekehrt lässt sich die **Fälschung beweiserheblicher Daten** auch nicht als mitbestrafte Vor- oder Nachtat zur Urkundenfälschung einstufen, wenn etwa aufgrund einer

---

[47] Vgl. *Bühler* MDR 1987 454.

[48] *Erb* MK Rdn. 41; *Fischer* Rdn. 10; *Joecks* Rdn. 20; *Lenckner/Winkelbauer* CR 1986 826.

Fälschung von Inputbelegen (§ 267 StGB) falsche Daten gespeichert oder nach Speicherung ein unechter Datenbestand zu einer unechten Urkunde ausgedruckt wird.[49] § 269 StGB ist trotz der ihm zugedachten Ergänzungsfunktion mehr als ein Auffangtatbestand, und er lässt sich auch nicht als bloße Vorbereitungstat charakterisieren, die in der Urkundenfälschung aufgeht. Gleiche Struktur und gleiche Strafdrohung legen es nahe, beide Vorschriften als **gleichrangig** zu behandeln.

**Tateinheit** kommt weiter in Betracht mit *§ 263a* StGB (BGHSt 38 120; LG Würzburg NStZ **2000** 374 m. Anm. *Hefendehl* NStZ **2000** 348)[50] und *§ 303a* StGB (BayObLG JR **1994** 476, 478 m. Anm. *Hilgendorf* S. 478). **32**

## IX. Strafe und andere Rechtsfolgen

Für besonders schwere Fälle des § 269 StGB gilt nach Absatz 3 der Strafrahmen des § 267 Abs. 3 StGB mit den dort genannten **Regelbeispielen** der Nummern 1 bis 4. Bei der entsprechenden Anwendung muss Nummer 1 sinngemäß so gelesen werden, als ob dort stünde „Begehung von Betrug oder Fälschung beweiserheblicher Daten"; und in Nummer 3 muss eine große Zahl von unechten oder verfälschten „beweiserheblichen Daten" an die Stelle einer solchen von unechten oder verfälschten „Urkunden" treten. Bei **Verbrechen** (Absatz 3) ist die Annahme eines minder schweren Falls möglich (§ 267 Abs. 4 StGB). Im Übrigen vgl. § 282 StGB. **33**

# § 270
# Täuschung im Rechtsverkehr bei Datenverarbeitung

**Der Täuschung im Rechtsverkehr steht die fälschliche Beeinflussung einer Datenverarbeitung im Rechtsverkehr gleich.**

### Schrifttum

Vgl. die Literaturangaben zu § 269 StGB.

### Entstehungsgeschichte

Siehe § 269 StGB Entstehungsgeschichte. § 270 StGB wurde zugleich mit § 269 StGB durch Art. 1 Nr. 12 des 2. WiKG in das Strafgesetzbuch eingefügt. Er gelangte ohne Änderung durch den Rechtsausschuss (Beschlussempfehlung und Bericht S. 8 zu Nr. 6, S. 34) aus dem Entwurf III (S. 5 zu Nr. 6, Begr. S. 34) ins Gesetz.

---

[49] **AA** *Lackner/Kühl* Rdn. 12; *Lenckner/Winkelbauer* CR **1986** 826; *Otto* BT § 70 Rdn. 70; *Sch/Schröder/Cramer/Heine* Rdn. 25.

[50] Vgl. auch BGH StV **2004** 21, 23; *Schlüchter* JR **1993** 493, 497.

*Übersicht*



*Alphabetische Übersicht*



## I. Sinn und Zweck der Vorschrift

1 § 270 StGB hängt eng mit befürchteten Strafbarkeitslücken im EDV-Bereich zusammen, welche unter anderem das Merkmal der Täuschungsabsicht in § 267 StGB betreffen und den Gesetzgeber zur Einführung des § 269 StGB veranlasst haben (dort Rdn. 1 ff).[1] § 270 StGB soll sicherstellen, dass Täter wegen Urkunden- oder Datenfälschung auch in Fällen bestraft werden können, in denen sie gefälschte Belege oder Daten – unkontrolliert von anderer menschlicher Seite – in eine Datenverarbeitungsanlage eingeben, um den Computer „zu überlisten" (E III, Begr. S. 34). Im Schrifttum[2] wird die Auffassung vertreten, Täuschungsabsicht im Sinne des § 267 StGB habe nicht notwendig einen „personalen Bezug", so dass dieses Merkmal rechtlich auch bei fälschlicher Beeinflussung einer Datenverarbeitungsanlage erfüllt sein könne. „M.a.W.: Weil auch eine durch Eingabe falscher Urkunden ... manipulierte Datenverarbeitung immer nur ein Mittel sein kann, irgendwann und irgendwo menschliches Verhalten zu beeinflussen, handelt der Täter hier immer zugleich in der Absicht zur Täuschung im Rechtsverkehr, wenn dieses Verhalten rechtliche Relevanz haben soll".[3] Doch erschien dem Gesetzgeber diese Auslegung nicht gesichert (E III, Begr. S. 34). Zumindest dient § 270 StGB der Klarstellung.[4]

## II. Voraussetzungen der Gleichstellung

### 1. Beeinflussung einer Datenverarbeitung

2 a) **Als subjektives Merkmal.** § 270 StGB betrifft die subjektive Tatseite. Er erweitert das (nach anderen Vorschriften zur inneren Tatseite erforderliche) besondere subjektive Merkmal „zur Täuschung im Rechtsverkehr" im Rahmen seines Anwendungsbereichs um die „fälschliche Beeinflussung einer Datenverarbeitung im Rechtsverkehr". Er setzt

---

[1] Vgl. nur *Puppe* NK Rdn. 1.
[2] Vgl. *Fischer* § 270 StGB; *Lackner/Kühl* Rdn. 1; *Sch/Schröder/Cramer/Heine* Rdn. 1; *Winkelbauer* CuR **1985** 41; anders *Hoyer* SK Rdn. 1 f; *Joecks* Rdn. 1; siehe auch *Wessels/Hettinger* BT 1 Rdn. 839.
[3] *Lenckner/Winkelbauer* CuR **1986** 828.
[4] *Fischer* § 270 StGB; *Haft* BT II S. 199; **anders** *Erb* MK Rdn. 1: Die Vorschrift schließe „empfindliche Strafbarkeitslücken".

damit objektiv ein tatbestandsmäßiges Verhalten im Sinne einer anderen Strafvorschrift (etwa des § 267 StGB) voraus. Auf der subjektiven Tatseite stellt er dann der Täuschungsabsicht im Sinne von dolus directus 1. oder 2. Grades (siehe § 267 StGB Rdn. 270) den Willen gleich, eine Datenverarbeitung im Rechtsverkehr fälschlich zu beeinflussen. Während der Täuschungswille (nach der Vorstellung des Gesetzgebers) personenbezogen ist, richtet sich die fälschliche Beeinflussung gegen den Computer.

**b) Fälschliches Beeinflussen.** Das Merkmal ist objektiv erfüllt, wenn das Ergebnis der Datenverarbeitung durch eine Manipulation so beeinflusst wird, dass es nicht dem entspricht, was sich bei ordnungsgemäßem Ablauf ergeben hätte. **3**

**aa) Maßstab.** Maßgebend für die Beurteilung, ob die Beeinflussung sich als „fälschlich" erweist, ist das von der zuständigen Stelle vorgesehene Verarbeitungsprogramm. Im Übrigen liegt auf der Hand, dass zum Beispiel die Eingabe unrichtiger Daten (als fälschliche Beeinflussung einer Datenverarbeitung nach § 270 StGB) nicht zur Strafbarkeit eines Verhaltens nach einer bestimmten Strafvorschrift führt, wenn deren Tatbestand (wie § 268 Abs. 3 StGB bei der Herstellung unechter technischer Aufzeichnungen) eine „störende Einwirkung" auf den selbsttätigen technischen Aufzeichnungsvorgang, also einen Eingriff in den ordnungsgemäßen Funktionsablauf des Geräts, voraussetzt (§ 268 StGB Rdn. 31).[5] Aus § 270 StGB kann sich jedoch eine Auslegungshilfe für die Frage ergeben, was vom objektiven Tatbestand einer Norm erfasst wird. So folgert etwa der BGH aus der Existenz des § 270 StGB für den Tatbestand des § 269 StGB, dass von dieser Norm auch solche elektronisch gespeicherten Daten erfasst werden, die allein dazu vorgesehen sind, einen rechtlich erheblichen Datenverarbeitungsvorgang zu beeinflussen (BGH StV **2004** 21, 22). **4**

**bb) Art und Weise.** Auf welche Weise die Datenverarbeitung fälschlich beeinflusst werden soll, ist grundsätzlich gleichgültig, wobei die „Überlistung" eines Computers wohl in erster Linie durch Speichern falscher Daten oder Verändern richtig gespeicherter Daten in Betracht kommt (§ 269 StGB). **5**

**cc) Ergebnis der Beeinflussung.** Ob es erreicht wird, ist unerheblich insofern, als die Gleichstellungsvorschrift nach § 270 StGB die innere Tatseite betrifft (§ 267 StGB Rdn. 267). Es geht um eine überschießende Innentendenz, die auf objektiver Seite kein Äquivalent hat. **6**

**2. Im Rechtsverkehr.** Wie die Täuschung muss auch die fälschliche Beeinflussung „im Rechtsverkehr" gewollt sein. Dieses Kriterium nimmt Fälle von der Strafbarkeit aus, die das Rechtsleben nach der Vorstellung des Täters unberührt lassen (vgl. § 267 StGB Rdn. 260 ff).[6] **7**

---

[5] Vgl. auch *Erb* MK Rdn. 3; *Hartmann* S. 122; *Hoyer* SK Rdn. 5; *Puppe* NK Rdn. 3; *Sch/Schröder/Cramer/Heine* Rdn. 2.

[6] Siehe zu diesem Merkmal auch *Erb* MK Rdn. 5; *Hoyer* SK Rdn. 6 f; *Puppe* NK Rdn. 6.

## III. Der Gleichstellungsbereich

8 § 270 StGB bezieht sich nicht allein auf den Tatbestand der Fälschung beweiserheblicher Daten (§ 269 StGB). Sein Anwendungsbereich umfasst vielmehr das gesamte Strafrecht,[7] das heißt *alle Tatbestände, die das Merkmal „zur Täuschung im Rechtsverkehr" enthalten*, wie §§ 152a Abs. 1 (BGH JZ **2001** 469, 470 m. Anm. *Puppe* JZ **2001** 471), 267 Abs. 1, 268 Abs. 1, 269, 271 Abs. 2, 273 Abs. 1, 276 Abs. 1 Nr. 2, 281 StGB. Danach macht sich zum Beispiel der Urkundenfälschung schuldig, wer einen unechten Rechnungsbeleg herstellt, um die Daten in den Computer einzugeben. Die Tat ist mit der Herstellung des Belegs vollendet.

# § 271
# Mittelbare Falschbeurkundung

**(1) Wer bewirkt, daß Erklärungen, Verhandlungen oder Tatsachen, welche für Rechte oder Rechtsverhältnisse von Erheblichkeit sind, in öffentlichen Urkunden, Büchern, Dateien oder Registern als abgegeben oder geschehen beurkundet oder gespeichert werden, während sie überhaupt nicht oder in anderer Weise oder von einer Person in einer ihr nicht zustehenden Eigenschaft oder von einer anderen Person abgegeben oder geschehen sind, wird mit Freiheitsstrafe bis zu drei Jahren oder mit Geldstrafe bestraft.**

**(2) Ebenso wird bestraft, wer eine falsche Beurkundung oder Datenspeicherung der in Absatz 1 bezeichneten Art zur Täuschung im Rechtsverkehr gebraucht.**

**(3) Handelt der Täter gegen Entgelt oder in der Absicht, sich oder einen Dritten zu bereichern oder eine andere Person zu schädigen, so ist die Strafe Freiheitsstrafe von drei Monaten bis zu fünf Jahren.**

**(4) Der Versuch ist strafbar.**

### Schrifttum

Siehe vor § 267. Ferner: *Beyerlein* Unwahre Erfinderbenennung und ihre Konsequenzen, Mitteilungen der deutschen Patentanwälte **2003** 65; *Böse* Rechtsprechungsübersicht zu den Urkundendelikten, NStZ **2005** 370; *Brock/Wiechers* Zur umfangreichen rechtlichen Einordnung des Punktehandels im Internet, DAR **2003** 484; *Gigerl* Die öffentliche Urkunde im Strafrecht, insbesondere ihre Beweiseignung für und gegen jedermann, Diss. Bochum 1981; *Hartleb* Die Reichweite des Wahrheitsschutzes in § 348 StGB, Diss. Bonn 1983; *Kretschmer* Mittelbare Täterschaft – Irrtümer über die tatherrschaftsbegründende Situation, Jura **2003** 535; *Lenckner/Winkelbauer* Computerkriminalität – Möglichkeiten und Grenzen des 2. WiKG (III), CR **1986** 824; *Lorenz* Die Falschbeurkundung, Diss. Frankfurt/M. 1976; *Mankowski/Tarnowski* Zum Umfang der besonderen Beweiskraft öffentlicher Urkunden, JuS **1992** 826; *F. Meyer* Die öffentliche Urkunde im Strafrecht, Festschrift für Dreher (1977) 425; *Oehler* Strafrechtlicher Schutz ausländischer Rechtsgüter, insbesondere bei Urkunden, in der Bundesrepublik Deutschland, JR **1980** 485; *Puppe* Die neue Rechtsprechung zu den Fälschungsdelikten – Teil 3, JZ **1991** 609; *Röhmel* Die strafrechtliche Beurteilung von Urkundenentwürfen und sog. Fernbeglaubigungen nach § 348 StGB, JA **1978** 199; *N. Schmid* Fragen der Falschbeurkundung bei Wirtschaftsdelikten, insbesondere im Zusammenhang mit der

---

[7] *Fischer* § 270 StGB; *Granderath* DB **1986** Beilage Nr. 18/86 S. 6; *Haft* BT II S. 199; *Hoyer* SK Rdn. 1; *Joecks* Rdn. 1; *Kindhäuser* LPK Rdn. 2; *Lackner/Kühl* Rdn. 2; den § 271 (Abs. 1) StGB ausnehmend *Erb* MK Rdn. 2 Fn. 3; *Puppe* NK Rdn. 2.

kaufmännischen Buchführung, SchwZStr. **95** (1978) 274; *Schnitzler* Kraftstoffausweise als öffentliche Urkunden, MDR **1960** 813; *Schroeder* Urkundenfälschung mit Auslandsberührung, NJW **1990** 1406; *Spernau* Der Begriff der öffentlichen Urkunde im Strafrecht, Diss. Münster 2005; *Vogel* Ist der Kraftfahrzeugschein eine öffentliche Urkunde? NJW **1962** 998; *Wiedenbrüg* Schutz ausländischer öffentlicher Urkunden durch §§ 271, 273 StGB? NJW **1973** 301; *Winter* Die grundlegenden Probleme der Falschbeurkundungstatbestände der §§ 271, 348 StGB, insbesondere die besondere Beweiskraft und der Inhalt öffentlicher Urkunden (2004); *Zieschang* „Urkundentricks" JA 2008 192.

## Entstehungsgeschichte

§ 271 a.F. StGB drohte früher Gefängnis bis zu sechs Monaten oder Geldstrafe an. Art. 1 Nr. 80 des **1. StrRG** erhöhte den Strafrahmen auf Freiheitsstrafe bis zu einem Jahr und erklärte den Versuch in § 271 Abs. 2 StGB für strafbar. Art. 19 Nr. 140 **EGStGB** strich das Wort „vorsätzlich" in § 271 Abs. 1 StGB; Art. 19 Nr. 141 EGStGB ordnete (zur Klarstellung) auch beim früheren Tatbestand der schweren mittelbaren Falschbeurkundung (§ 272 a.F. StGB) Versuchsstrafbarkeit an.

Art. 1 Nr. 13 des **2. WiKG** erweiterte den Straftatbestand um die Alternative, dass rechtserhebliche Erklärungen, Verhandlungen oder Tatsachen fälschlich in öffentlichen Dateien als abgegeben oder geschehen gespeichert werden. Eine entsprechende Erweiterung wurde auch beim Tatbestand des Gebrauchs falscher Beurkundungen (§ 273 a.F. StGB) eingefügt (Art. 1 Nr. 14 des 2. WiKG).

Das **6. StrRG** erhöhte den Strafrahmen des § 271 Abs. 1 StGB auf Freiheitsstrafe bis zu drei Jahren. Zugleich brachte es Änderungen mehr formaler Art, indem es die Regelungen der bisherigen § 273 StGB (Gebrauch falscher Beurkundungen) und § 272 StGB (schwere mittelbare Falschbeurkundung) in § 271 StGB mit einbezog, die Regelung des § 273 a.F. StGB als Absatz 2 und die des § 272 a.F. StGB als Absatz 3. Bei der Umgestaltung wurde in § 271 Abs. 3 StGB der Qualifizierungsgrund des Handelns gegen Entgelt neu eingeführt und der frühere Sonderstrafrahmen für minder schwere Fälle (§ 272 Abs. 2 a.F. StGB) beseitigt.

Der aufgehobene § 272 a.F. StGB (schwere mittelbare Falschbeurkundung) hatte ursprünglich für den Regelfall Zuchthaus bis zu zehn Jahren (Absatz 1) sowie bei mildernden Umständen Gefängnis angedroht (Absatz 2). Art. 1 Nr. 81 des 1. StrRG ersetzte mit Wirkung ab 1.4.1970 den Strafrahmen des Absatzes 1 durch Freiheitsstrafe von drei Monaten bis zu fünf Jahren und den des Absatzes 2 für minder schwere Fälle durch Freiheitsstrafe bis zu zwei Jahren.

§ 273 a.F. StGB (Gebrauch falscher Beurkundungen) verwies wegen der Strafe auf die Strafrahmen der §§ 271, 272 a.F. StGB. Seine Ursprungsfassung wurde erstmals 1974 durch Art. 19 Nr. 142 EGStGB geändert: Zur inneren Tatseite entfiel das Merkmal „wissentlich". Art. 1 Nr. 14 des 2. WiKG fügte nach dem Wort „Beurkundung" die Worte „oder Datenspeicherung" ein.

*Übersicht*

*Alphabetische Übersicht*

## I. Sinn und Zweck der Vorschrift

1 Die Vorschrift behandelt die mittelbare Falschbeurkundung. Das zugehörige Amtsdelikt der Falschbeurkundung im Amt ist in § 348 StGB geregelt;[1] es betrifft den Amtsträger, der eine öffentliche Urkunde mit unwahrem Inhalt herstellt. § 271 StGB bedroht denjenigen mit Strafe, der diesen Erfolg dadurch bewirkt, dass er einen Amtsträger veranlasst, eine unwahre Urkunde herzustellen. Der Sache nach ist § 271 StGB ein gesetzlich besonders geregelter Fall der **mittelbaren Täterschaft** (*Kretschmer* Jura **2003** 535, 539; *Spernau* S. 18 ff; siehe auch *Winter* S. 108 ff), der notwendig ist, wenn der mittelbare Täter § 348 StGB nicht begehen kann, weil ihm die dort vorausgesetzte Amtsträgereigenschaft fehlt.

---

[1] Für Soldaten vgl. § 48 Abs. 1 WStG.

§ 271 StGB dient dem **Wahrheitsschutz.** Die Vorschrift schützt den Rechtsverkehr nicht vor unechten, sondern vor echten und damit erhöht beweiskräftigen, aber inhaltlich unwahren öffentlichen Urkunden. Der Täter bringt es, ohne selbst Urkundsperson zu sein, durch vorsätzlichen Missbrauch der Beurkundungsfunktion öffentlicher Urkundspersonen zu Stande, dass unwahre öffentliche Urkunden mit erhöhter Beweiskraft geschaffen werden. Solche unwahren Urkunden gefährden die Sicherheit und Zuverlässigkeit des Rechtsverkehrs in hohem Maße. Die Vorschrift soll das allgemeine Vertrauen in die Beweiskraft öffentlicher Urkunden sichern.[2] 2

## II. Geschützte Gegenstände

Es handelt sich um öffentliche Urkunden, Bücher und Register, denen das 2.WiKG mit Wirkung vom 1.8.1986 die öffentlichen Dateien hinzugefügt hat. 3

Umstritten ist, ob und inwieweit neben den deutschen öffentlichen Urkunden auch **ausländische Urkunden** geschützt sind. Im Einzelnen: 4

Die **Rechtsprechung** stellt darauf ab, ob die ausländischen öffentlichen Urkunden *auch inländische Rechtsgüter* schützen (vgl. RGSt **68** 300, 302; OLG Düsseldorf NStZ **1983** 221; OLG Frankfurt wistra **1990** 271). 5

Das entspricht auch der überwiegenden Ansicht im **Schrifttum** (vgl. nur *Fischer* Rdn. 5; *Lackner/Kühl* Rdn. 5).[3] Teilweise wird in der Literatur aber auch die Einbeziehung schlechthin verneint[4] oder bejaht.[5] Andere erstrecken den Schutz des § 271 StGB nur auf solche ausländischen öffentlichen Urkunden, die von einer Auslandsvertretung des Bundes legalisiert oder durch einen Staatsvertrag inländischen Urkunden gleichgestellt sind.[6] 6

Zutreffend ist insofern zunächst einmal festzuhalten, dass § 271 StGB vom Ausgangspunkt den Schutz inländischer öffentlicher Urkunden und die damit verbundene erhöhte Beweiskraft im Auge hat, so dass der Vorschrift im Grundsatz ausländische öffentliche Urkunden nicht unterfallen. Hiervon ist jedoch vor dem Hintergrund des Art. 10 EGV (Assimilierungspflicht) eine Ausnahme zu machen: Diese Vorschrift gebietet, auch öffentliche Urkunden mit **EG-Relevanz** in den Schutz einzubeziehen, was mit dem Wortlaut des § 271 StGB vereinbar ist.[7] 7

**1. Öffentliche Urkunden, Bücher und Register.** Öffentliche Bücher und Register sind gesetzlich besonders hervorgehobene Unterfälle öffentlicher Urkunden.[8] Sie sind im Rahmen der folgenden Ausführungen mit abgehandelt. Zu den **öffentlichen Büchern** sind zu zählen: die Personenstandsbücher (Heirats-, Familien-, Geburten- und Sterbebuch; 8

---

[2] RGSt **32** 386, 387; **66** 407, 408; **72** 201, 205; OLG Köln HESt **2** 263, 264.

[3] Siehe auch *Brodag* BT S. 313; *Freund* MK Rdn. 16; *Oehler* JR **1980** 485; *Schroth* BT S. 253.

[4] *Niewerth* NJW **1973** 1219; *Wiedenbrüg* NJW **1973** 304, 305; *Winter* S. 127 ff.

[5] Siehe etwa *Schroeder* NJW **1990** 1406; vgl. auch KG JR **1980** 516 f.

[6] *Möhrenschlager* in: Wabnitz/Janovsky, Wirtschafts- und Steuerstrafrecht 3/9; *Sch/Schröder/Cramer/Heine* Rdn. 1; vgl. auch *Blei* II S. 319 f.

[7] Ebenso *Satzger* Die Europäisierung des Strafrechts S. 579 ff sowie *Freund* MK Rdn. 16; *Lackner/Kühl* Rdn. 5; *Möhrenschlager* in: Wabnitz/Janovsky, Wirtschafts- und Steuerstrafrecht 3/9; *Tiedemann* FS Roxin 1405; *ders.* Wirtschaftsstrafrecht BT Rdn. 26 m.w.N.

[8] *Freund* MK Rdn. 11; *Rengier* BT II § 37 Rdn. 23.

BGHSt **6** 380), das Gefangenenbuch, das Tagebuch der amtlich bestellten Fleischbeschauer (RGSt **40** 341; RG DR **1940** 1419 f) und Sparkassenbücher der öffentlichen Sparkassen (BGHSt **19** 19; RGSt **61** 126, 129; **71** 101, 103). Zu den **öffentlichen Registern** gehören das Vereinsregister (§ 55 BGB) und das Handelsregister (§ 8 HGB). Nicht hierzu gehören Bücher und Register, die lediglich zu *innerdienstlichen Zwecken* geführt werden, zum Beispiel das polizeiliche Melderegister (AG Bremen NStZ-RR **2005** 341) und Eichbücher.

9 Der **Begriff „öffentliche Urkunde"** wird nur noch in den § 271 StGB und § 348 StGB verwendet.[9] In § 267 StGB findet er sich seit der StrafrechtsangleichungsVO vom 29.5.1943 (RGBl. I S.339) nicht mehr. Das Strafgesetzbuch selbst sagt über seinen Inhalt nichts aus. Es wird daher in der Regel auf die gesetzliche Definition des § 415 Abs. 1 ZPO verwiesen.[10] Öffentliche Urkunden i.S.d. §§ 271, 348 StGB sind demnach Urkunden, die von einer öffentlichen Behörde innerhalb der Grenzen ihrer Amtsbefugnisse oder von einer mit öffentlichem Glauben versehenen Person innerhalb des ihr zugewiesenen Geschäftskreises in der vorgeschriebenen Form aufgenommen sind. Diese Begriffsbestimmung ist nach allgemeiner Meinung auch für das Strafrecht maßgebend.[11] Doch wird im Strafrecht stets eine *erhöhte Beweiswirkung* vorausgesetzt (Rdn. 22; vgl. § 415 Abs. 1 ZPO, 2. Halbsatz, §§ 417, 418 Abs. 1 und 3 ZPO).[12] Öffentliche Urkunden, insbesondere öffentliche Bücher und Register, kommen auch als Gesamturkunde vor (BGHSt **19** 19, 21).

a) **Aussteller (Urheber) der öffentlichen Urkunden, Bücher und Register**

10 aa) **Eine öffentliche Behörde.** Zum Begriff der Behörde vgl. zunächst § 11 Abs. 1 Nr. 7 StGB. Es gehören hierzu alle Bundes-, Landes- und Gemeindebehörden, ferner die Dienststellen von öffentlichrechtlichen Körperschaften und Anstalten.[13] Der Behörde müssen nicht nur Hoheitsaufgaben obliegen. Ihre Tätigkeit braucht sich auch nicht auf Beurkundungen zu beschränken. Es genügt, dass sie allgemein berechtigt ist, amtliche Anordnungen, Verfügungen oder Entscheidungen zu erlassen (§ 417 ZPO).[14] Als amtliche Stelle kann auch ein einzelner öffentlicher Bediensteter bestellt oder selbstständig zu ihrer Vertretung berufen sein.

11 Als öffentliche Behörden wurden im Rahmen der §§ 271, 348 StGB zum Beispiel anerkannt: eine Justizvollzugsanstalt (vgl. BGH GA **1968** 84), öffentliche Sparkassen (BGHSt **19** 19, 21)[15] und die Industrie- und Handelskammern (OLG Hamburg NJW **1964** 935, 936). Grundsätzlich keine öffentlichen Behörden sind kirchliche Organe (vgl. BGHSt **37** 191, 192 ff).[16]

---

9 Siehe zu diesem Begriff umfassend *Spernau* S. 5 ff; *Winter* S. 11 ff.

10 Etwa *Joecks* Rdn. 7; *Krey/M. Heinrich* BT 1 Rdn. 740; *Küper* BT S. 322 ff; *Rengier* BT II § 37 Rdn. 12; *Schroth* BT S. 253; *Sonnen* BT S. 228; *Wessels/Hettinger* BT 1 Rdn. 905.

11 BGHSt **19** 19, 21; BGH NStZ **1986** 550; RGSt **19** 352, 353; **42** 233, 234 f; **71** 101, 102; OLG Hamm JMBlNRW **1989** 248, 249; *Sch/Schröder/Cramer/Heine* Rdn. 4.

12 Siehe etwa auch *Fischer* Rdn. 6; *Hoyer* SK Rdn. 13; *Lackner/Kühl* Rdn. 2.

13 BGHSt **19** 19, 21; RGSt **61** 126, 129; **71** 101, 103 (öffentliche Sparkassen); OLG Hamburg NJW **1964** 935, 936 (Handelskammern).

14 *Sch/Schröder/Cramer/Heine* Rdn. 5; *Schroth* BT S. 254.

15 RGSt **61** 126, 129; **71** 101, 102 f.

16 RGSt **47** 49 ff; **56** 225, 226 f; siehe aber auch RG DR **1939** 162 einerseits und *Winter* S. 18 andererseits.

**bb) Eine mit öffentlichem Glauben versehene Person.** Der Begriff (§ 415 Abs. 1 ZPO) kennzeichnet eine bestimmte Personengruppe und sagt nichts über den Umfang der Beweiswirkung der von ihr aufgenommenen Urkunden aus; denn solche Urkunden können unterschiedliche Beweiswirkung haben. Mit öffentlichem Glauben versehene Personen sind solche, denen für ein sachlich und örtlich begrenztes Gebiet rechtlich die Befugnis verliehen ist, Erklärungen oder Tatsachen mit voller Beweiskraft (für und gegen jedermann) zu bezeugen.[17] Das sind in erster Linie Personen, die im Rahmen der freiwilligen oder streitigen Gerichtsbarkeit beurkundend tätig werden. Das schließt aber andere Fälle nicht aus.[18] So kann der Bürgermeister allein dafür zuständig sein, die Richtigkeit eines Auszugs aus dem Beschlussbuch der Gemeinde zu bezeugen (RGSt **63** 148, 149 ff). Die Beurkundungsbefugnis beginnt mit der Amtsübertragung oder, falls vorgesehen, mit der Amtsverpflichtung (RGSt **19** 180, 181). **12**

Zu den mit öffentlichem Glauben versehenen Personen gehören (auf der Grundlage des öffentlichen Rechts, das jeweils im Zeitpunkt der einzelnen Entscheidung gegolten hat): Notare auch nach § 20 BNotO (BGHSt **8** 289, 293); Vollstreckungsbeamte, insbesondere Gerichtsvollzieher, so bei der Beurkundung der Zustellung nach § 193 ZPO und der Protokollierung von Vollstreckungshandlungen nach § 762 ZPO (OLG Hamm NJW **1959** 1333), nicht aber, wenn sich die Protokollierung auf freiwillige Zahlungen beschränkt (OLG Frankfurt/M. NJW **1963** 773); Vollstreckungsbeamte des Finanzamts (RGSt **71** 46); Urkundsbeamte der Geschäftsstelle, so bei der Beglaubigung von Amts wegen zuzustellender Abschriften (§ 169 Abs. 2 ZPO); Postbedienstete bei der Zustellung nach § 168 Abs. 1 S. 2 ZPO; Bürgermeister (RGSt **26** 165, 166; **63** 148, 151), Standesbeamte bei der Beurkundung von Personenstandssachen nach dem Personenstandsgesetz, Mitglieder von Wahlausschüssen bei der Herstellung von Wahlniederschriften (BayObLG OLGSt § 348 S. 3); Fleischbeschauer (RGSt **74** 26, 30),[19] Amtsärzte, nicht jedoch Impfärzte (RGSt **28** 332, 335); Rektoren von Hochschulen und deren Fakultäts- oder Fachbereichsdekane bei der Ausstellung von Studienzeugnissen;[20] Polizeibeamte, soweit sie mündlich angebrachte Anzeigen nach § 158 Abs. 1 Satz 2 StPO beurkunden (RGSt **57** 56, 57 f), nicht jedoch, wenn sie Zeugenaussagen zu Protokoll nehmen (OLG Stuttgart NJW **1956** 1082). Keinen öffentlichen Glauben hat der Urkundsbeamte hinsichtlich des Hauptverhandlungsprotokolls in Strafsachen (OLG Hamm NJW **1977** 592, 593), ebenso der gerichtliche Dolmetscher bei Übersetzungen, die er außerhalb seiner Stellung für Private macht (RGSt **5** 255, 256). **13**

**b) Zuständigkeit.** Der Aussteller der öffentlichen Urkunde muss zuständig sein. Der **BGH** versteht hierunter die *sachliche und örtliche Zuständigkeit*, soweit diese auf einer bundes- oder landesgesetzlichen Vorschrift beruht und nicht bloß auf einer innerdienstlichen Geschäftsverteilung der zuständigen Behörde nach örtlichen Bezirken (BGHSt **12** 85, 86; vgl. RGSt **60** 152, 155). **14**

Das **Schrifttum** stellt zum Teil auf die sachliche Zuständigkeit ab;[21] zum Teil fordert es das Vorliegen der örtlichen und sachlichen Zuständigkeit[22] oder es verlangt bei Be- **15**

---

17 *Hoyer* SK Rdn. 11; *Sch/Schröder/Cramer/Heine* Rdn. 5.

18 Vgl. RGSt **15** 5, 6; **20** 369, 370.

19 BGH LM § 348 Abs. 1 Nr. 2; RG DR **1940** 1419 f; OLG Karlsruhe Die Justiz **1967** 152.

20 RG GA Bd. **53** 178, 179.

21 *Arzt/Weber* BT § 33 Rdn. 8; *Freund* MK Rdn. 12; *Lackner/Kühl* Rdn. 2; *Maurach/Schroeder/Maiwald* BT 2 § 66 Rdn. 7; *Sch/Schröder/Cramer/Heine* Rdn. 6 a.E.; *Schroth* BT S. 254.

22 *Blei* II S. 318; *Brodag* BT S. 409; *Gössel/Dölling* BT 1 § 52 Rdn. 54; *Hoyer* SK Rdn. 13; *Küpper* BT 1 Teil II § 1 Rdn. 63.

hörden Handeln innerhalb beider Zuständigkeiten, während es bei den mit öffentlichem Glauben versehenen Personen auf eine Tätigkeit „innerhalb des diesen rechtlich zugewiesenen Geschäftskreises" ankommen soll.[23]

16 Auch zum Tatbestand des § **348 Abs. 1 StGB** gehört nicht nur die **sachliche,** sondern auch die **örtliche** Zuständigkeit des Amtsträgers, soweit diese auf einer bundes- oder landesgesetzlichen Vorschrift und nicht bloß auf einer innerdienstlichen Geschäftsverteilung der zuständigen Behörde nach örtlichen Bezirken beruht (BGHSt **12** 85, 86). Danach stimmen die §§ 271, 348 Abs. 1 StGB insoweit objektiv überein, als ein Amtsträger einer Behörde sich nach § 348 Abs. 1 StGB schuldig machen kann, sofern die Behörde bei einer entsprechenden Tat nach § 271 StGB für die Beurkundung sachlich und örtlich zuständig wäre.

17 aa) **Bei der öffentlichen Behörde: „innerhalb der Grenzen ihrer Amtsbefugnisse".** Gehört die Beurkundung in den Aufgabenbereich der Behörde, so ist es ohne Bedeutung, ob die Urkunde hoheitliche oder privatrechtliche Angelegenheiten behandelt oder ob das in der öffentlichen Urkunde behandelte Rechtsverhältnis auch zum Inhalt einer Privaturkunde getaugt hätte.[24] Das führte zu einer erheblichen Ausdehnung des Rechtsbegriffs der öffentlichen Urkunde, wobei durch die Privatisierung vieler staatlicher Betriebe die Brisanz dieses Gesichtspunkts gemildert worden ist.[25] Öffentliche Urkunden sind nach diesen Grundsätzen (auf der Grundlage des zur Zeit der Entscheidungen maßgebenden öffentlichen Rechts) die Sparbücher öffentlicher Sparkassen (BGHSt **19** 19, 21),[26] obwohl sie sich von Banksparbüchern nicht unterscheiden. Dasselbe galt für die von den staatlichen Eisenbahnen herausgegebenen Fahrkarten (RGSt **59** 384, 386),[27] für Gepäckscheine (RGSt **37** 318, 319 f; RG HRR **1938** Nr. 1516), für bahnamtliche Wiegevermerke auf dem Frachtbrief (BGH NJW **1953** 1840), für das Frachtbriefdoppel (RGSt **60** 187, 188 f), für den Annahmestempel auf dem Frachtbrief (RGSt **46** 290, 293, 296). Entsprechende Urkunden einer Privatbahn sind nicht öffentlich, selbst wenn sie für anschließende Staatsbahnstrecken gelten.

18 Ob die Behörde innerhalb der Grenzen ihrer Amtsbefugnisse tätig geworden ist, bestimmt sich nach den jeweiligen **Rechtsvorschriften,** so etwa bei der Ausstellung von Sparbüchern durch öffentliche Sparkassen nach der (damals) geltenden Sparkassenordnung (BGHSt **19** 19, 21). Für die Beglaubigung von Abschriften ist grundsätzlich die Stelle zuständig, welche die Urschrift verwahrt, im selbstständigen Beurkundungsgeschäft der Notar (§ 20 Abs. 1 BNotO). Weitere Zuständigkeiten ergeben sich zum Beispiel aus § 9 HGB, §§ 11, 156 GenG, §§ 66, 79, 1563, 2273 BGB und § 12 GBO. Die Beglaubigung von Unterschriften als Angelegenheit der freiwilligen Gerichtsbarkeit ist grundsätzlich Sache der Notare (vgl. §§ 8 ff, 36 ff BeurkG, §§ 20 ff BNotO), soweit nicht Gesetze (vgl. zum Beispiel §§ 62 ff BeurkG, § 15c Abs. 1, § 29 Abs. 1, § 29a Abs. 1, § 29b Abs. 3, § 31a PStG) etwas anderes bestimmen. Entgegen einer früher verschiedentlich vertretenen Auffassung kann eine lediglich ständige **Verwaltungsübung** eine Befugnis zur Ausstellung solcher öffentlichen Urkunden nicht begründen; so waren schon vor dem Beurkundungsgesetz mangels einer besonderen Vorschrift Polizei- oder Ordnungsbehörden weder berechtigt, öffentliche Beglaubigungen im Sinne des § 129 BGB vorzunehmen

[23] *Fischer* Rdn. 11.
[24] *Maurach/Schroeder/Maiwald* BT 2 § 66 Rdn. 7; *Sch/Schröder/Cramer/Heine* Rdn. 6.
[25] *Arzt/Weber* BT § 33 Rdn. 14.
[26] RGSt **61** 126, 129; **71** 101, 103.
[27] RGSt 8 409, 411; RG JW **1936** 662 Nr. 30.

(RGSt **60** 209, 212) noch Abschriften (RGSt **64** 33, 41)[28] oder Unterschriften[29] zu beglaubigen (**aA** RGSt **71** 193).

**bb) Bei der mit öffentlichem Glauben versehenen Person: „innerhalb des ihr zugewiesenen Geschäftskreises".** 19 Der Geschäftskreis der mit öffentlichem Glauben versehenen Urkundsperson richtet sich nach dem Recht der staatlichen Institution, von der die Urkundsperson ihre Befugnis ableitet. Er ist bei der Behördenurkunde allgemein nach der Behörde, nicht vom amtlichen Wirkungskreis des zeichnenden Amtsträgers her zu bestimmen (RGSt **63** 74, 75).[30] Die Geschäftsverteilung innerhalb der Behörde und die Zuständigkeitsordnung durch innerdienstliche Vorschriften wirken nicht nach außen, sofern der Zeichnende nur überhaupt Zeichnungsvollmacht hat.[31] Rechtmäßigkeit der Amtsausübung wird nicht vorausgesetzt.[32] Auch Tätigkeit in eigener Sache schließt die Zuständigkeit nicht schlechthin aus.[33]

**c) Art und Weise der Aufnahme der Urkunde: „in der vorgeschriebenen Form".** 20 Hierüber muss das Urteil nähere Angaben enthalten, damit das Revisionsgericht es rechtlich überprüfen kann (BGH NJW **1953** 1840). Für die Beurkundung von Willenserklärungen und anderen Erklärungen sowie sonstiger Tatsachen und Vorgänge sind die §§ 8 ff, 36 ff, 39 ff BeurkG maßgebend. Im Übrigen sind die Formerfordernisse aus den **Gesetzen,** zum Beispiel bei öffentlichen Urkunden über Vollstreckungshandlungen aus § 762 Abs. 2 ZPO, oder aus Rechts- oder Verwaltungsverordnungen (RGSt **58** 280, 281 f; RG HRR **1938** Nr. 1374) zu entnehmen. Fehlen solche Rechtssätze, so kann eine von der zuständigen Stelle gebilligte **Übung** genügen.[34] Ausnahmsweise kann eine solche Übung, falls sie von der vorgesetzten Stelle gebilligt wird, es rechtfertigen, auf ein Formerfordernis zu verzichten (RGSt **58** 280, 282).

Stets ist es notwendig, dass bei einer öffentlichen Urkunde zumindest alle **wesentlichen Formerfordernisse** 21 erfüllt (RGSt **24** 281, 282; **63** 125, 126) und die gesetzlichen Ausschließungsgründe (§§ 6, 7 BeurkG) beachtet sind. Es schadet aber nicht, wenn lediglich für den inneren Dienst bestimmte Vorschriften verletzt werden (RGSt **58** 280, 281). Zu den wesentlichen Formerfordernissen gehört es, dass sich aus der Urkunde ergibt, welche Behörde sie ausgestellt und welche Stellung ihr Aussteller hat (RGSt **58** 280, 281; **66** 124, 125). Nicht erforderlich ist, dass die Urkunde handschriftlich unterzeichnet (RGSt **57** 69, 71) oder unterstempelt ist (RGSt **61** 161; RG DRiZ Rspr. **1927** Nr. 241). In der Regel sind die einzelnen Vorschriften und auch das innerdienstliche Interesse zu berücksichtigen. Im Zweifel sind die gesetzlichen Formen unerlässlich (RGSt **30** 369, 371 f), so die Beifügung des Gerichtssiegels bei Urteilsausfertigungen nach § 317 Abs. 4 ZPO oder der Unterschrift in den Fällen der §§ 163, 315 ZPO, §§ 271, 275 StPO. Soweit die Vorschriften es bei Urkunden der im Einzelfall gegebenen Art zulassen, kann die Unterschrift mechanisch hergestellt werden (RGSt **57** 69, 71). Wesentlich sind die vollständige Ausfüllung der Zustellungsurkunde (RGSt **40** 265, 266), die Unterschrift des

---

[28] RGSt **60** 209, 213, 215; **72** 201, 203; RG ZAkDR **1939** 352 m. Anm. *Frege*; OLG Frankfurt/M. NJW **1949** 315 m. krit. Anm. *Cüppers*; OLG Oldenburg MDR **1948** 30 m. abl. Anm. *Arndt*; *Sch/Schröder/Cramer/Heine* Rdn. 5.

[29] OLG Oldenburg MDR **1948** 30 m. abl. Anm. *Arndt*; *Sch/Schröder/Cramer/Heine* Rdn. 5; **aA** RGSt **71** 193; OLG Frankfurt/M. NJW **1949** 315 m. Anm. *Cüppers*.

[30] RGSt **71** 224, 226 f.

[31] RGSt **60** 152, 155.

[32] RGSt **20** 119, 121; **32** 359, 362; **72** 176, 178 f.

[33] RGSt **72** 176, 178 f.

[34] RGSt **60** 152 f.

Rechtspflegers bei Mahnbescheiden (RGSt **23** 205; vgl. aber § 692 Abs. 2 ZPO); die Unterschrift des Postbeamten bei einer von ihm erteilten Quittung in einem Posteinlieferungsbuch (RGSt **30** 369, 372), der amtliche Stempel auf dem Kraftfahrzeugkennzeichen (RG LZ **1915** Sp. 61), der Datumsstempel auf der Fahrkarte (RG LZ **1923** Sp. 404) und das Amtssiegel auf Pässen (RGSt **60** 152, 153). Fehlt ein wesentliches Erfordernis, so liegt keine öffentliche Urkunde vor,[35] auch nicht als Gegenstand eines Versuchs, es sei denn, dass der Täter alle wesentlichen Merkmale einer öffentlichen Urkunde herstellen wollte und lediglich durch besondere Umstände (zum Beispiel die eigene Ungeschicklichkeit) daran gehindert wurde (RGSt **44** 87, 90). Wird eine nicht öffentliche Urkunde öffentlich beglaubigt, so ist nur der Beglaubigungsvermerk eine öffentliche Urkunde, nicht auch die beglaubigte Urkunde (RGSt **46** 286, 289 f).

### d) Erfordernis der Beweiswirkung für und gegen jedermann

22 **aa) Die erhöhte Beweiskraft als Merkmal der öffentlichen Urkunde.** Nicht alle öffentlichen Urkunden, welche die bisher erörterten Merkmale aufweisen, fallen unter die Vorschrift des § 271 StGB. Tatbestandsmäßig sind nur öffentliche Urkunden **mit erhöhter Beweiswirkung.** Nach ständiger Rechtsprechung des Reichsgerichts und des Bundesgerichtshofs unterliegen nur „Beurkundungen" dem Wahrheitsschutz. Beurkundet in diesem Sinne sind nur Erklärungen, Verhandlungen und Tatsachen, auf die sich der öffentliche Glaube erstreckt, das heißt „die volle Beweiswirkung für und gegen jedermann" (BGHSt **22** 201, 203).[36] Die inhaltlich unrichtige Beurkundung muss sich auf eine Tatsache beziehen, die in der Urkunde mit Beweiswirkung für und gegen jedermann festgestellt wird (BGH NJW **2004** 3195 mit Anm. *Kudlich* JuS **2005** 278; BGHSt **47** 39, 41).

23 Da der Begriff der **„öffentlichen Urkunde"** im Strafrecht nach In-Kraft-Treten der StrafrechtsangleichungsVO vom 29.5.1943 nur noch in den §§ 271, 348 StGB verwendet wird und dort allein Urkunden betrifft, die im angegebenen Sinne erhöhte Beweiswirkung haben, empfiehlt es sich, den Begriff zur Vermeidung von Missverständnissen im Strafrecht auch nur noch in dem eingeengten Sinne zu verwenden.[37] Bei der Heranziehung früherer Rechtsprechung aus der Zeit bis 1943 ist zu bedenken, dass das Reichsgericht, der damaligen Gesetzeslage entsprechend, den Begriff im Zusammenhang mit den §§ 267, 268 a.F. StGB in einem weiteren Sinne verstanden hat; im Bereich jener Vorschriften kam es für den Begriff der öffentlichen Urkunde nicht auf eine erhöhte Beweiswirkung an.[38]

24 **bb) Deren Abgrenzung von anderen Urkunden privater oder öffentlicher Art.** Die frühere Unterscheidung zwischen Privaturkunden und öffentlichen Urkunden (im weiten Sinne) geht auf die Fassung des § 267 StGB vor der StrafrechtsangleichungsVO von 1943 zurück.[39] Es bestand damals Anlass, zwischen den öffentlichen Urkunden **mit erhöhter Beweiswirkung,** die von jeher bei § 271 StGB vorausgesetzt wurde, und anderen öffentlichen Urkunden zu unterscheiden, die diese Wirkung nicht hatten, aber auch *für den Außenverkehr* bestimmt waren[40] und deshalb dem Rechtsbegriff der öffentlichen Urkunde im Sinne es § 267 a.F. StGB unterfielen.[41] Von diesen öffentlichen Urkunden ohne erhöhte

---

[35] RGSt **24** 281, 282; **26** 158, 160; **40** 413, 414; **44** 87, 88; **63** 125, 126.

[36] BGHSt **6** 380, 381; **12** 88 f; **17** 66, 67 f; **20** 309, 313 f; RGSt **59** 13, 19; **66** 407, 408 f.

[37] Vgl. *Fischer* Rdn. 5 f; *Sch/Schröder/Cramer/Heine* Rdn. 8.

[38] Anders *Gigerl* S. 91 f Fn. 1; *Spernau* S. 56 (gegen *Tröndle* LK[9,10] Rdn. 18 ff).

[39] Vgl. *Kienapfel* Urkunden I S. 62 Fn. 8, 9.

[40] Vgl. *Jagusch* LK[8] vor § 267 Anm. 5a, f und § 271 Anm. 2.

[41] Vgl. RGSt **59** 13, 19.

Beweiswirkung pflegte man die schlichten amtlichen Urkunden zu unterscheiden, die zusammen mit den fehlerhaften öffentlichen Urkunden gemäß § 267 a.F. StGB wie Privaturkunden behandelt wurden. Doch blieb diese Abgrenzung schwierig und unscharf. Unter *schlichten amtlichen Urkunden* verstand man solche, „die nur zur Prüfung, Ordnung oder Erleichterung des inneren Dienstes, zur Überwachung der Beamten oder zur gegenseitigen Überwachung amtlicher Stellen bei dem geschäftlichen Verkehr und nicht für den Verkehr nach außen bestimmt" waren (RGSt **52** 268, 269; **49** 32, 33).[42] Zu den derart behördeninternen Zwecken dienenden Urkunden (BGHSt 7 94, 96) gehörten:

**innerdienstliche Register,** zum Beispiel die Einwohnermeldekartei (BGH JR **1954** 308)[43] einschließlich der behördlich gestempelten Anmeldeurkunde (OLG Hamburg JR **1950** 630); Eisenbahnversandbücher (RGSt **61** 36), Eichbücher (RGSt **73** 328, 329), Dienstregister des Gerichtsvollziehers (RGSt **68** 201, 202, 203),[44] eine Liste der Überführungsstücke (RGSt **52** 268, 269 f), die Zulassungskartei nach dem (inzwischen aufgehobenen) § 26 Abs. 4 a.F. StVZO (BGH NJW **1957** 1888, 1889), das Strafregister (BGH GA **1965** 93),[45] ebenso das Bundeszentralregister (OLG Hamm NJW **1977** 592, 594).[46] **25**

**innerdienstliche Aktenvermerke,** so Bestellvermerke des Postboten auf Paketkarten und Postanweisungen (RGSt **53** 224; **67** 256), die Aufgabe- und Ankunftsstempel auf Postsendungen (RGSt **30** 381, 384), Berichte eines Richters über eine Nachschau bei einem Notar (RGSt **26** 138, 141), Revisionsvermerke der Steuerbeamten auf den Betriebsplänen der Brennereien (RGSt **19** 352 f), Richtigkeitsbescheinigungen eines städtischen Beamten auf eingereichten Rechnungen (RG HRR **1941** Nr. 571), Eintragungen in den Vollstreckungsakten eines Finanzamts (RGSt **71** 46); ein Vermerk des Gerichtsvollziehers, dass er wegen einer Stundung „von der Einschaffung der gepfändeten Sache" abgesehen (RG DJ **1937** 200) oder den Schuldner nicht angetroffen habe; Niederschriften über die Entnahme von Blutproben durch den Arzt (OLG Oldenburg NdsRpfl. **1951** 37) sowie Ermittlungsberichte der Polizei an die Staatsanwaltschaft (OLG Stuttgart NJW **1956** 1082). **26**

Man hat mitunter auch **amtliche Bescheide, Mitteilungen und Auskünfte** in den Begriff der schlichten amtlichen Urkunde einbezogen, obwohl sie eine beschränkte Bedeutung auch nach außen haben und etwa dazu bestimmt sind, den Adressaten zu unterrichten, so zum Beispiel Bescheinigungen über Anstellungs- und Gehaltsverhältnisse eines Beamten (RGSt **63** 74, 76; **66** 124, 125), Auskünfte eines Versorgungsamts (RG JW **1931** 2811, 2812 m. insoweit zust. Anm. *Oetker*), die Bestätigung des Eingangs einer Rechtsmittelschrift (RGSt **75** 402, 404) und polizeiliche Fundempfangsbescheinigungen (BayObLGSt **1978** 139). Mitunter wird in diesem Zusammenhang von verwaltungsmäßigen Urkunden gesprochen, die keinen öffentlichen Glauben haben, so beim Kraftfahrzeugbrief, der den Wünschen der Wirtschaft Rechnung trägt und zugleich statistischen und polizeilichen Zwecken dient.[47] **27**

Diese Differenzierungen sind **überholt,** soweit es um die Anwendung des **§ 267 n.F. StGB** geht. Denn dort wird nicht mehr zwischen privaten und öffentlichen Urkunden unterschieden. Im Hinblick auf die **§§ 271, 348 StGB** sind die Fallgruppen der früheren **28**

---

[42] Vgl. auch *Gössel/Dölling* BT 1 § 52 Rdn. 50; *Kindhäuser* LPK § 348 Rdn. 5; *Rengier* BT II § 37 Rdn. 24; *Sonnen* BT S. 229; *Wessels/Hettinger* BT 1 Rdn. 908 f.

[43] BGH LM § 348 Abs. 2 Nr. 8; RGSt **74** 291, 292; *Brodag* BT S. 313.

[44] RG JW **1936** 1052.

[45] RG Rspr. **9** 432, 434.

[46] *Haft* BT II S. 201.

[47] BGH LM § 267 Nr. 8 m. Anm. *Neumann*.

öffentlichen Urkunden ohne erhöhte Beweiswirkung und der schlichten amtlichen (behördeninternen) Urkunden insofern noch von Bedeutung, als beide weiterhin nicht unter diese Strafvorschriften fallen.[48]

29 cc) **Das Wesen der erhöhten Beweiswirkung.** Der öffentliche Glaube der öffentlichen Urkunde (Rdn. 22 f) liegt darin, dass sie gegenüber anderen Urkunden eine erhöhte Beweiskraft (öffentliche Beweiswirkung) besitzt.[49] Sie wirkt **für und gegen jedermann.**[50] Insoweit erbringen öffentliche Urkunden im Sinne des § 271 StGB und des § 348 StGB den **vollen Beweis** der in ihnen bezeugten Vorgänge. Das gilt zum Beispiel für Eintragungen von Eheschließungen, Geburten und Todesfällen nach § 60 PStG.

30 Die Rechtsprechung verwendet an Stelle der Formulierung „für und gegen jedermann" (etwa BGHSt **47** 39, 41) auch **Klauseln** wie „für und gegen alle" (RGSt **59** 13, 20), „für und gegen jeden Dritten" (RGSt **25** 223, 225), „jedem Dritten gegenüber und für die Allgemeinheit" (RGSt **17** 76, 78) oder „öffentlichen Glauben besitzen" (RGSt **14** 99, 100). Diese Formulierungen dürfen nicht so verstanden werden, als ob „jede öffentliche Urkunde von vornherein für jedermann bestimmt wäre, ... vielmehr genügt es, dass ihre Errichtung oder Herstellung unter öffentlicher Autorität sie dafür geeignet und bestimmt erscheinen lässt, gegebenenfalls und im Rahmen der Verhältnisse, auf welche sie sich bezieht, nicht nur für und gegen den Aussteller, sondern gegen jeden Dritten für die in ihr konstatierten Tatsachen Beweis zu erbringen" (RGSt **17** 76, 78).[51] An der Beweiskraft für und gegen jedermann fehlt es also nicht deswegen, weil sich das Beweisinteresse an einer Urkunde praktisch auf einen bestimmten Personenkreis beschränkt. So wird beispielsweise der Wiegevermerk auf einem Frachtbrief unbeschadet seines öffentlichen Glaubens nur für die Eisenbahn sowie für den Absender und Empfänger von Bedeutung sein (BGH NJW **1953** 1840). *Gigerl* übt – zum Teil berechtigte – Kritik an der Formel von der Beweiskraft für und gegen jedermann (S. 109 ff, 114 ff). Er legt im Einzelnen dar, dass sie nicht alle Fälle deckt, in denen die Praxis einer Urkunde eine solche Beweiswirkung zuspricht. **Kritisch** gegenüber dieser Formel auch *Hartleb* (S. 55 f) und *Puppe* (NK Rdn. 9).

31 Von der Frage der sachlichen Bedeutung des öffentlichen Glaubens und seiner Reichweite ist die beweisrechtliche Frage zu unterscheiden, ob und unter welchen Voraussetzungen die erhöhte Beweiswirkung im Zivilprozess **entkräftet** werden kann oder ob ein Gegenbeweis von vornherein ausgeschlossen ist. Das Zweite ist der Fall bei den so genannten öffentlichen Dispositivurkunden (Tatbestandsurkunden), das heißt öffentlichen Urkunden, die amtliche Anordnungen, Verfügungen oder Entscheidungen enthalten (§ 417 ZPO). Zwar ist auch bei diesen Urkunden der Gegenbeweis gegen die Echtheit zulässig. Steht die Echtheit aber fest, so ist ein Beweis, dass die Anordnung oder Entscheidung nicht ergangen wäre, nicht möglich. Bei einigen öffentlichen Urkunden ist auch der (sachliche) Gegenbeweis durch andere Urkunden möglich, so bei Personenstandseintragungen (§ 60 Abs. 2 PStG), beim Erbschein (§ 2366 BGB) und beim Hoffolgezeugnis (BGHSt **19** 87 f).

---

48 **Anders** nur OLG Köln MDR **1959** 862.

49 Siehe dazu auch *Winter* S. 49 ff.

50 Siehe *Fischer* Rdn. 6; *Gössel/Dölling* BT 1 § 52 Rdn. 50; *Joecks* Rdn. 7; *Kindhäuser* BT I § 58 Rdn. 4; *ders.* Repetitorium BT I 12.71; *F. Meyer* FS Dreher 427; *Rengier* BT II § 37 Rdn. 13; *Schmidt/Priebe* BT I Rdn. 1360 ff; *Schroth* BT S. 254; *Sonnen* BT S. 229; *Wessels/Hettinger* BT 1 Rdn. 907; vgl. auch *Freund* MK Rdn. 12, 15 („Funktion besonderer amtlicher Richtigkeitsbestätigung").

51 Ebenso BayObLG NJW **1990** 655, 656; im Einzelnen *F. Meyer* FS Dreher 433 f.

dd) **Ihre Begründung.** In der Rechtsprechung ist nicht eindeutig geklärt, ob für die Begründung des öffentlichen Glaubens eine besondere gesetzliche Vorschrift erforderlich ist, ob der öffentliche Glaube auch auf die §§ 415 ff ZPO gestützt werden kann oder ob hierfür behördliche Anordnungen oder allgemeine Erwägungen im Zusammenhang mit der Verkehrsauffassung genügen. In der grundlegenden Entscheidung des Großen Senats BGHSt **22** 201, 203 ist ausgesprochen: Dort, wo es an einer ausdrücklichen Vorschrift fehle, könne sich der öffentliche Glaube auch mittelbar aus den gesetzlichen Bestimmungen ergeben, die für Errichtung und Zweck der Urkunde maßgeblich seien. Es sei ein strenger Maßstab anzulegen, sodass eine erhöhte Beweiswirkung nur angenommen werden könne, wenn kein Zweifel bestehe, dass sie unter Berücksichtigung der Verkehrsanschauung dem Sinn und Zweck des Gesetzes entspreche.[52] In jüngeren Entscheidungen betont der BGH (BGHSt **47** 39, 42; **44** 186, 188; **42** 131, 132; BGH NJW **2004** 3195), wenn er auch die Berücksichtigung der Verkehrsanschauung nicht ausklammert, dass zur erhöhten Beweiskraft insbesondere solche Tatsachen gehörten, deren Angabe gesetzlich zwingend vorgeschrieben ist; in der Regel nicht dagegen solche Tatsachen, die weder nach dem Gesetz noch nach anderen Vorschriften zwingend anzugeben sind und deren unwahre Kundgabe die Wirksamkeit der Beurkundung nicht berührt. Im Einzelnen hat die Rechtsprechung geschwankt: **32**

Sie hat zur Begründung der öffentlichen Beweiskraft mitunter **Sondervorschriften** vorausgesetzt, so zum Beispiel den öffentlichen Glauben auf bestimmte personenstandsrechtliche Vorschriften gestützt (BGHSt **6** 380, 381; RGSt **32** 386, 389) oder ihn in Fällen verneint, in denen er sich nicht auf besondere Bestimmungen gründen ließ, so bei Stempeln auf Eisenbahnfrachtbriefen (RGSt **46** 290, 293), bei Protokollen (RGSt **59** 13, 19) oder beim Kraftfahrzeugschein (BGHSt **20** 294, 295 f) angesichts der auf bestimmte Bereiche beschränkten Beweiskraft solcher Urkunden. Kraft ausdrücklicher Vorschrift (Nrn. 63, 66 der seit dem 1.1.1977 bundeseinheitlich geltenden Vollzugsgeschäftsordnung) haben auch Eintragungen in den Gefangenenbüchern, soweit es um Angaben zur Identifizierung des Gefangenen geht, öffentlichen Glauben. Sie gelten nicht nur für den inneren Vollzugsdienst, sondern auch für den Nachweis der Vollstreckung nach außen (BGH LM Nr. 7; st. Rspr.).[53] Angaben des Gefangenen über sein Glaubensbekenntnis nehmen daran aber nicht teil (BGH GA **1966** 280). **33**

Andere Entscheidungen halten spezielle Normen zur Begründung der erhöhten Beweiskraft nicht für erforderlich und vertreten den Standpunkt, dass der öffentliche Glaube der Urkunde eine Folge ist, die sich nach den **§§ 415, 417, 418 ZPO** schon aus der Tatsache ergibt, dass die Beurkundung durch eine zuständige Amtsperson geschieht (BGHSt 7 94, 96; RGSt **64** 328, 331). Die Entscheidung BGHSt **17** 66, 68 lässt die Frage offen, und der Große Senat (BGHSt **22** 201, 203) sowie die Entscheidung BGHSt **20** 186, 188 lassen sie unerwähnt. *F. Meyer*[54] tritt der genannten Rechtsansicht entgegen. Doch hat der Bundesgerichtshof (BGHSt **26** 47, 49) den Begriff des „vollen Beweises", der in den §§ 415, 417, 418 ZPO verwendet wird, im Sinne von „vollen Beweis für und gegen jedermann" verstanden. Das ist im Hinblick auf die öffentliche Beurkundung vertretbar, aber nicht überzeugend insofern, als § 416 ZPO, der nur für Privaturkunden ohne diese Beweiskraftwirkung gilt, gleichermaßen von „vollem Beweis" spricht. **34**

---

[52] Siehe etwa auch *Gössel/Dölling* BT 1 § 52 Rdn. 50; *Hohmann/Sander* BT II § 20 Rdn. 4 f; *Joecks* Rdn. 16; *Küpper* BT 1 Teil II § 1 Rdn. 68 f.

[53] OLG Hamm NJW **1956** 602; aus der früheren Rechtsprechung vgl. RGSt **41** 201, 203 ff; **44** 196 f; **49** 62; **52** 140, 141.

[54] FS Dreher 425 ff.

35 Zur Begründung der erhöhten Beweiswirkung genügen unter Umständen **behördliche Anordnungen** (RGSt **41** 201, 205; **49** 62), mögen sie veröffentlicht sein oder nicht (RGSt **44** 196, 197). Die herrschende Rechtsprechung lässt es zu, den öffentlichen Glauben auch auf allgemeine Erwägungen, namentlich auf die **allgemeine Verkehrsanschauung** zu stützen (vgl. BGHSt **47** 39, 42, 44; RGSt **70** 229, 230; **74** 26, 32). Dass der Verkehrsauffassung bei der Auslegung eine maßgebende Rolle zukommt, wird in der Grundsatzentscheidung BGHSt **22** 201, 203[55] bestätigt.[56] Diese Ansicht steht mit den Entscheidungen RGSt **64** 331 und BGHSt **7** 96 im Einklang. Sie entnehmen die erhöhte Beweiswirkung zwar bereits den §§ 415 ff ZPO, wollen aber insoweit eine Ausnahme machen, als die Urkunde nach ihrem Sinn und Zweck, das heißt nach der Verkehrsauffassung, nur innerdienstlichen Anliegen dient.

36 ee) **Art der Beurkundung.** Urkundspersonen können nicht durch die Art der Beurkundung öffentlichen Glauben in Fällen begründen, in denen die Aufnahme einer öffentlichen Urkunde nicht vorgesehen ist. Ein Gerichtsvollzieher, der über die Entgegennahme freiwilliger Zahlungen eines Schuldners eine Niederschrift fertigt, die nach dem verwendeten Vordruck der Form des § 762 ZPO entspricht, beurkundet damit nichts zu öffentlichem Glauben (OLG Frankfurt/M. NJW **1963** 773, 774). Die erhöhte Beweiskraft bezieht sich nur auf Protokolle über Vollstreckungshandlungen, zum Beispiel über Pfändungen und Verhaftungen. Aus demselben Grund vermag auch ein im Hauptverhandlungsprotokoll beurkundeter Rechtsmittelverzicht keinen öffentlichen Glauben zu begründen; denn er kann auch außerhalb der Hauptverhandlung erklärt werden (OLG Hamm NJW **1977** 592, 593).

37 ff) **Gesetzliche Bestimmtheit der Strafbarkeit.** Die Schwierigkeiten, welche die Praxis mit dem ungeschriebenen Merkmal der Beweiswirkung der öffentlichen Urkunde für und gegen jedermann hat, führt zu der Frage, ob die Tatbestände der §§ 271, 348 StGB dem Gebot gesetzlicher Bestimmtheit der Strafbarkeit genügen (Art. 103 Abs. 2 GG). Die Frage ist zu bejahen. Im Ergebnis unbegründet sind die Bedenken, die *Puppe* (JZ **1991** 610) dagegen erhebt, bei der Abgrenzung der strafbewehrten Wahrheitspflicht der Amtsträger mit auf Sinn und Zweck der die Urkundenerrichtung regelnden Gesetze und auf die Verkehrsanschauung abzustellen. Das Merkmal der erhöhten Beweiswirkung schränkt die Strafbarkeit nach den §§ 271, 348 StGB ein, indem es den in diesen Tatbeständen verwendeten Begriff der öffentlichen Urkunde restriktiv auslegt. Es dehnt die Strafbarkeit nicht etwa aus, schon gar nicht über den Wortlaut und Wortsinn der Vorschriften hinaus. Die §§ 271, 348 StGB sind keine Blankettgesetze, auch wenn es für ihre Auslegung mit auf andere Normen des öffentlichen Rechts und auf die Verkehrsanschauung ankommt.[57]

38 e) **Die Reichweite der erhöhten Beweiskraft.** Nicht alles, was in einer öffentlichen Urkunde (Rdn. 22 f) niedergelegt ist, ist im Sinne der §§ 271, 348 StGB „beurkundet" (vgl. Rdn. 36). Beurkundet sind vielmehr nur „diejenigen Erklärungen, Verhandlungen oder Tatsachen, auf die sich der öffentliche Glaube, das heißt die volle Beweiswirkung für und gegen jedermann, erstreckt" (BGHSt **22** 201, 203). Der öffentliche Glaube kann

---

[55] M. Anm. *Faller* LM Nr. 15.

[56] Im gleichen Sinne BGHSt **17** 66, 68; **20** 309, 314; **25** 95, 96; BGH NJW **1955** 839; BayObLG VRS **57** 284, 285 f; NJW **1990** 655, 656; **ablehnend** insoweit *Puppe* JZ **1991** 610.

[57] Im Ergebnis wie hier *F. Meyer* FS Dreher 428, 432 f.

sich auf bestimmte Erklärungen oder Tatsachen beschränken. In einem solchen Fall nimmt also nur *ein Teil der Urkunde* an der erhöhten Beweiswirkung teil.

So bezieht sich **beispielsweise** der öffentliche Glaube eines *Kraftfahrzeugscheins* darauf, dass das beschriebene Fahrzeug unter Zuteilung eines bestimmten amtlichen Kennzeichens zum öffentlichen Verkehr zugelassen worden ist (BGHSt **20** 186, 188; OLG Hamburg NJW **1966** 1827, 1828), ebenso auf den eingetragenen Termin zur Hauptuntersuchung (BGHSt **26** 9, 12). Nach dem BGH ist die Zulassungsbescheinigung Teil I (Fahrzeugschein) auch hinsichtlich der Identität des zum Straßenverkehr zugelassenen Fahrzeugs eine öffentliche Urkunde.[58] Nicht aber beweist der Kraftfahrzeugschein, dass der Name des Halters und dessen Anschrift richtig angegeben sind (BGHSt **22** 201, 203;[59] BGHSt **26** 9, 11[60]). Bei einem *Sparbuch* einer öffentlichen Sparkasse erstreckt sich der öffentliche Glaube nur auf die beurkundeten Ein- und Auszahlungen, nicht auf den Namen des Sparers oder die Person des Verfügungsberechtigten (BGHSt **19** 19, 21 f).[61] **39**

f) **Arten öffentlicher Urkunden.** Es sind zu unterscheiden Dispositivurkunden (§ 417 ZPO) und Zeugnisurkunden, die sich entweder auf Erklärungen vor einer Behörde oder einer Urkundsperson (§ 415 ZPO) oder auf andere Tatsachen beziehen (§ 418 ZPO). **40**

aa) **Dispositivurkunden.** Die öffentlichen Dispositivurkunden (Tatbestandsurkunden) enthalten amtliche Anordnungen, Verfügungen und Entscheidungen (§ 417 ZPO). Sie begründen vollen Beweis dafür, dass die Tatsache so, wie aus der Urkunde ersichtlich, stattgefunden hat; nicht aber verbürgen sie die sachliche Richtigkeit der festgehaltenen Entscheidung.[62] Ein Strafurteil beweist nur, dass der, mit dem es sich befasst, derjenige ist, der vor Gericht gestanden hat, nicht aber, dass er einen bestimmten Namen hat und mit dem Träger eines bestimmten Namens identisch ist (RGSt **41** 201, 202 f).[63] **41**

bb) **Zeugnisurkunden**[64] **über Erklärungen.** Es sind zum Beispiel gerichtliche und notarielle Beurkundungen von Rechtsgeschäften (wie Auflassungen, Gesellschaftsverträgen und öffentlichen Testamenten), die Registeranmeldungen und Erklärungen in gerichtlichen Verhandlungsprotokollen. Der Umfang des öffentlichen Glaubens wird je nach Urkundenart unterschiedlich beurteilt und ist zum Teil umstritten. **42**

**Gerichtliche und notarielle Beurkundungen** bezeugen nicht nur die beurkundeten rechtsgeschäftlichen Vorgänge ihrem sachlichen Inhalt nach zu öffentlichem Glauben, sondern auch die Angaben über die Person der Beteiligten (RGSt **61** 410, 413; **66** 356), so den Wohnort der am zu beurkundenden Geschäft beteiligten natürlichen Personen, deren Namen sowie die Tatsache der Vorlage einer Vollmachtsurkunde für einen Beteiligten durch einen Erschienenen (BGH NStZ-RR **2000** 235). Nach BGH NJW **2004** 3195[65] gehört aber die Feststellung, auf welche Weise der Notar sich Gewissheit über die Identität der Beteiligten verschafft hat, anders als die Identität der Personen selbst nicht zu den rechtlich erheblichen Tatsachen im Sinne des § 348 Abs. 1 StGB. Dies ergebe sich schon daraus, dass § 10 Abs. 2 BeurkG eine Sollvorschrift ist. Auch die Beurkundung des **43**

---

58 BGH, Beschl. v. 30.10.2008 – 3 StR 156/08.

59 M. Anm. *Faller* LM Nr. 15.

60 BGHSt 20 294, 296 = LM Nr. 13 m. Anm. *Pelchen*; BGH bei Hürxthal DRiZ **1979** 146, 150; *Vogel* NJW **1962** 999.

61 M. Anm. *Geier* LM § 348 Abs. 1 Nr. 8.

62 *Puppe* Jura **1979** 632.

63 Ebenso RGSt **11** 314, 315 f; **24** 308, 312; OLG Hamm NJW **1977** 592, 593; *Fischer* Rdn. 10d; *Hoyer* SK Rdn. 19; *Puppe* NK Rdn. 18; **aA** *Sch/Schröder/Cramer/Heine* Rdn. 23 a.E.

64 Hierzu *Puppe* Jura **1979** 632.

65 M. Anm. *Kudlich* JuS **2005** 278.

Notars, der Erklärende sei geschäftsfähig, bringe keinen öffentlichen Beweis (BGH GA **1964** 309). Entsprechendes gelte für die Sprachfähigkeit (BGHSt **47** 39, 42 ff), zumal § 16 Abs. 1 BeurkG eine bloße Sollvorschrift ist. Nach der Entscheidung BGHSt **22** 32, 35 soll eine in einem notariellen Beurkundungsvermerk bezeugte Tatsache nicht am öffentlichen Glauben teilnehmen, falls die Angabe der Tatsache gesetzlich nicht geboten ist und die Unterlassung, sie zu bezeugen, die Wirksamkeit der Beurkundung nicht berührt.[66] Die Entscheidung betrifft eine so genannte Fernbeglaubigung unter der Geltung des (inzwischen aufgehobenen) § 183 a.F. FGG. Zur Beglaubigung von Unterschriften siehe § 40 BeurkG. Es ist keine mittelbare Falschbeurkundung, wenn bei der notariellen Beurkundung eines Grundstückskaufvertrags ein höherer oder niedrigerer Kaufpreis angegeben wird, als die Parteien außerhalb der Beurkundung vereinbart haben (BGH NStZ **1986** 550 f; BayObLG NJW **1955** 1567).[67] Nach OLG Karlsruhe MDR **1999** 387 f werden unrichtige notarielle Angaben über den Zeitpunkt des Vollzugs oder der Anerkennung der Unterschrift nicht vom öffentlichen Glauben erfasst. Ebenso wenig soll sich der öffentliche Glaube auf den notariellen Abschlussvermerk „vorgelesen, genehmigt und eigenhändig unterzeichnet" erstrecken, wenn der Wahrheit zuwider die vollständige Verlesung beurkundet wird (OLG Zweibrücken NJW **2004** 2912). Das OLG Frankfurt/M. NJW **2007** 1222 führt aus, dass sich beim notariellen Protokoll einer Aktionärshauptversammlung die erhöhte Beweiskraft auch auf das Datum der Errichtung der Niederschrift bezieht.

**44** Bei **gerichtlichen Vergleichen,** die in einem zivilprozessualen Verhandlungsprotokoll niedergelegt sind, erstreckt sich der öffentliche Glaube auch auf die Identität der Prozessbeteiligten (RGSt **72** 226, 228).[68] In diesen Fällen wird zu öffentlichem Glauben bezeugt, dass die Beteiligten bestimmte Erklärungen abgegeben haben, nicht aber, dass diese Erklärungen, bezogen auf ihren Inhalt, sachlich richtig sind (vgl. BGH NStZ **1986** 550 f).[69] Eine gerichtliche Vergleichsurkunde hat keine Beweiskraft für die Gültigkeit und Wirksamkeit der Bevollmächtigung des Prozessvertreters (RGSt **9** 288, 289).

**45** **Gerichtliche Verhandlungsprotokolle** sind so genannte Berichtsurkunden. Der öffentliche Glaube dieser Protokolle beschränkt sich nach der Rechtsprechung (RGSt **72** 226, 227)[70] darauf, dass eine Person unter Angabe eines bestimmten Namens die protokollierte Erklärung abgegeben hat (vgl. § 415 ZPO). Er erstreckt sich nicht auf die Personenidentität der Beteiligten (OLG Hamm NJW **1977** 592, 593). Der Inhalt der protokollierten Zeugenaussagen in einem Sitzungsprotokoll nimmt jedenfalls nicht an der erhöhten Beweiskraft teil (OLG Stuttgart Die Justiz **2004** 213 zum Sitzungsprotokoll des Verwaltungsgerichts). Das Protokoll, das bei der Abgabe der eidesstattlichen Versicherung nach § 900 ZPO (früher: Leistung des Offenbarungseides) aufgenommen wird, sowie das Schuldnerverzeichnis nach § 915 ZPO sollen nicht zu öffentlichem Glauben beurkunden, dass der Schuldner den von ihm angegebenen Namen hat (RG HRR **1936** Nr. 447). Schließlich beurkundet eine zur gerichtlichen Niederschrift erklärte Klage nur das Erklärte, nicht auch seine Richtigkeit (RGSt **39** 346).

**46** Die Niederschrift über eine Aufgebotsverhandlung und das **Aufgebot** selbst haben erhöhte Beweiskraft für die Tatsache der Aufgebotsbestellung und für die Identität der erschienenen Personen (RGSt **60** 230, 232). Zur Identität einer Person gehören auch der

---

[66] **Kritisch** *Heinitz* JR **1968** 307; *Tröndle* GA **1973** 338.

[67] *Arzt/Weber* BT § 33 Rdn. 10; *Blei* II S. 318; *Bockelmann* BT 3 S. 113; *Kindhäuser* BT I § 58 Rdn. 10.

[68] RGSt **61** 410, 413; OLG Hamm NJW **1977** 592, 593; *Fischer* Rdn. 10d; *Sch/Schröder/Cramer/Heine* Rdn. 23 a.E.

[69] RGSt **49** 112, 113; **59** 13, 19; OLG Freiburg DRZ **1948** 66, 67 m. Anm. *Schönke.*

[70] RGSt **46** 112, 113; **59** 13, 19.

Beruf der Verlobten und ein akademischer Grad (BGH NJW **1955** 839 f), nicht aber frühere Eheschließungen der Verlobten, der Familienstand (vgl. RGSt **20** 249, 252) und der Beruf der Eltern oder andere Angaben, für die der zweite Teil des Familienbuchs vorgesehen ist (BGH NJW **1952** 1425, 1426).[71] Die Eintragung im **Handels- oder Vereinsregister** (§§ 8, 12 HGB, § 55 BGB) beurkundet nur die Tatsache, dass bestimmte Personen die Handelsfirma oder den Verein zum Register angemeldet haben, nicht aber die Richtigkeit der Erklärung (RGSt **61** 304, 305).[72]

cc) **Zeugnisurkunden über sonstige Tatsachen.** Bei ihnen nehmen nach § 418 Abs. 3 ZPO grundsätzlich nur solche Tatsachen am öffentlichen Glauben der Urkunde teil, deren Bezeugung nach den Vorschriften über die Errichtung der Urkunde auf den **eigenen Wahrnehmungen der Behörde** oder der Urkundsperson beruht (vgl. BGHSt **17** 66, 68). Denn nur dort, wo die Urkundsperson selbst etwas pflichtgemäß wahrnimmt, soll sie das Wahrgenommene mit erhöhter Beweiskraft beurkunden können. **47**

Beurkundet ein *Notar* bei der Vermischung der für eine Ausspielung bestimmten Gewinnlose mit den Nieten, dass ihm alle nach dem Spielplan vorgesehenen Gewinnlose zur Vermischung vorgelegen hätten, so genießt diese Beurkundung als Tatsachenfeststellung öffentlichen Glauben (BGHSt **8** 289, 293). Soweit bei der Herstellung öffentlicher Urkunden eine eigene Tatsachenüberprüfung und -feststellung nicht möglich oder nicht üblich ist, lehnt es die Rechtsprechung ab, die Tatsachen am öffentlichen Glauben teilnehmen zu lassen. So liegt es bei einem *Zollbefund*, der das Ergebnis der Nachschau enthält, wenn sich der Beamte bei der Feststellung des Befundes auf die Angaben des Anmelders und eigene Stichproben beschränkt oder wenn er auf Schätzungen angewiesen ist (BGHSt **20** 309, 314).[73] Entsprechendes gilt beim Kraftstoffausweis, der von der Zollstelle ausgestellt ist, sofern er nicht auf eigenen Feststellungen ihrer Beamten beruht.[74] Die Bestätigung der Handelskammer auf Zollpapieren für den Warenexport beweist, dass der Kammer die Lieferantenrechnungen vorgelegen haben und die Exportrechnungen den (in den Lieferantenrechnungen genannten) Kaufpreis wiedergeben, aber nicht die Richtigkeit der Preise selbst. Denn die Kaufpreisvereinbarungen sind nicht Gegenstand eigener Wahrnehmung der Kammer (OLG Hamburg NJW **1964** 935, 936 = JR **1964** 350 mit Anm. *H. Schröder* S. 352). **48**

**Ausnahmsweise** kann die erhöhte Beweiskraft, falls das Gesetz dies so vorschreibt (vgl. § 418 Abs. 3 ZPO), sich auch auf Tatsachen beziehen, welche die Urkundsperson **nicht selbst wahrgenommen** hat. **49**

Die *Personenstandsbücher* beweisen bei ordnungsgemäßer Führung nach § 60 Abs. 1 PStG Eheschließung (§ 11 Abs. 1 PStG), Geburt (§ 21 Abs. 1 PStG) und Tod (§ 37 Abs. 1 PStG) sowie die darüber gemachten näheren Angaben, nicht etwa nur die Tatsache, dass diese Ereignisse angemeldet sind (BGHSt **6** 380, 381). Doch kann sich der öffentliche Glaube des Familienbuchs nicht auf Eintragungen beziehen, die im Gesetz nicht vorgeschrieben sind (BGHSt **12** 88).[75] Das Geburtenbuch beweist nicht, wer der Vater des nichtehelichen Kindes oder dass der nichteheliche Vater unbekannt ist.[76] Im Fall der Anerkennung der Vaterschaft (§§ 29, 29a PStG) oder der Mutterschaft (§ 29b PStG) vor **50**

---

71 OLG Celle HESt **2** 328; OLG Hamm HESt **2** 328, 329 f.

72 RGSt **18** 179, 180; RG GA Bd. **51** 187.

73 Siehe aber auch OLG Rostock NStZ-RR **2004** 172.

74 OLG Düsseldorf MDR **1966** 945; OLG Köln MDR **1959** 862; *Schnitzler* MDR **1960** 813.

75 BGHSt **6** 380, 381; BGH NJW **1952** 1424, 1425; NJW **1955** 839 f.

76 BGH, Urteil vom 13.10.1959 – 5 StR 379/59 –.

dem Standesamt ist nur die Tatsache der Anerkennung, nicht auch die Richtigkeit der Anerkennung beurkundet (vgl. §§ 1599 ff BGB; RGSt **70** 237, 238; AG Cottbus NStZ-RR **2005** 217, 218). Nach § 2 HopfenherkunftsG bezeugen die Begleiturkunden der Siegelhallen nicht nur die Tatsache, dass das amtliche Kennzeichnungsverfahren vorschriftsmäßig durchgeführt worden ist, sondern auch die *Herkunft des Hopfens* aus dem bezeichneten Anbaugebiet, obwohl die Beamten sich nicht immer selbst vergewissern können, wo der Hopfen gewachsen ist (BGHSt **8** 46, 50 = LM Nr. 8 m. Anm. *Fränkel*).

**g) Kasuistik**

51 aa) **Öffentliche Urkunden mit Beweiswirkung für und gegen jedermann.** Als solche Urkunden sind (jeweils auf der Grundlage des zur Tatzeit geltenden Rechts) anerkannt worden:

52 Aus dem Bereich des **Ausweis- und polizeilichen Meldewesens:** die Aufenthaltsbescheinigungen der Meldebehörden (BGH LM § 348 Abs. 2 Nr. 8),[77] die Aufenthaltserlaubnis hinsichtlich der Aufenthaltsbewilligung (RGSt **68** 251, 252); der Flüchtlingsausweis hinsichtlich der Flüchtlingseigenschaft des Inhabers, nicht hinsichtlich der Angaben zur Person und zu akademischen Graden (BGH NJW **1955** 839, 840); fremdenpolizeiliche Bescheinigungen (RG JR Rspr. **1926** Nr. 1577); die Urkunde über die Anerkennung der Asylberechtigung sowie die über die Aussetzung der Abschiebung eines Ausländers hinsichtlich der darin enthaltenen Anordnung und der Identität der Person des Berechtigten (BGH bei Holtz MDR **1977** 281, 283; siehe aber jetzt zu § 60a AufenthG [Duldung] OLG Stuttgart StV **2008** 643: keine öffentliche Urkunde; dagegen wiederum KG wistra **2009** 135); die Bescheinigung nach § 63 AsylVerfG (BGHSt **42** 131 = JR **1996** 423 m. im Ergebnis zust. Anm. *Puppe* S. 425; OLG Brandenburg StV **2002** 311, nicht jedoch die Bescheinigung über die bloße Meldung als Asylbewerber; vgl. aber auch OLG Brandenburg wistra **2009** 135; OLG Karlsruhe wistra **2009** 133: Personalangaben, die allein auf den Angaben des Asylbewerbers beruhen, sind nicht von der erhöhten Beweiskraft erfasst);[78] der Reisepass, der als Reiseausweis ausgestellte Passersatz sowie der Personalausweis hinsichtlich des Namens des Abgebildeten (BGH GA **1967** 19; vgl. auch OLG Düsseldorf wistra **1999** 233, 234)[79] und hinsichtlich der Berechtigung, einen akademischen Grad zu führen (BGH NJW **1955** 839, 840);[80] auch der ausländische Reisepass (KG JR **1980** 516, vgl. Rdn. 4 ff); Kennkarten hinsichtlich der Personalangaben (OLG Freiburg DRZ **1948** 66, 67), die Anmeldebestätigung des Einwohnermeldeamts hinsichtlich der Tatsache der Anmeldung;[81] die frühere Reiselegitimationskarte hinsichtlich der Tatsache, dass ihr Inhaber ein stehendes Gewerbe betreibt (RGSt **63** 363, 364).

---

[77] Nach AG Bremen NStZ-RR **2005** 341 ist die Meldebestätigung eine öffentliche Urkunde, besitzt aber keine erhöhte Beweiskraft hinsichtlich der Richtigkeit der Personalien. Das OLG Köln NJW **2007** 1829, 1830, hat präzisiert, dass sich die erhöhte Beweiskraft der Anmeldebestätigung nur auf die Tatsache der Anmeldung bezieht, nicht hingegen darauf, dass der Angemeldete tatsächlich an dem angegebenen Ort wohnt.

[78] Siehe dazu auch OLG Karlsruhe NStZ **1994** 135 m. Anm. *Mätzke* NStZ **1995** 501 f; weiterhin BGH NStZ **1996** 231, 232; OLG Naumburg StV 2007 134 m. Anm. *Lam*; OLG Stuttgart StV **2007** 643; *Gössel/Dölling* BT 1 § 52 Rdn. 51; *Puppe* JZ **1997** 496; *Spernau* 140 ff; ferner *Lorenz* NStZ **2002** 640, 645.

[79] RGSt **44** 285, 287; **60** 104, 105; **60** 152.

[80] RGSt **60** 104, 105 f; KG JR **1955** 393; JR **1980** 516.

[81] BGH, Urteil vom 29.8.1973 – 3 StR 337/72 –; Urteil vom 12.12.1978 – 1 StR 568/78 –; OLG München StV **2006** 194, wobei das OLG darauf hinweist, dass sich die erhöhte Beweiskraft nicht darauf bezieht, dass der Angemeldete tatsächlich an dem angegebenen Ort wohnt.

Aus dem Bereich des **Bewirtschaftungs-, Lebensmittel- und Veterinärwesens:** die Begleiturkunden der Siegelhallen nach dem Hopfenherkunftsgesetz hinsichtlich der Herkunft des Hopfens (Rdn. 50); mit dem Namen des Berechtigten versehene Bezugsscheine (RGSt **52** 312, 313); die Tauglichkeitsstempel des Fleischbeschauers auf dem Fleisch hinsichtlich der Tatsache, dass der Fleischbeschauer das Fleisch untersucht und für tauglich befunden hat (RGSt **74** 26, 31), nicht jedoch hinsichtlich der Herkunft des Schlachttiers (RGSt **20** 313, 316); mit dem Namen des Berechtigten versehene Lebensmittelkarten hinsichtlich der Tatsache, dass der in ihnen genannte Verbraucher zum Bezug der Lebensmittel berechtigt ist (RG DR **1940** 1828 Nr. 9; HRR **1941** Nr. 949). **53**

Aus dem Bereich der **Justiz und des Notariatsrechts:** der Erbschein und das Hoffolgezeugnis hinsichtlich des bezeichneten Hoferben (BGHSt **19** 87 = LM Nr. 11 m. Anm. *Willms*); das Gefangenenbuch hinsichtlich der Eintragungen über die Person des Gefangenen, nicht jedoch hinsichtlich seines Glaubensbekenntnisses (Rdn. 33); Gerichtsbeschlüsse nach §§ 769, 771 ZPO hinsichtlich des sachlichen Inhalts der Entscheidung, nicht jedoch hinsichtlich der aus dem Rubrum ersichtlichen Prozessvollmacht (RGSt **66** 407, 409); das Protokoll des Gerichtsvollziehers hinsichtlich Art, Zeit und Ort der beurkundeten Zwangsvollstreckung, nicht jedoch hinsichtlich vermerkter freiwilliger Zahlungen (Rdn. 36; RG JW **1934** 490; OLG Hamm NJW **1959** 1333); das Grundbuch, soweit es dingliche Rechte an einem Grundstück bezeugt (OLG Stuttgart NStZ **1985** 365); der notariell beurkundete Kaufvertrag über eine Eigentumswohnung oder ein Grundstück, doch nur im Hinblick auf die Abgabe der beurkundeten Erklärungen, nicht auf deren inhaltliche Richtigkeit (BGH NStZ **1986** 550 f; BGH NStZ-RR **2000** 235; BayObLG NJW **1955** 1567);[82] die Beurkundung eines Notars bei einer Verlosung hinsichtlich der Tatsache, dass ihm alle Gewinnlose zur Vermischung vorgelegen hätten (Rdn. 48); Buchung und Feststellung von Zeugen- und Sachverständigengebühren hinsichtlich des Anspruchs und der Höhe (RGSt **71** 143, 146); gerichtlich geführte Register (Rdn. 46). Zur Beweiskraft von Zivilurteilen vgl. RGSt **59** 13, 19 f. Nach BGH wistra **2007** 221 bezieht sich § 271 StGB nicht auf die Richtigkeit der Angaben zur Sache in einer gerichtlichen Entscheidung. **54**

Aus dem **Bereich des Kraftfahrzeugwesens:** der Führerschein hinsichtlich der Erteilung einer Fahrerlaubnis und hinsichtlich des Nachweises, dass der augenblickliche Besitzer mit der im Führerschein bezeichneten Person identisch ist (BGHSt **25** 95, 96 = JR **1973** 204 m. Anm. *Tröndle* S. 205; **34** 299, 301), außerdem hinsichtlich des eingetragenen Geburtsdatums (BGHSt **34** 299, 300 ff = JR **1988** 382 m. Anm. *Ranft* S. 383; *Zieschang* JA **2008** 192, 196),[83] doch nicht hinsichtlich eines akademischen Grades (BGH NJW **1955** 839, 840; BGHSt **34** 299, 302) und auch nicht – bei einem Vermerk über eine Fahrerlaubniserteilung „gemäß § 15 StVZO" – darüber, dass der Führerscheininhaber im Besitz einer ausländischen Fahrerlaubnis ist (BGHSt **25** 95; **33** 190, 191 = NStZ **1985** 497 m. Anm. *Marcelli* S. 500; **37** 207, 299); so fehlt es nach BGHSt **37** 209 an einer Falschbeurkundung, wenn der Amtsträger im Rahmen seiner Zuständigkeit einen ausländischen in einen deutschen *Führerschein* „umschreibt" und ihn dabei auf weitere Fahrzeugklassen *erweitert*, obwohl die Voraussetzungen dafür nicht vorliegen. Die Beurkundung der Fahrerlaubnisklassen im inländischen Führerschein sei richtig, wenn die Fahrerlaubnis in dem im Führerschein beschriebenen Umfang der dort bezeichneten Person wirksam, wenn auch zu Unrecht, erteilt worden ist (BGHSt **37** 207, 209 f). **55**

[82] **Ablehnend** *Puppe* JZ **1991** 611.
[83] Vgl. auch OLG Hamm NJW **1969** 625 (zu § 267 StGB).

Anders soll es sein, wenn der Amtsträger dem Inhaber einer inländischen Fahrerlaubnis an Stelle des alten einen neuen *Führerschein ausfertigt* und dabei weitere Fahrzeugklassen einträgt, obwohl insoweit keine Fahrerlaubnis besteht. In diesem Fall handele es sich um eine Neuausfertigung als Nachweis über eine in Wirklichkeit so nicht erteilte Fahrerlaubnis (BGHSt **37** 207, 210 f). Nach OLG Düsseldorf NZV **2000** 177 erstreckt sich die Beweiswirkung des Führerscheins zur Fahrgastbeförderung nicht darauf, dass der darin genannte Inhaber die Voraussetzungen für die Erteilung der Fahrerlaubnis erfüllt hat und ihm der Führerschein zu Recht ausgestellt worden ist. Öffentlichen Glauben für und gegen jedermann hat das amtliche Kraftfahrzeugkennzeichen in Verbindung mit dem Fahrzeug, an dem es angebracht ist, hinsichtlich der Zulassung zum öffentlichen Verkehr (OLG Hamburg NJW **1966** 1827);[84] der Kraftfahrzeugschein hinsichtlich der Tatsache, dass das darin beschriebene Fahrzeug zum öffentlichen Verkehr zugelassen ist, sowie hinsichtlich des Termins der nächsten Hauptuntersuchung (BGHSt **26** 9, 11)[85] und der Identität des zum Straßenverkehr zugelassenen Fahrzeugs (BGH NJW **2009** 1518), nicht aber zum Beweis dafür, dass der Name des Halters richtig angegeben ist (vgl. BGHSt **20** 186, 188 = LM Nr. 12 m. Anm. *Hengsberger*; **20** 294, 295 f = LM Nr. 13 m. Anm. *Pelchen*).[86]

**56** Aus dem Bereich des **Personenstandswesens:** die Aufgebotsverhandlung und das Aufgebot hinsichtlich der Bestellung des Aufgebots und der Identität der erschienenen Personen (siehe Rdn. 46); das Familienbuch hinsichtlich der Erklärungen über die persönlichen Verhältnisse, die nach § 11 PStG eingetragen sind, nicht aber hinsichtlich anderer Eintragungen (BGHSt **6** 380 = LM Nr. 5 m. Anm. *Kohlhaas*); das Geburtenbuch hinsichtlich der Tatsache der Anerkennung der Vaterschaft, nicht auch hinsichtlich der Richtigkeit der Anerkennung (Rdn. 50).

**57** Aus dem Bereich des **Steuer-, Abgaben- und Sozialversicherungsrechts:** die Ausfuhrbescheinigung der Grenzzollstelle,[87] doch nicht hinsichtlich einer Erklärung des Beamten, die Bescheinigung sei aufgrund eigener Wahrnehmung der bezeugten Tatsachen erteilt worden (BayObLG NJW **1990** 655); die Invalidenkarte hinsichtlich der Tatsache, dass der Inhaber zu den versicherungsberechtigten und -verpflichteten Personen gehört (RGSt **23** 178, 179 f); die Lohnsteuerkarte hinsichtlich der für die Besteuerung des Arbeitnehmers maßgebenden Umstände (RGSt **60** 161, 162);[88] der Steuerbescheid nur hinsichtlich der Veranlagung, nicht auch hinsichtlich der Grundlagen (RGSt **72** 377, 378; RG JW **1938** 794 m. krit. Anm. *Crisolli* S. 796), Steuerkarten, Steuerbescheide und Rentenbescheide büßen, falls die übrigen Voraussetzungen erfüllt sind, den Charakter als öffentliche Urkunden nicht dadurch ein, dass sie mithilfe einer EDV-Anlage hergestellt werden;[89] ferner Zollbegleitscheine hinsichtlich der für die Verzollung maßgebenden Umstände (RG HRR **1934** Nr. 355).

**58** Aus dem Bereich des **Wehrwesens:** der Ausmusterungsschein hinsichtlich des Ausscheidens der im Ausweis genannten Person aus dem Wehrverhältnis, nicht aber hinsichtlich eines akademischen Grades (BGH NJW **1955** 839, 840); der Wehrmachtentlassungsschein lediglich hinsichtlich der Entlassung des Genannten aus dem Wehrdienst (BGH NJW **1955** 839, 840).

---

[84] BGHSt **11** 165, 167; RGSt **72** 369.
[85] Vgl. BayObLG VRS **57** 287.
[86] Im Ergebnis **aA** BGH GA **1993** 230; **ablehnend** dazu *Puppe* JZ **1997** 497.
[87] Vgl. auch OLG Rostock NStZ-RR **2004** 172; dazu *Böse* NStZ **2005** 370, 375; *Otto* JK **12/04** StGB § 348/8.
[88] BGH, Urteil vom 19.7.1966 – 1 StR 165/66 –.
[89] *Kienapfel* JZ **1971** 165; *Puppe* Jura **1979** 636; im Ergebnis ebenso *Sieber* Computerkriminalität S. 279 ff, 328.

Aus **anderen Bereichen:** das Reifezeugnis öffentlicher Schulen (vgl. RGSt **60** 375, 376); Zweitausfertigungen von Originalurkunden einer staatlichen Ingenieurschule (Ingenieururkunden) (OLG Hamm NJW **1977** 640); die seemannsamtliche Musterrolle hinsichtlich des Inhalts des Heuervertrags und der Personenidentität (RGSt **61** 410, 412); Sparbücher einer öffentlichen Sparkasse hinsichtlich der beurkundeten Ein- und Auszahlungen, nicht aber hinsichtlich des Sparers und des Verfügungsberechtigten (Rdn. 39). **59**

**bb) Bahn und Post nach der Privatisierung.** Vor der Privatisierung beider Bereiche kamen als öffentliche Urkunden, denen erhöhte Beweiskraft zukommt, aus dem Bereich von Bahn und Post Fahrkarten, Frachtbriefe, Gepäckscheine, der Einlieferungsschein bei der Postanweisung und der Aufgabestempel in Betracht.[90] Die Privatisierung von Bahn und Post berührt den **Urkundencharakter** solcher Belege im Sinne des § 267 StGB zwar nicht. Sie nimmt ihnen aber möglicherweise die Eigenschaft **öffentlicher** Urkunden im Sinne des § 271 StGB. **60**

Diese Eigenschaft hängt allerdings nicht davon ab, ob die Tatsache oder der Vorgang, die zu öffentlichem Glauben beurkundet werden, dem Privatrecht oder dem öffentlichen Recht zuzuordnen sind (Rdn. 17), wie zum Beispiel im Zusammenhang mit Sparbüchern der öffentlichen Sparkassen anerkannt ist (Rdn. 17, 39). Doch kommt es darauf an, ob die an der Beurkundung beteiligten Stellen von Bahn und Post auch nach der Privatisierung noch als „öffentliche Behörden“ (Rdn. 10 f) oder die bei ihnen Beschäftigten (noch) als Personen tätig werden, die „mit öffentlichem Glauben versehen“ sind (Rdn. 12 f). **61**

An einer Beurkundung zu öffentlichem Glauben wird es in der Regel fehlen bei Urkunden, die ausgestellt werden im Zusammenhang mit **Dienstleistungen gewerbs- oder geschäftsmäßig** betriebener (auch „öffentlicher“) Eisenbahnverkehrsunternehmen wie der Deutschen Bahn AG und bei Postdienstleistungen als gewerbsmäßig erbrachten Dienstleistungen der Deutschen Post AG. Die damit befassten Stellen von Bahn und Post (oft auch Reise- und Verkehrsbüros) sind keine öffentlichen Behörden mehr im Sinne des § 271 StGB (in Verbindung mit § 415 Abs. 1 ZPO), mag dieser Umstand auch nicht notwendig ausschließen, dass sie im Einzelfall noch als „Amtsträger“ nach § 11 Abs. 1 Nr. 2c StGB tätig werden und dabei eine Urkunde herstellen, die unter den Begriff der öffentlichen Urkunde fällt. So ist zum Beispiel ein Lizenzunternehmer, der Briefzustelldienstleistungen erbringt, als „beliehener Unternehmer“ mit Hoheitsbefugnissen ausgestattet, soweit er Schriftstücke nach den Vorschriften der Prozessordnungen und Verwaltungszustellungsgesetze **förmlich zuzustellen** hat (§§ 33 Abs. 1, 34 PostG; vgl. etwa § 168 Abs. 1 S. 2 ZPO).[91] **62**

Das Bayerische Oberste Landesgericht (NStZ **1993** 591 f) hat die *Deutsche Bundespost* in ihrem Teilbereich „Deutsche Bundespost Postbank“ unter der Geltung des Postverfassungsgesetzes vom 8.6.1989 (BGBl. I S. 1026) noch als öffentliche Behörde im Sinne des § 415 Abs. 1 ZPO und ein Postsparkassenbuch demgemäß als öffentliche Urkunde (§ 348 StGB) angesehen.[92] Vgl. dagegen RG DJ **1938** 78 (Kontoauszug des Postscheckamts als nichtöffentliche Urkunde). **63**

cc) Eine **öffentliche Urkunde** mit Beweiswirkung für und gegen jedermann ist **abgelehnt** worden in Bezug auf: das Arbeitsbuch hinsichtlich der Angaben zur Person des Inhabers (RGSt **75** 206); polizeilich beglaubigte Abschriften; die Bescheinigung über die **64**

[90] *Tröndle* LK[10] Rdn. 46.

[91] Siehe auch *Spernau* S. 143 ff.

[92] Kritisch *Puppe* JZ 1997 497.

Meldung als Asylsuchender (OLG Brandenburg StV **2002** 311 f; OLG Karlsruhe NStZ **1994** 135 m. insoweit abl. Anm. *Mätzke* NStZ **1995** 501 f);[93] die Bescheinigung nach § 20 Abs. 4 a.F. AsylVerfG hinsichtlich der Personalangaben des Asylbewerbers (BGH NStZ **1996** 231 f; BGH, Urteil vom 24.9.1996 – 5 StR 213/96); postamtliche Bestellvermerke (RGSt **53** 224 f); die Handwerksrolle nach § 6 HandwO (BayObLG NJW **1971** 634 f); Eintragungen in Impflisten und Impfscheinen (RGSt **28** 332); den Kraftfahrzeugbrief (Rdn. 27); das Bundeszentralregister (Rdn. 25), das Hauptverhandlungsprotokoll in Strafsachen (Rdn. 13 a.E.), Kraftstoffausweise der Zollgrenzbeamten (Rdn. 48), den polizeilichen Meldeschein (OLG Hamburg JR **1950** 629, 630); ein polizeiliches Protokoll, in dem der Beschuldigte aufgrund seiner Angaben mit falschen Personalien aufgeführt ist (OLG Düsseldorf NJW **1988** 217, 218); Bestätigungen der Handelskammer auf Zollpapieren für den Warenexport, soweit es darum geht, ob die in den Lieferantenrechnungen angegebenen Preise richtig sind (Rdn. 48); die im Rahmen der amtlichen Befugnisse abgegebene schriftliche Erklärung eines Amtsträgers, die als Beweismittel in einem bestimmten zollbehördlichen Verfahren gelten soll und zur Arbeitserleichterung für die Zollbehörde dient (OLG Celle NStZ **1987** 282); die wahrheitswidrige Angabe eines Notars in einer Beurkundung eines Grundstückskaufvertrags, er habe sie am Ort seines Amtssitzes vorgenommen (BGHSt **44** 186 m. Anm. *Otto* JK **99** StGB § 348/6); die wahrheitswidrige Angabe des Erfinders bei Patenten gegenüber dem Patentamt, die unter anderem im Patentblatt und im Patentregister veröffentlicht wird (siehe dazu *Beyerlein* Mitteilungen der deutschen Patentanwälte **2003** 65).

65 **2. Öffentliche Dateien.** Art. 1 Nr. 13 des 2. WiKG hat den strafrechtlichen Schutz, den § 271 StGB gewährt, auf öffentliche Dateien erstreckt, in denen rechtserhebliche Erklärungen, Verhandlungen oder Tatsachen gespeichert sind (vgl. Entstehungsgeschichte). Der Gesetzgeber hat sich auch bei dieser Änderung von der Befürchtung leiten lassen, der zunehmende Einsatz von EDV-Anlagen (insbesondere im Bereich der öffentlichen Verwaltung) könne zu *computerspezifischen Strafbarkeitslücken* führen, die sich mit dem bis zum 2. WiKG geltenden Urkundenstrafrecht nicht sicher schließen ließen (vgl. E III, Begr. S. 31 ff). Im Zusammenhang mit § 271 StGB stand dabei die Erwägung im Vordergrund, dass die Vorschrift ohne Änderung nur für (öffentliche) Urkunden gegolten hätte, also für visuell wahrnehmbare (verkörperte) Gedankenerklärungen, und dass sie deshalb nicht hätte eingreifen können, wenn die „beurkundeten" Tatsachen als Information elektronisch in einer EDV-Anlage statt in einem der früher üblichen, nach der manuellen Methode geführten Register gespeichert würden (E III, Begr. S. 34).

66 Nach der Begründung des Entwurfs III (S. 34), die insoweit unbeanstandet durch den Rechtsausschuss (Beschlussempfehlung und Bericht, S. 8 zu Nr. 7 und S. 34) in das Gesetz eingeflossen ist, hat der Gesetzgeber bei der Erweiterung des § 271 StGB in technischer Hinsicht **„alle Dateien schlechthin"** gemeint. Er hat sie nicht auf EDV-Anlagen beschränkt, weil dies die ihm unerwünschte Auslegung ermöglicht hätte, dass nur die in solchen Anlagen, nicht aber die in anderen Dateien gespeicherten Daten geschützt seien (E III, Begr. S. 34).

67 Wie sich aus dem Normzusammenhang ergibt, betrifft § 271 StGB nur **„öffentliche Dateien"**, etwa das Grundbuch nach Umstellung auf die elektronische Datenverarbeitung und das Personenstandsregister (vgl. E III, Begr. S. 32). Zum Teil wird angenommen, dass auch die Halterdatei beim Straßenverkehrsamt[94] sowie das Verkehrszentralregister[95]

[93] Zustimmend *Puppe* JZ **1997** 496; vgl. auch *Mankowski/Tarnowski* JuS **1992** 826, 829.

[94] AG Schmallenberg DAR **2000** 125.

[95] *Brock/Wiechers* DAR **2003** 484, 485.

erfasst seien. Insofern handelt es sich jedoch wie beim Bundeszentralregister (siehe Rdn. 25) um *innerdienstliche Dateien*, die folglich nicht öffentlich sind. Fahndungsdateien sowie (aus der Wirtschaft) Stammdateien von Kunden, Kontenstandsdateien oder Daten der Handelsauskunftdateien (vgl. E III, Begr. S. 32) gehören nicht hierher; sie sind nicht „öffentlich" oder haben (wie etwa eine kriminalpolizeiliche Fahndungskartei) keine Beweiskraft für und gegen jedermann. Die Einschränkungen Rdn. 24 ff, die für den Begriff der öffentlichen Urkunde (Bücher oder Register) entwickelt worden sind, gelten sinngemäß auch für öffentliche Dateien.[96]

## III. Die Tathandlungen

### 1. Die Grundtatbestände (Absätze 1 und 2)

#### a) Bewirken einer unwahren Beurkundung oder Speicherung (Absatz 1)

**aa) Beurkundung oder Datenspeicherung.** Beurkunden im Sinne des § 271 StGB bedeutet, dass der am Geschehen beteiligte Amtsträger einen der bezeichneten (angeblichen) Vorgänge mit Beweiswirkung für und gegen jedermann in einer öffentlichen Urkunde schriftlich niederlegt. Dem Beurkunden gleichgestellt ist die Speicherung der Daten, die ein solches Geschehen betreffen, in einer öffentlichen Datei. **68**

**bb) Gegenstand der Beurkundung oder Speicherung.** Beides muss sich auf *Erklärungen, Verhandlungen oder Tatsachen* beziehen, das heißt auf tatsächliche Vorgänge. Unter Erklärungen sind in diesem Zusammenhang nur Äußerungen zu verstehen, die von der Urkundsperson entgegengenommen werden. Deren Erklärungen sind Tatsachen im Sinne des § 271 StGB (RGSt **41** 189, 191 f; **74** 26, 31). **69**

**Ihre Rechtserheblichkeit.** Die beurkundeten oder gespeicherten Vorgänge sind tatbestandsmäßig nur, wenn sie für Rechte oder Rechtsverhältnisse von Erheblichkeit sind. *Tröndle* (LK$^{10}$ Rdn. 53)[97] meint, der Sinn dieses Begriffs sei dunkel; er sei entbehrlich und könne im Zusammenhang mit § 271 StGB vernachlässigt werden. Insofern ist zuzugeben, dass diesem Merkmal neben dem Erfordernis der erhöhten Beweiskraft kaum ein eigenständiger Bedeutungsgehalt verbleibt. Dennoch ist die Regelung sinnvoll, zumal auf der subjektiven Tatseite in Absatz 1 das Korrektiv „zur Täuschung im Rechtsverkehr" fehlt. Die Erheblichkeitsfrage ist unter Heranziehung der Umstände des Einzelfalls zu beurteilen. Sie ist in rechtlicher und tatsächlicher Hinsicht zu stellen, also auch unter Beweisgesichtspunkten, insbesondere dem der Beweisbedürftigkeit. So kann sie zu verneinen sein, wenn die Unwahrheit der beurkundeten Tatsachen offenkundig ist. **70**

Das OLG Hamm (NJW **1959** 1333, 1334) hat bei der Auslegung des § 348 StGB eine Tatsache für rechtlich erheblich erachtet, wenn der Beamte zu ihrer Feststellung durch Gesetz oder Dienstanweisung verpflichtet ist. Der Bundesgerichtshof (BGHSt **22** 32, 35 = JR **1968** 306 m. krit. Anm. *Heinitz* S. 307) hat Unerheblichkeit einer beurkundeten Tatsache unter der Geltung des (inzwischen aufgehobenen) § 183 a.F. FGG im Fall einer so genannten Fernbeglaubigung angenommen, bei welcher der Notar die Unterschrift in einem Beglaubigungsvermerk als vor ihm anerkannt bezeichnet hatte, obwohl der Unterzeichnende sie in seiner Gegenwart weder anerkannt noch vollzogen hatte. Die Unerheblichkeit der falsch beurkundeten Tatsache leitet der Bundesgerichtshof daraus her, dass **71**

---

[96] Vgl. *Kindhäuser* LPK § 348 Rdn. 3.

[97] Vgl. auch *Bockelmann* BT 3 S. 112.

sie nicht zum gesetzlichen Inhalt des Beglaubigungsvermerks gehöre und die Falschbeurkundung dessen Wirksamkeit nicht beseitige, wenn die beglaubigte Unterschrift echt sei (siehe § 348 StGB Rdn. 20 a.E.).

**72** **Ihre Unwahrheit.** Die Beurkundung muss trotz Anscheins der Wahrheit in Wirklichkeit **inhaltlich unrichtig** sein. Mit Echtheit oder Unechtheit im Sinne des § 267 StGB hat die „Wahrheit", also inhaltliche Richtigkeit, der Urkunde nichts zu tun. Wahr ist sie, wenn der sachliche Inhalt der Erklärung dem wirklichen Sachverhalt entspricht. Es geht hierbei stets um Tatsachen. Werturteile, etwa in einem Leumundszeugnis, können zwar subjektiv richtig oder unrichtig sein, nicht aber objektiv wahr oder unwahr. Beurkundet ein Notar, dass ein Erschienener der deutschen Sprache hinreichend mächtig ist, obwohl der Betreffende nur unzureichende (passive) Deutschkenntnisse hat, dann soll es nicht um eine vom Notar wahrgenommene Tatsache gehen, sondern es werde lediglich der subjektive Eindruck über die sprachliche Fähigkeit des Erschienenen zum Ausdruck gebracht (BGHSt **47** 39, 42).[98] Auch Ermessenentscheidungen eines Gerichts oder einer Behörde fallen nicht unter § 271 StGB.[99] Unwahr ist eine Urkunde, wenn die in ihr enthaltene Gedankenäußerung *in einem wesentlichen Punkt* den Tatsachen widerspricht. Es geht um schriftliche Lügen, sei es, dass beglaubigte Abschriften oder Ausfertigungen hergestellt werden, denen keine oder eine anders lautende Urschrift zu Grunde liegt (BGH StV **2001** 624, 625; RGSt **71** 224, 226),[100] oder sei es, dass der Amtsträger wahrheitswidrig seine Anwesenheit in einem Termin bezeugt (RG GA Bd. **40** 34).[101] Wer jedoch die Beglaubigung einer Kopie eines gefälschten Originalschriftstücks bewirkt, begeht keine mittelbare Falschbeurkundung, wenn die Kopie mit dem gefälschten Original übereinstimmt (BGH StV **2001** 624). Die Beglaubigung einer Kopie bestätigt nämlich nicht die inhaltliche Richtigkeit des Schriftstücks, dessen Kopie beglaubigt wird. Beglaubigt wird lediglich, dass die Kopie mit dem bei der Beglaubigung vorgelegten Schriftstück übereinstimmt (BGH aaO). Zur Wahrheit gehört auch **Vollständigkeit** in tatsächlicher Hinsicht, dies jedenfalls dann, wenn die Urkunde den Anschein der Vollständigkeit erwecken soll und nicht offensichtlich lückenhaft ist (RGSt **63** 125, 127). So läuft eine unvollständige Erklärung, die durch **Verschweigen** entstellt, auf eine Unwahrheit hinaus, wenn der Adressat nach den Umständen des Falls berechtigterweise eine Mitteilung des Verschwiegenen hätte erwarten dürfen.

**73** Im Übrigen ist bei der Beantwortung der Frage, ob eine Urkunde wahr ist oder nicht, auch der **Urkundenzweck** zu berücksichtigen. Bei ausländischen Ein- und Ausfuhrgenehmigungen erstreckt sich die Beweiskraft nur darauf, dass die Anordnung ergangen ist, nicht jedoch darauf, dass die Entscheidung richtig ist und rechtliche Vorfragen zutreffend beurteilt sind. Auch eine durch Bestechung erlangte und somit pflichtwidrig erteilte Erlaubnis ist grundsätzlich wirksam und damit inhaltlich wahr, sofern der Mangel des Verwaltungsakts nicht dessen Nichtigkeit zur Folge hat (OLG Frankfurt/M. NStZ **1996** 235). Die in öffentlicher Form beurkundete Anerkennung der Vaterschaft eines Kindes (§§ 1592 Nr. 2, 1597 Abs. 1 BGB) beweist nur die Anerkennung, nicht aber die Vaterschaft (vgl. § 1599 Abs. 1 BGB), sodass eine wissentlich unwahre Erklärung über die Vaterschaft nicht unter § 271 StGB fällt.[102]

---

98 Siehe zu diesem Urteil auch *Otto* JK 5/02 StGB § 348/7; *Puppe* JR **2001** 519.

99 *Puppe* JR **1979** 256; *Tröndle* JR **1973** 206.

100 RGSt **64** 249; RG JW **1917** 974; *Arzt/Weber* BT § 33 Rdn. 9.

101 Vgl. demgegenüber BGHSt **22** 32.

102 AG Cottbus NStZ-RR **2005** 217, 218; *Sch/Schröder/Cramer/Heine* Rdn. 22; zweifelnd VG Frankfurt/M. NJW **1988** 3032, 3033.

cc) **Der Begriff „bewirken“.** Bewirken im Sinne des § 271 StGB ist entgegen einer verbreiteten Auffassung nicht **jedes Verursachen** einer unwahren Beurkundung oder Datenspeicherung, sondern setzt ein Handeln in *mittelbarer Täterschaft* voraus.[103] Das rührt daher, dass § 271 StGB nach zutreffendem Verständnis kein bloßer allgemeiner Auffangtatbestand, sondern ein besonders geregelter Fall der mittelbaren Täterschaft (siehe Rdn. 1) ist. Konsequenzen hat dieser Streit um das Merkmal „Bewirken“ vor allem für Irrtumsfälle (siehe dazu Rdn. 86 ff). In der Regel wird der mittelbare Täter die Urkundsperson selbst oder durch einen Mittelsmann täuschen (RGSt **55** 282, 283) oder auf einen Mitarbeiter einwirken, der die Beurkundung vorbereitet (OLG Hamm NJW **1977** 640, 641; RGSt **13** 367, 371).[104] Es genügt, dass er schriftlich mit der Urkundsperson in Verbindung tritt oder durch unwahre Unterlagen die Beurkundung erwirkt. Doch reicht es nicht aus, dass er zum Zweck der Falschbeurkundung vor einem Unbefugten, etwa vor dem Sohn des Standesbeamten, eine Erklärung abgibt, wenn sie gegenüber dem Beamten selbst abgegeben werden muss (RGSt **12** 62, 63 f). Auch wenn die Urkundsperson vorsätzlich handelt, kann § 271 StGB gegeben sein, sofern ein Fall der mittelbaren Täterschaft vorliegt. Das kommt insbesondere in Betracht, wenn der mittelbare Täter die ihm bekannte Schuldunfähigkeit des Urkundsbeamten bei der unwahren Beurkundung ausnutzt und damit Tatherrschaft hat. Nicht bei jeder vorsätzlichen Tat des Urkundsbeamten ist also automatisch Anstiftung des Veranlassers gemäß §§ 348, 26 StGB anzunehmen (**anders** RGSt **66** 132, 137 f).[105] **74**

§ 271 StGB trifft den Nichtamtsträger (Extraneus), der eine Falschbeurkundung durch eine Urkundsperson veranlasst, sofern die Voraussetzungen der mittelbaren Täterschaft vorliegen. Nach zutreffender Sicht umfasst daher § 271 StGB nicht sämtliche Fälle, in denen der Täter eine Falschbeurkundung verursacht, ohne dass er wegen Teilnahme am Amtsdelikt strafbar wäre (anders die Vorauflage). Ist der Hintermann selbst Amtsträger im Sinne des § 348 StGB und sind die Voraussetzungen der mittelbaren Täterschaft gegeben, indem insbesondere die Gutgläubigkeit des beurkundenden Beamten ausgenutzt wird, liegt §§ 348, 25 Abs. 1 Alt. 2 StGB vor.[106] **75**

Ist der beurkundende Amtsträger bösgläubig, jedoch schuldunfähig, gilt Folgendes: Sofern der Hintermann im Sinne der Tatherrschaft die Schuldunfähigkeit des Amtsträgers ausnutzt, macht sich der Hintermann gemäß § 271 StGB strafbar. Liegt dagegen keine Konstellation der mittelbaren Täterschaft vor, fehlt also dem Hintermann die Tatherrschaft, ist der Betreffende wegen Anstiftung zur Falschbeurkundung im Amt zu bestrafen. Dass seine Strafe im letzteren Fall höher ist (vgl. §§ 348, 26 StGB einerseits und § 271 StGB andererseits), mag vor dem Hintergrund widersprüchlich erscheinen, dass die mittelbare Täterschaft grundsätzlich die schwerere Beteiligungsform gegenüber der Anstiftung ist. Diese Konsequenz ist jedoch de lege lata so hinzunehmen. Zudem ist zu beachten, dass oftmals § 271 Abs. 3 StGB mit seinem strengeren Strafrahmen einschlägig sein wird. **76**

---

[103] So auch *Arzt/Weber* BT § 33 Rdn. 19; *Kretschmer* Jura **2003** 535, 539; *Winter* S. 108 ff; **anders** die Vorauflage sowie *Bockelmann* BT 3 S. 114; *Gössel/Dölling* BT 1 § 52 Rdn. 57; *Haft* BT II S. 202; *Kindhäuser* BT I § 58 Rdn. 18; *Krey/M. Heinrich* BT 1 Rdn. 738; *Lackner/Kühl* Rdn. 6; *Marxen* BT S. 179; *Rengier* BT II § 37 Rdn. 8 ff; *Schroth* BT S. 256.

[104] RGSt **27** 100, 104; **30** 429, 435.

[105] **Anders** RGSt **66** 132, 137 f; **13** 52, 53 ff; **27** 100, 104; **63** 148, 149.

[106] *Lackner/Kühl* Rdn. 7.

77 **b) Gebrauch einer falschen Beurkundung oder Datenspeicherung (Absatz 2).** Das 6. StrRG hat diese Tathandlung aus § 273 a.F. StGB als Absatz 2 in § 271 StGB eingefügt (vgl. Entstehungsgeschichte).

78 **aa) Tatgegenstand** ist die „falsche Beurkundung oder Datenspeicherung der in Absatz 1 bezeichneten Art". Gemeint sind hiermit nicht nur – was der Gesetzeswortlaut nahe legen könnte – Falschbeurkundungen (und -speicherungen), die auf strafbare Weise im Sinne des § 271 Abs. 1 StGB bewirkt worden sind, sondern **alle Beurkundungen mit unwahrem Inhalt,**[107] ob sie nun fahrlässig oder schuldlos verursacht worden (RGSt **68** 300, 302; RG Rspr. **2** 300), ohne fremdes Zutun infolge eines Irrtums der Urkundsperson entstanden oder durch eine vorsätzliche Falschbeurkundung im Amt zustande gekommen sind. Es kommt also nicht auf den Vorgang der Beurkundung oder Speicherung an, sondern auf deren *Ergebnis*. Diese Auslegung ist sachgemäß. Die Sicherheit des Rechtsverkehrs wird durch den Gebrauch unwahrer Beurkundungen gleichermaßen beeinträchtigt, ob sie nun durch eine Straftat nach § 271 Abs. 1 StGB entstanden sind oder nicht. Tatgegenstand sind allerdings nur *öffentliche* Urkunden mit Beweiswirkung für und gegen jedermann (BGHSt **17** 66, 67).

79 **bb) Gebrauch der falschen Beurkundung.** Der Begriff „gebrauchen" entspricht dem in § 267 Abs. 1 StGB. Auf die Ausführungen dort (§ 267 StGB Rdn. 220 ff) wird verwiesen. Im Unterschied zum Tatbestand des Bewirkens (Absatz 1) enthält der des Gebrauchens (Absatz 2) zusätzlich das subjektive Merkmal „zur Täuschung im Rechtsverkehr". Zu diesem Merkmal siehe § 267 StGB Rdn. 252 ff und unten Rdn. 89.

80 **2. Qualifizierte Tatbestände (Absatz 3).** Die Vorschrift enthält den Tatbestand der früheren schweren mittelbaren Falschbeurkundung. Die Qualifizierung gilt sowohl für das Bewirken (Absatz 1) als auch für das Gebrauchen (Absatz 2). Die Regelung hatte bis zum 6. StrRG (Entstehungsgeschichte) ihren Platz in den §§ 272, 273 a.F. StGB, soweit es die Bereicherungs- oder Schädigungsabsicht betrifft. Der Tatbestand hatte bis zum 1. StrRG Verbrechenscharakter, wie sich aus der ursprünglich angedrohten Zuchthausstrafe ergibt. Handeln gegen Entgelt ist seit dem 6. StrRG als Qualifizierungsgrund hinzugekommen.

81 **a) Handeln gegen Entgelt.** Für den Entgeltbegriff ist § 11 Abs. 1 Nr. 9 StGB maßgebend. Zu den Einzelheiten siehe dort.

**b) Handeln in**

82 **aa) Bereicherungsabsicht.** Sie entspricht der in den §§ 272, 273 a.F. StGB bezeichneten Absicht, sich oder einem anderen einen Vermögensvorteil zu verschaffen. Im Unterschied zum Handeln gegen Entgelt kommt es dem Täter hier darauf an, einen Gewinn für sich oder einen anderen zu erlangen.

83 **bb) Schädigungsabsicht.** Schon in den §§ 272, 273 a.F. StGB bezog sich die Willensrichtung in den beiden Alternativen (Bereicherungs- und Schädigungsabsicht) auf verschiedene Objekte. Als Vorteilsverschaffungsabsicht war das Streben vermögensbezogen;

---

[107] *Blei* II S. 320; *Fischer* Rdn. 13; *Freund* MK Rdn. 37; *Gössel/Dölling* BT 1 § 52 Rdn. 60; *Hohmann/Sander* BT II § 20 Rdn. 7; *Hoyer* SK Rdn. 26; *Winter* S. 132 ff.

die Absicht, einem anderen Schaden zuzufügen, beschränkte sich hingegen **nicht auf dessen Vermögen.** Sie konnte auch **Nachteile anderer Art** umfassen, zum Beispiel Beweisnachteile. Diese Unterscheidung findet sich in § 271 Abs. 3 StGB wieder. Zu Einzelheiten siehe die Erläuterungen zur inneren Tatseite Rdn. 91 ff und 100 ff.

## IV. Unrechtsausschluss

Da § 271 StGB allgemein den Rechtsverkehr mit inhaltlich wahren öffentlichen Urkunden und Dateien schützt (Rdn. 1 f), vermag mangels Dispositionsbefugnis über das betroffene Rechtsgut die **Einwilligung** der Beteiligten die Rechtswidrigkeit im Rahmen der Absätze 1 und 2 nicht auszuschließen. Die Einwilligung lässt in der Regel auch die Qualifikationsgründe des Absatzes 3 nicht entfallen. Doch kann sie mitunter der Annahme entgegenstehen, die Absicht des Täters sei darauf gerichtet, einen anderen zu schädigen. **84**

## V. Innere Tatseite

### 1. Vorsatz und Irrtum

a) **Vorsatz.** Der Täter muss die Umstände kennen, aus denen sich die Unwahrheit der beurkundeten Tatsache ergibt. Er muss – zumindest in der Laiensphäre – eine Vorstellung von der Rechtserheblichkeit der Falschbeurkundung haben (BGH NJW **1955** 839, 840; RGSt **66** 356, 358).[108] Entsprechendes gilt für die erhöhte Beweiswirkung, die das Wesen der öffentlichen Beurkundung ausmacht.[109] Weiterhin muss er das Bewusstsein der Tatherrschaft im Sinne der mittelbaren Täterschaft aufweisen (siehe Rdn. 1, 74). Er muss die Falschbeurkundung willentlich herbeiführen. Bedingter Vorsatz genügt (RGSt **18** 309, 314). **85**

b) **Irrtum.** Zur Bedeutung der Irrtumsproblematik für die Frage, ob § 271 Abs. 1 StGB oder § 348 StGB eingreift, vgl. zunächst die Ausführungen Rdn. 74 ff § 271 StGB ist nach zutreffendem Verständnis ein Fall der mittelbaren Täterschaft und nicht lediglich eine Auffangvorschrift im Verhältnis zu § 348 StGB (**anders** die Vorauflage). Das führt zu folgenden Konsequenzen: **86**

Hält der Extraneus den **bösgläubigen Amtsträger** irrtümlich für gutgläubig, so scheidet Teilnahme an einer Tat nach § 348 StGB aus, weil es insoweit an dem Vorsatz des Hintermanns fehlt. In dem Vorsatz zu § 271 StGB ist angesichts der jeweiligen Strafdrohungen derjenige zu § 348 StGB nicht enthalten (*Zieschang* JA **2008** 192, 197). Entgegen einer verbreiteten Ansicht[110] kommt aber auch *keine Bestrafung wegen vollendeter Tat* nach § 271 StGB in Betracht. Der Täter „bewirkt" nämlich nicht die Falschbeurkundung, weil ihm objektiv die Tatherrschaft fehlt und damit keine vollendete Konstellation **87**

---

108 RG Rspr. 7 190; *Fischer* Rdn. 15; *Sch/Schröder/Cramer/Heine* Rdn. 27.

109 *Fischer* Rdn. 15; *Hoyer* SK Rdn. 23; *Lackner/Kühl* Rdn. 9; *F. Meyer* FS Dreher 435; **aA** *Puppe* NK Rdn. 33.

110 Vorauflage; *Arzt/Weber* BT § 33 Rdn. 21; *Fischer* Rdn. 12; *Freund* MK Rdn. 9, 36; *Gössel/Dölling* BT 1 § 52 Rdn. 58; *Haft* BT II S. 200; *ders.* Fallrepetitorium Nr. 1431; *Hoyer* SK Rdn. 24; *Hruschka* JZ **1967** 205, 212; *Krey/M. Heinrich* BT 1 Rdn. 737; *Lackner/Kühl* Rdn. 7; *Marxen* BT S. 178 f; *Otto* BT § 71 Rdn. 14 f; *Rengier* BT II § 37 Rdn. 9; *Sch/Schröder/Cramer/Heine* Rdn. 30.

der mittelbaren Täterschaft vorliegt (*Zieschang* JA **2008** 192, 197 f). Vielmehr ist der Extraneus wegen versuchter mittelbarer Falschbeurkundung (§ 271 Abs. 4 StGB)[111] zu bestrafen, sofern der Hintermann unmittelbar angesetzt hat.

**88** Hält der Täter den **gutgläubigen Amtsträger** irrtümlich für bösgläubig, so kann er nicht wegen Teilnahme an einer Falschbeurkundung im Amt (§§ 26, 27, 348 StGB) zur Verantwortung gezogen werden, weil es wegen der Gutgläubigkeit des Amtsträgers an einer vollendeten oder auch nur versuchten Haupttat (§ 348 StGB) fehlt. Auch eine Strafbarkeit wegen versuchter Anstiftung kommt nicht in Betracht, da § 348 StGB Vergehen ist, aber nur die versuchte Anstiftung zum Verbrechen in § 30 Abs. 1 StGB unter Strafe gestellt ist. Doch auch § 271 StGB greift nicht ein.[112] Objektiv ist zwar der Tatbestand erfüllt, allerdings fehlt dem Hintermann in subjektiver Hinsicht das Bewusstsein, Tatherrschaft im Sinne der mittelbaren Täterschaft über ein Werkzeug zu besitzen. Dem Hintermann fehlt der Vorsatz zur Tatherrschaft. Er bleibt daher in diesem (eher theoretischen) Fall straflos.[113]

### 2. Absichten

**89** a) **Bei Absatz 2.** Anders als der Bewirkungstatbestand des Absatzes 1 verlangt Absatz 2, dass der Täter beim Gebrauch der falschen Beurkundung oder Datenspeicherung **„zur Täuschung im Rechtsverkehr"** handelt. Zu diesem Merkmal siehe § 267 StGB Rdn. 252 ff. Soweit der Gebrauch eine falsche Datenspeicherung betrifft, mit der eine Datenverarbeitung im Rechtsverkehr beeinflusst wird, gilt § 270 StGB.

#### b) Bei Absatz 3

**90** aa) **Handeln gegen Entgelt.** Objektiv ist es vom synallagmatischen Charakter des Entgelts geprägt. Subjektiv setzt es voraus, dass der Täter in der Hoffnung, Erwartung oder Gewissheit handelt, für seine Tat von einem anderen durch Gewährung eines wirtschaftlichen Vorteils entlohnt zu werden. Das Entgelt muss wesentliches Tatmotiv der Tathandlung sein. Ist das Motiv bei der Tat herrschend, so kommt es nicht darauf an, ob und wann der Täter das Entgelt tatsächlich erlangt; das kann auch nach der Tat oder überhaupt nicht der Fall sein. Handeln gegen Entgelt kann auch vorliegen, wenn sich der Täter bei der Tat von der Erwägung leiten lässt, einen schon vor Tatbeginn erlangten Vermögensvorteil als Gegenleistung für die Tat behalten zu dürfen.

**91** bb) **Handeln in Bereicherungsabsicht.** Die Bereicherungsabsicht entspricht dem früheren Absichtsmerkmal, sich oder einem anderen einen Vermögensvorteil zu verschaffen (§ 272 Abs. 1 a.F. StGB).

**92** Unter **Absicht** ist hier dasselbe zu verstehen wie in § 263 StGB (OLG Köln JR **1970** 468 m. Anm. *H. Schröder* S. 470). Nach der Grundsatzentscheidung BGHSt **16** 1 reicht

---

[111] So auch (im Ergebnis) *Bockelmann* BT 3 S. 115; *Joecks* Rdn. 18; *Kretschmer* Jura 2003 535, 539 f; *Maurach/Schroeder/Maiwald* BT 2 § 66 Rdn 21; *Puppe* NK Rdn. 41; *Winter* S. 112.

[112] **Anders** die Vorauflage sowie *Bockelmann* BT 3 S. 115; *Fischer* Rdn. 12; *Freund* MK Rdn. 9, 36; *Gössel/Dölling* BT 1 § 52 Rdn. 58; *Haft* BT II S. 200; *ders.* Fallrepetitorium Nr. 1432; *Hoyer* SK Rdn. 24; *Krey/M. Heinrich* BT 1 Rdn. 737; *Lackner/Kühl* Rdn. 7; *Maurach/Schroeder/Maiwald* BT 2 § 66 Rdn. 21; *Otto* BT § 71 Rdn. 16; *Rengier* BT II § 37 Rdn. 10.

[113] So auch im Ergebnis *Arzt/Weber* BT § 33 Rdn. 21; *Kretschmer* Jura **2003** 535, 539; *Puppe* NK Rdn. 42; *Sch/Schröder/Cramer/Heine* Rdn. 30; *Winter* S. 112 f.

es für die Erfüllung dieses Merkmals aus, dass es dem Täter auf den Vermögensvorteil „als sichere und erwünschte Folge seines Handelns“ ankommt, und sei es nur als Mittel zu einem anderen Zweck, also als notwendiges Zwischenziel. Es muss dolus directus 1. Grades („erstreben“) vorliegen, wenn auch die Vorteilserlangung nicht das in erster Linie erwünschte Ziel zu sein braucht.[114] Falls der Täter den Vermögensvorteil innerlich ablehnt und nur als unerwünschte, peinliche und lästige Folge seines Verhaltens in Kauf nimmt, fehlt es an der Absicht (OLG Köln JR **1970** 468). Erstrebt der Täter den Vorteil in dem hier vorausgesetzten Sinne, so hängt die Vollendung der Tat nicht davon ab, dass er den Erfolg erreicht (RGSt **50** 277, 278); der Erfolg braucht nicht einmal erreichbar zu sein (RGSt **31** 286, 288),[115] so wenn der Täter die Stundung einer vermeintlich noch bestehenden, jedoch schon getilgten Schuld erstrebt. Erlangt er durch die Tat unbeabsichtigt einen Vorteil, so scheidet der Qualifikationsgrund des § 271 Abs. 3 StGB aus (RG DStrZ **1918** Sp. 48).

Eine **Bereicherung** in Gestalt eines Vermögensvorteils ist anzunehmen, wenn der Ver- **93**
mögenszustand des Täters oder eines anderen durch die Tat (BGHSt **34** 299, 303) günstiger als vorher gestaltet wird, sei es, dass das wirtschaftliche Vermögen vermehrt, dessen Wert erhöht oder es von wirtschaftlichen Belastungen befreit wird (BGHSt **34** 299, 303; RGSt **50** 277, 279). Vorteile, die sich darin erschöpfen, dass Unannehmlichkeiten vermieden werden, reichen nicht aus. Gleiches gilt für die Verdeckung einer Straftat, um eine Geldstrafe zu vermeiden (vgl. RGSt **71** 280, 281)[116] oder um überhaupt einer Strafe oder Bloßstellung zu entgehen (RGSt **74** 171, 174).[117] Bereicherungsabsicht kann vorliegen bei Abwendung eines drohenden Vermögensnachteils, so bei Sicherung eines bereits erlangten, doch gefährdeten Vermögensvorteils (RGSt **59** 38, 41; **73** 294, 296),[118] ferner wenn der Täter handelt, weil ihm eine Tatbelohnung zugesagt worden ist (BGHSt **34** 299, 303; RGSt **18** 145, 147 f). Ein Darlehen, das eine Gemeinde von der eigenen Sparkasse erhält, ist ein Vermögensvorteil (RGSt **63** 148, 152).

Weitere Beispiele: Die **mittelbare Erlangung** eines Vermögensvorteils genügt, so durch **94**
eine *günstige Anstellung* oder durch Vermeidung einer Kündigung (RGSt **62** 218, 221);[119] so auch, wenn durch wiederholte *Stellung eines Asylantrags* unter falschem Namen die Berechtigung zum Bezug von Sozialhilfe erschlichen wird (OLG Karlsruhe NStZ **1994** 135 m. Anm. *Mätzke* NStZ **1995** 501, 502). Anders soll es sein, wenn jemand durch *Bewahrung vor einer Strafverbüßung* die Möglichkeit erlangt, durch Arbeit in seinem Geschäft weiter zu verdienen (OLG Hamm NJW **1956** 602), oder wenn ihm die Verübung einer Straftat erleichtert wird. Die Möglichkeit, durch eine *Straftat* in fremde Vermögensrechte einzugreifen, ist keine vermögenswerte (tatsächliche) Anwartschaft, die als Rechnungsposten für die Ermittlung einer Bereicherung in Betracht kommt (RGSt **63** 255, 256; RG HRR **1936** Nr. 1154). Ein Vermögensvorteil fehlt auch, wenn der Gläubiger durch die Erfüllung seiner Forderung einen gleichwertigen Anspruch verliert (RGSt **53** 102). Die *Schaffung eines* verfahrensrechtlichen *Beweismittels* ist kein Vermögensvorteil, sondern gehört notwendig wie zum Tatbestand des § 267 StGB (RGSt **53** 109, 111) zu dem des § 271 StGB. Doch handelt der Täter in Bereicherungsabsicht, wenn er sich das Beweismittel schafft, um damit einen drohenden Vermögensnachteil abzuwenden

---

114 *Gössel/Dölling* BT 1 § 52 Rdn. 62.
115 RG JW **1934** 2558; RG LZ **1914** Sp. 182.
116 RGSt **74** 171, 174; **76** 276, 279; anders RG GA Bd. 74 70; RGSt **33** 333, 334; **50** 420, 423.
117 RG DR **1940** 1515 f m. krit. Anm. *Boldt* S. 1516; vgl. auch OLG Hamm NJW **1956** 602.
118 RGSt **33** 333, 334; **50** 420, 423; **53** 109, 111; RG JW **1930** 3414 Nr. 23.
119 OLG Hamm NJW **1956** 602; OLG Stuttgart VRS **28** 368, 371.

(RGSt **53** 109, 111). Der *Kauf einer Sache* zu einem angemessenen Preis ist in der Regel kein Vermögensvorteil (RGSt **75** 98, 100). Doch kann in Notzeiten, wenn der Sachwert den offiziellen Geldwert übersteigt, in der Erlangung der Sache ein Vermögensvorteil liegen (RGSt **50** 277, 279 f). Dasselbe gilt von der Erlangung bezugsbeschränkter Waren oder von Bezugsberechtigungen (RG DJ **1940** 1196).

95 **Keine Rechtswidrigkeit der Bereicherung.** Anders als beim Betrug braucht der Vermögensvorteil nicht rechtswidrig zu sein (RGSt **52** 88, 93).[120] Eine im Vordringen begriffene Meinung im Schrifttum[121] setzt demgegenüber einen rechtswidrigen Vermögensvorteil voraus, weil die verschärfte Strafe des § 272 a.F. StGB und des § 271 Abs. 3 n.F. StGB nur gerechtfertigt sei, wenn der erstrebte Vorteil im Widerspruch zur Rechtsordnung stehe. Seit dem 1. StrRG und noch mehr seit In-Kraft-Treten des 6. StrRG ist der Unterschied der Strafdrohungen zwischen einfacher und qualifizierter mittelbarer Falschbeurkundung aber gemildert. Zudem entspricht die hiesige Auslegung dem Gesetzeswortlaut und der Gesetzessystematik.

96 Hinzu kommt flankierend, dass der Gesetzgeber die Änderungen des Strafgesetzbuchs im Rahmen des 6. StrRG nicht zum Anlass genommen hat, § 271 Abs. 3 StGB durch Einfügung des Wortes „rechtswidrig" so zu fassen, wie ihn die hier abgelehnte Rechtsansicht auslegt. Die Fassung der Vorschrift entspricht wörtlich der Beschlussempfehlung des Rechtsausschusses (S. 22 Nr. 65 Buchst. b) und sachlich auch den Entwürfen II (S. 10 Nr. 53 Buchst. b) und III (S. 10 Nr. 53 Buchst. b). In den Begründungen zur Neufassung wird die im Schrifttum problematisierte Rechtsfrage nirgends angesprochen (Bericht des Rechtsausschusses S. 20; E II, Begr. S. 45; E III, Begr. S. 45).

97 **Kausalitätsfragen.** Aus dem Umstand, dass der Vermögensvorteil nicht notwendig rechtswidrig zu sein braucht, folgt, dass er auf der anderen Seite keinen Vermögensschaden nach sich ziehen muss.[122] Auch muss sich die Falschbeurkundung nicht ursächlich auf eine Vorteilserlangung auswirken. Das gilt allgemein wenigstens insofern, als der Annahme der Qualifikation nicht entgegensteht, dass die Bereicherung überhaupt ausbleibt oder in geringerem Umfang eintritt, als erwartet. Im Übrigen genügt eine ursächliche Verknüpfung in der Weise, dass die mittelbare Falschbeurkundung als Mittel zur Erlangung des erstrebten Vermögensvorteils dienen soll. Es kommt also auf die subjektive Einstellung des Täters an. § 271 Abs. 3 StGB ist zum Beispiel verwirklicht, wenn der Täter auf dem Weg über § 271 Abs. 1 StGB ein zum Führen von Kraftfahrzeugen notwendiges Legitimationspapier erhalten will, um die dafür sonst erforderlichen erheblichen Kosten zu sparen (BGHSt **34** 299, 303).

98 Die Tat wird als Mittel zur erstrebten Bereicherung also auch eingesetzt, wenn der Vermögensvorteil nicht aus einer Täuschung erwächst, die mit der falschen Urkunde beabsichtigt ist.[123] Folgerichtig ist der Tatbestand des Absatzes 3 erfüllt, wenn der Täter die mittelbare Falschbeurkundung *gegen Belohnung* begeht (Rdn. 93).

99 **Tatbestands- und Verbotsirrtum.** Ein Irrtum des Täters über die erstrebte Bereicherung kann Tatbestands- oder Verbotsirrtum sein. Irrt er über den Rechtsbegriff, so befindet er sich in einem Verbotsirrtum, etwa wenn er meint, der unberechtigte Bezug

---

120 RGSt **27** 300, 302; **36** 167, 172; OLG Hamm NJW **1956** 602; *Fischer* Rdn. 18b; *Hohmann/Sander* BT II § 20 Rdn. 9; *Maurach/Schroeder/Maiwald* BT 2 § 66 Rdn. 22.

121 *Hoyer* SK Rdn. 34; *Otto* BT § 71 Rdn. 25; *Puppe* NK Rdn. 61; *Rengier* BT II § 37 Rdn. 27; wohl auch *Freund* MK Rdn. 49; *Joecks* Rdn. 23; *Lackner/Kühl* Rdn. 11.

122 *Fischer* Rdn. 18b.

123 **AA** *Puppe* NK Rdn. 62; *H. Schröder* JR **1970** 470, 471.

rationierter Waren sei auch in Notzeiten kein Vermögensvorteil, sofern sie mit dem amtlich festgesetzten Preis bezahlt wurden (vgl. Rdn. 94). Dagegen handelt es sich um ein nicht unter die Qualifizierung des § 271 Abs. 3 StGB fallendes (gleichsam „partielles") Wahndelikt, wenn der Täter in Kenntnis aller Tatumstände irrtümlich meint, das, was er mit der Tat erstrebt, sei im Rechtssinne eine „Bereicherung" (vgl. RGSt **42** 92, 93 f; **51** 237, 239).[124]

cc) **Handeln in Schädigungsabsicht.** Unter **„Absicht"** ist hier dasselbe zu verstehen wie bei der Bereicherung (Rdn. 92). Das legt die Gesetzesfassung nahe. Danach muss der Täter die Schädigung eines anderen wenigstens als notwendiges Mittel zur Erreichung eines dahinterliegenden weiteren Zwecks erstreben, die Schädigung insofern also Tatmotiv sein (OLG Köln JR **1970** 468).[125] Ein Teil des Schrifttums lässt demgegenüber das Bewusstsein genügen, dass der Schaden als notwendige Folge der Tat eintritt.[126] **100**

Als **Schädigung** genügt grundsätzlich jeder Nachteil. Der Begriff beschränkt sich nicht auf Vermögensschäden (RGSt **34** 243 f; OLG Köln JR **1970** 468, 470).[127] Die Absicht kann also auch gegen andere Rechtsgüter als das Vermögen gerichtet sein, insbesondere darauf, einen anderen an seiner Ehre oder Freiheit zu schädigen (RGSt **33** 137, 139; **34** 243). **101**

Eine Schädigung im Sinne des § 271 Abs. 3 StGB kann demgemäß darin liegen, den anderen *durch eine Strafanzeige zu beleidigen*, ihn den Unannehmlichkeiten und Aufregungen einer gerichtlichen Untersuchung auszusetzen oder ihm aus Rachsucht sonst Böses zuzufügen (RGSt **34** 243, 244; **53** 267, 268; RG HRR **1937** Nr. 422). Sie kann auch darin liegen, dass ein Straftäter durch eine nach den Umständen gerechtfertigte Strafanzeige der Bestrafung zugeführt wird. **102**

**Rechtswidrig** braucht der Schaden nicht zu sein (RGSt **34** 243, 244; **53** 267, 268; RG HRR **1937** Nr. 422).[128] Darauf, ob er eintritt, kommt es für die Erfüllung des Tatbestands nicht an. Bereicherungs- und Schädigungsabsicht gehen oft ineinander über (vgl. RGSt **39** 107, 108). Für den **Ursachenzusammenhang** zwischen Tat und erstrebter Nachteilszufügung gilt sinngemäß, was zu Rdn. 97 f ausgeführt ist. **103**

## VI. Versuch und Vollendung

Der **Versuch** der Tat nach § 271 Abs. 1 StGB ist seit dem 1. StrRG strafbar (§ 271 Abs. 2 a.F. StGB); seit dem 6. StrRG befindet sich die Bestimmung in Absatz 4. Vor dem 1. StrRG war nur der Versuch des Verbrechenstatbestands des § 272 a.F. StGB mit Strafe bedroht. Der Versuch beginnt nach den allgemeinen Grundsätzen, die für den Versuch bei mittelbarer Täterschaft maßgeblich sind (siehe dazu *Zieschang* AT S. 130 f); es kommt also darauf an, ob der Täter nach seinem Tatplan Handlungen vornimmt, die im Fall ungestörten Fortgangs ohne wesentliche Zwischenakte in die Tatbestandshandlung unmittelbar einmünden sollen. Danach ist Versuch oftmals anzunehmen mit der Einwir- **104**

---

124 RG LZ **1914** Sp. 182.

125 Wie hier *Fischer* Rdn. 18c; *Hoyer* SK Rdn. 35; *Lackner/Kühl* Rdn. 11; *Otto* BT § 71 Rdn. 24; vgl. auch *Freund* MK Rdn. 53.

126 Vgl. *Puppe* NK Rdn. 64 f; *H. Schröder* JR **1970** 471.

127 *Fischer* Rdn. 18c; *Hoyer* SK Rdn. 35; *Lackner/Kühl* Rdn. 11; *Rengier* BT II § 37 Rdn. 27.

128 RG LZ **1921** Sp. 26; *Bockelmann* BT 3 S. 116; *Fischer* Rdn. 18c; **aA** *Hoyer* SK Rdn. 35; *Otto* BT § 71 Rdn. 26.

kung auf den beurkundenden Amtsträger (vgl. OLG Hamm NJW **1977** 641; OLG Karlsruhe NStZ **1994** 135). Der Amtsträger braucht mit der Beurkundung noch nicht begonnen zu haben. Muss die Urkunde zur Fertigstellung unterschrieben werden, so bleibt es bis dahin beim Versuch. Untauglicher Versuch liegt vor, wenn der Täter die beurkundete Tatsache irrtümlich für unwahr gehalten hat. Bewirkt er eine falsche Beglaubigung einer Abschrift durch die Polizei oder durch eine Kommunalbehörde in der irrigen Auffassung, hierdurch würde eine Urkunde geschaffen mit öffentlichem Glauben für und gegen jedermann, so handelt es sich entweder um einen strafbaren Versuch oder um ein Wahndelikt je nachdem, ob der Irrtum tatsächlicher oder rechtlicher Art ist (vgl. BGHSt **14** 345, 350).[129]

**105** Die Tat ist **vollendet**, wenn die Beurkundung vollständig abgeschlossen ist. Der Gebrauch ist zur Vollendung nicht erforderlich. § 271 StGB ist wie § 267 StGB ein einaktiges Delikt. Gebraucht der Täter die Beurkundung, wie er es von vornherein beabsichtigt hat, so gelten die Ausführungen § 267 StGB Rdn. 287 f sinngemäß.

## VII. Täterschaft und Teilnahme

**106** **1. Täterschaft.** Jedermann kann Täter sein, nur nicht der Beurkundende; er muss sich nach § 348 StGB verantworten. Wer unbefugt die Eintragung selbst vornimmt, macht sich nicht nach § 271 StGB, sondern nach § 267 StGB strafbar.[130] Dementsprechend kann nach § 271 StGB auch nicht bestraft werden, wer unbefugt in öffentliche Dateien eindringt und durch Input- oder Programm-Manipulationen falsche Daten speichert oder verändert.[131] Wird von der Falschbeurkundung Gebrauch gemacht, so müssen Täter der Bewirkung und Gebrauchender nicht identisch sein. Es ist nicht erforderlich, dass sie einverständlich handeln. Wer lediglich eine unwahre Beurkundung geschehen lässt, sie also bloß duldet oder eine Klarstellung verabsäumt, „bewirkt" damit nicht ohne Weiteres eine Falschbeurkundung (RG GA Bd. **52** 93). Doch kann in solchen Fällen die Tat durch Unterlassen begangen werden (§ 13 StGB).

**107** **Mittäterschaft** ist möglich, so wenn Eheleute einverständlich ein uneheliches Kind als ehelich im Personenstandsregister eintragen lassen, auch wenn nur der Ehemann die Urkunde mitunterzeichnet (RG GA Bd. **49** 122); wenn ein anderer eine Strafe für den Verurteilten verbüßt und seine Eintragung im Gefangenenbuch bewirkt, oder wenn jemand, um eine Falschbeurkundung zu erreichen, die von einem anderen abgegebene Erklärung bestätigt (RG GA Bd. **49** 122, 123).

**108** **2. Teilnahme.** Wirken eine Urkundsperson und eine Nichturkundsperson bösgläubig (gleichsam wie Mittäter) zusammen, so macht sich die Erste nach § 348 StGB und die Zweite nach §§ 348, 27, 28 Abs. 1 StGB strafbar. Stiftet die Nichturkundsperson die (bösgläubige) Urkundsperson zur Tat nach § 348 StGB an, so ist sie als Anstifter nach §§ 348, 26, 28 Abs. 1 StGB strafbar (RGSt **66** 132, 137 f).[132] Ausnahmsweise kann auch derjenige, der eine Falschbeurkundung bewirkt, mittelbarer Täter nach § 348 StGB sein, wenn er einen zuständigen Amtsträger zur Beurkundung veranlasst, selbst aber gleichzeitig zuständiger Amtsträger ist (Rdn. 75).[133] **Teilnehmer** sind nach **§§ 271 Abs. 3, 26, 27**

---

129 Vgl. RGSt **60** 209, 215; **72** 201, 202, 204; *Freund* MK Rdn. 57; *Herzberg* JuS **1980** 478; *Krey/M. Heinrich* BT 1 Rdn. 744.

130 *Sch/Schröder/Cramer/Heine* Rdn. 26; *Schroth* BT S. 199.

131 *Lenckner/Winkelbauer* CR **1986** 827; *Sch/Schröder/Cramer/Heine* Rdn. 26.

132 RGSt **13** 52, 53 ff; **27** 100, 104; **63** 148, 149.

133 BGH, Urteil vom 29.8.1973 – 3 StR 47/73 –; *Lackner/Kühl* Rdn. 7 a.E.

**StGB** zu bestrafen, wenn sie die strafschärfende Absicht des Täters kennen. Sie brauchen nicht selbst in Bereicherungs- oder Schädigungsabsicht zu handeln (RG HRR **1934** Nr. 766). Die Strafschärfungsgründe sind keine persönlichen Merkmale nach § 28 Abs. 2 StGB.[134]

## VIII. Konkurrenzen

### 1. Der Absätze 1 und 2

a) **Gesetzeseinheit.** § 271 Abs. 1 StGB ist milder als § 348 StGB; das gilt auch unter Berücksichtigung des § 28 Abs. 1 StGB. Liegen §§ 348, 25 Abs. 1 Alt. 2 StGB sowie § 271 StGB vor, tritt die mittelbare Falschbeurkundung hinter §§ 348, 25 Abs. 1 Alt. 2 StGB zurück (Rdn. 75). § 22 StVG tritt aufgrund ausdrücklicher Subsidiaritätsklausel hinter § 271 Abs. 1 StGB zurück. Gebraucht der Täter, wie von vornherein beabsichtigt, die von ihm veranlasste Falschbeurkundung (§ 271 Abs. 2 StGB), so liegt ebenso wie im Verhältnis des Fälschens zum Gebrauchen bei § 267 StGB grundsätzlich nur eine Tat vor (§ 267 StGB Rdn. 287 f).[135] Schließen sich weitere Tatakte an, so ist auch Tatmehrheit möglich (RGSt **58** 34 f). **109**

b) **Tateinheit.** Sie kann bestehen mit § 169 StGB (RGSt **21** 411, 412; **25** 188, 189 – vgl. aber zum Fall einer den Tatsachen widersprechenden Vaterschaftsanerkennung Rdn. 50). Insbesondere kommt Tateinheit mit § 267 StGB in Betracht, wenn der Täter der beurkundenden Stelle eine unechte oder verfälschte Urkunde vorlegt (RGSt **72** 226, 228 f)[136] oder seine Erklärung mit einem falschen Namen unterzeichnet (RGSt **61** 410, 412). **110**

c) **Tatmehrheit.** Selbstständige Bedeutung hat der Tatbestand des Gebrauchens stets, wenn sich der Täter nicht selbst nach den §§ 271 Abs. 1, 348 StGB strafbar gemacht hat. Gleiches gilt, wenn er nach einer solchen Tat einen neuen Vorsatz fasst und die Beurkundung zu einem anderen Zweck gebraucht, als ursprünglich vorgesehen. Im zweiten Fall steht der Gebrauch im Verhältnis der Tatmehrheit zu § 271 Abs. 1 StGB (RGSt **58** 34 f). **111**

**2. Des Absatzes 3.** Als qualifizierter Tatbestand geht Absatz 3 den Tatbeständen der Absätze 1 und 2 wegen **Spezialität** vor. *Tateinheit* des § 271 Abs. 3 StGB kommt zum Beispiel in Betracht mit § 263 StGB (BGHSt **8** 46, 50; **8** 293); mit Steuerhinterziehung (§ 370 AO) und Bannbruch (§ 372 AO). **112**

Zwischen den § 348 StGB und § 271 Abs. 3 StGB besteht **Tateinheit** in den Fällen, in denen der Amtsträger eine Falschbeurkundung im Amt vornimmt und sie anschließend plangemäß in Bereicherungs- oder Schädigungsabsicht (§ 271 Abs. 3 StGB) gebraucht (§ 271 Abs. 2 StGB). Denn der Strafrahmen des § 271 Abs. 3 StGB weist gegenüber demjenigen des § 348 Abs. 1 StGB ein höheres Mindestmaß auf, sodass eine Verurteilung allein nach dieser Vorschrift den Unrechts- und Schuldgehalt der Gesamttat nicht ausschöpfen würde. Das 6. StrRG hat die genannte Strafrahmendiskrepanz noch dadurch verschärft, dass es den in § 272 Abs. 2 a.F. StGB (i.V.m. § 273 a.F. StGB) vorgesehenen Sonderstrafrahmen für minder schwere Fälle der schweren mittelbaren Falschbeurkun- **113**

---

[134] *Puppe* NK Rdn. 66; **aA** (differenzierend) *Hoyer* SK Rdn. 36.

[135] **AA** *Puppe* NK Rdn. 55 ff (Tateinheit).

[136] RGSt **39** 346; *Freund* MK Rdn. 62.

dung beseitigt hat. Eine dem § 271 Abs. 3 StGB entsprechende Qualifizierung gibt es bei § 348 StGB nicht mehr.

114 Der Verbrechenstatbestand des § 349 StGB, der sie enthielt, wurde durch die StrafrechtsangleichungsVO vom 29.5.1943 (RGBl. I S. 339) gestrichen. Zugleich wurde für das Vergehen nach § 348 Abs. 1 StGB die Versuchsstrafbarkeit eingeführt (Art. 4 StrAnglVO) und die Vorschrift um einen Sonderstrafrahmen ergänzt, der für schwere Fälle Zuchthaus androhte. Der Sonderstrafrahmen (zuletzt § 348 Abs. 4 StGB i.d.F. der Bek. des StGB vom 1.9.1969, BGBl. I S. 1445) wurde durch Art. 19 Nr. 193 EGStGB 1974 beseitigt, dies in der Erwägung, dass sich ein Bedürfnis für einen erhöhten Strafrahmen in der Praxis nicht gezeigt habe (Gesetzentwurf der Bundesregierung, BTDrucks. 7/550, Begr. S. 281).

## IX. Strafe und andere Rechtsfolgen

115 Vgl. zunächst Entstehungsgeschichte. Das 1. StrRG (Art. 1 Nr. 80) stimmte mit Wirkung vom 1.4.1970 den Strafrahmen für den Grundtatbestand der mittelbaren Falschbeurkundung (§ 271 Abs. 1, § 273 a.F. StGB) mit der Strafdrohung des qualifizierten Tatbestands des § 272 a.F. StGB neu ab und erhöhte ihn im Höchstmaß von sechs Monaten auf ein Jahr Freiheitsstrafe.[137] Das 6. StrRG hat die Obergrenze des Strafrahmens für den Grundtatbestand nochmals angehoben (§ 271 Abs. 1 n.F. StGB) und den Sonderstrafrahmen für die minder schweren Fälle der schweren mittelbaren Falschbeurkundung (§§ 272 Abs. 2, § 273 a.F. StGB) beseitigt (vgl. § 271 Abs. 3 n.F. StGB). Gegenstände, auf die sich eine Tat nach § 271 Abs. 2 und 3 StGB bezieht, können eingezogen werden (§ 282 StGB).

# § 272
# Schwere mittelbare Falschbeurkundung

*(aufgehoben durch Art. 1 Nr. 67 des 6. StrRG vom 26.1.1998, BGBl. I S. 164; vgl. § 271 StGB Entstehungsgeschichte)*

# § 273
# Verändern von amtlichen Ausweisen

**(1) Wer zur Täuschung im Rechtsverkehr**
**1. eine Eintragung in einem amtlichen Ausweis entfernt, unkenntlich macht, überdeckt oder unterdrückt oder eine einzelne Seite aus einem amtlichen Ausweis entfernt oder**
**2. einen derart veränderten amtlichen Ausweis gebraucht,**
**wird mit Freiheitsstrafe bis zu drei Jahren oder mit Geldstrafe bestraft, wenn die Tat nicht in § 267 oder § 274 mit Strafe bedroht ist.**

**(2) Der Versuch ist strafbar.**

---

[137] 1. Bericht, BTDrucks. V/4094 S. 38.

**Schrifttum**

*Hecker* Die missbräuchliche Verwendung von Ausweispapieren und sonstigen ausweisgleichen Urkunden nach § 281 StGB, GA **1997** 525; *Mätzke* Die Sanktionslosigkeit von Manipulationen belastender Vermerke in amtlichen Ausweisen, MDR **1996** 19; *Reichert* „Mein Pass gehört mir", StV **1998** 51.

## Entstehungsgeschichte

Siehe zunächst vor § 267 StGB Entstehungsgeschichte. Das 6. StrRG (Art. 1 Nr. 68) hat die freie Stelle, welche durch die Hinübernahme des Tatbestands des Gebrauchens falscher Beurkundungen (§ 273 a.F. StGB) nach § 271 StGB entstanden war, unter derselben Paragraphennummer (§ 273 StGB) durch den neuen Tatbestand „Verändern von amtlichen Ausweisen" besetzt. Die neue Vorschrift beruht auf der Beschlussempfehlung (zu Nr. 67, S. 22) und dem Bericht des Rechtsausschusses (zu Nr. 67, S. 20).

Sie ist erst spät in das Gesetzgebungsverfahren gelangt. Der Regierungsentwurf enthielt sie noch nicht (vgl. E III S. 10 zu Nr. 54, Begr. S. 45 zu Nrn. 54 und 55). Der Bundesrat hatte in seiner Stellungnahme zum Regierungsentwurf (E III Anlage 2, S. 55, 66 zu Art. 1 Nr. 54 – neu) darum gebeten, im weiteren Gesetzgebungsverfahren Strafvorschriften zu schaffen, mit denen dem Entfernen, Überdecken oder Unkenntlichmachen belastender Vermerke in amtlichen Ausweisen effektiv entgegengewirkt werden könne. Anlass hierzu war die Rechtsprechung des Bayerischen Obersten Landesgerichts, nach der in einschlägigen Fällen § 274 Abs. 1 Nr. 1 StGB nicht eingreift (siehe Rdn. 1 und § 274 StGB Rdn. 10 ff).

*Übersicht*



*Alphabetische Übersicht*

## I. Sinn und Zweck der Vorschrift

1 Geschütztes Rechtsgut ist die **Sicherheit des Rechtsverkehrs** bei der Verwendung amtlicher Ausweise **im Umgang mit Behörden** und amtlichen Stellen. Die neue Vorschrift soll eine Strafbarkeitslücke schließen, welche sich nach Auffassung von Bundesrat (E III Anlage 2, S. 66) und Rechtsausschuss (Bericht S. 20) aus der höchstrichterlichen Rechtsprechung zu § 274 Abs. 1 Nr. 1 StGB ergeben hat. Nach Ansicht des Bayerischen Obersten Landesgerichts (NJW **1990** 264; NJW **1997** 1592)[1] liegt weder Urkundenfälschung (§ 267 StGB) noch Urkundenunterdrückung (§ 274 Abs. 1 Nr. 1 StGB) vor, wenn zum Beispiel ein algerischer Staatsangehöriger bei der Ausreise aus Deutschland seinen algerischen Reisepass vorlegt, in dem er zuvor einen dänischen Zurückweisungsvermerk mit einem französischen Einreisevisum überklebt hat. § 267 StGB ist nicht verwirklicht, da der dänische Zurückverweisungsvermerk, der für sich eine selbstständige Urkunde darstellt und mit dem Reisepass keine Gesamturkunde bildet, unkenntlich gemacht und damit der gedankliche Inhalt insgesamt beseitigt worden ist. Die Urkunde ist nicht mehr vorhanden. Urkundenunterdrückung scheidet nach der genannten Rechtsprechung aus, weil der Pass ausschließlich dem Täter „gehört". Es ist zweifelhaft, ob entgegen der Ansicht des Bayerischen Obersten Landesgerichts, das die Frage verneint, in solchen Fällen auf deutscher Seite nicht doch ein **staatliches Beweisinteresse** an der unterdrückten Urkunde (etwa einem Zurückweisungsvermerk) besteht. Einem derartigen, in diesem Bereich (§ 273 StGB) unterstellten Interesse soll die neue Vorschrift Rechnung tragen,[2] ohne die Problematik, soweit sie § 274 Abs. 1 Nr. 1 StGB betrifft, abschließend zu klären. Die dort vorausgesetzte Absicht, einem anderen Nachteil zuzufügen, gehört nicht zum Tatbestand des § 273 StGB.

2 Die neue Vorschrift greift nach ihrer **Subsidiaritätsklausel** nur ein, wenn die Tat nicht nach § 267 StGB oder § 274 StGB mit Strafe bedroht ist. Häufig wird es sich in einschlägigen Fällen um Urkundenfälschung oder Urkundenunterdrückung handeln, so wenn die entfernte Eintragung mit dem Ausweis eine Gesamturkunde (§ 267 StGB Rdn. 96) oder zusammengesetzte Urkunde (§ 267 StGB Rdn. 100) bildet oder wenn sie wegen eines fremden „Beweisführungsinteresses" (vgl. Bundesrat, E III Anlage 2, S. 66) dem Täter nicht ausschließlich gehört (§ 274 StGB Rdn. 5 ff).

3 Straflosigkeit wäre **nach altem Recht** anzunehmen, wenn ein Ausländer bei der Veränderung des Ausweises im Ausland eine (nur nach deutschem Recht mit Strafe bedrohte) Tat nach § 274 Abs. 1 Nr. 1 StGB begangen hätte (§ 7 StGB); denn die *Auslandstat* wäre hier nicht verfolgbar, und der Gebrauch, den der Täter bei der Einreise von dem veränderten Ausweis gegenüber den deutschen Grenzbeamten macht, wäre als *Inlandstat* im Sinne des § 274 StGB nicht tatbestandsmäßig. Es bedarf aber stets der Prüfung, ob der Gebrauch gegenüber den Grenzbeamten nicht möglicherweise § 267 Abs. 1 Var. 3 StGB erfüllt, was jedoch nicht der Fall ist, wenn eine selbstständige Urkunde insgesamt beseitigt worden ist (vgl. den Fall BayObLG NJW **1990** 264 f).

---

[1] Ebenso etwa *Hoyer* SK Rdn. 1.

[2] Vgl. *Lackner/Kühl* Rdn. 1; **aA** *Erb* MK Rdn. 1; *Hoyer* SK Rdn. 1; *Joecks* Rdn. 1 (Schutz der Dispositionsbefugnis des Beweisadressaten); vgl. auch *Puppe* NK Rdn. 3.

## II. Der amtliche Ausweis als Gegenstand der Tat

Zum Begriff „amtlicher Ausweis“ siehe § 275 StGB Rdn. 3. Es handelt sich um Personalpapiere, die wenigstens auch dem Identitätsnachweis einer Person dienen.[3] Anlass zur Einführung der neuen Vorschrift waren Reisepassfälle (Rdn. 1). Der Begriff umfasst sowohl inländische als auch ausländische Ausweise (vgl. BGH NJW **2000** 3148 zu § 276 StGB).[4] Unerheblich ist, ob der Täter allein über den Ausweis verfügen darf. Auch Ausweise, die ihm allein gehören, werden von § 273 StGB erfasst, sofern nicht dessen Subsidiaritätsklausel eingreift. **4**

## III. Die Tathandlungen

Die Vorschrift ist teils dem § 274 Abs. 1 Nr. 1 StGB, teils dem § 267 StGB nachgebildet; dem ersten Tatbestand insofern, als es sich um einen Sonderfall von Urkundenunterdrückung handelt, und dem Zweiten insofern, als auch der Gebrauch des in bestimmter Weise veränderten Ausweises mit Strafe bedroht ist (§ 273 Abs. 1 Nr. 2 StGB). **5**

**1. Verändern des Ausweises (Absatz 1 Nr. 1).** Die tatbestandsmäßigen Handlungen (Entfernen, Unkenntlichmachen, Überdecken und Unterdrücken einer Eintragung oder Entfernung einer einzelnen Seite) müssen nicht auf Dauer angelegt sein. Sie müssen den amtlichen Ausweis aber als Gegenstand betreffen (so etwa beim Herausreißen einer Seite).[5] **6**

Diese **Auslegung** ist nach Absatz 1 Nr. 2 geboten, auch soweit es um das „Überdecken“ geht. Von einer „Veränderung“ des Ausweises vor dem Gebrauchen kann nicht die Rede sein, wenn eine darin befindliche Eintragung, nur mit der Hand oder einem losen Blatt Papier verdeckt, den Blicken des Grenzbeamten entzogen wird.[6] Dagegen ist das Verhalten des Täters tatbestandsmäßig, wenn er eine überklebte Stelle alsbald nach dem Grenzübertritt wieder freilegen oder eine herausgerissene Seite umgehend wieder fest in den Pass einfügen will. **7**

**2. Gebrauch des veränderten Ausweises (Absatz 1 Nr. 2).** Wegen des Begriffs „gebrauchen“ wird zunächst auf die Ausführungen zu § 267 StGB Rdn. 220 ff verwiesen. Er hat in § 273 Abs. 1 Nr. 2 StGB grundsätzlich dieselbe Bedeutung wie in § 267 Abs. 1 StGB. Doch ergibt sich eine **Einschränkung** des Kreises tauglicher Beweisadressaten im Hinblick auf das geschützte Rechtsgut, das in der Sicherheit des Rechtsverkehrs mit Behörden und amtlichen Stellen liegt (Rdn. 1). Als Beweisadressaten kommen im Rahmen des Absatzes 1 Nr. 2 nur solche Stellen in Betracht.[7] Es handelt sich um eine Restriktion, die im Wege teleologischer Auslegung **aus der Entstehungsgeschichte** des Gesetzes abzuleiten ist. **8**

Sie entspricht dem Sinn und Zweck des Gesetzes. Dagegen ist der Ausdruck „amtlicher Ausweis“ nicht zu verstehen als „Ausweis im amtlichen Verkehr“. Eine solche **9**

---

3 *Arzt/Weber* BT § 33 Rdn. 37; *Hoyer* SK Rdn. 3; *Joecks* Rdn. 5; *Sch/Schröder/Cramer/Heine* Rdn. 2.

4 *Fischer* Rdn. 2; *Haft* BT II S. 204; *Maurach/Schroeder/Maiwald* BT 2 § 66 Rdn. 26; *Sch/Schröder/Cramer/Heine* Rdn. 2.

5 So auch *Erb* MK Rdn. 4.

6 Ebenso *Erb* MK Rdn. 4.

7 Wie hier wohl *Lackner/Kühl* Rdn. 1; **aA** *Erb* MK Rdn. 1, 5; *Fischer* Rdn. 4; *Hoyer* SK Rdn. 1, 7; vgl. auch *Puppe* NK Rdn. 3, 9.

Auslegung würde § 273 StGB durch Erstreckung auf Ausweise aller Art über die Wortlautgrenze hinaus erheblich ausdehnen und damit gegen Art. 103 Abs. 2 GG verstoßen.

## IV. Unrechts- und Tatbestandsausschluss

10 Zur Frage der Rechtfertigung wegen politischer Verfolgung im Zusammenhang mit unerlaubter Einreise in das Bundesgebiet vgl. § 267 StGB Rdn. 249.[8]

## V. Zur inneren Tatseite

11 Vorsatz ist erforderlich, wobei bedingter genügt.[9] Zum Merkmal „zur Täuschung im Rechtsverkehr" siehe § 267 StGB Rdn. 252 ff. Doch ist zu berücksichtigen, dass im Hinblick auf das geschützte Rechtsgut Adressaten der Täuschung hier nur Behörden und amtliche Stellen sein können (Rdn. 8 f).

## VI. Versuch und Vollendung

12 Der Versuch ist bei beiden Tatbeständen (Absatz 1 Nrn. 1 und 2) strafbar (Absatz 2). Der Gebrauch ist rechtlich vollendet, sobald der Täter den veränderten amtlichen Ausweis zum Beispiel dem Grenzbeamten zur Prüfung vorzeigt oder aushändigt.

## VII. Konkurrenzen

13 **1. Innerhalb des § 273 StGB.** Im Verhältnis der Nummern 1 und 2 (des Absatzes 1) zueinander gilt der Grundsatz der *Deliktseinheit*, wenn der Täter in beiden Fällen derselbe ist (vgl. § 267 StGB Rdn. 287 f).[10]

14 **2. Im Verhältnis zu anderen Vorschriften.** Gegenüber den §§ 267, 274 StGB tritt § 273 StGB nach eigener Anordnung wegen Subsidiarität zurück. Mit anderen Vorschriften ist Tateinheit möglich, so mit § 263 StGB,[11] wenn ein veränderter amtlicher Ausweis zum Zwecke des Betrugs gegenüber einer Behörde verwendet wird.

## VIII. Strafe und andere Rechtsfolgen

15 § 273 StGB droht, seinem subsidiären Charakter gemäß, eine mildere Strafe an als die §§ 267, 274 StGB. Als Gegenstand, auf den sich die Tat bezieht, kann der Ausweis nach § 282 Abs. 2 Satz 1 eingezogen werden.

---

[8] Siehe auch *Erb* MK Rdn. 7; *Fischer* Rdn. 7; *Sch/Schröder/Cramer/Heine* Rdn. 5.

[9] *Hoyer* SK Rdn. 8; *Joecks* Rdn. 13; *Lackner/Kühl* Rdn. 4; *Sch/Schröder/Cramer/Heine* Rdn. 6.

[10] *Fischer* Rdn. 9.

[11] *Erb* MK Rdn. 9.

# § 274
# Urkundenunterdrückung; Veränderung einer Grenzbezeichnung

**(1) Mit Freiheitsstrafe bis zu fünf Jahren oder mit Geldstrafe wird bestraft, wer**

**1. eine Urkunde oder eine technische Aufzeichnung, welche ihm entweder überhaupt nicht oder nicht ausschließlich gehört, in der Absicht, einem anderen Nachteil zuzufügen, vernichtet, beschädigt oder unterdrückt,**

**2. beweiserhebliche Daten (§ 202a Abs. 2), über die er nicht oder nicht ausschließlich verfügen darf, in der Absicht, einem anderen Nachteil zuzufügen, löscht, unterdrückt, unbrauchbar macht oder verändert oder**

**3. einen Grenzstein oder ein anderes zur Bezeichnung einer Grenze oder eines Wasserstandes bestimmtes Merkmal in der Absicht, einem anderen Nachteil zuzufügen, wegnimmt, vernichtet, unkenntlich macht, verrückt oder fälschlich setzt.**

**(2) Der Versuch ist strafbar.**

### Schrifttum

Siehe vor § 267. Ferner: *Böse* Rechtsprechungsübersicht zu den Urkundendelikten, NStZ 2005 370; *Dingler* Die Gesetzeseinheit von § 303 I StGB im Verhältnis zu § 274 I Nr 1 StGB, JA 2004 810; *Geppert* Zum Verhältnis der Urkundendelikte untereinander, insbesondere zur Abgrenzung von Urkundenfälschung und Urkundenunterdrückung (§§ 267 und 274 I Nr. 1 StGB), Jura **1988** 158; *Gerstenberg* Löschen von Tonbändern als neuer strafrechtlicher Tatbestand, NJW **1956** 540; *Haurand/Vahle* Computerkriminalität, RDV **1990** 128; *Hecker* Der manipulierte Parkschein hinter der Windschutzscheibe – ein (versuchter) Betrug? – OLG Köln, NJW 2002, 527, JuS **2002** 224; *Hilgendorf* Grundfälle zum Computerstrafrecht, JuS **1997** 323; *Kienapfel* Zur Abgrenzung von Urkundenfälschung und Urkundenunterdrückung, Jura **1983** 185; *Lampe* Unterdrückung unechter Urkunden, JR **1964** 14; *Lenckner/Winkelbauer* Computerkriminalität – Möglichkeiten und Grenzen des 2. WiKG (III), CR **1986** 824; *Lindemann* Zur systematischen Interpretation des § 274 I Nr. 1 StGB im Verhältnis zum § 267 I Var. 2 StGB, NStZ **1998** 23; *Mätzke* Die Sanktionslosigkeit von Manipulationen belastender Vermerke in amtlichen Ausweisen, MDR **1996** 19; *Michalke* Die Verwertbarkeit von Erkenntnissen der Eigenüberwachung zu Beweiszwecken im Straf- und Ordnungswidrigkeitenverfahren, NJW **1990** 417; *Mosiek* Das Bestandteilsprinzip im Urkundenstrafrecht, Diss. Freiburg i.Br. 1972; *Puppe* Die neuere Rechtsprechung zu den Fälschungsdelikten – Teil 2, JZ **1991** 550; *F. Schmitz* Der Schutz des Beweisführungsinteresses im Urkundenstrafrecht (2001); *Schneider* Zur Strafbarkeit des Vernichtens von Schaublättern eines Fahrtenschreibers, NStZ **1993** 16; *Tiedemann* Urkundenvernichtung durch Entfernen von kundenbezogenen Kontrollnummern auf der Verpackung von Markenwaren, MarkenArtikel (MA) **1987** 412; *von Gravenreuth* Computerviren, Hacker, Datenspione, Crasher und Cracker, NStZ **1989** 201; *Zieschang* „Urkundentricks“, JA **2008** 192.

### Entstehungsgeschichte

Art. 4 der StrafrechtsangleichungsVO vom 29.5.1943 (RGBl. I S. 339) erklärte den Versuch bei § 274 StGB für strafbar. Art. 1 Nr. 82 des 1. StrRG bezog die *technischen Aufzeichnungen* (§ 268 Abs. 2 StGB) in den Tatbestand des Absatzes 1 Nr. 1 mit ein. Durch die Bekanntmachung des Strafgesetzbuchs vom 2.1.1975 (BGBl. I S. 1) wurde die Fassung der Strafdrohung im Einklang mit Art. 2 § 2 Abs. 3 des 2. StrRG und Art. 290 EGStGB (Geldstrafendrohung) redaktionell geändert. Art. 1 Nr. 15 des 2. WiKG führte mit Wirkung vom 1.8.1986 (Art. 12) unter der Nummer 2 den Tatbestand der *Datenunterdrückung* ein und gab der Vorschrift der bisherigen Nummer 2 (Veränderung einer Grenzbezeichnung) die Nummer 3. Das 6. StrRG ließ § 274 StGB unberührt.

*Übersicht*



*Alphabetische Übersicht*

## I. Sinn und Zweck der Vorschrift

1 Sie enthält drei Tatbestände: die Urkundenunterdrückung (Absatz 1 Nr. 1), die alle Fälle der Entziehung des urkundlichen Beweismittels unter Einschluss von technischen Aufzeichnungen betrifft; die Unterdrückung beweiserheblicher Daten (Absatz 1 Nr. 2) und die Grenzverrückung (Absatz 1 Nr. 3), deren Regelung im Zusammenhang mit den Urkundenstraftaten historisch zu erklären ist. Alle Tatbestände dienen dem **Bestandsschutz** der in ihnen genannten Tatobjekte, wobei es bei § 274 Abs. 1 Nr. 1 und Nr. 2 StGB konkret um den individuellen Schutz der *Beweisposition* des an der Urkunde oder an den Daten Berechtigten geht.[1] Die Vorschrift schützt nicht nur vor vollständiger Entziehung des urkundlichen Beweismittels durch Vernichten und Unterdrücken, sondern auch vor Beeinträchtigungen der Beweistauglichkeit durch Beschädigen. Allerdings sind nur Beschädigungen gemeint, welche die Objekte in ihrer Beweiseigenschaft angreifen.

## II. Tatobjekte

### 1. Urkunden und technische Aufzeichnungen (Nummer 1)

#### a) Begriffe

2 **aa) Urkunde.** Unter Urkunde ist hier dasselbe zu verstehen wie bei § 267 StGB (OLG Celle NJW **1960** 880; OLG Köln VRS **50** 421; OLG Koblenz NStZ **1995** 50, 51).[2] Frühere Entscheidungen (RGSt **9** 141, 142; **55** 74), wonach es bei § 274 StGB im Gegensatz zu § 267 StGB auf die Beweiserheblichkeit für Rechte und Rechtsverhältnisse nicht ankommen sollte, sind seit der StrafrechtsangleichungsVO von 1943 überholt. Zur Aufschrift „Unverkäufliches Muster" auf Arzneitmittelverpackungen BGH NStZ **1984** 73; zu Fabriknummern auf Radiogeräten AG Tettnang MA **1957** 725 (Entfernung der Nummern zwecks Schwarzexport).

3 Nach herrschender Meinung werden durch § 274 StGB nur **echte** Urkunden geschützt.[3] Dies ist richtig. Es ergibt sich daraus, dass das Urkundenstrafrecht Bestandsschutz nur (ganz oder wenigstens teilweise) echten Urkunden angedeihen lassen kann.[4] Ist die Urkunde teilweise verfälscht, so greift § 274 Abs. 1 Nr. 1 StGB nur hinsichtlich des echten Teils ein.

4 **bb) Technische Aufzeichnung.** Zum Begriff siehe § 268 Abs. 2 StGB und die Erläuterungen zu § 268 StGB Rdn. 5 ff. Zu den technischen Aufzeichnungen gehören etwa auch die Aufzeichnungen auf dem Schaublatt eines Fahrtenschreibers oder EG-Kontrollgeräts für bestimmte Kraftfahrzeuge (BGHSt **40** 26, 28; OLG Düsseldorf NJW **1985** 1231, 1232; JR **1991** 250, 251). Bei Manipulationen an elektronischen Datenverarbeitungsan-

---

1 Vgl. *Freund* MK Rdn. 2 f; *Mosiek* Bestandteilsprinzip S. 110; *Schilling* Augenscheinsbeweis S. 142; *Sch/Schröder/Cramer/Heine* Rdn. 1, 2, 22d; **aA** *Kienapfel* Jura **1983** 188.

2 *Hoyer* SK Rdn. 4; *Lackner/Kühl* Rdn. 2; *Sch/Schröder/Cramer/Heine* Rdn. 4.

3 *Blei* II S. 321 f; *Fischer* Rdn. 1a; *Freund* MK Rdn. 4; *Gössel/Dölling* BT 1 § 52 Rdn. 42; *Hohmann/Sander* BT II § 19 Rdn. 7; *Hoyer* SK Rdn. 6; *Joecks* Rdn. 5; *Kindhäuser* LPK Rdn. 2; *Küpper* BT 1 Teil II § 1 Rdn. 53; *Maurach/Schroeder/Maiwald* BT 2 § 65 Rdn. 100; *Puppe* NK Rdn. 5; *Rengier* BT II § 36 Rdn. 1; *Schilling* Urkundenverbrechen S. 23; *Sch/Schröder/Cramer/Heine* Rdn. 4; *Zieschang* JA 2008 192, 195.

4 **AA** *Lampe* JR **1964** 14.

lagen kommt die Anwendung des § 274 StGB in Betracht, wenn Daten, die Urkunden oder technische Aufzeichnungen darstellen, vernichtet werden, so beim Ersetzen echter Belege durch falsche.[5]

b) **Einschränkung des Schutzumfangs.** Nicht jede Urkunde oder technische Aufzeichnung genießt Bestandsschutz, sondern nur eine solche, die dem Täter „überhaupt nicht oder nicht ausschließlich gehört". Mit dieser Wendung kommt es nach mittlerweile einhelliger Ansicht nicht entscheidend auf das Eigentum an der Urkunde oder auf sonstige dingliche Rechte[6] an. Unter „gehören" versteht die Rechtsprechung vielmehr das **alleinige Verfügungsrecht,** das nicht notwendig mit dem Eigentum verbunden ist (BGHSt **29** 192, 194 = LM Nr. 1 m. Anm. *Pelchen*).[7] Auch das Schrifttum stellt auf das Recht ab, die Urkunde oder technische Aufzeichnung zum Beweis zu gebrauchen.[8] 5

Täter kann also auch der **Eigentümer** sein (BGHSt **29** 192, 194). Ihm fehlt das Recht, über den Gegenstand allein zu verfügen, wenn ihm die Rechtsordnung die *Verpflichtung* auferlegt, ihn für die Beweisführung eines anderen herauszugeben oder bereitzuhalten, so etwa bei einem gemeinschaftlichen Testament, das er im Besitz hat (RG GA Bd. **56** 217). In Betracht kommen auch andere Fälle *bürgerlichrechtlicher* (vgl. § 810 BGB) *oder prozessrechtlicher* Vorlegungspflichten (§§ 421 ff ZPO; vgl. BayObLG NJW **1980** 1057, 1058).[9] Urkundenunterdrückung begeht der Unfallbeteiligte, der nach einem Verkehrsunfall an dem beteiligten fremden Wagen eine Visitenkarte anbringt, um sich dem Geschädigten zu erkennen zu geben, und sie später von dort wieder entfernt (BayObLG NJW **1968** 1896 f; OLG Celle NJW **1966** 557 f).[10] Umstritten ist die Rechtslage bei Entfernung von Kontrollnummern auf der Verpackung von Markenartikeln (*Tiedemann/Vogel* JuS **1988** 295, 296 f m.N. aus der Rspr.). 6

Im Bereich **öffentlichrechtlicher Vorlegungspflichten** ist mitunter zweifelhaft, ob Urkunde und technische Aufzeichnung unter dem Gesichtspunkt der Urkundenunterdrückung strafrechtlich geschützt werden (vgl. E 1962, Begr. S. 477). Die Frage ist jedenfalls dort zu bejahen, wo die Vorlegungspflichten Unterlagen betreffen, welche die Berechtigung für beantragte Sozialleistungen ergeben. Mit der Inanspruchnahme solcher Leistungen verzichtet der Antragsteller auf seine ausschließliche Verfügungsbefugnis an den Unterlagen. Wer zum Beispiel Leistungen nach dem Arbeitsförderungsgesetz bezieht und nach dem Gesetz aufzubewahrende Belege vernichtet oder unterdrückt, macht sich nach § 274 Abs. 1 Nr. 1 StGB strafbar (BGHSt **29** 192, 195).[11] Man hat davon auszu- 7

---

[5] *Sieber* S. 328.

[6] **AA** früher RGSt 33 288, 290 ff (soweit es um schuldrechtliche Ansprüche auf Herausgabe oder Vorlegung geht); *Frank* Anm. I 1.

[7] BGHSt **6** 251, 253 f; RGSt **38** 37, 38; RG HRR **1938** Nr. 491; BayObLG NJW **1968** 1896 f; OLG Celle NJW **1966** 557 f.

[8] *Arzt/Weber* BT § 33 Rdn. 31; *Baier* JuS **2004** 56, 57; *Blei* II S. 322; *Bockelmann* BT 3 S. 109; *Brodag* BT S. 315; *Fischer* Rdn. 2; *Freund* MK Rdn. 17 ff; *Gössel/Dölling* BT 1 § 52 Rdn. 42; *Haft* BT II S. 206; *Hecker* JuS **2002** 224, 226; *Hohmann/Sander* BT II § 19 Rdn. 10 ff; *Hoyer* SK Rdn. 4; *Jäger* BT Rdn. 434; *Joecks* Rdn. 4; *Kindhäuser* LPK Rdn. 3; *Krey/M. Heinrich* BT 1 Rdn. 701; *Küpper* BT 1 Teil II § 1 Rdn. 54; *Lackner/Kühl* Rdn. 2; *Maurach/Schroeder/Maiwald* BT 2 § 65 Rdn. 101; *Otto* BT § 72 Rdn. 2; *Puppe* NK Rdn. 1 ff; *Rengier* BT II § 36 Rdn. 2; *Sch/Schröder/Cramer/Heine* Rdn. 5; *Schroth* BT S. 251; *Tiedemann/Vogel* JuS **1988** 295, 296; zur historischen Entwicklung siehe *F. Schmitz* S. 21 ff.

[9] *Gössel/Dölling* BT 1 § 52 Rdn. 42; *Kindhäuser* LPK Rdn. 6; *Rengier* BT II § 36 Rdn. 3; *Sonnen* BT S. 226; *Tiedemann/Vogel* JuS **1988** 295, 296; *Wessels/Hettinger* BT 1 Rdn. 889.

[10] Siehe auch AG Karlsruhe NJW **2000** 87; *Bockelmann* BT 3 S. 109.

[11] *Freund* MK Rdn. 24.

gehen, dass dort, wo Vorlegungspflichten der *Rechnungslegung* im weiten Sinne dienen, Urkunden in der Regel Bestandsschutz genießen. Wo sie dagegen allein öffentlichrechtliche *Überwachungsaufgaben* erleichtern, sollen sie das Verfügungsrecht des Inhabers nicht beeinträchtigen (OLG Zweibrücken GA **1978** 316),[12] so beim Fahrtenbuch und Fahrtenschreiberschaublatt.

**8** In diesem Sinne hat zum Beispiel das Oberlandesgericht Düsseldorf im Zusammenhang mit einer Übertretung eines Halteverbots (NJW **1985** 1231, 1232) oder einer Geschwindigkeitsüberschreitung (JR **1991** 250, 251 m. insoweit abl. Anm. *Bottke* S. 252) entschieden, dass sich ein Kraftfahrzeugführer oder -halter nicht nach § 274 Abs. 1 Nr. 1 StGB strafbar mache, wenn er bei einer polizeilichen Kontrolle das Schaublatt des für das Fahrzeug vorgeschriebenen Fahrtenschreibers oder Kontrollgeräts vernichtet (**aA** AG Elmshorn NJW **1989** 3295). Diese Entscheidungen beruhen zur objektiven Tatseite auf der Erwägung, dass das Schaublatt als Beweismittel trotz der staatlichen Überwachungsbefugnisse ausschließlich dem Kraftfahrzeughalter „gehöre" (vgl. auch BGHSt **29** 192, 195 a.E.).

**9** *Gegen diese Auffassung* haben sich unter anderen *Schneider* NStZ **1993** 16 ff und ähnlich *Bottke* JR **1991** 253 ausgesprochen, der die Beantwortung der Frage, ob das Schaublatt ausschließlich dem Kraftfahrzeughalter gehört, auch nicht davon abhängig macht, ob „das Beweisführungsinteresse auf der Basis öffentlich-rechtlicher Vorlegungspflichten durch ein zuständiges Organ aktualisiert ist" (S. 255), etwa durch Einschreiten der Beamten bei einer polizeilichen Kontrolle.

**10** **Personalausweise, Pässe und Führerscheine** „gehören" nach verbreiteter Auffassung im Sinne des § 274 Abs. 1 Nr. 1 StGB ausschließlich dem Inhaber.[13] Wer zum Beispiel die Klassenbezeichnung in seinem Führerschein ausradiert, um glauben zu machen, die Eintragung sei durch die Knickstelle unleserlich geworden, begeht danach weder Urkundenfälschung noch Urkundenunterdrückung (OLG Braunschweig NJW **1960** 1121). Dem liegt als Rechtsansicht zu Grunde: Der Inhaber des Führerscheins darf, obwohl es sich um eine öffentliche Urkunde handelt, hiermit nach Belieben verfahren. Beschädigt er seinen Führerschein, so büßt er lediglich die Möglichkeit ein, seine Fahrerlaubnis nachzuweisen. Die Tatsache, dass er den Führerschein mit sich führen und auf Verlangen eines zuständigen Beamten vorlegen muss, steht einer zivilrechtlichen oder zivilprozessualen Vorlegungspflicht nicht gleich. Das „Beweisführungsinteresse" hat nicht der kontrollierende Beamte, sondern nur der Inhaber.[14]

**11** Im gleichen Sinne hat das Bayerische Oberste Landesgericht (NJW **1990** 264 f; NJW **1997** 1592)[15] zu ausländischen Reisepässen und den darin enthaltenen Urkunden trotz bestehender Vorlegungspflicht für den Fall entschieden, dass der Passinhaber vor der Grenzkontrolle einen ausländischen oder deutschen Zurückweisungsvermerk unkenntlich macht oder durch Herausreißen des entsprechenden Blattes des Passes beseitigt (dazu siehe § 273 StGB Rdn. 1).[16]

**12** Auf diese Rechtsprechung hat *der Gesetzgeber* im 6. StrRG mit der Einführung des **§ 273 n.F. StGB** reagiert (siehe § 273 StGB Entstehungsgeschichte und dort Rdn. 1).

---

12 So etwa auch LG Essen StV **2004** 368; *Freund* MK Rdn. 24; *Gössel/Dölling* BT 1 § 52 Rdn. 42; *Kindhäuser* LPK Rdn. 7; *Michalke* NJW **1990** 419; *Rengier* BT II § 36 Rdn. 4; *Schroth* BT S. 251; vgl. auch *Otto* BT § 72 Rdn. 2.

13 OLG Köln JMBlNRW **1958** 114; LG Essen StV **2004** 368; *Küpper* BT 1 Teil II § 1 Rdn. 54a; *Rengier* BT II § 36 Rdn. 4; *Schroth* BT S. 251; *Wessels/Hettinger* BT 1 Rdn. 889.

14 So OLG Braunschweig NJW **1960** 1121.

15 Ebenso LG Essen StV **2004** 368.

16 Ebenso *Mätzke* MDR **1996** 20.

Damit ist die wiedergegebene Rechtsprechung (Rdn. 10 f) für den Bereich der **amtlichen Ausweise** jedenfalls insofern *überholt*, als § 273 n.F. StGB eingreift, wenn Strafbarkeit nach § 274 Abs. 1 Nr. 1 StGB ausscheidet.

**2. Beweiserhebliche Daten (Nummer 2)**

a) **Begriff.** Die Vorschrift (§ 274 Abs. 1 Nr. 2 n.F. StGB) gelangte durch Art. 1 Nr. 15 des 2. WiKG ins Strafgesetzbuch (vgl. Entstehungsgeschichte). Sie entspricht in der Fassung der Beschlussempfehlung und dem Bericht des Rechtsausschusses (S. 9 und 34). Wegen des Begriffs **„Daten"** verweist sie auf § 202a Abs. 2 StGB. Ihm unterfallen nur solche Daten, „die elektronisch, magnetisch oder sonst nicht unmittelbar wahrnehmbar gespeichert sind oder übermittelt werden" (vgl. dazu die Erläuterungen zu § 202a StGB). Der Datenbegriff des § 274 Abs. 1 Nr. 2 StGB ist einerseits insofern enger als der des § 269 StGB, als jener auch noch ungespeicherte Daten umfasst (§ 269 StGB Rdn. 6), andererseits aber auch weiter, weil er nicht (durch einen hypothetischen Vergleich mit der Urkundenfälschung) auf Daten mit Urkundencharakter beschränkt ist (str.; siehe Rdn. 15). **13**

Das Merkmal **„beweiserheblich"**, mit dem der Bereich der geschützten Daten eingeschränkt wird, ist inhaltsgleich mit dem entsprechenden Begriff in § 269 StGB (Beschlussempfehlung und Bericht des Rechtsausschusses S. 34; siehe § 269 StGB Rdn. 9). Dort soll es verkürzt die Auslegung wiedergeben, dass vom Tatbestand nur solche Daten erfasst werden, „die dazu bestimmt sind, bei einer Verarbeitung im Rechtsverkehr als Beweisdaten für rechtlich erhebliche Tatsachen benutzt zu werden" (Beschlussempfehlung und Bericht des Rechtsausschusses S. 34). **14**

In § 274 Abs. 1 Nr. 2 StGB wird damit ähnlich wie in § 269 StGB deutlich, dass sich die Ausgestaltung des strafrechtlichen Datenschutzes an das Urkundenstrafrecht anlehnt. Doch beschränkt sich die Anlehnung in § 274 Abs. 1 Nr. 2 StGB auf den *Beweisschutz*. Anders als in § 269 StGB kommt es hier nicht darauf an, ob die betroffenen Daten (vor oder nach der Tat) bei einem hypothetischen Vergleich Urkundenqualität hätten.[17] **15**

b) **Einschränkung des Schutzumfangs.** Der Schutzumfang wird in Nummer 2 in sinngemäß gleicher Weise beschränkt wie in Nummer 1 (Rdn. 5 ff). Das Kriterium „über die er (scil. der Täter) nicht oder nicht ausschließlich verfügen darf" ist aus dem Entwurf III (S. 5) unverändert durch den Rechtsausschuss (Beschlussempfehlung und Bericht S. 9) in das Gesetz gelangt. Der Gesetzgeber hat damit sinngemäß den Inhalt wiederholt, den die Praxis dem Ausdruck „welche ihm entweder überhaupt nicht oder nicht ausschließlich gehört" in Nummer 1 gegeben hat.[18] Er hat dabei darauf abgestellt, dass man – nach der Natur des Gegenstands der Regelung – bei Daten (§ 202a Abs. 2 StGB) anders als bei Urkunden und technischen Aufzeichnungen (Nummer 1) nicht den Begriff „gehören" verwenden könne (E III, Begr. S. 35). **16**

---

[17] *Bär* in: Wabnitz/Janovsky 12/46 f; *Joecks* Rdn. 11; *Lenckner/Winkelbauer* CR **1986** 827; *Maurach/Schroeder/Maiwald* BT 2 § 65 Rdn. 105; *Sch/Schröder/Cramer/Heine* Rdn. 22c; **anders** *Freund* MK Rdn. 27; *Gössel/Dölling* BT 1 § 52 Rdn. 44; *Haft* BT II S. 207; *Hilgendorf* JuS **1997** 323, 325; *Lackner/Kühl* Rdn. 5; *Otto* BT § 72 Rdn. 9. Speziell zur Urkundenvernichtung durch Entfernen von kundenbezogenen Kontrollnummern auf der Verpackung von Markenwaren siehe *Tiedemann* MA **1987** 412 und bereits oben Rdn. 6.

[18] *Fad* Jura **2002** 632, 634; *Freund* MK Rdn. 31; *Lenckner/Winkelbauer* CR **1986** 827.

17 **3. Grenzsteine oder andere Grenz- oder Wasserstandsmerkmale (Nummer 3).** Beim Tatbestand der „Veränderung einer Grenzbezeichnung“ wird ausnahmsweise ein Augenscheinsobjekt als Beweismittel geschützt.[19] Im Gegensatz zu früheren Jahrhunderten hat die Vorschrift in neuerer Zeit wenig Bedeutung. In den letzten Jahrzehnten sind keine höchstrichterlichen Entscheidungen dazu mehr bekannt geworden.

18 Geschützt sind Grenzsteine sowie Grenz- und Wasserstandsmerkmale in ihrer Beweiserheblichkeit für den Rechtsverkehr ohne Rücksicht darauf, ob sie im Einzelfall die Rechtslage richtig wiedergeben. Die Vorschrift dient dem **Schutz des echten Beweismittels,** nicht dem Schutz der zu beweisenden Berechtigung (RGSt **41** 94, 95 f). Sie richtet sich also nicht gegen den „Landdiebstahl“ oder gegen die Verletzung von Wasserrechten. Unechte, aber wahre, an der richtigen Stelle angebrachte Zeichen sind nicht geschützt, weil sie von unbefugter Hand stammen (RGSt **23** 253, 256 f).[20] Da es nur um beweiserhebliche Grenz- und Wasserstandszeichen geht, werden bloß geschichtliche Erinnerungszeichen nicht geschützt.

19 Auf das Eigentum am Grenzzeichen kommt es nicht an. Es handelt sich um **Augenscheinsobjekte.**[21] Verschiedentlich werden sie auch als Beweiszeichen angesehen.[22] Doch sind sie keine Beweiszeichen im Sinne der überkommenen Rechtsprechung (§ 267 StGB Rdn. 85). Nicht selten wird es, auch wenn man in ihnen einen Gedankeninhalt finden mag, an der Erkennbarkeit eines bestimmten Ausstellers fehlen. Das gilt vor allem dort, wo das Grenzzeichen naturgegeben ist wie bei Wasserlauf, Grenzrain oder Hecke.

20 a) **Grenzzeichen.** Es sind Grenzsteine oder andere Grenzmerkmale. Es handelt sich um äußere, sichtbare **Zeichen für Abmarkungen** auf der Erdoberfläche, die geeignet (RGSt **3** 410) und im Einzelfall auch bestimmt sind (RGSt **6** 199, 200), die Reichweite des Eigentums oder dinglicher Rechte (wie Grunddienstbarkeiten) kenntlich zu machen (RGSt **20** 196 f).[23] Abmarkungen für rein persönliche Nutzungsrechte sollen nicht erfasst sein (RGSt **20** 196 f).[24] Auch ein „Landesgrenzstein“, der die richtige Lage einer Landesgrenze zwischen einer Gemarkung und einem Privatgrundstück bezeichnet, kann unter den Strafrechtsschutz des § 274 Abs. 1 Nr. 3 StGB fallen (RGSt **48** 252, 253). Doch greift der Schutz nur ein, wenn ein Berechtigter den Grenzstein gesetzt hat, und zwar unabhängig davon, ob der Grenzverlauf richtig gekennzeichnet ist (RG Rspr. **10** 46, 47).

21 Die **Abmarkung** geschieht entweder durch Verwaltungsakt der zuständigen Behörde oder durch gerichtliche Vollstreckungsorgane,[25] durch Anerkennung,[26] Herkommen („von alters her“: RG Rspr. **6** 49) oder aufgrund übereinstimmenden Willens aller Beteiligten, etwa in einem Verfahren nach § 919 Abs. 2 BGB.[27] Die einseitige Markierung durch einen Anlieger oder eine andere Privatperson reicht nicht aus (RG Rspr. **6** 49; RG Rspr. **10** 46, 47), mag sie auch wahr sein und die richtige Grenze sichtbar machen (RGSt **41** 94, 95). Ungültig (unecht) ist das Grenzzeichen auch, wenn eine Amtsstelle es in einem rechtlich unwirksamen Akt setzt (RGSt **42** 72, 75).[28]

22 Für die Eigenschaft als Grenzzeichen (im dargelegten Sinne) macht es keinen Unterschied, ob das Zeichen **künstlich hergestellt** wird, wie der obrigkeitlich gesetzte Stein (RG

---

[19] *Haft* BT II S. 206.
[20] RGSt **17** 10, 12; **20** 202, 203 f; **41** 94, 95.
[21] *Haft* BT II S. 208; *Otto* BT § 72 Rdn. 12; *Schmidhäuser* BT 14/41; *Sch/Schröder/Cramer/Heine* Rdn. 23.
[22] *Welzel* § 61 IV.
[23] *Freund* MK Rdn. 34.
[24] RG Rspr. **5** 251, 252 f; RGSt **48** 252, 253; *Fischer* Rdn. 11; **aA** *Sch/Schröder/Cramer/Heine* Rdn. 26 a.E.; *Welzel* § 61 IV.
[25] RGSt **17** 10, 12; RG Rspr. **6** 49.
[26] RG DJZ **1903** 82 Nr. 9.
[27] RGSt **6** 199, 201; **17** 10, 12; **20** 196, 197.
[28] RGSt **23** 253, 256 f; **41** 94, 95 f, 97.

GA Bd. **59** 114), oder ob es **naturgegeben** ist, wie Felsen, Grenzbach, Grenzrain, Baum oder Hecke (RG LZ **1914** Sp. 88). Gleichgültig ist ferner, ob es **auf Dauer** gesetzt ist oder eine bereits festgestellte Grenze **nur vorläufig** bezeichnet (RGSt **56** 193).[29] Dagegen fehlt einem Merkmal die Grenzzeichenqualität, wenn es nur dazu dient, eine vorläufig angenommene, noch genau festzustellende Grenze zu markieren. So ist es zum Beispiel bei einem Stein, mit dessen Setzen der Landvermesser schon begonnen hat, dessen Lage er aber noch nachprüfen will (RGSt **56** 193), und bei Pfählen, die vor der endgültigen Festlegung der Grenze eingeschlagen werden (RG Recht **1915** Nr. 1909).[30]

b) **Wasserstandszeichen.** Es sind Merkmale, die zur Kennzeichnung der örtlichen Reichweite von Wassernutzungsrechten geeignet und bestimmt sind, etwa Merk- und Eichpfähle, nicht etwa der nur die Wasserhöhe messende und das Wehr regelnde Pegel oder die Erinnerungsmarke an Höchst- oder Tiefststände.[31] **23**

## III. Die Tathandlungen (Absatz 1)

Die verschiedenen Tatbestände des § 274 Abs. 1 StGB enthalten eine Vielzahl von Tathandlungen. Dabei geht es um die Beschreibung von Handlungsweisen, mit denen der Beweiswert der geschützten Gegenstände durch Eingriffe verschiedener Art aufgehoben oder dauerhaft beeinträchtigt wird. **24**

Die beschriebenen Handlungen sind teils mehreren der Tatbestände gemeinsam, teils auf einzelne beschränkt, um der spezifischen Eigenart des jeweils geschützten Objekts Rechnung zu tragen. Beim **Überblick** fällt auf, dass zwar die Nummern 1 und 2 sowie 1 und 3 gemeinsame Begehungsformen kennen, dem Gesetzeswortlaut nach nicht aber die Nummern 2 und 3. Doch kommt bei ihnen, bedingt durch die Natur des Gegenstands der Regelung, in verschiedenen Worten – auf den Taterfolg bezogen – sinngemäß Gleiches oder Ähnliches zum Ausdruck. Man vergleiche zum Beispiel die Begriffspaare löschen – vernichten, unbrauchbar machen – unkenntlich machen und verändern – verrücken. Umgekehrt ist aber auch zu bedenken, dass dieselbe Umschreibung einer Handlung in den verschiedenen Tatbeständen, je nach deren Ausgestaltung im Übrigen, unterschiedliche Reichweite haben kann. **25**

### 1. Gemeinsame Begehungsformen

a) **Der Nummern 1 und 3: Vernichten.** Es bedeutet völlige **Aufhebung der beweiserheblichen Substanz** der Objekte (Urkunden und technische Aufzeichnungen, Grenz- und Wasserstandszeichen), so dass sie als Beweismittel nicht mehr vorhanden sind.[32] Das ist der Fall: wenn sie infolge der Tat aufgehört haben, körperlich zu existieren[33] (die Urkunde ist verbrannt, der Grenzstein zertrümmert); wenn ihr Gedanken- oder Aufzeichnungsinhalt beseitigt wird,[34] zum Beispiel durch Unleserlichmachen (vgl. RGSt **34** 114, 118) oder Entfernen eines Stempelaufdrucks vom Urkundenkörper (BayObLG NJW **26**

---

[29] RG Recht **1921** Nr. 2929.

[30] Vgl. auch RGSt **16** 280, 281 f; **31** 143, 147 f.

[31] *Freund* MK Rdn. 38; *Olshausen* Anm. 8b; vgl. auch RGSt **31** 143.

[32] *Baier* JuS **2004** 56, 57; *Blei* II S. 322; *Joecks* Rdn. 8; *Kindhäuser* BT I § 57 Rdn. 13; *Rengier* BT II § 36 Rdn. 5; *Schmidt/Priebe* BT I Rdn. 1376.

[33] *Sch/Schröder/Cramer/Heine* Rdn. 7; *Sonnen* BT S. 227.

[34] RGSt **3** 370, 371; RG Rspr. **4** 670, 671.

**1980** 1057, 1058); oder wenn eine (zum Empfang einer Leistung berechtigende) Urkunde in verkehrsüblicher Weise entwertet wird, etwa durch Einreißen einer Eintrittskarte, Ungültigstempeln eines Wertpapiers oder Lochen einer Fahrkarte.[35]

27 aa) **Urkunden und technische Aufzeichnungen.** Urkundenfälschung (§ 267 StGB) kommt in Betracht, wenn die Urkunde durch die Tat nur teilweise beschädigt wird und der Rest beweiserheblich bleibt. Eine beschädigte Urkunde oder Aufzeichnung wird vernichtet, wenn dem Rest die Beweisfunktion genommen wird. Um Vernichten handelt es sich auch, wenn bei zusammengesetzten Urkunden (§ 267 StGB Rdn. 100 ff) das Beweiszeichen oder die Erklärung vom Bezugsobjekt gelöst wird, so dass im Rechtsverkehr mit dem verbleibenden Teil nichts mehr anzufangen ist (RGSt **60** 402, 404: Loslösung des Grubenorts-Nummerzeichens, einer Blechmarke, von dem Förderwagen, an dem es angebracht ist; RGSt **67** 230, 233: Öffnen eines Postbeutelverschlusses, der aus Bindfaden und Plombe besteht, durch unbefugtes Durchschneiden und Beseitigung des Bindfadens nebst Plombe).[36] Löschen von Tonbändern fällt nicht unter § 274 Abs. 1 Nr. 1 StGB. Sie sind weder Urkunden (siehe § 267 StGB Rdn. 10) noch lassen sie sich zu den technischen Aufzeichnungen zählen (§ 268 StGB Rdn. 14).[37]

28 bb) **Grenz- und Wasserstandszeichen.** Da diese Zeichen wie Urkunden und technische Aufzeichnungen körperliche Gegenstände sind, ist der Ausdruck „vernichten" bei ihnen ebenso wie dort zu verstehen (Rdn. 26). So wird ein Grenzstein zum Beispiel vernichtet, wenn er zertrümmert und die Teile verstreut werden.

b) **Der Nummern 1 und 2: Unterdrücken**

29 aa) **Urkunden und technische Aufzeichnungen.** Eine Urkunde oder technische Aufzeichnung wird unterdrückt, wenn der Täter auf andere Weise als durch Vernichten (Rdn. 26) oder Beschädigen (Rdn. 34 ff) vereitelt, dass der Berechtigte sie als Beweismittel gebrauchen kann.[38] Das kann dadurch geschehen, dass der Täter sie dem Berechtigten entzieht (RGSt **1** 159, 160; OLG Düsseldorf NJW **1989** 115, 116) oder sie vor ihm verbirgt. Es ist nicht notwendig, dass er sie ihm dauernd vorenthält (RGSt **57** 310, 312)[39] oder dass er heimlich handelt (RGSt **22** 283).[40] Unterdrücken ist auch nur zeitweilig möglich, etwa für einen bestimmten Beweisgebrauch (RGSt **39** 405, 408).[41] Es ist unerheblich, ob die Tat zu einer Zeit geschieht, zu der der Gebrauch des Beweismittels für den Berechtigten von entscheidender Bedeutung wäre (RG LZ **1914** Sp. 780). Glaubt der Täter, dass der Berechtigte die Urkunde während der Dauer der Entziehung nicht braucht, so kann ihm die Nachteilszufügungsabsicht fehlen. Zum Unterdrücken gehört nicht notwendig eine Ortsveränderung oder ein Leugnen, die Urkunde zu besitzen. Doch wird eine bestimmte oder bestimmbare Person (oder Mehrheit von Personen) vorausgesetzt, die einen Anspruch auf Kenntnisnahme, Einsicht oder Vorlegung hat (RGSt **39** 405, 407).[42]

30 **Kasuistik.** Unterdrücken ist **angenommen** worden: wenn der Täter dem Adressaten einen Bestellschein vorenthält (RGSt **39** 405, 407 f); wenn er einen Mahn- oder Voll-

---

[35] *Sch/Schröder/Cramer/Heine* Rdn. 7.
[36] Vgl. RG JR Rspr. **1926** Nr. 576.
[37] Anders etwa *Bockelmann* BT 3 S. 110.
[38] Vgl. etwa *Baier* JuS **2004** 56, 58; *Blei* II S. 322; *Freund* MK Rdn. 42; *Gössel/Dölling* BT 1 § 52 Rdn. 43.
[39] RGSt **39** 80, 81; RG JW **1937** 1336; *Brodag* BT S. 315; *Küper* BT S. 316; *Otto* BT § 72 Rdn. 4.
[40] RGSt **10** 391; **57** 310, 312; RG LZ **1914** Sp. 780.
[41] RGSt **57** 310, 312; RG JW **1937** 1336.
[42] RGSt **10** 391, 392; **20** 413, 415.

streckungsbescheid (Zahlungs- oder Vollstreckungsbefehl) vor ihm verheimlicht (RGSt **20** 413, 415); wenn er einen Zettel von der Windschutzscheibe eines beschädigten Fahrzeugs entfernt, mit dem er als Unfallverursacher seine Anschrift hinterlassen hat (BayObLG NJW **1968** 1896; OLG Celle NJW **1966** 557, 558);[43] wenn er einen Wahlzettel aus der Urne wegnimmt (RGSt **22** 182; vgl. § 267 StGB Rdn. 99) oder wenn er einen Brief, der ihm irrtümlich ausgehändigt oder zugestellt wurde, pflichtwidrig nicht herausgibt (RGSt **49** 144).[44]

Unterdrücken ist dagegen **nicht angenommen** worden: wenn der Vermieter eine Sendung, die für den ausgezogenen Mieter bestimmt ist, an den Absender zurückgehen lässt;[45] wenn ein Schriftstück vorübergehend zur Verbesserung, Ergänzung oder Berichtigung an den Einsender zurückgegeben wird (RG DStrZ **1937** 51, 53) oder wenn sich der Täter die Urkunde durch Wegnahme rechtswidrig zueignet, um sie selbst als Beweismittel gegen den Berechtigten zu verwerten. In diesem Fall handelt es sich allein um Diebstahl. Hingegen ist auch der Tatbestand des § 274 Abs. 1 Nr. 1 StGB erfüllt, wenn ein Dieb das Preisschild einer Ware abreißt, um dem Geschäftsinhaber den Eigentumsnachweis zu erschweren (OLG Köln NJW **1973** 1807). Bei heimlichem Auswechseln von Preisschildern scheidet aber (im Ergebnis) eine Urkundenunterdrückung aus (vgl. OLG Hamm NJW **1968** 1894, 1895 m. krit. Anm. *Peters*), denn diese tritt hinter der Urkundenfälschung zurück. 31

bb) **Beweiserhebliche Daten.** Bei ihnen lässt sich der Begriff „unterdrücken" zwar nicht wortgleich (als Vereiteln des Beweisgebrauchs auf andere Weise als durch Vernichten oder Beschädigen) so umschreiben wie bei den Urkunden und technischen Aufzeichnungen (Rdn. 29), wohl aber sinngemäß gleich als Vereiteln des Beweisgebrauchs auf andere Weise als durch Löschen, Unbrauchbarmachen oder Verändern. Unterdrücken setzt also hier wie bei Nummer 1 voraus, dass der Tatgegenstand als Beweisobjekt existent bleibt, bei Urkunden und technischen Aufzeichnungen (auch) körperlich, bei den Daten naturgemäß in Form der elektronisch, magnetisch oder sonst nicht unmittelbar wahrnehmbaren Speicherung (oder Übermittlung). Solche Daten werden unterdrückt, wenn sie als Information so gespeichert oder übermittelt werden, dass sie dem Zugriff des Berechtigten entzogen sind und er sie nicht benutzen kann, so zum Beispiel durch nachträgliches Einfügen eines Passworts, das der Berechtigte nicht kennt und an dem er deshalb nicht vorbeikommt.[46] Um Unterdrücken kann es sich aber auch handeln, wenn der Täter dem Berechtigten den Datenträger mit den gespeicherten Informationen vorenthält. 32

2. **Besondere Begehungsformen.** Bei der Beschreibung der Tathandlungen der Nummern 1 bis 3 finden sich in jedem der drei Tatbestände Ausdrücke, die in den beiden anderen nicht vorkommen. 33

a) **Der Nummer 1: Beschädigen.** Es bedeutet Beeinträchtigen des Beweiswerts.[47] Die Urkunde oder technische Aufzeichnung besteht zwar als Beweismittel fort; ihr Gedan- 34

---

[43] Siehe auch AG Karlsruhe NJW 2000 87.

[44] RGSt **10** 391 f; RG Recht **1915** Nr. 1248.

[45] OLG Dresden JW **1934** 2640, 2641 m. krit. Anm. *Rilk*.

[46] *Haurand/Vahle* RDV **1990** 129; *v. Gravenreuth* NStZ **1989** 206.

[47] Vgl. *Arzt/Weber* BT § 33 Rdn. 29; *Blei* II S. 322; *Gössel/Dölling* BT 1 § 52 Rdn. 43; *Haft* BT II S. 207; *Joecks* Rdn. 9; *Kindhäuser* BT I § 57 Rdn. 14; *Küper* BT S. 316; *Sonnen* BT S. 227; *Wessels/Hettinger* BT 1 Rdn. 892; *Zieschang* JA 2008 192, 195.

keninhalt oder Beweisgehalt wird aber im Beweiswert gemindert. Das kann auf unterschiedliche Weise geschehen, sei es, dass durch eine Einwirkung entweder der Bestand der Urkunde oder technischen Aufzeichnung oder – unter Erhaltung ihrer gegenständlichen Substanz – allein ihre Aussage betroffen wird, sei es, dass beide Bestandteile (der Beweismittelkörper und zugleich die durch ihn vermittelte Erklärung oder Darstellung) in Mitleidenschaft gezogen werden (RGSt **10** 43, 44).

**35** Als **Beispiele** einer Beschädigung kommen in Betracht: Einreißen oder Zerreißen der Urkunde (RGSt **10** 43, 44), Abschneiden eines Teils davon (RG HRR **1927** 6) oder Beeinträchtigung der Lesbarkeit der Schrift oder Darstellung durch Tinten- oder Farbeinwirkung. Es ist grundsätzlich unerheblich, ob sich die Veränderung rückgängig machen lässt, etwa die zerrissenen Urkundenteile wieder zusammengefügt (RGSt **10** 43, 44) oder Durchstreichungen mit Bleistift durch Radieren beseitigt werden können (RG Rspr. **2** 135 f). Durch solche Maßnahmen wird die vollendete Beschädigung im Prinzip rechtlich nicht aufgehoben (RG Rspr. **2** 135, 136), doch wird man bei einer mühelos möglichen Beseitigung der Beeinträchtigung ein Beschädigen abzulehnen haben.

**36** Die Beschädigung kann die Urkunde oder technische Aufzeichnung auf die eine oder andere Weise ganz oder nur in Teilen betreffen. Es ist denkbar, dass eine Substanzverletzung den Beweiswert des Beweismittels nicht mindert (vgl. RG Rspr. **2** 135, 136). Ist das der Fall, so scheidet § 274 StGB aus; doch kommt Strafbarkeit nach § 303 StGB in Betracht. Erreicht im umgekehrten Fall die Beschädigung ein Ausmaß, dass sie die Beweiskraft der Urkunde oder technischen Aufzeichnung in allen Teilen restlos beseitigt, so schlägt die Tatbestandsform „Beschädigen" rechtlich in „Vernichten" (Rdn. 26) um. Die Abgrenzung beider Tatformen ist weitgehend Tatfrage (RG HRR **1927** 6).

**37** Verfälschungen (§§ 267, 268 StGB) enthalten regelmäßig (auch) Beschädigungen des bisherigen Beweisgehalts der Urkunde oder technischen Aufzeichnung und erfüllen insoweit zugleich den Tatbestand des § 274 Abs. 1 Nr. 1 StGB. Doch tritt dieser Tatbestand zurück, wenn die §§ 267, 268 StGB eingreifen (§ 267 StGB Rdn. 294).[48]

**38** b) **Der Nummer 2.** Sie enthält drei Alternativen, die es nach dem Gesetzeswortlaut in den Nummern 1 und 3 nicht gibt. Damit soll sichergestellt werden, dass (unter Berücksichtigung auch des Merkmals „Unterdrücken") sämtliche Beeinträchtigungen erfasst werden, welche die Verwendbarkeit von Daten betreffen.[49]

**39** aa) **Löschen.** Unter Löschen von Daten versteht man ihr Unkenntlichmachen in der Weise, dass es nicht rückgängig gemacht werden kann.[50] Es lässt sich erreichen durch Zerstörung des Datenträgers, Überschreiben der Daten mit anderen oder „Löschen" mithilfe des Computer-Betriebssystems.[51] Das Unkenntlichmachen ist nur dann endgültig, wenn und soweit auch mithilfe geeigneter „Werkzeuge" eine Rekonstruktion der gespeicherten Daten nicht mehr möglich ist.[52]

**40** Beim „Löschen" der Daten **mit dem Computer-Betriebssystem** ist der Übergang zum „Unterdrücken" (Rdn. 32) fließend. Denn der Computer löscht in der Regel Daten physikalisch nicht vollständig (es sei denn, man benutzt einen Formatierbefehl), sondern macht nur im Inhaltsverzeichnis (Directory) den „Wegweiser" zum Auslesen für den

---

[48] Vgl. RGSt **34** 114, 118; **54** 103, 104 f; RG HRR **1927** 6.
[49] Vgl. *Haurand/Vahle* RDV **1990** 129.
[50] *Joecks* Rdn. 14.
[51] Vgl. AG Brandenburg/Havel CR **2002** 721; *Haurand/Vahle* RDV **1990** 129.
[52] *Haurand/Vahle* RDV **1990** 129; *v. Gravenreuth* NStZ **1989** 206.

Computer unkenntlich. Dadurch wird es möglich, die betroffenen Sektoren der Datei mit anderen Daten zu überschreiben. Bevor dies geschieht, können die verloren gegangenen Daten noch „gerettet" werden, indem der Eintrag im Verzeichnis wiederhergestellt wird. Doch ist dies für den Nutzer oft mit großen Schwierigkeiten verbunden (*Haurand/Vahle* RDV **1990** 128).

Das Löschen (§ 274 Abs. 1 Nr. 2 StGB) entspricht also sachlich dem Vernichten in den Nummern 1 und 3, nach der Natur der Sache allerdings unter Beschränkung auf Daten als unkörperliche und nicht unmittelbar wahrnehmbare Objekte. Werden Daten auf einer Festplatte gelöscht, so existieren sie nicht mehr als Beweismittel, ähnlich wie es bei einer Urkunde der Fall ist, wenn sie als Sache vernichtet oder ihr Text zerstört wird. **41**

Ein gefürchtetes Tatmittel sind **Viren,** das heißt Computerprogramme, die von außen in fremde Rechner eindringen, „gesunde" Programme infizieren und verschiedene Aufgaben erfüllen können, so auch die Löschung von Datenbeständen des ahnungslosen Nutzers.[53] So soll etwa das über Internet verbreitete Computervirus „I love you", das im Jahr 2000 weltweit für Schlagzeilen sorgte, Schäden in Milliardenhöhe angerichtet haben.[54] **42**

**bb) Unbrauchbarmachen.** Diese Alternative beruht auf der Beschlussempfehlung und dem Bericht des Rechtsausschusses (S. 34). Sie soll – ebenso wie das „Verändern" – die Tathandlungen ergänzen, die schon im Entwurf III vorgesehen waren (Löschen und Unterdrücken). Auch ein Verhalten, das dem Beschädigen in Nummer 1 entspricht (Rdn. 34 ff), wird nunmehr ausdrücklich erfasst. Die Ergänzung dient zugleich der Angleichung des Tatbestands an § 303a StGB (Datenveränderung). Sie verdeutlicht den in der höheren Strafdrohung sich auswirkenden Vorrang der Nummer 2 gegenüber § 303a StGB (Beschlussempfehlung und Bericht S. 34). **43**

Unbrauchbar gemacht sind Daten etwa dann, wenn sie zwar noch gespeichert, aber infolge einer technischen Manipulation nicht mehr abrufbar sind. Ihre Funktionsfähigkeit wird ohne Löschung (oder Unterdrückung) beeinträchtigt oder aufgehoben.[55] Auch inhaltliche Umgestaltung, teilweises Löschen oder falsche Ergänzungen können Unbrauchbarkeit zur Folge haben.[56] **44**

**cc) Verändern.** Dieser Begehungsform entspricht bei Urkunden und technischen Aufzeichnungen das Beschädigen, soweit es deren Beweiswert mindert (Rdn. 34 ff). Unter Verändern von Daten versteht man demgemäß jede Form inhaltlicher Umgestaltung gespeicherter Daten,[57] soweit sie nicht zur Unbrauchbarkeit führt. Das Merkmal „Verändern" soll alle Manipulationen erfassen, die nicht durch die anderen Tatbestandsalternativen erfasst werden; es hat insofern eine **Auffangfunktion.**[58] **45**

*Lenckner/Winkelbauer* (CuR **1986** 827) bezweifeln, dass die Regelung des § 274 Abs. 1 Nr. 2 StGB gesetzestechnisch gelungen sei. Sie weisen unter anderem darauf hin, dass die Vorschrift mit dem Merkmal „verändern" auch Sachverhalte erfasse, die der einfachen schriftlichen Lüge entsprächen und durch die Anbindung des § 269 StGB an § 267 StGB bewusst straflos gelassen werden sollten. **46**

**c) Der Nummer 3.** Sie kennt – anders als die Nummern 1 und 2 – für die Grenz- und Wasserstandszeichen den Begriff „unterdrücken" nicht. Sie nennt vielmehr außer dem **47**

---

[53] *Haurand/Vahle* RDV **1990** 128.
[54] FAZ Nr. 106/2000 vom 8.5.2000, S. 13.
[55] *v. Gravenreuth* NStZ **1989** 206 f.
[56] *Haurand/Vahle* RDV **1990** 129.
[57] *v. Gravenreuth* NStZ **1989** 207.
[58] Vgl. *Haurand/Vahle* RDV **1990** 129 f.

Vernichten (Rdn. 26) eine Reihe von weiteren Tathandlungen, bei denen es letztlich darum geht, ob der Beweiswert des betroffenen Zeichens (dem Berechtigten) ständig oder vorübergehend entzogen oder ob er verfälscht wird. Dennoch ist bei der Subsumtion eines Sachverhalts, so wie auch sonst, vom Gesetzeswortlaut auszugehen, nicht von einem außerhalb der Norm gebildeten Oberbegriff. In keinem Fall gehört zur Tatbestandsmäßigkeit einer der beschriebenen Handlungen, dass die Tat den Grenzverlauf tatsächlich verdunkelt (RG GA Bd. **42** 406, 407). Die Tat ist auch dann vollendet, wenn er für Eingeweihte nach wie vor feststeht.

48 aa) **Wegnehmen.** Der Begriff ist nicht mit dem des § 242 StGB identisch.[59] Auf einen Gewahrsamsbruch kommt es nicht an. Vielmehr reicht es aus, dass das Grenz- oder Wasserstandszeichen an Ort und Stelle aus seiner befestigten Lage entfernt wird, selbst wenn es dort liegen bleibt (RG GA Bd. **54** 71) oder die Grube noch sichtbar ist (RG GA Bd. **42** 406, 407).

49 bb) **Unkenntlichmachen.** Ein Grenz- oder Wasserstandszeichen wird unkenntlich gemacht, wenn es gegenständlich zwar noch vorhanden, in der ihm zugewiesenen Funktion aber nicht mehr zu erkennen ist. Das ist der Fall, wenn man den Grenzstein einpflügt, so dass er nicht mehr sichtbar ist, oder einen Grenzrain einebnet (vgl. RGSt **22** 286, 287 f).

50 cc) **Verrücken oder fälschliches Setzen.** Beide Tathandlungen sind ebenfalls dem § 274 Abs. 1 Nr. 3 StGB eigen. Das Verrücken bezieht sich auf echte Zeichen, das fälschliche Setzen auf unechte.

51 Das **Verrücken** setzt voraus, dass ein **echtes** Grenz- oder Wasserstandszeichen als Markierung vorhanden ist, das der Täter sodann (im selben Grenzbereich) an eine andere Stelle versetzt (RGSt **16** 280, 281)[60] und insofern verfälscht. Ein derartiges Zeichen ist (vor der Tat) echt, wenn es von alters her bestanden hat oder gegenüber den Beteiligten aufgrund einer Vereinbarung oder Entscheidung der zuständigen Behörde als Grenz- oder Wasserstandsmerkmal festgestellt ist (RG Rspr. **6** 49). Ein unechtes Zeichen kann nicht „verrückt" werden.

52 Beim **fälschlichen Setzen** verwendet der Täter, obwohl zum Setzen nicht befugt, als angebliches, das heißt in Wirklichkeit unechtes Grenz- oder Wasserstandszeichen, an bisher unmarkierter Stelle einen Gegenstand, der nach den Umständen des Einzelfalls äußerlich die Eigenschaften einer echten Markierung vortäuscht (RGSt **16** 280, 281). Dabei ist es unerheblich, ob der Gegenstand früher bereits als echtes Grenz- oder Wasserstandszeichen benutzt worden ist oder nicht (RGSt **16** 280, 281). Ein echtes Zeichen, das durch Verrücken „unecht" wird, wird durch dieselbe Tat im Rechtssinne nicht zugleich „fälschlich gesetzt".

## IV. Unrechtsausschluss

53 Bei § 274 Abs. 1 Nr. 1 StGB wird die Rechtswidrigkeit der Tat nach herrschender Meinung[61] durch *Einwilligung* aller Gebrauchsberechtigten (vgl. BGHSt **6** 251, 253 f)

---

[59] *Freund* MK Rdn. 60; *Haft* BT II S. 208; *Joecks* Rdn. 20.

[60] RG GA Bd. **54** 71; vgl. auch RG LZ **1921** Sp. 113.

[61] *Brodag* BT S. 315; *Fischer* Rdn. 7; *Gössel/Dölling* BT 1 § 52 Rdn. 48; *Haft* BT II S. 206; *Hoyer* SK Rdn. 26; *Joecks* Rdn. 25; *Lackner/Kühl* Rdn. 4; *Otto* BT § 72 Rdn. 8; *Puppe* NK Rdn. 15; *Sch/Schröder/Cramer/Heine* Rdn. 11; *Sonnen* BT S. 227; *Wessels/*

oder durch Auftrag des Berechtigten (RGSt **33** 288, 290) ausgeschlossen. Ferner kommt Notwehr oder berechtigte Selbsthilfe in Betracht (RGSt **16** 150, 152 f). Eine Rechtfertigung entfällt, wenn ein Vertreter unter Missbrauch seiner Vertretungsbefugnis in sittenwidriger Weise einwilligt (BGHSt **6** 251 = LM Nr. 3 m. Anm. *Fränkel*).[62] Entsprechendes hat im Fall des Absatzes 1 Nr. 2 zu gelten.

Bei Absatz 1 Nr. 3 ist zu beachten, dass Grenz- und Wasserstandszeichen in der Regel durch öffentlichrechtliche Stellen gesetzt werden (Rdn. 21). Ist das so, dann ist die Tat eines Unbefugten rechtswidrig, auch wenn der betroffene Anrainer (als Grundstückseigentümer oder Berechtigter) in sie eingewilligt hat. **54**

## V. Zur inneren Tatseite (Nummern 1 bis 3)

**1. Vorsatz.** Bedingter genügt, soweit nicht Absicht gefordert wird. Der Täter muss erkennen, dass sich sein Verhalten gegen einen der Tatgegenstände als Beweismittel richtet und dass er darüber nicht allein verfügen kann. Für den Gehilfen einer Urkundenunterdrückung genügt es, dass er erkennt, dass der Täter nicht ausschließlich verfügungsberechtigt ist und die Urkunde einem Mitberechtigten entziehen will (BGHSt **29** 192, 196). **55**

**2. Nachteilszufügungsabsicht.** In allen Fällen der Nummern 1 bis 3 setzt Tatbestandsmäßigkeit die Absicht des Täters voraus, einem anderen Nachteil zuzufügen. **56**

a) **Absicht als subjektives Merkmal.** Die herrschende Meinung lässt als Absicht das Bewusstsein des Täters genügen, dass die Tat fremden Nachteil zur Folge hat. Es reicht dolus directus 2. Grades (direkter Vorsatz) aus (BGH NJW **1953** 1924).[63] Eine frühere Auffassung hat den Begriff „Absicht" im Sinne eines Beweggrunds, als Triebfeder, ausgelegt, wonach es dem Täter gerade auf die Benachteiligung des anderen ankommen müsse (RGSt **16** 150, 151).[64] Doch weist das Oberlandesgericht Celle (NJW **1966** 557, 558) mit Recht darauf hin, dass die Schädigung selbst selten Motiv des Täters ist, sondern eher Folge eines meist eigennützigen Handelns.[65] Die Absicht braucht nicht zu einer Schädigung des anderen zu führen. Es genügt, dass der Wille des Täters darauf gerichtet ist, so wenn dem Wettbewerber die ihm zugedachte Bestellung vorenthalten wird (RGSt **10** 391). Auf einen Täuschungs-, Bereicherungs- oder Verheimlichungswillen kommt es nicht an (RG LZ **1914** Sp. 88). Die Nachteilszufügungsabsicht soll fehlen, wenn der Täter irrtümlich annimmt, er sei zur Selbsthilfe berechtigt (RGSt **16** 151, 152). An der Nachteils- **57**

---

*Hettinger* BT 1 Rdn. 886 f; **anders** *Kienapfel* Jura **1983** 185, 188: Tatbestandsausschluss.

62 Vgl. RG DRiZ **1932** Rspr. Nr. 44.

63 BGH bei Dallinger MDR **1958** 139, 140; RGSt **31** 143, 149 f; **55** 74, 76; BayObLG NJW **1968** 1896, 1897; OLG Celle NJW **1966** 557, 558; OLG Hamm Beschl. v. 9.11.2006 – 3 s. S. 271/06; *Blei* II S. 323; *Bockelmann* BT 3 S. 110; *Fischer* Rdn. 6; *Gössel/Dölling* BT 1 § 52 Rdn. 47; *Haft* BT II S. 208; *Küpper* BT 1 Teil II § 1 Rdn. 56; *Lackner/Kühl* Rdn. 7; *Sch/Schröder/Cramer/Heine* Rdn. 15; *Sonnen* BT S. 227; *Tiedemann* MA **1987** 412, 418; **anders** (dolus directus 1. Grades) RGSt **50** 55, 56; RG JW **1923** 608 m. krit. Anm. *Hegler*; *Hoyer* SK Rdn. 17; *Otto* BT § 72 Rdn. 6; *Schmidhäuser* BT 14/39 f; vgl. auch *Freund* MK Rdn. 53 f; dagegen für dolus eventualis *Puppe* NK Rdn 12.

64 RGSt **50** 55, 56 (zu § 268 a.F. StGB); **59** 13, 17 f (zu §§ 268, 272 a.F. StGB); RG LZ **1915** Sp. 771; RG JW **1923** 608 m. krit. Anm. *Hegler*.

65 *Sch/Schröder/Cramer/Heine* Rdn. 15.

zufügungsabsicht kann es nach OLG Zweibrücken NStZ **2000** 201, 202 fehlen, wenn die Beweisführung durch Beweismittel außerhalb der Urkunde mit derselben Sicherheit möglich ist wie mit der Urkunde vor ihrer Beschädigung.[66]

58 b) **Der Nachteilsbegriff.** Die herrschende Auffassung versteht darunter dasselbe wie beim Begriff „Schaden" in § 272 a.F. StGB (jetzt: § 271 Abs. 3 StGB). Dem ist zuzustimmen. Man kann nicht nur **vermögensrechtliche** Nachteile unter dieses Tatbestandsmerkmal subsumieren (BGHSt **29** 192, 196).[67] Als Nachteil, der über die Einwirkung auf die Urkunde hinausreichen muss (RGSt **31** 143, 149), genügt auch jede Beeinträchtigung fremder Beweisführungsrechte (BGHSt **29** 192, 196),[68] etwa die des Verlangens auf Vorlage der Urkunde in einem Verfahren (RGSt **22** 283, 285 f).[69] Als „Nachteil" ist selbst die Beeinträchtigung der Ehre oder des körperlichen Wohls angesehen worden (vgl. § 271 StGB Rdn. 101 f).[70]

59 Die **Vereitelung eines staatlichen Bußgeldanspruchs** soll kein Nachteil eines anderen im Sinne des § 274 StGB sein (BayObLG NJW **1989** 676).[71] Das wäre sicher richtig, wenn es bei § 274 StGB nur um Vermögensnachteile ginge. Insoweit steht diese Rechtsansicht im Einklang mit der auch sonst von der Rechtsprechung vertretenen Meinung, dass die Vereitelung einer Geldstrafe, die wegen einer Straftat droht, nicht als Vermögensschädigung gewertet wird (§ 271 StGB Rdn. 93).[72] Das schließt es allerdings nicht aus, in einer Strafvereitelung oder Vereitelung eines Bußgeldanspruchs einen Nachteil anderer als vermögensrechtlicher Art für den Staat oder die Allgemeinheit zu erblicken.[73] Auf dieser Grundlage ließe sich die Anwendung des § 274 Abs. 1 StGB in einschlägigen Fällen nur mit der Erwägung ablehnen, dass der Staat als Hoheitsträger nicht „ein anderer" im Sinne der Urkundenunterdrückung und die Strafvereitelung als Sondermaterie abschließend in den §§ 258, 258a StGB geregelt sei (*Geppert* JK **8/07** StGB § 274/6).

60 Der **Benachteiligte** braucht nicht Eigentümer der Urkunde oder technischen Aufzeichnung zu sein; er muss auch sonst keine Rechte daran haben (RGSt **39** 80, 81). Derjenige, dem gegenüber die Urkunde unterdrückt wird, braucht mit dem Geschädigten nicht identisch zu sein (RGSt **39** 80, 81).[74]

---

66 Vgl. auch *Arzt/Weber* § 33 Rdn. 34.

67 RGSt **22** 283, 285 f; **55** 74, 76; *Blei* II S. 323; *Bockelmann* BT 3 S. 110; *Gössel/Dölling* BT 1 § 52 Rdn. 47; *Rengier* BT II § 36 Rdn. 8; *Schmidt/Priebe* BT I Rdn. 1380; *Wessels/Hettinger* BT 1 Rdn. 895.

68 OLG Köln VRS **50** 422; OLG Zweibrücken GA **1978** 316, 317; *Hecker* JuS **2002** 224, 226; *Kindhäuser* LPK Rdn. 14; *Puppe* NK Rdn. 13; **aA** *Hoyer* SK Rdn. 15.

69 Vgl. RG HRR **1936** Nr. 1026; RG LZ **1914** Sp. 780; RG Recht **1905** Nr. 1243; Recht **1915** Nr. 1910; OLG Köln VRS **50** 422.

70 *Hoyer* SK Rdn. 15; *Sch/Schröder/Cramer/Heine* Rdn. 16; *Schroth* BT S. 253; **anders** *Fischer* Rdn. 6; *Puppe* NK Rdn. 13; **kritisch** auch *Maurach/Schroeder/Maiwald* BT 2 § 65 Rdn. 106.

71 *Fischer* Rdn. 6; *Gössel/Dölling* BT 1 § 52 Rdn. 47; *Hecker* JuS **2002** 224, 226; *Lackner/Kühl* Rdn. 7; *Maurach/Schroeder/Maiwald* BT 2 § 65 Rdn. 106; *Schmidt/Priebe* BT I Rdn. 1380; *Sch/Schröder/Cramer/Heine* Rdn. 16; *Wessels/Hettinger* BT 1 Rdn. 895; **aA** *Hoyer* SK Rdn. 15; *Jäger* BT Rdn. 442; *Puppe* Rdn. 14.

72 Vgl. OLG Schleswig SchlHA **1978** 59.

73 *Puppe* NK Rdn. 14.

74 *Lackner/Kühl* Rdn. 7; *Puppe* NK Rdn. 14; *Sch/Schröder/Cramer/Heine* Rdn. 17.

## VI. Täterschaft und Teilnahme

Täter kann grundsätzlich jedermann sein. Ausgenommen sind: im Fall des Absatzes 1 **Nr. 1** der, dem die Urkunde oder technische Aufzeichnung ausschließlich gehört, und im Fall des Absatzes 1 **Nr. 2** der, der über die Daten ausschließlich verfügen darf. Da Grenzzeichen in der Regel in einem geordneten Verfahren unter Mitwirkung öffentlicher Stellen gesetzt werden (vgl. Rdn. 21, 54), kommen im Fall des Absatzes 1 **Nr. 3** als Täter auch die beteiligten Anlieger in Betracht, wenn sie gemeinsam einen Grenzstein kurzerhand „verrücken". Doch wird es insoweit in der Regel an der Absicht fehlen, einem anderen Nachteil zuzufügen. **61**

## VII. Versuch und Vollendung

Die Tat ist in jeder Form (Absatz 1 Nrn. 1 bis 3) Vergehen (§ 12 Abs. 2 StGB), der Versuch nach §§ 23 Abs. 1, 274 Abs. 2 strafbar. **62**

Die Tat ist als Erfolgsdelikt **vollendet,** sobald der tatbestandsmäßige Erfolg eingetreten ist, der in der Einwirkung auf den Beweiswert des Tatobjekts als Beweismittel liegt, so im Fall der Nummer 1 in der Vernichtung, Beschädigung oder Unterdrückung der Urkunde und im Fall der Nummer 2 zum Beispiel in der Löschung oder Unbrauchbarmachung der Daten. Die Vollendung der Tat hängt nicht davon ab, ob der Nachteil eintritt, erforderlich ist lediglich die Absicht, einem anderen Nachteil zuzufügen. **63**

Der **Versuch** beginnt, sobald der Täter in der bezeichneten Absicht zur Tathandlung ansetzt. **64**

## VIII. Konkurrenzen

**1. Gesetzeskonkurrenz.** § 273 StGB ist gegenüber § 274 Abs. 1 Nr. 1 StGB kraft ausdrücklicher Anordnung subsidiär. Im Verhältnis zu § 303 StGB gehen die Nummern 1 und 3 als Sondervorschriften grundsätzlich vor (RG GA Bd. **57** 399). Sinngemäß Gleiches gilt für das Verhältnis der §§ 303, 303a StGB und § 274 Abs. 1 Nr. 2 StGB zueinander (Beschlussempfehlung und Bericht des Rechtsausschusses S. 34). § 274 StGB ist enger als die §§ 303, 303a StGB.[75] **65**

Gegenüber den Verfälschungstatbeständen der §§ 267, 268 StGB tritt § 274 Abs. 1 Nr. 1 StGB zurück, wenn die Verfälschung zugleich Beschädigung der Urkunde oder Aufzeichnung ist (RGSt **34** 114, 118),[76] wenn also die Einwirkung auf den Beweisgehalt des Beweismittels nicht nur zerstörende oder beeinträchtigende, sondern auch ihn ändernde Wirkung hat (§ 267 StGB Rdn. 294). § 274 Abs. 1 Nr. 1 StGB greift jedoch ein, wenn der Täter die Urkunde oder technische Aufzeichnung beseitigt und durch ein unechtes Stück ersetzt. In diesem Fall sind Unterdrückungs- und Fälschungshandlung getrennt zu erfassen (siehe aber auch Rdn. 31).[77] Sinngemäß gleich ist das Verhältnis zu beurteilen, in dem die §§ 269, 274 Abs. 1 Nr. 2 StGB zueinander stehen.[78] **66**

---

75 *Dingler* JA **2004** 810; *Fischer* Rdn. 8, § 303 Rdn. 23; *Lackner/Kühl* Rdn. 8; *Sch/Schröder/Cramer/Heine* Rdn. 22, 32.

76 RGSt **20** 6, 9; **65** 316, 318; *Freund* MK Rdn. 69; *Peters* NJW **1968** 1895; *Sch/Schröder/Cramer/Heine* Rdn. 22.

77 *Hoyer* SK Rdn. 27; *Schilling* Urkundenverbrechen S. 48 f; **aA** *Joecks* Rdn. 26; *Sch/Schröder/Cramer/Heine* Rdn. 22.

78 *Hoyer* SK Rdn. 27; *Lackner/Kühl* Rdn. 8 a.E.

67 **2. Tateinheit.** Sie ist zum Beispiel möglich bei § 274 Abs. 1 Nr. 1 StGB mit § 133 StGB (RG GA Bd. **37** 283).[79]

68 **3. Sonderfall: Verhältnis zu den Zueignungsdelikten.** Problematisch und umstritten ist das rechtliche Verhältnis des § 274 Abs. 1 Nr. 1 StGB zu den Zueignungsdelikten (§§ 242, 249 StGB). Nimmt der Täter eine fremde Urkunde weg, so ist es vorwiegend **Tatfrage**, ob er allein oder auch in der Absicht handelt, sie sich zuzueignen (OLG Köln NJW **1950** 959 m. krit. Anm. *Feldmann*). Zueignungsabsicht (§ 242 StGB) und Unterdrückungswille (§ 274 Abs. 1 Nr. 1 StGB) schließen einander nicht notwendig aus, sodass **Tateinheit** möglich ist (RGSt **47** 210, 215).[80]

69 Geht es dem Täter allein darum, die Urkunde zu vernichten oder sie nach kurzem Gebrauch zurückzugeben, so ist wegen Fehlens der Zueignungsabsicht für die Annahme von Diebstahl kein Raum.[81] Eignet er sich die Urkunde dagegen absichtsgemäß zu, so schließt § 242 StGB die rechtliche Möglichkeit einer gleichzeitigen oder nachfolgenden Urkundenunterdrückung nicht schlechthin aus.

70 Außer Tateinheit kommt bei gleichem oder teilbarem Objekt auch **Tatmehrheit** in Betracht. Geht es dem Täter um den Inhalt eines entwendeten Pakets, beschädigt er aber bei dem Diebstahl zugleich die urkundliche Paketumhüllung, so liegt Tateinheit vor, bei späterer Vernichtung der Umhüllung Tatmehrheit (BGH GA **1956** 318, 319). Tatmehrheit kann ferner vorliegen, wenn die Urkundenunterdrückung dazu dient, eine Unterschlagung anderer Sachen zu verdecken (RG Rspr. **4** 670, 672).

71 Urkundenunterdrückung tritt im Verhältnis zum Diebstahl nicht allgemein zurück (vgl. RGSt **35** 64 f). Eine Einschränkung ist jedenfalls für den Fall geboten, dass das geschützte Beweisinteresse, dem die gestohlene Urkunde dient, über das Interesse des Eigentümers an ihr hinausgeht, so immer dann, wenn sie dem Eigentümer als Bestohlenem nicht ausschließlich gehört, er selbst sie also auch nicht unterdrücken dürfte.

72 Weiter gehen (allgemein für die Annahme von Tateinheit) *Hoyer* (SK Rdn. 28) und *Puppe* (NK Rdn. 19). Sie lassen jedoch außer Acht, dass Gesetzeskonkurrenz trotz Verschiedenheit der geschützten Rechtsgüter vorliegen kann, wenn (wie beim Urkundendiebstahl) die Haupttat in der Regel auch das zusätzliche Unrecht der weiteren Tat (hier: die Verletzung des Beweisinteresses allein des Bestohlenen) mit umfasst. Für die Annahme von Gesetzeskonkurrenz im Verhältnis zu den Zueignungsdelikten grundsätzlich *Cramer/Heine*;[82] vgl.auch BGH NJW **1955** 876 (LS).

73 Zwischen den einzelnen Tathandlungen des Unterdrückungstatbestands (§ 274 Abs. 1 Nr. 1 StGB) ist **wahlweise Feststellung** zulässig (RGSt **40** 114). Entsprechendes gilt für die Tathandlungen der Grenzverrückung (§ 274 Abs. 1 Nr. 3 StGB; RG LZ **1921** Sp. 113) und der Datenveränderung (§ 274 Abs. 1 Nr. 2 StGB). Da die Unterdrückung beweiserheblicher Daten (§ 274 Abs. 1 Nr. 2 StGB) Erfolgsdelikt ist, können einschlägige **Taten von Ausländern**, die im Ausland handeln, gemäß §§ 3, 9 StGB unabhängig vom Rechts des Auslands als Inlandstaten bestraft werden, wenn sie den Erfolg, insbesondere die Löschung oder Unbrauchbarmachung von Daten, auf einem im Inland stationierten Rechner bewirken.

---

[79] OLG München JZ **1977** 410; AG Koblenz wistra **1999** 397; *Haft* BT II S. 209; *Maurach/Schroeder/Maiwald* BT 2 § 65 Rdn. 107; *Wessels/Hettinger* BT 1 Rdn. 898.

[80] RGSt **8** 79, 81 f; RG GA Bd. **54** 484 und Bd. **59** 122, 123; auch OLG Köln NJW **1973** 1807 f; *Fischer* Rdn. 8; *Puppe* NK Rdn. 19.

[81] RGSt **11** 239, 240 f; **35** 355, 357.

[82] *Sch/Schröder/Cramer/Heine* Rdn. 20.

## IX. Strafe und andere Rechtsfolgen

§ 274 StGB sieht Freiheitsstrafe bis zu fünf Jahren oder Geldstrafe vor. Die Anordnung des Erweiterten Verfalls (§ 73d StGB) ist ausgeschlossen (§ 282 Abs. 1 StGB). Auch eine Einziehung nach § 282 Abs. 2 StGB kommt nicht in Betracht. 74

## Vorbemerkungen zu den § 275 bis 276a

Innerhalb des 23. Abschnitts bilden die § 275 StGB und § 276 StGB (mit der Gleichstellungsvorschrift des § 276a StGB) – ähnlich wie die §§ 277 bis 279 StGB – eine **besondere Deliktsgruppe.** Sie betrifft **amtliche Ausweise** und hängt eng mit den §§ 267, 271, 348 StGB zusammen. Dadurch hebt sie sich einerseits von § 273 StGB und andererseits von § 281 StGB ab. § 273 StGB bezieht sich zwar ebenfalls auf amtliche Ausweise, will nach seiner Subsidiaritätsklausel aber gerade nicht eingreifen, wenn Urkundenfälschung (oder Urkundenunterdrückung) vorliegt. § 281 StGB gilt neben privaten zugleich amtlichen Ausweisen, soll sie aber nicht vor Fälschung (§§ 267, 271, 348 StGB), sondern (in ihrer Eigenschaft als echte Urkunden) vor Missbrauch schützen.

Den §§ 275, 276 StGB ist gemeinsam, dass sie mit Blick auf amtliche Ausweise Handlungen mit Strafe bedrohen, welche der **Vorbereitung einer Urkundenfälschung** im weiten Sinne (§§ 267, 271, 348 StGB) dienen. Sie unterscheiden sich aber insofern, als § 275 StGB darauf abzielt, Handlungen zu unterbinden, welche die Herstellung unechter oder die Verfälschung echter amtlicher Ausweise vorbereiten, während es bei § 276 StGB darum geht, den Gebrauch falscher Ausweise (im Sinne der §§ 267, 271, 348 StGB) schon im Vorbereitungsstadium zu unterdrücken.

## § 275
## Vorbereitung der Fälschung von amtlichen Ausweisen

**(1) Wer eine Fälschung von amtlichen Ausweisen vorbereitet, indem er**
**1. Platten, Formen, Drucksätze, Druckstöcke, Negative, Matrizen oder ähnliche Vorrichtungen, die ihrer Art nach zur Begehung der Tat geeignet sind,**
**2. Papier, das einer solchen Papierart gleicht oder zum Verwechseln ähnlich ist, die zur Herstellung von amtlichen Ausweisen bestimmt und gegen Nachahmung besonders gesichert ist, oder**
**3. Vordrucke für amtliche Ausweise**
**herstellt, sich oder einem anderen verschafft, feilhält, verwahrt, einem anderen überläßt oder einzuführen oder auszuführen unternimmt, wird mit Freiheitsstrafe bis zu zwei Jahren oder mit Geldstrafe bestraft.**

**(2) Handelt der Täter gewerbsmäßig oder als Mitglied einer Bande, die sich zur fortgesetzten Begehung von Straftaten nach Absatz 1 verbunden hat, so ist die Strafe Freiheitsstrafe von drei Monaten bis zu fünf Jahren.**

**(3) § 149 Abs. 2 und 3 gilt entsprechend.**

## Entstehungsgeschichte

§ 275 StGB in der bis zum 31.12.1974 geltenden Fassung betraf die Wertzeichenfälschung. Die Vorschrift in der Fassung des Art. 19 Nr. 143 **EGStGB** beschränkt sich auf eine Regelung, die sich auf Vorbereitungshandlungen für die Fälschung amtlicher Ausweise bezieht. Sie ersetzt und erweitert § 275 Nr. 2 a.F. StGB sowie die aufgehobenen Übertretungstatbestände des § 360 Abs. 1 Nrn. 4 und 5 a.F. StGB, soweit sie sich auf Pässe und sonstige Ausweise bezogen. Der übrige Regelungsstoff des § 275 a.F. StGB (Wertzeichenfälschung) sowie die Materie des aufgehobenen 276 a.F. StGB (Wiederverwendung von Wertzeichen) sind nach § 148 StGB (Wertzeichenfälschung) und § 149 StGB (Vorbereitung der Fälschung von Geld und Wertzeichen) übergegangen.

Das **Verbrechensbekämpfungsgesetz** (VerbrBekG) vom 28.10.1994 (BGBl. I S. 3185) fügte in § 275 Abs. 1 StGB als Nummer 3 die Worte „Vordrucke für amtliche Ausweise" ein. Zugleich wurde in Absatz 1 die Alternative „in den räumlichen Geltungsbereich dieses Gesetzes einführt" ersetzt durch die Worte „einzuführen oder auszuführen unternimmt". Diese Änderungen sind am 1.12.1994 in Kraft getreten (Art. 19 VerbrBekG).

Art. 1 Nr. 19 des **6. StrRG** hat als Absatz 2 den qualifizierten Tatbestand der Gewerbsmäßigkeit oder des Handelns als Mitglied einer Bande eingefügt; die Verweisungsnorm des bisherigen Absatzes 2 wurde Absatz 3.

**Gesetzesmaterialien.** Gesetzentwurf der Fraktionen der CDU/CSU und FDP: Entwurf eines Gesetzes zur Änderung des Strafgesetzbuches, der Strafprozessordnung und anderer Gesetze (Verbrechensbekämpfungsgesetz), BTDrucks. 12/6853; Beschlussempfehlung des Rechtsausschusses (6. Ausschuss), BTDrucks. 12/7584; Bericht des Rechtsausschusses (6. Ausschuss), BTDrucks. 12/8588; Gesetzesbeschluss des Deutschen Bundestages vom 20.5.1994, BRDrucks. 416/94; Unterrichtung durch den Bundesrat, BTDrucks. 12/7872; Unterrichtung durch die Bundesregierung, BTDrucks. 12/7841; Beschlussempfehlung des Vermittlungsausschusses, BTDrucks. 12/7837; Beschluss des Deutschen Bundestages vom 21.9.1994, BRDrucks. 872/94; Beschluss des Bundesrates vom 23.9.1994, BRDrucks. 872/94.

### *Übersicht*



### *Alphabetische Übersicht*

## I. Sinn und Zweck der Vorschrift

1 Geschütztes **Rechtsgut** ist die **Sicherheit des Rechtsverkehrs,** soweit sie durch unechte oder verfälschte amtliche Ausweise betroffen wird. Die Vorschrift bedroht bestimmte Vorbereitungshandlungen mit Strafe, die auf die Fälschung amtlicher Ausweise gerichtet sind. Falsche Ausweise werden erfahrungsgemäß nicht selten in großem Umfang hergestellt, zum Beispiel für Straftäter, um ihnen die Einreise in das Bundesgebiet zu ermöglichen. Da amtliche Ausweise in der Regel durch Verwendung besserer Papierarten und durch besonderen Druck gegen Nachahmung geschützt sind, wird ihre Fälschung durch nachempfundene Vordrucke erheblich erleichtert. Die genannten Vorbereitungshandlungen sind wegen ihrer Gefährlichkeit mit Strafe bedroht (siehe BTDrucks. 7/550 S. 254; *Erb* MK Rdn. 1; *Puppe* NK Rdn. 1).

2 Die Änderungen des § 275 StGB durch das Verbrechensbekämpfungsgesetz (Entstehungsgeschichte) beruhen auf dem Gesetzentwurf der Fraktionen der CDU/CSU und FDP. Sie haben das Gesetzgebungsverfahren unbeanstandet durchlaufen. Sie verschärfen den angestrebten Schutz vor Fälschungen. Zu ihnen heißt es in der Entwurfsbegründung (S. 29):

„Die Einbeziehung des **Ausführens** von Vordrucken soll die Bestrafung von Kurieren ermöglichen, die im Rahmen grenzüberschreitend organisierter Herstellung falscher Ausweispapiere Vordrucke aus der Bundesrepublik Deutschland verbringen, ohne an dem vorherigen Herstellen oder Verschaffen der Vordrucke beteiligt gewesen zu sein. …

Neben … wird Absatz 1 hinsichtlich der Tathandlungen des Einführens und Ausführens … als **Unternehmensdelikt** ausgestaltet, um Strafbarkeitslücken und Beweisschwierigkeiten für den Fall zu vermeiden, dass zweifelhaft ist, ob die Einfuhr oder die Ausfuhr erst das Stadium des straflosen Versuchs oder bereits den Zustand der strafbaren Vollendung erreicht hatte. …“

Insofern ist jedoch kritisch anzumerken, dass das materielle Recht nicht die Funktion hat, Beweisschwierigkeiten zu kompensieren. Das ist vielmehr ein prozessuales Problem.

## II. Der amtliche Ausweis als Bezugsobjekt der Tat

3 Die Tathandlungen haben die Vorbereitung der Fälschung amtlicher Ausweise zum Gegenstand. Das sind (nach § 281 Abs. 1 StGB auch gegen Missbrauch geschützte) Urkunden, die von einer Behörde oder sonstigen Stelle, die Aufgaben öffentlicher Verwaltung wahrnimmt, ausgestellt sind, um die Identität einer Person oder ihre persönlichen Verhältnisse nachzuweisen.[1] Es sind insbesondere Pässe und Personalausweise, aber auch andere der Identitätsbestimmung dienende öffentliche Urkunden wie Dienstausweise, Führerscheine, Jagdscheine, Waffenscheine, Flüchtlingsausweise und Geburtsurkunden, ferner Studenten-, Schüler- und Werkausweise, sofern sie nicht von privaten Stellen ausgestellt sind. Hierzu gehören nicht Kraftfahrzeugscheine und Kraftfahrzeugbriefe (BGH VRS 5 135; OLG Koblenz VRS 55 428),[2] wohl aber ausländische Urkunden (vgl. BGH NJW 2000 3148 zu § 276 StGB).[3] Nicht zu den amtlichen Ausweisen gehören auch solche Urkunden, die lediglich im Verkehr als Ausweis verwendet werden (§ 281 Abs. 2 StGB).[4]

## III. Die Tathandlung und ihre Modalitäten

4 **1. Vorbereitung der Fälschung.** Sie bildet in Form der Nummern 1 bis 3 die Tathandlung. Das hat Konsequenzen in mehrfacher Hinsicht. Einerseits ist die Vorbereitung der Fälschung amtlicher Ausweise nicht schlechthin mit Strafe bedroht, sondern nur, wenn sie in den beschriebenen Formen stattfindet. Andererseits werden die in § 275 StGB im Einzelnen genannten Handlungen vom Tatbestand lediglich erfasst, wenn sie eine Fälschung vorbereiten. Schließlich muss sich auch der subjektive Tatbestand hierauf erstrecken.

### 2. Gesetzliche Tatmodalitäten

#### a) Tatobjekte

5 **aa) Vorrichtungen.** Zu ihnen gehören insbesondere Platten, Formen, Drucksätze, Druckstöcke, Negative und Matrizen. Diese Umschreibung entspricht der Aufzählung in § 74d Abs. 1 Satz 2 StGB. Auf die Erläuterungen zu dieser Vorschrift und zu § 149 StGB wird verwiesen (vgl. ferner BTDrucks. 7/550 S. 229).

6 **bb) Papier.** Es gehört zu den Tatobjekten, wenn es den in Absatz 1 Nr. 2 genannten Papierarten gleicht oder ihnen zum Verwechseln ähnlich ist. „Zum Verwechseln ähnlich" umschreibt einen gesteigerten Grad sinnlich wahrnehmbarer Ähnlichkeit. Maßgeblich ist, ob nach dem Gesamteindruck eines durchschnittlichen, nicht genau prüfenden Beobachters eine Verwechslung mit dem Original möglich ist (BGH NStZ 2003 31 f).[5]

---

[1] Siehe *Arzt/Weber* BT § 33 Rdn. 37; *Erb* MK Rdn. 3; *Fischer* Rdn. 2; *Gössel/Dölling* BT 1 § 52 Rdn. 73; *Joecks* Rdn. 3; *Lackner/Kühl* Rdn. 1; *Maurach/Schroeder/Maiwald* BT 2 § 66 Rdn. 26; *Puppe* NK Rdn. 4; *Sch/Schröder/Cramer/Heine* Rdn. 5.

[2] *Erb* MK Rdn. 3; *Kühl* JuS 1981 651; *Otto* BT § 70 Rdn. 71.

[3] EVerbrBekG, Begr. S. 29; *Fischer* Rdn. 2; *Maurach/Schroeder/Maiwald* BT 2 § 66 Rdn. 26; *Puppe* NK Rdn. 5; *Schmidhäuser* BT 14/33; *Sch/Schröder/Cramer/Heine* Rdn. 2; *Wessels/Hettinger* BT 1 Rdn. 854.

[4] *Arzt/Weber* BT § 33 Rdn. 37; *Sch/Schröder/Cramer/Heine* Rdn. 5.

[5] Siehe auch den Vorlagebeschluss des KG NStZ 2002 148 f; *Haft* BT II S. 209.

cc) **Vordrucke für amtliche Ausweise.** Vordrucke sind Schriftstücke, die zur Vervollständigung durch Einzelangaben bestimmt sind. Als Vordrucke im Sinne des Absatzes 1 Nr. 3 sind auch solche Formulare anzusehen, die zum Teil ausgefüllt sind. Da die Vorschrift auch auf die Vorbereitung der Fälschung ausländischer Ausweise anwendbar ist, werden Vordrucke sowohl für inländische als auch für ausländische Ausweispapiere erfasst (EVerbrBekG, Begr. S. 29). 7

b) **Die sie betreffenden Handlungen.** Sie sind in Absatz 1 in sechs Alternativen aufgeführt, von denen das Verschaffen (sich oder einem anderen) und das Unternehmen der Einfuhr oder Ausfuhr jeweils zwei verschiedene Fallgruppen umfassen. Auf die Erläuterungen zu § 149 StGB wird verwiesen. Anders als bei § 149 Abs. 1 StGB ist auch das **Einführen** von solchen Vorrichtungen und Papieren aufgeführt, um die Fälle zu treffen, in denen sich der Täter die Gegenstände im Ausland verschafft hat und sie in den Geltungsbereich des Gesetzes bringt (BTDrucks. 7/550 S. 255). Die Erweiterung war notwendig, weil nicht selten internationale Fälscherzentralen die Vorrichtungen und Papiere herstellen und der Weltrechtsgrundsatz (im Gegensatz zu § 149 StGB, vgl. § 6 Nr. 7 StGB) für § 275 StGB nicht gilt.[6] Zu den Gründen für die Einbeziehung des **Ausführens** in diese Alternative und deren Umgestaltung in ein **Unternehmensdelikt** siehe Rdn. 2.[7] 8

**Einfuhr und Ausfuhr** sind tatbestandsmäßig Bannbruch (§ 372 Abs. 1 AO), der gegenüber § 275 StGB zurücktritt (§ 372 Abs. 2 AO). Da der Unternehmenstatbestand Versuch und Vollendung umfasst (§ 11 Abs. 1 Nr. 6 StGB), ist eine solche Unterscheidung hier nur für die Strafzumessung zur Gewichtung der Tat im Einzelfall relevant. Der Tatbestand des § 275 StGB ist durch die Umgestaltung zum Unternehmensdelikt im Bereich der Ein- und Ausfuhr erheblich erweitert worden, weil die Vorschrift eine Versuchsstrafbarkeit im Übrigen nicht kennt. Ein- und Ausfuhr sind vollendet, sobald die Vordrucke oder anderen Objekte die deutsche Hoheitsgrenze überschreiten, ohne der zuständigen Zollstelle gestellt zu werden. Versuch kann schon vorliegen, wenn sich der Täter mit den Gegenständen der Hoheitsgrenze nähert.[8] 9

## IV. Gewerbsmäßiges Handeln oder Handeln als Mitglied einer Bande

§ 275 Abs. 2 StGB ist durch das 6. StrRG eingefügt worden (vgl. Entstehungsgeschichte). Die Vorschrift enthält einen qualifizierten Vergehenstatbestand, während die entsprechende Qualifizierung in § 267 Abs. 3 Nr. 1 StGB als gesetzliches Regelbeispiel für einen besonders schweren Fall der Urkundenfälschung ausgestaltet ist. Die Merkmale der Gewerbsmäßigkeit und Bandenmäßigkeit stehen in § 275 Abs. 2 StGB **alternativ** nebeneinander, während sie in § 267 Abs. 4 StGB im Rahmen des Verbrechenstatbestands kumulativ verwendet werden. Zu ihren Voraussetzungen im Einzelnen vgl. § 267 StGB Rdn. 234 ff. 10

---

[6] Vgl. auch *Erb* MK Rdn. 5; *Hoyer* SK Rdn. 3.
[7] Umfassend zu dieser Deliktsform *Wolters* Das Unternehmensdelikt (2001).
[8] Vgl. BGHR BtMG § 29 Abs. 1 Nr. 1 – Einfuhr 18.

## V. Zur inneren Tatseite

11 **1. Bei Absatz 1.** Vorsatz ist erforderlich; es genügt bedingter.[9] Er muss sich auf die Vorbereitung einer Fälschung erstrecken. Doch treten unter anderen *Maurach/Schroeder/Maiwald* (BT 2 § 66 Rdn. 31) und *Herzberg* (JR **1977** 470) dafür ein, dass der Täter keine allzu konkreten Vorstellungen von der in Aussicht genommenen Tat zu haben braucht.[10]

12 **2. Bei Absatz 2.** Gewerbsmäßigkeit und Bandenmäßigkeit setzen zur inneren Tatseite einen entsprechenden Willen voraus. Vgl. § 267 StGB Rdn. 275.

## VI. Tätige Reue

13 Rücktritt vom Versuch scheidet nach herrschender Meinung bei versuchter Ein- oder Ausfuhr aus, weil das Unternehmensdelikt im Rechtssinne eine vollendete Tat ist (**anders** *Wolters* Das Unternehmensdelikt [2001] 177 ff, 205 ff, 226, 254 f). Doch bestimmt Absatz 3, dass die Vorschriften des § 149 Abs. 2 und 3 StGB über die tätige Reue für § 275 StGB entsprechend gelten. Im Einzelnen wird auf die Erläuterungen zu § 149 StGB verwiesen.

## VII. Konkurrenzen

14 § 275 StGB geht **Bannbruch** (§ 372 Abs. 1 AO) vor (§ 372 Abs. 2 AO). Das gilt wegen Spezialität auch im Falle des bandenmäßigen Bannbruchs (§ 373 Abs. 2 Nr. 3 AO). Die Strafrahmen beider Vorschriften sind gleich. Nach dem Gesetzeswortlaut ist § 275 Abs. 2 StGB insofern strenger als die Vorschrift des § 373 Abs. 2 Nr. 3 AO, als er nicht das Merkmal „unter Mitwirkung eines anderen Bandenmitglieds" enthält (vgl. hierzu § 267 StGB Rdn. 237 f).

15 Gegenüber **§ 267 StGB** tritt § 275 StGB als subsidiär zurück, sobald das vorbereitete Fälschungsdelikt versucht wird (vgl. RGSt **65** 203, 205; RG JW **1934** 2850).[11] Gleiches gilt, wenn der Täter sich an der von ihm vorbereiteten, aber von einem anderen in strafbarer Weise versuchten oder vollendeten Fälschungstat als Anstifter oder Gehilfe beteiligt (OLG Köln NStZ **1994** 289; *Kindhäuser* LPK Rdn. 1). Tritt der Täter vom Versuch des Fälschungsdelikts nach § 267 StGB gemäß § 24 StGB zurück, so bleibt es bei der Strafbarkeit nach § 275 StGB, soweit dessen Voraussetzungen vorliegen, es sei denn, es handelt sich zugleich um einen Fall tätiger Reue nach § 275 Abs. 3 StGB. Tateinheit ist möglich mit §§ 83, 87, 149 StGB.[12]

16 Die Bußgeldvorschrift des **§ 127 OWiG** ist gegenüber § 275 StGB subsidiär (§ 21 OWiG). Bei tätiger Reue nach § 275 Abs. 3 StGB in Verbindung mit § 149 Abs. 2 oder 3 StGB lebt die Verfolgungsmöglichkeit nach § 127 OWiG nicht wieder auf.[13]

---

9 OLG München NStZ-RR **2008** 280; *Erb* MK Rdn. 6; *Hoyer* SK Rdn. 4.

10 In diesem Sinne auch OLG München NStZ-RR **2008** 280; vgl. ferner *Erb* MK Rdn. 6; *Fischer* Rdn. 3a.

11 *Fischer* Rdn. 5; *Haft* BT II S. 211; *Hoyer* SK Rdn. 6; *Kindhäuser* LPK Rdn. 1; *Lackner/Kühl* Rdn. 4; *Otto* BT § 70 Rdn. 73; **aA** *Joecks* Rdn. 4; *Sch/Schröder/Cramer/Heine* Rdn. 6; siehe ferner *Puppe* NK Rdn. 13.

12 *Fischer* Rdn. 5; *Joecks* Rdn. 4; *Sch/Schröder/Cramer/Heine* Rdn. 6.

13 Vgl. *Fischer* Rdn. 5, § 149 Rdn. 12.

## VIII. Strafe und andere Rechtsfolgen

Die Vorbereitungstat ist in allen Fällen Vergehen. Wegen weiterer Rechtsfolgen siehe § 282 StGB. 17

# § 276
# Verschaffen von falschen amtlichen Ausweisen

**(1) Wer einen unechten oder verfälschten amtlichen Ausweis oder einen amtlichen Ausweis, der eine falsche Beurkundung der in den §§ 271 und 348 bezeichneten Art enthält,**

**1. einzuführen oder auszuführen unternimmt oder**

**2. in der Absicht, dessen Gebrauch zur Täuschung im Rechtsverkehr zu ermöglichen, sich oder einem anderen verschafft, verwahrt oder einem anderen überläßt,**

**wird mit Freiheitsstrafe bis zu zwei Jahren oder mit Geldstrafe bestraft.**

**(2) Handelt der Täter gewerbsmäßig oder als Mitglied einer Bande, die sich zur fortgesetzten Begehung von Straftaten nach Absatz 1 verbunden hat, so ist die Strafe Freiheitsstrafe von drei Monaten bis zu fünf Jahren.**

### Entstehungsgeschichte

Siehe zunächst § 275 StGB Entstehungsgeschichte. § 276 a.F. StGB (Wiederverwendung von Wertzeichen) wurde durch Art. 19 Nr. 144 **EGStGB** mit Wirkung vom 1.1.1975 aufgehoben. Art. 1 Nr. 19 **VerbrBekG** fügte unter derselben Paragraphennummer (§ 276 StGB) als neuen Vergehenstatbestand „Verschaffen von falschen amtlichen Ausweisen" ein; die neue Vorschrift ist am 1.12.1994 in Kraft getreten. Art. 1 Nr. 70 des **6. StrRG** führte als Absatz 2 eine Regelung für qualifizierte Fälle ein, die gewerbsmäßiges Handeln oder Handeln als Mitglied einer Bande betrifft.

**Gesetzesmaterialien.** Siehe zum Verbrechensbekämpfungsgesetz bei § 275 StGB.

*Übersicht*

*Alphabetische Übersicht*



## I. Sinn und Zweck der Vorschrift

1 Sie ergänzt § 275 StGB, indem sie in der Zeit nach der Fälschung (§§ 267, 271, 348 StGB) gegen Handlungen gerichtet ist, die typischerweise der Vorbereitung des Gebrauchs der falschen amtlichen Ausweise dienen (EVerbrBekG, Begr. S. 29). Sie soll eine angenommene Strafbarkeitslücke schließen, die nach der Begründung zum Entwurf des Verbrechensbekämpfungsgesetzes aus Zahlen der zollamtlichen Postkontrolle für die Zeit seit 1989 hergeleitet wird (EVerbrBekG, Begr. S. 28).

2 Dazu heißt es: Bei zollamtlichen Kontrollen habe sich herausgestellt, dass in zunehmendem Maße gefälschte Ausweispapiere und Vordrucke zu deren Herstellung (vor allem von Geburtsurkunden, Führerscheinen, Personalausweisen und Pässen) in das Bundesgebiet eingeführt würden. Eine solche Einfuhr diene in der Regel der Vorbereitung von Straftaten, insbesondere im Bereich des Ausländerrechts und der organisierten Kriminalität, sei aber (nach damals geltendem Recht) nicht mit Strafe bedroht (EVerbrBekG, Begr. S. 28).

## II. Gegenstand der Tat

3 Sie bezieht sich ausschließlich auf amtliche Ausweise; zu diesem Begriff siehe § 275 StGB Rdn. 3. Er umfasst auch Ausweise ausländischer amtlicher Stellen (BGH NJW 2000 3148; BGHR StGB § 276 Konkurrenzen 1; EVerbrBekG, Begr. S. 29).[1]

4 **1. Unechte oder verfälschte amtliche Ausweise.** Mit diesen Merkmalen knüpft § 276 Abs. 1 StGB an den Tatbestand der Urkundenfälschung an. Es muss sich um Ausweise handeln, die im Sinne des § 267 Abs. 1 StGB objektiv als unechte hergestellt oder als

1 *Erb* MK Rdn. 2; *Fischer* Rdn. 2; *Gössel/Dölling* BT 1 § 52 Rdn. 77; *Joecks* Rdn. 1; *Maurach/Schroeder/Maiwald* BT 2 § 66 Rdn. 33; *Puppe* NK Rdn. 1.

echte verfälscht worden sind. Auf die innere Tatseite dessen, der die Vortat begeht, kommt es insoweit nicht an.

**2. Amtliche Ausweise mit einer falschen Beurkundung.** Für die falsche Beurkundung bezieht sich das Gesetz auf die §§ 271, 348 StGB. Auch hierfür kommt es allein auf den objektiven Sachverhalt der Vortat an.[2] In der Begründung zum Entwurf des Verbrechensbekämpfungsgesetzes (S. 29), welcher der geltenden Fassung des § 276 StGB zu Grunde liegt, heißt es dazu: 5

*„Mit der – auch in den §§ 273 und 279 StGB verwendeten – Formulierung „der in … bezeichneten Art" wird klargestellt, dass die Falschbeurkundung nicht durch eine Straftat nach den §§ 271, 272 StGB[3] oder § 348 StGB zu Stande gekommen sein muss, sondern dass jede objektiv unrichtige Beurkundung genügt; es kommt z.B. nicht darauf an, ob der Vortäter mit dem nach § 271 StGB erforderlichen Vorsatz gehandelt hat. … Die Formulierung ermöglicht es, ausländische Ausweispapiere in den Anwendungsbereich der Norm einzubeziehen, und zwar unabhängig davon, ob die Fälschung nach dem Recht des Tatorts strafbar ist."*

Der Gesetzeswortlaut verlangt nicht, dass gerade die Angaben über die Identität des Ausweisinhabers unwahr sind. Ein derart einschränkendes Merkmal ist vielmehr abzulehnen.[4] 6

## III. Die Tathandlungen des Grundtatbestands (Absatz 1)

Bei der Formulierung der Tathandlungen weicht § 276 StGB zum Teil grundsätzlich von § 275 StGB ab, ohne dass dies im Ergebnis sachliche Bedeutung hätte. Während der Charakter der inkriminierten Verhaltensweisen bei § 275 StGB durch die Wendung „Wer … vorbereitet" insgesamt ausdrücklich als **Tatvorbereitung** gekennzeichnet wird, geschieht dies im Rahmen des § 276 Abs. 1 StGB nur bei der **Nummer 2** durch das Merkmal der Absicht, den Gebrauch zu ermöglichen. In **Nummer 1** ist dagegen das Unternehmen der Ein- oder Ausfuhr schlechthin mit Strafe bedroht. Es wird damit gleichsam unwiderleglich vermutet, dass die Ein- oder Ausfuhr der falschen amtlichen Ausweise auf der in Nummer 2 genannten Absicht beruht. Das entspricht der Sicht des Gesetzgebers. Er hat in Nummer 1 bewusst auf dieses restriktive Merkmal verzichtet, weil es „bei der Ein- und Ausfuhr regelmäßig vorliegen wird" (EVerbrBekG, Begr. S. 29). Demgemäß ist auch die Tat nach Nummer 1 als Vorbereitung des nachfolgenden Gebrauchs zu werten. 7

**1. Unternehmen der Ein- und Ausfuhr (Nummer 1).** Zu diesem Begriff siehe bei § 275 StGB Rdn. 8 f. Die weite Gesetzesfassung bringt es mit sich, dass sie auch Fälle erfasst, die nichts mit dem erstrebten Gesetzeszweck zu tun haben, typische Vorbereitungshandlungen zu treffen, insbesondere solche aus dem Bereich der organisierten Kriminalität. So erfüllt nach dem Gesetzeswortlaut den Tatbestand des § 276 Abs. 1 Nr. 1 StGB auch, wer bei der Ein- oder Ausreise den eigenen Pass vorzeigt, dessen Gültigkeitsdatum er verfälscht hat. Solche Fälle lassen sich auf der Konkurrenzebene lösen (Rdn. 22). 8

---

[2] *Erb* MK Rdn. 2; *Fischer* Rdn. 2; *Haft* BT II S. 211; *Joecks* Rdn. 4; *Lackner/Kühl* Rdn. 1; *Maurach/Schroeder/Maiwald* BT 2 § 66 Rdn. 33; *Sch/Schröder/Cramer/Heine* Rdn. 2.

[3] § 272 StGB wurde später durch das 6. StrRG aufgehoben.

[4] So auch *Erb* MK Rdn. 2; **anders** *Hoyer* SK Rdn. 3; *Puppe* NK Rdn. 2.

9 **2. Verschaffen, Verwahren, Überlassen (Nummer 2).** Die Umschreibung dieser Tathandlungen ist § 149 Abs. 1 StGB und § 275 Abs. 1 StGB entnommen. Auf die Erläuterung zu § 149 StGB wird verwiesen.

10 Der Täter **verschafft** sich oder einem anderen die Falsifikate, wenn er sie in eigenen oder fremden Gewahrsam bringt und damit sich oder einem anderen den tatsächlichen Zugriff auf sie eröffnet.[5] Verschaffen setzt in der Regel abgeleiteten Erwerb voraus. Wird der falsche Ausweis einem anderen als dem Täter verschafft, so kann der Besitz daran unmittelbar von dem beteiligten Dritten auf den Erwerber übergehen.

11 Der Täter **verwahrt** die Fälschungen, wenn er sie in Gewahrsam hat (EVerbrBekG, Begr. S. 29; *Haft* BT II S. 211). Durch Einführung dieser Alternative wollte der Gesetzgeber Strafbarkeitslücken vermeiden, die sich in Verschaffungsfällen unter Umständen daraus ergeben, dass nicht geklärt werden kann, auf welche Art und Weise und zu welchem Zeitpunkt der Beschuldigte in den Besitz des falschen Ausweises gelangt ist (EVerbrBekG, Begr. S. 29; *Erb* MK Rdn. 3; *Fischer* Rdn. 4).

12 Der Täter **überlässt** die Fälschungen einem anderen, wenn er sie selbst in Besitz hat und sie dem anderen vorübergehend oder auf Dauer übergibt.

## IV. Der qualifizierte Tatbestand (Absatz 2)

13 Er wurde durch Art. 1 Nr. 70 des 6. StrRG eingefügt. Die Tat ist Vergehen. Gewerbs- oder bandenmäßige Begehung stehen als **alternative** Merkmale nebeneinander (vgl. BGH wistra **2003** 351, 353), dies im Gegensatz zu § 267 Abs. 4 StGB, wo sie kumulativ verwendet werden. Zum Begriff der Gewerbsmäßigkeit siehe § 267 StGB Rdn. 239, zu dem der Bandenmäßigkeit § 267 StGB Rdn. 237 f.

14 Die Bande, deren Mitglied der Täter ist, muss sich zur fortgesetzten Begehung von in Absatz 1 genannten Straftaten verbunden haben, das heißt zu Vorbereitungshandlungen der in Absatz 1 Nrn. 1 und 2 bezeichneten Art. In Betracht kommen insbesondere Schmugglerbanden. Mit „Straftaten nach Absatz 1“ sind also nicht die §§ 267, 271, 348 StGB gemeint, wie der Ausdruck vermuten lassen könnte. Fälscherbanden werden durch § 267 Abs. 3 Nr. 1 und Abs. 4 StGB erfasst.

## V. Unrechtsausschluss

15 Es sind bisher keine Fälle aus der Praxis bekannt.

## VI. Zur inneren Tatseite

16 **1. Beim Grundtatbestand (Absatz 1).** Hier ist zu differenzieren. **Nummer 1** verlangt Vorsatz; bedingter genügt.[6] Bei **Nummer 2** muss die Absicht hinzukommen, den Gebrauch des falschen amtlichen Ausweises zur Täuschung im Rechtsverkehr zu ermöglichen. Der Täter muss nicht vorhaben, ihn selbst zu benutzen; er muss aber zumindest sicher wissen und wollen (dolus directus 2. Grades), dass (wenigstens) ein anderer den Gebrauch will. Dolus eventualis reicht für das besondere subjektive Merkmal nicht aus.[7]

---

[5] *Joecks* Rdn. 6; *Sch/Schröder/Cramer/Heine* Rdn. 5.

[6] *Erb* MK Rdn. 4.

[7] *Haft* BT II S. 212; *Zieschang* JA 2008 192, 197; **anders** *Puppe* NK Rdn. 4.

**2. Beim qualifizierten Tatbestand (Absatz 2).** Er stellt zusätzliche Anforderungen an die innere Tatseite. Sie beziehen sich bei der Gewerbsmäßigkeit auf das Streben, sich durch die Straftaten eine ständige Einnahmequelle zu verschaffen, und bei der Bandenmäßigkeit auf die Bande und deren Zweck. 17

## VII. Versuch und Vollendung

Der Unternehmenstatbestand des Absatzes 1 Nr. 1 umfasst Versuch und Vollendung (§ 11 Abs. 1 Nr. 6 StGB). Bei Nummer 2 ist der Versuch nicht strafbar, auch nicht im qualifizierten Fall eines Vergehens nach Absatz 2 (§ 23 Abs. 1 StGB). Bei Absatz 1 Nr. 2 bietet die Abgrenzung von strafbarer Vollendung und straflosem Versuch keine spezifischen Schwierigkeiten. Die Tat (Verschaffen, Verwahren oder Überlassen) ist auch dann vollendet, wenn der Täter oder der Erwerber keine Gelegenheit hat, den falschen Ausweis so, wie beabsichtigt, zu gebrauchen. 18

## VIII. Konkurrenzen

### 1. Mit der Vortat nach §§ 267, 271 oder 348 StGB

a) **Absatz 1.** § 276 Abs. 1 StGB tritt hinter § 267 StGB zurück (BGHR StGB § 276 Konkurrenzen 1; *Erb* MK Rdn. 5; *Haft* BT II S. 212; *Joecks* Rdn. 9; **anders** BGH wistra 2003 351, 352 f: Tateinheit). Das ergibt sich aus dem Vorbereitungscharakter des § 276 StGB (Rdn. 1 f, 7).[8] Daher tritt § 276 StGB auch hinter §§ 271, 348 StGB zurück (*Zieschang* JA 2008 192, 197). 19

Unerheblich ist, ob der Fälscher Täter oder Teilnehmer (Anstifter oder Gehilfe) bei der Tat nach § 276 StGB ist. § 276 StGB tritt auch zurück, wenn der Fälscher die Urkunde nicht selbst gebraucht, sondern (nur) als **Teilnehmer** am fremden **Gebrauchen** mitwirkt (§ 267 StGB Rdn. 291). Gleiches hat bei Teilnahme an der **Vorbereitung** nachfolgenden fremden Gebrauchens zu gelten. Das Ergebnis ist auch unter dem Gesichtspunkt sachgerecht, dass es dem Gesetzgeber bei der Einführung des § 276 StGB nicht darum ging, den bereits nach § 267 StGB, § 271 StGB oder § 348 StGB strafbaren Fälscher strafrechtlich zusätzlich zu erfassen. Wollte man § 276 StGB allgemein auch auf ihn anwenden, so wäre in der Regel jeder, der zum Gebrauch durch andere fälscht, nach der Fälschung in strafbarer Weise in irgendeiner Form an einer Tat nach Absatz 1 (insbesondere dessen Nummer 2) beteiligt und schuldig zu sprechen. Die einschlägigen Strafrahmen lassen die hier vorgeschlagene Beurteilung zu. Der des § 276 Abs. 1 StGB ist milder als die des § 267 Abs. 1 StGB, § 271 Abs. 1 StGB und § 348 Abs. 1 StGB. Der Strafrahmen des § 276 Abs. 2 StGB entspricht dem des (tatbestandsmäßig anders gestalteten) § 271 Abs. 3 StGB und bleibt hinter denen des § 267 Abs. 3 und 4 StGB zurück. 20

b) **Absatz 2.** Die vorstehenden Grundsätze (Rdn. 19 f) sind auch anzuwenden, wenn es sich um einen qualifizierten Fall nach § 276 Abs. 2 StGB handelt. Wegen der Strafrahmen vgl. Rdn. 20 a.E. 21

**2. Mit §§ 267, 271 Abs. 2 StGB als Nachtaten.** Da § 276 StGB in allen Alternativen Vorbereitung des nachfolgenden Urkundengebrauchs ist, tritt zum Beispiel das Verschaf- 22

---

[8] Vgl. *Hoyer* SK Rdn. 6; *Lackner/Kühl* Rdn. 5.

fen von falschen amtlichen Ausweisen als mitbestrafte Vortat hinter dem anschließenden Gebrauch zurück, soweit Vorbereitungstäter und Gebrauchender oder Teilnehmer am Gebrauch personengleich sind.[9] Im Passfall (Rdn. 8) fällt das Einführen mit dem Gebrauch zusammen. § 276 StGB tritt demgemäß im Wege der Gesetzeskonkurrenz hinter § 267 StGB zurück.

23 3. **Innerhalb des § 276 StGB.** Absatz 2 geht als qualifizierter Tatbestand den Nummern 1 und 2 des Grundtatbestands (Absatz 1) vor.

24 **Innerhalb des Absatzes 1** hat die Nummer 1 in der Regel den Vorrang vor der Nummer 2. Wer die Falsifikate ein- oder ausführt, hat sie im Allgemeinen auch in Besitz oder Verwahrung, um sie nach Verbringung über die Grenze einem anderen zu überlassen.

25 **Innerhalb der einzelnen Nummern** ist das Verhältnis der Tatbestandsalternativen zueinander unterschiedlich. Die Unternehmen der Ein- und Ausfuhr (**Nummer 1**) können dieselben Sachen betreffen; sie überschneiden sich auch dann nicht. Es ist Tatfrage, ob sie gleichwohl im Einzelfall rechtlich eine einheitliche Tat bilden (Grundsatz der Deliktseinheit).

26 Innerhalb der **Nummer 2** sind die Übergänge zwischen Verschaffen und Verwahren fließend. Das **Verwahren** geht in der Regel im Verschaffen auf, wenn der Täter die Fälschung nach dem Verschaffungsakt im Gewahrsam hat. Nach den Vorstellungen des Gesetzgebers soll der Tatbestand des Verwahrens als Auffangvorschrift, also subsidiär, eingreifen, wenn die Besitzerlangung aus tatsächlichen oder rechtlichen Gründen nicht als Verschaffen verfolgt werden kann (EVerbrBekG, Begr. S. 29).

27 Das **Überlassen** steht jedenfalls dann deutlich getrennt neben dem Verschaffen, wenn der Täter die Fälschung für sich erworben hat und sie danach an einen anderen veräußert. Beide Handlungen können dennoch eine Tat bilden, wenn sie auf einem vorgefassten Plan beruhen (Grundsatz der Deliktseinheit).

## IX. Strafe und andere Rechtsfolgen

28 Die Tat ist Vergehen, auch im qualifizierten Fall. Zu den in § 282 StGB vorgesehenen Sanktionen siehe dort.

## § 276a
## Aufenthaltsrechtliche Papiere; Fahrzeugpapiere

**Die §§ 275 und 276 gelten auch für aufenthaltsrechtliche Papiere, namentlich Aufenthaltstitel und Duldungen, sowie für Fahrzeugpapiere, namentlich Fahrzeugscheine und Fahrzeugbriefe.**

---

[9] *Erb* MK Rdn. 5; *Fischer* Rdn. 8; *Hoyer* SK Rdn. 6; *Lackner/Kühl* Rdn. 5; *Sch/Schröder/Cramer/Heine* Rdn. 11; *Wessels/Hettinger* BT 1 Rdn. 855; **aA** (für Idealkonkurrenz) *Puppe* NK Rdn. 5.

### Entstehungsgeschichte

Siehe zunächst vor § 267 StGB Entstehungsgeschichte und § 276 StGB Entstehungsgeschichte. § 276a StGB wurde zugleich mit § 276 StGB durch Art. 1 Nr. 19 VerbrBekG in das Strafgesetzbuch eingefügt. Das **Zuwanderungsgesetz** vom 20.6.2002 (BGBl. I S. 1946) hatte in § 276a StGB die Worte „Aufenthaltsgenehmigungen und Duldungen" durch den Begriff „Aufenthaltstitel" ersetzt, jedoch hat das BVerfG (BVerfGE **106** 310) dieses Gesetz für verfassungswidrig und nichtig erklärt. Durch Art. 11 Nr. 14 des Zuwanderungsgesetzes vom 30.7.2004 (BGBl. I S. 1950) ist nunmehr in § 276a StGB die Formulierung „Aufenthaltstitel und Duldungen" zu finden.

*Übersicht*



*Alphabetische Übersicht*



## I. Sinn und Zweck der Vorschrift

§ 276a StGB dehnt den Anwendungsbereich der §§ 275 und 276 StGB,[1] die amtliche **1** Ausweise (insbesondere Vordrucke dafür und Fälschungen solcher Ausweise) betreffen, auf zwei andere Urkundengruppen aus: auf aufenthaltsrechtliche Papiere und Fahrzeugpapiere. Zu den **Motiven des Gesetzgebers** für die Ausdehnung wird in dem Entwurf des Verbrechensbekämpfungsgesetzes unter anderem ausgeführt (EVerbrBekG, Begr. S. 28):

„Im Bereich organisierter Kraftfahrzeugdiebstähle und -verschiebungen werden in erheblichem Umfang unechte, verfälschte oder falsch beurkundete Fahrzeugscheine oder Fahrzeugbriefe eingesetzt, um die Herkunft gestohlener Fahrzeuge zu verschleiern und deren Absatz zu ermöglichen. Entwendete Fahrzeuge werden mit neuen, ‚passenden' Papieren ausgestattet und dann ins Ausland verbracht. Teilweise wurden dazu Vordrucke für Kraftfahrzeugscheine oder -briefe entwendet oder auf Farbkopiergeräten vervielfältigt. Im Zusammenhang mit Straftaten der unerlaubten Einreise von Ausländern werden immer wieder vollständig oder teilweise gefälschte aufenthaltsrechtliche Papiere – insbesondere Visa-Etiketten und sonstige Aufenthaltsgenehmigungen – festgestellt."[2] **2**

---

1 Die Vorschrift gilt im Hinblick auf Art. 103 Abs. 2 GG nicht für § 273 StGB; *Erb* MK Rdn. 6; anders *Fischer* Rdn. 2.

2 Vgl. zu den Motiven der Einführung auch *Erb* MK Rdn. 1; *Fischer* Rdn. 2; *Joecks* Rdn. 1; *Sch/Schröder/Cramer/Heine* Rdn. 1.

## II. Umfang der Erstreckung

3 **1. Aufenthaltsrechtliche Papiere.** § 276a StGB umschreibt den Begriff nicht abschließend, sondern nennt als Beispiele „namentlich Aufenthaltstitel und Duldungen". Diese Formulierung hat die Vorschrift durch das Zuwanderungsgesetz vom 30.7.2004 erhalten (vgl. § 276a StGB Entstehungsgeschichte). Aufenthaltsrechtliche Papiere sind nach der Begründung zum Gesetzentwurf des Verbrechensbekämpfungsgesetzes Urkunden, welche die aufenthaltsrechtliche Stellung einer Person – mit konstitutiver oder deklaratorischer Wirkung – dokumentieren (EVerbrBekG, Begr. S. 29).

4 **Aufenthaltstitel** benennt § 4 Abs. 1 AufenthaltsG.[3] Dazu zählen: das Visum gemäß § 6 AufenthaltsG, die Aufenthaltserlaubnis nach § 7 AufenthaltsG und die Niederlassungserlaubnis nach § 9 AufenthaltsG. Darüber hinaus sind der Aufenthaltstitel bei Asylantrag gemäß § 10 AufenthaltsG und das Ausnahme-Visum gemäß § 14 Abs. 2 AufenthaltsG zu erwähnen. Ebenfalls von § 276a StGB umfasst werden die Aufenthaltserlaubnisse gemäß §§ 16 ff AufenthaltsG und die Bescheinigung über die Aussetzung der Abschiebung gemäß § 60a Abs. 4 AufenthaltsG, zudem die vor dem 1. Januar 2005 nach dem Ausländergesetz a.F. erteilten Aufenthaltserlaubnisse (vgl. §§ 101 ff AufenthaltsG). Zu erwähnen sind auch die Bescheinigung über das Aufenthaltsrecht sowie die Aufenthaltserlaubnis-EU gemäß § 5 FreizügigkeitsG/EU und das Visum gemäß § 2 Abs. 4 Satz 2 FreizügigkeitsG/EU.[4] Weiterhin gehören hierzu: bei Asylbewerbern die Entscheidung des Bundesamts für Migration und Flüchtlinge über den Asylantrag sowie die Feststellung, dass die Voraussetzungen des § 60 Abs. 1 AufenthaltsG vorliegen (vgl. 3 ff AsylVerfG), die Aufenthaltsgestattung nach §§ 55, 63 f AsylVerfG sowie die Erlaubnis zur Ausübung einer Beschäftigung gemäß § 61 Abs. 2 AsylVerfG.

5 **2. Fahrzeugpapiere.** Auch insoweit enthält das Gesetz keine vollständige Aufzählung. Es nennt beispielhaft nur Fahrzeugscheine und Fahrzeugbriefe. Nach der Entwurfsbegründung (EVerbrBekG, Begr. S. 30) umfasst der Begriff außer diesen (deutschen) Papieren auch entsprechende ausländische Urkunden.[5] Zur Einbeziehung ausländischer Urkunden in den Schutz, den das deutsche Strafrecht gewährt, siehe § 273 StGB Rdn. 4, § 276 StGB Rdn. 3. Auch Untersuchungsberichte nach § 29 StVZO sind von der Norm erfasst.[6]

## Vorbemerkungen zu den §§ 277 bis 279

Die §§ 277 bis 279 StGB bilden innerhalb der Urkundendelikte eine besondere Gruppe. Sie dienen dem Schutz von **Gesundheitszeugnissen.** Dabei geht es einerseits um deren Echtheit (§§ 277, 279 StGB), andererseits aber auch um ihre Wahrheit (§§ 278, 279 StGB).

**§ 277 StGB** stellt drei Fälle der Herstellung unechter oder Fälschung echter Papiere unter Strafe. Im ersten Fall stellt der Täter ein Gesundheitszeugnis aus, wobei er sich unbefugt als Medizinalperson ausgibt. Im zweiten Fall tritt er unter fremdem Namen als Medizinalperson auf, und im Dritten verfälscht er das echte Gesundheitszeugnis einer

---

3 Siehe dazu auch *Erb* MK Rdn. 3; *Fischer* Rdn. 3.

4 *Fischer* Rdn. 3.

5 Ebenso *Erb* MK Rdn. 5; *Fischer* Rdn. 4; *Hoyer* SK Rdn. 4; *Sch/Schröder/Cramer/Heine* Rdn. 4.

6 Ebenso *Puppe* NK Rdn. 7; **anders** *Erb* MK Rdn. 5.

Medizinalperson. In allen Fällen ist die Tat zweiaktig, weil zum Tatbestand nicht nur die Fälschung gehört, sondern auch das Gebrauchmachen. **§ 278 StGB** betrifft Fälle, in denen eine Medizinalperson ein echtes, aber unrichtiges Zeugnis ausstellt. In **§ 279 StGB** schließlich geht es darum, dass der Täter von gefälschten (§ 277 StGB) oder unrichtigen (§ 278 StGB) Gesundheitszeugnissen Gebrauch macht. Hier hat sich eine Form der Systematik, wie sie den §§ 267, 270 a.F. StGB zu Grunde lag, auch nach der Gesetzesänderung von 1943 erhalten (vgl. § 267 StGB Entstehungsgeschichte und § 267 StGB Rdn. 219, § 279 StGB Rdn. 6 f).

# § 277
# Fälschung von Gesundheitszeugnissen

**Wer unter der ihm nicht zustehenden Bezeichnung als Arzt oder als eine andere approbierte Medizinalperson oder unberechtigt unter dem Namen solcher Personen ein Zeugnis über seinen oder eines anderen Gesundheitszustand ausstellt oder ein derartiges echtes Zeugnis verfälscht und davon zur Täuschung von Behörden oder Versicherungsgesellschaften Gebrauch macht, wird mit Freiheitsstrafe bis zu einem Jahr oder mit Geldstrafe bestraft.**

### Schrifttum

*Peglau* Behörde als „Arbeitgeber" – Behörde i.S. von § 277 StGB? NJW **1996** 1193.

### Entstehungsgeschichte

Die Vorschrift ist im Tatbestand seit der Ursprungsfassung unverändert. Nur die Strafdrohung wurde an das jeweils neue Recht angepasst, und zwar durch Art. 4 des 1. StrRG (Ersetzung des Wortes „Gefängnis" durch „Freiheitsstrafe") und durch Art. 2 § 2 Abs. 1 des 2. StrRG (Ergänzung der Freiheitsstrafe durch wahlweise Geldstrafe). Das 6. StrRG ließ die Vorschrift unverändert.

*Übersicht*

*Alphabetische Übersicht*



## I. Sinn und Zweck der Vorschrift

1 Siehe zunächst vor § 277 StGB. Es geht um die **Sicherheit des Rechtsverkehrs** beim Umgang mit *Gesundheitszeugnissen.* § 277 StGB behandelt zum größten Teil Fälle, die nach § 267 StGB Urkundenfälschung wären. Er weitet in seiner ersten Alternative die Strafbarkeit insofern aus, als es hier an einer Täuschung über die Identität des Täters fehlen kann, wenn er nur unter einer ihm nicht zustehenden Bezeichnung als Medizinalperson in Erscheinung tritt. Gleichwohl kann man auch diesen Fall in einem weiteren Sinne dem **Echtheitsschutz** zurechnen, weil § 277 StGB unter anderem die Ausstellung von (im Übrigen sogar richtigen) Gesundheitszeugnissen verhindern soll, die sich den Anschein geben, sie wären ärztlichen Ursprungs, obwohl dies in Wirklichkeit nicht zutrifft. Im Übrigen enthält die Vorschrift im Vergleich zu § 267 StGB **Privilegierungen** und Einschränkungen des Tatbestands, die der Sache nach unverständlich sind.[1] Es erscheint nicht gerechtfertigt, das Fälschen von Gesundheitszeugnissen überhaupt und deren Gebrauch vor Behörden und Versicherungsgesellschaften gegenüber anderen Urkundenfälschungen in der Strafdrohung zu privilegieren, den Strafrechtsschutz auf Gesundheitszeugnisse zu beschränken, die für den bezeichneten Gebrauch bestimmt sind, und bei ihnen den Fälschungsakt allein zur Tatvollendung nicht genügen zu lassen.

[1] *Arzt/Weber* BT § 33 Rdn. 42; *Erb* MK Rdn. 1; *Fischer* Rdn. 1; *Hoyer* SK Rdn. 4 ff; *Puppe* NK Rdn. 1 f; *Rengier* BT II § 38 Rdn. 2; *Schmidhäuser* BT 14/26; *Sch/Schröder/Cramer/Heine* Rdn. 1; vgl. auch *Maurach/Schroeder/Maiwald* BT 2 § 66 Rdn. 40.

## II. Gegenstand der Tat

**1. Begriff des Gesundheitszeugnisses.** Gesundheitszeugnisse sind Bescheinigungen (vgl. OLG Düsseldorf StraFo **2000** 133, 134) über den gegenwärtigen Gesundheitszustand eines Menschen (vgl. BGHSt **6** 90, 92; **10** 157 f), aber auch Bescheinigungen über frühere (überstandene) Krankheiten[2] sowie ihre Spuren und Folgen, ferner über Gesundheitsaussichten (Anfälligkeit, Immunität und Lebenserwartung).[3] Gesundheitszeugnisse umfassen auch die sachverständige Würdigung unmittelbar wahrgenommener Tatsachen (RGSt **33** 293, 294 f). § 277 StGB unterscheidet nicht zwischen Angaben tatsächlicher Natur (wie Zeitpunkt der Untersuchung, Ergebnis, Wesen und Umfang der Erkrankung sowie Krankheitsverdacht) und solchen gutachtlicher Art (vgl. BGHSt **10** 157, 158; RG GA Bd. **54** 292, 293). Zu den Gesundheitszeugnissen gehören auch Krankenscheine einer Ortskrankenkasse (BGHSt **6** 90), der schriftliche Bericht eines gerichtsärztlichen Instituts über eine Blutalkoholuntersuchung (BGHSt **5** 75, 76, 84) und Impfscheine (RGSt **24** 284, 286; RG GA Bd. **43** 385). Nicht dazu gehören Zeugnisse über die Todesursache (RGSt **65** 78) oder über die Geburt,[4] ebenso wenig tierärztliche Zeugnisse über den Gesundheitszustand eines Tieres.[5] 2

**2. Die Aussteller eines solchen echten Zeugnisses**

a) **Ärzte.** Die Befugnis, sich als Arzt oder Zahnarzt zu bezeichnen, richtet sich nach den besonderen Vorschriften über die Approbation. 3

b) **Andere approbierte Medizinalpersonen.** Zu dem – ersichtlich weit gefassten – Begriff der anderen approbierten Medizinalperson zählen alle in Heilberufen tätigen Personen, deren Ausbildung gesetzlich geregelt ist und durch ein Staatsexamen abgeschlossen wird,[6] so Hebammen, Krankenpfleger, Krankenschwestern, Masseure, medizinische Bademeister und Krankengymnasten, medizinisch-technische Labor- und Radiologieassistenten, Diätassistenten, Beschäftigungs- und Arbeitstherapeuten, Psychotherapeuten, Wochenpflegerinnen, Logopäden, pharmazeutisch-technische Assistenten und Apothekenanwärter. Nicht dazu gehören *Heilpraktiker*, weil für diesen Beruf eine staatliche Ausbildung nicht erforderlich ist.[7] 4

**3. Einschränkung des Schutzumfangs.** Geschützt sind nur Gesundheitszeugnisse, die zum Gebrauch vor Behörden und Versicherungsgesellschaften bestimmt sind. 5

a) **Behörden.** Es sind Behörden jeder Art gemeint, nicht nur Gerichte und Verwaltungsbehörden (vgl. § 11 Abs. 1 Nr. 7 StGB). Zu den Behörden im Sinne des § 277 StGB sind auch die Sozialversicherungsträger zu zählen, vor allem die Berufsgenossenschaften, während der Bundesgerichtshof die gesetzlichen Krankenkassen, insbesondere die Orts- 6

---

2 *Sch/Schröder/Cramer/Heine* Rdn. 2.

3 Siehe auch *Blei* II S. 321; *Erb* MK Rdn. 2; *Fischer* Rdn. 3; *Gercke* MedR 2008 592; *Hoyer* SK Rdn. 8; *Joecks* Rdn. 2; *Puppe* NK Rdn. 3 f.

4 *Erb* MK Rdn. 2.

5 *Hoyer* SK Rdn. 7.

6 *Erb* MK Rdn. 3; *Hoyer* SK Rdn. 9; *Puppe* NK Rdn. 5. *Fischer* Rdn. 6, *Haft* BT II S. 213 und *Lackner/Kühl* Rdn. 2 verweisen auf die Aufzählung in § 203 Abs. 1 Nr. 1 StGB; enger (akademischer Heilberuf) *Otto* BT § 70 Rdn. 79.

7 Wie hier *Erb* MK Rdn. 3; *Lackner/Kühl* Rdn. 2, § 203 Rdn. 3; *Puppe* NK Rdn. 5; aA *Sch/Schröder/Cramer/Heine* Rdn. 3.

krankenkassen, als Versicherungsgesellschaften (im Sinne des § 278 StGB) angesehen hat (BGHSt **6** 90, 91). Auch ausländische Behörden werden durch die Vorschrift geschützt, zum Beispiel ausländische Konsulate im Inland (BGHSt **18** 333 f = LM § 279 Nr. 2 m. Anm. *Kohlhaas*).[8] Doch sind Behörden im Sinne der §§ 277, 278 StGB nur solche Stellen, welche die vorgelegten Zeugnisse zur Beurteilung des Gesundheitszustands verwenden (BGHSt **43** 352 f = NStZ **1999** 132 mit Anm. *Wolfslast* S. 133), dies allerdings auch dann, wenn sie sie als Arbeitgeber anfordern (*Gercke* MedR **2008** 592, 594; *Peglau* NJW **1996** 1194). Siehe im Übrigen die Kommentierung bei § 11 StGB.

7 b) **Versicherungsgesellschaften.** Es sind alle privaten Versicherungsunternehmen erfasst ohne Rücksicht auf ihre besondere Rechtsform; ferner die gesetzlichen Krankenkassen, soweit sie nicht Behörden sind (Rdn. 6). Im Zusammenhang mit Versicherungsgesellschaften geht es allein um Gesundheitszeugnisse, die für das besondere Versicherungsunternehmen gebraucht werden (Lebens-, Alters-, Invaliditäts-, Unfall- und Haftpflichtversicherung, soweit sie Personenschäden deckt).[9]

## III. Tathandlungen

8 Die Tat ist in allen Fällen zweiaktig.

9 1. **Erster Handlungsteil.** Im Bereich des ersten Tatakts unterscheidet die Vorschrift zwischen Ausstellen und Verfälschen.

10 a) **Ausstellen.** Es betrifft (in einem weiteren Sinne) „unechte" Gesundheitszeugnisse und ist in zwei Modalitäten strafbar.

11 aa) **Handeln unter falscher Bezeichnung.** Hier maßt sich der Täter die Stellung eines Arztes oder einer anderen approbierten Medizinalperson an. Für die Erfüllung des Tatbestands ist unwesentlich, ob das Zeugnis der Wahrheit entspricht oder unrichtig ist (RGSt **20** 140),[10] ob sich der Täter einen Vermögensvorteil verschaffen oder ob er jemanden schädigen will, schließlich auch, ob er einen berechtigten Zweck verfolgt (RGSt **31** 296, 298). Bei dieser Tatform handelt es sich im Übrigen nicht um Urkundenfälschung, es sei denn, der Täter täuscht trotz Unterzeichnung mit seinem richtigen Namen über die Identität seiner Person (§ 267 StGB Rdn. 173, 175, 182).

12 bb) **Handeln unter falschem Namen.** Diese Tatform ist ein besonderer Fall des § 267 StGB, weil der Täter bei der Ausstellung des Gesundheitszeugnisses über die Identität des Ausstellers täuscht. Täter kann in diesem Fall auch ein Arzt sein, wenn er den Namen eines Berufskollegen missbraucht.[11] Auch hier kommt es auf die sachliche Richtigkeit des Gesundheitszeugnisses nicht an.[12] Wer vorgibt, von einem Arzt beauftragt oder ermächtigt zu sein, handelt in dessen Namen,[13] und zwar „unberechtigt", wie das Gesetz im Tatbestand hervorhebt. Handeln „unter dem Namen" eines anderen kann ausdrücklich

---

[8] Ebenso *Erb* MK Rdn. 8; *Fischer* Rdn. 10; *Oehler* Internationales Strafrecht Rdn. 784, S. 486.

[9] Vgl. auch *Erb* MK Rdn. 8.

[10] *Erb* MK Rdn. 5; *Gössel/Dölling* BT 1 § 52 Rdn. 64; *Hoyer* SK Rdn. 10; *Otto* BT § 70 Rdn. 77.

[11] *Erb* MK Rdn. 5.

[12] *Arzt/Weber* BT § 33 Rdn. 42.

[13] *Sch/Schröder/Cramer/Heine* Rdn. 7.

oder stillschweigend geschehen, so durch Verwendung eines fremden Rezeptblocks (vgl. OLG Bremen GA **1955** 277).

b) **Verfälschen.** Ihm liegt ein echtes Gesundheitszeugnis zu Grunde, wie das Gesetz ausdrücklich sagt. Auch hier handelt es sich um einen Spezialfall der Urkundenfälschung (§ 267 StGB). Dabei wird ein ordnungsgemäß ausgestelltes Gesundheitszeugnis nachträglich unbefugterweise verändert. Täter kann in der Regel jedermann sein, doch nicht der rechtmäßige Aussteller. Ist das Zeugnis schon in den Rechtsverkehr gelangt, so darf aber auch er es nicht mehr ändern (str.; vgl. im Einzelnen § 267 Rdn. 203 ff). Das OLG Celle (HRR **1933** Nr. 786) meint dagegen, der ausstellende Arzt sei zur Änderung befugt, solange die Behörde aufgrund des Zeugnisses noch nichts veranlasst habe. Der Tatbestand ist auch erfüllt, wenn es sich um eine Verfälschung „zur Wahrheit hin" handelt. Doch kann dann die Täuschungsabsicht fehlen. **13**

### 2. Zweiter Handlungsteil

a) **Gebrauchmachen.** In allen Fällen (Rdn. 9 bis 13) muss der Täter von dem Gesundheitszeugnis Gebrauch machen. Hierunter ist grundsätzlich dasselbe zu verstehen wie unter Gebrauchen in § 267 StGB (dort Rdn. 220 ff). Nicht erforderlich ist, dass der Täter das Zeugnis selbst oder für sich gebraucht; er kann es auch für und durch einen anderen tun, jedoch müssen im letzteren Fall entweder die Voraussetzungen der Mittäterschaft oder der mittelbaren Täterschaft gegeben sein.[14] Folglich kann das Ausstellen oder Verfälschen für und die Überlassung an einen anderen genügen, selbst wenn sich dieser, da gutgläubig, durch den Gebrauch nicht nach § 279 StGB strafbar macht. Es liegt dann insofern ein Fall der mittelbaren Täterschaft vor. **14**

Entgegen der Auffassung der Rechtsprechung (BGH bei Dallinger MDR **1975** 194, 197) liegt kein Gebrauchmachen vor, wenn unter Verwendung eines Arztbriefkopfs und ärztlicher Unterschriften ein falsches Zeugnis zusammengeklebt und dann eine Fotokopie dieses Falsifikats vorgelegt wird (siehe zu den Gründen § 267 StGB Rdn. 217). **15**

b) **Beweisadressaten.** Als solche kommen nur Behörden und Versicherungsgesellschaften in Betracht (Rdn. 6 f). Wird das falsche Zeugnis gegenüber anderen Beweisadressaten verwendet, so greift § 267 StGB nicht ein, auch soweit es sich um Urkundenfälschung handeln würde. Das folgt daraus, dass § 277 StGB eine Privilegierung gegenüber § 267 StGB enthält (Rdn. 1).[15] **16**

## IV. Tatbestandsausschluss

Die Berechtigung, bei der Ausstellung des Gesundheitszeugnisses unter dem Namen eines Arztes oder einer anderen approbierten Medizinalperson zu handeln, schließt den Tatbestand aus. **17**

---

[14] Ebenso *Erb* MK Rdn. 4; anders die Vorauflage sowie *Gössel/Dölling* BT 1 § 52 Rdn. 64; *Kindhäuser* LPK Rdn. 4; *Sch/Schröder/Cramer/Heine* Rdn. 10, wonach jede Überlassung an einen anderen zum Gebrauch genügen soll. Nach *Lackner/Kühl* Rdn. 3 muss es eine bösgläubige Mittelsperson sein. Zeugnismanipulation und Gebrauch täterschaftlich von derselben Person verlangen *Hoyer* SK Rdn. 6, 14, *Puppe* NK Rdn. 11.

[15] *Erb* MK Rdn. 9; *Fischer* Rdn. 1; *Haft* BT II S. 213; *Hoyer* SK Rdn. 5; anders *Puppe* NK Rdn. 13.

## V. Zur inneren Tatseite

18 Bedingter Vorsatz genügt. Daneben muss das Gebrauchmachen „zur Täuschung von Behörden oder Versicherungsgesellschaften" geschehen. Dieses besondere subjektive Merkmal ist ebenso auszulegen wie die Wendung „zur Täuschung im Rechtsverkehr" (§ 267 StGB Rdn. 252 ff), doch mit dem bezeichneten eingeschränkten Adressatenkreis (BGHSt **18** 333, 334). Die Täuschung bezieht sich auf die Herkunft der Gesundheitszeugnisse. Mit ihnen soll der Anschein erweckt werden, als stammten sie von einem oder einem bestimmten Arzt oder einer approbierten anderen Medizinalperson (RGSt **20** 138, 141). Eine Täuschung über den Gesundheitszustand braucht weder beabsichtigt noch gelungen zu sein (RGSt **20** 138, 140).[16] Es ist weder eine Vorteils- noch Benachteiligungsabsicht erforderlich.

## VI. Versuch und Vollendung

19 Der Versuch ist nicht strafbar. Strafbarkeit tritt erst mit Vollendung des Gebrauchs ein. Das ist der Fall, sobald das Gesundheitszeugnis der Behörde oder Versicherungsgesellschaft zugeht, für die es bestimmt ist, selbst wenn sie es noch nicht zur Kenntnis genommen hat (vgl. § 267 StGB Rdn. 220). Dagegen ist § 277 StGB nicht verwirklicht, wenn der Fälscher das Zeugnis einem anderen zur Weiterleitung an eine Behörde überlassen hat, der andere es aber nicht vorlegt.

## VII. Konkurrenzen

20 § 277 StGB ist eine Sondervorschrift; die §§ 267, 281 StGB treten gegenüber diesem Tatbestand zurück (RGSt **31** 296, 298).[17] Tateinheit ist möglich mit den §§ 132a, 263 StGB.

## VIII. Strafe und andere Rechtsfolgen

21 § 277 StGB wird in § 282 StGB nicht genannt. Die Möglichkeit, ein falsches Zeugnis nach § 74 StGB einzuziehen, bleibt davon unberührt.

# § 278
# Ausstellen unrichtiger Gesundheitszeugnisse

**Ärzte und andere approbierte Medizinalpersonen, welche ein unrichtiges Zeugnis über den Gesundheitszustand eines Menschen zum Gebrauch bei einer Behörde oder Versicherungsgesellschaft wider besseres Wissen ausstellen, werden mit Freiheitsstrafe bis zu zwei Jahren oder mit Geldstrafe bestraft.**

---

16 *Gössel/Dölling* BT 1 § 52 Rdn. 65.

17 *Fischer* Rdn. 13; *Hoyer* SK Rdn. 17; *Lackner/Kühl* Rdn. 5; *Puppe* NK Rdn. 14; *Sch/Schröder/Cramer/Heine* Rdn. 12.

## Entstehungsgeschichte

Der Tatbestand ist seit der Ursprungsfassung unverändert. Nur die Strafdrohung wurde mehrmals neuem Recht angepasst, und zwar durch Art. 4 des 1. StrRG (Ersetzung des Wortes „Gefängnis" durch „Freiheitsstrafe") und durch Art. 2 § 2 Abs. 1 des 2. StrRG (Ergänzung der Freiheitsstrafe durch wahlweise Geldstrafe).

*Übersicht*



*Alphabetische Übersicht*

## I. Sinn und Zweck der Vorschrift

1 Sie schützt nicht Echtheit und ordnungsgemäße Herkunft von Gesundheitszeugnissen, sondern deren *inhaltliche Richtigkeit.*[1] Sie dient also dem **Wahrheitsschutz** im Beweisverkehr mit Urkunden und geht damit über den Schutzbereich der §§ 267, 277 StGB hinaus.

## II. Mögliche Täter

2 § 278 StGB ist ein **Sonderdelikt.** Täter, auch mittelbarer oder Mittäter, kann nur ein Arzt oder eine sonstige approbierte Medizinalperson (§ 277 StGB Rdn. 3 f) sein. Der Anwendung des § 278 StGB steht nicht entgegen, dass der Arzt bei der Behörde angestellt ist, der das Zeugnis vorgelegt werden soll (BGHSt **10** 157, 159).[2] Doch muss der Täter das Zeugnis in seiner Eigenschaft als Arzt oder andere approbierte Medizinalperson erteilen. Bittet er zum Beispiel darum, seinen Sohn vom Unterricht zu befreien, so fällt ein unwahres Zeugnis unter § 278 StGB nur, wenn er es als Arzt ausstellt. Geht eine andere Medizinalperson offensichtlich über den Kreis ihrer Funktion hinaus, so greift § 278 StGB nicht ein (vgl. OLG Bremen GA **1955** 277).[3] Das ist etwa der Fall, wenn eine medizinisch-technische Assistentin ein „ärztliches" Zeugnis erteilt. Auch der beamtete Arzt fällt unter die Vorschrift; jedoch wird § 278 StGB verdrängt, soweit für den Arzt § 348 StGB gilt (str.; siehe Rdn. 14). Für Teilnehmer (Anstifter und Gehilfen), die weder Arzt noch sonst approbierte Medizinalperson sind, ist § 28 Abs. 1 StGB anzuwenden.

## III. Das Tatobjekt

3 Es ist ein Gesundheitszeugnis; zum Begriff siehe § 277 StGB Rdn. 2. Es wird nicht allgemein geschützt, sondern nur nach mehrfacher Maßgabe.

4 **1. Gesundheitszeugnis „über einen Menschen".** Es muss sich auf einen anderen als den Aussteller beziehen.[4] Die Formulierung des § 278 StGB „Zeugnis über den Gesundheitszustand eines Menschen" ließe zwar auch die gegenteilige Auslegung zu. Doch wird die hier vertretene Rechtsansicht durch den abweichenden Wortlaut des § 277 StGB gestützt, wo zwischen beiden Fällen ausdrücklich unterschieden wird (Zeugnis des Ausstellers „über seinen oder eines anderen Gesundheitszustand").

5 Die Einbeziehung der *Selbstbegutachtung* in die strafrechtliche Regelung ist bei § 277 StGB sinnvoll. Denn dort kann und wird der Täter in der Regel verschleiern, dass er sich selbst das (angebliche) ärztliche Gutachten ausgestellt hat. Im Anwendungsbereich des § 278 StGB ist er dagegen als Aussteller ohne Weiteres erkennbar, so dass der Beweisadressat gegen die Gefahren einer Selbstbegutachtung des Arztes nicht geschützt zu werden braucht.

6 **2. Unrichtigkeit des Gesundheitszeugnisses.** Unter einem unrichtigen Gesundheitszeugnis ist sinngemäß Gleiches zu verstehen wie bei der unwahren Beurkundung in § 271

---

1 Vgl. BGH NStZ-RR 2007 343, 344; *Arzt/Weber* BT § 33 Rdn. 41; *Gercke* MedR 2008 592; *Haft* BT II S. 214; *Hoyer* SK Rdn. 1; *Kindhäuser* LPK Rdn. 1; *Lackner/Kühl* Rdn. 1.

2 *Erb* MK Rdn. 2; *Schmidhäuser* BT 14/35.

3 Vgl. *Erb* MK Rdn. 2; *Sch/Schröder/Cramer/Heine* Rdn. 2.

4 *Erb* MK Rdn. 3; *Fischer* Rdn. 2; vgl. auch RG GA Bd. **43** 385 und Bd. **54** 292, 293.

StGB. Unrichtig ist ein Gesundheitszeugnis, wenn es in einem wesentlichen Punkt den Tatsachen widerspricht.[5] Die Unrichtigkeit kann sich auf den Befund oder auf die Beurteilung beziehen (OLG Frankfurt/M. StV **2006** 471, 472). Es kommt also nicht darauf an, ob in dem Zeugnis Angaben tatsächlicher oder gutachtlicher Art unrichtig sind (RG GA Bd. **54** 292, 293).

Unrichtig ist ein Zeugnis regelmäßig, wenn der Arzt einen Befund bescheinigt, ohne eine **Untersuchung** vorgenommen zu haben (BGH NStZ-RR **2007** 343, 344; BGHSt **6** 91, 92;[6] offen gelassen in der Entscheidung OLG Zweibrücken NStZ **1982** 467, 468), insbesondere in Fällen der so genannten **Telefondiagnose,** selbst wenn der Befund im Ergebnis zutreffend ist. Dagegen wird das Zeugnis nicht schon dadurch unrichtig, dass sich der Arzt auf einige Untersuchungsmaßnahmen beschränkt, wenn er dadurch unter Berücksichtigung seiner beruflichen Erfahrung und der Vorgeschichte eine ausreichende Beurteilungsgrundlage gewinnt (OLG Zweibrücken NStZ **1982** 467, 468). 7

**Ausnahmsweise** mag eine körperliche Untersuchung oder persönliche Befragung entbehrlich sein, wenn sich der Arzt auf andere Weise zuverlässig über den Zustand des Patienten unterrichtet hat (OLG Düsseldorf MDR **1957** 372; OLG Frankfurt/M. StV **2006** 471, 472). In einem solchen Fall muss im Zeugnis angegeben werden, dass eine körperliche Untersuchung nicht stattgefunden hat (OLG Frankfurt/M. NJW **1977** 2128, 2129). Ein Kassenarzt ist vertraglich verpflichtet, einem Patienten nur aufgrund einer ärztlichen Untersuchung *Arbeitsunfähigkeit* zu bescheinigen (LSG Celle NJW **1985** 700 f). Unrichtig ist ein Zeugnis, das den Gesamtbefund richtig wiedergibt, jedoch erdichtete oder verfälschte Einzelheiten enthält (BGHSt **10** 157, 158 f). Ein unrichtiges Zeugnis liegt schließlich auch vor, wenn ein Arzt Blutproben vertauscht (OLG Oldenburg NJW **1955** 761 f). 8

**3. Zweck des Zeugnisses.** Geeigneter Tatgegenstand ist das unrichtige Zeugnis nur, wenn es zum Gebrauch bei einer Behörde oder Versicherungsgesellschaft bestimmt ist (siehe dazu § 277 StGB Rdn. 6 f). Die Zweckbestimmung muss nicht vom Täter ausgehen, sondern kann ihm von seinem Auftraggeber vorgegeben sein. 9

## IV. Die Tathandlung

Sie besteht in dem Ausstellen des zweckbestimmten unrichtigen Zeugnisses, das heißt in der Anfertigung unter Angabe des verantwortlichen Arztes oder der anderen approbierten Medizinalperson (s. aber auch Rdn. 13). 10

## V. Unrechts- und Tatbestandsausschluss

Da das geschützte Rechtsgut nicht zur Disposition dessen steht, auf dessen Gesundheit sich das Zeugnis bezieht, schließt sein Einverständnis die Strafbarkeit des Arztes nicht aus. 11

---

5 RG GA Bd. **43** 385 und Bd. **54** 293; *Gercke* MedR **2008** 592, 593.

6 RGSt **74** 229, 230, 231; OLG Frankfurt/M. NJW **1977** 2128, 2129; OLG München NJW **1950** 796; *Erb* MK Rdn. 4; *Fischer* Rdn. 3; *Gössel/Dölling* BT 1 § 52 Rdn. 67; *Haft* BT II S. 214; *Lackner/Kühl* Rdn. 2; *Maurach/Schroeder/Maiwald* BT 2 § 66 Rdn. 44; *Otto* BT § 71 Rdn. 30; *Sch/Schröder/Cramer/Heine* Rdn. 2; anders *Hoyer* SK Rdn. 2; *Puppe* NK Rdn. 2; siehe auch *Gercke* MedR **2008** 592, 593.

## VI. Zur inneren Tatseite

12 Vorsatz ist erforderlich; bedingter genügt mit einer Einschränkung: Der Täter muss damit rechnen, dass das Zeugnis zum Gebrauch bei einer Behörde oder Versicherungsgesellschaft bestimmt ist ohne Rücksicht darauf, wer das Zeugnis dort gebraucht. Doch muss er das Zeugnis **wider besseres Wissen unrichtig** ausstellen; hinsichtlich der Unrichtigkeit genügt bedingter Vorsatz also nicht (OLG Frankfurt/M. StV **2006** 471, 472). Nach Auffassung des Oberlandesgerichts München (NJW **1950** 796) handelt der Täter wider besseres Wissen auch, falls er einen Befund ohne Untersuchung bescheinigt, selbst wenn er ihn nicht für „unrichtig" hält und von der Richtigkeit der Angaben seiner Auskunftsperson „überzeugt" ist. Ein solcher Irrtum ist in der Regel ein vermeidbarer Subsumtionsirrtum (vgl. RGSt **74** 229, 231; OLG Frankfurt/M. NJW **1977** 2128, 2129). Zum inneren Tatbestand gehört nicht, dass der Täter einen Vorteil erreichen oder einen anderen benachteiligen will. Er muss auch nicht ungerechtfertigte Maßnahmen der Behörde oder Versicherungsgesellschaft veranlassen oder erstreben (BGHSt **10** 157, 160).

## VII. Versuch und Vollendung

13 Die Tat ist Vergehen, der Versuch nicht unter Strafe gestellt (§ 23 Abs. 1 StGB). Das Ausstellen des unrichtigen Gesundheitszeugnisses zum Gebrauch bei einer Behörde oder Versicherungsgesellschaft genügt zur Vollendung. Dass von dem Zeugnis ein seinem Zweck entsprechender Gebrauch gemacht wird, ist hierfür nicht erforderlich; Voraussetzung ist aber, dass sich der Täter des Zeugnisses entäußert, das heißt es für den Rechtsverkehr freigibt (vgl. § 348 StGB Rdn. 34).[7]

## VIII. Konkurrenzen

14 § 348 StGB verdrängt den § 278 StGB, wenn ein beamteter Arzt in seinem Amtsbereich ein unrichtiges Gesundheitszeugnis in einer öffentlichen Urkunde ausstellt (OLG Düsseldorf StraFo **2000** 133, 134).[8] Tateinheit ist möglich zum Beispiel mit § 258 StGB (OLG Oldenburg NJW **1955** 761). Mit § 263 StGB kann Tateinheit vorliegen, wenn der vorgesehene Gebrauch dazu dient, eine Behörde oder Versicherungsgesellschaft betrügerisch zu schädigen.

## IX. Strafe und andere Rechtsfolgen

15 Vgl. § 277 StGB Rdn. 21.

---

7 Vgl. auch *Hoyer* SK Rdn. 4; *Lackner/Kühl* Rdn. 4; *Puppe* NK Rdn. 2; anders die Vorauflage sowie *Erb* MK Rdn. 5; *Otto* BT § 71 Rdn. 32; *Sch/Schröder/Cramer/Heine* Rdn. 5.

8 *Fischer* Rdn. 8; *Haft* BT II S. 215; *Lackner/Kühl* Rdn. 6; *Maurach/Schroeder/Maiwald* BT 2 § 66 Rdn. 43; *Otto* BT § 71 Rdn. 33; *Schmidhäuser* BT 14/35; *Sch/Schröder/Cramer/Heine* Rdn. 7; **aA** *Erb* MK Rdn. 7; *Hoyer* SK Rdn. 6; *Puppe* NK Rdn. 6.

# § 279
# Gebrauch unrichtiger Gesundheitszeugnisse

**Wer, um eine Behörde oder eine Versicherungsgesellschaft über seinen oder eines anderen Gesundheitszustand zu täuschen, von einem Zeugnis der in den §§ 277 und 278 bezeichneten Art Gebrauch macht, wird mit Freiheitsstrafe bis zu einem Jahr oder mit Geldstrafe bestraft.**

**Entstehungsgeschichte.** Wie zu § 278 StGB.

*Übersicht*



*Alphabetische Übersicht*



## I. Sinn und Zweck der Vorschrift

§ 279 StGB ergänzt die §§ 277, 278 StGB. Er ist ein einaktiges Delikt und schützt wie **1**
sie die *Sicherheit und Zuverlässigkeit des Rechtsverkehrs* beim Umgang mit Gesundheitszeugnissen gegenüber Behörden und Versicherungsgesellschaften (siehe dazu § 277 Rdn. 6 f). Er bezieht sich in erster Linie auf Täter, die nicht unter die §§ 277, 278 StGB fallen, die also nicht oder nicht in strafbarer Weise am Herstellen des (in einem weiteren Sinne) unechten, dem Verfälschen des echten oder dem Ausstellen des unrichtigen Zeugnisses täterschaftlich beteiligt sind.

## II. Gegenstand der Tat

Tatobjekt sind *Gesundheitszeugnisse* der in den §§ 277 und 278 StGB bezeichneten **2**
Art, wobei diese Zeugnisse unrichtige Angaben über den Gesundheitszustand enthalten müssen (siehe Rdn. 4). Ebenso wenig wie in § 271 Abs. 2 StGB braucht die Urkunde durch eine strafbare Handlung entstanden zu sein (vgl. § 271 Rdn. 78). Es genügt ein **objektiv** falsches oder verfälschtes (§ 277 StGB) oder objektiv unrichtiges (§ 278 StGB) Gesundheitszeugnis. Tatobjekt kann demnach auch ein gutgläubig ausgestelltes unrich-

tiges Zeugnis sein (BGHSt **5** 75, 84).[1] Es ist auch nicht erforderlich, dass es von vornherein vom Fälscher oder Aussteller zum Gebrauch bei einer Behörde oder Versicherungsgesellschaft ausgestellt ist.[2]

## III. Die Tathandlung

3 Sie erschöpft sich im Gebrauchmachen. Zu diesem Begriff siehe § 267 StGB Rdn. 220 ff. Täter kann auch der Aussteller selbst sein, wenn er bei der Anfertigung des Gesundheitszeugnisses gutgläubig war (vgl. RGSt **32** 295, 297 f).

## IV. Zur inneren Tatseite

4 Es genügt bedingter Vorsatz hinsichtlich der Tatumstände. Doch muss der Täter handeln, „um ... über seinen oder eines anderen Gesundheitszustand zu täuschen" (dolus directus 1. Grades).[3] Im Schrifttum wird zu Recht die Ansicht vertreten, § 279 StGB setze voraus, dass das **zur Täuschung** verwendete Zeugnis **objektiv und aus der Sicht des Täters** (wenigstens auch) unrichtige Angaben **über den Gesundheitszustand** enthalte.[4] Das ist notwendig in den Fällen des § 278 StGB, dürfte in der Regel aber auch in denen des § 277 StGB zutreffen, obwohl es dort für den Schuldspruch nicht auf die sachliche Unrichtigkeit der unechten oder verfälschten ärztlichen Bescheinigung ankommt, soweit es um den Gesundheitszustand des Patienten geht.

## V. Versuch und Vollendung

5 Der Versuch ist nicht mit Strafe bedroht. Der Gebrauch ist vollendet, sobald der Täter das Zeugnis an die Behörde oder Versicherungsgesellschaft gelangen lässt; ob sie es zur Kenntnis genommen hat, ist unerheblich.

## VI. Konkurrenzen

6 Hat sich der Hersteller oder Fälscher nach § 277 StGB strafbar gemacht, so konsumiert diese Vorschrift die Strafbarkeit nach § 279 StGB.

7 Das Verhältnis beider Vorschriften zueinander lässt sich mit dem vergleichen, in welchem § 267 StGB (Urkundenfälschung) vor der StrafrechtsangleichungsVO 1943 zu § 270 a.F. StGB (Gebrauch einer unechten oder verfälschten Urkunde) stand. Insoweit war anerkannt, dass § 270 a.F. StGB eine Bestrafung nur in Fällen ermöglichen sollte, in

---

1 RGSt **32** 295, 297 f; OLG Bremen GA **1955** 277; *Erb* MK Rdn. 2; *Fischer* zu § 279 StGB; *Gössel/Dölling* BT 1 § 52 Rdn. 70; *Haft* BT II S. 215; *Hoyer* SK Rdn. 2; *Kindhäuser* LPK Rdn. 1; *Lackner/Kühl* Rdn. 1; *Puppe* NK Rdn. 2; *Sch/Schröder/Cramer/Heine* Rdn. 1; vgl. auch *Maurach/Schroeder/Maiwald* BT 2 § 66 Rdn. 48.

2 *Fischer* zu § 279 StGB; *Sch/Schröder/Cramer/Heine* Rdn. 1.

3 *Hoyer* SK Rdn. 4; *Lackner/Kühl* Rdn. 2; anders *Puppe* NK Rdn. 5.

4 *Erb* MK Rdn. 2, 4; *Otto* BT § 71 Rdn. 81; *Puppe* NK Rdn. 2, 6; *Sch/Schröder/Cramer/Heine* Rdn. 2; anders *Hoyer* SK Rdn. 2 (nur subjektiv).

denen der die Urkunde Gebrauchende nicht als Täter des Fälschens bestraft werden konnte.[5]

Gegenüber § **278** StGB tritt § 279 StGB als mitbestrafte Nachtat zurück (OLG Oldenburg NJW **1955** 761, 762). Das Schrifttum sieht zum Teil § 279 StGB allgemein als mitbestrafte Nachtat an, ohne zwischen den Fällen des § 277 StGB und denen des § 278 StGB zu differenzieren.[6] Zum Teil nimmt es auch Tateinheit an, entweder im Verhältnis des § 279 StGB zu beiden anderen Vorschriften[7] oder wenigstens im Verhältnis zu § 277 StGB.[8] Im Übrigen ist Tateinheit beispielsweise möglich mit § 263 StGB. **8**

## VII. Strafe und andere Rechtsfolgen

Gesundheitszeugnisse (§§ 277, 278 StGB), die Gegenstand einer Tat nach § 279 StGB sind, können eingezogen werden (§ 282 Abs. 2 StGB). **9**

## § 280
## Aberkennung der bürgerlichen Ehrenrechte

*(aufgehoben durch Art. 8 des 1. StrRG)*

## § 281
## Mißbrauch von Ausweispapieren

**(1) Wer ein Ausweispapier, das für einen anderen ausgestellt ist, zur Täuschung im Rechtsverkehr gebraucht, oder wer zur Täuschung im Rechtsverkehr einem anderen ein Ausweispapier überläßt, das nicht für diesen ausgestellt ist, wird mit Freiheitsstrafe bis zu einem Jahr oder mit Geldstrafe bestraft. Der Versuch ist strafbar.**

**(2) Einem Ausweispapier stehen Zeugnisse und andere Urkunden gleich, die im Verkehr als Ausweis verwendet werden.**

### Schrifttum

*Cramer* Missbrauch und Erschleichen von Ausweispapieren, GA **1963** 363; *Hecker* Die missbräuchliche Verwendung von Ausweispapieren und sonstigen ausweisgleichen Urkunden nach § 281 StGB, GA **1997** 525; *Schlosky* Missbrauch von Ausweispapieren, DR **1942** 710; *Schmidt-Leichner* Das Gesetz zur Änderung des Reichstrafgesetzbuchs vom 4. Sept. 1941 und die Durchführungsverordnung vom 24. Sept. 1941, DR **1941** 2145; *R. Schmitt* Täterschaft und Teilnahme am Beispiel des § 281, NJW **1977** 1811.

---

[5] *Kohlrausch* StGB, 37. Aufl., § 270 Anm. 1.
[6] *Erb* MK Rdn. 5; *Fischer* zu § 279 StGB; *Lackner/Kühl* Rdn. 3.
[7] *Puppe* NK Rdn. 7.
[8] *Hoyer* SK Rdn. 5.

**Entstehungsgeschichte**

Die Vorschrift wurde durch § 4 des Gesetzes zur Änderung des Strafgesetzbuchs vom 4.9.1941 (RGBl. I S. 549) in das Strafgesetzbuch eingefügt. Das geschah, wie es in dem Gesetz heißt, „zwecks schärferer Bekämpfung des Missbrauchs von Ausweispapieren ... unter Streichung des § 363". Die aufgehobene Vorschrift enthielt einen Übertretungstatbestand der „Fälschung von Legitimationspapieren". Die neue Bestimmung drohte Gefängnis und in besonders schweren Fällen Zuchthaus an; der Versuch war strafbar. Art. 1 Nr. 80 des 1. StrRG hat die Strafdrohung herabgesetzt; durch Art. 19 Nr. 140 EGStGB wurde das Wort „vorsätzlich" aus redaktionellen Gründen in Absatz 1 gestrichen.

*Übersicht*



*Alphabetische Übersicht*

## I. Sinn und Zweck der Vorschrift

Geschütztes Rechtsgut des § 281 StGB ist die Sicherheit des Rechtsverkehrs im Umgang mit echten Ausweisurkunden. Die Vorschrift dient damit dem **Wahrheitsschutz** in diesem Bereich. Ihr Vorläufer war § 363 Abs. 2 a.F. StGB. 1

Demgegenüber enthielt der Übertretungstatbestand des § 363 Abs. 1 a.F. StGB einen privilegierten Fall der Urkundenfälschung, der sich auf die falsche Anfertigung oder die Verfälschung von Pässen, Militärabschieden, Wanderbüchern oder sonstigen Legitimationspapieren, von Dienst- oder Arbeitsbüchern oder anderen Zeugnissen sowie von Führungs- oder Fähigkeitszeugnissen bezog. Diese aufgehobene Bestimmung diente also dem **Echtheitsschutz.** Ihre Aufhebung verschärfte das Strafrecht, weil sie die genannten privilegierten Fälle dem allgemeinen Tatbestand des § 267 StGB unterstellte (OLG Hamm HESt **2** 331, 332). In diesem Zusammenhang ist heute auch § 273 StGB zu beachten. 2

## II. Tatobjekte

Es handelt sich um echte Ausweispapiere (Absatz 1) und ihnen gleichgestellte Urkunden (Absatz 2). 3

**1. Ausweispapiere.** Es sind Papiere, die dem Nachweis der Identität oder der persönlichen Verhältnisse einer Person dienen und von einer öffentlichen Stelle ausgestellt sind,[1] zum Beispiel Reisepässe,[2] Personalausweise, Kennkarten und Dienstausweise, gleichgültig, ob sie abgelaufen sind, ferner Führerscheine auch nach Entfernung des Lichtbildes (OLG Hamm VRS **5** 619), Studenten- und Schülerausweise (vgl. § 273 StGB Rdn. 4, § 275 StGB Rdn. 3), Parkausweise für Behinderte (AG Nürnberg DAR **2005** 410, 411) und Geburtsurkunden. 4

**2. Gleichgestellte Urkunden.** Diesen Ausweispapieren stehen Zeugnisse und andere Urkunden gleich, die im Verkehr als Ausweis verwendet werden (Absatz 2). In Betracht kommen:[3] Taufscheine, Schul- oder Prüfungszeugnisse (BGHSt **20** 17), Diplome, Führungs- und Fähigkeitszeugnisse, Heimatscheine, Wandergewerbescheine, Steuerkarten, Invalidenquittungskarten, Waffenbesitzkarten, Registrierscheine, Lebensmittelkarten, Arbeitsbücher, gerichtliche Ladungen (**aA** RG GA Bd. **41** 399) und Scheckkarten.[4] Die Urkunden im Sinne des zweiten Absatzes müssen nicht von einer staatlichen Stelle ausgestellt worden sein.[5] 5

---

1 *Brodag* BT S. 316; *Gössel/Dölling* BT 1 § 52 Rdn. 73; *Joecks* Rdn. 2; *Otto* BT § 73 Rdn. 2; *Sch/Schröder/Cramer/Heine* Rdn. 3.

2 RGSt **8** 37, 39; **10** 162, 164.

3 Siehe *Fischer* Rdn. 2; *Hecker* GA **1997** 525, 529, 534; *Lackner/Kühl* Rdn. 2; *Puppe* NK Rdn. 13.

4 Zum Teil enger *Erb* MK Rdn. 4 f; *Fischer* Rdn. 2; vgl. auch *Hoyer* SK Rdn. 3.

5 *Erb* MK Rdn. 5; *Fischer* Rdn. 2; *Hoyer* SK Rdn. 3; *Kindhäuser* LPK Rdn. 2; *Puppe* NK

6 Diese Zeugnisse und Urkunden haben im Rechtsverkehr primär eine andere Beweisfunktion. § 281 Abs. 1 StGB greift bei ihnen über Absatz 2 nur ein, wenn sie **als Ausweis** verwendet werden, also zum Nachweis der Identität des Inhabers oder bestimmter persönlicher Umstände (vgl. KG NStZ-RR **2004** 249, 250).[6] Ein Missbrauch ihrer spezifischen Funktion ist in diesem Zusammenhang unerheblich. Der Tatbestand scheidet also aus, wenn der Täter eine fremde Euroscheck- und Bankautomatenkarte dazu benutzt, unbefugt Geld vom Konto des Karteninhabers abzuheben (vgl. BayObLG NJW **1987** 663).[7]

7 **3. Gemeinsamkeiten und Unterschiede.** Während Absatz 1 stets **Schriftstücke** voraussetzt („Ausweispapiere"), kommen nach Absatz 2 (als Urkunden) auch **Beweiszeichen** (§ 267 StGB Rdn. 85) in Betracht, zum Beispiel Erkennungsmarken.[8] In solchen Fällen braucht der „Ausweis" nicht unbedingt Namensangaben zur Person zu enthalten; er muss jedoch als Identitätsnachweis ausreichen. Fotokopien sind weder Ausweispapiere noch ihnen gleichgestellte Urkunden, weil grundsätzlich nur Urschriften als Beweismittel im Rechtsverkehr auf ihre Ordnungsmäßigkeit und Zuverlässigkeit überprüfbar sind (BGHSt **20** 17, 18 f; vgl. § 267 StGB Rdn. 216 f).

8 § 281 StGB setzt voraus, dass das Ausweispapier **echt** ist.[9] Zudem muss es für einen anderen als den Täter ausgestellt sein.[10] Wer einen unechten oder verfälschten Pass benutzt, ist nach § 267 StGB (§ 273 StGB), nicht nach § 281 StGB strafbar (vgl. BGH NJW **1957** 472 LS[11]). Hat sich der Täter einen echten, aber inhaltlich unrichtigen Ausweis durch falsche Angaben verschafft oder macht er von einem solchen Ausweis Gebrauch, so ist Strafbarkeit nach § 271 Abs. 1 und 2 StGB zu prüfen (RGSt **58** 74, 76).[12]

## III. Die Tathandlungen

9 **1. Gebrauchen.** Darunter ist dasselbe zu verstehen wie bei § 267 StGB (dort Rdn. 220 ff). Doch sind bei § 281 StGB die Gebrauchsmöglichkeiten dadurch eingeschränkt, dass das Tatobjekt **als Ausweispapier** fremder Wahrnehmung zugänglich gemacht werden muss. Gebrauchen durch Verwendung einer Fotokopie scheidet aus (vgl. auch § 267 StGB Rdn. 217; BGHSt **20** 17). Ein Ausweispapier kann unter Umständen durch **Untätigkeit** „gebraucht" werden, so wenn der Besitzer eines fremden Ausweises einen ihn durchsuchenden Polizeibeamten in dem irrigen Glauben lässt, der Ausweis gehöre ihm (OLG Hamm HESt **2** 33 f); Voraussetzung dafür ist aber das Vorliegen einer

---

Rdn. 12; **anders** etwa *Arzt/Weber* BT § 33 Rdn. 37; *Haft* BT II S. 216; *Hecker* GA **1997** 525, 529 ff; *Otto* BT § 73 Rdn. 3; *Rengier* BT II § 38 Rdn. 5.

[6] *Sch/Schröder/Cramer/Heine* Rdn. 4.

[7] *Erb* MK Rdn. 5.

[8] *Kienapfel* Urkunden I S. 369 Fn. 133; anders *Puppe* NK Rdn. 3.

[9] OLG Bremen StV **2002** 552, 553; *Arzt/Weber* BT § 33 Rdn. 39; *Brodag* BT S. 316; *Fischer* Rdn. 2; *Gössel/Dölling* BT 1 § 52 Rdn. 73; *Kindhäuser* BT I § 60 Rdn. 8; *Rengier* BT II § 38 Rdn. 4; *Sch/Schröder/Cramer/Heine* Rdn. 1; *Wessels/Hettinger* BT 1 Rdn. 857.

[10] *Erb* MK Rdn. 7; *Puppe* NK Rdn. 5.

[11] *Fischer* Rdn. 2, 8; *Lackner/Kühl* Rdn. 1; *Maurach/Schroeder/Maiwald* BT 2 § 66 Rdn. 37; *Puppe* NK Rdn. 2; *Sch/Schröder/Cramer/Heine* Rdn. 2; OLG Bremen StV **2002** 552, 553; **aA** BGH GA **1956** 182; *Hoyer* SK Rdn. 4.

[12] *Haft* BT II S. 216; *Lackner/Kühl* Rdn. 1; *Puppe* NK Rdn. 15; *Schmidhäuser* BT 14/38; *Sch/Schröder/Cramer/Heine* Rdn. 2; vgl. RG LZ **1921** Sp. 462; RG JW **1924** 1527, 1528 f m. insoweit zust. Anm. *Hegler*; **aA** *Hoyer* SK Rdn. 4.

Garantenstellung. Es ist nicht erforderlich, dass der Ausweis – in dieser Funktion – im Rahmen seiner eigentlichen Zweckbestimmung benutzt wird.[13] Ein Studentenausweis kann zum Beispiel auch an der Theaterkasse gebraucht werden.[14] Das Gebrauchen ist kein eigenhändiges Delikt; **Mittäterschaft** ist nach allgemeinen Regeln möglich (BGH bei Herlan MDR **1955** 16, 18).[15]

2. **Überlassen.** Unter Überlassen eines Ausweispapiers an einen anderen, für den es nicht ausgestellt ist, ist Einräumung oder Übertragung der Verfügungsgewalt zu verstehen. Diese Begehungsform ist eine zur **eigenständigen Straftat** erhobene Beihilfe zum Gebrauchen.[16] Der Empfänger wird dadurch in die Lage versetzt, von dem Ausweispapier Gebrauch zu machen. Das Überlassen kann auf Dauer oder vorübergehend sein,[17] zu einmaligem oder zu wiederholtem Gebrauch. Anders als bei § 363 Abs. 2 a.F. StGB gehört zum Tatbestand des § 281 Abs. 1 StGB nicht, dass das Ausweispapier für den Überlassenden ausgestellt ist (OLG Hamm HESt **2** 331, 332); der Täter kann dem anderen auch einen Ausweis eines Dritten überlassen.[18] **10**

## IV. Tatbestands- und Unrechtsausschluss

Zur politischen Verfolgung als Rechtfertigungsgrund vgl. § 267 StGB Rdn. 249. Nach dem geschützten Rechtsgut (Rdn. 1) vermag das Einverständnis des berechtigten Ausweisinhabers oder des Überlassenden weder den Tatbestand noch die Rechtswidrigkeit des nachfolgenden Gebrauchs durch den Besitzer auszuschließen. **11**

## V. Zur inneren Tatseite

Vorsatz ist erforderlich. Überdies muss der Täter in beiden Fällen (beim Gebrauch und beim Überlassen) **zur Täuschung im Rechtsverkehr** handeln. Dieses Merkmal ist sinngemäß ebenso auszulegen wie in § 267 StGB (dort Rdn. 252 ff). Die beabsichtigte Täuschung muss die Identität des Täters oder dessen betreffen, dem er das Ausweispapier zum Gebrauch überlassen hat (BGHSt **16** 33, 34).[19] Daran fehlt es, wenn der Täter bei dem Antrag, ein Kraftfahrzeug auf den Namen eines Bekannten zuzulassen, den Personalausweis des Bekannten zum Nachweis dafür vorlegt, dass er zur Antragstellung bevollmächtigt sei (BGH bei Dallinger MDR **1969** 358, 360). **12**

## VI. Versuch und Vollendung

Der **Versuch** ist in beiden Alternativen strafbar (Absatz 1 Satz 2). Der Bundesgerichtshof nimmt versuchten Gebrauch an, wenn der Täter die Fotokopie eines Ausweises vorlegt und sich bereit erklärt, auf Verlangen das Original vorzulegen (BGHSt **20** 17, 20 = **13**

---

[13] *Erb* MK Rdn. 8.

[14] *Sch/Schröder/Cramer/Heine* Rdn. 5.

[15] *Erb* MK Rdn. 12.

[16] *Arzt/Weber* BT § 33 Rdn. 39; *Fischer* Rdn. 4; *Haft* BT II S. 217; *Lackner/Kühl* Rdn. 5; *Maurach/Schroeder/Maiwald* BT 2 § 66 Rdn. 36; *Schlosky* DR **1942** 711; *Schmidt-Leichner* DR **1941** 2149; *R. Schmitt* NJW **1977** 1811; kritisch zu dieser Bezeichnung *Erb* MK Rdn. 9; *Puppe* NK Rdn. 11.

[17] *Puppe* NK Rdn. 10.

[18] *Hoyer* SK Rdn. 5; *Puppe* NK Rdn. 10.

[19] BGH bei Dallinger MDR **1969** 358, 360.

LM Nr. 2 m. Anm. *Martin*).[20] Versuch des Überlassens kommt in Betracht, wenn der Täter die Überlassung anbietet (KG NJW **1973** 1274)[21] oder wenn er den Brief zur Post gibt, mit dem er dem anderen den Ausweis zum Gebrauch zuschickt.

## VII. Konkurrenzen

14 **1. Innerhalb des § 281 StGB.** Wer als Täter einem anderen ein Ausweispapier überlässt, ist, weil es sich beim Überlassen um eine zum Sonderdelikt erhobene Beihilfe zum Gebrauch handelt, nicht zugleich wegen Teilnahme am Gebrauchen strafbar.[22] Umgekehrt ist derjenige, der den Ausweis eines anderen gebraucht, nicht zugleich als Anstifter des anderen zu bestrafen; die Anstiftung ist als mitbestrafte Vortat subsidiär.[23]

15 **2. Im Verhältnis zu anderen Vorschriften.** § 281 StGB scheidet tatbestandsmäßig aus, wenn die Voraussetzungen des § 267 StGB oder § 271 Abs. 2 StGB vorliegen (Rdn. 8). Beim Gebrauchen ist Tateinheit mit § 263 StGB möglich sowie nach BGH VRS **30** 185 Tatmehrheit mit § 21 Abs. 1 Nr. 1 StVG.[24]

## VIII. Strafe und andere Rechtsfolgen

16 § 281 StGB wird in § 282 StGB nicht genannt.

# § 282
# Vermögensstrafe, Erweiterter Verfall und Einziehung

**(1) In den Fällen der §§ 267 bis 269, 275 und 276 sind die §§ 43a und 73d anzuwenden, wenn der Täter als Mitglied einer Bande handelt, die sich zur fortgesetzten Begehung solcher Taten verbunden hat. § 73d ist auch dann anzuwenden, wenn der Täter gewerbsmäßig handelt.**

**(2) Gegenstände, auf die sich eine Straftat nach § 267, § 268, § 271 Abs. 2 und 3, § 273 oder § 276, dieser auch in Verbindung mit § 276a, oder nach § 279 bezieht, können eingezogen werden. In den Fällen des § 275, auch in Verbindung mit § 276a, werden die dort bezeichneten Fälschungsmittel eingezogen.**

### Entstehungsgeschichte

Die Vorschrift betraf zunächst nur die Einziehung. Sie bestand aus einem Satz und lautete:

---

[20] **Anders** *Puppe* NK Rdn. 8.

[21] *Lackner/Kühl* Rdn. 3; *Sch/Schröder/Cramer/Heine* Rdn. 9; anders *Erb* MK Rdn. 13.

[22] *Hoyer* SK Rdn. 7; *Lackner/Kühl* Rdn. 5; *R. Schmitt* NJW **1977** 1811.

[23] *Arzt/Weber* BT § 33 Rdn. 39; *Lackner/Kühl* Rdn. 5.

[24] So auch BGH bei *Martin* DAR **1969** 141, 149; *Fischer* Rdn. 8; *Lackner/Kühl* Rdn. 6; *Wessels/Hettinger* BT 1 Rdn. 858; **aA** (Tateinheit) *Joecks* Rdn. 6; *Puppe* NK Rdn. 15; *Sch/Schröder/Cramer/Heine* Rdn. 10.

**§ 282 a.F.**

***Gegenstände, auf die sich eine Straftat nach §§ 267, 273, 275 Nr. 1, §§ 276 oder 279 bezieht, können eingezogen werden.***

Die Vorschrift wurde durch Art. 1 Nr. 14 **EGOWiG** vom 24.5.1968 (BGBl. I S. 503) in das StGB aufgenommen. Die Einführung erachtete man für erforderlich, weil unsicher war, ob die Gegenstände, die in den genannten Bestimmungen bezeichnet sind, zum Beispiel beim Gebrauchen und Verwenden „producta sceleris" sind.[1] Sie sollten insoweit jedenfalls als „Beziehungsgegenstände" eingezogen werden können.

Art. 1 Nr. 84 des **1. StrRG** fügte in die Verweisung „§ 268" ein. Art. 19 Nr. 146 **EGStGB** ersetzte die bisherige Verweisung („§§ 267, 268, 273, 275 Nr. 1, §§ 276 oder 279") durch „§§ 267, 268, 273 oder 279". In dem neu eingeführten Satz 2 schrieb er die Einziehung in den Fällen des § 275 StGB (Vorbereitung der Fälschung amtlicher Ausweise) zwingend vor.

Art. 1 Nr. 20 des Verbrechensbekämpfungsgesetzes (**VerbrBekG**) vom 28.10.1994 fasste § 282 StGB neu. In Satz 1 des einzigen Absatzes, aus dem die Vorschrift nach wie vor bestand, wurde die fakultative Einziehung nach § 276 StGB, in Satz 2 die obligatorische nach § 275 StGB jeweils um den Zusatz ergänzt: „auch in Verbindung mit § 276a" (aufenthaltsrechtliche Papiere, Fahrzeugpapiere).

Das **6. StrRG** gab § 282 StGB die geltende Fassung. Absatz 1 sah als sachliche Neuerung die Verhängung der (inzwischen als verfassungswidrig erklärten) Vermögensstrafe und die Anordnung des Erweiterten Verfalls vor. Absatz 2 enthält für die Einziehung Folgeänderungen, die sich aus der Neufassung des § 271 StGB ergeben haben, sowie eine sachliche Ergänzung, welche mit der Einführung des neuen Tatbestands „Verändern von amtlichen Ausweisen" (§ 273 n.F. StGB) zusammenhängt.

Das Bundesverfassungsgericht hat die Vermögensstrafe gemäß § 43a StGB mit Entscheidung vom 20.3.2002 für verfassungswidrig und nichtig erklärt, da die Vorschrift mit Art. 103 Abs. 2 GG unvereinbar sei (BVerfGE **105** 135). Daher ist die Einbeziehung des „§ 43a" in § 282 Abs. 1 StGB hinfällig.

**Gesetzesmaterialien.** Zum Verbrechensbekämpfungsgesetz siehe bei § 275 StGB.

*Übersicht*



*Alphabetische Übersicht*



[1] *Schwarz/Dreher*[30] Anm. zu § 282.

## I. Sinn und Zweck der Vorschrift

1 Sie hat ihre gegenwärtige Fassung durch das 6. StrRG erhalten. Sie beruht im Wesentlichen auf der Stellungnahme des Bundesrats zum Entwurf II (Anlage 2, E III S. 55, 56) mit einer Ergänzung in der Beschlussempfehlung (S. 22) und dem Bericht (S. 20) des Rechtsausschusses. Zweck der Neufassung war es, in den bezeichneten Fällen des **Absatzes 1** für gewerbs- und bandenmäßiges Handeln den Anwendungsbereich der (inzwischen als verfassungswidrig erklärten) Vermögensstrafe (siehe dazu Entstehungsgeschichte und Rdn. 2) und des Erweiterten Verfalls zu eröffnen (Stellungnahme des Bundesrats, E III S. 67). In **Absatz 2** (dem früheren einzigen Absatz) will der Gesetzgeber durch die Aufnahme des neuen § 273 StGB i.d.F. des 6. StrRG (Verändern von amtlichen Ausweisen) die Einziehung und damit strafverfahrensrechtliche Sicherstellung (§ 111b StPO) von Tatobjekten der neuen Vorschrift ermöglichen (Rechtsausschuss, Bericht S. 20). Die Änderungen des § 282 StGB, die § 271 StGB (i.V.m. den §§ 272, 273 a.F. StGB) betreffen, sind redaktioneller Natur (vgl. E II S. 10 zu Nr. 55, Begr. S. 45).

## II. Anwendungsbereiche

2 **1. Vermögensstrafe.** Die Verweisung des ersten Absatzes auf die Vermögensstrafe ist hinfällig, da das Bundesverfassungsgericht § 43a StGB für verfassungswidrig und nichtig erklärt hat (BVerfGE **105** 135; Entstehungsgeschichte).

### 2. Anordnung des Erweiterten Verfalls

3 a) **Bei Handeln als Mitglied einer Bande.** § 282 Abs. 1 StGB verweist auf § 73d StGB und ermöglicht damit die Anordnung des Erweiterten Verfalls von Gegenständen des Täters oder Teilnehmers, die nach den Umständen für rechtswidrige Taten oder aus ihnen erlangt sind. Aus dem Rückwirkungsverbot folgt, dass der Erweiterte Verfall nicht für solche Gegenstände angeordnet werden darf, die vor dem In-Kraft-Treten (1.4.1998) der mit dem 6. StrRG geschaffenen Verweisungsvorschrift des § 282 Abs. 1 StGB aus Urkundendelikten erlangt worden sind (BGH NJW **2001** 2339, 2340).

4 b) **Umfang der Verweisung.** Die Verweisung des § 282 Abs. 1 StGB auf § 73d StGB betrifft nur Fälle, in denen sich der **Zweck der Bande** auf die Begehung von Urkundenfälschung, Fälschung technischer Aufzeichnungen, Fälschung beweiserheblicher Daten, Vorbereitung der Fälschung von amtlichen Ausweisen und Verschaffen von falschen amtlichen Ausweisen bezieht. Betrug (§ 263 StGB) zum Beispiel reicht als Bandenzweck nicht aus, dies auch nicht unter Berücksichtigung dessen, dass er bei bandenmäßiger Tatbegehung die Anwendung etwa des § 267 Abs. 3 oder 4 StGB rechtfertigt; bei § 275 Abs. 2 StGB und § 276 Abs. 2 StGB fehlt es im Übrigen an einer entsprechenden Erweiterung. Dieses Verständnis stützt sich auf den Wortlaut des § 282 Abs. 1 StGB, der im Zusammenhang mit der Bandenmäßigkeit von fortgesetzter Begehung „solcher Taten"

spricht und damit auf die „§§ 267 bis 269, 275 und 276“ Bezug nimmt. Der Gesetzeszweck steht dieser Auslegung nicht entgegen. Die hierzu inhaltsarmen Gesetzesmaterialien geben für die Beantwortung der Frage nichts her.

Die Vorschrift gilt auch im Fall des § 270 StGB, der eine umfassende Gleichstellung anordnet.[2] Um eine Gleichstellung geht es sachlich auch in § 276a StGB, sodass ebenfalls diese Vorschrift vom Anwendungsbereich des § 282 Abs. 1 StGB erfasst ist, selbst wenn die Bestimmung im Gegensatz zu § 282 Abs. 2 StGB im ersten Absatz nicht ausdrücklich genannt ist.[3] **5**

c) **Bei Gewerbsmäßigkeit.** Die Anordnung ist auch zulässig, wenn der Täter gewerbsmäßig handelt (vgl. § 267 StGB Rdn. 239), ohne Mitglied einer Bande zu sein (vgl. § 267 Abs. 3 StGB, § 268 Abs. 5 StGB, § 269 Abs. 3 StGB, § 275 Abs. 2 StGB und § 276 Abs. 2 StGB). **6**

3. **Einziehung.** Die Vorschrift (§ 282 Abs. 2 StGB) ergänzt die allgemeinen Vorschriften über die Einziehung (§§ 74 ff StGB). Unechte und verfälschte Urkunden oder technische Aufzeichnungen, falsche Beurkundungen und falsche Gesundheitszeugnisse sind producta sceleris, jedenfalls soweit es um ihre Herstellung oder Verfälschung geht (siehe Entstehungsgeschichte). **7**

a) **Fakultative.** Sinn und Zweck des § 282 Abs. 2 StGB ist es, im Bereich der Urkundenstraftaten auch die so genannten **Beziehungsgegenstände** mit einer möglichen Einziehung zu erfassen. Es geht hierbei zum Beispiel um falsche Urkunden, die der Täter lediglich gebraucht und damit nicht durch die Tat „hervorgebracht“ (§ 74 Abs. 1 StGB) hat. An Bedeutung tritt diese besondere Einziehungsvorschrift jedoch gegenüber § 74 StGB zurück, insbesondere wenn man bedenkt, dass § 74 StGB auch den Fall erfasst, dass Gegenstände zu der Begehung oder Vorbereitung der Straftat gebraucht worden oder bestimmt gewesen sind.[4] **8**

b) **Obligatorische.** Bei Vorbereitung der Fälschung von amtlichen Ausweisen (§ 275 StGB, auch i.V.m. § 276a StGB) ist die Einziehung der dort bezeichneten Fälschungsmittel (wie Platten, Papier und Vordrucke) obligatorisch. **9**

---

2 So auch *Erb* MK Rdn. 1; *Puppe* NK Rdn. 2; **anders** *Hoyer* SK Rdn. 2; *Sch/Schröder/Cramer/Heine* Rdn. 1.

3 So auch *Erb* MK Rdn. 1; *Puppe* NK Rdn. 2; **anders** *Hoyer* SK Rdn. 2; *Sch/Schröder/Cramer/Heine* Rdn. 2.

4 Siehe auch *Erb* MK Rdn. 2; *Puppe* NK Rdn. 5 f.

## VIERUNDZWANZIGSTER ABSCHNITT

## Insolvenzstraftaten

### Vorbemerkungen zu den §§ 283 bis 283d

#### Schrifttum

*Achenbach* Zivilrechtsakzessorität der insolvenzstrafrechtlichen Krisenmerkmale? Gedächtnisschrift Schlüchter (2002) 257; *Achenbach/Ransiek* (Hrsg.) Handbuch Wirtschaftsstrafrecht, 2. Aufl. (2008, darin *Wegner* Kap. VII); *Arens* Die Bestimmung der Zahlungsunfähigkeit im Strafrecht, wistra **2007** 450; *Arloth* Zur Abgrenzung von Untreue und Bankrott, NStZ **1990** 570; *Baumann* Konkurs und Vergleich, 2. Aufl. (1981); *Bertling* Wirtschaftskriminalität (1956); *Bieneck* Die Zahlungseinstellung aus strafrechtlicher Sicht, wistra **1992** 89; *Bilo* Zum Problem der Überschuldung im strafrechtlichen Bereich, GmbHR **1981** 73 und 104; *Bittmann* (Hrsg.) Insolvenzstrafrecht (2004); *ders.* Neufassung des § 19 Abs. 2 InsO, wistra **2009** 138; *Bora/Liebl/Poerting/Risch* Polizeiliche Bearbeitung von Insolvenzkriminalität (1992); *Bretzke* Der Begriff der „drohenden Zahlungsunfähigkeit" im Konkursstrafrecht (1984); *ders.* Begriff und Umfang der kaufmännischen Sorgfaltspflicht nach § 283 StGB, KTS **1985** 413; *von Brunegg* Die Konkursverbrechen des deutschen Rechts, GS **82** (1914) 218; *Bruns* Grundprobleme der strafrechtlichen Organ- und Vertreterhaftung, GA **1982** 1; *Cohn* Zur Lehre vom strafbaren Bankerutt, GA **41** (1893) 198; *Dannecker/Knierim/Hagemeier* Insolvenzstrafrecht (2009); *Däubler* Sinn und Unsinn der Insolvenzdelikte, in Baumann/Dähn (Hrsg.) Studien zum Wirtschaftsstrafrecht (1972) 1; *Degener* Die Überschuldung als Krisenmerkmal von Insolvenzstaftatbeständen, Festschrift Rudolphi (2004) 405; *Dohmen* Verbraucherinsolvenz und Strafrecht (2007); *Dohmen/Sinn* Das Rechtsgut der Insolvenzdelikte (usw.), KTS **2003** 205; *Drebes* Die Überschuldung als Konkursantragstatbestand, in Poerting (Hrsg.) Wirtschaftskriminalität Teil I (1983) 249; *Dreher* Zur Problematik des § 283b Abs. 2 StGB, MDR **1978** 724; *Drukarczyk* Unternehmen und Insolvenz (1987); *Erdmann* Die Krisenbegriffe der Insolvenzstraftatbestände (2007); *Foffani* Handelsgesellschafts- und Insolvenzstrafrecht, in Tiedemann (Hrsg.) Wirtschaftsstrafrecht in der EU S. 311; *Franzheim* Das Tatbestandsmerkmal der Krise im Bankrottstrafrecht, NJW **1980** 2500; *ders.* Der strafrechtliche Überschuldungsbegriff, wistra **1984** 212; *Gallandi* Straftaten im Bankrott-Normprogramm und komplexe Vorgänge, wistra **1992** 10; *Geers* Der taugliche Täter im Konkursstrafrecht, Diss. Freiburg 1985; *Geisler* Zur Vereinbarkeit objektiver Bedingungen der Strafbarkeit mit dem Schuldprinzip (1998); *Gössweiner-Saiko* Bilanzdelikte und andere Straftaten im kaufmännischen Rechnungswesen (1981); *ders.* Die Insolvenzkriminalität im Lichte marktwirtschaftlicher Kriterien, Archiv für Kriminologie **170** (1982) 35; *ders.* Zur Kriminologie des Insolvenzwesens, in Akademie für kriminologische Grundlagenforschung (Hrsg.) Wirtschaftskriminalität o.J. (1984) 5; *M. Grub* Die insolvenzstrafrechtliche Verantwortlichkeit der Gesellschafter von Personenhandelsgesellschaften (1995); *V. Grub/Rinn* Die neue Insolvenzordnung – ein Freifahrschein für Bankrotteure? ZIP **1993** 1583; *A. Grube/Röhm* Überschuldung nach dem Finanzmarktstabilisierungsgesetz, wistra **2009** 81; *Gübel* Die Auswirkungen der faktischen Betrachtungsweise auf die strafrechtliche Haftung faktischer GmbH-Geschäftsführer (1994); *Haack* Überschuldung – Ein deskriptives Tatbestandsmerkmal, NJW **1981** 1353; *Hager* Der Bankrott durch Organe juristischer Personen (2007); *Hammerl* Die Bankrottdelikte (§§ 239, 240 KO), Diss. Frankfurt 1970; *Harneit* Überschuldung und erlaubtes Risiko (1985); *Hartung* Probleme bei der Feststellung der Zahlungsunfähigkeit, wistra **1997** 1; *v. d. Heydt* Die subjektive Tatseite der Konkursdelikte (2001); *Herzberg* Die Verantwortung für Arbeitsschutz und Unfallverhütung im Betrieb (1984); *Hillenkamp* Impossibilium nulla obligatio – oder doch? Anmerkungen zu § 283 Abs. 1 Nrn. 5 und 7 StGB, Festschrift Tiedemann (2008) 949; *Hiltenkamp-Wisgalle* Die Bankrottdelikte (1987); *Höffner* Überschuldung: ein Tatbestandsmerkmal im Schnittpunkt von Bilanz-, Insolvenz- und Strafrecht, BB **1999** 198, 252; *Höfner* Die Überschuldung als Krisenmerkmal des Konkursstrafrechts (1981); *Hoffmann* Berücksichtigung von Rückstellungen bei der Prüfung der Überschuldung im Sinne des Bankrottstrafrechts, MDR **1979** 93; *ders.* Drohende und eingetretene Zahlungsunfähigkeit im neuen Konkursstrafrecht, DB **1980** 1527; *ders.* Zahlungsunfähigkeit und Zahlungseinstellung, MDR **1979** 713; *Holzer* Die Änderung des Überschuldungsbegriffs durch das Finanzmarktstabilisierungsgesetz, ZIP **2008** 2108; *Hörl* Das strafrechtlich geschützte Vermögen im Konkurs des Gemeinschuldners, Diss. Bonn 1998; *Kindhäuser* Gefährdung als Straftat (1989); *Klug* Der Eigentumsvorbehalt bei der Waren- und Wertpapierverschleuderung im Konkursstrafrecht, JZ **1957** 462; *ders.* Konkurs-Strafrecht (1973); *Kohlmann/Giemulla* Die strafrechtliche Verantwortung des Geschäftsführers einer GmbH & Co KG nach dem 1. WiKG, GmbHR **1978** 53; *Krause* Ordnungsgemäßes Wirtschaften und Erlaubtes Risiko. Grund- und Einzelfragen des Bankrotts (1995); *ders.* Zur Berücksichtigung beiseitegeschaffter Vermögenswerte bei Feststellung der Zahlungsunfähigkeit, NStZ **1999** 161; *Kressin* Die Einleitung eines Insolvenzverfahrens für Unternehmer (1990); *Krüger* Zur Anwendbarkeit des Bankrottdelikts beim Privatkonkurs, wistra **2002** 52; *Kuhn* Zur Lehre vom betrügerischen Bankrott (1912); *Labsch* Die Strafbarkeit des GmbH-Geschäftsführers im Konkurs der GmbH, wistra **1985** 1 und 59; *Lampe* Unternehmensaushöhlung als Straftat, GA **1987** 241; *Liebl* Geplante Konkurse?, 2. Aufl. (1987); *Matzen* Der Begriff der drohenden und eingetretenen Zahlungsunfähigkeit im Konkursstrafrecht (1993); *Maul* Handelsrechtliche Rechnungslegung (1978); *Maurer* Der „innere" Zusammenhang im Bankrottstrafrecht, wistra **2003**, 253; *Meves* Studien über das Wesen und den Thatbestand des einfachen Bankerotts, GA **36** (1888) 377; *Mohr* Bankrottdelikte und übertragende Sanierung (1993); *Möhrenschlager* Der Regierungsentwurf eines Zweiten Gesetzes zur Bekämpfung der Wirtschaftskriminalität, wistra **1983** 17 und 49; *Mommsen* (Hrsg.), Moderne Wirtschaftsdelikte unter besonderer Berücksichtigung der Insolvenzdelikte (1954); *Moosmayer* Einfluss der Insolvenzordnung 1999 auf das Insolvenzstrafrecht (1997); *L. Müller* Art. Konkursstraftaten, in Ulsamer (Hrsg.), Lexikon des Rechts – Strafrecht/Strafverfahrensrecht (1989) 459; *Müller-Gugenberger/Bieneck* (Hrsg.), Wirtschaftsstrafrecht, 4. Aufl. (2006, darin Bieneck §§ 75 ff); *Natale/Bader* Der Begriff der Zahlungsunfähigkeit im Strafrecht, wistra **2008** 413; *Neumann* Bankrott und Neues Insolvenzrecht, Diss. Münster 2002; *Neumeyer* Historische und dogmatische Darstellung des strafbaren Bankerotts unter besonders eingehender Untersuchung der Schuldfrage (1891); *Otto* Der Zusammenhang zwischen Krise, Bankrotthandlung und Bankrott im Konkursstrafrecht, Gedächtnisschrift R. Bruns (1980) 265; *ders.* Die Tatbestände gegen Wirtschaftskriminalität im Strafgesetzbuch, Jura **1989** 24; *Pelz* Strafrecht in Krise und Insolvenz (2004); *Penzlin* Strafrechtliche Auswirkungen der Insolvenzordnung (2000); *ders.* Kritische Anmerkungen zu den Insolvenzeröffnungsgründen der drohenden Zahlungsunfähigkeit und der Überschuldung, NZG **2000** 464; *Plathner* Der Einfluss der Insolvenzordnung auf den Bankrotttatbestand (2002); *Ransiek* Studien zum Unternehmensstrafrecht (1995); *Reck* Insolvenzstraftaten und deren Vermeidung (1999); *ders.* Die Analyse der strafrechtlichen Praxis, ZInsO **2004** 661, 728; *Reichart* Der strafbare Bankerott, GS **48** (1893) 81; *Reulecke* Die Feststellung der Zahlungsunfähigkeit in der wirtschaftsstrafrechtlichen Praxis, Kriminalistik **1984** 80; *Richter* Der Konkurs der GmbH aus der Sicht der Strafrechtspraxis, GmbHR **1984** 113 und 137; *ders.* Zur Strafbarkeit externer „Sanierer" konkursgefährdeter Unternehmen, wistra **1984** 97; *ders.* Strafbarkeit des Insolvenzverwalters, NZI **2002** 121; *Röhm* Zur Abhängigkeit des Insolvenzstrafrechts von der Insolvenzordnung (2002); *ders.* Strafrechtliche Folgen eines Insolvenzantrags bei drohender Zahlungsunfähigkeit, NZI **2002** 134; *ders.* Verbraucherbankrott, ZInsO **2003** 535; *Rönnau* Rechtsprechungsüberblick zum Insolvenzstrafrecht, NStZ **2003** 525; *H. Schäfer* Die Entwicklung der Rechtsprechung zum Konkursstrafrecht, wistra **1990** 81; *Schlüchter* Der Grenzbereich zwischen Bankrottdelikten und unternehmerischen Fehlentscheidungen (1977); *dies.* Die Krise im Sinne des Bankrottstrafrechts, MDR **1978** 265; *dies.* Zur Bewertung der Aktiva für die Frage der Überschuldung, wistra **1984** 41; *Schöne* Das Vereiteln von Gläubigerrechten, JZ **1973** 446; *Schramm* Kann ein Verbraucher einen Bankrott (§ 283 StGB) begehen? wistra **2002** 55; *Schünemann/Suárez Gonzalez* (Hrsg.), Bausteine des europäischen Wirtschaftsstrafrechts (1994); *Schüppen* Systematik und Auslegung des Bilanzstrafrechts (1993); *Siegmann/Vogel* Die Verantwortlichkeit des Strohmanngeschäftsführers einer GmbH, ZIP **1994** 1821; *Stahlschmidt* Die Begriffe Zahlungsunfähigkeit, drohende Zahlungsunfähigkeit und Überschuldung, JR **2002** 89; *Stapelfeld* Die Haftung des GmbH-Geschäftsführers für Fehlverhalten in der Gesellschaftskrise (1990); *Stein* Das faktische Organ

(1984); *Stracke* Zur Übertragbarkeit des zivilrechtlichen Überschuldungsbegriffs in das Strafrecht (2007); *Stypmann* Statische oder dynamische Überschuldungskonzeption? wistra **1985** 89; *Teufel* Betrügerischer Bankrott und Kriminalistik (1972); *ders.* Insolvenzkriminalität (1981); *Tiedemann* Art. Konkursstraftaten, in Krekeler/Tiedemann/Ulsenheimer/Weinmann (Hrsg.), Handwörterbuch des Wirtschafts- und Steuerstrafrechts (1985); *ders.* Der BGH zum neuen Konkursstrafrecht, NJW **1979** 254; *ders.* Die Überschuldung als Tatbestandsmerkmal des Bankrotts, Gedächtnisschrift Schröder (1978) 289; *ders.* Generalklauseln im Konkursstrafrecht, KTS **1984** 539; *ders.* Grundfragen bei der Anwendung des neuen Konkursstrafrechts, NJW **1977** 777; *ders.* Handelsgesellschaften und Strafrecht: Eine vergleichende Bestandsaufnahme, Festschrift Würtenberger (1977) 241; *ders.* Handhabung und Kritik des neuen Wirtschaftsstrafrechts – Versuch einer Zwischenbilanz, Festschrift Dünnebier (1982) 519; *ders.* Kommentar zum GmbH-Strafrecht, 4. Aufl. (2002); *ders.* Konkursstraftaten aus der Sicht der Kreditwirtschaft, ZIP **1983** 513; *ders.* Objektive Strafbarkeitsbedingungen und die Reform des deutschen Konkursstrafrechts, ZRP **1975** 129; *ders.* Tatbestandsfunktionen im Nebenstrafrecht (1969); *ders.* Zur Unterlassung der Konkursantragstellung im GmbH-Recht, ZIP **1982** 653; *ders.* (Hrsg.) Wirtschaftsstrafrecht in der Europäischen Union (2002); *Tiedemann/Sasse* Delinquenzprophylaxe, Kreditsicherung und Datenschutz in der Wirtschaft (1973); *Trüg/Habetha* § 283 Abs. 6 StGB und der „tatsächliche Zusammenhang", wistra **2007** 365; *Uhlenbruck* Strafrechtliche Aspekte der Insolvenzrechtsreform 1994, wistra **1996** 1; *ders.* Strafbefreiende Wirkung des Insolvenzplans? ZInsO **1998** 250; *Vahle* Die Konkursdelikte, Neue Wirtschaftsbriefe **1989** 1023; *Vormbaum* Probleme der Gläubigerbegünstigung (§ 283c), GA **1981** 101; *Wabnitz/Janovsky* (Hrsg.) Handbuch des Wirtschafts- und Steuerstrafrechts, 3. Aufl. (2007, darin *Köhler* Kap. 7); *Walther* Die Bankerottdelikte, Diss. Tübingen 1936; *Wehleit* Die Abgrenzung von Bankrott und Untreue, Diss. Kiel 1985; *Wessing* Insolvenz und Strafrecht, NZI **2003** 1; *Weyand/Diversy* Insolvenzdelikte, 7. Aufl. (2006); *Winkelbauer* Strafrechtlicher Gläubigerschutz im Konkurs der KG und der GmbH & Co KG, wistra **1986** 17; *Worm* Die Strafbarkeit eines directors einer englischen Limited nach deutschem Strafrecht (2009); *Zainhofer* Insolvenzstrafrecht und das Risiko des Unternehmers, Kriminalistik **1992 507.**

**Ausländisches und rechtsvergleichendes Schrifttum**

*Antolisei* Delitos relacionados con las quiebras y las sociedades (Bogotá 1975); *Arzt* Der Sanierungsentscheid der Bank – auch ein strafrechtliches Risiko? in Aktuelle Probleme im Bankrecht (Bern 1994) 159; v. *Arx* Das Buchdelikt, Diss. Zürich 1941; *Bacigalupo* Estudios juridico-penales sobre insolvencia y delito (Buenos Aires 1970); *Bernasconi* Grenzüberschreitende Konkursdelikte, in 100 Jahre Kündigungsschutzgesetz (Zürich 1989) 59; *Bertel* Die fahrlässige Krida, Festschrift Kören (Wien 1993) 419; *Bouloc* La réforme de la banqueroute, Festschrift Vitu (Paris 1989) 65; *Bricchetti/Targetti* Bancarotta e reati societari (Mailand 2003); *Bundesminister für Inneres* (Hrsg.) Krida-Delikte und ihre kriminalpolizeiliche Behandlung (Wien 1965); *Caballero Brun* Insolvencias punibles (Madrid 2008); *Carreri* I reati di bancarotta (Mailand 1993); *Caspar* Betrügerischer Konkurs, Pfändungsbetrug, leichtsinniger Konkurs und Vermögensverfall gemäß StrGB Art. 163–165, SchwZStrafR **87** (1971) 12; *Constant* La répression de l'insolvabilité frauduleuse en droit belge, Festschrift Graven (Genf 1969) 21; *Conti* Diritto penale commerciale Bd. II, 2. Aufl. (I reati fallimentari, Turin 1991); *Crystal/Phillips* (Hrsg.) Butterworth's Insolvency Handbook, 3. Aufl. (London 1994); *Delitala* Studi sulla bancarotta (Mailand 1935); *Derrida* La reforme du règlement judiciaire et de la faillite (Paris 1969); *Earl* The Bankruptians (New York 1966); *Finzi* Quiebra culpable y relación de causalidad (Buenos Aires 1944); *Foffani* Handelsgesellschafts- und Insolvenzstrafrecht, in Tiedemann (Hrsg.) Wirtschaftsstrafrecht in der EU S. 311; *Fuchs* (Hrsg.) Grundfragen des Kridastrafrechts (Wien 2001); *Giarda* Reati fallimentari (Mailand 1994); *Giuliani/Balestrino* La bancarotta e gli altri reati concursali, 4. Aufl. (Mailand 2006); *Gössweiner-Saiko* Das Kridastrafrecht im StGB 1975, Öff. Sicherheit (Wien) **1981** H. 6 S. 10; *González Cussac* Los delitos de quiebra (Valencia 2000); *Greve* Konkursforbrydelserne, in Michelsen/Orgaard (Hrsg.) Skatteret – Erkvervsrett (Kopenhagen 1989) 61; *Hauser* Der Schutz von Schuldbetreibung und Konkurs durch das Strafrecht, in 100 Jahre Kündigungsschutzgesetz (Zürich 1989) S. 31; *Heinonen* Velallisen Konkurssirikoksista (Helsinki 1966); *Hilverda* Faillissements-fraude (Zwolle 1992); *Kedner* Företagskonkurser, wirtschaftswiss. Diss. Lund 1975; *Kellens* Banqueroute et banqueroutiers (Brüssel 1974); *ders.* Tendances actuelles du droit de la banqueroute, Revue de droit penal et de criminologie **1971/72** 1047; *Klöcker* Das US-amerikanische Konkursstrafrecht (1988); *Kunz* Die Gerichtspraxis zum Art. 163 StrGB (usw.), Diss. Basel 1963; *Laje Anaya* Quebrados y otros deudores punibles (Buenos Aires 1967); *La Monica* I reati fallimentari (Mailand 1999); *Landrove Dias* Las quiebras punibles (Barcelona 1970); *Leigh/Brown* Crimes in Bankruptcy, in Leigh (Hrsg.) Economic Crime in Europe (London 1980) 106; *Liebscher* Die Wirtschaftsdelikte im österreichischen Strafrecht, ZStW **88** (1976) 261; *Löfmarck* Brotten mot borgenärer, 2. Aufl. (Stockholm 1986); *dies.* White-Collar Economic Crime in Sweden: The Debtor as Criminal, Acta Universitatis Stockholmiensis Studia Juridica 65 (Stockholm 1981); *Magnusson* Företagskonkurser och ekonomisk brottslighet (Stockholm 1985); *Malaniuk* Fahrlässige Krida (usw.), JBl. **1960** 409; *Mangano* Disciplina penale del fallimento, 2. Aufl. (Mailand 1993); *ders.* La bancarotta societaria (Padua 2001); *Th. Müller* Betrügerischer Konkurs und Pfändungsbetrug, Diss. Zürich 1982; *Muñoz Conde* El delito de alzamiento de bienes, 2. Aufl. (Barcelona 1999); *Nieto Martín* El delito de quiebra (Valencia 2002); *Nuvolone* II diritto penale del fallimento e delle altre procedure concursuali (Mailand 1955); *Ocaña Rodríguez* El delito de insolvencia punible del art. 260 CP a la luz del nuevo derecho concursal (Valencia 2005); *Olscher* Kridadelikte und Organhaftung nach dem Strafgesetzbuch, GesRZ (Der Gesellschafter) **1975** 80; *Pagliaro* II delitto di bancarotta (Palermo 1957); *Pedrazzi* Tendencias evolutivas del Derecho penal de la quiebra, Derecho comparado (Revista de la Asociación Argentina de Derecho Comparado) **1979** Nr. 3, 52; *Pedrazzi/Alessandri/Foffani/Seminara/Spagnolo* Manuale di diritto penale dell' impresa, 2. Aufl. (Bologna 1999, darin Teil 2: Reati Fallimentari, von Pedrazzi); *Pedrazzi/Sgubbi* Reati commissi dal Fallito (Rom 1995); *Perini* La bancarotta fraudolenta (Padua 2001); *Platzgummer* Unternehmerrisiko und Strafrecht, JBl. **1987** 757; *Pusztai* Systemwechsel und Wirtschaftsstrafrecht in Ungarn, in Eser/Kaiser/E. Weigend (Hrsg.) Vom totalitären zum rechtsstaatlichen Strafrecht (1993) 425; *Quintero Olivares* El alzamiento de bienes (Barcelona 1973); *Rafecas* El delito de quiebra de sociedades (Buenos Aires 2000); *Ramirez* Derecho concursal espanol – La quiebra (Barcelona 1959); *Rappaport* La banqueroute dans la législation moderne comparée (Paris 1927); *A. Rocco* II fallimento (Turin 1917); *Roche-Pire* La sanction en droit pénal des affaires, Diss. Lille II 1980; *Radière* (Hrsg.) Faillites (Paris 1970); *de la Rua* Los delitos contra la confianza en los negocios (Caracas 1980); *Salphati* Le droit pénal des faillites (Algier 1930); *Santoriello* I reati di bancarotta (Turin 2000); *Souto* Los delitos de alzamiento de bienes en el Código Penal de 1995 (Valencia 2009); *Spyropoulos* Bankrottstraftaten nach deutschem und griechischem Recht (Frankfurt a.M. 2001); *Stevenson* Do crime falimentar (São Paulo 1938); *Stieger* Buchführungsdelikte, Diss. Zürich 1975; *Stöckli* Leichtsinniger Konkurs und Vermögensverfall (usw.), Diss. Basel 1954; *Tiedemann* Lecciones de Derecho penal económico (Barcelona 1993); *Vento* Velallisen rikoksista konkursissa (Tampere 1992); *ders.* Maksukyvyttömyys ja konkurssi ran-gaista – vuuden edellytyksenä (Vammala 1994); *Viladàs Jenè* Los delitos de quiebra (Barcelona 1982); *Zirinsky/Werther/Arkin* Bankruptcy Fraud, in Arkin/Dudley/Eisenstein/Raikoff/Re-Siffert, Business Crime Bd. 6 (New York 1983 ff); *Zweifel* Buchführungsdelikte mittels EDV und Maßnahmen zu deren Verhinderung (Zürich 1984).

*Übersicht*

## I. Konkurs, Insolvenz und Wirtschaftskriminalität

### 1. Begriff und Bedeutung der Insolvenz in Bezug auf das Strafrecht

1 a) Die bis 1998 vom Gesetzgeber gewählte Bezeichnung **Konkurs** meinte das Verfahren der Gesamtvollstreckung (Generalexekution) aller Gläubiger gegen einen Schuldner, dessen Vermögen zur Befriedigung aller Gläubiger nicht (mehr) ausreicht. Von einer „Gesamtvollstreckung" sprach ausdrücklich die in den fünf neuen Bundesländern und Ostberlin bis Ende 1998 geltende Verordnung über die Gesamtvollstreckung (Gesamtvollstreckungsordnung, GesO) vom 1.7.1990 (§ 1). **Insolvenz** bedeutet demgegenüber **Zahlungsunfähigkeit** (§ 102 KO, § 1 Abs. 1 GesO, § 1 InsO), nämlich den wirtschaftlichen Sachverhalt, der bei voraussichtlichem Andauern des Mangels an Zahlungsmitteln auf Antrag (§§ 13 ff InsO) zu dem Insolvenzverfahren führt (§ 17 InsO) und damit den Weg zur Einzelvollstreckung versperrt (§ 87 InsO). Für juristische Personen und für Personenhandelsgesellschaften, bei denen kein Gesellschafter eine natürliche Person ist, stellt neben der Zahlungsunfähigkeit auch die **Überschuldung** – das Überwiegen der Passiven gegenüber den Aktiven – einen Grund zur Eröffnung des Insolvenzverfahrens dar (§ 19 InsO). Die zusätzlich in § 283 Abs. 6 genannte und auch in § 17 Abs. 2 Satz 2 InsO erwähnte **Zahlungseinstellung** schließlich ist äußere Manifestation der Zahlungsunfähigkeit (vgl. im Einzelnen unten Rdn. 143 ff).

2 Entsprechend kann nach geltendem Recht als **„Insolvenz-Strafrecht"** die Gesamtheit derjenigen Strafnormen bezeichnet werden, die das Verfahren der „gemeinschaftlichen" und grundsätzlich gleichmäßigen Gesamtvollstreckung zugunsten aller Gläubiger des Schuldners schützen. Dieser Schutzzweck des Insolvenz-Strafrechts ist grundsätzlich identisch mit dem des Insolvenz-Rechts: die gleichmäßige quotenmäßige Befriedigung aller Gläubiger (**par condicio creditorum,** vgl. aber auch unten Rdn. 4 ff) durch **Liquidation** (und Verteilung) des Schuldnervermögens. Weitergehend sieht § 1 InsO auch den „Erhalt des Unternehmens" als „abweichende Regelung" in einem „Insolvenzplan" (§§ 217 ff InsO) vor; er ist an die Stelle des Vergleichs nach früherem Recht getreten und dient der **Sanierung** des insolventen Unternehmens, freilich nur im Interesse und bei Zustimmung der Gläubiger.[1] Als „Insolvenz-Strafrecht" **im weiteren Sinn** werden dagegen **zusätzlich** auch jene Straftatbestände verstanden, die im Zusammenhang mit der bevorstehenden oder eingetretenen Insolvenz zum Nachteil von Gläubigern, Staat und Dritten begangen werden. Insolvenzstrafrecht i.e.S. sind nur die Straftaten nach den §§ 283–283d StGB sowie die Verletzung der Verpflichtung zur Stellung eines Insolvenzantrages nach § 15a InsO. Insolvenzstraftaten i.w.S. können dagegen auch sein: Unterlassen der Einberufung

[1] *Henckel*, in Jaeger, InsO § 1 Rdn. 7 und 8 mit Nachw.

der Gesellschafterversammlung bei Verlusten in Höhe der Hälfte des Grund- oder Stammkapitals (§§ 401 AktG, 84 GmbHG, 148 GenG); Betrug einschließlich Wechsel- und Scheckbetrug (§ 263); Kreditbetrug (§§ 263, 265b); Subventionsbetrug (§§ 263, 264); Versicherungsbetrug (§§ 263, 265); Untreue (§ 266); falsche Versicherung an Eides Statt (§ 156); Steuerhinterziehung (§§ 370 ff AO); Nichtabführen von Arbeitnehmerbeiträgen zur Sozialversicherung (§ 266a) und andere Straftaten (vgl. im Einzelnen unten Rdn. 27 ff sowie *Richter* GmbHR **1984** 148 f; *Teufel* Insolvenzkriminalität S. 65). – Seit dem 1.1.1999 ist gemäß Art. 60 Nr. 1 EGInsO die amtliche Überschrift des 24. Abschnitts des Besonderen Teils des StGB von „Konkursstraftaten" in „Insolvenzstraftaten" geändert. Seither ist von „Insolvenzstraftaten" im engeren, technischen oder dogmatischen Sinne einerseits und im weiteren, untechnischen oder kriminologischen Sinne andererseits zu sprechen.

b) Als Verfahren der Gesamtvollstreckung bezweckt das Insolvenzverfahren Zerschlagung oder Abwicklung, also **Liquidation,** des schuldnerischen Unternehmens. Der neuere Gedanke der **Sanierung** oder Reorganisation des Unternehmens und insbesondere der Erhaltung der *Arbeitsplätze* war dem klassischen exekutorischen Prinzip des Konkurses fremd. Er trat jedoch bei der Diskussion um die Reform des Insolvenzrechts zunehmend in den Vordergrund.[2] Hier vollzog sich eine Ausweitung des rechtspolitischen Blickwinkels vom Gläubiger-Schuldner-Verhältnis auf sonstige Belange und Postulate der Wirtschaftsordnung: Das Konkurs- und Insolvenzrecht (Gesamtvollstreckungsrecht) wurde zum **Wirtschaftsrecht** (*K. Schmidt* Verh. **54.** DJT 1982 Bd. I S. D 12 f; *Uhlenbruck* KTS **1981** 521). Das Insolvenzstrafrecht geht somit in das **Wirtschaftsstrafrecht** über (vgl. § 74c Abs. 1, insbes. Nr. 5 GVG und bereits *Tiedemann* Wirtschaftsstrafrecht I S. 60 mit weit. Nachw.). Diese Entwicklungstendenz wird durch überindividuelle (soziale) Aspekte der Gesamtwirtschaft gekennzeichnet. Solche Aspekte liegen keineswegs nur in der Einbeziehung der Arbeitnehmer in den Gläubigerbegriff (unten Rdn. 49), sondern vor allem auch in dem sog. Außenverbund des Unternehmens mit Zulieferern und Abnehmern, wie er sich im Insolvenzfall in der bekannten Kettenreaktion von Zusammenbrüchen äußert (vgl. *Tiedemann* Wirtschaftsstrafrecht II S. 75 f). Die *Insolvenzordnung* von 1994 schließt diese Entwicklung ab und vereinheitlicht das früher auf Konkurs und Vergleich verteilte Insolvenzrecht. Neben die Gläubigerbefriedigung durch Abwicklung tritt der „Erhalt des Unternehmens" (§ 1 Satz 1 InsO), wobei dieser vom Gesetz aber auch nur als Mittel der Gläubigerbefriedigung behandelt wird (Rdn. 2): Die Fortführung des Unternehmens wird als Form der (investiven) Verwertung des Schuldnervermögens zugunsten der Gläubiger angesehen (vgl. BTDrucks. 12/2443 S. 93). Die Sanierung ist also auch im neuen Insolvenzrecht kein Verfahrensziel und wird von der InsO nicht einmal als Begriff benutzt. Fortführung und „Erhalt" des Unternehmens sind mit Sanierung und Sanierungsfähigkeit nicht ohne weiteres gleichzusetzen (vgl. nur §§ 1 S. 2, 22 Abs. 1 Nrn. 2 und 3, 156 Abs. 1 S. 2, 157, 229, 260 InsO; **aA** wohl *Uhlenbruck* GmbHR **1995** 196 ff). **3**

c) Die Zerschlagung (Liquidation) des schuldnerischen Unternehmens, also seine Vernichtung und Ausschließung aus dem Wirtschaftsleben, wurde vom früheren Konkursrecht um der Haftungsverwirklichung in der Form der **par condicio creditorum** willen **4**

---

[2] Vgl. nur *Flessner* Sanierung und Reorganisation (1982); *Leipold* (Hrsg.) Insolvenzrecht im Umbruch (1991); *K. Schmidt* Verh. **54.** DJT 1982 Bd. I S. D 18 ff; *Uhlenbruck* KTS **1981** 513, je mit weit. Nachw.

(oben Rdn. 2) in Kauf genommen, ja bezweckt. In der Konkurspraxis war dieses fundamentale Ordnungsprinzip der gemeinschaftlichen und gleichmäßigen **Verlustgemeinschaft aller Gläubiger** aber längst nicht mehr verwirklicht, vor allem seitdem die Sicherungsformen des modernen Wirtschaftsverkehrs: Eigentumsvorbehalt, Sicherungsübereignung und Globalzession als „unsichtbare" (verdeckte) Sicherungen der Kreditversorgung der Unternehmen, von der Rechtsprechung als konkursfest anerkannt und damit durchschlagende Bevorzugungen einzelner Gläubiger geschaffen worden waren. Auch das seit 1999 geltende Insolvenzrecht hat – entgegen der rechtspolitischen und im Gesetzgebungsverfahren erhobenen Forderung nach „Einbindung dinglich gesicherter Gläubiger" – diese Bevorzugungen materiell-rechtlich als „Aussonderung" aus der Insolvenzmasse weitgehend beibehalten (§ 47 InsO), sucht freilich im Übrigen eine bessere Gleichstellung der Gläubiger durch weitgehende Abschaffung ihrer (aus dem 19. Jahrhundert stammenden) Rangordnung (vgl. §§ 38, 39 InsO) zu erreichen. Insolvenzen von Großunternehmen werden im Übrigen zum Zwecke der Erhaltung der Arbeitsplätze und aus sonstigen Gründen nicht selten durch staatliche Subventionen beseitigt. Schließlich ist trotz der rechtlichen Insolvenzfähigkeit sowohl der natürlichen als auch der juristischen Person mit der Liquidation der juristischen Person erst seit der GmbH-Reform von 2008 durch Einführung bzw. Verschärfung von Bestellungshindernissen („Berufsverboten") normativ Sorge dafür getragen, dass nicht die für die Insolvenz verantwortlichen natürlichen Personen erneut am Wirtschaftsleben teilnehmen und neue Unternehmen – z.T. gezielt – in die Insolvenz führen, nachdem neue Anfangskredite aufgenommen und sonstige neue Verbindlichkeiten begründet worden sind (vgl. dazu *Tiedemann* GmbH-Strafrecht[5] Rdn. 10 vor § 82 mit Nachw.).

5 Alle diese Umstände hatten dazu beigetragen, dass die häufig zitierte Auslese- und Reinigungsfunktion des Konkurses (vgl. etwa *Mommsen* S. 137 f) zweifelhaft geworden und durch Schlagworte wie das vom „Konkurs des Konkurses" (*Kilger* KTS **1975** 142 ff) oder von der erforderlichen „Sanierung" des Konkurses bzw. des Insolvenzrechts (*Berges* BB **1976** 387 ff; *K. Schmidt* Verh. **54.** DJT **1982** Bd. I S. D 35) in Frage gestellt worden war. Auch lassen hohe Insolvenzziffern Zweifel daran aufkommen, ob Unternehmenszusammenbrüche noch bloße Folge eines funktionsfähigen marktwirtschaftlichen Sanktionssystems oder schon Symptome von Funktionsstörungen dieses Systems sind (*Uhlenbruck* ZfbF **1982** 525 f).

6 d) Für das Strafrecht konnten und können sich aus dieser Übergangssituation des Insolvenzrechts grundsätzliche Bedenken und Zweifel an der **Strafwürdigkeit** der Insolvenzstraftaten ergeben, vor allem wenn an der alleinigen Rechtsgutsbestimmung der Gläubigerinteressen festgehalten wird (vgl. dazu näher unten Rdn. 45 ff). Wenn der nicht aussonderungsberechtigte, also nicht dinglich gesicherte Gläubiger im Normalfall der Insolvenz nahezu (oder sogar ganz) leer ausgeht und wenn der insolvenzfest gesicherte Gläubiger bereits durch die Eigentums- und Vermögensstraftatbestände der §§ 242 ff, 266, 303 StGB jedenfalls gegen vorsätzliche Beseitigung körperlicher Vermögensgegenstände umfassend gesichert ist, droht ein Absinken des inneren Gehaltes der sog. Bankrotthandlungen zum bloßen Verstoß gegen ein überholtes Ordnungsprinzip und damit die Einstufung als Ordnungswidrigkeit.[3]

---

[3] Vgl. dazu *Klug* Konkurs-Strafrecht Rdn. 6 vor § 239 und bei *Franzheim* in Tiedemann Die Verbrechen in der Wirtschaft, 1. Aufl. 1970, S. 97; *Mohr* S. 29 f; auch *Gallandi* wistra **1992** 10 ff. Zum gegenteiligen Standpunkt der h.M. sogleich Rdn. 7 und *Kindhäuser* in Madrid-Symposium für Klaus Tiedemann (1994) S. 134 sowie *Röhm* S. 49 f mit weit. Nachw.

7 Demgegenüber ist jedoch auch unabhängig von der 1999 in Kraft getretenen Reform zu bedenken, dass der Unwert der Bankrotthandlungen vor allem in denjenigen Fällen – des § 283 Abs. 2 – deutlich erkennbar bleibt, in denen die Bankrotthandlungen selbst zur Insolvenz führen oder jedenfalls hierzu beitragen. Es handelt sich dabei vor allem um zu hohe *(Privat-)Entnahmen, Schleuderverkäufe* sowie *Mängel an Übersicht und Planung* (Information). Daneben geht es um die – als solche nicht strafbare – Hinnahme laufender Verluste; insolvente oder insolvenzgefährdete Unternehmen versuchen häufig bis zum manifesten Zusammenbruch oder doch bis zur Insolvenzantragstellung eines Gläubigers mit allen Mitteln, den Geschäftsbetrieb aufrechtzuerhalten. Ein rechtzeitiger Insolvenzantrag des Schuldners würde in diesen Fällen erfahrungsgemäß zu einer besseren Erhaltung der Haftungsmasse und damit zu einer größeren Befriedigung aller Gläubiger führen.[4] Aber auch private Sanierungsbemühungen nach Eintritt der Zahlungsunfähigkeit oder Überschuldung führen nach der Erfahrung zu einem erheblichen Anwachsen der Verbindlichkeiten (*Richter* GmbHR **1984** 118). Aus dieser Einsicht ergibt sich das erhebliche, nicht selten verkannte Gewicht der Strafbewehrung der oben Rdn. 2 genannten Verpflichtung zur Stellung von Insolvenzanträgen durch den Träger oder Vertreter des schuldnerischen Unternehmens. (Andere Rechtsordnungen stellen folgerichtig die Fortführung eines Unternehmens trotz drohender oder eingetretener Zahlungsunfähigkeit als Gläubigergefährdung unter Strafe, wenn die Schulden vergrößert werden; vgl. etwa Kap. 11 § 1 Abs. 3 schwed. StGB.) Darüber hinaus ist die Gleichmäßigkeit der Gläubigerbefriedigung als alleiniges Schutzinteresse nur dem § 283c eigentümlich. §§ 283, 283a, 283b beziehen sich demgegenüber auch – und sogar vorrangig – auf die Verringerung und Verschleierung der Haftungsmasse durch den Schuldner bzw. – bei § 283d – durch Dritte. Diese Tathandlung bleibt auch dann strafwürdig, wenn die allen Gläubigern zur Verfügung stehende Masse bereits durch insolvenzfeste Vorzugssicherheiten eingeschränkt oder ausgehöhlt ist. Vor allem aber enthalten die Sondertatbestände der §§ 283 ff neben dem Verbot der Gläubigergefährdung durch Schmälerung oder Verschleierung der Masse auch bestimmte Mindestanforderungen an ein ordnungsgemäßes Wirtschaften (Handlungsunrecht, vgl. unten Rdn. 86 f und § 283 Rdn. 7). – Insgesamt ist allerdings kaum zu bestreiten, dass auch aus strafrechtlicher Sicht die Reform des Insolvenzrechts zweckmäßig und erforderlich erschien, um die Handlungen und Unterlassungen nach §§ 283 ff StGB deutlich über die Stufe bloßen Ordnungsunrechts hinauszuheben und ihnen einen stärker hervortretenden kriminellen Gehalt zu geben (zust. *Mohr* S. 30).

8 Für die gegenwärtige Rechtslage folgt bei der Beurteilung der Strafbarkeit nach §§ 283 ff aus dem fehlenden konkreten Gefährdungsgehalt einzelner Bankrotthandlungen die vom Verfassungsgrundsatz der Verhältnismäßigkeit geforderte interpretatorische Einschränkung, bei Ausschluss des Zusammenhangs mit dem Unternehmenszusammenbruch Straflosigkeit vorzusehen (Rdn. 95). Aus der erwähnten neueren Einbeziehung der Interessen der Arbeitnehmer in die Rechtsguts- und Strafwürdigkeitsbetrachtung (näher unten Rdn. 49) ergeben sich auf der anderen Seite potentielle Gegengewichte. Die realen Insolvenzursachen (dazu sogleich 2.) spielen für die Höhe der Strafe (Strafzumessung) eine Rolle, und die Frühsignale der Insolvenz haben für die Konstituierung des Fahrlässigkeitsvorwurfs bei wirklichem oder angeblichem Verkennen der Krisensituation Bedeutung (vgl. § 283 Rdn. 209). Die faktische Möglichkeit der Unternehmensfortführung in

---

[4] Vgl. nur BGHSt **9** 84, 86; *Baumann* Konkurs § 5 I 1a; *Klug* JZ **1957** 464; *Tiedemann* GmbH-Strafrecht Rdn. 30 vor §§ 82 ff.

der Insolvenz schließlich beeinflusst vor allem die rechtliche Handhabung des Überschuldungsbegriffes (unten Rdn. 153 ff).

9 e) Im Beitrittsgebiet – den fünf neuen Bundesländern sowie Ostberlin – galt, wie bereits oben Rdn. 1 erwähnt, bis zum 31.12.1998 anstelle der KO die **GesO,** die auf der Gesamtvollstreckungsverordnung des Ministerrats der DDR vom 1.7.1990 beruhte und durch den **Einigungsvertrag** in den Rang eines Bundesgesetzes erhoben worden war. Die GesO war grundsätzlich auch für das Konkursstrafrecht der §§ 283 ff StGB maßgeblich: Nach § 1 Abs. 4 Satz 2 GesO traten an die Stelle von Rechtsvorschriften, die „auf das Konkursverfahren verweisen", die Vorschriften der GesO. Mit Blick auf das strafrechtliche Bestimmtheitsgebot (Art. 103 Abs. 2 GG) war es allerdings nicht jedem Zweifel entzogen, dass die Generalklausel des § 1 Abs. 4 Satz 2 GesO Inhalt und Reichweite der §§ 283 ff ausdehnte (näher *Tiedemann* LK[11] Rdn. 9 vor § 283). – In der Sache enthielt die GesO gegenüber der KO durchaus eigenständige, freilich fragmentarische und ergänzungsbedürftige Regelungen. Vor allem stellte das Gesamtvollstreckungsverfahren – ähnlich wie das Insolvenzverfahren nach neuem Recht (sogleich Rdn. 10) – ein „Einheitsverfahren" für Konkurs und Vergleich dar (vgl. § 16 GesO). Kriminalpolitisch bemerkenswert bleibt, dass die Gesamtvollstreckung abzulehnen war, wenn bestimmte Stellen (Behörden und Banken) Gewähr für die Beseitigung der Zahlungsunfähigkeit boten (§ 4 Abs. 2 Alt. 2 GesO; näher dazu unten Rdn. 177).

10 f) Die **Rechtslage seit 1.1.1999** wird, wie bereits oben Rdn. 3 angedeutet, durch die Beseitigung der Zweispurigkeit von Konkurs- und Vergleichsverfahren gekennzeichnet. Art. 60 EGInsO ersetzte daher in §§ 283 ff StGB das Wort „Konkurs" durch das Wort „Insolvenz" (und in § 283 Abs. 1 Nr. 1 das Wort „Konkursmasse" durch „Insolvenzmasse"), so dass auch die oben Rdn. 2 begründete Bezeichnung ab 1999 in „Insolvenzstrafrecht" zu ändern war. Die zusätzliche Änderung des § 283 Abs. 6 (Ersetzung von „Konkursverfahren" durch „Insolvenzverfahren") ist inhaltlich insofern von Bedeutung, als das neue Insolvenzverfahren schneller und leichter zu eröffnen ist als das frühere Konkursverfahren (vgl. BTDrucks. 12/2443 S. 84; *Burger/Schellberg* BB **1995** 261 ff). Daher kann – wenn eine Zahlungseinstellung nicht vorliegt oder nicht nachweisbar ist – die objektive Strafbarkeitsbedingung nach neuem Recht früher als bisher eintreten (zust. *Hoyer* SK Rdn. 1), vor allem auch weil dieses den Begriff der Zahlungsunfähigkeit als Grund für die Eröffnung des Insolvenzverfahrens ausweitet (vgl. unten Rdn. 126) und nach früherem Recht die Eröffnung des Vergleichsverfahrens nicht als Bedingung der Strafbarkeit ausreichte. Diese **Vorverlagerung der Strafbarkeit** zwingt zu einer Neubestimmung des Inhalts der objektiven Strafbarkeitsbedingung des § 283 Abs. 6 (vgl. unten Rdn. 88): Eine Strafverfolgung wird nach § 152 StPO zwingend eingeleitet, obwohl noch offen ist, ob das Unternehmen wieder gesundet, ja eine Gesundung oder doch eine Fortführung durch Reorganisation des Unternehmens durch das neue Insolvenzverfahren ausdrücklich angestrebt wird (vgl. § 1 S. 1 InsO). Umgekehrt eröffnet die Möglichkeit der Unternehmensfortführung durch den Schuldner (trotz Überwachung der Erfüllung des für die Sanierung zentralen Insolvenzplans durch den Insolvenzverwalter, vgl. § 260 InsO) ähnlich wie die Eigenverwaltung durch den Schuldner (§§ 270 ff. InsO) das *Risiko neuer Straftaten während des Insolvenzverfahrens* (wobei § 270 Abs. 2 Nr. 3 InsO für den Fall der Eigenverwaltung insoweit eine Prognose durch das Insolvenzgericht verlangt). Diese nach früherem Recht eher seltenen Straftaten werden durch § 283 Abs. 1 erfasst, weil das Insolvenzverfahren erst mit rechtskräftiger Bestätigung des Insolvenzplans durch das Gericht endet und Bankrotthandlungen jedenfalls bis zu diesem Zeitpunkt vorgenommen werden können (unten Rdn. 100; zust. *v. d. Heydt* S. 68). Spätere

Handlungen sind dagegen nur bei erneuter Zahlungseinstellung (usw.) strafbar. § 266 greift insoweit nicht ein, weil auch der durch einen Insolvenzplan gebundene Schuldner den Gläubigern nicht treupflichtig ist (vgl. zum früheren Recht der faktischen Eigenverwaltung BGH wistra **1991** 305, 307). Offen bleibt nach neuem Recht, ob die erfolgreiche, nämlich zur Gläubigerbefriedigung führende Unternehmensfortführung als *Sanierung* (nach Eintritt der Strafbarkeitsbedingung!) unter dem Gesichtspunkt der Überwindung der Krise und des Entfallens des Strafbedürfnisses ähnlich zur Straflosigkeit führt wie nach früherem Recht die Vermeidung des wirtschaftlichen Zusammenbruchs (dazu unten Rdn. 179 mit Nachw.). – Bereits diese Fragen zeigen, dass die Auswirkungen des neuen Insolvenzrechts auf die Strafbarkeit nach §§ 283 ff allenfalls am Rande der Insolvenzrechtsreform Beachtung gefunden haben. Demgegenüber hat etwa der französische Gesetzgeber mit der Reform des Insolvenzrechts im Jahre 1985 (dazu unten Rdn. 193) und der ganz entsprechenden Vorverlagerung der Strafbarkeit eine nicht unerhebliche Entkriminalisierung des Bankrottstrafrechts verbunden (dazu in diesem Zusammenhang *Derrida* Revue de science criminelle **1989** 658 ff).

### 2. Häufigkeit, Arten und Ursachen von Insolvenzen

a) Auch ohne Berücksichtigung der – statistisch nicht erfassten – stillen Liquidationen hat sich die Zahl der Insolvenzen seit 1960 nahezu ständig vergrößert. Ihre Wellenlinien folgen mit zeitlich nahem Abstand den Höhen und Tiefen der Wirtschaftskonjunktur. Im Jahre 1985 betrug die Summe der beantragten Vergleichs- und Konkursverfahren in der Bundesrepublik Deutschland knapp 19000, 1994 für dasselbe Gebiet (alte Bundesländer) mehr als 20000 – zwei Höchststände der neueren Insolvenzentwicklung, die auch in den neuen Bundesländern und Berlin-Ost von 401 Gesamtvollstreckungsverfahren im Jahre 1991 zu 2761 Verfahren im Jahre 1993 geführt hat. Seit 1999 schwanken allein die **Unternehmensinsolvenzen** in Deutschland zwischen 32000 und 39000 (2001–2006) bzw. um 30000 (2008: 29800). Rechtlich werden Privat- und Unternehmensinsolvenzen zwar weitgehend gleich behandelt. Die KO von 1877 sah die **Verbraucherinsolvenz** bzw. Privatinsolvenz systematisch sogar als den Normalfall und die Insolvenz der Handelsgesellschaft als Sonderfall an (vgl. § 209 KO). Jedoch ist dieses Regel-Ausnahme-Verhältnis insgesamt verschoben, und auch qualitativ sowie unter praktischen Gesichtspunkten wird die **Privatinsolvenz** als eine andere Erscheinung als die Insolvenz des Unternehmens gewertet (vgl. bereits *K. Schmidt* Verh. **54.** DJT 1982 Bd. I S. D 37 ff mit Nachw.). Dem tragen sowohl die Regeln des neuen Insolvenzrechts seit dem InsO-ÄnderungsG vom 26.10.2001 mit der Neufassung eines besonderen Verbraucherinsolvenzverfahrens (§§ 304 ff InsO) als auch zahlreiche ausländische Rechtsordnungen Rechnung (vgl. näher unten IV., insbes. Rdn. 226). Die Unterschiedlichkeit von Privat- und Unternehmensinsolvenz hat auch Folgen für die Bestimmung des Rechtsgutes der §§ 283 ff (unten Rdn. 54 ff). **11**

Mit dem zahlenmäßigen Anwachsen der Insolvenzen haben auch die mangels Masse nicht eröffneten Verfahren (2004: 21450) und die sog. Millioneninsolvenzen (2004: 5820) mehr oder weniger stetig zugenommen. Seit 1970 beträgt die durchschnittliche Konkursquote für die nichtbevorrechtigten Gläubiger 3 bis 5 % und weniger, für die bevorrechtigten Gläubiger zwischen 20 und knapp 40 %. Die unmittelbaren **Insolvenzverluste** (Forderungsausfälle) liegen seit 2004 nach den angemeldeten bzw. vom Gericht geschätzten Forderungen zwischen gut 30 und knapp 40 Mrd. Euro (Statistisches Jahrbuch 2008 S. 502), pro Unternehmensinsolvenz bei durchschnittlich mehr als 700000 Euro (*Creditreform* GmbHR **2007** R 62). Die mittelbaren und die endgültigen Schäden entziehen sich exakter Erfassung und sind volkswirtschaftlich umstritten (vgl. bereits *Uhlen-* **12** *bruck* ZfbF **1982** 526 mit Nachw.). Auch der insolvenzbedingte Verlust von Arbeitsplätzen ist in seinem Ausmaß und in seiner Auswirkung auf die Arbeitslosenquote unsicher und streitig. Die Schätzungen von *Creditreform* (aaO) liegen seit 2005 bei 500000 Betroffenen (2008: knapp 450000).

**13** b) Die **Ursachen** für Insolvenzen von **Unternehmen** sind vielfältig und häufig miteinander verknüpft, aber zu einem großen Teil bekannt. Unverschuldete Unternehmensinsolvenzen sowie Großinsolvenzen werden im Folgenden vernachlässigt. – Alle empirischen Untersuchungen und Erfahrungen sind sich darin einig, dass die Insolvenz in aller Regel auf *unternehmerischem Fehlverhalten* beruht, insbesondere auf fehlendem oder mangelndem Controlling sowie einer Fehleinschätzung der künftigen Konsequenzen einer gegenwärtig getroffenen Entscheidung.[5] Für mittelständische Unternehmen kommen empirische Erhebungen zu dem Ergebnis, dass in mehr als 75 % der zusammengebrochenen Unternehmen die gravierendsten Insolvenzursachen im Bereich der Unternehmensführung lagen, also in Management-Fehlern bestanden, gefolgt von Mängeln im Finanzierungs- und im Absatzbereich.[6] Im Verlaufe der folgenden Darstellung wird daher besonderer Wert darauf zu legen sein, wie die Buchführungstatbestände der §§ 283 Abs. 1 Nrn. 5–7, 283b zu verstehen und inwieweit über diese Tatbestände hinaus aus § 283 Abs. 1 Nr. 8 Planungserfordernisse abzuleiten sind.

**14** Wichtigste und häufigste Insolvenzursache im Finanzierungsbereich ist die schwache Ausstattung deutscher Unternehmen mit **Eigenkapital** (z. Zt. bei weniger als 18 %) und die diesem Phänomen entsprechende Überkreditierung sowie Übersicherung der Gläubiger im Schuldnervermögen.[7] Bereits die Motive zur KO meinten hierzu: „Wo es keinen Kredit gibt, da ist überhaupt ein Konkurs kaum denkbar".[8] Hieraus folgt die besondere insolvenzrechtliche Bedeutung der Kreditgewährungspraxis sowohl seitens der Kreditinstitute (Geldkredit und insbesondere Sanierungskredit) als auch seitens der Lieferanten (Warenkredit). Trotz ihrer großen Verbreitung muss die geringe Eigenkapitalausstattung als unternehmerisches Fehlverhalten eingestuft werden, vor allem wenn im Einzelfall die Möglichkeit einer erheblichen Erhöhung der Darlehenszinsen nicht einkalkuliert wird (vgl. unten Rdn. 16). Aber auch die Gewährung und Inanspruchnahme von Sanierungskredit ist mit so großen Unsicherheiten behaftet, dass Sanierungsversuche rechtlich wie betriebswirtschaftlich geradezu als Risikogeschäfte einzustufen sind (*Drukarczyk* Unternehmen und Insolvenz S. 272 ff; *Tiedemann* ZIP **1983** 520 f).

**15** Im Einzelnen spielt insoweit als interne Insolvenzursache das Verhältnis zwischen Eigenkapital und Fremdkapital, aber auch zwischen Eigenkapital und Geschäftsumfang,

---

[5] *Bieneck*, in Müller-Gugenberger/Bieneck § 75, 5; *Bora/Liebl/Poerting/Risch* S. 277; *EULER HERMES* Ursachen von Insolvenzen (2006) S. 20 ff; *Grub* AnwBl **1993** 460; *Grub/Rinn* ZiP **1993** 1584; *Kressin* Einleitung eines Insolvenzverfahrens für Unternehmen S. 50 ff mit weit. Nachw.; *Weyand/Diversy* Rdn. 6 S. 24 f; *Zainhofer* Kriminalistik **1992** 512. – Aus der älteren Literatur ebenso schon *Hammerl* S. 67; *Schlüchter* S. 18; *Teufel* Insolvenzkriminalität S. 61; *Uhlenbruck* Gläubigerberatung in der Insolvenz (1983) S. 21 ff.

[6] *Reske/Brandenburg/Mortsiefer* Insolvenzursachen mittelständischer Betriebe (2. Aufl. 1978) S. 60 ff, 95 ff, 104 ff; *Röhm* S. 6 f mit weit. Nachw. Vgl. ferner *Klein/Blenkers* (Hrsg.), Zum Problem der Insolvenzverhütung in mittelständischen Betrieben, 2. Aufl. (1981); *Mischon/Mortsiefer* Zum Stand der Insolvenzprophylaxe in mittelständischen Betrieben (1981).

[7] *Bieneck* aaO; *Bora/Liebl/Poerting/Risch* S. 277; *EULER HERMES* aaO S. 21; *Grub/Rinn* ZIP **1993** 1585; *Röhm* S. 7; *Uhlenbruck* ZfbF **1982** 527 und in Bratschitsch/Schnellinger (Hrsg.) Unternehmenskrisen – Ursachen, Frühwarnung, Bewältigung (1981) S. 173 (176 f); *Weyand/Diversy* Rdn. 4 und 5 S. 24.

[8] *Hahn* Die gesamten Materialien zu den Reichs-Justizgesetzen Bd. IV (1898) S. 292.

Unternehmenszweck, Anlagevermögen und Risiko eine Rolle. Die Frage, wann ein Unternehmen **angemessen** mit Eigenkapital ausgestattet ist, hängt vor allem auch von der Ertragskraft des Unternehmens ab und wird von der Betriebswirtschaftslehre als nicht allgemein, sondern nur im Einzelfall und branchenabhängig beantwortbar bezeichnet. Entsprechend lässt sich nach betriebswirtschaftlicher Auffassung nur in Extremfällen eine zwingende Aussage dahingehend machen, dass die Eigenkapitalausstattung bzw. Fremdfinanzierung schlechthin unvertretbar ist (*Tiedemann* LK[11] Rdn. 15 vor § 283 mit Nachw.). Allerdings sieht das Zivilrecht die – anfängliche oder nachträgliche – **Unterkapitalisierung** durchaus als justitiablen Rechtsbegriff an. Auch im Strafrecht ist der Begriff der zu geringen Eigenkapitalausstattung daher nicht von vornherein unanwendbar; er muss hier lediglich auf zweifelsfreie Fälle beschränkt werden (vgl. auch AE § 192 Abs. 1 Nr. 1 und unten Rdn. 124 sowie § 283 Rdn. 163; zum entsprechenden schweizer. Strafrecht Rdn. 184).

Entsprechend dem hohen Fremdfinanzierungsbedarf der meisten deutschen Unternehmen steht die Verteuerung der Bankkreditzinsen an vorderer Stelle der externen Insolvenzursachen (*Röhm* S. 7). Für die Insolvenzen von **Großunternehmen** werden im Übrigen vor allem das Ausbleiben von Exportaufträgen und hohe Personalkosten verantwortlich gemacht (*Röhm* aaO). **16**

Neben der Art der Kapitalausstattung wird in der betriebswirtschaftlichen Insolvenzursachenforschung und nach der Erfahrung der Insolvenzverwalter eine Fülle weiterer Faktoren und Kriterien für Insolvenzen und diesen voraufgehende Zahlungsschwächen genannt. Erwähnt seien etwa: Organisation und Kostenstruktur des Unternehmens, Qualifikation der Führungskräfte, Liquidität, Preisbildung und Absatzorganisation, Wettbewerbs- und sonstige Marktlage, technische Entwicklung, Monokultur und übertriebene Diversifikation, mangelnde oder übertriebene Investitionsbereitschaft, Inflationseffekte, konjunkturelle Einflüsse und mangelnde Zahlungsmoral von Kunden in Verbindung mit mangelhaftem Schuldnermanagement.[9] Die oben Rdn. 13 erwähnten Untersuchungen mittelständischer Betriebe betonen zusätzlich, ja primär, die Bedeutung von **Informationsdefiziten** im Bereich der Unternehmensführung als Insolvenzursache, wobei vor allem ungenügende Finanzplanung gerügt wird.[10] **17**

Bereits zum kriminellen Bereich zählen die oben Rdn. 7 genannten insolvenzauslösenden Vorgänge grob wirtschaftswidriger Verringerung der Aktiva durch *Schleuderverkauf kreditierter* Waren (vgl. § 283 Abs. 1 Nr. 3) und durch übermäßige *Privatentnahmen* aus dem Geschäftsvermögen (vgl. § 283 Abs. 1 Nrn. 1 und 2). Sie bilden gemeinsam mit der absichtlichen **(gezielten) Herbeiführung von Insolvenzen** (vgl. § 283 Abs. 2; *Liebl* S. 65 ff) eine einheitliche kriminologische Gruppe.[11] Die Vernachlässigung und Manipulation der **Buchführung** (§§ 283 Abs. 1 Nrn. 5–7, 283b) führt typischerweise zu mangelnder Vermögensübersicht und ist insoweit als Fehlverhalten ebenso wie die mangelnde Marktbeobachtung relativ häufige, wenngleich in der Kausalität strafrechtlich nur selten beweisbare Insolvenzursache (vgl. bereits *Hammerl* S. 70). **18**

---

[9] Vgl. *Doehring* KTS **1986** 623 f; *EULER HERMES* aaO S. 23 ff; *Hammerl* S. 68 ff; *Langen* in Schimmelpfeng (Hrsg.) Aktuelle Beiträge über Insolvenzen (2. Aufl. 1977) S. 9 ff; *Röhm* S. 7; *Uhlenbruck* ZfbF **1982** 526 ff und in *Bratschitsch/Schnellinger* aaO S. 190 sowie Gläubigerberatung aaO S. 25 f.

[10] *Grub/Rinn* aaO S. 1584; *Kressin* aaO S. 50 ff; *Reske/Brandenburg/Mortsiefer* aaO S. 63, 104 ff.

[11] Vgl. *Hammerl* S. 77 ff; *Tiedemann* Wirtschaftsstrafrecht II S. 74; auch *Bora/Liebl/Poerting/Risch* S. 281.

19 c) Unter den von Insolvenzen und Konkursen betroffenen **Branchen** stehen die Unternehmenszusammenbrüche im Bau- und Wohnungsgewerbe an der Spitze.[12] Die geringe Eigenkapitaldecke zahlreicher Bauunternehmungen ist seit langem notorisch; sie beträgt (als Verhältnis von Eigenkapital zur Bilanzsumme) durchschnittlich weniger als 7 %. Statistisch mindestens ebenso häufig sind Insolvenzen im Groß- und Einzelhandel, dessen Insolvenzanfälligkeit sich aus der besonderen Abhängigkeit von Krediten, fremden Zulieferungen und Kommissionswaren ergibt (vgl. bereits *Tiedemann/Sasse* S. 17). Auch beim Groß- und Einzelhandel liegt die Eigenkapitalquote relativ niedrig, nämlich bei etwa 14 bzw. 6 % gegenüber einer durchschnittlichen, bereits oben Rdn. 14 erwähnten Eigenkapitalquote der deutschen Wirtschaft von etwa 18 % (vgl. *Reuter* Verh. 55. DJT Bd. I S. B 8). Banken und Versicherungen, Handwerk und mittlere sowie große Industriebetriebe weisen demgegenüber nur eine geringe Insolvenzbelastung auf (Statistisches Jahrbuch 2008 S. 502).

20 Hinsichtlich der **Rechtsform** der Unternehmen sind vor allem die GmbH und die GmbH und Co KG für Insolvenzen anfällig.[13] Sie sind bis zu 40 % an Insolvenzen und Insolvenzverfahren beteiligt, und die Eröffnung des Insolvenzverfahrens wird bei ihnen in nahezu $^2/_3$ aller Fälle mangels Masse abgewiesen. OHG und KG, vor allem aber die AG und die Genossenschaft, gelten demgegenüber als deutlich weniger konkursgefährdet (Statistisches Jahrbuch 2008 S. 502).

21 Im Hinblick auf das **Alter** der Unternehmen spricht die Erfahrung für eine besondere Insolvenzgefährdung junger Unternehmen, nämlich Neu- und Umgründungen in den ersten drei bis vier Jahren der Geschäftstätigkeit.[14] Es handelt sich dabei um Einführungs-, Expansions- und Absatzkrisen, wobei vor allem die Kostenentwicklung der ersten Jahre falsch eingeschätzt wird (vgl. bereits *Bellinger* Festschrift Ruberg, 1962, S. 65 f). Mit Ausnahme der ersten Jahre der Geschäftstätigkeit schwanken die Einschätzungen allerdings nicht unerheblich.

22 In Bezug auf die **Größe** der Unternehmen überwiegt die Insolvenzgefährdung von Kleinunternehmen und mittleren Unternehmen. Die Insolvenz von Großunternehmen wird nicht selten durch Gewährung staatlicher Subventionen vermieden (vgl. bereits oben Rdn. 4 und näher unten Rdn. 177 f).

23 d) **Häufigkeit** und **Verteilung** der Insolvenzstraftaten entsprechen im Wesentlichen den vorgenannten Einteilungen (vgl. bereits *Teufel* Insolvenzkriminalität S. 81 ff). Entsprechend der relativ starken Insolvenzanfälligkeit der GmbH und ihrer Schachtelformen (oben Rdn. 20) ist diese Unternehmensform auch mit Insolvenzdelikten besonders belastet (*Liebl* S. 47 ff; *Tiedemann* GmbH-Strafrecht[4] Rdn. 5 vor § 82, je mit weit. Nachw.). Da bei der Insolvenz von Einzelunternehmen die Verhältnisse meist überschaubarer sind und der Schaden geringer ist, häufig auch keine handelsrechtliche Buchführungspflicht besteht und die Insolvenzverschleppung nicht strafbar ist, stehen Insolvenzen von Unternehmen in der Rechtsform der **GmbH** im praktischen Vordergrund der insolvenzstrafrechtlichen Problematik.

---

12 Statistisches Jahrbuch 2008, S. 502; *Bora/Liebl/Poerting/Risch* S. 275; CREDITREFORM GmbHR 2009 R 28; *Kressin* aaO S. 55 f.

13 Statistisches Jahrbuch aaO; aus der älteren Literatur *Liebl* S. 82; *Uhlenbruck* Gläubigerberatung S. 22 mit weit. Nachw.

14 Statistisches Jahrbuch aaO; *Bora/Liebl/Poerting/Risch* S. 273 f; CREDITREFORM GmbHR 2009 R 29; *Kressin* aaO S. 60 f.

Allgemein wird ein erhebliches **Dunkelfeld** angenommen.[15] *Tiedemann/Sasse* (S. 18; ähnlich *Wessels/Hillenkamp* BT 2 Rdn. 458) zitieren Bankerfahrungen, denen zufolge sich Unternehmen bei drohender oder eingetretener Insolvenz in fast 25 % der Fälle grob fehlerhaft (in aller Regel: kriminell) und in mehr als 30 % der Fälle zumindest leicht fehlerhaft (unseriös bis kriminell) verhalten. *Hammerl* (S. 47) und *Sonnen* (BT S. 149) schätzen weitergehend, dass ca. 50 % aller Insolvenzen mit Straftaten verbunden seien, und *Liebl* (S. 7) sowie *Müller/Wabnitz* (Wirtschaftskriminalität, 3. Aufl. 1993, S. 123) meinen sogar, dass bei 80 % bis 90 % aller offenen und stillen Firmenzusammenbrüche Wirtschaftsstraftaten verübt werden. Nach der Polizeilichen Kriminalstatistik wurden demgegenüber den Strafverfolgungsbehörden im Jahre 2006 nur 6032 Fälle von Insolvenzstraftaten i.e.S. (§§ 283 ff) bekannt (2007: 5484). Allerdings erfasst die Polizeiliche Kriminalstatistik als „Insolvenzstraftaten" nur solche nach dem StGB. Sie weist zusätzlich für 2006 7794 (2007: 7298) Fälle von Insolvenzverschleppung aus und beläuft sich damit zusammengefasst auf 13549 (2006) bzw. 12561 (2007) Insolvenzstraftaten. **24**

Gegen die Richtigkeit dieser Annahme eines erheblichen Dunkelfeldes spricht nicht, dass aufgrund der Anordnung über Mitteilungen in Zivilsachen (MiZi, BAnz. Nr. 218 v. 18.11.1967 S. 2) die Amtsgerichte den Staatsanwaltschaften **Mitteilung** von der Eröffnung eines Insolvenzverfahrens wie auch von der Ablehnung der Eröffnung mangels Masse machen und dass die Staatsanwaltschaften auf derartige Mitteilungen hin nicht selten informelle **Vorprüfungsverfahren** (Insolvenzüberprüfungsverfahren) eröffnen.[16] Vielmehr ist in den – wahrscheinlich besonders kriminalitätsträchtigen – Fällen der Ablehnung der Eröffnung des Insolvenzverfahrens mangels Masse der Akteninhalt meist zu dürftig, um einen strafrechtlichen Verdacht zu begründen (*Tiedemann* GmbH-Strafrecht[4] Rdn. 2 vor § 82; **aA** *Teufel* Insolvenzkriminalität S. 144). Auch im Übrigen beschränkt sich die staatsanwaltschaftliche Prüfung im Wesentlichen auf die Frage, ob nach den vorhandenen Vermögensübersichten die Insolvenz wirtschaftlich „schlüssig" erscheint oder ob Anlass zu der Annahme besteht, dass noch Vermögenswerte vorhanden sein müssten. Nicht besonders hilfreich für diese Prüfung ist die routinemäßige Aufforderung der Staatsanwaltschaft an den Insolvenzverwalter zur Beantwortung eines einschlägigen Fragebogens; damit wird die Beurteilung strafrechtlich relevanter Vorgänge dem Ermessen eines strafrechtlichen Laien überlassen, der zudem häufig wenig Interesse an einer Unterbrechung seiner Arbeit durch die Strafverfolgungsorgane hat.[17] Die polizeiliche Führung von *Insolvenzkarteien* und die Zusammenarbeit der Polizei mit *Handelsauskunfteien* (*Teufel* Betrüger. Bankrott S. 68 und 72, je mit Nachw.) wird durch die neuere Datenschutzgesetzgebung erheblich behindert (*Tiedemann* NJW **1981** 948 f). Schließlich hat das Urteil BVerfGE **56**, 37, 41 ff zu einer zusätzlichen Verunsicherung der Strafverfolgungsorgane in der Frage geführt, ob der Verdacht von Insolvenzstraftaten (auch) auf Angaben des Gemeinschuldners im außerstrafrechtlichen Verfahren gestützt werden darf (oder ob diese Angaben nur für die strafrechtliche Urteilsfindung unberücksichtigt blei- **25**

---

[15] Vgl. nur *Berckhauer* Die Strafverfolgung bei schweren Wirtschaftsdelikten (1981) S. 102 mit Nachw.; *Richter* GmbHR **1984** 115; *Wessels/Hillenkamp* BT 2 Rdn. 458.

[16] Vgl. *Baumgarten* wistra **1991** 171 ff; *Bieneck*, in Müller-Gugenberger/Bieneck § 75, 120; *Bittmann* § 1, 10 ff; *Richter* aaO S. 114; auch *Bora/Liebl/Poerting/Risch* S. 78, 169.

[17] Vgl. bereits *Krantz* und *Renger* in Mommsen, Wirtschaftsdelikte S. 113 f, S. 85 f; *Liebl* S. 58 ff; *Teufel* Insolvenzkriminalität S. 176 f und Betrügerischer Bankrott S. 83; aufschlussreich vor allem auch die Äußerung von *Heidland* in der 80. Sitzung des Sonderausschusses für die Strafrechtsreform, Deutscher BTag 7. Wahlp. StenB S. 2550 f.

ben müssen).[18] § 97 Abs. 1 S. 3 InsO sieht insoweit ein gesetzliches Verwertungsverbot vor, das nur bei Zustimmung des Schuldners entfällt. Ob und inwieweit ein Verwendungsverbot für die von der Staatsanwaltschaft angeforderten Insolvenzakten besteht, ist umstritten.[19]

26 e) **Typen der Insolvenzdelikte** ergeben sich in der Kriminologie vor allem aus der „klassischen" Aufteilung von einfachem und betrügerischem Bankrott sowie Gläubigerbegünstigung (zusammenfassend und rechtsvergleichend *Kellens* Revue de droit pénal et de criminologie **1971/72** 1055). Fruchtbarer erscheint – insbesondere nach der Beseitigung der Unterscheidung von einfachem und betrügerischem Bankrott im deutschen Strafrecht (unten Rdn. 41) – für die Insolvenzdelikte i.e.S. die bereits bei *Garofalo* auffindbare Einteilung in *Verminderung der Aktiva* (einschließlich gezielter Insolvenzherbeiführung, vgl. oben Rdn. 18, und unterlassener Insolvenzantragstellung, vgl. Rdn. 2), *Erhöhung der Passiva* (Aufstellen fingierter Forderungen; Einräumung von angeblichem Sicherungseigentum u.a.m.) und *Mängel der Rechnungslegung* (Buchführung).[20]

27 Die gemeinsame Typik der übrigen Insolvenzdelikte (im weiteren Sinne) ergibt sich aus dem Handeln in der Krise des Unternehmens, also aus dem – nicht selten panikartigen – Bestreben nach Verschleierung der tatsächlichen Situation und nach Fortführung der Geschäfte: Geld- und Warenkreditbetrug gegenüber Banken und Lieferanten (§§ 263, 265b), Ausgabe von Finanzwechseln und ungedeckten Schecks (§ 263), Veräußerung von sicherungsübereigneten Gegenständen und mehrfache Sicherungsübereignungen (§§ 246, 263), Selbstinkasso bereits abgetretener Forderungen (§ 263, eventuell auch § 266), Verpfändung fremder Sachen (§§ 246, 263), Unterschlagung von Eigentumsvorbehalts-, Depot- und Kommissionswaren (§§ 246, 266), falsche Versicherungen an Eides Statt (§ 156), Urkundenfälschung (§ 267).[21]

28 Kennzeichnend für die drohende oder eingetretene Insolvenz sind ferner **Steuerhinterziehungen** (§§ 370 ff AO), vor allem im Bereich der Umsatz- und Lohnsteuer, sowie die **Nichtabführung von Arbeitnehmeranteilen zur Sozialversicherung** (§ 266a StGB) (vgl. BGHSt **30** 265 ff; *Tiedemann* GmbH-Strafrecht[4] Rdn. 58 vor § 82). Die letzteren Straftaten sind insbesondere dann wahrscheinlich, wenn – was relativ häufig der Fall ist – ein Sozialversicherungsträger Antrag auf Eröffnung des Insolvenzverfahrens stellt. In diesen

---

[18] Dazu *Richter* GmbHR **1984** 114 f; *K. Schäfer* Festschrift Dünnebier S. 28 ff; *Stürner* NJW **1981** 1757 ff; *Volk* JZ **1982** 91.

[19] *Bittmann* § 1, 16 ff mit Nachw.

[20] Vgl. *Kellens* Revue de droit pénal et de criminologie **1971/72** 1064; *Tiedemann* Wirtschaftsstrafrecht II S. 73 f. – Vgl. auch (unter strafrechtsdogmatischen Aspekten) *Krause* S. 35 ff (mit der Unterscheidung von *bestands- und informationsbezogenen Bankrotthandlungen*, wobei letztere z.B. auch das Verheimlichen von Vermögensbestandteilen umfassen sollen, während zu ersteren trotz ihrer Definition als „reale Vermögensdispositionen" offenbar mit der h.M. auch Scheinhandlungen zählen; vgl. § 283 Rdn. 25). Zur weiteren Kritik an dieser Unterscheidung auch unten Rdn. 106. – Die Aufteilung von *Bieneck* (in Müller-Gugenberger/Bieneck § 75, 99) will innerhalb der Verminderung der Aktiva zwischen „Vermögensverschiebungen" und „unwirtschaftlichen Geschäften" trennen, zählt zu den ersteren aber auch das Verheimlichen und Zerstören (!) von Vermögensbestandteilen; besser wäre vielleicht von typischerweise einseitig schädigenden Akten die Rede. *v. d. Heydt* S. 25 unterteilt mit dem Gesetz in schuldhafte Herbeiführung von und Handeln in der Krise, die ein Verhalten „dem Gläubigerinteresse entsprechend" erfordere.

[21] Vgl. *Baumann* Konkurs und Vergleich § 3 II 3b; *Richter* GmbHR **1984** 148 f; *Tiedemann* Wirtschaftsstrafrecht II S. 75 und ausführlicher GmbH-Strafrecht[4] Rdn. 53 ff vor § 82 ff.

Fällen kommt es auch öfter als sonst zur Einleitung insolvenzstrafrechtlicher Ermittlungsverfahren.

Häufig und praktisch wichtig sind auch Verstöße gegen die bereits oben Rdn. 2 und 7 erwähnte Verpflichtung zur *Stellung eines Insolvenzantrages* (vgl. § 15a InsO). Dieser Straftatbestand der **Insolvenz(verfahrens)verschleppung** hat vor allem im GmbH-Bereich Bedeutung als Aufgreif- und Auffangtatbestand, aber auch als selbständige Unrechtstypisierung. Eine Beihilfe zu diesem Vergehen kann z.B. auch durch *Banken* begangen werden, die den vollständigen Zahlungsverkehr des Schuldners übernehmen, um ihre Forderungen bis auf die gesicherten Verbindlichkeiten zurückzuführen. Ebenso kann eine Beihilfe oder Anstiftung zur Insolvenzverschleppung in dem Erteilen von Ratschlägen sowie dem Drängen von Bankenseite liegen, der Schuldner möge noch vor Eröffnung des Insolvenzverfahrens Gegenstände des Anlagevermögens verkaufen, um einen günstigeren Preis zu erzielen (vgl. *Tiedemann* ZIP **1983** 514 f; auch unten Rdn. 66). **29**

Schließlich enthalten auch wirkliche oder angebliche **Sanierungsbestrebungen** mitunter allgemeine Insolvenzstraftaten wie insbesondere Betrug (§ 263) und Untreue (§ 266) seitens des Schuldners oder eines Sanierers (Rechtsanwalt, Steuerberater, „Unternehmensberater"): Hinhaltende Äußerungen und Aufforderungen gegenüber Gläubigern, verbunden mit langfristigen angeblichen Tilgungsplänen, Einrichtung von Anderkonten und angeblicher Mittelbereitstellung durch Dritte, führen nicht selten zur Auszahlung der Mittel, die zuvor dem schuldnerischen Unternehmen entzogen worden sind (§ 283 Abs. 1 Nr. 1!), oder von Drittmitteln, die der Sanierung dienen sollen, an den Sanierer; Restbeträge fließen an den Schuldner zurück.[22] Diese Gefahren werden durch das neue Insolvenzrecht der InsO 1999 verstärkt (vgl. bereits *Uhlenbruck* GmbHR **1995** 84). **30**

Hinsichtlich der rechtlichen Einzelprobleme dieser Insolvenzdelikte im weiteren Sinne muss auf die Kommentierung der genannten Straftatbestände verwiesen werden. Hier seien nur folgende häufig übersehene Gesichtspunkte kurz hervorgehoben: Für den **Betrugstatbestand** (§ 263 StGB) ergeben sich Probleme vor allem bei der konkludenten Täuschungshandlung, da eine Garantenstellung zur Aufklärung außerhalb besonderer Vertrauensverhältnisse nur sehr eingeschränkt in Betracht kommt, sowie bei dem Ausschluss des dolus eventualis im Hinblick auf die künftige Zahlungsfähigkeit (*Tiedemann* LK[11] § 263 Rdn. 66, 244, § 265b Rdn. 21, je mit weit. Nachw.). Die bloße zeitliche Verzögerung – z.B. durch einen Sanierungsversuch – stellt nur dann einen Vermögensschaden i.S.d. § 263 dar, wenn feststeht, dass die Verzögerung die Befriedigungschancen der Gläubiger verschlechtert hat (Problem des sog. Stundungsbetruges, BGHSt **1** 262, 264; *Tiedemann* LK[11] § 263 Rdn. 211 mit weit. Nachw.). – Die **Untreue** (§ 266 StGB) setzt eine spezielle Vermögensbetreuungspflicht voraus, die auch den *Sanierer* (im Verhältnis zu dem zu sanierenden Unternehmen, eventuell auch im Verhältnis zu den Gläubigern) und kontoführungsberechtigte Bankangestellte sowie den *Insolvenzverwalter* treffen kann (vgl. *Richter* NZI **2002** 121 ff; *Wessing* NZI **2003** 6 ff; *Tiedemann* Wirtschaftsstrafrecht BT Rdn. 394 und bereits ZIP **1983** 518, je mit weit. Nachw.). **31**

[22] Vgl. den Fall OLG Stuttgart wistra **1984** 114 f; dazu *Richter* wistra **1984** 97; ferner BGH NJW **1993** 1278 f; *Bieneck* in Müller-Gugenberger § 88, 29 ff; *Mohr* S. 95 (ff); *Tiedemann* ZIP **1983** 518.

## II. Geschichtlicher Abriss des Insolvenzstrafrechts

32 Das Insolvenzstrafrecht und die Insolvenzdelikte sind mit der Kreditgewährung durch Kreditinstitute und/oder Warenlieferanten eng verbunden (vgl. die bereits oben Rdn. 14 angeführten Motive zur KO 1877). Die einschlägigen Erscheinungsformen der Kriminalität und ihre strafrechtliche Sonderregelung sind daher mit dem Entstehen des modernen Handelsverkehrs und eines besonderen Handelsstandes der Kaufleute im mittelalterlichen Oberitalien unmittelbar verknüpft. Die Kenntnis der neueren historischen Ansätze und Regelungsmodelle für ein selbständiges Insolvenz- bzw. Konkursstrafrecht ist für das Verständnis der heutigen §§ 283 ff unentbehrlich, vor allem soweit es um die rechtsdogmatische Einordnung der sog. Bankrotthandlungen und um die kriminalpolitische Bewertung der Fahrlässigkeitsbestrafung geht.

### 1. Entwicklung bis zum 19. Jahrhundert

33 a) Im **römischen Recht**[23] gab die Übertragung des restlichen Vermögens auf die Gläubiger (cessio bonorum) dem in Vermögensverfall geratenen Schuldner schon in vorchristlicher Zeit die Möglichkeit, der Schuldhaft zu entgehen. Jedoch versagte die spätrömische Kaiserzeit diese Vergünstigung im Falle schuldhafter Herbeiführung der Insolvenz. Strafrechtlich war in aller Regel wohl nur das allgemeine **crimen falsi** einschlägig (vgl. *Schlüchter* S. 26 ff; aber auch *Conti* Diritto penale commerciale Bd. II S. 6 mit weit. Nachw.).

34 b) Der weitläufige Handelsverkehr der oberitalienischen Städte im **Mittelalter** erforderte differenzierte Regelungen, die auch zu einer Unterscheidung zivil- und strafrechtlicher Folgen der Insolvenz führten. Die Rezeption in Deutschland übernahm das römischrechtliche Institut der **cessio bonorum**, jedoch beschränkt auf Schuldner, die ohne eigene Schuld zahlungsunfähig wurden. Strafrechtlich stellten noch die Augsburger Reichspolizeiordnung von 1548 und zahlreiche ihr folgende Partikularrechte recht allgemein auf die schuldhafte Herbeiführung der Insolvenz ab (vgl. *Binding* Lehrbuch I S. 423 f; *Maurach/Schroeder/Maiwald* BT 1 § 48, 1). Dagegen bestraften die oberitalienisch beeinflussten Stadtrechte bereits seit dem Wiener Stadtrechtsbuch von 1340 einzelne Bankrotthandlungen, insbesondere den unwirtschaftlichen („unnutzgleichen") Verbrauch des eigenen Vermögens des Schuldners, als einfachen Bankrott (*Neumeyer* S. 58 ff mit Nachw.). Bei zunehmender Unterscheidung zwischen einfachem und betrügerischem Bankrott reichte für den ersteren häufig – in Anlehnung an den Gedanken der Unterschlagung anvertrauten Gutes – das Misslingen fremdfinanzierter Geschäfte, wobei das Bedürfnis nach strafrechtlichem *Schutz des Kredites* aus dem aufblühenden Handel erwuchs (*Neumeyer* S. 31 ff mit Nachw.). Gesetzestechnische Hilfsmittel dieses neueren „Bankrott"strafrechts waren u.a. die Vermutung, dass jede Zahlungseinstellung betrügerisch sei, sowie die Schlussfolgerung der Unehrlichkeit aus der Flucht des Schuldners und aus festgestellten Buchführungsmängeln (*Neumeyer* S. 35 f).

35 c) Ähnlich wie andere spätgemeinrechtliche Kodifikationen unterteilte auch das **Preußische Allgemeine Landrecht** (ALR) von 1794 (XX. Titel §§ 1452 ff) nicht nur nach

[23] Dazu ausführlich *Conti* Diritto penale commerciale Bd. II S. 4 ff; *Dohmen* S. 49 ff; *Hiltenkamp-Wisgalle* S. 14 ff; *Stracke* S. 64 ff (zum unterentwickelten germanischen Recht S. 73).

einfachem und betrügerischem Bankrott sowie Gläubigerbegünstigung, sondern pönalisierte zusätzlich mit dem Tatbestand des „mutwilligen" Bankrotts den übertriebenen Aufwand des Schuldners und als „unbesonnenen" Bankrott das Fehlschlagen „verwegener und unsicherer Unternehmungen" „mit fremdem Gelde, ohne Genehmigung des Gläubigers". Für den „mutwilligen" Bankrott war wiederum maßgebend, ob der Aufwand zur Zahlungseinstellung führte (vgl. heute § 283 Abs. 2!) oder vom Schuldner in einem Zeitpunkt vorgenommen wurde, „da er keine wahrscheinliche Aussicht hat, seine Gläubiger jemals befriedigen zu können" (vgl. heute § 283 Abs. 1!). Als vierte Kategorie des ALR schließlich gab es den *fahrlässigen Bankrott*, der auch schon in den Stadtrechten vorkam (*Hammerl* S. 32 Fn. 145; *Neumeyer* S. 76 f). Diese **Fahrlässigkeitsbestrafung** entspricht der historischen und rechtsvergleichenden Erfahrung, dass Schuldner in schwieriger Vermögenslage „sich gern über ihren Zustand täuschen, dass sie optima fide jeden Hoffnungsschimmer für Wirklichkeit nehmen, ein Misslingen ihrer Berechnungen aber kaum in Betracht ziehen" (*Neumeyer* S. 5).

### 2. Strafgesetzbuch 1871 und Konkursordnung 1877

a) Unter Vernachlässigung des selbständigen Tatbestandes der schuldhaften Herbeiführung der Zahlungsunfähigkeit und unter Herausarbeitung einzelner Bankrotthandlungen, die häufig als Ursachen oder Vermutungen für den Eintritt der Insolvenz verstanden wurden (*Maurach/Schroeder/Maiwald* BT 1 § 48, 1), übernahmen im 19. Jahrhundert die **Landesrechte** das System des französischen **Code de Commerce** von 1804 (vgl. *Neumeyer* S. 112, 125 Fn. 1; *Stracke* S. 80 ff): Es wurde zwischen leichtsinnigem, einfachem und betrügerischem Bankrott sowie weiteren Formen und Graden unterschieden. Ebenfalls in enger Anlehnung an den Code de Commerce war der taugliche Täterkreis auf *Kaufleute* beschränkt. **36**

Das **Preußische StGB** von 1851 bestrafte in §§ 259, 261 „Handelsleute, Schiffsreeder und Fabrikbesitzer, welche ihre Zahlungen eingestellt haben", wegen betrügerischen Bankrotts in den Fällen des Beiseiteschaffens oder Verheimlichens von Vermögensstücken, der Anerkennung oder Aufstellung erdichteter Schulden oder Rechtsgeschäfte sowie der Manipulation der Buchführung (§ 259). Der einfache Bankrott betraf vor allem den Verbrauch übermäßiger Summen durch Aufwand, Spiel usw. sowie Buchführungsdelikte und das Eingehen von Schulden sowie den Verkauf von Waren oder Wertpapieren unter Wert, „obgleich das Vermögen nach der letzten Bilanz nicht die Hälfte der Schulden deckte" (§ 261 Nr. 4). Einen besonderen Tatbestand der Gläubigerbegünstigung sah die preußische Konkursordnung von 1855 vor (dazu näher *Vormbaum* GA **1981** 102). **37**

b) Das **Reichsstrafgesetzbuch** von 1871 übernahm in seinen §§ 281 ff die Straftatbestände des Pr.StGB ohne wesentliche Änderungen. Mit der Überführung der Straftatbestände in die **KO von 1877** wurden – wohl aufgrund der Erfahrungen der „Gründerjahre" – einige Verschärfungen vorgenommen (*v. d. Heydt* S. 20; *Vormbaum* GA **1981** 103). Die Beschränkung des Täterkreises entfiel, und im Jahre 1898 wurde im Zusammenhang mit der Einführung des BGB der Kreis tauglicher Täter ausdrücklich auf die Organe juristischer Personen erweitert. Die grundsätzliche Aufteilung zwischen betrügerischem und einfachem Bankrott, wie sie sich auch in zahlreichen sonstigen vom französischen Handelsstrafrecht beeinflussten Rechtsordnungen findet (vgl. unten Rdn. 200 ff), wurde dagegen auch im Strafrecht des Deutschen Reiches beibehalten und durch einen Sondertatbestand der Gläubigerbegünstigung ergänzt (§§ 239 ff KO a.F.). Gründe der Praktikabilität zwangen die Gerichte freilich, für die **Absicht der Gläubigerbenachteili-** **38**

**gung** bei § 239 KO Vorsatz (dolus directus) ausreichen zu lassen (vgl. *Neumeyer* S. 169 ff mit Nachw. und zuletzt BGH NJW **1969** 1494 mit Nachw.), da eine eigentliche Schädigungsabsicht kaum je nachweisbar ist, aber auch abgesehen von allen Beweisschwierigkeiten nur selten vorliegen dürfte: Der Schuldner, der seine Vermögenswerte verschiebt oder seine Buchführung fälscht, handelt vor allem in der Absicht, sich selbst zu bereichern.

**39** c) Die hauptsächliche **Kritik** der Strafrechtslehre am Konkursstrafrecht der §§ 239 ff KO galt – abgesehen von der Frage der Regelung innerhalb der KO oder des StGB – der von der h.M. seit dem Preußischen Obertribunal vertretenen Auslegung, dass Zahlungseinstellung, Konkurseröffnung und Ablehnung der Konkurseröffnung mangels Masse **objektive,** nämlich schuldunabhängige **Strafbarkeitsmerkmale** außerhalb des Unrechtstatbestandes seien (vgl. nur *Klug* Konkurs-Strafrecht Rdn. 8 vor § 239). Diese von der Rechtsprechung bereits früh aus Gründen der Praktikabilität und in Übereinstimmung mit dem System der sog. Formaldelikte gefundene Konstruktion zwang in einem verfassungsrechtlich garantierten Schuldstrafrecht (Art. 1 GG!) dazu, die Bankrotthandlungen im Wege der Auslegung, nämlich durch Einführung eines ungeschriebenen Merkmals der Verschlechterung der Gläubigerposition, auf wirtschaftlich gefährliche Verhaltensweisen zu beschränken (vgl. *Tiedemann* Wirtschaftsstrafrecht I S. 231 ff, 237 mit Nachw.; zust. *v. d. Heydt* S. 21 und *Stracke* S. 91). Dass die Rechtsprechung auch keine Kausalitätsbeziehung zwischen Bankrotthandlung und Insolvenz verlangte (vgl. BGHSt **1** 186, 191 mit Nachw.), wurde dagegen im deutschen Schrifttum meist widerspruchslos hingenommen (vgl. dagegen zur italienischen Rechtslage, die von der deutschen Rechtsprechung erheblich beeinflusst wurde, Rdn. 200 und bereits *Tiedemann* Wirtschaftsstrafrecht I S. 233 mit Nachw.). Die von der h.M. geteilte Annahme, dass die Bankrotthandlung auch der Zahlungseinstellung (usw.) zeitlich nachfolgen könne (unten Rdn. 96), hatte möglicherweise die Sicht dafür verdeckt, dass die Bankrotthandlung ursprünglich nur als Vermutung oder Symptom für die Verursachung einer Insolvenz Bedeutung hatte. Die erwähnte Annahme der h.M. ist freilich als solche durchaus richtig, da auch und vor allem bei einer bereits eingetretenen und manifesten Insolvenz die (weitere) Verringerung der Haftungsmasse strafwürdig ist.

**40** **3. Reform durch das 1. WiKG 1976.** Das zentrale Problem einer Beschränkung der Bankrotthandlungen auf wirtschaftlich gefährliche Verhaltensweisen (vgl. soeben Rdn. 39) und damit die Verwirklichung des strafrechtlichen Schuldprinzips in dem Katalog der §§ 239, 240 KO wäre letztlich auch durch Auslegung zu lösen gewesen (und wurde der Sache nach auch durch die Rechtsprechung weitgehend so gelöst, vgl. *Pfeiffer* Tagungsberichte der Sachverständigenkommission zur Bekämpfung der Wirtschaftskriminalität Bd. III Anl. 6 S. 9 f; ebenso aus der Sicht der Rechtslehre *Stree* JuS **1965** 470 f). Die Strafrechtsreformbewegung hielt diese interpretatorische Lösung jedoch für zu unbestimmt und strebte eine Übereinstimmung auch des Gesetzeswortlautes mit den Prinzipien des Schuldstrafrechts an (vgl. amtl. Begr. zum 1. WiKG, BTDrucks. 7/3441 S. 19). Es wurden daher Kriterien gesucht und diskutiert, die geeignet erschienen, etwa dem übermäßigen Aufwand eines vermögenden Kaufmanns (§ 240 Abs. 1 Nr. 1 KO a.F.) das Gepräge einer bereits in sich, also unabhängig von einem späteren wirtschaftlichen Zusammenbruch, strafwürdigen Verhaltensweise zu geben (übersehen von der Kritik *v. d. Heydts* S. 59). Der Vorschlag des Entwurfs eines EGStGB, diese Einschränkung durch Einführung des Erfordernisses einer konkreten Gläubigergefährdung herzustellen (BRDrucks. 2/72 S. 67), stieß überwiegend auf Ablehnung, vor allem da der Nachweis eines solchen Tatbestandsmerkmals zu schwierig geworden wäre und damit die Praktikabilität des

Konkursstrafrechts entscheidend in Frage gestellt hätte (zusammenfassend *Tiedemann* Verh. **49.** DJT Bd. I S. C 69 f sowie Wirtschaftsstrafrecht I S. 237). In der Sachverständigenkommission zur Bekämpfung der Wirtschaftskriminalität wurde das bereits historisch bekannte Regelungsmodell, auf das Wirtschaften mit Fremdkapital, also auf das Merkmal der Kreditaufnahme, abzustellen (vgl. oben Rdn. 32 und 35 sowie RGSt **4** 41, 42 f), mehrheitlich ebenso verworfen wie der neuerdings von ausländischen Strafgesetzbüchern aufgenommene Vorschlag *Tiedemanns* (ZStW **87** [1975] 288), die leichtfertige Herbeiführung der Insolvenz unter Strafe zu stellen und auf das Erfordernis einer objektiven Strafbarkeitsbedingung ganz zu verzichten (vgl. Tagungsberichte Bd. III S. 81, 90 ff; unten Rdn. 87; unrichtig daher die Darstellung bei *v. d. Heydt* aaO). Statt dessen wurde von der Kommission empfohlen, für diejenigen Bankrotthandlungen, die als solche unrechtsneutral sind, das zusätzliche Erfordernis einer wirtschaftlichen Krise des Unternehmens einzuführen.[24]

Der Gesetzgeber des **1. WiKG 1976** hat diesen Vorschlag der Sachverständigenkommission im Grundsatz übernommen, allerdings das Krisenerfordernis auf *alle* Bankrotthandlungen mit Ausnahme der in § 283b auch unabhängig von einer Krise inkriminierten Buchführungsdelikte erstreckt. Entgegen dem Votum der Sachverständigenkommission (vgl. auch *Tiedemann* Wirtschaftsstrafrecht I S. 240 ff) wurden also vom Reformgesetzgeber lediglich die Buchführungsdelikte als wirtschaftlich generell (abstrakt) gefährlich angesehen. Durch die Verknüpfung aller übrigen Bankrotthandlungen mit dem Erfordernis einer wirtschaftlichen Krise des Unternehmens ist das strafrechtliche Schuldprinzip in weiterreichendem Maße als notwendig verwirklicht worden, da jedenfalls der Schleuderverkauf kreditierter Waren, aber wohl auch andere Bankrotthandlungen schon als solche wirtschaftlich (abstrakt) gefährlich und damit strafwürdig sind (vgl. *Klug* JZ **1957** 463; *Tiedemann* aaO S. 241 f). Die Aufteilung des geltenden Insolvenzstrafrechts in Täterhandlungen innerhalb und außerhalb (oder unabhängig von) der Unternehmenskrise führt damit in ihrer heutigen Ausgestaltung zu **Praktikabilitätseinbußen**, die von der Strafjustiz weitgehend durch Beschränkung auf eindeutige Fälle kompensiert werden (vgl. auch unten Rdn. 158). Theoretisch bestehen zahlreiche Streitfragen zur Inhaltsbestimmung der Überschuldung, zur Bedeutung der Überwindung der Unternehmenskrise und zu dem erforderlichen Zusammenhang zwischen Krise und Bankrotthandlung.[25] **41**

Die zur Ergänzung des Strafschutzes durch die Reform von 1976 ebenfalls eingeführte **Generalklausel** des § 283 Abs. 1 Nr. 8 wurde bereits im älteren Schrifttum empfohlen (vgl. nur *Binding* Bes. Teil I S. 421) und findet sich der Sache nach im gesamten „germanischen" Rechtskreis (vgl. unten IV., insbes. Rdn. 182, 187 und 230). Nach ihrer Entstehungsgeschichte (vgl. *Hammerl* S. 125 f; *Krause* S. 60 ff; *Tiedemann* Verh. **49.** DJT Bd. I S. C 70 f) ist Nr. 8 zugleich zugunsten der Praxis als Auffangtatbestand konstruiert. Jedoch ist sie angesichts der Unbestimmtheit ihres Inhalts von der Praxis bislang nur zögernd angenommen worden. Auf ihre Konkretisierung wird daher bei § 283 Rdn. 155 ff besonderer Wert gelegt. – Eine Ausdehnung der Strafbarkeit hat der Reformgesetzgeber auch durch Ausweitung der **Fahrlässigkeitsbestrafung** bis in Bereiche, in denen ein Verschulden kaum feststellbar oder vorwerfbar ist, vorgenommen.[26] Der grundsätzlich als **42**

---

[24] Tagungsberichte Bd. III S. 99 ff; vgl. auch *Schöne* JZ **1973** 450 unter Hinweis auf *Lackner* Niederschr. Bd. 8 S. 82.

[25] Zusammenfassend *Tiedemann* Festschrift Dünnebier S. 535 ff; **kritisch** auch *Schlüchter* S. 129 ff. Vgl. zur Gesamtbewertung ferner *Fischer* Rdn. 4 und 5 vor § 283, der die Fahrlässigkeitsstrafbarkeit bei den Buchführungsdelikten für problematisch hält.

[26] **Kritisch** *Tiedemann* Gedächtnisschrift Schröder S. 292 ff sowie ZIP **1982** 655 und bereits ZStW **87** (1975) 290; vgl. auch *Fischer* aaO

zutreffend zu bezeichnende Ansatz und Anlass für die Ausweitung ergab sich daraus, dass nach früherem Recht für den dolus directus des Schuldners nachgewiesen werden musste, dass er seine wirtschaftliche Situation richtig eingeschätzt hatte.[27]

**43** Der vom Gesetzgeber des 1. WiKG 1976 ebenfalls übernommene Vorschlag der Sachverständigenkommission, das Insolvenzstrafrecht wieder im Rahmen des StGB (und nicht der KO) zu regeln, zielt vor allem auf die **generalpräventive Wirkung** der Straftatbestände (amtl. Begr. BTDrucks. 7/3441 S. 34). Bereits die Begründung zum Entwurf *Gürtner* hatte aus der – häufig weite Kreise der Wirtschaft betreffenden – Wirkung von Konkursen gefolgert, dass die Konkursstraftaten in das StGB einzugliedern seien (vgl. *Hammerl* S. 37). Von derselben Leitidee einer Lozierung im StGB hatten sich der E 62 (§§ 271 ff) und der 49. Deutsche Juristentag 1972[28] bestimmen lassen.

**44** 4. **Alternativ-Entwurf 1977.** Auch der im Jahre 1977 veröffentlichte Alternativ-Entwurf „Straftaten gegen die Wirtschaft" folgte diesem Prinzip. Jedoch erweiterte der AE im Vergleich zum geltenden Recht den Kreis der unabhängig von einer Krise gefährlichen Bankrotthandlungen (AE § 192). Auch verzichtete er auf den Sondertatbestand der Gläubigerbegünstigung sowie auf eine dem § 283a entsprechende Regelung (vgl. dazu Begr. AE S. 81). Die *Fahrlässigkeitsstrafbarkeit* ist im AE-Vorschlag eingeschränkt. – Nach mehr als drei Jahrzehnten Erfahrung mit dem neuen Insolvenzstrafrecht und unter Berücksichtigung ausländischer Rechtsordnungen (vgl. unten IV.) behält der AE weiterhin Wert als Alternative für eine bessere *lex condenda* und als Anhaltspunkt für die Auslegung und Konkretisierung der *lex lata* insbesondere im Bereich der Generalklausel des § 283 Abs. 1 Nr. 8 StGB (vgl. § 283 Rdn. 153 ff). Rechtsvergleichend gestützte **weitere Reformüberlegungen** werden unten Rdn. 232 mitgeteilt.

## III. Grundfragen des geltenden Insolvenzstrafrechts

### A. Geschützte Rechtsgüter

#### 1. Vermögensinteressen der Gläubiger

**45** a) Als geschütztes Rechtsgut der Insolvenzstraftatbestände gilt traditionellerweise das Vermögensinteresse der Gläubiger,[29] nämlich das **Interesse der Gläubiger an einer Befriedigung ihrer geldwerten Ansprüche.**[30] Dabei wird es allgemein für ausreichend gehalten, dass im Einzelfall nur ein einziger Gläubiger vorhanden ist.[31] Bei Vorhandensein mehrerer Gläubiger sind aber unstreitig nicht die einzelnen Befriedigungsinteressen maßgebend. Vielmehr kommt es, wie sich schon aus der Existenz des § 283c ergibt, auf die

---

und *v. d. Heydt* S. 60 (mit verbalen Entgleisungen: Vorgehen „in weitgehend unbestrittener Radikalität ... gegen präsumiertes Fehlverhalten").

[27] Vgl. bes. *Eitel* Anhörung vor dem Sonderausschuss für die Strafrechtsreform, 80. Sitzung, Deutscher BTag 7. Wahlp. StenB S. 2542 f.

[28] Vgl. *Tiedemann* Verh. **49.** DJT Bd. I S. C 45; Verh. Bd. II S. M 117 ff, 200.

[29] *Hoyer* SK Rdn. 3; *Klug* Konkurs-Strafrecht § 239 Rdn. 1; *Maurach/Schroeder/Maiwald* 1 § 48, 8; *Otto* BT § 61, 80; *Radtke* MK Rdn. 16 vor §§ 283 ff und § 283 Rdn. 3; *Schmidhäuser* BT Kap. 11 Rdn. 93; *Sonnen* BT S. 149; *Tiedemann* ZRP **1975** 133 und ZIP **1983** 520.

[30] *Lackner/Kühl* § 283 Rdn. 1; *Maurach/Schroeder/Maiwald* aaO; *Penzlin* S. 16; *Sch/Schröder/Stree/Heine* Rdn. 2 vor § 283.

[31] BGH NJW **2001** 1874, 1875; RGSt **39** 326 f; 41 309, 314; *Fischer* Rdn. 3 vor § 283; *Lackner/Kühl* Rdn. 1; *Radtke* aaO; *Sch/Schröder/Stree/Heine* Rdn. 2 vor § 283; *Wessels/Hillenkamp* BT 2 Rdn. 458.

**Gesamtheit** der Gläubiger und ihre „gemeinschaftliche" Befriedigung an (§ 1 InsO).[32] Es ist freilich irreführend, wenn das ältere strafrechtliche Schrifttum davon sprach, es handele sich dabei um eine Gesamthandsgemeinschaft (vgl. etwa v. *Brunegg* GS **82** [1914] 237): Es liegt keine Rechts-, sondern nur eine Interessengemeinschaft der Gläubiger vor. Ebenso verdient gegen das ältere Schrifttum Hervorhebung, dass es nicht auf die Forderungsrechte (Befriedigungsrechte) der Gläubiger (so aber v. *Brunegg* aaO S. 232), sondern auf die Befriedigung und das Befriedigungsinteresse derselben ankommt (zutr. *Schaefer* LK[8] Anm. I 1 vor § 239 KO; zu den Konsequenzen § 283 Rdn. 5 ff).

b) Im Wesentlichen gleichbedeutend dürfte es sein, wenn in verdinglichender Anlehnung an das Insolvenzrecht von dem „Schutz der etwaigen Insolvenzmasse" als einschlägigem Rechtsgut gesprochen wird (so *Fischer* Rdn. 3 vor § 283; *Krause* S. 156 mit weit. Nachw.; zust. BGHSt **28** 371, 373 mit dem zutreffenden Zusatz: „im Interesse der gesamten Gläubigerschaft"). Diese Bezeichnung hat den Vorteil, dass einer solchen Rechtsgutsbestimmung vor allem bei § 283 Abs. 1 Nr. 1, aber auch bei der ersten Alternative von § 283 Abs. 1 Nr. 8, tatbestandlich ein reales Angriffsobjekt (*Tatobjekt*): das schuldnerische Vermögen, entspricht. Die Sicht des Schuldnervermögens als **potentieller Insolvenzmasse** liegt aber andererseits wohl erst von der Krise an (§§ 283 Abs. 1, 283c, 283d) nahe und stellt für das Handeln außerhalb der Krise (§§ 283 Abs. 2, 283b) vor die Schwierigkeit, das Vermögen auch des liquiden Schuldners bereits bei Existenz eines einzigen Gläubigers (oben Rdn. 45) als Gegenstand eines umfassenden, auf Zerschlagung angelegten Zugriffs zu betrachten (zust. *v. d. Heydt* S. 117). Entsprechendes gilt für Ansichten, die durch §§ 283 ff – und nicht nur durch § 283c – das *Insolvenzverfahren* oder die „Manipulationsfreiheit der Insolvenzordnung" geschützt sehen wollen (so *Krause* S. 180 f und *Schüppen* S. 115 f.) Weiter wird die etwaige Insolvenzmasse gerade um der Gläubiger willen geschützt (zutr. BGH aaO; *v. d. Heydt* S. 25), die daher auch als Rechtsgutsträger bezeichnet werden müssten, obwohl der Schuldner Eigentümer der Vermögensmasse und bis zur Insolvenzeröffnung rechtlich verfügungsbefugt bleibt. Hierzu schrieb schon *Meves* im Jahre 1888: „Dadurch, dass das Vermögen des Gemeinschuldners nicht ausreicht, die Schulden desselben … zu decken, wird das Vermögen des Gläubigers Gegenstand der Verletzung" (GA **36** [1888] 378). Die auf den ersten Blick besonders anschauliche Bezeichnung der potentiellen Insolvenzmasse als Rechtsgut der §§ 283 ff führt daher bei näherer Betrachtung zu Bedenken, die vor allem in der strafrechtlichen Verselbständigung einer zivilrechtlich unselbständigen Vermögensmasse begründet sind (vgl. bereits v. *Brunegg* GS **82** [1914] 230). Richtigerweise ist die potentielle Insolvenzmasse mit ihren Vermögensbestandteilen daher nicht als Rechtsgut, sondern als Tatobjekt anzusehen (vgl. *Radtke* Rdn. 10 vor §§ 283 ff mit weit. Nachw.). **46**

c) Nach *Maurach/Schroeder/Maiwald* BT 1 § 48, 9 treten bei der Verletzung der Buchführungspflicht (§ 283b) „die Befriedigungsansprüche der Gläubiger in weite Tatbestandsferne", so dass Rechtsgut des § 283b der Schutz von **Treu und Glauben im Wirtschaftsverkehr** sei. Jedoch ist eine solche Rechtsgutbestimmung zu unspezifisch; zutreffender sprach daher schon *Schaefer* in der 8. Aufl. dieses Kommentars (§ 239 KO Anm. II Ziff. 3a) von der „Kredittreue" (vgl. auch unten Rdn. 55). Auch wird die von *Maurach/Schroeder/Maiwald* gemachte Aussage nicht der Bedeutung der Buchführung im **47**

[32] Vgl. nur BGHSt **28** 371, 373; RGSt **68** 108, 109; *Höfner* S. 38; *Kindhäuser* LPK Rdn. 3 vor §§ 283–283d; *Lackner/Kühl* aaO; *Röhm* S. 65; *Sch/Schröder/Stree/Heine* Rdn. 2 vor § 283.

heutigen Wirtschaftsleben gerecht.[33] Diese gewinnt nach der InsO zusätzliche Bedeutung für die Dispositionsfreiheit der Gläubiger, über den Befriedigungsweg – Liquidation oder Fortführung des Unternehmens – zu entscheiden. Vgl. näher § 283 Rdn. 90, § 283b Rdn. 1.

48 d) Das Recht der *InsO 1999* hat diese strafrechtliche Rechtsgutsbestimmung im Wesentlichen nicht geändert, sondern durch die erklärte Tendenz zu einer besseren Befriedigung der Gläubiger verstärkt (zust. *Röhm* S. 67 mit Nachw.). Wie bereits oben Rdn. 3 dargelegt, strebt die InsO insbesondere keine Sanierung des schuldnerischen Unternehmens an, sondern sieht die mögliche Fortführung als Variante der Gläubigerbefriedigung (aus den Unternehmenserträgen). Allerdings instituiert die InsO ein **Wahlrecht der Gläubiger,** über den Befriedigungsweg – Liquidation oder Fortführung des Unternehmens – zu entscheiden. Dieser Gesichtspunkt der Dispositionsfreiheit der Gläubiger („Gläubigerautonomie": *Uhlenbruck* GmbHR **1995** 83) trägt in gewisser Weise auch die bereits oben Rdn. 10 konstatierte Vorverlagerung der Strafbarkeit, ist aber nur unselbständiger Bestandteil der Befriedigungsinteressen der Gläubiger (und nicht etwa Teil des oben Rdn. 46 genannten überindividuellen Aspektes der Verfahrenssicherung, aber auch entgegen *Erdmann* S. 64 ff und *Kindhäuser* NK Rdn. 18 und 25 vor §§ 283 ff kein eigenständiges Rechtsgut; zust. *Radtke* MK Rdn. 13 vor §§ 283 ff mit weit. Nachw.). Die Einbeziehung der Dispositionsfreiheit der Gläubiger in die Rechtsgutsbestimmung ermöglicht zusätzlich eine konkretere Deutung des Rechtsgutes der Buchführungsdelikte (Rdn. 47).

### 2. Einbeziehung der Arbeitnehmer

49 a) Eine erste, allgemein gebilligte Ausweitung erfährt die bisherige Rechtsgutsbestimmung durch die Einbeziehung der Arbeitnehmer in den Gläubigerbegriff, der auch im Übrigen nicht nur Kreditgeber, sondern z.B. auch öffentlich-rechtliche Forderungsinhaber umfasst.[34] Soweit die Arbeitnehmer durch Einsatz ihrer Arbeitskraft Leistungen erbringen, die erst nachträglich entlohnt werden, bestehen keine rechtlichen Schwierigkeiten oder Bedenken, die Arbeitnehmer dem Kreis der Gläubiger zuzurechnen. Dieser Gesichtspunkt der Einbeziehung der menschlichen **Arbeitskraft** ergänzt den überlieferten kapitalistischen Aspekt der Kreditgewährung durch Banken sowie Warenlieferanten und findet bei der Einbeziehung des Dienstleistungskredits in den Begriff des Lieferantenkredits eine Parallele (vgl. *Tiedemann/Sasse* S. 1 ff).

50 b) Neben dem *Lohnanspruch* besteht arbeitsrechtlich ein Anspruch auf vertragsgemäße Beschäftigung, der sich in einen Anspruch aus § 615 BGB wandelt, wenn infolge der Krise die Beschäftigung verweigert oder unmöglich wird. Hinzu kommen weitere Ansprüche, wie z.B. Rechte aus der betrieblichen Altersversorgung, Entschädigungen für Wettbewerbsabreden, im Anstellungs- oder Tarifvertrag vereinbarte Abfindungen oder

---

[33] Vgl. nur OLG Karlsruhe NStZ **1985** 317; *Gössweiner-Saiko* S. 223 ff; *Krause* S. 38; *Schüppen* S. 110 ff; *Siegmann/Vogel* ZIP **1994** 1823; *Tiedemann* ZStW **94** (1982) 337.

[34] Vgl. Tagungsberichte der Sachverständigenkommission zur Bekämpfung der Wirtschaftskriminalität Bd. III S. 89, 122; *Fischer* Rdn. 3 vor § 283; *Hiltenkamp-Wisgalle* S. 61; *Kindhäuser* LPK Rdn. 3 vor §§ 283–283d; *Matzen* S. 14; *Mohr* S. 157; *Röhm* S. 66 f; *Sch/Schröder/Stree/Heine* Rdn. 2 vor § 283; *Stapelfeld* S. 261; *Tiedemann* NJW **1972** 1560.

Ansprüche aus den Vorschriften über Interessenausgleich, Sozialplan und Nachteilsausgleich gemäß §§ 112–113 BetrVG.

**51** c) Die Einbeziehung der genannten Vermögensinteressen der Arbeitnehmer in den Schutzbereich der §§ 283 ff (besonders deutlich bei § 283a Nr. 2 Alt. 2., dort Rdn. 11) führt freilich **nicht** dazu, dass diesen Interessen aus strafrechtlicher Sicht eine **Sonder- und Vorrangstellung** vor den Interessen anderer Gläubiger zukommt. Dies ergibt sich schon aus der Abschaffung der zivilrechtlichen Konkursvorrechte der Arbeitnehmer. Grundsätzlichen Bedenken begegnet auch die Annahme, §§ 283 ff bezweckten (auch) den Schutz des individuellen „Rechts am *Arbeitsplatz*" (zust. *Hiltenkamp-Wisgalle* S. 61 f und *Röhm* S. 66 f mit weit. Nachw.). Abgesehen davon, dass dieses im Arbeitsrecht zu § 823 Abs. 1 BGB diskutierte, dort allerdings stark umstrittene Recht[35] in der Insolvenz des Arbeitgebers gerade keinen Bestandsschutz gewährt, gewährleistet die Unversehrtheit der potentiellen Insolvenzmasse (oben Rdn. 46) den Schutz des Arbeitsplatzes nur mittelbar und keineswegs zwingend (betriebsbedingte Kündigung wegen Rationalisierungsmaßnahmen!), während andererseits die Insolvenz als solche das Arbeitsverhältnis nicht beendet, kein außerordentlicher Kündigungsgrund ist und wiederum keineswegs zwingend zum endgültigen Arbeitsplatzverlust führt (Veräußerung des Betriebs im Insolvenzverfahren mit der Folge des Übergangs des Arbeitsverhältnisses gemäß § 613a BGB, BAG NJW **1984** 627). Dass Insolvenzen häufig mit der Vernichtung von Arbeitsplätzen einhergehen, ist eine bedauerliche wirtschaftliche Tatsache, die aber nicht dazu führen kann, den Arbeitsplatz als solchen – über die geschützten Vermögensinteressen der Arbeitnehmer hinaus – zum Individualrechtsgut der §§ 283 ff zu erheben;[36] vielmehr handelt es sich um einen bloßen Schutzreflex der §§ 283 ff. Zur Vermeidung von Arbeitslosigkeit als möglichem, aber gleichfalls abzulehnendem überindividuellem (sozialem) Rechtsgutsaspekt unten Rdn. 56.

**51a** Diese Überlegungen gelten auch nach Inkrafttreten der **InsO 1999**. Zwar nennt § 1 Satz 1 InsO ausdrücklich auch den „Erhalt des Unternehmens" als ein Mittel der Gläubigerbefriedigung (oben Rdn. 3 a.E.); hierdurch wird mittelbar der Erhalt von Arbeitsplätzen angestrebt. Jedoch gewährt die InsO – ebenso wie das bisherige Recht – keinen Bestandsschutz für Arbeitsplätze im Insolvenzverfahren (vgl. § 113 InsO). Vielmehr sind im Rahmen einer Betriebsänderung Kündigungen unter erleichterten Voraussetzungen möglich (§§ 125, 128 Abs. 2 InsO). Auch sind Rückstände aus der Zeit vor Eröffnung des Insolvenzverfahrens nicht mehr bevorrechtigt (zum weitergeltenden Vorrang von Sozialplanansprüchen vgl. §§ 123, 124 InsO). Damit gibt auch die InsO keinen Anlass, aus strafrechtlicher Sicht Arbeitnehmerinteressen vorrangig zu schützen bzw. Arbeitsplätze zum selbständigen Rechtsgut der §§ 283 ff zu erheben (zust. insbes. *Röhm* S. 66 f mit Nachw.).

**52** Die grundsätzliche strafrechtliche Gleichwertigkeit der geschützten Interessen der Arbeitnehmer einerseits und sonstiger Gläubiger andererseits führt insbesondere dazu, dass **Interessenkonflikte** nicht einseitig zugunsten jener und zu Lasten dieser entschieden werden dürfen. Der in den Gesetzesberatungen mehrfach geäußerten Ansicht, der Handlungszweck der Sicherung von Arbeitsplätzen rechtfertige eine Senkung der Verhaltensmaßstäbe im Rahmen ordnungsgemäßen Wirtschaftens,[37] kann jedenfalls dann nicht

---

35 Nachw. in LK[11] Fn. 36 vor § 283.

36 Zustimmend *Sch/Schröder/Stree/Heine* Rdn. 2 vor § 283; ebenso Radtke MK Rdn. 9 vor §§ 283 ff mit weit. Nachw.

37 RegE BTDrucks. 7/3441 S. 35 und 38; Abg. *Spranger*, 80. Sitzung des Sonderausschusses für die Strafrechtsreform, Deutscher BTag 7. Wahlp. StenB S. 2547.

gefolgt werden, wenn das Verhalten – wie regelmäßig – zugleich Gefahren für die Vermögensinteressen sonstiger Gläubiger mit sich bringt (zust. *Radtke* MK Rdn. 9 vor §§ 283 ff). Derartige Zielkonflikte sind nicht schon auf Tatbestandsebene lösbar, sondern gehören zur Wertungsstufe der Rechtswidrigkeit, werden also insbesondere bei § 34 relevant, der in Ausnahmefällen Aufopferungspflichten der Gläubiger zugunsten der Arbeitnehmer begründen kann (unten Rdn. 118a). Weitere Konflikte können nach neuem Recht dadurch entstehen, dass im Falle der Fortführung des Unternehmens zwecks Befriedigung der Altgläubiger gemäß dem Insolvenzplan (§§ 235 ff InsO) deren Interessen mit den Interessen der Neugläubiger und vor allem der Arbeitnehmer kollidieren können. Ein genereller Vorrang der Interessen der Altgläubiger dürfte insoweit nicht begründbar sein, zumal diese durch die erforderliche *Zustimmung* zu dem Insolvenzplan dem Schuldner das Recht zurückgegeben haben, „über die Insolvenzmasse frei zu verfügen" (§ 259 Abs. 1 Satz 2 InsO). Damit haben die Altgläubiger – auch – Verfügungen im Interesse der Neugläubiger und der Arbeitnehmer in Kauf genommen, jedenfalls soweit dies die Erfüllung des Insolvenzplans nicht verhindert oder konkret gefährdet (ebenso und zust. *Röhm* S. 67).

53 3. **Überindividuelle (soziale) Rechtsgutsaspekte.** Bereits die regelmäßige zeitliche Divergenz zwischen der Vornahme einer Bankrotthandlung und dem Eintritt der Zahlungseinstellung (oder der Insolvenzverfahrenseröffnung usw.) deutet auf die Möglichkeit einer zusätzlichen Ausweitung der Rechtsgutsbetrachtung hin: Neben den aktuellen Gläubigern (Forderungsinhabern im Zeitpunkt der Bankrotthandlung oder des Erfolgseintritts, soweit ein solcher zum Tatbestand gehört) können auch **potentielle** (künftige) **Gläubiger** als Träger schutzwerter Vermögensinteressen in Betracht kommen (zust. *Stapelfeld* S. 261; krit. *Mohr* S. 153). In Weiterverfolgung dieser Ausweitung und Konkretisierung der Rechtsgutsträgerschaft stellt sich damit die Frage, ob nicht auch die **Kreditwirtschaft** oder gar die **(Volks-)Wirtschaft** überhaupt Gegenstand und Zweck des strafrechtlichen Schutzes der §§ 283 ff ist. Folgen aus der Beantwortung dieser Frage, die auch in ausländischen Rechtsordnungen lebhaft diskutiert wird,[38] ergeben sich nicht nur für den Fall der *Einwilligung* aller (aktuellen) Gläubiger in die Vornahme einer Bankrotthandlung (vgl. *Mohr* S. 151; *Penzlin* S. 44 f), sondern ganz allgemein für die *Auslegung* des geltenden Insolvenzstrafrechts, etwa bei der Inhaltsbestimmung des Grundbegriffes ordnungsmäßigen Wirtschaftens (unten C 2).

54 a) Dass die strafrechtlich geschützten Rechtsgüter in diesem teleologischen Sinne als Auslegungstopoi Gewicht haben, kann heute als unstreitig angesehen werden (vgl. nur *Walter* LK Rdn. 8 Vor § 13; *Weigend* LK Einl. Rdn. 7 und 8), auch wenn sich die Bedeutung des Rechtsgutes nicht in dieser Auslegungsfunktion erschöpft. Dagegen ist trotz einer lebhaften literarischen Beschäftigung mit der Rechtsgutslehre weiterhin zweifelhaft, nach welchen konkreten **Kriterien** die jeweiligen Rechtsgüter der Straftatbestände zu bestimmen sind. Als Werturteil der positiven Rechtsordnung wird sich die Eigenschaft als Rechtsgut häufig aus ausdrücklichen Willensäußerungen des historischen Gesetzgebers ablesen lassen. Jedoch hilft dieser Anhaltspunkt hier nicht weiter, da es der Regierungsentwurf des 1. WiKG für §§ 283 ff – anders als für § 265b – ausdrücklich offengelassen hat, ob und welche Rechtsgüter neben den unstreitigen Vermögensinteressen der Gläubi-

---

[38] Vgl. *Gonzalez Rus* in Schünemann/Suárez S. 93 f; *Tiedemann* Verh. 49. DJT Bd. I S. C 69 f mit weit. Nachw. sowie unten IV.

ger bestehen. Gleichwohl spricht sich die h.M. für einen zusätzlichen **überindividuellen** (sozialen) Rechtsgutsaspekt aus und stützt diese Sicht meist auf die faktischen Auswirkungen von Insolvenzstraftaten, insbesondere auf die bekannten Folgewirkungen über den Kreis der eigentlichen (aktuellen) Gläubiger hinaus.[39] Dieser Ansatz ist für eine empirisch orientierte Rechtsgüterlehre (vgl. dazu bereits *Tiedemann* Tatbestandsfunktionen S. 121 Fn. 36 sowie *Rudolphi* SK Rdn. 7 vor § 1, je mit Nachw.) als zutreffend zu bezeichnen. Zwar ist für die Ermittlung der Sozialschädlichkeit einer Verhaltensweise nicht bereits ihre negative tatsächliche Wirkung im Einzelfall maßgebend. Sind die negativen tatsächlichen Auswirkungen aber geradezu *typische* oder notwendige *Folgen* des Verhaltens, hat also ein Verhalten die generelle *Eignung* zur Beeinträchtigung bestimmter Interessen, so werden diese – vorbehaltlich des positiven Kontrollmaßstabes normativ zu bestimmender Wertverwirklichung – durch das gesetzgeberische Verbot auch rechtlich mit geschützt.[40] Eine solche typische Wirkung und generelle Eignung zur Beeinträchtigung überindividueller (sozialer) Belange ist den Insolvenzstraftaten zuzuerkennen, auch wenn die von §§ 283 ff mit erfassten Privatinsolvenzen (oben Rdn. 11) diese Eignung und Wirkung nur in minderem Ausmaß als die Unternehmensinsolvenzen aufweisen; auch ihnen liegen aber meist Kreditierungsvorgänge zugrunde. Neben die im Schrifttum betonten vielfältigen Abhängigkeiten und volks- wie betriebswirtschaftlichen Verflochtenheiten des unternehmerischen Insolvenzschuldners mit Gläubigern, Arbeitnehmern, Zulieferbetrieben usw. treten vor allem auch die bereits oben Rdn. 14 ff dargestellte starke Fremdfinanzierung (mit Geldkrediten) und der noch höhere Anteil des Waren- und Dienstleistungskredites durch Lieferanten (dazu bereits *Tiedemann/Sasse* S. 3 f, 17 f u.ö.). Diese geradezu lebensnotwendigen Wesenszüge der modernen Wirtschaft ergeben ein gewichtiges und werthaftes *Allgemeininteresse* an der Verhütung übergreifender Gefahren, jedenfalls soweit diese Gefahren Personen und Institutionen betreffen, die mit dem Schuldner wirtschaftlich verbunden sind.[41] Erst dieses Allgemein-

---

39 *Arzt/Weber* BT § 19, 15; *Bieneck* in Müller-Gugenberger/Bieneck § 75, 96; *Bittmann* in Bittmann (Hrsg.) § 12, 25; *Bockelmann* BT 1 § 21 I; *M. Grub* S. 6; *v. d. Heydt* S. 116 ff; *Hiltenkamp-Wisgalle* S. 50 ff; *Lackner/Kühl* § 283 Rdn. 1; *Moosmayer* S. 130 ff; *Preisendanz/Bieneck* Anm. 1b vor § 283; *Röhm* S. 74 ff; *Sch/Schröder/Stree/Heine* Rdn. 2 vor § 283; *Wessels/Hillenkamp* BT 2 § 12, 58; auch *Fischer* Rdn. 3 vor § 283; *Weyand/Diversy* Rdn. 12 S. 27; *Kindhäuser* LPK Rdn. 3 vor §§ 283–283d und NK Rdn. 21; *Hellmann/Beckemper* Wirtschaftsstrafrecht Rdn. 251; **aA** *Gössel* BT 2 § 28, 2; *Krause* S. 173 ff; *Matzen* S. 14 f; *Maurach/Schroeder/Maiwald* BT 1 § 48; *Mitsch* BT 2 § 5, 139; *Penzlin* S. 29 ff; *Mohr* S. 147 ff; *Schmidhäuser* BT Kap. 11 Rdn. 93; *Sonnen* BT S. 144.

40 **AA** *Krause* S. 154 ff mit Nachw., der das geschützte Rechtsgut aus der den Tatbeständen vorgelagerten Verhaltensnorm ableiten will und diese dahingehend formuliert, der Schuldner dürfe die eigene Erfüllungsfähigkeit nicht durch bestimmte Vermögensdispositionen so verschlechtern, dass eine Krise eintritt. Diese Formulierung ist insofern willkürlich, als die Gläubiger in den einzelnen Verbotstatbeständen keineswegs ausdrücklich genannt sind (und bereits die Begrenzung der Täterschaft auf Schuldner bzw. Handeln für den Schuldner Ergebnis einer Auslegung ist, Rdn. 59 vor § 283). Die Formulierung *Krauses* ist ferner im Hinblick auf die Rechtsgutsbestimmung insofern zirkulär, als die „Erfüllungsfähigkeit" von vornherein einseitig auf das Gläubiger/Schuldner-Verhältnis abzielt. Da ein telos „Gläubigerschutz" erst im Wege der Auslegung den einzelnen Verbotstatbeständen zu entnehmen ist, erscheint es gerade für eine streng an der Verhaltensnorm orientierte Auffassung als begründungsbedürftig, warum individueller Gläubigerschutz und nicht etwa Schutz des kaufmännischen Kredits bezweckt sein soll.

41 Vgl. *Bockelmann* BT 1 § 21 I; *Lackner/Kühl* § 265b Rdn. 1; *Tiedemann* LK[11] § 265b Rdn. 9 ff.

interesse bringt auch den Unrechtsgehalt der Insolvenzstraftaten hinreichend zum Ausdruck und vermag – ähnlich wie bei § 264 (Abs. 4!) – die weitreichende Vorverlagerung der Strafbarkeit bis in Bereiche fahrlässig-abstrakter Gefährdung (§§ 283 Abs. 4 und 5, 283b Abs. 2) kriminalpolitisch zu tragen. Dieser überindividuelle (soziale) Aspekt kennzeichnet im Übrigen ganz allgemein das Wirtschaftsrecht (oben Rdn. 3) und mit diesem auch das Wirtschaftsstrafrecht.

55 b) Die weitere Frage, ob es bei §§ 283 ff um den Schutz der **Gesamtwirtschaft**[42] oder um den der **Kreditwirtschaft**[43] geht, ist trotz der weitreichenden wirtschaftlichen Auswirkungen von Insolvenzdelikten im letzteren Sinne zu beantworten (vgl. bereits *Tiedemann* NJW **1977** 783 und Wirtschaftsstrafrecht I S. 239 mit weit. Nachw.). Hierfür sprechen nicht nur die Motive zur Konkursordnung von 1877 (vgl. RGSt **9** 134, 135) sowie die Notwendigkeit, als Rechtsgüter nur spezifische Funktionseinheiten auf möglichst niederer Abstraktionsstufe auszuweisen (vgl. *Tiedemann* Tatbestandsfunktionen S. 117, 122). Vielmehr lässt sich eine Typik der Bankrotthandlungen zur Beeinträchtigung gesellschaftlicher Oberwerte und eine Eignung der Tatbestandsumschreibungen zu ihrem Schutz auch empirisch nur belegen, soweit Geld-, Waren- oder Dienstleistungskredit in Frage steht, also Geschäftsbeziehungen und andere Beteiligungsvorgänge – wie Arbeitsverhältnisse – sich rechtlich und/oder wirtschaftlich noch in der Schwebe befinden (zutr. *Hammerl* S. 116 f). Die zusätzlichen faktischen Auswirkungen von Insolvenzstraftaten auf gänzlich unbeteiligte Unternehmen und Personen sind so gut wie ausschließlich bloße Fernwirkungen von Unternehmensinsolvenzen und fehlen vor allem bei Privatinsolvenzen nahezu stets (vgl. bereits *Cohn* GA **41** [1893] 199). Hinsichtlich der gesamtwirtschaftlichen Auswirkungen rügte *Samson* SK$^4$ (Rdn. 3 vor § 283) zu Recht, dass bei Einbeziehung der Gesamtwirtschaft in die Rechtsgutsbestimmung der Anlass zur Neugestaltung der §§ 283 ff mit deren Schutzgut verwechselt werde. Soweit Insolvenzen zu Kettenreaktionen *unbeteiligter* Unternehmen und Personen führen, liegen diese Auswirkungen außerhalb des Zurechnungszusammenhanges und Schutzzweckes der §§ 283 ff. Auch das **Vertrauen** in die Funktionsfähigkeit „der Wirtschaft" kann in einem spezifischen (strafrechtsdogmatischen) Sinne nur die Kreditgewährung (i.w.S., also einschließlich des Lieferantenkredits und der Arbeitnehmerinteressen), nicht – oder nur kriminologisch – dagegen das Wirtschaften überhaupt betreffen. Ist Kredit nämlich bereits im allgemeinen sprachlichen Sinn mit (individuellem) Vertrauen identisch (vgl. nur *Tiedemann/Sasse* S. 1; *Krause* S. 166), so liefert vor allem das zivilrechtliche Haftungsmerkmal der Vertrauensbeziehung, z.B. im Rahmen der culpa in contrahendo, einen brauchbaren Maßstab der Abgrenzung dafür, welche potentiellen Gläubiger in den Schutzbereich der §§ 283 ff einzubeziehen sind. Neben solchen existenten oder angebahnten individuellen Vertrauensbeziehungen kann insbesondere auch ein gesetzlich vorgesehener Forderungsübergang (z.B. der Übergang des Lohnanspruches von Arbeitnehmern auf die Bundesagentur für Arbeit bei Zahlung von Insolvenzgeld durch das Arbeitsamt) ein rechtliches Näheverhältnis

[42] So insbes. *Arzt/Weber* § 19, 15; *Fischer* Rdn. 3 vor § 283; *Lackner/Kühl* § 283 Rdn. 1; *Röhm* S. 79 ff; *Schlüchter* JR **1979** 515; *Sch/Schröder/Stree/Heine* Rdn. 2 vor § 283.

[43] So *Bieneck* in Müller-Gugenberger § 73, 96; *Bittmann* in Bittmann (Hrsg.) § 12, 25; *Bottke* in Schünemann/Suárez S. 122; *Bretzke* S. 16; *M. Grub* S. 6; *v. d. Heydt* S. 121 f; *Hiltenkamp-Wisgalle* aaO; *Hormazábal* in *Schünemann/Suárez* S. 83; *Moosmayer* S. 133 ff; *Otto* BT § 61, 80 und Jura **1989** 32; *Stracke* S. 434 ff; *Wessels/Hillenkamp* BT 2 Rdn. 458; *Weyand/Diversy* Rdn. 12 ff S. 27 f („Ohne Kreditgewährung wäre eine funktionierende Wirtschaft kaum denkbar.").

schon für den Zeitpunkt begründen, in dem die Voraussetzungen für den Forderungsübergang geschaffen werden (z.B. Nichtzahlung des Arbeitslohnes durch den Arbeitgeber in dem Zeitraum von drei Monaten vor dem Antrag auf Insolvenzeröffnung). Die rechtlich geschützte Vertrauensposition und das rechtlich geregelte besondere Näheverhältnis grenzen die für das Insolvenzstrafrecht typischen und spezifischen Kreditinteressen auch jenseits schwebender Vertragsverhältnisse hinreichend von der Gesamtwirtschaft ab. Dabei ist der Gesichtspunkt des individuellen Vertrauens in die künftige (!) Leistungsfähigkeit der Kreditsucher angesichts der volkswirtschaftlichen Bedeutung des gesamten Kreditwesens letztlich identisch mit dem der Enttäuschung von **institutionalisiertem** Vertrauen in die Funktionsbedingungen der Kreditwirtschaft.

Zusätzlich zu den Vermögensinteressen der Gläubiger (und ihrem individuellen Vertrauen: *Krause* S. 163 ff) ist damit überindividuelles Schutzgut der §§ 283 ff – ähnlich wie bei § 265b – nicht die Gesamtwirtschaft, sondern die Funktionsfähigkeit der **Kreditwirtschaft** als Teil der Gesamtwirtschaft (so auch BVerfGE **48** 48, 61 f). Dieser bereits im älteren Schrifttum (des 19. Jahrhunderts[44]) richtig erkannte Bezugspunkt wurde von der reichsgerichtlichen Rechtsprechung (vgl. nur RGSt **4** 41, 42; **16** 238, 239) als selbstverständlich zugrunde gelegt und für den kaufmännischen Bankrott auch von den Motiven zum Reichsstrafgesetzbuch betont (mitgeteilt bei *Maul* DB **1979** 1758 f). Nur dieser Bezugspunkt ist auch geeignet, der **Auslegung** hinreichend konkrete und eindeutige Kriterien zu liefern, um insbesondere den durchgehenden Maßstab des ordnungsgemäßen Wirtschaftens (unten C 2) inhaltlich zu gestalten (vgl. nur *Hammerl* S. 118). Ein Rechtsgut „Gesamtwirtschaft" wäre schon aufgrund seiner Zusammenfassung höchst unterschiedlicher und konträrer Ziele und Zwecke – Wachstumsförderung, Bekämpfung von Geldentwertung und Arbeitslosigkeit, Gleichgewicht der Außenhandels- und Zahlungsbilanz usw. (vgl. § 1 Satz 2 StabilitätsG sowie *Tiedemann* Tatbestandsfunktionen S. 123 f) – untauglich, auch nur für den Regelfall eine Auslegungshilfe zu geben und den Aktunwert wirtschaftswidrigen Handelns zu konkretisieren. Auch müsste es das gesamtwirtschaftliche Ziel der Vollbeschäftigung zumindest nahelegen, entgegen den oben Rdn. 51 entwickelten Begrenzungen die Erhaltung des Arbeitsplatzes als Rechtsgutsaspekt des Insolvenzstrafrechts zu postulieren und der Sanierung entgegen dem Zweck des Insolvenzrechts den Vorzug vor der Zerschlagung zu geben. Die hier vertretene Auffassung steht demgegenüber im Einklang mit dem geltenden Insolvenzrecht. Für sie ist das Ausmaß an Fremdkapital und offenen Verbindlichkeiten (gegenüber Lieferanten und Arbeitnehmern) zentrales Kriterium für die Handlungs- und Unterlassungspflichten insbesondere bei Vornahme wirtschaftlich riskanter Geschäfte. **56**

c) Das finanzielle Vermögen der Gläubiger und das Funktionieren der Kreditwirtschaft sind **gleichrangige** Gesichtspunkte des Rechtsgüterschutzes (vgl. nur *Lackner/Kühl* Rdn. 1, je zu § 283 und zu § 265b): In Bezug auf die eigentlichen (aktuellen) Kreditgeber wird das Vermögen (Befriedigungsinteresse), daneben wird die Funktionsfähigkeit einer kreditgewährenden Wirtschaft, also der **Kredit als Instrument** des modernen Wirtschaftsverkehrs, geschützt (vgl. noch einmal RGSt **4** 41, 42; **9** 134, 135). Bezogen auf individuelle Vermögensbelange könnte dieses zusätzliche Rechtsgut auch als Vermögen oder Kreditinteresse der potentiellen Kreditgeber bezeichnet und insoweit die Kreditwirtschaft als Summe dieser potentiellen Gläubiger bestimmt werden (vgl. die Nachw. bei *Tiedemann* **57**

---

[44] *Berner* Lehrbuch des Deutschen Strafrechts (3. Aufl. 1866) S. 437; *Cohn* GA **41** (1893) S. 199; *Hälschner* Das gemeine deutsche Strafrecht Bd. 2 (1884) S. 403; vgl. auch *Walther* S. 12 f (mit Hinweis auf die Motive).

LK[11] § 265b Rdn. 9 ff). In demselben Sinne mag die Wirtschaft personell mit der Summe aller (potentiellen) Wirtschafter identifiziert werden. Jedoch entspricht die Verdinglichung der Betrachtung einer funktionalen Begriffsbildung, die auch mit der übrigen Rechtsordnung – hier insbesondere: dem Recht des Kreditwesens – übereinstimmt. Zwar macht der personalisierende Kreditgeber-Aspekt deutlich, dass Kreditwirtschaft und aktuelle Kreditgewährung durch einzelne Personen und Unternehmen keine voneinander getrennten, sondern nur relativ verselbständigte (mediatisierte) Aspekte sind. Andererseits sind aber die Kreditinteressen potentieller Gläubiger letztlich *nicht* mit dem Interesse am Funktionieren der Kreditwirtschaft identisch. Da zudem die Summe *potentieller* Geschäftspartner (Gläubiger) von der Summe aller Wirtschafter kaum zu unterscheiden wäre, empfiehlt sich begrifflich und terminologisch die Vermeidung des unbestimmten personalen Gläubigermerkmals, soweit es um andere als die aktuellen Gläubiger geht. Vorzugswürdig ist hier das sachliche, durch eine individuelle Vertrauensbeziehung konstituierte Kreditinteresse. Es wird ergänzt durch das Interesse am Funktionieren der Kreditwirtschaft als solcher, nämlich durch das volkswirtschaftlich gewichtige Interesse an den Funktionsbedingungen der Kreditgewährung. Allerdings beseitigt dieses überindividuelle Interesse nicht die Disponibilität des Rechtsgutes, so dass einer **Einwilligung** aller Gläubiger (z.B. im Rahmen von Sanierungsbemühungen, oben Rdn. 52) rechtfertigende Wirkung zukommt, sofern die in Frage stehenden Handlungen des Schuldners nicht gegen die Anforderungen einer ordnungsgemäßen Wirtschaft verstoßen. Für die letztere Einschränkung sind vor allem – erneut – Gesichtspunkte der Kreditwirtschaft maßgebend (vgl. näher unten Rdn. 114; weitergehend *Mohr* S. 150 ff).

58 4. **Zusammenfassung.** Zusammengefasst schützen §§ 283 ff zunächst die Interessen der (aktuellen) Gläubiger an einer vollständigen oder möglichst hohen Befriedigung ihrer vermögensrechtlichen Ansprüche, sodann die Kreditinteressen potentieller, mit dem Schuldner bereits in Beziehung stehender Gläubiger und schließlich das Funktionieren (die Funktionsbedingungen) der Kreditwirtschaft als eines von Barzahlung und Tauschgeschäft gelösten Systems der *Vorleistung* von Diensten, Waren und Geld.

## B. Tauglicher Täterkreis

### 1. Sonderdelikt

59 a) Trotz der allgemeinen Tatbestandsfassung der §§ 283 ff, die als tauglichen Täter scheinbar jedermann ausreichen lassen („wer …"), besteht in Rechtsprechung und Lehre Einigkeit darüber, dass es sich – mit Ausnahme des § 283d – um echte Sonderdelikte mit einem rechtlich eingeschränkten Täterkreis handelt.[45] Diese Einschränkung ergibt sich nicht etwa aus dem Insolvenzrecht, welches die Privat- und die Unternehmensinsolven im Wesentlichen gleich behandelt und keineswegs nur Kaufleute als potentielle Insolvenzschuldner ansieht (oben Rdn. 11). Die Beschränkung des Kreises tauglicher Täter bei

---

[45] *Bieneck* in Müller-Gugenberger/Bieneck § 77, 1; *Bittmann* in Bittmann § 12, 28; *Dohmen* S. 65 f; *Fischer* Rdn. 18 vor § 283; *M. Grub* S. 4 ff; *Gübel* S. 151; *Hiltenkamp-Wisgalle* S. 63 ff; *Hoyer* SK Rdn. 7 vor § 283 sowie § 283 Rdn. 1 und 96; *Kindhäuser* LPK Rdn. 5 vor §§ 283–283d und NK Rdn. 41; *Lackner/Kühl* § 283 Rdn. 2; *Maurach/Schroeder/Maiwald* BT 1 § 48; *Moosmayer* S. 57 ff; *Otto* BT § 61 VI 1b; *Radtke* Rdn. 23 vor §§ 283 ff; *Röhm* S. 240 ff; *Sch/Schröder/Stree/Heine* § 283 Rdn. 65; *Wessels/Hillenkamp* BT 2 § 12, 470; *Weyand/Diversy* Rdn. 18 ff S. 33 f.

§§ 283, 283a, 283b, 283c folgt vielmehr aus dem Gesamtzusammenhang der Insolvenzstraftatbestände, die sich der Sache nach nur an **Schuldner** wenden (*Tiedemann* NJW **1977** 779; zust. insbes. *Weber* StV **1988** 16). Dies brachte der Wortlaut der früheren §§ 239 ff KO zutreffend expressis verbis zum Ausdruck. Jedoch können echte Sonderdelikte auch im Wege der *Auslegung* bestimmt werden, wobei neben Statusbezeichnungen bloße Situationsumschreibungen dann ausreichend sind, wenn der Täter Träger einer (meist außerstrafrechtlichen) Sonderpflicht ist oder in einer besonders engen Beziehung zum geschützten Rechtsgut steht. Diese Kriterien treffen nach einhelliger Auffassung für den Schuldner zu:[46] Er hat auf Gläubigervermögen und Kreditwirtschaft besondere Einflussmöglichkeiten, die ihm typischerweise durch Einräumung von *Kredit* (Vertrauen) gewährt sind und deren pflichtwidrige Wahrnehmung nach normativem Urteil einen gesteigerten Unwert begründet. Für das geltende Insolvenzstrafrecht folgt diese Beschränkung des Täterkreises auf Schuldner im Wege der Auslegung unmittelbar aus § 283 Abs. 6: Bestraft werden kann nur, für wen die objektive Strafbarkeitsbedingung der Zahlungseinstellung oder Konkurseröffnung (usw.) eingetreten ist (*Tiedemann* aaO S. 780). Täter kann also nur derjenige sein, der seine Zahlungen eingestellt hat oder von der Eröffnung oder Ablehnung der Eröffnung des Insolvenzverfahrens betroffen ist. Dies setzt notwendigerweise voraus, dass der Täter anderen zu geldwerten Leistungen verpflichtet ist. – Einschränkungen des Täterkreises ergeben sich aber auch aus den zusätzlichen Situations- und Statusumschreibungen: Normadressat und Täter des § 283 Abs. 1 ist nur, wer sich in einer wirtschaftlichen **Krise** befindet, wer also überschuldet oder zahlungsunfähig ist oder wem die Zahlungsunfähigkeit droht; damit sind erneut Schuldner angesprochen. Weiter einengend können Täter der §§ 283 Abs. 1 Nrn. 5 und 7, 283b nur **Kaufleute** sein, da nur sie Adressaten der von diesen Straftatbeständen in Bezug genommenen außerstrafrechtlichen (handelsrechtlichen) Buchführungspflichten sind (*Fischer* Rdn. 19 vor § 283; *Tiedemann* GmbH-Strafrecht[4] Rdn. 29 vor § 82).

b) Wenn auf diese Weise der taugliche Täterkreis bei den einzelnen Tathandlungen rechtlich umschrieben und eingeschränkt ist, so bleibt der Begriff des **Schuldners** näherer Inhaltsbestimmung bedürftig. Es liegt nahe, insoweit auf die zivilrechtliche Verpflichtung zur Leistung abzustellen (vgl. *Schaefer* LK[8] Anm. II vor § 239 KO). Jedoch hat das RG auch bloße (zivilrechtliche) Haftung (für fremde Schuld) ausreichen lassen, so dass etwa RGSt **68** 108, 109 für die in Gütergemeinschaft mit dem Schuldner lebende *Ehefrau* die Schuldnereigenschaft bejahte. Da im Falle der Gütergemeinschaft gemäß § 1437 BGB auch das Gesamtgut dem Zugriff der Gläubiger unterliegt, führt eine teleologische Auslegung in der Tat für §§ 283 ff ebenso wie bei § 288 zu einer Ausweitung des Schuldens auf das **Haften.** Zwar mag diese Ausdehnung auf den ersten Blick z.B. für denjenigen, der nach §§ 133 ff InsO anfechtbar erworben hat und daher die Zwangsvollstreckung in das so erworbene Gut dulden muss, unangemessen wirken. Jedoch ist zu bedenken, dass §§ 283 ff mehrere Einschränkungen enthalten, welche die Ergebnisse dieser Ausweitung teilweise korrigieren und schließlich als sachgerecht erscheinen lassen: Der für fremde Schuld Haftende – wie z.B. auch der persönlich „haftende" Gesellschafter einer Personenhandelsgesellschaft – macht sich bei Vornahme einer Bankrotthandlung nach § 283 Abs. 1 nur dann strafbar, wenn er selbst überschuldet (usw.) ist und er selbst die Zahlungen einstellt (usw.). Dass er in diesem Fall wegen Beiseiteschaffens von Bestandteilen **60**

[46] *Gracia Martín* in Schünemann/Suárez S. 19, 22; *M. Grub* S. 6 f; *Lackner/Kühl* § 14 Rdn. 14; *Schünemann* LK § 14 Rdn. 41.

seines (!) Vermögens usw. strafbar ist, erscheint richtig. Auch die in Gütergemeinschaft lebende Ehefrau ist nur dann tauglicher Täter, wenn sie ihre Zahlungen eingestellt hat (usw.), und zwar nur bei gemeinschaftlicher Verwaltung des Gesamtgutes bezogen auf dieses Sondervermögen (vgl. § 11 Abs. 2 Nr. 2 InsO), im Übrigen dagegen bezogen auf ihr gesamtes Vermögen. Entsprechendes gilt für den *Bürgen* (*Bittmann* § 12, 37). – Umgekehrt führt das Kriterium der Haftung zu einer Einschränkung des tauglichen Täterkreises, soweit ein Schuldner zivilrechtlich nicht (mehr) haftet, wie etwa der *Kommanditist* gem. § 171 HGB nach Erbringung seiner Einlage (RGSt **69** 65, 68 f; *M. Grub* S. 54 ff; *Winkelbauer* JR **1988** 34). Der Schuldnerbegriff ist also durchgehend durch den teleologischen Gesichtspunkt der Haftung zu erweitern und zu begrenzen. Für die Schuldnereigenschaft von *Minderjährigen* ergibt sich daraus: Vor der erforderlichen Genehmigung bzw. Ermächtigung des gesetzlichen Vertreters oder des Vormundschaftsgerichtes besteht kein durchsetzbarer Anspruch der Gläubiger aus rechtsgeschäftlichem Handeln des Minderjährigen und folglich keine Schuld (RGSt **36** 357, 358 f). Vor diesem Zeitpunkt können Minderjährige folglich keine Täter nach §§ 283 ff (mit Ausnahme des § 283d) sein. Die zivilrechtliche Rückwirkung der Zustimmung ist strafrechtlich ohne Bedeutung. Ohne die in § 112 BGB vorgesehene Ermächtigung fehlt dem Minderjährigen auch die Kaufmannseigenschaft (RGSt **45** 3, 5; **36** 357 f). Andererseits steht nichts entgegen, bei Einwilligung des gesetzlichen Vertreters oder in Fällen der §§ 828, 829 BGB Schuldnereigenschaft des Minderjährigen anzunehmen (insoweit zutr. *Schaefer* LK[8] Anm. II vor § 239 KO).

**61** Inwieweit *andere Personen* als die zivilrechtlich zur Leistung Verpflichteten oder Haftenden bei eigenem Handeln Täter sein können, richtet sich nach den Voraussetzungen des § **14**. Sowohl das Betroffensein von Zahlungseinstellung und Insolvenzverfahrenseröffnung als auch die Krisenbefangenheit und die Kaufmannseigenschaft sind nämlich besondere persönliche Merkmale im Sinne dieser Vorschrift.[47] § 14 „überwälzt" insoweit die strafrechtliche Pflichtenstellung des Schuldners und die strafrechtliche Haftung auf die in dieser Vorschrift aufgezählten Organe, Vertreter und Beauftragten des eigentlichen Normadressaten.

**62** c) Für **Handelsgesellschaften** bedeutet dies: Soweit sie keine eigene Rechtspersönlichkeit besitzen, sind strafrechtliche Normadressaten und daher taugliche Täter ohne Weiteres – also ohne dass es einer Heranziehung des § 14 bedarf – die einzelnen Gesellschafter als natürliche Personen, also alle (vertretungsberechtigten) Gesellschafter bei der OHG (RGSt **46** 77, 78; unten Rdn. 65) und bei der **Vorgesellschaft** einer GmbH (BGHSt **3** 23, 25), dagegen nur die persönlich haftenden Gesellschafter bei der **KG** und bei der KG auf Aktien (RGSt **34** 374, 379; **69** 65, 68 f; oben Rdn. 60). Alle Gesellschafter sind ferner Normadressaten und taugliche Täter bei **BGB-Gesellschaften** (z.B. Verwertungsgemeinschaften oder Pools von Sicherungsgläubigern). Der Hervorhebung bedarf, dass Kommanditisten (nach Erbringung der Einlage) und Prokuristen (außer bei Vorliegen der Voraussetzungen des § 14 Abs. 2) nicht Täter des Insolvenzdelikts sein können (vgl. RGSt **69** 68 f; oben Rdn. 60). Wird im Gesellschaftsvertrag allerdings der Kommanditist als Geschäftsführer bezeichnet oder wird ihm sonstwie die Leitung des Betriebes der Gesellschaft übertragen, so liegt eine Beauftragung nach § 14 Abs. 2 vor. Bei der GmbH u. Co KG müssen die Täterprobleme teilweise über den Gesichtspunkt der faktischen

---

[47] *Bieneck* in Müller-Gugenberger/Bieneck § 77, 1; *Fischer* Rdn. 21 vor § 283; *Lackner/Kühl* Rdn. 3; *Maurach/Schroeder/Maiwald* BT 1 § 48, 19; *Radtke* MK Rdn. 24 vor §§ 283 ff; *Sch/Schröder/Stree/Heine* § 283 Rdn. 65.

Geschäftsführung (unten Rdn. 70) gelöst werden, sofern die unten Rdn. 65 beschriebene doppelte Normüberwälzung ausscheidet.

Für **juristische Personen** richtet sich die Abgrenzung rechtlich möglicher Täterschaft nach § 14. Dies ist insoweit unproblematisch, als die Kaufmannseigenschaft und die Krisenbefangenheit auf die juristische Person selbst zu beziehen sind. Problematisch ist dieser Bezug dagegen, soweit es um die generell erforderliche Betroffenheit von Zahlungseinstellung oder Insolvenzverfahrenseröffnung (usw.) geht. Zwar kommt es auch insoweit nicht auf den handelnden natürlichen Täter, sondern auf die juristische Person an. Jedoch verlangt § 283 Abs. 6, dass „der Täter" die Zahlungen einstellt oder über „sein" Vermögen das Insolvenzverfahren eröffnet (usw.) worden ist. Ob in diesem Sinne eine juristische Person strafrechtlich als „Täter" bezeichnet werden kann, ist zweifelhaft, auch wenn anerkannt ist, dass die juristische Person Adressat von Rechtsnormen sein, diese durch Handeln ihrer Organe verletzen und Objekt von Sanktionen sein kann: Was der juristischen Person fehlt, ist die strafrechtliche Schuldfähigkeit im individualstrafrechtlichen Sinn (*Tiedemann* NJW **1988** 1172 mit Nachw.). Das insolvenzstrafrechtliche Problem der juristischen Personen ist durch einen Fehlgriff des Reformgesetzgebers entstanden, der in § 283 Abs. 6 richtiger vom „Schuldner" hätte sprechen sollen. Bei wörtlicher Handhabung wäre § 14 für Zahlungseinstellungen und Insolvenzen juristischer Personen überhaupt nicht anwendbar, wenn man es mit der h.M. (trotz § 30 OWiG) für ausgeschlossen hält, dass juristische Personen Straftäter sein können; die „Überwälzungsnorm" des § 14 wäre vielmehr auf diejenigen Fälle beschränkt, in denen Inhaber des Unternehmens (oder Vertretener) eine natürliche Person ist. Man wird den gesetzgeberischen Fehlgriff aber durch eine *berichtigende Auslegung* korrigieren können (*Tiedemann* NJW **1977** 780), zumal sich die für § 14 erforderliche Eigenschaft als Schuldner erst aus dem Gesamtzusammenhang des § 283 ergibt und folglich „nur" eine interpretatorische Ausweitung des Begriffes des „Täters" in Frage steht. **63**

Folgt man dieser Auffassung,[48] so sind taugliche Täter folgende natürlichen Personen: bei der AG, der Genossenschaft, dem rechtsfähigen Verein und der rechtsfähigen Stiftung der Vorstand bzw. jedes Vorstandsmitglied (§ 14 Abs. 1 Nr. 1, vgl. *Tiedemann* NJW **1979** 1850), bei der **GmbH** der Geschäftsführer (BGH NJW **1969** 1494; *Tiedemann* GmbH-Strafrecht[4] Rdn. 29 vor § 82), nicht dagegen der Einmann-Gesellschafter (vgl. § 35 Abs. 4 GmbHG) oder dessen Generalbevollmächtigter (*Binz* NJW **1978** 802 gegen *Fleischer* NJW **1978** 96, je mit weit. Nachw.). Bei mehreren Geschäftsführern einer GmbH ist jeder von ihnen tauglicher Täter (OLG Karlsruhe Justiz **1977** 206). **64**

Wenn § 14 Abs. 1 Nr. 2 außerdem noch einmal die vertretungsberechtigten Gesellschafter einer **rechtsfähigen Personengesellschaft** erwähnt, so hat dies nach einer in der Literatur vertretenen Meinung keine sachliche Bedeutung: Die Schuldnerstellung (zivilrechtliche Verpflichtung) der Gesellschafter ergebe sich insoweit ohne Weiteres aus allgemeinen Grundsätzen (Rdn. 62), so dass § 14 keine Anwendung finde und auch die nichtvertretungsberechtigten Gesellschafter taugliche Täter seien.[49] Den Vorzug verdient für **65**

---

[48] Zustimmend *Arloth* NStZ **1990** 574; *Bittmann* in Bittmann § 12, 36; *Fischer* Rdn. 21 vor § 283; *M. Grub* S. 11 ff; *Otto* BT § 61, 102; *Stapelfeld* S. 256; *Weyand/Diversy* Rdn. 23 S. 37; auch *Lampe* GA **1987** 249 f Fn. 17; **kritisch** *Labsch* wistra **1985** 4; *Matzen* S. 20 („verbotene Analogie"); *Mohr* S. 42. Vorschlag einer Gesetzesänderung bei *Röhm* S. 250 f. Vgl. aber auch *Radtke* MK Rdn. 24 vor §§ 283 ff, der wegen § 14 keine Probleme sieht.

[49] *M. Grub* S. 47 ff; *Richter* GmbHR **1984** 143; *Schulte* NJW **1973** 1774; *Winkelbauer* wistra **1986** 18 f und JR **1988** 33 f; scharfe Kritik an dieser Rechtslage bei *Schünemann* LK § 14 Rdn. 47.

§§ 283 ff die von *Preisendanz/Bieneck* § 283 Anm. 4d vertretene Gegenauffassung. Sie sieht in der Regelung des § 14 Abs. 1 Nr. 2 eine ausdrückliche **Einschränkung** der an sich gegebenen Täterstellung der nichtvertretungsberechtigten Gesellschafter. Diese Einschränkung folgt aus der Fähigkeit der Personengesellschaft, selbst Trägerin von Rechten und Pflichten zu sein, und der dem entsprechenden, von § 11 I Nr. 2 InsO anerkannten Insolvenzfähigkeit der Personengesellschaft sowie der weitgehenden Verselbständigung ihres Vermögens.[50] Zahlungseinstellung und Insolvenzeröffnung beziehen sich auf das Gesellschaftsvermögen, so dass sich die Normüberwälzung nach § 14 nur dann erübrigt, wenn (auch) der einzelne Gesellschafter seine Zahlungen einstellt oder das Insolvenzverfahren über sein Privatvermögen eröffnet wird. Für Fälle des Missbrauchs bei der Gestaltung der Vertretungsbefugnis ist die Lehre vom faktischen Geschäftsführer heranzuziehen (dazu unten Rdn. 70). – Bei der **KG** können nur die Komplementäre Täter sein, da die Kommanditisten mit Erbringung ihrer Einlage im Rechtssinne aufhören, Schuldner zu sein (vgl. bereits Rdn. 60 und 62; *Weber* StV **1988** 16). Allerdings kann der Kommanditist Geschäftsführer sein (BGHSt **34** 222 [ff]); *M. Grub* 70 ff). Bei der **GmbH und Co KG** wird der GmbH-Geschäftsführer von der h.M. als tauglicher Täter angesehen.[51] Konstruktiv kommt hierfür eine doppelte Normüberwälzung – zunächst nach § 14 Abs. 1 Nr. 2 auf die GmbH und sodann gemäß Nr. 1 auf ihren Geschäftsführer – in Betracht.[52] Einschränkend und zutreffend hebt BGHSt **19** 174 ff aber das Erfordernis hervor, dass der GmbH-Geschäftsführer auch die Geschäfte der KG führen muss, damit sein Handeln als solches der GmbH und Co KG erscheint.

**66** Nach § 14 Abs. 1 Nr. 3, der mit den gesetzlichen Vertretern insbesondere *Insolvenzverwalter* erfasst, sind gemäß Absatz 2 auch bestimmte **gewillkürte** (rechtsgeschäftlich bestellte) **Vertreter** taugliche Täter. Unter Nr. 1 fallen z.B. Verkaufsleiter, Leiter der Rechtsabteilung und die für eine BGB-Gesellschaft (z.B. Verwertungsgemeinschaft) oder einen nichtrechtsfähigen Verein Handelnden (*Tiedemann* NJW **1979** 1850). Besondere Beachtung verdient, dass über § 14 Abs. 2 auch *externe Personen* zum Täter von Insolvenzdelikten werden können, z.B. Steuerberater bei Übernahme der Buchführung, Leiter und Angestellte von Kreditinstituten bei Übernahme des gesamten Zahlungsverkehrs des Schuldners, Sanierer, Unternehmensberater usw. (*Tiedemann* ZIP **1983** 514, 516, 518; vgl. bereits oben Rdn. 30, aber auch unten Rdn. 78 ff und § 283 Rdn. 127).

**67** d) Für alle erwähnten rechtlich tauglichen Täter gilt, dass es für ihre Eignung auf den **Zeitpunkt der Handlung** (oder Unterlassung) ankommt. Bei Eintritt der objektiven Strafbarkeitsbedingung (Zahlungseinstellung, Insolvenzverfahrenseröffnung, Ablehnung der Insolvenzverfahrenseröffnung mangels Masse) braucht der Täter also nicht mehr Inhaber der Organ- oder Vertreterstellung zu sein (RGSt **39** 217, 218). Das **Ausscheiden** aus der Organ- oder Vertreterstellung nach der Tathandlung entlastet den Täter bei § 14 ebensowenig wie der sonstige Verlust der Täterqualität bei Sonderdelikten nach Vollendung der

---

[50] Vgl. nur *Baumann* Konkurs § 9 I 1b a mit Nachw.; *Bieneck* in Müller-Gugenberger § 77, 9; *Bittmann* in Bittmann § 12, 39; *Hüffer* in Großkomm. HGB § 238 Rdn. 71; *Kindhäuser* NK Rdn. 47 vor § 283; *Moosmayer* S. 69; *Radtke* MK § 14 Rdn. 78; *Sch/Schröder/Lenckner/Perron* § 14 Rdn. 20/21; *Winkelbauer* aaO S. 17 ff. **Krit.** aber *M. Grub* S. 34 ff.

[51] *Lackner/Kühl* § 14 Rdn. 2; *Preisendanz/Bieneck* § 283 Anm. 4d; *Sch/Schröder/Lenckner/Perron* § 14 Rdn. 23; *Schünemann* LK § 14 Rdn. 48; *Tiedemann* NJW **1977** 780, je mit weit. Nachw.

[52] *Sch/Schröder/Lenckner/Perron* § 14 Rdn. 23; *Schünemann* LK § 14 Rdn. 48; **aA** *M. Grub* S. 94 ff, der nur § 14 Abs. 1 Nr. 1 anwenden will.

Tat (*Tiedemann* GmbH-Strafrecht § 82 Rdn. 32, § 84 Rdn. 25 ff mit weit. Nachw.). Entsprechendes gilt für das Ausscheiden eines Gesellschafters einer OHG (RGSt **35** 83, 84 f; **41** 426, 428), für den Verlust der Eigenschaft als Kaufmann (RGSt **4** 41, 42; **15** 64, 66) und der Schuldfähigkeit (RG GA **47** [1900] 170 f). Andererseits muss die Organ- oder Vertreterstellung usw. **noch** im Zeitpunkt der tatbestandsmäßigen Handlung oder Unterlassung vorliegen. Wer also aus dieser Stellung vor Ablauf der Bilanzfrist des § 283 Abs. 1 Nr. 7b ausscheidet, kann sich nicht nach diesem Tatbestand strafbar machen (§ 283 Rdn. 142); eine „Nachwirkung“ der Pflichtenstellung gibt es nicht (BGH 1 Str 407/80 v. 30.9.1980 S. 6 f, auch bei Holtz MDR **1981** 100; *Tiedemann* GmbH-Strafrecht § 84 Rdn. 27). Allerdings liegt dann kein Ausscheiden des Geschäftsführers vor, wenn dieser trotz rechtlicher Beendigung seiner Organstellung faktisch weiter als Geschäftsführer tätig bleibt (BGH aaO S. 7; vgl. dazu näher unten Rdn. 70).

**2. Faktische Betrachtungsweise?**

a) Der Täterbegriff der Sonderdelikte nach §§ 283, 283b, 283c wird – wie vorstehend erläutert – grundsätzlich durch die zivilrechtliche Eigenschaft als haftender Schuldner und im Übrigen nach § 14 festgelegt. Ob darüber hinaus der unmittelbar Handelnde aufgrund einer „faktischen“ oder tatsächlichen (wirtschaftlichen) Betrachtungsweise Täter sein kann, ist umstritten. Vor Einführung des § 14 (bzw. der diesem voraufgegangenen Bestimmung des § 50a a.F.) hat die Rechtsprechung zur Vermeidung eklatanter Strafbarkeitsfreiräume eine solche Betrachtungsweise zugrunde gelegt und so vor allem die Strafbarkeit von Organen und gesetzlichen Vertretern begründet (vgl. BGHSt **11** 103 ff mit Nachw.). Gelegentlich hat die Rechtsprechung auch noch nach Einführung der ausdrücklichen Überwälzungsnormen die Täterschaft bei Sonderdelikten nach faktischen Kriterien bestimmt (vgl. insbes. BGHSt **20** 333, 337 und dazu *Tiedemann* in Immenga/Mestmäcker[2] Rdn. 28 ff vor § 38). Auch bekennt sich § 14 in seinem Absatz 3 selbst zur faktischen Betrachtungsweise, wenn dort ausdrücklich bestimmt wird, dass die „Normüberwälzung“ auch dann gilt, „wenn die Rechtshandlung, welche die Vertretungsbefugnis oder das Auftragsverhältnis begründen sollte, unwirksam ist“. **Streitig** ist aber, ob § 14 Abs. 3 eine (nur deklaratorische) Bestätigung der auch im Übrigen für die Bestimmung des Täterkreises anzuwendenden Betrachtungsweise nach faktischen Gesichtspunkten darstellt (so insbes. *Bruns* GA **1982** 19 ff) oder ob die Anwendbarkeit der faktischen Betrachtung auf § 14 Abs. 3 begrenzt und die sonstige Grenzziehung des tauglichen Täterkreises bei Sonderdelikten insgesamt durch § 14 abschließend vorgenommen ist.[53] 68

b) Die letztere Ansicht ist schon deshalb vorzugswürdig, weil sich die gegenteilige Auffassung über die **gesetzgeberisch gewollte Beschränkung des Täterkreises** hinwegsetzt, ohne ein praktikables Kriterium für eine rechtliche Bestimmung des nach jener Auffassung maßgebenden Täterkreises anführen zu können. Zweck der Einführung des § 14 war es gerade, die Reichweite der strafrechtlichen Verantwortung im Interesse der Rechtssicherheit einheitlich für das gesamte Strafrecht abzustecken. Auch ist die faktische Betrachtungsweise keineswegs eine durchgehende Interpretationsmethode des Strafrechts, sondern erkauft den Vorteil einer materiellen Gerechtigkeit mit der Ablösung von der 69

[53] So insbes. *Sch/Schröder/Lenckner/Perron* § 14 Rdn. 42/43 mit Nachw. und *Stein* S. 194 ff; *Tiedemann* NJW **1977** 779 f; zustimmend *M. Grub* S. 118 f; *Otto* Bankentätigkeit und Strafrecht (1983) S. 162 f; *Hiltenkamp-Wisgalle* S. 109 ff; *Schünemann* LK § 14 Rdn. 71 ff mit weit. Nachw.

durch Art. 103 Abs. 2 GG garantierten förmlichen Gesetzesbindung, die im Strafrecht weitgehend Teil der Gerechtigkeit ist (*Tiedemann* NJW **1979** 1850). Die Ergänzung des § 14 durch die faktische Betrachtungsweise ist daher als geradezu verfassungsrechtlich unzulässig zu bezeichnen (*Tiedemann* NJW **1977** 779 f; zust. *M. Grub* S. 112 f). Auch die von *Schünemann* LK § 14 Rdn. 71 ff angeführte dogmatische Erklärung des § 14 als „Übernahme einer Garantenstellung", die § 14 Abs. 3 als Bestätigung des von § 14 gemeinten Phänomens bezeichnet (aaO Rdn. 14), ändert methodisch nichts an der – auch außerstrafrechtlich deutlichen – Ergänzungsfunktion des Begriffes des faktischen Organs.

**70** Eine Einschränkung dieses mit der h.M. übereinstimmenden Ergebnisses ist nur insoweit anzuerkennen, als auch die *außerstrafrechtliche* Bestimmung der Organ- oder Vertreterstellung nach faktischen Gesichtspunkten vorgenommen und damit eine außerstrafrechtliche Pflichtenstellung begründet wird. Bereits die ausdrückliche (und insoweit nur deklaratorische) Regel des § 14 Abs. 3 sieht vor, dass zivilrechtliche Mängel (wie Nichtigkeit oder Anfechtbarkeit) sowohl der organschaftlichen Bestellung – z.B. zum Geschäftsführer einer GmbH – als auch der schuldrechtlichen Anstellung als Geschäftsführer unabhängig von der Eintragung als Geschäftsführer im Handelsregister strafrechtlich unbeachtlich sind. Jedoch setzt dies nach den zutreffenden Überlegungen von BGHSt **3** 37, 38 voraus, dass der Geschäftsführer „irgendwie zu diesem Amt bestellt worden war". Eine solche **Bestellung** zum Geschäftsführer liegt auch in dem (ausdrücklichen oder konkludenten) Einverständnis aller Gesellschafter mit dem faktischen Handeln als Geschäftsführer.[54] Nur soweit sich ein solcher – zumindest faktischer – Bestellungsakt nachweisen lässt, ist der faktisch Handelnde auch faktisch Organ oder Vertreter i.S.d. § 14 (noch enger *Stein* S. 122; wohl weitergehend *Richter* GmbHR **1984** 118 f).

**71** 3. **Durchgriff auf den Hintermann?** Hiervon zu unterscheiden ist die Frage, wann ein anderer als der rechtlich oder zumindest faktisch bestellte Inhaber der Organ- oder Vertreterstellung der Strafhaftung wegen eines Insolvenzdelikts unterworfen werden kann. Die gesellschaftsrechtliche Literatur neigt teilweise dazu, vor allem im Hinblick auf die ITT-Entscheidung des BGH (BGHZ **65** 15 ff) den einen maßgebenden Einfluss tatsächlich ausübenden Nichtgeschäftsführer, insbesondere den aktiven Mehrheitsgesellschafter, in den Normadressatenkreis des § 64 GmbHG einzubeziehen (vgl. nur *K. Schmidt* JZ **1978** 666). Ebenso wird in strafrechtlichen Kommentaren die Strafrechtsprechung seit langem für die Auffassung angeführt, bei den Insolvenzstraftaten sei für die Schuldnereigenschaft „der wirkliche Sachverhalt maßgebend, nicht ein ihm widersprechender Schein" (*Fischer* Rdn. 13 vor § 283; *Lackner/Kühl* § 283 Rdn. 3 mit weit. Nachw.). Allerdings ist die Ansicht der Rechtsprechung in der letztgenannten Hinsicht von vornherein auf die Fälle der **Zahlungseinstellung** beschränkt, während bei Insolvenzverfahrenseröffnung und Ablehnung der Insolvenzverfahrenseröffnung als Schuldner unstreitig nur derjenige angesehen wird, gegen den sich das Insolvenzverfahren richtet.[55]

**72** a) Für die strafrechtliche Behandlung derartiger Fallkonstellationen (der Zahlungseinstellung) ist zunächst festzuhalten, dass die Anerkennung einer Strafbarkeit des „Hin-

---

[54] BGHSt **3** 37 f; **21** 101, 103 ff; **31** 118, 122 f; BGH bei Herlan GA **1971** 35, 36 und bei Holtz MDR **1980** 453; *Sch/Schröder/Lenckner/Perron* aaO mit Nachw.; *Tiedemann* GmbH-Strafrecht § 84 Rdn. 22 ff mit weit. Nachw.; **aA** *Gübel* S. 110 ff.

[55] BGH bei Herlan GA **1973** 133; RGSt **65** 411, 413 mit Nachw.; *M. Grub* S. 19; vgl. allerdings auch RGSt **25** 121, 122. Zur Möglichkeit der Auslegung des (gegen eine „Firma") gerichteten Konkurseröffnungsbeschlusses RGSt **49** 321 ff (vgl. unten Rdn. 164).

termannes" die Strafbarkeit des rechtlich oder faktisch zum Geschäftsführer (usw.) bestellten Vordermannes nicht entfallen lässt.[56] Fest steht weiter, dass die von *Schünemann* LK § 14 Rdn. 10 ff betonte Idee der Tatherrschaft, also der finalen Steuerung des Tatgeschehens, durch den Hintermann diesen nicht bereits zum Täter der §§ 283 ff macht, da mittelbare Täterschaft bei Sonderdelikten nur dann möglich ist, wenn der Hintermann selbst die rechtliche Sonderqualifikation erfüllt. Die Schwierigkeit eines strafrechtlichen „Durchgriffs" auf den Hintermann und einer zutreffenden Lösung der angeführten Fallkonstellationen liegt also darin, dass zum einen die Schuldnereigenschaft, zum anderen und insbesondere aber auch die Zahlungseinstellung des Vordermannes als solche des Hintermannes qualifiziert werden müsste, obwohl der Hintermann möglicherweise über ausreichende Zahlungsmittel verfügt. Nur wenn diese doppelte Qualifizierung möglich wäre, könnte zum Beispiel ein Beiseiteschaffen von Vermögensstücken durch den Vordermann nach den Grundsätzen der mittelbaren Täterschaft dem Hintermann zugerechnet werden. Hieran ändert sich auch dadurch nichts, dass §§ 283 ff den Schuldnerbegriff nicht ausdrücklich erwähnen (oben Rdn. 59) und dass Zahlungseinstellung nach der im Strafrecht bisher h.M. auch bei bloßer Zahlungsunwilligkeit vorliegt (vgl. dagegen unten Rdn. 125): Auch bei weitester Betrachtung muss die Zahlungseinstellung alle wesentlichen Schulden eines Rechtssubjektes betreffen und darf sich nicht auf die Nichtbegleichung einzelner Verbindlichkeiten beschränken (vgl. unten Rdn. 129); sie stellt überdies einen faktischen Vorgang dar, dessen Fehlen grundsätzlich nicht durch rechtliche Fiktionen ersetzt werden kann. Übereinstimmend mit dieser Auffassung bezeichnete es RGSt **24** 261, 263 als rechtsirrig, eine Zahlungseinstellung im Hinblick auf zwei Angeklagte anzunehmen, deren Beteiligung an den Handelsgeschäften „nach außen hin" nicht bekannt war: „Ihnen gegenüber wurden deshalb Ansprüche gar nicht erhoben; sie waren daher auch nicht in der Lage, den an die Firma gerichteten Forderungen gegenüber ihrerseits die Zahlungen einzustellen."

b) Diese Klarstellungen verdeutlichen, dass ein „Durchgriff" auf den Hintermann **73**
(oder auf die Hintermänner) dort kaum möglich ist, wo es ausschließlich um natürliche Personen geht, die verdeckt im Hintergrund bleiben: Der Kaufmann A kann schwerlich als **Schuldner** von Verbindlichkeiten behandelt werden, die nach zivilrechtlichen Maßstäben solche des B sind (zust. *Gracia Martin* in Schünemann/Suárez S. 25 f und *M. Grub* S. 22; *Bittmann* § 12, 29 Fn. 48). Zutreffend bezeichnen *Sch/Schröder/Lenckner/Perron* § 14 Rdn. 21 das Merkmal „Schuldner" als einen „rechtlich bestimmten Zuordnungsbegriff" (zust. *M. Grub* S. 18; vgl. auch *Cadus* Die faktische Betrachtungsweise, 1984, S. 86 u.ö.). Erst recht gilt diese grundsätzliche Nichtzurechnung aber im Hinblick auf den zusätzlichen faktischen Vorgang der **Zahlungseinstellung,** der eine Willensbekundung oder einen anderen äußeren Vorgang erfordert (vgl. unten Rdn. 146). Ganz in diesem Sinne führt die vielzitierte, aber meist nur verkürzt wiedergegebene Entscheidung RGSt **65** 411, 413 aus, für die Beurteilung der Zahlungseinstellung des Schuldners sei maßgebend „der wirkliche Sachverhalt in Verbindung mit den für die Begründung der Schuldnereigenschaft geltenden Vorschriften des Bürgerlichen Rechts, nicht ein hiermit in Widerspruch stehender äußerer Schein". Eine Strafbarkeit des Hintermannes erscheint daher – entsprechend den Regeln des Zivilrechts – überhaupt nur dort möglich und richtig, wo es um *Scheingeschäfte* geht, bei denen bereits zivilrechtlich ein anderer als der nach

---

[56] *Richter* GmbHR **1984** 119; *Stein* S. 133; *Siegmann/Vogel* ZIP **1994** 1821 f; *Tiedemann* GmbH-Strafrecht[4] § 84 Rdn. 30 mit weit. Nachw.; **aA** für den „reinen Strohmann" *Schünemann* LK § 14 Rdn. 75 mit weit. Nachw.

außen Handelnde als Schuldner anzusehen ist. Dass strafrechtlich kein anderer Begriff des Schuldners und des Scheingeschäfts gelten kann als im Zivilrecht, dass folglich insbesondere **Strohmann-Bestellungen** als treuhänderische Rechtsakte keineswegs regelmäßig unwirksame Scheingeschäfte darstellen (so aber anscheinend *Maurach/Schroeder/Maiwald* BT 1 § 48, 19), sondern im Gegenteil häufig ernsthaft gewollte und daher wirksame Handlungen sind, hebt auch BGH GA **1979** 311, 312 f (für die Übertragung von Vermögensgegenständen) nachdrücklich hervor (näher dazu *Tiedemann* FS Würtenberger S. 243 und NJW **1980** 1558).

74 Die RG-Rechtsprechung zu diesem Bereich betrifft ganz überwiegend Sachverhalte, bei denen vorgeschobene Personen als angebliche Geschäftsinhaber in das Handelsregister eingetragen waren. Hierzu hat bereits RGSt **21** 184 ff ausgeführt, dass die **Eintragung** eines angeblichen Inhabers im **Handelsregister** keinen unwiderleglichen Beweis für dessen Inhaberschaft liefert und dass der Umstand, dass sich der „wahre" Inhaber nicht als Inhaber einer Firma in das Handelsregister eintragen lässt, keineswegs ausschließt, dass er „trotzdem Kaufmann ist". Für den eingetragenen (Schein-)Inhaber stellt das RG aaO fest: „Die Bedeutung eines solchen Eintrages reicht nicht weiter, als dass durch den Handelsregisterführer beurkundet wird, es sei eine dem Inhalte des Eintrages entsprechende Erklärung des Anmeldenden abgegeben. Dass die Tatsache, welche erklärt wird, der Wahrheit entspreche, bildet keinen Gegenstand der Prüfung des Registerführers und wird folgeweise durch den Eintrag nicht bewiesen." Die RG-Rechtsprechung hat denn auch im Allgemeinen sehr sorgfältig nachgeprüft, ob andere Personen als der nach außen Auftretende zivilrechtlich als Schuldner angesehen werden können und ob die Zahlungseinstellung auf diese Personen bezogen werden kann. RGSt **65** 411, 414 weist insoweit darauf hin, dass mehrere Personen nur bei Deklarierung einer gemeinschaftlichen Firma als Gesellschafter einer offenen Handelsgesellschaft angesehen werden können und im Übrigen nur eine BGB-Gesellschaft zum fortlaufenden Betrieb kaufmännischer Geschäfte in Frage kommt. Dieselbe Entscheidung erwähnt, dass sich die BGB-Gesellschaft auf das Innenverhältnis beschränke, sofern der Hintermann nicht auch „regelmäßig in einer Weise aufgetreten ist, die erkennen ließ, dass er nicht nur im Namen des eingetragenen Inhabers, sondern auch im eigenen Namen handeln, also nicht nur den eingetragenen Inhaber, sondern auch sich selbst berechtigen und verpflichten wollte" (aaO S. 415). Auch RG GA **63** (1917) 428 f hebt hervor, dass es darauf ankomme, ob der wahre Geschäftsinhaber, der nur als Prokurist eingetragen war, die Geschäfte für eigene Rechnung abgeschlossen hat und allein aus diesen haftet; zusätzlich sei die Feststellung erforderlich, dass er außerstande ist und aufgehört hat, seine Verbindlichkeiten zu erfüllen.

75 Der BGH hat diese Rechtsprechung im Prinzip fortgesetzt und verlangt bei Vorliegen eines durch Handelsregistereintragung geschaffenen Rechtsscheins „besonders eingehende Feststellungen über die Art des Rechtsverhältnisses", wenn der „tatsächliche" Geschäftsinhaber als Schuldner angesehen werden soll (bei Herlan GA **1953** 73). **Zusammengefasst** fordert die Rechtsprechung also – zutreffend – die doppelte Feststellung, dass der Täter im zivilrechtlichen Sinne Schuldner einer Verbindlichkeit geworden ist und dass er selbst die Erfüllung seiner Verbindlichkeiten eingestellt hat.

76 c) Jenseits der Kategorie der Scheinhandlung und des Scheingeschäftes ist damit ein echter **Durchgriff** auf den Hintermann strafrechtlich nur vertretbar, wo sich Schuldnereigenschaft, Krisenbefangenheit (§ 283 Abs. 1), Kaufmannseigenschaft (§ 283 Abs. 1 Nrn. 5–7, § 283 b), Vermögenszugehörigkeit (§ 283 Abs. 1 Nr. 1) usw. wirtschaftlich in einer Weise auf den Hintermann beziehen lassen, welche die zivilrechtliche Güterzuordnung und handelsrechtliche Qualifizierung nicht in Verwirrung bringt. Dies kann von vornherein nur *für juristische Personen* zutreffen, bei denen die Zurechnung des Han-

delns natürlicher Personen einen größeren Auslegungsspielraum eröffnet. Jedoch bleibt es auch hier im Ausgangspunkt dabei, dass die zivilrechtliche Verselbständigung einer Vermögensmasse auch strafrechtlich beachtlich ist: Schulden der AG oder der GmbH sind nicht ohne weiteres Schulden der Aktionäre oder der GmbH-Gesellschafter. Die gegenteilige Auffassung würde geradezu eine Neuorientierung des gesamten Gesellschaftsrechts erfordern und kann auch nicht durch eine faktische Betrachtungsweise gerechtfertigt werden (vgl. *Tiedemann* Festschrift Dünnebier S. 528). Ausnahmen werden sich vielmehr durchgehend am Zivilrecht (Gesellschaftsrecht) zu orientieren haben. Sie betreffen – ähnlich wie im Steuerrecht – im Wesentlichen nur Fälle des *Missbrauchs* der Haftungsbegrenzung: Wenn der Alleingesellschafter einer GmbH oder der beherrschende Mehrheitsgesellschafter einer AG nicht ohne weiteres („wirtschaftlich“) als „wahrer“ Schuldner zu behandeln ist, so kann eine derartige Einordnung aber z.B. möglich sein, wenn der Alleingesellschafter einer Einmann-GmbH sich mehrfach wechselnd zum Geschäftsführer bestellt, etwa um mit sich selbst Geschäfte abzuschließen, und sich anschließend wieder abberuft (*Tiedemann* GmbH-Strafrecht § 84 Rdn. 23). Diskutabel dürfte der strafrechtliche Durchgriff auch in Fällen einer *gesellschaftsrechtlich anerkannten Durchgriffshaftung* sein, etwa im qualifizierten faktischen Konzern, sofern der Hintermann (auch eine natürliche Person, etwa ein Einmanngesellschafter!) seine uneingeschränkte und vollständige Leitungsmacht über die beherrschten Gesellschaften bewusst zu deren Nachteil ausübt (BGHZ **95** 330), oder bei Vermögensvermischung, die den vermischenden Gesellschafter zivilrechtlich ebenfalls zum Schuldner macht. Nur in diesen engen Grenzen des Rechtsscheins und des Rechtsmissbrauchs kann – wie in den Scheingeschäftsfällen – das Vermögen der Gesellschaft negativ und positiv auf den Gesellschafter bezogen und die Zahlungseinstellung der Gesellschaft als solche des Gesellschafters behandelt werden (vgl. auch *Hiltenkamp-Wisgalle* S. 159 f). Gegen diese enge Grenzziehung spricht vor allem nicht, dass sich ihre Voraussetzungen relativ einfach umgehen lassen (ähnlich wie es steuerrechtlich meist nicht schwer fällt, die bloße Scheinfirma zu einem als rechtlich existent einzuordnenden Unternehmen anzureichern). Vielmehr erfordert schon innerhalb der genannten engen Grenzen die Beziehung der Zahlungseinstellung der Gesellschaft auf den (zahlungsfähigen und nicht zahlungsunwilligen) Gesellschafter eine Auslegungsakrobatik, die sich auf der Bedeutungsgrenze des Begriffes der Zahlungseinstellung bewegt. Die Rechtsprechung hat bisher, soweit ersichtlich, selbst in Missbrauchsfällen den Begriff der Zahlungseinstellung so wie auch sonst üblich gehandhabt, also insbesondere gefordert, dass die Verbindlichkeiten gegenüber dem Hintermann tatsächlich geltend gemacht wurden (vgl. oben Rdn. 72 a.E.). Ob die hier angedeutete weitergehende Auffassung noch als zulässige Auslegung bezeichnet werden kann, ist zweifelhaft, aber nicht von vornherein zu verneinen, sofern die Auslegung des Normwortlautes allgemein bis zu der sprachlich noch möglichen Normbedeutung zugelassen wird und die Missbrauchsfälle als Untergruppierung der allgemeinen Fallkonstellation der Zahlungseinstellung eingeordnet werden können. Die praktische Bedeutung der Zweifelsfrage ist nicht groß, da die zivilrechtliche (gesellschaftsrechtliche) Zulassung des Durchgriffs auf den Hintermann dessen etwaige Zahlungsfähigkeit den Gläubigern zugute kommen und bei Abwehr des Zugriffs durch täuschende Maßnahmen den Straftatbestand des § 263 eingreifen lässt. Ein Bedürfnis nach einem – und eine Legitimation für einen – eigenständigen, vom Zivilrecht nicht zugelassenen strafrechtlichen Durchgriff ist daher bisher nicht ersichtlich.

### 4. Handeln für das Unternehmen

77 a) Wenn und soweit der **Schuldner** selbst die Bankrotthandlung (§ 283) oder eine sonstige Tathandlung (§§ 283b, 283c) vornimmt, ist seine Motivation für die Verwirklichung der Straftatbestände ebenso unerheblich wie die rechtsgeschäftliche oder rein tatsächliche Natur seines Handelns oder Unterlassens. Insbesondere deutet bereits die Existenz des § 283c an, dass es auf die Unterscheidung von eigen- und fremdnützigem Handeln grundsätzlich nicht ankommt. Lediglich für den Nichtschuldner wird in § 283d (2. Alt.) vorausgesetzt, dass sein Handeln von einer bestimmten Finalität („zugunsten des Schuldners") getragen ist.

78 b) Wenn und soweit dagegen eine **andere Person** als der Schuldner handelt (z.B. seine Angestellten, ein Sanierer, Bankpersonal), setzt § 14 für die strafrechtliche Zurechnung der §§ 283–283c voraus, dass der Täter „als" Organ oder Vertreter bzw. „aufgrund des Auftrages" handelt. Dabei kann hier nicht im Einzelnen dargestellt werden, wann ein täterschaftsbegründender Auftrag i.S.d. § 14 Abs. 2 anzunehmen ist (z.B. bei Übernahme des gesamten Zahlungsverkehrs des Schuldners durch die Bank; Auftreten des Sanierers im eigenen Namen gegenüber den Gläubigern usw.; vgl. *Tiedemann* ZIP **1983** 514, 516, 518). Dies ist eine Frage der Reichweite und Auslegung des § 14 (dazu ausführlich *Schünemann* LK § 14 Rdn. 61 ff). Wohl aber muss der für die Anwendbarkeit der §§ 283 ff zentralen Frage nachgegangen werden, wie die genannte Einschränkung des Handelns „als" Vertreter oder Beauftragter zu verstehen ist und welche Auswirkungen das Fehlen einer entsprechenden Handlungsqualifizierung hat. Die Lösung dieser Frage ist umstritten:

79 Nach Ansicht der bisherigen **BGH-Rechtsprechung** liegt ein Handeln für den Schuldner, insbesondere für die schuldnerische GmbH oder AG, nur dann vor, wenn der Täter die Handlung im Interesse oder zumindest auch im Interesse des Schuldners vornimmt.[57] Die BGH-Rechtsprechung stellt dabei entscheidend auf das **wirtschaftliche Interesse** ab, das der Täter mit seiner Tat verfolgt (BGHSt **28** 371, 374 mit Nachw.). Handelt etwa der Geschäftsführer einer GmbH ausschließlich eigennützig, so sind nicht die Insolvenzstraftatbestände einschlägig, sondern der Geschäftsführer ist wegen Unterschlagung (§ 246) oder Untreue (§ 266) zum Nachteil des von ihm zu betreuenden Vermögens strafbar (BGH 4 StR 140/83 v. 7.6.1983 S. 4 sowie aaO S. 374 mit weit. Nachw.). Liegt die Handlung – z.B. eine übermäßige Entnahme aus dem Gesellschaftsvermögen zum Zwecke der Schmiergeldzahlung – allerdings zumindest *auch* im wirtschaftlichen Interesse des vom Täter verschiedenen Schuldners, so bleiben §§ 283 ff anwendbar (vgl. *Schulte* NJW **1973** 1773). Bei einem Handeln, das sowohl eigen- als auch fremdnützig ist, kommt Tateinheit zwischen §§ 283 ff und den Eigentums- bzw. sonstigen Vermögensdelikten (§§ 242 ff) in Betracht (BGH aaO S. 372 ff mit Nachw.; **30** 127 ff). Die Abgrenzung soll nach einer **wirtschaftlichen Betrachtungsweise** erfolgen.[58] Auch bei rechtsgeschäftlichen Handlungen soll die Abgrenzung nicht entsprechend zivilrechtlichen Grundsätzen über die Stellvertretung (vgl. insbes. §§ 164 Abs. 1 S. 2 BGB, 36 GmbHG), also nach dem äußeren Erscheinungsbild des Vorganges und dem Auftreten als Gesellschaftsorgan, son-

---

[57] BGHSt **30** 127, 128 f; **34** 222, 223; BGH NJW **1969** 1494 f und **2006** 1364; BGH GA **1979** 311, 313; OLG Hamm wistra **1985** 158, 159; zust. *Schünemann* LK § 14 Rdn. 50 mit weit. Nachw. Zur Kritik vgl. nur *M. Grub* S. 133 ff; *Tiedemann* FS Dünnebier S. 522 f, 526, 529; *Wehleit* S. 62 ff, je mit weit. Nachw.

[58] BGH NJW **1969** 1494; BGHSt **30** 128; **34** 223; BGHR § 283 Abs. 1 Geschäftsführer 1 (insoweit in BGHSt **37** 169 ff nicht abgedruckt).

dern nach der genannten „Interessenformel" erfolgen (BGHSt **30** 129 f). Dies wird mit der unterschiedlichen Schutzrichtung der einschlägigen Straftatbestände (BGHSt **28** 373) und mit der Notwendigkeit begründet, das Handeln „als" Organ oder Vertreter in § 14 Abs. 1 in Parallele zu dem Handeln aufgrund eines Auftrages nach § 14 Abs. 2 zu betrachten, wobei das Handeln aufgrund eines Auftrages nur bei Handeln „in fremdem Interesse" gegeben sein soll (BGHSt **30** 130). Auch wenn der Täter nicht zum eigenen Nutzen, wohl aber zugunsten **Dritter** handelt, also etwa das Handeln des GmbH-Geschäftsführers oder des Sanierers nur unternehmensfremden Zwecken (z.B. dem Interesse eines Gläubigerpools) dient, sollen §§ 283 ff ausscheiden (BGHSt **30** 130). Ebenso begründet das vorwiegend eigennützige Handeln von Bankpersonal bei der Notabwicklung von Krediten (Übernahme des schuldnerischen Zahlungsverkehrs und Rückführung des Kredites bis zur Höhe bestehender Sicherheiten) nach dieser Rechtsprechung keine Täterschaft wegen Insolvenzstraftaten, sondern allenfalls – bei Schädigung des Schuldners – eine solche wegen Untreue (*Tiedemann* ZIP **1983** 518). Handelt bei einer *KG* allerdings der Täter (faktischer Geschäftsführer) im Einverständnis mit dem Gemeinschuldner (Komplementär), so soll es nach BGHSt **34** 222, 223 mit abl. Anm. *Winkelbauer* JR **1988** 34 f und *Weber* StV **1988** 17 an einem Interessenwiderstreit fehlen, so dass auch eigennütziges Handeln „im Auftrag des Gemeinschuldners" erfolgt und § 283 anwendbar ist (zust. BGHR § 283 Abs. 1 Konkurrenzen 1 [offengelassen aber für *GmbH* bei BGHR § 283 Abs. 1 Konkurrenzen 2]; vgl. jedoch auch OLG München wistra **1994** 278, 279, das eine gegen Kapitalerhaltungsinteressen verstoßende Einwilligung für wirkungslos erklärt).

Diese **Einschränkung des Geltungsbereichs der §§ 283 ff** zugunsten der sonstigen **80**
Eigentums- und Vermögensdelikte hatte für den Täter bis zum MoMiG 2008 den Vorteil, dass er von dem **Berufsverbot** des § 6 Abs. 2 GmbHG verschont blieb (*Tiedemann* Festschrift Dünnebier S. 522 f): Die genannte Vorschrift des GmbHG schloss nur denjenigen auf die Dauer von fünf Jahren seit Rechtskraft des Urteils von der Bestellung zum Geschäftsführer einer GmbH aus, der „wegen einer Straftat nach den §§ 283 bis 283d des Strafgesetzbuches verurteilt worden ist". Die neuere BGH-Rechtsprechung privilegierte damit denjenigen Kaufmann, der sein Unternehmen in der Rechtsform der juristischen Person (insbes. GmbH) führt: Bezweckt oder verursacht dieser Täter schuldhaft die Insolvenz seines Unternehmens und tritt die Insolvenz tatsächlich ein, so kommt im Wesentlichen nur eine Strafbarkeit wegen Untreue (§ 266) in Betracht, auch wenn der Täter Vermögensbestandteile beiseite geschafft, übermäßige Entnahmen zu Privatzwecken getätigt hat usw. Der Gesetzgeber hat durch Einbeziehung insbesondere der §§ 266, 266a StGB in § 6 Abs. 2 (Satz 2) GmbHG die Lücke des Inhabilitätsrechts mit Wirkung vom 1.11.2008 geschlossen, allerdings nur bei Verurteilung „zu einer Freiheitsstrafe von mindestens einem Jahr" (während für §§ 283 ff StGB, 15a InsO jede Verurteilung ausreicht). Da Handlungen nach § 283 Abs. 1 Nrn. 1–8 so gut wie nie im Interesse des schuldnerischen Unternehmens liegen, bleibt aber das Insolvenzstrafrecht nach der bisherigen BGH-Rechtsprechung insbesondere im GmbH-Bereich praktisch unanwendbar. Damit werden die Buchdelikte (§ 283 Abs. 1 Nrn. 5–7) regelmäßig straflos gestellt, es sei denn, dass der Buchführungsmangel zu einem Vermögensschaden der GmbH i.S.d. § 266 führt.

c) In der **Literatur** ist diese grundsätzliche, ja ausschließliche Ausrichtung des § 14 an **81**
der Unterscheidung von eigen- und fremdnützigem Handeln und die Durchbrechung zivilrechtlicher Grundsätze um einer einheitlich anzuwendenden subjektiven „Interessenformel" willen auf Kritik und Ablehnung gestoßen: Teilweise wird es allgemein für ausreichend gehalten, dass die fragliche Handlung ihrer Art nach als Wahrnehmung der

Angelegenheiten des Vertretenen erscheint, wofür ein Handeln im Interesse des Vertretenen nicht stets erforderlich sei, wenn das Organ nur in seiner **Funktion** handelt, die ihm die Vornahme der Handlung ermöglicht.[59] Teilweise wird – in Anlehnung an die frühere BGH-Rechtsprechung (bei Herlan GA **1958** 47) – eine Ausnahme jedenfalls für den Gesellschafter-Geschäftsführer (der GmbH) zugelassen, also § 283 insbesondere auf übermäßige Privatentnahmen des Gesellschafter-Geschäftsführers angewandt (*Hendel* NJW **1977** 1947; *Sch/Schröder/Stree/Heine* § 283 Rdn. 4a).

**82** In der Tat kann es für die letztgenannten Fälle als ungereimt erscheinen, bei der Bestimmung des Handelns „als" Organ oder Vertreter auf eine wirtschaftliche Betrachtungsweise abzustellen, dagegen die Tatsache, dass das Organ (oder der Vertreter) als Alleingesellschafter Eigentümer sämtlicher Anteile und damit mittelbar auch (wirtschaftlicher) Eigentümer des GmbH-Vermögens ist, zugunsten einer rein rechtlichen Betrachtungsweise zu vernachlässigen. Jedoch entspricht die Ablehnung eines „wirtschaftlichen Eigentums" dem System der Eigentumsdelikte im Strafrecht, und jedenfalls die neueste BGH-Rechtsprechung hat die erwähnte Ausnahme ausdrücklich verworfen: BGHSt **30** 127 betrifft die gezielte Insolvenz einer GmbH durch den Alleingesellschafter-Geschäftsführer, der als sog. Baubetreuer tätig war.

**83** Das RG berief sich demgegenüber in einer Entscheidung, die von der sonstigen Rechtsprechung abwich, auf das Interesse an einem möglichst weitreichenden Gläubigerschutz sowie auf das gesteigerte Unrecht bei eigennützigem Handeln eines Organs oder Vertreters (RGSt **73** 68, 70). Jedoch enthielten schon die früheren §§ 244 KO, 83 GmbHG ähnlich wie heute § 14 StGB die Einschränkung, dass die Gesellschaftsorgane „in dieser Eigenschaft" handeln müssen, um wegen eines Insolvenz- bzw. Konkursdeliktes strafbar zu sein. Auch entspricht es – nach Aufhebung der Spezialvorschriften und ihrer Ersetzung durch § 14 – allgemeinen Grundsätzen des Zivilrechts, Handlungen bei **Gelegenheit** der Organ- oder Vertretertätigkeit *nicht* dem Vertretenen zuzurechnen (vgl. nur *Sch/Schröder/Lenckner/Perron* § 14 Rdn. 26). Weiter bedingt die Sonderdeliktsnatur der §§ 283–283c, dass die Gefährdung oder Schädigung der Gläubigerinteressen stets als Handlung oder Unterlassung des Schuldners erscheinen muss. Um das Handeln oder Unterlassen aber derart als solches des Schuldners erscheinen zu lassen, ist ein **funktioneller Zusammenhang** des Organ- oder Vertreterhandelns mit dem von dem Organ oder Vertreter übernommenen Aufgaben- und Pflichtenkreis erforderlich (zutr. *Sch/Schröder/Lenckner/Perron* aaO): Die ausschließliche Schädigung des Schuldnervermögens durch das Organ oder den Vertreter des Schuldners durchbricht den erforderlichen Zurechnungszusammenhang. Ähnlich weist BGHR § 283 Abs. 1 Geschäftsführer 2 darauf hin, dass der Diebstahl von Gegenständen, die zur Insolvenzmasse gehören, auch seiner Art nach nicht als Wahrnehmung von Angelegenheiten des Gemeinschuldners angesehen werden kann.

**84** Dass jedoch innerhalb dieses grundsätzlichen Rahmens stets und ausschließlich das tatsächliche vom Täter subjektiv verfolgte wirtschaftliche Interesse maßgebend sei, kann der BGH-Rechtsprechung nicht zugestanden werden.[60] Vielmehr sind zusätzlich *norma-*

---

[59] So *Arloth* NStZ **1990** 574; *M. Grub* S. 152 ff; *Herzberg* S. 91 ff; *Labsch* wistra **1985** 60 ff; *Lampe* GA **1987** 251 ff; *H. Schäfer* wistra **1990** 84 f; *Sch/Schröder/Lenckner/Perron* § 14 Rdn. 26; *Weber* StV **1988** 17; *Winkelbauer* wistra **1986** 19 f und JR **1988** 34; auch *Mohr* S. 72 ff, 91 ff (Ausübung der dem Vermögensinhaber zustehenden Einwirkungsmöglichkeiten).

[60] Zum Folgenden bereits *Tiedemann* Art. Konkursstraftaten, in Handwörterbuch des Wirtschafts- und Steuerstrafrechts (1985); zustimmend *Bieneck* in Müller-Gugenberger/*Bieneck* § 77, 28. (Dort Fn. 45 auch zutr.

*tive* Aspekte einschlägig. Die Notwendigkeit ihrer Berücksichtigung ergibt sich zum einen für den Bereich der **Unterlassungen:** Trifft die Handlungspflicht (z.B. die Buchführungspflicht nach §§ 283 Abs. 1 Nrn. 5–7, 283b) eine juristische Person, so ist die erforderliche Beziehung zur tatsächlichen Unterlassung des Organs oder Vertreters aufgrund der an diesen gerichteten normativen Erwartung stets vorhanden (*Sch/Schröder/Lenckner/Perron* aaO; ebenso für diesen Bereich *Schünemann* LK § 14 Rdn. 51); bei Buchführungsdelikten, die mangels Vermögensschadens häufig keine Untreue darstellen, ergäbe sich bei Nichtanwendung von §§ 283, 283b eine gravierende Strafbarkeitslücke (zust. *M. Grub* S. 145; *Winkelbauer* JR 1988 34). Zum anderen entstehen auch bei der (unbewussten) **Fahrlässigkeit** (vgl. nur § 283 Abs. 5!) Anwendungs- und Abgrenzungsschwierigkeiten für die subjektivierte Interessenformel (die insoweit auch von *Schünemann* aaO abgelehnt wird). Schließlich verdient Beachtung, dass Existenz und Inhalt des Sonderstatus bei den Sonderdelikten grundsätzlich nicht von subjektiv-finalen Kriterien abhängen.

Damit besteht Anlass, die Interessenformel primär *objektiv* und im Übrigen nicht **85** zwingend, sondern nur als wichtiges *Indiz* zu verwenden. Da das Handeln „als“ Organ oder Vertreter zunächst ein außerstrafrechtliches Zurechnungsproblem des Zivilrechts darstellt, sollten für rechtsgeschäftliche Handlungen **zivilrechtliche Zurechnungsregeln** auch im Strafrecht grundsätzlich beachtet und jedenfalls nicht durch die Maßgeblichkeit des vom Täter subjektiv verfolgten, häufig erst nachträglich aufgedeckten Zweckes durchbrochen werden. Vor allem können die (das Außenverhältnis betreffenden) zivilrechtlichen Regeln zum Handeln in fremdem Namen sowie auch zum „unternehmensbezogenen Geschäft“ (dazu *Palandt/Heinrichs* § 164 Rdn. 2 mit Nachw.) entsprechend herangezogen werden (ebenso im Ergebnis *Radtke* MK § 14 Rdn. 62 ff). Einschränkungen gegenüber dem Zivilrecht gelten dort, wo dieses aus Gründen des Verkehrsschutzes zu Fiktionen greift. Unberührt bleibt auch die Möglichkeit und Notwendigkeit, einzelne Tatbestandsmerkmale der §§ 283 ff dann zu verneinen, wenn die Handlung ausschließlich den privaten Zwecken des Organs oder Vertreters oder eines Dritten dient (so RGSt 73 117, 119 für das Tatbestandsmerkmal des Aufwands nach § 240 Abs. 1 Nr. 1 KO a.F.). **Insgesamt** wäre es vorzugswürdig, die allgemeine Frage des § 14 Abs. 1 auf das Vorliegen der Organ- oder Vertreterstellung zu beschränken und die Einzelfrage des Handelns „als“ Organ oder Vertreter bei den Tatbeständen des Besonderen Teils zu entscheiden, wie es z.B. auch im Arbeitsschutzstrafrecht zu allein sinnvollen Ergebnissen führt (vgl. dazu *Herzberg* S. 93 f). Dabei könnte dann auch berücksichtigt werden, dass die Schädigung des GmbH-Vermögens durch den GmbH-Geschäftsführer nicht nur eine Untreue oder Unterschlagung zum Nachteil der GmbH darstellt, sondern zugleich – durch Verringerung der Haftungsmasse – die Gläubiger der GmbH schädigt oder gefährdet, also den *Handlungstypus* der Insolvenzstraftat erfüllt (ebenso jetzt *Wehleit* S. 74 f). Die BGH-Rechtsprechung schien freilich nicht mehr geneigt zu sein, sich auf diese Lösung einzulassen, obwohl das bereits oben Rdn. 80 erwähnte Ergebnis der bisherigen Rechtsprechung grotesk ist: Selbst die gezielte Herbeiführung einer Insolvenz durch Organe oder Vertreter ist nicht als Insolvenzstraftat strafbar!

Neuestens neigt **BGH** in einem Zurückverweisungsbeschluss (vom 10.2.2009 – 3 StR **85a** 372/08) zu einer **Aufgabe der Interessenformel:** Für die Zurechnung der Schuldnereigen-

---

Kritik an dem Versuch *Bittmanns* in Bittmann § 12, 48 ff, die Interessentheorie als grundsätzlich systemgerecht zu rechtfertigen und teilweise zu modifizieren. Der Vergleich *Bittmanns* mit dem Einzelunternehmer übersieht, dass dessen Interesse für §§ 283 ff stets belanglos ist und die Suche nach dem Grund des § 14 daher an anderen Begriffen wie Aufgabe, Pflicht, Funktion, Garant o.ä. zu orientieren ist.).

schaft bei §§ 283 ff sei daran anzuknüpfen, ob der Vertreter *„im Geschäftskreis des Vertretenen tätig* geworden ist. Dies wird bei rechtsgeschäftlichem Handeln zu bejahen sein, wenn der Vertreter entweder im Namen des Vertretenen auftritt oder Letzteren wegen der bestehenden Vertretungsmacht jedenfalls im Außenverhältnis die Rechtswirkungen des Geschäfts unmittelbar treffen. Bei faktischen Handeln muss die Zustimmung des Vertretenen – unabhängig von der Rechtsform, in der dieser agiert – ebenfalls dazu führen, dass der Vertreter in seinem Auftrag handelt und ihm die Schuldnerstellung zugerechnet wird“. Auf diese Weise könne die mit der Interessentheorie verbundene Ungleichbehandlung zwischen gleichartig handelnden Einzelkaufleuten und GmbH-Geschäftsführern ebenso vermieden werden wie Strafbarkeitslücken bei Verstoß gegen Buchführungs- und Bilanzierungspflichten. Dies werde den Gläubigerschutz verbessern. „Soweit der Vertreter eigennützig handelt, wird häufiger als bisher eine Verurteilung wegen Bankrotts in Tateinheit mit Untreue oder einem Eigentumsdelikt in Betracht kommen.“

**85b** **5. Verbraucherinsolvenz und Verbraucherbankrott.** Wie im Voraufgehenden mehrfach zugrunde gelegt, können auch natürliche Personen, „die keine selbständige wirtschaftliche Tätigkeit ausüben“, der InsO unterfallen (§ 304 Abs. 1 Satz 1 InsO); dem „Verbraucherinsolvenzverfahren“ werden „sonstige Kleinverfahren“ gleichgestellt, vor allem wenn bei einem selbständig wirtschaftlich Tätigen die „Vermögensverhältnisse überschaubar sind und gegen ihn keine Forderungen aus Arbeitsverhältnissen bestehen“ (§ 304 Abs. 1 Satz 2 InsO). Ein Gesetzentwurf BTDrucks. 16/7416 sieht weitergehend vor, dass bei Mittellosigkeit des Schuldners überhaupt kein Insolvenzverfahren mehr stattfindet, sondern das Insolvenzgericht unmittelbar in das Verfahren der *Restschuldbefreiung* übergehen kann. Diese setzt einen Antrag des Schuldners voraus (§§ 305 Abs. 1 Nr. 2, 287 InsO) und ist gem. §§ 290 Abs. 1 Nr. 1, 314 Abs. 3 InsO auf Antrag eines Insolvenzgläubigers vom Insolvenzgericht zu versagen, wenn der Schuldner wegen einer Straftat nach §§ 283 ff. StGB rechtskräftig verurteilt worden ist. Da für die Straftat vom Gesetzgeber weder ein Zeitpunkt noch eine Sachqualifikation benannt wird, ergibt sich schon aus der InsO, dass **jeder Schuldner** und damit auch *jeder Verbraucher* (mit Kreditschulden i.w.S.) Täter einer Insolvenzstraftat nach §§ 283 ff. sein kann.[61] Davon geht auch BGH NJW **2001** 1874 f (f) noch zum Recht der KO („Privatkonkurs“), aber unter Bezugnahme bereits auf §§ 304 ff. InsO aus und sieht in der Einführung des Verbraucherinsolvenzverfahrens lediglich eine faktische Erweiterung des Täterkreises. Dem stimmt die ganz h.M. *de lege lata* zu.[62]

**85c** Sind somit §§ 283 ff grundsätzlich auch auf Verbraucher und sonstige Private anwendbar, so bleibt aber der in der Literatur verbreiteten Kritik darin zuzustimmen, dass eine ganze Reihe von *Tatbestandsmerkmalen* schon des § 283 (und nicht etwa erst der §§ 283a, 283b) nicht auf das Verbraucherverhalten „passen“ und daher entweder leer laufen (so die Überschuldung[63] und alle Buchführungsdelikte) oder begrifflich **modifiziert** werden müssen.[64] Letzteres gilt insbesondere für den durchgehenden Grundbegriff

---

[61] *Dohmen* S. 188; *Moosmayer* S. 27 ff; *Röhm* S. 278 f; *Schramm* wistra **2002** 56; auch *Penzlin* S. 202 und *Stracke* S. 345 ff, 357 ff mit weit. Nachw.

[62] *Bieneck* in Müller-Gugenberger/Bieneck § 75, 52; *Bittmann* in Bittmann § 12, 8 f; *Fischer* Rdn. 18 vor § 283; *Hellmann/Beckemper* Wirtschaftsstrafrecht Rdn. 288; *Kindhäuser* LPK Rdn. 5 vor §§ 283–283d; *Krause* NStZ **2002** 42; *Lackner/Kühl* § 283 Rdn. 2; *Moosmayer* S. 63 ff, 115; *Radtke* MK Rdn. 36 vor §§ 283 ff; *Sch/Schröder/Stree/Heine* § 283 Rdn. 65; auch *Röhm* S. 263 ff, 279 und *Wessels/Hillenkamp* BT 2 Rdn. 457

[63] **aA** *Stracke* S. 134 ff mit Nachw.

[64] Zusammenfassend *Dohmen* S. 128 ff, 161 ff, 186 mit Nachw.; *Stracke* S. 358 f.

ordnungsgemäßen Wirtschaftens, der für den Verbraucher keinen Maßstab vorfindet (Rdn. 110; zust. insbes. *Röhm* S. 269 f; **aA** *Stracke* S. 356, die aber nur die Kreditbedingungen der Banken anführen kann).

*De lege ferenda* wird daher überwiegend eine tatbestandliche Verbesonderung des „Verbraucherbankrotts" vorgeschlagen. Diese könnte sich an dem Vorschlag U. *Richters* gegenüber der Sachverständigenkommission zur Bekämpfung der Wirtschaftskriminalität[65] und dem Ansatz von § 194 AE (1977) orientieren. Neuerdings (2002) hat *Röhm* S. 287 ff einen Tatbestandsvorschlag (§ 283e – Verbraucherbankrott) vorgelegt, der an § 283 Abs. 1 Nr. 1 ausgerichtet und als Antragsdelikt ausgestaltet ist; er hat vielfach Zustimmung erfahren.[66] **85d**

## C. Einzelne strafrechtliche Grundbegriffe

### 1. Bankrotthandlung und objektive Strafbarkeitsbedingung

a) Die Schwierigkeiten des Kausalitäts- und des Verschuldensnachweises im Hinblick auf die Herbeiführung der Zahlungsunfähigkeit haben historisch dazu geführt, dass sich der Schwerpunkt des Insolvenzstrafrechts von der schuldhaften Herbeiführung der Insolvenz (vgl. § 283 Abs. 2!) weg und auf die Ausbildung einzelner **Bankrotthandlungen** hin bewegt hat (vgl. oben Rdn. 34 ff). Diese in § 283 Abs. 1 Nrn. 1–7 relativ genau und nur in Nr. 8 weitgehend offen umschriebenen Handlungen (und Unterlassungen, vgl. insbes. § 283 Abs. 1 Nr. 5 1. Alt. und Nr. 7b!) sind bei § 283 Abs. 1 mit dem Tatbestandserfordernis einer wirtschaftlichen Krise (Überschuldung, drohende oder eingetretene Zahlungsunfähigkeit) verknüpft und können als grob unwirtschaftlich (*Arzt/Weber* § 16, 51), als wirtschaftlich verantwortungslos (*Sch/Schröder/Stree/Heine* § 283 Rdn. 1) oder als insolvenzträchtig (§ 192 AE) bezeichnet werden. Dasselbe gilt auch unabhängig vom Vorliegen einer Krise für die Verletzung der (handels)gesetzlich vorgeschriebenen Buchführungspflicht. § 283b sieht insoweit von dem Krisenerfordernis ab, da die Verletzung der Buchführungspflicht allgemein die Gefahr von Fehleinschätzungen und des Abschlusses von Geschäften, „die nach den vorhandenen Kapitalmitteln wirtschaftlich nicht tragbar sind", mit sich bringt (amtl. Begründung BTDrucks. 7/3441 S. 38). Näher dazu § 283 Rdn. 90, § 283b Rdn. 1. **86**

Historisch nur als vermutete Ursache von Insolvenzen und als *Symptom* für wirtschaftlich verantwortungsloses Handeln bedeutsam (oben Rdn. 36), stellt bereits die Vornahme derartiger Bankrotthandlungen in den Fällen der §§ 283 Abs. 1, 283b nach der Konzeption des Gesetzgebers **strafwürdiges Unrecht** dar, auch wenn es nicht zur Zahlungseinstellung, Eröffnung oder Ablehnung der Eröffnung des Insolvenzverfahrens mangels Masse kommt: Die Bankrotthandlung ist typischerweise wirtschaftlich gefährlich, nämlich als Verstoß gegen die Anforderungen einer ordnungsgemäßen Wirtschaft generell geeignet, zur Zahlungseinstellung und zur Insolvenz zu führen. Im Hinblick auf diese Gefährlichkeit und Eignung ist ihre Vornahme sozialschädlich und könnte vom Gesetzgeber auch unabhängig von dem Eintritt der Zahlungseinstellung (usw.) als strafbar bezeichnet werden. Jedoch *verzichtet* der Gesetzgeber darauf, bereits die Vornahme der **87**

---

[65] In Tagungsberichte Bd. III (1973) Anl. 4 S. 22 ff; hieran anknüpfend *Moosmayer* S. 112 ff und *Penzlin* S. 207 ff.

[66] *Bieneck* in Müller-Gugenberger/Bieneck § 75, 54; *Dohmen* S. 202 ff (mit Abweichungen im Wortlaut des eigenen Tatbestandsvorschlags S. 210 f.); *Rönnau* NStZ 2003 529; *Schramm* wistra 2002 56; **aA** *Bittmann* in Bittmann § 12, 8.

Bankrotthandlungen unabhängig von der Zahlungseinstellung (usw.) zu bestrafen. Der Grund für diese Zurückhaltung wird darin gesehen, dass die Einleitung eines Strafverfahrens gegen Inhaber krisenbefangener Unternehmen „möglicherweise erst die wahre Ursache für ihren wirtschaftlichen Ruin wäre. Auch aus Beweisgründen kann auf die Zahlungseinstellung oder Eröffnung des Konkursverfahrens nicht verzichtet werden; denn diese sind im Allgemeinen geeignet, das Vorhandensein einer Krise bei einer bestimmten Bankrotthandlung zu erhärten" (amtl. Begr. aaO S. 33; ähnlich AE „Straftaten gegen die Wirtschaft" Begr. S. 19, 81 ff; zust. insbes. *Hoyer* SK Rdn. 18 f).

**88** Diese teils rechtsguts-, teils strafzweckbezogene Sicht wird allerdings in ihrem ersteren Bestandteil durch die **InsO** verschoben, da nach ihr die objektive Strafbarkeitsbedingung der Eröffnung des Insolvenzverfahrens bereits eingreifen kann, bevor das schuldnerische Unternehmen zusammengebrochen ist (oben Rdn. 10). Die damit vorgesehene Verschärfung der Rechtslage und Vorverlagerung der Strafbarkeit zwingt zu einer (teilweise) neuen Inhaltsbestimmung der objektiven Strafbarkeitsbedingung: Diese bezieht sich nicht (mehr) erst auf den Zusammenbruch, sondern (bereits) auf eine schwere Krise des schuldnerischen Unternehmens, über dessen Fortführung oder Zerschlagung die Gläubiger entscheiden (zust. *Hoyer* SK Rdn. 2). Dieses *Wahlrecht der Gläubiger* ist nach neuem Recht Teil des strafrechtlich geschützten Rechtsgutes (oben Rdn. 48): Die frühere Sicht, dass den Gläubigern kein Schaden entstehe, solange das schuldnerische Unternehmen nicht zusammengebrochen ist, ist somit durch Einbeziehung des Wahlrechtes der Gläubiger (über die Fortführung oder Liquidation des Unternehmens) dahingehend modifiziert, dass bereits die für die Einleitung des Insolvenzverfahrens ausreichende schwere Krise des Unternehmens eine für das Strafbedürfnis ausreichende schwere Gefährdung der Befriedigungsinteressen der Gläubiger darstellt. Interessant ist in diesem Zusammenhang die Parallele, dass das österreichische Strafgesetzbuch (§ 159 Abs. 2) die „fahrlässige Herbeiführung der Sanierungsbedürftigkeit" unter Strafe stellt (vgl. *Bertel/Schwaighofer* Österr. Strafrecht BT I, 3. Aufl. [1993] S. 258).

**89** Aufgrund dieser Einschätzung des Gesetzgebers ist zusätzlich zu der Bankrotthandlung, deren Vornahme bei §§ 283 Abs. 1, 283b, 283c den Unrechtstatbestand begründet und die nur bei § 283 Abs. 2 kausal zum Eintritt von Überschuldung oder Zahlungsunfähigkeit als tatbestandsmäßigem Erfolg führen muss, für die Erfüllung eines wirklichen Strafbedürfnisses erforderlich, dass die **Strafbarkeitsbedingung** der Zahlungseinstellung, Eröffnung des Insolvenzverfahrens oder Abweisung des Eröffnungsantrages mangels Masse eintritt (§§ 283 Abs. 6, 283b Abs. 3, 283c Abs. 3). Diese Bedingung liegt außerhalb des Unrechtstatbestandes und braucht daher weder vom Vorsatz noch von der Fahrlässigkeit des Täters umfasst zu sein (ganz h.M.).[67] Sie wirkt, da der Gesetzgeber bereits die bloße Bankrotthandlung pönalisieren könnte, **strafbarkeitseinschränkend** und ist daher unter rechtsstaatlichen Gesichtspunkten des Schuldstrafrechts prinzipiell nicht (mehr) zu beanstanden.[68] Es handelt sich um eine sog. echte objektive Strafbarkeits-

[67] So insbesondere auch *Jakobs* AT 10, 6 und *Roxin* AT § 23, 23 und 30, der hier einen Fall des Vorranges außerstrafrechtlicher Zwecksetzungen (Beweisrecht und Wirtschaftspolitik) sieht. Zu Gegenauffassungen in der älteren Literatur *Hiltenkamp-Wisgalle* S. 312 ff und *Walther* S. 22 ff, je mit Nachw. Im zeitgenössischen Schrifttum vertritt vor allem *Bemmann* (Zur Frage der objektiven Bedingungen der Strafbarkeit, 1957, S. 47 ff) die Auffassung, dass Konkurseröffnung und Zahlungseinstellung Tatbestandsmerkmale seien; wohl ebenso *Kindhäuser* S. 318 („explizite Bedingung materieller Normwidrigkeit"). Ausführlich und **krit.** dazu *T. Walter* LK Rdn. 183 Vor § 13 mit weit. Nachw.

[68] Zustimmend *Bieneck* in Müller-Gugenberger § 76, 84 und *Bittmann* in Bittmann § 12, 307; ebenso *Blei* II § 70 II l, 4; *Fischer*

bedingung, da die Strafbarkeitsbedingung nicht etwa einer verkappten Strafbegründung oder Strafschärfung dient, wie es sonst bei objektiven Strafbarkeitsbedingungen häufig der Fall ist.[69] Eine Strafschärfung sieht vielmehr erst § 283a für besonders schwere Fälle und unter voller Geltung des Schuldgrundsatzes in Bezug auf die in § 283a genannten Regel-Beispiele vor.

b) Die objektive Strafbarkeitsbedingung der Zahlungseinstellung (usw.) gehört zum materiellen Strafrecht und nicht zum Strafverfahrensrecht, weil das **Strafbedürfnis** „an Erheblichkeit verliert, wenn es dem Schuldner gelingt, die Krise, die mit Eintritt der Zahlungseinstellung oder mit Eröffnung des Konkursverfahrens offen zutage liegt, abzuwenden" (amtl. Begr. aaO S. 33 unter Bezugnahme auf *Stree* JuS **1965** 472). Diese Begründung, die entscheidend auf das Strafbedürfnis und auf den Zusammenhang der Krise (§ 283 Abs. 1) mit der objektiven Strafbarkeitsbedingung abstellt, führt dazu, dass praeter legem nach heute ganz h.M. auch derjenige Schuldner straflos bleibt, dem es gelingt, zwar nicht den Eintritt der Strafbarkeitsbedingung abzuwenden, wohl aber seine wirtschaftliche **Krise** (Überschuldung usw.) zu **überwinden:** In diesem Fall entfällt das Strafbedürfnis ebenso wie bei Vermeidung des wirtschaftlichen Zusammenbruchs.[70] Allerdings ist de lege lata problematisch, ob die Überwindung der Krise prozessual feststehen muss (unten Rdn. 92 und 97) und welche Voraussetzungen inhaltlich erfüllt sein müssen, um trotz nachfolgender Zahlungseinstellung oder Eröffnung des Insolvenzverfahrens Straflosigkeit eintreten zu lassen (dazu näher unten 6.). Für das Recht der InsO 1999 fragt sich, ob die (erfolgreiche) Unternehmensfortführung (Sanierung) im Rahmen des bestätigten Insolvenzplans in demselben Sinne als Überwindung der Krise anzusehen ist und trotz Eingreifens der Strafbarkeitsbedingung zur Straflosigkeit führt (dazu Rdn. 180). **90**

c) Das Problem des **Zusammenhanges zwischen Tathandlung und objektiver Strafbarkeitsbedingung** stellt sich aber nicht nur bei Überwindung der Krise, sondern in noch stärkerem Maße bei denjenigen Tatbeständen, welche die Bankrotthandlung nicht an das Erfordernis einer Krise binden (§§ 283 Abs. 2, 283b). Hier drängt sich die Frage auf, ob es rechtsstaatlich tragbar oder auch nur sachlich richtig ist, denjenigen zu bestrafen, der – z.B. fahrlässig – die gesetzliche Buchführungspflicht verletzt (§ 283b Abs. 1 Nr. 1 in Verb. mit Abs. 2) und später aus völlig anderen Gründen insolvent wird (vgl. *Dreher* MDR **1978** 723). Zugespitzt deutlich wird die Problematik an dem Fallbeispiel, dass der **91**

---

Rdn. 4, 5 vor § 283; *Frister* Schuldprinzip, Verbot der Verdachtsstrafe und Unschuldsvermutung als materielle Grundprinzipien des Strafrechts (1988) S. 61 f; *Geisler* Zur Vereinbarkeit objektiver Bedingungen der Strafbarkeit mit dem Schuldprinzip (1998) S. 474 ff; *Hiltenkamp-Wisgalle* S. 324; *Jescheck/Weigend* AT § 53 II 1; *Lackner/Kühl* § 283 Rdn. 26; *Maurach/Schroeder/Maiwald* BT 1 § 48, 16; *Radtke* MK Rdn. 91 vor §§ 283 ff; *Sch/Schröder/Stree/Heine* § 283 Rdn. 59.

[69] *Jescheck/Weigend* § 53 II 2; *Tiedemann* Wirtschaftsstrafrecht und Wirtschaftskriminalität I S. 236.

[70] BGHSt **28** 231, 233 ff mit Anm. *Schlüchter* JR **1979** 513; BGH JZ **1979** 75, 77 mit Bespr. *Tiedemann* NJW **1979**; *Arzt/Weber* § 16, 58; *Bieneck* in Müller-Gugenberger/Bieneck § 76, 94; *Bittmann* in Bittmann § 12, 316; *Fischer* Rdn. 17 vor § 283; *Hiltenkamp-Wisgalle* S. 330; *Jakobs* AT 10. Abschn. Rdn. 7; *Kindhäuser* LPK § 283 Rdn. 55; *Kindhäuser* S. 320; *Lackner/Kühl* § 283 Rdn. 29; *Maurach/Schroeder/Maiwald* § 48, 17; *Radtke* MK Rdn. 103 vor §§ 283 ff; *Sch/Schröder/Stree/Heine* § 283 Rdn. 59; *Tiedemann* NJW **1977** 783; **aA** *H. Schäfer* wistra **1990** 86; vgl. unten Rdn. 98 a.E.

Täter seiner Bilanzierungspflicht in fahrlässiger Weise zunächst nicht nachkommt (§ 283b Abs. 1 Nr. 3b in Verb. mit Abs. 2), die Bilanz dann aber doch noch – verspätet – erstellt und viele Jahre später aus anderen Gründen in Insolvenz gerät (vgl. *Sch/Schröder/Stree/Heine* § 283b Rdn. 7). Die dreijährige Verjährungsfrist des § 78 Abs. 3 Nr. 5 schützt diesen Täter schon deswegen nicht, weil die Verjährungsfrist erst mit Eintritt der objektiven Strafbarkeitsbedingung und nicht bereits mit der Begehung oder Vollendung des Buchdeliktes zu laufen beginnt (vgl. § 283 Rdn. 221, § 283b Rdn. 13).

**92** Die allgemeine (und auch für § 283 Abs. 1 relevante) Frage, ob ein bestimmter Zusammenhang zwischen der eigentlichen Tathandlung und der objektiven Strafbarkeitsbedingung bestehen muss, beantwortet die *Rechtsprechung* traditionellerweise dahingehend, dass – außer im Falle des § 283 Abs. 2 – jedenfalls ein **Kausalzusammenhang nicht** erforderlich sei (BGHSt **28** 231, 232, 234; BGH 1 StR 625/80 v. 10.2.1981 S. 11 mit weit. Nachw.).[71] Vielmehr wird lediglich ein „äußerer Zusammenhang" oder eine „tatsächliche Beziehung" zwischen der Tathandlung und der Strafbarkeitsbedingung verlangt.[72] *Positiv* wird die Art dieser Beziehung durch einzelne Fallkonstellationen beschrieben, wobei sich die Beschreibung an die geschützten Rechtsgüter anlehnen kann. So soll der erforderliche Zusammenhang insbesondere vorliegen, wenn bei § 283 Abs. 1 von der Bankrotthandlung und der Zahlungseinstellung (usw.) **dieselben Gläubiger** betroffen sind (BGH NStZ **2008** 401, 402 mit Nachw.) oder die zur Zeit der Bankrotthandlung existenten Forderungen nur durch Eingehen neuer Verbindlichkeiten getilgt wurden (BGH 1 StR 625/80 v. 10.2.1981 S. 11), also jedenfalls die **Kreditwirtschaft** von beiden Vorgängen betroffen ist. Bei § 283b sollen „irgendwelche Auswirkungen der Tathandlung" ausreichen, etwa derart dass die Bilanzierungspflicht auch bei Eintritt der Strafbarkeitsbedingung noch nicht erfüllt ist (BGH aaO S. 402 mit Nachw.).[73] Sicherer, aber in der Praxis seltener aufzufinden ist das *negative* Kriterium, dass bei **Fehlen jeden Zusammenhangs** zwischen Tathandlung und Strafbarkeitsbedingung keine Strafbarkeit anzunehmen ist, da insoweit das Strafbedürfnis ebenso entfalle wie beim Ausbleiben des wirtschaftlichen Zusammenbruchs oder bei Überwindung der Krise (BGHSt **28** 234; BGH aaO S. 402 mit weit. Nachw.; *Sch/Schröder/Stree/Heine* § 283 Rdn. 59, § 283b Rdn. 7). *Zweifel* gehen insoweit nach h.M. zu Lasten der Täter.[74] Der Zusammenhang muss also nicht positiv festgestellt werden.

**93** Dieses Ergebnis: Straflosigkeit bei Ausschluss des Zusammenhanges zwischen den eigentlichen Tathandlungen und der Strafbarkeitsbedingung, wurde schon vor der Neufassung der §§ 283 ff von der Rechtsprechung vertreten[75] und ist in AE § 192 Abs. 2

---

71 Aus der neueren Rechtsprechung vor allem BayObLG NStZ **2003** 214 f mit **abl.** Bespr. *Maurer* wistra **2003** 253 f. Zur älteren Literatur *Walther* S. 31 ff mit Nachw.; zum Rechtszustand vor der Neufassung der §§ 283 ff durch das 1. WiKG *Schaefer* LK[8] Vorbem. I 2 vor § 239 KO mit Nachw. (insbes. BGHSt **1** 186, 191).

72 Vgl. zuletzt BGH NStZ **2008** 401 f. Ebenso *Fischer* Rdn. 17 vor § 283; *Hoyer* SK Rdn. 19 vor § 283; *Lackner/Kühl* § 283 Rdn. 29; *Radtke* MK Rdn. 103 vor §§ 283 ff.

73 BGHSt **28** 232 mit Anm. *Schlüchter* JR **1979** 513; OLG Hamburg NJW **1987** 1344; vgl. § 283b Rdn. 14.

74 OLG Düsseldorf NJW **1980** 1292, 1293; OLG Hamburg NJW **1987** 1344; *Arzt/Weber* § 16, 58; *Bieneck* in Müller-Gugenberger/Bieneck § 76, 95 und 100; *Bittmann* in Bittmann § 12, 321; *Fischer* aaO; *Hoyer* SK Rdn. 18 vor § 283; *Krause* S. 227; *Maurer* wistra **2003** 254; *Richter* NZJ **2002** 124; *Schlüchter* JR **1979** 515; *Tiedemann* NJW **1977** 783; *Wessels/Hillenkamp* BT 2 § 12, 459; **aA** *Geisler* S. 495 ff; *Jakobs* AT 10. Abschn. Fn. 9; *Lackner/Kühl* § 283 Rdn. 29; *Penzlin* S. 186; *Radtke* MK Rdn. 105 vor §§ 283 ff.

75 Vgl. für die Befriedigung der Gläubigeransprüche RGSt **15** 64, 66 f und **26** 385, 387; für die Nachholung der Erfüllung der Buch-

ausdrücklich vorgesehen. Es wird im AE ebenfalls mit dem Entfallen des Strafbedürfnisses begründet (AE Begr. S. 83; ebenso insbes. *Tiedemann* NJW **1977** 783). *Lackner/Kühl* (§ 283 Rdn. 29) meinen hierzu, die „an sich vorzugswürdige Regelung des § 192 Abs. 2 AE" fordere Kausalzusammenhang und lasse entgegen dem Grundsatz „in dubio pro reo" seine Nichtfeststellbarkeit gegen den Täter ausschlagen; ein solches Ergebnis sei aber nur durch Gesetzesänderung erreichbar. Jedoch geht es wohl zu weit, den Regelungsvorschlag des AE als prinzipielle Forderung nach einem Kausalzusammenhang zu interpretieren. Der eher kriminalpolitische Gesichtspunkt des fehlenden Strafbedürfnisses lässt sich vielmehr dogmatisch durch *mehrere Ansätze* absichern:

Zum einen wird zunehmend die Zulassung des **Gegenbeweises der Ungefährlichkeit** **94**
bei abstrakten Gefährdungsdelikten diskutiert (dazu in unserem Zusammenhang *Schlüchter* JR **1979** 514 f und allgemein *Tiedemann* FS Gauweiler, 2009, mit Replik zu den Gegenargumenten.). Dem stehen hier auch nicht die zusätzlichen überindividuellen Rechtsgutsaspekte (oben Rdn. 53 ff) entgegen, da der Gesetzgeber den Eintritt von Zahlungseinstellung oder Eröffnung des Insolvenzverfahrens (usw.) gesetzestechnisch wie bei einem Erfolgsdelikt behandelt und nur von dem Verschuldensbezug (sowie einem Kausalzusammenhang im eigentlichen Sinne) absieht (zust. *Bieneck* in Müller-Gugenberger/Bieneck § 76, 100 und *Moosmayer* S. 189 f). Es fehlt also bei §§ 283 ff die sonst bei den abstrakten Gefährdungsdelikten (z.B. §§ 153, 164, 264, 265 b) verbreitete Beschränkung auf das Handlungsunrecht.

Die Annahme einer Widerlegbarkeit des **Symptomcharakters** der Bankrotthandlungen **95**
erscheint zum anderen auch deshalb sinnvoll und erforderlich, weil der Gesetzgeber trotz Einschätzung bereits der Bankrotthandlung als sozialschädlich (insolvenzträchtig) diese Handlung doch nur bei Eintritt der Strafbarkeitsbedingung und damit um dieser Bedingung willen bestraft: Zahlungseinstellung und Insolvenz sind gleichsam die *Steigerung* (Eskalation) *der Krise* (*Tiedemann* NJW **1977** 783), wie die oben Rdn. 87 zitierte amtliche Begr. – wenn auch nur unter prozessualen Gesichtspunkten – hervorhebt. In der Strafbarkeitsbedingung realisiert sich also die wirtschaftliche Gefahr, die in der Krisensituation ihren Ausdruck fand (*Otto* GedS R. Bruns S. 281). Krise und Strafbarkeitsbedingung stellen damit nicht völlig unterschiedliche und voneinander unabhängige Umstände dar, sondern die eine ist die Vorstufe der anderen; die Inkriminierung der Bankrotthandlung empfängt ihren Sinngehalt erst aus dieser Beziehung – mit der einzigen Einschränkung, dass der Gesetzgeber nicht den Nachweis fordert, dass die Krise wirklich „linear zum Konkurs führte", wie BGH JZ **1979** 75, 77 formuliert. Steht aber im Einzelfall fest, dass Krise und Insolvenz nichts miteinander zu tun haben, so erscheint es ungerecht sowie mit Blick auf die unternehmerische Freiheit **unverhältnismäßig**, gleichwohl die Bankrotthandlung allein wegen ihrer (generellen) Eignung zur Insolvenzherbeiführung zu bestrafen (zust. *Moosmayer* S. 190 f und *Röhm* S. 227). Dagegen übersieht der Versuch, die Straflosigkeit auf eine Unterbrechung des Gefahrzusammenhangs zu stützen (so *Penzlin* S. 187), dass die Rechtsprechung die Lehre von der objektiven Zurechnung bisher bei vorsätzlichen Begehungsdelikten ablehnt (*Walter* LK Rdn. 89 Vor § 13 mit Nachw.).

Hiermit ist es auch voll zu vereinbaren, dass die ganz h.M. seit langem annimmt, die **96**
Bankrotthandlung (nach § 283 Abs. 1) könne dem Eintritt der objektiven Strafbarkeitsbedingung **zeitlich nachfolgen**, soweit dies nicht – wie z.B. bei der Bilanzerstellung –

---

führungspflicht RGSt 5 415, 416; zusammenfassend *Schaefer* LK[8] Vorbem. I 2 vor § 239 KO.

durch den Wegfall der Verfügungsbefugnis bei Eröffnung des Insolvenzverfahrens oder durch den Wegfall des Vermögens im Einzelfall ausgeschlossen ist.[76] Insoweit ist nämlich die Tathandlung nicht lediglich generell gefährlich oder im Hinblick auf einen künftigen Erfolg symptomatisch. Vielmehr beeinträchtigt die (weitere) Schmälerung der Haftungsmasse (z.B. durch Beiseiteschaffen von Vermögensgegenständen) sowie die Verschleierung der Vermögenslage nach Zahlungseinstellung (usw.) ganz offensichtlich die (vollständige) Befriedigung der Gläubiger: Die Gefährdung ist nicht lediglich generell und abstrakt, sondern wird konkret greifbar in einem bereits in das Verletzungsstadium übergehenden Sinne. Zum zeitlichen Ende möglicher Begehung von Bankrotthandlungen unten Rdn. 100.

**97** Ein ganz entsprechender *Funktionszusammenhang* wie der soeben in Rdn. 95 beschriebene – das Schrifttum spricht auch von einem Gefahr- oder Risikozusammenhang – gilt für solche Bankrotthandlungen, die unabhängig von der Krisensituation strafbar sind: Wird die Verletzung der **Buchführungspflicht** (§ 283b) wegen ihres symptomatischen Gehaltes, nämlich wegen ihrer gefährlichen Eignung zur Herbeiführung des wirtschaftlichen Zusammenbruchs, unter Strafe gestellt, so muss der Ausschluss jeden Zusammenhanges zwischen dem Buchführungsmangel und dem Unternehmenszusammenbruch zur Straffreiheit führen (vgl. § 283b Rdn. 14). Trotz ihrer Stellung außerhalb des Unrechtsbestandes verleiht eben erst die Strafbarkeitsbedingung der Bankrotthandlung ihren Gefährdungsgehalt, so wie bei abstrakten Gefährdungsdelikten das gesetzgeberische Urteil der Gefährdungseignung als Motiv die Strafwürdigkeit trägt. Dass es bei Nichtausschließbarkeit, also bei **Zweifeln** hinsichtlich des Zusammenhanges zwischen Tathandlung und Strafbarkeitsbedingung, bei der Strafbarkeit bleibt, widerspricht schon deshalb nicht dem prozessualen Grundsatz „in dubio pro reo", weil sich die Strafbarkeit hier weiterhin auf den Symptomgehalt der Bankrotthandlung stützt und jedenfalls vom Handlungsunwert getragen wird. Freilich kann es insoweit sachgerecht sein, im Rahmen der Strafzumessung zu berücksichtigen, dass der Erfolgsunwert möglicherweise in keinem Zusammenhang mit der inkriminierten Handlung steht.

**98** Schließlich lässt sich gegen den Wegfall des Strafbedürfnisses bei Überwindung der Krise bzw. bei sonstigem Ausschluss des Zusammenhanges zwischen Tathandlung und Strafbarkeitsbedingung auch nicht einwenden, dass bei Eintritt der Bedingung jeder *Grund für eine Zurückhaltung der Strafverfolgung* gegenüber funktionierenden Unternehmen entfallen ist. Dem fügt schon die amtl. Begr., wie oben Rdn. 87 erwähnt, den Hinweis darauf an, dass sich Zahlungseinstellung und Konkurs (Insolvenz) „im Allgemeinen" aus der Krise ergeben, Krise und Strafbarkeitsbedingung also nicht beziehungslos aufeinanderfolgen. Vor allem aber könnte bei Annahme von Strafbarkeit kraft Eintritts der Strafbarkeitsbedingung und trotz fehlenden Zusammenhangs mit der Bankrotthandlung keine Rede mehr davon sein, dass die Strafbarkeitsbedingung strafbarkeitseinschränkend wirkt (oben Rdn. 89). Dies (und die Lehre von der objektiven Zurechnung!) übersehen *Bittmann* § 13, 7 und *Schäfer* (wistra **1990** 86 ff), wenn sie meinen, das Erfordernis eines Zusammenhangs sei lediglich nach früherem Recht sinnvoll gewesen und heute überflüssig, da im Gesetz nicht ausdrücklich vorgeschrieben. *Bieneck* (in Müller-

---

[76] Vgl. bereits RG Rspr. **8** 451 (ff); RGSt **11** 386 f; **65** 416, 417; ferner BGHSt **1** 186, 191; *Bieneck* in Müller-Gugenberger/Bieneck § 76, 101 (ff); *Bittmann* in Bittmann § 12, 318; *Fischer* Rdn. 16 vor § 283; *Hoyer* SK Rdn. 19 vor § 283; *Klug* Konkurs-Strafrecht Rdn. 7 vor § 239 KO; *Lackner/Kühl* § 283 Rdn. 29; *Maurach/Schroeder/Maiwald* 1 § 48, 17; *Sch/Schröder/Stree/Heine* § 283 Rdn. 50 und 59; *Wessels/Hillenkamp* BT 2 § 12, 466; **aA** aber z.B. RGSt **9** 134 ff.

Gugenberger/Bieneck § 76, 100) hat seine mit *Schäfer* übereinstimmende Auffassung (wistra **1992** 91) zu Recht aufgegeben und der hier vertretenen Meinung angepasst. *Bittmann* § 13, 8 beruft sich auf § 283b Abs. 1 Nr. 3b, der die Nichtaufstellung der Bilanz „in der vorgeschriebenen Zeit" erfasst. Dass bereits hierin die Erfüllung des Tatbestandes zu sehen ist, stellt aber keinen wesentlichen Unterschied zu § 283 Abs. 1 dar: Das Problem liegt darin, ob trotz Tatbestandserfüllung und Eintritt der Strafbarkeitsbedingung ein fehlender Zusammenhang zwischen beiden zur Straflosigkeit führt. Hierzu enthält § 283b Abs. 1 Nr. 3b keine Aussage. Vielmehr schränkt *Bittmann* durch seinen Begriff der „Krisenidentität bei § 283" das Erfordernis eines (Gefahr- oder Risiko-)Zusammenhangs von vornherein auf § 283 Abs. 1 ein.

d) Die objektive Strafbarkeitsbedingung der Zahlungseinstellung, Insolvenzverfahrenseröffnung oder Ablehnung des Eröffnungsantrages mangels Masse gilt für alle Insolvenzstraftaten i.e.S. (vgl. §§ 283 Abs. 6, 283b Abs. 3, 283c Abs. 3, 283d Abs. 4). Das gesetzgeberische Motiv einer zurückhaltenden Strafverfolgung und Verbesserung der Beweislage (oben Rdn. 87) ist somit im gesamten Insolvenzstrafrecht verwirklicht, gilt dagegen **nicht für andere Straftatbestände** wie insbesondere den allgemeinen Betrugstatbestand (§ 263), dessen Nachweis vor allem bei Verdacht von Kreditbetrug und seinen Unterfällen des Wechsel- und Scheckbetruges usw. häufig ebenfalls volle Aufklärung der wirtschaftlichen Situation des Schuldners durch die Strafverfolgungsorgane erfordert. Für diese Straftatbestände außerhalb der §§ 283–283d besteht nach h.M. keine Anzeige- und Ermittlungssperre. Zwar wäre es diskutabel, die §§ 283 Abs. 6, 283b Abs. 3, 283c Abs. 3, 283d Abs. 4 zugunsten des Täters **analog** auf andere Straftatbestände anzuwenden, welche das Vermögen von Kreditgebern schützen. Eine solche Analogie *in bonam partem* würde durch das strafrechtliche Analogieverbot des Art. 103 Abs. 2 GG nicht berührt, da dieses nur eine den Beschuldigten benachteiligende Überschreitung des Gesetzeswortlauts untersagt. Letztlich fehlt es aber trotz weitgehender Parallelität, ja Identität, der geschützten Rechtsgüter durchgehend an der Ähnlichkeit der Sachlage: § 265b erfordert nur den Nachweis einer Täuschung im Zusammenhang mit einem Kreditantrag und macht damit eine Überprüfung der gesamten wirtschaftlichen Situation des Kreditsuchers der Tendenz nach überflüssig (wenngleich eine solche Überprüfung im Falle des § 265b Abs. 1 Nr. 1 keineswegs selten erforderlich werden dürfte); § 263 erfordert für den Schadens- bzw. Gefährdungsnachweis zwar eine entsprechende Überprüfung, begnügt sich aber im Gegensatz zu §§ 283 ff nicht mit einer durchweg nur abstrakten Gefährdung der Gläubigerinteressen, sondern setzt den Eintritt eines Vermögensschadens oder einer diesem gleichstehenden konkreten Vermögensgefährdung voraus. **99**

e) Das zeitliche Verhältnis von Bankrotthandlung und objektiver Strafbarkeitsbedingung wurde bereits oben Rdn. 96 dahingehend klargestellt, dass die Bankrotthandlungen grundsätzlich auch noch nach Eintritt der Strafbarkeitsbedingung begangen werden können. Über die Frage des **Endzeitpunktes** herrscht dagegen Streit: Nach *Dreher/Tröndle*[48] (Rdn. 16 vor § 283) sollten aus Gründen der Rechtssicherheit nach Beendigung des Konkursverfahrens oder nach Ablehnung der Eröffnung des Konkursverfahrens mangels Masse keine Bankrotthandlung mehr möglich sein, da die Vermögensgegenstände nicht mehr „konkursbefangen" seien und die Möglichkeit einer Tatbegehung bis zum Wiedereintreten der Zahlungsfähigkeit des Schuldners Rechtsunsicherheit schaffen würde (**aA** *Tröndle/Fischer*[52] Rdn. 16 vor § 283 und nunmehr *Fischer* Rdn. 16 vor § 283). Demgegenüber will *Bieneck* (in Müller-Gugenberger/Bieneck § 76, 102) die Begehung von Bankrottstraftaten auch noch nach Abweisung des Insolvenzverfahrensantrages und nach Beendigung des Insolvenzverfahrens zulassen. Zutreffend ist eine vermittelnde Auf- **100** fassung: Der Wortlaut des § 283 Abs. 1 („bei“ Überschuldung oder Zahlungsunfähigkeit) legt es nahe, erst das Ende der Überschuldung oder Zahlungsunfähigkeit auch als zeitliches Ende der Möglichkeit, strafbare Bankrotthandlungen zu begehen, anzusehen. Bankrotthandlungen können also grundsätzlich bis zum Wiedereintreten der Zahlungsfähigkeit bzw. bis zum Wegfall der Überschuldung begangen werden; dabei ist nur streitig, ob die Krise „nachhaltig“ behoben sein muss (so *Bieneck* aaO Rdn. 102; großzügiger *Fischer* aaO; vgl. unten Rdn. 172 ff). Ebenso ist § 283 Abs. 1 einschlägig, wenn der Insolvenzschuldner in eine neue Krise gerät, nachdem er mit Bestätigung des Insolvenzplans die bis dahin dem Insolvenzverwalter übertragene Verfügungs- und Verwaltungsbefugnis zurückerhalten hat; jedoch ist dann ein erneuter Eintritt der objektiven Strafbarkeitsbedingung erforderlich (zust. *Moosmayer* S. 196). In diesem Fall der Aufhebung des Insolvenzverfahrens (§ 258 InsO) ist trotz nachwirkender Verpflichtungen zur Erfüllung des Insolvenzplans der Schuldner so anzusehen, als sei es nicht zur objektiven Strafbarkeitsbedingung gekommen. Bei *Ablehnung* der Eröffnung des Insolvenzverfahrens mangels Masse und Eintragung des Schuldners in das „Schuldnerverzeichnis“ („Schwarze Liste“) gem. § 26 InsO sind (spätere) Bankrotthandlungen bis zum Wiedereintritt der Zahlungsfähigkeit strafbar, wenn *Zahlungseinstellung* gegeben war (vgl. BGHSt 7 146, 147 für „die Fortführung und tatsächliche Beendigung“ des vor Zahlungseinstellung erfolgten räumlichen Beiseiteschaffens von Textilien durch deren Absatz *nach* Ablehnung des Konkursantrags mangels Masse).

### 2. Ordnungsgemäßes Wirtschaften

**101** a) Das frühere Konkursstrafrecht (§§ 239 ff KO a.F.) beschränkte sich auf die typisierte Umschreibung einzelner Bankrotthandlungen des Schuldners sowie auf den Tatbestand der Schuldnerbegünstigung. Es verwandte nur beim Tatbestand des Schleuderverkaufs die einschränkende Formel, dass die Veräußerung unter Wert „den Anforderungen einer ordnungsgemäßen Wirtschaft widersprechen“ müsse. Das geltende Recht erwähnt demgegenüber die „Anforderungen einer ordnungsgemäßen Wirtschaft“ an mehreren Stellen: In § 283 Abs. 1 Nrn. 1, 2 und 3 sowie in § 283d Abs. 1 erscheint dieses Merkmal als **Korrektiv** der Umschreibung von Bankrotthandlungen sowie des Tatbestandes der Schuldnerbegünstigung. Bei § 283 Abs. 1 Nr. 8 wird es dagegen in allgemeiner Weise, nämlich generalklauselartig als **Ergänzung** der einzelnen in Nrn. 1–7 umschriebenen Bankrotthandlungen eingesetzt. Zwar beschränkt sich Nr. 8 ausdrücklich auf *grobe* Widersprüche zu den Anforderungen einer ordnungsgemäßen Wirtschaft und verwendet dieses Tatbestandsmerkmal technisch ebenfalls als bloßes Korrektiv (der Handlung der Vermögensverringerung, eventuell auch der Verheimlichung oder Verschleierung der geschäftlichen Verhältnisse, dazu § 283 Rdn. 12). Jedoch deutet bereits die mehrfache Erwähnung der „Anforderungen einer ordnungsgemäßen Wirtschaft“ durch den Gesetzgeber an, dass es sich hierbei um einen **Grundbegriff** des Insolvenzstrafrechts handelt. Bei der Behandlung des Verhältnisses von § 283 Abs. 1 Nrn. 1–7 zu der Generalklausel der Nr. 8 wird näher dargelegt, dass *alle* gesetzlich umschriebenen Bankrotthandlungen letztlich Verstöße gegen die Anforderungen einer ordnungsgemäßen Wirtschaft darstellen (§ 283 Rdn. 12; zust. *Kindhäuser* S. 318 und *Mohr* S. 124 f). Umstritten ist insoweit lediglich, ob die in Nrn. 1–7 genannten Handlungen grobe oder einfache Verstöße gegen diese Anforderungen sind. Erwähnenswert ist auch, dass § 283 Abs. 1 Nr. 2 zusätzlich von der „Unwirtschaftlichkeit“ der Ausgaben spricht, wobei an dieser Stelle offen bleiben kann, ob damit derselbe Maßstab gemeint ist (vgl. dazu § 283 Rdn. 64; *Krause* S. 397 f). Immerhin mag bereits hier hervorgehoben sein, dass BGH 3 StR 242/79 (bei *Tiedemann* Festschrift Dünnebier S. 528) insoweit für den Fall eines Sanierungsversuches darauf abstellt, ob der Sanierungszweck „bei vernünftiger wirtschaftlicher Betrachtung sinnvollerweise angestrebt werden konnte". BGH 1 StR 452/78 (bei *Tiedemann* aaO) schließlich bestimmt in Einklang mit der sonstigen Rechtsprechung entgegen dem Wortlaut von § 283 Abs. 1 Nr. 1 die Tathandlung des Beiseiteschaffens (von Vermögensbestandteilen) ebenfalls nach dem Maßstab des ordnungsgemäßen Wirtschaftens (näher dazu § 283 Rdn. 27). Damit gilt dieser Maßstab zugleich für den Privilegierungstatbestand des § 283c.

b) Zur Inhaltsbestimmung dieses normativen Grundbegriffes gibt die **Entstehungsgeschichte** der §§ 283 ff nur wenige Anhaltspunkte. Im Zusammenhang mit der Einführung des Krisenerfordernisses bei § 283 Abs. 1 legt die Begr. des RegE (BTDrucks. 7/3441 S. 20) dar, es gehe bei den Bankrotthandlungen des § 283 um „wirtschaftlich sinnlose oder zumindest gefährliche Handlungen", „die ein sorgfältiger Teilnehmer am Wirtschaftsleben zu unterlassen hat". Die Erläuterungen des RegE zu der Verwendung des Merkmals als Korrektiv der Umschreibung einzelner Bankrotthandlungen beschränken sich auf die Anführung von Beispielen: Bei Nr. 1 könne die Zerstörung von Investitionsgütern wirtschaftlich sinnvoll sein, wenn diese durch neue Sachen ersetzt werden sollen (aaO S. 34); bei Nr. 2 könne der Abschluss eines Verlustgeschäftes „auch bei Wahrung der gebotenen Sorgfalt im Wirtschaftsverkehr vertretbar" sein, um „Arbeitsplätze auch während eines Konjunkturtiefs zu erhalten" (aaO S. 35; vgl. dazu auch bereits oben Rdn. 52). Zu der heutigen Nr. 3 hatte bereits die Sachverständigenkommission zur Bekämpfung der Wirtschaftskriminalität die Beibehaltung des schon von § 240 Abs. 1 Nr. 2 KO a.F. vorgesehenen Korrektivs des Widerspruchs zu den Anforderungen einer ordnungsgemäßen Wirtschaft vorgeschlagen, um insbesondere die Fälle der sog. Mischkalkulation, nämlich der unter Preis liegenden Kalkulation von Sonderangeboten, aus dem Tatbestand herauszunehmen. Dabei wurde ausdrücklich darauf hingewiesen, der Begriff der „Anforderungen einer ordnungsgemäßen Wirtschaft" dürfe nicht in Anlehnung an wettbewerbsrechtliche Vorschriften, die ein solches Verhalten verbieten, ausgelegt werden (Tagungsberichte Bd. III S. 93 ff). Offenbar wird also das „ordnungsgemäße Wirtschaften" als vorgegebener Maßstab angesehen. In der Tat erwähnte nicht nur § 240 Abs. 1 Nr. 2 KO a.F. diesen Maßstab. Er findet sich vielmehr auch in §§ 586, 1036 BGB, worauf schon RGSt **48** 217, 218 hinwies (vgl. ferner §§ 1122, 1135, 2049 Abs. 2 BGB und dazu *Krause* S. 63 ff). **102**

c) Bereits die äußere gesetzliche Unterscheidung von groben und sonstigen (einfachen) Verstößen gegen die Anforderungen einer ordnungsgemäßen Wirtschaft zeigt, dass dieser in §§ 283, 283d verwendete Grundbegriff inhaltlich **gestuft** ist: Dem groben und dem einfachen Verstoß entspricht weithin die Aufteilung in elementare und gesteigerte (höhere) Anforderungen ordnungsgemäßen Wirtschaftens. Diese Typik entbindet den Richter nicht von der Verpflichtung, bei dem Vorwurf des groben Verstoßes (§ 283 Abs. 1 Nr. 8) neben der Existenz der wirtschaftlichen Verhaltensregel vor allem auch das gesteigerte Maß des Pflichtverstoßes (und des Verschuldens) festzustellen. Dieses Maß ergibt sich nicht schon ohne Weiteres aus dem grundsätzlichen Charakter einer Verhaltensregel. Überdies ist das für den Schuldvorwurf relevante Ausmaß der Fahrlässigkeit im Strafrecht – anders als im Zivilrecht – entscheidend auch von der Persönlichkeit des Täters, seinen Fähigkeiten und subjektiven Möglichkeiten, abhängig (näher § 283 Rdn. 210). **103**

Neben der Stufung von einfachen und groben Verstößen, elementaren und höheren Verhaltensanforderungen stützt der Bericht des Sonderausschusses (BTDrucks. 7/5291 S. 17) die naheliegende Annahme, dass die Anforderungen einer ordnungsgemäßen Wirtschaft *unterschiedlich* sind, je nachdem ob sich der Schuldner in einer wirtschaftlichen **104**

**Krise** befindet oder nicht (ebenso im Ergebnis *Krause* S. 357 f). Der Sonderausschuss meinte hierzu (aaO) im Hinblick auf § 283 Abs. 1 Nr. 3, einem Kaufmann sei es nicht schlechthin untersagt, kreditierte Waren unter ihrem Wert zu verkaufen; allerdings wurde dabei die Möglichkeit offengelassen, ob eine derartige Handlung nicht einem ordnungsgemäßen Wirtschaften widerspricht, ohne jedoch pönalisiert zu sein. Deutlich hat vor allem *Eitel* in der Anhörung vor dem Sonderausschuss unter Betonung des Gläubigerschutzes darauf hingewiesen, „dass die Anforderungen an den Geschäftsmann, wenn er in der Krise ist und die Krise positiv erkannt hat, höher geschraubt werden müssen" (80. Sitzung des Sonderausschusses für die Strafrechtsreform, Deutscher BTag 7. Wahlp. StenB S. 2547). In derselben Anhörung machte *Heidland* darauf aufmerksam, dass die Anforderungen in den einzelnen **Branchen** unterschiedlich sind (aaO S. 2550).

**105** Diese mehrfache Stufung und Differenzierung ist als zutreffend anzuerkennen. Die Abstufung ist sogar noch einmal innerhalb der Situation der Krise je nach deren Intensität fortzuführen (zust. *Bieneck* in Müller-Gugenberger/*Bieneck* § 86, 11; *Krause* S. 409; *Richter* GmbHR **1984** 147). Zwar sind z.B. die Buchführungspflichten außerhalb und innerhalb der Krise (§§ 283 Abs. 1, 283b) grundsätzlich gleich (wenn man davon absieht, dass § 283 Abs. 1 Nr. 6 auch die freiwillige Buchführung betrifft, vgl. § 283 Rdn. 121). Dass aber innerhalb dieses eher formalen Pflichtenrahmens die Krise inhaltlich eine gewichtige Rolle spielt, zeigt die Rechtsprechung, nach der sich die Bilanzierungsfrist (§§ 283 Abs. 1 Nr. 7b, 283b Abs. 1 Nr. 3b) verengt, wenn das Unternehmen in wirtschaftliche Schwierigkeiten gerät (BVerfGE **48** 48, 61 ff mit Nachw.; näher dazu § 283 Rdn. 147). Ebenso ist es niemandem verwehrt, nur deutsche Waren zu kaufen oder zu benutzen; bei Überschuldung oder (drohender) Zahlungsunfähigkeit müssen derart patriotische Einstellungen dagegen hinter Preis- und Qualitätsüberlegungen zurücktreten.

**106** d) Die Frage nach dem **Inhalt des Maßstabes** stellt sich zunächst in Bezug auf den **Beurteilungszeitpunkt:** Fehlentscheidungen des Wirtschafters betreffen häufig künftige Entwicklungen und Konsequenzen, deren Eintritt oder Nichteintritt Gegenstand der unternehmerischen Voraussicht und damit des unternehmerischen Risikos ist (vgl. oben Rdn. 13). Wirtschaftlich wie strafrechtlich ist von solchen unternehmerischen Entscheidungen zwar zu fordern, dass sie sich auf hinreichende (Gegenwarts-)*Informationen* stützen; die ohne solche Prognosebasis getroffene Entscheidung kann betriebswirtschaftlich als fehlerhaft eingestuft und das Fehlen der Information kann strafrechtlich vor allem unter dem Gesichtspunkt des Buchführungs- oder Planungsmangels geahndet werden (vgl. §§ 283 Abs. 1 Nrn. 5–8, 283b). Für Kapitalgesellschaften gilt seit Ende 2005 die aus dem US-Recht stammende *business judgment rule*, die den Gesellschaftsorganen ein Handeln auf der Grundlage angemessener Information zum Wohle der Gesellschaft zur Pflicht macht (*Tiedemann* Wirtschaftsstrafrecht AT Rdn. 122). Daher sind nicht nur die Bankrotthandlungen des § 283 Abs. 1 Nrn. 5–7 „informationsbezogen" (Rdn. 26 Fn. 21). Während aber betriebswirtschaftlich auch die Möglichkeit besteht, eine unternehmerische Entscheidung ex post, also bei Eintritt und Kenntnis ihrer realen Konsequenzen, gerade wegen dieser Folgen als Fehlentscheidung zu bezeichnen, hat die strafrechtliche Beurteilung der Richtigkeit oder Vertretbarkeit einer wirtschaftlichen Maßnahme zwingend **ex ante** zu erfolgen (zust. *Krause* S. 74 f). Dies ergibt sich zum einen aus dem strafrechtlichen Schuldprinzip (*Schlüchter* S. 24 f), zum anderen und vor allem aber auch aus dem allgemeinen strafrechtlichen Erfordernis, jedenfalls bei den nicht als Erfolgsdelikten ausgestalteten Straftatbeständen bereits bei Vornahme der Handlung das Rechtswidrigkeitsurteil fällen zu können. Bekannte und anerkannte Anwendungsfälle dieses Prinzips sind die fehlende Rückwirkung von zivil- und verwaltungsrechtlichen Anfechtungs- und Genehmigungsakten, die Maßgeblichkeit des Schadenseintritts für die Berücksichtigung eines Schadensausgleichs bei den Vermögensdelikten i.e.S. sowie die hypothetische Klärung der Frage, ob gegen ein bestimmtes Verhalten wegen seiner Rechtswidrigkeit Notwehr möglich ist.

Der Strafrichter hat sich daher im nachfolgenden Insolvenzstrafverfahren von der psychologischen Gefahr des Wissens um den Eintritt des Misserfolges freizumachen und die Ordnungsmäßigkeit der wirtschaftlichen Maßnahme nach dem Zeitpunkt ihrer Verwirklichung zu beurteilen. Ob und inwieweit eine zeitliche **Überholung** der Prognose als beachtlich zu behandeln ist, wenn der Erfolg für den Täter günstiger als ex ante zu erwarten ausfällt, wird im Zusammenhang mit der Feststellung der Überschuldung geklärt (unten Rdn. 159). **107**

Mit dieser zeitlichen Eingrenzung ist für die Anwendung des Maßstabes ordnungsgemäßen Wirtschaftens weiter vorauszusetzen, dass dem Wirtschafter überhaupt **Wahlmöglichkeiten** hinsichtlich seines Entscheidungszieles und der Mittel zu seiner Verwirklichung bleiben (vgl. *Schlüchter* S. 12 ff mit Nachw.). Ist eine Wahl zwischen mehreren Möglichkeiten bei Beachtung der geltenden Rechtsnormen nicht (mehr) möglich, so kann ein vorwerfbares Fehlverhalten allenfalls in einem früheren Zeitpunkt des Handelns oder Unterlassens liegen (Prinzip der actio libera in causa). Dass die rechtliche oder tatsächliche (wirtschaftliche) *Unmöglichkeit* des Handelns die Tatbestandsmäßigkeit entfallen lässt, ist für die Unterlassungsdelikte allgemein anerkannt (vgl. nur *Roxin* AT § 31, 8 ff mit Nachw.). Dem entspricht es, dass die Rechtsprechung einen Schuldner, der die *Kosten für die Bilanzerstellung* nicht aufbringen kann, nicht wegen Verletzung der Bilanzierungspflicht bestraft (BGHSt **28** 231, 232 f; näher *Hillenkamp* FS Tiedemann S. 951 ff und § 283 Rdn. 119). Ein aktives Handeln des Schuldners kann dagegen nur unter den engen Voraussetzungen des rechtfertigenden Notstandes und der Interessen- oder Pflichtenkollision (vgl. § 34 sowie unten Rdn. 118), des erlaubten Risikos oder der Einwilligung der Gläubiger (vgl. oben Rdn. 57) gerechtfertigt oder gemäß § 35 nach den – sehr engen – Voraussetzungen des strafrechtlichen Notstandes entschuldigt sein. Die bloße Unzumutbarkeit anderen Handelns bildet bei vorsätzlichem aktivem Tun keinen Entschuldigungsgrund (vgl. nur *Roxin* AT § 19, 13 a.E.; *Rönnau* LK Rdn. 334 ff Vor § 32). **108**

Unter diesen Voraussetzungen eines offenen oder geschlossenen Entscheidungsfeldes mit mehr oder weniger zahlreichen Wahlmöglichkeiten bestimmt sich die Ordnungsmäßigkeit einer wirtschaftlichen Entscheidung und Maßnahme nicht so sehr nach dem Entscheidungsziel (monetärer oder nichtmonetärer Art), sondern vor allem nach der **Vorbereitung** der einschlägigen Entscheidung durch Beobachtung, Prüfung und Planung sowie nach der **Durchführung** der Maßnahme unter Ausübung einer angemessenen Kontrolle (zust. *Zainhofer* Kriminalistik **1992** 509). Insoweit ist zwischen dem privaten Wirtschafter einerseits und dem Unternehmer sowie dem Angehörigen Freier Berufe andererseits zu differenzieren (wobei die hier typologisch gemeinte Abgrenzung dieser Normadressaten nicht im Einzelnen dargelegt werden kann): **109**

e) Für den **privaten Wirtschafter** ist ein rationales Wirtschaftsverhalten nicht von der Rechtsordnung vorgeschrieben (zust. *Sch/Schröder/Stree/Heine* § 283 Rdn. 7a mit Nachw.; **aA** insbes. *Krause* S. 405, aber auch S. 248!): Soweit es um sein eigenes Vermögen geht, kann der private Vermögensträger nach eigenem Gutdünken wirtschaften.[77] Bei Inan- **110**

[77] Vgl. etwa *Höfner* S. 44; auch *Kellens* Revue de droit pénal et de criminologie **1971/72** 1047, der darauf hinweist, dass das Eingehen von *Risiken* für private Haushalte zumindest „unerwünscht" sei und die private Haushaltsführung von der unternehmerischen Tätigkeit unterscheide (dazu sogleich Rdn. 111, 118 u.ö.). Die Lehre *Krauses* (ihm zustimmend *Kindhäuser* NK Rdn. 75 ff vor §§ 283 ff und *Pelz* Rdn. 145) vom ord-

spruchnahme von Kredit wird die Dispositionswillkür allerdings häufig durch vertragliche Festlegung bestimmter Handlungs- und Unterlassungspflichten eingeschränkt. Jedoch unterliegen diese Einschränkungen – auch soweit es um die allgemeinen Straftatbestände der §§ 246, 263, 266 geht – der Privatautonomie der Parteien, die für die Strafbarkeit nach § 283 grundsätzlich nicht entscheidend sein kann (zust. *Dohmen* S. 174 und *Sch/Schröder/Stree/Heine* aaO). Strafrechtlich ergibt sich für den privaten Wirtschafter als *(Kredit-)Schuldner* ein gewisser Zwang zu rationalem Wirtschaften erst aus dem Vorliegen einer Krise (ebenso *Dohmen* S. 171 und *Sch/Schröder/Stree/Heine* aaO), jedoch auch bei vorhersehbarer Kausalität einer Maßnahme für den wirtschaftlichen Zusammenbruch (§ 283 Abs. 2!).

**111** f) Für den **kaufmännischen Wirtschafter** und für den Inhaber eines **wirtschaftlichen Unternehmens** ist das Risiko und die Risikogestaltung typisch (vgl. bereits *Renger* in Mommsen, Wirtschaftsdelikte S. 70; *Mommsen* S. 172). Insoweit existiert der allgemeine handelsrechtliche Maßstab des **ordentlichen Kaufmanns** (§ 347 Abs. 1 HGB), der für spezielle Bereiche durch die einzelnen Handelsgesetze zum Maßstab des „ordentlichen Geschäftsmannes" (§ 43 Abs. 1 GmbHG), des „ordentlichen und gewissenhaften Geschäftsleiters" (§ 93 Abs. 1 S. 1 AktG, § 34 Abs. 1 S. 1 GenG), des „ordentlichen Frachtführers" (§ 429 Abs. 1 HGB) usw. spezifiziert wird. Der damit vorgegebene Maßstab ist nur auf den ersten – strafrechtlichen – Blick ähnlich unbestimmt wie der des ordnungsgemäßen Wirtschaftens. Bei näherer Betrachtung haben die handelsrechtliche Verkehrssitte und zusätzliche Spezialnormen des Handelsrechts zu einer weitreichenden Verfestigung und Konkretisierung des Maßstabes geführt. In diesem Sinne kann von **Grundregeln ordnungsgemäßer Unternehmensführung** gesprochen werden, die freilich im Einzelnen vom Gegenstand des Unternehmens, von seiner Größe und von der Branche abhängig sind (*Scholz/Schneider* GmbHG § 43 Rdn. 84 ff, 91 ff; *Zainhofer* Kriminalistik **1992** 509, 515).

**112** Sie konkretisieren das strafrechtliche Merkmal des ordnungsgemäßen Wirtschaftens (zust. *Harneit* S. 90 f sowie *Scholz/Schneider* aaO Rdn. 84) und haben nicht etwa deshalb außer Betracht zu bleiben, weil sie teilweise am Innenverhältnis (z.B. des Geschäftsführers zur GmbH) ausgerichtet sind (so aber die Kritik von *Krause* S. 87 ff). Zwar beziehen sich die Pflichten zur ordentlichen Unternehmensleitung nach § 43 GmbHG usw. in der Tat unmittelbar nur auf das Verhältnis des Geschäftsleiters zur Gesellschaft (BGHZ **31** 258, 278; *Scholz/Schneider* aaO Rdn. 300 mit weit. Nachw.). Jedoch bestehen diese Grundregeln als **Verkehrsregeln** zu einem erheblichen Teil um des Gläubigerschutzes willen (vgl. nur *Krause* S. 407), wie die weitgehende Identität dieser Regeln für Leiter von Kapitalgesellschaften einerseits und Einzelkaufleute, bei denen kein Innenverhältnis besteht, andererseits belegt. Dies zeigen beispielhaft – für den Buchführungsbereich – die *Grundsätze ordnungsmäßiger Buchführung* (GoB) (§ 238 Abs. 1 HGB). § 283 Abs. 1 Nr. 7b nimmt auf sie Bezug, wenn für die Bilanzierungsfrist auf die „einem ordnungsmäßigen Geschäftsgang entsprechende Zeit" verwiesen wird (vgl. § 243 Abs. 3 HGB). Insbesondere diese den Vollkaufmann, die Handelsgesellschaften und Genossenschaften sowie hinsichtlich des Nebengewerbes auch die Land- und Forstwirte treffende handelsrechtliche Buchführungspflicht zielt einerseits auf Rechenschaft gegenüber Dritten, andererseits aber auch auf Selbstinformation im Sinne einer dauernden Beobachtung

---

nungsgemäßen Wirtschaften als *erlaubtem Risiko* des Verbrauchers ist aber zu Recht auf Ablehnung gestoßen (*Dohmen* S. 169 ff; *Moosmayer* S. 74 ff; *Penzlin* S. 204; *Röhm* S. 271 ff; *Sch/Schröder/Stree/Heine* § 283 Rdn. 7a).

des Unternehmenszustandes zur Ermöglichung einer vertretbaren Planung und Disposition (näher § 283 Rdn. 90).

Für den Buchführungsbereich stimmt *Krause* (S. 84 Fn. 68) unserer Auffassung ausdrücklich zu. Im Übrigen will er unter dem auch hier zugrundegelegten Gesichtspunkt des *Gläubigerschutzes* auf eine Trias von Entscheidungskriterien abstellen: die Zwecke, das Risiko und die Informationsgrundlage der Vermögensdisposition (S. 365 f). Dies stimmt mit den hier bereits in den Vorauflagen entwickelten Einzelkriterien (unten Rdn. 116 f, 118 ff) überein, wobei die theoretische Generalisierung (auf der Grundlage der Entscheidungstheorie) bei *Krause* aber teils lebensfern, teils tautologisch ist: Der Schuldner müsse „das für die Gläubiger risikoärmste Vorgehen wählen" und dürfe keine Zwecke verfolgen, „die mit den Zielen des Insolvenzrechts unvereinbar sind", namentlich nicht das schuldnerische Vermögen dem Gläubigerzugriff entziehen (S. 365). Zu Unrecht entwertet *Krause* (S. 413) sein drittes Kriterium durch die Behauptung, die „Informationslosigkeit" mache eine vertretbare nicht zu einer unvertretbaren Vermögensdisposition, sondern schneide nur den Einwand fehlenden Vorsatzes ab; demgegenüber zeigt insbesondere § 283 Abs. 1 Nr. 8, dass die „Informationslosigkeit" einer Vermögensverringerung deren Unvertretbarkeit begründen kann (näher Rdn. 120). Insgesamt systematisiert *Krause* damit in beachtlicher Weise vorliegende Erkenntnisse, ohne dass aber die von ihm herangezogene Lehre vom erlaubten Risiko neue Einsichten oder auch nur ein schärfere Konkretisierung der Anforderungen ordnungsgemäßen Wirtschaftens brächte (vgl. auch bereits Fn. 72). **113**

*Insgesamt* sind die Grundsätze ordnungsgemäßer Unternehmensführung – entsprechend dem Rechtsgut der §§ 283 ff – am Gläubigerschutz und an den sonstigen Belangen einer funktionstüchtigen Kreditwirtschaft auszurichten. Abgesehen von dieser grundsätzlichen Orientierung (und von den Grundsätzen ordnungsmäßiger Buchführung) wird der auch für das Insolvenzstrafrecht maßgebende außerstrafrechtliche **Maßstab des ordentlichen Kaufmanns** nirgends vom Gesetz definiert oder mit Anspruch auf allgemeine Geltung erläutert. (Einzelne Ausprägungen wie die aktienrechtliche Pflicht zur gewissenhaften Rechnungslegung werden teilweise und beispielhaft vom Gesetzgeber konkretisiert, vgl. etwa § 160 AktG.) Die dadurch entstehende Unbestimmtheit ist zum Zwecke der Anpassungsfähigkeit des Maßstabes vom außerstrafrechtlichen Gesetzgeber ausdrücklich gewollt: Das Gesetz verweist auf einen wandelbaren Standard oder Typus. **114**

Der empirische Bestandteil dieses Typus ist die kaufmännische Verkehrssitte oder allgemeine kaufmännische Übung.[78] Als Unterart der Handelssitte ist diese Verkehrssitte **tatsächliche Übung.** Sie kommt als Erkenntnisquelle insoweit in Betracht, als sie positiv allgemein anerkannt und negativ nicht missbräuchlich ist (vgl. – auch zum Folgenden – *Tiedemann* Wirtschaftsstrafrecht AT Rdn. 5 und 120). Die Verkehrssitte bildet sich aus kaufmännischer Erfahrung und Einsicht heraus und kann von Rechtsprechung und Wissenschaft nur gefördert, nicht aber eigentlich gestaltet werden. Insoweit hat der Richter also primär induktiv festzustellen, welche tatsächliche Übung besteht und von ordentlichen (ehrenwerten) Kaufleuten für richtig gehalten wird. **115**

Daneben enthält der Maßstab durch das Erfordernis der **Anerkennung** durch die ordentlichen Kaufleute das Merkmal der Werthaftigkeit der Übung. Was insoweit erforderlich ist, ergibt sich teilweise aus dem Gesetz (z.B. HGB, GmbHG, AktG), teilweise aus **116**

---

[78] *Hopt* HGB § 346 Rdn. 1 ff; *Tiedemann* Wirtschaftsstrafrecht AT Rdn. 5 mit weit. Nachw.

der Verkehrssitte (z.B. GoB), die sich auch zu Gewohnheitsrecht verfestigen kann. Die Verkehrssitte legt insoweit auch das Verhalten von Angehörigen der *Freien Berufe* fest. Zu berücksichtigen sind in diesem Bereich ferner wissenschaftliche Überlegungen und Gerichtsentscheidungen. Die Zulässigkeit deduktiven Vorgehens hat allerdings die Rechtsprechung vielfach dazu verführt, Handlungsmaximen in teilweise eklatanter Abweichung von betriebswirtschaftlichen Überlegungen und Forderungen aufzustellen. Insoweit erscheint eine stärkere Ausrichtung an den Lehren der Betriebswirtschaft zutreffend. Strafrechtlich verdient zusätzlich Beachtung, dass die außerstrafrechtliche Literatur nicht selten neben strikten Forderungen und Pflichten auch Empfehlungen und Hinweise enthält, denen eine (kaufmännische) Übung entsprechen *sollte*. Derartige Normierungsansätze sind für das Strafrecht nur ausnahmsweise relevant. Insbesondere haben die von internationalen Organisationen (UNO, OECD usw.), von Handelskammern, Verbänden usw. formulierten Verhaltensrichtlinien keinen bindenden Charakter (vgl. § 161 AltG und *Tiedemann* Wirtschaftsstrafrecht AT Rdn. 8). Sie können freilich im Einzelfall ebenso wie unternehmensinterne Verhaltensrichtlinien für § 266 die Pflichten eines ordentlichen Kaufmanns konkretisieren (vgl. BGHSt **52** 323, 335).

**117** Häufig werden innerhalb oder jenseits der normativen Festlegung **Freiräume** bleiben, die nicht oder nur rahmenhaft eingegrenzt sind und dem Grundsatz des unternehmerischen Ermessens entsprechen (*Scholz/Schneider* GmbHG § 43 Rdn. 53 ff mit Nachw.). In diesen Freiräumen sind alle wirtschaftlichen (Prognose-)Entscheidungen ordnungsgemäß, die auf der Grundlage angemessener Information erfolgen, am Unternehmensinteresse ausgerichtet sind und **vertretbar** oder plausibel erscheinen, also von einem rational handelnden Unternehmer vorgenommen werden können (Plausibilitätskontrolle). Dies meint offenbar auch der bereits oben Rdn. 101 angeführte BGH-Beschluss 3 StR 242/79, wenn er darauf abstellt, ob der Zweck der Sanierung einer ausländischen Tochtergesellschaft „bei vernünftiger wirtschaftlicher Betrachtung sinnvollerweise angestrebt werden konnte“.[79] Die Weite und Unbestimmtheit dieses Vertretbarkeitsrahmens darf – vor allem auch bei der im nachträglichen Strafverfahren vorhandenen Kenntnis der realen wirtschaftlichen Folgen – nicht zum Nachteil des Wirtschafters eingeschränkt werden. Vielmehr entspricht es der Bestimmtheitsgarantie des Art. 103 Abs. 2 GG, dass unbestimmte Befugnisse strafrechtlich voll ausgeschöpft und nicht übermäßig verengt werden dürfen (*Tiedemann* NJW **1981** 946 und **1980** 155, je mit Nachw.). Negativ formuliert ist der Maßstab ordnungsgemäßen Wirtschaftens erst verletzt, wenn die wirtschaftliche Entscheidung oder Maßnahme als **zweifelsfrei unvertretbar** erscheint (*Tiedemann* ZIP **1983** 521; zust. *Richter* GmbHR **1984** 145 und *Weyand/Diversy* Rdn. 100). In diesem Sinne stellt BGH 3 StR 242/79 für Sanierungsversuche darauf ab, dass die „Aussichtslosigkeit nicht von vornherein feststand“ (zust. *Krause* S. 399). Positiv formuliert liegt kein Verstoß gegen die Anforderungen ordnungsgemäßen Wirtschaftens vor, solange Sachkundige über die Vertretbarkeit unterschiedlicher Meinung sind (vgl. *Sch/Schröder/Lenckner* Rdn. 2, *Tiedemann* aaO sowie LK[11] Rdn. 68, je zu § 265b). Dies ist entgegen BGHSt **30** 285, 288 nicht nur eine Frage der (zweifelsfreien) tatrichterlichen Feststellung (in dubio pro reo!), sondern begrenzt bereits die materiellrechtliche Reichweite des Strafbestandes, also die Rechtsanwendung (zust. *Krause* S. 73 f). Methodisch weist die Behandlung tatsächlicher Zweifel allerdings Ähnlichkeit mit der Nichtberücksichtigung unklarer Randbereiche von Rechtsnormen auf. Von beiden Aspekten zu unterscheiden ist die Vorsatz- und Schuldfrage, nämlich die zusätzlich erforderliche subjektiv-individuelle Voraus-

---

[79] Zustimmend dazu *Krause* S. 397, der hierin das Kriterium der Geeignetheit der Maßnahme erblickt; **kritisch** dagegen *Höfner* S. 46.

sicht und Inkaufnahme bzw. Vorhersehbarkeit und Vermeidbarkeit im Hinblick auf die (objektiv gegebene und prozessual zweifelsfrei festgestellte) Unvertretbarkeit des Handelns. Insbesondere § 283 Abs. 1 Nr. 8, aber auch Nr. 1 und Nr. 3 beschränken insoweit die Strafbarkeit auf vorsätzliche Verstöße (vgl. § 283 Abs. 5). Hieraus ergibt sich eine weitere allgemeine Einschränkung, da der *Tätervorsatz* nicht nur die dem Vertretbarkeitsurteil zugrunde liegenden Tatsachen, sondern zumindest in laienhafter Parallelwertung auch die Wertung der Unvertretbarkeit nachvollziehen oder das Ergebnis der Unvertretbarkeit umfassen muss (vgl. § 283 Rdn. 189).

g) Hinsichtlich der **Einzelheiten** des Maßstabes für die Bestimmung des Vorliegens oder Nichtvorliegens ordnungsgemäßen Wirtschaftens bei Kaufleuten und Angehörigen freier Berufe ist vorab noch einmal auf die Abhängigkeit der Pflichten vom Gegenstand und von der Größe des Unternehmens, vom Vorhandensein einer Krise sowie von der in Frage stehenden Branche und auf die Tatsache hinzuweisen, dass sich die Anforderungen der Ordnungsmäßigkeit nicht nach einer tatsächlichen (z.B. zu nachlässigen) Übung (Ist-Zustand), sondern nach einem normativen Soll-Zustand richten (zust. *Bieneck* in Müller-Gugenberger/Bieneck § 86, 11); dessen Abgrenzung von bloßen Empfehlungen (vgl. oben Rdn. 116) kann schwierig sein und darf nicht zu Lasten des Täters vorgenommen werden. Der Unternehmensgegenstand und die Unternehmenssituation (Krise?) geben insbesondere Auskunft darüber, welches **Risiko** der Unternehmer eingehen darf, ohne pflichtwidrig zu handeln (vgl. *Scholz/Schneider* GmbHG § 43 Rdn. 92 ff mit Nachw.). Unternehmensführung ist etwas anderes als Vermögensverwaltung und daher typischerweise mit Risiken verbunden. Die Zulässigkeit des Eingehens erheblicher Risiken richtet sich auch nach der *Rechts- und Finanzierungsform* des Unternehmens, der Größe und der Wahrscheinlichkeit der Verlustgefahr und den Möglichkeiten der *Kontrolle* dieser Gefahr. Ausgesprochene *Spekulationsgeschäfte* mit den Gefahren hoher Verluste in der Hoffnung auf besonders großen Gewinn sind, wie § 283 Abs. 1 Nr. 2 ergibt, im Allgemeinen pflichtwidrig (*Scholz/Schneider* aaO Rdn. 99 ff mit Nachw.). Der Unternehmer darf nicht „wie beim Glücksspiel alles auf eine Karte setzen" (RGSt **61** 211, 213; **66** 255, 262 zu § 312 HGB). *Krause* S. 395 ff systematisiert in heuristisch brauchbarer Weise die Risikoabwägung nach den – von § 34 bekannten – Kriterien der Geeignetheit, Erforderlichkeit und Angemessenheit der Maßnahme. **118**

Als Verstoß gegen die Sorgfaltsregeln des Kreditverkehrs stellt im Allgemeinen die Gewährung von Bank- oder Warenkredit an unbekannte Unternehmen ohne Überprüfung der **Kreditwürdigkeit** und/oder ohne hinreichende Sicherheiten ein unvertretbares Risiko dar und ist pflichtwidrig (*Scholz/Schneider* GmbHG § 43 Rdn. 94; vgl. auch *Tiedemann/Sasse* S. 8 ff). Entsprechendes gilt für die Hinnahme erheblicher *Verluste* über einen längeren Zeitraum, insbesondere für die Weiterbelieferung von Abnehmern, die den Kaufpreis nicht zahlen, Wechsel nicht einlösen usw. Soweit es um die *Erhaltung von Arbeitsplätzen* geht, ist das einschlägige Interesse teilweise mit dem unternehmerischen Interesse an Gewinnerzielung und Betriebsfortführung identisch. Die Sicherung des individuellen Arbeitsplatzes kann dagegen rechtlich nur über die Notstandshilfe nach § 34 zu einem Anliegen des Unternehmensinhabers werden.[80] Dasselbe gilt im Ausgangspunkt für das überindividuelle Interesse an der Erhaltung bestimmter (z.B. regionaler) Struktu- **118a**

[80] Vgl. oben Rdn. 52; zustimmend *Krause* S. 384. Vgl. auch BGHSt **5** 61, 66 und das sehr zurückhaltende Urteil BGH 4 StR 28/75 vom 13.3.1975 bei Dallinger MDR **1975** 723 f und (ausführlicher) bei *Tiedemann* Die Neuordnung des Umweltstrafrechts (1980) S. 60.

ren des Arbeitsmarktes usw. Anders als bei der Nachkriegsjudikatur zur Kollision mit Preisstrukturinteressen (vgl. vor allem BayObLG NJW **1953** 1602, 1603) kommt eine Rechtfertigung nach § 34 StGB im Insolvenzstrafrecht nur in Extremfällen in Betracht, da § 283 Abs. 1 bereits die gesetzgeberische Verhaltensentscheidung für den Normalfall der Unternehmenskrise enthält, die Gefährdung von Arbeitsplätzen bei § 283 Abs. 1 geradezu die Regel darstellt und eine Rettung der Arbeitsplätze jedenfalls bei einer Betrachtung ex post – nach Eintritt der objektiven Strafbarkeitsbedingung – bei §§ 283 ff nicht gelungen ist, also nur eine zeitweilige Erhaltung in Frage steht (vgl. auch *Weber* ZStW **96** [1984] S. 395).

**119** Unter den zahlreichen weiteren Einzelfragen ist hier – mit der Tendenz zur Beschränkung auf allgemeine und elementare Anforderungen – vor allem hervorzuheben, dass *Rechtsnormen,* die ein bestimmtes Verhalten nicht gebieten, sondern nur zulassen, für die Ordnungsmäßigkeit eines Verhaltens lediglich ein Indiz abzugeben vermögen. So kann es durchaus mit den Anforderungen ordnungsgemäßen Wirtschaftens vereinbar sein, dass der Schuldner sich nicht auf die eingetretene Verjährung beruft und eine verjährte Forderung erfüllt, um sich z.B. einen wichtigen Lieferanten zu erhalten. Dagegen beseitigt die **Strafbarkeit** eines bestimmten, also verbotenen, Verhaltens (z.B. Schmiergeldzahlung nach § 299) ohne Weiteres die (betriebswirtschaftliche) Ordnungsmäßigkeit des Wirtschaftens (*Scholz/Schneider* GmbHG § 43 Rdn. 76 mit Nachw.; **str.**). Es kommt insoweit aber auch auf die Schutzrichtung (Rechtsgüter) der Straf- und Bußgeldtatbestände an. Angesichts der oben Rdn. 45 ff umschriebenen Rechtsgüter der §§ 283 ff widersprechen Verhaltensweisen, die *gesamtwirtschaftlich* unerwünscht und daher verboten sind, wohl nicht ohne weiteres i.S.d. § 283 den Anforderungen einer ordnungsgemäßen Wirtschaft (z.B. Erbringen einer Ausgleichszahlung aufgrund einer Kartellabsprache, § 81 Abs. 1 Nr. 1 i.V.m. § 1 GWB). In diesen Fällen kann sich allerdings die Wirtschaftswidrigkeit daraus ergeben, dass die Gefahr drohender hoher Geldstrafen, Geldbußen, Gewinnabschöpfungen usw. nicht einkalkuliert wird (sofern sich diese Sanktionen fühlbar auf das Vermögen des Unternehmens auswirken, was je nach Situation und Größe des Unternehmens verschieden sein dürfte). Im Übrigen bestehen für die **Preiskalkulation** in der Wettbewerbswirtschaft nur rahmenhafte Richtlinien ordnungsgemäßen Wirtschaftens. Jedenfalls bei eingetretener wirtschaftlicher Krise darf aber auf längere Sicht der Preis nicht unterhalb der Kosten oder sogar unterhalb des Einstandspreises, also als Verlustgeschäft i.S.d. § 283 Abs. 1 Nr. 2, kalkuliert werden (vgl. *Maul* S. 21). *Insgesamt* ist von der Preisgestaltungsfreiheit des Unternehmens auszugehen. Die zur Einschränkung dieser Freiheit anerkannten Preisbildungsregeln dienen *nicht* dem Gläubigerschutz und sind daher für das Insolvenzstrafrecht nur als Teil eines (betriebswirtschaftlich vertretbaren) planvollen Handelns relevant: An diesem fehlt es bei der nicht nur kurzfristigen Verschleuderung von Waren, wenn insbesondere mit Verkäufen unter Einstandspreisen nicht gleichzeitig ein zulässiger Zweck – wie etwa eine (kurzfristige) Liquiditätsschöpfung oder die Räumung von Lagern – verfolgt wird (vgl. auch BGH NJW **1979** 2611 ff).

**120** Zu einem rationalen Wirtschaften gehören vor allem bei drohender oder bereits eingetretener Krise gewisse Mindesterfordernisse der **Übersicht** und **Planung** (zust. *Krause* S. 413), deren Grundlagen und Grade u.a. von der *Größe des Unternehmens* und seiner Rechtsform sowie von der *Branche* abhängen. Klassischerweise wird als Datensammlung und -auswertung zu diesem Zweck der Selbstinformation des Wirtschafters die **Buchführung** (einschließlich Bilanz, Inventar, Gewinn- und Verlustrechnung) angesehen: Sie gibt dem Wirtschafter den erforderlichen Überblick über den Stand von Vermögen und Schulden, über seine Zahlungsfähigkeit, über die Entwicklung seines Umsatzes und seiner Kosten. Mangelnde oder mangelhafte Buchführung hat typischerweise Fehldispositionen, nämlich betriebliche und finanzielle Fehlplanungen, zur Folge (zusammenfassend *Klein* in Tagungsberichte der Sachverständigenkommission zur Bekämpfung der Wirtschaftskriminalität Bd. III Anlage 2 B S. 1 ff mit Nachw.).

Allerdings führt bereits die Bindung der handelsrechtlichen Buchführungspflicht an **121**
die Eigenschaft als **Kaufmann** (§§ 238 Abs. 1, 4 Abs. 1, auch § 262 HGB) zu einer erheblichen personalen Begrenzung der Reichweite dieses Erfordernisses der Selbstinformation (näher § 283 Rdn. 96). Weiter begrenzen die unterschiedlichen Arten von Bilanzen (zusammenfassend *Arians* Sonderbilanzen, 2. Aufl. 1985, S. 15 ff) mit den entsprechend unterschiedlichen Zielen der Bewertung in funktionaler Hinsicht die Genauigkeit und die Richtung des Überblicks. Zwar soll die *Handelsbilanz* (§ 242 HGB) Einblick in die Vermögens- und Ertragslage geben. Jedoch lassen sich bisher aus §§ 238 ff HGB nur sehr allgemeine Bilanzierungsgrundsätze ableiten. Vor allem aber die **Bilanzierungsfristen** (vgl. allgemein § 243 Abs. 3 HGB) führen dazu, dass handelsrechtliche Buchführung und Bilanz unter zeitlichen Gesichtspunkten eine häufig bereits überholte, also recht unzuverlässige Informationsquelle darstellen.

Demgegenüber kann es von einer bestimmten Unternehmensgröße an und je nach **122**
Branche oder Rechtsform oder beabsichtigtem Geschäft zu einem ordnungsgemäßen, also rationalen Wirtschaften gehören, eine zukunftsbezogene Planungsrechnung vorzunehmen, nämlich Finanz-, Absatz-, Investitions-, Personal- und weitere Pläne aufzustellen. Der Information über die Liquiditätslage dient eine hierfür geeignete kurz- und mittelfristige **Finanzplanung,**[81] also die systematische Gegenüberstellung geplanter Einnahmen und Ausgaben. Die Notwendigkeit einer Finanzplanung für Gewerbetreibende und Angehörige der Freien Berufe als Teil einer Gesamtplanung nimmt mit stärker werdender Krise zu und hat jedenfalls zur Folge, dass das Fehlen jeglichen einschlägigen Planes in der Krise als sog. Blindwirtschaften grob wirtschaftswidrig i.S.d. § 283 Abs. 1 Nr. 8 ist (vgl. BGH NJW **1981** 354, 355 und schon GA **1964** 119, 120. Näher unten § 283 Rdn. 169 und 207).

Bereits an dieser Stelle ist allerdings grundsätzlich – gegen *Bretzke* S. 127 ff und KTS **123**
**1985** 415 ff – festzuhalten, dass das Strafrecht keine weitergehenden Anforderungen als das Zivil- bzw. Handelsrecht stellt und von einem sorgfältigen Kaufmann oder Unternehmer keine ständige Liquiditätsplanung und keine ständige prospektive Informationsgewinnung über den Liquiditätsstatus verlangt (**aA** allerdings auch *Bieneck* in Müller-Gugenberger/Bieneck § 76, 7 und *Weyand/Diversy* Rdn. 29; dazu § 283 Rdn. 208). Wenn *Bretzke* aaO meint, insbesondere das Eingehen von Spekulationsgeschäften müsse nicht selten sehr kurzfristig entschieden werden, so dass fahrlässige Unkenntnis drohender Zahlungsunfähigkeit in dieser Situation zur Strafbarkeit führe und Straflosigkeit nur eingreife, wenn der Täter ständig über seine Liquidität Bescheid wisse, so ist dem entgegenzuhalten, dass die (restriktiv auszulegenden! § 283 Rdn. 52) Spekulationsgeschäfte riskante Ausnahmefälle darstellen, die *unterlassen* werden müssen, wenn die Liquiditätslage nicht klar ist: Hat der Kaufmann bzw. Unternehmer auf eine ständige Liquiditätskontrolle verzichtet – was ihm straf- wie zivil- und handelsrechtlich freisteht –, so darf er derartige Geschäfte nicht vornehmen. Umgekehrt ist die Vornahme solcher hochriskanter

[81] Vgl. aus strafrechtlicher Sicht *Maul* S. 20 f und DB **1979** 1761; *Knief* BB **1984** 10 ff; *Kupsch* BB **1984** 159 ff; *Tiedemann* ZIP **1973** 522; im Übrigen *Drukarczyk* Finanzierung (6. Aufl. 1993) S. 88 ff; *H. Vormbaum* Finanzierung der Betriebe (8. Aufl. 1990) S. 605; *Wöhe/Bilstein* Grundzüge der Unternehmensfinanzierung (7. Aufl. 1994) S. 321 ff.

Geschäfte selbst ein „bestimmter Anlass" zur Überprüfung der Liquiditätslage (vgl. näher § 283 Rdn. 208).

**124** Ein wichtiges Teilgebiet aus dem Bilanzierungs- und Finanzierungsbereich ist ferner die Ausstattung mit **Eigenkapital,** insbesondere in seinem Verhältnis zu Fremdkapital, Unternehmenszweck, Geschäftsumfang und Anlagevermögen. Insoweit wurde bereits oben Rdn. 15 einschränkend darauf hingewiesen, dass sich die Frage nach der angemessenen Ausstattung eines Unternehmens mit Eigenkapital nur im Einzelfall und je nach Branche beantworten lässt, eine verbindliche betriebswirtschaftliche Aussage über ein unvertretbares Ausmaß an Fremdfinanzierung also nur in Extremfällen möglich ist. Aus diesem Grunde hat auch der Sonderausschuss für die Strafrechtsreform (Bericht BTDrucks. 7/5291 S. 19) in Ablehnung des § 192 Abs. 1 Nr. 1 AE davon abgesehen, das Gründen oder/und Betreiben unterkapitalisierter Unternehmen gesondert unter Strafe zu stellen. Die unzureichende Ausstattung mit Eigenkapital ist daher keine Bankrotthandlung, kann aber die Wirtschaftswidrigkeit einer Vermögensdisposition begründen. „Unterkapitalisierung" ist zwar ein seit längerem bekannter Rechtsbegriff und zivilrechtlicher Haftungstatbestand, dessen Beurteilung ebenfalls an dem Verhalten „ordentlicher Kaufleute" auszurichten, aber auf Extremfälle (des Missbrauchs) zu beschränken ist (*Westermann* in Scholz, GmbHG Einl. Rdn. 144 und *Emmerich* ebda § 13 Rdn. 89 mit weit. Nachw.). BGH 2 StR 800/76 v. 15.4.1977 hat schon vor der Einführung des § 32a GmbHG im Jahre 1980 nicht gezögert, eine strafrechtliche Verurteilung (nach § 239 KO a.F.) darauf zu stützen, dass die GmbH-Gesellschafter ein kapitalersetzendes Darlehen zurückforderten, „bevor der mit der Darlehensgewährung verbundene Zweck der Sanierung nachhaltig erreicht war". In den oben Rdn. 15 genannten Grenzen ist daher ebenfalls die Einordnung einer Handlung als grob wirtschaftswidrig möglich (*Krause* S. 410 f; *Tiedemann* GmbH-Strafrecht[4] Rdn. 41 vor § 82). Hieran hat die Aufhebung des § 32a GmbHG durch das MoMiG 2008 nichts geändert, zumal der von dieser Vorschrift verwendete Begriff der „Krise der Gesellschaft" in § 283 Abs. 1 fortbesteht und Gesellschafterdarlehen nach § 64 GmbHG n.F. nach Eintritt der Zahlungsunfähigkeit der Gesellschaft oder nach Feststellung ihrer Überschuldung nicht zurückgezahlt werden dürfen.

**125** 3. **Zahlungsunfähigkeit und Zahlungseinstellung.** Die Zahlungsunfähigkeit (Illiquidität) des Schuldners ist gemäß § 17 Abs. 2 InsO Voraussetzung für die Eröffnung des Insolvenzverfahrens. Sie ist „in der Regel anzunehmen, wenn der Schuldner seine Zahlungen eingestellt hat". Diese Regel des § 17 Abs. 2 Satz 2 InsO gilt auch für das Strafrecht: Die Zahlungseinstellung ist die äußere Manifestation der Zahlungsunfähigkeit. Allerdings kann Zahlungseinstellung auch bei bloßem Fehlen des Zahlungswillens und an sich vorhandener Zahlungsfähigkeit vorliegen. Das Insolvenzrecht erkennt nur eine auf Zahlungsunfähigkeit beruhende Zahlungseinstellung als relevant an (vgl. *Müller* in Jaeger, InsO § 17 Rdn. 35 mit Nachw.). Das Insolvenzstrafrecht geht in dieser Hinsicht nach h.M. weiter und lässt für die Zahlungseinstellung auch die bloße Zahlungsverweigerung trotz vorhandener Zahlungsfähigkeit genügen (vgl. aber unten Rdn. 144). Außerdem lässt § 283 Abs. 1 (und § 18 Abs. 1 InsO als Eröffnungsgrund bei Antrag des Schuldners) neben der eingetretenen auch die *drohende Zahlungsunfähigkeit* ausreichen (dazu unten b). Dies entbindet jedoch nicht von der Notwendigkeit, Zustand und Zeitpunkt der Zahlungsunfähigkeit möglichst genau zu bestimmen.

**126** a) **Zahlungsunfähigkeit** ist nach der schon vor der InsO üblichen und auch im Strafrecht anerkannten, nunmehr in § 17 Abs. 2 Satz 1 InsO festgeschriebenen Definition das auf dem Mangel an Zahlungsmitteln beruhende, voraussichtlich dauernde Unvermögen eines Schuldners, seine sofort zu erfüllenden Geldschulden noch im Wesentlichen zu begleichen[82] oder – kürzer mit den Worten des Gesetzes – „die fälligen Zahlungspflichten zu erfüllen". Der Begriff erfordert somit die Feststellung der Relation fälliger Schulden zu den liquiden Mitteln und die Prognose voraussichtlicher Fortdauer des Mangels hinreichender Zahlungsmittel. Allerdings lehnt die amtl. Begr. (BTDrucks. 12/2443 S. 114) eine „übermäßig restriktive" Auslegung und insbesondere das früher anerkannte Erfordernis der Wesentlichkeit der Unterdeckung (unten Rdn. 129) ab; Zahlungsunfähigkeit soll danach nach neuem Recht nur bei „ganz geringfügigen" Liquiditätslücken ausscheiden. Auch nennt das Gesetz das Merkmal einer gewissen Dauer der Zahlungsunfähigkeit nicht mehr. Jedoch hält die ganz herrschende Ansicht im Prinzip an der zeitraumbezogenen Betrachtungsweise zutreffend fest (Rdn. 134), da es weder ökonomisch sinnvoll ist noch durch den Gläubigerschutz erfordert wird, einen Schuldner als zahlungsunfähig anzusehen und das Insolvenzverfahren zuzulassen, wenn der Schuldner zwar zu einem bestimmten Stichtag nicht alle fälligen Geldschulden erfüllen, aber mit alsbaldigen Zahlungseingängen oder Kreditgewährung rechnen kann. Mit Blick auf den gemeinsamen Gläubigerschutzzweck von InsO und §§ 283 ff (Rdn. 45 ff) besteht insgesamt auch kein Anlass, nach neuem Recht den Begriff der Zahlungsunfähigkeit strafrechtlich-autonom zu bestimmen: Der strafrechtliche Begriff ist *insolvenzrechtsakzessorisch* (OLG Köln NStZ-RR **2005** 378; *Lackner/Kühl* § 283 Rdn. 7; **aA** *Sch/Schröder/Stree/Heine* § 283 Rdn. 52, je mit weit. Nachw.). Hiervon auszunehmen ist nur die *Vermutung* des § 17 Abs. 2 Satz 2 InsO, da das Verfassungsrecht mit seinem Schuldprinzip ihre Anwendung im Strafrecht verbietet (*Tiedemann* Verfassungsrecht und Strafrecht, 1991, S. 40 f und Wirtschaftsstrafrecht AT Rdn. 67, je mit Nachw.). Für weitere Einschränkungen ist entgegen einer nur „an der Legaldefinition des § 17 Abs. 2 (insolvenzrechts-)orientierten Auslegung" (so *Radtke* MK Rdn. 78 vor §§ 283 ff) kein Raum. Ein *engeres* Verständnis der Zahlungsunfähigkeit bei § 283 Abs. 1 als in § 17 Abs. 1 Satz 2 InsO (so *Plathner* S. 170) ist sinnwidrig, da der in letzterer Vorschrift verwendete Begriff die Insolvenz (Geldilliquidität) bezeichnet, die bereits die Eröffnung des Insolvenzverfahrens erlaubt; hier strafrechtlich das Vorliegen einer Krise abzulehnen, geht nicht an.

Abzustellen ist auf die **Geldschulden**. Als solche sind auch Verpflichtungen anzusehen, **127**
die erst nachträglich zu Geldschulden geworden sind, z.B. Schadensersatzverpflichtungen nach § 325 BGB (*Müller* in Jaeger, InsO § 17 Rdn. 6 mit Nachw.). Einzelheiten – wie die Einordnung von Gewinnansprüchen bei AG und GmbH – sind streitig und der Literatur zum Insolvenz- und Gesellschaftsrecht zu entnehmen.

Die **Fälligkeit** der Geldschulden bestimmt sich nach Zivilrecht (zust. *Matzen* S. 48). **128**
Zwar stellt die Betriebswirtschaftslehre für die Liquidität auf die tatsächliche Laufzeit ab (vgl. *Schlüchter* MDR **1978** 268 mit Nachw.). Dem entsprach die insolvenz(straf)rechtliche Auffassung, dass für die Zahlungsunfähigkeit nur solche Verbindlichkeiten zu berücksichtigen sind, die von den Gläubigern „ernsthaft eingefordert werden",[83] hinsichtlich derer also die Gläubiger „drängen" (*Hoffmann* MDR **1979** 713 f. Aus diesen vom Strafrecht übernommenen Einschränkungen ergaben sich im Einzelfall erhebliche Feststellungsschwierigkeiten (*Tiedemann* ZIP **1983** 515). Die InsO hat daher das Erfor-

---

[82] BGH KTS **1957** 12 ff und wistra **1991** 26 sowie **2007** 308 (f); BGHR § 283 Abs. 1 Zahlungsunfähigkeit 1, 2; RG JW **1934** 841, 842; BayObLG wistra **1988** 363; OLG Düsseldorf NJW **1988** 3166; OLG Stuttgart NStZ **1987** 460; *Baumann* Konkurs § 5 I 1a; *Fischer* Rdn. 8 vor § 283; *Sch/Schröder/Stree/Heine* § 283 Rdn. 52; *Tiedemann* Wirtschaftsstrafrecht BT Rdn. 412, je mit weit. Nachw. Zum Verhältnis zum betriebswirtschaftlichen Begriff *Bretzke* S. 80 f.

[83] BGH KTS **1960** 38, 39; WM **1959** 470, 471; NStZ **1987** 279 mit Anm. *Gössel* JR **1988** 256; BGHR § 283 Abs. 1 Zahlungsunfähigkeit 1; BayObLG aaO; *Hiltenkamp-Wisgalle* S. 276 f.

dernis ernsthafter und dringender Einforderung aufgegeben (BGH wistra **2007** 312; *Müller* in Jaeger, InsO § 17 Rdn. 9 mit weit. Nachw.). Daher ist auch Zurückhaltung bei der Annahme einer stillschweigenden *Stundung* geboten; sie kann nicht schon in der Nichtgeltendmachung der Forderung gesehen werden (*Bieneck* in Müller-Gugenberger/Bieneck § 76, 57; *Bittmann* wistra **1998** 321, 322; *Röhm* S. 106 f mit weit. Nachw.). Zur zivil- und strafrechtlichen Relevanz von *bestrittenen Forderungen Bretze/Thomsen* GmbHR 2008 912, 914 ff mit Nachw.

**129** Allerdings braucht die Zahlungsunfähigkeit *nicht alle* fälligen *Geldschulden* und daher auch nicht alle Gläubiger zu betreffen. Maßgebend ist vielmehr ein *wesentlicher Teil* der Geldschulden,[84] auch wenn § 17 Abs. 2 InsO diese Einschränkung nicht mehr nennt: Der Grundsatz der Verhältnismäßigkeit erfordert, dass nicht bereits eine marginale Unterdeckung zur Auflösung des Insolvenzverfahrens führen kann (*Müller* in Jaeger, InsO § 17 Rdn. 22). Der rechtliche Begriff der Zahlungsunfähigkeit weicht insofern von dem betriebswirtschaftlichen Begriff der Illiquidität ab. Schon nach früherer Rechtsprechung konnte allerdings bereits eine einzelne Verbindlichkeit den wesentlichen Teil der Geldschulden ausmachen (vgl. nur *Schlüchter* MDR **1978** 268). Dies gilt auch für § 17 InsO (*Müller* aaO mit Nachw.). Das neue Recht mit seiner Tendenz zur früheren Eröffnung von Insolvenzverfahren (Rdn. 10) geht nach überwiegender Ansicht davon aus, dass schon eine relativ kleine **Deckungslücke** für die Annahme von Illiquidität ausreicht (Rdn. 126) – was strafrechtlich schon deshalb nicht zu beanstanden ist, weil § 283 Abs. 1 nicht die Auslösung des Insolvenzverfahrens, sondern eine Verschärfung der Handlungs- und Unterlassungspflichten betrifft. Im *Schrifttum* schwanken die für die Liquiditätslücke genannten quantitativen Margen zwischen einer Beibehaltung der im früheren Recht häufig befürworteten großzügigen Grenze von 25 % (*Dohmen* S. 143; *Hoyer* SK Rdn. 14, *Pelz* Rdn. 97; *Radtke* MK Rdn. 79 vor §§ 283 ff), 20 % (*Penzlin* S. 129 f und NZG **1999** 1203, 1208) und 10 % (*Bieneck* in Müller-Gugenberger/Bieneck § 76, 56b) bis hinab zu 1 % (*Müller* aaO Rdn. 22). Teilweise wird – im Sinne einer Mitberücksichtigung qualitativer Gesichtspunkte – die quantitative Grenzziehung bei der Bestimmung der Liquiditätslücke auch nach der Rdn. 134 behandelten Zeitraumfrage gestaffelt (*Bittmann* § 11, 58 mit Nachw.). Nicht haltbar ist aber der von einigen Autoren vorgeschlagene völlige Verzicht auf das Wesentlichkeitserfordernis (so jedoch *Fischer* Rdn. 9 vor § 283; *Kindhäuser* LPK § 283 Rdn. 7; *Moosmayer* S. 156; *Röhm* S. 117 ff). Die Berufung auf Art. 103 Abs. 2 GG trägt diesen Vorschlag schon deshalb nicht, weil er größere Rechtssicherheit auf Kosten der potentiellen Täter anstrebt und daher der Verfassungsgarantie entgegenwirkt. Zu unbestimmt ist auch der rein qualitative Ansatz von *Quedenfeld* und *Richter*, die allein auf die existenzielle Notwendigkeit der nicht mehr bezahlbaren Waren und Leistungen für das schuldnerische Unternehmen abstellen.[85]

**129a** Die strafrechtliche **Rechtsprechung** hat zu der Frage noch nicht explizit Stellung genommen. OLG Köln NStZ-RR **2005** 378 (f) weist auf die amtliche Begründung zur InsO hin, dass nur „ganz geringfügige Liquiditätslücken“ keine Zahlungsunfähigkeit begründen (BTDrucks. 12/3443 S. 114). Der 9. *Zivilsenat* des BGH nimmt als Schwellenwert im Sinne einer Beweislastregel 10 % an: Ein Überschreiten dieses Wertes begründe „regelmäßig“ Zahlungsunfähigkeit; ein Unterschreiten begründe sie nur unter „beson-

---

[84] Vgl. noch zu § 209 KO BGH WM **1963** 511, 512; BGHR § 283 Abs. 1 Zahlungsunfähigkeit 2; BayObLG aaO; *Otto* Gedächtnisschrift R. Bruns S. 278. Ebenso zum geltenden Recht *Sch/Schröder/Stree/Heine* § 283 Rdn. 52 (der von einer „bislang [?] h.M.“ spricht); *Tiedemann* Wirtschaftsstrafrecht BT Rdn. 412.

[85] *Quedenfeld/Richter* in Bockemühl (Hrsg.) Handbuch des Fachanwalts Strafrecht (2002) § 9, 131; dagegen *Bieneck* in Müller-Gugenberger/Bieneck § 76, 56.

deren Umständen", nämlich wenn bereits absehbar ist, dass die Lücke demnächst mehr als 10 % erreichen wird (BGHZ **163** 134, 142 f und DZWiR **2007** 116, 117). Unter Berufung auf den „Gesichtspunkt der Verhältnismäßigkeit" und die Angewiesenheit mittelständischer Unternehmen auf Kundenzahlungen sowie „saisonale Flauten" bestimmter Branchen verwirft BGHZ **163** 143 f „eine starre Grenze" und hält die „besonderen Umstände" für ausschlaggebend, um den genannten „Schwellenwert" zu über- oder unterschreiten. Dem stimmt – unter zutreffendem Verzicht auf die Beweislastregeln – *Bieneck* (in Müller-Gugenberger/Bieneck § 76, 56b) zu Recht zu (ebenso *Natale/Bader* wistra **2008** 414 f; ähnlich *Wegner* in Achenbach/Ransiek Kap. VII 1 Rdn. 76, der zu einem Grenzwert von 15 % tendiert).

Zur **Feststellung** des Eintritts der Zahlungsunfähigkeit sind ein Überschuldungsstatus **130**
und das Vorliegen einer Überschuldung für sich genommen nicht aussagekräftig (RG JW **1905** 157). Die Zahlungsunfähigkeit knüpft nämlich an den Geldhaushalt, die Überschuldung dagegen an die Vermögenssituation eines Unternehmens an. Erst eine *längerfristige Überschuldung* beeinflusst auch die Finanzierung und damit die Zahlungsfähigkeit des Unternehmens. Überschuldung ist daher vor allem ein Indiz dafür, dass eine einmal eingetretene Zahlungsunfähigkeit dauerhaft ist (*Hoffmann* MDR **1977** 715). Ebenso lässt die *Jahresbilanz* im Wesentlichen nur Rückschlüsse auf frühere Liquiditätsrisiken zu (*Plate* DB **1980** 218 mit Nachw.). Geeignet und in der Praxis für die Feststellung der Zahlungsunfähigkeit maßgebend sind vielmehr zwei andere Mittel der Rechnungslegung, die unabhängig voneinander oder auch kumulativ die Zahlungsunfähigkeit erkennen lassen: der Liquiditätsstatus (Liquiditätsbilanz) und der Finanz- oder Zahlungsplan (zust. *Hiltenkamp-Wisgalle* S. 280 f).

Im **Liquiditätsstatus** werden die Vermögenswerte eines Unternehmens nach dem Grad **131**
ihrer Liquidität (Barliquidität) und Liquidierbarkeit (einschließlich des „Überschussvermögens", also der überzähligen oder für das Weiterbestehen des Betriebes nicht lebensnotwendigen Teile des Anlagevermögens) geordnet und den Schulden in der Reihenfolge ihrer Fälligkeit gegenübergestellt.[86] Allerdings wird damit schon nicht mehr ein normaler Ablauf des Betriebsprozesses, der auf Ertragserzielung durch Einsatz (und nicht: Veräußerung) von Produktionsfaktoren gerichtet ist, zugrunde gelegt; an die Stelle des Ertragswertes eines Unternehmens tritt vielmehr der Liquidationswert der Aktiva (*Plate* aaO S. 219). Diese hypothetische Überführung der Vermögenswerte in Zahlungsmittel ist jedenfalls dann nicht sachgerecht, wenn das Unternehmen lebensfähig, nämlich ertragsfähig, und eine Liquidation tatsächlich nicht geplant ist (**krit.** *Matzen* S. 36 f). – Demgegenüber kontrolliert die systematische Gegenüberstellung geplanter Einnahmen und Ausgaben im **Finanzplan,** ob die von dem Unternehmen künftig zu erfüllenden finanziellen Verpflichtungen durch entsprechende Liquiditätszuflüsse, nämlich durch künftige Erträge, gedeckt werden können. Allerdings birgt nicht nur die Prognose des Zukunftsertrages große Schwierigkeiten (vgl. unten Rdn. 157 ff). Vielmehr gehören unter Gesichtspunkten der Liquidität zu den Einnahmen auch Überschüsse aus der Liquidation von nicht mehr benötigten Teilen des Produktivvermögens (*Plate* aaO S. 219) sowie sonstige frei verfügbare Vermögenswerte wie insbesondere Zahlungsmittel und Wertpapiere.

Es empfiehlt sich daher insgesamt, die Ansätze des Liquidationsstatus und der Finanz- **132**
planung zu **kombinieren** (zust. *Radtke* MK Rdn. 81 vor §§ 283 ff), um eine hinreichende

---

[86] BGH NJW **2000** 154 (156); NStZ **2001** 485; **2003** 546 f; wistra **2007** 308 (f); *Radtke* MK Rdn. 82 vor §§ 283 ff.

Abgrenzung zur bloßen Zahlungsstockung zu gewährleisten. Dabei sind zu den flüssigen (liquiden) Mitteln über die vorgenannten frei verfügbaren Vermögenswerte hinaus insbesondere auch Forderungen zu zählen, soweit diese fällig und einbringlich sind (*Schlüchter* aaO S. 267); ebenso sind realistische Kreditschöpfungsmöglichkeiten zu berücksichtigen (*Reulecke* Kriminalistik **1984** 82; *Tiedemann* GmbH-Strafrecht[4] Rdn. 39 vor §§ 82 ff mit weit. Nachw.). Ob die vorhandenen Zahlungsmittel aus krimineller Tätigkeit stammen, ist grundsätzlich unerheblich (BGH wistra **1982** 189, 191 und **2007** 308). Da Zahlungsunwilligkeit keine Rolle spielt (Rdn. 144), sind auch Zahlungsmittel einzubeziehen, die der Schuldner beiseite geschafft oder verheimlicht hat (*Krause* NStZ **1999** 161, 163 f; **aA** OLG Frankfurt NStZ **1997** 551). Die stichtagsbezogene Gegenüberstellung der fälligen Verbindlichkeiten und der zu ihrer Tilgung vorhandenen oder herbeizuschaffenden Mittel ist in das *Urteil* aufzunehmen (BGHR § 283 Abs. 1 Zahlungsunfähigkeit 1, 2 und 3 sowie wistra **1993** 184).

**133** Anstelle der vorstehend beschriebenen betriebswirtschaftlichen herrscht in der Praxis eine **wirtschaftskriminalistische** Feststellung der Zahlungsunfähigkeit vor, indem auf die Häufung von Krisenwarnzeichen wie Mahnbescheide, Vollstreckungsmaßnahmen, Wechsel- und Scheckproteste usw. als Beweisanzeichen abgestellt wird. Diese Feststellungsmethode wird von der höchstrichterlichen Rechtsprechung gebilligt,[87] gelangt aber in aller Regel zu späteren Eintrittszeitpunkten, da die Gläubiger meist erst mit Verzögerung auf Nichtzahlung reagieren (vgl. nur *Bieneck* wistra **1992** 90). Besondere praktische Bedeutung gewinnt diese *externe* Feststellungsmethode bei dem Nachweis des Tätervorsatzes sowie bei der *drohenden* Zahlungsunfähigkeit (vgl. unten Rdn. 142).

**134** Weiterhin stellt sich die Frage nach dem **Zeitraum**, auf den die Zahlungsunfähigkeit zu beziehen ist. Insolvenzrechtlich und damit auch strafrechtlich ist anerkannt, dass die nur momentane oder kurzfristige Illiquidität, also die (wesensgemäß vorübergehende) *Zahlungsstockung*, noch keine Zahlungsunfähigkeit begründet.[88] Daher erfordert die auf einen Stichtag bezogene Feststellung der Insolvenz auch nach § 17 InsO eine *Prognose* der voraussichtlichen Fortdauer der Illiquidität (*Müller* in Jaeger, InsO § 17 Rdn. 23 ff mit Nachw.). Um vorübergehende Liquiditätsprobleme (als Ursache einer bloßen Zahlungsstockung) auszuschließen, wird wohl überwiegend vorgeschlagen, auf einen Zeitraum von zwei bis allenfalls **drei Wochen** abzustellen.[89] Die Begründung von BGH wistra **2007** 312, dass „eine kreditwürdige Person in der Lage ist, sich binnen zwei bis drei Wochen die benötigten Beträge darlehensweise zu beschaffen", trifft indes kaum auf alle Unternehmenssituationen zu – im Fall des BGH ging es um eine GmbH, zu der keine Einzelheiten bekannt sind –. Richtiger erscheint es daher, mit BGH ZIP **1995** 929 (931) eine Frist bis zu *4 Wochen* zuzugestehen (*Fischer* Rdn. 9a vor § 283; *Lackner/Kühl* § 283 Rdn. 7; *Radtke* MK Rdn. 78 vor §§ 283 ff; auch BGHZ **149** 178, 185).

**135** b) Gravierendere Prognoseprobleme und Fragen der strafrechtlichen Tatbestandsbestimmtheit (Art. 103 Abs. 2 GG) wirft die **drohende Zahlungsunfähigkeit** auf, die nach

---

87 BGH NJW 2000 154 (156); BGHR § 283 Abs. 1 Zahlungsunfähigkeit 2 und bereits BGHSt **1** 191; BGH GA **1953** 73; MDR **1981** 454.

88 Vgl. zum früheren Recht BGHR § 283 Abs. 1 Zahlungsunfähigkeit 1, 2 und 3; BGH wistra **1993** 184; OLG Düsseldorf aaO; LG Köln wistra **1992** 269 (f). Zum geltenden Recht (der InsO) BGH NStZ **2003** 547 und wistra **2007** 312.

89 BGH BB **2005** 1787 und wistra **2007** 312 mit Nachw.; *Bieneck* in Müller-Gugenberger/Bieneck § 76, 56; *Bork* ZIP **2008** 1749 (ff); *Röhm* 114 f mit weit. Nachw.; auch BGHZ **163** 134 (139 f) und DZWiR **2007** 116 (117), je mit weit. Nachw.

§ 283 Abs. 1 ebenfalls als Krisenmerkmal ausreicht und nach § 18 InsO Grund für die Eröffnung des Insolvenzverfahrens bei *Antrag des Schuldners* ist (**krit.** dazu *Uhlenbruck* KTS **1994** 172). Ihre Feststellung wird im nachträglichen Strafverfahren zwar dadurch erleichtert, dass die Tatsache des (späteren) Eintritts der Zahlungsunfähigkeit feststeht und einer eingetretenen in aller Regel die drohende Zahlungsunfähigkeit voraufgehen wird (vgl. *Bretzke* S. 61). Jedoch kann einerseits das „Drohen" auch gänzlich fehlen. Andererseits kann sich auch eine drohende Zahlungsunfähigkeit über „eine ganze Reihe von Monaten erstrecken" (*Hoffmann* DB **1980** 1529). Der sorgfältigen Feststellung kommt daher hier für die Praxis besondere Bedeutung zu. Aber auch materiellrechtlich ist durchaus zweifelhaft, wie das Drohen der Zahlungsunfähigkeit zu verstehen ist, zumal dieser Begriff nicht selten mit bloßen Zahlungsstockungen (Rdn. 134) zusammentrifft und auch seine Definition in § 18 Abs. 2 InsO nur auf eine *Prognose* für den Zeitpunkt der Fälligkeit der Zahlungsforderungen gegen den Schuldner verweist.

Nicht zutreffend erscheint die auf den ersten Blick möglicherweise naheliegende **136** Parallele zu § 288. Bei diesem Tatbestand wird für das Drohen der (Einzel-)Zwangsvollstreckung entscheidend auf den Vollstreckungswillen der einzelnen Gläubiger abgestellt. Demgegenüber sind bei §§ 283 ff von vornherein stärker **objektive Faktoren** maßgebend; letztlich ist eine *Gesamtbeurteilung* der Situation des schuldnerischen Unternehmens entscheidend (BTDrucks. 12/2443 S. 114; *Tiedemann* NJW **1977** 781 mit Nachw.; zust. *Matzen* S. 59 f).

Für die am Rechtsgut der §§ 283 ff orientierte Auslegung des Drohens der Zahlungs- **137** unfähigkeit bleiben damit im Wesentlichen zwei Möglichkeiten (vgl. *Otto* Gedächtnisschrift R. Bruns S. 278 ff): Es kann entweder auf die nahe(liegende) Wahrscheinlichkeit des Eintritts der Zahlungsfähigkeit oder aber auf die Wahrscheinlichkeit eines nahen Eintritts der Zahlungsunfähigkeit abgestellt werden. Die erstere Ansicht, die auf den Intensitätsgrad des Drohens abstellt, findet sich vor allem in den Materialien, von der amtl. Begr. (BTDrucks. 7/3441 S. 34) über den Bericht des Sonderausschusses (BTDrucks. 7/5291 S. 17) bis hin zu der offiziösen Übersicht von *Müller-Emmert/Maier* NJW **1976** 1663 und im sonstigen Schrifttum bei *Bieneck* (in Müller-Gugenberger/Bieneck § 76, 75), *Hiltenkamp-Wisgalle* S. 295 f, *Maurach/Schroeder/Maiwald* BT 1 § 48, 13, *Plathner* S. 180 ff, *Radtke* (MK Rdn. 88) und *Röhm* S. 149; ihr folgt auch die amtl. Begr. zur InsO (BTDrucks. 12/2443 S. 114 f). Die zweite, eher auf die zeitliche Nähe abstellende Ansicht wird insbesondere von BGHR § 283 Abs. 1 Zahlungsunfähigkeit 2, *Fischer* (Rdn. 10 vor § 283), *Lackner/Kühl* (§ 283 Rdn. 8), *Otto* (aaO S. 279 ff sowie BT § 61, 88) und *Sch/Schröder/Stree/Heine* (§ 283 Rdn. 53) vertreten.

Diesen Ansichten ist der Ausgangspunkt des RegE der §§ 283 ff gemeinsam, dass hier **138** im Wesentlichen die gleichen Grundsätze anzuwenden seien, „die für die Feststellung einer konkreten Gefahr maßgebend sind".[90] Jedoch weist *Otto* (aaO S. 280 f) darauf hin, dass es bei § 283 nicht um die konkrete Gefahr der Zahlungsunfähigkeit gehen könne, vielmehr die drohende Zahlungsunfähigkeit als eigene Umschreibung der Krisensituation nur typischerweise gefährlich sein müsse. Dies entspreche der unmittelbaren Rechtsgutsgefährdung beim Versuch. Daher drohe die Zahlungsunfähigkeit dann, wenn sie unmittelbar bevorsteht, nämlich die Gefahr „so nahe gerückt ist, dass sie in den Erfolg umschlägt, wenn nicht sofort wirksame Gegenmaßnahmen getroffen werden" (aaO S. 281). Hieran erscheint zutreffend, dass jedenfalls regelmäßig ein *zeitliches Näheverhältnis* von drohender und eingetretener Zahlungsunfähigkeit bestehen wird. Anderer-

---

[90] BTDrucks. 7/3441 S. 34.

seits kommt es hierauf aber nicht entscheidend an, da sich die Gefährdung der Gläubiger auch über einen längeren Zeitraum erstrecken kann und es sachgerecht ist, an eine derartige Gefährdung die in § 283 Abs. 1 statuierte Steigerung der Handlungs- und Unterlassungspflichten zu knüpfen. Da die Zahlungsunfähigkeit (Insolvenz) die Befriedigungsinteressen der Gläubiger verletzt, ist die drohende Zahlungsunfähigkeit der Sache nach in der Tat nur als konkrete Gefährdung der Gläubigerinteressen oder als konkret drohende Insolvenz denkbar. Auch bei Vernachlässigung des teleologischen Bezuges auf die Gläubigerinteressen wird damit aber vor allem der *Intensitätsgrad* der Gefährdung bedeutsam. Dieser Intensitätsgrad und das Erfordernis seiner Berücksichtigung ergibt sich auch aus den Unsicherheiten der Prognose: Die Zahlungsunfähigkeit droht, wenn für ihren Eintritt aufgrund der Umstände des Einzelfalles eine überwiegende **Wahrscheinlichkeit** spricht, nämlich der Eintritt nach dem normalen Lauf der Dinge zu erwarten ist (Versuch einer betriebswirtschaftlichen Quantifizierung bei *Bretzke* S. 101 ff). Diese Verengung entspricht methodisch der strafrechtlichen Reduktion unbestimmter Tatbestandsbegriffe auf unzweifelhafte Kernbereiche (vgl. oben Rdn. 117) und soll sicherstellen, dass die Prognose einen besonders hohen, wenn auch nicht den höchsten, Gewissheitsgrad erreicht (vgl. bereits *Tiedemann* NJW **1977** 781; zust. *Bieneck* in Müller-Gugenberger/Bieneck § 76, 73 ff; *Radtke* MK Rdn. 88 vor §§ 283 ff; *Uhlenbruck* GmbHR **1995** 86). Entgegen BGH JZ **1979** 77 fehlt dieser gesteigerte Wahrscheinlichkeitsgrad insbesondere, solange der Schuldner über die sichere Wahlmöglichkeit verfügt, die Insolvenz abzuwenden (insoweit übereinstimmend *Otto* aaO S. 280). Hervorhebung verdient auch, dass die naheliegende Wahrscheinlichkeit auf den *Zeitpunkt der Vornahme der Bankrotthandlung* (und nicht auf den Zeitpunkt späterer Folgen) zu beziehen ist (zust. insoweit auch *Fischer* Rdn. 10 vor § 283 mit weit. Nachw.).

**139** Gewisse Klarstellungen enthält die geltende Regelung der drohenden Zahlungsunfähigkeit, mit der nach der amtl. Begr. „auch für das Strafrecht größere Klarheit" erreicht werden soll (BTDrucks. 12/2443 S. 114), durch § **18 Abs. 2 InsO**: Maßgebend ist, ob der Schuldner „voraussichtlich nicht in der Lage sein wird, die bestehenden Zahlungspflichten im Zeitpunkt der Fälligkeit zu erfüllen". Es ist also eine Prognose für die Zeit bis zur Fälligkeit aller derzeit *bereits entstandenen Zahlungspflichten* – bis zum Zeitpunkt der zuletzt fälligen Forderung – zu treffen (*Müller* in Jaeger, InsO § 18 Rdn. 7 mit Nachw.), wobei einschränkend zu verlangen ist, dass die Zahlungsunfähigkeit einen nicht unerheblichen Teil der Zahlungspflichten (oben Rdn. 129) betreffen wird (zust. *Lackner/Kühl* § 283 Rdn. 8). Der Vorschlag einer zeitlichen Grenze (von einem Jahr) bei *Bittmann* (wistra **1998** 321, 325) und *Röhm* S. 154 ist mit der h.M. abzulehnen, zumal diese Meinung wegen der Vorhersehbarkeit der Fälligkeitsdaten durch den Schuldner nicht weniger bestimmt ist als die zeitliche Grenze. Allerdings ist bei wiederkehrend oder langfristig fällig werdenden Zahlungsverpflichtungen eine feste Grenzziehung erforderlich, um Art. 103 Abs. 2 GG Rechnung zu tragen; sinnvoll ist es, insoweit auf das Ende des auf die Feststellung folgenden Geschäftsjahres abzustellen, für diesen Zeitraum aber auch zu erwartende Einnahmen zu berücksichtigen (*Bieneck* in Müller-Gugenberger/Bieneck § 76, 75 mit Nachw.; für eine Grenze von zwei Jahren *Müller* aaO mit weit. Nachw.). Zu unbestimmt ist der Vorschlag *Erdmanns* (S. 141 ff), auf den „betriebswirtschaftlich überschaubaren" Zeitraum abzustellen. Nach der amtl. Begr. (aaO S. 115) sollen bei der Beurteilung der „gesamten Entwicklung der Finanzlage des Schuldners" auch noch nicht begründete Zahlungspflichten „mit zu berücksichtigen" sein; dies ist (nur) insoweit richtig, als künftige Zahlungspflichten im Prognosezeitraum fällig werden (*Lackner/Kühl* § 283 Rdn. 8 mit Nachw.; *Müller* aaO Rdn. 10; *Röhm* S. 140 ff mit weit. Nachw.). Dies gilt vor allem für notwendige Verpflichtungen wie Lieferantenforderungen, Sozialabgaben und Steuern (*Müller* aaO). „Voraussichtlich" soll der Eintritt der Zahlungsunfähigkeit nach der amtl. Begr. (aaO) bereits dann sein, wenn er wahrscheinlicher ist als deren Vermeidung (so auch *Lackner/Kühl* aaO mit Nachw.); dies ist als starre 50 %-Grenze zu eng (Rdn. 138).

Die **Feststellung** der drohenden Zahlungsunfähigkeit gestaltet sich je nach dem Standpunkt des Beurteilers innerhalb oder außerhalb des schuldnerischen Unternehmens sowie je nach den vorhandenen Unterlagen verschieden. Insoweit gilt hinsichtlich der Anknüpfungstatsachen der Satz *in dubio pro reo* (*Fischer* Rdn. 11 vor § 283; *Lackner/Kühl* § 283 Rdn. 8, je mit weit. Nachw.). **140**

Die **interne** Prognose wird sich vor allem an betriebswirtschaftlichen Methoden der Finanzplanung oder an Insolvenzindikatoren nach Art der – freilich neuerdings umstrittenen – Bilanzkennzahlen orientieren.[91] Angesichts der Unsicherheiten dieser Prognosemodelle und Indikatoren wird eine drohende Zahlungsunfähigkeit auf dieser Grundlage nur anzunehmen sein, wenn dieses Ergebnis nach allen ernsthaft vertretenen betriebswirtschaftlichen Auffassungen feststeht (zutr. *Schlüchter* MDR **1978** 269). Bei später eingetretener Zahlungsunfähigkeit wird diese Feststellung in aller Regel unproblematisch sein. Insoweit kommt es darauf an, die aus der Sicht ex ante sinkende Tendenz der Liquidität des schuldnerischen Unternehmens für einen bestimmten Zeitraum festzustellen (*Schlüchter* aaO). **141**

Die **externe** Prognose und damit auch der Nachweis der drohenden Zahlungsunfähigkeit (sowie ihrer Erkennbarkeit für den Schuldner) richten sich an äußeren Anzeichen aus, welche sinkende Liquidität und abnehmende Kreditwürdigkeit anzeigen. Diese äußeren Umstände sind vor allem dann heranzuziehen, wenn das Fehlen von Buchführungsunterlagen die Rekonstruktion der internen Prognose unmöglich macht (*Hoffmann* MDR **1979** 716; *Richter* GmbHR **1984** 138). Als Beweisanzeichen kommen insbesondere in Betracht: Wechselproteste; häufige Nichteinlösung von Schecks durch die eigenen Banken; Androhung oder Vornahme der Kündigung von Bankkredit; negatives Ergebnis von Kreditverhandlungen; wachsendes Verlangen der Lieferanten und anderer Gläubiger nach Sicherheiten; gerichtliche Mahnbescheide; erfolglose Vollstreckungsmaßnahmen; Ladung zur Abgabe der eidesstattlichen Versicherung (§ 807 ZPO); hohe Rückstände an Steuerlasten und Sozialversicherungsbeiträgen (*Bittmann* wistra **2005** 167 ff; *Hoffmann* aaO und DB **1980** 1529). Aber auch weniger gravierende Ereignisse sind von Bedeutung: Wechselprolongationen, Mahnungen und Vollstreckungsmaßnahmen, sofern diese Akte gehäuft auftreten, und Nichtbezahlung wiederkehrender Verbindlichkeiten für betriebsnotwendige Leistungen und Lieferungen (Löhne, Gehälter, Telefongebühren, Mieten und Zinsen). Im Einzelfall kann auch bereits der Zusammenbruch eines wichtigen Kunden oder die Erwartung hoher Schadensersatz- oder Steuernachforderungen genügen (*Fischer* Rdn. 10 vor § 283). Jedoch sind alle diese Einzelumstände stets in Bezug auf die Liquiditätslage zu sehen. Angesichts von Missverständnisses in der Literatur (*Matzen* S. 109 ff) verdient auch Hervorhebung, dass interne und externe Prognose keineswegs als zweistufiges Prüfungsverfahren anzuwenden, also nicht notwendigerweise zu kumulieren sind. Vielmehr geht es ebenso wie bei der Feststellung der Zahlungsunfähigkeit (oben Rdn. 133) um die *Alternative* von betriebswirtschaftlicher und wirtschaftskriminalistischer Betrachtungsweise (zust. *Plathner* S. 189) – was nicht aus- **142**

---

[91] Vgl. *Borup* wistra **1988** 88 ff; *Matzen* S. 66 ff, 89 ff; *Müller* in Jaeger, InsO § 18 Rdn. 15; *Plathner* S. 181 f; *Röhm* S. 149 f; *Uhlenbruck* ZfbF **1982** 531 f mit weit. Nachw.

schließt, dass die letztere die Einsichten der ersteren bestätigt oder strafverfahrensmäßig beweist.

143 c) Die **Zahlungseinstellung** wird im Gesetz (§§ 283 Abs. 6, 283b Abs. 3, 283c Abs. 3, 283d Abs. 4) nicht zur Umschreibung der Krise oder eines tatbestandsmäßigen Erfolgseintritts, sondern ausschließlich als Bedingung der Strafbarkeit verwendet (oben Rdn. 89). § 17 Abs. 2 Satz 2 InsO nennt die Zahlungseinstellung als Indiz für das Vorliegen der Zahlungsunfähigkeit. Zahlungseinstellung liegt nach der schon zum früheren Recht anerkannten Definition vor, wenn der Schuldner aufhört, seine fälligen Geldschulden zu begleichen.[92] Ihr liegt in der Regel eine **Zahlungsunfähigkeit** zugrunde. Im außerstrafrechtlichen Schrifttum wird daher angenommen, die Zahlungseinstellung sei typischer Ausdruck (Manifestation) der Zahlungsunfähigkeit; Zahlungseinstellung sei die in die äußere Erscheinung getretene Zahlungsunfähigkeit (oben Rdn. 125). § 17 Abs. 2 Satz 2 InsO bestimmt in diesem Sinn, dass Zahlungsunfähigkeit „in der Regel" anzunehmen ist, wenn der Schuldner seine Zahlungen eingestellt hat; diese gesetzliche Vermutung ist insbesondere in Fällen bloßer Zahlungsunwilligkeit widerlegbar (*Müller* aaO Rdn. 35; sogleich Rdn. 144).

144 Weitergehend soll nach bisher h.M. Zahlungseinstellung strafrechtlich auch ohne Zahlungsunfähigkeit möglich sein, wenn der Täter nämlich irrig Zahlungsunfähigkeit annimmt oder sich trotz Zahlungsfähigkeit zu zahlen weigert (**Zahlungsunwilligkeit**).[93] Demgegenüber weist *Hoffmann* (MDR **1979** 715 f) zutreffend darauf hin, dass diese Auffassung einer Zeit entstammt, in der die Zahlungsunfähigkeit für das Insolvenzstrafrecht keine selbständige Rolle spielte. Heute erfordert dagegen § 283 (Abs. 1 und Abs. 2) für die Vollendung objektiv Vorliegen oder zumindest (Absatz 1) Drohen der Zahlungsunfähigkeit. Die **irrige** Annahme drohender oder eingetretener Zahlungsunfähigkeit kann also lediglich zum (untauglichen, aber strafbaren) Versuch nach Absatz 1 i.V.m. Absatz 3 führen (sofern diese Konstellation nicht ein strafloses Wahndelikt darstellt, dazu § 283 Rdn. 198). Die bloße Zahlungsunwilligkeit, also die Verweigerung der Zahlung trotz vorhandener Zahlungsmittel, vermag – sofern keine Überschuldung vorliegt – überhaupt nur dann Strafbarkeit nach Absatz 1 zu begründen, wenn zunächst Zahlungsunfähigkeit vorliegt, der Schuldner dann aber wieder zahlungsfähig wird und sich gleichwohl weigert zu zahlen. Nur für diesen seltenen Fall, der zudem vor das Spezialproblem der Überwindung der Krise stellt (dazu unten Rdn. 168 ff), ist die Gleichstellung von Zahlungsunwilligkeit und Zahlungseinstellung sinnvoll. In allen anderen Fällen geht sie ins Leere (es sei denn, dass Überschuldung vorliegt). Auch zur Strafbarkeit nach Absatz 2 kann die bloße Zahlungsunwilligkeit allenfalls in Verbindung mit einer Bankrotthandlung nach Absatz 1 führen, wenn es noch zu einer wirklichen Zahlungsunfähigkeit (oder zur Überschuldung) kommt. Diese Ergebnisse sind für § 283 denkbar ungereimt. Sie wirken auch bei §§ 283c, 283d zumindest seltsam. Lediglich für § 283b (Abs. 3) kann es sinnvoll erscheinen, den

---

92 RGSt **41** 309, 312; RGZ **100** 62, 65. Zum geltenden Recht *Fischer* Rdn. 13 vor § 283; *Kindhäuser* LPK § 283 Rdn. 53; *Lackner/Kühl* § 283 Rdn. 27; *Radtke* MK Rdn. 96 vor §§ 283 ff; *Röhm* S. 210; *Sch/Schröder/Stree/Heine* § 283 Rdn. 60 (missverständlich); *Wessels/Hillenkamp* BT 2 § 12, 468.

93 RGSt **14** 221 f; **41** 309, 312; RG JW **1934** 841, 842; BGH bei Herlan GA **1953** 73; *Bieneck* in Müller-Gugenberger/Bieneck § 76, 87; *Fischer* aaO; *Hoyer* SK Rdn. 12 vor § 283; *Kindhäuser* aaO; *Lackner/Kühl* aaO; *Maurach/Schroeder/Maiwald* BT 1 § 48, 15; *Radtke* MK Rdn. 99 vor §§ 283 ff; *Röhm* S. 208 ff; *Sch/Schröder/Stree/Heine* aaO; *Wegner* in Achenbach/*Ransiek* Kap. VII 1 Rdn. 90; **aA** *Berz* BB **1976** 1440.

irrenden oder jedenfalls den böswilligen (zahlungsunwilligen) Schuldner einem wirklich insolventen Schuldner gleichzustellen. Jedoch wird auch und insbesondere bei § 283b in aller Regel der erforderliche innere Zusammenhang zwischen der Buchmanipulation und der angeblichen Zahlungseinstellung fehlen, also auch insoweit Straflosigkeit die Folge sein. Es besteht daher insgesamt Anlass, die bereits von RGSt **3** 294 eingeleitete Ausweitung des strafrechtlichen Begriffes der Zahlungseinstellung gegenüber dem (engeren) insolvenzrechtlichen Begriff wieder rückgängig zu machen, zumal der böswillige Täter allein durch seine Böswilligkeit auch in den oben Rdn. 73 ff dargestellten potentiellen Missbrauchs- und Durchgriffsfällen nicht zum Schuldner wird und damit auch diese Fälle nicht durch einen weiten Begriff der Zahlungseinstellung lösbar sind. Zahlungseinstellung setzt daher auch strafrechtlich Zahlungsunfähigkeit voraus (vgl. bereits *Tiedemann* GmbH-Strafrecht[4] § 84 Rdn. 44; zust. *Moosmayer* S. 179 ff und *Wessels/Hillenkamp* BT 2 Rdn. 468).

Ebenso wie bei der Zahlungsunfähigkeit (oben Rdn. 129) kommt es im Übrigen auch für die Zahlungseinstellung darauf an, dass diese sich auf den **wesentlichen Teil** der fälligen und eingeforderten Geldschulden bezieht (zust. *Sch/Schröder/Stree/Heine* § 283 Rdn. 60). Die quantitative Abgrenzung ist hier aber enger als bei der Bestimmung des wesentlichen Teils der Schulden im Hinblick auf die Zahlungsunfähigkeit vorzunehmen (oben Rdn. 129a; vgl. auch *Hoffmann* MDR **1979** 715 mit Nachw.). Da sich die Zahlungseinstellung als faktisches Verhaltensbild (Rdn. 146) auf die Geldschulden im Allgemeinen beziehen muss, kann es strafrechtlich nicht ausreichen, dass – wie oben Rdn. 129 zur Zahlungsunfähigkeit dargelegt – der Schuldner jedenfalls 25 % oder 10 % seiner Geldschulden nicht mehr erfüllt. Zu Unrecht meint *Röhm* S. 211, es dürften nicht „an die Feststellung eines Indizes für einen gewissen Zustand höhere Anforderungen ... als an den Zustand selbst" gestellt werden. Strafrechtlich liegt Zahlungseinstellung vielmehr erst vor, wenn der überwiegende Teil, also *mehr als 50 %*, der Geldschulden nicht mehr erfüllt wird (zust. *Radtke* MK Rdn. 97 vor §§ 283 ff und *Sch/Schröder/Stree/Heine* aaO mit weit. Nachw.). Das Nichtbegleichen einzelner Schulden genügt folglich nicht, es sei denn es handele sich um Großgläubiger (BGH NJW **1985** 1785, **1991** 981, **2001** 1874). Umgekehrt schließen vereinzelte Zahlungen die Zahlungseinstellung nicht aus (RGZ **132** 281, 283). Die Nichterfüllung einer einzigen Schuld, zum Beispiel die Nichteinlösung eines Wechsels, reicht für die Annahme von Zahlungseinstellung dann aus, wenn es sich um den überwiegenden Teil der Geldschulden handelt. Sind in kurzer Zeit wieder (hinreichende) Zahlungsmittel zu erwarten, so liegt keine Zahlungseinstellung, sondern eine bloße *Zahlungsstockung* vor (BGH WM **1975** 6). Die Zahlungseinstellung muss also nach der Prognose ex ante nicht nur vorübergehend sein; die Prognose ist wie bei Rdn. 134 auf einen Zeitraum von drei Wochen zu beziehen (*Röhm* S. 210 f; großzügiger *Radtke* MK Rdn. 98 mit weit. Nachw.). Im nachträglichen Strafverfahren wird die Eigenschaft einer nur vorübergehenden Zahlungseinstellung als bloße Zahlungsstockung regelmäßig klar erkennbar sein (vgl. aber auch *Renger* in Mommsen, Wirtschaftsdelikte S. 80 f). **145**

Die Zahlungseinstellung ist ein **tatsächlicher** Akt und erfordert keinerlei Erklärung (RGSt **41** 309, 312; *Fischer* Rdn. 13 vor § 283; unstr.). Sie muss jedoch nach außen erkennbar sein, wobei nicht Kenntnis aller Gläubiger erforderlich ist (*Müller* in Jaeger, InsO § 17 Rdn. 39). Regelmäßig liegt Zahlungsunfähigkeit vor, bevor es zur Zahlungseinstellung kommt. Erforderlichenfalls ist eine vollständige Liquiditätsrechnung aufzustellen. In jedem Fall hat der Strafrichter das Vorliegen der Zahlungseinstellung selbständig zu prüfen und festzustellen (*Fischer* aaO; *Hiltenkamp-Wisgalle* S. 305 mit weit. Nachw.). **146**

### 4. Überschuldung

147 a) Die in § 283 Abs. 1 neben der Zahlungsunfähigkeit als gleichrangiges Krisenmerkmal genannte Überschuldung ist – abgesehen von den Fällen des Nachlassinsolvenzverfahrens und des Insolvenzverfahrens über das Gesamtgut bei fortgesetzter Gütergemeinschaft (§§ 320, 332 InsO) – nur bei juristischen Personen und solchen Gesellschaften, die keine natürliche Person als persönlich haftenden Gesellschafter haben, Eröffnungsgrund für das Insolvenzverfahren (§ 19 InsO) und bereits insoweit rechtspolitisch umstritten (vgl. nur *Haack* NJW **1981** 1353; *K. Schmidt* in Scholz, GmbHG[9] § 63 Rdn. 7, je mit Nachw.). Der Wortlaut des § 283 schränkt die Überschuldung als Krisensituation demgegenüber in keiner Weise auf bestimmte Adressaten ein, sondern lässt sie über das geltende Insolvenzrecht hinaus allgemein als Krisenmerkmal für **jeden Schuldner** gelten. Dies wird von der amtl. Begr. damit gerechtfertigt, dass es bei § 283 Abs. 1 um „wirtschaftlich sinnlose oder zumindest gefährliche Handlungen geht", „die ein sorgfältiger Teilnehmer am Wirtschaftsverkehr zu unterlassen hat" (BT-Drucks. 7/3441 S. 20). Dass diese Begründung gerade offen lässt, worin die Gefährlichkeit der Bankrotthandlungen besteht, ist im Schrifttum von *Otto* (Gedächtnisschrift R. Bruns S. 269 ff) gerügt worden. *Otto* erblickt in Übereinstimmung mit dem Insolvenzrecht auch für das Strafrecht in der Überschuldung von natürlichen Personen und Personenhandelsgesellschaften keine greifbare Gefährdung der Gläubigerinteressen und nimmt daher unter Berufung auf den Verfassungsgrundsatz der Verhältnismäßigkeit, also im Wege einer verfassungskonformen Auslegung, diesen Adressatenkreis von dem Merkmal der Überschuldung i.S.d. § 283 Abs. 1 aus (zuletzt *Otto* Jura **1989** 33; zust. *Degener* Festschrift Rudolphi, S. 405 ff). – Diese Beschränkung des *Anwendungsbereiches* des § 283 Abs. 1, soweit die Überschuldung in Frage steht, richtet sich nicht nur gegen eine gezielte Willensentscheidung des Gesetzgebers. Sie vermag vielmehr vor allem deshalb nicht zu überzeugen, weil die meisten in § 283 Abs. 1 angeführten Bankrotthandlungen auch unabhängig von der wirtschaftlichen Krise des Schuldners für die Gläubigerinteressen typisch (abstrakt) gefährlich sind.[94] Lediglich für § 283 Abs. 1 Nr. 2 ergeben sich insoweit Bedenken, die aber nur die Auffassung bestärken, dass die besonders zahlreichen und unbestimmten normativen Merkmale dieses Tatbestandes durch restriktive Auslegung korrigiert werden müssen (§ 283 Rdn. 52).

148 Die damit insgesamt angesprochene **Auslegung** des Krisenmerkmals der Überschuldung kann von unterschiedlichen Ansätzen her erfolgen. Diese wurden bereits oben Rdn. 126 zur Handhabung des Begriffes der Zahlungsunfähigkeit angedeutet: Die Überschuldung kann inhaltlich zunächst in Übereinstimmung mit dem Handels- und Insolvenzrecht bestimmt werden. Sie kann sodann aber auch – insbesondere im Hinblick auf die von *Otto* aaO zutreffend erwähnten Eigenarten und Schwierigkeiten der Feststellung einer Überschuldung und damit zugleich im Hinblick auf die Tatbestandsgarantie des Art. 103 Abs. 2 GG – im Strafrecht enger als im außerstrafrechtlichen Bereich gehandhabt werden. Es ist jedoch schließlich auch eine weitere, also großzügigere, Handhabung als im Insolvenzrecht möglich, da es bei § 283 nicht um die Eröffnung des Insolvenzverfahrens oder um die zivilrechtliche Haftung gegenüber den Gläubigern, sondern um Verhaltensanforderungen an ein ordnungsgemäßes Wirtschaften geht. Endlich ist noch eine differenzierte Auslegung denkbar, je nachdem ob es um wirtschaftlich auch ohne die Krise abstrakt gefährliche Handlungen geht oder nicht (so *Schlüchter* wistra **1984** 46).

---

94 Vgl. oben Rdn. 41; gegen *Otto* daher auch *Bittmann* in Bittmann § 12, 92; *Kindhäuser* NK Rdn. 100 vor § 283; *Lackner/Kühl* § 283 Rdn. 6; *Sch/Schröder/Stree/Heine* § 283 Rdn. 51; *Wegner* in Achenbach/Ransiek Kap. VII 1 Rdn. 19.

Die letztere Ansicht ist allerdings sogleich zu verwerfen. Die nicht selten schwierige Feststellung der Überschuldung und die Unsicherheit der Maßstäbe für die Vermögensbewertung sollten nicht noch dadurch weiter erschwert und vergrößert werden, dass die Überschuldung etwa bei § 283 Abs. 1 Nr. 1 anders als für Nr. 2 festgestellt wird (übereinstimmend *Stypmann* wistra **1985** 91). – Dem an sich tragfähigen (teleologischen) Gedanken einer strafrechtlich selbständigen Vorverlegung des Gläubigerschutzes noch über das Insolvenzrecht hinaus widerspricht dagegen, dass bereits insolvenzrechtlich, nämlich vor allem bei Kapitalgesellschaften mit beschränkter Haftungsmasse, die Anerkennung der Überschuldung als Grund für die Eröffnung des Insolvenzverfahrens eine erhebliche Vorverlegung des Gläubigerschutzes darstellt. Für eine noch weiterreichende strafrechtliche Vorverlegung und Verselbständigung besteht auch im Hinblick auf die zusätzlichen Schutzinteressen des Insolvenzstrafrechts (oben Rdn. 53 ff) kein Anlass. Insbesondere die Schwierigkeiten der Überschuldungsfeststellung sprechen daher dafür, die insolvenzrechtliche und die strafrechtliche Inhaltsbestimmung des Überschuldungsbegriffes grundsätzlich identisch zu gestalten, dabei aber auf einige sich aus der Tatbestandsgarantie des Strafrechts und aus der Vergangenheitsbezogenheit des Strafverfahrens ergebende Besonderheiten Rücksicht zu nehmen (vgl. im Einzelnen unten Rdn. 152 ff). **149**

b) Trotz der zahlreichen Zweifels- und Streitfragen um die Überschuldung und ihre Feststellung besteht jedenfalls Einigkeit über die **Definition** derselben und über das formale Erkenntnismittel für ihre Feststellung: Überschuldung ist das *Überwiegen der Verbindlichkeiten (Passiva) gegenüber den Vermögenswerten (Aktiva)*[95]*:* „Überschuldung liegt vor, wenn das Vermögen des Schuldners die bestehenden Verbindlichkeiten nicht mehr deckt.“ (§ 19 Abs. 2 InsO; vgl. aber auch Rdn. 161a). Die angrenzenden Begriffe der Unterkapitalisierung und der Unterbilanz sind hiermit nicht identisch und zielen insbesondere bereits insolvenzrechtlich auf andere Rechtsfolgen als die Überschuldung (zust. *Wegner* in Achenbach/Ransiek Kap. VII 1 Rdn. 19). **150**

Da für die Ermittlung des Wertes der Aktiva und der Passiva nicht auf die – z.T. formalisierenden – Bewertungsgrundsätze der §§ 252 ff, 279 ff HGB abzustellen, sondern (gemäß § 252 Abs. 1 HGB a.F.) der „wahre Wert“ maßgebend ist, gibt eine Jahresbilanz keine hinreichende Auskunft über das Vorliegen einer Überschuldung (BGHSt **15** 306, 309). Zur Ermittlung der „wahren Werte“, nämlich der tatsächlichen Gegenwartswerte (Zeitwerte), ist vielmehr ein eigener **Überschuldungsstatus,** nämlich eine Vermögensbilanz („Überschuldungsbilanz“), aufzustellen.[96] **151**

c) Bei der Ermittlung des Vermögenswertes durch Aufstellung eines Überschuldungsstatus stößt vor allem die **Bewertung der Aktiva** auf Schwierigkeiten. Jedoch sind im **152**

---

[95] Vgl. zum Recht der KO BGHZ **31** 258, 272; BGHR § 283 Abs. 1 Überschuldung 1. Zum geltenden Recht *Lackner/Kühl* § 283 Rdn. 6; *Otto* BT § 61, 83; *Radtke* MK Rdn. 61 vor §§ 283 ff; *Sch/Schröder/Stree/Heine* § 283 Rdn. 51; *Tiedemann* GmbH-Strafrecht[4] § 84 Rdn. 46 mit weit. Nachw.

[96] Zustimmend BGHR § 283 Abs. 1 Überschuldung 1, 2; ebenso bereits BGHSt **15** 306, 309; BGH BB **1958** 891 und wistra **1987** 28 sowie NStZ **2003** 546 f; OLG Stuttgart NJW **1971** 1144; *Bieneck* in Müller-Gugenberger/Bieneck § 76, 9 ff; *Bittmann* in Bittmann § 11, 83; *Fischer* Rdn. 7 vor § 283; *Höfner* S. 106 ff; *Hoyer* SK § 283 Rdn. 12, *Otto* aaO; *Richter* GmbHR **1984** 139; *Radtke* MK Rdn. 63 vor §§ 283 ff und § 283 Rdn. 7; *Sch/Schröder/Stree/Heine* § 283 Rdn. 51; *Tiedemann* Gedächtnisschrift Schröder S. 296 mit weit. Nachw.; vgl. aber auch *Stypmann* wistra **1985** 89 ff (dessen Erwartungen an das neue Insolvenzrecht jedoch nicht erfüllt worden sind).

Überschuldungsstatus *stille Reserven* und immaterielle Güter wie insbesondere das technische und kaufmännische *know how* unstreitig zu den Aktiva zu rechnen, da diese bis zum BilMoG 2009 nicht oder nur eingeschränkt aktivierungsfähigen Posten den Vermögenswert eines Unternehmens erhöhen (vgl. nur *Sch/Schröder/Stree/Heine* § 283 Rdn. 51; *Tiedemann* Gedächtnisschrift Schröder S. 297, je mit Nachw.). Bei den **Passiva** sind nur echte Schulden aufzuführen, also nicht das Stammkapital der GmbH (BGHSt **15** 306, 309) oder etwaige Rücklagen, wohl aber Rückstellungen zur Abdeckung noch entstehender Verbindlichkeiten und insbesondere unverfallbare Pensionsverpflichtungen (vgl. im Einzelnen *Hoffmann* MDR **1979** 93 ff). Ansprüche aus dem Sozialplan sind zu passivieren, wenn die Nichtfortführung des Unternehmens feststeht (zust. *Radtke* MK Rdn. 66 vor §§ 283 ff und *Sch/Schröder/Stree/Heine* § 283 Rdn. 51; vgl. auch sogleich Rdn. 154). Auch früher so genannte kapitalersetzende (Gesellschafter-)Darlehen (vgl. § 32a GmbHG a.F.) sind nach h.M. wie alle Darlehen im Überschuldungsstatus zu passivieren, es sei denn es liege eine ausdrückliche qualifizierte Rangrücktritts- oder Verzichtserklärung des Darlehensgebers für den Fall der Eröffnung des Insolvenzverfahrens vor.[97] Die Behandlung der Einlage des stillen Gesellschafters richtet sich nach der Gestaltung des Gesellschaftsvertrages, nämlich danach, ob der stille Gesellschafter mit oder erst nach den Gläubigern Erfüllung seines Anspruchs verlangen kann (**aA** *Radtke* aaO mit weit. Nachw.).

**153** Für die Bewertung im Einzelnen ist davon auszugehen, dass sich diese – ebenso wie bei allen sonstigen Typen von Bilanzen und Vermögensübersichten – nach ihrem **Zweck** bestimmt, also funktional vorzunehmen ist (vgl. nur *Auler* DB **1976** 2169). Als mögliche Zwecke des Überschuldungsstatus werden im insolvenzrechtlichen Schrifttum genannt: Verwertung unter der Prämisse der Auflösung (Zerschlagung) des Unternehmens; Verwertung gemäß einer zuvor zu prüfenden optimalen Strategie (z.B. der Reorganisation und Sanierung); Verwertung auf eine im Ermessen des Bilanzierenden liegende Art und Weise (*Drukarczyk* ZGR **1979** 561; *Haack* BB **1981** 883; *Kupsch* BB **1984** 161). Diese unterschiedlichen Verwertungsarten und -zwecke werden regelmäßig zu *unterschiedlichen Wertansätzen* führen, wobei der Liquidationswert eines Unternehmens häufig, aber keineswegs stets, niedriger sein wird als der Fortführungswert. Trotz der damit auftretenden Unsicherheiten ist diese Ausrichtung an dem jeweiligen Zweck des Überschuldungsstatus zivilrechtlich angemessen, ja unausweichlich: Bei Liquidation des Unternehmens erfolgt die Befriedigung der Gläubiger aus dem dann vorhandenen Vermögen, bei Fortführung des Unternehmens erfolgt sie aus dem künftigen Vermögen (*Auler* aaO). Nach der sog. dynamischen oder zweistufigen Methode soll zunächst die Lebensfähigkeit des Unternehmens anhand von Finanz- und Ertragsplänen überprüft werden; fällt diese Prognose günstig aus, so darf mit Fortführungswerten, andernfalls muss mit Liquidationswerten bilanziert werden (vgl. nur *Stypmann* wistra **1985** 89 mit Nachw.). In diesem Sinne sieht auch § 19 Abs. 2 Satz 2 InsO vor, dass von der Fortführung des Unternehmens auszugehen ist, „wenn diese nach den Umständen überwiegend wahrscheinlich ist". Für die Feststellung der Insolvenzantragspflicht (insbesondere nach §§ 64, 84 GmbHG a.F.) wollte eine neuere Ansicht der Literatur dagegen das zweistufige Prüfungsverfahren modifizieren, nämlich gleichsam umgekehrt anwenden: Zunächst sei die „rechnerische Überschuldung" auf der Grundlage der Liquidationswerte zu ermitteln; sodann sei die rechtliche (rechtlich maßgebende) Überschuldung durch Beantwortung der Frage festzu-

---

[97] Amtl. Begr. BTDrucks. 12/2443 S. 115; *Fischer* aaO; *Maurer* JR **2008** 389, 391. Für die identische Rechtslage vor dem MoMiG 2008 *Bieneck* aaO Rdn. 16; *Uhlenbruck* KTS **1994** 173 und wistra **1996** 6.

stellen, ob eine „überwiegende Wahrscheinlichkeit" für die künftige Ertrags- und Lebensfähigkeit des Unternehmens spricht (*K. Schmidt* in Scholz, GmbHG[9] § 63 Rdn. 10; ebenso BGHZ **119** 201, 213 f für § 32a GmbHG). Gegenstand der letzteren Prüfung war nicht die Rentabilität (der Zukunftsertragswert) des Unternehmens, sondern nur die Frage, ob im Fall rechnerischer Überschuldung der künftige Eintritt der Zahlungsunfähigkeit wahrscheinlich oder unwahrscheinlich ist (*K. Schmidt* aaO sowie AG **1978** 337 f). § 19 Abs. 2 Satz 2 InsO hat diese sog. modifizierte Prüfungsmethode verworfen (sogleich Rdn. 155, aber auch Rdn. 161a).

Für die Zwecke der **strafrechtlichen Bewertung** im Rahmen des § 283 wurde früher **154**
z.T. vorgeschlagen, den **Liquidationswert** zugrunde zu legen, da die Nichtfortführung des Unternehmens jedenfalls im Zeitpunkt der Strafverfolgung (nach Eintritt der objektiven Strafbarkeitsbedingung!) feststehe und eine Gefährdung der Gläubiger- und Kreditinteressen bereits dann vorliege, wenn auch nur die Möglichkeit besteht, dass die Schulden nicht (mehr) durch das Vermögen gedeckt sind.[98] In solcher Allgemeinheit vermag diese Ansicht jedoch nicht zu überzeugen. Zwar entspricht es der Grundkonzeption der §§ 283 ff, bei der Ermittlung der Überschuldung von dem Schutz der Gläubiger- und Kreditinteressen auszugehen (vgl. oben Rdn. 45 ff). Jedoch treten diese Interessen potentiell in Konflikt mit dem Interesse des Unternehmensinhabers, der Anteilseigner und der Arbeitnehmer an der Fortführung des Betriebes. Das Verständnis des Vermögens allein als Mittel der Schuldentilgung im Falle der Liquidation müsste zwangsläufig dazu führen, auch die Sozialplanansprüche der Arbeitnehmer sowie die Auslaufkosten und die Kosten eines Insolvenz- oder Abwicklungsverfahrens in die Überschuldungsbilanz aufzunehmen (vgl. bereits oben Rdn. 152). Die Überschuldungsbilanz würde damit zugleich Insolvenz- oder Liquidationseröffnungsbilanz (*Pribilla* KTS **1958** 7; auch *Höfner* S. 140). Diese ausschließliche Ausrichtung an der Zerschlagung ist jedenfalls dann verfehlt, wenn das Unternehmen auf Dauer lebensfähig ist und die Schulden durch Betriebsbestehenswerte gedeckt werden. Die Liquidation ist in diesem Fall kein geeignetes Mittel des Gläubigerschutzes. Ihre Unterstellung nimmt – zirkelschlussartig – eine der möglichen Rechtsfolgen vorweg, über deren Eintreten mittels der Überschuldungsrechnung erst entschieden werden soll (*Höfner* S. 142 mit Nachw.). Die Deutung des Vermögens als Schuldendeckungspotential widerspricht aber auch generell der dynamischen, zukunftgerichteten Funktion des Vermögens, aus dem Zusammenwirken aller Vermögensgegenstände heraus Erfolge (Erträge) zu erwirtschaften (*Höfner* S. 153 f mit Nachw.). Strafrechtlich, nämlich unter dem Gesichtspunkt der Auferlegung bestimmter Handlungs- und Unterlassungspflichten, sind die wirklichen Gegenwartswerte im Zeitpunkt der Vornahme der Bankrotthandlung daher so lange als Unternehmensfortführungswerte zu begreifen, wie nicht von der Einstellung der Unternehmenstätigkeit ausgegangen werden muss. Unter Berücksichtigung des strafprozessualen Grundsatzes „in dubio pro reo" kann daher ein dem Beschuldigten ungünstiger Liquidationswert nur dann anstelle eines höheren Zukunftsertragswertes zugrunde gelegt werden, wenn die **Nichtfortführung** des Unternehmens mit der für das Strafverfahren erforderlichen Gewissheit bereits aus der Sicht ex ante, nämlich im Zeitpunkt der Vornahme der Bankrotthandlung, **feststeht**.[99] Dies ist im methodischen

---

[98] *Franzheim* NJW **1980** 2501 und wistra **1984** 212 f; *Hiltenkamp-Wisgalle* S. 239 ff; dagegen aber *Plathner* S. 204 ff, *Stracke* S. 319 ff, 436 f und bereits *Richter* GmbHR **1984** 140.

[99] *Tiedemann* GmbH-Strafrecht[4] § 84 Rdn. 47 a.E. mit Nachw.; ebenso insbes. *Lackner/Kühl* § 283 Rdn. 6; ähnlich *Lüderssen* Gedächtnisschrift Arm. Kaufmann S. 675 (für § 84 GmbHG a.F.); *Schlüchter* S. 68 und wistra **1984** 43; enger *Richter* GmbHR **1984** 140.

Vorgehen dem oben Rdn. 153 erwähnten zweistufigen Prüfungsverfahren des neueren gesellschaftsrechtlichen Schrifttums vergleichbar. Jedoch modifiziert der für eine strafrechtliche Verurteilung erforderliche Gewissheitsgrad die Ergebnisse im Verhältnis zum Zivilrecht: Führt die Fortbestehensprognose zu keinem eindeutigen Ergebnis, so sind strafrechtlich für die Bewertung sowohl Liquidations- als auch Fortführungswerte zu ermitteln, und es ist für die Beantwortung der Überschuldungsfrage das für den Beschuldigten günstigste Ergebnis zugrunde zu legen (Rdn. 155). Lediglich die nicht betriebsnotwendigen Unternehmensteile sind regelmäßig nach Liquidationswerten, die insoweit als Veräußerungswerte meist über dem Ertragswert liegen, zu bestimmen.

**155** Das **neue Recht** (**§ 19 Abs. 2 InsO**) geht eindeutig von der (nicht modifizierten) zweistufigen Prüfungsmethode mit Vorrang der Fortführungsprognose aus. Diese Grundentscheidung ist auch für das Strafrecht maßgebend (zust. *Lackner/Kühl* § 283 Rdn. 6 und *Sch/Schröder/Stree/Heine* § 283 Rdn. 51, je mit weit. Nachw.) und insoweit nur den durch die Eigenarten dieses Rechtsgebietes gebotenen Einschränkungen unterworfen. Zu diesen Eigenarten gehört freilich eindeutig der *in dubio pro reo*-Satz. Deshalb ist im Strafrecht nicht erst dann von der *Fortführung* auszugehen, wenn diese „nach den Umständen überwiegend wahrscheinlich" ist (so aber § 19 Abs. 2 Satz 2 InsO), also die Wahrscheinlichkeit größer ist als 50 %, sondern – wie schon früher (oben Rdn. 154) – bereits dann, wenn sie *nicht ganz unwahrscheinlich* ist.[100] Wenn eine verbreitete Gegenansicht den in dubio-Grundsatz nur auf die bewertungsrelevanten (Anknüpfungs-)Tatsachen, nicht dagegen für das Wahrscheinlichkeitsurteil selbst anwenden will, wird übersehen, dass § 283 Abs. 1 von einer tatsächlich vorliegenden Krisensituation ausgeht, die bei Zweifeln über ihr Vorliegen zu verneinen ist; jedenfalls folgt unser Ergebnis aus Art. 103 Abs. 2 GG, da der Normaddressat „so lange auf die Unternehmensfortführung vertrauen darf, wie nicht *ex ante* die Nichtfortführung des Unternehmens *sicher bevorsteht*" (*Stracke* S. 447). Dass sich hieraus eine „Spaltung" der Überschuldungsfeststellung im Insolvenzrecht einerseits und im Insolvenzstrafrecht andererseits ergibt, folgt aus den teilweise unterschiedlichen Zwecksetzungen beider Rechtsgebiete: Der Sinn von § 19 Abs. 2 Satz 2 InsO liegt darin, eine eindeutige Beurteilung der Voraussetzungen zur Einleitung eines Insolvenzverfahrens sicherzustellen. Demgegenüber gewährleisten §§ 283 ff bei Strafe die Unversehrtheit der (potentiellen) Insolvenzmasse (vgl. oben Rdn. 46) in der insoweit besonders gefährlichen Krisensituation bzw. bei Eignung zur Herbeiführung einer solchen Situation. Die unterschiedlichen Zwecke führen überdies genaugenommen nicht zu einer Unterschiedlichkeit der Rechtsbegriffe, sondern zu einer Relativität der Feststellungsmodalitäten für den Rechtsbegriff „Überschuldung". Nicht etwa ist dieser Begriff in §§ 283 ff in dem Sinne zu verstehen, dass das Rechtsinstitut des Insolvenzverfahrens mit allen seinen außerstrafrechtlichen Regelungseffekten geschützt würde (vgl. noch einmal oben Rdn. 46).

**156** Der bei feststehender Nichtfortführung des Unternehmens maßgebende **Liquidationswert** ist der sich bei einer fiktiven Veräußerung des Schuldnervermögens ergebende Wert (*Höfner* S. 135 f). Er wird nach unten durch den Schrottwert begrenzt, der durch

---

[100] Zustimmend *Beck* in Wabnitz/Janovsky Kap. 6 Rdn. 101; *Lackner/Kühl* § 283 Rdn. 6; *Pelz* Rdn. 86; *Stracke* S. 446 f, 465; *Wegner* in Achenbach/Ransiek Kap VII 1 Rdn. 37 und 58; *Wessels/Hillenkamp* BT 2 § 12 461 a.E.; auch BGH DStR **1994** 1054 und OLG Düsseldorf wistra **1997** 113 sowie *Moosmayer* S. 165; **aA** *Achenbach* Gedächtnisschrift Schlüchter S. 267 f; *Bieneck* aaO Rdn. 33; *Bittmann* in Bittmann § 11, 104 und wistra **2009** 140 f; *Hoyer* SK § 283 Rdn. 14; *Radtke* MK Rdn. 70 vor §§ 283 ff; *Röhm* S. 183 f.

Abbruch- und Beseitigungskosten weiter gemindert sein kann (*Auler* DB **1976** 2170 mit Nachw.). Wertobergrenze ist der Marktpreis, verringert um etwaige bei der Veräußerung anfallende Kosten. Dabei ist allerdings zu berücksichtigen, dass auch der Marktpreis kein auf einen festen Betrag fixierter Preis ist, sondern regelmäßig eine Mehrzahl möglicher erzielbarer Verkaufserlöse umfasst (*Haack* NJW **1981** 1353). – Da im Zeitpunkt der Aufstellung des Überschuldungsstatus Art und Zeitablauf einer etwaigen Liquidation nicht bekannt sind, kann die Ermittlung des Liquidationswertes auf beträchtliche Schwierigkeiten stoßen (vgl. nur *Höfner* S. 143 ff). Diese ergeben sich vor allem daraus, dass erfahrungsgemäß bei Veräußerung des gesamten Unternehmens, bei Veräußerung einzelner geschlossener Betriebsteile und bei getrennter Veräußerung jedes Vermögensgegenstandes (Totalzerschlagung!) unterschiedliche Erlöse erzielt werden. Insoweit können strafrechtlich andere Werte als bei der betriebswirtschaftlichen Schätzung zugrunde zu legen sein. Erscheint die Veräußerung des Unternehmens als Ganzes oder eines geschlossenen Betriebsteiles nicht ausgeschlossen, so muss strafrechtlich von dem sich insoweit ergebenden höheren Veräußerungspreis ausgegangen werden. Wenn die Betriebswirtschaftslehre diesen Wertansatz nur dann gelten lassen will, wenn die Gesamtveräußerung mit Sicherheit zu erwarten ist (vgl. nur *Auler* aaO), so kann dies strafrechtlich im Hinblick auf den Grundsatz „in dubio pro reo" nicht hingenommen werden. Allerdings setzt dieser prozessuale Grundsatz ganz allgemein voraus, dass nicht jede theoretische Möglichkeit bedacht wird, sondern dass reale Anhaltspunkte für den Zweifel bestehen. Demgegenüber sind in grundsätzlicher Übereinstimmung mit der betriebswirtschaftlichen Auffassung für die Einzelveräußerungspreise primär Marktpreise maßgebend. Sind solche nicht feststellbar, so sind sie in Abhängigkeit von der Marktnachfrage und Verwertungszeit zu schätzen (*Auler* aaO). Auch insoweit ist im Strafverfahren aber der Grundsatz in dubio pro reo zu beachten (*Weyand/Diversy* Rdn. 32 S. 51; **aA** *Hiltenkamp-Wisgalle S.* 235, 237 f).

Die Bestimmung des **Fortführungswertes** ist dagegen schon im außerstrafrechtlichen **157** (betriebswirtschaftlichen) Schrifttum lebhaft umstritten (zusammenfassend *Hiltenkamp-Wisgalle* S. 249 ff). Zentrale Streitpunkte sind die Fragen, ob unter dem Aspekt der Unternehmensfortführung für den Unternehmenswert nur auf den – wie auch immer zu bestimmenden – Substanzwert, nur auf die künftigen Erlöse des Unternehmens (Ertragswert) oder auf beide Wertansätze abzustellen ist (vgl. *Tiedemann* GmbH-Strafrecht[4] § 84 Rdn. 47). Nach der heute wohl h.M. gilt bei unterstellter Unternehmensfortführung der Ertragswert als der „richtige" Unternehmenswert (vgl. insbes. *Ransiek* S. 157 ff mit Nachw.). Jedoch wird für die dann erforderliche Schätzung der Zukunftserträge diskutiert, welcher Zeitraum der Vergangenheit für die Zukunftsprognose heranzuziehen ist, ob und in welcher Weise Tendenzen zu berücksichtigen sind, ob ein über dem Substanzwert liegender Ertragswert wegen der Gefahr der Errichtung von Konkurrenzunternehmen zu mindern ist (sog. Mittelwert- oder Berliner Verfahren) u.a.m. (vgl. *Tiedemann* Gedächtnisschrift Schröder S. 299 mit Nachw.). Die grundsätzliche Ausrichtung der Prognose des Zukunftserfolges an den Ergebnissen vergangener Jahre ist freilich schon in sich nicht unzweifelhaft, selbst wenn man davon absieht, dass bei krisenbefangenen Unternehmen die Ertragsfähigkeit regelmäßig abnimmt. In der neueren Betriebswirtschaftslehre werden daher teilweise abweichende, jedoch besonders aufwendige und nur für größere Unternehmen (mit entsprechenden Planungsrechnungen) zweckmäßige Methoden der Zukunftsschätzung, teilweise auch stichtagsbezogene Ertragskraftbestimmungen, vorgeschlagen. Den Unsicherheiten der künftigen Entwicklung des Marktes und der sonstigen Geschäftswertfaktoren einschließlich der politischen Entwicklung sollen teils Alternativrechnungen, teils pauschale Abschläge und sonstige Mittel der Risikoberücksichtigung Rechnung tragen. Darüber hinaus ist keineswegs unstreitig, ob die betriebswirtschaftlichen Regeln für die Unternehmensbewertung überhaupt uneingeschränkt zur Feststellung der Überschuldung herangezogen werden können: Die Unternehmensbewertung geht von der Fragestellung aus, welchen Preis ein potentieller Käufer für das Unternehmen zu zahlen bereit ist. Ertrag, Ertragswert und Ertragsfähigkeit sind daher dynamische Größen. Demgegenüber stellt die Überschuldung eher eine statische Größe dar, auch wenn für ihre Bestimmung gewisse dynamische Gesichtspunkte zu berücksichtigen sind (vgl. bereits oben Rdn. 154).

**158** Das Problem der strafrechtlichen Überschuldungsfeststellung ist daher bislang insgesamt *ungelöst* (so auch *Höfner* S. 232 ff). Die *Praxis* der Staatsanwaltschaften (und Strafgerichte) geht meist von einem großzügig angesetzten Liquidationswert (Veräußerungswert) aus (*Bieneck* in Müller-Gugenberger § 76, 42 ff; *Weyand/Diversy* Rdn. 32 S. 51), was im Ergebnis für die zahlenmäßig überwiegenden Fälle nicht zu beanstanden ist, in denen sich Krise und Insolvenz aus laufenden (und erkennbaren) Verlusten oder Entnahmen ergeben. Für diejenigen Fälle, in denen es auf diese Rechtsfrage ankommt, muss entschieden werden, wie sich der Strafrichter gegenüber der Vielfalt und Unsicherheit betriebswirtschaftlicher Bewertungen zu verhalten hat. Wenn die Zivilgerichte bisher die Neigung gezeigt haben, alle betriebswirtschaftlichen Schätzungen mehr oder weniger pauschal zu übernehmen, so ist eine solche Haltung strafrechtlich schon deshalb unannehmbar, weil praktisch von niemandem bestritten wird, dass die betriebswirtschaftliche „Bewertung" häufig nur ein grobes, notwendigerweise mit erheblichen Fehlern verbundenes Schätzen ist (vgl. *Tiedemann* Gedächtnisschrift Schröder, S. 298 mit Nachw.). Selbst die betriebswirtschaftliche Theorie rügt, dass die Bezeichnung des Schätzvorganges als „Bewertung" irreführend ist.[101] Dieses gutachterliche Schätzen ist vom Strafrichter zumindest hinsichtlich der zugrundegelegten Tatsachen, aber auch im Hinblick auf die angewandten Methoden im Sinne der vorstehenden Ausführungen zu überprüfen. Dabei hat der Strafrichter insbesondere auch selbständig festzustellen, ob andere betriebswirtschaftliche Berechnungsmethoden zur Verneinung einer Überschuldung führen würden. Nicht nur prozessual, sondern wegen der Unbestimmtheit des Überschuldungsbegriffes bereits materiellrechtlich (Art. 103 Abs. 2 GG!) kann eine Überschuldung im Strafrecht nur angenommen werden, wenn **alle ernsthaft vertretenen Schätzungsmethoden** zu dem **gemeinsamen Ergebnis der Überschuldung** führen. Diese Auffassung entspricht der in der strafrechtlichen Literatur h.M.,[102] aber auch der strafgerichtlichen Praxis (*Weyand/Diversy*

---

[101] Vgl. bereits *Biermann* Die Überschuldung als Voraussetzung der Konkurseröffnung (1963) S. 45 und 62; *Pribilla* KTS **1958** 1, 23; *Viel/Bredt/Renard* Die Bewertung von Unternehmen und Unternehmensanteilen (5. Aufl. 1975) S. 77; *Wittmann* Der Wertbegriff in der Betriebswirtschaftslehre (1956) S. 103. Zusammenfassend jetzt *Großfeld* Recht der Unternehmensbewertung (5. Aufl. 2009).

[102] So *Bieneck* in Müller-Gugenberger/Bieneck § 76, 44; *Lackner/Kühl* § 283 Rdn. 6; *L. Müller* in Lexikon des Rechts S. 460; *Otto* Gedächtnisschrift R. Bruns S. 221; *Radtke* MK Rdn. 71 vor §§ 283 ff; *Sch/Schröder/Stree/Heine* § 283 Rdn. 51; *Tiedemann* Gedächtnisschrift Schröder S. 289; *Wegner* in Achenbach/Ransiek Kap. VII 1 Rdn. 37; *Wessels/Hillenkamp* BT 2 Rdn. 461; *Weyand/Diversy* Rdn. 32, S. 51; ähnlich *Schlüchter* MDR **1978** 269 und wistra **1984** 43 sowie *Erdmann* S. 207 (auf der Grundlage der modifizierten zweistufigen Prüfungsmethode). **Kritisch** *Höffner* BB **1999** 198 (253) und *Ransiek* S. 153 f, der aber Zweifel bei der Bewertung ebenfalls zugunsten des Täters ausschlagen lässt. Demgegenüber nimmt *Höfner* S. 270 ff schlicht Verfassungswidrigkeit des Überschuldungsmerkmals an und verwirft die Möglichkeit verfassungskonform-restriktiver Interpretation durch den Richter.

aaO). Zumindest im prozessualen Sinne deckt sich diese Auffassung im Wesentlichen mit der Forderung, nur eine **qualifizierte,** nämlich eindeutige und erhebliche **Überschuldung** als für § 283 ausreichend anzusehen.[103]

Mögliche Abweichungen und Unterschiede zur außerstrafrechtlichen Bewertung ergeben sich auch in anderer Hinsicht. Während nämlich insbesondere in zivilrechtlichen Streitigkeiten auch der Richter regelmäßig vor die Notwendigkeit einer unsicheren Zukunftsprognose gestellt ist, um den Unternehmenswert z.B. für die Abfindung eines Gesellschafters, für die Berechnung des familienrechtlichen Zugewinnausgleichs oder des erbrechtlichen Pflichtteils zu schätzen, ergibt sich im Insolvenzstrafverfahren die Besonderheit, dass die „ex ante"-Schätzung des Unternehmenswertes bei der Überschuldungsfeststellung im Zeitpunkt der Vornahme der Bankrotthandlung regelmäßig durch Zeitablauf überholt ist: Risiken und Chancen der Vergangenheit haben sich zwischenzeitlich verwirklicht oder zerschlagen, ungewöhnliche und nicht voraussehbare Ereignisse sind eingetreten usw. Während die betriebswirtschaftliche Zukunftsprognose versucht, derartigen Möglichkeiten durch pauschale Bereinigungen und Korrekturen auf Durchschnittswerte Rechnung zu tragen, also ein gewichtetes oder das arithmetische Mittel zu bilden und Abweichungen hiervon nur nach dem Grade ihrer Wahrscheinlichkeit zuzulassen (vgl. *Piltz* Die Unternehmensbewertung in der Rechtsprechung, 3. Aufl. 1994, S. 147 ff mit Nachw.), sind im Insolvenzstrafverfahren die „wahren" Daten meist bekannt. Es fragt sich, ob und inwieweit diese **Überholung,** nämlich die Erkenntnis der Richtigkeit oder Unrichtigkeit der Prognose, im Strafverfahren zu berücksichtigen ist. Das Problem stellt sich selbstverständlich nur für die unrichtige Prognose, ist insoweit aber keineswegs auf den Fortführungswert beschränkt, sondern kann auch beim Liquidationswert auftreten. Die Zivilrechtsprechung zu dieser Frage ist uneinheitlich (vgl. *Piltz* aaO S. 163 ff mit Nachw.). Strafrechtlich ist davon auszugehen, „dass die Gegenwartspreise nur stellvertretend für eigentlich relevante, aber unbekannte Zukunftspreise stehen" (*Leunig* Die Bilanzierung von Beteiligungen, 1970, S. 108; *Tiedemann* Gedächtnisschrift Schröder S. 304 mit weit. Nachw.). Ein zum Bilanz- oder Statusstichtag zugrundegelegter Prognosewert auf der Basis vorhandener Erkenntnis hat also nur Ersatzfunktion im Hinblick auf die Ungewissheit der künftigen Veräußerungs- oder Gewinnsituation. Ist dagegen der real erzielte Erlös oder Gewinn nunmehr bekannt, so wäre es im Grundsatz geradezu ein Verstoß gegen Art. 103 Abs. 2 GG, wenn das unsichere betriebswirtschaftliche Prognoseurteil über die künftige (Erlös-)Situation gewählt würde, obwohl die tatsächliche Situation mit den höchst exakt bestimmten, nämlich geradezu zahlenmäßig feststehenden (Erlös-) Werten inzwischen bekannt ist.[104] Ähnlich wie im Steuerrecht wird man strafrechtlich jedenfalls die Verwertung der späteren besseren Erkenntnis zugunsten des Täters zulassen müssen, also *„wertaufhellende" Umstände* zu seinen Gunsten zu berücksichtigen haben (vgl. *Piltz* aaO S. 218). *Wertändernde* Umstände, nämlich unvorhergesehene spätere Entwicklungen (z.B. Wertsteigerung eines Grundstücks infolge Änderung des Bebauungsplanes), sind jedenfalls bei der Ertragswertbestimmung dann zu berücksichtigen, wenn sie sich zugunsten des Beschuldigten auswirken; auch ist insoweit kein Raum mehr für 159

---

[103] So *Bieneck* in Müller-Gugenberger/Bieneck § 76, 17; *Hoffmann* MDR **1979** 713 ff; *Radtke* MK Rdn. 72 vor §§ 283 ff; auch *Tiedemann* GmbH-Strafrecht[4] Rdn. 41 vor § 82; *Bottke* JA **1980** 97. **Kritisch** *Höfner* S. 233 f und *Schlüchter* wistra **1984** 43.

[104] *Tiedemann* Gedächtnisschrift Schröder S. 304; zustimmend *Hiltenkamp-Wisgalle* S. 270 ff und *Stracke* S. 438; vgl. auch *Schlüchter* wistra **1984** 46; **aA** *Richter* GmbHR **1984** 141.

Risikoabschläge und sonstige Vorsichtsmaßnahmen, die im Rahmen einer Prognose aus Gründen des Gläubigerschutzes durchaus angebracht sind (*Tiedemann* aaO S. 303). Soweit es dagegen auf den Substanzwert – z.B. einzelner Vermögensgegenstände – ankommt, ist ein zum Stichtag feststellbarer **Marktwert** auch dann maßgebend, wenn sich dieser Wert später ändert (vgl. auch *Piltz* aaO S. 218). Ist ein Marktwert (Verkehrswert) aber nicht vorhanden oder nicht feststellbar und ist der Wert auch nicht durch andere Faktoren verfestigt, so ist für den wirklichen Gegenwartswert (Zeitwert) nicht auf eine als überholt erkannte Schätzung, sondern auf die spätere Entwicklung jedenfalls dann abzustellen, wenn diese ihre Wurzeln bereits im Zeitpunkt des Stichtages hatte (vgl. schon *Tiedemann* GmbH-Strafrecht⁴ § 84 Rdn. 48). Diese einschränkenden und im Ergebnis meist zugunsten des Täters wirkenden Grundsätze sind auch im Zusammenhang mit der erforderlichen Verknüpfung von Bankrotthandlung, Krise und wirtschaftlichem Zusammenbruch (oben Rdn. 91 ff) zu sehen. Sie gewinnen vor allem bei der Bewertung von **Unternehmensbeteiligungen** Bedeutung, lassen sich hier doch nach dem Urteil hervorragender Sachkenner eindeutige Beurteilungsmaßstäbe überhaupt nicht mehr auffinden.[105]

**160** Nicht abschließend geklärt ist schließlich auch, ob und gegebenenfalls inwieweit bei der strafrechtlichen Feststellung einer Überschuldung das **künftige** unternehmerische **Verhalten** des späteren Beschuldigten zu berücksichtigen ist. BGH JZ **1979** 75, 77 billigt die Annahme des Tatrichters, die Beteiligung an einem anderen, verlustreichen Unternehmen begründe aufgrund einer Prognose über einen zukünftigen Zeitraum von 10 Jahren eine Überschuldung des Mutterunternehmens; die rechtliche Möglichkeit einer Kündigung der Beteiligung könne außer Betracht bleiben, da sie angesichts des sonstigen Verhaltens des Unternehmers „unrealistisch" gewesen, nämlich „nach dem zu erwartenden wirtschaftlichen Verhalten der Beteiligten auszuschließen" sei. Dem kann nicht beigetreten werden,[106] wobei die betriebswirtschaftlichen Lehren der Reorganisationsplanung zwingend zu berücksichtigen sind. Zwar ist die Absicht der Unternehmensfortführung neben der Lebensfähigkeit des Unternehmens für die Prognose der Fortführung durchaus von Bedeutung (vgl. BTDrucks. 12/2443 S. 115; *Radtke* MK Rdn. 70 vor §§ 283 ff). Jedoch sieht das neue Insolvenzrecht auch die Möglichkeit der *Unternehmensfortführung durch Dritte* vor. Daher kann für die Unternehmensbewertung nicht (mehr) allgemein auf das Verhalten des Unternehmensinhabers abgestellt werden. Zutreffend stellt *Wegner* (in Achenbach/Ransiek Kap. VII 1 Rdn. 59) darauf ab, ob z.B. externer Rat hinzugezogen worden ist. – Bei der im Falle des BGH unterstellten Fortführung des Mutterunternehmens war richtigerweise zunächst zu untersuchen, ob und auf welche Weise eine *Sanierung* oder *Reorganisation* insbesondere durch Ausschaltung von unrentierlichen Betriebsteilen und Beteiligungen erreicht werden konnte (vgl. bereits *Pribilla* KTS **1958** 7). Hierauf beruht gerade auch die von der Zivilrechtsprechung anerkannte betriebswirtschaftliche Regel, dass nicht betriebsnotwendige Vermögensgegenstände aus der Gesamtbewertung ausscheiden und zum Liquidationswert anzusetzen sind (oben Rdn. 154 a.E.), welcher dann dem Gesamtwert wieder hinzuzurechnen ist (vgl. nur *Piltz* aaO S. 181 ff

---

[105] *Heidland* in Tagungsberichte der Sachverständigenkommission zur Bekämpfung der Wirtschaftskriminalität Bd. II (1973), Anl. 2 S. 19; *Heinen* Handelsbilanzen (12. Aufl. 1986) S. 280; *Moxter* Grundsätze ordnungsmäßiger Unternehmensbewertung (2. Aufl. 1983) S. 92 f.

[106] Vgl. bereits *Tiedemann* NJW **1979** 254 f und Wirtschaftsstrafrecht BT Rdn. 418; **aA** *Bieneck* in Müller-Gugenberger/Bieneck § 76, 37; *Schlüchter* wistra **1984** 46.

mit Nachw.). Für die Zwecke eines Überschuldungsstatus ist also nicht die Fortführung des bisherigen Unternehmens schlechthin zu unterstellen, sondern konkret darzulegen, in welcher Weise die Fortführung eines gefährdeten Unternehmens zu gestalten ist. Dies ist grundsätzlich aus der Sicht eines *ordentlichen Kaufmanns* zu entscheiden (*Tiedemann* Wirtschaftsstrafrecht BT Rdn. 418). Jedenfalls im Sinne eines „objektiven" Unternehmenswertes ist also bereits nach geltendem Recht nicht maßgebend auf Person und Willen des jeweiligen Unternehmensinhabers abzustellen.[107] Nur dann, wenn bei §§ 283 ff anstelle des Gläubigerschutzes allein die Selbstinformation des Schuldners über seine Unternehmenssituation entscheidend wäre, könnten Ziele, Motive und sonstige subjektive Einschätzungen des jeweiligen Unternehmensinhabers ausschlaggebend sein. Eine solche totale Subjektivierung entspricht jedoch weder dem Schutzzweck der §§ 283 ff (vgl. auch § 283 Rdn. 5) noch den sonstigen Bewertungsgrundsätzen, die insoweit übereinstimmend sowohl für den Liquidations- als auch für den Substanz- und den Ertragswert von *fiktiven* Vorgängen ausgehen: Liquidationswert ist auch dann der Veräußerungswert, wenn der Unternehmensinhaber den Gedanken an einen Verkauf des Unternehmens weit von sich weist, und entsprechend sind auch der Ertragswert und die Ertragsfähigkeit des Unternehmens nicht ohne weiteres davon abhängig, ob sein gegenwärtiger Inhaber sich in Zukunft (!) wirtschaftlich sinnvoll verhalten oder aber sogar wirtschaftlich gebotene Rationalisierungsmaßnahmen unterlassen wird. Dies schließt keineswegs aus, dass die Persönlichkeit des Inhabers den Ertrag eines Unternehmens besonders steigern und der Wert des Unternehmens (vor allem des kleinen und mittleren Unternehmens) von der Person des Inhabers abhängig sein kann, wie auch der Vermögenswert von der Verwendungsmöglichkeit des Vermögensgegenstandes im Unternehmen oder Haushalt des Vermögensinhabers abhängt (BGHSt **16** 321, 325 ff). Jedoch stößt die im Strafrecht sonst angemessene Individualisierung und Subjektivierung der Betrachtung auf Grenzen, wenn es um die Ermittlung von Verkehrswerten geht, die im Ansatz nur intersubjektiv bestimmt werden können. Es ist aber auch generell unzulässig, dem Täter bei § 283 über die Annahme einer gegenwärtigen Krise verschärfte künftige Verhaltenspflichten aufzuerlegen, wenn die Annahme einer Krise allein oder doch entscheidend auf ein nur unterstelltes eigenes künftiges Verhalten des Täters gestützt wird. Ob künftiges menschliches Verhalten realistisch oder unrealistisch, zu erwarten oder nicht zu erwarten ist, bleibt notwendigerweise eine unsichere Prognose, die zwar außerstrafrechtlich erforderlich und annehmbar sein mag, im Strafrecht aber nicht ohne Not zur Grundlage einer Verurteilung gemacht werden sollte. Für unmittelbar tatbestandsrelevantes Verhalten des Täters dürfte dies unbezweifelbar sein. Die Unzulässigkeit einer strafrechtlichen Belastung des Täters durch sein prognostiziertes künftiges Fehlverhalten muss aber auch dann gelten, wenn dieses Verhalten nur Hilfstatsache für die Ermittlung eines gesetzlichen Tatbestandsmerkmals und der gesetzlichen Pflichtenbegründung ist.

Der vorerwähnten Frage kommt erhebliche Bedeutung zu, da die von *Bieneck*[108] mitgeteilte *Praxis* offenbar frühere Bankrotthandlungen, insbesondere auch Buchführungsverstöße, als Indiz für die *mangelnde Fähigkeit und Bereitschaft* (!) des Täters zur *Unternehmensfortführung* ansieht (Bedenken dazu bereits oben Rdn. 149). Demgegenüber bezieht die betriebswirtschaftliche Reorganisationsplanung zwar Überlegungen zur Neuordnung der Führungsstruktur ein (vgl. *Risse* KTS **1994** 484 f), sieht dies aber eher als nachrangig an, obwohl Managementfehler als primäre Insolvenzursache erkannt werden **161**

---

[107] *Biermann* aaO (Fn. 101) S. 49; auch *Piltz* S. 93 ff mit weit. Nachw. – Zustimmend zu der hier bereits in den Vorauflagen geäußerten Kritik an BGH JZ **1979** 75 *Hiltenkamp-Wisgalle* S. 266 ff.

[108] In Müller-Gugenberger/Bieneck § 76, 36.

(vgl. bereits oben Rdn. 13). *Strafrechtlich* sind ähnliche Kriterien zugrunde zu legen wie bei der Bewährungsprognose in Bezug auf einen Insolvenzstraftäter. Daher wird auch danach zu differenzieren sein, ob die Bankrotthandlung auf Rettung oder Aushöhlung des Unternehmens abzielte. Stets müssen jedoch *Zweifel* an der Fähigkeit und Bereitschaft des Schuldners zur Unternehmensfortführung zu seinen Gunsten ausgehen, und für die *Unternehmensbewertung* kann keinesfalls allein auf das Verhalten des Unternehmens*inhabers* abgestellt werden.

**161a** d) Eine zeitlich befristete Sonderregelung hat das **Finanzmarktstabilisierungsgesetz** (FMStG) vom 17.10.2008 (BGBl I **2008** 1982 ff) eingeführt: Für die Zeit vom *18.10.2008 bis 31.12.2010* ist eine *Überschuldung* nach § 19 Abs. 2 InsO n.F. anzunehmen, „wenn das Vermögen des Schuldners die bestehenden Verbindlichkeiten nicht mehr deckt, *es sei denn, die Fortführung des Unternehmens ist nach den Umständen überwiegend wahrscheinlich*“. Bei positiver Fortführungsprognose liegt für den genannten Zeitraum also bereits keine Überschuldung vor; nicht etwa sind Fortführungswerte zugrunde zu legen und in einen Überschuldungsstatus einzustellen: Bei positiver Fortführungsprognose kann auf die Erstellung eines solchen Status verzichtet werden (*Blöse/Wieland-Blöse* GmbHR 2008 R 369; *Holzer* ZIP **2008** 2108 ff). Damit wird für den genannten Zeitraum die sog. modifizierte zweistufige Prüfungsmethode übernommen (*Böcker/Poertzgen* GmbHR 2008 1289, 1291). Nach ihr ist zunächst eine rechnerische („bilanzielle“) Prüfung der Überschuldung nach Liquidationswerten vorzunehmen; liegt danach Überschuldung vor, ist zu prüfen, ob eine Überschuldung im Rechtssinne gegeben ist – worüber die Fortführungsprognose entscheidet. Da somit die Fortführungsprognose „allein entscheidend“ ist, genügt „bei positivem Ergebnis schon ihre Aufstellung allein zur Ausschließung der Überschuldung“ (*Bieneck* in Müller-Gugenberger/Bieneck § 76, 23 mit Nachw., insbes. BGHZ **119** 201, 213 f – Dornier). Entsprechend ist die Fortführungsprognose dann überflüssig, wenn die Zugrundelegung von Liquidationswerten keine („rechnerische“) Überschuldung ergibt.

**161b** Das FMStG als *Maßnahmegesetz* zur Vermeidung einer „Welle“ von Unternehmensinsolvenzen (*Böcker/Poertzgen* GmbHR **2008** 1290, 1295) wirft außerstrafrechtlich Probleme insbesondere in den Fällen auf, in denen sich der Prognosezeitraum nicht mit dem Geltungszeitraum des § 19 Abs. 2 InsO n.F. (Rdn. 161a) deckt (dazu *Böcker/Poertzgen* aaO S. 1290 mit Nachw.). Strafrechtlich stellt die Regelung im Zusammenhang mit § 283 ein typisches **Zeitgesetz** im Sinne des § 2 Abs. 4 dar. Mit seiner regelmäßigen zeitlichen Hinausschiebung der Insolvenzreife ist § 19 Abs. 2 InsO n.F. zugleich im Verhältnis zu § 19 Abs. 2 InsO alter und künftiger Fassung das **mildere**, nach verbreiteter Auffassung gemäß § 2 Abs. 3 rückwirkend anzuwendende **Gesetz** (vgl. *Dannecker* LK § 2 Rdn. 130 mit Nachw.). Allerdings ist zu bedenken, dass die hierfür angeführte RG-Rechtsprechung nur die Änderung von Zeitgesetzen betraf und eine Rückwirkung nur anerkannte, wenn die Neuregelung auf einer „Änderung der Rechtsanschauung“ beruhte (RGSt **64** 359, 400 mit Nachw.). Diese Begründung hat für § 2 Abs. 3 weiterhin Relevanz (*Dannecker* aaO Rdn. 83; *Tiedemann/Dannecker* Die gesetzliche Milderung im Steuerstrafrecht, 1985, S. 10 und 18; *Tröndle* LK$^{10}$ § 2 Rdn. 47) und schließt die Rückwirkung des FMStG grundsätzlich aus, da dieses erkennbar nur der Bewältigung einer vorübergehenden tatsächlichen Krise dient. Die von *Bittmann* (wistra **2009** 140) vorgeschlagene Rückwirkung in „allen Altfällen“ geht zu weit und wird erst dadurch im Ergebnis korrigiert, dass dieser Autor bei der Fortführungsprognose den Zweifelsgrundsatz nur eingeschränkt anwenden will (Rdn. 155 Fn. 100). Liegt – wie häufig – auch *Zahlungsunfähigkeit* vor, so bleibt § 283 unabhängig von § 2 voll anwendbar, da dieser Krisen- und Insolvenzgrund von § 19 Abs. 2 InsO n.F. nicht tangiert wird.

### 5. Eröffnung des Insolvenzverfahrens und Abweisung des Eröffnungsantrages

a) Während Überschuldung, Zahlungsunfähigkeit und Zahlungseinstellung materielle Zustände der Krise sind und die Zahlungseinstellung als Handlung des Schuldners den wirtschaftlichen Zusammenbruch nach außen zum Ausdruck bringt (oben Rdn. 95), sind die Eröffnung des Insolvenzverfahrens und die Abweisung des Eröffnungsantrages formalrechtliche Akte des Richters mit **Tatbestandswirkung:** Für den Straftatbestand genügt die Tatsache der Insolvenzverfahrenseröffnung (RGSt **26** 37) bzw. der Abweisung des Eröffnungsantrages. Die Berechtigung des Verfahrensaktes, insbesondere das Vorliegen eines Eröffnungsgrundes und eines Eröffnungsantrages, hat der Strafrichter nicht nachzuprüfen (unstr.).[109] Maßgebend ist strafrechtlich die **Rechtskraft** des Verfahrensaktes, also seine Endgültigkeit: der Ablauf der Frist für die sofortige Beschwerde (§ 34 InsO), die bestätigende Entscheidung des Beschwerdegerichts oder der Verzicht des Rechtsmittelberechtigten auf das Rechtsmittel. Hebt das Beschwerdegericht den die Eröffnung aussprechenden Beschluss auf, so fehlt es an der Eröffnung des Insolvenzverfahrens (vgl. § 34 Abs. 3 InsO und bereits RGSt **44** 48, 52). Hat der Schuldner selbst den Insolvenzverfahrensantrag gestellt, so fehlt allerdings regelmäßig die für die Zulässigkeit der sofortigen Beschwerde erforderliche Beschwer (**str.**, vgl. *Müller* in Jaeger, InsO § 34 Rdn. 22 ff mit Nachw.), so dass die Entscheidung sofort rechtskräftig wird. – Verfahrensakte nach Rechtskraft des Eröffnungsbeschlusses oder des den Eröffnungsantrag abweisenden Beschlusses sind strafrechtlich unbeachtlich. Dies gilt nach h.M. insbesondere auch für die nachträgliche Einstellung des zu Unrecht eröffneten Insolvenzverfahrens und für die Möglichkeit einer solchen Einstellung.[110] **162**

b) Die **Eröffnung des Insolvenzverfahrens** setzt gemäß § 13 InsO stets einen **Antrag** voraus, den der Schuldner und jeder Gläubiger, also insbesondere auch die Sozialversicherungsträger und das Finanzamt stellen können (vgl. bereits oben Rdn. 28). In gesetzlich besonders bestimmten Fällen besteht eine Pflicht zur Stellung des Insolvenzverfahrensantrages (vgl. insbes. § 15a InsO und im Übrigen *Müller* aaO Rdn. 29). – **Insolvenzgericht** ist gemäß § 2 InsO das Amtsgericht, in dessen Bezirk ein Landgericht seinen Sitz und der Schuldner seinen allgemeinen Gerichtsstand hat (§§ 2, 3 InsO). Das Gericht prüft gem. §§ 16, 5 InsO von Amts wegen insbesondere das Vorliegen eines Eröffnungsgrundes. Die Richtigkeit des Ergebnisses dieser Untersuchung darf der Strafrichter im Falle der Verfahrenseröffnung nicht nachprüfen (oben Rdn. 162). Entsprechend kann sich der Beschuldigte nach h.M. nicht darauf berufen, die Eröffnung sei irrtümlich erfolgt (BGH bei Herlan GA **1955** 364 f; *Sch/Schröder/Stree/Heine* § 283 Rdn. 61 mit weit. Nachw.). Für den Regelfall ist diese Einschränkung nicht von Gewicht, da bei Eröffnung des Insolvenzverfahrens meist auch Zahlungseinstellung vorliegt (*Sch/Schröder/Stree/Heine* aaO). **163**

Dass §§ 283 Abs. 6, 283b Abs. 3, 283c Abs. 3 die Eröffnung des Insolvenzverfahrens über „das Vermögen des Täters“ voraussetzen, stellt vor die oben Rdn. 63 beschriebenen Probleme, die bei juristischen Personen grundsätzlich über § 14 zu lösen sind (ausführlich dazu auch *Sch/Schröder/Stree/Heine* § 283 Rdn. 61). Ausscheiden des Täters aus der **164**

---

[109] RGSt **26** 37 f; *Bieneck* aaO Rdn. 88; *Fischer* Rdn. 14 vor § 283; *Hiltenkamp-Wisgalle* S. 306; *Hoyer* SK Rdn. 15 vor § 283; *Kindhäuser* NK § 283 Rdn. 110; *Klug* Konkurs-Strafrecht Rdn. 10 vor § 239 KO; *Lackner/Kühl* § 283 Rdn. 28; *Radtke* MK Rdn. 101 vor §§ 283 ff; *Sch/Schröder/Stree/Heine* § 283 Rdn. 61, 62, je mit weit. Nachw.

[110] BGH bei Herlan GA **1955** 364; *Bieneck* aaO; *Fischer* aaO; *Lackner/Kühl* aaO; *Sch/Schröder/Stree/Heine* aaO Rdn. 61 mit weit. Nachw.

Organ- oder Gesellschafterstellung vor Verfahrenseröffnung beseitigt die Strafbarkeit nicht (*Sch/Schröder/Stree/Heine* aaO; oben Rdn. 67). Für die Schuldnereigenschaft (Unternehmensinhaberschaft) kommt es hier unstreitig auf die Person an, gegen die sich die Verfahrenseröffnung richtet, die also im gerichtlichen Verfahrenseröffnungsbeschluss genannt ist.[111] Diese formale Sicht beruht darauf, dass es außer in den von der InsO vorgesehenen Ausnahmefällen (z.B. der Nachlassinsolvenz) kein Insolvenzverfahren über eine bestimmte Vermögensmasse, sondern nur über das Vermögen einer natürlichen oder juristischen Person gibt; diese Person ist im Eröffnungsbeschluss anzugeben (vgl. § 27 Abs. 2 Nr. 1 InsO und bereits RGSt **29** 103, 104 f). Fehlt eine solche Angabe (und wird das Insolvenzverfahren z.B. gegen die „Firma" eröffnet), so ist dem Eröffnungsbeschluss im Wege der **Auslegung** zu entnehmen, wer als Schuldner von dem Verfahren betroffen ist (RGSt **41** 426, 427; **49** 321, 322; *Müller* in Jaeger, InsO § 27 Rdn. 24 f mit weit. Nachw.).

**165** c) **Die Abweisung des Eröffnungsantrages** hat nach § 26 InsO zu erfolgen, wenn das Gericht nicht zu der Überzeugung gelangt, dass eine die Kosten des Verfahrens deckende Masse vorhanden ist. Die Abweisung unterbleibt, wenn ein Gläubiger oder ein Dritter zur Deckung der Massekosten Vorschuss leistet (§ 26 Abs. 1 Satz 2 InsO). Auch hier ist der Strafrichter an den rechtskräftigen Abweisungsbeschluss des Insolvenzgerichts gebunden (oben Rdn. 162), und die Schuldnereigenschaft richtet sich hier ebenfalls nach der formalen Bezeichnung in dem Gerichtsbeschluss (vgl. nur *Sch/Schröder/Stree/Heine* § 283 Rdn. 62).

**166** 6. **Überwindung der Krise (Sanierung).** Die Überschuldung und die (drohende oder eingetretene) Zahlungsunfähigkeit – üblicherweise abgekürzt als „Unternehmenskrise" bezeichnet – können nach den Darlegungen oben Rdn. 90 mit der Folge überwunden werden, dass die Strafbarkeit nach § 283 entfällt. Bei § 283 Abs. 2 ergibt sich dies aus dem Fehlen des erforderlichen Kausalzusammenhanges zwischen der Bankrotthandlung und einem später gleichwohl eintretenden Unternehmenszusammenbruch. Für § 283 Abs. 1 sowie bei §§ 283b, 283c, 283d beruht das Entfallen der Strafbarkeit auf dem Wegfall des Strafbedürfnisses bei Fehlen des „tatsächlichen" Zusammenhanges von Krise und Zusammenbruch und damit auf dem Verfassungsgrundsatz der Verhältnismäßigkeit (Rdn. 95).

**167** a) Wie Überschuldung und Zahlungsunfähigkeit beseitigt werden können, ist als außerstrafrechtliche Frage hier nicht im Einzelnen darzustellen. Betriebswirtschaftslehre, Gesellschaftsrecht und Sanierungspraxis unterscheiden mehrere Sanierungsbegriffe, z.B. auch je nach Beteiligung oder Nichtbeteiligung von Gläubigern außerhalb des Unternehmens **externe und interne Sanierungsmaßnahmen.** Dabei verdient rechtlich vor allem Beachtung, dass einzelne Maßnahmen teils die Überschuldung, teils nur die Zahlungsunfähigkeit zu beseitigen vermögen. So kann beispielsweise die weitere Aufnahme von *Fremdkrediten* zwar die Zahlungsunfähigkeit beseitigen, nämlich die Liquidität des Unternehmens wiederherstellen; dagegen räumt diese Maßnahme, die zu neuen Verbindlichkeiten des Unternehmens führt, eine vorhandene Überschuldung nicht aus (RGSt **44**

[111] RGSt **29** 103, 105; **49** 321, 322; BGH bei Herlan GA **1973** 133 und bei *Fischer* Rdn. 14 vor § 283; *Radtke* MK Rdn. 101 vor §§ 283 ff; *Sch/Schröder/Stree/Heine* § 283 Rdn. 61.

48, 50). Demgegenüber kann die Überschuldung z.B. entfallen durch Gesellschafterdarlehen und durch – diesen gleichstehende – stille Einlagen von Gesellschaftern, jedenfalls soweit eine Verzichtserklärung der Gesellschafter vorliegt (Rdn. 152; *Bieneck* in Müller-Gugenberger/Bieneck § 80, 29 mit Nachw.).

Abgesehen von der Gründung von Auffanggesellschaften (dazu § 283 Rdn. 30) kommen als geeignete Sanierungsmaßnahmen **externer** Art – durch Fremdkapitalgeber – stichwortartig zusammengefasst in Betracht: **168**

**Stundung** (Zahlungsaufschub, Moratorium), die eine eingetretene Zahlungsunfähigkeit beseitigen kann (Rdn. 128), die Überschuldung dagegen nur bei zusätzlicher Verzichtserklärung der Gläubiger aufhebt (Rdn. 152). Als Hinausschiebung der Fälligkeit von Verbindlichkeiten ist die Stundung wirtschaftlich nur dann sinnvoll, wenn die Liquiditätskrise vorübergehender Natur ist. Vor allem beseitigt die bloße Stundung häufig nicht die **drohende** Zahlungsunfähigkeit. – Mit der Stundung häufig verbunden sind

**Herabsetzung oder Erlass von Kreditzinsen.** Diese Maßnahme ist nur ein Unterfall des folgenden Sanierungsmittels:

**Erlass von Schulden** (Forderungsverzicht), der in der Regel durch *außergerichtlichen Vergleich* (§ 779 BGB) erfolgt und bei Erlass kurzfristiger Schulden meist zu einer nachhaltigen Besserung der Liquiditätslage führt (Beseitigung der Zahlungsunfähigkeit!). Der durch den Erlass eintretende Buchgewinn kann zur Tilgung eines bestehenden Bilanzverlustes verwendet werden (Beseitigung der Überschuldung!). Bei fehlender Bereitschaft der Gläubiger zum endgültigen Erlass kommt auch ein schriftliches Schuldversprechen des Schuldners in Betracht, die Schulden aus künftigem Gewinn (oder Liquidationserlös) zurückzuzahlen („Besserungsverpflichtung"). Vor allem für Großgläubiger sinnvoll ist die **Umwandlung von Schulden** (Verbindlichkeiten) des Unternehmens *in Beteiligungen* am Unternehmen. Die Einlage wird dann geleistet durch Einbringen der Forderung als Sacheinlage (mit der Folge ihres Unterganges durch Konfusion, str.!) oder durch Forderungsverzicht (soweit nicht § 19 Abs. 2 GmbHG oder andere Vorschriften entgegenstehen!) oder durch Aufrechnung (aber nicht möglich bei Überschuldung, da die Gegenforderung dann nicht vollwertig ist!).

Als **interne** Sanierungsmaßnahmen sind vor allem zu nennen: **Kapitalerhöhung,** regelmäßig nach vorheriger Kapitalherabsetzung zur Beseitigung der Unterbilanz; wenig praktisch: Einforderung von Nachschüssen, soweit solche in der Satzung vorgesehen sind (§§ 26 ff GmbHG; vgl. im Übrigen §§ 55 ff GmbHG). **169**

**Auflösung stiller Reserven** oder offener Rücklagen, soweit handelsrechtlich zulässig.

**Aufnahme** einer natürlichen Person als **persönlich haftender Gesellschafter.** Dieses Sanierungsmittel ist sehr beliebt. Zu beachten ist aber, dass der bloße Verkauf des Gesellschaftsanteils (z.B. GmbH-Anteil) nicht genügt, da hierdurch das Gesellschaftsvermögen nicht vergrößert wird.

**Gesellschafterdarlehen,** sofern eine **Verzichtserklärung** für den Insolvenzfall abgegeben wird (vgl. bereits oben Rdn. 152). Ausreichend, aber auch erforderlich, ist hierfür ein (konkludenter) Vertrag (*Falkenhausen* BB **1982** 550; *Priester* BB **1977** 2429). – Häufig werden statt Darlehen von den Gesellschaftern **Bürgschaften** oder **Grundschulden** gestellt. Diese Sicherungsmittel sind entsprechend der (Voll-)wertigkeit des Freistellungsanspruchs zu behandeln (*Bieneck* in Müller-Gugenberger/Bieneck § 76, 16 mit Nachw.).

Keine echte Sanierung und daher auch nicht als Mittel der Krisenüberwindung geeignet ist die sog. **übertragende Sanierung,** die richtigerweise als Variante der Liquidation des Schuldnerunternehmens zu verstehen ist, da sie das Unternehmen von seinem bisherigen Inhaber (Träger) trennt (*Moosmayer* S. 193 f mit Nachw.; *Röhm* S. 238). **170**

171 b) Wird durch eine oder mehrere der genannten externen oder internen Maßnahmen die **finanzielle Sanierung** des Unternehmens oder auf eine sonstige Weise eine *Sanierung im weiteren Sinne* (*Besserung der Liquiditäts- und Ertragslage* des Unternehmens) erreicht, so tritt die oben Rdn. 90 und 166 genannte Rechtsfolge der Straflosigkeit einer voraufgegangenen Bankrotthandlung ein (zust. *Kindhäuser* LPK § 283 Rdn. 55 und NK Rdn. 113 vor § 283, *Radtke* MK Rdn. 104 vor §§ 283 sowie *Sch/Schröder/Stree/Heine* § 283 Rdn. 59). Dies ist für die Sanierung im engeren Sinne (finanzielle Sanierung) bei Beseitigung der Überschuldung wenig zweifelhaft, da die Überschuldung überwunden ist, wenn die Passiva nicht mehr die Aktiva überwiegen (*Tiedemann* NJW **1979** 254 mit Nachw.). Dagegen darf die Beseitigung der Zahlungsunfähigkeit schon deshalb nicht nur vorübergehender Art sein, weil nach § 283 Abs. 1 bereits das Drohen der (erneuten) Zahlungsunfähigkeit die Strafwürdigkeit der Bankrotthandlungen begründet und außerdem schon die Feststellung der eingetretenen Zahlungsunfähigkeit auch einen künftigen Zeitraum mit umfasst (oben Rdn. 134).

172 Demgegenüber neigt BGH JZ **1979** 75, 76 dazu, selbst im Bereich der Überschuldung für die Überwindung der Krise eine *„wirkliche Konsolidierung"* der Unternehmensverhältnisse zu verlangen (ebenso *Bieneck* in Müller-Gugenberger/Bieneck § 76, 94: nachhaltige Konsolidierung, aber unter fehlgehender Berufung auf BGHSt **28** 231 ff).[112] BGH 1 StR 625/80 v. 10.2.1981 S. 12 erklärt eine nur drei Jahre anhaltende und daher „vorübergehende" Erzielung von Gewinn für unbeachtlich, „wenn die Schulden die Gewinne und das sonstige Vermögen nach wie vor erheblich übersteigen"; dafür spreche die tatrichterliche Feststellung einer Unterkapitalisierung (zust. *Fischer* Rdn. 17 vor § 283). Für eine solche restriktive Interpretation lässt sich anführen, dass der Zusammenhang von Bankrotthandlung und Insolvenzeintritt nur dann zweifelsfrei unterbrochen ist, wenn die Krise und ihre betriebswirtschaftlichen Gründe nicht mehr nachwirken. Mit anderen Worten würde die lediglich finanzielle Sanierung (im engeren Sinne) überhaupt keine Überwindung der Krise darstellen. Beruht etwa die Krise auf ungünstigen Markt- und Absatzverhältnissen, so würde erst eine Besserung derselben bzw. eine Anpassung des Unternehmens an die ungünstige Marktlage, nicht dagegen ein Schuldenerlass durch Gläubiger die Krise beseitigen.

173 Diese Einschränkung, welche die Überwindung der Krise auf seltene Ausnahmefälle beschränken würde, übersieht jedoch, dass die „Krise" des schuldnerischen Unternehmens nur eine abkürzende und zusammenfassende Bezeichnung für die rechtlichen Tatbestandsmerkmale der Überschuldung und der drohenden oder eingetretenen Zahlungsunfähigkeit ist. Zwar beruhen Zahlungsunfähigkeit und Überschuldung stets auf bestimmten betriebswirtschaftlichen Gründen. Jedoch stellt § 283 Abs. 1 nicht auf diese, sondern auf die auch im Insolvenz- und Gesellschaftsrecht bekannten Rechtsbegriffe der Überschuldung und der Zahlungsunfähigkeit ab. Maßnahmen aber, die insolvenz- und gesellschaftsrechtlich die Überschuldung (z.B. im Sinne des § 15a InsO) beseitigen und daher auch die strafbewehrte Insolvenzantragspflicht in Wegfall bringen (vgl. nur BGHSt **15** 306, 310), könnten überhaupt nur dann als für § 283 unbeachtlich erklärt werden, wenn für §§ 15a, 19 Abs. 2 InsO einerseits und § 283 andererseits unterschiedliche

---

[112] Übereinstimmend BGHZ (9. Zivilsenat) **149** 178 (185: Wiederaufnahme der Zahlungen *im Allgemeinen*); *Bittmann* in Bittmann § 12, 316; *Hiltenkamp-Wisgalle* S. 332 ff; wie hier dagegen *Penzlin* S. 185 und (für die Überschuldung) *Otto* Gedächtnisschrift R. Bruns, S. 282 Fn. 113 sowie *Wegner* in Achenbach/Ransiek Kap. VII 1 Rdn. 100 („kurzfristige Überwindung der Krise"); wohl auch *Wessels/Hillenkamp* BT 2 Rdn. 469.

Überschuldungsbegriffe zugrunde gelegt würden. Dies wird nun zwar im Verhältnis von Liquidations- und Betriebsfortführungswerten diskutiert und in der Literatur ganz oder teilweise befürwortet (oben Rdn. 153). Es erscheint aber rechtlich kaum möglich, ein nach Liquidationsgesichtspunkten bewertetes und danach nicht überschuldetes Unternehmen als weiterhin krisenbefangen im Sinne des § 283 zu bezeichnen. Gilt vielmehr für die *Feststellung* der Überschuldung im Zeitpunkt der Vornahme der Bankrotthandlung, dass die Aktiva bei Annahme von Liquidationswerten jedenfalls erheblich unter den Passiva liegen müssen und bei ex ante möglich erscheinender Betriebsfortführung je nach der möglich erscheinenden Ertragslage auch höher anzusetzen sind (oben Rdn. 156), so ist es für einen späteren *Wegfall der* Überschuldung ausreichend, dass die Passiva nicht die zu Liquidationswerten angesetzten Aktiva überwiegen (zust. *Radtke* Rdn. 104 vor §§ 283 ff, *Kindhäuser* NK Rdn. 109 vor § 283 und *Richter* GmbHR **1984** 142). Jeder Rückgriff auf Kriterien einer betriebswirtschaftlichen Sanierung im Sinne einer nachhaltigen Gewinnerwartung für die Zukunft führt schon deshalb zu Kreisschlüssen, weil die betriebswirtschaftliche Prognose angesichts der in diesem Bereich geltenden Regel „in dubio contra reum“ (oben Rdn. 92) praktisch sinnlos würde.

Anders als bei dem (gesellschafts)rechtlichen Begriff der Überschuldung, der bekanntlich auch rechtspolitisch umstritten und außerhalb der Kapitalgesellschaften besonders fragwürdig ist (vgl. nur noch einmal *Otto* Gedächtnisschrift R. Bruns S. 273 ff), bestehen bei der *Zahlungsunfähigkeit* und ihrer Überwindung weniger Bedenken gegenüber einer relativ freien und zweckorientierten strafrechtlichen Betrachtung. Jedoch bewirkt insoweit die betriebswirtschaftliche Grundlage eine Einschränkung dahingehend, dass – entsprechend den oben Rdn. 168 f skizzierten Maßnahmen der finanziellen Sanierung – zur Überwindung der Zahlungsunfähigkeit grundsätzlich die **Wiederherstellung der Liquidität** ausreicht. Beruht die Wiederherstellung der Liquidität auf kurzfristigen Akten, insbesondere auf kurzfristig zurückzahlbarem Fremdkredit, so steht nichts entgegen, auch strafrechtlich die Liquiditätskrise für nicht überwunden zu erklären, selbst wenn einzelne oder mehrere Gläubiger befriedigt werden (BGH GmbHR **2009** 205, 206 mit zust. Anm. *Schröder*). Eine „echte Konsolidierung“ oder **dauerhafte** Wiederherstellung (BGH aaO, auch Rdn. 172) ist aber auch im Bereich der Zahlungsunfähigkeit zur Überwindung derselben nicht erforderlich. Ergibt vielmehr eine Finanzplanung für einen – von Unternehmen zu Unternehmen verschieden überblickbaren und auch an der Fälligkeit der Fremdkapitalrückzahlung zu orientierenden – mittelfristigen Liquiditätszeitraum höhere Einnahmen als Ausgaben, so ist zwingend eine Überwindung der Zahlungsunfähigkeit anzunehmen. Die in der Praxis übliche Ausrichtung des Finanzplans an einem „Planungshorizont“ von 12 Monaten (vgl. nur *Plate* DB **1980** 219) dürfte für den Durchschnitt der Fälle zutreffend sein (zust. *Kindhäuser* NK Rdn. 109 vor § 283 und *Radtke* MK Rdn. 104 vor §§ 283 ff). Da auch für die Finanzplanung alle betriebswirtschaftlichen Prognoseprobleme im Ansatz strafrechtlich zu Lasten des schuldnerischen Unternehmens gehen und die zukünftige Ertragsentwicklung erheblichen Einfluss auf die Liquidität des Unternehmens hat, wird mit dieser Betrachtung auch den berechtigten und von § 283 intendierten Belangen der Gläubiger und der Kreditwirtschaft hinreichend Rechnung getragen. Jedenfalls darf auch für den Liquiditätsbereich nicht einfach aus dem späteren Unternehmenszusammenbruch auf die Nichtbeseitigung einer einmal vorhanden gewesenen Zahlungsunfähigkeit geschlossen werden. **174**

Für das **neue Recht der InsO** kann als Kriterium der Krisenüberwindung schon deshalb keine „echte Konsolidierung“ verlangt werden, weil diese nicht einmal Zweck oder Gegenstand des Insolvenzplans bei Fortführung des Unternehmers ist: Eine „echte“ Sanierung wird von der InsO weder vorausgesetzt noch angestrebt (oben Rdn. 3). Darüber **175** hinaus zwingt die oben Rdn. 88 beschriebene Vorverlagerung der Strafbarkeit in ein Stadium *vor* dem wirtschaftlichen Zusammenbruch, die Überwindung der Krise nicht im Sinne einer nachhaltigen Sanierung zu verstehen.

**176** c) Unerheblich ist es für die Überwindung der Krise und die dadurch eintretende *Straflosigkeit* schließlich, ob dem Schuldner die finanzielle Sanierung aus eigener Kraft, insbesondere durch interne Sanierung, oder nur mit **fremder Hilfe** (z.B. durch Forderungsverzicht der Gläubiger oder Gewährung staatlicher Subventionen) gelingt (zust. *Richter* GmbHR **1984** 142). Nicht nur würde jede Differenzierung insoweit auf breite und unüberwindliche Abgrenzungsschwierigkeiten stoßen. Vielmehr ist auch unter dem Blickwinkel der Gläubigergefährdung sogar der Forderungsverzicht, also die effektiv eingetretene Schädigung der Rechtsgutsträger, rechtlich kein Hindernis für die Annahme eines Wegfalls des Strafbedürfnisses, da die Gläubiger ihren Verzicht im rechtlichen Sinne freiwillig leisten, also der Sache nach in ihre Schädigung einwilligen. Auch wenn dieser Verzicht faktisch in hohem Maße unfreiwillig ist, kann doch die Rechtslage nicht anders beurteilt werden, als wenn es durch Verzicht der Gläubiger gelingt, die Eröffnung des Insolvenzverfahrens oder auch nur den (Gläubiger-)Antrag auf Eröffnung zu vermeiden.

**177** Unbefriedigend kann dieses Ergebnis der Straflosigkeit vor allem dann bleiben, wenn die Krise nur mit Hilfe staatlicher **Subventionen**, also auf Kosten der Allgemeinheit und ohne jedes unmittelbare Verdienst des Schuldners, überwunden wird. Jedoch wäre eine Sonderbehandlung dieses Falles nur durch eine ausdrückliche gesetzliche Regelung zu erreichen, ähnlich wie insbesondere das 2. Österreich. AntikorruptionsG dem Eintritt der Zahlungsunfähigkeit die Verhinderung dieses Ereignisses durch staatliche Hilfe gleichstellt (§ 159 Abs. 2 und 3 österr. StGB).[113] Insbesondere dann, wenn gesamtwirtschaftliche Belange nicht zum Schutzzweck der §§ 283 ff gerechnet werden (oben Rdn. 56), muss es de lege lata gleichgültig sein, ob der Zufall oder der Staat dem Schuldner dazu verhilft, die Unternehmenskrise zu überwinden (vgl. bereits *Tiedemann* GmbH-Strafrecht[4] Rdn. 32 vor § 82).

**178** Nach § 4 Abs. 2 **GesO** war die Eröffnung des Gesamtvollstreckungsverfahrens abzulehnen, wenn die *Gewähr* bestand, dass die Zahlungsunfähigkeit (oder: die Überschuldung) durch die zuständige Wirtschafts- und Finanzbehörde oder durch *Banken*, mit denen der Schuldner in Verbindung stand, beseitigt wurde. Dieses als Konzession an das frühere Wirtschaftssystem der Länder der ehemaligen DDR konzipierte Übergangsmodell war wegen seiner Besonderheiten nicht im Wege der Auslegung auf die Rechtslage in den alten Bundesländern zu übertragen (Voraufl. Rdn. 179).

**179** d) Nach dem Recht der **InsO** erhebt sich die neue Frage, ob die von den Gläubigern gebilligte Fortführung des Unternehmens jedenfalls bei Eintritt des Erfolges der Gläubigerbefriedigung (aus den Unternehmenserträgen), möglicherweise aber auch schon die rechtskräftige Feststellung des hierauf gerichteten *Insolvenzplanes* die Strafbarkeit beseitigt. Auch hier ist jedoch geradezu evident, dass nicht schon die bloße Feststellung möglicher Krisenüberwindung durch Unternehmensfortführung das Strafbedürfnis entfallen lässt (zust. *Moosmayer* S. 193 f). Den Erfolg der Unternehmensfortführung abzuwarten und bei seinem Eintritt das Strafbedürfnis zu verneinen, wird dagegen nicht schon durch den Gesichtspunkt verhindert, dass damit die Gläubiger über die Strafbar-

---

[113] Dazu näher *Mayerhofer* in Österreich. Juristentag (Hrsg.), Rechtliche Grenzen der Kreditgewährung (1984) S. 17 ff; *Pallin* ÖJZ **1986** 102 ff; *Platzgummer* JBl. **1987** 757, 762.

keit oder Nichtstrafbarkeit entscheiden: Dies ist weithin auch nach früherer Rechtslage der Fall, soweit es um die Überwindung der Krise geht (vgl. oben Rdn. 168). Wohl aber würde sich – anders als in den oben de lege lata diskutierten Fällen der Krisenabwendung – das (prozessuale) Problem der Aussetzung des Strafverfahrens stellen. Vor allem jedoch würde bei einer entsprechenden Auslegung auch materiellrechtlich das neue Recht der InsO dysfunktional im Hinblick auf die durch § 283 Abs. 6 ausgedrückte und von Art. 60 EGInsO formell beibehaltene Entscheidung des Strafgesetzgebers wirken. Auch nach dem Recht der InsO kann daher nur die *vor* Eintritt der Strafbarkeitsbedingung erfolgte Überwindung der Krise straffrei stellen.[114] Materiell rechtfertigt sich diese Einschränkung daraus, dass das neue Recht den Inhalt des § 283 Abs. 6 ändert, nämlich die Strafbarkeit vorverlegt (oben Rdn. 88).

Sinnvoll ist *de lege ferenda* der Vorschlag *Röhms* (S. 229 ff und NZI 2002 137), § 283 Abs. 6 auf die Fälle des Eintritts der Zahlungsunfähigkeit oder Überschuldung oder der Zahlungseinstellung zu beschränken (zust. auch *Bieneck* in Müller-Gugenberger/Bieneck § 76, 98 und *Neumann* S. 92 ff). **180**

## IV. Auslandsrechte und Rechtsvergleichung

**1. Schweiz.** Das schweizerische StGB regelt die Konkurstatbestände gemeinsam mit den „Betreibungsdelikten" in Art. 163 ff und ergänzt diesen Strafschutz in Art. 323 ff durch einzelne Übertretungstatbestände für den „Ungehorsam" des Schuldners und dritter Personen im Konkurs- und Betreibungsverfahren. Abgesehen von der systematischen Zusammenfassung von Einzelvollstreckung und Gesamtvollstreckung entspricht das schweizerische Konkursstrafrecht im Ausgangspunkt und in den Grundzügen weitgehend dem deutschen, allerdings seit 1995 mit einer eigenen Systematik: **181**

Art. 163 stellt den **betrügerischen Konkurs** für den Schuldner als Verbrechen und für Dritte als Vergehen unter Strafe. Die *Tathandlungen,* die zeitlich vor oder auch nach Konkurseröffnung liegen können, betreffen nur *zum Schein* vorgenommene Vermögensminderungen. In Betracht kommen nach dem Gesetzeswortlaut „namentlich" Beiseiteschaffen und Verheimlichen von Vermögenswerten sowie Vortäuschen von Schulden. Anerkennen vorgetäuschter Forderungen und Veranlassen von deren Geltendmachung. Diese gesetzliche Aufzählung der Beispiele ist *nicht abschließend,* sondern unter dem Oberbegriff der Vermögensminderung erweiterungsfähig. Eine wirkliche Vermögensminderung fällt aber nur unter Art. 164 (Rdn. 183).[115] Art. 163 enthält also ein Täuschungselement („betrügerisch"). – *Subjektiv* muss die Bankrotthandlung „zum Schaden der Gläubiger" und vorsätzlich vorgenommen werden. Für die Gläubigerschädigung, deren objektiver Eintritt nicht erforderlich ist (Gefährdungsdelikt[116]), genügt bereits die Erschwerung der Befriedigungsmöglichkeit (BGE **85** IV 217, 219). Der entsprechende Vorsatz (mindestens dolus eventualis) wird aus der bedrängten Vermögenslage (drohender oder eingetretener Vermögensverfall) des Schuldners geschlossen.[117] *Objektive Be-* **182**

---

[114] **aA** *Hoyer* SK Rdn. 21 vor § 283, *Moosmayer* S. 194 f und *Uhlenbruck* NZI **1998** 33 und ZInsO **1998** 250 (251 f) für die Fälle der Insolvenzantragstellung durch den Schuldner nach § 18 InsO; dem zustimmend *Plathner* S. 218 f und *Sch/Schröder/Stree/ Heine* § 283 Rdn. 59 („unter Umständen").

[115] *Trechsel* Schweizerisches Strafgesetzbuch 2. Aufl. (1997) Art. 163 Rdn. 3.

[116] BGE **102** IV 172, 175; *Trechsel* aaO mit weit. Nachw.; **aA** *Caspar* SchwZStrafR 87 (1971) 29.

[117] *Trechsel* aaO Rdn. 9 mit Nachw.

*dingung der Strafbarkeit* ist die Konkurseröffnung, die in keinem Kausalzusammenhang mit der Bankrotthandlung zu stehen braucht. Die Konkurseröffnung gilt als Indiz dafür, dass die Bankrotthandlung zu einer relevanten Benachteiligung oder Gefährdung der Gläubiger geführt hat (BGE **74** IV 95, 96). Jedenfalls nach Ansicht des Schrifttums muss die Bankrotthandlung daher „in derselben finanziell prekären oder überschuldeten Lage begangen worden sein, mit der die Konkurseröffnung im Zusammenhang steht. Hat sich die Situation nachher konsolidiert, ist insbesondere wieder Zahlungsfähigkeit eingetreten und haben erst spätere Entwicklungen zu jener Finanzlage geführt, aufgrund deren es zum Konkurs kam, fehlt es am notwendigen Zusammenhang zwischen dem durch die strafbare Handlung bewirkten Nachteil und der Konkurseröffnung, weshalb diese als Strafbarkeitsbedingung außer Betracht fällt. Der Schuldner ist, obwohl das Delikt an sich vollendet ist, straflos“ (*Caspar* SchwZ StrafR **87** [1971] S. 33 f mit weit. Nachw.). Straflos bleibt der Schuldner nach der klaren und wohl ausdrücklich gewollten, im Schrifttum allerdings zunehmend kritisierten Entscheidung des Gesetzgebers auch dann, wenn es – z.B. wegen völliger Aussichtslosigkeit einer auch nur teilweisen Befriedigung – nicht zur Konkurseröffnung kommt (*Caspar* aaO S. 21). Gleichgestellt wird in Art. 163 der **Pfändungsbetrug** in der Einzelzwangsvollstreckung. Hier ist objektive Strafbarkeitsbedingung die Ausstellung eines Verlustscheins gegen den Schuldner.

**183** Art. 164 stellt die tatsächliche Vermögensminderung durch den Schuldner oder Dritte als **Gläubigerschädigung** unter Strafe, die wie bei Art. 163 für den Schuldner schwerer wiegt (insoweit Verbrechen!). Abschließend nennt der Tatbestand das Beschädigen, Zerstören, Entwerten und Unbrauchbarmachen von Vermögenswerten sowie das Ausschlagen anfallender Rechte „ohne sachlichen Grund“ und schließlich den unentgeltlichen Verzicht auf Rechte, die einen Vermögenswert haben. Auch hier muss die (vorsätzliche) Tathandlung subjektiv „zum Schaden der Gläubiger“ erfolgen. – Die erforderliche objektive Strafbarkeitsbedingung und die Gleichstellung der Einzelzwangsvollstreckung entsprechen Art. 163 (dazu Rdn. 182). Zur Abgrenzung von Art. 163 und Art. 164 *Müller* SchwZStrafR **2008** 411 ff.

**184** Art. 165 betrifft den früher so genannten leichtsinnigen Konkurs, jetzt als **Misswirtschaft** bezeichnet. Es geht um die (nach überwiegender Auffassung: fahrlässige) Herbeiführung oder Verschlimmerung der Überschuldung oder der Zahlungsunfähigkeit des Schuldners „durch Misswirtschaft, namentlich durch ungenügende Kapitalausstattung, unverhältnismäßigen Aufwand, gewagte Spekulationen, leichtsinniges Gewähren oder Benützen von Kredit, Verschleudern von Vermögenswerten oder arge Nachlässigkeit in der Berufsausübung oder Vermögensverwaltung“. Die weiten Generalklauseln werden restriktiv gehandhabt und auf *krasses Fehlverhalten* reduziert.[118] Auch hier gilt die objektive Strafbarkeitsbedingung der Konkurseröffnung bzw. Ausstellung eines Verlustscheins gegen den Schuldner (vgl. Rdn. 182). Zwischen Bankrotthandlung und Überschuldung bzw. Zahlungsunfähigkeit, nicht dagegen zwischen Bankrotthandlung und Konkurseröffnung, ist Kausalzusammenhang erforderlich (BGE **102** IV 21, 23). Auch bei Art. 165 wird aber der Konkurseröffnung die Rechtserheblichkeit abgesprochen, „wenn keinerlei *Zusammenhang* besteht zwischen den betreffenden Handlungen und der Vermögenssituation, welche bei der Konkurseröffnung … vorliegt. Haben also leichtsinnige Handlungen zu einer selbst länger dauernden Zahlungsunfähigkeit geführt, ist diese aber wieder behoben worden, so wird, wenn der Schuldner aufgrund von späteren, strafrechtlich nicht zu vertretenden Entwicklungen in Konkurs fällt, diese Konkurseröffnung als Bedingung für die Strafbarkeit der früheren Handlungen nicht maßgebend sein können“

---

[118] *Trechsel* aaO Art. 165 Rdn. 2 mit Nachw.

(*Caspar* aaO S. 38). – Vorsatz ist nur hinsichtlich der Bankrotthandlung erforderlich; in Bezug auf den Erfolg und die Kausalität reicht *grobe Fahrlässigkeit* aus.[119]

Neben der **Gläubigerbevorzugung** (Art. 167), die als milderer Spezialfall aufgefasst wird und Zahlungsunfähigkeit des Schuldners – sowie als objektive Strafbarkeitsbedingung Konkurseröffnung – voraussetzt, wird für den Fall des Eintritts derselben Strafbarkeitsbedingung auch die **Unterlassung der Buchführung** unter Strafe gestellt (Art. 166). Der Tatbestand verlangt eine gesetzliche Pflicht zur Führung und Aufbewahrung von Geschäftsbüchern oder zur Aufstellung einer Bilanz und erfordert weiter, dass infolge der Verletzung dieser gesetzlichen Pflicht der Vermögensstand des Schuldners „nicht oder nicht vollständig ersichtlich ist". Strafbar ist insoweit aber nur vorsätzliches Verhalten. Die fahrlässige Verletzung der gesetzlichen Buchführungspflicht (und ihre vorsätzliche Verletzung ohne Konkurseröffnung) wird nach Art. 325 als Übertretung bestraft. Eine *Übertretung* begeht auch der Schuldner, der gegenüber dem Konkursamt nicht alle Vermögensstücke angibt (Art. 323 Nr. 4) oder der Konkursverwaltung „nicht zur Verfügung steht" (Art. 323 Nr. 5). **185**

Bei Konkurs einer **juristischen Person** oder Gesellschaft kann nach Art. 172 und 32c neben den Organen oder Mitgliedern eines Organs auch der *tatsächliche Leiter* wegen eines Konkursdeliktes bestraft werden. Inwieweit dies auch auf Bankmitarbeiter zutrifft, die faktisch in die Leitung des schuldnerischen Unternehmens eingreifen, ist umstritten.[120] **185a**

2. **Österreich.** Das österreichische StGB bezeichnet die Insolvenzstraftaten als *„Kridadelikte"*. Sie gelten als „die wichtigsten strafrechtlichen Schranken, die der Unternehmer zu beachten hat" (*Platzgummer* JBl. **1987** 757 [ff]). Dabei verzichten §§ 156 ff auf jede objektive Strafbarkeitsbedingung: **186**

Die sog. **betrügerische** (richtiger: vorsätzliche) **Krida** besteht gemäß § 156 darin, dass der Schuldner eine Bankrotthandlung vornimmt „und dadurch die Befriedigung seiner Gläubiger oder wenigstens eines von ihnen vereitelt oder schmälert". Dieser tatbestandsmäßige *Erfolg*, der keine Eröffnung des Konkurs- oder „Ausgleichs"verfahrens voraussetzt (EvBl **1971** 47), muss objektiv eingetreten und durch die Tathandlung *verursacht* worden sein (RZ **1967** 101; SSt **47** 196, 197), wobei die überwiegende Meinung zusätzlich die einschränkenden Kriterien der Lehre von der objektiven Zurechnung zur Anwendung bringt (*Platzgummer* aaO S. 759 mit Nachw.). Der Eintritt des Erfolges muss – ebenso wie die Tathandlung – vom *Vorsatz* des Täters umfasst werden. Dolus eventualis reicht aus, wird aber für den zu optimistischen Schuldner problematisiert (*Platzgummer* aaO S. 760 mit Nachw.). Ebenso wie bei anderen Vermögensdelikten beseitigt die rechtzeitige und freiwillige Schadenswiedergutmachung nach Vollendung des Deliktes als tätige Reue die Strafbarkeit (§ 167). **186a**

Die Tathandlungen werden von § 156 in Anlehnung an das schweizerische Strafrecht (oben Rdn. 182 ff) in wirkliche und scheinbare Vermögensverringerungen unterteilt. Diese Aufteilung erscheint im Gesetz am Ende als *Generalklausel* (Oberbegriff) nach der Aufzählung beispielhafter Tathandlungen: „Wer einen Bestandteil seines Vermögens verheimlicht, beiseite schafft, veräußert oder beschädigt, eine nicht bestehende Verbindlichkeit vorschützt oder anerkennt oder sonst sein Vermögen wirklich oder zum Schein verringert ...". – Die beispielhaft genannte „Veräußerung" ist nach h.M. als Vermögensminderung nicht tatbestandsmäßig, wenn ein anderes Vermögensstück in die Masse **187**

---

[119] *Trechsel* aaO Rdn. 6 mit Nachw.

[120] *Trechsel* Art. 172 Rdn. 2b mit Nachw.

gelangt oder die Veräußerung durch eine Verringerung der Passiva ausgeglichen wird.[121] Insbesondere stellt die Begleichung einer Forderung keine Vermögensverminderung dar, da sie das Vermögen von einer Last befreit (SSt **10** 2). Es gilt also ein wirtschaftlicher Vermögensbegriff (SSt **47** 196, 198). *Unterlassen* wird insbesondere bei fehlender Personalkontrolle für strafbar gehalten (EvBl **1971** 188).

**188** § 157 stellt der vorsätzlichen Krida des Schuldners die Tathandlung **Dritter** gleich, wenn diese „ohne Einverständnis mit dem Schuldner" handeln und durch eine Bankrotthandlung die Gläubigerbefriedigung vereiteln oder schmälern. Die Generalklausel der sonstigen Vermögensverringerung fehlt in § 157, so dass die Aufzählung der Bankrotthandlungen hier abschließend ist. Jedoch wird die Verringerung des schuldnerischen Vermögens als ungeschriebenes Tatbestandsmerkmal angesehen. Ein Wertausgleich ist daher auch bei § 157 beachtlich.[122] Auch für § 157 ist Vorsatz erforderlich. – Bei Einverständnis des Schuldners entfällt § 157. In diesem Fall machen sich sowohl der Dritte (als unmittelbarer Täter) als auch der Schuldner (als sog. Beitragstäter) nach § 156 strafbar,[123] wobei ein Einverständnis des Schuldners schon darin gesehen wird, dass dieser bewusst nicht gegen die Bankrotthandlung des Dritten einschreitet.

**189** § 158 inkriminiert die **Begünstigung eines Gläubigers** nach Eintritt der Zahlungsunfähigkeit des Schuldners, sofern „dadurch die anderen Gläubiger oder wenigstens einer von ihnen benachteiligt" werden. § 158 Abs. 2 stellt ausdrücklich klar, dass derjenige Gläubiger straflos bleibt, „der den Schuldner zur Sicherstellung oder Zahlung einer ihm zustehenden Forderung verleitet oder die Sicherstellung oder Zahlung annimmt".

**190** Außerdem regelt das Österreich. StGB als sog. **fahrlässige Krida** die fahrlässige Herbeiführung (Verursachung) der Zahlungsunfähigkeit durch den Schuldner (§ 159 Abs. 1 Nr. 1). Gleichgestellt ist im neueren österreichischen Recht – vor allem zur Verbesserung seiner Praktikabilität – die fahrlässige Vereitelung oder Schmälerung der Gläubigerbefriedigung, sofern der Schuldner die Tathandlung „in Kenntnis oder fahrlässiger Unkenntnis seiner Zahlungsunfähigkeit" vorgenommen hat (§ 159 Abs. 1 Nr. 2). Für beide Konstellationen werden die Tathandlungen vom Gesetzgeber lediglich beispielhaft – also nicht abschließend – erläutert (SSt **27** 75; RZ **1961** 135). Als Beispiele für die fahrlässige Herbeiführung der Zahlungsunfähigkeit nennt Nr. 1 den übermäßigen Aufwand, das leichtsinnige oder unverhältnismäßige Benutzen oder Gewähren von Kredit, das Verschleudern von Vermögensbestandteilen sowie das Abschließen eines gewagten Geschäftes, „das nicht zum ordnungsgemäßen Betrieb seines Geschäftes gehört oder mit seinen Vermögensverhältnissen in auffallendem Widerspruch steht". Die Rechtsprechung hat darüber hinaus auch folgende Fälle als pflichtwidrig (fahrlässig) anerkannt: Geschäftsgründung und -erweiterung bei *völlig unzureichendem Eigenkapital* (JBl. **1988** 732, 733; SSt **51** 54; SSt **48** 47; EvBl **1971** 188; **1969** 334), *grobe organisatorische* (Auswahl- und Kontroll-) *Mängel* (EvBl **1971** 188); fehlende Geschäfts- und Branchenkenntnisse (EvBl **1978** 21), unzureichende Marktforschung bzw. -beurteilung (JBl. **1988** 732; SSt **56** 13). – Nr. 2 führt als gesetzliche Beispiele für fahrlässige Handlungen in der Krise (Zahlungsunfähigkeit) an: Eingehen einer neuen Schuld; Zahlen einer Schuld; Bestellen eines Pfandes; *nicht rechtzeitige Beantragung* der Geschäftsaufsicht, des Ausgleichsverfahrens oder der Eröffnung *des Konkurses*. – Ob über die Herbeiführung der Zahlungsunfähigkeit hinaus für Nr. 1 Schädigung zumindest eines Gläubigers (wie bei Nr. 2 und bei § 156) erforderlich

---

121 *Foregger/Fabrizy* StGB, 9. Aufl. (2006) § 156 Rdn. 5; *Kirchbacher/Presslauer* in Wiener Kommentar, 2. Aufl. (2006) § 156 Rdn. 10.

122 Zusammenfassend *Foregger/Fabrizy* § 157 Rdn. 2.

123 *Foregger/Fabrizy* § 157 Rdn. 1.

ist, ist umstritten, wird aber von der Rechtsprechung verneint (SSt **33** 5; EvBl **1980** 130; RZ **1962** 196). Ebenso ist streitig, ob § 159 sich insgesamt mit Fahrlässigkeit begnügt oder ob zumindest bei einigen Tathandlungen für diese Vorsatz (und nur bezüglich der Herbeiführung des Erfolges Fahrlässigkeit) verlangt wird (vgl. *Kienapfel* Grundriss des österreichischen Strafrechts BT II, 3. Aufl. [1993] S. 330 Rdn. 3, der S. 330 f Rdn. 6 und 8 eine restriktive Auslegung fordert und S. 332 Rdn. 15 die „kridaträchtigen" Handlungen nach dem Wertmaßstab des „Widerspruchs zu einer in Anbetracht ihrer konkreten wirtschaftlichen Gesamtsituation vertretbaren Geschäftsgebarung" auslegen will, wobei die Sorgfaltspflicht mit „Aufziehen einer Krisensituation" gesteigert werde).

Nach § 159 Abs. 3 S. 2 erhöht sich die Strafe wegen fahrlässiger Krida, wenn der **191** Täter „auch seine Geschäftsbücher verfälscht, beiseite geschafft oder vernichtet" hat. Die **mangelhafte Buchführung** allein ist also entgegen dem früheren österreichischen Strafrecht nicht mehr strafbar (**krit.** insbes. *Kienapfel* aaO S. 345 Rdn. 93 mit weit. Nachw.). Schließlich stellt § 160 **„Umtriebe"** während einer Geschäftsaufsicht, im Ausgleichs- sowie im Konkursverfahren unter Strafe. Strafbar ist insbesondere die Bestechung und Bestechlichkeit eines Gläubigers und das Geltendmachen einer nicht bestehenden Forderung. Der Tatbestand wird als abstraktes Gefährdungsdelikt eingeordnet (vgl. *Kienapfel* aaO S. 346 Rdn. 1).

Bei **Handelsgesellschaften** lehnt die österreichische Rechtsprechung eine Erstreckung **192** der einschlägigen Pflichten, insbesondere zur Beantragung des Konkurses oder Ausgleichsverfahrens, auf *faktische Geschäftsführer* oder auf Gesellschafter, die maßgeblichen Einfluss auf die Geschäftsführung nehmen, in ständiger Rechtsprechung ab (vgl. OGH JBl. **1987** 798; SSt **55** 76; *Schick* Festschrift Kören S. 409 ff). Allerdings erweitert § 161 StGB die Schuldnerpflichten auf alle *leitenden Angestellten* i.S.d. § 309 Abs. 2 StGB (dazu *Dellinger* WBl. **1993** 201, 202 f mit Bedenken hinsichtlich der Konkursantragslegitimation dieses Personenkreises).

### 3. Der romanische Rechtskreis

a) **Frankreich.** Das französische Konkursstrafrecht war bis 1985 in Art. 402 ff Code **193** pénal enthalten, wobei die tatbestandsmäßigen Verhaltensweisen sich traditionellerweise erst aus dem Handelsrecht ergaben (Art. 126 ff Gesetz vom 13.7.1967). Der seit 1994 geltende neue Code pénal sieht nur noch den 1983 eingeführten Tatbestand betrügerischer Herbeiführung der Zahlungsunfähigkeit (Art. 314-7) vor (dazu Rdn. 195), während das eigentliche Bankrottstrafrecht seit dem 1.1.1986 nach durchgreifender Vereinfachung der Tatbestände und Herabsetzung der Sanktionen zunächst im *Insolvenzgesetz* von 1985 (Art. 196 ff) und seit 2000 im neuen *Code de commerce* (Art. L. 626-1 f) zu finden ist. Dabei ist terminologisch zwischen der Zahlungsunfähigkeit (faillite) und dem rein strafrechtlichen Begriff des Bankrotts (banqueroute) zu unterscheiden. Zur sog. faillite personnelle Rdn. 198.

**Täter** der Straftat nach Art. 314-7 C.p. kann jeder *Schuldner*, aber auch jeder recht- **194** lich bestellte und jeder faktische Leiter einer juristischen Person sein. Das Bankrottstrafrecht seit dem Insolvenzgesetz, das unter der Bezeichnung „redressement judiciaire" ein einheitliches Insolvenzverfahren eingeführt hat, wendet sich dagegen nur an *Kaufleute, Handwerker und Landwirte* sowie rechtlich bestellte und faktische Leiter sowie Liquidatoren von juristischen Personen des Privatrechts mit wirtschaftlicher Zielsetzung, aber auch an „ständige Vertreter" dieser juristischen Personen. Außenstehende können nur Teilnehmer sein. Jedoch erklären Art. 314-13 C. p. und der Code de commerce *auch juristische Personen* zu tauglichen Tätern der Straftaten.

**195** Die „organisation frauduleuse de l'insolvabilite" des Art. 314-7 C.p. betrifft entgegen dem Anschein der offiziellen Deliktsbezeichnung keineswegs nur die gezielte Herbeiführung, sondern *jede Verursachung oder Verschlimmerung der Zahlungsunfähigkeit* durch Vergrößerung der Passiva oder Verringerung der Aktiva des Vermögens. Als zusätzliche Alternativen der Tatbegehung nennt das Gesetz das Verringern oder Verheimlichen der Einkünfte und das Verheimlichen von Vermögensgegenständen. Subjektiv wird neben Vorsatz die Absicht vorausgesetzt, sich der Vollstreckung wegen einer Geldforderung zu entziehen. Das Gesetz hebt hervor, dass die Tat vor der gerichtlichen Entscheidung über die Forderung begangen werden kann, und lässt die Erklärung des Teilnehmers als für die Schuld solidarisch haftbar zu (Art. 314-8 C.p.). In der bisher veröffentlichten Rechtsprechung nehmen Fälle der Unterhaltspflichtverletzung eine wichtige Rolle ein. Diese Schuldart erwähnt das Gesetz selbst ausdrücklich. Es nimmt dagegen rein vertraglich begründete Schulden (außerhalb des Unterhalts) von seinem Schutz aus und betrifft damit vor allem *deliktische Ansprüche*. Nach seiner Entstehungsgeschichte soll der Straftatbestand der betrügerischen Herbeiführung oder Verschlimmerung der Zahlungsunfähigkeit vor allem den Schutz von Verbrechensopfern verbessern. Er wird daher in der Literatur nicht als Teil des Bankrottstrafrechts angesehen, obwohl er (auch) in die Zuständigkeit der spezialisierten Strafjustiz für Wirtschaftsstrafsachen fallen kann.[124]

**196** Als eigentliches **Bankrottstrafrecht** wird damit in Frankreich nur das in Art. L. 626 Code de commerce geregelte Sonderstrafrecht der Kaufleute, Handwerker und Landwirte bezeichnet. Ein spezielles Insolvenzstrafrecht für Verbraucher gibt es nicht. Der Code de commerce schließt allerdings in Art. L. 628-8 ff „andere Straftatbestände" an, die sich teils ebenfalls an den genannten sonderpflichtigen Täterkreis, teils aber auch an Dritte wenden und vor allem Handlungen während des Insolvenzverfahrens betreffen. Es geht bei diesen „délits connexes" insbesondere um vermögensmindernde Akte des erwähnten sonderpflichtigen Täterkreises während der gerichtlichen Beobachtungsphase, die u.a. der Entscheidung dient, ob das Unternehmen fortgeführt oder liquidiert werden soll. Einbezogen sind ferner Verstöße gegen den Fortführungsplan, aber auch unrichtige Anmeldungen von Forderungen durch Gläubiger, Veruntreuung erhaltener Gelder und andere treuwidrige Akte durch Gläubigervertreter, Insolvenzverwalter und Liquidatoren, schließlich auch die Entgegennahme von Sondervorteilen durch Gläubiger nach Eröffnung des Insolvenzverfahrens. Es geht also durchweg um den – umfassend und detailliert gestalteten – Strafschutz dieses Verfahrens.

**197** Die „klassischen" *Bankrotthandlungen* werden unter Aufgabe der früheren Unterscheidung von einfachem und betrügerischem Bankrott (dazu *Tiedemann* LK[10] Rdn. 176 ff vor § 283) durch Art. L. 626-2 Code de commerce in fünf Tatbestandsgruppen gegliedert, deren Strafbarkeit durchgehend von der *Eröffnung eines* gerichtlichen *Insolvenzverfahrens* abhängt; die bloße Zahlungseinstellung reicht also nicht (mehr) aus. Das heutige Recht übernimmt alle Fälle des früheren betrügerischen Bankrotts sowie einen Fall des früheren sog. obligatorischen einfachen Bankrotts. Die übrigen Fälle des früheren einfachen Bankrotts sind nicht mehr strafbar.

**197a** Die Aufzählung im Code de commerce beginnt mit dem einzigen verbliebenen Fall des früheren obligatorischen einfachen Bankrotts: Vornahme von Ankäufen zwecks Wiederverkauf *unter Marktwert* oder Einsatz von (sonstigen) „ruinösen Mitteln" zwecks Erlan-

---

[124] Vgl. *Bouloc* Festschrift Vitu, S. 65 (ff) mit Nachw.; *Véron* Droit pénal des affaires 6. Aufl. (2005) Rdn. 60.

gung von Finanzmitteln. Beide Alternativen setzen die Absicht voraus, die Eröffnung des Insolvenzverfahrens zu vermeiden oder zu verzögern. Das Schrifttum unterstreicht die Bedeutung dieser Handlungen, die mit der früheren Strafe des betrügerischen Bankrotts bedroht, also dem Unwertgehalt des Beiseiteschaffens von Aktiva gleichgestellt sind.[125] Es geht insbesondere um „ruinöse“ Zinszahlungen für Bankkredite, wobei sich die Rechtsprechung um eine Grenzziehung vor allem auch anhand des genannten subjektiven Erfordernisses bemüht, um sicherzustellen, dass nur Fälle der künstlichen bzw. provisorischen Verlängerung der Unternehmenstätigkeit erfasst werden.[126] – Die zweite Gruppe von Bankrotthandlungen besteht im Beiseiteschaffen bzw. Unterschlagen (détourner) oder im Verheimlichen von *Aktiva* des Schuldnervermögens, z.B. durch unverbuchte Entnahmen. Bei vollem Wertausgleich, etwa bei Zahlung auf eine fällige und unbestrittene Forderung, entfällt der Tatbestand; Gläubigerbegünstigung ist seit 1985 für die Zeit vor Verfahrenseröffnung nicht mehr strafbar.[127] – Als dritte Bankrotthandlung nennt das Gesetz die betrügerische Erhöhung der *Passiva,* zu der auch die früher ausdrücklich aufgeführte Handlung des Anerkennens nicht bestehender Rechte gehört.[128] – Die beiden letzten Ziffern von Art. L. 626-2 betreffen die *Buchführung,* nämlich das Unterhalten einer „fiktiven“ Buchführung, das Beiseiteschaffen der Buchführungsunterlagen und das Fehlen der gesetzlich vorgeschriebenen Buchführung (Nr. 4) bzw. eine „offensichtlich unvollständige oder unordentliche“ Buchführung, die gesetzlich vorgeschrieben ist (Nr. 5). Als „fiktive“ Buchführung wird eine solche mit gravierenden oder wiederholten Unregelmäßigkeiten angesehen.[129] – Für alle Tathandlungen ist *Vorsatz* erforderlich.[130] Der *Versuch* ist straflos.

Neben dem strafbaren Bankrott und den „anderen Straftatbeständen“ des Code de commerce kennt dieser noch die sog. *faillite personnelle,* die zu dem Verbot der Leitung von Handelsunternehmen und von juristischen Personen mit wirtschaftlicher Zielsetzung führt, aber auch weitere **Qualifikations- und Rechtsverluste** zur Folge hat (vgl. Art. 625). Die faillite personnelle wird vom Insolvenzgericht oder vom Strafgericht für die in Art. 625-5 aufgeführten Verhaltensweisen gegen Kaufleute, Landwirte und Handwerker ausgesprochen: missbräuchliche und defizitäre Berufsausübung, die „zur Zahlungseinstellung führen musste“; Verletzung der gesetzlichen Buchführungsregeln oder Verschwindenlassen der gesamten Buchführung oder eines Teiles derselben; Beiseiteschaffen oder Verheimlichen von Aktiva sowie betrügerische Erhöhung der Passiva. Art. 626 und 627 führen dieses System weiter aus, das teils als Maßregelrecht, von der Rechtsprechung dagegen als ein Gebilde sui generis im öffentlichen Interesse verstanden wird (*Derrida* Revue de science criminelle **1989** 659 f, der in diesen Sanktionen bei Verhängung durch die Strafjustiz eine Nebenstrafe sieht). **198**

b) **Italien.** Das italienische Konkursstrafrecht wurde in der Neuzeit stark vom französischen Recht beeinflusst. Es ist außerhalb des Strafgesetzbuches in dem Gesetz Nr. 267 vom 16.3.1942 über die Regelung des Konkurses, des Vergleichs, der Geschäftsaufsicht und der verwaltungsmäßigen Zwangsliquidation (Legge Fallimentare, L.F.) geregelt. Das **199**

---

125 *Delmas-Marty* Droit pénal des affaires Bd. 2, 3. Aufl. (1990) S. 579.

126 *Delmas-Marty* S. 579 ff und *Véron* Rdn. 291, je mit Nachw.; zur strafbaren Beteiligung von Bankangestellten *Larguier/Conte* Droit pénal des affaires 10. Aufl. (2001) Nr. 515.

127 Vgl. *Delmas-Marty* S. 583 f; *Gauthier/Lauret* Droit pénal des affaires 6. Aufl. (1996) S. 517.

128 *Delmas-Marty* S. 586 f.

129 *Larguier/Conte* Nr. 519; wohl weitergehend *Véron* aaO (jede Unwahrheit).

130 *Delmas-Marty* S. 588; *Gauthier/Lauret* S. 527; zweifelnd *Larguier/Conte* Nr. 513.

Gesetz wurde durch die Reform der Jahre 2005–2007 erheblich umgestaltet, kennt aber weiterhin kein einheitliches Insolvenzverfahren. Die Straftatbestände sind seit 1942 unverändert.

**200** Art. 216, 217 L.F. folgen der tradierten Aufteilung in betrügerischen und einfachen Bankrott. Der Täterkreis ist wie im französischen Recht auf Kaufleute bzw. **kaufmännische Unternehmer** (imprenditori commerciali) beschränkt, wobei Kleinunternehmer bis zu einem bestimmten Einkommen ausdrücklich ausgeschlossen werden. Strafbarkeit tritt nur ein, wenn der Täter bzw. die von ihm vertretene Handelsgesellschaft vom Konkursgericht für insolvent erklärt oder das Vergleichsverfahren oder das Verfahren der Geschäftsaufsicht eröffnet worden ist.[131] Nach ganz überwiegender Auffassung handelt es sich hierbei materiellrechtlich – jedenfalls soweit die Tathandlungen zeitlich vor der „dichiarazione di fallimento" liegen – um eine objektive Bedingung der Strafbarkeit, im Übrigen um ein Tatbestandsmerkmal.[132] Prozessual gesehen hat die Erklärung des Konkursgerichts Tatbestandswirkung, da der Strafrichter die Richtigkeit der Erklärung nicht überprüfen darf.[133] Diese Bindung des Strafrichters entspricht dem historischen Modell des französischen Code de commerce, dessen Art. 585, 591 jedoch von einer ständigen Rechtsprechung schon vor Einführung der gesetzlichen Änderung im Jahre 1967 durch den Hilfsbegriff des faktischen Konkurses (Zahlungseinstellung) im Sinne einer Feststellungs- und Entscheidungsfreiheit des Strafrichters interpretiert bzw. ergänzt worden waren. Dagegen hat auch der italienische Strafrichter selbständig das Vorliegen der Bankrotthandlungen festzustellen.

**201** Art. 216 L. F. regelt den **betrügerischen Bankrott** (bancarotta fraudolenta) und unterteilt diesen – entsprechend der allgemeinen, insbesondere aber romanischen Systematik – in Vermögensmanipulationen, Buchführungsmanipulationen und Gläubigerbegünstigung. Nach Nr. 1 ist der für insolvent erklärte Unternehmer strafbar, wenn er Teile seiner Güter ganz oder teilweise entwendet, verbirgt, verheimlicht, zerstört oder verschwendet oder in der Absicht, einen Gläubiger zu benachteiligen, nicht bestehende Schulden anerkennt. Nr. 2 droht dieselbe Strafe demjenigen Unternehmer an, der seine Handelsbücher oder sonstige Unterlagen der Buchführung ganz oder teilweise unterschlägt, zerstört, verfälscht oder so führt, dass die Vermögenslage nicht mehr erkennbar ist. Subjektiv ist für die Vermögensmanipulationen vor Erklärung der Insolvenz nach überwiegender, in der Praxis aber nicht selten durchbrochener Ansicht *Absicht der Gläubigerbenachteiligung* erforderlich.[134] Gleichgestellt ist die Absicht des Täters, sich oder Dritten einen unrechtmäßigen Vorteil zu verschaffen. – Absatz 3 regelt die **Gläubigerbegünstigung**, nämlich die Ausführung von Zahlungen zum Zwecke der Bevorzugung eines Gläubigers vor den übrigen und zum Schaden der übrigen (bancarotta preferenziale). Abs. 4 sieht für die Verurteilung wegen betrügerischen Bankrotts ein zehnjähriges Berufsverbot vor.

**202** Art. 217 stellt den **einfachen Bankrott** (bancarotta semplice) unter Strafe und zählt folgende 5 Gruppen von Bankrotthandlungen auf: im Verhältnis zur wirtschaftlichen

---

131 Zu den einzelnen Verfahrensarten *Busch* Zerschlagungsabwendende Verfahren im deutschen und italienischen Insolvenzrecht (2009) S. 92 ff.

132 Vgl. *Foffani* in Tiedemann (Hrsg.) Wirtschaftsstrafrecht in der EU S. 316 f Fn. 16; *Nuvolone* S. 11 ff; *Pedrazzi* in Manuale di diritto penale dell' impresa S. 106 ff mit Nachw.; *Tiedemann* Wirtschaftsstrafrecht I S. 233 mit weit. Nachw. Eingehend zum Streitstand *Pedrazzi* in Manuale aaO S. 113 ff; vgl. *Antolisei/Grosso* Manuale di Diritto Penale, Leggi Complementari (12. Aufl. 2008) S. 48 ff mit Nachw.

133 *Antolisei/Grosso* aaO S. 129 ff, aber auch *Kellens* Revue de droit pénal et de criminologie **1971/72** 1061 mit Nachw.

134 Vgl. *Nuvolone* S. 66 ff; *Pedrazzi* in Manuale aaO S. 132 ff, je mit weit. Nachw.

Situation exzessive Ausgaben für persönliche oder familiäre Zwecke; Verbrauch eines erheblichen Teiles des Vermögens durch „Operationen von reinem Zufall oder zutage liegender Unvorsichtigkeit"; Vornahme von „Operationen von gravierender Unvorsichtigkeit", um den Konkurseintritt zu verzögern; Verschlechterung der finanziellen Situation durch Unterlassen rechtzeitiger Konkurs- oder Vergleichsantragstellung (Art. 6 L.F.) oder durch andere „schwere Schuld"; Nichterfüllung der in einem früheren Vergleich oder Konkurs übernommenen Verpflichtungen. Außerdem bestraft Absatz 2 das Unterlassen der gesetzlich vorgeschriebenen Buchführung sowie die unregelmäßige oder unvollständige Buchführung, jedoch insgesamt nur für einen Zeitraum von drei Jahren vor Konkurseröffnung oder vor Eröffnung des Unternehmens, wenn dieses eine kürzere Zeit gedauert hat. Das Berufsverbot, welches mit der Verurteilung nach Art. 217 auszusprechen ist, gilt für zwei Jahre.

Die Dogmatik dieses Konkursstrafrechts wird im italienischen Schrifttum intensiv **203** behandelt. Die Diskussion betrifft vor allem das geschützte Rechtsgut (Gläubigerinteressen, öffentliche Wirtschaft, öffentliches Vertrauen, Konkursverfahren),[135] die Rechtsnatur der Strafbarkeitsbedingung, die Einordnung als Gefährdungs- oder Erfolgsdelikt[136] sowie das – überwiegend verneinte – Erfordernis einer Kausalitätsbeziehung zwischen Tathandlung und gerichtlicher Erklärung der Insolvenz.[137]

c) **Spanien.** Das spanische Strafgesetzbuch von 1995 regelt das Insolvenzstrafrecht in **204** seinen Art. 257 ff. Die Regelung ist infolge der Kombination tradierter Praxis mit ausländischen Modellen und dogmatischen Vorstellungen inhaltlich nicht leicht verständlich und wird in der spanischen Strafrechtslehre scharf kritisiert. Immerhin sind durch das Konkursgesetz 22/2003 (Ley concursal) die bis dahin verschiedenen Gesamtvollstreckungsverfahren ähnlich dem deutschen Recht zu einem einheitlichen Verfahren („concurso") zusammengefasst. Ein strafrechtlicher Vorentwurf von 2008 lehnte sich für die strafrechtliche Reform an die „Eurodelikte" von 2002 (Art. 48) an, wurde aber nicht verwirklicht.

Nach praktischer Bedeutung und legislatorischer Lozierung steht im Vordergrund **205** bisher der traditionelle Straftatbestand des *alzamiento de bienes* (Art. 257 Código penal [C.p.].) Der sprachlich archaische Begriff wird mit der üblichen Bezeichnung als **Beiseiteschaffen von Vermögensbestandteilen** nur unvollständig übersetzt, da neben der historischen Flucht des Schuldners mit seiner Habe auch das Verheimlichen, Veräußern, Unterschlagen und das Eingehen neuer Verbindlichkeiten erfasst wird.[138] *Täter* kann nach dem Gesetzeswortlaut jedermann sein. Aus Absatz 2 ergibt sich jedoch, dass nur *Schuldner* gemeint sind.[139] Die Tathandlung muss „zum Schaden seiner Gläubiger" (en perjuicio de sus acreedores) vorgenommen werden. Hierin sieht die Rechtsprechung ein subjektives (Absichts-)Merkmal, die Lehre überwiegend ein abstraktes oder konkretes Gefährdungs-, teilweise sogar ein Erfolgsdelikt (mit dem Erfolg der Insolvenz).[140] Das Gesetz und die

---

[135] *Antolisei/Grosso* aaO S. 37 ff mit Nachw.; *Foffani* aaO S. 314 Fn. 6; *Nuvolone* S. 27, 32, 37 ff, 181 u.ö.; *Pedrazzi* in Manuale aaO S. 101 ff.

[136] *Nuvolone* S. 39; *Pedrazzi* in Manuale aaO S. 110 ff.

[137] *Nuvolone* S. 31, 38 u.ö. mit Nachw.

[138] *Bajo/Bacigalupo*, Derecho penal económico (2001) S. 381; *Vives Antón/Gonzáles Cussac* Los delitos de alzamiento de bienes (1998) S. 18 ff, 52 f, 56 f, je mit Nachw. – Ausführlich, auch zum Folgenden, *Muñoz Conde* El delito de alzamiento de bienes 2. Aufl. (1999).

[139] *Bajo/Bacigalupo* aaO S. 380; *Vives Antón/Gonzáles Cussac* aaO S. 33 ff mit weit. Nachw.

[140] *Bajo/Bacigalupo* aaO S. 385 ff; *Vives Antón/Gonzáles Cussac* aaO S. 30 ff, 58 ff, je mit Nachw.

herrschende Meinung verlangen aber weder einen Erfolgseintritt noch die Eröffnung eines Insolvenzverfahrens oder eine Zahlungseinstellung. Jedoch findet der Straftatbestand auch bei diesen Konstellationen Anwendung. Einhellig wird für die Tatbegehung *Vorsatz* vorausgesetzt. Zusätzlich inkriminiert Absatz 1 Nr. 2 – nach Ansicht der Rechtslehre überflüssigerweise – jede vorsätzliche und mit derselben Absicht vom Schuldner vorgenommene Vermögensdisposition, welche die Effizienz ergangener oder bevorstehender Vollsteckungsmaßnahmen beeinträchtigt. Ebenfalls überflüssig ist nach der Rechtslehre Art. 258 C.p., der es unter dieselbe Strafandrohung stellt, wenn sich der Täter einer Straftat in den Zustand der Insolvenz versetzt, um die aus der Straftat entstandenen Schadensersatzansprüche nicht erfüllen zu müssen (zur ähnlichen französischen Regelung oben Rdn. 195).

**206** Art. 259 C.p. bestraft die **Gläubigerbegünstigung** (favorecimiento de acreedores) nach Eröffnung des Insolvenzverfahrens, die als objektive Bedingung der Strafbarkeit verstanden wird.[141] Der Gesetzgeber hebt ausdrücklich hervor, dass es irrelevant ist, ob es sich um einen bevorrechtigten Gläubiger oder nicht handelt. Nicht erfasst sollen aber dinglich Berechtigte wie Pfand- und Hypothekengläubiger sein.[142]

**207** Art. 260 C.p. betrifft als zentrales **delito concursal** die vorsätzliche Herbeiführung oder Verschlimmerung der Insolvenz (insolvencia dolosa) und setzt als objektive Bedingung der Strafbarkeit voraus, dass der Täter – seit 2003 spricht das Gesetz ausdrücklich vom „Schuldner" – zivilgerichtlich als im Konkurs befindlich erklärt wird.[143]

**208** Der Straftatbestand ist eindeutig als *Erfolgsdelikt* ausgestaltet und erfordert *Vorsatz*.[144] Er nennt als Erfolg im Einzelnen die Insolvenz und alternativ die „wirtschaftliche Krise" (crisis económica), die durch die Tathandlung verursacht oder verschlimmert worden sein müssen. Für den Nachweis der *Kausalität* verweist das Schrifttum auf die Umschreibung von Bankrotthandlungen in Art. 164 und 165 Konkursgesetz als Indizien[145]: Beiseiteschaffen von Vermögensbestandteilen, Eingehen fiktiver Geschäfte, Buchführungsmängel.

**209** Schließlich stellt Art. 261 C.p. denjenigen unter Strafe, der in einem Konkursverfahren als Antragsteller **falsche Buchführungsangaben macht**, um eine ungerechtfertigte Verfahrenserklärung zu erreichen (delito contable concursal). Täter können die Gläubiger sowie der kaufmännische oder einfache Schuldner sein.

**210** Ähnlich wie im italienischen Strafrecht (Rdn. 203) werden auch in Spanien dogmatische Fragen des Insolvenzstrafrechts intensiv diskutiert, jedoch meist in sehr kritischer Haltung gegenüber der gesetzlichen Regelung (vgl. bereits Rdn. 204). Ausführlich zur Entstehung der geltenden Regelung in deutscher Sprache *Gonzáles Rus* in Madrid-Symposium für Klaus Tiedemann (1994) S. 91 (93 f).

**211** d) **Portugal.** Das portugiesische Strafgesetzbuch (Código penal) von 1983 i.d.F. v. 1995 unterscheidet – neben der Gläubigerbegünstigung – vorsätzlichen und fahrlässigen Bankrott, dessen Begehung seit 1995 nicht mehr auf Kaufleute beschränkt ist (Art. 227 ff). Jedoch ist für die Strafbarkeit weiterhin die gerichtliche Feststellung erforderlich, dass sich der Schuldner im Zustand der „insolvência" befindet. Der **vorsätzliche**

---

141 *Bajo/Bacigalupo* aaO S. 397.

142 So *Bajo/Bacigalupo* aaO S. 397.

143 Ausführlich dazu, auch zur lex ferenda, *Nieto Martín* El delito de quiebra (2000); *Quintero Olivares* Comenterios a la Parte Especial del Derecho Penal 5. Aufl. (2005) Art. 260.

144 *Bajo/Bacigalupo* aaO S. 408 f mit Nachw.

145 *Quintero Olivares* aaO Anm. 7.1.

**Bankrott** setzt Absicht der Gläubigerbenachteiligung voraus und ist in vier Gruppen von Bankrotthandlungen strafbar, die Art. 227 Abs. 1 aufzählt. Unter diesen Bankrotthandlungen, die klassischen Vorbildern folgen, ist die Beschränkung der unrichtigen Buchführung und Bilanzierung auf Fälle der Vorspiegelung eines zu geringen Vermögensstandes bemerkenswert; allerdings werden Buchführungsmanipulationen generell von der Rechtsprechung – wie im spanischen Recht – als Urkundenfälschung bestraft (vgl. *Tiedemann* Lecciones S. 50 mit Nachw.). Der **fahrlässige Bankrott** (Art. 228) erfasst die Verursachung der Insolvenz durch offensichtlich übertriebene Ausgaben, ruinöse Spekulationen usw., aber auch durch „grobe Fahrlässigkeit bei der Berufsausübung". – Das geltende Recht, das auf das Gesetzes-Dekret Nr. 132/93 über besondere Verfahren zwecks Sanierung oder Liquidation von Unternehmen zurückgeht, verzichtet auf den früher erforderlichen Strafantrag der Gläubiger (der durch Fehlverhalten der Gläubiger verwirkt werden konnte; näher *Bohlander* wistra **1991** 333, 336).

### 4. Der anglo-amerikanische Rechtskreis

a) **England.** Das englische Insolvenzstrafrecht ist seit der maßgeblich von den Vorarbeiten des sog. Cork-Committee beeinflussten Insolvenzrechtsreform im Wesentlichen im **Insolvency Act 1986** geregelt.[146] Im Vergleich zur früheren Rechtslage (hierzu Voraufl. Rdn. 193 ff vor § 283) ist es modernisiert, aber auch neu systematisiert worden: Entsprechend der herkömmlichen Unterscheidung zwischen der Insolvenz von Kapitalgesellschaften („Company insolvency", „winding up") und der „bankruptcy" von Privatpersonen (und Personengesellschaften) trennt der Insolvency Act 1986 zwischen der strafrechtlichen Verantwortlichkeit von Leitungsorganen in Kapitalgesellschaften und derjenigen von Privatpersonen (und Personengesellschaftern). Auch hat sich der insolvenzrechtliche Hintergrund verändert, indem – ähnlich wie in der deutschen InsO 1999 – das Ziel der Rettung und Sanierung insolvenzbedrohter Unternehmen stark betont wird. Dementsprechend sieht der Insolvency Act 1986 die Zwangsliquidation – bei Kapitalgesellschaften durch „winding up by court", bei Privatleuten und Personengesellschaften im Falle der „bankruptcy" – nur als ultima ratio an. Vorgeschaltet sind Vergleichsverfahren („voluntary" bzw. „individual voluntary arrangements") oder Verfahren der Zwangsverwaltung („administrative Orders", „receivership"), die zugleich vor Anträgen auf Zwangsliquidation schützen. Kommt es bei diesen Verfahren nicht zu einer Liquidation, so können Unregelmäßigkeiten strafrechtlich nur durch die allgemeinen Tatbestände der Theft Acts 1968/1978 (vor allem „fraud") erfasst werden. 212

Sec. 206–219 Insolvency Act 1986 enthalten das **Insolvenzstrafrecht der Kapitalgesellschaften,** welches in der Praxis ganz im Vordergrund steht: In England sind selbst Kleinbetriebe in der Regel als „companies" organisiert, da die Höhe des Mindestkapitals nicht gesetzlich bestimmt ist. Der Täterkreis beschränkt sich auf die Leitungsorgane der Gesellschaft („officers", nämlich „directors", d.h. Geschäftsführer, Manager sowie die für Rechnungslegung und Registeranmeldungen zuständigen „secretaries"), bezieht aber fak- 213

---

[146] Zur Reformgeschichte *Arnold* ZIP **1985** 213, 217 ff; *Vach,* Aspekte der Insolvenzrechtsreform 1986 in England (1991) S. 3, 17 ff. – Näher zum neuen Insolvenzstrafrecht *Bailey/Groves/Smith* Corporate Insolvency (1992) S. 432 ff; *Berry/Bailey* Bankruptcy (1987) S. 257 ff; *Crystal/Phillips* (Hrsg.) Butterworth's Insolvency Law Handbook, 3. Aufl. (1994) (Gesetzessammlung); *Fletcher* The Law of Insolvency (1990) S. 310 ff, 517 ff. Zum älteren englischen Konkursstrafrecht vgl. die Nachw. in LK[10] Fn. 87 ff zu Rdn. 193 ff Vor § 283.

tische Geschäftsführer ausdrücklich ein.[147] Die Strafbarkeit hängt durchweg vom Eintritt der objektiven Bedingung der Liquidation der Gesellschaft („winding up") ab, wobei freilich die freiwillige Liquidation genügt. Ein Handeln in der Krise der Gesellschaft wird nicht vorausgesetzt; vielmehr verwendet der englische Gesetzgeber strikte, vom Beginn des „winding up" an zurückgerechnete Fristen – eine Technik, die aus dem deutschen (Zivil-)Recht der Insolvenzanfechtung bekannt ist. Der teils außerordentlich weite Umfang strafbaren Verhaltens wird durch Wertgrenzen (500 £) und in den meisten Tatbeständen auch dadurch zurückgenommen, dass dem Täter der Gegenbeweis fehlender unredlicher Absicht („intent to defraud") offensteht, die freilich vermutet wird.

**214** Im Einzelnen lassen sich die strafbaren Handlungen unter zeitlichen Aspekten (vgl. 10. Aufl. Rdn. 193 vor § 283) in deliktische Verhaltensweisen bis zum Beginn der Liquidation (sec. 206 und 207) und Pflichtverstöße in der Zeit danach (sec. 208–211) aufteilen. Hierbei entspricht sec. 206 („fraud, etc., in anticipation of winding up") mehr oder weniger § 283 StGB und stellt das *Verheimlichen* und *Beiseiteschaffen* von Vermögensbestandteilen mit einem Wert über 500 £ sowie *Buchführungsmängel* unter Strafe, sofern die Handlungen binnen 12 Monaten vor dem (aber auch nach Beginn des) „winding up" begangen worden sind und dem Täter nicht der Gegenbeweis des fehlenden „intent to defraud" gelingt. Sec. 207 („transactions in fraud of creditors") hebt *Schenkungen* aus dem Gesellschaftsvermögen, sofern sie binnen fünf Jahren vor Beginn des „winding up" vorgenommen worden sind, sowie andere Handlungen zwecks *Vollstreckungsvereitelung* als besonders gefährlich hervor, wobei für den Täter der Gegenbeweis des fehlenden „intent to defraud creditors" möglich ist. Nach Beginn des „winding up" stehen *Informations-, Offenlegungs- und Mitwirkungspflichten* im Vordergrund. Sie sind gegenüber dem gerichtlich bestellten Liquidator („misconduct in course of winding up", sec. 208), in Bezug auf die Buchführung („falsification of company's books", sec. 209), aber auch als generelle Wahrheitspflichten („material ommission from a statement relating to company's affairs", sec. 210) insbesondere gegenüber den Gläubigern („false representation to creditors", sec. 211) zu erfüllen.

**215** Ergänzend sieht der Insolvency Act 1986 eine „penalisation" der Leitungsorgane einer Kapitalgesellschaft in Form von Ersatzpflichten und persönlicher Haftung vor. Sie ist nach deutschem Verständnis als eine Art zivilrechtlicher **Strafschadensersatz** zu werten und zielt in der Sache vor allem auf Fälle der Insolvenzverschleppung ab. Neben der betrügerischen Geschäftsführung („fraudulent trading", sec. 213; Strafvorschrift in sec. 458 Companies Act 1985) ist vor allem das „wrongful trading" (sec. 214) bedeutsam.[148] Es setzt voraus, dass der Direktor die Geschäftstätigkeit zu einem Zeitpunkt fortführte, in dem er wusste oder hätte wissen müssen, dass vernünftigerweise keine Aussicht bestand, eine „insolvent liquidation" abzuwenden, und dass es dann zu dieser „insolvent liquidation" kommt, also die Insolvenzmasse nicht ausreicht, um die Schulden und die Verfahrenskosten vollständig zu decken. Weiterhin führt bereits jede pflichtwidrige Geschäftsführung („misfeasance", sec. 212) zu Schadensersatzpflichten. Selbst der schlichte Weitergebrauch der Firma einer in Liquidation befindlichen insolventen Gesellschaft

---

[147] Dies ergibt sich bereits aus der Legaldefinition in sec. 251, wonach „director" auch derjenige ist, der tatsächlich die Position eines Direktors innehat (sog. „de facto director"). Des weiteren erfassen die meisten Straftatbestände ausdrücklich auch „shadow directors", nämlich Personen, nach deren Weisungen die bestellten Direktoren üblicherweise handeln (ohne Beraterberufe). Das Verhältnis des Begriffs „de facto director" zu dem des „shadow director" ist freilich nicht geklärt; vgl. *Bailey/Groves/Smith* aaO S. 414.

[148] Näher *Vach* aaO S. 172 ff.

(„re-use of Company names“, sec. 216) ist strafbar und führt zu persönlicher Haftung (sec. 217).

Daneben greifen flankierend **Berufsverbote** mit einer Dauer von bis zu 15 Jahren für Direktoren nach dem Company Directors Disqualification Act 1986 (CDDA) ein.[149] Im Unterschied zum deutschen Recht können Berufsverbote nicht nur bei rechtskräftiger Verurteilung wegen gesellschaftsbezogener (sec. 2 CDDA) oder Insolvenz-Straftaten (sec. 4 CDDA) ausgesprochen werden, sondern bereits dann, wenn hartnäckig gegen Publizitätspflichten verstoßen wurde (sec. 3 CDDA), wenn sich bei einer insolvent gewordenen Gesellschaft erweist, dass der Direktor ungeeignet („un-fit“) ist (sec. 6 CDDA) oder er an „wrongful trading“ beteiligt war (sec. 10 CDDA). **216**

Das historisch im Vordergrund stehende, praktisch nunmehr weniger bedeutsame **Strafrecht der Privatinsolvenzen** („bankruptcy offences“) ist in sec. 350–362 Insolvency Act 1986 geregelt. Auch hier ist die Strafbarkeit dadurch bedingt, dass ein Insolvenzverfahren gerichtlich eröffnet wird (sec. 350 [1]). Allerdings bleibt die Strafbarkeit bei anschließender Niederschlagung des Verfahrens („annulment“) oder Restschuldbefreiung („discharge“) hinsichtlich zuvor begangener Taten unberührt (sec. 350 [2], [3]). Ein Handeln in der Krise wie im deutschen Recht ist nicht erforderlich. Die teils sehr weite Fassung der Straftatbestände wird durch in dem Insolvency Proceedings (Monetary Limits) Order 1986 bestimmte Wertgrenzen (500 £) und dadurch abgemildert, dass dem Täter durchgängig der Gegenbeweis des fehlenden „intent to defraud“ offensteht (sec. 352; vgl. oben Rdn. 214). **217**

Entsprechend dem früheren Schwerpunkt des englischen Insolvenzstrafrechts im Bereich des Verfahrensrechts (Voraufl. Rdn. 196 vor § 283) setzen zahlreiche strafbewehrte Pflichten, vor allem *Informations-, Offenlegungs- und Mitwirkungspflichten,* erst mit Insolvenzeröffnung ein. Insbesondere sind strafbar die Verletzung von Offenlegungspflichten gegenüber dem Insolvenzverwalter („non disclosure“, sec. 353), das Verheimlichen von Vermögensgegenständen („concealment of property“, sec. 354) oder von Buchführungsunterlagen („concealment of books and papers“, sec. 355) sowie sonstige Falschangaben in der Insolvenz („false Statements“, sec. 356). Auch im Verhältnis zu Kreditgebern oder anderen Geschäftspartnern besteht eine strafbewehrte Pflicht, über den Umstand der Insolvenzeröffnung aufzuklären („obtaining credit; engaging in business“, sec. 360); und der Gemeinschuldner darf England und Wales nicht unter Mitnahme des insolvenzbefangenen Vermögens verlassen („absconding“, sec. 358; vgl. Voraufl. Rdn. 195 vor § 283). **218**

Daneben betont das neue Recht stärker als bislang die Pflichten des späteren Gemeinschuldners vor Insolvenzeröffnung. So sind das *Verheimlichen* von Vermögensgegenständen oder Buchführungsunterlagen sowie gegenüber den Gläubigern gemachte *Falschangaben* auch dann strafbar, wenn die Tat binnen 12 Monaten vor Stellung des Insolvenzantrags begangen wurde. In diesem Zeitraum ist weiterhin jede *Verfügung über kreditierte Ware,* die nicht im gewöhnlichen Geschäftsverkehr erfolgt, unter Strafe gestellt („fraudulent trading with property obtained on credit“, sec. 359). *Mangelhafte Buchführung* ist binnen eines Zeitraums von zwei Jahren vor Stellung des Insolvenzantrags strafbar („failure to keep proper accounts of business“, sec. 361), sofern der Täter nicht beweist, dass die Mängel angesichts der Umstände „honest and excusable“ waren. Während desselben Zeitraumes sind auch *Spiel* sowie wilde und gefährliche *Spekulation* strafbar („gambling“, sec. 362; vgl. Voraufl. Rdn. 194 vor § 283). Zeitlich am weitesten, nämlich auf höchstens **219**

---

[149] Näher *Bailey/Groves/Smith* aaO S. 426 ff.

fünf Jahre vor Stellung des Insolvenzantrags, vorverlagert ist die Strafbarkeit wegen *Schenkung* oder anderen Beiseiteschaffens, vor allem bei drohender Zwangsvollstreckung („fraudulent disposal of property“, sec. 357).

220 Insgesamt ist hervorzuheben, dass das neue englische Recht den Charakter des Insolvenzstrafrechts als **Unternehmensstrafrecht** betont (und insoweit auch besondere Regeln für die Ermittlung und Verfolgung der in Kapitalgesellschaften begangenen Insolvenzstraftaten vorsieht; vgl. sec. 218, 219 Insolvency Act 1986). Die praktische Bedeutung der strafrechtlichen Verantwortlichkeit der Organe von Kapitalgesellschaften wird in der Literatur freilich zurückhaltend beurteilt.[150] Offenbar greift die Praxis vorrangig auf die zivilrechtliche Verantwortlichkeit der Direktoren wegen „fraudulent“ und „wrongful trading“ einerseits und auf Berufsverbote gegen Direktoren andererseits zurück. Zum ergänzenden *Fraud Act* von 2006 und der *conspiracy to defraud Leigh* Festschrift Tiedemann (2008) 1503 (1506 ff) mit Nachw. Im Übrigen ist im Vergleich zum früheren Recht (Voraufl. Rdn. 217 vor § 283) zu bemerken, dass in der englischen Insolvenzrechtsreform eine deutliche Annäherung an das kontinentaleuropäische Insolvenzstrafrecht stattgefunden hat und insbesondere die eigentlichen Bankrotthandlungen vor Insolvenzeröffnung wesentlich stärkere Beachtung als bislang gefunden haben.

221 b) **USA.** Das US-amerikanische Konkursstrafrecht findet sich heute in 18 U.S.C. §§ 151 ff und geht auf den Bankruptcy Act von 1898[151] zurück. Die einschlägigen Straftatbestände des Bundesrechts dienen vor allem dem Zweck, die *Effektivität des Konkurs- und des Vergleichsverfahrens* im Sinne einer Verteilung allen verfügbaren Vermögens auf die Gläubiger zu sichern (Stegemann v. U.S. 425 F. 2d 984, 986 [9th Cir.] cert. den. 400 US 837; U.S. v. Shapiro 101 F. 2d 375 [7th Cir.] cert. den. 306 U.S. 657). Sie stehen in ihrer praktischen Bedeutung hinter den „civil remedies“ (Verweigerung der Restschuldbefreiung!) zurück, wurden aber 1994 vor allem durch § 157 ergänzt („bankruptcy fraud“), der mit einer sehr weiten Fassung *betrügerische Handlungen* im Zusammenhang mit Insolvenzverfahren bekämpfen will (*Moosmayer* S. 109 f).

222 18 U.S.C. § 151 begrenzt den Begriff des Schuldners (debtor) nur nach dem Betroffensein durch einen Konkursantrag. Bereits nach dem Katalog von 18 U.S.C. § 152 kann sich auch **jeder Dritte** (und der für den Schuldner Handelnde) strafbar machen; in Betracht kommen insbesondere Anwälte und Angestellte des Schuldners. §§ 153 ff beschreiben recht ausführlich auch Unterschlagungs- und Untreuehandlungen von Konkursverwaltern und anderen konkursrechtlichen Funktionsträgern. Aneignungshandlungen, Honorarabkommen u.a.m. dieser Personen werden als Sonderdelikte unter Strafe gestellt, um Machenschaften von Anwälten und sonstigen Personen, die sich berufsmäßig mit der Abwicklung von Konkursen und Vergleichen beschäftigen, zu verhindern.

223 Ähnlich wie im englischen Recht (oben Rdn. 214) lassen sich die Konkursstraftaten unterteilen in solche, die bereits vor Einleitung des Konkurs- oder Vergleichsverfahrens begangen werden können, und solche, welche den Beginn dieses Verfahrens voraussetzen. Zur ersteren Gruppe gehört vor allem Abs. 7 des § 152. Dieser erfasst das wissentliche und betrügerische **Verheimlichen** oder **Übertragen von Vermögensstücken** bei bevorstehendem („imminent“) Konkursverfahren, mit dessen Eröffnung der Täter rechnet, oder in der Absicht, die Bestimmungen des Konkurs- und Vergleichsrechts zu umgehen

---

[150] *Bailey/Groves/Smith* aaO S. 432.

[151] Zu diesem *Klöcker* S. 35 f; *Wach* in Vergleichende Darstellung des Deutschen und Ausländischen Strafrechts Bes. Teil Bd. VIII (1906) S. 39 f. – Text des geltenden Rechts bei *Klöcker* S. 219 ff.

(„with intent to defeat the provisions") – was in der Regel zusammentreffen wird. Im Fall U.S. v. Knickerbocker Fur Coat Co. (66 F. 2d 388 [$2^{nd}$ Cir.] 1933) wurde Strafbarkeit des Versteckens von Pelzen angenommen, obwohl es später nicht zum Konkursverfahren, sondern zu einer außergerichtlichen Einigung mit den Gläubigern kam. – Mit *Verfahrenseröffnung* wird neben Absatz 2 (falscher Eid im Zusammenhang mit dem Konkurs- oder Vergleichsverfahren) und Absatz 3 (falsche Erklärungen in diesen Verfahren) vor allem auch Absatz 1 des § 152 einschlägig, der das Verheimlichen von Vermögensstücken gegenüber dem Vermögensverwalter, Konkursverwalter oder anderen mit der Betreuung und Verwaltung beauftragten Personen oder gegenüber Gläubigern bestraft. Da der Täter bei Vornahme der Tathandlung nicht nur wissentlich und betrügerisch handeln, sondern auch eine gewisse Kenntnis (some knowledge) von der Eröffnung des Konkursverfahrens haben muss (Rachmil v. U.S. 43 F. 2d 878, 880 f [$9^{th}$ Cir.] 1930), wirkt dieser Akt auch bei der zweiten Gruppe der Bankrotthandlungen nicht im Sinne einer objektiven Strafbarkeitsbedingung. Nach Einleitung des Konkurs- oder Vergleichsverfahrens ist strafbar auch die Geltendmachung von nicht oder nicht in der Art oder Höhe bestehenden Forderungen (Absatz 4), das Annehmen von Vermögensgegenständen, die der Schuldner seinem Vermögen entzogen hat (sofern das Annehmen in der Absicht erfolgt, die Bestimmungen des Konkurs- und Vergleichsrechts zu umgehen, Absatz 5), das Annehmen von Geld- oder Sachwerten als Gegenleistung für Handlungen oder Unterlassungen in Bezug auf das Verfahren (Absatz 6), das wissentlich und in betrügerischer Absicht vorgenommene Fälschen, Zerstören usw. von Aufzeichnungen in Bezug auf die Konkursmasse oder die Vermögensverhältnisse des Schuldners (Absatz 8) sowie das wissentliche und betrügerische Zurückhalten von schriftlichen Informationen einschließlich Büchern und Geschäftspapieren des Schuldners (Absatz 9). Neuere Darstellungen in deutscher Sprache finden sich bei *Grosche* Die Generalklausel des § 283 I Nr. 8 StGB im Deutschen Bankrottstrafrecht, Diss. Würzburg 1992, S. 115 ff und *Moosmayer* S. 105 ff (Stand: 1997).

Insgesamt ist im Hinblick auf die US-amerikanischen Konkursstraftatbestände die ausführliche Erfassung der neben dem Gemeinschuldner am Konkurs- oder Vergleichsverfahren beteiligten Personen auffällig. Die Zahl der Anklagen wegen Konkursstraftaten ist aber insgesamt außerordentlich gering. **224**

5. **Rechtsvergleichung und Folgerungen für die Strafrechtsreform.** Unser notwendigerweise kurzer und vom Standpunkt des deutschen Rechts vorgenommener Ausblick auf einige ausländische Rechtsordnungen deckt Gemeinsamkeiten und Unterschiede auf. Dabei konnte die Praxis des ausländischen Insolvenzstrafrechts nur an wenigen Stellen angedeutet werden. Ganz außer Betracht bleiben mussten diejenigen Straftatbestände, die in den früheren **sozialistischen Staaten** – meist im Anschluss an den Tatbestand der „Unwirtschaftlichkeit" von Betriebs- und Behördenleitern nach Art. 128 des sowjetrussischen StGB von 1926 – fehlerhaftes Wirtschaftsverhalten von Funktionären und anderen Personen erfassten und in neuerer Zeit grundlegend reformiert wurden, wobei sich die Reformen und Reformpläne eng an westliche Modelle anlehnen (z.B. §§ 289 ff ungar. StGB i.d.F. v. 1992), diese aber auch kombinieren und mischen (z.B. poln. Gesetz über den Schutz des Wirtschaftsverkehrs v. 12.10.1994).[152] Bereits das jugoslaw. Strafgesetzbuch von 1951 kannte Straftatbestände, die unserem Insolvenzstrafrecht unmittelbar entsprachen. Bestraft wurde danach (Art. 213a, 213b) u.a. derjenige, der „die Zwangs- **225**

---

152 Zum früheren Recht Übersichten bei *Kellens* Revue de droit pénal et de criminologie **1971/72** 1050 ff und *Schultze-Willebrand* Das Strafrecht der europäischen sozialistischen Staaten (1980) S. 180 ff; *Schroeder* ZStW **95** (1983) 486 ff mit weit. Nachw.

liquidierung einer wirtschaftlichen Organisation verursacht", namentlich wegen unwirtschaftlicher Ausgaben in Kenntnis der Zahlungsunfähigkeit der Organisation; strafbar war auch „das Verursachen von Vorteilen bei den Gläubigern, wenn dadurch ein Nachteil bei den anderen Gläubigern eintritt".

**226** Innerhalb der **westlichen** Rechtsordnungen ist zentrales und traditionelles Unterscheidungsmerkmal der Insolvenz- oder Konkursstrafrechte vor allem die dem historischen französischen Modell entnommene und auch im belgischen und italienischen Recht wiederkehrende Beschränkung des Täterkreises auf **Kaufleute.** Die Entscheidung für oder gegen eine solche Beschränkung ergibt sich aus dem jeweiligen (außerstrafrechtlichen) Insolvenzrecht, dessen Reform in Frankreich eine erhebliche Ausweitung des Täterkreises gebracht hat. Umgekehrt kennen auch Staaten, die – wie das deutsche und das nordische (skandinavische), aber auch das österreichische und schweizerische sowie seit 2003 das spanische Insolvenzstrafrecht – grundsätzlich *jeden Schuldner* als potentiellen Straftäter behandeln, insbesondere im Buchführungsbereich Besonderheiten, die ihrerseits aus dem Handelsrecht folgen. Ein *Mischmodell* mit grundsätzlicher Ausrichtung an kaufmännischen Tätern und minder schweren Straftatbeständen für sonstige Schuldner bot bis 2003 das spanische Recht, welches in dieser Frage auch Teile des lateinamerikanischen Strafrechts beeinflusst hat. Dogmatisch sinnvoll, aber wahrscheinlich mit Schwierigkeiten der praktischen Anwendung verbunden, ist die insbesondere in Italien anzutreffende Beschränkung des Bankrottstrafrechts auf Unternehmer von einem bestimmten Umfang der Geschäftstätigkeit an (vgl. jetzt auch § 241a HGB für die Buchführung und § 242 Abs. 4 HGB für die Bilanzierung!). Bemerkenswert ist ferner die englische Unterscheidung zwischen der Insolvenz von Kapitalgesellschaften und derjenigen von Privatpersonen oder Personengesellschaften. Die deutsche InsO (§ 304) sieht zwar für Minderkaufleute ein vereinfachtes Insolvenzverfahren vor, berührt die Geltung der §§ 283 ff StGB aber weder insoweit noch bei dem gleichgestellten „Verbraucherinsolvenzverfahren" (oben Rdn. 85b).

**227** Die meisten hier berücksichtigten Staaten beschränken die Strafbarkeit auf diejenigen Fälle, in denen Zahlungsunfähigkeit (Insolvenz) eintritt und durch eine **Zahlungseinstellung** oder auf sonstige Weise manifest wird. Dabei besteht in den romanischen Staaten klassischerweise eine Bindung des Strafrichters an das Erfordernis der (zivilrechtlichen) Eröffnung des Insolvenzverfahrens, so dass Fälle der bloßen Zahlungseinstellung straffrei bleiben. Die Beseitigung dieser Beschränkungen wird nahezu durchgehend angestrebt.[153] Jedoch behält z.B. das neue portugiesische StGB das Erfordernis einer „declaracão de insolvência" ausdrücklich bei. – Eine Ausnahme von diesem Gesamtsystem bietet in Europa zunächst das österreichische Kridastrafrecht, das sich nicht nur von jeder Bindung an außerstrafrechtliche Insolvenzverfahren löst, sondern jedenfalls formell nicht einmal Zahlungseinstellung voraussetzt (ebenso § 256 tschech. StGB). Die erforderliche Vereitelung oder Schmälerung der Gläubigerbefriedigung dürfte freilich regelmäßig mit Zahlungsunfähigkeit und Zahlungseinstellung zusammenfallen (vgl. näher OGH EvBl **1980** 130). Auch das Strafgesetzbuch Norwegens (§§ 281 ff) lässt Zahlungsschwierigkeiten und Gläubigerverluste als strafrechtlich maßgebende Erfolge genügen, während das schwedische StGB (Kap. 11 §§ 1 ff) und das in neuerer Zeit mehrfach geänderte StGB Finnlands (Kap. 39 §§ 1 ff) auf die Insolvenz abstellen, allerdings auch unmittelbar drohende Insolvenz und Verschlimmerung der Insolvenz ausreichen lassen. Diese ist im

[153] Vgl. bereits *Pedrazzi* Derecho comparado **1979** Nr. 3 S. 63; auch *Kellens* Revue de droit pénal et de criminologie **1971/72** 1062 und neuestens *Foffani* in Tiedemann (Hrsg.) Wirtschaftsstrafrecht in der EU S. 321.

finnischen und teilweise auch im schwedischen Strafrecht bei dem Tatbestand der „Unredlichkeit" des Schuldners Erfolg, bei dem finnischen Tatbestand des „Schuldnerbetruges" und im schwedischen Strafrecht dagegen grundsätzlich – wie bei § 283 Abs. 1 StGB – Voraussetzung des strafbaren Handelns. Demgegenüber bietet das dänische Strafgesetzbuch (§§ 283, 290, 292, 300) ein stark gemischtes Modell, das teilweise auch auf die Einleitung von Insolvenzverfahren abhebt.

Hinsichtlich der **gesetzlichen Systematik** stellen nicht wenige Rechtsordnungen als eigentlichen Grundtatbestand des Insolvenzstrafrechts das Erfolgsdelikt der (vorsätzlichen) Herbeiführung der Zahlungsunfähigkeit voran, um die Strafbarkeit bloßer Bankrotthandlungen (mit nachfolgender oder voraufgehender Konkurseröffnung usw.) erst im Sinne von Gefährdungsdelikten (Auffangtatbeständen) anzuschließen. Dabei wird durchweg der historische Ursprung der „Bankrotthandlungen" als bloßes Beweismittel für die Feststellung der Böswilligkeit des Schuldners deutlich. Einige Rechtsordnungen kennen für diesen Bereich daher auch heute noch eine strafrechtliche Beweislastumkehr. Vor allem im englischen Konkursstrafrecht obliegt es dem Täter, das Fehlen des „intent to defraud", zu beweisen, wobei sich der historische Ursprung der Bankrotthandlungen in dem Beiseiteschaffen von Vermögensbestandteilen, verstanden als Flucht des Schuldners mit seiner Habe,[154] bis heute erhalten hat („absconding", vgl. oben Rdn. 218). Dogmatisch moderner, freilich in der praktischen Anwendung schwieriger und zugleich relativ unbestimmt sind demgegenüber gesetzgeberische Lösungen und Lösungsvorschläge, die – wie das portugiesische StGB beim fahrlässigen und der spanische Código penal beim vorsätzlichen Bankrott – auf die Beschreibung von Bankrotthandlungen ganz oder weitgehend verzichten und die (schuldhafte) Herbeiführung der Insolvenz unter Strafe stellen; dabei dienen die im spanischen Konkursgesetz aufgezählten Bankrotthandlungen als Indizien für die Verursachung der Insolvenz. Das schwedische und das finnische StGB gehen einen *Mittelweg* und zählen Bankrotthandlungen auf, deren Vornahme kausal zur Insolvenz oder drohenden Insolvenz bzw. zur wesentlichen Verschlechterung der finanziellen Lage führen muss (ähnlich das polnische Gesetz von 1994). 228

Hinsichtlich der strafbaren Bankrotthandlungen findet sich in zahlreichen westlichen Insolvenzstrafrechten die insbesondere von der romanischen Lehre entwickelte Aufteilung in **Vermögensmanipulationen** (Verminderung der Aktiva und Erhöhung der Passiva), **Buchführungsmanipulationen** und – meist mit geringerer Strafdrohung – **Gläubigerbegünstigung.** Nicht nur im deutschen Sprachraum herrscht zur Auslegung des Beiseiteschaffens von Vermögensbestandteilen eine finale Ausrichtung dieser Tathandlung vor (vgl. auch § 283 Rdn. 28). Bei realem Wertausgleich, möglicherweise aber auch bei der bloßen Verringerung der Passiva durch Tilgung bestehender Verpflichtungen, kann die Tatbestandsmäßigkeit dieser Bankrotthandlung häufig verneint werden (vgl. auch § 283 Rdn. 30). Eine Begrenzung der Strafbarkeit riskanter Geschäfte auf völlig unvertretbare Handlungsweisen wird vor allem durch das englische, aber auch durch das schweizerische Konkursstrafrecht nahegelegt. Der Maßstab des ordentlichen (sorgfältigen) Kaufmanns gilt im Übrigen als Auslegungshilfe für die Ausfüllung und Konkretisierung der zahlreichen normativen Tatbestandsmerkmale des Insolvenzstrafrechts (vgl. auch oben Rdn. 111 ff). Die Strafbarkeit von Buchführungsmängeln wird nicht selten auf einen bestimmten Zeitraum vor Konkurseröffnung beschränkt. 229

Für den „germanischen" Rechtskreis einschließlich der Strafgesetzbücher von Norwegen (§ 284), Schweden (Kap. 11 §§ 1 Abs. 1, 3 Abs. 1) und Finnland (Kap. 39 §§ 1 230

154 Zu dieser historischen Entwicklung und ihrer Deutung (Erscheinung der Personalexekution!) *Binding* Lehrbuch I S. 423 (Fn. 1); *Reichart* GS **48** (1893) 85 ff.

Nr. 2, 6 Nr. 4) ist die Ergänzung der Bankrotthandlungen durch eine **Generalklausel** bzw. die Anordnung von Analogie typisch.[155] Insbesondere das einschlägige österreichische und teilweise auch das schweizerische Strafrecht wird allgemein dahin verstanden, dass die vom Gesetzgeber genannten Bankrotthandlungen nicht abschließend, sondern nur beispielhaft aufgeführt und unter dem Oberbegriff der wirklichen oder scheinbaren Vermögensverringerung durch „sonstige" Handlungen ergänzbar sind. Eine entsprechende Auslegung des § 283 Abs. 1 Nr. 8 StGB liegt daher – trotz des abweichenden Wortlautes – nahe (vgl. § 283 Rdn. 11). Vor allem die Konkretisierung der österreichischen Generalklausel einer „sonstigen Verringerung des Vermögensstandes" durch das Rechtsprechungsbeispiel völlig unzureichenden Eigenkapitals, das im schweizerischen Strafrecht seit 1995 als eigenes Tatbestandsmerkmal der „Misswirtschaft" genannt wird, bietet auch für § 283 Abs. 1 Nr. 8 StGB eine Auslegungshilfe (vgl. § 283 Rdn. 164 sowie AE § 192 Abs. 1 Nr. 1). Das US-Bundesstrafrecht kennt insbesondere eine Parallele zu § 283 Abs. 1 Nr. 8 2. Alt. StGB (falsche Angaben über geschäftliche Verhältnisse).[156]

**231** Der Sache nach wird schließlich in zahlreichen Rechtsordnungen die **Krise** des schuldnerischen Unternehmens als Grund für eine Steigerung der Sorgfaltspflichten angesehen (vgl. z.B. § 300 Abs. 1 Nr. 1 dän. StGB; Kap. 11 §§ 1 Abs. 1, 4 Abs. 1 schwed. StGB; Kap. 39 § 1 finn. StGB; Art. 6 § 1 poln. Ges. v. 1994, § 256a tschech. StGB i.d.F. v. 1991; § 290 ungar. StGB; auch § 193 AE). Umfassend wird der Pflichtenkreis des Schuldners (bzw. des für ihn Handelnden) vom Zeitpunkt der Insolvenz bzw. der Einleitung des Insolvenzverfahrens an (so insbesondere auch der anglo-amerikanische Rechtskreis und das neue französische Recht). Dieser Zeitpunkt ist weithin auch für die Strafbarkeit Dritter maßgebend (vgl. auch § 196 AE). Welchen Einfluss die Überwindung der Krise durch den Schuldner auf dessen Strafbarkeit hat (vgl. oben Rdn. 172 ff), wird vor allem im schweizerischen, aber z.B. auch im finnischen Schrifttum diskutiert (oben Rdn. 182; *Heinonen* S. 305 f).

**232** Unter diesem Gesamtblickwinkel ist die tatbestandliche Bindung des *§ 283 Abs. 1* StGB an das Erfordernis einer wirtschaftlichen *Krise* des schuldnerischen Unternehmens durchaus sachgerecht und kriminalpolitisch jedenfalls vertretbar. Die durch dieses gesetzliche Erfordernis teilweise auftretenden Einbußen an Praktikabilität werden allerdings auch von ausländischen Beobachtern gesehen (zu der nicht immer korrekten Überwindung dieser Schwierigkeiten durch die deutsche Praxis § 283 Rdn. 158 ff). – Gesetzessystematisch wäre es für das deutsche Insolvenzstrafrecht unter rechtsvergleichendem Blickwinkel vorzugswürdig, **§ 283 Abs. 2 als Grundmodell** voranzustellen und die praktisch wie theoretisch mehr hilfsweise zu begreifende Konstruktion des § 283 Abs. 1 nachfolgen zu lassen (vgl. bereits *Binding* Lehrbuch I S. 421 f, 425 f).[157] Die Lösungen und Beispiele insbesondere des österreichischen und schweizerischen Strafrechts sowie die nordischen (skandinavischen) Strafgesetzbücher legen darüber hinaus die Empfehlung nahe, die Generalklausel des § 283 Abs. 1 Nr. 8 sowohl für die Auslegung der übrigen Bankrotthandlungen als auch als eigene zusätzliche Umschreibung einer Bankrotthandlung stärker als bisher zu nutzen. Für eine etwaige **Reform** des deutschen Insolvenzstraf-

---

155 Vgl. für die nordischen (skandinavischen) Strafrechtsordnungen bereits *Wolff* Der Bankerutt, Diss. Marburg 1907 S. 55 f (mit auch im Übrigen beachtlichen Reformüberlegungen S. 50 ff). Im *dänischen* Strafrecht ist Analogie generell zulässig; vgl. *Jescheck/Weigend* AT § 15 II 4 Fn. 22 mit Nachw.

156 *Grosche* (oben Rdn. 223 a.E.) S. 128 ff (132), der S. 157 einen auf die 2. Alternative beschränkten Gesetzesvorschlag zur Neufassung des § 283 Abs. 1 Nr. 8 vorstellt.

157 Zustimmend *Foffani* in Tiedemann (Hrsg.) Wirtschaftsstrafrecht in der EU S. 322.

rechts ergibt sich aus der Betrachtung einiger benachbarter Auslandsrechte vor allem die weitere Anregung, die Strafbarkeit der *Buchführungsdelikte* – insbesondere nach § 283b – auf einen *Zeitraum* von drei Jahren vor Eintritt der objektiven Strafbarkeitsbedingung zu begrenzen (womit auch die Problematik des Zusammenhangs mit der objektiven Strafbarkeitsbedingungen entschärft würde) und den Verbraucherbankrott besonders zu regeln, nämlich auf die Tathandlung des § 283 Abs. 1 Nr. 1 zu beschränken (Rdn. 85d). Daneben legt die Rechtsvergleichung gesetzgeberische Klarstellungen im Bereich des § 283 Abs. 1 (erhebliche Überschuldung, Einordnung der Nr. 8) und des § 14 (faktischer Geschäftsführer) nahe. Vgl. ferner Rdn. 180 (Streichung der objektiven Strafbarkeitsbedingung der Eröffnung oder Abweisung der Eröffnung des Insolvenzverfahrens).

## § 283
## Bankrott

**(1) Mit Freiheitsstrafe bis zu fünf Jahren oder mit Geldstrafe wird bestraft, wer bei Überschuldung oder bei drohender oder eingetretener Zahlungsunfähigkeit**

**1. Bestandteile seines Vermögens, die im Falle der Eröffnung des Insolvenzverfahrens zur Insolvenzmasse gehören, beiseite schafft oder verheimlicht oder in einer den Anforderungen einer ordnungsgemäßen Wirtschaft widersprechenden Weise zerstört, beschädigt oder unbrauchbar macht,**

**2. in einer den Anforderungen einer ordnungsgemäßen Wirtschaft widersprechenden Weise Verlust- oder Spekulationsgeschäfte oder Differenzgeschäfte mit Waren oder Wertpapieren eingeht oder durch unwirtschaftliche Ausgaben, Spiel oder Wette übermäßige Beträge verbraucht oder schuldig wird,**

**3. Waren oder Wertpapiere auf Kredit beschafft und sie oder die aus diesen Waren hergestellten Sachen erheblich unter ihrem Wert in einer den Anforderungen einer ordnungsgemäßen Wirtschaft widersprechenden Weise veräußert oder sonst abgibt,**

**4. Rechte anderer vortäuscht oder erdichtete Rechte anerkennt,**

**5. Handelsbücher, zu deren Führung er gesetzlich verpflichtet ist, zu führen unterläßt oder so führt oder verändert, daß die Übersicht über seinen Vermögensstand erschwert wird,**

**6. Handelsbücher oder sonstige Unterlagen, zu deren Aufbewahrung ein Kaufmann nach Handelsrecht verpflichtet ist, vor Ablauf der für Buchführungspflichtige bestehenden Aufbewahrungsfristen beiseite schafft, verheimlicht, zerstört oder beschädigt und dadurch die Übersicht über seinen Vermögensstand erschwert,**

**7. entgegen dem Handelsrecht**

**a) Bilanzen so aufstellt, daß die Übersicht über seinen Vermögensstand erschwert wird, oder**

**b) es unterläßt, die Bilanz seines Vermögens oder das Inventar in der vorgeschriebenen Zeit aufzustellen, oder**

**8. in einer anderen, den Anforderungen einer ordnungsgemäßen Wirtschaft grob widersprechenden Weise seinen Vermögensstand verringert oder seine wirklichen geschäftlichen Verhältnisse verheimlicht oder verschleiert.**

**(2) Ebenso wird bestraft, wer durch eine der in Absatz 1 bezeichneten Handlungen seine Überschuldung oder Zahlungsunfähigkeit herbeiführt.**

**(3) Der Versuch ist strafbar.**

**(4) Wer in den Fällen**

**1. des Absatzes 1 die Überschuldung oder die drohende oder eingetretene Zahlungsunfähigkeit fahrlässig nicht kennt oder**

**2. des Absatzes 2 die Überschuldung oder Zahlungsunfähigkeit leichtfertig verursacht, wird mit Freiheitsstrafe bis zu zwei Jahren oder mit Geldstrafe bestraft.**

**(5) Wer in den Fällen**

**1. des Absatzes 1 Nr. 2, 5 oder 7 fahrlässig handelt und die Überschuldung oder die drohende oder eingetretene Zahlungsunfähigkeit wenigstens fahrlässig nicht kennt oder**

**2. des Absatzes 2 in Verbindung mit Absatz 1 Nr. 2, 5 oder 7 fahrlässig handelt und die Überschuldung oder Zahlungsunfähigkeit wenigstens leichtfertig verursacht,**

**wird mit Freiheitsstrafe bis zu zwei Jahren oder mit Geldstrafe bestraft.**

**(6) Die Tat ist nur dann strafbar, wenn der Täter seine Zahlungen eingestellt hat oder über sein Vermögen das Insolvenzverfahren eröffnet oder der Eröffnungsantrag mangels Masse abgewiesen worden ist.**

Schrifttum

Siehe Vor § 283, ferner:

*App* Gläubigerbenachteiligende Vermögensverschiebungen, wistra **1989** 13; *ders.* Strafbares Beiseiteschaffen oder Verheimlichung von Vermögensgegenständen, KKZ **2001** 14; *Bittmann* Kapitalersatz, der 5. Strafsenat des BGH und das MoMiG, wistra **2009** 102; *Blankenbach/Richter* Bekämpfung der Wirtschaftskriminalität, wistra **1982** 222; *Blumers* Bilanzierungstatbestände und Bilanzierungsfristen im Handelsrecht und Strafrecht (1983); *Cobet* Fehlerhafte Rechnungslegung (1991); *Dreiss/Eitel-Dreiss* Erstes Gesetz zur Bekämpfung der Wirtschaftskriminalität (1977); *Gropp* Deliktstypen mit Sonderbeteiligung (1992); *Grosche* Die Generalklausel des § 283 Nr. 8 StGB im Deutschen Bankrottstrafrecht, Diss. Würzburg 1992; *Großfeld/Luttermann* Bilanzrecht, 5. Aufl. (2009); *Haas* Beiseiteschaffen von Forderungen, wistra **1989** 259; *Hauck* Rechnungslegung und Strafrecht, Diss. Tübingen 1986; *Helge* Konkursvermeidung (1982); *Hendel* Rückzahlungen der Gesellschaft an den Gesellschafter-Geschäftsführer und Konkursstrafrecht, NJW **1977** 1943; *Hillenkamp* Impossibilium nulla obligatio (usw.), Festschrift Tiedemann (2008) 949; *Kleinfeller* Zur Lehre vom strafbaren Bankrott, GS **43** (1890) 161; *H. Kruse* Grundsätze ordnungsmäßiger Buchführung, 3. Aufl. (1978); *Küffner* Betriebswirtschaftliches Insolvenzwesen (1983); *Leffson* Die Grundsätze ordnungsmäßiger Buchführung, 7. Aufl. (1987); *Muhler* Nichtbilanzierung von Privatvermögen strafbar? wistra **1996** 125; *Müller-Gugenberger* Glanz und Elend des GmbH-Strafrechts – Einige Bemerkungen zum Problem der Auslandsgesellschaften im deutschen Strafrecht, Festschrift Tiedemann (2008) 1003; *Nelles* Aktienrechtliche Bilanzdelikte, Diss. Münster 1974; *Oehmichen* Abgrenzungsschwierigkeiten zwischen Bilanzfälschung und Bilanzverschleierung, in Belke/Oehmichen (Hrsg.), Wirtschaftskriminalität (1983) S. 234; *Regner* Fahrlässigkeit bei Konkursdelikten (1998); *Renkl* Abgrenzungsprobleme bei den Straftatbeständen der Konkursordnung, JuS **1973** 611; *Richter* „Scheinauslandsgesellschaften" in der deutschen Strafverfolgungspraxis, Festschrift Tiedemann (2008) 1023; *Rönnau* Haftung der Direktoren einer in Deutschland ansässigen englischen Private Company Limited by Shares nach deutschem Strafrecht, ZGR **2005** 832; *Roxin* Über Tatbestands- und Verbotsirrtum, Festschrift Tiedemann (2008) 375; *H. Schäfer* Die Verletzung der Buchführungspflicht in der Rechtsprechung des BGH, wistra **1986** 200; *Schlüchter* Irrtum über normative Tatbestandsmerkmale im Strafrecht (1983); *dies.* Steuerberatung im strafrechtlichen Risiko? (1986); *dies.* Tatbestandsmerkmal der Krise – überflüssige Reform oder Versöhnung des Bankrottstrafrechts mit dem Schuldprinzip? MDR **1978** 977; *Schmedding* Unrichtige Konzernrechnungslegung (1991); *Schulte* Vorsätzliche Insolvenz und Flucht in das Verbraucherinsolvenzverfahren, ZInsO-Praxis **2002** 265; *Schumann* Die englische Limited mit Verwaltungssitz in Deutschland: Buchführung, Rechnungslegung und Strafbarkeit wegen Bankrotts, ZIP **2007** 1189; *Stötter* Konkurrenzfragen bei den Bankrottdelikten, KTS **1963** 12; *Tiedemann* Art. Bilanzstrafrecht, in Krekeler/Tiedemann/Ulsenheimer/Weinmann (Hrsg.), Handwörterbuch des Wirtschafts- und Steuerstrafrechts (1987); *ders.* Der Vergleichsbetrug, Festschrift Klug (1983) 405; *ders.* Zum Stand der Irrtumslehre, insbesondere im Wirtschafts- und Nebenstrafrecht, Festschrift Geerds (1995) 95; *Wöhe* Bilanzierung und Bilanzpolitik, 8. Aufl. (1992); *Zirpins/Terstegen* Wirtschaftskriminalität (1963).

**Entstehungsgeschichte** siehe Rdn. 38 ff Vor § 283.

*Übersicht*

*Alphabetische Übersicht*

## I. Aufbau und Einordnung des Tatbestandes

1 **1. Allgemeine Übersicht.** Der Tatbestand des § 283 umschreibt in Absatz 1 und Absatz 2 die vorsätzlichen Tathandlungen des Bankrotts. Es handelt sich gleichsam um die **Grundtatbestände** des Insolvenzstrafrechts. Dabei bringt Absatz 2 das strafwürdige Unrecht: die schuldhafte Verursachung der Insolvenz, besser zum Ausdruck (vgl. bereits *Binding* Lehrbuch I S. 421); er ist aber wegen der Schwierigkeiten des Kausalitätsnachweises in der Praxis nur selten anwendbar (Rdn. 86 Vor § 283 sowie *Tiedemann* ZIP **1983** 514; näher dazu unten Rdn. 180). Das Gesetz stellt daher in Absatz 1 die Umschreibung der sog. Bankrotthandlungen voran; ihre Vornahme ist unabhängig vom ursächlichen Erfolgseintritt rechtswidrig und strafbar, erfordert jedoch für die Bestrafung den oben Rdn. 91 ff Vor § 283 beschriebenen „tatsächlichen" Zusammenhang mit der Eröffnung des Insolvenzverfahrens (usw.) oder Zahlungseinstellung. Die Krisensituation (dazu ausführlich Rdn. 125 ff Vor § 283) steht also mit den Bankrotthandlungen bei Absatz 1 nur in zeitlichem, bei Absatz 2 auch in kausalem Zusammenhang. – Absatz 3 ordnet über das frühere Recht hinausgehend allgemein die Strafbarkeit des **Versuchs** sämtlicher Tathandlungen an, die in Absatz 1 Nrn. 1–8 aufgeführt und auch für die Anwendung des Absatzes 2 Voraussetzung sind (vgl. § 23 Abs. 1). In unterschiedlicher Kombination stellen Absatz 4 und Absatz 5 – ebenfalls sehr weitgehend – auch fahrlässige Begehung unter Strafe. Insbesondere lässt Absatz 4 Nr. 1 fahrlässiges Verkennen der Überschuldung oder der drohenden bzw. eingetretenen Zahlungsunfähigkeit (Absatz 1) ausreichen. In allen Fällen ist der in Absatz 6 genannte Eintritt der **objektiven Strafbarkeitsbedingung** (vgl. oben Rdn. 89 Vor § 283) erforderlich, um die Strafbarkeit auszulösen. Vor diesem Zeitpunkt kann daher auch kein Strafverfahren wegen einer Insolvenzstraftat eingeleitet werden.

### 2. Abstraktes oder konkretes Gefährdungs- oder Erfolgsdelikt?

2 a) Für die Tatbestandsmäßigkeit nach Absatz 1 reicht die Vornahme der in Nrn. 1–8 aufgeführten sog. Bankrotthandlungen unabhängig von dem Eintritt eines schädlichen Erfolges aus, sofern diese Handlungen im Zustand der Krise (Rdn. 125 ff Vor § 283) verwirklicht werden; allerdings muss die objektive Strafbarkeitsbedingung des Absatzes 6 hinzutreten, um die Strafbarkeit auszulösen. Bei Absatz 2 muss demgegenüber nicht nur die objektive Strafbarkeitsbedingung eintreten, sondern die (außerhalb einer Krise vorgenommene) Bankrotthandlung muss auch kausal den Taterfolg von Überschuldung oder Zahlungsunfähigkeit herbeiführen. Absatz 2 ist damit eindeutig als **Erfolgsdelikt** aufgebaut und entspricht insoweit dem „Normaltyp" strafrechtlicher Tatbestände, mag auch der Erfolg (Überschuldung oder Zahlungsunfähigkeit) hier ein nicht notwendig in der Außenwelt sichtbarer sein (vgl. aber auch *Kindhäuser* S. 316 Fn. 82 und LPK Rdn. 4).

b) Da Absatz 1 die Strafbarkeit an keinerlei tatbestandsmäßigen Erfolgseintritt bindet und insbesondere auch – entgegen dem E 62 und dem E EGStGB – keine konkrete Gefährdung der Befriedigungsinteressen der Gläubiger erfordert, stellt Absatz 1 nach der gängigen strafrechtlichen Terminologie und überwiegenden Auffassung ein **abstraktes Gefährdungsdelikt** dar.[1] 3

Allerdings wird hier im Gegensatz zu § 283b (Verletzung der Buchführungspflicht) der typische (abstrakte) Gefährdungsgehalt der Bankrotthandlungen vom Gesetzgeber an das Vorliegen einer bestimmten (Krisen-)Situation gebunden, also das bloße Beiseiteschaffen von Vermögensbestandteilen (Nr. 1) oder der Schleuderverkauf kreditierter Waren (Nr. 3) durch den Schuldner außerhalb einer Krise nach Absatz 1 für nicht strafwürdig erachtet. Die Abstraktion ist somit durch das zusätzliche Erfordernis der wirtschaftlichen Krise abgemildert. Es wird daher auch die Ansicht vertreten, Absatz 1 gehöre zu der (umstrittenen) Mischgruppe der sog. **abstrakt-konkreten** Gefährdungsdelikte, bei denen die typische Gefährdungseignung einer Handlung an die Lage des Einzelfalles gebunden ist (grundlegend *Schröder* JZ **1967** 522 ff).[2] 4

Darüber hinaus machen *Fischer* (Rdn. 3 vor § 283) und schon *Schaefer* (LK[8] Vorbem. I 1 vor § 239 KO) darauf aufmerksam, dass einige Bankrotthandlungen für ihre Vollendung durchaus den Eintritt eines Erfolges erfordern, der durch den Täter schuldhaft herbeigeführt worden sein muss (so Nr. 1 und die 1. Alt. von Nr. 8, teilweise auch Nrn. 2–4); freilich besteht dieser Erfolg nicht in der Insolvenz. Andere Begehungsweisen (Nr. 8 2. Alt. sowie Nr. 2 und Nr. 4) kennzeichnet *Fischer* (aaO) in sachlicher Übereinstimmung mit der erwähnten Figur der abstrakt-konkreten Gefährdungsdelikte als „potentielle" Gefährdungsdelikte. Für Nrn. 5–7 schließlich stimmt *Fischer* (aaO) mit der üblichen Einordnung als abstrakte Gefährdungsdelikte überein. – Diese Hinweise sind vor allem für die Auslegung der Nrn. 1–8 wertvoll. Da *Fischer* als geschütztes Rechtsgut des § 283 den Schutz der Insolvenzmasse vor unwirtschaftlicher Verringerung und Verheimlichung bezeichnet (vgl. Rdn. 46 Vor § 283), ist aus seiner Sicht insbesondere die Einordnung der Nr. 1 und der 1. Alt. von Nr. 8 als Erfolgsdelikt durchaus folgerichtig: Nicht nur gehört der Erfolg der Verringerung der etwaigen Insolvenzmasse zum gesetzlichen Tatbestand, sondern er entspricht auch dem geschützten Rechtsgut.[3] 5

Die allgemeine dogmatische Einordnung des § 283 wird damit durch die **Rechtsgutsbestimmung** präjudiziert (dazu ausführlich Rdn. 45 ff Vor § 283). In diesem Sinne stellen die Bankrotthandlungen nach Absatz 1, bezogen auf das primäre Rechtsgut der Befriedi- 6

---

[1] Vgl. *Joecks* Rdn. 2 vor § 283; *Kindhäuser* LPK Rdn. 4 vor §§ 283–283d; *Lackner/Kühl* § 283 Rdn. 1; *Krause* S. 210 f, 247 f; *Matzen* S. 15 ff; *Mitsch* BT 2 § 5, 145; *Otto* BT § 61, 81; *Radtke* MK Rdn. 17 vor §§ 283 ff; *Schmidhäuser* BT Kap. 11 Rdn. 93; *Sch/Schröder/Stree/Heine* § 283 Rdn. 1; vgl. auch *Fischer* Rdn. 3 vor § 283 und *Wessels/Hillenkamp* BT 2 Rdn. 459 („überwiegend abstrakte Gefährdungsdelikte").

[2] In diesem Sinne *Maurach/Schroeder/Maiwald* BT 1 § 48, 9; *Otto* Gedächtnisschrift R. Bruns S. 268 und BT § 61, 81; *Schlüchter* Grenzbereich S. 137; *Tiedemann* Wirtschaftsstrafrecht I S. 240; vgl. auch *Arzt/Weber* § 16, 51.

[3] Zu Vorläufern dieser Auffassung im älteren Schrifttum v. *Brunegg* GS 82 250; *Walther* S. 10 f mit weit. Nachw. Nach v. *Brunegg* aaO S. 230, 241 ff waren die Insolvenzdelikte im Ergebnis sämtlich als Verletzungsdelikte zu bezeichnen, da eine Forderung „schon durch die bloße Hemmung ihrer Geltendmachung in ihrer Substanz angegriffen" werde (S. 249). Für die Einordnung der Insolvenzstraftaten als Gefährdungsdelikte (Gefährdung der Gläubigerbefriedigung) durch die h.M. der älteren Lit. vgl. demgegenüber *Kleinfeller* GS 43 163 mit Nachw.

gung der Gläubiger, **kein Erfolgsdelikt** dar, da eine Verletzung der Gläubigerinteressen erst mit Zahlungseinstellung oder Eröffnung oder Ablehnung der Eröffnung des Insolvenzverfahrens eintritt bzw. erst mit diesen äußerlich erkennbaren Ereignissen feststellbar wird. Trotz dieses prozessualen Aspektes der Feststellungsschwierigkeiten ist auch materiellrechtlich davon auszugehen, dass die bloße Vornahme der Bankrotthandlungen nach Absatz 1 jedenfalls die Gesamtheit der Gläubiger an ihrem Befriedigungsinteresse (noch) nicht verletzt, sondern (nur) gefährdet. Da aber Absatz 1 diese Gefährdung nicht zum Tatbestandsmerkmal erhebt, liegt kein konkretes Gefährdungsdelikt vor. Bezogen auf das Rechtsgut der Gläubigerinteressen stellt somit keine Handlung nach Absatz 1 ein Erfolgsdelikt dar. In einem dogmatisch neuen Sinn verstehen dagegen *Hoyer* (SK Rdn. 5) und *Radtke* (MK Rdn. 20 vor §§ 283 ff) sowohl Absatz 1 als auch Absatz 2 als *konkretes Gefährdungsdelikt*, da Überschuldung und Zahlungsunfähigkeit Zustände seien, die einen wenigstens teilweisen Ausfall der Gläubiger wahrscheinlich machen. Diese Deutung ist heuristisch wertvoll, widerspricht aber dem gebräuchlichen formellen Begriffsverständnis (vgl. *Walter* LK Rdn. 65 Vor § 13).

**7** Hervorhebung verdient in diesem Zusammenhang weiter, dass selbst die nahezu unstreitige Einordnung der **Buchdelikte** (§ 283 Abs. 1 Nrn. 5–7 und vor allem § 283b) als *abstrakte Gefährdungsdelikte* nur in Bezug auf die Vermögensinteressen der Gläubiger zutreffend und zwingend ist. In Bezug auf das überindividuelle Interesse am Funktionieren der Kreditwirtschaft (Rdn. 55 Vor § 283) stellt der bei den Buchdelikten typische Mangel an Übersicht über das eigene Vermögen (vgl. unten Rdn. 90) bereits eine Verletzung gewährten Vertrauens dar – ganz ebenso wie das wirtschaftlich verantwortungslose Tun oder Unterlassen bei den übrigen Bankrotthandlungen. Dieser außertatbestandliche Erfolg einer Verletzung individuellen Vertrauens sowie des überindividuellen (ideellen) Interesses am Funktionieren der Kreditwirtschaft verstärkt vor allem den *Handlungsunwert* (Aktunwert) der Bankrotthandlungen (vgl. auch *Kindhäuser* S. 318; *Tiedemann* LK[11] § 264 Rdn. 17; § 265b Rdn. 13): Nrn. 1–8 umschreiben in diesem Sinne Handlungs- und Unterlassungspflichten des Schuldners. Sie sind „nichts weniger als ein betriebswirtschaftliches Kompendium, ein Lehrbuch richtigen kaufmännischen und unternehmerischen Verfahrens" (*Bockelmann* BT 1 S. 157). Das gleichrangige Allgemeininteresse bei der Rechtsgutsbestimmung (Rdn. 53 ff Vor § 283), für dessen richtige dogmatische Erfassung bisher neben der Kategorie des Handlungsunrechts nur die des (erfolgsorientierten) abstrakten Gefährdungsdelikts zur Verfügung steht, legt daher für **Absatz 1 insgesamt** die Kennzeichnung als **abstraktes Gefährdungsdelikt** nahe. Daneben tritt die Kennzeichnung als **echtes Sonderpflichtdelikt** (hierzu allgemein *Walter* LK Rdn. 59 Vor § 13 mit Nachw.; zu den Konsequenzen bei § 28 unten Rdn. 228), da der Täter einerseits als Schuldner in einer Sonderbeziehung zu den (mit)geschützten Gläubigern steht, andererseits in einen überindividuellen Funktionszusammenhang (Kreditwirtschaft!) eingebunden ist und sich diesen zunutze macht, damit aber auch institutionell besonders verpflichtet ist (ordnungsgemäßes Wirtschaften, ordnungsgemäße Buchführung!). Insoweit erweist sich die Frage, ob § 283 im Hinblick auf seine überindividuelle Schutzkomponente Erfolgs- oder Gefährdungsdelikt ist, als wenig ergiebig: Wie beispielsweise die Amts- oder Rechtspflegedelikte zeigen, steht in überindividuellen und institutionellen Zusammenhängen die Pflichtverletzung im Vordergrund. Da und soweit Institutionen als Pflichtenzusammenhänge verstanden werden können, ist mit der Pflicht auch die Institution verletzt (vgl. bereits *Tiedemann* Tatbestandsfunktionen S. 126 ff). Das von *Fischer* (Rdn. 3 vor § 283) hervorgehobene tatbestandliche Erfordernis eines gewissen Erfolgseintritts bei einigen Bankrotthandlungen vermag hieran insgesamt nichts zu ändern, da der Erfolgseintritt insoweit noch ganz zum Symptomcharakter der (Bankrott-)Handlung gehört und erst bei Absatz 2 in einen tatbestandsmäßigen Erfolg – die Insolvenz oder die Überschuldung – umschlägt. Absatz 2 als eindeutiges Erfolgsdelikt zeigt auch, dass § 283 insgesamt auf die Interessen der Gläubiger und nicht auf die Insolvenzmasse zu beziehen ist. Massebezogene „Erfolge" der Bankrotthandlungen stellen eine (abstrakte) Gefährdung der Gläubigerinteressen dar und ändern daher – zusammengefasst – auch nichts an der Einordnung von Absatz 1 als schlichtem *Tätigkeitsdelikt,* das insbesondere keine Probleme des Kausalverlaufs aufweist (zu diesem Abgrenzungskriterium gegenüber dem Erfolgsdelikt hier nur *Fischer* Rdn. 18 vor § 13). Insbesondere bleibt das Beiseiteschaffen von Vermögensbestandteilen nach Absatz 1 Nr. 1 auch dann strafbar, wenn die spätere Insolvenz ohnehin masselos ist.

### 3. Grund- und Auffangtatbestände

a) Weniger ausführlich wird in der Literatur bisher die Frage des inneren Aufbaues des § 283 diskutiert. Dabei geht es einerseits um das **Verhältnis von Absatz 1 und Absatz 2,** die in der praktischen Rechtshandhabung üblicherweise nebeneinander angewandt werden (vgl. nur BGH JZ **1979** 76, 77). Diese Ansicht ist deshalb abzulehnen, weil die Strafbarkeit bei Absatz 1 aus der soeben Rdn. 6 beschriebenen Sicht des Erfolgsunrechts auf einer abstrakten Gefährdung derjenigen Interessen beruht, die durch Absatz 2 gegen Verletzung (oder doch gegen eine intensivere Gefährdung) geschützt sind. Es besteht also ein *Vorrang von Absatz 2* gegenüber Absatz 1, dessen Handlungsumschreibungen nur ein Ersatz für nicht nachweisbar kausal-schuldhafte Insolvenzherbeiführung sind (**aA** *Hoyer* SK Rdn. 3). Ganz unbestreitbar dürfte diese auf die geschichtliche Entwicklung des Insolvenzstrafrechts (oben Rdn. 33 ff Vor § 283) gestützte Auslegung für den Fall sein, dass dieselbe bei drohender Zahlungsunfähigkeit (Absatz 1) vorgenommene Bankrotthandlung kausal zum Eintritt der Zahlungsunfähigkeit (oder Überschuldung) führt (vgl. auch unten Rdn. 232). Infolge des fehlenden Kausalitätserfordernisses und der Ausweitung des zeitlichen Zusammenhangs wirkt *Absatz 1* ebenso wie bereits seine historischen Vorläufer (oben Rdn. 34 ff Vor § 283) der Sache nach als *Auffangtatbestand* für die nicht nachweisbare schuldhafte Herbeiführung der Insolvenz. Auch in Fällen gezielter Insolvenzen (dazu unten Rdn. 181) wird eine Verurteilung praktisch häufig nur nach Absatz 1 möglich sein. 8

b) Andererseits stellt sich für Absatz 1 die Frage, ob **Nr. 8** nur Auffangtatbestand für solche Fälle ist, die nicht nach Nrn. 1–7 strafbar sind (so z.B. OLG Düsseldorf NJW **1982** 1712, 1713; *Hoyer* SK Rdn. 91; *Kindhäuser* LPK Rdn. 40; *Radtke* MK Rdn. 65) oder ob diese Generalklausel als **Grundtatbestand** des gesamten Absatzes 1 anzusehen ist (vgl. *Grosche* S. 13; *Schöne* JZ **1973** 450; *Tiedemann* GmbH-Strafrecht[4] Rdn. 41 vor § 82). Der Wortlaut und teilweise auch die Entstehungsgeschichte von Nr. 8 legen die erstere Auffassung nahe; nach der Formulierung des Gesetzes geht es um „andere" wirtschaftlich verantwortungslose Handlungen, für deren zusätzliche Erfassung deshalb ein kriminalpolitisches Bedürfnis bestanden haben soll, weil der Gesetzgeber nicht alle denkbaren insolvenzträchtigen Handlungen voraussehen und typisieren könne (Bericht und Antrag des Sonderausschusses BTDrucks. 7/5291 S. 18). Für die Einordnung der Nr. 8 als eine Art Grundtatbestand lässt sich neben der Erfahrung der Rechtsvergleichung (Rdn. 227 Vor § 283) anführen, dass auch in Nrn. 1–7 wirtschaftlich verantwortungslose Handlungen umschrieben werden, nämlich Verhaltensweisen, die den Anforderungen einer ordnungsgemäßen Wirtschaft widersprechen (vgl. bereits Rdn. 101 Vor § 283). Dass in Nrn. 1–3 das Merkmal des *groben* Widerspruchs nicht wiederkehrt, sondern nur allgemein auf die Anforderungen einer ordnungsgemäßen Wirtschaft abgestellt wird, 9 widerspricht dieser Sicht nicht ohne Weiteres, da dieses Merkmal insoweit nur als Korrektiv gegenüber der Strafbarkeit von Handlungstypen eingesetzt ist, die bereits als solche grob wirtschaftswidrig sind und nur im Einzelfall als hinnehmbar erscheinen können.

**10** Die auch während der Entstehungsgeschichte der Vorschrift nur teilweise gesehene,[4] jedoch aus der Entstehungsgeschichte des § 239 StGB (vgl. RGSt **6** 231 f) bekannte Streitfrage hat Konsequenzen nicht nur für die Bestimmung des Anwendungsbereichs von Nr. 8, sondern auch für die Auslegung des gesamten Absatzes 1 und – über die Auslegung der tatbestandlichen Bankrotthandlungen – auch für die des Absatzes 2: Der Anwendungsbereich von Nr. 8 wäre relativ eng, wenn es bei der Generalklausel im wörtlichen Sinne nur um „andere" grob wirtschaftswidrige Handlungen ginge; insbesondere müssten die voraufgehenden Nrn. 1–7 bei dieser Auslegung eine mehr oder weniger weitreichende *Sperrwirkung* für die Erfassung solcher Handlungen durch Nr. 8 entfalten, die in unmittelbarer Nähe von Nrn. 1–7, aber außerhalb von deren Tatbestandsbereich liegen (z.B. Verschleuderung eigener, also nicht im Sinne von Nr. 3 kreditierter, Waren oder Wertpapiere). Die Restriktion der Nr. 8 wäre nach dieser Auffassung jedenfalls eine doppelte, nämlich sowohl durch das Merkmal des „groben" Widerspruchs als auch durch das Erfordernis einer „anderen" Verringerungs- oder Verheimlichungshandlung.

**11** Dass diese Auffassung zu eng ist und dass Nr. 8 auch als Grundtatbestand des Absatzes 1 anzusehen ist, dürfte als Annahme zum einen bereits der – freilich unklaren – **Entstehungsgeschichte** entsprechen. Nicht nur weist die Begründung des Regierungsentwurfs ausdrücklich in diese Richtung (vgl. Fn. 4). Vielmehr dürfte auch die Stellungnahme des Sonderausschusses des Deutschen Bundestages für die Strafrechtsreform (BT-Drucks. 7/5291 S. 18) trotz ihres scheinbar entgegenstehenden Wortlauts in diesem Sinne zu verstehen sein. Der Sonderausschuss setzte sich nämlich aaO mit dem Vorschlag des Deutschen Richterbundes auseinander, der Generalklausel die Fassung zu geben: „in einer *ähnlichen,* den Anforderungen einer ordnungsgemäßen Wirtschaft widersprechenden Weise ...". Mit der Ablehnung dieses Vorschlages wollte der Sonderausschuss dem Richter die Begründung dafür ersparen, dass das für Nr. 8 in Frage kommende Verhalten den „übrigen Fallgruppen an Unrechtsgehalt und Tatgeschehen gleichstehe" (aaO S. 18). Demgegenüber ist jedoch zu bedenken, dass alle in Nrn. 1–7 aufgeführten Handlungen – im Sinne der Begründung des RegE – ein Verringern des Vermögensstandes oder ein Verheimlichen bzw. Verschleiern der geschäftlichen Verhältnisse darstellen;[5] der Anwendungsbereich von Nrn. 1–7 reicht nirgends über den von Nr. 8 hinaus. Bereits hieraus ergibt sich trotz der gesetzlichen Rede von einer „anderen" Handlungsweise bei Nr. 8, dass die für Nr. 8 in Frage kommenden Handlungen denen nach Nrn. 1–7 **ähnlich** sind

---

[4] Gegensätzlich die bereits oben im Text angeführte Stellungnahme des Sonderausschusses für die Strafrechtsreform (BTDrucks. 7/5291 S. 18: Die Generalklausel „soll selbständig neben die übrigen Bankrotthandlungen treten und sozialschädliche Verhaltensweisen erfassen, die sich einer Typisierung [noch] entziehen.") einerseits und die Begr. des RegE (BTDrucks. 7/3441 S. 36) andererseits („Im Grunde genommen laufen alle kasuistisch aufgeführten Fälle darauf hinaus, daß der Vermögensstand in einer den Anforderungen einer ordnungsgemäßen Wirtschaft grob widersprechenden Weise verringert wird oder daß die Übersicht über die wirklichen Verhältnisse verborgen bleibt. Dies wird in der Nr. 8 in Form einer allgemeiner umschriebenen Tathandlung festgelegt.").

[5] Vgl. amtl. Begr. aaO S. 36; *Maurach/Schroeder/Maiwald* BT 1 § 48, 21 („Nr. 8 ... eine Kurzfassung und Gruppierung der übrigen 7 Nummern"); *Schöne* JZ **1973** 450; *Sonnen* BT S. 150; *Tiedemann* Wirtschaftsstrafrecht I S. 98; *Wilts* Prot. 7/2825; **aA** *Schlüchter* Grenzbereich S. 55 f.

und sein müssen: Eine „andere" Vermögensverringerung oder -verschleierung ist dem Beiseiteschaffen von Vermögensbestandteilen oder der Manipulation der Buchführung stets „ähnlich". Des Weiteren und vor allem entspricht auch nur bei Ergänzung oder Ersetzung der Formulierung von Nr. 8 durch das Merkmal der Ähnlichkeit diese Generalklausel noch dem Erfordernis hinreichender Bestimmbarkeit und Voraussehbarkeit der Strafbarkeit (Art. 103 Abs. 2 GG; vgl. amtl. Begr. aaO S. 36 und näher unten Rdn. 155 ff). Bei Wegfall der Anknüpfung an Nrn. 1–7 wäre der Anwendungsbereich von Nr. 8 nämlich völlig unbestimmt; der Gesetzgeber hätte eine Strafnorm geschaffen, deren Anwendungsbereich ihm selbst dunkel war. – Auch die nachrangige Stellung der Nr. 8 hinter Nrn. 1–7 bedeutet angesichts der sonstigen Gesetzestechnik des StGB nicht notwendigerweise, dass in dieser nachgeschobenen Generalklausel nicht der Grundtatbestand der Bankrotthandlungen liegen könnte. Vielmehr ist – entsprechend der Gesetzesfassung bei § 315b Abs. 1 Nr. 3 – das Wort „anderen" zu dem Verständnis von „ähnlichen" zu korrigieren. Dieses auch durch die Fassung und Auslegung des österreichischen und des schweizerischen Insolvenzstrafrechts gestützte Ergebnis (vgl. Rdn. 182 und 187 Vor § 283) würde übrigens unübersehbar deutlich werden, wenn im Gesetzestext der Nr. 8 das Satzzeichen nach der Formulierung „anderen" entfiele.

Mit dieser korrigierenden Auslegung entstehen einerseits **Ausweitungen,** andererseits **12**
aber auch **Einschränkungen** sowohl der Nr. 8 als auch der Nrn. 1–7: Bei Nr. 8 kann vor allem das Verringern des Vermögensstandes (1. Alt.) schon im Hinblick auf Art. 103 Abs. 2 GG (und teilweise im Gegensatz zu der Stellungnahme des Sonderausschusses für die Strafrechtsreform) nur Fälle von etwa gleichem oder höherem Gewicht wie in Nrn. 1–7 betreffen; aus dem Verständnis der Nr. 8 als Grundtatbestand ergibt sich insbesondere für Nrn. 5–7 die Rückwirkung, dass *Bagatellfälle* (z.B. der Fristüberschreitung) im Wege der Auslegung aus dem Tatbestandsbereich auszunehmen sind. Andererseits verringert sich die *Sperrwirkung* von Nrn. 1–7 gegenüber Nr. 8: Zwar ist bei der Beziehung von Nr. 8 auf die Buchdelikte der Nrn. 5–7 zu beachten, dass diese Tatbestandsumschreibungen nur die rechtlich gebotene, nicht dagegen die freiwillige Buchführung und Bilanzierung betreffen. Jedoch hindert dies nicht, über Nr. 8 zusätzliche Buchführungs- und Kalkulations- sowie Planungserfordernisse einzuführen, soweit diese durch elementare Anforderungen an ein ordnungsgemäßes Wirtschaften geboten sind (vgl. im Einzelnen unten Rdn. 158, 168 u.ö.). Ebenso sind die in der Literatur genannten meisten Beispiele für Nr. 8 nur bei deren Einordnung als Grundtatbestand zutreffend: Verschleuderung eigener Waren oder Wertpapiere (keine Sperrwirkung von Nr. 3!); übermäßige Privatentnahmen aus dem Geschäftsvermögen (keine Sperrwirkung von Nrn. 1 und 2!); künstliche Einstufung des Geschäftsführers als Arbeitnehmer zum Zwecke der Erlangung von Insolvenzgeld (keine Sperrwirkung von Nr. 4!). Nrn. 1–7 werden damit zu **Beispielen,** die nach Art der Regel-Beispiele im Rahmen von Nr. 8 analogiefähig sind (vgl. *Schöne* JZ 1973 450; *Tiedemann* GmbH-Strafrecht[4] Rdn. 41 vor § 82). Diese systematische Einordnung von *Nr. 8 als Grundtatbestand* und Oberbegriff der Nrn. 1–7 erlaubt es auch, die Überschneidungen insbesondere von Tathandlungen nach Nrn. 1–3 befriedigend zu erklären, nämlich ohne Weiteres hinzunehmen, und das **ordnungsgemäße Wirtschaften** als **Grundbegriff** von § 283 anzuerkennen (vgl. Rdn. 101 ff Vor § 283).

**Zusammengefasst** zieht die auch von Nr. 8 zwingend vorausgesetzte Verringerung des **13**
Vermögensstandes bzw. Verheimlichung oder Verschleierung der geschäftlichen Verhältnisse im Verhältnis zu Nrn. 1–7 einen Tat- und Handlungsrahmen, innerhalb dessen „andere" als die in Nrn. 1–7 genannten Handlungsweisen nur „ähnliche" Verhaltensweisen sein können (zust. *Weyand/Diversy* Rdn. 100). Die Ähnlichkeit braucht freilich angesichts des von Nr. 8 genannten Rahmens nicht besonders festgestellt zu werden, son-

dern ergibt sich aus den übrigen Merkmalen des Straftatbestandes. Der Sache nach geht es in Nr. 8 also um „sonstige“ Handlungen, die den Vermögensstand verringern usw. (so die Formulierung im neuen österreichischen Insolvenzstrafrecht, vgl. Rdn. 187 Vor § 283). Die Verringerung des Vermögensstandes und die Unkenntnis oder Fehlkenntnis der Gläubiger von den geschäftlichen Verhältnissen stellt damit innerhalb von Nr. 8 ein tatbestandliches Erfordernis dar, dessen Eintritt und Nachweis auch bei völlig neuartigen Verhaltensweisen, die der Gesetzgeber nicht vorhergesehen hat, strafrechtlich begrenzend wirkt.

## II. Tathandlungen (Absätze 1 und 2)

### A. Handeln und Unterlassen während der Krise

#### 1. Beiseiteschaffen, Verheimlichen und Beschädigen von Vermögensbestandteilen (Nr. 1)

14 a) Die „klassische“ Bankrotthandlung des Verheimlichens oder Beiseiteschaffens von Vermögensbestandteilen – seit 1976 ergänzt um das Zerstören, Beschädigen und Unbrauchbarmachen der Vermögensbestandteile – ist die häufigste Art der (wirklichen oder scheinbaren) Vermögensverringerung durch den Schuldner. Was zum Schuldnervermögen als potentieller Insolvenzmasse zählt, ergibt sich einerseits aus dem Insolvenzrecht, andererseits aus dem wirtschaftlichen Vermögensbegriff des Strafrechts (unten Rdn. 16 ff). Einen **weiten Anwendungsbereich** erhält die Tathandlung nach Nr. 1 vor allem dadurch, dass von der Rechtsprechung auch Verfügungen und Ausgaben im Rahmen *normaler Austauschgeschäfte* zunächst als tatbestandsmäßig angesehen werden, so dass die Annahme eines Beiseiteschaffens erst im Wege einer teleologischen Reduktion bei vollem Wertausgleich entfällt (unten Rdn. 30). Auch Entnahmen aus dem Schuldnervermögen werden von der h.M. unter Nr. 1 subsumiert (**krit.** dazu unten Rdn. 31). Demgegenüber spielt das Zerstören usw. praktisch kaum eine Rolle.

15 b) Gegenstand der Tathandlung sind nach dem Gesetzeswortlaut solche **Teile des schuldnerischen Vermögens,** „die im Falle der Eröffnung des Insolvenzverfahrens zur Insolvenzmasse gehören“. Damit wird der Sache nach auf §§ 35, 36 InsO oder auch auf entsprechende ausländische Vorschriften (vgl. unten Rdn. 244) verwiesen:

*§ 35 Das Insolvenzverfahren erfasst das gesamte Vermögen, das dem Schuldner zur Zeit der Eröffnung des Verfahrens gehört und das er während des Verfahrens erlangt (Insolvenzmasse).*

*§ 36 (1) Gegenstände, die nicht der Zwangsvollstreckung unterliegen, gehören nicht zur Insolvenzmasse.*
*(2) Zur Insolvenzmasse gehören jedoch*
*1. die Geschäftsbücher des Schuldners…;*
*2. die Sachen, die nach § 811 Nr. 4 und 9 der Zivilprozessordnung nicht der Zwangsvollstreckung unterliegen.*

16 α) Zum **Vermögen** gehören in diesem Sinne alle beweglichen und unbeweglichen Sachen, also insbesondere auch Grundstücke (RGSt **62** 152 f) und grundstücksgleiche Rechte sowie das Wohnungseigentum, aber auch Forderungen und sonstige obligatorische oder dingliche Rechte (BGHSt 3 32, 35 und bei Herlan GA **1961** 358). Diese können im Rechtssinne „beiseitegeschafft“ und im Sinne des § 143 Abs. 1 InsO „weggegeben“ werden, z.B. durch schenkweise Abtretung (vgl. im Einzelnen unten Rdn. 25 ff). Erforderlich ist jedoch, dass die Gegenstände geldwert, nicht also **wertlos** sind (BGHSt 3 36; 5 120,

121; 1 StR 561/79 bei *Fischer* Rdn. 3). Es gilt grundsätzlich derselbe *wirtschaftliche Vermögensbegriff*, wie er für §§ 253, 263, 266 anerkannt ist (*Hoyer* SK Rdn. 26). Dieser Begriff ist zwar am Verkehrswert ausgerichtet, also „objektiv" zu bestimmen. Jedoch sind dabei die individuellen Umstände und Bedürfnisse des Vermögensinhabers, also die Brauchbarkeit des Gegenstandes im Unternehmen und für das Unternehmen, zu berücksichtigen. Dies bedeutet:

Gegenstände mit bloßem *Affektionswert* scheiden – anderes als bei §§ 242, 246 – als Tatobjekt des § 283 Abs. 1 Nr. 1 aus. Nach *Lackner/Kühl* (Rdn. 9) soll bei *zweifelhaftem Wert* der Sache oder Forderung Nr. 1 eingreifen und dieser Tatbestand nur bei feststehender Wertlosigkeit ausscheiden. Dies ist missverständlich. In der Tat ist eine in ihrer Realisierung zweifelhafte Forderung wertgemindert. Sie behält aber regelmäßig einen gewissen Wert. Ist zweifelhaft, ob die Forderung oder Sache ganz wertlos ist und sind diese Zweifel nicht zu beseitigen, so entfällt für die strafrechtliche Betrachtung die Anwendung der Nr. 1 nach dem Grundsatz „in dubio pro reo". *Bagatellwerte* können durchaus beiseite geschafft, verheimlicht usw. werden. Die Eigenschaft der Nr. 8 als Grundtatbestand auch der Nr. 1 (oben Rdn. 9 ff) bedeutet nicht, dass für Nr. 1 nur größere Vermögenswerte in Betracht kämen. In Bagatellfällen ist aber eine Verfahrenseinstellung nach § 153 StPO angemessen. Auch eine erhebliche *Belastung*, z.B. mit Pfandrechten, beseitigt den für Nr. 1 erforderlichen Wert der Sache nicht (RG DRiZ **1934** Nr. 315 S. 314). Lediglich wenn die Belastung den Wert bereits voll ausschöpft oder übersteigt, ist der Gegenstand nicht mehr taugliches Objekt des Beiseiteschaffens durch zusätzliche Belastung. Verheimlicht, zerstört usw. werden kann aber auch ein voll oder über Wert belasteter Gegenstand noch insoweit, als die Tathandlung den Gläubigerzugriff vereitelt oder wesentlich erschwert (*Schaefer* LK[8] § 239 KO Anm. II Ziff. 1). **17**

Fraglich kann die Vermögenszugehörigkeit von **Geschäftsbüchern** sein. § 36 Abs. 2 Nr. 1 InsO (Rdn. 15) rechnet sie ausdrücklich zur Insolvenzmasse, obwohl sie nach § 811 Nr. 11 ZPO unpfändbar sind: Der Insolvenzverwalter braucht diese Unterlagen für seine Verwaltungstätigkeit (*Baumann* Konkurs § 5 III 2a). Damit ist nichts darüber ausgesagt, inwieweit Geschäftsbücher zum Vermögen des Schuldners zählen. Im Ausgangspunkt ist eine solche Annahme durchaus berechtigt, da auch Verkaufs- und Kalkulationsunterlagen sowie andere Geschäftspapiere für den Verkehr oder doch für das jeweilige Unternehmen und für die Insolvenzmasse Vermögenswert haben (können). Allerdings ist der insolvenzrechtliche Begriff der Geschäftsbücher sehr weit ausgedehnt und erfasst auch Arbeitsbücher, Akten, Korrespondenzen sowie weitere Beweisurkunden (vgl. *Henckel* in Jaeger, InsO § 36 Rdn. 10). Soweit derartige Schriftstücke keinen (eigenen) Vermögenswert haben, werden sie strafrechtlich nicht durch Nr. 1, sondern nur durch Nr. 6 und Nr. 8 (Verheimlichen der geschäftlichen Verhältnisse) geschützt. Eingehend zu diesen Fragen *Hörl* S. 97 ff mit Nachw. **18**

Zum Vermögen und zur Insolvenzmasse gehören weiter auch die *Geschäftseinrichtung* (BGH bei Herlan GA **1953** 74), *Gesellschaftsanteile,* Ansprüche auf *Auseinandersetzungsguthaben, Patente* (bereits ab Anmeldung: *Baumann* Konkurs § 11 I 1b; *Hörl* S. 247 ff), *Warenzeichen* (*Hörl* S. 169 ff), technisches und/oder kaufmännisches *Know how* (in den durch das sog. Dücko-Urteil BGHZ **16** 172 ff gezogenen Grenzen; **krit.** und auf den Einzelfall abstellend *Hörl* S. 301), aber auch eine *Kundenkartei* (die zwar nicht der Zwangsvollstreckung unterliegt, aber gemäß § 35 InsO in die Insolvenzmasse fällt: BTDrucks. 7/5291 S. 18; *Hörl* S. 105). Entgegen BGH bei Herlan GA **1953** 73 zählt auch die *Firma* zum Vermögen und zur Insolvenzmasse. Die bloße Bezeichnung des Handelsunternehmens ist allerdings insoweit kein von der Insolvenz betroffener Vermögenswert, als es um den bürgerlichen Namen einer natürlichen Person geht (OLG Düsseldorf NJW **1982** **19**

1712 f). Über die Firma kann der Insolvenzverwalter daher auch nur mit Zustimmung des Insolvenzschuldners verfügen, wenn dessen Familienname in der Bezeichnung enthalten ist und damit das Persönlichkeitsrecht des Insolvenzschuldners tangiert wird (BGHZ **32** 103 ff; *Henckel* in Jaeger, InsO § 35 Rdn. 21 ff mit weit. Nachw.). Diese Einschränkung gilt aber nur für die Firma eines Einzelkaufmanns und für die Firma einer Personenhandelsgesellschaft (vgl. BGHZ **17** 209, 214; *Henckel* aaO Rdn. 25 f mit weit. Nachw.). Zur *Praxis von Freiberuflern* (Ärzte, Rechtsanwälte, Steuerberater) ablehnend *Hörl* S. 305 ff, 357 ff.

**20** Entsprechend dem wirtschaftlichen Vermögensbegriff (oben Rdn. 16) ist es für § 283 Abs. 1 Nr. 1 schließlich unbeachtlich, ob der Vermögensbestandteil *unrechtmäßig erworben* worden ist. Auch eine durch Betrug erlangte Sache kann dem Zugriff der Gläubiger nach Nr. 1 entzogen werden (BGH GA **1955** 149, 150). Das Anfechtungsrecht des Betrogenen beseitigt die Zugehörigkeit der Sache zum Schuldnervermögen nicht (*Sch/Schröder/Stree/Heine* Rdn. 3). Entsprechend der unten Rdn. 21 wiedergegebenen Rechtsprechung zum Aussonderungsrecht gehören allerdings gestohlene und unterschlagene Sachen, bei denen der Eigentümer jederzeit die Herausgabe verlangen kann, nicht zum Vermögen des Schuldners.

**21** β) Hinsichtlich der **Sicherungsrechte** gilt: Auch *verpfändete* Sachen zählen zur Insolvenzmasse, da sie Eigentum des Schuldners bleiben und kein Aussonderungsrecht des Pfandgläubigers begründen (§ 50 InsO; ebenso zum alten Recht BGH BB **1955** 110). Vom Schuldner zur *Sicherheit* übereignete Sachen sind ebenfalls taugliches Tatobjekt für Nr. 1, da der Gläubiger nur ein Absonderungsrecht hat (§ 51 Nr. 1 InsO) und die Sache daher in der Regel zur Insolvenzmasse des Sicherungsgebers gehört (BGHSt **3** 32, 35 f mit Nachw.; **5** 119, 120). BGHSt **3** 35 stellt zusätzlich darauf ab, dass der Anspruch des Schuldners, bei Zahlung der Schuld das Eigentum zurückzuerwerben, als Vermögensrecht zur Insolvenzmasse rechnet. Ob der Wert der sicherungsübereigneten Sache unter dem Wert der gesicherten Forderung bleibt, ist unerheblich (BGHSt **5** 121; BGH GA **1960** 375, 376; **aA** noch BGHSt **3** 36). BGHSt **5** 121 bezeichnet es in diesem Fall lediglich als zweifelhaft, ob der Schuldner eine derartige Sache beiseiteschafft, wenn er sie dem Sicherungsnehmer zur Verwertung übergibt. Dies dürfte zu verneinen sein. – Demgegenüber scheiden für Nr. 1 Sachen aus, die im *Eigentumsvorbehalt* des Lieferanten geblieben sind, daher von diesem *ausgesondert* werden können (§ 47 InsO) und folglich nicht im Vermögen des Insolvenzschuldners verbleiben (BGHSt **3** 36; BGH GA **1955** 149, 150; RGSt **66** 177, 178). Insoweit kann aber Nr. 3 einschlägig sein. Außerdem kann nach Nr. 1 das *Anwartschaftsrecht* des Schuldners auf Eigentumserwerb beiseitegeschafft, verheimlicht usw. werden (ganz h.M.[6]), falls die Anwartschaft einen meßbaren wirtschaftlichen Wert hat, was von dem Verhältnis der Kaufpreisrestforderung zum Wert der Sache abhängt.[7] Der bloße *Besitz* kommt daher nur in Betracht, soweit ihn nicht die Aussonderungsberechtigung eines anderen entwertet (*Schaefer* LK[8] § 239 KO Anm. II Ziff. 1).

**22** Kein Bestandteil des schuldnerischen Vermögens sind **Forderungen**, die dem Schuldner *zur Einziehung* abgetreten sind. Diese Forderungen stehen materiellrechtlich und

---

[6] Vgl. *Henckel* in Jaeger, InsO § 35 Rdn. 85 ff und zum alten Recht BGHSt **3** 32, 36 sowie BGH BB **1957** 274; *Bieneck* in Müller-Gugenberger § 78, 10; *Fischer* Rdn. 3; *Lackner/Kühl* Rdn. 9; *Maurach/Schroeder/Maiwald* BT 1 § 48, 22; *Sch/Schröder/Stree/Heine* Rdn. 3; *Weyand/Diversy* Rdn. 62 S. 83.

[7] BGH GA **1960** 375, 376, auch **1962** 146, 147 und BGH 4 StR 396/76 bei *Fischer* Rdn. 3; *Sch/Schröder/Stree/Heine* Rdn. 3.

wirtschaftlich nicht dem Schuldner zu, sondern dem, der sie ihm abgetreten hat (RGSt 72 252, 254 ff; *Schaefer* LK[8] § 239 KO Anm. II Ziff. 1).

Auszuscheiden sind für Nr. 1 nach der ausdrücklichen Bestimmung des § 36 Abs. 1 InsO) weiterhin solche Gegenstände, die **unpfändbar** sind (z.B. eine Schreibmaschine nach § 811 Nr. 5 ZPO: RGSt **73** 127, 128; vgl. im Übrigen §§ 850 ff, 852, 859 ff ZPO), und Gegenstände, die nicht gepfändet werden sollen (z.B. Schränke nach § 812 ZPO). Unpfändbar und insolvenzfrei ist auch der Anspruch auf Lieferung einer unpfändbaren Sache (RGSt **73** 127, 128) sowie ein nicht übertragbares Recht (§§ 399 BGB, 851 ZPO), z.B. ein persönliches Vor- oder Ankaufsrecht (BGH wistra **1994** 349) oder der Nießbrauch. Für Geschäftsbücher, die bei der Einzelzwangsvollstreckung gem. § 811 Nr. 11 ZPO ebenfalls unpfändbar sind, gilt § 36 Abs. 2 Nr. 1 InsO) als lex specialis: Sie gehören zum Schuldnervermögen, soweit sie geldwert sind (oben Rdn. 18). Entsprechend der unterschiedlichen Zwecksetzung von Einzel- und Gesamtvollstreckung und der Beschränkung von § 283 Abs. 1 Nr. 1 auf Vermögenswerte steht nichts entgegen, den Begriff der Geschäftsbücher in den einzelnen Vorschriften unterschiedlich zu verstehen. **23**

Schließlich fallen Gegenstände, die vom Schuldner erst **nach Eröffnung des Insolvenzverfahrens erworben** wurden, nach neuem Recht (§ 35 InsO) in die Insolvenzmasse (sog. *Neuerwerb*). Zur Abgrenzung *Henckel* in Jaeger, InsO § 35 Rdn. 100 ff. **23a**

γ) Auch die **Arbeitskraft** des Schuldners ist kein Vermögensbestandteil, der in die Insolvenzmasse fällt.[8] Es besteht für den Schuldner strafrechtlich kein Zwang, zugunsten der Gläubiger und der Insolvenzmasse weiterzuarbeiten (zust. *Bieneck* in Müller-Gugenberger/Bieneck § 78, 7). Die Einstellung der Arbeitstätigkeit durch den Schuldner ist also nicht nach Nr. 1 strafbar (für Anwendung von Nr. 8 aber *Schulte* ZInsO-Praxis **2002** 265 ff). Dagegen steht das Entgelt für die (erfolgte) Arbeitsleistung des Schuldners ebenso wie die Arbeitsleistung der *Angestellten und Arbeitnehmer* des Schuldners der Insolvenzmasse zu. Die Veredelung (Werterhöhung), die ein Gegenstand durch Be- oder Verarbeitung erfährt, kann also – mit dem Gegenstand – beiseite geschafft oder verheimlicht usw. werden. Dies hat Bedeutung für Unternehmer und Banken, welche die Weiterarbeit von insolventen Unternehmen auf Kosten der Bundesagentur für Arbeit und des Fiskus durch **Vorgriff auf das Insolvenzgeld** als Finanzierungsmittel für die Nettolöhne veranlassen (sog. *Nettolohnsystem*).[9] Setzt der Schuldner seine Arbeitnehmer in einem anderen Betrieb ein, der rechtlich einer anderen (juristischen) Person gehört, so ist der **Ausgleichsanspruch** gegen den anderen Betrieb ein Vermögensbestandteil, der beiseite geschafft und (z.B. durch Nichtverbuchung) verschleiert werden kann (BGH 2 StR 799/76 v. 15.4.1977 S. 6 f). Zum „Vorbeisteuern" von Aufträgen und Arbeitsleistungen an dem bisherigen Unternehmen des Schuldners zugunsten eines neuen Unternehmens (mit eigener Rechtspersönlichkeit) und zu Missbräuchen im Zusammenhang mit Insolvenzgeld unten Rdn. 155 und 161 (zu Nr. 8). Sichere *Gewinnerwartungen* des Altunternehmens, insbesondere nach bereits getätigten Aufwendungen (Geschäftsreisen, Beratungskosten usw.), gehören zu dessen Vermögen. **24**

c) Die Tathandlung des **Beiseiteschaffens** von Vermögensbestandteilen wird traditionell definiert als Vereitelung oder wesentliche Erschwerung des alsbaldigen Gläubiger- **25**

---

[8] OLG Düsseldorf NJW **1982** 1712, 1713 mit Nachw.; *Baumann* Konkurs § 11 I 1b; *Bieneck* aaO Rdn. 7; *Fischer* Rdn. 3; *Weyand/Diversy* Rdn. 61 S. 82.

[9] Zustimmend *Bieneck* in Müller-Gugenberger/Bieneck § 88, 3 ff mit Nachw.

zugriffs durch (dinglich)rechtliche oder tatsächliche Verfügungen.[10] Neben der *räumlichen* Entfernung soll damit grundsätzlich jede Veränderung der *rechtlichen* Lage tatbestandsmäßig sein, z.B. durch Veräußerung eines Grundstücks (BGH wistra **1987** 29; RGSt **61** 107 f [f]; 62 152 [f]), Übertragung des Miteigentumsanteils an einem Grundstück (BGH bei Herlan GA **1971** 38), Erklärung der Löschungsbewilligung für eine Grundschuld (RGSt **62** 277 f), Eintragung einer Vormerkung zur Sicherung des Auflassungsanspruchs (RG bei *Schaefer* LK[8] § 239 KO Anm. II Ziff. 1b), Einziehen einer Forderung bei anschließendem Verbrauch zu privaten Zwecken (BGH bei Herlan GA **1961** 358; RGSt **66** 88 f [f]; **aA** *Haas* wistra **1989** 260 für § 288), Gutschrift eingehender Gelder auf dem Konto der Freundin (BGHSt **34** 309 ff), Ersetzung von Gesamthandseigentum (der GmbH-Gründer) durch Alleineigentum (eines Gründers) (BGH 1 StR 156/80 v. 2.12.1980 S. 15), Übertragung auf Ehepartner im Wege der Schenkung (BGH NJW **2001** 1874 mit Bespr. *Krause* NStZ **2002** 42 und *Krüger* wistra **2002** 52), aber auch *Scheinveräußerung* (BGH JZ **1979** 75, 76; RG JW **1936** 3006), zum Schein vorgenommene oder „nicht gerechtfertigte" Sicherungsübereignung (BGH 1 StR 407/80 v. 21.10.1980 S. 3, 1 StR 452/78 v. 30.1.1979 S. 11, auch bei Holtz MDR **1979** 457) sowie überhaupt jede Veräußerung oder Belastung *ohne* alsbald greifbaren *Gegenwert.*[11] Auf die rechtliche *Wirksamkeit* z.B. der Veräußerung kommt es nicht an (vgl. nur RGSt **62** 1520).

**26** α) Diese aus dem früheren Recht (§ 239 Abs. 1 Nr. 1 KO a.F.) übernommene Begriffsbestimmung ist indessen insoweit ergänzungsbedürftig, als sie das normativ-missbilligende **finale** Element des Beiseiteschaffens außer acht lässt und damit die Tatbestandsmäßigkeit vorschnell ausweitet. Diese Ausweitung wurde im früheren Recht teils durch das ausdrückliche Tatbestandserfordernis der Absicht der Gläubigerbenachteiligung korrigiert (vgl. Rdn. 38 Vor § 283), teils bereits durch die bloße Existenz dieses Erfordernisses objektiv mehr oder weniger verhindert. (Letzteres wird z.B. in Bezug auf die Gründung und Unterstützung selbständiger Tochtergesellschaften in dem BGH-Urteil 1 StR 98/56 v. 6.7.1956 S. 16 f sichtbar.) Der Verzicht des Gesetzgebers auf das subjektive Tatbestandsmerkmal der Gläubigerbenachteiligungsabsicht darf aber auch nach heutigem Recht nicht dazu führen, alle Verfügungen und insbesondere alle Ausgaben selbst im Rahmen **normaler Austauschgeschäfte** zunächst als Beiseiteschaffen von Vermögensbestandteilen anzusehen und erst durch den wertmäßigen Ausgleich der Verfügung (durch die Gegenleistung) wieder aus dem typisierten Unwerturteil des Tatbestandes herauszunehmen (dazu unten Rdn. 30). Eine Einschränkung liegt auch deshalb nahe, weil der Reformgesetzgeber – im Ansatz zutreffend – die Bezeichnung des Tatobjektes von den körperlich-anschaulichen „Vermögensstücken" (§ 239 Abs. 1 Nr. 1 KO a.F.) grundsätzlich auf alle „Vermögensbestandteile" erweitert und damit klargestellt hat, dass das Tatobjekt auch nicht-gegenständliche Werte betrifft. Die Tathandlung verliert hierdurch an Konturen, was durch Besinnung auf den Unrechtstypus interpretatorisch zu korrigieren ist (zust. *Fischer* Rdn. 4a).

---

[10] BGH 1 StR 452/78 v. 30.1.1979 S. 11; RGSt **61** 107, 108; **62** 277, 278; **64** 138, 140; **66** 131; *Bieneck* aaO § 78, 15; *Bittmann* in Bittmann § 12, 101; *Fischer* Rdn. 4; *Hoyer* SK Rdn. 30; *Kindhäuser* LPK Rdn. 11; *Lackner/Kühl* Rdn. 10; *Maurach/Schroeder/Maiwald* BT 1 § 48, 22; *Otto* BT § 61, 92; *Radtke* MK Rdn. 13; *Sch/Schröder/Stree/Heine* Rdn. 4; *Tiedemann* Wirtschaftsstrafrecht BT Rdn. 420; *Wessels/Hillenkamp* BT 2 Rdn. 464.

[11] BGH NJW **1952** 898 und bei Holtz MDR **1979** 457; RGSt **61** 107, 108; **62** 152; **66** 88 f; *Bieneck* in Müller-Gugenberger/Bieneck § 78, 17; *Lackner/Kühl* aaO; *Otto* aaO; *Tiedemann* aaO; *Wessels/Hillenkamp* aaO; *Weyand/Diversy* Rdn. 61 S. 82.

27 Die h.M. sucht das erforderliche Korrektiv darin, dass entgegen dem Wortlaut von Nr. 1 das Erfordernis der Verletzung der **Anforderungen einer ordnungsgemäßen Wirtschaft** auch auf das Beiseiteschaffen (und das Verheimlichen) bezogen wird.[12] Diese Auffassung hatten RGSt **62** 277, 278 (mit Nachw.) sowie BGH NJW **1952** 898 (f) und bei Herlan GA **1953** 74 schon für das alte Recht vertreten und hiermit die Straflosigkeit des einfachen Bewirkens der geschuldeten Leistung begründet. BGHSt **34** 309, 310f hält diese Auffassung für das geltende Recht mit der Klarstellung aufrecht, es dürfe nicht um die Erfüllung neu eingegangener Verbindlichkeiten gehen. RGSt **66** 88, 89 leitete das Erfordernis eines Verstoßes gegen die ordnungsgemäße Wirtschaft gerade aus der finalen Tendenz des „Beiseiteschaffens" und seinem Verhältnis zum „Verheimlichen" ab (vgl. auch RGSt **66** 131 [f]). Auch das Kriterium des übermäßigen, nämlich über einen „angemessenen" Lebensunterhalt hinausgehenden Aufwandes für private Entnahmen nach Nr. 1 a.F. war von vornherein stark normativiert (BGH bei Herlan GA **1959** 340), und BGH bei Holtz MDR **1979** 457 kennzeichnet die Tathandlung der Nr. 1 nach neuem Recht ganz generell durch den Satz, der Schuldner müsse den Willen haben, die Verwendung der Insolvenzmasse zugunsten der Gläubiger zu „hintertreiben". Schließlich wird für die Tathandlung des Zerstörens, Beschädigens oder Unbrauchbarmachens in der Literatur einschränkend Böswilligkeit oder Mutwille, also ein subjektives Tatelement, verlangt (*Hoyer* SK Rdn. 10 mit Nachw., unten Rdn. 49).

28 Mit der h.M. ist anzuerkennen, dass eine rechtliche oder tatsächliche Verfügung, die den Anforderungen einer ordnungsgemäßen Wirtschaft entspricht, kein Beiseiteschaffen darstellt. Jedoch ist diese Einschränkung keineswegs ausreichend, folgt sie doch einerseits aus der Eigenschaft von § 283 Abs. 1 Nr. 8 als Grundtatbestand auch der Nr. 1 (oben Rdn. 9 ff), andererseits und vor allem aber auch daraus, dass ein ordnungsgemäßes Wirtschaften nicht missbilligt wird (vgl. auch *Lampe* GA **1987** 250). Die normative Komponente des Gesetzesbegriffes „Beiseiteschaffen" wird daher vor allem durch die *subjektive* Zielrichtung des Handelns bestimmt: Beiseite geschafft ist – wie bei dem Merkmal des Verheimlichens (unten Rdn. 38) und ähnlich wie bei § 288 – ein Vermögensbestandteil nur, wenn er durch einen dinglichen oder tatsächlichen Akt dem Gläubigerzugriff entzogen oder dieser Zugriff wesentlich erschwert werden soll, wenn also das Handeln auf wesentliche Veränderung der tatsächlichen oder rechtlichen Lage des Vermögensbestandteils zum Nachteil der Gläubiger **abzielt** (vgl. für das Verheimlichen BGH bei Herlan GA **1954** 310; allgemeiner *Tiedemann* ZIP **1983** 519; **aA** *Hoyer* SK Rdn. 31). Insofern war es für das richtige Verständnis von Nr. 1 zweckmäßiger, dass § 239 KO a.F. die Tathandlung des Verheimlichens voranstellte und damit eine systematisch entsprechende Auslegung des nachgestellten Beiseiteschaffens zusätzlich nahelegte. Richtig definieren den Begriff des Beiseiteschaffens auch nach heutigem Recht *Maurach/Schroeder/Maiwald* BT 1 § 48, 22 mit der final-personalen Wendung: „jede Entziehung vor dem Zugriff der Gläubiger" (ähnlich BGHSt **34** 309, 310 und besonders deutlich BGH wistra **1993** 184, 185). Nur diese – auch im ausländischen Recht anerkannte – Finalität der Tathandlung ermöglicht eine sinnvolle Abgrenzung von Nr. 1 zu den sonstigen Bankrotthandlungen,

[12] BGHSt **34** 309, 310; BGHR § 283 Abs. 1 Nr. 1 Beiseiteschaffen 2; BGH 1 StR 452/78 v. 30.1.1979 S. 11 (auch bei Holtz MDR **1979** 457) mit weit. Nachw.; zuvor BGH NJW **1952** 898 und bei Herlan GA **1953** 74; aus der Lit. insbes. *Kindhäuser* LPK Rdn. 12; *Lackner/Kühl* Rdn. 10; *Mohr* S. 124 ff; *Otto* aaO; *Sch/Schröder/Stree/Heine* Rdn. 4 und 7; *Wessels/Hillenkamp* BT 2 Rdn. 464; *Weyand/Diversy* Rdn. 63 S. 83 f. **Krit.** *Fischer* Rdn. 4a und *Radtke* MK Rdn. 14 f.

insbesondere auch zu Nr. 8 als dem eigentlichen Grundtatbestand. Dem „groben" Verstoß bei Nr. 8 entspricht bei Nr. 1 *die finale Tendenz,* die entgegen *Krause* (S. 254 f) nicht (nur) als Gesinnungsmerkmal, sondern als Zweckverfolgung zu verstehen ist (und als solche auch von *Krause* als für die *Bewertung* wesentlich angesehen wird; **krit.** allerdings auch *Mohr* S. 118 f).

**28a** Die Notwendigkeit einer solchen *Subjektivierung* der Tathandlung des Beiseiteschaffens folgt für das heutige Recht weiter daraus, dass bereits bei normalen Austauschgeschäften, also bei Erbringung einer Leistung oder einer Zahlung, der Wille des Täters darüber entscheidet, wohin die Gegenleistung gelangen oder welche Schuld getilgt werden soll. Ganz in diesem Sinne sah schon BGH bei Herlan GA **1954** 310 f die Veräußerung eines Gegenstandes trotz Erhalt eines gleichwertigen Vermögensgegenstandes dann als Beiseiteschaffen an, wenn der Schuldner „die Absicht hatte, zu seinem eigenen Nutzen über den Kaufpreis zu verfügen und diesen den Gläubigern zu entziehen". Bei wirtschaftlicher Gleichwertigkeit macht also die Eigennützigkeit des Täters diesen nach Nr. 1 strafbar (*Lampe* aaO). Dabei versteht sich, dass eine Tatvollendung erst mit Eintritt des äußeren Erfolges (der Gläubigerbeeinträchtigung) vorliegt, vorher also allenfalls Versuch gegeben ist. Ebenso schließt die Finalität der Benachteiligung nicht schlechthin die Möglichkeit von dolus eventualis aus. Bei einer nur mit dolus eventualis vorgenommenen Gläubigerbeeinträchtigung wird aber das Vorliegen eines Beiseiteschaffens besonders sorgfältiger Prüfung bedürfen. – Eine wesentliche Erschwerung der strafrechtlichen Beweisführung ergibt sich insgesamt aus der hier vertretenen Subjektivierung des Beiseiteschaffens nicht. Vor allem wird der spätere tatsächliche Erfolgseintritt ganz regelmäßig den Schluss auf einen entsprechenden früheren Willen (des Schuldners) zulassen.

Für die Einzelheiten der Tathandlung bedeutet dies:

**29** Das bloße **Erbringen einer fälligen Leistung** ist trotz Schmälerung der Haftungsmasse nicht tatbestandsmäßig. Die Leistungserbringung an einen einzigen Gläubiger während der Unternehmenskrise kann zwar den Geboten einer ordnungsgemäßen Wirtschaft geringfügig widersprechen – eine grobe Wirtschaftswidrigkeit i.S.v. Nr. 8 ist hierin dagegen keinesfalls zu sehen –, zielt jedoch nicht auf Schmälerung des Haftungszugriffs aller Gläubiger, sondern allenfalls auf Bevorzugung eines derselben (§ 283c!). Die *Straflosigkeit* des Erbringens der geschuldeten Leistung muss schon deshalb als uneingeschränkter Grundsatz anerkannt werden, weil sonst das zivilistische System für Zeiträume, in denen das Insolvenzrecht (noch) nicht gilt, zugunsten völlig unklarer Maßstäbe außer Kraft gesetzt würde. Wie bereits oben Rdn. 27 erwähnt, entspricht der genannte Grundsatz auch der Judikatur. Vgl. auch § 283c Rdn. 25 (dort Rdn. 36 auch zur Sperrwirkung des § 283c bei jeder Leistung des Schuldners an einen nicht nur fiktiven Gläubiger).

**30** Straflos ist eine – an sich tatbestandsmäßige – Handlung ferner grundsätzlich dann, wenn eine **Saldierung** ergibt, dass dieselbe für die Haftungsmasse verlustbringende Handlung einen entsprechenden *Vorteil* bewirkt (*Hoyer* SK Rdn. 33). Dies ergibt sich im Wege der teleologischen Reduktion von § 283 Abs. 1 Nr. 1 aus der Einsicht, dass das Beiseiteschaffen unter vollem Wertausgleich die typische Gefährdungseignung der Tathandlung für die Gläubigerinteressen entfallen lässt (vgl. nur RGSt **66** 88 f [f] mit Nachw. und bereits oben Rdn. 14). Dieser Rückgriff auf den Schutzzweck des § 283 deckt sich nur teilweise und nur im Ergebnis mit dem vorgenannten Grundsatz: Das Bewirken einer Leistung durch den Schuldner führt zum Erlöschen der Verbindlichkeit und damit zu einer Entlastung der Haftungsmasse; insoweit kommt es auch nicht darauf an, ob Leistung und Verbindlichkeit wirtschaftlich gleichwertig waren. Soweit es dagegen um Geschäfte und Ausgaben geht, für die ein vorheriger Rechtsgrund nicht bestand, muss ein voller und realer *Gegenwert* in das Schuldnervermögen gelangen, die Gegenleistung also entsprechend dem wirtschaftlichen Vermögensbegriff wirtschaftlich **gleichwertig** sein und als Zugriffsobjekt für die Gläubiger zur Verfügung stehen (BGHR § 283 Abs. 1 Zahlungsunfähigkeit 3 und bereits BGH NJW **1953** 1152, 1153). Die Gleichwertigkeit bestimmt sich, wie oben Rdn. 16 dargelegt, grundsätzlich nach Verkehrswerten (BGH aaO). Jedoch ist für einen individualisierenden Maßstab Raum: Die Brauchbarkeit für das Unternehmen oder die Person des Schuldners ist für die Bewertung der Gegenleistung beachtlich, weil sich der maßgebende „alsbaldige" (potentielle) Gläubigerzugriff nicht auf einzelne Vermögensbestandteile, sondern auf das gesamte Vermögen des Schuldners bezieht. Unter diesen Gesichtspunkten erscheint die Vornahme einer *Betriebsaufspaltung* und die Übertragung von Vermögenswerten auf eine Betriebsübernahme- oder **Auffanggesellschaft** im Ausgangspunkt dann als nicht nach Nr. 1 strafbar, wenn die neue Gesellschaft auch Verbindlichkeiten in entsprechender Höhe übernimmt (*Tiedemann* ZIP **1983** 517; zust. *Bittmann* § 12, 103 und *Hoyer* SK Rdn. 34; vgl. aber auch *Krause* S. 272 f; *Mohr* S. 119 ff). Allerdings hat bereits die ältere Rechtsprechung den Gedanken eines Wertausgleichs nur im Rahmen einer *ordnungsgemäßen Wirtschaftsführung* zugelassen (vgl. auch oben Rdn. 27). Diese Einschränkung erscheint vor allem unter dem zusätzlichen Schutzaspekt einer funktionsfähigen Kreditwirtschaft (Rdn. 55 ff Vor § 283) als zutreffend (folgerichtig ablehnend daher *Krause* S. 259, 263 f). Vgl. daher zusammenfassend und abschließend zu der genannten Form der Betriebsaufspaltung unten Rdn. 164 und 168 zu Nr. 8. Entgegen *Mohr* (S. 118 f) erlaubt auch das oben Rdn. 28 dargestellte Kriterium der Finalität unter Aspekten der Gläubigerbenachteiligung in dem Gesamtzusammenhang von Wert- und Haftungsausgleich sowie ordnungsmäßigem Wirtschaften eine Abgrenzung: Ein wirtschaftlich sinnvoller Sanierungsversuch durch Vermögensübertragung wird seiner Gesamtbewertung nach nur selten auf Benachteiligung der Gläubigergesamtheit gerichtet sein. Anderes gilt, wenn die Übertragung zwecks Verschaffung einer Aufrechnungsmöglichkeit für den Täter erfolgt (BGH wistra **1993** 184, 185) oder der Kaufpreisanspruch gegen die Auffanggesellschaft auf Grund der Vertragsgestaltung zweifelhaft ist (AG Ingolstadt EWiR § 283 StGB 1/04, 1246).

Für die Beurteilung von **Entnahmen** aus dem Geschäftsvermögen zu privaten **31**
Zwecken geht die h.M. davon aus, dass hierin bzw. in dem anschließenden Verbrauch des Geldes sowohl ein Beiseiteschaffen als auch eine unwirtschaftliche Ausgabe (i.S.d. Nr. 2) liegen kann, obwohl eine Trennung von Geschäfts- und Privatvermögen nur im Verhältnis von juristischen Personen und deren Gesellschaftern rechtlich vorgesehen ist. BGH MDR **1981** 510, 511 (und bereits bei Herlan GA **1959** 340) stellt – auch für Nr. 1 – darauf ab, ob der Verbrauch des Geldes dem *angemessenen Lebensunterhalt* des Schuldners dient (ebenso RGSt **66** 88, 89; *Fischer* Rdn. 4 mit weit. Nachw.). Die Angemessenheit soll sich nicht nur nach dem bisherigen Lebenszuschnitt (Familienverhältnisse, Haushaltsführung, persönliche Lebensumstände), sondern auch unter Berücksichtigung der Krisensituation beurteilen. Zukunftspläne müssen realistisch und unternehmensbezogen sein: „Allein der Wunsch, sich zunächst einmal den durch das bevorstehende Konkursverfahren drohenden Unannehmlichkeiten und Schwierigkeiten zu entziehen und sich erst dann nach Verdienstmöglichkeiten umzusehen, könnte ... die dafür gemachten Aufwendungen nicht rechtfertigen" (BGH MDR aaO für die Kosten einer Flugreise nach Brasilien, die nicht „durch vertretbare Gründe – etwa Abwicklung eines Geschäfts am Zielort oder die konkret begründete Aussicht weiterer beruflicher Tätigkeit dort – sachlich gerechtfertigt war"). Andererseits bedeutet die krisenbedingte Einschränkung des Lebensstils des Schuldners auch nach der Rechtsprechung und entgegen *Schlüchter* (JR **1982** 29 ff) nicht, dass der Schuldner auf den notdürftigen Unterhalt beschränkt wäre (zust. *Sch/Schröder/Stree/Heine* Rdn. 4). Überhaupt ist zu bedenken, dass kein (zivil)rechtlicher Maßstab dafür existiert, welche Privatentnahmen ein Einzelkaufmann oder ein

Angehöriger eines Freien Berufes tätigen darf. Da durch die bloße Entnahme der Gläubigerzugriff regelmäßig ohnehin nicht vereitelt oder erschwert wird, kann das Beiseiteschaffen nur im **Verbrauch** des Geldes gesehen werden, wie auch die Rechtsprechung anerkennt (vgl. nur RGSt **66** 89). Entgegen der genannten Rechtsprechung kann hierin aber mit Rücksicht auf das oben Rdn. 28 genannte personal-finale Kriterium schon im Ausgangspunkt *kein Beiseiteschaffen* gesehen werden, soweit es nicht um ein Horten von Geldmitteln für die Zukunft geht; ganz exzessive Ausgaben können prozessual gesehen ein Indiz dafür sein, dass der Täter das Geld dem Gläubigerzugriff entziehen will. Unberührt bleibt selbstverständlich die Anwendbarkeit von Nr. 2 (dazu unten Rdn. 65 ff). – Auch nach der bisherigen BGH-Rechtsprechung scheidet Nr. 1 für persönliche Entnahmen durch **Organe oder Vertreter** aus, da derartige Handlungen – auch in Form einer Darlehensgewährung oder einer Erhöhung des Geschäftsführergehaltes – nicht für das Unternehmen, sondern eigennützig erfolgen (vgl. bereits BGH 1 StR 98/56 v. 6.7.1956 S. 20 f; oben Rdn. 79 ff vor § 283; **aA** anscheinend noch BGH bei Herlan GA **1958** 47, wonach der Gesellschafter-Geschäftsführer Nr. 1 erfüllt, wenn er aus der Kasse der GmbH Gelder für seinen und seiner Familie notwendigen Unterhalt entnimmt, es sei denn die Entnahme diene „zur Befriedigung ihm zustehender fälliger Gehaltsansprüche").

**32** Mit *Eröffnung des Insolvenzverfahrens* tritt dagegen der Verlust der Verwaltungs- und Verfügungsbefugnis des Insolvenzschuldners über sein zur Insolvenzmasse gehöriges Vermögen und damit eine Art Gütertrennung ein (vgl. § 80 Abs. 1 InsO). Die Einziehung einer Forderung durch den Insolvenzschuldner und der Verbrauch dieses Geldes für private Zwecke ist daher nach Nr. 1 strafbar (so BGH bei Herlan GA **1961** 358 auch für den im Sinne des § 8 KO schlechtgläubigen Schuldner). Die bloße *Zahlungseinstellung* führt dagegen nicht zu einer solchen Wirkung. Die Vornahme von Notverkäufen nach Zahlungseinstellung, um dringendste Lebensbedürfnisse zu befriedigen, erfüllt auch nach h.M. Nr. 1 nicht (BGH NJW **1952** 898; *Sch/Schröder/Stree/Heine* Rdn. 4).

**33** Entgegen der h.M. fallen angesichts der oben Rdn. 28 dargelegten Einschränkung aber auch sonstige unternehmensbezogene **Austauschgeschäfte** nicht unter Nr. 1, selbst wenn sie keinen vollen wertmäßigen Ausgleich herbeiführen. Notverkäufe zum Zwecke der Liquiditätsverbesserung stellen ebensowenig ein Beiseiteschaffen von Vermögensbestandteilen dar wie Aufwendungen für Innovationen, deren wirtschaftliches Ergebnis (noch) dem bisherigen Unternehmen zugute kommen soll (zust. *Kindhäuser* LPK Rdn. 12). Einschlägig ist für beide Fallbereiche vielmehr allein Nr. 2.

**34** Für Nr. 1 verbleiben damit – teilweise in Abweichung von der h.M. – noch folgende, zum Teil typische Bankrotthandlungen (vgl. auch *Tiedemann* Wirtschaftsstrafrecht II S. 74):

Als Beiseiteschaffen tatbestandsmäßig ist das *Verbringen* von Gegenständen *an einen anderen Ort* (BGHSt **11** 145 f; 7 146 f) zum Zwecke des **Versteckens** oder des **heimlichen Verkaufes; die Übertragung** von Vermögensbestandteilen auf *Vertrauenspersonen,* insbesondere auf nahe *Verwandte* (§ 138 InsO),[13] oder auf eigens zu diesem Zweck gegründete *Unternehmen* im Eigentum des Täters (BGH JZ **1979** 75, 76 f), soweit nicht eine insolvenzunabhängige causa vorliegt oder eine entsprechende Gegenleistung erbracht wird und in das Vermögen des Täters gelangt; mit der genannten Einschränkung auch die Abtretung von **Forderungen** und die Einräumung von **(Grund-)Pfandrechten** (RGSt **66** 131 f); ferner die Entgegennahme von Geldbeträgen *auf fremden Bankkonten* (BGHSt **34**

---

[13] Beispiele: RGSt **62** 152 (f), 287 f; **64** 139 (ff); RG JW **1936** 3006; BGH wistra **1987** 29; BGH 4 StR 140/83 v. 7.6.1983 S. 4 sowie bei Herlan GA **1971** 38; *Hammerl* S. 82 mit weit. Nachw.

309 ff; AG Stuttgart wistra **2008** 226, 228), es sei denn, dass die eingehenden Beträge zugunsten der bisherigen Gläubiger verwendet werden (BGH aaO und bei Herlan GA **1959** 340 – eventuell aber Verheimlichen: vgl. *Richter* GmbHR **1984** 143; jedoch ist die Sperrwirkung des § 283c zu beachten, vgl. § 283c Rdn. 36). In jedem Fall genügt eine nur zum *Schein* erfolgende Abtretung (*Fischer* Rdn. 4 mit Nachw.) oder Übereignung (BGHZ JZ **1979** 76 f). Bei der Grundstücksübertragung reicht zur Vollendung die Eintragung einer **Auflassungsvormerkung,** da durch diese Maßnahme bereits die Verwertung des Grundstücks zur Befriedigung der Gläubiger erschwert wird (RG DRiZ **1934** Nr. 315 S. 314; *Sch/Schröder/Stree/Heine* Rdn. 4). Dagegen ist die Eintragung einer **Hypothek,** die noch nicht valutiert ist, kein vollendetes Beiseiteschaffen; das Verschweigen der entstehenden Eigentümergrundschuld kann aber ein Verheimlichen darstellen (RGSt **67** 365, 366 f). Ein Beiseiteschaffen stellte bis 2008 grundsätzlich auch die **Rückzahlung eines** bis dahin so genannten **eigenkapitalersetzenden Darlehens** durch den Gesellschafter-Geschäftsführer der GmbH an sich selbst dar (*Hendel* NJW **1977** 1947; *Sch/Schröder/Stree/Heine* Rdn. 4a). Jedoch war dieses ausschließlich eigennützige Verhalten des Geschäftsführers nach der Rechtsprechung (Rdn. 79 Vor § 283) im Hinblick auf § 14 nicht geeignet, eine Täterschaft des Geschäftsführers nach § 283 bzw. § 283c zu begründen. In Betracht kam daher nach der Rechtsprechung nur § 266 (vgl. *Richter* GmbHR **1984** 145 und näher unten § 283c Rdn. 9). Nach neuem Recht gilt im Ergebnis dasselbe für alle Gesellschafterdarlehen, wenn die Voraussetzungen des § 64 Satz 1 oder Satz 3 GmbHG vorliegen, also die Rückgewähr zur Zahlungsunfähigkeit führt oder nach Eintritt der Insolvenzreife erbracht wird (*Bittmann* wistra **2009** 102, 103 mit Nachw.).

Entgegen der h.M. hängt es von den Umständen des **Einzelfalles** ab, ob folgende Handlungen ein (finales) Beiseiteschaffen darstellen: *Schenkungen* über das Maß des Üblichen hinaus (vgl. § 134 InsO); Übernahme von *Vertragspflichten* ohne gleichzeitigen Erwerb von Vertragsrechten (BGH bei Herlan GA **1953** 74); Verlagern von Vermögenswerten auf *Tochtergesellschaften* (BGH 1 StR 98/56 v. 6.7.1956 S. 19 f mit Nachw.: maßgebend seien der „Zweck der Gründung und die Notwendigkeit der Unterstützung der Tochtergesellschaften, insbesondere deren wirtschaftliche Aufgabe …, ferner die Erkennbarkeit der Vorgänge für die Gläubiger sowie die Zugriffsmöglichkeiten auf das Vermögen der Tochtergesellschaften“; ist die Gründung der Tochtergesellschaften strafrechtlich nicht zu beanstanden, so kann die nachfolgende finanzielle Unterstützung derselben ebenfalls straflos sein, wenn sie „aus rechtlichen oder wirtschaftlichen Erwägungen notwendig“ ist). **35**

Entgegen der h.M. stellt wegen Fehlens der Finalität in Bezug auf die Gläubiger die **Schmiergeldzahlung** nur ausnahmsweise ein Beiseiteschaffen dar (zust. *Bittmann* § 12, 103; **aA** BGHSt **28** 371, 374; *Sch/Schröder/Stree/Heine* Rdn. 4a mit weit. Nachw. – von der h.M. wird die Schmiergeldzahlung aber dann ebenfalls von Nr. 1 ausgenommen, wenn hierdurch unmittelbar ein entsprechender wirtschaftlicher Vorteil entsteht, vgl. oben Rdn. 30, unten Rdn. 57 und 67). Ebenfalls entgegen der h.M. ist das **Einziehen von Forderungen** und der anschließende Verbrauch des Geldes für eigene Zwecke (oben Rdn. 25) ebenso wie die **Privatentnahme** (oben Rdn. 31) regelmäßig kein Beiseiteschaffen (**aA** BGH bei Herlan GA **1961** 358; *Sch/Schröder/Stree/Heine* Rdn. 4 mit weit. Nachw.). **36**

**β)** Nur beschränkt möglich ist schließlich ein Beiseiteschaffen durch **Unterlassen.** Den Schuldner trifft keine allgemeine Garantenpflicht, seinen Vermögensbestand zugunsten der Gläubiger zu erhalten (vgl. *Hoyer* SK Rdn. 35; *Kindhäuser* LPK Rdn. 11; *Lackner/Kühl* Rdn. 4; *Sch/Schröder/Stree* § 13 Rdn. 31). Zwar ist die Sonderpflicht bei bestimmten Sonderdelikten (z.B. § 266) zugleich Garantenpflicht, und die Sonderpflicht des Schuldners bei § 283 ergibt sich aus seiner besonderen Nähe zu den (und seiner Einwir- **37**

kungsmöglichkeit auf die) Gläubigerinteressen (vgl. Rdn. 59 Vor § 283). Gleichwohl ist der *Schuldner nicht Garant* für die Befriedigungsinteressen und damit für das Vermögen seiner Gläubiger (vgl. bereits *Tiedemann* KTS **1984** 541). Die Gegenansicht würde den Schuldner im Ergebnis verpflichten, günstige Geschäftsabschlüsse nicht auszuschlagen, seine Arbeitskraft zugunsten des Unternehmens einzusetzen usw. Eine solche Stellung des Schuldners als *Beschützergarant* für das Vermögen aller aktuellen und potentiellen Gläubiger anzunehmen, würde deutlich zu weit gehen, auch wenn der Gesichtspunkt des Gläubigerschutzes die Freiheit des Schuldners zur Disposition über sein eigenes Vermögen einschränkt. Unstreitig ist daher die Nichthinderung der Entwendung oder Zerstörung von Vermögensstücken durch Dritte oder durch Naturgewalt nicht tatbestandsmäßig. Schafft dagegen ein anderer die Vermögensbestandteile fort, um sie gerade dem Schuldner zu erhalten, so soll der „Gemeinschuldner" nach *Sch/Schröder/Stree* aaO zum Eingreifen verpflichtet sein. Dies wird mit der besonderen Pflichtenstellung des Insolvenzschuldners begründet, soll also möglicherweise erst von der Eröffnung des Insolvenzverfahrens oder Antragstellung hierzu an gelten (vgl. auch BGH bei Herlan GA **1973** 133). Denkbar ist eine zeitliche Grenzziehung auch im Hinblick auf die Krisensituation des § 283 Abs. 1. Jedoch bliebe dann sowohl ein Unterlassen des Schuldners nach § 283 Abs. 2 als auch das Nichteinschreiten gegen das Beiseiteschaffen von Buchführungsunterlagen nach § 283b (Abs. 1 Nr. 2) straflos. – Trotz Anlehnung der Differenzierung von *Sch/Schröder/Stree* an die gesetzliche Regelung des § 283d erscheint die unterschiedliche Behandlung je nach der *Motivation des Dritten* zweifelhaft. Die Unterlassenstäterschaft des Schuldners bei der (fremdnützigen) Konstellation des § 283d ließe sich wohl nur durch die Erwägung rechtfertigen, dass § 283 eigennütziges Verhalten des Schuldners zum Nachteil der Gläubigerinteressen unterbinden will. Jedoch ist diese Interpretation allenfalls für das Verhältnis des § 283 zu § 283c (und auch insoweit nur für den Regelfall) zutreffend und passt im Rahmen des § 283 von vornherein weder auf die Buchdelikte (Nrn. 5–7) noch auf die Fahrlässigkeitstatbestände (Absatz 5). Auch würde die Annahme einer Garantenstellung des Schuldners im Falle des § 283d eine Durchbrechung der gesetzlichen Bewertung darstellen, nach der ein fremdnützig handelnder Dritter nicht bei Überschuldung, sondern nur bei Kenntnis (und objektivem Vorliegen) der drohenden oder eingetretenen Zahlungsunfähigkeit oder Zahlungseinstellung des Schuldners strafbar ist: Bei Annahme einer Unterlassungstäterschaft des Schuldners auch bei Überschuldung würde der in Kenntnis der Krise zugunsten der Schuldners handelnde Dritte zugleich strafbare Beihilfe zur Unterlassung des Schuldners begehen, sofern dem Dritten bekannt ist, dass das Nichteinschreiten des Schuldners vorsätzlich geschieht. Zwar könnte die Existenz des § 283d auch dazu benutzt werden, nur die Strafbarkeit des Dritten einzuschränken, während die Garantenstellung des Schuldners bestehen bliebe. Jedoch ließe auch diese Möglichkeit die Feststellung unberührt, dass die Annahme einer mit der Sonderpflicht einhergehenden strafrechtlichen Garantenpflicht des Schuldners außerordentlich weit reichen würde, zumal das Strafrecht generell die bloße Nichterfüllung von Zahlungspflichten nicht inkriminiert. Ein dogmatisch einleuchtender Grund für die Differenzierung der Stellung des Schuldners als Beschützergarant für die Vermögensinteressen der Gläubiger je nach eigen- oder fremdnützigem Verhalten des Dritten (und/oder nach der Vermögensminderung durch Menschen oder Naturkräfte) könnte daher allenfalls noch in der Tatsache gesehen werden, dass die Sonderpflichtverletzung durch den Schuldner eine Steigerung des Handlungsunrechts bedeutet, für dessen Bestimmung Gesinnungsmerkmale in stärkerem Maße konstitutiv sind als beim Erfolgsunrecht (der Gefährdung oder Verletzung von Gläubigerinteressen). Auch mögen Rechtsgefühl und Rechtsvergleichung die Annahme einer Unterlassenstäterschaft desjenigen Schuldners nahelegen, der den Vermögensbestandteil nicht selbst beiseite schafft, sondern das Beiseiteschaffen durch Dritte **zu seinen Gunsten** zulässt.[14] Jedoch wird die für die Sonderdeliktsnatur des § 283 wesentliche Nähe und Beziehung des Schuldners zum geschützten Rechtsgut (Rdn. 59 Vor § 283) durch die eigennützige Motivation des Schuldners nicht im Sinne einer Stellung des Schuldners als Beschützergarant gesteigert. Freilich gefährdet die eigennützige Motivation des Schuldners die Gläubigerinteressen potentiell stärker als eine neutrale oder altruistische Einstellung. Jedoch kommt es auf diese rein faktische Gefährdung nicht an (vgl. *Langer* Das Sonderverbrechen [1972] S. 402 ff). Maßgebend ist vielmehr ein normatives Urteil, welches den Eigennutz des Wirtschafters grundsätzlich als berechtigt anerkennt. Dieses Urteil ist für die Bewertung von Unterlassungen des Schuldners vor allem dann maßgebend, wenn das Beiseiteschaffen im Wege der Interpretation seines finalen Charakters entkleidet und mit der (wirtschaftswidrigen) Vermögensverringerung identifiziert wird (oben Rdn. 25 ff). – Aber auch der Gesichtspunkt des *Überwachungsgaranten,* wie er etwa für die Garantenstellung des Betriebsinhabers bei Straftaten seiner Angestellten gegenüber Dritten herangezogen wird, stützt eine Differenzierung je nach Motivation des Handelnden nicht; vielmehr können auch Außenstehende zugunsten des Schuldners handeln (vgl. allerdings *Gracia Martín* in Madrid-Symposium für Klaus Tiedemann S. 32). Letztlich ist es daher wohl der Gedanke der *normativen* (oder *sozialen*) *Tatherrschaft,* der den Schuldner als Täter (des § 283 Abs. 1 Nr. 1) erscheinen lassen kann, wenn ein Dritter zu seinen Gunsten (also in der Situation des § 283d) Vermögensbestandteile beiseite schafft (vgl. *Gracia Martín* aaO). Jedoch ist diese Art der Tatherrschaft auf die Fälle zu begrenzen, in denen der Schuldner den Dritten zu solchem Tun *veranlasst* hat (vgl. § 283d Rdn. 24). Insbesondere die Rechtsprechung zu § 283c hat gegenüber missverständlichen Äußerungen in tatrichterlichen Urteilen immer wieder mit Nachdruck hervorgehoben, dass bloße Passivität des Schuldners nicht tatbestandsmäßig sein könne (vgl. § 283c Rdn. 15). Da § 283c lex specialis zu § 283 Abs. 1 Nr. 1 ist, hat diese Rechtsprechung auch für Nr. 1 mehr als nur indizielle Bedeutung – mag bei § 283c das Beiseiteschaffen eines Vermögensbestandteils auch zugunsten eines Gläubigers erfolgen, das Unterlassen des Schuldners also nur in der Nichtabwehr eines Gläubigerzugriffs bestehen. – *Zusammengefasst* besteht eine Garantenstellung des Schuldners zugunsten der Gläubigerinteressen bei Nr. 1 nur unter den auch sonst anerkannten allgemeinen Gesichtspunkten, z.B. der Ingerenz (zust. *Radtke* MK Rdn. 16).

d) Die Tathandlung des **Verheimlichens** von Vermögensbestandteilen wird, wie bereits oben Rdn. 28 erwähnt, allgemein durch das subjektiv-finale Merkmal des Verbergens vor den Gläubigern gekennzeichnet. Zur Vollendung ist der Eintritt dieses „Erfolges" erforderlich (**aA** *Fischer* Rdn. 5). Verheimlichen ist daher jedes Verhalten, durch das ein Vermögensbestandteil der Kenntnis der Gläubiger oder des Insolvenzverwalters entzogen wird.[15] Ausreichend ist auch, dass lediglich die Zugehörigkeit des Vermögensbestandteils zur Insolvenzmasse verheimlicht oder ein den Gläubigerzugriff hinderndes Rechtsverhältnis vorgetäuscht wird.[16] Nach Eröffnung des Insolvenzverfahrens und dem damit verbundenen Verlust der Verwaltungs- und Verfügungsmacht des Schuldners ist tauglicher Adressat des Verheimlichens auch der Insolvenzverwalter. **38**

---

14 Vgl. zu dieser Lösung des österreich. Schrifttums oben Rdn. 188 Vor § 283.

15 RGSt **64** 138, 140; *Bieneck* in Müller-Gugenberger/Bieneck § 78, 28; *Bockelmann* BT 1 § 21 II; *Kindhäuser* LPK Rdn. 13; *Lackner/Kühl* Rdn. 10; *Radtke* MK Rdn. 17; *Sch/Schröder/Stree/Heine* Rdn. 5; *Walther* S. 39; *Wessels/Hillenkamp* BT 2 § 12, 465; *Weyand/Diversy* Rdn. 64, S. 84.

16 RG aaO; *Bittmann* in Bittmann § 12, 110; *Schaefer* LK[8] § 239 KO Anm. II Ziff. 1a mit weit. Nachw. – Vgl. ferner unten Rdn. 40.

38a Die Tathandlung kann in einem positiven Tun (unrichtige Angaben) oder in einem (garanten)pflichtwidrigen Unterlassen (Verschweigen) bestehen. Die Pflichtenstellung des Insolvenzschuldners ist weitgehend gesetzlich normiert. Einschlägig ist insbesondere die Verletzung der umfassenden Auskunftspflicht des Insolvenzschuldners gegenüber dem Insolvenzverwalter und dem Gläubigerausschuss gemäß § 97 InsO sowie das Verschweigen von Vermögensbestandteilen im Rahmen der eidesstattlichen Versicherung des Insolvenzschuldners nach § 98 InsO (BGHSt **11** 145 f: Tateinheit mit § 156!).

39 α) Klar abgegrenzt ist damit die Pflichtenstellung des Schuldners vom Zeitpunkt der **Eröffnung des Insolvenzverfahrens** bzw. dem (zulässigen) Antrag auf Eröffnung des Insolvenzverfahrens an: Auch ohne besondere Aufforderung ist der Insolvenzschuldner de lege lata verpflichtet, dem Insolvenzverwalter solche Vermögensbestandteile *anzuzeigen,* die in den Unterlagen des – vom Insolvenzschuldner gestellten – Antrags auf Eröffnung des Insolvenzverfahrens nicht aufgeführt sind (BGH GA **1956** 123 f; *Sch/Schröder/Stree/Heine* Rdn. 5). Daneben – und vor allem für den Fall des Antrags eines Gläubigers auf Eröffnung des Insolvenzverfahrens – löst das *Auskunftsverlangen* des Insolvenzverwalters, des Gläubigerausschusses oder des Gerichts die umfassende Pflicht zur Auskunft „über alle das Verfahren betreffenden Verhältnisse" (§§ 20, 22 Abs. 3 Satz 3, 97 InsO) aus. Strafrechtlich (für § 283 Abs. 1 Nr. 1) wird diese umfassende Auskunftspflicht aber nur insoweit relevant, als es um den Schuldner und seine organschaftlichen Vertreter (nicht dagegen seine in § 97 Abs. 1 S. 2 InsO genannten früheren Angestellten) und um Bestandteile des schuldnerischen Vermögens oder um die Zugehörigkeit des Vermögensbestandteils zur Insolvenzmasse geht. Letzteres ist grundsätzlich eine materiellrechtliche und keine verfahrensrechtliche Frage. Verschweigt der Insolvenzschuldner daher im Rahmen des § 97 InsO **fremdes Eigentum,** welches er im Besitz hat, so bleibt er straflos, auch wenn es – insbesondere zur Geltendmachung des Eigentumsvorbehalts eines Lieferanten – einer Aussonderung (§ 47 InsO) bedarf und die Vermutung des § 1006 BGB zunächst für die Zugehörigkeit beweglicher Sachen zur Insolvenzmasse spricht (vgl. *Schaefer* LK[8] § 239 KO Anm. II Ziff. 1 sowie oben Rdn. 21). Besteht allerdings eine *Anwartschaft* des Insolvenzschuldners auf Eigentumserwerb und hat diese Vermögenswert, so ist sie anzugeben (vgl. oben Rdn. 21). Entsprechendes gilt für den Freistellungsanspruch der Gesellschaft gegen den Gesellschafter, der eine (kapitalersetzende) Bürgschaft übernommen und bezüglich seines eigenen Rückgriffsanspruchs eine Rangrücktrittserklärung abgegeben hat (*Bieneck* in Müller-Gugenberger/Bieneck § 78, 33 mit Nachw.). – Ein Wert, den der Gemeinschuldner mittels einer anfechtbaren Handlung aus seinem Vermögen weggegeben hat, bzw. der aus der Vornahme der anfechtbaren Handlung erwachsene *Anfechtungsanspruch* zählt nach RGSt **66** 152, 153 als Vermögensbestandteil zur Insolvenzmasse, so dass unrichtige Angaben des Insolvenzschuldners gegenüber dem Insolvenzverwalter über Umstände, die das Anfechtungsrecht betreffen, ein Verheimlichen darstellen (ebenso BGH 1 StR 1/58 v. 22.5.1958 S. 10; BGHSt **8** 55, 58; *Sch/Schröder/Stree/Heine* Rdn. 5). Diese Ansicht ist zumindest kriminalpolitisch sinnvoll, da anderenfalls die falschen Auskünfte über solche Umstände allenfalls im Verfahren nach § 98 InsO zur Strafbarkeit gemäß § 156 StGB führen könnten – was regelmäßig zu verneinen sein wird, da der Insolvenzschuldner in seinem eigenen Insolvenzverfahren nicht als Zeuge vernommen wird, sondern eher die Stellung einer Partei hat (BGHSt **3** 309, 311 mit Nachw.). Die Auskunftspflicht wird übrigens nicht dadurch eingeschränkt, dass der Insolvenzschuldner ein strafbares Verhalten (Beiseiteschaffen!) offenbaren muss; in diesem Falle ist er durch ein sich unmittelbar aus Verfassungsrecht ergebendes strafprozessuales Verwertungsverbot geschützt (BVerfGE **56** 37, 48 ff); § 97 Abs. 1 S. 3 InsO regelt dies ausdrücklich.

40 Neben derart falschen Auskünften gegenüber dem Insolvenzverwalter kommt nach Eröffnung des Insolvenzverfahrens als Verheimlichen z.B. auch das **Einziehen** und Einbehalten eines vor Verfahrenseröffnung fällig gewordenen und nach der Verfahrenseröffnung vom Käufer bezahlten **Kaufpreises** in Betracht (BGH bei Herlan GA **1954** 310; *Sch/Schröder/Stree/Heine* Rdn. 5). Neben „Veranstaltungen körperlicher Art", z.B. einem *Verbergen,* kann das Verheimlichen ferner durch eine „Veranstaltung *rechtlicher* Art" verwirklicht werden, etwa durch „Behauptung eines den Zugriff hindernden Rechtsverhältnisses" (RGSt **64** 138, 141; RG JW **1936** 3006; *Sch/Schröder/Stree/Heine/Heine* aaO).

41 **β**) Weniger eindeutig ist die Frage zu beantworten, welche Handlungen und Unterlassungen des Schuldners **vor Eröffnung des Insolvenzverfahrens** ein Verheimlichen darstellen können. Einerseits wird es für unerheblich erklärt, dass bereits Nachforschungen eines Gläubigers eingesetzt haben (*Fischer* Rdn. 5 mit Nachw.). Andererseits soll jedenfalls der zahlungsunfähige Schuldner, dem Einzelzwangsvollstreckungen drohen, durch unrichtige Angaben gegenüber dem Gerichtsvollzieher Vermögensbestandteile verheimlichen können (RGSt **64** 138, 139 ff), obwohl dieses Verhalten zunächst nach § 288 straflos ist (*Schünemann* LK § 288 Rdn. 32 mit Nachw.).

42 Fraglich erscheint bereits, ob allgemein auch nur ausdrückliche falsche Auskünfte gegenüber Nachfragen einzelner Gläubiger ein Verheimlichen darstellen, wie dies die h.M. unter dem Stichwort des **Ableugnens des Besitzes** anzunehmen scheint.[17] Wenn nämlich der einzelne Gläubiger im Wege der Einzelzwangsvollstreckung regelmäßig keinen Anspruch auf Pfändung und Verwertung gerade eines bestimmten Vermögensbestandteiles hat, ist es nicht unbedenklich, ihm ein solches Recht auf dem Umweg über den Straftatbestand des § 283 Abs. 1 Nr. 1 zu verschaffen. Die Bedenken beziehen sich aber vor allem auch darauf, dass nach der Formulierung der h.M. auch unrichtige Anworten auf beiläufige oder gezielte Fragen eines nicht vollstreckungswilligen Gläubigers – z.B. eines Arbeitnehmers über das Eintreffen einer bestimmten Warenlieferung – nach Nr. 1 strafbar sein müssten. Eine Abgrenzung kann trotz der damit verbundenen Einbuße an Praktikabilität letztlich nur durch das personal-finale Element erfolgen, dass das Vorhandensein des Vermögensbestandteils (oder seine Zugehörigkeit zur Masse) der Kenntnis der Gläubiger (oder des Vollstreckungsbeamten) *und* dadurch dem Zugriff entzogen werden **soll** (vgl. auch RGSt **64** 138, 140 f zu § 239 KO Abs. 1 Nr. 1 a.F.). Vor Eröffnung des Insolvenzverfahrens wird dies in aller Regel nur dann der Fall sein, wenn der *Gläubiger* seinen *Willen zur Durchsetzung* seines Anspruches – vor allem durch Vollstreckung in das Schuldnervermögen – zu erkennen gegeben hat oder ein solcher Wille nach den Umständen des Falles naheliegt. Insofern ist es auch zulässig, aus der Unrichtigkeit der Angaben prozessuale Schlüsse auf die Verheimlichungstendenz des Täters zu ziehen (vgl. auch BGH bei Herlan GA **956** 347 für die fälschliche Bezeichnung von Gegenständen als im Eigentum der Ehefrau befindlich in einem Gütertrennungsvertrag, der mit einem Vermögensverzeichnis dem Registergericht eingereicht wird). Weitere Einschränkungen ergeben sich daraus, dass Gegenstand von Zugriff und Frage des Gläubigers nur Vermögensbestandteile sind. Die unrichtige Beantwortung von Fragen des Gläubigers zu *wirtschaftlichen Verhältnissen* des Schuldners (vgl. auch § 265b!) ist nicht als Verheimlichen nach Nr. 1, sondern allenfalls als Verschleiern Nach Nr. 8 strafbar.

---

[17] *Bieneck* in Müller-Gugenberger/Bieneck § 78, 31; *Fischer* Rdn. 5; *Lackner/Kühl* Rdn. 10; *Radtke* MK Rdn. 17; *Sch/Schröder/Stree/Heine* Rdn. 5; *Wessels/Hillenkamp* BT 2 § 12, 465; *Weyand/Diversy* Rdn. 64 S. 85.

43 γ) **Unterlassungen** des Schuldners können vor Eröffnung des Insolvenzverfahrens nur ausnahmsweise ein Verheimlichen von Vermögensbestandteilen darstellen (vgl. oben Rdn. 37). Im Buchführungsbereich geht Nr. 1 nicht über Nrn. 5–7 hinaus. Es wäre unzulässig, die handelsrechtliche Buchführungspflicht strafrechtlich über die Auslegung des § 283 Abs. 1 Nr. 1 auf Nichtkaufleute auszudehnen, steuerrechtliche Aufzeichnungspflichten in Nr. 1 inkorporieren zu wollen usw. Insbesondere die *Nichtverbuchung* von vermögensmindernden Vorgängen (z.B. Entnahmen aus dem Geschäftsvermögen) stellt daher nur dann ein Verheimlichen dar, wenn handelsrechtlich eine Verbuchungspflicht besteht (vgl. auch BGH 2 StR 799/76 v. 15.4.1977 S. 6 f: Nichtverbuchen von Rückzahlungen kapitalersetzender Darlehen und von Ausgleichsforderungen durch GmbH-Geschäftsführer). Im Übrigen werden Unterlassungen vor allem in den Fällen der **Ingerenz** tatbestandsmäßig sein: Der (Insolvenz-)Schuldner reicht dem Gericht mit dem Antrag auf Eröffnung des Verfahrens gutgläubig eine unvollständige Vermögensübersicht ein (BGH bei Herlan GA **1956** 123 f) oder gibt dem Insolvenzverwalter gutgläubig unvollständige Auskunft (RG DRZ **1927** 1076). Die Rechtsprechung nimmt in diesen Fällen bei nachfolgendem Vorsatz des Schuldners Strafbarkeit des Unterlassens der Berichtigung oder Ergänzung an (vgl. *Schaefer* LK$^8$ § 239 KO Anm. II Ziff. 1a mit weit. Nachw.). Dies ist angesichts der Pflichtwidrigkeit der unvorsätzlichen Vorhandlung in den genannten Fällen zutreffend (vgl. *Tiedemann* Festschrift Klug S. 410 f; zust. *Bittmann* § 12, 112 und *Radtke* MK Rdn. 18). Kein bloßes Unterlassen, sondern strafbares *Tun* ist dagegen gegeben, wenn der erklärungspflichtige Schuldner dem Insolvenzgericht oder dem Insolvenzverwalter seine unrichtige oder unvollständige Buchführung als Erklärung vorlegt und die Unrichtigkeit oder Unvollständigkeit kennt.

44 e) Neben dem Verheimlichen und Beiseiteschaffen stellt Nr. 1 das **Zerstören, Beschädigen und Unbrauchbarmachen** von Vermögensbestandteilen unter Strafe. Diese in § 239 KO a.F. noch nicht vorgesehene Handlungsalternative hat – wie auch der RegE (BTDrucks. 7/3441 S. 34) einräumt – praktisch nur geringe Bedeutung,[18] da Bankrotthandlungen meist aus Eigennutz heraus begangen werden, die Beschädigung usw. dagegen auf anderen Motiven beruht (und daher in § 303 StGB auch unter geringere Strafe als die Zueignungshandlungen nach §§ 242 ff gestellt ist). Dient also die Inkriminierung dieser Handlungsalternative eher der systematischen Vollständigkeit als einem praktischen Bedürfnis, so ist auch die durch das 1. WiKG angefügte Aufzählung in sich perfektionistisch, da sich alle diese Tathandlungen weitgehend überschneiden. Im Übrigen wurde bereits unter der Geltung des § 239 Abs. 1 Nr. 1 KO a.F. die Vernichtung eines Vermögensstückes als Beiseiteschaffen angesehen (vgl. nur *Klug* Konkurs-Strafrecht § 239 Rdn. 3; *Schaefer* LK$^8$ § 239 KO Anm. II Ziff. 1b). Für eine solche ausweitende Auslegung, die nach früherem Recht allerdings nicht unbestritten war, besteht heute kein Bedürfnis mehr.

45 Die **Auslegung** der dritten Alternative von Nr. 1 kann sich an der Auslegung der entsprechenden Tathandlungen in §§ 87, 303, 316b orientieren, wobei die Ausdehnung von Nr. 1 auf nichtkörperliche Vermögensbestandteile (oben Rdn. 16) von untergeordneter

[18] Vgl. AE „Straftaten gegen die Wirtschaft" Begr. S. 83; *Bieneck* in Müller-Gugenberger/Bieneck § 78, 38; *Fischer* Rdn. 6; *Kindhäuser* LPK Rdn. 14; *Krause* S. 115; *Weyand/Diversy* Rdn. 65 S. 85. Noch weitergehend *Eulencamp* in Tagungsberichte der Sachverständigenkommission zur Bekämpfung der Wirtschaftskriminalität Bd. III Anl. 5 S. 45, der meint, dass diese Handlungen „überhaupt nicht vorkommen, denn sie widersprechen ganz und gar der Interessenlage des Schuldners". Zweifelnd *Hiltenkamp-Wisgalle* S. 64.

Bedeutung ist: Forderungen und Rechte (wie z.B. die Anwartschaft auf Eigentumserwerb) können nach natürlichem Sprachgebrauch nicht beschädigt oder unbrauchbar gemacht werden, und auch ihre „Zerstörung“ (z.B. durch Nichtzahlung des Restkaufpreises, Rücktritt vom Vertrag o.ä.) wird bei der gebotenen restriktiven Auslegung nicht von Nr. 1 erfasst. Wohl aber können bereits nach allgemeinem Sprachgebrauch Sachgesamtheiten und Funktionseinheiten wie Betriebe oder Betriebsteile zerstört usw. werden. Die Anlehnung an den sonstigen strafrechtlichen Vermögens- und Sachschutz führt also nicht zu einer völligen Beschränkung auf einzelne körperliche Vermögensgegenstände i.S.d. § 303. Dadurch bleibt es bei Nr. 1 möglich, insbesondere die *Betriebssabotage*[19] zu erfassen.

Das vom Gesetzgeber vorangestellte **Zerstören** ist nur ein stärkerer Grad des Beschädigens und besteht bei § 303 in der völligen Aufhebung der bestimmungsgemäßen Brauchbarkeit der Sache.[20] Da der Gesetzgeber bei § 283 Abs. 1 Nr. 1 – unnötigerweise – das Unbrauchbarmachen gesondert inkriminiert, liegt es nahe, als Zerstören bei Nr. 1 nur die (völlige) Vernichtung der *Sachsubstanz* zu verstehen. **46**

Als **Beschädigen** wird bei § 303 eine körperlich-verändernde Einwirkung auf die Sache mit der Wirkung verstanden, dass die Brauchbarkeit gemindert ist.[21] Für Nr. 1 liegt wiederum eine Einschränkung auf Substanzbeeinträchtigungen nahe, da die Funktionseinbuße über das Unbrauchbarmachen selbständig erfasst wird: **47**

Ein Vermögensbestandteil ist **unbrauchbar** gemacht, wenn seine Eignung für den bestimmungsgemäßen Zweck beseitigt wird (*Sch/Schröder/Stree/Heine* Rdn. 6 mit Nachw.). Eine Substanzverletzung kann hierfür ausreichen, ist aber nicht erforderlich. Es geht vorrangig um die Funktionseinbuße. **48**

Insgesamt einschränkend verlangt die dritte Alternative von Nr. 1, dass die Tathandlungen den **Anforderungen einer ordnungsgemäßen Wirtschaft** widersprechen. Damit soll es ermöglicht werden, zum Beispiel das Zerstören von Investitionsgütern im Zusammenhang mit ihrer Ersetzung durch neue Sachen als straflos anzusehen (RegE BTDrucks. 7/3441 S. 34; *Bockelmann* BT 1 § 21 II), also insbesondere Modernisierungsmaßnahmen von dem Tatbestand auszunehmen (*Maurach/Schroeder/Maiwald* BT 1 § 48, 22). *Fischer* Rdn. 6 nennt als weiteres Beispiel den Abbruch einer baufälligen Lagerhalle und verallgemeinert die gesetzgeberische Einschränkung dahingehend, dass „im Grunde nur mutwillige Handlungen bleiben“ (ebenso *Weyand/Diversy* Rdn. 65). **49**

In der Tat führt das Erfordernis des Widerspruchs zu den Anforderungen einer ordnungsgemäßen Wirtschaft dazu, dass die Handlung bei Reparatur- oder Ersetzungsabsicht nicht tatbestandsmäßig ist, also die *subjektive* Zwecksetzung des Täters bei Vornahme der Tathandlung Beachtung verdient. Verfolgt der Täter wirtschaftlich vertretbare Zwecke, so handelt er im strafrechtlichen Sinne nicht den Anforderungen einer ordnungsgemäßen Wirtschaft zuwider (Rdn. 117 Vor § 283). Allerdings ist es denkbar, dass die Handlung des Täters objektiv zweifelsfrei sinnlos (*unvertretbar*) ist, der Täter aber sein Tun für wirtschaftlich sinnvoll hält. Die Mutwilligkeit des Beschädigens usw. konkretisiert also nur im Regelfall das vom Gesetzgeber aufgestellte Korrektiv des ordnungsgemäßen Wirtschaftens. Ein selbständiges oder zusätzliches Tatbestandserfordernis ist **49a**

---

[19] Zustimmend *Bittmann* in Bittmann § 12, 117; dazu bes. *Lampe* ZStW **89** (1977) 325. Vgl. auch *Wolff* LK § 303b Rdn. 1 mit Nachw.

[20] RGSt **8** 33; *Wolff* LK § 303 Rdn. 21 mit weit. Nachw.

[21] BGHSt **29** 129, 132 ff; *Wolff* aaO Rdn. 9 mit weit. Nachw.

die Mutwilligkeit nicht. Sie ist jedoch für Private ein taugliches Kriterium für die Bestimmung der Unvertretbarkeit des Handelns (übereinstimmend *Radtke* MK Rdn. 22).

50 Die bloße **Sachentziehung** wird ebenso wie bei § 303 auch von der dritten Alternative des § 283 Abs. 1 Nr. 1 nicht erfasst, es sei denn, dass die Sachentziehung dazu führt, dass eine Sachgesamtheit oder Funktionseinheit (z.B. eines Betriebes) unbrauchbar gemacht wird. Eine erhebliche Lücke im Strafschutz entsteht dadurch bei § 283 nicht, da die Sachentziehung in aller Regel ein Beiseiteschaffen von Vermögensbestandteilen darstellt.

51 Eine Tatbegehung durch **Unterlassen** ist ähnlich wie beim Beiseiteschaffen nur eingeschränkt möglich, denn der Schuldner hat keine Garantenstellung zur Erhaltung seines Vermögens gegenüber den Gläubigern (und der Kreditwirtschaft) (oben Rdn. 37). Das Nichteinschreiten gegenüber Zerstörungshandlungen (usw.) Dritter oder gegenüber schädigenden Einwirkungen der Natur ist somit nicht strafbar.

### 2. Eingehen von Risikogeschäften und Verbrauch übermäßiger Beträge usw. (Nr. 2)

52 a) Die Bankrotthandlung nach Nr. 2 besteht aus zwei Alternativen, von denen die erste mit dem Erfordernis des Widerspruchs zu den Anforderungen einer ordnungsgemäßen Wirtschaft und die zweite mit dem Merkmal der Unwirtschaftlichkeit der Ausgabe bzw. des Übermaßes der verbrauchten Beträge normative Gesichtspunkte von hoher Unbestimmtheit enthält. Aber auch die sonstige Beschreibung der Tathandlungen erfolgt mittels einer ungewöhnlichen Häufung normativer Begriffe, die vor allem bei den Verlust- und Spekulationsgeschäften die Gefahr begründen, in den *Anwendungsbereich* des Straftatbestandes auch Fälle normalen wirtschaftlichen Risikos und normaler Geschäftstätigkeit einzubeziehen. Die h.M. begegnet dieser Gefahr – zutreffend – mit der Forderung nach **restriktiver Auslegung** der in der ersten Alternative aufgezählten Typen riskanter Geschäfte (unten Rdn. 54 ff). Ähnliche Einschränkungsgesichtspunkte ergeben sich aus Art. 103 Abs. 2 GG auch für die zweite Alternative, die mit der historischen Bezeichnung als (übermäßige Summen verbrauchender) „Aufwand" enger umschrieben war und heute nach dem Gesetzeswortlaut *jede Ausgabe* pönalisiert, die unwirtschaftlich ist und zu einem übermäßigen Geldverbrauch führt (vgl. näher Rdn. 64).

53 b) Die Risikogeschäfte der 1. Alternative werden inhaltlich von der h.M. vor allem dadurch begrenzt, dass die vom Strafgesetzgeber genannten Geschäftstypen mit den entsprechenden *zivilrechtlichen Vertragstypen* identifiziert und im Übrigen im Anschluss an die Gesetzesmaterialien *einengend* ausgelegt werden:

54 α) **Verlustgeschäfte** sind nach dem Bericht des Sonderausschusses (BTDrucks. 7/5291 S. 18) nur solche Geschäfte, die „von vornherein auf einen Vermögensverlust oder eine Vermögensminderung angelegt" sind und auch tatsächlich zu einer Vermögensminderung führen. „Geschäfte, die erst im nachhinein zu einem Verlust führen, sollen nicht erfasst werden" (Sonderausschuss aaO). Dabei kommt es auf die objektive Lage und ihre Kenntnis durch den Täter an; finale Elemente spielen keine Rolle. Dies bringt die amtl. Begr. (BTDrucks. 7/3441 S. 35) durch die Formulierung zum Ausdruck, das Geschäft müsse „schon nach der Vorauskalkulation bei Gegenüberstellung der Einnahmen und Ausgaben" eine Vermögensminderung ergeben. Die Literatur hat diese stark einschränkende Definition übernommen.[22] *Fischer* Rdn. 7 weist zutreffend darauf hin, dass damit bereits

[22] *Bieneck* in Müller-Gugenberger/Bieneck § 86, 5; *Bittmann* in Bittmann § 12, 121; *Fischer* Rdn. 7; *Hiltenkamp-Wisgalle* S. 171; *Hoyer* SK Rdn. 43; *Kindhäuser* LPK

eine Generalklausel für die Bankrotthandlung nach Nr. 3 aufgestellt werde: Schleuderverkäufe stellen grundsätzlich Verlustgeschäfte dar (unten Rdn. 72). Nr. 3 ist insoweit lex specialis, Nr. 2 Auffangtatbestand (*Bieneck* in Müller-Gugenberger/Bieneck § 86, 6). Bei Verfügung über Bestandteile des Vermögens, die im Falle der Eröffnung des Insolvenzverfahrens zur Insolvenzmasse gehören, erfüllen Verlustgeschäfte auch Nr. 1 (vgl. *Krause* S. 127).

**β) Spekulationsgeschäfte** sind nach der amtl. Begr. (BTDrucks. 7/3441 S. 35) solche Geschäfte, „bei denen ein besonders großes Risiko eingegangen wird in der Hoffnung, einen größeren Gewinn als den sonst üblichen zu erzielen, und um den Preis, möglicherweise einen größeren Verlust hinzunehmen". Als Beispiel für solche Geschäfte nennt der RegE die Beteiligung an unseriösen Unternehmen, um „bereits eingetretene Verluste wieder wettzumachen" (aaO S. 35). In der Tat kann die Beteiligung an einem Unternehmen ein übermäßiges (außergewöhnliches) Wagnis sein, weil etwa die Finanzierung des Unternehmens nicht gesichert und noch völlig offen ist (*Scholz/Schneider* GmbHG § 43 Rdn. 100 mit Nachw.). Der Unterschied des Spekulationsgeschäftes zum „normalen" Geschäft mit angemessenem Risiko besteht also nach der amtl. Begr. in einem doppelten Erfordernis: der Hoffnung auf einen besonders großen Gewinn bei Eingehen eines besonders großen Risikos. Diese starke Einschränkung der Strafbarkeit ist zutreffend. Einerseits weist nämlich die amtl. Begr. (aaO S. 35) darauf hin, dass derartige Bankrotthandlungen im heutigen Wirtschaftsleben eine erhebliche Rolle spielen. Andererseits handelt es sich bei der Pönalisierung solcher Handlungen durch das 1. WiKG historisch um eine Rückkehr zu dem von RGSt **15** 277, 280 f beschriebenen Entwurf zum Preußischen Strafgesetzbuch von 1851 (§ 237), der es als einfachen Bankrott bestrafen wollte, wenn der Schuldner durch Ausschweifung, Aufwand, Spiel, Differenzhandel oder „Handelsoperationen, welche auf einen Zufall berechnet sind", übermäßige Summen verbraucht hat oder übermäßige Summen schuldig geworden ist. Das StGB und die KO hatten diese „gewagten Handelsgeschäfte" oder „Handelsspekulationen" (RG aaO S. 281) bewusst nicht unter Strafe gestellt, und die Rechtsprechung hatte es gerade unter Hinweis auf diese Entstehungsgeschichte abgelehnt, derartige Handelsgeschäfte unter den Begriff des Spieles (oder des Aufwandes) zu subsumieren (RG GA **64** [1917] 115, 116; BGH GA **1964** 119, 120 und bei Herlan GA **1954** 311). 55

Die somit maßgebende besondere Höhe des Gewinnes bzw. der Gewinnerwartung und des Verlustes bzw. des Verlustrisikos bestimmt sich vor allem nach dem *Maßstab des faktisch Üblichen* (amtl. Begr. aaO S. 35). Damit entstehen ähnliche Feststellungsschwierigkeiten, wie sie von § 291 bekannt sind. Sowohl prozessual (in dubio pro reo!) als auch materiellrechtlich (Art. 103 Abs. 2 GG!) werden Spekulationsgeschäfte nur in extremen Fällen strafrechtlich als vorliegend anzunehmen sein, wie sich noch zusätzlich aus dem Korrektiv der „Anforderungen einer ordnungsgemäßen Wirtschaft" ergibt (dazu und insbes. zu dem Erfordernis der Berücksichtigung des Unternehmensgegenstandes und der Branche bereits Rdn. 118 vor § 283). Als weiteres Konkretisierungsmerkmal wird beachtlich sein, dass die Spekulation nicht nur „in hohem Grade gewagt und gefährlich" ist, sondern in ihrem Gelingen „vom reinen Zufalle abhängt" (RGSt **16** 238, 240; auch *Fischer* § 283 Rdn. 8; **krit.** *Bittmann* § 12, 120). Maßgebend ist also vor allem auch die *Kontrolle des Verlustrisikos* (Rdn. 118 Vor § 283). 56

---

Rdn. 16; *Lackner/Kühl* Rdn. 12; *Maurach/Schroeder/Maiwald* BT 1 § 48, 23; *Otto* BT § 61, 95; *Radtke* MK Rdn. 24; *Sch/Schröder/Stree/Heine* Rdn. 9; *Weyand/Diversy* Rdn. 69 S. 88 f.

57 **Beispiele** derartiger Spekulationsgeschäfte, die freilich stets nur im Einzelfall als solche eingestuft werden können, sind neben der bereits Rdn. 55 erwähnten Beteiligung an einem nach der Finanzierung unseriösen Unternehmen (amtl. Begr. aaO S. 35; *Radtke* MK Rdn. 25 mit Nachw.): Geldanlage in einem besonders kostenaufwendigen Geschäftszweig (BGH 5 StR 551/53 v. 16.2.1954 S. 13 ff zu § 266: Darlehensgewährung an eine noch im Aufbau befindliche Filmverleih-GmbH, die mit erheblichen finanziellen Verpflichtungen aus dem Erwerb von Filmaufführungsrechten belastet war); Zahlung hoher Schmiergelder, sofern der Täter nicht „berechtigt hoffen durfte, die verursachten Ausgaben durch ein gewinnbringendes Geschäft mit dem Vertragsgegner alsbald rechtfertigen zu können" (BGH 5 StR 236/55 v. 5.7.1955 S. 3 ff für „vertrauliche Provisionen" an Beamte der früheren DDR im Interzonenhandelsgeschäft – die Entscheidung betrifft den übermäßigen Aufwand nach § 240 Abs. 1 Nr. 1 KO a.F.); Waren- sowie Devisentermingeschäfte (*Bittmann* § 12, 123; *Kindhäuser* LPK Rdn. 16; diese Geschäfte werden regelmäßig auch Differenzgeschäfte i.S.d. Rdn. 58 darstellen).

58 γ) **Differenzgeschäfte** sind nach einer zu § 240 KO a.F. sogar einhellig vertretenen Auffassung ausschließlich Geschäfte i.S.d. § 764 BGB a.F.,[23] denen also der „Differenzeinwand" entgegengehalten werden konnte. Diese Vorschrift sprach von Verträgen, die auf Lieferung von Waren oder Wertpapieren lauten und in der Absicht geschlossen werden, dass der Unterschied zwischen dem vereinbarten Preis und dem Börsen- oder Marktpreis der Lieferzeit von dem verlierenden Teil an den gewinnenden gezahlt werden soll oder jedenfalls die Absicht des einen Teils auf die Zahlung des Unterschiedes gerichtet ist und der andere Teil diese Absicht kennt oder kennen muss. Damit war zivilrechtlich und ist weiterhin strafrechtlich entscheidend, dass es dem Täter subjektiv bei Vertragsschluss auf die Zahlung der Differenz, nicht dagegen auf die Lieferung der Waren oder Wertpapiere ankommt.[24] Wird allerdings zivilrechtlich überhaupt keine Lieferung von Waren oder Wertpapieren als Vertragsinhalt vereinbart, sondern nur bestimmt, dass der Verlierende den Unterschied zwischen dem Gegenwartspreis und dem Zukunftspreis an den Gewinnenden zu zahlen hat, so liegt von vornherein nur *Spiel* i.S.d. § 762 BGB vor. Da dieser Fall aber nach zivilrechtlicher Einschätzung nur theoretische Bedeutung hat (vgl. *Staudinger/Engel* § 764 Rdn. 6), mag die Frage offenbleiben, ob hier auch strafrechtlich nur Spiel – mit dem zusätzlichen Tatbestandserfordernis des Verbrauches übermäßiger Beträge – vorliegt. Auch die sonstigen von § 764 BGB a.F. unmittelbar angesprochenen Fälle des Differenzgeschäftes kommen nur selten vor. Im Allgemeinen geht vielmehr die Differenzabsicht der Vertragspartner dahin, sich bis zum Lieferzeitpunkt durch ein *Gegengeschäft* zu decken und die Differenz zwischen dem vereinbarten Preis und dem des Gegengeschäfts entgegenzunehmen oder zu zahlen. Auch diese Fallkonstellation wurde, sofern die übrigen Tatbestandsvoraussetzungen des § 764 BGB a.F. vorlagen, zivilrechtlich als Differenzgeschäft angesehen, es sei denn dass ein „wirtschaftlich berechtigter Zweck" gegeben ist (*Staudinger/Engel* aaO Rdn. 8). Die strafrechtliche Literatur und Rechtsprechung (vgl. etwa RGSt **14** 80, 85 f) erwähnt meist überhaupt nur diese Fallkonstellation und spricht von der Differenz zwischen An- und Verkaufspreis.

---

[23] Im Ausgangspunkt übereinstimmend *Bieneck* in Müller-Gugenberger/Bieneck § 86, 8; *Bittmann* in Bittmann § 12, 123; *Fischer* Rdn. 9; *Hiltenkamp-Wisgalle* S. 173; *Kindhäuser* LPK Rdn. 16; *Lackner/Kühl* Rdn. 12; *Radtke* MK Rdn. 26; *Sch/Schröder/Stree/Heine* Rdn. 11; *Weyand/Diversy* Rdn. 69 S. 88 f. Vgl. zu § 240 Abs. 1 Nr. 1 KO a.F. *Klug* Konkurs-Strafrecht § 240 Rdn. 3.

[24] RG GA **60** (1913) 442; *Krause* S. 130; *Lackner/Kühl* aaO; *Otto* aaO; *Sch/Schröder/Stree/Heine* aaO.

Die *Aufhebung des § 764 BGB* durch das 4. Finanzmarktförderungsgesetz vom 21.6. 2002 lässt den Straftatbestand nicht obsolet werden, da Differenzgeschäfte weiterhin wirtschaftlich gefährlich sind.

Über den Anwendungsbereich des § 764 BGB a.F. hinaus wollen *Fischer* Rdn. 9, 59
*Hoyer* SK Rdn. 46 und *Kindhäuser* LPK Rdn. 16 in bewusster Abweichung von der Rechtslage nach § 240 KO a.F. auch die zivilrechtlich voll wirksamen, nicht dem früheren Differenzeinwand ausgesetzten „offiziellen" **Börsentermingeschäfte** einbeziehen. Dieser Tatbestandsausdehnung stehen aber sowohl die unterschiedliche wirtschaftliche Zwecksetzung als auch die zusätzliche Kontrolle des Börsenterminhandels und letztlich wohl auch Art. 12 GG entgegen (zust. *Maurach/Schroeder/Maiwald* BT 1 § 48, 23 und *Weyand/Diversy* Rdn. 69 a.E.). Jedenfalls wäre es schwerlich hinnehmbar, dem zur Teilnahme am Börsenhandel zugelassenen Personenkreis (vgl. § 19 BörsenG) bei nachfolgender Insolvenz (usw.) die Teilnahme am Börsenterminhandel als unrechtmäßig vorzuwerfen, wenn sich die zugelassenen Personen bei Vornahme des Geschäftes in geordneten Vermögensverhältnissen befanden. Dass diese Personen sich bei einer Vermögenskrise i.S.d. § 283 Abs. 1 der Teilnahme am Börsenterminhandel ganz enthalten müssten, wäre aber ebenfalls ein sehr weitreichendes strafrechtliches Gebot. Richtiger erscheint es daher, die Vornahme von Börsentermingeschäften nach §§ 26, 49 BörsenG allgemein *nicht* als Differenzgeschäft nach Nr. 2 anzusehen, wohl aber die Einordnung als *Spekulationsgeschäft* zuzulassen (oben Rdn. 55 ff, vgl. § 26 Abs. 2 BörsenG) und damit im *Einzelfall* die Strafwürdigkeit entsprechend der Höhe des Risikos und dem Maßstab ordnungsgemäßen Wirtschaftens zu bestimmen. Allein über den letzten Maßstab (in den dann aber alle vorgenannten Gesichtspunkte wie Art. 12 GG usw. eingebracht werden müssten!) will dagegen *Bieneck* (in Müller-Gugenberger/Bieneck § 86, 9) Börsentermingeschäfte straflos stellen. Derselben Ansicht ist *Krause* (S. 132 f), der die hier vertretene Auffassung als „geradezu widersinnig" bezeichnet, da offizielle Börsentermingeschäfte wegen ihrer rechtlichen Wirksamkeit für den Schuldner und die Gläubiger noch gefährlicher seien als die eigentlichen Differenzgeschäfte (früheren Rechts) und damit in Parallele zu den Spekulationsgeschäften ständen; erst das Merkmal der (fehlenden) Wirtschaftswidrigkeit befreie Branchen, die sich berufsmäßig mit solchen Geschäften befassen, von dem Risiko der Strafbarkeit. Folgerichtig kommt *Krause* im späteren Zusammenhang mit der 2. Alt., aber in allgemeiner Formulierung seines risikotheoretischen Ansatzes, zu dem Schluss: „Soweit bestimmte Verbindlichkeiten im Konkurs – mangels Klagbarkeit – nicht geltend gemacht werden können (so in den Fällen der §§ 762, 764 BGB), bedeutet ihre Eingehung keine relevante Risikoschaffung für die Gläubiger." (S. 255) Dies müsste freilich dazu führen, als Differenzgeschäfte gerade nicht die Geschäfte des § 764 BGB a.F., sondern ausschließlich rechtlich voll wirksame, „offizielle" Bösentermingeschäfte anzusehen – eine Folgerung, die *Krause* nicht zieht, die jedoch die Brüchigkeit seiner faktischen Risikobetrachtung aufweist (vgl. auch bereits RGSt **22** 12, 14: „Diese Auffassung widerstreitet aber den gesetzlichen Bestimmungen über Bestrafung des Bankbruches."). Es erscheint daher einfacher und sachgerechter, rechtlich wirksame Börsentermingeschäfte allein dem Begriff der Spekulationsgeschäfte zu unterstellen (zust. *Sch/Schröder/Stree/Heine* Rdn. 11). Die Aufhebung des § 764 BGB (Rdn. 58) und die Abschaffung des Differenzeinwandes hat dem Streit teilweise den Boden entzogen. § 37g Abs. 2 WpHG sieht aber für bestimmte gefährliche Finanztermingeschäfte (§ 2 Abs. 2a WpHG) zum Schutz der Anleger *Nichtigkeit* vor.

Im Übrigen ist Differenzgeschäft auch die *Prolongation* eines solchen Geschäftes (RG 60
Recht **1917** Nr. 323 S. 177 f; *Sch/Schröder/Stree/Heine* Rdn. 11). *Devisengeschäfte* können jedenfalls dann Differenzgeschäfte sein, wenn es um ausländische Geldsorten geht;

diese sind als Waren anzusehen.[25] Werden Devisengeschäfte dagegen mit Wechseln oder Schecks abgewickelt, so kann nach überwiegender, jedoch bestrittener Auffassung ebenfalls ein Differenzgeschäft vorliegen, nämlich ein solches über Wertpapiere.[26] Eine Erweiterung der Pönalisierung von Devisen-Differenzgeschäften auf solche über „Geld" wurde daher vom Gesetzgeber für überflüssig erachtet.[27] Näher zum Begriff der Waren und Wertpapiere als Tatobjekt des Differenzgeschäftes unten Rdn. 73.

61 c) **Tathandlung** der ersten Alternative von Nr. 2 ist das Eingehen der genannten Risikogeschäfte, also bereits ihr Abschluss (zust. *Fischer* Rdn. 10). Auf den Eintritt des ungünstigen Erfolges (Verlustes) kommt es daher nicht an. Gehen Spekulations- oder Differenzgeschäfte aber günstig aus, wird die Gläubigerposition also bei nachträglicher Betrachtung verbessert, so entfällt die Strafbarkeit.[28] Es handelt sich hier teilweise um denselben Gedanken einer teleologischen Reduktion des Straftatbestandes wie bei dem oben Rdn. 30 erwähnten Wertausgleich im Rahmen der Bankrotthandlung des Beiseiteschaffens. Teilweise geht es auch um eine Entsprechung zu dem Rdn. 90 ff Vor § 283 näher dargestellten Gedanken der Unterbrechung des Zusammenhanges von Bankrotthandlung und Strafbarkeitsbedingung.

62 Nicht tatbestandsmäßig ist aufgrund der ausdrücklichen gesetzgeberischen Anordnung der Abschluss solcher Risikogeschäfte, die den **Anforderungen einer ordnungsgemäßen Wirtschaft** nicht widersprechen. Die bloße Zielsetzung der Unternehmensfortführung, also der Versuch, das krisenbefangene Unternehmen durch riskante Geschäfte noch eine Weile über Wasser zu halten, reicht insoweit nicht aus (vgl. aber auch unten Rdn. 65). Überhaupt werden in der Krise Spekulations- und Differenzgeschäfte nur noch ausnahmsweise zulässig sein (*Bieneck* in Müller-Gugenberger/Bieneck § 86, 11 mit Beispielen; *Weyand/Diversy* Rdn. 70). Dagegen sollen nach Ansicht eines Teiles der Literatur die Verlustgeschäfte durch die Aussicht auf gewinnbringende Anschlussgeschäfte straffrei gestellt sein (*Radtke* MK Rdn. 27; *Sch/Schröder/Stree/Heine* Rdn. 12). Unter dem Gesichtspunkt wirtschaftlicher Vernunft (so insbes. *Samson* SK[4] Rdn. 11) stimmt die überwiegende Ansicht daher auch der Annahme der amtl. Begründung (BTDrucks. 7/3441 S. 35) zu, der Abschluss eines Verlustgeschäftes könne mit der im Wirtschaftsverkehr zu wahrenden Sorgfalt vereinbar sein, „um Arbeitsplätze auch während eines Konjunkturtiefs zu erhalten".[29] Dieser allgemeine Maßstab wirtschaftlicher Vernunft oder der gebotenen Sorgfalt im Wirtschaftsverkehr kann jedoch hier schon deshalb nicht überzeugen, weil er im Hinblick auf das Bestimmtheitsgebot des Art. 103 Abs. 2 GG praktisch darauf hinausliefe, nur wirtschaftlich völlig unvernünftige Geschäftsabschlüsse, über deren Un-

---

[25] Näher unten Rdn. 73. Vgl. hier nur Bericht Sonderausschuss BTDrucks. 7/5291 S. 18; *Fischer* Rdn. 9; *Maurach/Schroeder/Maiwald* BT 1 § 48, 23; *Sch/Schröder/Stree/Heine* Rdn. 11.

[26] Bericht Sonderausschuss aaO; *Sch/Schröder/Stree/Heine* aaO; **aA** *Maurach/Schroeder/Maiwald* aaO.

[27] Bericht Sonderausschuss aaO; *Wilts* 89. Sitzung des Sonderausschusses Dt. Bundestag 7. Wahlperiode Sten. Dienst S. 2822.

[28] Zustimmend *Fischer* Rdn. 10; *Hoyer* SK Rdn. 44; *Kindhäuser* NK Rdn. 34; *Krause* S. 129; *Pfeiffer* in Tagungsberichte der Sachverständigenkommission zur Bekämpfung der Wirtschaftskriminalität Bd. III Anl. 6 S. 10; *Radtke* MK Rdn. 27; *Sch/Schröder/Stree/Heine* Rdn. 12; *Weyand/Diversy* Rdn. 70 S. 90; **aA** *Bittmann* in Bittmann § 12, 120.

[29] Vgl. nur *Fischer* Rdn. 9; *Hiltenkamp-Wisgalle* S. 174; *Radtke* aaO; *Wegner* in Achenbach/Ransiek Kap. VII 1 Rdn. 115; **aA** aber *Bieneck* in Müller-Gugenberger/Bieneck § 86, 11; *Kindhäuser* NK Rdn. 34; *Maurach/Schroeder/Maiwald* BT 1 § 48, 23; vgl. dazu bereits oben Rdn. 52 und 118 Vor § 283.

vertretbarkeit kein ernsthafter Zweifel möglich ist, der Nr. 2 unterzuordnen (vgl. oben Rdn. 117 vor § 283). Eine derart weitgehende Einschränkung kann zwar in Bezug auf die Spekulationsgeschäfte sinnvoll sein. Im Hinblick auf die Verlust- und Differenzgeschäfte erscheint sie jedoch weder in sich sinnvoll noch mit der Absicht des Gesetzgebers vereinbar. Wie bereits oben Rdn. 114 Vor § 283 allgemein dargelegt, ist vielmehr auch für Nr. 2 der Maßstab ordnungsgemäßen Wirtschaftens primär an den Gläubiger- und Kreditinteressen, also an den geschützten Rechtsgütern und Schutzzwecken des § 283 auszurichten. Insbesondere das Eingehen von Verlustgeschäften zur Erhaltung von *Arbeitsplätzen* wird daher tatbestandlich nur unter dem Gesichtspunkt hingenommen werden können, dass der Unternehmer mit seinem eigenen Interesse an der Betriebsfortführung zugleich Arbeitnehmerinteressen wahrnimmt und sich im Rahmen der Anforderungen einer ordnungsgemäßen Wirtschaft hält (oben Rdn. 118 Vor § 283) oder dass die Gefährdung der Gläubigerinteressen durch konkrete kreditwirtschaftliche Vorteile aufgewogen wird. Halten sich die Verluste in engen Grenzen, so kommt eine Rechtfertigung nach § 34 in Betracht (weitergehend für Tatbestandsausschluss in diesem Fall *Sch/Schröder/Stree/Heine* Rdn. 12).

d) Im Rahmen der zweiten Alternative haben vor allem die unwirtschaftlichen Aus- **63**
gaben eine praktische Bedeutung. **Spiel** und **Wette** kommen dagegen als insolvenzauslösende Faktoren seltener vor und stellen auch für die Auslegung keine besonderen Probleme dar: Beide Begriffe sind unstreitig in dem engen (zivilrechtlichen) Sinn des § 762 BGB zu verstehen,[30] wonach es für die Einordnung auf den Vertragszweck und insbesondere auf die Abhängigkeit des Geschäftserfolges vom *Zufall* ankommt (vgl. nur *Palandt/Sprau* § 762 Rdn. 2). Entgegen dem Wortlaut des § 762 Abs. 1 S. 1 BGB wird durch Spiel oder Wette nach h.M. durchaus eine zivilrechtliche Verbindlichkeit begründet (aA BGHSt **22** 360, 361); jedoch ist diese unvollkommen und insbesondere nicht einklagbar (vgl. *Palandt/Sprau* aaO Rdn. 5). Unter diese Begriffe fällt vor allem die Teilnahme an einer *Lotterie* (RGSt **27** 180, 181 f; *Fischer* Rdn. 12) sowie an Fußballtoto und Zahlenlotto (*Lackner/Kühl* Rdn. 13), aber auch die progressive Kundenwerbung nach dem Schneeballsystem (vgl. für § 287 ausführlich *Krehl* LK Rdn. 1 ff Vor § 287 mit Nachw.; ferner § 16 Abs. 2 UWG und dazu *Krehl* aaO Rdn. 12 ff). Spekulations- und Differenzgeschäfte sind dagegen trotz ihrer ähnlichen Abhängigkeit vom Zufall nur für die erste Alternative relevant (oben Rdn. 55 ff; *Fischer* aaO).

Mit der Bezeichnung als **„unwirtschaftliche Ausgaben"** sollte nach dem Bericht des **64**
Sonderausschusses (BTDrucks. 7/5291 S. 18) keine Änderung gegenüber der Auslegung des früheren Begriffes des *Aufwandes* herbeigeführt werden. Nach der Begr. des RegE (BTDrucks. 7/3441 S. 34) soll die Neubezeichnung deshalb besser sein, weil der „Aufwand" auch wertneutrale, ja sogar wirtschaftlich notwendige Aufwendungen umfasse (vgl. § 157 AktG). Jedoch kann nicht zweifelhaft sein, dass auch und gerade der Begriff der Ausgabe völlig *wertneutral* ist (vgl. BGH GA **1964** 119 [f]), und den Bedenken des Gesetzgebers hätte durch die – früher ohnehin geläufige, wenn auch untechnische – Bezeichnung als „übermäßiger Aufwand" hinreichend Rechnung getragen werden können. Die Ausgaben müssen nach früherem wie nach heutigem Recht ohnehin zum Verbrauch „übermäßiger" Summen führen.

---

[30] *Bieneck* aaO Rdn. 18; *Fischer* Rdn. 12; *Hiltenkamp-Wisgalle* S. 175; *Kindhäuser* LPK Rdn. 19; *Krause* S. 125; *Lackner/Kühl* Rdn. 13; *Radtke* MK Rdn. 29; *Sch/Schröder/Stree/Heine* Rdn. 18; *Weyand/Diversy* Rdn. 71 S. 92.

**64a** In der *Bezeichnungsänderung* durch das 1. WiKG liegt daher letztlich zumindest eine Akzentverschiebung, die zur Einbeziehung auch aller normalen Geschäftsvorgänge führt, soweit diese mit Ausgaben verbunden sind. Derartige Geschäftsausgaben fielen zwar – als betrieblich bedingter Aufwand – auch nach früherem Recht unter den Straftatbestand des einfachen Bankrotts (zusammenfassend BGH 1 StR 399/72 v. 28.11.1972 S. 9 mit Nachw.). Jedoch betrafen die bekannt gewordenen Gerichtsentscheidungen und literarischen Äußerungen vor allem Ausgaben für Werbung, Repräsentation, Geschäftsreisen, Ausstellung sowie Schmiergeldzahlungen,[31] die sämtlich auch von dem allgemeinen Sprachgebrauch des Wortes „Aufwand" gedeckt sind. Übrigens erfolgte historisch die strafrechtliche Erfassung übermäßiger Lebens- und Geschäftsführung meist in getrennten Tatbeständen, wie auch heute noch in einer Reihe ausländischer Strafrechtsordnungen im Ansatz deutlich erkennbar ist (Rdn. 182 ff Vor § 283).

**65** Demgegenüber fallen nach der neueren BGH-Rechtsprechung auch **alle Geschäftsausgaben** unter den Begriff „Ausgaben", z.B. Aufwendungen zum Zwecke der Sanierung einer Tochtergesellschaft (BGH 3 StR 242/79 v. 4.9.1979 bei *Tiedemann* Festschrift Dünnebier S. 528) oder für die Errichtung einer Zweigniederlassung (BGH aaO). Folgerichtig hebt die Literatur für das neue Recht hervor, es sei unerheblich, ob die Ausgabe für private oder für geschäftliche Zwecke getätigt werde (*Fischer* Rdn. 11; *Radtke* MK Rdn. 28; *Sch/Schröder/Stree/Heine* Rdn. 17). Damit kommt dem Korrektiv der **Unwirtschaftlichkeit** der Ausgabe besondere, ja ausschlaggebende Bedeutung zu. Die Begr. des RegE (BTDrucks. 7/3441 S. 34) enthält hierzu keine eigene Definition. Der vorgenannte BGH-Beschluss v. 4.9.1979 (S. 8 f) stellt darauf ab, ob der Sanierungszweck „bei vernünftiger wirtschaftlicher Betrachtung sinnvollerweise angestrebt werden konnte", und bezeichnet als „unwirtschaftlich" solche Ausgaben, die „den Regeln einer ordnungsgemäßen Wirtschaft widersprechen". Es geht also sachlich um denselben Maßstab wie bei den Anforderungen einer ordnungsgemäßen Wirtschaft innerhalb der ersten Alt. von Nr. 2. Unwirtschaftlich sind somit *wirtschaftlich unvertretbare* Ausgaben (zust. *Krause* S. 119 mit Nachw.), deren Sinnlosigkeit für wirtschaftlich denkende Beobachter feststeht, also **eindeutig** gegeben ist (vgl. bereits Rdn. 117 Vor § 283; *Hiltenkamp-Wisgalle* S. 168 ff; *Müller* in Lexikon des Rechts S. 461). In diesem Sinne stellt auch BGH aaO (S. 9) für umfangreiche Sanierungsbemühungen darauf ab, ob „deren Aussichtslosigkeit ... von vornherein feststand"; eine Geldüberweisung zwecks Sanierung sei dann „wirtschaftlich", wenn die Überweisung „vom Standpunkt eines objektiven Beobachters selbst bei Inkaufnahme späteren Verlustes des überwiesenen Geldes letztlich zur Sanierung der Firma führen konnte." Das der früheren Definition des Aufwandes entnommene Kriterium der Abweichung vom „Maß des Notwendigen und Üblichen" (RegE aaO; *Fischer*, *Radtke* und *Sch/Schröder/Stree/Heine*, jeweils aaO) kann zwar für die Ermittlung der Unvertretbarkeit der Ausgabe eine Rolle spielen, ist aber keinesfalls der alleinige Maßstab. Auch unübliche Geschäftsausgaben können durchaus sinnvoll sein. Generell lässt die Bestimmung der betriebswirtschaftlichen Notwendigkeit oder Zweckmäßigkeit der Ausgabe einen weiten Beurteilungsspielraum. Die Übernahme der früheren Definition in das heutige Recht wird daher zutreffend von *Maurach/Schroeder/Maiwald* BT 1 § 48, 23 kritisiert. Jedoch geht es wiederum zu weit, wenn *Maurach/Schroeder/Maiwald* aaO als unwirtschaftlich alle *Privatausgaben* bezeichnen, da diese als „wirtschaftlichen Zwecken

---

[31] Vgl. nur BGHSt 3 23, 26; BGH NJW **1953** 1480, 1481; BGH GA **1974** 61 f; BGH 1 StR 399/72 v. 28.11.1972 S. 8 ff; *Klug* Konkurs-Strafrecht § 240 Rdn. 3; *Renger* in Mommsen S. 79; *Teufel* Betrügerischer Bankrott S. 39; *Schaefer* LK[8] § 240 KO Anm. II Ziff. 1 c.

überhaupt nicht dienend" anzusehen seien (umgekehrt *Bieneck* in Müller-Gugenberger/Bieneck § 86, 13, der meint, bei privaten Ausgaben könne die Unwirtschaftlichkeit nicht sinnvoll festgestellt werden, so dass sie nur durch Nr. 1 zu erfassen seien). Vielmehr sind *private* Entnahmen und Ausgaben jedenfalls so lange nicht unwirtschaftlich, wie der Täter zu den Entnahmen berechtigt ist (zust. *Krause* S. 121). Insoweit bestehen z.T. ausdrückliche Vorschriften (z.B. §§ 29, 30 GmbHG); z.T. ergeben sich die Grenzen im Wege der Auslegung (z.B. des Rechtsbegriffs des angemessenen Lebensunterhalts; vgl. BGH MDR **1981** 510 f mit Anm. *Schlüchter* JR **1982** 29; oben Rdn. 31). Zutreffend ist demgegenüber die weitere von *Maurach/Schroeder/Maiwald* aaO angebotene und für Geschäftsausgaben gemeinte Erläuterung, es komme darauf an, ob die Ausgabe „außer Verhältnis zu dem erzielbaren Erfolg" steht. Diese **Unverhältnismäßigkeit** ist auch in dem Sinne der richtige Bezugspunkt, als angesichts der durch Art. 103 Abs. 2 GG gebotenen Verengung des normativ-unbestimmten Begriffes der Unwirtschaftlichkeit nicht so sehr der positive Sinngehalt als vielmehr die negative Sinnlosigkeit der Maßnahme festzustellen ist (**krit.** aber *Bieneck* aaO Rdn. 15 und *Bittmann* § 12, 127; wie hier dagegen *Radtke* MK Rdn. 28 mit weit. Nachw.). Beispiele sind insbesondere aussichtslose Investitionen (so bereits BGH bei Herlan GA **1954** 311; auch BGH GA **1964** 119, 120), maßloser Werbeaufwand (z.B. Unterhalten eines „Rennstalles" durch einen Fahrradhändler oder einer Villa zwecks Aufrechterhaltung der Kreditwürdigkeit: RG GA **64** [1917] 115, 116) und die Finanzierung einer verlustreichen Tochtergesellschaft (sofern die Beteiligung oder jedenfalls die Finanzierungsverpflichtung aus wichtigem Grunde gekündigt werden kann; dazu *Wellensiek* ZIP **1984** 544). Auch die Weiterführung unrentabler Betriebsteile kann eine unwirtschaftliche, da unverhältnismäßige Belastung des Gesamtunternehmens darstellen. Dagegen begründet die bloße (und regelmäßig gegebene!) Erfolgsunsicherheit von *Sanierungsbemühungen* als solche noch keine Unwirtschaftlichkeit (*Fischer* aaO und *Kindhäuser* NK Rdn. 36 unter Bezugnahme auf den oben erwähnten BGH-Beschluss v. 4.9.1979). Jedoch verlangte schon BGH GA **1964** 119, 120 eine Prüfung der finanziellen Auswirkungen (kostspieliger Investitionen).

e) Die Vermögenssituation des Täters bzw. seines Unternehmens ist bei der Bestimmung der Unwirtschaftlichkeit der Ausgabe bereits mit zu berücksichtigen. Jedoch kommt der Vermögenslage vor allem für das zusätzliche Korrektiv Bedeutung zu: Die Ausgabe muss – ebenso wie Spiel oder Wette (vgl. oben Rdn. 63) – übermäßige Beträge verbrauchen oder betreffen, also **außer Verhältnis** zum *Vermögen des Täters* stehen (zust. *Hoyer* SK Rdn. 50 mit weit. Nachw.). Hierin liegt die Entsprechung zur „groben" Wirtschaftswidrigkeit i.S.d. Nr. 8. Bereits die frühere Rechtsprechung hat, wenn auch mit meist anderer (positiver) Akzentuierung, auf die Angemessenheit des Verhältnisses von Ausgabe und Vermögenssituation abgestellt.[32] Mit der – auch aus Nr. 8 folgenden – Einschränkung, dass es nicht auf die Verhältnismäßigkeit und Angemessenheit, sondern auf die Unverhältnismäßigkeit und Unangemessenheit ankommt, hat diese Rechtsprechung auch für die heutige Rechtslage Gültigkeit. Dabei ist von dem Zeitpunkt bzw. Wirtschaftszeitraum auszugehen, den die Ausgabe betrifft.[33] BGHSt **1** StR 399/72 v. 28.11.1972 (S. 7 f) präzisiert dies dahin: „Der erforderliche Vergleich ist ... für den Zeitpunkt der Ausgaben und aus dieser Schau für einen Zeitraum zu ziehen, den der Schuldner bei vernünftigem Wirt- 66

[32] RGSt **15** 309, 312 ff; **42** 278, 280; 73 229 f; BGH NJW **1953** 1480, 1481; BGH bei Herlan GA **1956** 348 und **1964** 119 f ; auch BGHSt **3** 23, 25 f.

[33] BGH bei *Fischer* Rdn. 11; *Sch/Schröder/Stree/Heine* Rdn. 14 mit weit. Nachw.

schaften ins Auge gefaßt hätte." Abzustellen ist dabei auf die gesamte Vermögenslage des Schuldners. Maßgebend sind neben den Einkünften insbesondere auch die Geschäftsaussichten (BGH aaO S. 8 und bereits BGH 3 StR 474/53 v. 9.4.1953 S. 4). Das letztgenannte BGH-Urteil hebt auch zutreffend hervor, dass bei der Beurteilung von Unternehmen ohne Haftungsbeschränkung nicht nur das Geschäftsvermögen, sondern auch das *Privatvermögen* zu berücksichtigen ist, da insbesondere der Einzelkaufmann für seine geschäftlichen Verbindlichkeiten mit seinem gesamten Vermögen haftet (aaO S. 4). Entsprechend sind mehrere rechtlich unselbständige Geschäftsbetriebe vermögensmäßig als Einheit anzusehen (vgl. bereits RGSt **70** 260, 261). Der Täter ist also insbesondere nicht berechtigt, aus einem günstig arbeitenden Betrieb besonders hohe Summen zu entnehmen und zu verbrauchen, wenn andere Betriebe desselben Täters mit Verlust arbeiten (*Sch/Schröder/Stree/Heine* Rdn. 14 a.E.). Bei einem Konzern rechtlich selbständiger Unternehmen dürfen dagegen die Vermögensmassen und Ausgaben der Konzernmitglieder nicht zusammengerechnet werden (BGH bei Herlan GA **1967** 264), es sei denn, dass ein Gewinn- und Verlustabführungsvertrag besteht.

**67** Unter Berücksichtigung dieser Gesichtspunkte sind im **Einzelfall** als unwirtschaftlich und übermäßig angesehen worden (wobei der Übergang von einer moralisierenden Auffassung zu dem auch hier zugrunde gelegten Vertretbarkeitsmaßstab Beachtung verdient): *Luxusanschaffungen* wie z.B. Sportflugzeug (BGH 1 StR 592/75 v. 4.11.1975 bei *Fischer* Rdn. 11; 1 StR 399/72 v. 28.11.1972 S. 8), Luxusyacht (*Sch/Schröder/Stree/Heine* Rdn. 17), Kraftfahrzeug der Luxusklasse (BGH 2 StR 165/78 v. 21.6.1978); Ausstattung einer *Wohnung* „mit einem das übliche Maß weit übersteigenden Prunk" (*Sch/Schröder/Stree/Heine* aaO); Bau einer „Villa" (RG GA **64** [1917] 115 f); Anmietung oder Beibehaltung einer „zu teueren" Wohnung „ohne zwingenden Grund" (BGH bei Herlan GA **1954** 311; *Sch/Schröder/Stree/Heine* aaO); kostspielige Besuche in einer Münchener *Bar* (BGH NJW **1953** 1480, 1481); teuere *Urlaubsreise* (nach Brasilien: BGH MDR **1981** 510, 511); „unangemessene" Ausgaben für den *Lebensunterhalt* (*Sch/Schröder/Stree/Heine* aaO; vgl. aber auch oben Rdn. 65); „teuere oder überflüssige" *Kleider* (*Schaefer* LK$^{8}$ § 240 KO Anm. II Ziff. 1c a unter Hinweis auf RG Rspr. **10** 215 f). Für die Geschäftsausgaben werden folgende Beispiele strafbaren Aufwandes angeführt: „überhöhte" *Spesen* (BGH 5 StR 236/55 v. 5.7.1955 bei *Fischer* Rdn. 11); ungewöhnlich hohe Kosten für *Laden-* oder *Büromiete*, *Gehälter* und *Werbung* (*Sch/Schröder/Stree/Heine* aaO; RGSt **16** 238, 241; **42** 278, 280; **73** 229); *Schmiergeldzahlungen* und andere Ausgaben für strafbare Zwecke, da und soweit diese Ausgaben nicht nur den geschäftlichen Ruf des Schuldners, sondern damit „zugleich seine Vermögenslage gefährden" (BGH 1 StR 399/72 v. 28.11.1972 S. 10, wo diese Folge als Regelfall bezeichnet wird). Jedoch ist allgemein ein im unmittelbaren Zusammenhang mit der Ausgabe in das Tätervermögen gelangender **Gegenwert** als Ausgleich ebenso wie in den oben Rdn. 30 genannten Fällen zu berücksichtigen, sofern der Gegenwert in etwa gleichem Umfang der Befriedigung der Gläubiger dienen kann.[34] Die gegenteilige Auslegung der Rechtsprechung stützt sich einseitig auf den natürlichen Wortsinn des „Ausgebens" (von Geld) und vernachlässigt die im Rahmen der Wortbedeutung mögliche und sinnvolle teleologische Reduktion, welche die Rechtsprechung beim „Beiseiteschaffen" von Vermögensbestandteilen ohne Weiteres zulässt

---

[34] Zustimmend *Hoyer* SK Rdn. 50; *Kindhäuser* LPK Rdn. 19 und NK Rdn. 37; *Krause* S. 266; *Radtke* MK Rdn. 28; *Sch/Schröder/Stree/Heine* Rdn. 17: **aA** BGH NJW **1953** 1480, 1481 und bei Herlan GA **1959** 341; BGH GA **1964** 119, 120; RG GA **64** (1917) 115 f; *Weyand/Diversy* Rdn. 71 S. 92; vermittelnd *Bieneck* in Müller-Gugenberger/Bieneck § 86, 16.

(oben Rdn. 30) Allerdings hat die Ansicht der Rechtsprechung zu Nr. 2 den Vorteil, schwierige Beweisaufnahmen zu erübrigen, da diese Ansicht zugleich die Berücksichtigung von Zwecken und Motiven des Aufwandes – z.B. Aufrechterhaltung des geschäftlichen Kredites durch wohlhabendes Auftreten – verwirft (BGH bei Herlan GA **1954** 311; RG GA **64** [1917] 115, 116). Im Übrigen werden aber „übliche" Löhne und Betriebskosten (BGH bei Herlan GA **1958** 47) sowie „angemessene" Lebensversicherungsprämien (RG JW **1934** 2472 f) nicht dadurch sinnlos, übermäßig oder unwirtschaftlich, dass die Zahlungseinstellung bevorsteht (*Sch/Schröder/Stree/Heine* Rdn. 17). „Auch in einem Geschäft, das sich in solcher Lage befindet, können und dürfen Aufwendungen gemacht werden, die das Maß des Üblichen und Notwendigen nicht übersteigen. Dass sie gemacht werden, kann sogar im Interesse der Gläubiger liegen" (BGH 5 StR 182/56 v. 19.10.1956 S. 6). Jedoch darf der Schuldner in der Krise *Personal* nur dann neu einstellen, wenn die Auftragslage des Unternehmens dies erfordert; insbesondere die Anstellung von Familienangehörigen, denen für die Zeit nach dem Unternehmenszusammenbruch eine Anwartschaft auf Arbeitslosengeld verschafft werden soll, findet hier ihre Grenze.

Unter **prozessualen** (revisionsrechtlichen) **Gesichtspunkten** ist hervorzuheben, dass die tatrichterlichen Feststellungen für die Frage der Übermäßigkeit des Aufwandes sich nicht nur am Gewinn des Unternehmens orientieren dürfen, sondern die „gesamte Vermögens- und Liquiditätslage" schildern müssen (BGH 1 StR 625/80 v. 10.2.1981 S. 15). Vor allem bei Privatentnahmen hat das Urteil zwar nicht in allen Einzelheiten, wohl aber im wesentlichen die Art der Verwendung darzulegen. Diese Darlegung ist häufig auch schon materiellrechtlich erforderlich, wenn nämlich die Anwendung des § 14 in Frage steht (oben Rdn. 78 ff Vor § 283). „Es kommt nicht entscheidend darauf an, wieviel der Angeklagte ausgegeben, sondern was er mit den Beträgen bezahlt hat" (BGH 5 StR 236/55 v. 5.7.1955 S. 5 zu der Frage, welche Unkosten der Angeklagte mit seinen Spesen bestritten hat). Unzureichend wäre insbesondere die Feststellung, der Täter habe die Ausgaben „zu persönlichen Zwecken" getätigt (BGH 3 StR 474/53 v. 9.4.1953 S. 4). Soweit ein Verbrauch zur Bestreitung des Lebensunterhaltes in Betracht kommt, muss dargetan werden, welche Unterhaltsverpflichtungen der Täter hat, welche Summen er hierfür aufgewendet hat und inwieweit sie unangemessen waren, insbesondere das Maß des Notwendigen und Üblichen überstiegen (BGH 3 StR 474/53 aaO). Ebenso muss gegebenenfalls dargetan werden, inwieweit der Täter bei Geschäftsreisen dieses Maß durch seine Lebensführung und inwiefern er es durch eine zu starke Reisetätigkeit überschritten hat (BGH aaO S. 4). Es muss also regelmäßig festgestellt werden, welche Ausgaben dem Schuldner nach den in seinen Lebensverhältnissen üblichen geschäftlichen und privaten Verpflichtungen zwangsläufig erwachsen (BGH GA **1964** 119 f) und ob der diese Ausgaben übersteigende Aufwand für den jeweiligen Zeitraum „das rechte Maß hielt" (BGH bei Herlan GA **1956** 348). **68**

f) **Tathandlung** ist vor allem das *Verbrauchen* der übermäßigen Beträge, also das Tätigen der Ausgabe. Die bloße Privatentnahme stellt jedenfalls beim Einzelkaufmann (und generell bei Identität von Täter und Vermögensträger) noch keine Ausgabe dar; maßgebend ist vielmehr die Minderung des Tätervermögens durch den Abfluss der Finanzmittel oder die Weggabe eines Vermögensstückes. – Daneben lässt das Gesetz bereits das *Schuldigwerden* genügen, also die Belastung des Vermögens mit einer Verbindlichkeit (*Fischer* Rdn. 13; *Lackner/Kühl* Rdn. 13; *Radtke* Rdn. 30). Eine Naturalobligation reicht insoweit nach h.M. nicht aus (*Sch/Schröder/Stree/Heine* Rdn. 15 mit Nachw.; **aA** *Fischer* aaO). Für Spiel und Wette kommt als Tathandlung also nur der Verbrauch in Betracht. Dieser liegt nach h.M. noch nicht in der Hingabe eines Schecks für eine Spielschuld, da die entsprechende zivilrechtlich „unvollkommene" und jedenfalls **69** nicht einklagbare Forderung im Insolvenzverfahren nicht mit Aussicht auf Anerkennung geltend gemacht werden kann; vielmehr werden die Gläubigerinteressen erst gefährdet, „wenn die Spielschuld in ein verbindliches Rechtsverhältnis umgewandelt" worden ist (BGHSt 22 360, 361 mit Anm. *Schröder* JR 1970 31). Die weitergehende, auf RGSt 22 12 ff gestützte Ansicht von *Fischer* aaO kann für sich zwar den wirtschaftlichen Vermögensbegriff anführen, der für Nr. 1 anerkannt ist (oben Rdn. 16, vgl. aber auch unten Rdn. 73). Jedoch ist es kaum haltbar, den Begriff des Schuldigwerdens bei Nr. 2 anders als den des Schuldners bei § 283 insgesamt auszulegen. Insoweit, also für die Bestimmung des Täterkreises, wurde oben Rdn. 60 ff Vor § 283 aber in Übereinstimmung mit der ständigen Rechtsprechung eine zivilrechtsakzessorische Begriffsbildung zugrunde gelegt. Auch die von *Sch/Schröder/Stree/Heine* aaO erwähnte Möglichkeit gutgläubigen Erwerbs des Schecks stellt nur eine abstrakte Vermögensgefährdung dar. Steht fest, dass der Scheck nicht weitergegeben und der Täter von einem gutgläubigen Erwerber nicht in Anspruch genommen werden konnte (so der Fall des BGH aaO), so liegt ein Schuldigwerden nicht vor.

**70** Fraglich ist auch für Nr. 2 und insbesondere für den Verbrauch übermäßiger Summen durch unwirtschaftliche Ausgaben, ob und inwieweit eine Täterschaft durch **Unterlassen** in Betracht kommt (vgl. für Nr. 1 oben Rdn. 37). Eine verbreitete Ansicht will Ausgaben von *Angestellten* des Unternehmens und von *Familienangehörigen* dann dem Täter zurechnen, wenn dieser die ihm mögliche Beaufsichtigung unterlassen hat.[35] Jedoch ist nicht ersichtlich, warum bei der zweiten Alternative von Nr. 2 eine weitergehende Garantenstellung des Täters als sonst angenommen werden könnte. Zwar kann die Tathandlung nach Nr. 2 auch fahrlässig begangen werden (§ 283 Abs. 5 Nr. 1). Jedoch ist das Tätigen von Ausgaben wesensmäßig nur vorsätzlich möglich, da diese Tathandlung ein finales Element enthält. Bezogen auf die Tathandlung kann der Täter fahrlässig nur handeln, wenn er Geld oder vergleichbare Wertverkörperungen verliert, vergisst usw. Die Fahrlässigkeit kann sich daher bei Nr. 2 im Wesentlichen überhaupt nur auf die Unverhältnismäßigkeit und Unwirtschaftlichkeit der (vorsätzlichen) Ausgabe beziehen (vgl. unten Rdn. 192 und 215; auch *Sch/Schröder/Stree/Heine* Rdn. 58). Entsprechend setzt auch die Nichthinderung von Ausgaben Dritter jedenfalls voraus, dass der (Unterlassungs-)Täter das Verhalten der Dritten, also den Vermögensabfluss, kennt (§ 16). Erst bei solcher Kenntnis (und Billigung) wird das Problem einer *Garantenstellung* des Täters – z.B. als Betriebsinhaber und Überwachungsgarant für das Verhalten seiner Angestellten (*Tiedemann* Wirtschaftsstrafrecht AT Rdn. 183 ff mit Nachw.) – praktisch relevant. Sie ergibt sich nicht aus seiner Stellung als Schuldner (oben Rdn. 37; wie hier *Kindhäuser* NK Rdn. 39; *Radtke* MK Rdn. 32 mit weit. Nachw.) und aus Ingerenz nur bei Pflichtwidrigkeit einer Vorhandlung. Aber auch die Verkehrssicherungspflicht betrifft nur die Verhinderung von Straftaten der Angestellten (*Tiedemann* aaO Rdn. 185; weitergehend insbes. *Bittmann* § 12, 129). Bei der Lösung des Problems verdient auch Beachtung, dass die Bejahung einer Garantenpflicht des Schuldners über § 823 Abs. 2 BGB zu seiner zivilrechtlichen Haftung gegenüber den Gläubigern führt; dies ist vor allem für andere Personen als den Schuldner, nämlich für den in § 14 genannten Personenkreis, relevant.

**71** g) **Geschäftspartner** des Schuldners, die mit diesem Verlust-, Spekulations- oder Differenzgeschäfte abschließen, sind ebenso wie Mitspieler und Wettgegner nicht wegen Bei-

---

[35] RGSt **31** 152; *Binding* Lehrbuch I S. 436; *Fischer* Rdn. 11; *Sch/Schröder/Stree* Rdn. 17; einschränkend *Weyand/Diversy*[6] Rdn. 71 S. 91, die zutreffend Familienangehörige nur einbeziehen wollen, wenn sie im Betrieb beschäftigt sind und in ihrer Angestelltenfunktion tätig werden (ohne diesen Zusatz aber 7. Aufl. 2006).

hilfe strafbar, soweit sich ihre Aktivität auf das zur Tatbestandsverwirklichung Notwendige beschränkt (*notwendige Teilnahme;* vgl. *Sch/Schröder/Stree/Heine* Rdn. 65 und unten Rdn. 229). Bei Überschreiten dieser Rolle und insbesondere bei Anstiftungshandlungen tritt dagegen Strafbarkeit nach §§ 26, 27 ein (*Gropp* Sonderbeteiligung S. 228 f; näher unten Rdn. 229).

### 3. Schleuderverkauf kreditierter Waren und Wertpapiere (Nr. 3)

a) Das Veräußern oder sonstige Abgeben von kreditierten Waren und Wertpapieren erheblich unter ihrem Wert wird vom Gesetzgeber gesondert inkriminiert. Es ist an sich bereits als Verlustgeschäft nach Nr. 2 strafbar (oben Rdn. 54), wird aber auch von Nr. 8 erfasst und ist bei Tatobjekten der Nr. 1 nach der Rechtsprechung ebenfalls als Beiseiteschaffen strafbar. Es handelt sich um ein wirtschaftlich besonders gefährliches Verhalten, das relativ mühelos zu bewerkstelligen ist und den wirtschaftlichen Zusammenbruch einerseits hinausschiebt, andererseits so gut wie sicher herbeiführt und verschlimmert (vgl. bereits Rdn. 7 Vor § 283; *Klug* JZ **1957** 464; *Tiedemann* Wirtschaftsstrafrecht II S. 74). Die Gefährlichkeit dieses üblicherweise als **Verschleudern** bezeichneten Vorgehens für die gesamte Gläubigerschaft ist angesichts des evidenten Wertabflusses nahezu allgemein anerkannt (vgl. nur BGHSt **9** 84, 86 f mit Nachw.; *Weyand/Diversy* Rdn. 72; **krit.** aber *Höfner* S. 62 ff) und hat dazu geführt, das noch in § 240 Abs. 1 Nr. 2 KO a.F. enthaltene und auch im ausländischen Recht bekannte zusätzliche Tatbestandserfordernis der Absicht, die Eröffnung des Insolvenzverfahrens hinauszuschieben, im geltenden Recht zu streichen, zumal die Handlung – wie alle Verhaltensweisen nach Absatz 1 – ein Handeln in der Krise voraussetzt: Die Krise wird durch die Verschleuderung von Vermögenswerten der Sache nach weiter verschärft (amtl. Begr. BTDrucks. 7/3441 S. 35; *Sch/Schröder/Stree/Heine* Rdn. 19 mit weit. Nachw.). Der Täter wirtschaftet hier mit fremden Vermögenswerten, ohne für einen Ausgleich des Verlustes der Sache durch einen angemessenen Preis zu sorgen (BGH aaO; amtl. Begr. aaO). – Der *Anwendungsbereich* ist auf Waren und Wertpapiere beschränkt, erfasst also solche Rechte nicht, die durch kein (Wert-)Papier verkörpert sind (z.B. Patente, vgl. näher sogleich Rdn. 74). Im Einzelnen ist der Kreis der tauglichen Tatobjekte nach dem vorgenannten Schutzzweck der Nr. 3, im Übrigen nach der Verkehrsauffassung und dem üblichen Sprachgebrauch zu bestimmen: **72**

b) Der Begriff der Waren und Wertpapiere stimmt mit dem Bezugsobjekt des Differenzgeschäftes der ersten Alternative von Nr. 2 überein und ist – ebenso wie Inhalt und Reichweite des Differenzgeschäftes – *zivilrechtlich* auszulegen. Den weiten wirtschaftlichen Vermögensbegriff der Nr. 1 (oben Rdn. 16) auch für Nr. 2 und Nr. 3 zu benutzen könnte zwar durch die Erwägung nahegelegt werden, dass auch diese Bankrotthandlungen zur Verringerung der Haftungsmasse führen; insbesondere einer Orientierung der Begriffe am HGB scheint zu widersprechen, dass § 283 sich insgesamt nicht auf Kaufleute beschränkt. Jedoch entspricht zum einen der Waren- und Wertpapierbegriff des BGB dem des Handelsverkehrs (RGZ **74** 161, 162; **130** 85, 88), und zum anderen schließt Nr. 8 etwaige Strafbarkeitslücken, die durch eine zivilrechtskonforme Auslegung der Waren und Wertpapiere entstehen könnten. **Waren** sind daher entsprechend der in § 1 Abs. 2 Nr. 1 HGB a.F. enthaltenen Legaldefinition alle beweglichen Sachen, die Gegenstand des Handelsverkehrs sind (RGZ **130** 88) bzw. sein können (zust. *Krause* S. 135). Ebenso wie bei § 283 Abs. 1 Nr. 2 umfasst der Begriff auch bei Nr. 3 ausländische Geldsorten (Bericht Sonderausschuss BTDrucks. 7/5291 S. 18; oben Rdn. 60). **73**

Der Begriff des **Wertpapiers** (vgl. § 1 Abs. 2 Nr. 1 HGB a.F.) setzt zumindest eine Urkunde voraus, die ein privates Recht in der Weise bescheinigt („verbrieft"), dass es **74** ohne diese Urkunde nicht geltend gemacht werden kann. Jedoch ist der Sprachgebrauch innerhalb der deutschen Gesetzgebung, die keinerlei einschlägige Legaldefinition enthält, uneinheitlich. Er umfasst teilweise alle „Papiere mit Geldwert", beschränkt dagegen an anderen Stellen den Wertpapierbegriff auf die Order- und Inhaberpapiere, bei denen primär nicht das Recht, sondern das Papier übertragen wird und das Recht aus dem Papier dem Recht am Papier folgt (z.B. Wechsel, Konnossement, Order-Lagerschein; Inhaberschuldverschreibung und Inhaberaktie). Nur die letzteren Wertpapiere „verkörpern" das Recht und verbriefen es nicht nur. Es liegt nahe, den Wertpapierbegriff des § 283 auf diese Wertpapiere i.e.S. als die eigentlichen Verkehrspapiere zu beschränken, also die sog. Rektapapiere (Namenspapiere) vom Strafschutz auszuschließen (zust. *Bieneck* in Müller-Gugenberger/Bieneck § 86, 19; *Krause* S. 135 f; *Weyand/Diversy* Rdn. 73); bei den letzteren Papieren (z.B. Hypothekenbrief) wird nicht die Urkunde, sondern das Recht verkauft und übertragen (vgl. § 952 BGB). Diese Begriffsbeschränkung in Nrn. 2 und 3 wird durch die Parallelisierung mit den Waren sowie durch die entsprechende Auslegung des HGB nahegelegt: Der Kauf von nicht in Wertpapieren verkörperten Rechten ist kein Handelskauf i.S.d. §§ 373 ff HGB (vgl. *Hopt* HGB § 381 Rdn. 1).

**75** Diese Tatobjekte sind „beschafft", wenn der Täter durch Rechtsgeschäft (*Lackner/Kühl* Rdn. 14; *Sch/Schröder/Stree/Heine* Rdn. 20) die tatsächliche Verfügungsmöglichkeit (Besitz) erlangt hat (vgl. RGSt **62** 257, 258; *Fischer* Rdn. 14). Der bloße Vertragsschluss reicht nicht aus (RGSt **62** 258; *Sch/Schröder/Stree/Heine* aaO mit weit. Nachw.). Ob die Waren oder Wertpapiere durch (Kredit-)Betrug oder auf sonstwie anfechtbare Weise erlangt sind, ist unbeachtlich (RGSt **66** 175, 179; *Sch/Schröder/Stree/Heine* aaO). Da es auf Eigentumserwerb nicht ankommt, sind auch die unter *Eigentumsvorbehalt* gelieferten Waren taugliche Tatobjekte, zumal das „Wirtschaften mit fremden Vermögenswerten" (oben Rdn. 72) und die Gläubigergefährdung hier noch deutlicher zutage liegen als bei zivilrechtlichem Eigentumserwerb des Täters.[36]

**76** **Kreditiert** sind die Waren und Wertpapiere, wenn sie spätestens im Zeitpunkt der Veräußerung oder sonstigen Abgabe (unten Rdn. 77) noch nicht oder nicht voll bezahlt sind (RGSt **72** 187, 190). Kreditgewährung ist also jeder Verzicht auf sofortige Barzahlung, somit auch die Gewährung eines Zahlungszieles z.B. von 30 Tagen (zust. *Fischer* Rdn. 14; allgemein zur Laufzeit und zu den Formen des Lieferantenkredits *Tiedemann/Sasse* Delinquenzprophylaxe S. 11 ff mit Nachw.). Dass der Kredit erschlichen wurde (Kreditbetrug!), steht der Anwendung von Nr. 3 nicht entgegen (vgl. soeben Rdn. 75). Erfolgt die Bezahlung dagegen sofort, jedoch mit Hilfe eines Kredites Dritter, so ist nicht Nr. 3, wohl aber gegebenenfalls Nr. 2 (Verlustgeschäft, vgl. *Bieneck* in Müller-Gugenberger/Bieneck § 86, 20) oder Nr. 8 einschlägig (*Fischer* aaO).

**76a** Im Hinblick auf eine „wirtschaftliche Betrachtungsweise" (amtl. Begr. BTDrucks. 7/3441 S. 35) sind den kreditierten Waren nach dem Gesetz solche Sachen gleichgestellt, die aus den kreditierten (noch nicht bezahlten) Waren (z.B. Rohstoffen) hergestellt sind. Dass bei der Herstellung anderes Material mitverarbeitet wird, hindert die gesetzliche Fiktion der Identität nicht (*Radtke* MK Rdn. 35; *Sch/Schröder/Stree/Heine* Rdn. 21). Der Strafgesetzgeber trägt mit dieser Fiktion den Vorgängen des Wirtschaftslebens und den für diese entwickelten zahlreichen Sicherungsformen des Zivilrechts Rechnung.

---

36 BGHSt **9** 84, 86 ff mit zust. Bespr. *Klug* JZ **1957** 464 f; *Bieneck* in Müller-Gugenberger/Bieneck § 86, 19; *Kindhäuser* LPK Rdn. 21; *Krause* S. 136, 261 f; *Lackner/Kühl* Rdn. 14; *Maurach/Schroeder/ Maiwald* BT 1 § 48, 24; *Radtke* MK Rdn. 33; *Sch/Schröder/Stree/Heine* Rdn. 20; **aA** RGSt **72** 187, 188; **66** 176, 177 ff.

c) Die Tathandlung des **Veräußerns** liegt vor, wenn der Täter sein Recht an der Sache auf andere überträgt; auf ein *Entgelt* kommt es dabei nicht an (**str.**).[37] Das Verschenken ist daher nach h.M. ebenfalls tatbestandsmäßig. – Das sonstige **Abgeben** liegt in der Überlassung des Besitzes ohne Übertragung des Eigentums (*Lackner/Kühl* Rdn. 14; *Sch/Schröder/Stree/Heine* Rdn. 21 mit weit. Nachw.), z.B. in der Verpfändung (RGSt **48** 217, 218; *Fischer* Rdn. 14) oder Bestellung eines kaufmännischen Zurückbehaltungsrechts (zust. *Kindhäuser* LPK Rdn. 22; *Sch/Schröder/Stree/Heine* aaO mit Nachw.). **77**

Für die Veräußerung oder sonstige Abgabe „erheblich unter Wert" ist auf den Verkaufswert, nämlich den **Marktpreis** im Zeitpunkt dieser Handlung, abzustellen (BGH bei Herlan GA **1955** 365; RGSt **72** 187, 190; 47 61 f; *Sch/Schröder/Stree/Heine* Rdn. 22). Der Einkaufspreis ist nur ein Indiz für den marktgemäßen Verkaufspreis (zust. *Fischer* Rdn. 14; ebenso *Lackner/Kühl* Rdn. 14; *Radtke* MK Rdn. 35). Der Marktpreis soll nach BGH aaO auch die Unkosten umfassen, so dass ihre Nichtberücksichtigung die Annahme eines Verkaufes erheblich unter dem Wert begründen könne. Dies ist nur für den (Ausnahme-)Fall zutreffend, dass sich der Marktpreis allein durch die Nachfrage gerade auf das Angebot des Schuldners bildet. In allen sonstigen Fällen kann ein Verkauf zum Marktpreis definitionsgemäß kein Verkauf unter Wert sein, auch wenn der Verkaufspreis nicht die Kosten deckt. Ist der Marktpreis *nicht feststellbar,* so ist der „übliche Preis" maßgebend (BGH aaO; *Krause* S. 136; *Sch/Schröder/Stree/Heine* aaO). Dies lässt sich auf die Parallele der früheren Fassung des § 302a stützen: Ein „üblicher" Verkaufspreis ist der zentrale Faktor für den Wert des Verkaufsobjektes. Soweit auf dem einschlägigen Markt kein Wettbewerb herrscht und die Preise folglich keine „echten" Marktpreise sind, mag der wettbewerbsrechtlich entscheidende „hypothetische Marktpreis" zwar über oder unter dem üblichen Preis liegen. Jedoch ist es nicht Aufgabe des § 283, diese Wettbewerbsverzerrung zu bekämpfen (vgl. oben Rdn. 119 Vor § 283). **78**

Der Markt- oder übliche Preis ist **erheblich** unterschritten, wenn der unterste noch marktmäßige oder noch übliche Preis nicht unerheblich, also auch nur um wenige Prozent, unterboten wird. Dieser im Verhältnis zur Rechtsprechung zum „auffälligen" Missverhältnis zwischen Leistung und Preis beim Wucher (§ 291) tendenziell strengere Maßstab ergibt sich aus dem systematischen Verhältnis von Nr. 3 zu Nr. 1 (Beiseiteschaffen durch ungünstige Austauschgeschäfte) und Nr. 2 (Verlustgeschäft), wo bereits jede nicht unerhebliche Minderung der Gegenleistung tatbestandsmäßig ist. Bei der Ermittlung des untersten noch marktmäßigen Preises sind aber tatsächlich marktübliche Rabatte zu berücksichtigen. Auch muss im Einzelfall bedacht werden, ob die Ware unter Marktgesichtspunkten schlecht absetzbar, leicht verderblich usw. ist; hier geht der Maßstab ordnungsmäßigen Wirtschaftens bereits in die Ermittlung des untersten Preises ein (dazu sogleich Rdn. 79). Hingegen müssen Einzelfälle nicht marktgemäß gebildeter Unterpreise, etwa bei anderweitigen Schleuder- und Krisenverkäufen oder bei Dumpingangeboten, außer Acht gelassen werden (anders, wenn der gesamte Markt durch Nachfragekartelle oder von ruinösem Anbieterwettbewerb beherrscht wird!). Insgesamt ist zu fordern, dass die Preisunterschreitung aus der Sicht eines mit den Marktverhältnissen Vertrauten *eindeutig* feststeht; das Erfordernis der Erheblichkeit gewährleistet insoweit vor allem, dass Unsicherheiten über den Marktpreis („Preisspanne") keinesfalls zu Lasten des Täters gehen (vgl. auch *Tiedemann* Tatbestandsfunktionen S. 216 ff). Hiermit identisch ist das **78a**

---

[37] Vgl. für die h.M. RGSt **48** 217, 218; *Bieneck* aaO Rdn. 21; *Kindhäuser* LPK Rdn. 22; *Klug* Konkurs-Strafrecht § 240 KO Rdn. 4; *Lackner/Kühl* aaO; *Radtke* MK Rdn. 35; *Sch/Schröder/Stree/Heine* Rdn. 21; **aA** *Fischer* Rdn. 14; *Weyand/Diversy* Rdn. 73 S. 95 (die für Schenkungen auf Nr. 1 verweisen).

von *Kindhäuser* (LPK Rdn. 23) gewählte Kriterium der Evidenz: dass die Wertunterschreitung „dem Sachkundigen ins Auge springt" (zust. *Radtke* MK Rdn. 35).

79 Grundsätzlich begründet bereits die Höhe der Abweichung des Verkaufspreises vom Marktpreis oder üblichen Preis das Unrecht des Verschleuderns. Jedoch verlangt der Gesetzgeber – ebenso wie schon § 240 Nr. 2 KO a.F. – zusätzlich die Feststellung eines Verstoßes gegen die **Anforderungen einer ordnungsgemäßen Wirtschaft.** An einem solchen Verstoß fehlt es jedenfalls bei der *Mischkalkulation,* nämlich der unter dem Marktpreis oder dem üblichen Preis liegenden Kalkulation von Sonderangeboten (oben Rdn. 119 Vor § 283 mit Nachw.; zust. *Fischer* Rdn. 15 und *Bieneck* in Müller-Gugenberger/Bieneck § 86, 22), bei Räumungsverkäufen (vgl. auch oben Rdn. 119 Vor § 283) sowie bei drohendem Verderben der kreditierten Ware (zust. *Sch/Schröder/Stree/Heine* Rdn. 23). Nach überwiegender Auffassung soll der Verstoß aber auch dann entfallen können, wenn der Täter einem nahe bevorstehenden Preissturz zuvorkommen,[38] einen neuen Markt gewinnen oder einen Konkurrenzkampf durchstehen will (vgl. nur *Fischer* aaO; *Radtke* MK Rdn. 36 mit weit. Nachw.). Überwiegend wird auch die Preiskalkulation bei *Lockvogel*-Angeboten für nicht tatbestandsmäßig gehalten[39], obwohl insoweit – anders als bei den erwähnten Sonderangeboten – eine Täuschung der Verbraucher vorliegt (vgl. oben Rdn. 119 Vor § 283). Beschränkt man die Kriterien der ordnungsgemäßen Wirtschaft auf die von § 283 geschützten Interessen (Rdn. 119 Vor § 283), so widersprechen in der Tat auch sog. Lockvogel-Angebote nicht den Anforderungen einer ordnungsgemäßen Wirtschaft, da der gesamtwirtschaftlich beachtliche Schutz der Verbraucher von Irreführung und Täuschung nach der hier vertretenen Auffassung für § 283 nicht relevant wird (zust. *Kindhäuser* LPK Rdn. 24; ebenso *Weyand/Diversy* Rdn. 74). – Zweifelhaft und umstritten ist auch, ob ein besonders günstiger Einkaufspreis dazu führen darf, bei dem Wiederverkauf den Marktpreis oder üblichen Preis erheblich zu unterschreiten. Die bejahende Ansicht[40] verdient unter dem Gesichtspunkt einer teleologischen Reduktion, also wegen der fehlenden Gläubigergefährdung, den Vorzug.

80 d) **Der Abnehmer** der Waren oder Wertpapiere begeht regelmäßig nur *notwendige Teilnahme,* ist also straflos (BGH bei Herlan GA **1956** 348). Da Nr. 3 allerdings nicht dem Schutz des Abnehmers, sondern dem der Gläubiger (und der Kreditwirtschaft) dient, wird der Abnehmer dann strafbar, wenn er seine tatbestandsnotwendige Rolle überschreitet (vgl. *Tiedemann* in Immenga/Mestmäcker[2] § 38 Rdn. 14 mit Nachw.). Anstiftung zum Schleuderverkauf ist daher stets strafbar, während es für die Strafbarkeit der Beihilfe darauf ankommt, ob der Abnehmer eine über den Erwerbsvorgang hinausgehende Aktivität entfaltet (vgl. auch *Gropp* Sonderbeteiligung S. 229 und unten Rdn. 229).

### 4. Vortäuschung fremder Rechte (Nr. 4)

81 a) Diese Bankrotthandlung betrifft im Gegensatz zu den Handlungen nach Nrn. 1–3 nicht die Verringerung der Insolvenzmasse durch Verminderung des Aktivvermögens

---

[38] *Bieneck* in Müller-Gugenberger/Bieneck § 86, 22; *Klug* JZ **1957** 463 mit Nachw.; *Lackner/Kühl* Rdn. 14; *Sch/Schröder/Stree/Heine* Rdn. 23; *Weyand/Diversy* Rdn. 74 S. 95 f.

[39] *Göhler/Wilts* DB **1976** 1660; *Hiltenkamp-Wisgalle* S. 178; *Lackner/Kühl* aaO; *Maurach/Schroeder/Maiwald* BT 1 § 48, 24; *Radtke* MK Rdn. 36; *Sch/Schröder/Stree/Heine* aaO; *Weyand/Diversy* aaO.

[40] *Bieneck* aaO; *Klug* JZ **1957** 463; *Lackner/Kühl* aaO; *Sch/Schröder/Stree/Heine* Rdn. 23; **aA** Krause S. 137 und *Maurach/Schroeder/Maiwald* aaO.

oder (wirkliche) Vergrößerung der Passiva, sondern hat die **künstliche Vergrößerung der Passiva,** daneben auch die andere Gewichtung derselben, zum Gegenstand (*Sch/Schröder/Stree/Heine* Rdn. 24 mit Nachw.). Die Schuldenmasse wird hier nur *zum Schein* vergrößert, da die behaupteten Gläubigerrechte nicht oder nicht in der behaupteten Weise bestehen. Allerdings ist die Bankrotthandlung nach Nr. 4 „vielfach nur eine Vorbereitungshandlung zu Nr. 1" (*Fischer* Rdn. 19 mit Nachw.) oder dient der Verdeckung des bereits erfolgten Beiseiteschaffens von Vermögensbestandteilen. Dies ist unten Rdn. 234 bei den Konkurrenzen zu berücksichtigen. Selbständige Bedeutung hat Nr. 4 damit nur dort, wo es nicht zur Befriedigung oder Sicherung des fingierten Anspruchs kommt (*Bieneck* in Müller-Gugenberger/Bieneck § 83, 4; vgl. aber auch unten Rdn. 86). – Da die angeblichen Gläubigerrechte nicht oder nicht in der vom Täter behaupteten Form existieren, liegt bei Nr. 4 an sich eine bloße Gefährdung der Gläubigerinteressen vor. Jedoch schlägt diese Gefährdung in eine Verletzung um, wenn für das vorgetäuschte oder anerkannte Recht im Insolvenzverfahren Befriedigung gewährt und damit die Befriedigung der nichtbevorrechtigten Gläubiger ausgeschlossen oder verringert wird (BGH LM Nr. 14 zu § 239 KO). Aber auch in den übrigen Fällen verkürzt die zusätzliche (fingierte) Gläubigerstellung die Befriedigungsquote der anderen (wahren) Gläubiger (BGH bei Herlan GA **1958** 48).

b) Die von Nr. 4 als Tatobjekt genannten **Rechte** sind umfassend zu verstehen und schließen sowohl schuldrechtliche als auch dingliche Berechtigungen ein.[41] Die Tathandlungen können sich sowohl auf die Höhe und den Umfang eines Rechtes beziehen – das Recht besteht hier teilweise nicht (RGSt **24** 433 ff) –, aber auch die Art des Rechtes betreffen, sofern die Täuschung über die Art des Rechtes geeignet ist, die Befriedigung der Gesamtgläubigerschaft zu beeinträchtigen. Die letztere Voraussetzung ist z.B. dann erfüllt, wenn ein in Wahrheit fehlendes Insolvenzvorrecht für ein an sich existentes Recht fingiert wird;[42] dies betrifft nach § 53 InsO nur noch die sog. *Massegläubiger*, deren vermögensrechtliche Ansprüche erst nach Verfahrenseröffnung entstanden und die vorweg, also vor den Insolvenzgläubigern und unabhängig vom Verlauf des Verteilungsverfahrens, in voller Höhe zu befriedigen sind (soweit die Masse zur Deckung ihrer Forderungen ausreicht). **82**

Problematisch und ungeklärt ist, ob das *Tatobjekt* bei den beiden möglichen Tathandlungen *identisch* ist. Für die Tathandlung des Vortäuschens von Rechten anderer reicht in dem vorgenannten Sinne jede Täuschung über insolvenzrelevante Gesichtspunkte des Gläubigerrechtes aus. Dagegen ist die Anerkennung „erdichteter Rechte" nach dem historischen Gesetzeswortlaut anscheinend weiter eingeschränkt. „Erdichtet" sind Rechte nach einer verbreiteten Formel dann, wenn sie überhaupt nicht oder nicht in der behaupteten Form bestehen (vgl. etwa *Lackner/Kühl* Rdn. 15; *Radtke* MK Rdn. 40). Damit ist an sich dieselbe Weite hergestellt, wie sie beim Vortäuschen von vornherein besteht. Jedoch ist nach h.M. dann kein Recht „erdichtet", wenn das Recht an sich besteht, aber aus eher formalen Gründen (z.B. Verjährung) oder aus moralischen Gründen (z.B. Spiel- **83**

---

41 Amtl. Begr. BTDrucks. 7/3441 S. 35; RGSt **64** 311, 312; *Bieneck* in Müller-Gugenberger/Bieneck § 83, 8; *Bittmann* in Bittmann § 12, 142; *Fischer* Rdn. 17; *Kindhäuser* LPK Rdn. 25; *Radtke* MK Rdn. 38; *Sch/Schröder/Stree/Heine* Rdn. 25; *Weyand/Diversy* Rdn. 76 S. 96.

42 Vgl. zu den früheren Konkursvorrechten nach § 61 KO BGH LM Nr. 14 zu § 239 KO; amtl. Begr. aaO; *Bieneck* aaO Rdn. 9; *Bittmann* aaO; *Fischer* aaO; *Lackner/Kühl* Rdn. 15; *Sch/Schröder/Stree/Heine* Rdn. 25 und 27.

oder Wettschulden) nicht durchgesetzt werden kann und vom Täter gleichwohl aus beachtlichen Gründen, z.B. der Kulanz, anerkannt wird (amtl. Begr. BTDrucks. 7/3441 S. 35; *Fischer* Rdn. 18; *Sch/Schröder/Stree/Heine* Rdn. 27). „Erdichtet" bedeutet damit soviel wie: völlig (frei) erfunden. Damit scheint sich das Vortäuschen fremder Rechte auf den zivilrechtlichen Bestand und Inhalt des Rechtes zu beziehen, während der Gegenstand des Anerkennens eine gewisse Ablösung vom Zivilrecht zu erfordern oder zu gestatten scheint. In Wahrheit geht es aber in beiden Fällen vor allem um die auch für die Strafbarkeit des Unterlassens (unten Rdn. 88) relevante Frage, ob und inwieweit sich der Schuldner gegenüber einrede- oder einwendungsbehafteten Gläubigerrechten verteidigen muss. Darf der Schuldner trotz etwaiger Krise seines Unternehmens (Absatz 1) verschweigen, dass die Forderung des Gläubigers verjährt ist oder der Möglichkeit der Minderung unterliegt? Das Gebot der Auslegung des Schuldnerverhaltens nach seinem Erklärungswert führt dazu, dass diese Frage beim Vortäuschen fremder Rechte grundsätzlich nicht anders als beim Anerkennen erdichteter Rechte zu beantworten ist. Der Bezugspunkt für die Richtigkeit oder Unrichtigkeit der Erklärung des Schuldners ist also im Wesentlichen identisch. Jedoch ergeben sich im Einzelnen einige Einschränkungen, die zweckmäßigerweise mit den Tathandlungen dargestellt werden:

**84** c) Das **Vortäuschen** von Rechten anderer besteht darin, dass der Täter sich gegenüber einem Dritten, also nach außen, auf das nicht bestehende Recht beruft.[43] Es muss folglich ein Adressat vorhanden sein, dem gegenüber das fingierte Recht vorgetäuscht wird (vgl. nur amtl. Begr. BTDrucks. 7/3441 S. 35). In Betracht kommt z.B. die Täuschung des Insolvenzverwalters durch falsche Eintragung in die Bücher, die ihm zugänglich gemacht werden (BGH bei Herlan GA **1953** 74), oder eine falsche eidesstattliche Versicherung nach § 98 Abs. 1 InsO gegenüber dem Insolvenzgericht (RGSt **64** 42, 43). Neben dem ausdrücklichen ist auch das *konkludente* Vortäuschen tatbestandsmäßig (zust. *Sch/Schröder/Stree/Heine* Rdn. 25). Diese Ausweitung entspricht der h.M. zu §§ 263, 264, 265b und hat vor allem für die Bestimmung des Umfanges des (Mit-)Erklärten Bedeutung. Ähnlich wie bei der Auslegung zivilrechtlicher Willenserklärungen kommt es auf den Maßstab des Empfängerhorizontes unter Berücksichtigung der Rechtslage und des Normalfalles an. Wer daher behauptet, gegen ihn bestehe eine Forderung, und dabei verschweigt, dass diese bereits rechtskräftig abgewiesen wurde, macht sich nach Nr. 4 strafbar (zust. *Kindhäuser* LPK Rdn. 16 und *Sch/Schröder/Stree* aaO). Zwar wirkt die zivilprozessuale Rechtskraft eines Urteils nur zwischen den Prozessparteien, so dass die erfolgte Abweisung einer Klage auch nur in diesem Verhältnis Beachtung erfordert; auch wird die Frage einer strafbaren Handlung nach Nr. 4 zwischen den Prozessparteien nicht auftauchen, da den Prozessparteien die Abweisung der Klage in aller Regel bekannt ist. Jedoch besagt die Behauptung der Existenz eines Rechtes regelmäßig, dass dieses Recht auch gerichtlich durchsetzbar ist. Das Verschweigen einzelner Verteidigungsmöglichkeiten (Verjährung, Minderung) ist in der Regel insoweit nicht tatbestandsmäßig, als das Recht als solches (zunächst) besteht. Wer dagegen eine Wettschuld als normale (echte) Schuld hinstellt, täuscht konkludent.

**85** Das **Anerkennen** erdichteter Rechte setzt nach h.M. ein Zusammenwirken des Täters (Schuldners) mit dem Scheingläubiger voraus und besteht in der Erklärung des Schuld-

---

[43] *Fischer* Rdn. 17; *Hiltenkamp-Wisgalle* S. 179; *Kindhäuser* LPK Rdn. 26; *Lackner/Kühl* aaO; *Radtke* MK Rdn. 39; *Sch/Schröder/Stree/Heine* Rdn. 25; *Weyand/Diversy* aaO. Ebenso die h.M. zu § 239 Abs. 1 Nr. 2 KO a.F., vgl. BGH bei Herlan GA **1953** 74; *Klug* Konkurs-Strafrecht § 239 Rdn. 4.

ners (Täters), dass ihm gegenüber ein Recht dieses Scheingläubigers bestehe.[44] Der Scheingläubiger muss seinerseits die erdichtete Forderung gegenüber dem Schuldner geltend machen, und zwischen diesem und jenem muss hierbei, spätestens aber zum Zeitpunkt der Abgabe des Anerkenntnisses, *Einvernehmen* darüber bestehen, dass die Forderung erdichtet ist und anerkannt werden soll. Eine Annahme des Anerkenntnisses durch den Scheingläubiger ist jedoch strafrechtlich – anders als bei § 781 BGB – nicht erforderlich (*Sch/Schröder/Stree/Heine* § 283 Rdn. 26). Die Anerkennung braucht nicht im Insolvenzverfahren zu erfolgen (BGH LM Nr. 2 zu § 239 KO), sondern kann z.B. auch im Zivilprozess sowie außerhalb jeden Streitverfahrens vorgenommen werden. Beispiele sind die näher unten Rdn. 156 (zu Nr. 8) behandelten Schein- und Umgehungsgeschäfte zwecks späterer Erlangung von Insolvenzgeld (*Gerloff* in Bittmann § 27, 56; *Tiedemann* Wirtschaftsstrafrecht BT Rdn. 428). Entsprechend den bereits oben Rdn. 83 angedeuteten Einschränkungen liegt dagegen kein Anerkennen erdichteter Rechte vor, wenn das Recht dem Grunde nach besteht, sei es auch nur als unvollkommene Verbindlichkeit (Spiel- und Wettschuld) oder als einredebehaftete Forderung (Verjährung). Eine rechtskräftig abgewiesene Forderung ist aber auch hier als nicht existent zu behandeln, da sie im Verhältnis der Parteien überhaupt nicht (mehr) durchsetzbar ist (vgl. oben Rdn. 84); der Gesetzeswortlaut steht dieser Auslegung wohl nicht entgegen.

Die bloße **Erfüllung einer Nichtschuld** fällt nicht unter Nr. 4, wohl aber unter Nr. 1 **86**
(zust. *Fischer* Rdn. 18). Nr. 4 ist auch nicht einschlägig, wenn voraufgegangene Vermögensverschiebungen (Nr. 1) durch Täuschungen verschleiert werden sollen, denn nur die Vortäuschung (noch) bestehender Rechte ist tatbestandsmäßig (*Bieneck* in Müller-Gugenberger/Bieneck § 83, 6). Daher soll das Vortäuschen einer Darlehensgewährung und der erfolgten Rückzahlung nach Nr. 4 straflos sein, da insoweit die Forderung nicht (mehr) als (noch) bestehend hingestellt werde (BGH bei Herlan GA **1953** 74; RG JR **1928** 1548 f; *Sch/Schröder/Stree/Heine* Rdn. 25 mit weit. Nachw.). Andererseits sah BGH bei Herlan GA **1956** 347 ein Anerkennen erdichteter Rechte in der Handlung eines GmbH-Geschäftsführers, der angebliche eigene Forderungen gegenüber der GmbH geltend machte und zugleich den Tatsachen zuwider Barauszahlungen in der gleichen Höhe verbuchen ließ, wodurch die fälschlich anerkannten Schulden als beglichen erschienen. Zwar fällt diese Anmeldung eigener erdichteter (Gehalts-)Forderungen durch den Geschäftsführer zur Insolvenzmasse (der GmbH) nach der bereits oben Rdn. 79 Vor § 283 geschilderten bisherigen Rechtsprechung nicht unter Nr. 4, weil der Täter insoweit nicht als Vertreter der Gesellschaft, sondern ausschließlich eigennützig handelt; in Betracht kommt nach dieser Rechtsprechung nur noch § 263 (*Fischer* aaO; *Sch/Schröder/Stree/Heine* aaO mit weit. Nachw.). Jedoch sieht auch BGH 5 StR 467/78 vom 16.1.1979 (S. 4) Nr. 4 als erfüllt an, wenn die beiden geschäftsführenden Gesellschafter einer GmbH der Gesellschaftskasse hohe Mittel für eigene Zwecke entnehmen und beiseiteschaffen, diese Handlungen durch einen fingierten Darlehens- und Sicherungsübereignungsvertrag mit einem eingeweihten Dritten verdecken und sich von dem Dritten über die entnommenen Beträge Quittungen erteilen lassen, welche die Kassenentnahmen als Rückzahlung des angeblich der Gesellschaft gewährten Darlehens erscheinen lassen. In einem solchen Fall steht nichts entgegen, in dem Abschluss des fingierten Darlehensvertrages das Anerkennen erdichteter Rechte zu sehen, mag der angebliche Darlehens-

[44] BGH bei Herlan GA **1953** 74; *Fischer* Rdn. 18; *Hiltenkamp-Wisgalle* S. 179 f; *Kindhäuser* aaO; *Klug* aaO; *Lackner/Kühl* aaO; *Radtke* MK Rdn. 40; *Sch/Schröder/Stree/Heine* Rdn. 26; *Weyand/Diversy* aaO S. 97.

anspruch im Zeitpunkt der Vorlage des Vertrages gegenüber Dritten auch bereits als erloschen hingestellt werden. Der *(Fort-)Bestand* des fingierten Rechtes braucht also nur im *Zeitpunkt* der eigentlichen Tathandlung behauptet zu werden. Insoweit kommt der regelmäßigen zeitlichen Vorverlegung der zweiten Alternative von Nr. 4 erhebliche Bedeutung zu.

**87** Mit dem Anerkennen bzw. Vortäuschen der Rechte anderer ist die Straftat – bei hinzutretender objektiver Strafbarkeitsbedingung (Absatz 6) – **vollendet.** Ob das vorgetäuschte oder anerkannte Recht später im Insolvenzverfahren geltend gemacht wird, ist unerheblich (BGH LM Nr. 14 zu § 239 KO; RGSt **62** 287, 288; *Fischer* Rdn. 17). *Fischer* bezeichnet es auch im Übrigen als unbeachtlich, ob „nachteilige Rechtswirkungen entstehen" (aaO mit Nachw.). Jedoch weist BGH bei Herlan GA **1958** 48 zutreffend darauf hin, dass es für § 239 Abs. 1 Nr. 2 KO a.F. nicht ausreichte, wenn sich der Schuldner durch die Schaffung erdichteter Schulden lediglich einen Einfluss auf die Abstimmung über das Vergleichsverfahren verschaffte. Diese der Sache nach auf das frühere Tatbestandserfordernis der Absicht der Gläubigerbenachteiligung abzielende Rechtsprechung wurde durch BGH LM Nr. 8 zu § 239 KO dahingehend verallgemeinert, dass bereits das Anerkennen als Willensbetätigung des Schuldners definiert wird, „die geeignet ist, die Befriedigung der Gläubiger zu beeinträchtigen". Die bereits oben Rdn. 30 und 67 erwähnte *teleologische Reduktion* führt daher auch bei Nr. 4 zum Tatbestandsausschluss solcher Handlungen, bei denen eine Beeinträchtigung der Gläubigerbefriedigung nicht in Betracht kommt.

**88** d) Zweifelhaft kann schließlich sein, inwieweit eine Tatbegehung durch **Unterlassen** möglich ist. *Sch/Schröder/Stree/Heine* Rdn. 26 wollen unabhängig von dem Problem einer Garantenstellung ein Anerkenntnis erdichteter Rechte auch in der prozessualen Unterlassung des Bestreitens einer Forderung und in der Nichterhebung eines Widerspruchs bzw. Einspruchs gegen Versäumnisurteile, Mahn- oder Vollstreckungsbescheide sehen. Dem hat bereits *Schaefer* LK[8] § 239 KO Anm. II Ziff. 2b (mit Nachw.) widersprochen, obwohl nach damaliger Rechtslage das subjektive Erfordernis der Absicht der Gläubigerbenachteiligung ein gewisses Korrektiv bieten konnte. Da nach heutiger Rechtslage die Tathandlung nach Nr. 4 im Hinblick auf Absatz 2 des § 283 auch unabhängig von der Krise Bedeutung hat, würde die von *Sch/Schröder/Stree/Heine* angenommene Pflicht zum Bestreiten, zur Erhebung von Widerspruch, Einspruch usw. im Zivilprozess jeden Schuldner, also praktisch jedermann und jeden Zivilprozess betreffen. Es liegt auf der Hand, dass dies zu weit geht (zust. *Kindhäuser* LPK Rdn. 26 und *Radtke* MK Rdn. 41 mit weit. Nachw.). Aber auch bei Vorliegen oder Annahme einer allgemeinen Garantenstellung des Schuldners gegenüber seinen Gläubigern (vgl. dazu bereits oben Rdn. 37) ist die Begehung der Bankrotthandlung nach Nr. 4 durch Unterlassen schwerlich möglich. Da sowohl das Vortäuschen als auch und insbesondere das Anerkennen einen Erklärungsvorgang zum Gegenstand hat, müsste die Pflicht zur Abgabe einer Erklärung notwendigerweise oder zumindest im Regelfall auf alle Gläubiger bezogen werden. Der Schuldner müsste also als Garant verpflichtet werden, Erklärungen gegenüber allen seinen Gläubigern abzugeben. Dass dies – vor allem außerhalb der Krise, also für Absatz 2 – kaum richtig sein kann, liegt ebenfalls auf der Hand. Ernsthaft diskutiert werden kann das Problem der Garantenstellung daher überhaupt nur für die Fälle der *Ingerenz,* soweit also der Schuldner pflichtwidrig-unvorsätzlich einen bestimmten oder mehrere bestimmte Gläubiger getäuscht hat und dies später erkennt (weitergehend *Bittmann* § 12, 146 f). Inwieweit bei solchen Fallkonstellationen eine Garantenpflicht aus Ingerenz angenommen werden kann, ist umstritten und weithin ungeklärt (vgl. *Tiedemann* Festschrift Klug S. 410 f mit Nachw.).

e) Straflosigkeit des Gläubigers, der an dem Anerkennen des fingierten Rechtes mitwirkt (oben Rdn. 85), kommt unter dem Gesichtspunkt der **notwendigen Teilnahme** nicht in Betracht. Vielmehr ist der mitwirkende (Schein-)Gläubiger als Teilnehmer strafbar (ebenso *Bieneck* in Müller-Gugenberger/Bieneck § 83, 11). Der von Nr. 4 gemeinte Scheingläubiger gehört weder zu dem durch § 283 geschützten Personenkreis noch ist seine Mitwirkungshandlung derart, wie insbesondere von § 781 BGB vorgesehen. Ähnlich wie bei der 1. Alternative (Vortäuschen) beschränkt sich die Rolle des Gläubigers auf die eines Adressaten, dem gegenüber die tatbestandsmäßige Handlung des Schuldners vorzunehmen ist. Ausschließlich der Schuldner, nicht dagegen der angebliche Gläubiger, „erdichtet" die (fremden) Rechte und erkennt sie an. Im Einzelnen gilt: Liegt das erforderliche Einvernehmen (oben Rdn. 85) schon bei Geltendmachung der erdichteten Forderung vor, so macht sich der Scheingläubiger entweder wegen Anstiftung, wenn er den Schuldner zur Abgabe des Anerkenntnisses bestimmt hat, oder wegen Beihilfe, wenn die Initiative vom Schuldner ausging, strafbar. Hat der Scheingläubiger die erdichtete Forderung hingegen (in betrügerischer Absicht) ohne vorheriges Einvernehmen mit dem Schuldner geltend gemacht, so liegt entweder Anstiftung vor, wenn der Scheingläubiger den Schuldner nachträglich zur Abgabe des Anerkenntnisses bestimmt, oder psychische Beihilfe, wenn das Einvernehmen auf Initiative des Schuldners hergestellt wird. **89**

### 5. Unterlassene und mangelhafte Buchführung (Nr. 5)

a) Nr. 5 betrifft – gemeinsam mit Nr. 6 und Nr. 7 – das kaufmännische Rechnungswesen, nämlich die Grundlagen und Mittel der handelsrechtlichen Rechnungslegung: Durch die handelsrechtliche Buchführung gibt der Kaufmann gegenüber seinen Kapitalgebern und Arbeitnehmern, aber auch gegenüber den Finanzbehörden (vgl. § 140 AO 1977) und teilweise auch gegenüber der Öffentlichkeit, Rechenschaft. Vor allem aber dient das Rechnungswesen unter insolvenzstrafrechtlichen Gesichtspunkten, wie AE § 192 Abs. 1 Nr. 3 ausdrücklich hervorhebt, der eigenen Übersicht des Kaufmanns über seinen Vermögensstand, über Größe und Geschwindigkeit seines Umsatzes, über seine Kapital- und Schuldenverhältnisse, über seine Zahlungsmöglichkeit und über die Risikogestaltung (zusammenfassend *Klein,* Anl. 2 zu den Tagungsberichten der Sachverständigenkommission zur Bekämpfung der Wirtschaftskriminalität Bd. III S. A 2). Unternehmerische Fehleinschätzungen, die eine vorrangige Insolvenzursache darstellen (Rdn. 13 Vor § 283), sind typischerweise in unzureichender Information begründet. „Wer ohne Übersicht über seinen Vermögensstand wirtschaftet, kann auf Dauer unmöglich den Erfordernissen einer ordnungsgemäßen Wirtschaftsführung gerecht werden und läuft Gefahr, über kurz oder lang in Konkurs zu geraten" (AE Bes. Teil, Straftaten gegen die Wirtschaft, Begr. S. 83). Nicht so sehr durch dauernde oder periodische Information unternehmensexterner Personen und Institutionen, sondern vor allem durch die **Selbstinformation des Kaufmanns** und durch die damit ermöglichte Kontrolle und Steuerung vollzieht sich der von Nr. 5 bezweckte **Gläubigerschutz.**[45] Diesen Gesichtspunkt des „Zwanges zur Selbstinformation im Gläubigerinteresse" heben auch die amtl. Begr. (BTDrucks. 7/3441 S. 38) und BGH bei Holtz MDR **1981** 454 sowie OLG Hamburg NJW **1987** 1342, 1343 hervor (vgl. auch OLG Karlsruhe NStZ **1985** 317; § 283b Rdn. 1), während etwa BGHR § 283 Abs. 1 Nr. 7a Konkurrenzen 1 den Blickwinkel ganz auf den Schutz der Gläubiger verengt, in **90**

[45] Vgl. bes. *Bieneck* in Müller-Gugenberger/Bieneck § 82, 3; *Bittmann* in Bittmann § 12, 148 und 154; *Hüffer* in Großkomm. HGB Rdn. 1 vor § 238 sowie § 238 Rdn. 2; *Blumers* S. 24; *Maul* S. 20; *Tiedemann* Wirtschaftsstrafrecht BT Rdn. 431.

deren Interesse die gesetzlich vorgeschriebenen Aufzeichnungen zu machen seien. Dass die Buchführung und vor allem auch die Bilanz keine umfassende und zeitnahe Übersicht insbesondere über das Vermögen und die Schuldendeckung ermöglichen (*Hauck* S. 85 ff), spricht weder gegen die Gläubigerschutz- noch gegen die Selbstinformationsfunktion. Vielmehr sieht es auch § 238 Abs. 1 S. 1 HGB als Zweck der Buchführung an, dass der Kaufmann „die Lage seines Vermögens ... ersichtlich zu machen" hat, und die Bilanz wird als Darstellung des Verhältnisses „seines Vermögens und seiner Schulden" definiert (§ 242 Abs. 1 S. 1 HGB). Dass es dabei keinesfalls *nur* um Selbstinformation geht, ergibt sich schon aus § 238 Abs. 1 S. 2, wonach die Buchführung „einem sachverständigen Dritten innerhalb angemessener Zeit" einen Überblick über die Geschäftsvorfälle und über die Lage des Unternehmens vermitteln muss, sowie aus § 239 Abs. 1 S. 2 HGB, der „Abkürzungen, Ziffern, Buchstaben oder Symbole" in der Buchführung nur zulässt, wenn deren Bedeutung im Einzelfall „eindeutig festliegt". Auffassungen, die durch §§ 283 ff das staatliche Insolvenzverfahren als geschützt ansehen (Rdn. 46 vor § 283), betonen demgegenüber den *Dokumentationswert* (Beweiswert) der kaufmännischen Rechnungslegung als Basis für das Insolvenzgericht und den Insolvenzverwalter, aber auch für die sonstigen Verfahrensbeteiligten (*Hauck* S. 90 ff; *Schüppen* S. 115 f, 121). Diese Ansicht kann sich darauf stützen, dass historisch handelsrechtliche Pflichten der Buchführung und Bilanzierung zuerst im Zusammenhang mit dem Insolvenzstrafrecht auftauchen (vgl. *Schüppen* S. 87) und dass noch heute für alle nicht publizitätspflichtigen Einzelunternehmen und Personenhandelsgesellschaften Strafsanktionen für Buchführungs- und Bilanzdelikte in spezifischer Form nur in §§ 283 ff existieren. Jedoch hat die Kodifikation des Rechtes der kaufmännischen Rechnungslegung im HGB durch das Bilanzrichtlinien-Gesetz (**BiRiLiG**) 1985 gegenüber dieser „klassischen" Dokumentations- oder Beweisfunktion der Rechnungslegung die *Informationsfunktion* in den Vordergrund gerückt, wie sie bereits in der Ordonnance de commerce von 1673 und anschließend vom Code de commerce von 1807 als Bilanzzweck definiert wurde (vgl. *Schüppen* S. 64): Das BiRiLiG, auf dessen Neuerungen § 283 durch das Tatbestandsmerkmal des „Handelsrechts" Bezug nimmt, zielt auf verbesserte Selbstinformation des Kaufmanns als Mittel zum Zweck des Gläubigerschutzes ab (*Merkt* in Hopt, HGB Einl. vor § 238). – Im Einzelnen ist die Selbstinformation damit Inhalt einer *öffentlich-rechtlichen* Pflicht (RGSt **13** 235, 237; *Richter* Festschrift Tiedemann S. 1037 mit weit. Nachw.), deren Erfüllung unverzichtbar ist und bei eingetretener Insolvenz auch dem *Insolvenzverwalter* den erforderlichen Überblick verschafft. In der Krise verstärkt sich sowohl die Bedeutung der Selbstinformationspflicht des Schuldners als auch die Dokumentationsfunktion der Bilanz gegenüber den Gläubigern (vgl. nur *Blumers* S. 115). Vorrangig ist die Dokumentation gegenüber den Gläubigern strafrechtlich aber schon deshalb nicht, weil die Gläubiger im Allgemeinen kein Recht auf Vorlage der oder Einsicht in die Buchführung haben.

**91** Entsprechend dieser Einschätzung der handelsrechtlichen Buchführung als klassischem (Prognose- und Beweis-)Mittel zur Vermeidung, aber auch zur Dokumentation von Fehlentwicklungen und ihren Ursachen betrifft der Straftatbestand der Nr. 5 nur die **gesetzliche** Verpflichtung zur Führung von **Handelsbüchern,** also nicht die freiwillige Buchführung, die indessen Gegenstand von Nr. 6 sein kann. Die steuerrechtliche und die gewerberechtliche Buchführung bleiben für Nr. 5 ganz außer Betracht, da der Straftatbestand von „Handels"büchern spricht;[46] für die Nichtführung oder unordentliche Füh-

---

[46] H.M., vgl. *Bieneck* in Müller-Gugenberger/Bieneck § 82, 8 ff (dort Rdn. 19 ff auch zu den Konsequenzen bei Beauftragung eines Steuerberaters); *Kindhäuser* LPK Rdn. 29; *Lackner/Kühl* Rdn. 16; *Radtke* MK Rdn. 43; *Sch/Schröder/Stree/Heine* Rdn. 29. – Zum

rung sonstiger Bücher sieht das Nebenstrafrecht eigene Straf-und Bußgeldtatbestände vor. Nicht unter Nr. 5 fallen auch spezielle handelsrechtliche Bücher wie das Tagebuch des Handelsmaklers (§ 100 HGB), das Aktienregister der Aktiengesellschaften (§ 67 AktG) und das Baubuch des Unternehmers nach § 2 BauforderungssicherungsG (*Fischer* Rdn. 19). Sie sind „sonst erforderliche Aufzeichnungen" i.S.d. § 239 Abs. 1 HGB, dienen mehr dem Nachweis gegenüber bestimmten Gläubigern als der eigenen Prognose und kennen meist ebenfalls einen besonderen Straf- und Bußgeldschutz (§ 103 HGB, § 6 BauforderungssicherungsG). Dagegen bezeichnet § 14 Abs. 1 DepotG das von dem Verwahrer von Wertpapieren zu führende Verwahrungsbuch ausdrücklich als Handelsbuch; dieses wird nach h.M. durch Nr. 5 erfasst (*Fischer* aaO; *Sch/Schröder/Stree* Rdn. 30 mit weit. Nachw.). Jedoch kann dies von vornherein nur für das sog. persönliche Depotbuch gelten, in welchem die Wertpapiere unter den Namen der Hinterleger aufgeführt sind. Da aber auch diese i.S.d. § 1 DepotG verwahrten Wertpapiere im fremden Eigentum (der Hinterleger) bleiben, kann die fehlende oder unrichtige Führung des Verwahrungsbuches nur ausnahmsweise die Übersicht über den Vermögensstand des Kaufmanns erschweren.

Wer buchführungspflichtig ist und welche Bücher als „Handelsbücher" anzusehen **92**
sind, ergibt sich somit aus dem **Handelsrecht,** nämlich dem HGB (§§ 238 ff) und den handelsrechtlichen Einzelgesetzen (§§ 150, 152 AktG, §§ 41 ff GmbHG, § 33 Abs. 1 GenG, §§ 1, 5, 11 PublizitätsG). Jedoch reichen auch *ausländische* Handelsgesetze als Verpflichtungsgrund aus (vgl. unten Rdn. 244). Inländische Zweigniederlassungen von Kapitalgesellschaften mit Sitz in einem anderen Mitgliedstaat der EG oder EWR sind nach § 235a HGB offenlegungspflichtig und unterfallen Nr. 5 (*Richter* Festschrift Tiedemann S. 1037; *Sch/Schröder/Stree/Heine* Rdn. 29). Ob deutsches oder ausländisches Buchführungsrecht anzuwenden ist, ist streitig (vgl. Rdn. 246). In jedem Fall dehnt § 14 die Verpflichtung zur Buchführung auf Organe und bestimmte Vertreter des buchführungspflichtigen Schuldners aus (vgl. unten Rdn. 98). Da § 14 Abs. 1 nicht nur deutsche juristische Personen und Personengesellschaften betrifft, werden auch *directors* der englischen *private company limited by shares* (Ltd.) und *gérants* der französischen *société à responsabilité limitée* (SARL) usw. erfasst (*Richter* aaO S. 1034; *Rönnau* ZGR **2005** 851; *Schumann* ZIP **2007** 1195). AG Stuttgart wistra **2008** 226, 229 (mit zust. Anm. *Schumann*) dehnt diese Auffassung zutreffend auf den faktischen Geschäftsführer („shadow director") der Limited aus.

b) Als Abschluss (bzw. Grundlage und Beginn) der Buchführung sind **Bilanz und** **93**
**Inventar** Teil der Buchführung im weiteren Sinne (vgl. RGSt **13** 354, 355; **30** 170 f; **39** 165, 167 f mit weit. Nachw.). Sie fallen nach h.M. unter Nr. 5 (und unter Nr. 6), werden jedoch in Nr. 7 als lex specialis noch einmal besonders erwähnt und geschützt (näher unten Rdn. 128). Richtiger erscheint es angesichts der Verselbständigung der Nr. 7, unter Handelsbüchern und Buchführung i.S.d. Nr. 5 nur die *Buchführung im engeren Sinne* – also ohne Jahresabschluss und wohl auch ohne Inventar – zu verstehen.[47] Auch die Eröffnungsbilanz (vgl. § 242 HGB und unten Rdn. 131) wird von Nr. 7 vollständig und selbständig erfasst.

Als Grundlage der (späteren) Bilanzierung betrifft Nr. 5 (und Nr. 6) **Handelsbücher,** **94**
nämlich die fortlaufende buchmäßige Erfassung der „Handelsgeschäfte" bzw. – genauer – der „Geschäftsvorfälle" eines kaufmännischen Unternehmens (§ 238 Abs. 1 HGB). (Ver-

---

Verhältnis von gesetzlicher und freiwilliger Buchführung nach § 240 KO a.F. BGHSt 2 386 ff.

47 Ebenso *Hauck* S. 122 f; *Lackner/Kühl* Rdn. 16; *Maurach/Schroeder/Maiwald* BT 1 § 48, 26.

bucht werden nicht die schuldrechtlichen Verpflichtungs-, sondern die wirtschaftlichen Erfüllungsgeschäfte!) Wenn Nr. 5 von „Handelsbüchern" und § 238 Abs. 1 HGB von „Büchern" eines Kaufmanns spricht, so stellt dieser strafrechtlich maßgebende Wortlaut klassischerweise auf die äußere Form, nämlich auf das Gebundensein, ab (vgl. nur RGSt 7 87, 89; *Hüffer* in Großkomm. HGB § 238 Rdn. 31). Dem entspricht die strafrechtliche Judikatur zum Urkundenstrafrecht, welche das Handelsbuch des Kaufmanns als Gesamturkunde einordnet und für die über die Einzelurkunden hinausgehende Beweiswirkung dieser Urkunde äußerlich eine gewisse Gewähr der *Festigkeit* verlangt (vgl. nur RG JW **1936** 1538 und LZ **1917** 125; *Zieschang* LK § 267 Rdn. 55 und 97 mit weit. Nachw.). Jedoch hatte bereits ein Gutachten der Industrie- und Handelskammer Berlin vom 25.2. 1927 (bei *Brüggemann* in Großkomm. HGB, 3. Aufl. § 43 Anm. 2) unter gewissen Voraussetzungen auch die Buchführung auf losen Blättern zugelassen, und § 239 Abs. 4 S. 1 HGB gestattet nunmehr die Führung der Handelsbücher und „sonst erforderlichen Aufzeichnungen" „auch in der geordneten Ablage von Belegen" (oder auf Datenträgern), „soweit diese Formen der Buchführung einschließlich des dabei angewandten Verfahrens den Grundsätzen ordnungsgemäßer Buchführung entsprechen". Diese durch technische Fortschritte eingeleitete *Ausweitungstendenz* des Handelsrechts lässt auch strafrechtlich für den Begriff des Handelsbuches die Funktion der vollständigen Dokumentation (für einen bestimmten Zeitraum) gegenüber der äußeren Form in den Vordergrund treten. Hierdurch war es allerdings bereits in der strafrechtlichen Literatur und Rechtsprechung zu §§ 239, 240 KO a.F. zu einer gewissen Verwirrung darüber gekommen, ob und inwieweit auch bloße Aufzeichnungen und Karteien als Tatobjekte ausreichen. BGHSt **4** 271, 275 verneinte dies im Ausgangspunkt zutreffend und unterschied von den Handelsbüchern sonstige Belege, Unterlagen und „Nebenbücher", die „nur die Grundlage für die Eintragungen in den Handelsbüchern bilden" oder „nicht dazu dienen, die Verhältnisse des Handelsgewerbes zu beurkunden und klarzulegen", z.B. weil die Schriftstücke nur der Arbeitserleichterung oder der innerbetrieblichen Kontrolle dienen (ebenso *Schaefer* LK[8] § 239 KO Anm. II 3 lit. b; wohl **aA** *Tröndle* LK[10] § 267 Rdn. 83). Demgegenüber wollte BGHSt **14** 262, 264 als Handelsbücher „schlechthin alle Aufzeichnungen eines Kaufmanns" unter der alleinigen Voraussetzung ansehen, dass sie „den Grundsätzen ordnungsgemäßer Buchführung entsprechen". Demgemäß wurde eine Kartei nebst zugehörigen Geschäftspapieren als „Buchersatz" angesehen und dem Handelsbuch gleichgestellt. Diese zu § 19 WeinG 1930 ergangene Entscheidung darf aber keineswegs verallgemeinert werden, soweit sie das Formmerkmal des Buches ganz zugunsten des inhaltlichen Bezuges auf die „Geschäftsvorfälle" aufgeben will. Auch wenn vielmehr das neuere Handelsrecht von dem Erfordernis der Gebundenheit der (Handels-)Bücher teilweise absieht (und insoweit auch für das Insolvenzstrafrecht maßgebend ist), so ist doch mit der amtl. Begr. (BTDrucks. 7/3441 S. 36) zum Konkursstrafrecht von 1976 darauf hinzuweisen, dass das HGB (§ 257) zwischen Handelsbüchern und sonstigen „Unterlagen" unterscheidet. Insbesondere die Buchungsbelege werden von § 257 Abs. 1 Nr. 4 HGB trotz ihres engen Bezuges zur Buchführung zutreffend nicht als Teil der Handelsbücher behandelt. Vor allem besteht angesichts der durch Nr. 6 vorgenommenen Ausweitung des Strafschutzes auf „sonstige Unterlagen" kein strafrechtliches Bedürfnis zur Überdehnung des Begriffes des Handelsbuches, wie sie in den Vernichtungs-Fällen BGHSt **14** 262 und BGH NJW **1955** 394 f (Lieferscheinblocks als Handelsbücher!) vorgenommen wurde. Der Begriff des Handelsbuches sollte daher nicht strafrechtlich-autonom verwendet, sondern auf den handelsrechtlichen Begriffsumfang zurückgeführt werden (zust. *Bittmann* § 12, 163). Die Belege i.e.S. (Buchungsbelege) können allerdings für die „Führung" der Handelsbücher – also für die Tathandlung – von Bedeutung sein: Ihre Vernichtung, ihre Fälschung und selbst ihr bloßes Fehlen kann die Buchführung i.S.d. 2. Alt. mangelhaft machen (näher unten Rdn. 112); ihre vollständige Sammlung kann dazu führen, dass trotz Fehlens der Buchführung eine hinreichende Übersicht über den Vermögensstand gegeben ist (unten Rdn. 118).

Die durch § 239 Abs. 4 HGB erfolgte Zulassung einer Ersetzung der klassischen Buch-Führung durch Verfahren der **EDV-Buchführung** ist für das Strafrecht ebenfalls verbindlich. Der *Buchbegriff* der Nr. 5 wird damit zwar gelockert, aber letztlich durch das Erfordernis des § 239 Abs. 4 S. 2 HGB gewahrt, dass sichergestellt sein muss, dass die Daten „jederzeit innerhalb angemessener Frist lesbar gemacht werden können" (Speicherbuchführung). Ebenfalls zulässig ist die EDV-Buchführung *außer Haus,* also mit Hilfe eines Servicebüros oder -Unternehmens („outsourcing"), bis hin zur Verlagerung der Buchführung in das *Ausland* (*Merkt* in Hopt, HGB § 239 Anm. 4). Zu den damit zusammenhängenden Fragen des Internationalen Strafrechts unten Rdn. 244 f. **95**

c) **Buchführungspflichtig,** nämlich nach Handelsrecht zur Führung von Handelsbüchern verpflichtet und damit tauglicher **Täter** nach Nr. 5, ist gemäß § 238 Abs. 1 HGB „jeder Kaufmann". Dies ist nach § 1 Abs. 1 HGB derjenige, der „ein Handelsgewerbe betreibt". Jedoch nimmt § 4 Abs. 1 HGB hiervon die *Kleingewerbetreibenden* aus, „deren Gewerbebetrieb nach Art oder Umfang einen in kaufmännischer Weise eingerichteten Geschäftsbetrieb nicht erfordert" (früher sog. Minderkaufleute). Sie werden erst mit ihrer freiwilligen Eintragung im Handelsregister (§ 2 Satz 2 HGB) Kaufleute und damit buchführungspflichtig. Ebenso gilt die Buchführungspflicht des § 238 Abs. 1 HGB für **Handelsgesellschaften** (§ 6 HGB). Vor ihrer Eintragung in das Handelsregister und nach ihrer Gründung ist die Gesellschaft (z.B. GmbH) dann – als OHG – buchführungspflichtig, wenn sie unter einer gemeinschaftlichen Firma ein Handelsgewerbe betreibt und nicht unter die Ausnahme des § 1 Abs. 2 HGB fällt (BGHSt **3** 23, 26 mit Nachw.; *Sch/Schröder/Stree/Heine* Rdn. 29; zur Rechtslage nach Eintragung unten Rdn. 98 ff). Land- und Forstwirte gelten gemäß § 3 HGB grundsätzlich nur dann als Kaufleute, wenn sie in das Handelsregister eingetragen sind (sog. Kannkaufleute). – Seit dem **BilMoG** 2009 sind von der Buchführungspflicht Einzelkaufleute ausgenommen, die an den Abschlussstichtagen von zwei aufeinander folgenden Geschäftsjahren nicht mehr als 500 000 Euro Umsatzerlöse und 50 000 Euro Jahresüberschuss aufweisen (§ 241a HGB n.F.). Diese größenabhängige Befreiung von der Buchführungspflicht lehnt sich an § 141 AO an und hat daher praktisch wenig Bedeutung (**krit.** *Bittmann* wistra **2008** 441, 444 f). Immerhin wird aber die bisher stark einzelfallorientierte Abgrenzung der Kleingewerbetreibenden verbessert. Nach der (zutreffenden) RG-Rechtsprechung zur Änderung von Buchführungsvorschriften (RGSt **33** 187 ff, **34** 37 ff; zust. *Tiedemann* NJW **1987** 1247 [f]) kommt § 241a HGB **Rückwirkung** zu. **96**

Strafrechtlich ist maßgebend, ob der Betrieb „nach Art oder Umfang einen in kaufmännischer Weise eingerichteten Geschäftsbetrieb erfordert" (§ 1 Abs. 2 HGB); die zivilrechtliche Vermutung der Kaufmannseigenschaft kraft Eintragung im Handelsregister (§ 5 HGB) gilt im Strafrecht, aber wohl auch im Übrigen für die Buchführungspflicht nicht (*Sch/Schröder/Stree/Heine* aaO mit Nachw.). Es kommt somit primär darauf an, ob das Unternehmen ein **Handelsgewerbe** nach § 1 HGB zum Gegenstand hat, also selbständig und geschäftsmäßig mit der Absicht dauernder Gewinnerzielung betrieben wird (*Hopt* HGB § 1 Rdn. 12 ff; *Müller-Gugenberger* in Müller-Gugenberger/Bieneck § 22, 63 ff mit Nachw.). Die *Freien Berufe* scheiden de lege lata unstreitig aus (vgl. nur *Hopt* aaO Rdn. 19 mit Nachw.). – Prozessual muss die Kaufmannseigenschaft im Strafurteil *festgestellt* werden (BGH bei Herlan GA **1964** 136). **96a**

Sodann ist zu ermitteln, ob das Unternehmen nach Art und Umfang einen **in kaufmännischer Weise eingerichteten Geschäftsbetrieb** erfordert (§§ 1 Abs. 2, 3 Abs. 2 HGB). **97**

Maßgebend ist das Erfordernis einer solchen Einrichtung, nicht ihr tatsächliches Vorhandensein. Dieses Erfordernis bestimmt sich nach der Verkehrsauffassung, die mit der Vorstellung vom (Voll-)Kaufmann regelmäßig eine Reihe bestimmter Merkmale verbindet: kaufmännische Buch- und Kassenführung einschließlich regelmäßiger Aufstellung von Inventar und Bilanz; kaufmännische Korrespondenz und deren Aufbewahrung; Beschäftigung von ausgebildetem Personal. Vor allem hinsichtlich der kaufmännischen Buchführung besteht allerdings die Gefahr eines Zirkelschlusses. Um ihr zu begegnen, sind zusätzliche – mehr quantitative – Kriterien heranzuziehen, unter denen vor allem die Höhe des *Umsatzes* eine wichtige Rolle spielt. Jedoch hat die Strafrechtsprechung vor dem BilMoG wiederholt darauf hingewiesen, dass die Höhe des Umsatzes nur ein *Indiz* für die Erforderlichkeit kaufmännischer Einrichtung ist (BGH GA **1956** 356 und bei Herlan GA **1964** 136). Seither gilt der Schwellenwert des § 241a HGB n.F. (Rdn. 96). Oberhalb von ihm kommt es an auf: Zahl der Betriebsstätten und der Beschäftigten (BGHSt **3** 23, 26), Größe des Anlage- und Betriebskapitals, Inanspruchnahme und Gewährung von Kredit, Diversität der Erzeugnisse und Leistungen, Umfang und Vielfalt der Geschäftsbeziehungen, Umfang der Korrespondenz, Größe und Beschaffenheit der Betriebsräume (BGH bei Herlan aaO). Maßgebend sind nicht so sehr einzelne Kriterien; vielmehr ist ihr Zusammenwirken im Sinne eines „Gesamtbildes" entscheidend (*Müller-Gugenberger* in Müller-Gugenberger/Bieneck § 22, 76; *Tiedemann* LK[11] § 265b Rdn. 33, je mit Nachw.). BGH GA **1964** 136 stellt – der Sache nach übereinstimmend – auf „den ganzen Geschäftsaufbau und die Organisation des Betriebes" ab. Mit *Hauck* (S. 101 ff) ist für die Strafbarkeit Eindeutigkeit dieses Gesamtbildes zu verlangen. – Prozessual muss der *Nachweis* der Erforderlichkeit einer kaufmännischen Einrichtung nur geführt werden, wenn der Betrieb nicht im Handelsregister eingetragen ist (*Müller-Gugenberger* in Müller-Gugenberger/Bieneck § 22, 84; oben Rdn. 96).

**98** Bei juristischen Personen und rechtsfähigen Personengesellschaften bestimmt sich der taugliche Täterkreis nach § 14 (vgl. im Einzelnen Rdn. 62 ff Vor § 283). Danach ist bei der **GmbH** gemäß § 41 GmbHG der (bzw. die, also jeder) Geschäftsführer buchführungspflichtig.[48] Bei der **OHG** und **KG** sind alle persönlich haftenden Gesellschafter buchführungspflichtig soweit sie nicht von der Geschäftsführung ausgeschlossen sind (§ 144 Abs. 2 HGB), nicht dagegen die Kommanditisten, die auch handelsrechtlich keine Kaufleute sind (RGSt **69** 65, 69; *Fischer* Rdn. 20; vgl. auch oben Rdn. 60 und 62 Vor § 283). Auch für einen mit der Geschäftsführung betrauten Kommanditisten verneint die h.M. die Buchführungspflicht (*Hüffer* in Großkomm. HGB § 238 Rdn. 22 mit Nachw.). Für *Scheinfirmen* und „Hintermänner" gelten die oben Rdn. 71 ff Vor § 283 dargelegten Grundsätze: Buchführungspflichtig ist, wer das Geschäft als eigenes – sei es auch unter fremdem Namen – betreibt (vgl. nur RGSt **49** 321 f; *Hüffer* aaO Rdn. 17). Zur *Übertragung* der Buchführung auf einzelne Organe, Gesellschafter oder Dritte unten Rdn. 101.

**99** d) Die Buchführungspflicht **beginnt** mit der Tätigkeit als (Voll-)Kaufmannn, eventuell auch schon mit Vorbereitungshandlungen wie Büromiete, Wareneinkauf usw., und endet mit ihr. Ebenso wie der Täter bereits im Zeitpunkt der mangelhaften Buchführung Kaufmann sein muss, um sich nach Nr. 5 strafbar zu machen (BGH bei *Herlan* GA **1953** 75; RGSt **45** 4, 6), dauert seine Buchführungspflicht nur so lange an, wie sein Geschäftsbetrieb nach Art und Umfang einen in kaufmännischer Weise eingerichteten Betrieb erfordert (RG JW **1912** 951, 952). Die – nicht nur vorübergehende – *Schrumpfung* des

---

[48] BGH bei Herlan GA **1967** 265; OLG Karlsruhe Justiz **1977** 206; RG GA **61** (1914) 115; vgl. im Einzelnen *Scholz/Crezelius* GmbHG § 41 Rdn. 10.

Unternehmens(zweckes) lässt also nach bisheriger Rechtsprechung trotz Eintragung im Handelsregister die Buchführungspflicht entfallen und führt handelsrechtlich zur Löschungspflicht (vgl. RGZ **155** 75, 83; OLG Karlsruhe BB **1964** 571, 572). Die Rechtsscheinwirkung des § 5 HGB entfaltet im Strafrecht keine Wirkung (Rdn. 96). Jedoch sind auch für die Prüfung der Eigenschaft als Kaufmann Unternehmensgegenstand und Unternehmenszweck zu beachten: Ein Saison-Betrieb verliert die Eigenschaft als Kaufmann nicht außerhalb der Saison (AG Wyk BB **1958** 891). Für *Handelsgesellschaften* ist zu beachten, dass zwar die *Ablehnung des Antrages auf Eröffnung des Insolvenzverfahrens mangels Masse* zur Auflösung führt. Jedoch tritt dann Abwicklung durch Liquidatoren ein, und für diese gilt die Buchführungspflicht der §§ 238 ff HGB. Diese Pflicht lebt auch wieder auf, wenn sich nach Durchführung der Liquidation und/oder des Insolvenzverfahrens noch Vermögensgegenstände finden (vgl. auch unten Rdn. 132). Zur Behandlung des Täterirrtums über die Buchführungspflicht, vor allem auch in den vorgenannten Fällen, unten Rdn. 188 ff.

Scheidet der gemäß § 14 Buchführungspflichtige aus seiner Stellung als Gesellschafter, **100**
Organ oder Vertreter aus, so **endet** seine Buchführungspflicht mit dem *Zeitpunkt des Ausscheidens* (BGH bei Holtz MDR **1981** 100; *Fischer* Rdn. 20). Unerheblich ist, ob der Pflichtige freiwillig und auf eigene Initiative oder aber unfreiwillig ausscheidet. Für die Annahme, er müsse auf seinen Nachfolger oder auf die verbleibenden Gesellschafter, Organe usw. im Sinne einer Pflichterfüllung „einwirken" (so BGHSt **2** 53 f zu § 84 GmbHG), ist rechtlich kein Raum; insbesondere besteht keine Nachwirkung der Pflicht über den Zeitpunkt des Ausscheidens hinaus (*Tiedemann* GmbH-Strafrecht⁴ § 84 Rdn. 39). Auch § 283b oder die voraufgegangene eigene Verletzung der Buchführungspflicht begründet nicht etwa eine Garantenstellung des Ausscheidenden (BGH bei Holtz aaO). Ein Fortbestand der Pflicht kommt daher nur unter dem Gesichtspunkt in Betracht, dass der gemäß § 14 Pflichtige nur zum Schein oder nur „formal" ausscheidet, tatsächlich aber weiterhin als Geschäftsführer usw. tätig bleibt (BGH aaO; oben Rdn. 67 Vor § 283). Auch hier ist in keinem Fall die Eintragung des Ausscheidens im Handelsregister maßgebend (vgl. Rdn. 67 Vor § 283).

e) Der Kaufmann braucht seine Buchführungspflicht nicht höchstpersönlich zu erfül- **101**
len, sondern kann sich der Mitwirkung von **Hilfspersonen** bedienen, die *Pflichterfüllung* aber auch auf Unternehmensangestellte oder Dritte, insbesondere Steuerberater, *übertragen* (Delegation). Im letzteren Fall können sich die Angestellten und Dritten unter den Voraussetzungen des § 14 selbst als Täter strafbar machen (Rdn. 66 Vor § 283; *Fischer* Rdn. 20 mit Nachw.). Daneben bleibt der Unternehmensinhaber selbst als Täter nach Absatz 1 Nr. 5 strafbar, wenn er vorsätzlich (oder fahrlässig, Absatz 5) die beauftragte Person nicht ordentlich ausgewählt hat oder sie nicht gehörig überwacht.[49]

Entsprechendes gilt bei **kollegialer Geschäftsführung**, wenn einem von mehreren Ge- **101a**
sellschaftern einer OHG oder einem von mehreren Geschäftsführern einer GmbH die Buchführung vertraglich übertragen wird: Da alle nicht von der Geschäftsführung ausgeschlossenen Gesellschafter (oben Rdn. 98) und alle Geschäftsführer buchführungspflichtig sind, haben die anderen Gesellschafter oder Geschäftsführer dafür zu sorgen, dass die Buchführungspflicht ordnungsgemäß erfüllt wird.[50] Bei Übertragung der Pflicht-

[49] Amtl. Begr. aaO S. 38; BGH bei Herlan GA **1953** 75; RGSt **58** 304, 305; BayObLG wistra **2001** 478; *Bieneck* in Müller-Gugenberger/Bieneck § 82, 24; *Fischer* Rdn. 20; *Kindhäuser* NK Rdn. 58; *Radtke* MK Rdn. 45; *Sch/Schröder/Stree/Heine* Rdn. 32; *Schünemann* LK § 14 Rdn. 67.

[50] RGSt **45** 387 f; OLG Karlsruhe Justiz **1977** 206 mit Nachw.; *Radtke* MK Rdn. 47; *Sch/Schröder/Stree/Heine* aaO; aus dem

erfüllung auf einen trifft die anderen eine Auswahl-, Überwachungs- und Informationsverantwortung. Notfalls müssen sie die Buchführung selbst übernehmen oder, wenn sie dazu außerstande sind, die Buchführung einem geeigneten Dritten übertragen (RGSt **45** 387, 388). Wird der Unternehmensinhaber allerdings von seinem mit der Buchführung beauftragten Steuerberater immer erneut vertröstet, so bedarf der Vorsatz des Unternehmensinhabers besonders eingehender Feststellung (BGH 1 StR 303/77 v. 25.10.1977 S. 4 ff zu § 283b Abs. 1 Nrn. 1 und 3b); gemäß Absatz 5 ist aber auch hier *Fahrlässigkeit* bei der Auswahl und Kontrolle strafbar. Fahrlässigkeit liegt jedoch dann nicht vor, wenn der Unternehmer z.B. wegen allgemeiner Umstellungsschwierigkeiten (Einführung von EDV!) „nicht davon ausgehen konnte, bei einer anderen Steuerberaterkanzlei eine schnellere Bearbeitung zu erreichen" (BGH 1 StR 719/79 v. 5.2.1980 S. 4).

**102** f) **Die erste Alternative** von Nr. 5 betrifft nach ganz h.M. nur den Fall, dass der Täter die ihm obliegende oder von ihm übernommene **Buchführung ganz unterlässt,** also überhaupt kein Buch führt.[51] Führt er lediglich einzelne Bücher nicht, kommt er also seiner Buchführungspflicht jedenfalls teilweise nach, so ist nur die 2. Alt. einschlägig; es kann dann mangelhafte Buchführung vorliegen.[52] „Die Buchführung ist in ihrer Gesamtheit zu beurteilen" (RGSt **49** 277 [ff]). Dasselbe gilt, wenn Handelsbücher mit Unterbrechungen geführt werden; das zeitweise Nichtführen erfüllt dann ebenfalls (nur) die 2. Alt.[53] Für den Täter ist diese Rechtslage im Hinblick auf die zusätzlichen Tatbestandseinschränkungen der 2. Alt. (dazu unten Rdn. 118) relativ günstig (vgl. etwa den Fall BGH bei Holtz MDR **1981** 106). Da zudem der Begriff der Handelsbücher i.S.d. § 238 Abs. 1 HGB – auch strafrechtlich – von der Rechtsprechung ausweitend verstanden wird (vgl. oben Rdn. 94), entgeht der Täter bereits durch ein Minimum an Buchführung der Anwendung der 1. Alt. von Nr. 5.

**103** α) Im Einzelnen handelt es sich bei der 1. Alt. um ein **echtes Unterlassungsdelikt** (zust. *Fischer* Rdn. 22). Die aus Handelsrecht folgende Pflicht zur Buchführung dauert grundsätzlich so lange, wie die (Voll-)Kaufmannseigenschaft besteht (oben Rdn. 99). Jedoch kommt dem Wesen der Buchführung als periodischer Rechenschaftslegung auch für Nr. 5 insofern Bedeutung zu, als die durch Bilanz und Inventar als Ziel und Bestandteil der Buchführung deutlich werdende Einteilung in Geschäftsjahre in Frage steht. Bereits die Unterlassung der Buchführung während eines solchen *Zeitraums* begründet daher die Strafbarkeit nach der 1. Alt., so dass bei späterer mangelhafter Buchführung zusätzlich Strafbarkeit nach der 2. Alt. gegeben sein kann (RGSt **49** 277 ff), und umgekehrt (*H. Schäfer* wistra **1986** 201 f). Nur für *denselben* Zeitraum kann nicht sowohl ein Unterlassen der gebotenen Buchführung als auch mangelhafte Buchführung angenommen werden (RG aaO S. 279).

---

handelsrechtlichen Schrifttum *Merkt* in Hopt, HGB § 238 Rdn. 8 mit weit. Nachw.

51 BGHSt **4** 270, 274 mit Nachw. sowie bei Holtz MDR **1980** 455; RGSt **30** 170 f; *Bieneck* aaO § 82, 30; *Bittmann* in Bittmann § 12, 152; *Fischer* Rdn. 22; *Hiltenkamp-Wisgalle* S. 181; *Lackner/Kühl* Rdn. 17; *Radtke* MK Rdn. 47; *Sch/Schröder/Stree/Heine* Rdn. 33; *Weyand/Diversy* Rdn. 85 S. 105.

52 BGH NStZ **1981** 353; BGH BB **1957** 274; BGHSt **4** 274; *Bieneck* aaO; *Fischer* Rdn. 23; *Lackner/Kühl* aaO; *Radtke* aaO. Allgemein dazu *Tiedemann* Tatbestandsfunktionen S. 380 ff mit weit. Nachw.

53 BGH bei Holtz MDR **1980** 455; *Sch/Schröder/Stree/Heine* Rdn. 33. Zur Abgrenzung vgl. auch RG GA **61** (1914) 115 (Unterlassen von Eintragungen über mehr als sechs Wochen unter Umständen, „die auf die Fortsetzung der Unterlassung bis ins Ungewisse" hinweisen).

Die Maßgeblichkeit einzelner Zeiträume äußert sich auch darin, dass eine **Nachholung** der Buchführung nur eingeschränkt möglich ist. Bereits die ordnungsgemäße Erfüllung der Buchführungspflicht ist zeitlich nur im Sinne der oben Rdn. 90 genannten Zwecke möglich und verlangt fortlaufende Verbuchung der Geschäftsvorfälle „binnen kurzer Frist nach dem Vorgange" (RGSt **39** 217, 219). Da die Bilanz als Ergebnis der Buchführung diese auswertend zum Bilanzstichtag abschließt, kann nach der tatsächlichen Erstellung der Bilanz oder nach vergeblichem Ablauf der in Nr. 7b in Bezug genommenen Bilanzierungsfrist die Erstellung der Handelsbücher grundsätzlich nicht mehr strafbefreiend wirken, sofern man – wie hier – den primären Zweck der Buchführung (und Bilanzierung) in der Selbstinformation des Kaufmanns sieht. Inwieweit die (vollständige!) Nachholung bis zu dem Zeitpunkt des Unternehmenszusammenbruchs die Annahme strafbaren Unterlassens ausschließt, hängt vor allem davon ab, wie das Verhältnis des primären Buchführungszweckes der Selbstinformation zu dem klassischen Zweck der Dokumentation gegenüber den Gläubigern und dem Insolvenzverwalter inhaltlich bestimmt wird. RGSt **39** 217, 219 sah in der Anlegung *neuer* Bücher für die zurückliegenden Monate keine „Führung" von Handelsbüchern für diese Zeit (zust. für den Regelfall *Lackner/Kühl* Rdn. 17 mit Nachw.; *Radtke* MK Rdn. 47). Wegen (und trotz) der genannten handelsrechtlichen Pflicht des Kaufmanns zur alsbaldigen oder doch „zeitnahen" Verbuchung der Geschäftsvorfälle ist daher (nur) ein gewisser (kurzer) Zeitraum anzunehmen, innerhalb dessen die Vornahme der Aufzeichnung *noch* ordnungsgemäß ist, nämlich den Handelsgepflogenheiten entspricht und dem Zweck der rechtzeitigen Selbstinformation (vgl. oben Rdn. 90) genügt (vgl. RGSt **47** 311, 312; *Weyand/Diversy* Rdn. 85, die einen Rückstand bis zu 2 Wochen zulassen; dazu auch unten Rdn. 112). Die in diesem Sinne rechtzeitige Nachholung der Buchführung stellt dann einen strafbefreienden *Rücktritt* vom Versuch dar, sofern das Unterlassen bereits vorsätzlich begonnen wurde (vgl. *Tiedemann* Wirtschaftsstrafrecht I S. 225 f mit Nachw.). Im Übrigen kann die Nachholung den erforderlichen *Zusammenhang* mit der objektiven Strafbarkeitsbedingung beseitigen (vgl. unten Rdn. 118). **104**

**β**) Der primäre Buchführungszweck der Selbstinformation stellt schließlich vor die Frage, ob sich der Täter (Kaufmann) innerhalb des Rdn. 104 genannten engen zeitlichen Rahmens darauf berufen kann, auch ohne jede Buchführung eine **hinreichende Übersicht** über seine Handelsgeschäfte und seinen Vermögensstand gehabt zu haben (vgl. den Fall OLG Hamburg NJW **1987** 1342, 1344). Diese von AE § 192 Abs. 1 Nr. 3 für Situationen außerhalb der Unternehmenskrise bejahte Frage ist für § 283 Abs. 1 schon wegen der hier vorliegenden Krisensituation zu verneinen, lässt diese Situation doch – zugleich im Interesse einer ordnungsgemäßen Insolvenzverwaltung – die Zwecke externer Rechnungslegung mit in den Vordergrund treten (oben Rdn. 90). Für § 283 Abs. 2 und für § 283b bleibt die Frage dagegen bestehen, trifft insoweit aber auf die Formalnatur der ausdrücklich statuierten öffentlich-rechtlichen Pflicht, deren Verletzung vom Gesetzgeber erfolgs- und gefährdungsunabhängig unter Strafe gestellt ist (näher unten Rdn. 118 und § 283b Rdn. 1). **105**

**g**) Das praktische Schwergewicht nicht nur von Nr. 5, sondern des gesamten Insolvenzstrafrechts liegt bei der **2. Alt.** dieser Bankrotthandlung: der **mangelhaften Buchführung.** Vor allem in der Krise (§ 283 Abs. 1) wird die Buchführung häufig vernachlässigt, obwohl sie gerade hier erforderlich ist, um das Unternehmen erfolgreich steuern zu können. Die verbreitete Vernachlässigung der Buchführung in der Krise führt in der strafrechtlichen Praxis zu der häufigen Anwendung von Nr. 5 (oder von § 283b), wobei dieser Straftatbestand nicht selten auch als **Auffangtatbestand** für nicht nachweisbare **106**

sonstige (schwerere) Insolvenzdelikte wirkt (zust. *Bittmann* § 12, 149; ebenso *Weyand/Diversy* Rdn. 78 a.E.). Dies ist rechtlich jedenfalls dann nicht zu beanstanden, wenn der Verdacht weiterer Insolvenzdelikte nicht straferschwerend berücksichtigt wird (vgl. aber auch *Tiedemann* Festgabe Peters, 1984, S. 146 f). Die Verletzung der Nrn. 5–7 wird darüber hinaus verstärkt angeklagt, seitdem die Verurteilung wegen eines solchen „Buchdeliktes“ das im Jahre 1980 eingeführte Berufsverbot des § 6 Abs. 2 GmbHG auslöst (*Richter* GmbHR **1984** 149). Zum Unterlassen von Eintragungen in Handelsbücher als Verfälschung von Gesamturkunden *Zieschang* LK § 267 Rdn. 213.

**107** Der von Anfang an unordentlichen Buchführung stellt das Gesetz die Vornahme **späterer Änderungen** gleich (vgl. auch § 239 Abs. 3 HGB). Dabei kommt es nicht darauf an, ob gleichzeitig der Straftatbestand der Urkundenfälschung (§ 267) oder der Urkundenunterdrückung (§ 274 Nr. 1) erfüllt ist (*Sch/Schröder/Stree/Heine* Rdn. 35). Da die Führung der Handelsbücher nicht nur im eigenen Interesse des Kaufmanns erfolgt (oben Rdn. 90), entfällt mit der Eintragung eines Geschäftsvorfalles in ein Handelsbuch aber die Dispositionsbefugnis des Eintragenden, so dass spätere Änderungen des Eintrages (z.B. mittels Durchstreichen, Radieren, Überkleben) regelmäßig den Tatbestand der Urkundenfälschung erfüllen (*Lackner/Kühl* Rdn. 18; *Zieschang* LK § 267 Rdn. 206). *Irrtümliche* Eintragungen sind mittels Gegenbuchung (Stornierung) oder auf eine sonstige Weise zu berichtigen, welche unter Erhaltung der Lesbarkeit des einmal Geschriebenen ersichtlich macht, dass und wann die Veränderung erfolgt ist.

**108** Für beide Fälle der 2. Alt. von Nr. 5 ist schließlich erforderlich, dass die **Übersicht über den Vermögensstand erschwert** wird. Entsprechend der Auslegung bereits des früheren Rechts ist – entgegen der Formulierung in §§ 239 Abs. 1 Nr. 4, 240 Nr. 3 KO a.F. – nicht zu fordern, dass die Handelsbücher überhaupt keine Übersicht des Vermögensstandes gewähren. Vielmehr reicht es für die Strafbarkeit aus, dass die Übersicht zwar (nachträglich) gewonnen werden kann, aber nur unter erheblichen Schwierigkeiten und unter Aufwendung besonderer Mühen (vgl. amtl. Begr. BTDrucks. 7/3441 S. 35 unter Hinweis auf RGSt **29** 305, 308 und **47** 311, 312; *Radtke* MK Rdn. 49). Einzelheiten dazu unten Rdn. 118.

**109** α) Wie bereits oben Rdn. 102 dargelegt, ist zwischen dem völligen Unterlassen und der unvollständigen oder sonstwie unrichtigen Buchführung zu unterscheiden. Das unvollständige und unrichtige Führen von Büchern ist **positives Tun,** nicht etwa qualifiziertes Unterlassen (*Tiedemann* Tatbestandsfunktionen S. 381 f mit Nachw.). Dabei ist Nr. 5 formal als Erfolgsdelikt konstruiert. Der Sache nach geht es aber um ein *schlichtes Tätigkeitsdelikt:* Das (Erfolgs-)Merkmal der Unübersichtlichkeit der Buchführung gibt nur einen bestimmten Schweregrad der Mangelhaftigkeit an, um geringfügige Verstöße als nicht tatbestandsmäßig auszuscheiden (vgl. auch amtl. Begr. BTDrucks. 7/3441 S. 35). *Schüppen* (S. 174) leitet aus dem Erfordernis richterlicher Beurteilung des Einzelfalles ab, dass hier ein sog. abstrakt-konkretes Gefährdungsdelikt vorliegt.

**110** β) Maßstab für die Ermittlung des tatbestandsmäßigen Unrechts sind die in § 238 Abs. 1 HGB genannten **Grundsätze ordnungsmäßiger Buchführung** (GoB). Ihr Inhalt ist daher für die Feststellung eines etwaigen Verstoßes und damit der Strafbarkeit nach Nr. 5 2. Alt. zunächst zu eruieren. Erst anschließend ist – negativ – zu fragen, ob der Verstoß so geringfügig ist, dass die durch die Buchführung bezweckte Übersicht über den Vermögensstand nicht erschwert wurde. Ähnlich wie bei § 265b Abs. 1 Nr. 1a (vgl. *Tiedemann* LK[11] Rdn. 68 ff) geht es entweder um unrichtige oder um unvollständige Darstellungen. Neben solchen Verstößen gegen die Prinzipien der **Wahrheit** und **Vollständigkeit** der Buchführung können bei § 283 aber auch Verstöße gegen das Prinzip der **Klarheit** tatbestandsmäßig sein; dieses Prinzip hat vor allem die Übersichtlichkeit zum Gegenstand (vgl. *Tiedemann* aaO Rdn. 75).

Bei den GoB handelt es sich um einen unbestimmten Rechtsbegriff, der im Ausgangspunkt auf außerrechtliche Normen der **Verkehrssitte** verweist. Diese werden durch ihre Inbezugnahme im Gesetz (§ 238 HGB) nicht etwa zu Rechtssätzen, sind allerdings nunmehr durch §§ 238 ff HGB teilweise kodifiziert. Soweit dies nicht (eindeutig) der Fall ist, dürfen sie einer strafrechtlichen Verurteilung nur zugrunde gelegt werden, wenn und soweit über ihren Inhalt in den beteiligten Verkehrskreisen kein Zweifel besteht.[54] Die GoB sind als Handelsbräuche weitgehend tatsächliche Übung, die der (Straf-)Richter induktiv festzustellen hat (vgl. nur *H. Kruse* S. 56 ff mit Nachw.); insoweit gilt der Satz *in dubio pro reo*. Für deduktive richterliche Ableitungen ist dagegen Raum, soweit es um die Werthaftigkeit der Verkehrsübung geht (vgl. *Merkt* in Hopt, HGB § 238 Rdn. 11). Die Kombination beider Ansätze entspricht der heute herrschenden Meinung (*Hüffer* in Großkomm. HGB § 238 Rdn. 43 mit Nachw.) Die Maximalforderungen von Richtigkeit, Vollständigkeit und Klarheit (Übersichtlichkeit) als allgemeine Bedingungen jeder Informationsvermittlung stellen ausfüllungsbedürftige Leitgesichtspunkte dar, deren Inhalt von festen und anerkannten Kernbereichen bis zu bloßen Soll-Hinweisen und Empfehlungen reicht, die gleichsam den Randbezirk der GoB darstellen. Der letztere Bereich ist wegen Art. 103 Abs. 2 GG durch Nr. 5 (ff) nicht durchgehend strafbewehrt (vgl. auch *Tiedemann* in Immenga/Mestmäcker GWB[2] § 38 Rdn. 1 mit weit. Nachw.; ferner bereits oben Rdn. 116 ff Vor § 283). Soweit die GoB vielmehr mangels tatsächlicher Anerkennung und Befolgung oder infolge Unsicherheit und Unklarheit der Ableitung zu unbestimmt sind, hat der Strafrichter sie auch dann unberücksichtigt zu lassen, wenn wirtschaftswissenschaftliche Gutachten von ihrer Verbindlichkeit ausgehen. Die GoB enthalten Maßstäbe für die richtige Erfüllung der Buchführungspflicht; *diese* ist das Handlungsobjekt von Nr. 5 (vgl. auch unten Rdn. 188) und wird auch nicht um ihres „Regelungseffekts“, sondern um der Selbstinformation des Schuldners sowie der Gläubigerinformation willen geschützt (oben Rdn. 90). Allgemein zu diesem Problem *Tiedemann* Wirtschaftsstrafrecht AT Rdn. 111 ff mit Nachw. **111**

Auch wenn das Gesetz die Erfordernisse einer ordnungsmäßigen Buchführung nirgends erschöpfend aufzählt, ergeben sich die Leitprinzipien doch aus der ausdrücklichen Normierung in § 239 Abs. 2 HGB, wonach die Eintragungen in Büchern und in sonst erforderlichen Aufzeichnungen „vollständig, richtig, zeitgerecht und geordnet vorgenommen werden“ müssen. Daneben kommt §§ 145, 146 AO sowie den Grundsätzen der Finanzverwaltung auch für das Handelsrecht eine gewisse Bedeutung zu; jedoch ist hier besonders zu beachten, dass die steuerrechtliche Ordnungsmäßigkeit einer Buchführung bereits verneint werden kann, wenn sie im Insolvenzstrafrecht noch zu bejahen ist (vgl. *Zirpins/Terstegen* S. 190). – Im Einzelnen gebietet das **Prinzip der Vollständigkeit,** dass die Buchführung alle Geschäftsvorfälle, nämlich die wirtschaftlichen Erfüllungsgeschäfte (zust. *Sch/Schröder/Stree/Heine* Rdn. 34; oben Rdn. 94), also die Vermögensveränderungen infolge der Geschäftsabschlüsse fortlaufend lückenlos erfasst (vgl. § 146 Abs. 1 Satz 1 AO). Eine nur rechnerisch richtige Wiedergabe des Vermögensstandes ist nicht genügend. Vielmehr muss die Buchführung auch Aufschluss über die zugrunde liegenden Geschäfte **112**

---

[54] Zusammenfassend – auch zum Folgenden – bereits *Tiedemann* Wirtschaftsstrafrecht I S. 197 ff mit Nachw.; zustimmend *Hauck* S. 126, 138 und *Schüppen* S. 173; ebenso vor allem *Sch/Schröder/Lenckner/Perron* § 265b Rdn. 2; vgl. auch BGHSt 30 285, 288. Zutreffend bezeichnet *Schüppen* (S. 167) diese Ansicht für den Bereich des Bilanzstrafrechts als h.M.

geben (vgl. nur RG GA **59** [1912] 124 ff), so dass die Vermögenslage durch falsche Angaben über die Art der Geschäfte oder über die Person des Gläubigers unzutreffend dargestellt sein kann (BGH bei Herlan GA **1961** 358 mit dem Zusatz, dass diese unzutreffende Darstellung „durch falsche Belege verschleiert" sein muss). Das damit bereits angesprochene **Prinzip der Richtigkeit** ist ebenfalls in § 239 Abs. 2 HGB sowie in § 146 Abs. 1 S. 1 AO enthalten und fordert zutreffende Darstellung der Geschäftsvorfälle. Das **Prinzip der zeitgerechten Verbuchung** verlangt die Verbuchung sämtlicher Geschäftsvorfälle sogleich nach Prüfung der Richtigkeit und unter Angabe des zutreffenden Datums in chronologischer Reihenfolge; die Buchungen dürfen also weder vorweggenommen noch aufgeschoben werden (vgl. aber auch unten Rdn. 116). Handels- und Steuerrecht schwanken zwischen Höchstfristen von 10 Tagen und einem Monat (*Merkt* in Hopt, HGB § 239 Rdn. 2). Das in § 239 Abs. 2 HGB zusätzlich angeführte **Prinzip der geordneten Verbuchung** spricht den Grundsatz der Klarheit und Übersichtlichkeit an, wonach Kontenbezeichnung und Text klar und eindeutig sein müssen; insbesondere sind gemischte Konten sowie Zusammenziehungen der vorgeschriebenen Kontenarten und Aufrechnungen zu vermeiden. Ordnung der Darstellung bedeutet ferner, dass der zeitliche Ablauf der Geschäftsvorfälle erkennbar ist (§ 238 Abs. 1 Satz 3 HGB). Ein bestimmtes *Buchführungssystem* ist dagegen nicht vorgeschrieben. Kraft Verkehrssitte richten sich aber alle größeren Unternehmen nach den aktienrechtlichen Vorschriften, die doppelte Buchführung verlangen; einfache Buchführung genügt grundsätzlich nur für Handwerker und Kleingewerbetreibende (*Merkt* aaO Rdn. 12). Ebenfalls nicht gesetzlich vorgeschrieben ist, **welche Bücher** der Kaufmann zu führen hat. Bereits die einfache Buchführung verlangt aber ein Journal (Grundbuch), in dem die Geschäftsvorfälle in chronologischer Reihenfolge einzutragen sind (vgl. § 145 Abs. 1 AO); eventuell sind bare und unbare Geschäftsvorfälle getrennt in einem Kassenbuch und einem Tagebuch zu verbuchen (vgl. *Maul* S. 77). Insbesondere bei umfangreichem Kreditverkehr kann es geboten sein, die Grundbücher in einem Hauptbuch (Kontokorrentbuch, Personenkonten-Buch) zusammenzufassen und dabei die Geschäftsvorfälle sachlich – vor allem nach Kunden und Lieferanten – zu ordnen, so dass Forderungen und Schulden jederzeit ersichtlich sind (*Maul* S. 79). – Der Strafrichter hat vor allem bei Einzelkaufleuten im *Urteil* festzustellen, welche Handelsbücher der Kaufmann nach Art und Umfang des von ihm betriebenen Handelsgeschäfts „mindestens hätte führen müssen" (BGH 1 StR 756/81 v. 28.1.1982 S. 3).

**112a** Allgemeine und von der insolvenzstrafrechtlichen Rechtsprechung besonders betonte Geltung hat schließlich das sog. **Belegprinzip,** wonach alle Buchungen jederzeit aufgrund von Belegen nachprüfbar sein müssen, also *keine Buchung ohne Beleg* erfolgen darf (vgl. nur BGH bei Herlan GA **1961** 358; *Merkt* in Hopt, HGB § 239 Rdn. 2 mit weit. Nachw.). Die Belege müssen vor der Verbuchung abgezeichnet sein; sie sind laufend zu nummerieren und geordnet aufzubewahren (vgl. BGH NJW **1954** 1010). Die Belege allein ersetzen die Buchführung als solche nicht (BGH bei Herlan GA **1959** 341), es sei denn, dass diese Buchungsweise als vollständige Belegsammlung den Grundsätzen ordnungsgemäßer Buchführung entspricht (§ 239 Abs. 4 Satz 1 HGB). Belege in dem genannten Sinn sind nur Urkunden, die geschäftliche Vorgänge beweisen; hierzu zählen nicht Aufzeichnungen (von Angestellten), die nur der Arbeitserleichterung (z.B. für die Aufstellung der Bilanz) dienen (BGH bei Herlan GA **1961** 359).

**113** γ) Die strafrechtlich relevanten Verstöße und Fallgruppen lassen sich entweder nach den vorgenannten Prinzipien gruppieren oder unter kriminalistisch-kriminologischen Aspekten beschreiben (*Zirpins/Terstegen* S. 195 ff); sie können ferner in Anlehnung an die Bilanz- und Inventarverstöße zusammengefasst werden (unten Rdn. 137 ff sowie

*Tiedemann* LK[11] § 265b Rdn. 75). Die folgenden Ausführungen legen eine gemischte Betrachtungsweise zugrunde:

Meist relativ einfach – anhand einer Belegprüfung – festzustellen ist das Weglassen, also die **Nichtverbuchung,** von Geschäftsvorfällen (z.B. Nichteintragen von erhaltenen Waren, Nichtverbuchen von Privatentnahmen oder von Barzahlungen: BGH bei Holtz MDR **1981** 100; RGSt **29** 304, 307; Nichtverbuchen der Verpfändung von Waren: RGSt **40** 105, 106; zu den o.R.-Geschäften sowie zu den o.D.-Geschäften näher *Zirpins/Terstegen* S. 208 ff). Dem Nichtverbuchen auf der Soll-Seite entspricht auf der Haben-Seite das Einstellen *fiktiver Posten* und das Unterlassen der Abschreibung oder Wertberichtigung nach Erkenntnis der Wertlosigkeit eines Postens (RGSt **13** 354, 355 f; **39** 222, 223). Die Verbuchung von erdichteten Geschäftsvorgängen kommt als *Falschbuchung* auch auf der Soll-Seite vor, wenn z.B. Privatentnahmen oder Unterschlagungen als angebliche Lohnzahlungen an (nicht vorhandene) Arbeitskräfte oder Geldzahlungen an angebliche Betrüger eingestellt werden (vgl. *Zirpins/Terstegen* S. 207 f). **114**

Schwieriger festzustellen sind **Falschbewertungen,** zu denen auch das vorerwähnte Unterlassen der Abschreibung oder Wertberichtigung zählt. Insoweit hat die Rechtsprechung seit langem die Einschränkung entwickelt, dass nur „willkürliche" oder „wissentliche" Falschbewertungen die Buchführung unrichtig machen (vgl. RGSt **39** 222, 223; *Klug* Aktienstrafrecht § 400 Anm. 11 mit weit. Nachw.). Dies entspricht der bereits oben Rdn. 117 Vor § 283 genannten allgemeinen Beschränkung der Strafbarkeit bei Bewertungen und Prognosen auf Fälle *eindeutiger* Unvertretbarkeit (*Tiedemann* ZStW **94** [1982] 328; zust. *Schmedding* S. 102 und *Schüppen* S. 167). RGZ **120** 363, 367 meint offenbar dasselbe Kriterium, wenn es von dem Erfordernis „offenbarer Willkür" spricht. Solche Willkür wird etwa anzunehmen sein, wenn der Täter „gar keine Unterlagen für seine Bewertung gehabt" und den verbuchten Wert „ganz willkürlich ... eingesetzt", also praktisch aus der Luft gegriffen hat (RGSt **39** 223). BGH 5 StR 236/55 v. 5.7.1955 S. 3 hebt hervor, dass keine mangelhafte Buchführung (durch Unterlassen von Abschreibungen und Rückstellungen) vorliegt, „soweit die Güte der Forderungen Ansichtssache sein kann". **115**

Überhaupt nicht strafbar sind nach der Rechtsprechung bloße Verstöße gegen das Prinzip der zeitgerechten Buchung, sofern die **verspätete Verbuchung** inhaltlich richtig ist (und auch nicht zur Unrichtigkeit auf den einzelnen Konten führt). Dies ergibt sich aus der sogleich Rdn. 118 zu schildernden Rechtsprechung zum Vollendungszeitpunkt. Werden aber Geschäftsvorgänge aus einem anderen Geschäftsjahr verbucht, so liegt eine inhaltliche Unrichtigkeit vor (vgl. dazu auch *Zirpins/Terstegen* S. 197 f). **116**

Am häufigsten und für die Technik der Buchführung besonders typisch sind formell oder/und materiell **unrichtige Verbuchungen** von (richtigen) Geschäftsvorfällen. Neben der vorsätzlichen Veränderung von Zahlen (z.B. durch willkürliches Vorsetzen einer Ziffer oder bewusste Rechenfehler) sind hervorzuheben: Auswerfen des Betrages in einer falschen Kontengruppe (z.B. auf Unkostenkonto statt auf Privatkonto), falsche Überträge, Unterlassung von Gegenbuchungen, Stornierungen durch Umbuchungen (näher dazu *Zirpins/Terstegen* S. 201 ff). Besondere Aufmerksamkeit widmet die *wirtschaftskriminalistische Buchprüfung* den unklar bezeichneten sowie den nicht genügend aufgeteilten Konten und dem Konto pro diverse. Hier sind falsche Verbuchungen von (richtigen) Geschäftsvorfällen besonders häufig (*Zirpins/Terstegen* S. 203 f; ausführlich auch *Teufel* Insolvenzkriminalität S. 200 ff). **117**

**δ)** Das für alle vorgenannten Buchführungsverstöße geltende zusätzliche Erfordernis der Erschwerung der **Übersicht über den Vermögensstand** bezieht sich darauf, ob die **118**

Mängel ein im Wesentlichen falsches Bild vom Gesamtzustand des Vermögens vermitteln (RGSt **29** 304, 308). Entsprechend der vom Gesetzgeber des 1. WiKG festgeschriebenen Judikatur kommt es darauf an, ob „ein sachverständiger Dritter sich den erforderlichen Überblick über die Vermögenslage des Schuldners entweder überhaupt nicht oder doch nur mit erheblichen Schwierigkeiten, unter Aufwendung besonderer Mühen, zu beschaffen vermag" (RGSt **47** 311, 312). Da die Buchführung gerade auch den Zweck der jederzeitigen Selbstinformation des Kaufmanns verfolgt (oben Rdn. 90), entfällt die Strafbarkeit nur dann, wenn die Berichtigung oder Vervollständigung der Buchführung „ohne nennenswerten Zeitverlust" möglich ist (RGSt **47** 312). Braucht ein Sachverständiger nach Insolvenzeintritt mehrere Wochen, um die Buchführung so weit in Ordnung zu bringen, dass sich der Vermögensstand mit einiger Zuverlässigkeit übersehen lässt, so war der Überblick erheblich erschwert (RG aaO). Dagegen wird der Überblick im Allgemeinen dann nicht erschwert sein, wenn trotz Nichtverbuchung einzelner Geschäftsvorfälle *vollständige Belege* vorhanden sind (BGH bei Holtz MDR **1980** 455 sowie bei Herlan GA **1959** 341; *Fischer* Rdn. 23 mit weit. Nachw.) oder wenn es sich um fortlaufende, in bestimmter Höhe regelmäßig anfallende Aufwendungen handelt (RGSt **29** 308; *Sch/Schröder/Stree/Heine* Rdn. 36). Liegt nur ein einziger Buchführungsmangel vor, so bedarf das Merkmal der Erschwerung der Übersicht besonderer Feststellungen (RGSt **29** 307 f). – Auf der anderen Seite kann sich der Kaufmann nach h.M. trotz des primären Zweckes der Selbstinformation nicht darauf berufen, er selbst habe trotz Mangelhaftigkeit der Buchführung einen hinreichenden Überblick über seinen Vermögensstand gehabt (*Bieneck* in Müller-Gugenberger/Bieneck § 82, 31; *H. Schäfer* wistra **1986** 200 f). Neben dem bereits oben Rdn. 105 angeführten eher formalen Grund der ausdrücklichen gesetzlichen Verpflichtung zur richtigen und vollständigen Buchführung und ihrer öffentlich-rechtlichen Natur soll nach einer verbreiteten Formulierung auch „jeder sachverständige Dritte die Vermögenslage ohne große Mühe erkennen können" (*Preisendanz/Bieneck* Anm. 6e dd). Die Rechtsprechung hat allerdings vor allem dann Schwierigkeiten gehabt, den Eigenwert einer richtigen und vollständigen Buchführung für die Information Dritter zu begründen, wenn die Jahresbilanzen richtig und vollständig waren, also die – mehr oder weniger konkrete – Gefahr einer Schädigung der Vermögensbelange Dritter ausgeblieben ist. Da Dritte im Übrigen außerhalb besonderer Rechtsformen und besonderer Prüfungsrechte keinen Anspruch auf Einsicht in die Buchführung des Kaufmanns haben (vgl. bereits Rdn. 90 a.E.) und Unrichtigkeiten, Unvollständigkeiten sowie Unklarheiten der Buchführung regelmäßig erst über das verselbständigte Mittel der Bilanz relevant werden, ist die Rechtsprechung schließlich auf den Ausweg verfallen, als *maßgebenden Zeitpunkt* für das Fehlen der Übersicht, also auch für die **Vollendung** der Tat, den Eintritt der objektiven Strafbarkeitsbedingung, also die Eröffnung oder Ablehnung der Eröffnung des Insolvenzverfahrens oder Zahlungseinstellung, zu erachten.[55] RGSt **29** 222, 225 suchte dieses Ergebnis vor allem mit grammatikalischen (Auslegungs-) Gesichtspunkten zu begründen. Unter teleologischen Aspekten besteht dagegen im Zeitpunkt der objektiven Strafbarkeitsbedingung eine von der mangelhaften Buchführung ausgehende Gefahr für die Gläubiger und/oder für die Kreditwirtschaft nur eingeschränkt, nämlich im Hinblick auf noch schwebende Geschäfte, Anfechtungsgründe usw.; eine Dispositionsmöglichkeit und ein zugehöriges Informationsbedürfnis des Kaufmanns selbst besteht nicht mehr, sobald das Insolvenzverfahren eröffnet ist. Stellt man daher die Buchdelikte der Nrn. 5–7 mit den übrigen Bankrotthandlungen des Abs. 1

---

[55] RGSt **29** 222, 225; BGH 5 StR 236/55 v. 5.7.1955 S. 2 f (auch bei *Tiedemann* GmbH-Strafrecht[4] Rdn. 44 vor § 82); ebenso *Hauck* S. 144 f.

gleich, so kommt es auch bei ihnen typischerweise auf die abstrakte Gefährdung von Vermögensinteressen der Gläubiger und der Kreditwirtschaft im Zeitpunkt der Handlungsvornahme an. Das tatbestandsmäßige Unrecht liegt daher bereits mit dem Mangel der Buchführung vor. Dieser Zeitpunkt ist daher nach richtiger Ansicht auch für die Übersicht und für die tatbestandsmäßige Vollendung entscheidend.[56] Die gegenteilige Ansicht der Rechtsprechung wird von *Preisendanz/Bieneck* aaO damit erklärt, dass bis zum Eintritt der objektiven Strafbarkeitsbedingung nur Versuch vorliege, von dem der Täter durch **Nachholung** der fehlenden oder Berichtigung der unvollständigen (oder nicht zeitgerechten) Verbuchung strafbefreiend zurücktreten könne (vgl. auch oben Rdn. 104). Jedoch prüft die Rechtsprechung keineswegs die Freiwilligkeit des Rücktritts und klärt auch nicht die zeitliche Reichweite des Vorsatzes (Tatentschlusses). Sie geht damit offenbar nicht von einer Versuchskonstellation aus. Auch lässt sie eine strafbefreiende Beseitigung des Mangels an Übersicht bis zum Zeitpunkt der objektiven Strafbarkeitsbedingung nur bei der 2. Alt. von Nr. 5, nicht dagegen bei der 1. Alt. zu (BGH 2 StR 375/76 v. 23.3.1977 S. 6 f). Diese Widersprüche lassen sich insgesamt jedenfalls nicht durch die Annahme einer Versuchskonstellation bereinigen. Die Versuchslösung stimmt aber auch nicht mit der primären Funktion der Buchführung als Mittel der Selbstinformation des Kaufmanns überein. Vielmehr dürfte die „klassische" Annahme eines Vorranges der *Dokumentationsfunktion* der Buchführung gegenüber den Gläubigern bzw. gegenüber dem Insolvenzverwalter die Rechtsprechung dazu veranlasst haben, für die Mangelhaftigkeit der Buchführung entscheidend auf den Zeitpunkt der Zahlungseinstellung usw. abzustellen. Diese Zweckrichtung der Buchführung stand zwar historisch im Vordergrund des Insolvenzstrafrechts (vgl. oben Rdn. 90), widerspricht aber den Intentionen des Reformgesetzgebers (oben Rdn. 90, § 283b Rdn. 1). Die Dokumentationsfunktion der Buchführung kann daher nicht für die Frage der Tatvollendung, sondern nur unter dem Gesichtspunkt des *Zusammenhanges* von Bankrotthandlung und Strafbarkeitsbedingungen herangezogen werden (vgl. § 283b Rdn. 15). Insoweit wird mangelhafte und unterlassene Buchführung aber vor allem im Hinblick auf die Nachholung gleich zu behandeln sein (vgl. näher § 283b Rdn. 14).

h) Der Buchführungspflichtige wird sowohl bei der 1. wie bei der 2. Alt. durch eigenes **Unvermögen** von der Pflicht zur Buchführung nicht ohne weiteres befreit. Bei eigener fachlicher Unfähigkeit, Krankheit, Arbeitsüberlastung usw. hat er vielmehr die Buchführung auf andere Personen zu übertragen, wobei es gleichgültig ist, ob es sich um Außenstehende (z.B. Steuerberater) oder um Unternehmensangehörige (z.B. Mitgesellschafter oder Angestellte) handelt (vgl. bereits oben Rdn. 101). Fehlen aber dem Unternehmensinhaber die *Finanzmittel* zur Bezahlung des mit der Buchführung Betrauten oder zu Betrauenden und kann er (aus fachlichen Gründen) die Bücher nicht selbst führen, so entfällt nach BGHSt **28** 231, 232 f die Strafbarkeit. Zwar betrifft diese Entscheidung nur die Unterlassung der Bilanzierung (§ 283 Abs. 1 Nr. 7b bzw. § 283b Abs. 1 Nr. 3b) sowie den Fall der Zahlungsunfähigkeit, ist also jedenfalls auf bloße Zahlungsschwierigkeiten nicht übertragbar. Jedoch wird man die Ansicht der neuen Rechtsprechung bei völligem Mangel an Geldmitteln auf die gänzliche Unterlassung der Buchführung (1. Alt.) und auch auf diejenigen Fälle der mangelhaften Buchführung (2. Alt.) ausdehnen müssen, in denen die Unvollständigkeit oder Unklarheit der Buchführung unmittelbare Folge des genannten Mangels ist. Die tatsächliche Möglichkeit zur Vornahme einer recht- **119**

---

[56] Vgl. bereits *Tiedemann* aaO 2. Aufl. Rdn. 31; ebenso *Lackner/Kühl* Rdn. 18; *Radtke* MK Rdn. 50; *Sch/Schröder/Stree/Heine* Rdn. 36 mit weit. Nachw.

lich gebotenen Handlung ist nämlich nicht nur bei den Unterlassungsdelikten (1. Alt.) Voraussetzung der Tatbestandsmäßigkeit, sondern beansprucht auch für solche Tätigkeits- und Erfolgsdelikte Geltung, die Unterlassungs- und Überwachungselemente enthalten (wie z.B. auch §§ 324 ff). Der von BGHSt **28** 231 ff begründete Standpunkt entspricht inzwischen für die Bilanzierung (Nr. 7) der h.M.[57] Soweit allerdings noch Geldmittel vorhanden sind und anderweitig eingesetzt werden, ist die hier behandelte Ausnahmesituation nicht gegeben (zutr. *Hillenkamp* Festschrift Tiedemann, S. 958 ff mit Nachw.; *Richter* GmbHR **1984** 147). Wenn liquide Mittel nicht in ausreichendem Umfang vorhanden sind, müssen sie vorrangig zugunsten der Erfüllung der öffentlich-rechtlichen Pflichten, zu denen auch diejenige zur ordnungsmäßigen Buchführung zählt (oben Rdn. 90), verwendet werden. Dabei geht die Zahlungspflicht aus § 266a vor (*Bieneck* in Müller-Gugenberger/Bieneck § 82, 28 mit Nachw.). Die Berufung auf finanzielles Unvermögen wird bei Nr. 5 (und Nr. 7) aber nicht durch die Rechtsfigur der *omissio libera in causa* abgeschnitten, es sei denn das Vorverschulden stellt einen Missbrauch dar (*Hillenkamp* aaO S. 966 f mit Nachw. S. 963).

**120** Scheinbar weitergehend fordert eine beachtliche Mindermeinung,[58] jeder Kaufmann müsse der Pflicht zur Buchführung unter allen Umständen nachkommen oder aber das *Unternehmen aufgeben*. Diese Auffassung ist für Nr. 5 teilweise zutreffend: Soweit im Zeitpunkt des Eintritts der Mittellosigkeit Buchungen für vergangene (zeitnahe, § 239 Abs. 2 HGB!) Geschäftsvorfälle noch nicht vorgenommen worden sind, kann das Unterlassen der Nachholung dieser Buchungen nach dem Grundsatz „ad impossibilium nulla obligatio“ und im Sinne der Entscheidung BGHSt **28** 231 allerdings nicht strafbarkeitsbegründend wirken. Soweit es dagegen um die laufende und insbesondere künftige Buchführung geht, steht die Unternehmensfortführung ohne Erfüllung der Buchführungspflicht dem positiven Tun näher als dem Unterlassen und ist als Mangel jeglicher Übersicht grob wirtschaftswidrig im Sinne der Nr. 8 (*Biletzki* NStZ **1999** 540; *Hillenkamp* Festschrift Tiedemann, S. 967 f). Der Schuldner muss daher in der Tat seine Unternehmenstätigkeit aufgeben, wenn keine Mittel zur gegenwärtigen und künftigen Erfüllung der Buchführungspflicht vorhanden sind. Dabei wird für die Abwicklung laufender Geschäfte ein kurzer Übergangszeitraum zuzubilligen sein. Großzügiger ist mit der Annahme von Straflosigkeit bei der unterlassenen oder fehlerhaften Bilanzierung nach Nr. 7 zu verfahren (vgl. dazu unten Rdn. 154).

### 6. Beiseiteschaffen und Vernichten von Handelsbüchern usw. (Nr. 6)

**121** a) Der Tatbestand schützt nach der amtl. Begr. (BTDrucks. 7/3441 S. 36) die tatsächlich erstellte Buchführung nebst den hierauf bezüglichen Unterlagen gegen Vernichtung und Entziehung vor Ablauf der in § 257 Abs. 4 HGB genannten Frist von 10 Jahren (für Handelsbücher, Inventare, Eröffnungsbilanzen, Jahresabschlüsse, Lageberichte, Konzernabschlüsse, Konzernlageberichte und die zu ihrem Verständnis erforderlichen Arbeitsanweisungen und sonstigen Organisationsunterlagen) bzw. von 6 Jahren (für die empfan-

---

[57] BGHR § 283 Abs. 1 Zahlungsunfähigkeit 3, Abs. 1 Nr. 7b Bilanz 1 und JZ **2003** 804 ff mit Anm. *Beckemper* S. 806 ff sowie *Rönnau* NStZ **2003** 530 ff; BGH wistra **2007** 308, 309; BayObLG wistra **1990** 201, 202; KG NJW **2007** 3449 f; OLG Stuttgart NStZ **1987** 460, 461; *Bieneck* in Müller-Gugenberger/Bieneck § 82, 27; *Fischer* Rdn. 23a; *Kindhäuser* LPK Rdn. 39; *Lackner/Kühl* Rdn. 20; *Radtke* MK Rdn. 63; *Sch/Schröder/Stree/Heine* Rdn. 47 mit weit. Nachw. Ausführlich dazu *Hillenkamp* Festschrift Tiedemann, S. 951 ff.

[58] *Radtke* MK Rdn. 47; *H. Schäfer* wistra **1986** 204; *Schlüchter* JR **1979** 515; *Weyand/Diversy* Rdn. 81 S. 102 f.

genen Handelsbriefe, die Wiedergaben der abgesandten Handelsbriefe und Buchungsbelege sowie Mikrokopien der beiden letzteren Gruppen von Unterlagen); diese Fristen laufen ab Schluss des Kalenderjahres, „in dem die letzte Eintragung in das Handelsbuch gemacht, das Inventar aufgestellt, die Eröffnungsbilanz oder der Jahresabschluss festgestellt, der Konzernabschluss aufgestellt, der Handelsbrief empfangen oder abgesandt oder der Buchungsbeleg entstanden ist" (§ 257 Abs. 5 HGB). Nr. 6 gilt nach h.M. nicht nur für nach Handelsrecht Buchführungspflichtige, sondern auch für **freiwillig Buchführende.**[59] Diese vom Gesetzgeber im Anschluss an die Rechtsprechung zu § 239 Abs. 1 Nr. 4 KO (vgl. vor allem BGHSt **2** 386 f) gewollte und im Wortlaut der Nr. 6 zum Ausdruck gebrachte Ausweitung unterscheidet diesen Tatbestand auch von § 283b Abs. 1 Nr. 2 (vgl. dort Rdn. 18). Jedoch ist unklar, wie weit die dadurch eintretende tatbestandliche Ausdehnung reichen soll. Grundsätzlich bezieht die h.M. auch *Privatleute* und Angehörige der Freien Berufe ein (*Fischer* Rdn. 24; *Sch/Schröder/Stree/Heine* Rdn. 39 mit Nachw.). Jedoch hält *Fischer* aaO die Ausweitung auf Private nur – im Hinblick auf die in Absatz 1 vorausgesetzte Krisensituation – für sinnvoll, soweit es um freiwillig geführte Handelsbücher geht; dagegen sei bei den sonstigen in § 257 Abs. 1 HGB genannten Unterlagen deren Begriffsbestimmung bei einem Privatmann „kaum möglich". Zu empfehlen sei daher insoweit eine einschränkende Auslegung der Nr. 6, vor allem in den Fällen der Unkenntnis des Täters (Nichtkaufmanns) von der Krisensituation. Dem ist für den Privatmann ohne Weiteres zuzustimmen, da hier in der Tat – auch unabhängig von der Kenntnis oder Unkenntnis des Täters – nicht hinreichend auszumachen ist, welche empfangenen Briefe den vom Kaufmann „empfangenen Handelsbriefen" i.S.d. § 257 Abs. 1 Nr. 2 HGB entsprechen sollen. Es wäre kaum sinnvoll, hierzu alle geschäftliche Angelegenheiten betreffenden oder von Geschäftsleuten abgesandten Briefe (z.B. auch eine zu Unrecht ergangene Mahnung in Bezug auf eine Handwerkerrechnung) zu zählen. In Wahrheit zeigen die der Neufassung des Gesetzes voraufgegangenen Entscheidungen BGHSt **2** 386 f und RGSt **42** 284 ff, dass es bei der vom Gesetzgeber intendierten Ausweitung um die früheren *Minderkaufleute* ging, die handelsrechtlich nicht zur Buchführung verpflichtet waren (vgl. § 4 a.F. HGB). Privatleute scheiden demgegenüber ganz grundsätzlich als Täter von Nr. 6 (ebenso wie bereits nach dem eindeutigen Gesetzeswortlaut von Nr. 5 und Nr. 7) aus, da sie selbst bei tatsächlicher Buchführung jedenfalls keine „Handelsbücher" führen (vgl. BGHSt **4** 270, 275!) und die in § 257 Abs. 1 HGB konkretisierten „sonstigen Unterlagen" nur in Bezug auf die Führung von Handelsbüchern verstehbar und sinnvoll sind (zust. *Hiltenkamp-Wisgalle* S. 186 f). Bewahrt also etwa ein Privatmann Unterlagen über ein von ihm vermietetes Hausgrundstück auf, so handelt es sich nicht um Unterlagen i.S.d. § 257 HGB. Die gegenteilige Auffassung würde nach Nr. 6 auch den buchführungspflichtigen Vollkaufmann verpflichten, über § 257 HGB hinaus entsprechende Unterlagen über Vorgänge, die sein Privatvermögen betreffen, nicht zu vernichten, sofern er diese Unterlagen zunächst aufbewahrt hat. Eine solche Ausweitung aber wäre widersinnig (auch wenn beim Einzelkaufmann keine Trennung von Privat- und Geschäftsvermögen besteht, vgl. unten Rdn. 137). *Privatleute* können daher nur dann Täter nach Nr. 6 sein, wenn sie Handelsbücher usw. eines Kaufmanns vernichten: Die Ausweitung liegt in dem Verzicht auf die Einordnung der Nr. 6 als kaufmännisches Sonderdelikt, in der Bestimmung des Tatobjektes dagegen nur inso-

---

[59] *Bieneck* in Müller-Gugenberger/Bieneck § 82, 35; *Fischer* Rdn. 24; *Hiltenkamp-Wisgalle* S. 185; *Lackner/Kühl* Rdn. 19; *Sch/Schröder/Stree/Heine* Rdn. 39. Vgl. aber auch *Schaefer* LK[8] § 239 KO Anm. II Ziff. 4 mit Nachw. zum älteren Schrifttum und zu den Motiven zur KO. **AA** *Bittmann* in Bittmann § 12, 198; *Kindhäuser* NK Rdn. 68; *Radtke* MK Rdn. 53.

weit, als hier neben Handelsbüchern auch die in § 257 HGB genannten sonstigen Unterlagen geschützt werden.

**122** Kommen also nach richtiger Ansicht Privatleute als Adressaten von Nr. 6 nur in Betracht, soweit sie fremde (kaufmännische) Handelsbücher (usw.) vernichten und selbst Schuldner sind oder für diesen gem. § 14 handeln, so fragt sich vor allem, ob die tatsächliche Buchführung der **Angehörigen Freier Berufe** unter Nr. 6 fällt (bejahend *Weyand/Diversy* Rdn. 87). Dies ist auch deshalb problematisch, weil diese Buchführung meist keineswegs „freiwillig", sondern z.B. aus steuerrechtlichen oder standesrechtlichen Gründen erfolgt. Richtigerweise kann auch diese – teilweise mit anderen Aufbewahrungsfristen verbundene – Buchführung nicht als durch Nr. 6 erfasst angesehen werden. Wie bereits RGSt **16** 426, 429 dargelegt hat, verfolgt die Aufbewahrung der Handelsbücher denselben Zweck wie die Verpflichtung zur Buchführung. Wer von vornherein nicht unter das Handelsrecht fallen kann und eine Buchführung zu anderen als handelsrechtlichen Zwecken vornimmt, führt keine „Handelsbücher" und hat die in § 257 HGB genannten Unterlagen daher auch nach Insolvenzstrafrecht nicht aufzubewahren (zust. *Bieneck* in Müller-Gugenberger/Bieneck § 82, 35 und *Radtke* MK Rdn. 53). Die praktische Bedeutung der nach dem Wortlaut von Nr. 6 verunglückten Ausweitung liegt somit nur in der **Einbeziehung von Kaufleuten** nach § 2 HGB nach ihrer Löschung im Handelsregister gemäß § 2 Satz 3 HGB (zust. *Sch/Schröder/Stree/Heine* Rdn. 39 mit weit. Nachw.) und seit dem BilMoG 2009 (Rdn. 96) von Kaufleuten unterhalb des Schwellenwertes von § 241a HGB n.F. sowie von Personen der in Rdn. 123 genannten Art. Eklatant wirtschaftswidrige Fälle der Vernichtung von Buchführungsunterlagen durch Private oder Angehörige Freier Berufe werden jedenfalls durch Nr. 8 erfasst werden.

**123** Der spätere **Wegfall der Kaufmannseigenschaft** lässt die Aufbewahrungspflicht unberührt (vgl. bereits Rdn. 122; zust. *Kindhäuser* LPK Rdn. 34 und *Radtke* MK Rdn. 52 mit weit. Nachw.). Die Pflicht zur Aufbewahrung geht auch ohne die Kaufmannseigenschaft auf die Erben des Schuldners und auf den Testamentsvollstrecker, aber auch auf den Insolvenzverwalter und auf den Geschäftserwerber über (*Hüffer* in Großkomm. HGB § 257 Rdn. 8 mit Nachw.). **Nach Durchführung des Insolvenzverfahrens** besteht eine Aufbewahrungspflicht im strafrechtlichen Sinne aber nicht mehr; jedenfalls fehlt es hier an dem erforderlichen Zusammenhang zwischen Bankrotthandlung und Unternehmenszusammenbruch (RGSt **9** 134 ff). Bei vorzeitiger Einstellung des Insolvenzverfahrens (mangels Masse oder mit Zustimmung der Gläubiger) kommt es darauf an, ob ein berechtigtes Interesse der Gläubiger an dem Vorhandensein der Bücher weiterbesteht. Nach Ablauf der handelsrechtlichen Aufbewahrungsfristen kann § 274 einschlägig bleiben, sofern längere verwaltungsrechtliche Fristen für die Vorlegung und Aufbewahrung von Unterlagen bestehen; diese Pflichten sind für Nr. 6 unerheblich. Auch die besondere Aufbewahrungspflicht der §§ 273 Abs. 2 AktG, 74 Abs. 1 GmbHG, 93 GenG nach Auflösung (Liquidation) der juristischen Person wird von Nr. 6 nicht strafbewehrt.

**124** b) **Die Tatobjekte** werden durch die handelsrechtlichen Normen über die Aufbewahrungspflichten bestimmt und sind seit 1985 vom Gesetzgeber umfassender umschrieben, da § 257 HGB nicht nur die von § 44 HGB a.F. erwähnten Handelsbücher, Inventare, Bilanzen sowie die zu ihrem Verständnis erforderlichen Arbeitsanweisungen und sonstigen Organisationsunterlagen usw. bis hin zu den Buchungsbelegen erfasst, sondern in § 257 Abs. 1 Nr. 1 auch „Jahresabschlüsse", also auch die *Gewinn- und Verlustrechnung* (§ 242 HGB) sowie den *Lagebericht* der Kapitalgesellschaften (§ 264 HGB) einschließt. Auch wenn der Wortlaut von § 283 Abs. 1 Nr. 6 unverändert geblieben ist, ist die Erweiterung der „sonstigen Unterlagen" durch die 1985 erfolgte Änderung des Handelsrechtes zweifelsfrei gedeckt (so auch *Fischer* Rdn. 24 jedenfalls für die Lageberichte, aber ohne

Erwähnung der Gewinn- und Verlustrechnungen). Der von den Kapitalgesellschaften mit dem Jahresabschluss aufzustellende *Anhang* (§ 264 HGB) wird von § 257 HGB nicht ausdrücklich erwähnt, bildet aber nach § 264 Abs. 1 S. 1 HGB mit der Bilanz und der Gewinn- und Verlustrechnung „eine Einheit" und fällt schon deshalb ebenfalls unter die Aufbewahrungspflicht des § 257 (*Hüffer* in Großkomm. HGB § 257 Rdn. 12).

c) Die **Tathandlungen** von Nr. 6 entsprechen im Wesentlichen denen von Nr. 1 (vgl. dort Rdn. 25, 38, 44 ff). Das Korrektiv des Widerspruches zu den Anforderungen einer ordnungsgemäßen Wirtschaft fehlt bei Nr. 6, da die gesetzliche Regelung der Aufbewahrung in § 257 HGB gerade den allgemeinen Maßstab ordnungsgemäßen Wirtschaftens konkretisiert. Handlungen *nach Einstellung des Insolvenzverfahrens* sind allerdings nur dann strafbar, wenn ein berechtigtes Interesse der Gläubiger am Vorhandensein der Bücher und Unterlagen fortbesteht (BGH bei Herlan GA **1954** 311; *Sch/Schröder/Stree/Heine* Rdn. 41; oben Rdn. 123 a.E.; **krit.** *Bittmann* § 12, 202). **125**

Nicht besonders genannt ist in Nr. 6 das (von Nr. 1 erwähnte) Unbrauchbarmachen. Alle relevanten Fälle des Unbrauchbarmachens werden aber durch die Tathandlungen des Beschädigens oder Zerstörens erfasst. „**Zerstören**" ist nach der amtl. Begründung (BTDrucks. 7/3441 S. 36) sowohl die völlige Substanzvernichtung als auch die sonstige Aufhebung der Funktionsfähigkeit durch Einwirkung auf die Sache, z.B. „die völlige und irreparable Auflösung der Ordnung einer Loseblattsammlung". **125a**

Wie sich aus der Einbeziehung der „sonstigen Unterlagen" in Nr. 6 ergibt, reicht es für alle Tathandlungen aus, dass sie sich auf einen Teil der Handelsbücher (und sonstigen Unterlagen) beziehen. Eine Gesamtvernichtung aller Handelsbücher oder Unterlagen ist nicht erforderlich (zust. *Sch/Schröder/Stree/Heine* Rdn. 40 mit Nachw.). Tatbestandsmäßig ist auch das *Löschen oder Sperren von Daten,* die elektronisch gespeichert sind (*Sch/Schröder/Stree/Heine* aaO; *Weyand/Diversy* Rdn. 89). **125b**

Für alle Tathandlungen stellt das Gesetz das zusätzliche Erfordernis auf, dass die **Übersicht** über den Vermögensstand **erschwert** wird. Ist also z.B. nur die Substanz der Unterlage betroffen, der Inhalt dagegen unberührt, so liegt keine strafbare Beschädigung vor (zust. *Fischer* Rdn. 24 mit Nachw.). Entsprechendes gilt, wenn ein verheimlichter oder beiseite geschaffter Beleg für den Gesamtüberblick über die Vermögenslage keine Rolle spielt (*Fischer* aaO). Andererseits macht die Zurückbehaltung einer Abschrift an Stelle der vernichteten Unterlage nicht ohne weiteres straffrei (vgl. RGSt **16** 426, 429). – Nach Ansicht der Rechtsprechung dürfte die Unübersichtlichkeit auch hier auf den Eintritt der objektiven Strafbarkeitsbedingung zu beziehen sein, so dass eine vor diesem *Zeitpunkt* erfolgende Wiederherstellung der Buchführung als strafbefreiend angesehen werden kann. **126**

Nach RG JW **1899** 804 ist das **Unterlassen** dann tatbestandsmäßig, wenn die Bücher ohne Verschulden des Aufbewahrungspflichtigen vernichtet worden sind und daher die erforderliche Übersicht über den Vermögensstand fehlt (zust. *Hüffer* in Großkomm. HGB § 257 Rdn. 46). Diese Entscheidung betont aber zu Recht, dass die Pflicht zur Aufbewahrung nicht ohne weiteres die Pflicht zur Erneuerung untergegangener Bücher einschließt und dass die letztere Pflicht nur aus der allgemeinen Verpflichtung (des Kaufmanns) folgen kann, einen vollständigen Überblick über seine Handelsgeschäfte und seinen Vermögensstand zu haben. Eine Pflicht zur Erneuerung untergegangener Bücher kann daher überhaupt nur den buchführungspflichtigen Kaufmann treffen, nicht dagegen denjenigen, den nach Nr. 6 (Rdn. 122 und 123) nur ein Vernichtungsverbot trifft. Bleibt unklar, ob der Kaufmann keine Bücher geführt oder diese vernichtet hat, ist *Wahlfeststellung* zwischen Nr. 5 und Nr. 6 möglich (*Bittmann* § 12, 206; *Sch/Schröder/Stree/Heine* Rdn. 49a). **127**

### 7. Bilanzdelikte einschließlich Unterlassung der Aufstellung von Bilanz und Inventar (Nr. 7)

128 a) Der praktisch außerordentlich wichtige[60] Straftatbestand der Nr. 7 regelt ähnlich wie Nr. 5, jedoch in anderer Reihenfolge, das Unterlassen der Aufstellung von Bilanz oder Inventar „in der vorgeschriebenen Zeit" (lit. b) und die mangelhafte Bilanzaufstellung des Kaufmanns mit der Folge, „dass die Übersicht über seinen Vermögensstand erschwert wird" (lit. a). Nr. 7 ist damit jedenfalls lex specialis zu Nr. 5 (vgl. oben Rdn. 93). Innerhalb der gesetzlichen Gesamtregelung der Buchdelikte entfaltet Nr. 7 zudem Exklusiv- oder *Sperrwirkung:* Die Nichterwähnung des Inventars in lit. a führt dazu, dass nur die verspätete (unterlassene) Inventaraufstellung als solche (gemäß lit. b) strafbar ist; es greift für die mangelhafte Inventaraufstellung nicht etwa Nr. 5 ein. Vielmehr erfasst und bestraft Nr. 7 lit. b das Unterlassen der Inventaraufstellung selbständig als einen Fall unterlassener Vorbereitung für die Aufstellung der Bilanz (amtl. Begr. BTDrucks. 7/3441 S. 36). Da die Bilanz allerdings aus dem Inventar zu entwickeln ist und dieses voraussetzt (vgl. nur RGSt **15** 174, 175 f), werden Inventarfehler regelmäßig auch zu Bilanzfehlern führen und können insoweit mittelbar nach lit. a bestraft werden. Inwieweit das Unterlassen der Inventaraufstellung zugleich ein Versuch des Unterlassens der Bilanzierung ist, dürfte angesichts der selbständigen Inkriminierung der unterlassenen Inventaraufstellung meist nur theoretisch von Interesse sein und ist praktisch wohl nur für den Fall bedeutsam, dass der Täter vor Ende der Bilanzierungsfrist aus seiner Pflichtenstellung ausscheidet oder die Strafbarkeitsbedingung vor Ablauf dieser Frist eintritt (vgl. unten Rdn. 151).

129 Infolge seiner Eingangsverweisung wendet sich der Tatbestand der Nr. 7 nur an Personen, die nach Handelsrecht bilanzierungs- und inventarpflichtig sind. Dies sind nach §§ 240, 242 HGB alle Kaufleute, es sei denn es greifen die Ausnahmen der §§ 1 Abs. 2, 242 in Verb. mit § 241a HGB ein (dazu im Einzelnen bereits oben Rdn. 96 ff). Die etwaige steuerrechtliche Buchführungspflicht anderer Personen (vgl. §§ 160 ff AO) ist für Nr. 7 ohne Bedeutung: Strafbar können nach Nr. 7 nur **Kaufleute** sein.[61] Der Täterkreis deckt sich daher mit dem von Nr. 5 (oben Rdn. 96 ff). Jedoch ist zu beachten, dass die Bilanz als Anerkenntnis (Rdn. 136) im Rechtssinne nur vom Kaufmann aufgestellt werden kann. Dritte, insbesondere *Steuerberater,* können daher im Hinblick auf die Bilanzerstellung nur Gehilfen sein (*Tiedemann* GmbH-Strafrecht[4] Rdn. 68 vor §§ 82 ff mit Nachw.; zust. *Bittmann* § 12, 214; **aA** *Schlüchter* Steuerberatung S. 37).

130 b) Die **Bilanz** (von latein. bilanx: zwei Waagschalen habend) stellt zwei Wertegruppen gleicher Gesamthöhe einander für einen bestimmten Stichtag in Kontoform gegenüber: das Vermögen des Unternehmens (Aktiva), unterteilt in das nicht zur Veräußerung bestimmte Anlagevermögen und das zum Umsatz bestimmte Umlaufvermögen, sowie das Kapital des Unternehmens (Passiva), unterschieden nach Eigen- und Fremdkapital. Die beiden Seiten einer solchen „Beständebilanz" zeigen damit die Herkunft (Passiva) und die Verwendung (Aktiva) der Mittel. Dabei müssen sowohl die Aktiv- als auch die Passivposten gruppenweise aufgeführt werden (RG JW **1917** 859, 860). § 242 HGB bezeichnet diese Bilanz im engeren Sinne als „Abschluss" und definiert ihn als Darstellung des Ver-

---

60 Vgl. *Bieneck* in Müller-Gugenberger/Bieneck § 82, 45; *Radtke* MK Rdn. 55; *Richter* GmbHR **1984** 147; *Sch/Schröder/Stree/Heine* Rdn. 43; *Teufel* Insolvenzkriminalität S. 199; *Tiedemann* Festschrift Würtenberger S. 252 ff; *Weyand/Diversy* Rdn. 78 S. 98.

61 *Bittmann* in Bittmann § 12, 214; *Hiltenkamp-Wisgalle* S. 188, 190; *Hoyer* SK Rdn. 85; *Kindhäuser* LPK Rdn. 35; *Lackner/Kühl* Rdn. 20; *Radtke* MK Rdn. 55; *Sch/Schröder/ Stree/Heine* Rdn. 44.

hältnisses des Vermögens und der Schulden. Daneben gibt es eine *Gewinn- und Verlustrechnung*, die von § 242 Abs. 2 HGB als Gegenüberstellung der Aufwendungen und Erträge des Geschäftsjahres definiert wird und zu deren Aufstellung am Schluss eines jeden Geschäftsjahres der Vollkaufmann ebenfalls verpflichtet ist. Das betriebswirtschaftliche Schrifttum spricht hier mitunter von einer „Erfolgsbilanz" oder „Bilanz im weiteren Sinne". § 242 Abs. 3 HGB fasst Bilanz und Gewinn- und Verlustrechnung zum sog. Jahresabschluss zusammen, der bei Kapitalgesellschaften zusätzlich um einen Anhang zu erweitern und um einen Lagebericht zu ergänzen ist, wobei der Anhang nach § 264 Abs. 1 S. 1 HGB mit Bilanz und Gewinn- und Verlustrechnung „eine Einheit bildet". Die Frage, ob Nr. 7 einen *engen oder einen weiten Bilanzbegriff* zugrunde legt oder bei Kapitalgesellschaften sogar den Anhang und den Lagebericht einschließt, ist umstritten. *Hauck* (S. 120 ff.) vertritt eine weite, *Bieneck* (in Müller-Gugenberger/Bieneck § 82, 43) und *Bittmann* § 12, 215 vertreten eine enge Auffassung. Die letztere ist richtig. Zwar ist *Hauck* (aaO) zuzugeben, dass eine teleologische Auslegung für die Gegenansicht spricht, da sowohl die Selbstinformation des Kaufmanns und der Gläubigerschutz als auch insbesondere der Einblick des Insolvenzverwalters verbessert wird, wenn die Ursachen der Zahlungsunfähigkeit offengelegt werden – weist die Gewinn- und Verlustrechnung doch den Gewinn und Verlust anders als die Bilanz nicht als Saldo, sondern zerlegt in seine einzelnen Komponenten aus, indem das Zustandekommen des Gewinns oder Verlustes erkennbar gemacht wird. Für eine systematische Betrachtung ist jedoch beachtlich, dass der gleichzeitig mit § 283 in das StGB eingefügte § 265b (Abs. 1 Nr. 1a) Bilanzen und Gewinn- und Verlustrechnungen unter den Kreditunterlagen getrennt aufführt, also von einem eindeutig engen Bilanzbegriff ausgeht. Entscheidend fällt letztlich ins Gewicht, dass auch das Handelsrecht (§ 242 HGB) Bilanz und Gewinn- und Verlustrechnung deutlich trennt (vor 1985 bestand sogar keine geschriebene Verpflichtung des Einzelkaufmanns zur Aufstellung einer Gewinn- und Verlustrechnung, vgl. *Tiedemann* LK[10] Rdn. 128) und entsprechend den unterschiedlichen Definitionen unterschiedlichen Regeln unterwirft (vgl. §§ 266 ff, 275 ff HGB). Mit der Wendung „entgegen dem Handelsrecht" übernimmt Nr. 7 diesen (handelsrechtsakzessorischen) Sprachgebrauch. Erst recht sind damit Anhang und Lagebericht bei den Kapitalgesellschaften nicht in Nr. 7 einzubeziehen. Allerdings kann der *Anhang* für die Ermittlung des Inhalts der Bilanz Bedeutung erlangen, so dass eine deutliche Klarstellung eines problematischen Bilanzpostens im Anhang dazu führen kann, dass die Übersicht über den Vermögensstand nicht erschwert ist (*Tiedemann* GmbH-Strafrecht[4] Rdn. 70 vor § 82; weitergehend *Schüppen* S. 197 f unter Betonung einer europarechtlichen Auslegung, die aber primär auf den Jahresabschlussbegriff des § 331 HGB zielt). – Praktisch ist die Streitfrage für lit. a der Nr. 7 nicht besonders erheblich, da es wegen der engen Verbindung von Jahresbilanz und Gewinn- und Verlustrechnung nur wenige Manipulationsmöglichkeiten gibt, deren Auswirkungen sich auf die letztere beschränken (vgl. *Nelles* S. 126); angesichts der Ergänzung des Strafschutzes durch Nr. 8 entstehen durch die hier vertretene Auffassung auch keine gravierenden Strafbarkeitslücken. Für lit. b der Nr. 7 aber würde es zu weit gehen, das Unterlassen der Aufstellung einer Gewinn- und Verlustrechnung als strafbar zu bezeichnen.

Hinsichtlich der Beständebilanz unterscheidet das HGB im Übrigen nur nach den **Anlässen** und **Zeitpunkten** ihrer Errichtung: § 242 HGB verlangt eine „Eröffnungsbilanz" (Anfangs-Bilanz, Gründungs-Bilanz) bei dem Beginn des Handelsgewerbes (vgl. auch Rdn. 132) und eine „Bilanz" genannte „Abschlussbilanz" für den Schluss eines jeden Geschäftsjahres, welches 12 Monate nicht überschreiten, wohl aber kürzer sein darf (vgl. ferner Rdn. 132). **Beginn** des Handelsgewerbes liegt rechtlich auch bei jedem *Inhaber-* **131** *wechsel* vor, da auch in diesem Fall – unabhängig von der Änderung oder Beibehaltung der Firma – „ein neues Rechtssubjekt mit dem Betriebe des Handelsgeschäftes beginnt und damit das Handelsgeschäft selbst in vermögensrechtlicher Beziehung eine andere Unterlage erhält".[62] Vor allem die Pflicht des Kaufmanns zur Selbstinformation (oben Rdn. 90) erfordert die Bilanzaufstellung bei jedem Inhaberwechsel (*Blumers* S. 24 f). Beispiele eines solchen Inhaberwechsels sind: Erbfall (RGSt **28** 428, 429), Eintritt eines Gesellschafters in das Unternehmen eines Einzelkaufmanns,[63] Ausscheiden des einzigen Mitgesellschafters.[64] Nach dem Zweck des § 242 HGB: Offenlegung der finanziellen Grundlage, von der aus mit der Geschäftsführung begonnen wird (vgl. nur RGSt **29** 429), ist eine Eröffnungsbilanz aber auch zu erstellen bei Geschäftseröffnung nach Beendigung des Insolvenzverfahrens[65] sowie bei Anwachsen eines kleinen Gewerbebetriebes zu einem vollkaufmännischen Betrieb.[66] Entsprechendes gilt für den Minderjährigen, der bisher ohne die erforderliche vormundschaftsgerichtliche Genehmigung ein Handelsgeschäft betrieben hat, mit der Erteilung der Genehmigung oder mit dem Erreichen der Volljährigkeit.[67] Ebenso ist eine Abschlussbilanz aufzustellen, wenn das kaufmännische Unternehmen nicht nur vorübergehend zum Kleingewerbebetrieb im Sinne des § 1 Abs. 2 HGB wird.[68]

**132** Zu Form und Inhalt der Bilanz vgl. unten Rdn. 136 ff. Eine im Laufe des Geschäftsjahres als Kreditunterlage aufgestellte „Zwischenbilanz" ersetzt die Jahresbilanz nicht (BGH 1 StR 531/55 v. 10.4.1956). Ob die letzte monatliche „Übersichtsbilanz" als Jahresbilanz ausreicht, hängt von ihrem Inhalt ab (BGH 3 StR 154/52 v. 22.1.1953 S. 16 f). Für die **Eröffnungsbilanz** verdient Hervorhebung, dass die wirklichen Werte der einzelnen Vermögensgegenstände anzusetzen sind („Vermögensbilanz") und dass die Pflicht zur Erstellung der Eröffnungsbilanz unabhängig von der Vermögenslage entsteht. Die Bilanz ist daher auch aufzustellen, wenn bei Beginn des Geschäftsbetriebes weder Aktiva noch Passiva vorhanden sind.[69] In diesem Fall ist das Fehlen der Aktiva und Passiva anzugeben (RG Rspr. **4** 316, 317). Bei Aufgabe des Geschäftes (oder nicht nur vorübergehender Schrumpfung auf den Umfang eines Kleingewerbes) während des laufenden Geschäftsjahres ist eine **Abschlussbilanz** auf diesen Zeitpunkt zu erstellen (vgl. bereits Rdn. 131 a.E.). Hervorhebung verdient, dass nach Abweisung des Insolvenzeröffnungsantrages mangels Masse die von dem Antrag betroffene GmbH auch nach Löschung im Handelsregister weiterbesteht, solange sie Vermögen hat. Die Liquidatoren haben daher gem. § 71 Abs. 1 GmbHG „für den Beginn der Liquidation eine Bilanz (Eröffnungsbilanz) und einen die Eröffnungsbilanz erläuternden Bericht sowie für den Schluss eines jeden Jahres einen Jahresabschluss und einen Lagebericht aufzustellen" (**Liquidationsbilanz;** dazu *Bittmann*

---

[62] RGSt **28** 428, 429; zustimmend *Bieneck* in Müller-Gugenberger/Bieneck § 82, 47; *Bittmann* in Bittmann § 12, 220; *Fischer* Rdn. 26; *Hüffer* in Großkomm. HGB § 242 Rdn. 21; *Radtke* MK Rdn. 59; *Sch/Schröder/Stree/Heine* Rdn. 45.

[63] RG LZ **1914** 689 f und GA **43** (1895) 387 f; *Blumers* S. 29 ff; *Fischer* aaO; *Hüffer* aaO Rdn. 23; *Radtke* aaO; *Sch/Schröder/Stree/Heine* aaO.

[64] RGSt **16** 55 f; 26 222, 223 ff; **45** 3, 6; *Fischer* aaO; *Hüffer* aaO Rdn. 23; *Sch/Schröder/Stree/Heine* aaO.

[65] RGSt **25** 76, 78; *Blumers* S. 25 f; *Radtke* aaO; *Sch/Schröder/Stree/Heine* aaO; näher unten Rdn. 132 a.E.

[66] RGSt **45** 3, 6; DJZ **1906** 656; JW **1908** 603; Recht **1914** Nr. 1943; *Blumers* S. 27 ff; *Hüffer* aaO Rdn. 22.

[67] RGSt **45** 5; *Bieneck* aaO Rdn. 47; *Hüffer* aaO; *Radtke* MK Rdn. 59.

[68] BGH NJW **1954** 1853, 1854; OLG Karlsruhe GA **1975** 313, 315; *Sch/Schröder/Stree/Heine* Rdn. 45.

[69] RG JW **1890** 432, GA **38** (1891) 351 (f) und LZ **1915** 897; *Fischer* Rdn. 26; *Hüffer* aaO Rdn. 22. – Zur *Frist* für die Erstellung der Eröffnungsbilanz unten Rdn. 148.

§ 12, 222 mit Nachw.). Finden sich nach Durchführung der Liquidation noch Vermögensgegenstände der GmbH, so hat diese in Wahrheit trotz Löschung als Rechtssubjekt weiterbestanden; es erfolgt dann Liquidation unter erneuter Beachtung der §§ 238 ff HGB (*Kalter* KTS **1983** 531 f mit Nachw.). Dasselbe gilt, wenn sich nach Durchführung des Insolvenzverfahrens noch Vermögensgegenstände finden (was häufig eine Straftat nach Nr. 1 indiziert: *Bittmann* § 12, 221). Eröffnet der frühere Gemeinschuldner *nach beendigtem Insolvenzverfahren* ein dem früheren gleiches Geschäft (vgl. bereits oben Rdn. 131), so ist für die Frage, ob es sich um die Fortführung des alten Unternehmens oder um die Eröffnung eines neuen Unternehmens (mit der Verpflichtung zur Erstellung einer Eröffnungsbilanz) handelt, maßgebend, „ob der Vermögenskomplex des früheren Geschäftes wesentlich verändert und wirtschaftlich eine neue Grundlage geschaffen ist" (RGSt **25** 76, 78).

c) Das **Inventar** ist notwendige Grundlage der Bilanz (RGSt **15** 174, 175 f; BTDrucks. 7/5291 S. 23). Es ist gemäß § 240 Abs. 1 HGB das „genaue" Verzeichnis aller Vermögensgegenstände sowie der Schulden, also aller Aktiva und Passiva, unter Angabe ihres Wertes für einen bestimmten Stichtag. Es geht also um dieselben Vermögensgegenstände und Schulden wie bei der Bilanz; nur die Art der Darstellung ist unterschiedlich: es fehlt hier die Vergleichung. Die Errichtung des Inventars („Inventur") hat nach § 240 HGB stets zu erfolgen, wenn eine Bilanz zu erstellen ist (dazu soeben b). Unter zeitlichen Gesichtspunkten gibt es daher Eröffnungsinventare (in Entsprechung zu den Eröffnungsbilanzen) und Schlussinventare (in Entsprechung zu den Abschlussbilanzen). **133**

Herkömmlicherweise besteht die Inventur, soweit es um körperliche Gegenstände geht, in einer körperlichen Bestandsaufnahme am Stichtag. § 240 Abs. 3 und 4 sowie § 241 HGB lassen hiervon im Rahmen ordnungsmäßiger Buchführung gewisse Erleichterungen und Ausnahmen zu (Stichprobeninventur, sog. permanente Inventur, vor- oder nachverlegte Stichtagsinventur u.a.m.). Anders als bei der Bilanz (unten Rdn. 141 ff) gibt es für das Inventar keine besonderen Gliederungsvorschriften, da mit ihm keine externe Informationsgewährung verbunden ist (vgl. nur *Maul* S. 48, aber auch *Hüffer* in Großkomm. HGB § 240 Rdn. 26). Auch braucht das Inventar – anders als die Bilanz (unten Rdn. 136) – nicht unterzeichnet zu werden. Vielmehr erfasst die Unterschrift des Kaufmanns unter die Bilanz das Inventar mit (amtl. Begr. BTDrucks. 7/3441 S. 23). **134**

d) Die **mangelhafte Bilanzaufstellung** wird in Nr. 7 lit. a entsprechend der Tatbestandsfassung von Nr. 5 lediglich durch den Widerspruch zum Handelsrecht und durch die Folge umschrieben, dass die Übersicht über den Vermögensstand erschwert ist. Ebenso wie der Hinweis auf die „gesetzliche Verpflichtung" zur Buchführung in Nr. 5 meint auch in Nr. 7 der Hinweis auf das „Handelsrecht" vor allem die gesetzliche Verpflichtung zur Aufstellung einer Bilanz (und eines Inventars in lit. b). Die Unübersichtlichkeit des Vermögensstandes eines Kaufmanns ist wie bei Nr. 5 nicht allein auf den Kaufmann selbst, sondern vor allem auch auf außenstehende Dritte zu beziehen; der Einwand des Bilanzierungspflichtigen, er habe trotz mangelhafter Bilanzaufstellung einen hinreichenden Überblick über seinen Vermögensstand gehabt, ist daher unbeachtlich (vgl. bereits Rdn. 105 und 118). Ebenso wie bei Nr. 5 (vgl. oben Rdn. 109) ist die Unübersichtlichkeit nur scheinbar vom Gesetz als Taterfolg konzipiert; in Wahrheit wird durch dieses Merkmal ein gewisser Schweregrad des Mangels angezeigt (vgl. dazu bereits Rdn. 118). Auch bei dem Tatbestand der lit. a handelt es sich daher um ein *Tätigkeitsdelikt.* **135**

**α)** Das Handelsrecht enthält seit dem BiRiLiG 1985 eine Reihe ausdrücklicher (gesetzlicher) Grundsätze für den formellen und materiellen Inhalt der Bilanz (§§ 243 ff, **136**

264 ff HGB). Dass die Bilanz nach § 245 HGB von dem Kaufmann bzw. allen persönlich haftenden Gesellschaftern unter Angabe des Datums zu **unterzeichnen** ist, dient der Dokumentation der rechtlichen Zurechnung und der Rechtssicherheit. Jedoch ist das Fehlen der – erst seit dem 1. WiKG geforderten – Datumsangabe unschädlich, da diese Angabe lediglich Beweiszwecke verfolgt und ihr Fehlen auch in keinem Fall die Übersicht über den Vermögensstand erschwert. Aber selbst das Fehlen der Unterschrift stellt strafrechtlich nicht ohne weiteres einen Mangel dar (zust. *Bieneck* in Müller-Gugenberger/Bieneck § 82, 46 und *Bittmann* § 12, 236; näher unten Rdn. 150). Für das Unterlassen der Bilanzierung (lit. b) ist anerkannt, dass der Formverstoß der fehlenden Unterzeichnung eine vorliegende Bilanz nicht nichtig (rechtlich inexistent) macht (RGSt 7 87 ff; 8 424 ff; DJZ **1929** 926). Die Unterzeichnung der Bilanz soll vor allem sicherstellen, dass sich der Kaufmann „mindestens alljährlich von dem Stande der Dinge überzeuge" und dass der Kaufmann für die aufgestellte Vermögensübersicht „die Verantwortlichkeit übernimmt", nämlich sie „als seine Bilanz anerkennt" (RGSt 8 427). Ist nach den Umständen des Einzelfalles sichergestellt, dass die Darstellung des Verhältnisses von Vermögen und Schulden in einem Abschluss dem Bilanzierungspflichtigen zuzurechnen – nämlich von ihm i.S.d. Rdn. 150 „aufgestellt" – ist und nicht nur einen (Bilanz-)**Entwurf** darstellt, so liegt auch im Sinne der lit. a kein Mangel vor, welcher die Übersicht über den Vermögensstand erschwert. Allerdings stellt das Fehlen der Unterzeichnung nach § 334 Abs. 1 Nr. 1a HGB eine *Ordnungswidrigkeit* dar.

**137** **β)** Die in § 246 Abs. 1 HGB genannte Pflicht des Kaufmanns zur Angabe „sämtlicher Vermögensgegenstände und Schulden" bringt den Bilanzierungsgrundsatz der **Vollständigkeit** zum Ausdruck. Es sind also insbesondere alle betrieblich genutzten Gegenstände in die Bilanz aufzunehmen. Der Einzelkaufmann hat nach früher h.M., die aber im jüngeren handelsrechtlichen Schrifttum weithin abgelehnt wird, auch sein *Privatvermögen* (und seine Privatschulden) in die Bilanz (und in das Inventar) einzustellen, da auch sein Privatvermögen Haftungsgrundlage für den Gläubigerzugriff und von dem Geschäftsvermögen rechtlich nicht getrennt sei.[70] Allerdings konnte der Einzelkaufmann für diesen privaten Bereich schon nach der früher h.M. die Namen von Gläubigern und Schuldnern weglassen. Seit dem BiRiLiG soll die Buchführung einen Überblick „über die Lage des Unternehmens" (und über die Geschäftsvorfälle) vermitteln (§ 238 Abs. 1 S. 2 HGB). Auch § 5 Abs. 4 PublG enthält den allgemeinen Rechtsgedanken einer buchmäßigen Trennung von Privat- und Geschäftssphäre, und für die Bilanz geht sogar die h.M. dahin, dass Privatvermögen nicht bilanziert werden *darf* (BTDrucks. 10/4268 S. 97 f; *Merkt* in Hopt, HGB § 246 Rdn. 21). Ferner lassen sich die handelsrechtlichen Bewertungsregeln nicht ohne weiteres auf die Privatsphäre übertragen. Schließlich entspricht der Ausschluss des Privatvermögens aus der Buchführung des Kaufmanns dem durch das BiRiLiG konkretisierten Buchführungszweck, der nicht (mehr) in dem Aufzeigen möglicher Zugriffsobjekte, sondern im Gläubigerschutz durch unternehmensbezogene Selbstkontrolle des Kaufmanns (und Dokumentation) besteht (oben Rdn. 90). Privatvermögen ist daher nicht in die Bilanz aufzunehmen.[71]

**137a** Der Verstoß gegen das Vollständigkeitsprinzip macht die Bilanz unrichtig, z.B. bei *Weglassen von Vermögenswerten* wie Waren, Forderungen oder Zweigstellen bei den

---

[70] RGSt **41** 41, 43 ff sowie BGH 1 StR 555/61 v. 20.3.1962 bei *Maul* S. 46.

[71] *Bieneck* in Müller-Gugenberger/Bieneck § 82, 42; *Bittmann* in Bittmann § 12, 226; *Hoyer* SK Rdn. 86; *Lackner/Kühl* Rdn. 20; *Merkt* in Hopt, HGB § 238 Rdn. 7; *Muhler* wistra **1996** 125 f; *Radtke* MK Rdn. 56; *Sch/Schröder/Stree/Heine* Rdn. 44; **aA** *Fischer* Rdn. 23 und *Kindhäuser* NK Rdn. 83.

Aktiva (RGSt **62** 357, 359). Jedoch gelten insbesondere für die Bilanzierung von Sicherungsrechten nicht juristische, sondern wirtschaftliche Gesichtspunkte (*Merkt* in Hopt, HGB § 246 Rdn. 12). Für nichtkörperliche Vermögenswerte (z.B. know how, goodwill) ergeben teilweise erst die im Folgenden genannten Grundsätze ordnungsmäßiger Buchführung und Bilanzierung, ob und unter welchen Bedingungen sie aktiviert werden dürfen oder müssen. Der Grundsatz des § 248 Abs. 2 HGB a.F.: Aktivierungsverbot für nicht entgeltlich erworbene immaterielle Vermögensgegenstände, ist durch das BilMoG 2009 eingeschränkt worden (§ 248 Abs. 2 HGB n.F.).

γ) Für das zentrale Problem der **Bewertung** der einzelnen Vermögensgegenstände **138**
(und Schulden) enthielt § 40 Abs. 2 HGB a.F. nur eine Angabe des Zeitpunktes, nicht dagegen einen Wertmaßstab. §§ 252 ff HGB n.F. geben demgegenüber allgemeine und spezielle Bewertungsgrundsätze an, von denen z.T. nach § 252 Abs. 2 HGB abgewichen werden kann, bei Kapitalgesellschaften unter Umständen sogar abgewichen werden muss, um „ein den tatsächlichen Verhältnissen entsprechendes Bild zu vermitteln" (§ 264 Abs. 2 HGB; dazu *Schüppen* S. 198 ff mit Nachw.). Ebenso wie bei Nr. 5 greifen ergänzend die Grundsätze ordnungsmäßiger Buchführung ein (vgl. § 243 Abs. 1 HGB), hier konkretisiert als *Grundsätze ordnungsmäßiger Bilanzierung* (GoBil). Sie ergeben sich in Anlehnung an das Bilanzrecht der Kapitalgesellschaften (§§ 264 ff HGB) aus Rechtsprechung, Wissenschaft und tatsächlicher Übung (*Schüppen* S. 155 ff mit Nachw.) und knüpfen im Ausgangspunkt an außerrechtliche Maßstäbe an, stellen aber keine Rechtssätze dar (oben Rdn. 111). Da die Einhaltung der GoBil Richtigkeit und Übersichtlichkeit der Bilanz gewährleistet, ist ihre Heranziehung für Nr. 7a unbedenklich, ja geboten. Als zumindest teilweise außerrechtliche Erscheinung (der Verkehrssitte) unterliegen die GoBil allerdings der oben Rdn. 111 hervorgehobenen, aus Art. 103 Abs. 2 GG abzuleitenden Einschränkung, dass sie dem Strafurteil nur insoweit zugrunde gelegt werden können, als ihr Inhalt zweifelsfrei feststeht, also anerkannt ist (vgl. auch *Tiedemann* LK[11] § 265b Rdn. 60). Insbesondere für Bewertungen ist Strafbarkeit daher nur anzunehmen, wenn die vom Täter vorgenommene *(Über-)Bewertung* schlechterdings nicht mehr vertretbar ist (*Tiedemann* GmbH-Strafrecht[4] Rdn. 52 vor § 82 sowie § 82 Rdn. 150 mit weit. Nachw.; oben Rdn. 115; auch Rdn. 117 Vor § 283). Entsprechend müssen Schätzungen, als welche sich letztlich auch die Bewertungen darstellen (vgl. nur *Tiedemann* Festschrift Klug S. 415), lediglich frei von Willkür sein (*Bieneck* in Müller-Gugenberger/Bieneck § 82, 44; *Bittmann* § 12, 229) und dem Prin-zip der Vorsicht (§ 252 Abs. 1 Nr. 4 HGB) entsprechen. Dieses „Prinzip der Willkürfreiheit" wird auch mit dem Begriff der subjektiven Wahrhaftigkeit in Verbindung gebracht, welches von einer verbreiteten Ansicht dazu benutzt wird, nur *bewusste,* also vorsätzliche Falschbewertungen als tatbestandsmäßig anzusehen (vgl. bereits oben Rdn. 115; aber auch *Wöhe* S. 209 f mit weit. Nachw.). Auch im Übrigen und ganz allgemein ist das Prinzip der **Bilanzwahrheit,** welches das vorgenannte Prinzip der Bilanzvollständigkeit mit umfasst, anerkanntermaßen nur relativ gültig, da ein objektiver Wert (auch in der Betriebswirtschaftslehre) nicht existiert: Der Wert haftet dem Gegenstand nicht an, sondern ist ihm von dem Bewertenden „beizulegen", wie § 40 Abs. 2 HGB a.F. zutreffend formulierte und auch § 253 Abs. 2 Satz 3 HGB n.F. sagt. Die Bilanz ist daher inhaltlich als richtig („wahr") anzusehen, wenn die Wertansätze den gesetzlichen Vorschriften und den GoBil entsprechen (*Merkt* in Hopt, HGB § 243 Rdn. 5). Hervorhebung verdient, dass – im Gegensatz zur steuerlichen Bilanzierung – die *Unterbewertung* von Aktiva außerhalb der Geltung des AktG, also insbesondere für den Einzelkaufmann und die OHG, aber auch für KG und GmbH, handelsüblich und statthaft ist, da es insoweit keines Schutzes der Eigentümer vor der Verwaltung bedarf; die Grenzen ergeben sich inso-

weit erst aus dem von § 253 Abs. 4 HGB genannten „Rahmen vernünftiger kaufmännischer Beurteilung" (**str.**; vgl. *Hüffer* in Großkomm. HGB § 243 Rdn. 24 und *Merkt* aaO § 253 Rdn. 25 ff, je mit weit. Nachw.).

**139** Weniger problematisch (und eindeutig strafbar) ist das *Einstellen fiktiver Posten,* etwa durch Aktivierung von Forderungen und Gegenständen, die dem Kaufmann nicht (mehr) gehören (RGSt **43** 407, 416; **67** 349, 350) oder nur „virtuell" vorhanden sind (*Tiedemann* Wirtschaftsstrafrecht Bes. Teil Rdn. 457: Fall Flow Tex des LG Mannheim 2001) Einschlägig sind auch (sonstige) *Falschbezeichnungen,* z.B. Ausweis aufgelöster stiller Reserven als angebliche Einnahmen aus laufendem Geschäftsbetrieb (RGSt **62** 357, 360) oder „Voraktivierung" von Gewinn aus künftigen Aufträgen unter dem Posten „Fabrikate" (RGSt **67** 349 ff zu Akquisitions- und Kosten für Vorarbeiten; dazu nach heutigem Bilanzrecht *Tiedemann* aaO Rdn. 462 ff). Auch *Umgehungshandlungen* und *„Schiebungen"* sind bilanzmäßig in der Regel als Falschbezeichnung (oder Falschbewertung) zu behandeln (vgl. bereits *Tiedemann* LK[11] § 265b Rdn. 78; zust. *Fischer* § 283 Rdn. 28).

**140** Insgesamt ist für die inhaltliche Richtigkeit der Bilanz unter dem Gesichtspunkt der Bilanzwahrheit festzuhalten, dass für die Wertbestimmung bei den einzelnen Aktiva und Passiva notwendigerweise ein **Bewertungsspielraum** besteht, der vom Gesetzgeber und durch dic GoBil cingegrenzt, durch Bewertungswahlrechte aber auch teilweise wieder ausgeweitet werden kann.

**141** **δ)** Das Prinzip der **Bilanzklarheit,** in § 243 Abs. 2 HGB ausdrücklich angesprochen, erfordert deutliche Gliederung und übersichtliche Darstellung der Bilanz, insbesondere auch eine klare Abgrenzung der einzelnen Bilanzposten sowie getrennten Ausweis von Aktiva und Passiva (*Saldierungsverbot*; § 246 Abs. 2 HGB). Ebenso gehört hierzu das *Prinzip der Einzelbewertung,* wonach jedes Wirtschaftsgut gesondert zu erfassen und zum Stichtag zu bewerten ist (Stichtagsprinzip; § 252 Abs. 1 Nr. 3 HGB); erst anschließend darf es mit artverwandten Gegenständen zu einer Bilanzposition zusammengefasst werden. Eine sog. Gruppenbewertung ist nur unter den Voraussetzungen des § 240 Abs. 4 HGB zulässig.

**142** Der Tatbestand der Nr. 7a stellt entscheidend gerade auf das Prinzip der Bilanzklarheit ab, wenn er die *Übersicht* über den Vermögensstand zum entscheidenden Merkmal erhebt (vgl. *Maul* S. 48). Jedoch meint Nr. 7a keineswegs nur Verstöße gegen die formale Richtigkeit im Sinne der Übersichtlichkeit, also die sog. *Bilanzverschleierung*, sondern – wie im Voraufgehenden bereits als selbstverständlich unterstellt – auch die Fälle der inhaltlichen *Bilanzunwahrheit* (zust. *Sch/Schröder/Stree/Heine* Rdn. 44 mit weit. Nachw.). Im Gegenteil werden bloße Verstöße gegen die formale Übersichtlichkeit, z.B. gegen die Gliederungsvorschriften des § 266 HGB, als erfolgsunwirksame Falschdarstellungen überhaupt nur in schwerwiegenden Fällen dazu führen, dass ein sachverständiger (bilanzkundiger) Leser die Vermögensverhältnisse nicht oder nur schwer erkennen kann (vgl. RGSt **68** 346, 349; *Nelles* S. 45 ff mit weit. Nachw.). Dasselbe gilt für die (erkennbar) fehlerhafte und ungenaue Bezeichnung (Beispiele bei *Zirpins/Terstegen* S. 268 ff) sowie für die Vermischung von Posten (**aA** wohl *Fischer* Rdn. 28 im Anschluss an *Uhlenbruck* Prot. 7/2840). Im Einzelnen ist die Grenze zwischen Falschbezeichnung und Verletzung von Gliederungsvorschriften fließend. RGSt **38** 195, 199 hat es als Verschleierung angesehen, wenn Ersatzforderungen gegen den Vorstand einer AG wegen Veruntreuung im Bilanzposten „Kontokorrent-Debitoren" ohne besondere Hervorhebung aufgeführt wurden. Eine scharfe Grenzziehung ist nicht erforderlich, da Nr. 7a – wie erwähnt – sowohl die bloße Verschleierung als auch die inhaltliche Fälschung (Unwahrheit) der Bilanz inkriminiert. Es braucht daher hier auch nicht näher auf die in der Literatur entwickelten Systematisierungs- und Abgrenzungsvorschläge eingegangen zu werden, unter denen etwa die von *Kalveram* vorgeschlagene Aufteilung von (formalen, nämlich ergebnisneutralen) Darstellungsfälschungen und (materiellen) Ergebnisfälschungen vorzudringen scheint (näher und kritisch dazu *Nelles* S. 19 ff mit Nachw.; auch *Uhlenbruck* aaO sowie *Oehmichen* in Belke/Oehmichen, Wirtschaftskriminalität, 1983, S. 244 ff).

*Zusammengefasst* stellen Klarheit und Übersichtlichkeit der Bilanz ein Prinzip dar, dessen Eigenwert sich insbesondere bei dem getrennten Ausweis gefährlicher Posten (z.B. eigene Aktien, Forderungen an verbundene Unternehmen usw.) zeigt und sich auf das Schuldendeckungspotential bezieht (*Maul* S. 48 ff). Verstöße gegen dieses Prinzip sind häufig einfacher zu erkennen als inhaltliche Fehler, so dass nach dem Maßstab des durchschnittlichen bilanzkundigen Lesers einschlägige Verstöße der Tendenz nach seltener die Übersicht über den Vermögensstand erschweren als inhaltliche (Bewertungs-)Fehler oder fingierte Posten (*Tiedemann* Wirtschaftsstrafrecht Bes. Teil Rdn. 455). **143**

ε) Entsprechend den Darlegungen zu Nr. 5 (oben Rdn. 118) und der Rechtsprechung zu § 240 Nr. 3 KO a.F. (zuletzt BGH 2 StR 375/76 v. 23.3.1977 S. 6 mit Nachw.) kommt es für das Vorliegen der Unübersichtlichkeit und damit für die Erfüllung des Straftatbestandes auf den **Zeitpunkt** des Eintritts der objektiven Strafbarkeit an (zu den Bedenken gegen diese Auffassung der älteren Rechtsprechung bereits Rdn. 118). Werden die Mängel vorher behoben, so ist der Tatbestand der Nr. 7a nach Ansicht der Rechtsprechung nicht erfüllt (BGH aaO für § 240 Nr. 3 KO a.F.). Berichtigt der Täter dagegen die mangelhafte Bilanz nicht bis zu dem Zeitpunkt des Bedingungseintritts, so wirkt entsprechend der unten Rdn. 153 angeführten Rechtslage eine richtige Bilanzierung für nachfolgende Geschäftsjahre nicht ohne weiteres strafbefreiend, da Nr. 7a auf die Richtigkeit und Übersichtlichkeit jeder einzelnen Bilanz abstellt, die aufzustellen der Täter nach Handelsrecht verpflichtet war. Allerdings kann bei nachfolgenden richtigen Bilanzen der Zusammenhang zwischen dem ursprünglichen Bilanzdelikt und dem Unternehmenszusammenbruch ausgeschlossen sein und aus diesem Grunde Straflosigkeit eintreten (Rdn. 91 ff Vor § 283; vgl. auch § 283b Rdn. 14). **144**

Da die Bilanzierung Bestandteil und Abschluss der Buchführung ist (oben Rdn. 93), kommen im Übrigen als Bilanzen nach Nr. 7 (lit. a) nur solche in Betracht, welche aus der Buchführung entwickelt sind und diese abschließen sollen. Stellt der Täter daher *neben den Abschlussbilanzen* auf der Grundlage einer an sich ordnungsgemäßen Buchführung *vorsätzlich verfälschte Bilanzen* her, um diese einzelnen Gläubigern als Kreditunterlage zu überreichen, so liegt auch bei späterem Unternehmenszusammenbruch grundsätzlich kein Insolvenzdelikt vor (BGHSt **30** 186 f[72] für § 283b Abs. 1 Nr. 3a, vgl. dort Rdn. 8). In Betracht kommt insoweit nur versuchter oder vollendeter Kreditbetrug nach §§ 263, 265b. Lediglich dann, wenn der Täter die Buchführung oder die normalen Bilanzen zur Verdeckung dieser Tat ganz oder teilweise verheimlicht, kann auch ein Vergehen nach Nr. 1, Nr. 5 oder Nr. 7 gegeben sein. Bei besonders groben oder wiederholten Fällen der Vorlage gefälschter Bilanzen zwecks Krediterlangung ist Nr. 8 (2. Alt.) einschlägig (vgl. unten Rdn. 172). **145**

e) **Das Unterlassen der Aufstellung von Bilanz oder Inventar** wird von **Nr. 7b** lediglich an den Ablauf der „vorgeschriebenen Zeit" geknüpft (dazu Rdn. 147 ff). Aus- **146**

---

[72] Mit Anm. *Schmidt* LM § 283 Nr. 2; zustimmend *Bockelmann* BT 1 § 21 III; *Kindhäuser* LPK Rdn. 38; *Lackner/Kühl* Rdn. 20; *Richter* GmbHR **1984** 148; *Sch/Schröder/Stree/Heine* Rdn. 44; *Wessels/Hillenkamp* BT 2 Rdn. 473 (a. E.); **aA** *H. Schäfer* wistra **1986** 200. Vgl. dazu aber auch § 283b Rdn. 15.

legungsprobleme entstehen aber auch, soweit es um das Unterlassen geht: Die h.M. stellt der nicht aufgestellten auch eine besonders mangelhafte („Schein"-)Bilanz gleich (dazu näher unten Rdn. 152).

**147** α) Ausdrücklich vorgeschrieben ist eine bestimmte **Frist für die Aufstellung der Bilanz** nur für *Kapitalgesellschaften* (AG, KGaA, GmbH und Wirtschaftsgenossenschaften). § 264 Abs. 1 HGB sieht insoweit für Kapitalgesellschaften eine *absolute* Frist von 3 Monaten, § 336 Abs. 1 für Wirtschaftsgenossenschaften eine solche von 5 Monaten vor. Die Einhaltung dieser Frist stellt den Täter unabhängig von der (Krisen-)Situation des Unternehmens straflos (zusammenfassend *Blumers* S. 115 f, 147 f). – Für *kleine* Kapitalgesellschaften i.S.d. § 267 Abs. 1 HGB sieht § 264 Abs. 1 Satz 3 HGB eine Fristverlängerung bis zu 6 Monaten vor, „wenn dies einem ordnungsgemäßen Geschäftsgang entspricht". In der Krise und damit bei stärkerer Gläubigergefährdung kann eine schnellere Vermögensübersicht erforderlich werden, so dass sich die Frist für die kleine Kapitalgesellschaft bis auf 3 Monate verkürzen kann (vgl. nur *Bieneck* in Müller-Gugenberger/Bieneck § 82, 49 mit Nachw.). Für *Einzelkaufleute* und Personengesellschaften stellt § 243 Abs. 3 HGB im Hinblick auf Jahresbilanzen allgemein auf die „einem ordnungsmäßigen Geschäftsgang entsprechende Zeit" ab. Bei der damit erforderlichen Einzelfall-Betrachtung (entsprechend dem Umfang, der Organisation und den sonstigen Verhältnissen des Unternehmens) soll Leitbild nach der amtl. Begr. (BTDrucks. 61/82 S. 64) die kleine GmbH als typisch mittelständisches Unternehmen, also die Fristenregelung des § 264 Abs. 1 Satz 3 HGB sein. Diese *Sechsmonatsfrist* darf daher durch diesen Personenkreis nur ausnahmsweise geringfügig *überschritten* werden (*Merkt* in Hopt, HGB § 243 Rdn. 10; OLG Düsseldorf NJW **1980** 1291; **aA** *Bieneck* aaO Rdn. 51). Vor allem aber kann nach h.M. in der *Unternehmenskrise* eine *Unterschreitung* (Fristverkürzung) geboten sein.[73] BVerfGE **48** 48, 60 ff hat dies für § 240 Nr. 4 KO a.F. dahingehend verallgemeinert, dass der Schutzzweck des Insolvenzstrafrechts eine stärkere Verkürzung der Bilanzierungsfrist als nach dem HGB anzunehmen gebieten könne. Dieser Beschluss ist freilich nicht nur insoweit angreifbar, als er bereits für § 240 KO a.F. von einem – aus der objektiven Strafbarkeitsbedingung abgeleiteten – Erfordernis einer „Krisenlage" des Unternehmens ausging. Vielmehr ist es auch bedenklich, gerade unter dem verfassungsrechtlichen Gesichtspunkt zweifelhafter *Tatbestandsbestimmtheit* der Strafvorschriften über unterlassene Bilanzaufstellung die Rechtssicherheit dadurch zu verbessern und die Erkennbarkeit des Strafbaren dadurch zu erhöhen, dass die strafrechtliche Norm strenger als die wortgleiche handelsrechtliche Norm ausgelegt wird. Die Garantie des Art. 103 Abs. 2 GG bei unbestimmten Tatbestandsmerkmalen des Strafrechts wird hierdurch geradezu in ihr Gegenteil verkehrt (vgl. *Tiedemann* in Immenga/Mestmäcker, GWB$^2$ Rdn. 27 vor § 38). Richtiger erscheint es, in der Wendung „entgegen dem Handelsrecht" die Anordnung eines handelsrechtsakzessorischen Sprachgebrauches von Nr. 7 zu sehen und daher insgesamt mit der h.M. eine „Normspaltung" zu vermeiden (vgl. *Tiedemann* NJW **1981** 945 mit Nachw.), also bereits die handelsrechtliche Regelung des § 243 HGB für die Krisensituation eng zu handhaben und den Inhalt von Nr. 7b für hiermit deckungsgleich zu erklären (vgl. auch Bericht Sonderausschuss BTDrucks. 7/5291 S. 18, 22 f). Dies kann nach wohl h.M. den Zeitraum je nach Intensität der Krise (und dem

---

[73] *Bieneck* in Müller-Gugenberger/Bieneck § 82, 49 und 51; *Bittmann* in Bittmann § 12, 237; *Blumers* S. 61, 73, 80; *Fischer* Rdn. 29; *Hauck* S. 132; *Kindhäuser* LPK Rdn. 39 und NK Rdn. 85; *Maul* S. 17; *Mühlberger* DStR **1978** 215; *Richter* GmbHR **1984** 147 f; *Rowedder* BB **1955** 110. Vgl. auch die Übersicht bei BVerfGE **48** 48, 62.

entsprechenden Bedürfnis nach alsbaldigem Überblick für die weitere Planung) bis zur Bilanzaufstellung „unverzüglich" nach Schluss des Geschäftsjahres verkürzen.[74] Dahin ging auch die erklärte Absicht des Gesetzgebers bei der Neufassung des § 243 Abs. 3 HGB durch das 1. WiKG 1976 (Bericht Sonderausschuss aaO S. 22 f). Sollte allerdings das Handelsrecht keine entsprechende Fristverkürzung zulassen (so z.B. *Hüffer* in Großkomm. HGB § 243 Rdn. 40), müsste der im Strafrecht vorherrschenden Meinung die Gefolgschaft versagt werden: Die Interpretation des Straftatbestandes darf nicht zu einem Ergebnis führen, das weiter ist als die in Bezug genommene zivilrechtliche Regelung (*Tiedemann* Wirtschaftsstrafrecht Bes. Teil Rdn. 29).

**„Zu Beginn" des Geschäftsbetriebes** sind nach §§ 242 Abs. 1, 240 Abs. 1 HGB die *Eröffnungsbilanz* (vgl. oben Rdn. 132) und das *Eröffnungsinventar* aufzustellen. Ein Teil der strafrechtlichen Literatur verlangt insoweit *unverzügliches* Handeln (*Lackner/Kühl* Rdn. 20; *Sch/Schröder/Stree/Heine* Rdn. 45). Richtig ist es demgegenüber, kraft der durch § 242 Abs. 1 Satz 2 HGB angeordneten Verweisung (auch) auf § 243 Abs. 3 HGB hier ebenfalls die einem ordnungsgemäßen Geschäftsgang entsprechende Zeit zugrunde zu legen (zust. *Fischer* Rdn. 26 und *Weyand/Diversy* Rdn. 97), wie es der Entwurf des BiRiLiG ausdrücklich vorsah. Allerdings deutet bereits die Wortfassung „zu" Beginn des Handelsgewerbes darauf hin, dass hier grundsätzlich nur ein recht kurzer Zeitraum in Betracht kommt, für dessen Bemessung allerdings auch der mit der Bilanzerstellung verbundene Aufwand zu berücksichtigen ist. Richtigerweise ist eine Frist von *3 Monaten* seit Geschäftsbeginn zuzugestehen (ebenso *Bieneck* in Müller-Gugenberger/Bieneck § 82 Fn. 49 mit Nachw.; *Weyand/Diversy* aaO). Diese ist aber bei Vorliegen von Anzeichen für eine Überschuldung ebenso wie bei Schlussbilanzen zu verkürzen. RGSt **28** 428, 430 hielt jedenfalls eine mehr als 3 Monate nach Geschäftseröffnung erstellte Eröffnungsbilanz für verspätet. **148**

Eine **Fristverlängerung,** wie sie § 41 Abs. 3 GmbHG a.F. als Möglichkeit für den Gesellschaftsvertrag der GmbH vorsah, kommt angesichts dieser ausdrücklichen Gesetzesregelung strafrechtlich nicht in Betracht. Insbesondere verlängert die Bewilligung einer längeren Frist für die Abgabe der *Steuererklärung* de lege lata nicht die Frist zur Aufstellung der Handelsbilanz (*Weyand/Diversy* Rdn. 99). Der Entwurf des BilanzrichtlinienG (BTDrucks. 257/83) wollte dagegen für diesen Fall eine spätere Aufstellung des Jahresabschlusses zulassen, „wenn dies einem ordnungsgemäßen Geschäftsgang entspricht" – also nicht bei (drohender) Krise des Unternehmens (*Blumers* S. 123). Auch die Ungewissheit über die richtigen Wertansätze darf nicht zu einer Fristüberschreitung führen (*Maul* S. 52, 54). **149**

**„Aufgestellt"** i.S.d. § 242 Abs. 1 HGB ist die Bilanz mit der von § 245 HGB vorgeschriebenen Unterzeichnung der Bilanz „unter Angabe des Datums" (vgl. *Hüffer* in Großkomm. HGB § 242 Rdn. 18, 20). Dagegen will *Blumers* (S. 125) in Anlehnung an *Rose* (DB **1974** 1034) unter strafrechtlichen Aspekten genügen lassen, dass ein vorläufiger Bilanzentwurf unter sachgerechter Bewertung von Buchhaltung und Inventar erstellt ist, also der Unternehmensinhaber den erforderlichen Überblick über die Vermögens- und Ertragsverhältnisse erlangt. Die erst anschließend durch Entscheidung über die Ausnutzung von Wahlrechten, Abschreibungen, Wertberichtigungen, Rücklagen und Rückstellungen zu liefernde Rechenschaft (über den Gewinn und die Gewinnverwendung) **150**

---

[74] *Blumers* S. 82 ff mit Nachw.; *Fischer* Rdn. 29; *Hauck* S. 132; *Hiltenkamp-Wisgalle* S. 196; *Lackner/Kühl* Rdn. 20; *Wilts* und *Göhler* Prot. 7/2824 – allerdings in der mit Absatz 2 nicht zu vereinbarenden Annahme, „der Tatbestand der Nr. 7b solle nur für den Fall einer Krise gelten".

gegenüber den Gläubigern bleibe als „Bilanzverfeinerung" strafrechtlich außer Betracht. Diese Auffassung ist unzutreffend. Der bloße *Entwurf* ist von der Aufstellung einer Bilanz zu unterscheiden. Der Entwurf steht unter dem jederzeitigen Vorbehalt der Änderung; die aufgestellte Bilanz ist der Intention nach endgültig. Zwar entscheidet über diese Endgültigkeit strafrechtlich kein äußerer Akt wie etwa die Unterzeichnung. Jedoch müssen alle Bilanzposten vollständig und endgültig bewertet sein. Der Kaufmann muss den Abschluss daher jedenfalls für sich selbst als endgültig *anerkannt* haben (*Bieneck* in Müller-Gugenberger/Bieneck § 82, 45). Fehlende Unterzeichnung ist zwar strafrechtlich unschädlich (vgl. bereits oben Rdn. 136). Jedoch beweist eine vorhandene Unterschrift die erforderliche *Feststellung* der Bilanz (*Merkt* in Hopt, HGB § 245 Rdn. 1).

**151** Endet die Frist zur Bilanz- oder Inventaraufstellung erst nach Eintritt der objektiven Strafbarkeitsbedingung, so soll nach einer verbreiteten Ansicht Strafbarkeit nach lit. b eingreifen, wenn der Täter bis zu diesem Zeitpunkt keine hinreichenden **Vorbereitungen** für die Bilanzaufstellung getroffen hat.[75] *Dreher/Tröndle*[48] (Rdn. 30) wandten hiergegen ein, dass das Unterlassen erst mit Ablauf der Frist tatbestandsmäßig sei. Dies ist an sich zutreffend. Allerdings kommt auch bereits vor Fristablauf ein *Versuch* des Unterlassens nach Absatz 3 in Betracht: Der Täter setzt i.S.d. § 22 zur Verwirklichung des Tatbestandes unmittelbar an, wenn sein Entschluss zur Nichtbilanzierung durch äußere Handlungen hinreichend objektiviert wird (*Maihofer* GA **1958** 295; *Tiedemann* Wirtschaftsstrafrecht I S. 226). Dies ist regelmäßig dann der Fall, wenn die Bilanzaufstellung nach dem normalen Lauf der Dinge nur noch unter großen Schwierigkeiten möglich wäre (je nach Umfang der Vermögensverhältnisse daher wohl zu eng BGH BB **1957** 274: Bilanzierungsfrist 31. März, Eröffnung des Konkursverfahrens 7. März). Unter dieser Voraussetzung tatsächlicher Art kommt also für die genannte Fallkonstellation Strafbarkeit wegen versuchten (nach *Kindhäuser* NK Rdn. 87 wegen vollendeten) Unterlassens der Bilanzaufstellung bzw. Inventaraufstellung in Betracht, sofern der Täter vorsätzlich handelt. Bei bloßer Fahrlässigkeit bleibt der Täter dagegen straffrei, da es nach h.M. keinen strafbaren fahrlässigen Versuch gibt (*Hillenkamp* LK § 22 Rdn. 29 mit Nachw.). Für die (kriminalpolitische) Richtigkeit dieser Auffassung spricht auch, dass das 1. WiKG die unterlassene Inventaraufstellung selbständig inkriminiert und hierin einen Fall unterlassener Vorbereitung für die Bilanzaufstellung gesehen hat (vgl. oben Rdn. 128 unter Hinweis auf die amtl. Begr. BTDrucks. 7/3441 S. 36; diese fährt fort: „Es würde allerdings wohl zu weit gehen, schlechthin darauf abzustellen, dass der Schuldner keine Vorbereitungen zur Aufstellung der Bilanz trifft. Für weitere Vorbereitungshandlungen zur Aufstellung der Bilanz sind wohl keine Fristen vorgesehen, so dass diese Vorbereitungen also noch am Tage vor dem Fristablauf für die Aufstellung der Bilanz erledigt werden könnten."). Vor allem gegen Ende der Bilanzierungsfrist kann das Unterlassen der Inventaraufstellung bereits vollendet sein, während im Hinblick auf die unterlassene Bilanzaufstellung – bei entsprechendem Vorsatz – nur Versuch vorliegt.

**152** β) Das rechtzeitige, nämlich fristgemäße, Aufstellen einer mangelhaften Bilanz fällt grundsätzlich nicht unter lit. b, sondern unter lit. a, sofern der Mangel den oben Rdn. 135 beschriebenen Schweregrad erreicht. Dieser Ausgangspunkt ist unstr.[76] Jedoch stellen Rechtsprechung und ein Teil der Literatur eine besonders grob mangelhafte Bilanz

---

[75] BGH wistra **1992** 146 f sowie bei Herlan, GA **1956** 348 (= BB **1957** 274), bei Herlan, GA **1959** 49 und bei Herlan, GA **1971** 38; BGH NJW **1992** 182; OLG Düsseldorf StV **1999** 28; *Fischer* Rdn. 29; *Hoyer* SK Rdn. 90; *Lackner/Kühl* Rdn. 20; *Sch/Schröder/Stree/Heine* Rdn. 47.

[76] RGSt **12** 78, 82; **13** 354, 356 f; RG JW **1917** 859, 860; BGH 1 StR 625/53 v. 12.3.1954 bei *Fischer* Rdn. 29 a.E.

als sog. **Scheinbilanz** einer überhaupt nicht aufgestellten Bilanz gleich.[77] Die Gegenansicht will demgegenüber lit. b auf das völlige Unterlassen rechtzeitiger Bilanzaufstellung (bzw. Inventaraufstellung) beschränken (*Lackner/Kühl* Rdn. 20; auch *Maurach/Schroeder/Maiwald* BT 1 § 48, 26 – für Nr. 5 –). Auf den ersten Blick kommt dieser Streitfrage allein für das Unterlassen der Inventaraufstellung eine gewisse praktische Bedeutung zu, da eine grob fehlerhafte Bilanz stets unter lit. a fallen dürfte, also für den Begriff der Scheinbilanz nach lit. b kein Bedürfnis zu bestehen scheint. Da sich auch Inventarfehler im Allgemeinen in der zugehörigen Bilanz auswirken (oben Rdn. 128), scheint die Streitfrage noch weiter an Bedeutung zu verlieren. Indessen sind nach Ansicht der Rechtsprechung die Voraussetzungen für die Berichtigung der Bilanz und für die Nachholung der Bilanzierung in lit. a und lit. b verschieden (vgl. oben Rdn. 118, 144 und sogleich Rdn. 153): Die Strafbarkeit nach lit. b ist mit Fristablauf gleichsam eine absolute – unter der alleinigen Voraussetzung, dass es zum Eintritt der objektiven Strafbarkeitsbedingung kommt und der Zusammenhang mit ihr nicht ausgeschlossen ist. Die Streitfrage ist also von einigem praktischen Gewicht. Bei ihrer Beantwortung spricht für eine wortgetreue Interpretation von lit. b, dass als Unterlassen im Strafrecht allgemein nur „völliges" Unterlassen verstanden wird, insbesondere die Rechtsfigur eines Unterlassens „durch Tun" überaus umstritten ist (vgl. *Weigend* LK § 13 Rdn. 7 ff) und die Umdeutung unvollständiger Akte in ein Unterlassen ganz überwiegend abgelehnt wird (vgl. nur *Tiedemann* LK[11] § 264 Rdn. 81). Andererseits ist in lit. b das Unterlassen auf ein bestimmtes Tatobjekt bezogen, welches rechtlich dahingehend qualifiziert wird, dass eine das Verhältnis von Vermögensgegenständen und Schulden auf einen bestimmten Stichtag ersichtlich machende Aufstellung (Abschluss) vorliegen muss (§ 242 Abs. 1 HGB; oben Rdn. 130). Ebenso wie nun das Fehlen einzelner Posten (oder der Unterschrift, oben Rdn. 136) die Bilanz regelmäßig nicht als unwirksam (nicht vorhanden) erscheinen lässt, so fehlt es auf der anderen Seite dann an einer Bilanz (Abschluss), wenn eine Aufstellung von Vermögensgegenständen und/oder Schulden von vornherein nicht als vollständig konzipiert ist. Vor allem die Rechtsprechung zu § 84 GmbHG a.F. hat – wenn auch unter teilweise abweichenden Leitgesichtspunkten – eine Grenzziehung zwischen Vorliegen und Nichtvorliegen einer Bilanz entwickelt und gewisse *Mindestanforderungen* unterstrichen, deren Nichterfüllung dazu führt, dass ein Schriftstück mit der Angabe einzelner Aktiva und/oder Passiva wesensgemäß nicht als Bilanz anzusehen ist (vgl. BayObLG ZIP **1982** 444 mit Bespr. *Tiedemann* S. 653, 655). Dies ist im Grundsatz auch für Nr. 7b als zutreffend anzuerkennen, wobei die Bezeichnung als „Scheinbilanz" das Erfordernis hervorhebt, dass eine nach außen und auf den ersten Blick als Gegenüberstellung von Vermögens- und Schuldposten erscheinende Vermögensübersicht vom Täter überhaupt *nicht auf Vollständigkeit hin angelegt* ist. Dies wird insbesondere dann der Fall sein, wenn zahlreiche und/oder große Bilanzposten weggelassen werden und daher „nur eine Zusammenstellung willkürlich herausgegriffener Posten" vorliegt (RGSt **15** 174, 176) oder weil Buchführung und Inventar als Grundlage der Bilanzierung fehlen (RG aaO). Das Fehlen der Unterschrift ist dagegen nicht notwendigerweise schädlich (vgl. bereits oben Rdn. 136 und 150).

γ) Das Unterlassen ist mit Ablauf der oben Rdn. 147 ff genannten Frist vollendet **153**
(zust. BayObLG wistra **1990** 201, 202). Einer späteren **Nachholung** der Bilanz- oder Inventaraufstellung kommt daher grundsätzlich keine strafbefreiende Wirkung zu; die

---

[77] RGSt **12** 82; 15 174 ff; RG JW **1935** 2061; *Binding* Lehrbuch I S. 439; *Bittmann* in Bittmann § 12, 243; *Fischer* aaO; *Hoyer* SK Rdn. 89; *Kindhäuser* LPK Rdn. 39 und NK Rdn. 86; *Radtke* MK Rdn. 62; *Sch/Schröder/Stree/Heine* Rdn. 46.

Aufstellung ist dann verspätet (*Fischer* Rdn. 29; *Kindhäuser* LPK Rdn. 39 und NK Rdn. 87; *Radtke* MK Rdn. 63; **aA** *Hauck* S. 145 f, da § 283 die Ordnungsmäßigkeit des Insolvenzverfahrens schütze). Diese Ansicht entspricht hier – anders als bei lit. a (oben Rdn. 144) – auch der Rechtsprechung, welche die Begründung für dieses Ergebnis darin findet, dass lit. b kein Erfordernis der Unübersichtlichkeit des Vermögensstandes enthält (RGSt **39** 165, 167 f; BGH 2 StR 375/76 v. 23.3.1977 S. 6 f). Ebenso und erst recht schließt die ordnungsgemäße Aufstellung der Bilanz und des Inventars für *spätere Geschäftsjahre* die Strafbarkeit nicht aus (RG aaO sowie GA **48** [1901] 452). Allerdings wird bei einer solchen Fallgestaltung der erforderliche tatsächliche **Zusammenhang** mit der objektiven Strafbarkeitsbedingung nicht selten ausgeschlossen sein (vgl. § 283b Rdn. 14; auch *Wessels/Hillenkamp* BT 2 § 12, 475 mit Nachw.).

**154** Die Strafbarkeit entfällt schließlich, wie bereits oben Rdn. 119 dargelegt, bei **Unmöglichkeit** der Bilanz- oder Inventaraufstellung, z.B. wegen Fehlens jeglicher *Finanzmittel*. Diesen aus der Rechtsnatur von lit. b als Unterlassungsdelikt folgenden Grundsatz hat BGHSt **28** 231, 232 f für die völlige Zahlungsunfähigkeit des Kaufmann bekräftigt (vgl. dazu die Nachw. oben Rdn. 119). Der Grundsatz gilt aber auch für die Nichterfüllung der Bilanzierungs- und Inventarisierungspflicht durch einen Pflichtigen, der eine völlig mangelhafte Buchführung vorfindet und aus diesem Grunde Bilanz und Inventar nicht aufstellen kann (OLG Frankfurt BB **1977** 312, 313 für den Liquidator einer GmbH; zust. *Hillenkamp* Festschrift Tiedemann, S. 964 f; *Sch/Schröder/Stree/Heine* Rdn. 47 mit weit. Nachw.). Die oben Rdn. 120 zur unterlassenen Buchführung entwickelten Einschränkungen gelten für das Unterlassen der Bilanzierung nicht in gleichem Maße, da bei vorhandener Buchführung das Fehlen der ohnehin retrospektiven Bilanz die Übersicht über den Vermögensstand nicht so gravierend beeinträchtigt, dass die Unternehmenstätigkeit sogleich eingestellt werden müsste. Auch dieser Gesichtspunkt kann allerdings die Unternehmensfortführung nur für einen beschränkten Zeitraum nach erfolglosem Ablauf der Bilanzierungsfrist rechtfertigen.

### 8. Sonstiges Verringern des Vermögensstandes und Verheimlichen oder Verschleiern der geschäftlichen Verhältnisse (Nr. 8)

**155** a) **Der Anwendungsbereich** dieser durch das 1. WiKG geschaffenen Generalklausel ist zweifelhaft und wurde auch im Gesetzgebungsverfahren nicht geklärt. Fraglich ist bereits, ob die in Nr. 8 genannten „anderen" Handlungsweisen nicht in Wahrheit „sonstige" Handlungen meinen, die im Hinblick auf den Oberbegriff der Vermögensverringerung, Verheimlichung oder Verschleierung der geschäftlichen Verhältnisse den in Nrn. 1–7 ausdrücklich umschriebenen Handlungen „ähnlich" sind. Diese Frage wurde oben Rdn. 11 bejaht (zust. *Bittmann* § 12, 250 und *Weyand/Diversy* Rdn. 100 S. 118). Unklar blieb im Gesetzgebungsverfahren auch, ob schon jetzt Fallgestaltungen existieren, die unter Nr. 8 fallen, oder ob dieser Tatbestand gleichsam in Reserve für noch nicht voraussehbare wirtschaftliche Entwicklungen und Fallgestaltungen gehalten wird (im letzteren Sinne zusammenfassend *Wilts* und *Sturm* Prot. 7 /2825). Die Annahme liegt nahe, dass es bereits derzeit Fälle von Nr. 8 gibt, die sich lediglich mangels hinreichender Typisierung der Erfassung durch Nrn. 1–7 entziehen. Angesichts der weiten Auslegung des Beiseiteschaffens (Nr. 1) und der unwirtschaftlichen Ausgaben (Nr. 2) sowie der Einfügung der Spekulations- und Verlustgeschäfte in Nr. 2 lassen sich allerdings bisher nur relativ wenige Beispiele auffinden, die eindeutig nur unter die erste Alternative von Nr. 8 fallen, ohne bereits durch Nrn. 1–7 erfasst zu sein (zust. *Krause* S. 138). Deutlicher erkennbar ist der Anwendungsbereich der zweiten Alternative von Nr. 8, die insbesondere die unrichtige Wiedergabe und Verschleierung der Unternehmensverhältnisse in geschäftlichen Mitteilungen erfasst (vgl. AE § 193 Abs. 1 Nr. 8; *Sch/Schröder/Stree/Heine* Rdn. 49), so etwa bei der *Werbung für Kapitalanlage,* für *Beteiligung am Bauwesen* und an *Warentermingeschäften* (zust. *Bittmann* § 12, 263 ff; *Fischer* Rdn. 30; *Grosche* S. 101 ff und *Weyand/Diversy* Rdn. 101 S. 120). Unter die erste Alternative fällt als Verstoß gegen „elementarste kaufmännische Grundsätze" das Wirtschaften ohne jeden Überblick über die Gewinn- und Verlustsituation (BGH NJW **1981** 354, 355), da es hier um positives Tun geht; das bloße Fehlen des Überblicks ist als Unterlassen regelmäßig nicht nach der 2. Alt. strafbar (unten Rdn. 171). Daneben bleiben für die 1. Alt. vor allem solche – nach früherem Recht ebenfalls nicht als Insolvenzdelikte zu ahndende – Handlungsweisen übrig, die nicht selbständig fassbare oder pfändbare vermögenswerte Aussichten und Chancen eines Unternehmens betreffen, welche nicht i.S.d. Nr. 1 „beiseite geschafft" werden können (zust. *Bittmann* § 12, 256; *Schulte* ZInsO-Praxis **2002** 265 ff; vgl. näher Rdn. 161). Zu denken ist etwa an den *geschäftlichen Ruf* (*Krause* S. 141 Fn. 243 unter Hinweis auf BGH GA **1974** 61) sowie an das „Vorbeisteuern" von Aufträgen (und *Arbeitskraft!*) an dem Altunternehmen des Täters zugunsten seines Neuunternehmens (vgl. OLG Düsseldorf NJW **1982** 1712 ff; *Grosche* S. 61; auch *Dreiss/Eitel-Dreiss* S. 160; näher unten Rdn. 161). In Betracht kommen weiter *Umleitungen* von angebotenen *Nachschüssen* der Gesellschafter auf eine neu gegründete Gesellschaft (*Krause* aaO; vgl. aber auch *Bittmann* § 12, 259) und Unterlassungshandlungen, soweit diese nicht schon zu einem Beiseiteschaffen von Vermögensbestandteilen führen – wie etwa die gezielte Nichtausnutzung von Exportlizenzen (vgl. *Dreiss/Eitel-Dreiss* S. 161, aber auch unten Rdn. 159; zust. *Bittmann* § 12, 256; **aA** *Grosche* S. 83 f). Schließlich enthält der Maßstab des groben Widerspruchs zu den Anforderungen einer ordnungsgemäßen Wirtschaft in Nr. 8 auch ein selbständiges Rechtsinstrument, um nach anderen Rechtsnormen nicht ausdrücklich erfasste *Umgehungsgeschäfte* zu bestrafen, wobei die Strafbarkeit und Rechtswidrigkeit nach Nr. 8 über § 134 BGB zugleich die zivilrechtliche Nichtigkeit des Geschäftes bewirkt.

Nicht zwingend erforderlich ist dagegen die 1. Alt. von Nr. 8 zur Erfassung der von **156** *Eitel* während des Gesetzgebungsverfahrens (Prot. 7/2547 f) angeführten Manipulationen mit **Insolvenzgeld** (früher Konkursausfallgeld) nach dem SGB III durch sachlich unbegründete rückwirkende Gehaltserhöhungen von Angestellten, rückwirkende Anstellung neuer Geschäftsführer und Einstufung von Gesellschaftern als Arbeitnehmer durch Veränderung der Beteiligungsverhältnisse (vgl. auch Bericht des Sonderausschusses BTDrucks. 7/5291 S. 18). Handelt es sich hierbei um Scheingeschäfte, so kommt bereits Nr. 4 zum Zuge (*Fischer* Rdn. 30 a.E.). Sind die genannten Maßnahmen dagegen – was anzunehmen näher liegt – zivilrechtlich wirksam, so ist zwar für ein „Vortäuschen" von „Rechten anderer" kein Raum, da und soweit diese Rechte nach Zivilrecht (Arbeitsrecht) wirklich entstanden, freilich nach §§ 132, 133 InsO anfechtbar sind. Es liegt dann ein Schuldigwerden (des Unternehmens) in Bezug auf Ausgaben vor, die i.S.d. Nr. 2 auch als „unwirtschaftlich" eingeordnet werden müssten, wenn sie nach Nr. 8 sogar grob wirtschaftswidrig sein sollen (zust. *Bieneck* in Müller-Gugenberger/Bieneck § 88, 4; **aA** ohne Begründung *Eitel* aaO S. 2548). Im Übrigen bleibt für Nr. 2 zwar zusätzlich das Tatbestandsmerkmal der Unverhältnismäßigkeit der Belastung mit den unwirtschaftlichen Ausgaben zu prüfen. Bei sachlich unbegründeten und überflüssigen Maßnahmen wie dem Anstellen neuer Geschäftsführer, Gehaltserhöhung in der Krise usw. steht aber *praktisch jede Belastung* des Schuldnervermögens außer Verhältnis zu dem Gesamtwert des noch verbliebenen Vermögens.

Ein Beispiel für die 1. Alt. von Nr. 8 könnte schließlich der im Gesetzgebungsverfah- **157** ren von *Uhlenbruck* (Prot. 7/2838) erwähnte und von *Fischer* (Rdn. 30) der Nr. 8 zugeordnete Bereich pseudo-legaler Sanierung durch Vermögensübertragung auf Sanierungs- oder **Auffanggesellschaften** darstellen (vgl. dazu *Bieneck* in Müller-Gugenberger/Bieneck § 88, 29 ff). Ein Beiseiteschaffen von Vermögensbestandteilen i.S.d. Nr. 1 (so *Grosche* S. 67 f und *Kindhäuser* NK Rdn. 91) wird insbesondere bei der Betriebsaufspaltung meist gezielt dadurch vermieden, dass die Neugesellschaft (Basis- oder Besitzgesellschaft) auch Schulden des alten Unternehmens (welches zur Produktionsgesellschaft wird) übernimmt – wenn auch nur in Bezug auf solche Schulden, an denen der Neugesellschaft im Sinne einer Fortsetzung der Geschäftsbeziehungen mit den bisherigen Gläubigern gelegen ist (vgl. oben Rdn. 30 und *Tiedemann* ZIP **1983** 517). Ob hierin ein Verhalten nach Nr. 8 liegt, wird unten Rdn. 164 näher zu erörtern sein. – Ein Anwendungsbereich für Nr. 8 bliebe möglicherweise auch, soweit der Inhaber oder Vertreter des schuldnerischen Unternehmens an der Bildung bestimmter Formen von *Sicherungspools* von Großgläubigern mitwirkt und es sich nicht um Übertragung von Unternehmenseigentum auf diese Gläubiger, sondern lediglich um die Verbesserung der Beweislage zugunsten der Gläubiger handelt. Jedoch geht für derartige Handlungen § 283c als exklusive Spezialregelung vor (vgl. § 283c Rdn. 39; auch AG Siegen wistra **1985** 196 f).

**157a** Die 2. Alt. von Nr. 8 kommt unter dem Gesichtspunkt in Betracht, dass nach § 184 Abs. 1 SGB III wegen der Möglichkeit einer *Anfechtung* nach §§ 132, 133 InsO ein Anspruch der Arbeitnehmer auf Lohn und auf Insolvenzgeld verneint wird (*Gerloff* in Bittmann § 26, 29 mit Nachw.). Das Verheimlichen oder Verschleiern der geschäftlichen Verhältnisse kann dann aber zugleich eine Handlung nach Nr. 4 sein, die nur voraussetzt, dass der (Insolvenz-)Schuldner die Lohnforderung der Arbeitnehmer nach außen als bestehend ausweist (Rdn. 84). Jedoch bleibt zweifelhaft, ob das Verschweigen der Anfechtbarkeit der Lohnforderung als Vortäuschen ausreicht (dazu auch *Fischer* Rdn. 17 a.E. mit Nachw.). Ein „erdichtetes Recht" liegt jedenfalls nicht vor (Rdn. 85). Über diese Schwierigkeiten mit Nr. 4 hilft die Anwendung von Nr. 8 2. Alt. hinweg.

**158** *Zusammengefasst* hat die 2. Alt. von Nr. 8 vor allem für verschleiernde geschäftliche Mitteilungen praktische Relevanz; jedoch ist insoweit nur ein (zumindest konkludentes) Tun, nicht dagegen auch ein bloßes Unterlassen (ohne Vorliegen einer Garantenstellung) tatbestandsmäßig (vgl. unten Rdn. 171). – Demgegenüber ist der 1. Alt. von Nr. 8 bisher nur eingeschränkte Bedeutung vor allem für solche Fallgestaltungen beigelegt worden, in denen dem schuldnerischen Unternehmen lediglich vermögenswerte Chancen und Lagen entzogen werden, die nicht i.S.d. Nr. 1 „beiseite geschafft" werden können. Für die Zukunft kann die 1. Alt. vor allem für bestimmte Sanierungspraktiken und auch im Hinblick auf Erfordernisse moderner, über die klassische Buchführung hinausgehender Mittel und Methoden der Wirtschaftsplanung, z.B. im Bereich der Finanzplanung, Bedeutung erlangen (vgl. *Maul* S. 21; *Tiedemann* ZIP **1983** 522). Dies und die Eröffnung eines selbständigen Anwendungsbereiches neben Nrn. 1–3 setzt freilich u.a. voraus, dass die 1. Alt. von Nr. 8 nicht eine strikte Einzelbetrachtung jeder Handlung erfordert, sondern für die Feststellung der Vermögensverringerung zumindest eine gewisse zeitliche und sachliche **Gesamtbetrachtung** zulässt; diese ist allerdings umstritten (dazu sogleich Rdn. 162).

**159** b) **Die 1. Alternative** von Nr. 8 erfasst ebenso wie der Tatbestand von Nr. 1 grundsätzlich nur positives Tun. Lediglich bei Vorliegen einer Garantenstellung ist bloßes *Unterlassen* tatbestandsmäßig. Der Schuldner hat nicht etwa wie der Vermögenssorgepflichtige nach § 266 eine besondere Obhutspflicht, deren Verletzung unmittelbar und ohne Weiteres den Tatbestand erfüllen könnte (zust. *Bittmann* § 12, 251). Vielmehr geht es hier um sein eigenes Vermögen, mag ihm dies – vor allem in der Situation des Absatzes 1 – auch wirtschaftlich gesehen teilweise von den Gläubigern zur Verfügung gestellt sein. Allein hieraus ergibt sich ebenso wie zu Nr. 1 keine Garantenstellung des

Schuldners zur Mehrung oder auch nur zur Erhaltung seines Vermögens, und zwar auch nicht in der Krisensituation (oben Rdn. 37). Soweit der Täter als Organ, Vertreter usw. eine strafrechtliche Betreuungspflicht für fremdes Vermögen hat, ist es nur theoretisch von Interesse, ob diese Pflicht auch für Nr. 8 ausreicht: Die vorsätzliche Nichterfüllung der Betreuungspflicht macht jedenfalls bei schädigender Wirkung des Unterlassens nach § 266 strafbar, und bei Eigennutz des Täters entfällt nach der bisherigen BGH-Rechtsprechung ohnehin jede Strafbarkeit nach § 283 in Verb. mit § 14 (vgl. Rdn. 79 Vor § 283).

α) **Als Verringern des Vermögensstandes** wird jede Verminderung der Aktiva und jede Vergrößerung der Passiva verstanden.[78] Ebenso wie bei Nr. 1 und bei Nr. 5 (2. Alt.) sowie Nr. 7 (lit. a) kommt es grundsätzlich auf das wirtschaftliche Erfüllungsgeschäft an (vgl. oben Rdn. 25, 112). Als Erhöhung der Passiva reicht aber wie bei Nr. 2 bereits das Eingehen von Verpflichtungen aus. Die dingliche Belastung stellt ebenso wie sonstige Formen unmittelbarer Beeinträchtigung vorhandener Vermögenswerte schon ein Beiseiteschaffen nach Nr. 1 dar, da sie den Gläubigerzugriff erschwert. Der selbständige Anwendungsbereich der 1. Alt. von Nr. 8 liegt daher zum einen in der Beeinträchtigung bzw. Vereitelung eines Vermögenszuwachses (durch positives Tun): **160**

Der Vermögensbegriff ist ebenso wie bei Nr. 1 im wirtschaftlichen Sinne zu verstehen. **161** Zum Vermögen rechnen hier aber auch Umstände und Faktoren, die nicht (selbständig) pfändbar sind und im Falle der Eröffnung des Insolvenzverfahrens nicht gemäß § 35 ff InsO zur Insolvenzmasse gehören, jedoch nach der Verkehrsauffassung geldwert sind bzw. den Wert anderer Vermögensgegenstände oder des Unternehmens insgesamt erhöhen. Hierzu zählen die bei §§ 263, 266 anerkannten tatsächlichen Aussichten und Hoffnungen, soweit sie nicht ganz unbestimmt und vage, sondern hinreichend wahrscheinlich sind (eingehend *Tiedemann* LK[11] § 263 Rdn. 135 mit Nachw.), insbesondere die Stammkundschaft sowie der sicher bevorstehende Abschluss mit einem Gelegenheitskunden (BGHSt **20** 143, 145 mit Nachw.), aber auch konkrete Absatz- und Gewinnerwartungen bei starrer Marktlage (BGH bei Holtz MDR **1981** 100) oder die Möglichkeit, die Arbeitskraft gegen Entgelt zu verwerten (RGSt **68** 379, 380; *Schulte* ZInsO – Praxis **2002** 265, 268), sowie der Besitz von Beweismitteln (RGSt **16** 1, 11). Ob der Vermögenswert nach den handelsrechtlichen GoB oder nach steuerrechtlichen Grundsätzen für die Bilanz aktivierungspflichtig ist oder überhaupt aktiviert werden kann, ist allenfalls als Indiz zu berücksichtigen; für den strafrechtlich-wirtschaftlichen Vermögensbegriff kommt es jedenfalls nicht darauf an, ob das Wirtschaftsgut selbständig verkehrsfähig ist. In diesem Sinne kann insbesondere die **Verlagerung der Geschäftstätigkeit** von einem Unternehmen auf ein anderes (vgl. oben Rdn. 155) eine Verringerung des Vermögensstandes des ersteren darstellen, jedenfalls soweit das Altunternehmen schon Aufwendungen für die Gewinnerwartung gemacht hat und diese nicht ausgeglichen werden (*Bieneck* in Müller-Gugenberger/Bieneck § 88, 6); freilich wird ein solches Verhalten nicht stets den Anforderungen einer ordnungsgemäßen Wirtschaft grob widersprechen (OLG Düsseldorf NJW **1982** 1712, 1713; *Bittmann* § 12, 256; unten Rdn. 168). Ebenso stellt die Aufgabe einer Anwartschaft auf Erteilung des Zuschlages in einer Submission eine Vermögensbeeinträchtigung dar (vgl. BGHSt **17** 147, 148 f); jedoch kann diese Vermögensminderung eventuell durch das Versprechen der übrigen Teilnehmer an einem Submissionskartell aufgewogen werden, dem Verzichtenden innerhalb konkret abzu-

---

[78] *Bittmann* in Bittmann § 12, 255; *Hoyer* SK Rdn. 92; *Kindhäuse*r LPK Rdn. 41; *Lackner*/*Kühl* Rdn. 21; *Radtke* MK Rdn. 66; *Sch*/*Schröder*/*Stree*/*Heine* Rdn. 49.

sehender Zeit einen anderweitigen Auftrag zu verschaffen. Die zusätzlich von *Dreiss/Eitel-Dreiss* S. 160, 161 f genannten Fälle des Verkaufes günstiger Kontrakte und der konzernrechtlichen Untreue fallen bereits unter Nr. 1, wie die oben Rdn. 25 ff beschriebene Ausdehnung des Begriffes des Beiseiteschaffens zeigt.

**162** Zum anderen erweitert sich der Anwendungsbereich der 1. Alt. von Nr. 8 vor allem im Verhältnis zu Nrn. 1 und 2 dadurch, dass die 1. Alt. eine gewisse **Gesamtbetrachtung** des Wirtschaftens erlaubt, wie sie bisher vor allem aus der außerstrafrechtlichen Rechtsprechung zur Insolvenzanfechtung und auch aus der strafrechtlichen Judikatur zu § 283c (vgl. dort Rdn. 14), aber auch aus dem Wertausgleichsgedanken bei Nr. 1 (oben Rdn. 30) und Nr. 2 (oben Rdn. 67), aus der Gesamtbetrachtung bei Nr. 2 (BGH GA **1974** 61, 62; *Fischer* Rdn. 11) sowie der Rechtsprechung zum Nachteilsbegriff bei § 266 (dazu *Lüderssen* Gedächtnisschrift Arm. Kaufmann, 687 f) bekannt ist. Unter dem Gesichtspunkt der rechtlichen Handlungseinheit erscheint die Auslegung vertretbar, dass die 1. Alt. von Nr. 8 die Vermögensverringerung durch grob wirtschaftswidriges *Wirtschaften* betrifft (zust. *Bittmann* § 12, 252 ff mit weit. Nachw.). Die Vermögensverringerung erscheint insoweit – ähnlich wie der Mangel der Buchführung bei Nr. 5 2. Alt. – unter zeitlichen Aspekten als Ergebnis eines grob fehlerhaften Wirtschaftens, das jedenfalls bei gleichartigen Geschäften (z.B. Inanspruchnahme überhöhter Kredite) auch strafrechtlich als einheitliche Tätigkeit aufgefasst werden kann. Vermögensverringerung und grobe Wirtschaftswidrigkeit brauchen also nicht unbedingt nur auf jede Einzeldisposition bezogen zu werden. Vielmehr ist sowohl bei Zerlegung eines Vorganges in mehrere Akte als auch bei zeitlicher Dauer des Wirtschaftens eine *Gesamtbewertung* möglich und geboten, wobei die Zusammenfassung insoweit bedenkenfrei ist, als sie auf die Bewertung (und nicht auf die Einzelakte) zielt. Eine Verletzung des Tatschuldprinzips (vgl. BGHSt **40** 138, 158 f) liegt daher nicht vor, wie besonders die Konstellation von Nr. 8 in Verbindung mit *Absatz 2*, aber auch die unbestrittene Möglichkeit rechtlicher Handlungseinheit zeigt. Auch muss vor allem bei der Betrachtung der Dauer des Wirtschaftens (seit Beginn der Krise) der Einwand des Täters relevant bleiben, dass das Ergebnis der Verringerung des Vermögensstandes nur auf einem einzigen (oder mehreren) nicht pflichtwidrigen Geschäft(en) oder auf einem nicht vorhersehbaren äußeren Ereignis (z.B. vom Täter nicht veranlasste Kündigung eines Kredites) beruht, ohne dass damit eine Umkehr der materiellen Beweislast oder eine Einschränkung des Grundsatzes „in dubio pro reo" einträte. Subjektiv ist jedenfalls dolus eventualis erforderlich, wobei insoweit die Rechtsprechung zum Kreditbetrug nach § 263 brauchbare Anhaltspunkte liefert. – Entscheidend ist also, dass ein grob fehlerhaftes Wirtschaften als Gesamtvorgang kausal (dazu unten Rdn. 180) zu einer zumindest billigend in Kauf genommenen Vermögensverringerung führt, die sich im Falle des Absatzes 2 zur Zahlungsunfähigkeit steigern kann.

**163** Vor allem unter dem letzteren Blickwinkel kann die 1. Alt. von Nr. 8 das Gründen und Erweitern von Unternehmen mit **völlig unzureichendem Eigenkapital** erfassen (vgl. § 192 Abs. 1 Nr. 1 AE und Art. 165 schweizer. StGB, Rdn. 184 Vor § 283; zust. *Bittmann* § 12, 257 und *L. Müller* in Lexikon des Rechts S. 462). Diese Handlung wurde vom 1. WiKG mangels hinreichender Typisierbarkeit nicht gesondert unter Strafe gestellt (vgl. oben Rdn. 124 vor § 283; *Dreiss/Eitel-Dreiss* S. 159). Zwar werden die *Ausgaben* des Täters für die *Gründung* als Gesamtvorgang in krassen Fällen bereits durch Nr. 1 und/oder Nr. 2 erfasst, wenn und soweit durch die Ausgaben keine hinreichend sicheren Gegenwerte geschaffen werden. In weniger krassen Fällen, die ebenfalls mit Insolvenz enden, kann aber Nr. 8 einschlägig sein, wenn die grobe Wirtschaftswidrigkeit in der geringen Eigenkapitalausstattung oder in dem (eventuell: hiermit einhergehenden) Mangel an Übersicht und Planung liegt. Wegen der bestehenden Überschuldung ist hier meist von

Anfang an eine Krise gegeben (vgl. die bereits Rdn. 173 Vor § 283 zitierte BGH-Entscheidung 1 StR 625/80 v. 10.2.1981). Ein Spekulationsgeschäft i.S.d. Nr. 2 dürfte dagegen angesichts der restriktiven Auslegung dieses Begriffes (oben Rdn. 55 ff) nur selten vorliegen. Auch wird die Unwirtschaftlichkeit von Ausgaben nach der genannten Nr. 2 bei der Unternehmensgründung nur schwer festzustellen sein, da dieses Merkmal auf das Gesamtvermögen und Einkommen des Schuldners zu beziehen ist (oben Rdn. 66). Zwar gilt für Nr. 8 grundsätzlich derselbe Bezugspunkt, obwohl die Gefährlichkeit der Unternehmensgründung mit völlig unzureichenden Finanzmitteln in dem Missverhältnis des aufgewandten Kapitals zu dem angestrebten Geschäftszweck liegt (vgl. AE aaO). Die letztere Relation ist aber bei Nr. 8 im Rahmen der zu β) darzulegenden Gesichtspunkte selbständig zu prüfen und nicht auf den Zeitpunkt der Gründungsausgaben beschränkt: Führt die unzureichende Eigenkapitalausstattung zum Scheitern des Unternehmens und damit zum Verlust des eingesetzten Vermögens, so steht das Strafbarkeitsurteil nur noch unter dem Vorbehalt, dass ein derartiges Wirtschaften als grob fehlerhaft einzuordnen ist. Aufgrund seiner Ablehnung einer Gesamtbetrachtung will demgegenüber *Krause* (S. 306, 410) die Unterkapitalisierung nur zum Anlass für eine Verschärfung des Maßstabes ordnungsgemäßen Wirtschaftens bei als solchen vermögensmindernden Maßnahmen nehmen (**krit.** auch *Grosche* S. 63 f). Damit ergibt sich kein über Nr. 1 und Nr. 2 hinausgehender Anwendungsbereich von Nr. 8. Dagegen orientiert sich die hier vertretene Auslegung am schweizerischen Strafrecht und zudem an der österreichischen und französischen Rechtsprechung zu Fällen, in denen eine mangelhafte Eigenkapitalausstattung zu immer höherer Kreditaufnahme und schließlich zur Zahlungsunfähigkeit führt (vgl. nur OGH ÖJZ **1969** 498, 499; EvBl **1971** 329, 330; Rdn. 190 Vor § 283). Allerdings ist insoweit nach deutschem Recht zumindest dolus eventualis erforderlich (oben Rdn. 162), während sich insbesondere das schweizerische Recht mit Fahrlässigkeit begnügt.

Die Gesamtbetrachtung nach 1. Alt. bedeutet ferner, dass gewisse Praktiken wirklicher oder angeblicher **Sanierung** strafbar sein können, sofern die Sanierung fehlschlägt (Absatz 6) und das zusätzliche Urteil grober Wirtschaftswidrigkeit feststeht. So ist die Vermögensübertragung auf eine *Auffanggesellschaft* (*Betriebsaufspaltung*) nach Nr. 8 auch im Wege einer wirtschaftlichen Gesamtbewertung zu betrachten. Diese kann unter dem Gesichtspunkt des „Aushöhlens" ergeben, dass die Vermögenslage des Altunternehmens als verringert erscheint, auch wenn den auf die Auffanggesellschaft übertragenen Aktiva gleichzeitig übernommene Passiva gegenüberstehen: Der Gesichtspunkt, dass die Auffanggesellschaft nur willkommene Verbindlichkeiten übernimmt und bei dem Altunternehmen nur unbrauchbares Material verbleibt (vgl. *Mohr* S. 117 f; *Tiedemann* ZIP **1983** 517), kann – auch unter Berücksichtigung des oben Rdn. 161 dargelegten Vermögensbegriffes – trotz rechnerischen Ausgleichs zur Annahme einer wirtschaftswidrigen Vermögensverringerung führen (zust. *L. Müller* in Lexikon des Rechts S. 462; **krit.** dagegen *Grosche* S. 67 f). Dies ist allerdings nicht erst die Folge der hier vorgeschlagenen Gesamtbetrachtung, sondern Ausfluss der bereits von der älteren Rechtsprechung (zu Nr. 1) anerkannten Nichtanwendung des Wertausgleichsgedankens bei Verstoß gegen die Anforderungen einer ordnungsgemäßen Wirtschaft (vgl. oben Rdn. 30 und unten Rdn. 168). Im Ergebnis gleich, aber zur Annahme von Nr. 1 bzw. § 283c neigend, stuft *Krause* (S. 271 ff) den „Aktiv-Passiv-Tausch" außer bei quotenerhaltender Übernahme von Verbindlichkeiten als grob wirtschaftswidrig ein (zust. *Kindhäuser* NK Rdn. 21; **krit.** dagegen *Mohr* S. 120 ff, der auf die praktischen Bewertungsschwierigkeiten für die Bestimmung der Angemessenheit der Gegenleistung hinweist und auf die Einwilligung der Gläubiger abstellt). **164**

165 Problematisch bleiben Missbräuche im Zusammenhang mit der Unternehmensfinanzierung durch **Vorgriff auf das Insolvenzgeld** (vgl. oben Rdn. 157a und unten Rdn. 170). Die Belastung der späteren Insolvenzmasse mit auf die Bundesagentur für Arbeit übergegangenen Lohnansprüchen der Arbeitnehmer wird wertmäßig durch geleistete Weiterarbeit der Arbeitnehmer ausgeglichen, soweit nicht nur Sicherungseigentum im Wert erhöht wird und daher die gesicherten Forderungen durch abgesonderte Befriedigung erlöschen; ein Wertausgleich wäre hier unter dem Gesichtspunkt unbeachtlich, dass andere Gläubiger geschädigt werden (vgl. dazu näher § 283c Rdn. 14). Allgemein verlangt § 188 Abs. 4 SGB III für den Insolvenzgeldanspruch, den der Arbeitnehmer an Dritte (z.B. Banken oder Anteilseigner) abtritt, die ihm das Nettoarbeitsentgelt zahlen, die *Zustimmung des Arbeitsamtes* im Sinne einer positiven Prognose zum Erhalt „eines erheblichen Teils der Arbeitsplätze“ im Rahmen eines Sanierungsversuchs. Fehlerhafte Angaben eines Geschäftsführers zu seiner Stellung im Unternehmen, über Einstellungs- und Entlassungszeitpunkte in Bezug auf Arbeitnehmer usw. können Betrugsstrafbarkeit begründen (*Gerloff* in Bittmann § 26, 45), die aber nur die Schädigung der Dritten und/oder der Bundesagentur betrifft; die Masse erleidet durch Geltendmachung der übergegangenen Lohnansprüche nur einen Nachteil, soweit die Lohnansprüche nicht bestanden oder angefochten wurden. Dass Nr. 4 hier nicht zweifelsfrei eingreift, wurde Rdn. 157a dargelegt. Hier wie auch bei Vortäuschung des Sanierungswillens oder der Sanierungsfähigkeit gegenüber dem Arbeitsamt ist Nr. 8 anzuwenden (zust. *Bieneck* in Müller-Gugenberger/Bieneck § 88, 3 und 4). – Klarstellend ist darauf hinzuweisen, dass der Anspruch auf Insolvenzgeld Arbeitnehmern für die letzten drei Monate vor dem Insolvenzereignis geleisteter Arbeit zusteht und dass bereits mit Antragstellung der Arbeitnehmer ihre Lohnansprüche auf die Bundesagentur übergehen (§ 187 Satz 1 SGB III). Diese hat bei zu Unrecht geleistetem Insolvenzgeld einen Erstattungsanspruch (§ 184 Abs. 2 SGB III). Auch die zur Vermeidung von Missbräuchen erforderliche Zustimmung des Arbeitsamtes, ein Verwaltungsakt, kann bei Erschleichung, die den Vertrauensschutz beseitigt, zurückgenommen werden. Das Fehlen der Zustimmung lässt nur die Wirksamkeit der Abtretung des Insolvenzgeldanspruchs, nicht dagegen dessen Existenz entfallen (§ 184 Abs. 4 SGB III). Schwierigkeiten ergeben sich für die strafrechtliche Beurteilung daraus, dass die Insolvenzanfechtung nach § 143 Abs. 1 Satz 1 InsO nur einen schuldrechtlichen Anspruch auf Rückgewähr begründet, während § 184 Abs. 1 SGB III bereits bei bloßer *Anfechtbarkeit* (außerhalb eines Insolvenzverfahrens sowie bei Vornahme der Anfechtung nach Eröffnung des Insolvenzverfahrens) den Anspruch auf Insolvenzgeld entfallen lässt (vgl. bereits Rdn. 157a). Für **Umgehungsfälle** eröffnet gerade der Maßstab der groben Wirtschaftswidrigkeit von Nr. 8 die Möglichkeit, Missbrauchsfälle als strafrechtlich relevant und damit auch außerstrafrechtlich unwirksam zu qualifizieren (zust. *Hanau/Kappus* ZIP **1988** 890 f zu der früheren Regelung des Konkursausfallgeldes nach dem AFG). Maßgebend ist insoweit, ob es um die missbräuchliche Verfolgung von Sonderinteressen und um eine Aufschiebung der Eröffnung des Insolvenzverfahrens oder aber um sinnvolle Versuche einer Sanierung und um die erforderliche Nutzung des Zeitraumes bis zur Eröffnung des Insolvenzverfahrens geht, um sich einen Überblick über die Aktivmasse zu verschaffen.

166 Weniger bedeutsam ist Nr. 8 für die im Wesentlichen durch Nr. 2 und Nr. 3 erfasste *Verschleuderung* von Sachen und Rechten: Bei der Verschleuderung von Ware, die im Eigentum des Täters steht, sowie von Erzeugnissen der Urproduktion und von Immaterialgüterrechten (wie z.B. Patenten) kommt Nr. 8 zwar grundsätzlich in Betracht (vgl. *Fischer* Rdn. 30). Jedoch liegen hier regelmäßig bereits Verlustgeschäfte i.S.d. Nr. 2 oder Handlungen nach Nr. 1 (Beiseiteschaffen: *Krause* S. 140 Fn. 241) vor (vgl. oben Rdn. 54).

β) Der Tatbestand der 1. Alt. von Nr. 8 erfordert neben der Verringerung des Vermögensstandes, dass die Vermögensverringerung **„den Anforderungen einer ordnungsgemäßen Wirtschaft grob widerspricht"**. Entsprechend den oben Rdn. 117 ff Vor § 283 entwickelten Grundsätzen zur strafrechtlichen Handhabung dieses Maßstabes (und allgemein von unbestimmten, auf außerrechtliche Wertungen verweisenden Rechtsbegriffen) ist dieses Erfordernis *eng* zu handhaben und auf Fälle betriebswirtschaftlich *eindeutiger* Unvertretbarkeit zu beschränken.[79] **167**

Während für den privaten Wirtschafter jedenfalls außerhalb der Krise praktisch keine allgemeinen Maßstäbe für ein „ordnungsgemäßes" Wirtschaften existieren (vgl. oben Rdn. 110 Vor § 283), haben sich Inhaber eines kaufmännischen oder handwerklichen Unternehmens sowie die Angehörigen Freier Berufe an den Grundregeln ordnungsgemäßer Unternehmens- und Geschäftsführung auszurichten, die den Schutz der Gläubiger und die Anforderungen der Kreditwirtschaft konkretisieren. Diese Grundregeln sind weithin ungeschrieben und wechseln je nach Rechts- und Finanzierungsform sowie nach Größe und Branchenzugehörigkeit des Unternehmens (vgl. Rdn. 111 ff Vor § 283). Nicht ohne Weiteres zwingend oder auch nur indiziell für das Vorliegen einer nicht ordnungsgemäßen Wirtschaftsführung ist die Strafbarkeit oder Ordnungswidrigkeit des Verhaltens; insoweit kommt es auf die Schutzrichtung der einschlägigen Verbotstatbestände an (näher Rdn. 119 Vor § 283). Dasselbe gilt für die etwaige Wettbewerbswidrigkeit des Verhaltens, da sich diese aus der Gefährdung oder Beeinträchtigung von Mitbewerbern und Verbrauchern, nicht dagegen von Gläubigern und/oder der Kreditwirtschaft ergibt (Rdn. 119 Vor § 283). Wohl aber können dem Anwendungsbereich des § 826 BGB Anhaltspunkte für das Urteil grober Wirtschaftswidrigkeit entnommen werden, soweit es um Handlungen geht, durch die Gläubiger und (sonstige) Kreditgeber geschädigt werden; dies gilt z.B. unter dem Gesichtspunkt der *Insolvenzverschleppung* (vgl. bereits Rdn. 7 Vor § 283) für die Fortführung insolventer Unternehmen durch den Unternehmer oder einen nicht amtlich bestellten Vertreter bzw. ohne sonstige richterliche Überwachung (näher unten Rdn. 170). Primär betrifft der in Nr. 8 verwandte Maßstab aber das Handeln gegen die wohlverstandenen eigenen (betriebswirtschaftlichen) Interessen des Schuldners. Gegen die Grundsätze einer ordnungsgemäßen Wirtschaft verstößt daher z.B. die *Gewährung von Geld- oder Warenkredit* an unbekannte Kreditnehmer *ohne Prüfung der Kreditwürdigkeit* (Rdn. 118 Vor § 283; zust. *Fischer* Rdn. 30 und *Weyand/Diversy* Rdn. 101 S. 119; aA *Krause* S. 140 Fn. 241: Nr. 1 oder Nr. 2), die Weiterbelieferung eines betrügerischen Abnehmers (ebenso *Bittmann* § 12, 257; aA *Krause* aaO: Nr. 1), die Kalkulation und der Verkauf *unter Kosten* oder sogar unter Einstandspreisen über einen längeren Zeitraum ohne billigenswertes Motiv (Rdn. 119 Vor § 283; regelmäßig zugleich Verlustgeschäft nach Nr. 2!), im Allgemeinen – je nach Geschäftszweig – auch das *Eingehen besonders risikoreicher Geschäfte* in der Hoffnung auf besonders großen Gewinn (vgl. Nr. 2 und Rdn. 118 Vor § 283; zust. *Bittmann* aaO) sowie vor allem das Wirtschaften ohne ein branchenübliches **Mindestmaß an Übersicht und Planung** (vgl. BGH NJW **1981** 354, 355; *Fischer* aaO *Weyand/Diversy* aaO und bereits Rdn. 120 ff Vor § 283). Dabei bezieht sich das ordnungsgemäße Wirtschaften auf das Unternehmen ein- und desselben Rechtsträgers. Wird dieses Unternehmen in seinem Vermögensstand verringert, so entfällt die Wirtschaftswidrigkeit insbesondere einer *Aushöhlung* des Altunternehmens nicht deshalb, weil die übertragenen Vermögenswerte **168**

[79] Zustimmend insbes. *Grosche* S. 52 und *Weyand/Diversy* Rdn. 100 S. 118. Übereinstimmend *Dreiss/Eitel-Dreiss* S. 165; *Hoyer* SK Rdn. 93; *Kindhäuser* LPK Rdn. 42 und NK Rdn. 71 ff vor § 283; *Radtke* MK Rdn. 68; *Richter* GmbHR **1984** 145; *Schlüchter* Irrtum S. 137 mit weit. Nachw.

einem neuen Unternehmen (eines anderen Rechtsträgers) zugute kommen. Vom wirtschaftswidrigen „Aushöhlen" ist das nicht missbilligte „Totschrumpfen" zu unterscheiden (zust. *Bittmann* § 12, 256; *Hellge* S. 107 ff mit Nachw.), da niemand gezwungen ist, seine Wirtschaftstätigkeit in der einmal begonnenen Art und Weise fortzuführen. Die Grenzziehung ergibt sich aus der subjektiven Zielsetzung des Schuldners unter Berücksichtigung des Gläubigerschutzes, der Einordnung als positives Tun oder bloßes Unterlassen und des Vorliegens oder Fehlens von Täuschungs- und Verschleierungsmaßnahmen (bei deren Vornahme auch die 2. Alt. in Betracht kommt!).

**169** Das gesteigerte Urteil eines **groben** Verstoßes folgt entweder aus dem elementaren Charakter der verletzten Wirtschaftsregel (Rdn. 103 Vor § 283 zust. *Grosche* S. 53) oder aus dem besonderen Gewicht und Ausmaß des Pflichtverstoßes. Die soeben Rdn. 168 angeführten *Wirtschaftsregeln* der Nichtfortführung insolventer Unternehmen ohne amtliche Kontrolle, der eigenen Kreditkontrolle, der Preisbildung innerhalb eines betriebswirtschaftlichen Vertretbarkeitsrahmens, der Vermeidung übermäßiger Risiken und der Einhaltung eines Mindestmaßes an Planung und Übersicht besitzen diesen elementaren Wesenszug (vgl. BGH aaO; zusammenfassend *Kindhäuser* LPK Rdn. 42 mit weit. Nachw.: hinreichende Informationsbeschaffung, interessengerechte Risikoabwägung, wirtschaftlich vernünftige Zielsetzung). Die Steigerung des Pflichtverstoßes und sein besonderes Gewicht kann sich insbesondere aus der Beharrlichkeit und der Wiederholung des Verstoßes ergeben. Bei einmaligen geschäftlichen Fehlleistungen muss sich die Existenz der einschlägigen Wirtschaftsregel sowie die Leichtfertigkeit des Handelns dagegen dem durchschnittlichen kaufmännischen Beobachter geradezu aufdrängen, um unter Nr. 8 zu fallen. Tatbestandsmäßig können daher vor allem sein: *wirtschaftlich untragbare Investitionen; Aufnahme überhöhter Kredite* (an der Grenze zum Wucher; zust. *Bittmann* § 12, 257 und *Weyand/Diversy* Rdn. 101 S. 119); *Übernahme eines extremen Risikos* (zust. *Bittmann* aaO und *Weyand/Diversy* aaO). Auch wenn es sich um klar erkennbare Verstöße gegen kaufmännische Verhaltensregeln handelt, werden demgegenüber persönliche fachliche Unzulänglichkeiten (etwa mit der Folge nachlässiger Marktbeobachtung und fehlender Übersicht) sowie fehlerhafte Reaktionen gegenüber Marktstörungen, Krisensituationen, Zinserhöhungen und neuen Rechtsvorschriften seltener zur Anwendung von Nr. 8 führen. Insbesondere die Fehleinschätzung der eigenen Kapazität ist erst über den Gedanken des *Übernahmeverschuldens* strafrechtlich (schuld)relevant, und es wird nur in Ausnahmefällen möglich sein, bereits die Aufnahme einer Geschäftstätigkeit durch einen Unternehmer ohne kaufmännische Grundkenntnisse als groben Verstoß gegen die Anforderungen einer ordnungsgemäßen Wirtschaft einzustufen (zust. *Bittmann* aaO).

**170** Grob wirtschaftswidrig ist wegen der regelmäßig eintretenden Vergrößerung der Schäden schließlich auch die oben Rdn. 168 erwähnte *Fortführung eines insolventen Unternehmens* ohne richterliche Überwachung. Auch wenn eine rechtliche Verpflichtung zur Insolvenzantragstellung nur für bestimmte Rechtsformen von Vermögensmassen vorgeschrieben ist (vgl. Rdn. 29 Vor § 283), die Unterlassung einer solchen Antragstellung in den übrigen Fällen also rechtlich nicht missbilligt werden kann, so ist die Weiterführung der Geschäfte trotz Eintritts der Zahlungsunfähigkeit ein wirtschaftlich verantwortungsloses (positives) Tun. Hierauf beruht auch die Einordnung der Unternehmensfinanzierung durch Vorgriff auf das *Insolvenzgeld* als missbräuchlich, wenn die Nichtfortführung des Unternehmens auf Dauer feststeht, also eine Sanierung nicht wirklich bezweckt ist.[80] Das Urteil der Missbräuchlichkeit findet hier eine Parallele in dem zivil-

---

[80] Vgl. *Hanau/Kappus* ZIP 1988 888 (ff); *Tiedemann* LK[11] Rdn. 165 a.E. (zum früheren Konkursausfallgeld).

rechtlichen Haftungstatbestand der Insolvenzverschleppung (§ 826 BGB), der freilich vor allem für Externe (Gläubiger, Kreditgeber) zusätzlich die einseitige Verfolgung eigener Vorteile voraussetzt. Für die Einordnung als wirtschaftswidrig ist bei der Vorfinanzierung von Insolvenzgeld auch beachtlich, ob diese Finanzierungsweise die Versichertengemeinschaft (und den Fiskus) schädigt (*Tiedemann* ZIP **1983** 519), also dem Gesetzeszweck der Insolvenzgeldversicherung widerspricht (vgl. § 283c Rdn. 14).

c) **Die 2. Alternative** von Nr. 8 bezieht sich auf „geschäftliche Verhältnisse“, die aber auch bei Privatleuten vorliegen können. Der *Anwendungsbereich* des Tatbestandes ist also nicht auf Kaufleute oder Geschäftsleute beschränkt, sondern erfasst z.B. Private, die in Kreditanträgen unzutreffende Angaben über ihre Verhältnisse (Rdn. 172) machen (*Bittmann* § 12, 60; *Kindhäuser* NK Rdn. 94). – Auch bei der 2. Alt. ist eine Tatbestandsverwirklichung durch *Unterlassen* nur bei Vorliegen einer Garantenstellung möglich. Diese Auslegung engt zwar den Anwendungsbereich ein, entspricht jedoch allgemeinen Grundsätzen. Das bloße Unterlassen (z.B. der Planung und Übersicht) kann schon mangels eines personalen Bezugspunktes nicht als Verheimlichen oder Verschleiern angesehen werden. Da dieses Unterlassen in Verbindung mit einer verlustbringenden Tätigkeit in aller Regel als aktives Tun die 1. Alt. erfüllt, besteht auch kriminalpolitisch keine wirkliche Notwendigkeit für eine ausweitende Auslegung. **171**

Die damit für die 2. Alt. bei bloßem Unterlassen erforderliche Garantenstellung kann sich insbesondere aus *Ingerenz* ergeben, wenn nämlich der Täter gutgläubig-pflichtwidrig unrichtige (oder unvollständige) Angaben gemacht hat und dies nachträglich erkennt. Problematisch ist insoweit die Pflichtwidrigkeit. Sie folgt nicht bereits aus der Unrichtigkeit der Erklärung, sondern ist nur bei qualifizierten Erklärungen, die den Anspruch auf inhaltliche Wahrheit erheben, anzunehmen (*Tiedemann* Festschrift Klug, S. 410 f). **171a**

α) **Geschäftliche Verhältnisse** sind – enger als die Vermögenslage in § 82 Abs. 2 Nr. 2 GmbHG und weniger weitgehend als die wirtschaftlichen Verhältnisse in § 265b StGB – alle auf das schuldnerische Unternehmen bezogenen Umstände, die für die geschäftliche Einschätzung (Bonität, Kreditwürdigkeit) des Unternehmens von Bedeutung sein können. Die Tatbestandsfassung lehnt sich offensichtlich an § 400 (Abs. 1 Nr. 1) AktG an, dessen Auslegung daher für die Handhabung dieses Straftatbestandes benutzt werden kann. (zust. *Bittmann* § 12, 261). **172**

Da die Geschäftsvorfälle von kaufmännischen Unternehmen bereits durch Nrn. 5 und 7 erfasst werden, geht es hier vor allem um *Nichtkaufleute* und die von diesem Personenkreis erstellten Bilanzen und sonstigen Vermögensübersichten. Für Kaufleute kommt Nr. 8 in Betracht, wenn diese z.B. neben der ordnungsgemäßen Buchführung und Bilanzierung *zusätzlich falsche Bilanzen* anfertigen und vorlegen, um Kredite zu erschleichen (so der Fall BGHSt **30** 186 f, vgl. oben Rdn. 145). Grob wirtschaftswidrig ist ein solches Verhalten zumindest dann, wenn es wiederholt oder gegenüber mehreren Kreditgebern vorgenommen wird (vgl. auch *Richter* GmbHR **1984** 148). **172a**

*Im Einzelnen* zählen zu den geschäftlichen Verhältnissen vor allem die Vermögensverhältnisse, also insbesondere die Aktiva und Passiva des Unternehmens sowie das Privatvermögen und die privaten Schulden des Einzelkaufmannes oder des Nichtkaufmannes, aber auch die allgemeine Geschäfts- und Ertragslage (so dass auch allgemeine Urteile wie „ein erfreuliches Ergebnis“ objektiv richtig sein müssen: RGSt 38 195, 199). Die „Verhältnisse“ umfassen auch Werturteile, innere Tatsachen und künftige Ereignisse, können sich also vor allem auch auf geplante Entwicklungen, Investitionsvorhaben sowie sonstige Planungsmaßnahmen beziehen (zust. *Bittmann* § 12, 261; vgl. näher *Tiedemann* LK[11] § 265b Rdn. 67 und 81). Hierzu zählt also auch die geplante Art der Verwendung **173** von nachgesuchten Krediten (*Tiedemann* aaO Rdn. 81). Auch persönliche Umstände und Verhältnisse des Unternehmensinhabers kommen in Betracht, soweit sie unmittelbar für das Unternehmen von wirtschaftlicher Bedeutung sind (*Tiedemann* aaO Rdn. 80). Zu den „geschäftlichen Verhältnissen" von Kapitalanlagegesellschaften gehören auch die Lage und Rendite des Anlageobjektes, die personelle Zusammensetzung und Verschachtelung der Gesellschaften und die Höhe von Provisionen (zust. *Bittmann* aaO). Häufig sind die geschäftlichen Verhältnisse in Buchführungs- und sonstigen schriftlichen Unterlagen dokumentiert.

**174** β) Das **Verheimlichen** ist grundsätzlich ebenso wie bei Nr. 1 auszulegen und als ein Verhalten zu bestimmen, durch das die wirklichen geschäftlichen Verhältnisse der Kenntnis der Gläubiger oder des Insolvenzverwalters entzogen werden (vgl. oben Rdn. 38). Gläubiger sind auch potentielle Gläubiger im zeitlichen Stadium der Vorverhandlungen, der Werbung usw. (vgl. Rdn. 53 ff Vor § 283; zust. *Bittmann* § 12, 261 mit weit. Nachw.). Ein völliger Verzicht auf dieses finale Merkmal des Adressaten oder auch die Ausweitung dieses Erfordernisses bis hin zum Schutz der Allgemeinheit ist angesichts der Rdn. 55 ff Vor § 283 vorgenommenen Rechtsgutsbestimmung nicht möglich. Die weitergehende, allgemein auf den „Wirtschaftsverkehr" abstellende Fassung von § 193 Abs. 1 Nr. 8 AE wurde bei den Gesetzesberatungen ausdrücklich abgelehnt (Prot. 7/2825). Auch das bloße Unterlassen (z.B. der Buchführung oder Aufzeichnung) ist regelmäßig nicht tatbestandsmäßig, kann aber in Verbindung mit einer Tätigkeit als aktives Tun unter die 1. Alt. fallen (vgl. oben Rdn. 168). Die grobe Wirtschaftswidrigkeit liegt dann in dem Wirtschaften ohne Einhaltung eines Mindestmaßes an Überblick.

**174a** Andererseits verlangt das subjektiv-finale Element des Verbergens vor den Gläubigern hier in noch geringerem Maße als bei Nr. 1 körperlich-gegenständliche Akte (des Versteckens usw.). Erfasst wird vielmehr gerade auch das gezielte Gestalten der rechtlichen Verhältnisse, der Auskünfte, Prospekte, Vermögensübersichten usw. Mit Hilfe dieser Tatmittel werden die geschäftlichen Verhältnisse jedenfalls dann „verheimlicht", wenn ihre Darstellung in wesentlichen Punkten „unrichtig" ist (ebenso AE aaO; *Bittmann* § 12, 262). Eine unvollständige Darstellung ist nur dann unrichtig, wenn sich die Unvollständigkeit auf den dargestellten Umstand bezieht; das Verschweigen einzelner selbständiger Tatsachen stellt daher kein Verheimlichen dar (vgl. zu § 16 UWG *Tiedemann* Wirtschaftsstrafrecht Bes. Teil Rdn. 220 mit Nachw.). Ein Verheimlichen kann auch in dem Vernichten der tatsächlich vorhandenen Buchführung oder sonstiger schriftlicher Unterlagen gesehen werden. Dies hat vor allem für Täterkreise Bedeutung, die mangels Kaufmannseigenschaft nicht bereits von Nr. 6 erfasst werden (vgl. oben Rdn. 122).

**175** γ) Das **Verschleiern** ist in Anlehnung an das Bilanzstrafrecht (Nr. 7a) als mangelhafte Darstellung zu bezeichnen, die nicht so sehr dem Inhalt als vielmehr der Art und Weise (Form) nach unrichtig ist; es geht also um irreführende Darstellungen (zust. *Bittmann* § 12, 263; ebenso *Lackner/Kühl* Rdn. 21; *Radtke* MK Rdn. 67 mit weit. Nachw.). Anders als bei § 265b (vgl. dazu *Tiedemann* LK[11] Rdn. 75) ist keine strenge Grenzziehung zwischen Unrichtigkeit und Irreführung (Verschleierung) erforderlich, da Nr. 8 in ihrer 2. Alt. beide Tathandlungen unter Strafe stellt. Für das Weglassen einzelner Punkte gilt auch beim Verschleiern die oben Rdn. 174a genannte Abgrenzung.

**176** *Im Einzelnen* kann wegen der fließenden Übergänge zwischen Unrichtigkeit und Irreführung (Verschleierung) insbesondere für die Beurteilung von Übertreibungen, Werbung mit Äußerungen und Zuschriften Dritter, Belobigungen, Zeugnissen usw. auf die Rechtsprechung zu §§ 3, 16 UWG zurückgegriffen werden, auch wenn diese Rechtsprechung traditionellerweise Unwahrheit und Irreführung nicht trennt. Daneben und vor allem kommt für die Verschleierung i.e.S. eine Darstellung in Betracht, die in wesentlichen Punkten so **unklar** (undeutlich) ist, dass sich die geschäftlichen Verhältnisse trotz ihrer inhaltlichen Benennung nicht oder doch nur schwer erkennen lassen (vgl. RGSt **68** 346, 349). Ebenso wie beim Verheimlichen sind auch für das Verschleiern vor allem irreführende Angaben in *Prospekten* (zust. *Bittmann* § 12, 263, *Fischer* Rdn. 30 und *Grosche* S. 101 ff) und in sonstigen geschäftlichen Mitteilungen einschlägig (*Grosche* aaO; *Sch/Schröder/Stree/Heine* Rdn. 49; vgl. auch AE § 193 Abs. 1 Nr. 8). In Betracht kommt aber auch das Zweckentfremden von Kundengeldern im *Baubetreuungsbereich* jedenfalls in den praktisch zahlreichen Fällen, in denen wahrheitswidrig behauptet wird, das für die Kundengelder angegebene Konto sei ein Sonderkonto für das geplante Bauvorhaben bzw. die nächste Rate sei wegen fortgeschrittener Arbeiten fällig usw. (zust. *Bittmann* § 12, 265; *Grosche* S. 98 f; *Weyand/Diversy* Rdn. 101 S. 120). Auch in der vertraglichen Erklärung des Baubetreuers oder Bauunternehmers, die Kundengelder nur für die vereinbarten Zwecke zu verwenden, liegt bei Absicht anderer Verwendung (für andere Bauvorhaben oder andere Kunden) ein Verheimlichen oder Verschleiern (vgl. auch oben Rdn. 155). Dagegen fällt das von *Fischer* (Rdn. 30) und *Weyand/Diversy* (aaO) erwähnte verheimlichte Unterhalten eines Tochterunternehmens im Ausland regelmäßig bereits unter Nr. 5 und Nr. 7a (zust. *Grosche* S. 95).

**δ)** Umstritten ist, ob auch die 2. Alt. durch das Erfordernis **groben Widerspruchs zu den Anforderungen einer ordnungsgemäßen Wirtschaft** einzuschränken ist. Die bejahende Ansicht[81] stützt sich vor allem auf das Erfordernis hinreichender Abgrenzung von Nr. 8 zu Nrn. 1–7 und auf die Notwendigkeit der Ausscheidung von Bagatellfällen bzw. zur Beschränkung von Nr. 8 auf gravierende Fälle. Allerdings lassen sich Bagatellfälle schon durch eine den Nrn. 5 und 7 entsprechende restriktive Auslegung, die nur wesentliche (erhebliche) Unrichtigkeiten und Irreführungen genügen lässt, aus dem Tatbestand eliminieren. Das Problem einer Abgrenzung zu den sonstigen Bankrotthandlungen verliert an Gewicht, wenn Nr. 8 mit der hier vertretenen Auffassung zugleich als Oberbegriff und Grundtatbestand des gesamten Abs. 1 angesehen wird (vgl. oben Rdn. 10 ff). Da auch nach der Gegenansicht[82] für die 2. Alt. ein besonders verwerfliches oder gefährliches Handeln verlangt wird, dürfte die Streitfrage für die Praxis keine besondere Rolle spielen. Jedoch liegt es nahe, das Erfordernis grober Wirtschaftswidrigkeit auch auf die 2. Alt. zu beziehen, zumal es als kaum angängig erscheint, die Darstellung der geschäftlichen Verhältnisse als Verschleierung oder Verheimlichung einzuordnen, solange der Bezugsmaßstab einer ordnungsgemäßen Darstellung nicht im Wirtschaftsverkehr anerkannt ist. Dasselbe gilt – auch im Rahmen der 1. Alt. – für Erfordernisse der Planung (Finanzplan!). **177**

Noch einmal **zusammengefasst**, dürfte – wie bereits oben Rdn. 155 angedeutet – die Hauptbedeutung der 2. Alt. in der strafrechtlich-eigenständigen Ergänzung des § 16 UWG, also im Bereich der Werbung, liegen. Je nach Umfang der entfalteten Geschäftstätigkeit kann demgegenüber die 1. Alt. über Nrn. 5–7 hinaus das Wirtschaften ohne Übersicht und Planung erfassen, z.B. bei Bauträgerunternehmen und ähnlichen Anlagegesellschaften, bei denen ein solches Fehlen der Übersicht und Planung stets auch einen **178**

---

[81] *Bittmann* in Bittmann § 12, 268; *Dreiss/Eitel-Dreiss* S. 157; *Höfner* S. 76 f; *Lackner/Kühl* Rdn. 21; *Sch/Schröder/Stree/Heine* Rdn. 49; wohl auch Bericht und Antrag des Sonderausschusses BTDrucks. 7/5291 S. 18.

[82] Amtl. Begr. BTDrucks. 7/3441 S. 36; *Kindhäuser* LPK Rdn. 42 und NK Rdn. 89; *Maurach/Schroeder/Maiwald* BT 1 § 48, 29; *Schlüchter* MDR **1978** 980.

groben Widerspruch zu den Anforderungen einer ordnungsgemäßen Wirtschaft darstellt (vgl. *Richter* GmbHR **1984** 148). Die Geschäftstätigkeit ohne hinreichende Buchführung und Finanzierungsplan kann in diesen Fällen als positives Tun die 1. Alt. erfüllen, sofern die Geschäftstätigkeit zu der Verringerung oder zu dem Verlust des Unternehmensvermögens führt.

179 **B. Handeln und Unterlassen außerhalb der Krise (Absatz 2).** Für das Verhalten außerhalb der Unternehmenskrise knüpft Absatz 2 die Strafbarkeit nach § 283 an die kausale Herbeiführung einer Krise. Diese ist somit als Taterfolg ausgestaltet (*Erfolgsdelikt,* vgl. oben Rdn. 2; zust. *Krause* NStZ **1999** 162; **krit.** *Radtke* MK Rdn. 69: konkretes Gefährdungsdelikt). Jedoch wird die Krise in diesem Sinne enger als bei Absatz 1 verstanden: Neben dem Eintritt der **Überschuldung** reicht nur der tatsächliche Eintritt der **Zahlungsunfähigkeit,** also der Insolvenz, aus; die lediglich drohende Zahlungsunfähigkeit genügt dagegen nicht (bzw. führt nur zu einer Krisensituation nach Absatz 1). Der Taterfolg ist damit zeitlich und sachlich nicht weit von der objektiven Strafbarkeitsbedingung der Zahlungseinstellung (Absatz 6) entfernt und fällt nicht selten mit dieser zusammen (vgl. zum Verhältnis von Zahlungsunfähigkeit und Zahlungseinstellung Rdn. 125 Vor § 283).

180 **1. Erfordernis eines Kausalzusammenhangs.** Zwischen Bankrotthandlung und Taterfolg muss nach Absatz 2 *Kausalzusammenhang* bestehen (zust. OLG Frankfurt a.M. NStZ **1997** 551). Der Nachweis dieser Kausalität wurde bereits von der amtl. Begr. als nur ausnahmsweise möglich bezeichnet (BTDrucks. 7/3441 S. 20, 36 f; vgl. auch oben Rdn. 1). Jedoch reicht es nach allgemeinen Grundsätzen aus, dass die Tathandlung lediglich mit ursächlich war (*Fischer* Rdn. 31; *Sch/Schröder/Stree/Heine* Rdn. 54 mit weit. Nachw.). Entscheidend ist nach der insbesondere von der Rechtsprechung vertretenen h.M., ob die Bankrotthandlung „hinweggedacht" werden kann und damit der konkrete Erfolgseintritt entfiele *(conditio sine qua non).* Das selbständige Handeln Dritter (z.B. Kündigung eines Kredits) unterbricht die Kausalität ebenso wenig wie die Tatsache, dass der gleiche Erfolg später durch andere Ursachen (z.B. ein Konjunkturtief) ebenfalls herbeigeführt worden wäre (zust. *Weyand/Diversy* Rdn. 103 S. 120 f). Haben Täuschungshandlungen des Schuldners (z.B. gegenüber Kreditgebern) den Unternehmenszusammenbruch hinausgeschoben, so sind sie ebenfalls – für den Erfolgseintritt zu diesem konkreten Zeitpunkt – ursächlich, sofern die Kausalitätslehre vom Erfolg in seiner „konkreten Gestalt" zugrunde gelegt wird (*T. Walter* LK Rdn. 79 Vor § 13 mit Nachw.). Wenn dagegen feststeht oder nicht auszuschließen ist, dass es bei Unterbleiben der Bankrotthandlung ebenfalls zur Krise gekommen wäre, so entfällt der Tatbestand (Beispiel bei *Dreiss/Eitel-Dreiss* S. 166). Auch das bloße Verstärken der Krise ist nur dann tatbestandsmäßig, wenn sich gleichzeitig der *Zeitpunkt* des Eintritts von Überschuldung oder Zahlungsunfähigkeit verschiebt.

181 **2. Geeignete Bankrotthandlungen und ihre Auslegung.** Mit der Strafbarkeit vorsätzlicher oder leichtfertiger (Absatz 4 Nr. 2) Herbeiführung der Krise werden kriminologisch unterschiedliche **Fallgruppen** erfasst: die *gezielte* Herbeiführung des Bankrotts bzw. der Krise durch Gründung kurzlebiger Unternehmen zum Zwecke der Erlangung von Geld- und Warenkredit (vgl. bereits *Tiedemann* Wirtschaftsstrafrecht II S. 74) und durch planmäßige *Aushöhlung* des Unternehmens (vgl. BGH JZ **1979** 75, 76 f; *Lampe* GA **1987** 243 ff) ebenso wie die „Steuerung" der Insolvenz durch Betriebsaufspaltung und ähnliche Maßnahmen (vgl. *Blankenbach/Richter* wistra **1982** 224; *Liebl* S. 80 ff) und die grob fahrlässige *Misswirtschaft* (so die Bezeichnung durch Art. 165 schweizer.

StGB, vgl. Rdn. 184 Vor § 283) unter Außerachtlassung elementarer Grundsätze ordnungsgemäßen Wirtschaftens (etwa durch rücksichtslose Privatentnahmen, hochriskante Spekulationsgeschäfte, Schleuderverkäufe und Blindwirtschaft). Der letztere Bereich belegt, dass auch grobe Buchführungsmängel die Krise (mit) herbeiführen können (amtl. Begr. BTDrucks. 7/3441 S. 37; **aA** *Fischer* Rdn. 31; vermittelnd *Weyand/Diversy* Rdn. 103 S. 121: seltene Fälle). Zu denken ist insbesondere an die Fälle, in denen eine Bank oder ein Mitgesellschafter (Kommanditist) das (Gesellschafter-)Darlehen wegen der Verspätung oder des Unterlassens der Bilanzaufstellung (Nr. 7) kündigt und dies bereits vorher in Aussicht gestellt hat (vgl. *Bittmann* § 12, 270 und bereits *Blumers* S. 131 mit Nachw.). Es sind somit **alle** Bankrotthandlungen nach Absatz 1 *geeignet,* die Krise i.S.d. Absatz 2 in ihrer konkreten Form (und zu ihrem konkreten Zeitpunkt) zu verursachen (zust. OLG Frankfurt a.M. NStZ **1997** 551 und *Sch/Schröder/Stree/Heine* Rdn. 54). Einigermaßen häufig und relativ leicht nachzuweisen ist vor allem die Kausalität hoher Privatentnahmen, des Beiseiteschaffens wertvoller Vermögensbestandteile und von Schleuderverkäufen, also Tathandlungen nach Nrn. 1–3.

Für die **Auslegung** der tatbestandlichen Voraussetzungen gilt grundsätzlich das zu Absatz 1 Ausgeführte. Wenn sich allerdings *Dreher/Tröndle*[48] Rdn. 32 entschieden gegen „irgendwelche Abstriche" an diesen Strafbarkeitsvoraussetzungen wandten, „da es sich bei der Vorsatztat nach Absatz 2 praktisch um den skrupellosen Geschäftemacher handelt", so ist dem bereits unter kriminologischen Gesichtspunkten (und für den Fall BGH JZ **1979** 75 ff) teilweise zu widersprechen, liegen doch insbesondere auch die Fälle der Betriebsaufspaltung – also der gesteuerten Insolvenz – in einem von der Rechtsprechung weithin legalisierten Grenzbereich. Vor allem aber ergeben sich unbestreitbare rechtliche „Abstriche" insoweit, als h.M. und amtl. Begr. durchgehend annehmen, dass die Krise nach Absatz 1 allgemein die Maßstäbe ordnungsgemäßen Wirtschaftens bei Nrn. 1, 2, 3 und 8 steigert (vgl. Rdn. 104 Vor § 283) und die Bilanzierungs- und Inventarisierungsfristen nach Nr. 7b verkürzt (vgl. *Blumers* S. 142 f und oben Rdn. 147; zust. *Bittmann* § 12, 272 und *Krause* S. 142, 417 ff). Außerhalb der Unternehmenskrise gelten daher zwar grundsätzlich die zu Absatz 1 entwickelten Maßstäbe und Kriterien. Jedoch bedürfen sie praktisch ständig der Korrektur: **182**

Bei **Nr. 1** stößt bereits der personal-finale Bezug des Beiseiteschaffens und des Verheimlichens (gegenüber den Gläubigern oder dem Insolvenzverwalter!) auf Auslegungsschwierigkeiten, wenn das Unternehmen nicht krisenbefangen ist. Die Neigung der Rechtsprechung, auch alle „normalen" Austauschgeschäfte zunächst als Beiseiteschaffen anzusehen und diese Tathandlung erst anschließend unter dem Gesichtspunkt des Wertausgleiches straflos zu stellen, verdeckt diese Schwierigkeiten der Auslegung nur teilweise. Wesentlich und feststellungsbedürftig bleibt in jedem Fall die Tendenz der Gefährdung des Gläubigerzugriffs (infolge rechtlicher oder tatsächlicher Verfügung über das Schuldnervermögen, vgl. oben Rdn. 25 und *Bittmann* § 12, 273). Auch soweit Privatentnahmen nach Absatz 1 Nr. 1 beurteilt werden, ist für ihre Angemessenheit nach der Rechtsprechung die Lage des Unternehmens, also auch das Vorhandensein oder Fehlen der Krisensituation maßgebend (oben Rdn. 31). Andere typische Tathandlungen nach Nr. 1 wie die Rückzahlung von früher sog. eigenkapitalersetzenden Darlehen (oben Rdn. 34) sind geradezu definitionsgemäß an das Vorliegen (oder die Herbeiführung) einer Krise gebunden. Insgesamt bedarf Abs. 1 Nr. 1 für das Handeln außerhalb der Unternehmenskrise auch deshalb der durchgehenden interpretatorischen Korrektur, weil die Rechtsprechung das Erfordernis des Verstoßes gegen die Anforderungen einer ordnungsgemäßen Wirtschaft entgegen dem Wortlaut auf sämtliche Tathandlungen der Nr. 1 bezieht (vgl. dazu oben Rdn. 27). **183**

184 Auch **Nr. 2** stellt teils auf diesen Maßstab der ordnungsgemäßen Wirtschaft, teils auf das inhaltsgleiche Kriterium der Unwirtschaftlichkeit ab. Rechtswidrigkeit und Rechtmäßigkeit der einzelnen Tathandlungen richten sich daher ebenfalls nach dem Vorliegen oder Fehlen einer kritischen Situation. Außerhalb von Unternehmenskrisen wird insbesondere das Eingehen einzelner Spekulationsgeschäfte nur ausnahmsweise – bei besonderem Umfang des Geschäftes – pflichtwidrig sein (zust. *Bittmann* § 12, 273). Private Ausgaben und die ihnen vorausgehenden Entnahmen aus dem Geschäftsvermögen werden außerhalb der Krise ihre Grenze nicht selten erst an ausdrücklichen gesetzlichen Verboten (z.B. der Auszahlung des Stammkapitals, § 30 Abs. 1 GmbHG) finden.

185 Verkäufe unter Wert nach **Nr. 3** widersprechen zwar auch außerhalb der Krise grundsätzlich den Anforderungen einer ordnungsgemäßen Wirtschaft, soweit sie sich auf kreditierte Waren oder Wertpapiere beziehen (vgl. *Tiedemann* Wirtschaftsstrafrecht I S. 239 ff, II S. 74 mit Nachw.). Jedoch ist sowohl diese Einordnung als auch die Grenzziehung durchaus umstritten, so dass die Strafbarkeit eindeutig – wie bei dem Schleuderverkauf eigener Waren oder Wertpapiere (oben Rdn. 166) – erst bei einem erheblichen Ausmaß oder bei Fehlen betriebswirtschaftlich vernünftiger Anlässe angenommen werden kann.

186 Keine Besonderheiten ergeben sich dagegen aus dem Fehlen oder Vorliegen einer Krise für die Auslegung der Tathandlungen nach Nrn. 4–7a. *Zusammengefasst* fallen einzelne Geschäfte und Handlungen außerhalb der Krise der Tendenz nach nur eingeschränkt – bei besonderem Umfang, erheblicher Zeitdauer u.ä. – unter Nrn. 1–3 (vgl. auch *Wilts* Prot. 7/2826). Insoweit gewinnt für die Zeit fehlender Krise Nr. 8 besondere Bedeutung. Als (mit) krisenauslösend oder krisenverstärkend (Rdn. 10) kommen für **Nr. 8** vor allem in Betracht: Schleuderverkäufe eigener, also nicht kreditierter Waren; treuwidrige Verwendung von Kundengeldern durch Baubetreuer nach dem „Schneeballsystem“, also zur Schließung von Finanzierungslücken bei anderen Bauvorhaben (zust. *Bittmann* § 12, 273); Belastung der Haftungsmasse mit Regressforderungen der Bundesagentur für Arbeit wegen Finanzierungsvorgriffs auf das Insolvenzgeld; Neugründung und Erweiterung von Unternehmen mit völlig unzureichendem Eigenkapital; Wirtschaften ohne Einhaltung der Mindesterfordernisse von Übersicht und Planung; wiederholte Täuschungsmanöver mit falschen Bilanzen und sonstigen Unterlagen.

## C. Vorsatzerfordernis

187 **1. Übersicht.** Die Handlungen und Unterlassungen nach Absatz 1 und Absatz 2 sind nur bei vorsätzlicher Begehung strafbar, soweit nicht fahrlässige Begehung ausdrücklich mit Strafe bedroht ist (§ 15). Derartige Ausnahmen der Fahrlässigkeitsstrafbarkeit sehen Absatz 4 in Bezug auf die Krisensituation und Absatz 5 für Handlungen nach Nrn. 2, 5 und 7 vor. Somit bleiben Handlungen nach Nrn. 1, 3, 4, 6 und 8 nur bei vorsätzlicher Vornahme bzw. Unterlassung strafbar, wobei aber gemäß Absatz 4 auch in diesen Fällen fahrlässige Unkenntnis bzw. leichtfertige Herbeiführung der Krise ausreicht.

188 **2. Formen und wesentlicher Gegenstand des Vorsatzes.** Soweit für die Bankrotthandlungen Vorsatz erforderlich ist (soeben Rdn. 187), reicht stets auch bedingter Vorsatz **(dolus eventualis)** aus.[83]

---

[83] BGH 1 StR 625/80 v. 10.2.1981 S. 12; *Fischer* Rdn. 32; *Hoyer* SK Rdn. 109 f; *Kindhäuser* LPK Rdn. 46 und NK Rdn. 99; *Lackner/Kühl* Rdn. 23; *Sch/Schröder/Stree/Heine* Rdn. 56; *T. Walter* Kern des Strafrechts S. 362 ff.

188a Der Vorsatz muss sich auf alle Tatbestandsmerkmale, nicht dagegen auf die objektive Strafbarkeitsbedingung nach Absatz 6 erstrecken. Er setzt bei normativen (wie auch bei deskriptiven) Tatbestandsmerkmalen **Bedeutungskenntnis** voraus (*Vogel* LK § 16 Rdn. 26 mit Nachw.). Angesichts der Vielzahl normativer Tatbestandsmerkmale in Absatz 1 und Absatz 2 ist dies besonders wichtig, ausschlaggebend allerdings nur, soweit Absatz 4 und Absatz 5 nicht (auffangweise) Fahrlässigkeit genügen lassen. Bedeutungskenntnis ist bei Verweisung des Straftatbestandes auf außerstrafrechtliche Rechtsnormen weitgehend mit *Rechtskenntnis* identisch, so dass die Unkenntnis der Rechtsnormen und selbst die Unkenntnis ihrer Auslegung den Vorsatz ausschließen kann (zust. *Roxin* FS Tiedemann, 378 ff; ebenso *Radtke* MK Rdn. 72). Soweit Nrn. 5–7 sich auf handelsrechtliche Pflichten beziehen, gehören Existenz und Inhalt derselben zum Tatbestand (*Kindhäuser* LPK Rdn. 46; *Lackner/Kühl* Rdn. 23; **aA** *Bieneck* in Müller-Gugenberger/Bieneck § 82, 68 mit weit. Nachw.), und zwar unabhängig davon, ob man hier normative Merkmale oder ein Blankettgesetz für gegeben hält (*Tiedemann* Tatbestandsfunktionen S. 373 ff; *T. Walter* Kern des Strafrechts S. 365 f). Wer also seine handelsrechtliche Pflicht zum Führen (Nr. 5) oder Aufbewahren (Nr. 6) von Handelsbüchern (und „sonstigen Unterlagen") nicht kennt, handelt unvorsätzlich.[84] Dasselbe gilt für das Verkennen der Eigenschaft als Vollkaufmann bei Nrn. 5 und 7 (*Schaefer* LK[8] § 239 KO Anm. IVa) und für den Irrtum über die Pflicht zur Bilanzierung und über die Bilanzierungsfrist nach Nr. 7b (*Fischer* Rdn. 32; **aA** BGH NJW **1981** 354 f), wobei hier wie bei Nr. 5 aber fahrlässige Unkenntnis gemäß Absatz 5 strafbar ist (vgl. dazu unten Rdn. 217 ff). Tatobjekt ist nämlich bei Nr. 5 und Nr. 7 nicht das Handelsbuch oder die Bilanz, sondern die handelsrechtliche Buchführungs- und Bilanzierungspflicht – ähnlich wie der Steueranspruch bei § 370 AO oder die Unterhaltspflicht bei § 170. Ähnlich bestimmen bei Nr. 6 erst die handelsrechtlichen Aufbewahrungspflichten das taugliche Tatobjekt. Wenn BGH NJW **1981** 354, 355 (für § 283b Abs. 1 Nr. 3b) nur einen Gebotsirrtum nach § 17 annehmen und die Buchführungs- und Bilanzierungspflicht ebenso wie die Anzeigepflicht nach § 138 behandeln will (zust. *Radtke* MK Rdn. 73 und *Sch/Schröder/Stree/Heine* Rdn. 56), so impliziert dies die Auflösung und Beseitigung der Tatbestandsverweisung auf das Handelsrecht. Diese Ansicht müsste folgerichtig auch dazu führen, dass die „einem ordnungsmäßigen Geschäftsgang entsprechende" Frist zur Bilanzerstellung (§ 243 Abs. 3 HGB) durch eine Zahlenangabe (vgl. oben Rdn. 147) ersetzt würde, so dass auch der Irrtum über die Länge der Frist zum bloßen Verbotsirrtum würde. Die Umwandlung derart offener (normativer) Tatbestandsteile in reine Handlungsbeschreibung entspricht zwar einer verbreiteten Tendenz von Rechtsprechung und Schrifttum. In dieselbe Richtung weist teilweise auch die Einordnung von Nrn. 5 und 7 als Sonderdelikt (vgl. Rdn. 59 Vor § 283), wird hier doch erst im Wege der Interpretation ein Tatbestandsmerkmal des Handelns als „Vollkaufmann" eingeführt. Die noch weitergehende interpretatorische Eliminierung normativer Tatbestandsteile und ihre Ersetzung durch reine Deskription ist aber eine von der Freiheit der Auslegung nicht mehr gedeckte Umformung des Tatbestandes in seiner semantischen und verfassungsrechtlichen Bedeutung (*Tiedemann* Festschrift Geerds S. 100 ff und Wirtschaftsstrafrecht AT Rdn. 222 ff; zust. *Vogel* LK § 16 Rdn. 40 und *T. Walter* Kern des Strafrechts S. 361 f).

---

[84] Zutreffend BGH NStZ **2001** 600 ff mit **krit.** Anm. *Lemme* (für Branchenfremde); *Binding* Lehrbuch I S. 433; *Fischer* aaO; *Hoyer* SK Rdn. 109; **aA** (für den faktischen Geschäftsführer, neben dem ein bestellter Geschäftsführer tätig ist) BGH StV **1984** 461 mit **abl.** Anm. *Otto* (ablehnend auch *Schmedding* S. 144).

**188b** Auch soweit die Buchdelikte (Nrn. 5 und 7) auf die *Richtigkeit und Vollständigkeit* abstellen, ist für den Vorsatz erforderlich, dass der Täter den Soll-Inhalt kennt.[85] Erst aus dieser Kenntnis des Soll-Maßstabes ergibt sich die auch von der h.M. anerkannte *Appellfunktion* des Vorsatzes (*Roxin* FS Tiedemann, 390; *Vogel* LK § 15 Rdn. 39, § 16 Rdn. 31). Tatbestandsirrtümer können sich daher auch daraus ergeben, dass der Täter eine bestimmte Bilanzierungspraxis für zulässig hält oder meint, er dürfe aus EG-rechtlichen Gründen vom Handelsrecht abweichen, um ein den tatsächlichen Verhältnissen entsprechendes Bild der Verhältnisse einer Kapitalgesellschaft zu vermitteln (*Schüppen* S. 199 ff, 212 f; *Tiedemann* NJW **1993** 24). Ebenfalls ein Tatbestandsirrtum ist die irrige Annahme, die Übersicht über den Vermögensstand werde nicht i.S.d. Nr. 7a erschwert.

**189** Umstritten ist vor allem, ob sich bei **normativen Tatbestandsmerkmalen** die erforderliche Bedeutungskenntnis des Täters bereits aus seiner Kenntnis der einschlägigen *Tatsachen* ergibt (dazu allgemein *Vogel* LK § 16 Rdn. 26 ff mit Nachw.). Die verneinende Ansicht dürfte für die Krisenmerkmale der Überschuldung und (drohenden) Zahlungsunfähigkeit vorherrschen.[86] Für die Kenntnis der *Zahlungsunfähigkeit* ist also das Wissen des Täters nötig, dass die liquiden Mittel seines Unternehmens nicht ausreichen, um 10–20 % der fälligen Geldschulden zu bezahlen, und dass dieser Mangelzustand zumindest die nächsten 3 Wochen andauern wird (vgl. Rdn. 128 ff Vor § 283). Die drohende Zahlungsunfähigkeit erfordert in noch stärkerem Maße eine Prognose des Täters, nämlich sein Urteil, dass der Eintritt der Zahlungsunfähigkeit nach dem normalen Lauf der Dinge in naher Zeit zu erwarten ist (zu den einschlägigen Prognosekriterien Rdn. 140 ff Vor § 283). Vorsatz hinsichtlich der eingetretenen *Überschuldung* schließlich setzt Kenntnis der negativen Relation von Vermögenswerten und Schulden, also u.U. auch Kenntnis davon voraus, dass unverfallbare Pensionsverpflichtungen und (Gesellschafter-)Darlehen bei fehlender Verzichtserklärung des Darlehensgebers für den Fall der Insolvenz zu den Schulden zu rechnen sind (vgl. Rdn. 152 Vor § 283); ebenso ist für die Bewertung der Aktiva mit Liquidationswerten (bis hinab zum Schrottwert) die Kenntnis des Täters erforderlich, dass das Unternehmen wegen mangelnder Ertragsfähigkeit nicht fortgeführt werden kann (vgl. Rdn. 154 Vor § 283). Aber auch für den (groben) Verstoß gegen die Anforderungen einer ordnungsgemäßen Wirtschaft in Nrn. 1, 2, 3 und 8 sowie für den Vorsatz in Bezug auf die Unwirtschaftlichkeit der Ausgaben bei Nr. 2 reicht Kenntnis der für diese Beurteilung maßgebenden Tatsachen nicht aus (**aA** *Fischer* Rdn. 32, *Schlüchter* Irrtum S. 137 und *Sch/Schröder/Stree/Heine* Rdn. 56). Vielmehr ist erforderlich, dass der Täter das *Bewusstsein von der Unangemessenheit* bzw. Unwirtschaftlichkeit seiner Maßnahmen erlangt, nämlich die Bewertungskriterien des Notwendigen und Verkehrsüblichen und seine Abweichung von ihnen kennt (vgl. BGH NJW **1953** 1480, 1481 und MDR **1981** 510, 511 mit abl. Anm. *Schlüchter* JR **1982** 29 ff).[87]

**190** Die **Ursache** der Unkenntnis ist für den Tatbestandsirrtum rechtlich nicht erheblich. Die zum Vorsatzausschluss nach § 16 führende Unkenntnis von Umständen, die zum Tatbestand gehören, kann zum Beispiel darauf beruhen, dass der Täter von einem Mitinhaber des Unternehmens getäuscht wurde (RGSt **1** 49; **13** 354, 360; RG GA **38** [1891]

---

[85] *Tiedemann* Wirtschaftsstrafrecht AT Rdn. 232 und LK[11] § 265b Rdn. 100, je mit Nachw.; zustimmend *Cobet* S. 76, *Schmedding* S. 131, 141 f, *Schüppen* S. 212 und *T. Walter* Kern des Strafrechts S. 263 f.

[86] *Lackner/Kühl* Rdn. 23; *Radtke* MK Rdn. 72; wohl auch *Fischer* Rdn. 32; *Sch/Schröder/Stree/Heine* Rdn. 56; *Wessels/Hillenkamp* BT 2 § 12, 467; *Weyand/Diversy* Rdn. 104 S. 121; **aA** *Schlüchter* Irrtum S. 136 f.

[87] Zustimmend *Hoyer* SK Rdn. 110; *Kindhäuser* LPK Rdn. 46; *Radtke* MK Rdn. 73.

200 ff) oder dass er – bei Nr. 5 – Art und/oder Umfang des Geschäftsbetriebes verkannt hat (*Schaefer* LK[8] § 240 KO Anm. IV a.E.).

Im Einzelnen bedeutet dies für die nur vorsätzlich begehbaren Bankrotthandlungen:

a) Bei **Nr. 1** entfällt der Vorsatz gemäß § 16, wenn der Täter die Zugehörigkeit des Vermögensbestandteils zur (potentiellen) Insolvenzmasse verkennt (*Schaefer* LK[8] § 239 KO Anm. IVa). Die Fehlannahme kann auf Rechtsunkenntnis, aber z.B. auch darauf beruhen, dass der Täter den fraglichen Gegenstand für wertlos hält (vgl. oben Rdn. 17). Ein Tatbestandsirrtum liegt auch vor, wenn der Täter entgegen § 36 Abs. 2 Nr. 1 InsO davon ausgeht, dass Geschäftsbücher nicht zur Insolvenzmasse zählen (vgl. oben Rdn. 18). Der *Vorsatz des Beiseiteschaffens* fehlt allgemein, wenn die Handlung des Schuldners nicht auf Gläubigerbenachteiligung gerichtet ist (oben Rdn. 26 und 28). Dies ist insbesondere für „normale" Austauschgeschäfte, aber auch für Privatentnahmen, Schmiergeldzahlungen und das Einziehen von Forderungen zu beachten (oben Rdn. 31 ff). Für das *Verheimlichen* von Vermögensbestandteilen ist vor Eröffnung des Insolvenzverfahrens erforderlich, dass der Täter erkennt, dass zumindest *ein* Gläubiger seinen Willen zur Durchsetzung seines Anspruches zu erkennen gegeben hat (oben Rdn. 42). Ein bloßer Verbotsirrtum i.S.d. § 17 wäre dagegen die Annahme, dass unrechtmäßig erworbene Vermögensbestandteile beiseite geschafft werden dürfen (vgl. oben Rdn. 20). **191**

b) Bei **Nr. 2** ist vor allem beachtlich, dass die Sonderregelung des Schleuderverkaufes in Nr. 3 es ausschließt, fahrlässige Schleuderverkäufe als Verlustgeschäfte nach Nr. 2 in Verb. mit Abs. 5 Nr. 1 zu bestrafen. Ähnlich verbietet es die normative Struktur des Tatbestandsmerkmals „Differenzgeschäfte", dieses ganz durch den Inhalt der früheren BGB-Regeln und ihre Auslegung zu ersetzen. Die irrige Annahme eines wirtschaftlich berechtigten Zweckes (oben Rdn. 58) schließt daher den Vorsatz aus; jedoch kann gem. Absatz 5 Strafbarkeit wegen fahrlässigen Eingehens eines Differenzgeschäftes gegeben sein (str., vgl. unten Rdn. 215). Im Übrigen ist hier noch einmal zu wiederholen, dass der Täter erkennen und billigen muss, dass seine Ausgaben – insbesondere aufgrund von Privatentnahmen – „unwirtschaftlich" sind und zu einem „übermäßigen" Verbrauch führen (BGH NJW **1953** 1480, 1481 sowie MDR **1981** 510, 511; oben Rdn. 189). Auch die Verkennung der Höhe des Verlustrisikos führt zum Wegfall des Vorsatzes bei der Vornahme von Spekulationsgeschäften. Der Irrtum über die Zulässigkeit der Vornahme solcher Geschäfte ist dagegen Verbotsirrtum (§ 17). **192**

c) Bei **Nr. 3** ist für den Vorsatz insbesondere die Kenntnis des Täters erforderlich, dass die Waren oder Wertpapiere noch nicht (voll) bezahlt, also kreditiert sind (vgl. oben Rdn. 76) und dass der Veräußerungspreis erheblich unter dem Marktpreis oder dem „üblichen" Preis liegt. Auch der Irrtum über den Verstoß gegen die Anforderungen einer ordnungsgemäßen Wirtschaft ist keineswegs stets bloßer Subsumtionsirrtum, sondern führt bei falscher Wertung des Täters zum Vorsatzausschluss (vgl. Rdn. 189). Im Übrigen braucht der Verschleuderungsvorsatz noch nicht bei der Beschaffung der Waren oder Wertpapiere gegeben zu sein, sondern muss nur im Zeitpunkt der Veräußerung oder sonstigen Abgabe vorliegen (*Fischer* Rdn. 16). **193**

d) Bei **Nr. 4** fehlt der für die Bestrafung erforderliche Vorsatz, wenn der Täter – sei es auch aufgrund irriger rechtlicher Beurteilung – die von ihm anerkannten Rechte für existent hält (*Kindhäuser* NK Rdn. 99; *Radtke* MK Rdn. 73). Es handelt sich nicht etwa nur um einen Verbotsirrtum (**aA** *Schaefer* LK[8] § 239 KO Anm. IVa). Dies wird auch daraus deutlich, dass von einem vorsätzlichen Vortäuschen fremder Rechte nur die Rede **194** sein kann, wenn der Täter die Unwahrheit seiner Erklärung – also auch die Nichtexistenz der angeblichen Rechte anderer – kennt. Besondere Aufmerksamkeit verdient die subjektive Tatseite ferner, wenn der Täter sich für berechtigt hält, eine Forderung anzuerkennen, weil die Gegenforderung, mit der aufgerechnet worden war, bestritten ist (vgl. RG DR **1940** 793). Ein bloßer Subsumtionsirrtum wäre es dagegen, wenn der Täter irrig davon ausgeht, dass Nr. 4 nur dingliche Rechte betrifft.

**195** e) Bei **Nr.** 6 gehört die Kenntnis der sich aus dem HGB ergebenden Aufbewahrungsfristen ebenso wie die Bedeutung einer „sonstigen Unterlage" als Handelsbrief i.S.d. § 257 Abs. 1 HGB zum Vorsatz. Es wäre hier ebenso wie bei Nr. 7 lit. b (vgl. oben Rdn. 188a) unzulässig, die Normativstruktur des Tatbestandes durch Einsetzen der im HGB vorgeschriebenen Fristen aufzulösen und damit die Verweisung auf das HGB als bloßes Blankettmerkmal aufzufassen. – Hinsichtlich der Tathandlung des Zerstörens oder Beschädigens reicht es, wenn der Täter weiß und will, dass die Schriftstücke im Hinblick auf den Zweck der Vermögensübersicht unbrauchbar werden.

**196** f) Bei **Nr.** 8 erlangt die Streitfrage Gewicht, ob der Täter den (groben) Verstoß gegen die Anforderungen einer ordnungsgemäßen Wirtschaft als solchen kennen, also auch Kenntnis von diesen Anforderungen haben muss. Die verneinende Ansicht (vgl. Rdn. 189) beruft sich zu Unrecht auf die oben Rdn. 188a angeführte Rechtsprechung des BGH zu dem Irrtum über das Bilanzierungsgebot. Zwar verweist auch Nr. 8 auf außerstrafrechtliche Maßstäbe. Dadurch wird der Tatbestand jedoch schon deshalb nicht zum bloßen Blankettgesetz, weil die Tathandlung in Nr. 8 vom Strafgesetzgeber durchaus selbständig beschrieben wird. Da das Verringern des Vermögensstandes als solches unrechtsneutral ist, erhält der Tatbestand erst durch den Verstoß gegen die Anforderungen einer ordnungsgemäßen Wirtschaft die erforderlichen Konturen. Diese Konturen müssen nach allgemeinen Grundsätzen auch im Tätervorsatz ihre Entsprechung finden (*Roxin* FS Tiedemann, 380; *Tiedemann* Tatbestandsfunktionen S. 329 ff und Festschrift Geerds S. 99). Selbstverständlich muss der Tätervorsatz aber auch die Vermögensverringerung umfassen. Bei der Finanzierung durch Vorgriff auf das spätere Insolvenzgeld der Arbeitnehmer muss der Täter also wissen, dass die auf die Bundesagentur für Arbeit übergegangenen Ansprüche der Arbeitnehmer auf Lohnzahlung die Insolvenzmasse belasten (oben Rdn. 156). Ein bloßer Subsumtionsirrtum (Verbotsirrtum) wäre es dagegen, wenn der Täter meint, dass vermögenswerte Aussichten und Anwartschaften, auf die er verzichtet oder die er auf andere Unternehmen verlagert, nicht zu dem Vermögen i.S.d. Nr. 8 zählen (vgl. oben Rdn. 161). Demgegenüber liegt ein vorsätzliches Verheimlichen oder Verschleiern i.S.d. 2. Alt. von Nr. 8 wiederum nur vor, wenn der Täter den Soll-Zustand und damit auch seine Verpflichtung zur Offenlegung kennt (vgl. auch oben Rdn. 188b).

## D. Versuchsstrafbarkeit (Absatz 3)

**197** **1. Begründung und Tragweite der Versuchsstrafbarkeit.** Absatz 3 ordnet die Strafbarkeit des Versuches für alle in Absatz 1 und Absatz 2 genannten vorsätzlichen Handlungen und Unterlassungen (*Wilts* Prot. 7/2826) an. Nach Absatz 6 ist allerdings auch der Versuch nur strafbar, wenn es – nachher oder vorher – zum Eintritt der objektiven Strafbarkeitsbedingung kommt. Gleichwohl geht diese Regelung – auch im Vergleich zum früheren Recht – sehr weit. Bei Vornahme vor Zahlungseinstellung usw. sind die nur abstrakt gefährlichen und wegen ihres symptomatischen Gehaltes als grob wirtschaftswidrig inkriminierten Bankrotthandlungen im Versuchsstadium naturgemäß noch weiter von jedem relevanten Erfolgseintritt und – im Falle des Absatzes 2 – auch von der Eignung zur Herbeiführung eines Erfolges entfernt. Kriminalpolitisch erscheint es daher zutreffend, wenn §§ 192 ff AE (mit Ausnahme des § 196 Abs. 3) sowie nicht wenige Auslandsrechte (Rdn. 181 ff Vor § 283 von der Versuchsstrafbarkeit der Insolvenzdelikte überhaupt absehen. Die in Absatz 3 getroffene Regelung beruht demgegenüber offenbar auf der Betonung des *Handlungsunrechts,* das auch sonst bei der Versuchsstrafbarkeit (und bei Absatz 1 auch im Vollendungsstadium, vgl. oben Rdn. 7) dominiert. So berechtigt oder jedenfalls vertretbar aber die Strafbarkeit etwa des versuchten Beiseiteschaffens von Vermögensbestandteilen *nach* Zahlungseinstellung oder Eröffnung des Insolvenzverfahrens erscheint (vgl. das Beispiel bei *Fischer* Rdn. 33), so unbefriedigend wäre es, wegen eines versuchten Insolvenzdeliktes auch dann zu bestrafen, wenn jeder Zusammenhang mit der objektiven Strafbarkeitsbedingung fehlt. Zwar könnte erwogen werden, beim Versuch auf das Erfordernis eines solchen Zusammenhanges ganz zu verzichten. Da aber der Versuchstäter strafrechtlich schwerlich schlechter gestellt werden darf als derjenige, dessen Tat zur Vollendung kommt, muss in Entsprechung zu dem oben Rdn. 91 ff Vor § 283 Dargelegten der *fehlende Zusammenhang* von versuchter Bankrotthandlung und objektiver Strafbarkeitsbedingung rechtlich beachtlich sein: Das Fehlen dieses Zusammenhanges lässt auch beim Versuch das Strafbedürfnis entfallen. Allerdings führt die durchgehende Versubjektivierung der Betrachtung beim Versuch dazu, dass das Vorliegen oder Fehlen des Zusammenhanges zwischen (versuchter) Bankrotthandlung und Zahlungseinstellung (usw.) danach zu beurteilen ist, wie sich die Lage bei vollständiger Verwirklichung des Täterplanes dargestellt hätte. Da die objektive Strafbarkeitsbedingung außerhalb des Vorsatzbezuges bleibt, ist für diese Beurteilung die Sicht eines objektiven Beobachters maßgebend. Dies führt zur *Straflosigkeit* vieler Fälle des untauglichen Versuchs, aber – wegen Fehlens des Zusammenhanges – auch des an sich tauglichen Versuchs. Die Anordnung der Versuchsstrafbarkeit nach Absatz 3 ist also nicht nur kriminalpolitisch bedenklich, sondern kommt entgegen der Ansicht des Gesetzgebers in der Praxis nur relativ selten zum Tragen. Sie hat praktisch vor allem für das Verhalten des Täters *nach Eintritt der Strafbarkeitsbedingung* Bedeutung.

2. **Untauglicher Versuch.** In dem soeben dargelegten eingeschränkten Sinne ist grundsätzlich auch der untaugliche Versuch strafbar, da nach der herrschenden subjektiven Versuchslehre der rechtsfeindliche Wille auch hier nach außen betätigt wird. Dies ist für die irrige Annahme der Tauglichkeit der Tathandlung kaum bestritten und auch für die irrige Annahme der Tauglichkeit des Tatobjektes zutreffend (z.B. irrige Annahme der Pfändbarkeit eines Vermögensbestandteils oder Unkenntnis eines Absonderungsrechts: BGHR § 283 Abs. 3 Beiseiteschaffen 1). Zweifelhaft ist dagegen die Behandlung des Irrtums des Täters über seine eigene *Tauglichkeit als* **Tatsubjekt** (vgl. *Tiedemann* Gedächtnisschrift Schröder, 295 f): **198**

Das 2. StrRG hat – anders als der Vorschlag in § 25 Abs. 3 Nr. 1 AE – die Streitfrage nicht geregelt, weil der Reformgesetzgeber davon ausging, die Rechtsprechung werde ohnehin im Wege der Auslegung zur Annahme von Straflosigkeit gelangen (BTDrucks. V/4095 S. 11). Gleichwohl nimmt heute eine verbreitete Auffassung Strafbarkeit des untauglichen Versuchs auch bei irriger Annahme (von tatsächlichen Umständen) der Täterqualifikation an (vgl. *Hillenkamp* LK § 22 Rdn. 230 ff mit Nachw.). Jedoch ist die irrige Annahme des Täters, er sei Schuldner, Kaufmann, Beamter usw., nicht geeignet, ihn objektiv in die für diese Personen geltende spezifische Pflichtenstellung zu bringen (vgl. bereits RGSt 8 198, 199). Die nur subjektiv vorgestellte besondere Nähe zum geschützten Rechtsgut betrifft aber ebenfalls nur die Rechtsgeltung, nicht dagegen einen Tatumstand. Der Unternehmer, der irrig einen hohen Umsatz seines Unternehmens annimmt, wird hierdurch ebenso wenig wegen versuchten Unterlassens der (kaufmänni- **199** schen) Buchführung und Bilanzierung strafbar wie ein Privatmann, der Vermögensgegenstände verschenkt und dabei irrig annimmt, er schulde einem Gläubiger noch Geld. Neben dem Irrtum über die Eigenschaft als Kaufmann oder als Schuldner führt aber auch die irrige Annahme der Krisenbefangenheit nach Absatz 1 zum Wahndelikt und nicht zum untauglichen Versuch: Nur einen krisenbefangenen Schuldner trifft nach Absatz 1 die Rechtspflicht, seine Vermögensbestandteile nicht zu verschenken, zu billig zu veräußern, zu beschädigen usw. Die Situationsbeschreibung der Krise steht der Statusbenennung als Schuldner oder Kaufmann rechtlich (sonderpflichtbegründend) gleich. *Zusammengefasst* stellt die irrige Annahme der speziellen Rechtspflicht bzw. der besonderen Täterqualität des Sonderdeliktes ein strafloses **Wahndelikt** dar. Dies gilt auch für die irrige Annahme der Krisensituation nach Absatz 1.[88]

**200** **3. Ansetzen zur Tatbestandsverwirklichung.** Im Sinne des § 22 liegt die strafbare Betätigung des Deliktsentschlusses in Handlungen, die objektiv bereits ein Tatbestandsmerkmal verwirklichen (z.B. Beschaffen der Waren oder Wertpapiere auf Kredit bei Absatz 1 Nr. 3, Vornahme der Bankrotthandlung ohne Eintritt des Erfolges bei Absatz 2) oder mit denen nach dem Täterplan unmittelbar zur Tatbestandsverwirklichung angesetzt wird. Eine solche subjektiv – aus der Sicht des Täters – vorliegende unmittelbare, nämlich räumlich und zeitlich nahe Gefahr für die geschützten Rechtsgüter ist relativ einfach zu bejahen oder zu verneinen bei körperlichen Akten, z.B. des Beiseiteschaffens oder Zerstörens usw. nach Absatz 1 Nr. 1. Der Abschluss des obligatorischen Geschäftes stellt nicht stets bereits einen Versuch des Beiseiteschaffens dar (zust. *Sch/Schröder/Stree/Heine* Rdn. 64 mit weit. Nachw.). Nicht mehr haltbar ist auch die von BGH bei Herlan GA **1954** 310 vertretene Auffassung, der Beginn des Beiseiteschaffens liege in dem Schreiben eines Briefes, in welchem eine Schenkung mitgeteilt (angekündigt) wird; hier fehlt die zeitliche Nähe zu dem Vollzugsakt. Bei äußerlich gleichförmigen, ineinander übergehenden Geschehensabläufen, wie sie etwa bei dem Verbrauch übermäßiger Beträge nach Absatz 1 Nr. 2 oder für den Buchführungsbereich nach Absatz 1 Nr. 5 2. Alt. gegeben sein können, ist eine stärker wertende Abgrenzung erforderlich (*Tiedemann* Wirtschaftsstrafrecht I S. 221 f; **krit.** *Hillenkamp* LK § 22 Rdn. 117 ff). Danach kann z.B. die Einfügung unrichtiger Belege in die Buchführung bloße (straflose) Vorbereitungshandlung sein (BGH 5 StR 814/82 v. 25.1.1983 bei *Vogler* LK[10] § 22 Rdn. 124 Fn. 93).

**201** Bei **Unterlassungen** (z.B. Absatz 1 Nr. 5 1. Alt., Nr. 7b) entspricht es dem für die Versuchsstrafbarkeit erforderlichen Ansetzen zur Tatbestandsverwirklichung, wenn der Täter den für die Vornahme der Handlung zur Verfügung stehenden Zeitraum ungenützt ablaufen lässt. Mit diesem Endzeitpunkt ist freilich bereits Vollendung gegeben. Vor diesem Zeitpunkt liegt Versuch vor, wenn der *Unterlassungsentschluss* durch äußere Handlungen *objektiviert* wird, die diesen Entschluss hinreichend erkennen lassen (*Maihofer* GA **1958** 295; *Tiedemann* Wirtschaftsstrafrecht I S. 226; vgl. jetzt auch BGHSt **40** 257, 271). Dies trifft bei Unterlassen der Bilanzaufstellung regelmäßig dann zu, wenn die rechtzeitige Fertigstellung nur noch unter besonderen Schwierigkeiten möglich wäre und der Täter dies weiß (vgl. bereits oben Rdn. 151; zust. *Hillenkamp* LK § 22 Rdn. 152 a.E.).

---

[88] Zustimmend *Bieneck* in Müller-Gugenberger[3] § 65 D; **aA** BGH JZ **1979** 75, 76 f; *Hillenkamp* LK § 22 Rdn. 237; *Kindhäuser* NK Rdn. 101; *Lackner/Kühl* Rdn. 23; *Radtke* MK Rdn. 83; *Sch/Schröder/Stree/Heine* Rdn. 64; dagegen bereits *Tiedemann* NJW **1979** 154 und Gedächtnisschrift Schröder S. 295 f.

**4. Rücktritt.** Da die Rechtsprechung für das Fehlen der Übersicht über den Vermögensstand nach Absatz 1 Nrn. 5 2. Alt. und 7b nicht auf den Zeitpunkt der Tat, sondern auf den des Eintritts der Strafbarkeitsbedingung abstellt und erst von diesem Zeitpunkt an Strafbarkeit des Buchdelikts für gegeben erachtet, könnte es naheliegen, bis zu diesem Zeitpunkt bloßen Versuch anzunehmen (vgl. *Preisendanz/Bieneck* Anm. 6e ee). Da dieser Versuch regelmäßig beendigt sein würde, wäre für die tätige Reue Freiwilligkeit des Rücktritts und außerdem erforderlich, dass der Täter eigene, auf Verhinderung der Tatvollendung abzielende Tätigkeiten entfaltet (und hiermit Erfolg hat). Jedoch wurde bereits oben Rdn. 118 dargelegt, dass diese Deutung als Versuch weder der Ansicht der Rechtsprechung zugrunde liegt noch im Übrigen richtig ist. Für das Vorliegen des Versuchs (einer Bankrotthandlung) und eines Rücktritts hiervon gelten daher die allgemeinen Lehren der §§ 22 ff. **202**

Für die erforderliche **Freiwilligkeit** des Rücktritts ist allgemein problematisch, dass mit zunehmender zeitlicher Nähe zum Eintritt der objektiven Strafbarkeitsbedingung häufig auch ein erhöhtes Risiko der Tatentdeckung vorliegen wird. In diesem Fall (und erst recht bei Entdeckung der Tat durch Außenstehende) entfällt mit der Freiwilligkeit des Rücktritts auch der Eintritt der Straflösigkeit. Jedoch lässt nicht jede Änderung der äußeren Umstände den Rücktritt des Täters im psychologischen Sinne unfreiwillig werden. Freiwilligkeit wird z.B. zu bejahen sein, wenn der Täter in Verschleuderungsabsicht Waren auf Kredit bestellt und geliefert erhält, sie aber wegen *günstiger Marktlage* zum Normalpreis oder mit Übergewinn verkauft (Fall bei *Dreiss/Eitel-Dreiss* S. 168). **203**

## III. Fahrlässigkeit (Absätze 4 und 5)

### A. Fahrlässige Unkenntnis und leichtfertige Herbeiführung der Krise (Absatz 4)

**1. Fahrlässige Unkenntnis der Krise i.S.d. Absatzes 1.** Gemäß Absatz 4 Nr. 1 reicht es für die Strafbarkeit von Bankrotthandlungen nach Absatz 1 aus, dass der Täter bei (vorsätzlicher!) Vornahme dieser Handlungen das Vorliegen der Krisensituation fahrlässig nicht kannte. Obwohl hier nur ein einziges Tatbestandsmerkmal – die Krisensituation – nicht vom Vorsatz umfasst ist, liegt insgesamt ein Fahrlässigkeitsdelikt vor, so dass Versuch und Teilnahme nicht möglich sind (*Fischer* Rdn. 34; *Kindhäuser* LPK Rdn. 49). Der Strafrahmen ist wegen des geringeren Unwerts dieses Verhaltens gemildert. Nach der Praxis der Strafrechtsprechung greift Absatz 4 Nr. 1 zugleich als Auffangtatbestand für solche Fälle ein, in denen die Kenntnis des Täters vom Vorliegen der Krisensituation nicht nachweisbar ist (vgl. dazu nur BGHSt **17** 210, 212 f). **204**

Trotz der langen historischen Tradition von Fahrlässigkeitsdelikten im Bereich des Insolvenzstrafrechts (vgl. Rdn. 35 Vor § 283 sowie BGHSt **15** 103, 104 f) geht diese Ausdehnung der Strafbarkeit bis hin zur leichtesten Fahrlässigkeit bei Verkennen der Krisensituation sehr weit (vgl. bereits oben Rdn. 1 sowie *Tiedemann* Gedächtnisschrift Schröder S. 292 mit weit. Nachw.). Die Feststellung der Fahrlässigkeit wirft weniger in Bezug auf die eingetretene *Zahlungsunfähigkeit* als vielmehr im Hinblick auf das *Drohen* derselben sowie auf das Vorliegen einer *Überschuldung* Probleme auf. Abgesehen von den – zahlenmäßig freilich überwiegenden – Fällen, in denen sich die Überschuldung und das Drohen der Zahlungsunfähigkeit aus laufenden Verlusten und zu hohen Privatentnahmen ergibt (vgl. Rdn. 7 Vor § 283), erfordert nämlich das Erkennen sowohl einer Überschuldung als auch des Drohens der Zahlungsunfähigkeit **Prognosen** und andere betriebswirtschaftliche Maßnahmen wie insbesondere die Aufstellung eines Finanzplanes und einer Vermögensbilanz (Status). Da der Gesetzgeber nur für Kapitalgesellschaften von einer Selbst- **205** prüfungspflicht ausgeht (und auch diese nach h.M. auf bestimmte Anlässe begrenzt ist, vgl. unten Rdn. 208), kann eine Verpflichtung des Täters zur Überprüfung der Vermögens- und Ertragslage sowie der Liquidität seines Unternehmens nur aus den ungeschriebenen Grundsätzen ordnungsgemäßen Wirtschaftens abgeleitet werden.

**206** a) Der Fahrlässigkeitsvorwurf setzt damit vor allem voraus, dass die Krise nicht nur für einen sorgfältigen Wirtschafter *erkennbar,* sondern dass die Unkenntnis der Krise seitens des Täters objektiv **pflichtwidrig** war, also eine Verpflichtung des Täters zur Überprüfung der Situation seines Unternehmens bestand. In diesem Sinne ist – wie bereits zu Absatz 1 Nr. 8 ausgeführt (oben Rdn. 158 und 168) – das völlige Fehlen jeglicher Übersicht und Planung grob wirtschaftswidrig und damit objektiv pflichtwidrig, weil es elementaren Grundsätzen des Wirtschaftens widerspricht (BGH NJW **1981** 354, 355). Soweit der Täter (in den Fällen von Absatz 1 Nrn. 5 und 7) handelsrechtlich zur Buchführung verpflichtet ist, wird sich die Erkennbarkeit der Krisensituation regelmäßig aus der Jahresbilanz ergeben, die insbesondere mit einer buchmäßigen Überschuldung das erste Anzeichen für eine tatsächliche Überschuldung enthält. Bei Unterlassen oder Mangelhaftigkeit der Buchführung (i.w.S.) kann sich der Täter selbstverständlich nicht darauf berufen, dass ihm infolge dieser Vernachlässigung die Erkenntnis der Krise unmöglich war; vielmehr liegt die Pflichtwidrigkeit dann gerade in der fehlenden oder mangelhaften Buchführung (*Fischer* Rdn. 34 mit Nachw.).

**207** Im Einzelnen wird für Inhaber bzw. Leiter von Unternehmen und für Angehörige Freier Berufe neben dem Grunderfordernis einer gewissen Übersicht und Planung (vgl. Rdn. 120 ff Vor § 283) je nach Unternehmensgröße, Finanzierungsart und Branchenzugehörigkeit zu verlangen sein, dass jedenfalls bei **bestimmten Anlässen** diejenigen betriebswirtschaftlichen Mittel – insbesondere Finanzplan und Überschuldungsstatus – eingesetzt werden, die eine hinreichende Erkenntnis der Liquiditäts- und Ertragslage ermöglichen (*Weyand/Diversy* Rdn. 106 S. 123). Als derartige Anlässe kommen zum einen gravierende *exogene* Störungen und Umstände in Betracht, die bei der Bilanzierung zur Vornahme von Sonderabschreibungen zwingen würden (erheblicher Vermögensverlust durch höhere Gewalt oder durch Verschulden Dritter; drastischer Absatzrückgang infolge Ausfalls des einzigen oder des hauptsächlichen Abnehmers; politische und konjunkturelle Besonderheiten). Einschlägig sind aber auch anhaltende oder sich kumulierende *endogene* Störungen und Vorgänge (laufende Verluste ohne hinreichende Reserven; mehrfache Ablehnung von Kreditgesuchen; häufige Umgründungen). Werden wiederholt oder ständig zu hohe Privatentnahmen getätigt, so liegt die Pflichtwidrigkeit in der Vornahme dieser Handlungen ohne Vergewisserung hinsichtlich der Angemessenheit und der Auswirkungen der Entnahmen. Entsprechendes gilt, wenn Privatentnahmen als angebliche Betriebsausgaben deklariert werden. Abgesehen von dem gewichtigen Merkmal laufender Verluste haben die genannten Umstände und Insolvenzindikatoren sämtlich den Vorteil, für den Täter ohne weiteres erkennbar zu sein. Die Rdn. 142 Vor § 283 beschriebenen **Frühsignale** einer Unternehmenskrise dienen vor allem der externen Prognose drohender Insolvenz (von dritten Unternehmen), haben aber auch für den (nachträglichen) Nachweis von Vorsatz oder Fahrlässigkeit des Täters im Hinblick auf die Lage seines eigenen Unternehmens zur Tatzeit Bedeutung (vgl. nur *Richter* GmbHR **1984** 138; zust. *Bittmann* § 12, 299). Außerhalb der vorgenannten gravierenden Anlässe und Konstellationen wird man aber – je nach Rechts- und Finanzierungsform des Unternehmens usw. – im Allgemeinen nur bei Vorliegen *mehrerer Frühsignale* einer Unternehmenskrise eine strafrechtlich relevante Pflicht des Unternehmensinhabers (oder Unternehmensleiters) zur Benutzung aufwendiger betriebswirtschaftlicher Erkenntnismittel annehmen können (*Tiedemann* Gedächtnisschrift Schröder S. 295; auch *Küffner* S. 97; wohl weitergehend *Bittmann* § 12, 296). Eine solche Pflicht kann auch bei Gründungs- oder Einführungskrisen in den ersten Jahren der Unternehmensexistenz sowie bei erkannter technischer oder auch kaufmännischer Rückständigkeit bestehen (*Tiedemann* aaO S. 294 mit weit. Nachw.). Besonders kostenaufwendige und komplizierte (und gleichwohl mit nicht unerheblichen Fehlerquoten behaftete) Prognosemodelle, deren sinnvoller Einsatz an das Vorhandensein einer elektronischen Datenverarbeitungsanlage gebunden ist – z.B. Cash-flow-Rechnungen, Kapitalflussrechnungen usw. –, werden aus strafrechtlicher Sicht für kleine und mittlere Unternehmen überhaupt nicht erfordert (aA *Bittmann* § 12, 300). Insgesamt wird angesichts der Unsicherheiten der betriebswirtschaftlichen Krisenforschung und ihrer vorrangigen Ausrichtung an Großunternehmen der Rahmen leichter Fahrlässigkeit kaum je mit hinreichender Sicherheit zu bestimmen sein und daher auch für Absatz 4 Nr. 1 *in der Praxis* die **grobe Fahrlässigkeit** (Leichtfertigkeit) im Vordergrund stehen (*Tiedemann* aaO S. 295; weitergehend bes. *Hiltenkamp-Wisgalle* S. 349 ff mit Nachw.). Sie liegt insbesondere dann vor, wenn der Inhaber oder Leiter des Unternehmens keinerlei Vorkehrungen getroffen hat, um die finanzielle Lage des Unternehmens zumindest in größeren Zeitabständen zu kennen (interne Finanzanalyse), vor allem die finanziellen Folgen der Kapitalstruktur zu überschauen und die Zahlungsbewegungen im Wesentlichen vollständig zu erfassen.

Weitergehend nimmt eine vordringende Ansicht der neueren Literatur eine **Pflicht zur ständigen Beobachtung** der Liquidität und Rentabilität des Unternehmens an, wobei diese Ansicht teilweise gerade auf die Androhung von Fahrlässigkeitsstrafe durch § 283 gestützt wird.[89] Hierzu wurde bereits oben Rdn. 123 Vor § 283 darauf hingewiesen, dass jedenfalls die Heranziehung des § 283 die genannte Auffassung nicht zu stützen vermag. Der Straftatbestand enthält nirgends eine Verschärfung außerstrafrechtlicher Maßstäbe der Pflichtwidrigkeit, sondern nimmt auf diese Bezug. Dass damit bestimmte (z.B. Spekulations-)Geschäfte ohne hinreichende Übersicht nicht vorgenommen werden dürfen, liegt nicht in dem Erfordernis einer Übersicht, sondern in der generellen Gefährlichkeit dieser Geschäfte begründet. Die gegenteilige Auffassung verkennt, dass die drohende Zahlungsunfähigkeit jedenfalls nach geltendem Recht kein Insolvenzverfahrensauslösungsgrund ist und die Überschuldung nur bei Kapitalgesellschaften eine Insolvenzantragspflicht der zuständigen Organe begründet. Allein diese Insolvenzantragspflicht (nach § 15a InsO) begründet oder beinhaltet möglicherweise eine (auch insoweit umstrittene!) Pflicht zur ständigen Beobachtung der Liquidität und Rentabilität (wohl weitergehend vor allem *Bittmann* § 12, 296, vgl. aber auch § 12, 299). **208**

Die objektive **Erkennbarkeit** der Krisensituation des Absatzes 1 (die mit dem betriebswirtschaftlichen Verständnis der Unternehmenskrise nicht ohne Weiteres identisch ist!) ergibt sich entweder aus dem Einsatz der vorgenannten betriebswirtschaftlichen Erkenntnismittel, soweit dieser Einsatz rechtlich geboten ist, oder aber aus den internen und externen Faktoren und Umständen, die unmittelbare Rückschlüsse auf die Liquiditäts- und Ertragslage zulassen. Externe, nach außen hin ohne Weiteres erkennbare Indikatoren wie Wechselproteste, erfolglose Pfändungen und sonstige Verschlechterungen der Zahlungsweise können im Übrigen ebenfalls die Verpflichtung des Täters begründen, hinreichend sichere Erkenntnismittel der internen Insolvenzprognose einzusetzen (übereinstimmend *Bittmann* § 12, 299). **209**

[89] *Bretzke* S. 129 ff und KTS **1985** 415; *Hiltenkamp-Wisgalle* S. 343 ff, 352 f; *Küffner* S. 24, 41; *Uhlenbruck* Gläubigerberatung S. 60.

210 b) Der strafrechtliche Schuldvorwurf der Fahrlässigkeit setzt weiter voraus, dass der Täter **subjektiv**, also nach seinen persönlichen Fähigkeiten und Kenntnissen in der Lage war, die ihm obliegende Pflicht zu erfüllen und das Vorliegen der Krise zu erkennen. Die verbreitete Schwäche zur realen Selbsterkenntnis, auch in Bezug auf die eigene wirtschaftliche Lage, Fehleinschätzungen z.B. im Hinblick auf die Folgen von Investitionsentscheidungen oder der Vermehrung der Fremdfinanzierung, der Konjunktur- und der Zinsentwicklung usw., und andere Qualifikationsmängel entlasten den Täter im Strafrecht grundsätzlich oder doch tendenziell. Angesichts der Tatsache, dass ein großer Teil der Insolvenzursachen in Managementfehlern und in der mangelhaften Qualifikation des Führungspersonals liegt (vgl. oben Rdn. 13 Vor § 283), würde damit ein weiter Bereich von Insolvenzkriminalität ungeahndet bleiben müssen. Die h.M. vermeidet dieses Ergebnis durch den Begriff des **Übernahmeverschuldens** bzw. der fahrlässigen Tätigkeitsübernahme: Fahrlässigkeit ist anzunehmen, wenn bei der Übernahme der Geschäftstätigkeit für den Täter vorhersehbar war, dass ihm die für die Erkennung der dabei entstehenden Gefahren erforderlichen Fähigkeiten sowie das Erfahrungswissen fehlen (*Vogel* LK § 15 Rdn. 303 ff mit Nachw.). Nur wenn also der Täter bei Übernahme der Geschäftstätigkeit subjektiv nicht erkennen konnte, dass ihm die erforderlichen Erkenntnisfähigkeiten und Kenntnisse fehlen, bleibt er auch insoweit straflos (enger *Bittmann* § 12, 301, der auf die Schuldfähigkeit des Täters abstellen will).

211 **2. Leichtfertige Herbeiführung der Krise i.S.d. Absatzes 2.** Nach Absatz 4 Nr. 2 ist die vorsätzliche Vornahme einer Bankrotthandlung (i.S.d. Absatzes 1 Nrn. 1–8) außerhalb der Krise strafbar, wenn durch diese Handlung die Überschuldung oder Zahlungsunfähigkeit leichtfertig verursacht wird. Auch diese Tat unterliegt einem gemilderten Strafrahmen, der mit dem für die Fahrlässigkeitstat nach Absatz 4 Nr. 1 vorgesehenen Rahmen identisch ist. Jedoch ist das Vergehen nach Absatz 4 Nr. 2 gemäß § 11 Abs. 2 *Vorsatztat*. Es ist somit strafbare Teilnahme nach §§ 25 ff möglich (vgl. nur *Fischer* Rdn. 36; näher unten Rdn. 227). Der Versuch bleibt dagegen straflos, da sich Absatz 3 nur auf Vorsatztaten nach Absatz 1 und Absatz 2 bezieht (vgl. *Fischer* aaO).

212 a) Für das – praktisch nur selten nachweisbare – Erfordernis eines **Kausalzusammenhanges** zwischen der (vorsätzlichen) Bankrotthandlung und dem Eintritt von Zahlungsunfähigkeit oder Überschuldung kann auf oben Rdn. 180 verwiesen werden. Oben Rdn. 181 ff wurde auch schon die besondere Bedeutung von Nrn. 1–3 und Nr. 8 für diesen Bereich der ursächlichen und schuldhaften Insolvenzherbeiführung hervorgehoben.

213 b) Die Schuldform der **Leichtfertigkeit** besteht hier ebenso wie bei § 264 Abs. 3 in grober Fahrlässigkeit, also vor allem einer Vernachlässigung elementarer Anforderungen durch den Täter, wobei auch hier auf desssen persönliche Fähigkeiten und Verhältnisse abzustellen ist (vgl. *Tiedemann* LK[11] § 264 Rdn. 123). Der Sache nach geht es um grobe Rücksichtslosigkeit im Hinblick auf den möglichen Eintritt des Taterfolges der Krise, also um eine Einstellung in der *Nähe des Vorsatzes* (vgl. *Vogel* LK § 15 Rdn. 297 mit Nachw., dort Rdn. 75 vor § 15 auch zutreffende Ausführungen zu dem hier von *Bittmann* § 12, 302 erhobenen Einwand, diese Verortung sei „missverständnisträchtig"). Zu denken ist – wie bei der vorsätzlichen Verwirklichung von Absatz 2 – insbesondere an das Beiseiteschaffen wertvoller Vermögensbestandteile (z.B. Grundstücke), an überhöhte Privatentnahmen und an die Verschleuderung von Waren oder Wertpapieren. In Betracht kommen aber auch grob wirtschaftswidrige Verringerungen des Vermögensstandes nach Art des früher so genannten leichtsinnigen Konkurses i.S.d. Art. 165 schweizer. StGB (jetzt: Misswirtschaft) und der fahrlässigen Krida i.S.d. § 159 Abs. 1 Nr. 1 österreich.

StGB: unbedachte *Kreditgewährung* ohne hinreichende Sicherheit; Unternehmensgründung oder -erweiterung mit völlig unzureichendem *Eigenkapital*; Wirtschaften mit groben *organisatorischen Mängeln* insbesondere der Auswahl und Kontrolle oder ohne jede Geschäfts- und Branchenkenntnisse (vgl. oben Rdn. 168 und bereits Rdn. 118 Vor § 283; zust. *Radtke* MK Rdn. 76).

**B. Fahrlässige Bankrotthandlungen (Absatz 5).** Die Bankrotthandlungen nach Absatz 1 Nrn. 2, 5 und 7 sind gemäß Absatz 5 auch bei fahrlässiger Begehungsweise strafbar. Dabei reicht nach Nr. 1 fahrlässige Unkenntnis der Krisensituation aus (dazu oben Rdn. 204 ff), und nach Nr. 2 braucht die Krise im Falle des Absatzes 2 nur leichtfertig verursacht zu werden (dazu oben Rdn. 211 ff). Jedoch erfassen Nrn. 1 und 2 auch fahrlässige Handlungen, bei denen der Täter im Hinblick auf das Vorliegen oder auf die Verursachung der Krise vorsätzlich handelt (*Müller-Emmert* Prot. 7/2827). Hierzu weisen *Fischer* (Rdn. 37) und *Kindhäuser* (NK Rdn. 106) zutreffend darauf hin, dass nicht vorstellbar ist, wie der Täter durch fahrlässiges Verhalten vorsätzlich den Erfolg des Absatzes 2 soll herbeiführen können (vgl. dazu auch *Hiltenkamp-Wisgalle* S. 359). In den Fällen, in denen der Täter z.B. über die normativen Tatbestandsmerkmale der Bankrotthandlung nach Absatz 1 Nr. 2 irrt, wird entweder die Voraussicht des Erfolges durch den Täter fehlen oder aber sein Irrtum die soziale Bedeutungskenntnis der Handlungsmerkmale unberührt lassen, also die Vorsätzlichkeit der Handlung nicht ausschließen. Dogmatisch und rechtspolitisch ist somit der Anwendungsbereich von Absatz 5 nicht hinsichtlich der Buchdelikte i.S.d. Absatzes 1 Nrn. 5 und 7 (zutr. *Eitel* Prot. 7/2548 f), wohl aber hinsichtlich der Bankrotthandlungen nach Absatz 1 Nr. 2 zweifelhaft (*Eyrich* Prot. 7/2827; *Schlüchter* MDR **1978** 980). 214

**1. Fahrlässige Bankrotthandlung nach Absatz 1 Nr. 2.** Für die Handlung nach Absatz 1 Nr. 2 ist hervorzuheben, dass das Eingehen von Differenzgeschäften wegen der finalen Natur dieses Verhaltens nur vorsätzlich möglich ist. Freilich bleibt auf der Grundlage der herrschenden Handlungs- und Schuldlehre fahrlässige Begehung in der Weise möglich, dass der Täter bei im Übrigen vorsätzlich-finalem Handeln über ein Tatbestandsmerkmal *irrt*, weil er z.B. von einem wirtschaftlich berechtigten Zweck des Geschäftes ausgeht (vgl. oben Rdn. 192 und allgemein dazu *Tiedemann* Tatbestandsfunktionen S. 344 ff). Weiter kritisiert *Fischer* (Rdn. 35) für den Abschluss von Verlustgeschäften, dass das Unrecht dieser Tathandlung im bewussten Eingehen von Geschäften liege, die von vornherein auf Verlust angelegt sind. Diese Kritik lässt sich für das Eingehen von Spekulationsgeschäften fortführen: Ein fahrlässiges Spekulieren – in Verkennung der Höhe des Verlustrisikos (oben Rdn. 55) – ist schon begrifflich kaum vorstellbar, und das Handlungsunrecht liegt auch hier gerade in dem bewussten Eingehen eines hohen Risikos in der Hoffnung auf hohen Gewinn. Es wäre aber auch wenig sachgemäß, die Fahrlässigkeit unmittelbar auf die Tathandlung des „Eingehens" von Verlust-, Spekulations- oder Differenzgeschäften beziehen zu wollen: Der Irrtum über das Wirksamwerden des einschlägigen schuldrechtlichen Vertrages könnte zwar theoretisch dazu führen, dass der auf solche Weise fahrlässig herbeigeführte Geschäftsabschluss für strafbar erklärt wird; sinnvoll ist dieses Ergebnis aber nicht. Es bleibt daher insgesamt für die praktische Anwendung des Absatzes 5 auf die vorgenannten Geschäfte der 1. Alt. von Absatz 1 Nr. 2 im Wesentlichen nur der Bereich des *Tatbestandsirrtums* über das Korrektiv der Anforderungen einer ordnungsgemäßen Wirtschaft (zust. *Bittmann* § 12, 305 und *Weyand/Diversy* Rdn. 107 S. 123 f). Die Tathandlung des „Eingehens" der Geschäfte muss dagegen vorsätzlich erfolgen; auch die Eigenschaft als Verlust-, Spekulations- oder Differenzgeschäft muss vom Vorsatz umfasst sein. 215

216 Ähnliche Einschränkungen gelten für die fahrlässige Begehung von Bankrotthandlungen i.S.d. 2. Alt. von Absatz 1 Nr. 2. Auch hier ist die Fahrlässigkeit nicht auf die eigentliche Handlung zu beziehen, denn Spiel und Wette sind nur bei bewusster Vornahme, Ausgaben nur bei finaler Vorstellung des Täters denkbar oder sinnvoll. Ein angemessener Anwendungsbereich für fahrlässige Handlungsweisen ergibt sich aber auch hier bei (Tatbestands-)*Irrtümern* über die Unwirtschaftlichkeit der Ausgabe und die Übermäßigkeit des Verbrauches.

217 **2. Fahrlässige Buchdelikte nach Absatz 1 Nrn. 5 und 7.** Das Führen von Handelsbüchern ist ebenso wie das vorerwähnte Eingehen von Geschäften nur vorsätzlich möglich. Die Fahrlässigkeit wird sich daher vor allem auf die Mangelhaftigkeit der Buchführung oder Bilanzierung beziehen (vgl. RGSt **13** 354, 359 f; **16** 277, 279; § 283b Rdn. 9), also darauf, dass die Übersicht über den Vermögensstand erschwert wird (zust. *Bittmann* § 12, 305; ebenso *Fischer* Rdn. 35; *Sch/Schröder/Stree/Heine* Rdn. 58). Ein fahrlässiges Unterlassen von Buchführung und Bilanzierung (Nr. 5 1. Alt. und Nr. 7b) ist ebenfalls nur eingeschränkt möglich, nämlich – abgesehen von extremen Fällen der Vergesslichkeit – bei einem vorsatzausschließenden *Irrtum* des Täters über seine Eigenschaft als Vollkaufmann oder über seine Verpflichtung zur Vornahme dieser Akte (z.B. der Bilanzierung für Schachtelgesellschaften: BGH GA **1981** 518) oder schließlich über die Länge des von Nr. 7b gemeinten Zeitraumes (*Fischer* aaO; vgl. oben Rdn. 188).

218 Ein praktisch gewichtiger Anwendungsbereich der Fahrlässigkeitsstrafbarkeit bleibt damit – vor allem im Hinblick auf die bereits oben Rdn. 188 kritisierte Irrtumsrechtsprechung des BGH – für die Buchdelikte nur in einem wesentlichen Teilbereich: bei der nicht sorgfältigen **Auswahl oder Überwachung** von Personen, die der buchführungspflichtige Täter mit der Buchführung oder Bilanzierung beauftragt hat.[90] Dies kommt z.B. für den Techniker-Geschäftsführer einer GmbH in Betracht, der die Buchführung und Bilanzierung einem anderen, kaufmännisch vorgebildeten Geschäftsführer überlässt (OLG Karlsruhe Justiz **1977** 206).

## IV. Vollendung der Tat, Verjährung und objektive Strafbarkeitsbedingung

219 **1. Vollendung, Beendigung und Verjährung der Tat.** In der Strafbarkeitsbedingung der Zahlungseinstellung, Eröffnung des Insolvenzverfahrens oder Abweisung des Eröffnungsantrages mangels Masse (Absatz 6) wird die Beeinträchtigung der Forderungsrechte der Gläubiger nach außen erkennbar.[91] Jedoch gehört dieser äußere Erfolg nicht zum tatbestandsmäßigen Unrecht. Sein Eintritt stellt nur eine Bedingung für die Bestrafung der schuldhaften Gefährdung der Gläubigerrechte und der Kreditwirtschaft dar. In aller Regel tritt die Bedingung **nach** Vornahme der Bankrotthandlung ein, so dass die Strafbarkeit derselben aufschiebend bedingt ist. Jedoch ist Strafbarkeit auch dann gegeben, wenn die Bankrotthandlung (z.B. das Beiseiteschaffen von Vermögensbestandteilen oder

[90] Vgl. BGH bei Böhle-Stamschräder, KuT **1957** 24; RGSt **16** 277, 279; **45** 88 ff; **58** 304, 305; *Bittmann* in Bittmann § 12, 305 (dessen Kritik unsere schon in den Vorauflagen ausgewiesene Rdn. 218 übersieht); *Fischer* Rdn. 35; *Hoyer* SK Rdn. 118; *Kindhäuser* NK Rdn. 109; *Sch/Schröder/Stree/Heine* Rdn. 58; *Weyand/Diversy* Rdn. 107 S. 123.

[91] Vgl. amtl. Begr. BTDrucks. 7/3441 S. 33; BGHSt **28** 231, 233; OLG Düsseldorf NJW **1980** 1292; RGSt **16** 188, 190 mit weit. Nachw.; *Otto* Gedächtnisschrift R. Bruns S. 281; oben Rdn. 90 und 95 Vor § 283.

das Unterlassen der Buchführung nach Abweisung des Antrages auf Eröffnung des Insolvenzverfahrens mangels Masse) der Zahlungseinstellung usw. folgt, die Handlung des Täters also – im Falle von Absatz 1 Nr. 1 – den bereits eingetretenen Schaden vergrößert (vgl. näher Rdn. 96 Vor § 283).

Entgegen der früheren RG-Rechtsprechung (vgl. etwa RGSt **16** 188, 190; JW **1936** 3007) ist die Tat rechtlich nicht erst mit Eintritt der objektiven Strafbarkeitsbedingung, sondern bereits mit Vollendung der Bankrotthandlung nach Absatz 1 bzw. mit Eintritt des Erfolges nach Absatz 2 vollendet.[92] Bei den echten Unterlassungsdelikten des Absatzes 1 Nr. 5 1. Alt. und Nr. 7b ist die Tat mit Ablauf der oben Rdn. 147 genannten Frist vollendet. Beim Versuch (Absatz 3) kommt es auf den Abschluss der letzten zur Tatausführung bestimmten Handlung an. **220**

Tatsächlich **beendet** ist die Tat dagegen mit dem Eintritt der objektiven Strafbarkeitsbedingung, sofern der Täter die Bankrotthandlung vorher begangen hat. In diesem Fall beginnt die *Verjährung* gemäß § 78a Satz 1 mit der Zahlungseinstellung, Eröffnung des Insolvenzverfahrens oder Abweisung des Eröffnungsantrages mangels Masse, da erst von diesem Zeitpunkt an alle materiellrechtlichen Voraussetzungen der Strafbarkeit vorliegen.[93] Aus § 78b folgt, dass die Möglichkeit der Strafverfolgung für den Lauf der Verjährungsfrist maßgebend ist (*Sch/Schröder/Stree/Heine* Rdn. 69 mit Nachw.). – Wird die Bankrotthandlung dagegen erst nach Eintritt der Strafbarkeitsbedingung begangen, so beginnt die Verjährung mit Vornahme (Vollendung) der Bankrotthandlung (vgl. *Schaefer* LK[8] § 239 KO Anm. VII). **221**

Sowohl die Vorsatztat nach Absatz 1 und Absatz 2 und der Versuch nach Absatz 3 als auch die fahrlässige Tat nach Absatz 4 und Absatz 5 *verjähren* gemäß § 78 Abs. 3 Nr. 4 in 5 *Jahren.* **222**

**2. Formen der Strafbarkeitsbedingung und Zusammenhang mit den Bankrotthandlungen.** Die Begriffe und Voraussetzungen der Zahlungseinstellung, Eröffnung des Insolvenzverfahrens und Abweisung des Eröffnungsantrages mangels Masse wurden bereits oben Rdn. 143 ff und 163 ff Vor § 283 erläutert. Hervorzuheben bleibt, dass das erst durch das 1. WiKG eingeführte Merkmal der Abweisung des Antrages auf Eröffnung des Insolvenzverfahrens in der Praxis den Nachweis der Zahlungseinstellung und damit die Ermittlung derjenigen Tatsachen, aus denen die Zahlungseinstellung zu folgern ist, erspart (amtl. Begr. BTDrucks. 7/3441 S. 37). Infolge der verfahrensmäßigen Formalisierung von Eröffnung und Abweisung der Eröffnung des Insolvenzverfahrens bedarf es eines Nachweises der Zahlungseinstellung vor allem in den Fällen, in denen der wahre Schuldner (auch) ein von diesem Gerichtsverfahren nicht betroffener *Hintermann* ist (vgl. oben Rdn. 71 ff Vor § 283). **223**

Auch das Erfordernis eines **Zusammenhanges** zwischen Bankrotthandlung und Eintritt der Strafbarkeitsbedingung wurde bereits oben Rdn. 91 ff Vor § 283 erörtert: Nach h.M. muss trotz der soeben Rdn. 219 wiederholten Beschreibung dieses Zusammenhanges nur eine *„tatsächliche"*, jedoch keine ursächliche *Beziehung* zwischen den Täterhandlungen nach Absätzen 1–5 und dem Eintritt der Zahlungseinstellung, Eröffnung des **224**

---

92 *Kindhäuser* LPK Rdn. 47; *Lackner/Kühl* Rdn. 31; *Radtke* MK Rdn. 82; *Schaefer* LK[8] § 239 KO Anm. V; *Sch/Schröder/Stree/Heine* Rdn. 63.

93 RGSt **3** 350, 351; **7** 391, 392; *Bittmann* in Bittmann § 12, 329; *Fischer* Rdn. 39, 109; *Lackner/Kühl* aaO; *Preisendanz/Bieneck* Anm. 14; *Radtke* MK Rdn. 77; *Sch/Schröder/Stree/Heine* Rdn. 69.

Insolvenzverfahrens oder Abweisung des Eröffnungsantrages bestehen. Fehlt jeder Zusammenhang, so tritt Straflosigkeit ein (zusammenfassend BGHSt **28** 231, 233 f mit Nachw.). Dies ist vor allem in den Versuchsfällen des Absatzes 3 (vgl. oben Rdn. 197), aber auch bei längerem zeitlichem Zurückliegen der Buchdelikte nach Absatz 1 Nrn. 5–7 zu beachten (vgl. Rdn. 91 Vor § 283; näher und zusammenfassend zu den Buchdelikten § 283b Rdn. 14). Nach h.M. wird der erforderliche Zusammenhang insbesondere nicht dadurch beseitigt, dass alle Gläubiger aus der Zeit der Vornahme der Bankrotthandlung befriedigt worden sind, sofern die früheren Verbindlichkeiten durch Eingehen neuer Schulden getilgt worden sind (vgl. BGH bei Holtz MDR **1981** 454; *Sch/Schröder/Stree/Heine* Rdn. 59 mit weit Nachw.; oben Rdn. 92 Vor § 283).

## V. Täterschaft und Teilnahme

**225** **1. Allgemeines.** Die Abgrenzung von Täterschaft (§ 25) und Teilnahme (§§ 26, 27) wird bei § 283 vor allem dadurch bestimmt, dass Täter nur ein *Schuldner* sein kann, der vor oder nach Vornahme der Bankrotthandlung seine Zahlungen einstellt oder über dessen Vermögen das Insolvenzverfahren eröffnet oder der Eröffnungsantrag mangels Masse abgewiesen worden ist (vgl. Rdn. 59 Vor § 283). Im Falle des Absatzes 1 muss hinzukommen, dass der Schuldner zahlungsunfähig ist, ihm die Zahlungsunfähigkeit droht oder Überschuldung vorliegt; bei Absatz 1 Nrn. 5 und 7 muss der Schuldner außerdem Kaufmann sein. Personen, die diese Eigenschaften nicht haben, also insbesondere weder ihre Zahlungen selbst eingestellt haben noch Betroffene eines Insolvenzverfahrens sind, können nur *Teilnehmer* (Anstifter oder Gehilfen) an dem Sonderdelikt des § 283 sein (RGSt **31** 407, 409 f; allgemein *Schünemann* LK § 26 Rdn. 94 und § 27 Rdn. 63, je mit weit. Nachw.). Ausnahmen von diesem Grundsatz werden durch § 14 für Organe, Vertreter und Beauftragte des Schuldners zugelassen, sofern diese für den Schuldner – nach der bisherigen BGH-Rechtsprechung: in seinem wirtschaftlichen Interesse – handeln (vgl. oben Rdn. 78 ff Vor § 283).

**226** **2. Mittäterschaft.** Nach § 25 Abs. 2 bedeutet Mittäterschaft gemeinschaftliche Begehung der Straftat durch mehrere Täter. Bei Sonderdelikten wie § 283 setzt dies voraus, dass eine gemeinsame (meist: außerstrafrechtliche) Sonderpflicht besteht (*Schünemann* LK § 25 Rdn. 162 ff). Für § 283 heißt dies, dass es sich um dieselben Schulden oder um dieselben Gläubiger handeln muss (vgl. RGSt **31** 407, 410). Abgesehen von den Fällen der *Gesamtschuld* ist Mittäterschaft bei § 283 also vor allem in der Form denkbar und möglich, dass *mehrere Mitgesellschafter* oder *mehrere Organe* oder Vertreter des schuldnerischen Unternehmens nach § 14 für dieses handeln (zust. *Fischer* Rdn. 38; *Lackner/Kühl* Rdn. 25). Dabei kann der Tatbeitrag des einen Täters in einem Tun (z.B. mangelhafte Buchführung) und der des anderen Täters in einem bloßen Unterlassen (z.B. von Aufsichts- und Überwachungsmaßnahmen) bestehen (*Schünemann* aaO Rdn. 164). Fehlt es an einem gemeinsamen Tatentschluss, so liegt Nebentäterschaft vor.

**226a** Zweifelhaft ist, ob eine Beteiligung als Mittäter weitergehend auch für Außenstehende möglich ist, soweit Taten nach Absatz 2 und Absatz 4 Nr. 2 in Frage stehen. Die bejahende Ansicht von *Fischer* (Rdn. 38) übersieht, dass Absatz 6 auch für diesen Bereich gilt, also sämtliche Erscheinungs- und Begehungsformen des § 283 Sonderdeliktsnatur besitzen.

**227** **3. Anstiftung und Beihilfe.** *Außenstehende,* die weder selbst Schuldner sind noch im Sinne des § 14 für den Schuldner handeln, können sich als Täter nur nach § 283d, im

Hinblick auf § 283 dagegen lediglich als Teilnehmer (Anstifter oder Gehilfen) strafbar machen (Rdn. 225). § 283d steht der Möglichkeit einer Beihilfe zu § 283 nicht entgegen (*Lackner/Kühl* Rdn. 25; *Sch/Schröder/Stree/Heine* Rdn. 65); jedoch geht die täterschaftliche Verwirklichung des § 283d der Strafbarkeit wegen Beihilfe zu § 283 vor (*Radtke* MK Rdn. 81; vgl. § 283d Rdn. 26). Auch für den Teilnehmer an § 283 wirkt der Eintritt der Strafbarkeitsbedingung gemäß Absatz 6 rein objektiv; diese braucht also nicht vom Vorsatz des Teilnehmers umfasst zu sein (RGSt **45** 88, 91 f).

Umstritten ist, ob dem Anstifter oder Gehilfen nach § 28 Abs. 1 die obligatorische **Strafmilderung** des § 49 Abs. 1 zugute kommt. Dabei besteht weitgehend Einigkeit darüber, dass die Strafe für den Gehilfen nicht doppelt – nach § 27 Abs. 2 und nach § 28 Abs. 1 – zu mildern ist (vgl. nur BGHSt **26** 53 ff; *Schünemann* LK § 27 Rdn. 80, § 28 Rdn. 83 mit Nachw.). Die umstrittene Frage der Anwendung des § 28 Abs. 1 hat also im Ergebnis nur für den **Anstifter** Bedeutung. Die in der Literatur vorherrschende Ablehnung der Anwendung des § 28 Abs. 1 stützt sich darauf, dass die Schuldnereigenschaft sachbezogen (rechtsgutsbezogen) sei und daher kein besonderes persönliches Merkmal im Sinne dieser Vorschrift darstelle.[94] Jedoch ist jedenfalls die Krisenbefangenheit ein solches persönliches Merkmal, also § 28 Abs. 1 jedenfalls für die Teilnahme an Bankrotthandlungen nach Absatz 1 anzuwenden (zust. *Fischer* Rdn. 38 mit Nachw.). Eine weitergehende Anwendung von § 28 Absatz 1 auch auf Absatz 2 und Absatz 4 Nr. 2 des § 283, also auf § 283 insgesamt (dagegen *Fischer* aaO), erscheint als zutreffend, da auch die Schuldnereigenschaft ein personales Merkmal ist, welches die rechtliche Pflichtenstellung des Handlungssubjekts kennzeichnet (ebenso *Radtke* MK Rdn. 80). Es handelt sich zwar um eine objektive Charakterisierung. Jedoch betrifft diese nicht primär die Tat, nämlich die Rechtsgutsverletzung, sondern den Täter (zusammenfassend *Schünemann* LK § 28 Rdn. 22 ff, 55 ff; vgl. auch oben Rdn. 59 Vor § 283). **228**

**4. Notwendige Teilnahme.** Inwieweit Teilnehmer an den Bankrotthandlungen des Absatzes 1 trotz ihrer Mitwirkung straflos bleiben, wurde bereits oben Rdn. 71, 80 und 89 erörtert. Da es sich bei den Mitwirkenden nicht notwendigerweise um die Gläubiger des Schuldners, sondern typischerweise um außenstehende Dritte handelt, ergibt sich die Straflosigkeit dieser Teilnehmer nicht schon aus dem Schutzzweck des § 283. Jedoch führt der personale Unrechtsbezug dieses Tatbestandes in Verbindung mit dem Gedanken der Nichtüberschreitung des zur Tatbestandsverwirklichung Notwendigen (vgl. nur *Schünemann* LK Rdn. 26 ff Vor § 26) dazu, dass jedenfalls die Bestrafung wegen **Beihilfe** entfällt, wenn Geschäftspartner des Schuldners bei Verlust-, Spekulations- oder Differenzgeschäften oder als Mitspieler und Wettgegner an Handlungen nach Absatz 1 Nr. 2 mitwirken oder die vom Schuldner nach Absatz 1 Nr. 3 verschleuderten kreditierten Waren oder Wertpapiere erwerben (zutr. *Sch/Schröder/Stree* Rdn. 65; ebenso BGH bei Herlan GA **1956** 348). Entsprechendes gilt für Erwerber von Vermögensbestandteilen, die der Schuldner durch „normale" Austauschgeschäfte des Wirtschaftsverkehrs beiseite schafft (vgl. dazu oben Rdn. 25 ff). *Gropp* S. 135, 223 will dies damit begründen, dass der notwendige Teilnehmer nur peripher am „Multiplikator-Unrecht" des Schuldners mitwirke, sofern er sich auf das Wahrnehmen einer (schon vorhandenen) Gelegenheit beschränkt. **229**

---

[94] *Arzt/Weber* § 16, 67; *Lackner/Kühl* Rdn. 25; *Maurach/Schroeder/Maiwald* BT 1 § 48, 19 („subjektive Umschreibung einer objektiven Situation"); *Preisendanz/Bieneck* Anm. 12; *Roxin* LK[11] § 28 Rdn. 68; *Sch/Schröder/Stree/Heine* Rdn. 65; *Vormbaum* GA **1981** 133.

229a Die Strafbarkeit wegen **Anstiftung** bleibt dagegen nach Ansicht der Rechtsprechung (ebenso wie die Strafbarkeit der Anstiftung zur Gläubigerbegünstigung durch den Gläubiger bei § 283c) bestehen (vgl. *Schünemann* LK Rdn. 33 Vor § 26, der zutreffend auf die Auslegung des besonderen Tatbestandes und nicht auf die allgemeine Teilnahmelehre abstellt; so im Ansatz auch *Gropp* S. 98 ff, 121).

230 5. **Abgrenzung zu Anschlussstraftaten.** Unter zeitlichen Aspekten ist umstritten, ob es für die Abgrenzung von Teilnahme an § 283 einerseits und Täterschaft nach §§ 257 ff andererseits auf die Beendigung der Bankrotthandlung oder auf den Eintritt der Strafbarkeitsbedingung ankommt.[95] Es entspricht der oben Rdn. 87 Vor § 283 vertretenen Ansicht, vom Zeitpunkt der tatsächlichen Beendigung der Bankrotthandlung nach Absatz 1 an bzw. nach Eintritt des Erfolges gemäß Absatz 2 etwaige Unterstützungshandlungen dem Kreis der §§ 257 ff zuzuweisen, auch wenn diese Handlungen vor der Zahlungseinstellung usw. vorgenommen werden. Strafbare Teilnahme (Anstiftung, Beihilfe) ist daher bei § 283 zeitlich nur eingeschränkt möglich.

## VI. Konkurrenzen und Urteilsformel

231 1. **Mehrere Bankrotthandlungen.** Für die Bestimmung der Konkurrenzverhältnisse ist vor allem die außertatbestandliche Natur der objektiven Strafbarkeitsbedingung (Absatz 6) zu berücksichtigen: Da das rechtlich missbilligte Verhalten in der Bankrotthandlung und nicht etwa in der Zahlungseinstellung oder Eröffnung bzw. Ablehnung der Eröffnung des Insolvenzverfahrens liegt (Rdn. 87 ff Vor § 283), fasst der Eintritt dieser Strafbarkeitsbedingung entgegen der RG-Rechtsprechung nicht mehrere Bankrotthandlungen zu einer Handlungseinheit zusammen (BGHSt **1** 186, 190 ff mit Nachw.; **3** 23, 26; **11** 145, 147; NStZ **1998** 192, 193 mit Bespr. *Doster* wistra **1998** 328 ff). Vielmehr bestimmt sich die Konkurrenz **nach allgemeinen Grundsätzen,** also nach dem Verhältnis der Bankrotthandlungen untereinander (vgl. nur *Lackner/Kühl* Rdn. 32; *Sch/Schröder/Stree/Heine* Rdn. 66, je mit weit. Nachw.). Den von *Stötter* (KTS **1963** 12 ff) vorgebrachten Bedenken gegenüber der „Aufwertung der einzelnen Bankrotthandlungen zu selbständigen Delikten" sollte aber bei der Abfassung des **Urteilstenors** insoweit Rechnung getragen werden, als bei mehreren Bankrotthandlungen nicht z.B. wegen „Bankrotts in drei Fällen" zu verurteilen ist, wenn es nur einmal zur Zahlungseinstellung oder Eröffnung des Insolvenzverfahrens usw. gekommen ist. Sofern nicht nur wegen *eines* Vergehens des Bankrotts (vgl. § 260 Abs. 4 S. 2 StPO) verurteilt wird, sollte die Urteilsformel vielmehr durch einen Klammerzusatz ergänzt werden, also beispielsweise wie folgt lauten: „wegen Bankrotts (Beiseiteschaffen von Vermögensbestandteilen in Tatmehrheit mit übermäßigem Aufwand)".

232 Im Einzelnen schließen sich die vorsätzlichen Begehungsweisen nach Absatz 1 und Absatz 2 einerseits und die Fahrlässigkeitskombinationen nach Absatz 4 und Absatz 5 andererseits gegenseitig aus (vgl. aber auch oben Rdn. 204 ff). Ferner schließt die Anwendung des Absatz 4 diejenige des Absatz 5 aus (zust. *Bittmann* § 12, 335 und *Fischer* Rdn. 41). Innerhalb von Nr. 5 schließen sich die (völlige) Unterlassung der Buchführung und die mangelhafte Buchführung bereits tatbestandlich gegenseitig aus (vgl. RGSt **30** 170 f; oben Rdn. 102).

---

95 Im ersteren Sinne *Sch/Schröder/Stree/Heine* Rdn. 65 und *Stree* JuS **1965** 474 mit weit. Nachw., im letzteren Sinne *Schaefer* LK[8] § 239 KO Anm. VI.

233 a) **Gesetzeskonkurrenz** (Gesetzeseinheit) liegt insoweit vor, als Handlungen nach Absatz 1 Nrn. 1–7 zugleich den Tatbestand der *Nr. 8* erfüllen. Nach der hier vertretenen Auffassung (oben Rdn. 9 ff) stellt Nr. 8 zugleich den Grundtatbestand von Absatz 1 dar, tritt also hinter den speziellen Nrn. 1–7 zurück. Sieht man Nr. 8 dagegen nur als Ergänzung zu den in Nrn. 1–7 aufgezählten spezielleren Bankrotthandlungen, so schließt die Anwendung von Nrn. 1–7 ohnehin diejenige von Nr. 8 bereits tatbestandlich aus. – Verursacht eine der Bankrotthandlungen nach Absatz 1 Nrn. 1–8 bei ihrer Vornahme im Zustande der drohenden Zahlungsunfähigkeit den Eintritt der Zahlungsunfähigkeit oder der Überschuldung, liegt also *neben Abs. 1 auch Abs. 2* vor, so geht Absatz 2 vor (vgl. bereits oben Rdn. 8). Die Annahme von Tateinheit zwischen Absatz 1 und Absatz 2 durch BGH JZ **1979** 75, 76 f und *Fischer* Rdn. 41 ist verfehlt. Sie trägt nicht hinreichend der Tatsache Rechnung, dass Absatz 1 symptomatische (abstrakte) Gefährdungen im Hinblick auf denjenigen Krisenerfolg umschreibt, der bei Absatz 2 als Erfolgseintritt gilt (Subsidiarität).

234 **Eine einzige Tat** (nach Absatz 1 Nr. 2) ist gegeben, wenn der Täter in mehrfacher Hinsicht *übermäßigen Aufwand* treibt (BGHSt **3** 23, 26; einschränkend *Bittmann* § 12, 338). Dasselbe gilt, wenn der Täter durch mehrere *Verstöße gegen die Buchführungspflicht* die Buchführung innerhalb eines einzigen Zeitabschnittes unordentlich macht,[96] und zwar wohl auch dann, wenn der Täter teils vorsätzlich, teils fahrlässig handelt (BGH bei Herlan GA **1956** 347) oder teils vor und teils nach Kriseneintritt handelt (vgl. Rdn. 237). Dabei geht § 283 Abs. 1 Nr. 5 dem § 283b vor (vgl. näher § 283b Rdn. 18). Hinsichtlich desselben Vermögensbestandteiles ist das nachfolgende *Verheimlichen* im Verhältnis zum *voraufgegangenen Beiseiteschaffen* mitbestrafte Nachtat (*Radtke* MK Rdn. 87; *Sch/Schröder/Stree/Heine* Rdn. 66). Die Annahme eines einheitlichen Deliktes durch BGHSt **11** 146 f und BGH wistra **1982** 231 sowie 3 StR 387/78 v. 3.11.1978 S. 3 f berücksichtigt den Sicherungscharakter des nachfolgenden Verheimlichens nicht hinreichend, führt allerdings dazu, dass tateinheitlich mit dem Verheimlichen begangene sonstige Straftaten (z.B. § 156) mit der Insolvenzstraftat in Tateinheit stehen (ebenso BGH bei Herlan GA **1971** 38; vgl. unten Rdn. 240). Die hier vertretene Auffassung führt dagegen zur Tatmehrheit zwischen dem Beiseiteschaffen und der nachfolgenden sonstigen Straftat. Ein entsprechender Streit besteht hinsichtlich der Behandlung des Beiseiteschaffens nach voraufgegangenem Verheimlichen (vgl. *Fischer* Rdn. 41). BGH bei Herlan GA **1959** 49 nahm hier Fortsetzungszusammenhang an. Für wiederholtes Verheimlichen desselben Vermögensbestandteils bejaht BGH **3** StR 387/78 vom 3.11.1978 S. 4 (auch bei *Fischer* aaO) zutreffend das Vorliegen einer mitbestraften Nachtat und deutet BGHSt **11** 146 f in demselben Sinne. Für *Nr. 4* ist zu bedenken, dass dieser Tatbestand nur dann selbständige Bedeutung hat, wenn es nicht zur Befriedigung oder Sicherung des fingierten Anspruchs kommt (oben Rdn. 81). Bei vollendeter Vermögensverschiebung, insbesondere also erfolgreichem Beiseiteschaffen, treten die Tathandlungen des Vortäuschens oder Anerkennens als materielle Vorbereitungshandlungen zurück (*Bieneck* in Müller-Gugenberger/Bieneck § 83, 5; *Bittmann* § 12, 337). Bei nur versuchter Vermögensverschiebung nach Nr. 1 bleibt es dagegen bei der Strafbarkeit (auch) nach Nr. 4 (zust. *Bittmann* aaO; **aA** *Bieneck* aaO: Subsidiarität der versuchten Vermögensverschiebung). – Das Unterlassen der Buchführung während eines periodischen Zeitabschnitts stellt eine **Dauerstraftat** dar (BGH 1 StR 199/56 v. 22.6.1956 bei *Fischer* Rdn. 41).

---

[96] BGHSt **3** 23, 26 f; BGH bei Herlan GA **1971** 38; BGH wistra **1995** 146, 147 und **1998** 105 („Bewertungseinheit"; vgl. Rdn. 236); *Bieneck* in Müller-Gugenberger/Bieneck § 82, 64; *Bittmann* in Bittmann § 12, 339 mit weit. Nachw.

235 b) **Tateinheit** zwischen einzelnen Bankrotthandlungen nach Absatz 1 (oder zwischen Handlungen nach Absatz 1 und anderen, für den Erfolgseintritt nach Absatz 2 kausalen Bankrotthandlungen) wird nur ausnahmsweise vorliegen (BGH GA **1978** 185, 186 mit Nachw.; *Lackner/Kühl* Rdn. 32). Wenn der Kaufmann die Buchführung und Bilanzierung einem anderen übertragen hat und dieser die Buchführung und die Bilanzierung unterlässt, bejaht BGH aaO (mit weit. Nachw.) trotz Mehrheit der Unterlassungen des anderen für den Kaufmann Tateinheit zwischen Absatz 1 Nr. 5 und Nr. 7b, „wenn der strafbare Erfolg nach beiden Richtungen durch dasselbe schuldhafte Verhalten oder aufgrund einer einzigen Entschließung des Täters herbeigeführt wird" (ebenso BGH bei *Holtz* MDR **1981** 100; *Kindhäuser* NK Rdn. 118). Ein- und dieselbe Unterlassung nach Nr. 7b nimmt auch BGH GA **1981** 518 für die Nichterfüllung der Bilanzierungspflichten für die GmbH und die KG bei einer GmbH u. Co KG an (**krit.** *Bittmann* § 12, 340, der auch auf Konzernverhältnisse eingeht).

235a Regelmäßig stehen *mehrere Bankrotthandlungen* zueinander im Verhältnis der **Tatmehrheit.**[97] Dies gilt z.B. bei Absatz 2 für mehrere Bankrotthandlungen, die alle für den Erfolgseintritt (mit) ursächlich sind, bei Absatz 1 für das Unterlassen der Buchführung während einer Periode und mangelhafte Buchführung während eines anderen Zeitabschnitts (RGSt **49** 276, 279; *Schaefer* LK[8] § 240 Anm. VII; oben Rdn. 103) sowie für mehrere Verstöße gegen die Bilanzierungspflichten in Bezug auf mehrere Jahre (BGH bei Herlan GA **1956** 348; *Bittmann* § 12, 339 mit weit. Nachw. und gegen BGH wistra **1995** 147, 148; hierzu sogleich Rdn. 236).

236 Nach früherer Rechtsprechung kam bei entsprechendem Gesamtvorsatz und Gleichartigkeit der Begehungsweise *Fortsetzungszusammenhang* in Betracht, z.B. zwischen unterlassener oder *mangelhafter Buchführung* nach Nr. 5 und *Unterlassen der Bilanzaufstellung* nach Nr. 7b, wenn der Täter von vornherein erkennt, dass der Buchführungsverstoß ihn zugleich außerstande setzt, seiner Bilanzierungspflicht zu genügen.[98] Dabei war auch eine Ausdehnung des Gesamtvorsatzes auf weitere Einzelhandlungen möglich (BGHR § 283 Abs. 1 Nr. 7a Konkurrenzen 1). Der Eintritt der Krise unterbrach den Fortsetzungszusammenhang nicht (BGH NStZ **1984** 455). – Die Aufgabe dieser Rechtsprechung nach dem Beschluss des Großen Strafsenats vom 3.5.1994 (BGHSt **40** 138 ff) betrifft insbesondere die Verletzung der Buchführungspflicht nach Absatz 1 Nr. 5 (BGH NStZ **1995** 347). Im Verhältnis zur Verletzung der Bilanzierungspflicht nach Nr. 7b wird nunmehr Tatmehrheit angenommen (BGH wistra **1998** 105, 106; *Bittmann* § 12, 339 mit weit. Nachw.) Die BGH-Rechtsprechung befindet sich insbesondere mit der Annahme von „Bewertungseinheit" und „mittelbarer Täterschaft kraft Organisationsherrschaft" auf der Suche nach Rechtsfiguren, die eine Zusammenfassung zeitlich gestreckter Straftaten ermöglichen (vgl. zuletzt *Rissing-van Saan* Festschrift Tiedemann [2008] 391 ff mit Nachw.). So stellt es nur eine einzige Tat nach § 283 Abs. 1 Nr. 5 2. Alt. dar, wenn die Buchführung infolge mehrerer, in einem bestimmten Zeitraum begangener Verstöße gegen die Buchführungspflicht mangelhaft ist, weil die Verstöße die in ihrer Gesamtheit zu bewertende Buchführung insgesamt unordentlich machen (BGH wistra **1995** 146, 147 und **1998** 105: **Bewertungseinheit**).

---

97 BGH GA **1978** 185, 186; *Bittmann* in Bittmann § 12, 335; *Fischer* Rdn. 41; *Kindhäuser* LPK Rdn. 58 und NK Rdn. 119; *Lackner/Kühl* Rdn. 32; *Radtke* MK Rdn. 87; *Sch/Schröder/Stree/Heine* Rdn. 66; **aA** *Otto* BT § 61, 105: Handlungseinheit.

98 BGHR § 283 Abs. 1 Nr. 5 Buchführung 1, Konkurrenzen 1, Nr. 7b Konkurrenzen 1. Weitere Nachw. Voraufl. Fn. 98

Die *Buchdelikte* des § 283 Abs. 1 Nrn. 5–7 bzw. Abs. 2 i.V.m. Abs. 1 Nrn. 5–7 sind leges speciales gegenüber § 283b Abs. 1 (BGH 2 StR 606/80 v. 12.11.1980 S. 5 f; *Fischer* Rdn. 42; *Kindhäuser* LPK Rdn. 59; *Radtke* MK Rdn. 88). Dies gilt auch im Verhältnis von Buchdelikten vor und in der Krise (BGH NStZ **1984** 455; *H. Schäfer* wistra **1990** 86). Ebenso tritt § 283b Abs. 2 hinter § 283 Abs. 5 zurück. Die bloße Tatsache, dass das Buchdelikt der Verschleierung einer anderen Bankrotthandlung (z.B. nach Absatz 1 Nr. 1) dient, führt nicht zur Subsidiarität des Buchdeliktes (*H. Schäfer* aaO). Demgegenüber stellt die *Gläubigerbegünstigung* nach § 283c im Verhältnis zu § 283 eine Privilegierung dar (näher dazu § 283c Rdn. 39), die dem § 283 und insbesondere dessen Absatz 1 Nr. 1 als lex specialis vorgeht, sofern der Täter nicht über die Bevorzugung einzelner Gläubiger hinaus die Insolvenzmasse schädigen will (vgl. hier nur BGHSt **8** 55, 56 mit Nachw.). Damit entfaltet § 283c Sperrwirkung (auch) für den Fall, dass der Schuldner dem Gläubiger eine kongruente, die Insolvenzmasse schmälernde Deckung gewährt; auf § 283 Abs. 1 Nr. 1 kann dann nicht zurückgegriffen werden (BGH aaO S. 58 f mit Nachw.). Lässt der Täter dagegen dem Gläubiger größere Vermögenswerte zufließen, als sie den Forderungen des Gläubigers entsprechen, so ist nach der Rechtsprechung Tateinheit zwischen § 283 Abs. 1 Nr. 1 und § 283c anzunehmen (vgl. BGH **4** StR 140/83 v. 7.6.1983 S. 5 mit Nachw.; näher und **krit.** dazu § 283c Rdn. 40). – Auch die täterschaftliche Verwirklichung des *§ 283d* geht im Verhältnis zur Beihilfe gegenüber der Tat des Schuldners nach § 283 Abs. 1 Nr. 1 grundsätzlich vor (vgl. bereits oben Rdn. 227, näher § 283d Rdn. 26). **237**

**2. Verhältnis zu anderen Insolvenzstraftaten.** Im Verhältnis zur pflichtwidrigen *Unterlassung der Insolvenzantragstellung* (§ 15a InsO) ist regelmäßig Tatmehrheit gegeben (BGH **2** StR 485/63 v. 29.1.1964 bei *Tiedemann* GmbH-Strafrecht[4] § 84 Rdn. 108; *Bittmann* § 12, 341). Auch die Unterlassungsdelikte insbesondere nach § 283 Abs. 5 1. Alt. und Nr. 7b stehen zu § 15a InsO grundsätzlich nicht im Verhältnis der „Unterlassungseinheit", sondern der Tatmehrheit (*Tiedemann* aaO Rdn. 106 mit Nachw.). **238**

**3. Verhältnis zu sonstigen Straftaten**

a) Mit anderen Straftaten nach dem **StGB** trifft § 283 vor allem zusammen, soweit es um Aussagedelikte, Betrug und Urkundenfälschung geht. Ausnahmsweise kann § 283 auch gleichzeitig mit Untreue vorliegen. Jedoch geht § 266 nach der bisherigen BGH-Rechtsprechung bei ausschließlich eigennützigem oder im Interesse eines Dritten liegendem Handeln des Täters bereits tatbestandlich vor, soweit der Täter Organ oder Vertreter i.S.d. § 14 ist (BGHSt **30** 127, 128 ff; Rdn. 79 Vor § 283). Tateinheit kommt nach der Rechtsprechung dann in Betracht, wenn der Täter sowohl für den Vertretenen als auch zu dessen Nachteil tätig wird, z.B. durch Zahlung von Schmiergeldern aus Mitteln der und für die GmbH (BGHSt **28** 371, 372 ff) oder durch übermäßigen Aufwand für geschäftliche Zwecke (BGHSt **3** 23, 27; BGH bei Herlan GA **1954** 311), außerdem im Bereich der Buchdelikte (*Sch/Schröder/Stree/Heine* Rdn. 67; vgl. bereits oben Rdn. 84 Vor § 283). **239**

Bei unrichtiger Abgabe der eidesstattlichen Versicherung nach § 98 InsO tritt das Verheimlichen nach § 283 Abs. 1 Nr. 1 in **Tateinheit** zu *§ 156*.[99] Dasselbe gilt für das hier- **240**

[99] BGHSt **11** 145 ff; BGH wistra **1982** 231; BGH 4 StR 140/83 v. 7.6.1983 S. 6; *Bittmann* in Bittmann § 12, 341; *Fischer* Rdn. 43; *Kindhäuser* LPK Rdn. 60; *Lackner/Kühl* Rdn. 32; *Radtke* MK Rdn. 89; *Sch/Schröder/Stree/Heine* Rdn. 67.

durch erfolgende Vortäuschen von Rechten anderer nach § 283 Abs. 1 Nr. 4 (RGSt **64** 42, 43). Bei Unterschlagung von Ware, die unter *Eigentumsvorbehalt* steht, liegt zwischen dem Beiseiteschaffen des Anwartschaftsrechts auf Eigentumserwerb nach Nr. 1 und § 246 ebenfalls Tateinheit vor (vgl. die Fälle BGHSt **3** 32, 36 und BB **1957** 74; *Fischer* Rdn. 43). Mit (Kredit-)Betrug nach §§ 263, 265b kann Tateinheit vor allem bei *Schleuderverkauf von* Waren vorliegen, deren Lieferung (Kreditierung) der Täter durch Täuschung erreicht (RGSt **66** 175, 180; *Fischer* aaO). Tateinheit ist ferner im Verhältnis zu §§ 267, 274 anzunehmen, soweit die Buchführung (Gesamturkunde!) manipuliert wird. Auch mit § 288 ist Tateinheit möglich, insbesondere im Fall von § 283 Abs. 2 und wenn nur ein einziger Gläubiger vorhanden ist (BGH NJW **2001** 1874 ff). Bereits RGSt **20** 214, 215 nahm Tateinheit an, wenn der Schuldner in der Befürchtung, ein Wechselgläubiger werde zwangsvollstrecken, im Zustande der Zahlungsunfähigkeit Vermögensbestandteile zugunsten anderer Gläubiger beiseite schafft (§ 283c; zust. *Fischer* aaO, *Lackner/Kühl* Rdn. 32 und *Sch/Schröder/Stree/Heine* Rdn. 67). Indessen dürfte hier § 283(c) dem § 288 vorgehen, da auch die letztere Vorschrift (nur) das Befriedigungsinteresse des Gläubigers schützt und dieses Interesse durch den entsprechenden Schutz aller Gläubiger in § 283 bzw. § 283c ohne Einschränkung gewährleistet wird. – **Tatmehrheit** mit § 263 liegt vor, wenn der Täter Vermögensbestandteile, die er durch *Betrug* erlangt hat, später beiseite schafft (BGH GA **1955** 149, 365; *Fischer* aaO; *Kindhäuser* NK Rdn. 123; *Stree/Heine* aaO Rdn. 68). Zwischen Absatz 1 Nr. 5 und § 263 besteht nach BGH 1 StR 553/62 v. 8.10.1963 ebenfalls Tatmehrheit. Dasselbe gilt im Verhältnis von Absatz 1 Nr. 2 und § 266, wenn ein Mitgesellschafter vertragswidrig der Gesellschaftskasse Gelder entnimmt und diese für eigene Zwecke ausgibt (BGH bei Herlan GA **1954** 311).

**241** b) Im Verhältnis zu Straftatbeständen des **Nebenstrafrechts** ist vor allem umstritten, ob die als Erfolgsdelikt ausgestaltete Insolvenzstraftat des § 37 *DepotG* dem § 283 als lex specialis vorgeht (so *Fischer* Rdn. 43) oder mit § 283 in Tateinheit bzw. Tatmehrheit tritt (so *Kindhäuser* NK Rdn. 122 und *Sch/Schröder/Stree/Heine* Rdn. 67). Die letztere Ansicht ist grundsätzlich richtig, da und soweit der Verwahrer außer den Hinterlegern noch andere Gläubiger hat. § 37 DepotG dient der Erhaltung und Verschaffung von Wertpapiereigentum und damit der Sicherung von Aussonderungsrechten, deren Objekte nicht zur Insolvenzmasse gehören (*Tiedemann* Wirtschaftsstrafrecht BT Rdn. 312); die Depotstraftaten betreffen damit nicht die Gesamtheit der Insolvenzgläubiger, sondern einzelne Gläubiger, die sich in einer spezifischen Beziehung zu dem Verwahrer befinden (so bereits *Binding* Lehrbuch I S. 441; vgl. heute auch *Otto* Bankentätigkeit und Strafrecht [1983] S. 28 ff, 31, der auf die geringe praktische Bedeutung der §§ 34, 35 und 37 DepotG im Verhältnis zu den §§ 246, 266 StGB hinweist, die bei Missbräuchen im Hinblick auf die Aufbewahrung von Wertpapieren regelmäßig eingreifen). Nur in Bezug auf die Führung des Verwahrungsbuches gehen §§ 37, 14 DepotG dem § 283 (Abs. 1 Nr. 5) vor, soweit dieser Tatbestand überhaupt durch Nichtführung oder mangelhafte Führung dieses speziellen Handelsbuches erfüllt werden kann (oben Rdn. 91). – Im Verhältnis zu § 283 geht § 5 *BauforderungssicherungsG* als lex specialis vor, da und soweit die zweckwidrige Verwendung von Baugeld nur die Baugläubiger schädigt (vgl. RGSt **48** 117 f; zum Anwendungsbereich des § 5 BauforderungssicherungsG *Holzmann* Bauträgeruntreue und Strafrecht [1981] S. 169 ff). Dagegen bleiben Bankrott und *Steuerhinterziehung* (§ 370 AO) auch dann nebeneinander bestehen, wenn der Fiskus der einzige vom Insolvenzverfahren berührte Gläubiger ist (BGHR § 283 Abs. 1 Nr. 1 Konkurrenzen 1; *Fischer* aaO; *Stree/Heine* aaO Rdn. 68).

## VII. Internationales Strafrecht

Angesichts der internationalen Unternehmensverflechtungen und der Unterhaltung von Betriebsstätten im Ausland ist es von Bedeutung, ob gemäß § 3 StGB deutsches Insolvenzstrafrecht auch dann anzuwenden ist, wenn die Bankrotthandlung im Ausland vorgenommen wird, die objektive Strafbarkeitsbedingung der Zahlungseinstellung, Eröffnung des Insolvenzverfahrens oder Ablehnung der Eröffnung des Insolvenzverfahrens dagegen im Inland eintritt. Dieser Inlandsbezug kann entweder dadurch entstehen, dass das Unternehmen, für welches der Täter handelt, von Anfang an seinen Sitz im Inland hat; oder es kommt zu einer Sitzverlegung in das Inland spätestens bis zum Zeitpunkt des Eintritts der objektiven Strafbarkeitsbedingung (vgl. RG JW **1935** 2061 f). Aber auch für den privaten Bereich ist das Problem keineswegs bedeutungslos (vgl. RGSt **16** 188 ff: Der Angeklagte verspielte zu Neujahr 1887 ca. 70000 Mark in der Spielbank von Monte Carlo; Ende Januar 1887 wurde in Brandenburg über sein Vermögen das Konkursverfahren eröffnet). **242**

Nach § 9 Abs. 1 ist die Tat auch an dem **Ort** begangen, an dem „der zum Tatbestand gehörende Erfolg eingetreten ist". Ob dies im weiteren Sinne zu verstehen und auch auf die außerhalb des Unrechtstatbestandes befindliche objektive Strafbarkeitsbedingung zu beziehen ist, wird in Rechtsprechung und Literatur unterschiedlich beantwortet. RGSt **16** 189 f und **43** 85 (ff) haben mit einer dogmatisch überholten Begründung für die ausweitende Auslegung plädiert, für die auch das praktische Bedürfnis spricht (*Schaefer* LK$^8$ § 239 KO Anm. VIII). In der heutigen Literatur überwiegt diese Ansicht deutlich.[100] Für sie spricht, dass § 9 nicht den Unrechts-, sondern den Gesamttatbestand meint, der für die Strafbarkeit maßgebend ist: Es kommt „im Inland zu der Schädigung von Rechtsgütern oder zu Gefährdungen ..., deren Vermeidung Zweck der ... Strafvorschrift ist" (BGHSt **42** 235, 242 f im Anschluss an *Oehler*). Ob der Täter weiß, dass dieser „Erfolg" (der Zahlungseinstellung, Eröffnung des Insolvenzverfahrens usw.) im Inland eintritt, ist nach ganz h.M. unbeachtlich, da § 9 eine Rechtsanwendungsvorschrift darstellt (vgl. nur *Werle/Jeßberger* LK § 9 Rdn. 105 und 106 mit Nachw.). **242a**

Im Ausgangspunkt weniger problematisch ist der umgekehrte Fall: Die Bankrotthandlung wird im Inland vorgenommen, während die Zahlungseinstellung oder Eröffnung des Insolvenzverfahrens im Ausland erfolgt. Praktisch kann dieser Fall insbesondere bei **multinationalen Unternehmen** werden, wenn eine ausländische Tochtergesellschaft in Konkurs gerät und die deutsche Muttergesellschaft Vermögensbestandteile (z.B. Know-how) der Tochtergesellschaft ohne wertmäßigen Ausgleich erworben oder ein deutsches Aufsichtsratsmitglied die Beaufsichtigung der Buchführung und Bilanzierung unterlassen hat.[101] Nach § 9 Abs. 1 ist hier deutsches Insolvenzstrafrecht anzuwenden. Allerdings stellt sich für dieses die Frage, ob § 283 auch ausländische Schuldner betrifft und ausländische Gläubiger schützt. Diese Frage ist zu bejahen, da es sich um individuale (und nicht um staatliche) Interessen und Rechtsgüter handelt; es gilt dann nach ganz h.M. das Prinzip universalen Schutzes (vgl. BGHSt **21** 277, 280 ff; *Werle/Jeßberger* LK Rdn. 274 Vor § 3 mit weit. Nachw.). Allerdings führt diese Auffassung für das Insolvenzstrafrecht im internationalen Bereich zu einer *Konkurrenz verschiedener* anwendbarer *Strafrechtsordnungen*. **243**

---

[100] *Fischer* § 9 Rdn. 4a; *Kindhäuser* LPK § 9 Rdn. 11; *Lackner/Kühl* § 9 Rdn. 2; *Sch/Schröder/Eser* § 9 Rdn. 7; *Werle/Jeßberger* LK § 9 Rdn. 37 mit weit. Nachw.; **aA** *Krause* Jura **1980** 454; *Stree* JuS **1965** 473 f; vgl. auch *Rudolphi* SK § 9 Rdn. 6.

[101] Zu einem kanadisch-argentinischen Beispielsfall *Alconada Aramburu* El caso Swift-Deltec (Buenos Aires 1973).

Auch dieser Konflikt ist nach allgemeinen Grundsätzen zu lösen (vgl. *Werle/Jeßberger* aaO Rdn. 340 ff). Es gilt also insbesondere die Anrechnungsvorschrift des § 51 Abs. 3 (vgl. auch § 153c Abs. 1 Nr. 3 StPO).

**244** Grundsätzlich wendet das für die Aburteilung zuständige deutsche Gericht nur deutsches Strafrecht an (BGHSt **21** 282; *Werle/Jeßberger* aaO Rdn. 330 und 341). Für die von § 283 in Bezug genommenen insolvenz- und handelsrechtlichen Begriffe und Pflichten (z.B. potentielle Insolvenzmasse bei Nr. 1; Buchführungs- und Bilanzierungspflichten bei Nrn. 5 bis 7) ist aber im Wege der sog. **Fremdrechtsanwendung** (*Werle/Jeßberger* aaO Rdn. 330 ff) das ausländische Tatortrecht maßgebend (vgl. bereits *Binding* Lehrbuch I S. 433; *Werle/Jeßberger* aaO Rdn. 331 und 333 mit weit. Nachw.). Entgegen OLG Karlsruhe NStZ **1985** 317 (zu § 283b) ist eine derartige Fremdrechtsanwendung bei Nrn. 5 bis 7 nicht deshalb ausgeschlossen, weil diese Blankettstrafgesetze seien und jeder Anhaltspunkt dafür fehle, dass der Geltungsanspruch ausländischer (Handels-)Gesetze auf inländischem Rechtsetzungswillen beruhe: Zum einen liegt – wie OLG Karlsruhe (aaO) im Ansatz zutreffend bemerkt – insoweit allenfalls ein unechtes, nämlich kein Blankettstrafgesetz im staatsrechtlichen Sinne vor (näher zur Rechtsnatur von Nrn. 5 bis 7 oben Rdn. 111, 188), so dass der Hinweis auf BGHSt **21** 277, 279 und *Tröndle* LK[10] § 2 Rdn. 7 nicht verfängt. Zum anderen verweisen Nrn. 5 bis 7 keineswegs ausdrücklich auf „deutsches" Handelsrecht; vielmehr kann sich die Anwendbarkeit des ausländischen Handelsrechts durchaus nach deutschem (!) Internationalem Privatrecht (und der insoweit herrschenden „Sitztheorie") ergeben. Zur Begründung der Fremdrechtsanwendung ist es deshalb auch nicht zwingend erforderlich, den in Nrn. 5 bis 7 enthaltenen Verweis auf das Handelsrecht als normatives Tatbestandsmerkmal zu verstehen (so aber *Liebelt* NStZ **1989** 182 f; vgl. erneut oben Rdn. 188). Insgesamt gilt der – auch von OLG Karlsruhe aaO anerkannte – Grundsatz, dass bei *außerstrafrechtlichen Vorfragen* das Tatortrecht heranzuziehen ist. Wie hier (schon seit der 10. Aufl. Rdn. 234 und 11. Aufl. Rdn. 244) jetzt *Werle/Jeßberger* aaO Rdn. 335 mit weit. Nachw.

**245** Im Ergebnis dürfte die Fremdrechtsanwendung den Auslandstäter durchweg begünstigen: Ist der Täter nach dem anwendbaren ausländischen Recht nicht buchführungspflichtig (usw.), so kann nicht etwa eine an sich nach deutschem Recht bestehende Buchführungspflicht zur Strafbarkeit führen. Insoweit ist § 7 Abs. 2 Nr. 1 auch als Ausprägung des Grundsatzes stellvertretender Strafrechtspflege zu verstehen, was in Verbindung mit der grundsätzlich nur lokalen Bewertungsfunktion des deutschen Strafrechts (vgl. § 3 Abs. 2 StGB a.F.!) zur Anerkennung der dem Täter günstigeren ausländischen Bewertung führen muss (*Liebelt* aaO). Wenn OLG Karlsruhe (aaO) demgegenüber meint, der Geltungsbereich deutscher Strafnormen und damit auch des von Nrn. 5 bis 7 in Bezug genommenen deutschen Handelsrechts sei nicht auf das Gebiet der Bundesrepublik Deutschland beschränkt, so kann dies wiederum allenfalls für „echte" Blankettstrafgesetze im staatsrechtlichen Sinne überzeugen; außerdem sieht sich OLG Karlsruhe aaO gezwungen, das ausländische Recht spätestens bei der Anwendung von § 14 zu berücksichtigen (wo für den Direktor einer schweizerischen AG, dessen Stellung nicht dem Vorstand einer deutschen AG entspricht, zwar nicht Absatz 1, jedoch Absatz 2 in Betracht kommen soll!). – Ist der Täter hingegen nur nach dem anwendbaren ausländischen, nicht aber entsprechend deutschem Recht buchführungspflichtig (usw.), so kommt es für die Strafbarkeit nach Nrn. 5 bis 7 darauf an, ob das ausländische Recht einem vergleichbaren Organ eine dem deutschen Recht vergleichbare Buchführungspflicht (usw.) auferlegt. Beispielsweise kann sich das deutsche Mitglied der „Verwaltung" einer schweizerischen AG (vgl. Art. 707 ff schweizOR) nach § 283 Abs. 1 Nrn. 5 bis 7 strafbar machen, obwohl das AktG eine „Verwaltung" nicht kennt, aber die buchführungspflichtige „Verwaltung" der Sache nach dem auch nach deutschem Recht buchführungspflichtigen (§ 91 AktG) Vorstand entspricht. Insbesondere betrifft das Vermögensinteresse der Gläubiger als geschütztes Rechtsgut der §§ 283 ff auch ausländische Gläubiger, so dass nichts entgegensteht, unter den Voraussetzungen des § 7 Abs. 2 Nr. 1 die *Tat eines Deutschen im Ausland* zu bestrafen (insoweit zutreffend OLG Karlsruhe aaO; zu den Voraussetzungen der identischen Norm nach schweizerischem Recht oben Rdn. 184 Vor § 283).

Probleme bereiten in neuester Zeit Insolvenzen von sog. **Scheinauslandsgesellschaften**, insbesondere in der englischen Rechtsform der *private company limited by shares (Ltd.)*. Allerdings ergibt sich die Täterqualifikation aus § 14, dessen Absatz 1 nicht nur deutsche juristische Personen und Personengesellschaften meint (oben Rdn. 92); die Erfassung von *directors* der Ltd. (und von *gérants* der französischen SARL) verstößt nicht gegen das Analogieverbot (*Richter* Festschrift Tiedemann, S. 1034; *Rönnau* ZGR **2005** 851; *Tiedemann* in Scholz[10] Rdn. 67 vor § 82 mit weit. Nachw.). Dasselbe gilt für die Begriffe „Kaufmann" und „Handelsgesellschaft" in § 283 Abs. 1 Nrn. 5–7 (*Müller-Gugenberger* Festschrift Tiedemann, S. 1009; *Tiedemann* aaO, je mit weit. Nachw.). Die Rechnungslegungspflicht folgt nach der „Inspire Art"-Rechtsprechung des EuGH (GmbHR 2003 1260, 1268 mit Bespr. *Meilicke*) aus dem ausländischen Handelsrecht; es sind also die *ausländischen Buchführungs- und Bilanzierungsregeln* anzuwenden.[102] Dies ist allerdings **streitig**. Die Gegenansicht stellt auf die auch öffentlich-rechtlichen Zwecke der kaufmännischen Buchführung (Rdn. 90) ab und gelangt für ausländische Gesellschaften bei wirtschaftlicher Betätigung und faktischem (effektiven) Verwaltungssitz – etwa auch über eine Niederlassung – in Deutschland zur Geltung der Buchführungs- und Bilanzierungsvorschriften des HGB (vgl. im Einzelnen, auch zu Einschränkungen, *Schumann* ZIP **2007** 1193 und wistra **2008** 229 ff mit weit. Nachw.).

## § 283a
## Besonders schwerer Fall des Bankrotts

**In besonders schweren Fällen des § 283 Abs. 1 bis 3 wird der Bankrott mit Freiheitsstrafe von sechs Monaten bis zu zehn Jahren bestraft. Ein besonders schwerer Fall liegt in der Regel vor, wenn der Täter**
1. **aus Gewinnsucht handelt oder**
2. **wissentlich viele Personen in die Gefahr des Verlustes ihrer ihm anvertrauten Vermögenswerte oder in wirtschaftliche Not bringt.**

**Schrifttum** siehe Vor und zu § 283.

**Entstehungsgeschichte** siehe Rdn. 40 ff Vor § 283.

102 *Kienle* GmbHR **2007** 698 f im Anschluss an *Tiedemann* LK[11] § 283 Rdn. 92 und 244; *Rönnau* ZGR **2005** 846 f mit weit. Nachw.

*Übersicht*



## I. Aufbau und Einordnung der Vorschrift

1 § 283a enthält keinen eigenen Straftatbestand, sondern stellt eine **Strafzumessungsvorschrift** für besonders schwere Fälle des vollendeten oder versuchten vorsätzlichen Bankrotts nach § 283 Abs. 1 bis 3 dar. Für derartige Fälle ist das Mindest- und Höchstmaß der Strafe heraufgesetzt. Die Tat bleibt damit zwar **Vergehen** (vgl. § 12 Abs. 3). Jedoch ist hier nach § 47 Geldstrafe als Sanktion regelmäßig ausgeschlossen (*Fischer* Rdn. 1; *Bittmann* § 12, 350).

2 Mit der Erhöhung des Strafrahmens trägt der Gesetzgeber der Erfahrung Rechnung, dass der vorsätzliche Bankrott in Formen begangen sein kann, für deren Ahndung der normale Strafrahmen des § 283 (Freiheitsstrafe bis zu fünf Jahren oder Geldstrafe) nicht ausreicht (amtl. Begr. BTDrucks. 7/3441 S. 37). Der Gesetzgeber bedient sich der **Regel-Beispiel-Technik:** Unter den Voraussetzungen von Nrn. 1 und 2 des Satzes 2 ist regelmäßig ein besonders schwerer Fall mit dem erhöhten Strafrahmen des Satzes 1 anzunehmen; jedoch kann die Anwendung dieser Regel aufgrund der Umstände des Einzelfalles entfallen, so dass es bei dem Strafrahmen des § 283 Abs. 1 bleibt. Allerdings muss es sich bei der letzteren Konstellation um gewichtige Umstände handeln, die den Einzelfall als so stark vom Normalfall des Regelbeispiels abweichend erscheinen lassen, dass die Anwendung des erhöhten Strafrahmens des § 283a unangemessen wäre (*Sch/Schröder/Stree/Heine* Rdn. 2). – Auch außerhalb der Regel-Beispiele des Satzes 2 kann, wie die Fassung des Satzes 1 klar ergibt, ein besonders schwerer Fall vorliegen. Bei einer entsprechenden Annahme wird sich der Richter an der Schwere und Art der Regel-Beispiele als Leitbild orientieren (amtl. Begr. aaO S. 37). Diesem methodischen Vorgehen kommt besondere Bedeutung zu. Da nämlich die besonders schweren Fälle des Bankrotts ähnlich mannigfaltig sind wie beim Betrug und sich häufig erst aus einem Zusammentreffen verschiedener Umstände ergeben, hat sich der Gesetzgeber – anders als beim Diebstahl (§ 243) – nur in der Lage gesehen, zwei Beispiele besonders schwerer Fälle zu typisieren (vgl. amtl. Begr. aaO). Bei der Einordnung als besonders schwerer Fall außerhalb dieser Regel-Beispiele (unten Rdn. 12) hat der Richter zu beachten, dass die Regel-Beispiele des Satzes 2 in jeder Hinsicht **Vorsatz** voraussetzen (vgl. nur *Sch/Schröder/Stree/Heine* Rdn. 8); dies stellt das Wort „wissentlich" in Nr. 2 – unter Ausschluss des dolus eventualis – lediglich klar (vgl. Bericht Sonderausschuss BTDrucks. 7/5291 S. 19; *Müller-Emmert* Prot. 7/2830).

## II. Regel-Beispiele (Satz 2)

3 **1. Gewinnsucht** (Nr. 1). Das Handeln aus Gewinnsucht, als Beispiel eines besonders schweren Falles auch in § 235 Abs. 2 bekannt, betrifft vor allem ein Schuld-Gesinnungs-Merkmal, bedeutet aber auch bereits eine Steigerung des Unrechts (*Schmidhäuser* Straf-

recht AT 8/92 ff m. Nachw.). Die Einfügung dieses Regel-Beispiels in § 283a war rechtspolitisch vor allem deshalb umstritten, weil es von dem legitimen Gewinnstreben des Kaufmanns nur schwer abgrenzbar ist (*Wilts* Prot. 7/2828; *Hiltenkamp-Wisgalle* S. 362). Der Gesetzgeber hat das Merkmal trotz dieses Bedenkens unter Bezugnahme auf die von der Rechtsprechung bei anderen Tatbeständen postulierte **restriktive Auslegung** beibehalten: Gewinnsucht liegt nur vor, wenn das Gewinnstreben auf ein ungewöhnliches, „ungesundes", sittlich anstößiges Maß gesteigert ist.[1] Diese in dem Wortbestandteil „Sucht" zum Ausdruck kommende Steigerung für § 283a zu verlangen ist vor allem auch im Verhältnis zu § 283 zutreffend, da eine „bloße" Gewinnabsicht den Bankrotthandlungen häufig zugrunde liegt (vgl. § 283 Rdn. 37), also praktisch den Normalfall darstellt (*Sch/Schröder/Stree/Heine* Rdn. 4). Die Ermittlung dieses Normalfalles stellt daher den Ausgangspunkt bei der Feststellung der Gewinnsucht dar. Als weiteres Kriterium, aus dem sich die normative Einordnung der Gewinnsucht ergibt und das eine Abgrenzung zu dem legitimen Gewinnstreben ermöglicht, nennen *Stree/Heine* (aaO) die besondere Rücksichtslosigkeit, mit der sich der Täter um seiner eigenen Vorteile willen über die Interessen der Gläubiger und über die Anforderungen einer ordnungsgemäßen Wirtschaft hinwegsetzt, z.B. durch Einplanung des wirtschaftlichen Zusammenbruchs von Anfang des Geschäftsbeginns an (ähnlich *Fischer* Rdn. 2 allgemein für die Fälle von § 283 Abs. 2). Dies ist zutreffend, da die – auf die geschützten Rechtsgüter bezogene – Verantwortungslosigkeit des Täterhandelns ein allgemeiner Maßstab für die Steigerung von Unrecht und Schuld im Wirtschaftsstrafrecht ist, wobei dieser Maßstab durch zusätzliche Gesinnungsmerkmale wie Eigennutz, Beharrlichkeit der Tatwiederholung und Missachtung der Anforderungen der Wirtschaftsordnung konkretisiert wird (vgl. *Tiedemann* Tatbestandsfunktionen S. 232 f m. Nachw.). Bereits hieraus ergibt sich, dass nur bewusste (vorsätzliche) Verstöße in Betracht kommen (*Tiedemann* aaO S. 233). Gewinnsucht ist damit das **Streben nach Gewinn um jeden Preis** (zust. *Kindhäuser* NK Rdn. 4 und *Weyand* (*Diversy* Rdn. 111). „Sucht" ist dabei nicht im Sinne eines Hanges zu verstehen. Vielmehr reicht es aus, dass der Täter eine einmalige Gelegenheit ausnutzt, sofern er dabei besonders rücksichtlos vorgeht (zust. *Sch/Schröder/Stree/Heine* aaO). Jedoch muss die Gewinnsucht bestimmendes *Motiv* sein (zust. *Sch/Schröder/Stree/Heine* aaO).

Im Einzelnen ergeben sich Einordnungs- und Eingrenzungsschwierigkeiten daraus, 4
dass es bei § 283 Abs. 1 häufig (z.B. bei Nr. 1, aber auch bei Nr. 2 und Nr. 8) um das **eigene Vermögen des Täters** geht. Zwar wird im Rahmen der Gewaltkriminalität „Habgier" auch in dem Ersparen von Aufwendungen gesehen (*Jähnke* LK[11] § 211 Rdn. 8 m. Nachw.). Jedoch ist hier, für wirtschaftliches Handeln, das Streben nach (wirtschaftlichem) „Gewinn" restriktiv als Tendenz zur Vermehrung vorhandener Mittel zu verstehen, wobei im Ausgangspunkt nur eigene Mittel, also nicht Kredite, in Betracht kommen. Bei Nr. 8 wird allerdings das Merkmal des „groben" Widerspruchs zu einer ordnungsgemäßen Wirtschaftsführung bei hinzutretendem Gewinnstreben eine Einordnung des Handelns als gewinnsüchtig erleichtern und nahelegen. Dagegen handelt es sich bei Nrn. 1 und 4 meist darum, dass der Täter sein (eigenes) Vermögen vor dem – berechtigten – Zugriff der Gläubiger zu retten sucht und damit ein zwar rechtswidriges, aber psychologisch verständliches Verhalten an den Tag legt. Dies stellt nicht bereits regel-

---

1 Amtl. Begr. BTDrucks. 7/3441 S. 37 unter Hinweis auf BGH GA **1953** 154; *Bittmann* in Bittmann § 12, 353; *Hiltenkamp-Wisgalle* S. 362 f; *Fischer* Rdn. 2; *Kindhäuser* LPK Rdn. 2 und NK Rdn. 4; *Maurach/Schroeder/Maiwald* BT 1 § 48, 31; *Radtke* MK Rdn. 4; *Sch/Schröder/Stree/Heine* Rdn. 4; *Sonnen* BT S. 151; *Weyand/Diversy* Rdn. 111 S. 128; aus der Rechtsprechung vor allem BGHSt **1** 388, 389 f; **3** 30, 32; **17** 35, 37 f; GA **1961** 171.

mäßig einen besonders schweren Fall des Bankrotts dar. Vielmehr dürfte Gewinnsucht im Wesentlichen nur dann anzunehmen sein, wenn die beiseite geschafften Vermögensbestandteile (oder erdichteten Passiva) besonders hoch sind, also die Haftungsmasse bewusst *ausgehöhlt* und gezielt bis gegen Null reduziert wird, so dass ein *hoher Schaden* entsteht. Ebenso ist das Wirtschaften ohne Entrichten von *Steuern und Sozialabgaben* nicht schon als solches Ausdruck besonderer sittlicher Verwerflichkeit – es sei denn, dass dieses Unterlassen nach Art der Schatten- oder Untergrundwirtschaft von Anfang an *gezielt* (und nicht nur aus Anlass einer Unternehmenskrise!) eingesetzt wird (zust. *Weyand/Diversy* Rdn. 111). Bloße Unterlassungen, z.B. auch im Buchführungsbereich nach § 283 Abs. 1 Nrn. 5–7, werden das Regel-Beispiel der Nr. 1 allenfalls ausnahmsweise erfüllen. Auch übermäßige *Privatentnahmen* (§ 283 Abs. 1 Nr. 2) indizieren nur selten Gewinnsucht, vor allem wenn der Täter die entnommenen Mittel für sich verbraucht (zust. *Kindhäuser* NK Rdn. 4). Anders liegt es z.B., wenn der Täter mit diesen Mitteln ein neues Unternehmen (eventuell auch: der Ehefrau) aufbaut. Es kommt also auf den Zweck der Entnahme an. Auch können übermäßige Entnahmen ein Anzeichen für sonstige besondere Rücksichtslosigkeit gegenüber den Gäubigern sein (unten Rdn. 12).

5 **2. Gefährdung vieler Personen** (Nr. 2). Das zweite von § 283a genannte Regel-Beispiel fasst mit dem Gesichtspunkt der Gefährdung „vieler Personen“ zwei Fälle zusammen, die sich teils auf das Vermögen dieser Personenvielzahl, teils auf die Verursachung einer wirtschaftlichen Notlage dieser Personen beziehen. Die 1. Alt. beinhaltet eine konkrete Gefährdung, die 2. einen Verletzungserfolg; bei Überschneidung beider Fälle geht daher die 2. Alt. vor (*Fischer* Rdn. 5). Beide Alternativen verlangen *Wissentlichkeit* (vgl. bereits oben Rdn. 2), also das Anstreben oder die sichere Voraussicht der Gefahr des Verlustes bzw. des Eintritts wirtschaftlicher Not (*Radtke* MK Rdn. 13 mit Nachw.). Objektiv ist **Kausalität** erforderlich. Daher bleiben solche Gefährdungen und Notlagen außer Betracht, die sich unabhängig von der Bankrotthandlung aufgrund des Unternehmenszusammenbruchs ergeben, z.B. wenn dieser durch Ausfall wichtiger Schuldner des Täters ausgelöst wird (*Radtke* MK Rdn. 11 mit Nachw.). Mitursächlichkeit ist nicht schlechthin ausreichend, insbesondere wird vorsätzliches Verhalten auf der Opferseite die Zurechnung der schweren Folge zu Lasten des Täters ausschließen (zust. *Hoyer* SK Rdn. 7). So entfällt Nr. 2, wenn entlassene Arbeitnehmer aus eigenem Verschulden arbeitslos bleiben (*Sch/Schröder/Stree/Heine* Rdn. 6). Ein Korrektiv für eine zu weite Kausalitätszurechnung bei bloßer Mitursächlichkeit, bloßer Verstärkung einer wirtschaftlichen Notlage usw. bietet auch das Erfordernis der Wissentlichkeit (vgl. Bericht Sonderausschuss BTDrucks. 7/5291 S. 19; *Blei* II § 70 II 1).

6 a) **Die Gefahr eines Verlustes von Vermögenswerten,** die dem Täter von vielen Personen anvertraut wurden, betrifft vor allem die Inhaber und Leiter von Unternehmen, die in großem Umfang fremdes Geld verwalten und mit ihm arbeiten, also Banken, Sparkassen, Genossenschaftskassen und Bausparkassen.[2] Diesen Einrichtungen wird von der Bevölkerung besonderes Vertrauen entgegengebracht. Anvertraut sind Gelder (Einlagen) insbesondere dann, wenn sie als *Darlehen* hingegeben werden und daher eine Verpflichtung des Täters zur Rückzahlung besteht (**aA** *Hoyer* SK Rdn. 6). Erfasst werden von Nr. 2 aber auch *Kapitalanlagen* in gesellschaftsrechtlichen Formen.[3] Für die Abgrenzung

[2] Amtl. Begr. BTDrucks. 7/3441 S. 37; *Bieneck* in Müller-Gugenberger/Bieneck § 78, 54; *Bittmann* in Bittmann § 12, 356; *Fischer* Rdn. 4; *Kindhäuser* LPK Rdn. 4; *Radtke* MK Rdn. 7; *Sch/Schröder/Stree/Heine* Rdn. 5; *Weyand/Diversy* Rdn. 114 S. 130.

[3] Amtl. Begr. aaO S. 37 f; *Bieneck* aaO; *Bittmann* aaO; *Fischer* aaO; *Hiltenkamp-Wisgalle*

gegenüber den sonstigen gesellschaftsrechtlichen (Vermögens-)Beteiligungen kommt es vor allem auf das Merkmal des Anvertrauens an, das hier ebenso wie bei § 246 zu verstehen ist (zust. *Fischer* Rdn. 4 m.w.N.) und dann vorliegt, wenn das Opfer nach Übergabe des Vermögenswertes nur noch geringe oder gar keine Kontrollrechte hat (wie z.B. der Kommanditist bei einer Publikums-KG). Bei den Kapitalgesellschaften, insbesondere der AG, stellt der Erwerb von Anteilsrechten, z.B. Aktien, gegen Geldzahlung dagegen im Regelfall kein Anvertrauen von Vermögenswerten dar (zust. *Kindhäuser* NK Rdn. 5). – Einen Zwischenbereich bildet auch die Hingabe von Geldern gegen Einräumung eines Anspruches auf Gewinnbeteiligung an (häufig ausländischen) Gesellschaften. Die hierfür ausgegebenen *Gewinnanteilscheine* verbriefen weder eine Beteiligung an der Gesellschaft noch einen Rückzahlungsanspruch, der hier gerade fehlt. Angesichts des vorerwähnten Kriteriums geringer Kontrollmöglichkeit ist für diese Form der „Beteiligung" das Erfordernis des Anvertrautseins zu bejahen.

Nach *Samson* SK[4] Rdn. 4 fallen Beteiligungen an sog. **Abschreibungsgesellschaften** 7
nicht unter Nr. 2 (1. Alt.), da die Einlagen hier aus steuerlichen Gründen von vornherein verlorengehen sollen und die Gefahr der Nachversteuerung nicht mehr die anvertrauten Vermögenswerte betreffe. Jedoch wird damit der vom Gesetzgeber bewusst allgemein und neutral gehaltene Begriff des anvertrauten Vermögenswertes zu eng interpretiert. Der temporäre und/oder partielle steuerliche Verlustzweck gibt dem Täter keinen Freibrief, die ihm anvertrauten Vermögenswerte für andere als die vereinbarten Zahlungen zu verwenden. Beteiligungen an Abschreibungsgesellschaften werden daher nach den soeben Rdn. 6 entwickelten Grundsätzen durch Nr. 2 erfasst (zust. *Bittmann* § 12, 356 und *Weyand/Diversy* Rdn. 114). – Den Waren- oder **Lieferantenkredit** schließlich will *Fischer* (Rdn. 4) „in der Regel" von Nr. 2 ausschließen. Jedoch wird die Überlassung von Waren unter Verzicht auf Barzahlung und gegen Eigentumsvorbehalt allgemein und zu Recht als Anvertrauen i.S.d. § 246 angesehen (vgl. nur BGHSt **16** 280, 282; *Fischer* § 246 Rdn. 17). Es besteht kein Anlass, diese Frage bei § 283a anders zu entscheiden (zust. *Weyand/Diversy* aaO). Richtig ist lediglich, dass hier ebenso wie bei § 246 nicht die Forderung des Lieferanten, sondern das Sacheigentum anvertraut wird; jedoch kann dies bei Spareinlagen, Kapitalanlagen und Sacheinlagen in Gesellschaften ebenso sein. Soweit sich daher der Lieferant das Eigentum vorbehalten hat, greift Nr. 2 ein.

Ein Verlust oder gar Totalverlust der anvertrauten Vermögenswerte braucht nicht ein- 8
getreten zu sein. Ausreichend ist eine **konkrete Gefährdung**, die den Verlust als naheliegend erscheinen lässt.[4] Auch ist die Gefahr eines Teilverlustes ausreichend, sofern es sich um einen großen oder zumindest erheblichen Teil der anvertrauten Werte handelt. Nr. 2 ist aber dann nicht erfüllt, wenn es nur um die Gefährdung oder um den Verlust eines kleinen Teils dieser Werte geht (zust. *Sch/Schröder/Stree/Heine* Rdn. 5). *Hoyer* (SK Rdn. 6) zieht die Grenze bei 25 %.

**Viele Personen** sind in ihrem Vermögen dann gefährdet, wenn es sich um eine große 9
Zahl (natürlicher Personen: BGH wistra **2001** 59[f]) handelt. Da der Kreis der Personen, die dem Täter Vermögenswerte anvertraut haben, nicht unbegrenzt oder unbestimmt ist, sondern im Gegenteil genau feststeht, ist das Merkmal des unbegrenzten oder öffentlichen, nämlich nach Zahl und Individualität unbestimmten oder durch nähere Bezie-

S. 364 f; *Hoyer* SK Rdn. 6; *Radtke* aaO; *Sch/Schröder/Stree/Heine* aaO. – Zum Verhältnis von Darlehen, Einlage und Kapitalanlage *Tiedemann* LK[11] § 265b Rdn. 7 und 40.

[4] *Kindhäuser* NK Rdn. 6; *Radtke* MK Rdn. 8; *Lackner/Kühl* Rdn. 2; *Sch/Schröder/Stree/Heine* Rdn. 5.

hung nicht verbundenen Personenkreises untauglich (vgl. zu dem parallelen Problem der Geschäftslagetäuschung im Gesellschaftsrecht *Tiedemann* GmbH-Strafrecht § 82 Rdn. 140 ff mit Nachw.). Nr. 2 knüpft vielmehr an die für die Wirtschafts- und Insolvenzkriminalität typische **Breitenwirkung** auf der Opferseite an (*Arzt/Weber* BT § 16, 59). Unter diesem Gesichtspunkt wird man eine Zahl von weniger als 10 Personen in der Regel nicht genügen lassen können (zust. *Fischer* Rdn. 3, *Kindhäuser* NK Rdn. 7 und *Weyand/Diversy* Rdn. 112, je mit weit. Nachw.). Ausnahmsweise – z.B. bei Großunternehmen mit einer Vielzahl von Zulieferern auch weniger wertvoller Gegenstände – ergibt die Größe der anvertrauten Werte ein Korrektiv. Dass im Übrigen die Schädigung auch nur eines einzigen Gläubigers gravierender sein kann als die Gefährdung vieler Personen, spricht nicht gegen Nr. 2; vielmehr kann in einem solchen Fall die Annahme eines besonders schweren Falles nach Satz 1 angemessen sein.[5]

10 b) **Die wirtschaftliche** Not vieler Personen muss bei der 2. Alt. von Nr. 2 ebenso wie beim besonders schweren Wucher nach § 291 Abs. 2 Nr. 1 wirklich eingetreten (und bei Nr. 2 durch die Bankrotthandlung des Täters verursacht worden) sein (vgl. bereits oben Rdn. 5). Sie besteht hier wie auch bei § 291 Abs. 2 Nr. 1 in einer ernsten, also insbesondere nicht nur geringfügigen oder ganz vorübergehenden wirtschaftlichen Bedrängnis; die bloße Einengung der gewohnten Lebensführung reicht nicht aus (*Sch/Schröder/Stree/Heine* Rdn. 6). Erforderlich ist, dass eigene Mittel für die Beschaffung der Gegenstände und Leistungen des **lebenswichtigen Bedarfs** fehlen[6] und keine hinreichende finanzielle Absicherung aus öffentlichen Mitteln besteht (vgl. aber auch sogleich Rdn. 11!). Die Auslegung dieses Erfordernisses kann sich an dem Tatbestand der Preisüberhöhung (§ 4 WiStG) orientieren, bei dem als „lebenswichtig" nicht nur existenznotwendige, sondern auch solche Gegenstände und Leistungen verstanden werden, die der Befriedigung durchschnittlicher materieller und kultureller Bedürfnisse dienen; ausgeschlossen bleiben im Wesentlichen nur Luxusgüter (*Sch/Schröder/Stree/Heine* Rdn. 6 mit Nachw.; *Tiedemann* Tatbestandsfunktionen S. 255 f m.w.N.).

11 Neben Gläubigern, die durch Nichterfüllung ihrer Forderungen selbst insolvent werden (*Fischer* Rdn. 5; *Sch/Schröder/Stree/Heine* Rdn. 6), und neben Personen, die von den Einkünften ihrer (anvertrauten) Vermögenswerte leben (1. Alt.!, vgl. schon oben Rdn. 6), kommen für die 2. Alt. insbesondere auch **Arbeitnehmer** in Betracht, die ihren Arbeitsplatz verlieren und dadurch in wirtschaftliche Not geraten.[7] Dabei wird auch hier vor allem durch das Erfordernis der Wissentlichkeit ausgeschlossen, dass praktisch jeder Fall eines Unternehmenszusammenbruchs nach § 283 Abs. 1 (und Abs. 2) zum besonders schweren Fall nach § 283a Nr. 2 wird. Auch sind sowohl etwaige Möglichkeiten, einen anderen Arbeitsplatz zu finden, als auch die sozialrechtlichen Absicherungen der Arbeitnehmer bereits objektiv – und zusätzlich für den Tätervorsatz – zu berücksichtigen (*Göhler* und *Sturm* Prot. 7/2829). Dagegen bleibt die Sozialhilfe als subsidiäre, für jeder-

[5] Bericht Sonderausschuss BTDrucks. 7/5291 S. 19; *Blei* II § 70 II 1; *Hiltenkamp-Wisgalle* S. 365 f; *Lackner/Kühl* aaO; *Radtke* MK Rdn. 9; *Sch/Schröder/Stree/Heine* Rdn. 7; *Weyand/Diversy* Rdn. 112 S. 129; *Wilts* Prot. 7/2828.

[6] *Fischer* Rdn. 5 i.V.m. § 291 Rdn. 27; *Kindhäuser* NK Rdn. 8; *Lackner/Kühl* Rdn. 2; *Radtke* MK Rdn. 10; *Sonnen* BT S. 151; *Sch/Schröder/Stree/Heine* Rdn. 6; *Weyand/Diversy* Rdn. 115 S. 131.

[7] Amtl. Begr. aaO S. 38; *Bieneck* in Müller-Gugenberger/Bieneck § 78, 55; *Bittmann* in Bittmann § 12, 358; *Fischer* Rdn. 5; *Hiltenkamp-Wisgalle* S. 366 ff; *Kindhäuser* aaO; *Maurach/Schroeder/Maiwald* BT 1 § 48, 31; *Sch/Schröder/Stree/Heine* Rdn. 6; *Weyand/Diversy* aaO; *Wilts* Prot. 7/2828.

mann in praktisch jeder wirtschaftlichen Bedarfssituation gewährleistete Grundsicherung außer Betracht, da sie gerade selbst eine Notlage voraussetzt (und behebt). – In wirtschaftliche Not geraten ferner nicht selten die *Erwerber von unfertigen Eigenheimen,* wenn die Bauträgerunternehmen, denen die Ersparnisse zwecks Errichtung von bezugsfertigen Häusern anvertraut wurden (1. Alt.!), zusammenbrechen und die Sparer vor der Alternative stehen, ihre Ersparnisse und die bereits geschaffenen Sachwerte ganz zu verlieren oder aber unter größten Anstrengungen die Fertigstellung der Häuser selbst zu übernehmen. Dass hier beträchtliche Sachwerte in das Eigentum der Sparer gelangen, schließt die Annahme wirtschaftlicher Not derselben nicht aus.

## III. Sonstige besonders schwere Fälle (Satz 1)

Dienen die Regel-Beispiele nach Satz 2 der Konkretisierung der Generalklausel des Satzes 1, so kommen außerhalb dieser vom Gesetzgeber genannten Beispiele andere Fälle mit vergleichbarem Unrechts- und Schuldgehalt ebenfalls als besonders schwer in Betracht. Neben der bereits oben Rdn. 9 erwähnten Möglichkeit gravierender Schädigung eines einzigen (Groß-)Gläubigers ist vor allem an **Großinsolvenzen** (Millionen-Insolvenzen) mit zahlreichen Gläubigern oder sonstwie großen Schäden zu denken, auch wenn es sich nicht um Gläubiger i.S.d. Satzes 2 handelt (BGH 3 StR 488/78 v. 4.4.1979 bei *Fischer* Rdn. 6; *Sch/Schröder/Stree/Heine* Rdn. 7; BTDrucks. 7/550 S. 260). Aber auch raffinierte Begehungsweise bei den einzelnen Bankrotthandlungen kann eine besondere Schwere der Tat begründen (zust. *Fischer* aaO). Überhaupt sind im Rahmen dieser Strafzumessungserwägungen alle objektiven und subjektiven Umstände daraufhin zu würdigen, ob sie die erfahrungsgemäß vorkommenden und daher bereits für den Strafrahmen des § 283 berücksichtigten Fälle an Strafwürdigkeit wesentlich übertreffen. Eine **Ähnlichkeit** mit den Regel-Beispielen ist nicht erforderlich, zumal sich das Gesetz hier auf zwei Regel-Beispiele beschränkt (zusammenfassend *Theune* LK Rdn. 21 Vor § 46). Die als erschwerend gewerteten Umstände brauchen auch nicht dem Kreis der durch § 283 geschützten Rechtsgüter anzugehören (*Sch/Schröder/Stree/Heine* Rdn. 7 mit Nachw., insbes. BTDrucks. 7/550 S. 260: „Auswirkungen auf die Volkswirtschaft oder andere Interessen der Allgemeinheit“). 12

## IV. Vorsatz

Die Indizfunktion der Regel-Beispiele des § 283a nähert diese trotz ihrer grundsätzlichen Einordnung als Strafzumessungsregeln (oben Rdn. 1) den Tatbestandsmerkmalen an. Hieraus sowie aus der Beschränkung der Anknüpfung an die Vorsatztaten nach § 283 Abs. 1–3 ist zu folgern, dass sich der (Quasi-)Vorsatz bei § 283a auch auf alle Unrechtsmerkmale beziehen muss, welche die besondere Schwere der Tat begründen (vgl. nur *Radtke* MK Rdn. 13; *Sch/Schröder/Stree/Heine* Rdn. 8). Bei Nr. 2 ist zusätzlich dolus eventualis ausgeschlossen (vgl. bereits oben Rdn. 2). Bei Nr. 1 ist in Bezug auf die Gewinnsucht zwar keine entsprechende eigene Wertung des Täters, wohl aber sein Bewusstsein von dem Vorliegen derjenigen Voraussetzungen erforderlich, die sein Verhalten als gewinnsüchtig erscheinen lassen. Die erhöhte Strafbarkeit nach § 283a ist also insbesondere dann ausgeschlossen, wenn der Täter nicht weiß, dass seine Bankrotthandlung zur Gefährdung vieler Personen führt. Dagegen wird § 283a nicht dadurch ausgeschlossen, dass die Tat nach § 283 Abs. 1 bis 3 nur mit bedingtem Vorsatz (z.B. hinsichtlich der Krisensituation oder des Maßstabes ordnungsgemäßen Wirtschaftens) begangen wird. 13

## V. Versuch

14 Aus Satz 1 ergibt sich, dass die Strafzumessungsregel des § 283a auch dann Anwendung findet, wenn es nur zum Versuch des § 283 (Abs. 3!) kommt. Nach dieser ausdrücklichen gesetzgeberischen Anordnung ist der Versuch des besonders schweren Bankrotts jedenfalls in der Weise möglich, dass der Täter in Kenntnis der Krise (§ 283 Abs. 1) oder in Kenntnis der Eignung seiner Handlung zur Herbeiführung der Krise (§ 283 Abs. 2) aus Gewinnsucht zur Vornahme einer Bankrotthandlung ansetzt, ohne dass diese vollendet wird, oder bereits durch einen solchen Versuch viele Personen konkret gefährdet usw. Allein die 2. Alt. von Nr. 2 setzt objektiv den Eintritt der wirtschaftlichen Not vieler Personen voraus; stellt sich der Täter dies bei Vornahme seiner – vollendeten oder versuchten – Bankrotthandlung nur als Folge eines Handelns vor, ohne dass diese Folge eintritt, so findet § 283a Satz 2 keine unmittelbare Anwendung (**aA** BGHSt **33** 370, 373 ff für § 243). In einem solchen Fall kann aber aufgrund einer ergänzenden **Gesamtbewertung** aller Umstände Satz 1 eingreifen (zust. *Kindhäuser* NK Rdn. 13). Dabei ist jedoch zu berücksichtigen, dass es für die Strafzumessung im allgemeinen nur auf eingetretene, nicht dagegen auf nur vorgestellte Folgen ankommt (vgl. *Theune* LK § 46 Rdn. 54 mit Nachw.).

15 Bei bloßem Versuch der Bankrotthandlung (§ 283 Abs. 3) bleibt bei Vorliegen eines besonders schweren Falles der Strafrahmen des § 283a voll anwendbar. Angesichts der ausdrücklichen Einbeziehung des § 283 Abs. 3 in § 283a kommt eine Herabsetzung des **Strafrahmens** nach § 23 Abs. 2 i.V.m. § 49 Abs. 1 nicht in Betracht (zust. *Radtke* MK Rdn. 14 mit Nachw.). Jedoch kann auch hier die Gesamtbewertung im Einzelfall ergeben, dass der Versuch keinen besonders schweren Fall darstellt. Der Umstand allein, dass die Tat im Versuchsstadium stecken geblieben ist, genügt hierfür aber nicht.

## VI. Teilnahme

16 Für die Bestrafung von Teilnehmern (Anstiftern, Gehilfen) ist bei Nr. 1 (und anderen persönlichen Umständen) der Grundsatz des § 28 Abs. 2 entsprechend anzuwenden; § 283a ist also nur für denjenigen heranzuziehen, der selbst gewinnsüchtig (usw.) handelt (zust. *Hoyer* SK Rdn. 9 und *Sch/Schröder/Stree/Heine* Rdn. 10 mit weit. Nachw.). Bei tatbezogenen Umständen (z.B. Nr. 2) ist in entsprechender Anwendung des § 16 für die Anwendung des § 283a jedenfalls Voraussetzung, dass der zu Bestrafende die erschwerenden Umstände gekannt hat. Jedoch findet eine Durchbrechung der allgemeinen Akzessorietätsregeln (§§ 26, 27) insoweit statt, als der Teilnehmer bei einer solchen Kenntnis von den Tatumständen auch dann – im Wege einer Gesamtbewertung der Tat – nach § 283a strafbar sein kann, wenn der Haupttäter in Bezug auf die schweren Folgen unvorsätzlich gehandelt hat (*Sch/Schröder/Stree/Heine* aaO; enger *Hoyer* SK Rdn. 9). Die Gesamtbewertung ist also für jeden Beteiligten gesondert, jedoch unter Mitberücksichtigung der Haupttat vorzunehmen. Stellt die Teilnahme eine Beihilfe (§ 27) dar, so wird der Strafrahmen des § 283a nach der zwingenden Anordnung des § 27 Abs. 2 entsprechend § 49 Abs. 1 gemildert (*Stree/Heine* aaO).

## VII. Konkurrenzen und Urteilsformel

Aus der Natur des § 283a als bloßer Strafzumessungsregel (oben Rdn. 1) folgt, dass es eigene **Konkurrenzen** des § 283a mit anderen Vorschriften nicht gibt. Das Verhältnis zu anderen Straftatbeständen richtet sich daher nach dem zu § 283 Ausgeführten (vgl. dort Rdn. 231 ff). Dies gilt auch für solche Straftatbestände, die als leges speciales dem § 283 vorgehen, ohne selbst besonders schwere Fälle i.S.d. § 283a zu kennen. **17**

Die Einordnung der Tat als besonders schwerer Fall des Bankrotts braucht in der **Urteilsformel** nicht angegeben zu werden, da die einschlägigen Tatmodalitäten „kein eigenes Unrecht darstellen" und „allein für die Strafzumessung von Bedeutung sind" (BGHSt **27** 287, 289). In diesem Fall ist § 283a nur im Verzeichnis der angewendeten Strafvorschriften nach § 260 Abs. 5 StPO anzuführen (BGH aaO). Jedoch bestehen andererseits keine rechtlichen Bedenken gegen die zusätzliche Kennzeichnung des Bankrotts als „besonders schwerer Fall" im Urteilstenor (BGH aaO S. 289 f; BGH NJW **1977** 1830 mit Nachw.). Die Fassung der Urteilsformel unterliegt daher insoweit dem Ermessen des Gerichts (§ 260 Abs. 4 Satz 6 StPO). Dieses Ermessen sollte vor allem dann im Sinne der Tatkennzeichnung als „besonders schwer" ausgeübt werden, wenn der vom Täter angerichtete Schaden besonders groß ist oder der Täter besonders rücksichtslos gehandelt hat. **18**

# § 283b
# Verletzung der Buchführungspflicht

**(1) Mit Freiheitsstrafe bis zu zwei Jahren oder mit Geldstrafe wird bestraft, wer**

**1. Handelsbücher, zu deren Führung er gesetzlich verpflichtet ist, zu führen unterläßt oder so führt oder verändert, daß die Übersicht über seinen Vermögensstand erschwert wird,**

**2. Handelsbücher oder sonstige Unterlagen, zu deren Aufbewahrung er nach Handelsrecht verpflichtet ist, vor Ablauf der gesetzlichen Aufbewahrungsfristen beiseite schafft, verheimlicht, zerstört oder beschädigt und dadurch die Übersicht über seinen Vermögensstand erschwert,**

**3. entgegen dem Handelsrecht**

**a) Bilanzen so aufstellt, daß die Übersicht über seinen Vermögensstand erschwert wird, oder**

**b) es unterläßt, die Bilanz seines Vermögens oder das Inventar in der vorgeschriebenen Zeit aufzustellen.**

**(2) Wer in den Fällen des Absatzes 1 Nr. 1 oder 3 fahrlässig handelt, wird mit Freiheitsstrafe bis zu einem Jahr oder mit Geldstrafe bestraft.**

**(3) § 283 Abs. 6 gilt entsprechend.**

### Schrifttum

Siehe Vor und zu § 283, insbes. *Dreher* Zur Problematik des § 283b Abs. 2 StGB, MDR **1978** 724; *H. Schäfer* Die Verletzung der Buchführungspflicht in der Rechtsprechung des BGH, wistra **1986** 200; *Wilhelm* Strafbares Verhalten und objektive Strafbarkeitsbedingung bei § 283b I Nr. 3b StGB, NStZ **2003** 511.

**Entstehungsgeschichte** siehe Rdn. 38 ff Vor § 283.

*Übersicht*



## I. Aufbau und Einordnung des Tatbestandes (Bedeutung der Buchdelikte und der objektiven Strafbarkeitsbedingung)

1 Die Vorschrift stellt bestimmte Buchführungs- und Bilanzdelikte unabhängig vom Vorliegen einer Unternehmenskrise unter Strafe. Die amtl. Begr. hebt hierzu hervor, dass eine ordnungsgemäße Buchführung in der modernen Wirtschaft „Grundvoraussetzung jeder ordnungsgemäßen Wirtschaftsführung" ist, und fährt fort: „Eine Fehleinschätzung der wirtschaftlichen Lage des Unternehmens birgt stets eine Gefahr in sich, daß der Unternehmer Geschäftsabschlüsse tätigt, Investitionen vornimmt oder andere Ausgaben macht, die nach den vorhandenen Kapitalmitteln wirtschaftlich nicht tragbar sind. Angesichts der vielfältigen Verknüpfungen zu anderen Unternehmen oder zu Gruppen von Unternehmen und der Abhängigkeit von der allgemeinen Wirtschaftslage hat der einzelne Unternehmer im Übrigen nur einen begrenzten Einfluss darauf, dass seine wirtschaftliche Lage für alle Zukunft gesichert bleibt. Es ist danach nie ganz auszuschließen, dass das Vorhandensein einer ordnungsgemäßen Buchführung auch deswegen notwendig ist, um bei Zahlungsschwierigkeiten oder einer Zahlungseinstellung eine gerechte Befriedigung der Gläubiger zu ermöglichen." (BTDrucks. 7/3441 S. 38) Aus dieser gesetzgeberischen Einschätzung ergibt sich, dass die Pflicht zur Buchführung und Bilanzierung der **Selbstinformation** des Unternehmers und über diese dem **Gläubigerschutz** dient (vgl. § 283 Rdn. 90 und unten Rdn. 14; zust. BayObLG NJW **2003** 1960, 1961; ebenso *Kindhäuser* NK Rdn. 1). BGH bei Holtz MDR **1981** 454 (1 StR 625/80 v. 10.2.1981 S. 11 f) fasst dies in die Worte: „Bilanzen sind dazu bestimmt, dem Kaufmann einen Überblick über seine wirtschaftliche Lage zu verschaffen und ihm die Möglichkeit zu eröffnen, geeignete Maßnahmen zu ergreifen, um Schaden von sich und seinen Gläubigern abzuwenden." (**Krit.** insoweit *Hauck* S. 79 ff; dazu bereits § 283 Rdn. 90) Mängel der Übersicht gefährden also die Befriedigungsinteressen der Gläubiger (Kreditgeber), ohne dass diese Gefährdung aber zum Tatbestandserfordernis des § 283b erhoben wäre und im Einzelfall nachgewiesen werden müsste. § 283b stellt somit nach herkömmlicher Terminologie ein **abstraktes Gefährdungsdelikt** dar (vgl. auch Rdn. 47 Vor § 283).[1] Allerdings

---

[1] BGH NStZ 2008 401, 402 (für § 283 Abs. 1 Nr. 7a); OLG Hamburg NJW **1987** 1342, 1343; *Arzt/Weber* BT § 16, 60; *Bieneck* in Müller-Gugenberger/Bieneck § 82, 5; *Bittmann* in Bittmann § 13, 3; *Fischer* Rdn. 2; *Gübel* S. 151; *Hoyer* SK Rdn. 1; *Kindhäuser* LPK Rdn. 1 und NK Rdn. 1; *Lackner/Kühl* Rdn. 1; *Radtke* MK Rdn. 6; *Schlüchter* JR **1979** 514; *Schmidhäuser* BT 11/93; *Sch/Schröder/Stree/Heine* Rdn. 1; *Sonnen* BT S. 152; *Wessels/Hillenkamp* BT 2 Rdn. 475; *Weyand/Diversy* Rdn. 118 S. 133.

wurde bereits zu § 283 Rdn. 7 dargelegt, dass der erforderliche Bezug der Straftat auf das Vertrauen sowie das Interesse Dritter das Buchdelikt als konkrete Gefährdung oder Verletzung dieser Interessen erscheinen lässt. Erst recht gilt dies, wenn der Zweck der Rechnungslegung in der Dokumentation für ein ordnungsgemäßes Insolvenzverfahren gesehen wird (*Hauck* S. 90 ff). Außerdem ist § 283b ebenso wie § 283 *echtes Sonder-Pflichtdelikt,* wie hier schon durch die amtliche Überschrift (dazu unten Rdn. 19) nahegelegt wird.

Erforderlich ist aber für die Strafbarkeit ebenso wie bei § 283, dass es schließlich zum Unternehmenszusammenbruch kommt, also die Zahlungen eingestellt werden, das Insolvenzverfahren eröffnet oder der Eröffnungsantrag mangels Masse abgewiesen wird (Absatz 3). Dieses Erfordernis ist **objektive Bedingung der Strafbarkeit,** die nicht zum Unrecht gehört und daher von Vorsatz oder Fahrlässigkeit nicht umfasst zu sein braucht (Rdn. 86 ff Vor § 283). Zwar ist das „Buchdelikt" (Manipulation oder Unterlassen von Buchführung und Bilanzierung) auch unabhängig von dem (späteren) Unternehmenszusammenbruch rechtswidrig und strafwürdig. Jedoch verzichtet der Gesetzgeber hier ebenso wie bei § 283 (vgl. dort Vorbem. Rdn. 87) auf Bestrafung, wenn es dem Täter gelingt, dem wirtschaftlichen Ruin bzw. der Zahlungseinstellung zu entgehen; in diesem Fall verliert das Strafbedürfnis an Erheblichkeit (amtl. Begr. BTDrucks. 7/3441 S. 33 unter Bezugnahme auf *Stree* JuS **1965** 472). Auch würde nach Ansicht des Gesetzgebers (amtl. Begr. aaO S. 38) bei einem Verzicht auf das Erfordernis der objektiven Strafbarkeitsbedingung ein Anreiz zur Denunziation und die Verpflichtung der Staatanwaltschaft bestehen, Ermittlungsmaßnahmen in funktionierenden Wirtschaftsunternehmen durchzuführen (was freilich bei dem Verdacht jeder anderen Straftat durchaus und seit der InsO auch bei möglicher Fortführung des Unternehmens zu geschehen hat, vgl. dazu Rdn. 99 Vor § 283). Kommt es dagegen zum Unternehmenszusammenbruch bzw. nach dem Recht der InsO zur Sanierungsbedürftigkeit, so braucht ein **Zusammenhang** zwischen dem Buchdelikt und der Strafbarkeitsbedingung nicht nachgewiesen zu werden. Vielmehr hat das Buchdelikt als solches hinreichenden symptomatischen Gehalt für das wirtschaftlich verantwortungslose Verhalten des Täters (Rdn. 86 und 87 Vor § 283). Es genügt daher, dass bei Eintritt der Strafbarkeitsbedingung noch „irgendwelche" Auswirkungen des Buchdelikts vorliegen, also „irgendeine Beziehung" zwischen dem Buchdelikt und der Insolvenz besteht (vgl. hier nur BGHSt **28** 231, 234; BGH wistra **2003** 232, 233; BGHR § 283b Krise 1; näher unten Rdn. 14). **2**

**Zusammengefasst** setzt damit § 283b für den Zeitpunkt der Vornahme des Buchdelikts tatbestandlich keine Krise des Unternehmens voraus. Die praktische Hauptbedeutung des Tatbestandes liegt bei den Fällen, in denen eine Krise i.S.d. § 283 Abs. 1 nachträglich nicht (mehr) nachweisbar ist. Jedoch greift § 283b auch dann ein, wenn zwar eine Krise gegeben (und nachweisbar) ist (oder durch das Buchdelikt verursacht wird), der Täter sie aber schuldlos verkannt hat.[2] Hat der Täter dagegen das Vorhandensein einer Krisensituation erkannt oder ihr Vorliegen fahrlässig verkannt, so geht § 283 (Abs. 1 Nrn. 5–7) als das speziellere Delikt vor (vgl. unten Rdn. 18). **3**

---

[2] BGHSt **28** 231, 233; BGHR § 283 Abs. 1 Nr. 5 Buchführung 1; *Bittmann* in Bittmann § 13, 1; *Fischer* aaO; *Hoyer* SK Rdn. 5; *Kindhäuser* aaO; *Radtke* MK Rdn. 3; *Sch/Schröder/Stree/Heine* Rdn. 1; *Weyand/Diversy* aaO.

## II. Tatbestandsadressaten und Täterkreis (Sonderdelikt)

4 Ebenso wie § 240 Nrn. 3 und 4 KO a.F. knüpft § 283 b an die handelsrechtliche Buchführungs- und Bilanzierungspflicht an (amtl. Begr. BTDrucks. 7/3441 S. 38). Die Tatbestandsbeschreibung der Nrn. 1–3 lehnt sich eng an diejenige in § 283 Abs. 1 Nrn. 5–7 an. Bei Nrn. 1 und 3 deckt sie sich – abgesehen von dem Erfordernis einer Unternehmenskrise – sogar ganz mit § 283 Abs. 1 Nrn. 5 und 7; in diesem Bereich ist daher Normadressat ebenso wie bei § 283 (vgl. dort Rdn. 96) nur der Kaufmann ab einer bestimmten Unternehmensgröße, da nur er nach Handelsrecht buchführungs- und bilanzierungspflichtig ist. Dagegen unterscheidet sich Absatz 1 Nr. 2 von § 283 Abs. 1 Nr. 6 dadurch, dass bei § 283b auch insoweit nur der Kaufmann erfasst wird,[3] während der entsprechende Tatbestand des § 283 (Abs. 1 Nr. 6) eventuell sogar jedermann als tauglichen Täter ansieht (vgl. § 283 Rdn. 121): Die von Absatz 1 Nr. 2 angesprochene Aufbewahrungspflicht deckt sich ebenso wie § 257 HGB, der die handelsrechtliche Verpflichtung zur Aufbewahrung von Handelsbüchern und anderen Unterlagen statuiert, mit dem Adressatenkreis der Buchführngspflicht. Damit wendet sich § 283 b durchgehend ausschließlich an **Kaufleute.**

5 Mit diesem Statuserfordernis, nämlich der Beschränkung des tauglichen Täterkreises auf Kaufleute, umschreibt der Tatbestand des § 283b ein echtes **Sonderdelikt** (vgl. nur *Fischer* Rdn. 3; oben Rdn. 59 Vor § 283). Außer dem Kaufmann können nur die von § **14** genannten Organe, Vertreter und Beauftragten Täter sein und sich wegen täterschaftlicher Begehung nach § 283b strafbar machen; Teilnahme (Beihilfe oder Anstiftung) ist dagegen unbeschränkt möglich, sofern eine rechtswidrige und vorsätzliche Haupttat eines Vollkaufmannes oder eines nach § 14 für ihn Tätigen vorliegt. Hervorhebung verdient, dass § 14 neben den Organen und gesetzlichen Vertretern (z.B. GmbH-Geschäftsführer, Insolvenzverwalter; vgl. näher Rdn. 62 ff Vor § 283) in Absatz 2 auch rechtsgeschäftlich Beauftragte erfasst. Dies ist insbesondere für *Steuerberater* zu beachten, die bei Übernahme der Buchführung gem. § 14 Abs. 2 Nr. 2 taugliche Täter des § 283b werden, sofern sie ausdrücklich beauftragt werden, die Buchführung „in eigener Verantwortung" vorzunehmen (zu der Einschränkung in Bezug auf Nr. 3 vgl. bereits § 283 Rdn. 101). Dagegen kann die beratende Tätigkeit von Steuerberatern, Wirtschaftsprüfern oder Rechtsanwälten in keinem Fall eine eigene Täterschaft des Beraters begründen, da Vertreter i.S.d. § 14 Abs. 2 Nr. 2 nur ist, wer zu eigenverantwortlichen Entscheidungen für das Unternehmen legitimiert ist (*Schünemann* § 14 Rdn. 62 a.E. mit Nachw.).

6 Weitere Voraussetzung für die Tauglichkeit als Täter ist bei § 283b ebenso wie bei § 283, dass der Täter bzw. der nach § 14 Vertretene **Schuldner** ist, bei Vornahme des Buchdeliktes also zumindest einen Gläubiger hat, dem er eine Geldleistung schuldet (vgl. Rdn. 45 vor § 283). Die Gläubiger im Zeitpunkt der Begehung des Buchdeliktes brauchen mit den von der Zahlungseinstellung, Insolvenzverfahrenseröffnung usw. betroffenen Gläubigern nicht unbedingt identisch zu sein (vgl. näher Rdn. 92 Vor § 283).

---

[3] *Bittmann* in Bittmann § 13, 2; *Fischer* Rdn. 4; *Kindhäuser* LPK Rdn. 2; *Lackner/Kühl* Rdn. 1; *Radtke* MK Rdn. 8; *Sch/Schröder/Stree/Heine* Rdn. 3; *Weyand/Diversy* Rdn. 119 S. 134.

## III. Tathandlungen

Die von Absatz 1 genannten Tathandlungen der Nrn. 1 und 3 stimmen – abgesehen von dem hier fehlenden Erfordernis einer Unternehmenskrise – wörtlich mit den Tathandlungen des § 283 Abs. 1 Nrn. 5 und 7 überein; es kann daher auf § 283 Rdn. 90 ff, 128 ff verwiesen werden. Lediglich § 283b Abs. 1 Nr. 2 unterscheidet sich nach Täterkreis (oben Rdn. 4) und Bezugsobjekten von § 283 Abs. 1 Nr. 6: Anders als bei jenem Tatbestand wird von § 283b Abs. 1 Nr. 2 nur der nach § 257 HGB aufbewahrungspflichtige Kaufmann erfasst, und zwar ausschließlich in Bezug auf die in § 257 genannten Handelsbücher (dazu § 283 Rdn. 93) und „sonstigen Unterlagen", die ebenso (weit) wie bei § 283 Abs. 1 Nr. 6 zu verstehen sind: Inventare, Bilanzen (evtl. mit Anhang), Gewinn- und Verlustrechnungen, Lageberichte, Konzernabschlüsse, Konzernlageberichte sowie die zu ihrem Verständnis erforderlichen Arbeitsanweisungen und sonstigen Organisationsunterlagen; empfangene und Wiedergaben der abgesandten Handelsbriefe; Buchungsbelege zu den Handelsbüchern. Die für § 283b maßgebende gesetzliche *Aufbewahrungsfrist* beträgt gem. § 257 Abs. 4 HGB für Handelsbücher, Inventare, Eröffnungsbilanzen, Jahresabschlüsse und Lageberichte (nebst Arbeitsanweisungen und sonstigen Organisationsunterlagen) zehn Jahre, für die übrigen Unterlagen sechs Jahre. Die Aufbewahrungsfrist beginnt gem. § 257 Abs. 5 HGB mit dem Schluss des Kalenderjahres, in dem die letzte Eintragung in das Handelsbuch gemacht, das Inventar aufgestellt, die Bilanz bzw. der Jahresabschluss festgestellt, der Handelsbrief empfangen oder abgesandt oder der Buchungsbeleg entstanden ist. Über die handelsrechtliche Verpflichtung (des Kaufmanns) hinaus freiwillig geführte Bücher werden von § 283b ebensowenig erfasst wie die Buchführung aufgrund steuerrechtlicher oder gewerberechtlicher Verpflichtung (vgl. bereits § 283 Rdn. 121). Zur Tathandlung des Beiseiteschaffens, Verheimlichens, Zerstörens und Beschädigens sowie zur dadurch eintretenden Erschwerung der Übersicht über den Vermögensstand des Kaufmanns vgl. bereits § 283 Rdn. 25 ff, 38 ff. 7

Mit der Erfüllung der handelsrechtlichen Verpflichtung zur ordnungsgemäßen Buchführung und Bilanzierung (einschließlich Aufbewahrung der Buchführungsunterlagen nach § 257 HGB) entgeht der Kaufmann der Strafdrohung des § 283b. Werden neben der ordnungsgemäßen Buchführung und Bilanzierung **zusätzliche unrichtige Bilanzen** zum Zwecke der Täuschung einzelner Kreditgeber erstellt, so ist § 283b nicht einschlägig, da der Täter nicht im Sinne dieser Vorschrift die Übersicht über seinen Vermögensstand erschwert (BGHSt **30** 186 f m. Anm. *Schmidt* LM § 283b StGB Nr. 4; vgl. bereits § 283 Rdn. 145 m.w.N.). Dieses Ergebnis ist dann unzweifelhaft, wenn als primärer Zweck der Buchführung und Bilanzierung die Selbstinformation des Unternehmens angesehen wird (vgl. oben Rdn. 1). Stellt man dagegen – insbesondere für die Bilanz – die Funktion der Dokumentation gegenüber den Gläubigern (und dem Insolvenzverwalter) in den Vordergrund (vgl. unten Rdn. 12 a.E.), so ist das Ergebnis weniger zwingend (vgl. *H. Schäfer* wistra **1986** 200 f). In jedem Fall kommt hier aber neben der Strafbarkeit aus §§ 263, 265b bei Zahlungseinstellung, Eröffnung des Insolvenzverfahrens usw. eine Strafbarkeit nach § 283 Abs. 1 Nr. 8 in Betracht, wenn der Täter die falschen Bilanzen *wiederholt* zu Täuschungszwecken gebraucht (vgl. § 283 Rdn. 172 mit Nachw.). – Die Strafbarkeit nach § 283b kann schließlich ebenso wie die nach § 283 – und unter den dort gemachten Einschränkungen (näher § 283 Rdn. 119, 154 mit Nachw.) – entfallen, wenn der Täter die finanziellen **Kosten** für die Buchführung und/ oder Bilanzaufstellung nicht (mehr) tragen kann (BGHSt **28** 231, 232 f; *Hillenkamp* FS Tiedemann, S. 951 ff m.w.N.). 8

## IV. Vorsatz und Fahrlässigkeit

9 Während der RegE die Strafbarkeit auf vorsätzliche Buchdelikte beschränken wollte und nur die vorsätzliche Zuwiderhandlung gegen die Buchführungspflicht als sozialethisch missbilligenswert ansah (BTDrucks. 7/3441 S. 38), lässt Absatz 2 für die Fälle des Absatzes 1 Nrn. 1 und 3 Fahrlässigkeit ausreichen. Dies entspricht der Auslegung des § 240 KO a.F. (vgl. nur BGHSt **15** 103, 104 ff mit Nachw.). Der Gesetzgeber hat mit dieser Fortführung der früheren Rechtslage vor allem den Bedenken der Praxis gegenüber dem RegE Rechnung getragen, um insbesondere diejenigen Fälle erfassen zu können, in denen der Kaufmann behauptet, er habe einen Dritten mit der Buchführung und Bilanzierung beauftragt, sich aber um die Einhaltung seiner Anordnung nicht gekümmert (Bericht Sonderausschuss BTDrucks. 7/5291 S. 19 sowie Prot. 7/2831). Die in einem solchen Fall gegebene Verletzung der Aufsichtspflicht würde nach § 130 OWiG nur eine Ordnungswidrigkeit darstellen, auch wenn der beauftragte Dritte (z.B. ein Steuerberater) sich nach § 283 i.V.m. § 14 Abs. 2 Nr. 2 strafbar macht (oben Rdn. 5). – In der Tat stellt die nicht sorgfältige **Auswahl oder Überwachung von beauftragten Personen** einen gewichtigen Anwendungsbereich der Fahrlässigkeitsstrafbarkeit nach § 283b Abs. 2 dar (*Lackner/Kühl* Rdn. 2; *Weyand/Diversy* Rdn. 120; oben § 283 Rdn. 218). Daneben kann sich die Fahrlässigkeit allerdings auch in der Mangelhaftigkeit der vom Kaufmann selbst erstellten Buchführung und Bilanzierung äußern. Sie kann sich schließlich auch darauf beziehen, ob durch den Mangel die Übersicht über den Vermögensstand erschwert wird (vgl. § 283 Rdn. 118).

10 Kein Bezugspunkt der Fahrlässigkeit ist dagegen die objektive (!) Bedingung der Strafbarkeit, also der Eintritt von Zahlungseinstellung, Eröffnung des Insolvenzverfahrens oder Abweisung der Eröffnung mangels Masse (vgl. bereits oben Rdn. 2). Die gegenteilige Auffassung von *Dreher* (MDR **1978** 724 f) verkennt die von der amtl. Begr. unterstrichene Bedeutung des kaufmännischen Rechnungswesens für die heutige Wirtschaftsführung (oben Rdn. 1), wenn unter Berufung auf den E 62 die Verletzung der Buchführungs- und Bilanzierungspflicht als bloßes Ordnungsunrecht eingestuft und daher unter Gesichtspunkten des Schuldstrafrechts die Strafbarkeitsbedingung zum schuldrelevanten Unrecht gezählt werden soll. Die von *Dreher* (aaO) geforderte konkrete Voraussehbarkeit des wirtschaftlichen Zusammenbruchs bei Vornahme des Buchdelikts ist kein gesetzliches Erfordernis der Strafbarkeit. Vielmehr kann nur das objektive Fehlen eines Zusammenhanges zwischen Buchdelikt und Strafbarkeitsbedingung zum Wegfall der Strafbarkeit führen (dazu unten Rdn. 14; gegen *Dreher* auch *Hauck* S. 144 f; übereinstimmend *Radtke* MK Rdn. 18).

11 Zu den *Maßstäben* und sonstigen Einzelheiten der Fahrlässigkeit kann auf § 283 Rdn. 206 ff verwiesen werden. Insbesondere befreien mangelnde kaufmännische Kenntnisse (z.B. des Techniker-Geschäftsführers einer GmbH) nicht von den Anforderungen einer ordnungsgemäßen Buchführung und Bilanzierung (OLG Karlsruhe Justiz **1977** 206). Zum **Irrtum** über Bestand und Inhalt der Buchführungs- und Bilanzierungspflicht (z.B. nach Abweisung des Insolvenzeröffnungsantrages mangels Masse) § 283 Rdn. 188.

## V. Vollendung, Verjährung und Zusammenhang mit der Strafbarkeitsbedingung

12 1. Die Verletzung der Buchführungs- und Bilanzierungspflicht nach § 283b ist nur bei Vollendung strafbar. Der **Versuch** ist nicht unter Strafe gestellt. – **Vollendung** tritt bei Nr. 2 mit Abschluss des Beiseiteschaffens, Zerstörens usw. ein. Beim völligen Unterlassen

der Buchführung und Bilanzierung (Nr. 1 1. Alt., Nr. 3b) ist die Tat mit Ablauf desjenigen Zeitraums vollendet, innerhalb dessen die Verbuchung bzw. Bilanzierung (noch) ordnungsgemäß ist (dazu § 283 Rdn. 220). Auf den Zeitpunkt des Eintritts der Strafbarkeitsbedingung (Absatz 3) stellt die Rechtsprechung dagegen für die Vollendung ab, soweit es um die mangelhafte Buchführung und Bilanzierung geht (Nr. 1 2. Alt. und Nr. 3a). Diese Ansicht der Rechtsprechung führt dazu, dass die **Berichtigung** einer mangelhaften Verbuchung oder Bilanzierung bis zum Zeitpunkt der Zahlungseinstellung, Eröffnung des Insolvenzverfahrens usw. möglich ist und **strafbefreiend** wirkt (vgl. nur BayObLG NStZ **2003** 214 f). Zur Frage des Einflusses einer Nachholung der (völlig) unterlassenen Buchführung oder Bilanzierung auf die Strafbarkeit sogleich Rdn. 14. – Diese bereits oben § 283 Rdn. 118 kritisierte Ansicht der Rechtsprechung beruht im Wesentlich darauf, dass sie die von Nr. 1 2. Alt. und von Nr. 3a geforderte Übersicht über den Vermögensstand des Schuldners auf den Zeitpunkt des wirtschaftlichen Zusammenbruchs bezieht, hier also die *Dokumentationsfunktion* der Buchführung und Bilanzierung gegenüber den Gläubigern und dem Konkursverwalter in den Vordergrund rückt (zust. *Hauck* S. 145 f). Demgegenüber geht § 283b aber insgesamt vom Vorrang der Selbstinformation des Schuldners und dem sich bereits hierdurch vollziehenden Schutz der Gläubiger als Zweck von Buchführung und Bilanz aus (vgl. oben Rdn. 1). Dieser Zweck müsste folgerichtig dazu führen, für alle Buchdelikte auf den Zeitpunkt der Manipulation als maßgebend für die Vollendung abzustellen (vgl. § 283 Rdn. 220; zust. *Radtke* MK Rdn. 25). Allerdings lässt sich die Ansicht der Rechtsprechung für Nr. 3a auch weiterhin vertreten, wenn als Zweck der Bilanz – anders als bei der Buchhaltung – die Dokumentation und nicht die Selbstinformation des Unternehmens in den Vordergrund gerückt wird.

2. Nach einhelliger Ansicht beginnt die **Verjährung** frühestens mit Eintritt der objektiven Strafbarkeitsbedingung, da erst von diesem Zeitpunkt an alle materiellrechtlichen Voraussetzungen der Strafbarkeit vorliegen und eine Strafverfolgung möglich ist (vgl. § 283 Rdn. 221 mit Nachw.). Wird das Buchdelikt erst nach dem wirtschaftlichen Zusammenbruch begangen (vgl. § 283 Rdn. 99 u. ö.), so kommt es für den Verjährungsbeginn auf die Vollendung des Buchdeliktes an. – Die Vorsatztat nach Absatz 1 verjährt gem. § 78 Abs. 3 Nr. 4 in fünf Jahren. Die fahrlässige Tat nach Abs. 2 verjährt gem. § 78 Abs. 3 Nr. 5 in drei Jahren. **13**

3. Weiterhin umstritten ist die Frage, welcher **Zusammenhang** zwischen Buchdelikt und objektiver **Strafbarkeitsbedingung** bestehen muss, um die Strafbarkeit nach § 283b zu begründen. In der Rechtsprechung ist das grundsätzliche Erfordernis eines solchen Zusammenhanges anerkannt (vgl. nur BGHR § 283b Krise 1), während ihn das Schrifttum z.T. bestreitet (*Bittmann* § 13, 7; *H. Schäfer* wistra **1990** 87 f). Dazu wurde grundsätzlich bereits Rdn. 98 Vor § 283 Stellung genommen und das Erfordernis eines Zusammenhanges bejaht. Während allerdings für § 283 jedenfalls regelmäßig davon ausgegangen werden kann, dass der spätere wirtschaftliche Zusammenbruch die Steigerung (Eskalation) der von § 283 Abs. 1 und Abs. 2 tatbestandlich genannten Krise des schuldnerischen Unternehmens ist, fehlt bei § 283b mit diesem Kriterium auch ein derartiger Anknüpfungspunkt. Unstreitig ist daher nur, dass ein *Kausalzusammenhang* zwischen dem Buchdelikt und dem Eintritt der Strafbarkeitsbedingung *nicht erforderlich* ist.[4] Das **14**

[4] BGHSt **28** 231, 232 mit Anm. *Schlüchter* JR **1979** 513; BGH bei Holtz MDR **1981** 454 und NStZ **2008** 401, 402; OLG Düsseldorf NJW **1980** 1292; *Bieneck* in Müller-Gugenberger/Bieneck § 82, 61; *Fischer* Rdn. 5; *Kindhäuser* NK Rdn. 8; *Radtke* MK Rdn. 19;

bereits oben Rdn. 2 erwähnte Vorliegen „irgendwelcher" Auswirkungen des Buchdeliktes noch im Zeitpunkt des wirtschaftlichen Zusammenbruchs lässt sich bei völligem Fehlen von Buchführung und/oder Bilanz mit der Rechtsprechung dadurch präzisieren, dass auf die im Zeitpunkt des Zusammenbruchs noch *fortbestehende Pflicht* (zur Nachholung von Buchführung und Bilanzierung zwecks Dokumentation gegenüber dem Insolvenzverwalter und den Gläubigern) als Kriterium der Strafbarkeit abgestellt wird.[5] Bei nur mangelhafter Buchführung und Bilanzierung hebt die Rechtsprechung darauf ab, ob ein Sachverständiger „ohne nennenswerten Zeitverlust" den erforderlichen Überblick über die Vermögenslage des Schuldners gewinnen kann (vgl. § 283 Rdn. 118; BGH NStZ **2000** 34, 36); bejahendenfalls entfällt dann allerdings nach Ansicht der Rechtsprechung bereits die Vollendung der Tat und mit ihr die Strafbarkeit (oben Rdn. 12). Sowohl bei mangelhafter als auch bei unterlassener Buchführung oder Bilanzierung bestehen somit nach der Rechtsprechung die „Auswirkungen" des Buchdelikts im Zeitpunkt der Strafbarkeitsbedingung in dem – nicht ohne Schwierigkeiten zu behebenden – **Mangel an Übersicht** über den Vermögensstand. Ist dieser Mangel vor Eintritt der Strafbarkeitsbedingung behoben worden, so fehlt jedenfalls der erforderliche Zusammenhang mit der Strafbarkeitsbedingung. Wenn dieses Ergebnis von der Rechtsprechung zunächst nur für die Berichtigung einer mangelhaften Buchführung und Bilanzierung (und insoweit nicht unter dem Gesichtspunkt eines Wegfalls nur des Strafbedürfnisses) entwickelt und vertreten wurde, so steht doch nichts entgegen, den erforderlichen Zusammenhang mit dem wirtschaftlichen Zusammenbruch dann zu verneinen, wenn während eines früheren Zeitabschnittes die Buchführung oder Bilanzierung unterlassen und – verspätet – *nachgeholt* wurde (zust. OLG Hamburg NJW **1987** 1342, 1343; BayObLG NStZ **2003** 214, 215; *Radtke* MK Rdn. 21). Der Zusammenhang mit dem gleichwohl eintretenden wirtschaftlichen Zusammenbruch ist in diesem Fall regelmäßig unterbrochen (vgl. § 283 Rdn. 144) – es sei denn, dass unternehmerische Fehldispositionen aufgrund der früheren Mängel des Rechnungswesens bis zum Eintritt des wirtschaftlichen Zusammenbruchs erkennbar fortwirken (BGH NStZ **2008** 401, 402 mit Nachw.) oder die Buchführungs- und Bilanzierungsmängel das rechtzeitige Erkennen der bedrohlichen Lage des Unternehmens verhindert haben (OLG Hamburg aaO; *Sch/Schröder/Stree/Heine* Rdn. 7 m.w.N.). Jedenfalls dann, wenn das Unterlassen der Bilanzaufstellung weniger als zwei Jahre vor Eröffnung des Insolvenzverfahrens lag und die Bilanzierung nicht nachgeholt wurde, ist aber nach der Rechtsprechung der erforderliche tatsächliche und zeitliche Zusammenhang zwischen Buchdelikt und Strafbarkeitsbedingung gegeben (BGH bei Herlan GA **1953** 75; OLG Düsseldorf NJW **1980** 1292 1293; zust. *Sch/Schröder/Stree/Heine* aaO). Darauf dass ein *tatsächlich-zeitlicher Zusammenhang* gegeben sein muss, stellen auch *Fischer* (Rdn. 17 vor § 283), *Radtke* (MK Rdn. 22) und *Weyand/Diversy* (Rdn. 121) ab.

**15** Gegenüber dieser Rechtsprechung bleibt insgesamt *kritisch* noch einmal hervorzuheben, dass sie einseitig nur für mangelhafte Buchführung und Bilanzierung maßgeblich (und bereits für die Vollendung der Tat) auf den Zeitpunkt des Eintritts der Strafbarkeitsbedingung abstellt, indem sie hier die Übersicht über das schuldnerische Vermögen im Zeitpunkt des Unternehmenszusammenbruchs für maßgebend erklärt. Diese Sicht stimmt mit der traditionellen Einschätzung der Buchführung als Mittel der Rechnungslegung gegenüber den Gläubigern (und dem Insolvenzverwalter) überein. Der Intention des 1. WiKG und des BiRiLiG dürfte es demgegenüber eher entsprechen, auf den Zweck

---

*Richter* GmbHR **1984** 147; *Schlüchter* aaO S. 515; *Sch/Schröder/Stree/Heine* Rdn. 7; *Weyand/Diversy* Rdn. 121 S. 135.

[5] BGHSt **28** 232; ebenso *Lackner/Kühl* Rdn. 3; *Sch/Schröder/Stree/Heine* aaO; *Wessels/Hillenkamp* BT 2 Rdn. 474.

der Selbstinformation des Unternehmers (BayObLG NJW **2003** 1960, 1961) und damit auf den Zeitpunkt der Verletzung der Buchführungs- und Bilanzierungspflicht abzustellen (vgl. oben Rdn. 1 und 12 sowie § 283 Rdn. 118). Die Problematik des Zusammenhanges von Buchdelikt und wirtschaftlichem Zusammenbruch wird damit freilich noch gesteigert. Da aber die hinreichende Information von Insolvenzverwalter und Gläubigern im Zeitpunkt des Zusammenbruches jedenfalls öffentlich-rechtlicher Nebenzweck der Buchführungs- und Bilanzierungspflicht ist, erscheint es unter dem Gesichtspunkt „irgendwelcher" Auswirkungen des Buchdeliktes ausreichend, aber auch erforderlich, dass ein strafwürdiger Mangel an Selbstinformation des Unternehmers im Zeitpunkt des Zusammenbruches als Mangel der Dokumentation gegenüber dem Insolvenzverwalter oder den Gläubigern fortwirkt. Ist dieser **Dokumentationsmangel** vor dem Zusammenbruch behoben, so kann ein Zusammenhang mit dem Zusammenbruch nur noch darin gesehen werden, dass die mangelnde Selbstinformation erkennbar zu Konsequenzen im unternehmerischen Verhalten geführt hat (zust. OLG Hamburg NJW **1987** 1342, 1343 und *Hoyer* SK Rdn. 6; übereinstimmend BGH NStZ **2008** 401, 402; *Kindhäuser* NK Rdn. 8).

## VI. Täterschaft und Teilnahme

Infolge der Sonderdeliktsnatur des § 283b (oben Rdn. 5) kann Täter, Mittäter und mittelbarer Täter i.S.d. § 25 nur ein Kaufmann oder ein für diesen nach § 14 Tätiger sein. Andere Personen können sich nur als Teilnehmer (Anstifter oder Gehilfen) strafbar machen (vgl. auch § 283 Rdn. 225); dies setzt eine vorsätzlich begangene Haupttat voraus (vgl. §§ 26, 27 Abs. 1). Insbesondere bei einem *Irrtum des Haupttäters* über die zahlreichen normativen Tatbestandsmerkmale des § 283b kommt daher für die Strafbarkeit des Teilnehmers der Abgrenzung von Tatbestands- und Verbotsirrtum Bedeutung zu (dazu näher § 283 Rdn. 188). **16**

Für die Strafbarkeit des Teilnehmers ist gem. §§ 26, 27 Abs. 1 weiter erforderlich, dass auch er selbst **vorsätzlich** handelt. Dies setzt bei Nrn. 1 und 3a voraus, dass der Teilnehmer ebenfalls die Unrichtigkeit der Buchführung oder Bilanzierung kennt, also z.B. auch um die Verwendung der von ihm zusammengetragenen unrichtigen oder unvollständigen Unterlagen für Zwecke der Buchführung und/oder Bilanzierung weiß. Dolus eventualis ist ebenso wie bei dem sonderpflichtigen Täter ausreichend. Der Eintritt der Strafbarkeitsbedingung gem. Absatz 3 braucht dagegen auch beim Teilnehmer nicht von dessen Vorsatz umfasst zu sein (vgl. bereits § 283 Rdn. 188). Die Frage der Strafmilderung nach § 28 Abs. 1 schließlich ist hier ebenso wie bei § 283 (vgl. dort Rdn. 228) zu beantworten und entgegen *Sch/Schröder/Stree* (Rdn. 9) zu bejahen (zust. *Radtke* MK Rdn. 26 m.w.N.). **17**

## VII. Konkurrenzen und Urteilsformel

1. Auch für § 283b gilt, dass die **Konkurrenzverhältnisse** unabhängig von der objektiven Strafbarkeitsbedingung zu bestimmen, also an dem eigentlichen buchdeliktischen Handeln und Unterlassen auszurichten sind (vgl. für § 283 dort Rdn. 231). Verstöße innerhalb einer einzigen Buchführungsperiode stellen auch bei § 283b nur eine einzige Tat dar, während Buchführungs- und Bilanzierungsverstöße für mehrere Zeiträume in Tatmehrheit stehen (vgl. § 283 Rdn. 235 f; ebenso *Radtke* MK Rdn. 27). Tatmehrheit kommt regelmäßig auch im Verhältnis von Verstößen nach Nr. 1 zu solchen nach Nr. 3 **18**

in Betracht.[6] Beauftragt der Täter dagegen einen Dritten (z.B. Steuerberater) mit der Buchführung und Bilanzierung, so führt die Einheitlichkeit seiner Entschließung nach h.M. zur Annahme von Tateinheit zwischen Nr. 1 und Nr. 3b.[7] Im Verhältnis zu dem spezielleren § 283 (Abs. 1 Nrn. 5–7) tritt § 283b (Abs. 1) zurück.[8] Zum Verhältnis des § 283b zu § 283c (Nichtverbuchen der inkongruenten Leistung) vgl. § 283c Rdn. 39.

19 2. Infolge der Wahl der gesetzlichen Überschrift des § 283b entfallen hier die zu § 283 Rdn. 231 geschilderten Schwierigkeiten bei der Abfassung des **Urteilstenors.** Dass die Überschrift bei § 283b keinerlei Zusammenhang mit dem Eintritt der Strafbarkeitsbedingung zum Ausdruck bringt, leistet zwar möglicherweise der Einschätzung dieser Straftat als Bagatelldelikt in der öffentlichen Meinung Vorschub. Jedoch entspricht die Vorschrift sowohl der Strafwürdigkeitseinschätzung des Gesetzgebers (oben Rdn. 1 und 10) als auch dem modernen strafrechtsdogmatischen Verständnis. Die Bezeichnung als „Verletzung der Buchführungspflicht" ist daher nach § 260 Abs. 4 S. 2 StPO hinzunehmen. Entsprechend ist bei Tatmehrheit im Urteilstenor von mehreren Pflichtverletzungen zu sprechen. Die in der früheren Rechtsprechung betonte Klammerwirkung des Konkurseintritts (vgl. § 283 Rdn. 231) bleibt also für die Urteilsformel durchgehend unerwähnt.

## VIII. Internationales Strafrecht

20 Zur Verletzung der Buchführungspflicht im Ausland und aufgrund ausländischer Vorschriften vgl. § 283 Rdn. 244 f.

# § 283c
# Gläubigerbegünstigung

**(1) Wer in Kenntnis seiner Zahlungsunfähigkeit einem Gläubiger eine Sicherheit oder Befriedigung gewährt, die dieser nicht oder nicht in der Art oder nicht zu der Zeit zu beanspruchen hat, und ihn dadurch absichtlich oder wissentlich vor den übrigen Gläubigern begünstigt, wird mit Freiheitsstrafe bis zu zwei Jahren oder mit Geldstrafe bestraft.**

**(2) Der Versuch ist strafbar.**

**(3) § 283 Abs. 6 gilt entsprechend.**

### Schrifttum

Siehe Vor und zu § 283, insbes. *Bittmann* Kapitalersatz, der 5. Strafsenat des BGH und das MoMiG, wistra **2009** 102 und ferner *Beuck* Poolvereinbarungen bei Unternehmensinsolvenzen, Diss. Kiel 1985; *Gernhuber* Die Erfüllung und ihre Surrogate, 2. Aufl. (1994); *Hartwig* Der strafrechtliche Gläubigerbegriff in § 283c StGB, Festschrift Bemmann (1997) 311; *Sowada* Die „notwen-

---

[6] BGH bei Holtz MDR **1980** 455 sowie **1981** 100; *Radtke* MK Rdn. 27.

[7] BGH GA **1978** 185, 186; *Fischer* Rdn. 6; *Radtke* aaO; *Sch/Schröder/Stree/Heine* Rdn. 10 m.w.N.; vgl. auch bereits oben § 283 Rdn. 235 m.w.N.

[8] BGHSt **28** 231, 233; BGH NStZ **1984** 455; *Arzt/Weber* § 16, 60; *Fischer* aaO; *Lackner/Kühl* Rdn. 4; *Kindhäuser* LPK Rdn. 1; *Radtke* aaO; *H. Schäfer* wistra **1990** 86; *Schlüchter* JR **1979** 513; *Sch/Schröder/Stree/Heine* Rdn. 10.

dige Teilnahme" als funktionales Privilegierungsmodell im Strafrecht (1992); *ders.* Der begünstigte Gläubiger als strafbarer „notwendiger" Teilnehmer im Rahmen des § 283c StGB? GA **1995** 60; *Thilow* Die Gläubigerbegünstigung im System des Insolvenzrechts (2001); *Vormbaum* Probleme der Gläubigerbegünstigung – zur Auslegung des § 283c StGB, GA **1981** 103.

**Entstehungsgeschichte** siehe Rdn. 40 ff Vor § 283.

*Übersicht*



## I. Aufbau und Einordnung des Tatbestandes

Der historisch seit langem bekannte[1] Sondertatbestand der Gläubigerbegünstigung wurde durch das 1. WiKG neu gefasst. Im Vergleich zu § 241 KO a.F. erscheint die Neufassung wenig klar, auch wenn § 283c wörtlich mit § 274 E 1962 übereinstimmt. Zwar macht der Gesetzeswortlaut hinreichend deutlich, dass der Erfolg der Gläubigerbegünstigung objektiv eingetreten sein muss, damit die Straftat vollendet ist. Bloße Absicht der Gläubigerbegünstigung reicht somit nicht aus (führt aber bei Beginn der Tatausführung zu einem – nach Absatz 2 strafbaren – Versuch). Jedoch gibt der Gesetzeswortlaut im Übrigen den Aufbau und Inhalt des objektiven Tatbestandes nur verkürzt wieder: Erforderlich ist zunächst, dass **Zahlungsunfähigkeit** des Schuldners auch objektiv vorliegt,[2] denn nur eine wirklich eingetretene Zahlungsunfähigkeit kann der Schuldner „kennen" (bei irriger Annahme der Zahlungsunfähigkeit kommt untauglicher Versuch oder ein Wahndelikt in Betracht, vgl. unten Rdn. 35). Die nur drohende Zahlungsunfähigkeit 1

[1] Vgl. *Vormbaum* GA **1981** 103 ff; oben Rdn. 37 Vor § 283.

[2] *Bieneck* in Müller-Gugenberger/Bieneck § 79, 1; *Blei* II § 70 II 2; *Fischer* Rdn. 1; *Hoyer* SK Rdn. 8; *Lackner/Kühl* Rdn. 2; *Radtke* MK Rdn. 21; *Sch/Schröder/Stree/Heine* Rdn. 14; *Tiedemann* ZIP **1983** 517, 518; *Vormbaum* aaO S. 105. – Für eine *Ausweitung* de lege ferenda *Gallandi* wistra **1992** 13 und *Thilow* S. 135 ff.

oder eine drohende oder eingetretene Überschuldung reicht nicht aus. Sodann muss durch die Gewährung der Befriedigung oder Sicherung einem Gläubiger ein „inkongruenter" Vorteil zugewandt worden sein, auf den dieser Gläubiger keinen (fälligen) Anspruch hat. Dadurch muss, wie der Tatbestand sagt, der Erfolg der „Begünstigung" dieses Gläubigers „vor den übrigen Gläubigern" eintreten. Eine solche tatbestandsmäßige Bevorzugung eines Gläubigers liegt nur dann vor, wenn die ihm gewährte Besserstellung zum Nachteil der übrigen Gläubiger erfolgt. § 283c setzt damit objektiv einen **Nachteil der anderen Gläubiger,** nämlich eine Schädigung der potentiellen Insolvenzmasse voraus,[3] wie es für § 29 KO anerkannt war[4] und in § 131 InsO sowie § 158 Österreich. StGB ausdrücklich hervorgehoben wird (näher dazu unten Rdn. 27 ff). Ebenso wie bei § 283 Abs. 1 Nr. 1 und entsprechend der Auslegung des § 131 InsO schließt also der Erhalt einer vollwertigen Gegenleistung grundsätzlich den Tatbestand aus[5] (näher unten Rdn. 28). Überhaupt ist für die Auslegung des § 283c durchgehend zu berücksichtigen, dass dieser eine **Privilegierung** des Schuldners im Verhältnis zu § 283 Abs. 1 Nr. 1 darstellt,[6] da der Schuldner hier zwar Vermögensbestandteile beiseite schafft, diese aber zur Befriedigung (oder Sicherstellung) eines Gläubigers verwendet. Der Schuldner handelt damit zwar gegen das Befriedigungsinteresse aller übrigen Gläubiger. Er vereitelt aber nicht den Zugriff auf sein Vermögen, sondern gefährdet nur die Befriedigung der übrigen Gläubiger, verletzt also das Verteilungsprinzip der *par condicio creditorum.* Allerdings verdient gegenüber BGHSt **34** 221, 225 und **35** 357, 359 Hervorhebung, dass es nicht nur um den Verstoß gegen dieses Prinzip geht, da der aus dem Schuldnervermögen ausscheidende Gegenstand nicht (so) oder nicht zu diesem Zeitpunkt geschuldet wurde, das Erlöschen der Forderung des begünstigten Gläubigers also keinen vollwertigen Ausgleich darstellt (weitergehend daher de lege ferenda *Thilow* S. 165 ff). **Geschütztes Rechtsgut** ist wie bei § 283 das Vermögensinteresse der Gläubiger an Befriedigung ihrer Ansprüche (und das Interesse am Funktionieren der Kreditwirtschaft); jedoch tritt das Verteilungsprinzip der gleichmäßigen Gläubigerbefriedigung in den Vordergrund.[7] Ist der Empfänger der Leistung dagegen kein Gläubiger des Schuldners, so bleibt es bei der Strafbarkeit des Leistenden aus § 283 Abs. 1 Nr. 1 (vgl. nur RGSt **40** 171, 178). Ist der Empfänger aber Gläubiger des Schuldners und hat er gegen diesen einen fälligen Anspruch auf die erbrachte Leistung, so ist die *kongruente Leistungserbringung straflos*, auch wenn dadurch das Prinzip der gleichmäßigen Gläubigerbefriedigung ebenfalls verletzt und den Anforderungen einer ordnungsgemäßen Wirtschaft – geringfügig – zuwidergehandelt wird (vgl. BGHSt **8** 55, 56 f und bereits § 283 Rdn. 29; näher unten Rdn. 39). § 283c stellt also (nur) die inkongruente Sicherung und Befriedigung eines Gläubigers durch den

---

3 *Dreiss/Eitel-Dreiss* S. 184; *Hartwig* FS Bemmann 316; *Hoyer* SK Rdn. 1; *Maurach/Schroeder/Maiwald* BT 1 § 48, 37; *Sch/Schröder/Stree/Heine* Rdn. 13; *Tiedemann* aaO S. 519.

4 Vgl. nur *Baumann* Konkurs § 11 III 2b.

5 BGH NJW **1955** 709; *Dreiss/Eitel-Dreiss* S. 183; *Radtke* MK Rdn. 19.

6 BGHSt **8** 55, 56 mit Nachw. (zu §§ 239, 241 KO a.F.); amtl. Begr. BTDrucks. 7/3441 S. 39; *Arzt/Weber* § 16, 61; *Bieneck* aaO; *Fischer* aaO; *Hartwig* FS Bemmann S. 316 ff; *Kindhäuser* LPK Rdn. 1; *Lackner/Kühl* Rdn. 1; *Maurach/Schroeder/Maiwald* aaO; *Otto* BT § 61 111; *Sch/Schröder/Stree* Rdn. 1; *Sowada* S. 169; *Wessels/Hillenkamp* BT 2 § 12, 477; *Weyand/Diversy* Rdn. 122 S. 136.

7 Vgl. BGHSt **34** 222, 225; **35** 357, 358; *Arzt/Weber* aaO; *Bieneck* aaO Rdn. 4; *Gropp* S. 229; *Maurach/Schroeder/Maiwald* aaO; *Sch/Schröder/Stree/Heine* aaO; *Sowada* aaO; *Thilow* S. 112 ff; *Vormbaum* GA **1981** 106, 124. – Die Verschiebung der Rechtsgutsbetrachtung ändert übrigens nichts an der Disponibilität der geschützten Interessen, so dass Einwilligung auch hier möglich bleibt (vgl. auch Rdn. 57 Vor § 283 sowie unten Rdn. 5).

Schuldner unter Strafe. Die Begrenzung der Strafbarkeit auf die Vornahme der Handlung im Zeitpunkt eingetretener Zahlungsunfähigkeit schränkt den Tatbestand weiter ein (vgl. Rdn. 5).

Anders als § 283 Abs. 1 Nr. 1 (vgl. dort Rdn. 3 ff) ist § 283c damit als **Erfolgsdelikt** ausgestaltet:[8] Die Benachteiligung (Gefährdung) der übrigen Gläubiger ist Erfordernis des objektiven Tatbestandes. Wenn die Literatur im Anschluss an die amtl. Begründung den Erfolg teilweise nur in dem Eintritt der Begünstigung des bevorzugten Gläubigers sieht,[9] so entspricht dies zwar dem Wortlaut des Gesetzes und ist letztlich unschädlich, da eine Begünstigung nur vorliegt, wenn die anderen Gläubiger benachteiligt werden (vgl. nur BGHSt **8** 58; RGSt **40** 105, 108; näher unter Rdn. 27). Es erscheint jedoch richtiger, den auf das geschützte Rechtsgut bezogenen Erfolg der Gläubigerbenachteiligung selbst als maßgebend anzusehen (vgl. bereits § 283 Rdn. 87; zu den Konsequenzen unten Rdn. 28 und 29). **2**

## II. Täter (Schuldner) und Begünstigter (Gläubiger)

**1. Tauglicher Täterkreis.** § 283c ist in doppelter Hinsicht **Sonderdelikt.** Der Tatbestand kann – ebenso wie die Tatbestände der §§ 283, 283b – grundsätzlich nur von einem **Schuldner** verwirklicht werden.[10] § 241 KO a.F. brachte dies zutreffend zum Ausdruck. Für § 283c ergibt sich dieses (und ein weiteres) Erfordernis daraus, dass auch **Zahlungsunfähigkeit** des Täters vorliegen muss (vgl. bereits oben Rdn. 1). Absatz 3 (i.V.m. § 283 Abs. 6) verlangt ferner, dass der Täter vor oder nach der Begünstigungshandlung seine Zahlungen einstellt, gegen ihn ein Insolvenzverfahren eröffnet oder der Eröffnungsantrag mangels Masse abgewiesen wird; dies setzt voraus, dass der Täter (Geld-)Schulden hat. Täter kann also zusammengefasst nur ein Schuldner sein, der zahlungsunfähig ist. **3**

Zum Begriff des Schuldners vgl. Rdn. 60 Vor § 283 sowie § 283 b Rdn. 6. Andere Personen als der zahlungsunfähige Schuldner können sich als Täter nach § 283c nur strafbar machen, wenn sie für ihn als Organ, Vertreter oder Beauftragter nach § **14** handeln (ausführlich dazu Rdn. 61 ff Vor § 283). Andernfalls kommen sie nur als Teilnehmer (Anstifter, Gehilfen) in Betracht, sofern eine rechtswidrige und vorsätzliche Haupttat des Schuldners oder eines für ihn nach § 14 Tätigen vorliegt. **4**

Die Begünstigung eines Gläubiger durch einen (noch) nicht zahlungsunfähigen Schuldner schließlich vermag den Tatbestand des § 283c nicht zu erfüllen. Eine solche Begünstigungshandlung ist aber auch nicht nach § 283 strafbar, da hier nicht die Gesamtgläubigerschaft einschließlich des begünstigten Gläubigers (!) beeinträchtigt wird (amtl. Begr. BTDrucks. 7/3441 S. 39; *Sch/Schröder/Stree* Rdn. 14 m.w.N.). Die Privilegierung des § 283c entfaltet auch insoweit **Sperrwirkung** gegenüber § 283 (näher unten Rdn. 39). **5**

---

[8] Amtl. Begr. BTDrucks. 7/3441 S. 38 f; *Bieneck* aaO Rdn. 18; *Bittmann* in Bittmann § 14, 1; *Fischer* aaO; *Kindhäuser* aaO; *Radtke* MK Rdn. 3; *Vormbaum* aaO S. 119; auch *Sch/Schröder/Stree/Heine* Rdn. 13.

[9] So *Blei* II § 70 II 2; *Lackner/Kühl* Rdn. 6; *Sch/Schröder/Stree/Heine* Rdn. 2 (aber auch Rdn. 13); vgl. amtl. Begr. aaO S. 38 und *Wilts* Prot. 7/2832.

[10] *Bieneck* aaO Rdn. 7; *Bittmann* aaO; *Fischer* aaO; *Hoyer* SK Rdn. 1; *Kindhäuser* LPK Rdn. 2 und NK Rdn. 2; *Lackner/Kühl* Rdn. 2; *Radtke* MK Rdn. 5; *Tiedemann* NJW **1977** 779; *Vormbaum* aaO S. 105.

6 **2. Begünstigter Gläubiger.** Gläubiger im Sinne des Insolvenzrechts und des § 283c ist, wer vom Schuldner eine vermögensrechtliche Leistung fordern kann, also gegen ihn einen begründeten **Vermögensanspruch** hat (vgl. §§ 241 BGB, 38 InsO; *Hartwig* FS Bemmann, S. 311). Die Beschränkung auf vermögensrechtliche Ansprüche folgt daraus, dass die Ansprüche auf Befriedigung aus dem (geldwerten) Vermögen des Schuldners gerichtet sein müssen. Gleichgültig ist dagegen, ob die Forderungen privatrechtlich oder öffentlich-rechtlich (Steuerforderungen, Forderungen der Sozialversicherer!) sind. Ebenso ist es für § 283c unerheblich, ob es sich um einen normalen Insolvenzgläubiger, um einen Massegläubiger i.S.d. §§ 53 ff InsO oder um einen absonderungsberechtigten Gläubiger (§§ 49 ff InsO) handelt.[11] Nicht als Gläubiger i.S.d. § 283c anzusehen ist dagegen der Aussonderungsberechtigte (vgl. § 47 InsO), da der Aussonderungsanspruch einen Gegenstand betrifft, der nicht zum Vermögen des Schuldners und damit nicht zur (potentiellen) Insolvenzmasse gehört (*Weyand/Diversy* Rdn. 123; im Erg. auch *Hartwig* aaO S. 337). Die Frage der Erfassung dieser Gläubiger durch das Insolvenzstrafrecht hat vor allem Bedeutung für die Bildung von **Sicherungspools,** die von Eigentumsvorbehalts-Gläubigern u.a. zwecks Behebung von Beweisschwierigkeiten gebildet werden (*Beuck* Poolvereinbarungen bei Unternehmensinsolvenzen, Diss. Kiel 1985, S. 22 ff, 157 ff; *Tiedemann* ZIP **1983** 517). Für diese Fallkonstellation ergibt sich die Gläubigerstellung i.S.d. § 283c aber daraus, dass der Schuldner noch die Erfüllung der Kaufpreisforderung für die gelieferten Waren schuldet. – RGSt **40** 105, 107 weist im Übrigen zutreffend darauf hin, dass für den Gläubigerbegriff bei dem Tatbestand der Gläubigerbegünstigung wesentlich ist, ob hinsichtlich der in Frage stehenden Person auch die übrigen Tatbestandsmerkmale der Strafvorschrift verwirklicht werden können.

7 Im Einzelnen braucht der Anspruch des Gläubigers noch nicht fällig zu sein; er muss nur „begründet" sein (vgl. § 38 InsO). Es reicht daher aus, dass bei Eintritt der Zahlungsunfähigkeit jedenfalls schon die Grundlagen des Schuldverhältnisses bestehen, aus dem sich der Anspruch ergibt (vgl. RGSt **15** 90, 95; *Henckel* in Jaeger § 38 Rdn. 81 ff). Erbringt der Gläubiger (Kreditinstitut, Rechtsanwalt, Steuerberater) sowohl vor als auch nach Eintritt der Zahlungsunfähigkeit des Schuldners diesem gegenüber Leistungen, so ist er auch hinsichtlich der neu entstehenden (Rückzahlungs- bzw. Honorar-)Forderungen als Gläubiger i.S.d. § 283c anzusehen (*Tiedemann* aaO S. 516). Auch genügt es für die Anwendung des § 283c, dass der im Zeitpunkt des Eintritts der Zahlungsunfähigkeit dem Grunde nach bereits vorhandene Anspruch betagt (vgl. § 41 InsO) oder bedingt (vgl. § 42 InsO) ist (RGSt **15** 95; *Henckel* aaO Rdn. 87; *Lackner/Kühl* Rdn. 2). Wegen seines bedingten Rückgriffsrechts ist daher auch der Bürge als Gläubiger im Sinne des § 283c anzusehen.[12]

8 Einigkeit herrscht darüber, dass die Gläubigerstellung in dem bisher beschriebenen Sinne nach Wortlaut und Zweck des § 283c spätestens im **Zeitpunkt** der Begünstigungshandlung vorliegen muss und nicht erst gleichzeitig mit dieser Handlung entstehen darf.[13] Nimmt der Schuldner daher nach Eintritt der Zahlungsunfähigkeit **Sanierungskre-**

---

[11] BGH 1 StR 539/80 v. 10.3.1981; RGSt **16** 403 ff; **40** 105, 111; *Bieneck* in Müller-Gugenberger/Bieneck § 79, 8; *Bittmann* in Bittmann § 14, 7; *Fischer* Rdn. 2; *Hartwig* FS Bemmann S. 326 ff; *Kindhäuser* LPK Rdn. 4; *Lackner/Kühl* Rdn. 2; *Radtke* MK Rdn. 8; *Sch/Schröder/Stree/Heine* Rdn. 12; *Vormbaum* aaO S. 106 Fn. 21; *Weyand/Diversy* Rdn. 123 S. 137.

[12] RGSt **15** 95 f; *Bieneck* aaO Rdn. 9; *Fischer* aaO; *Henckel* in Jaeger § 38 Rdn. 117 ff; *Lackner/Kühl* aaO; *Sch/Schröder/Stree/Heine* aaO m.w.N.

[13] RGSt **35** 127 f; *Lackner/Kühl* aaO; *Sch/Schröder/Stree/Heine* aaO; *Vormbaum* aaO S. 105 ff; einschränkend (für „Manipulationen") *Bittmann* in Bittmann § 14, 9.

**dit** gegen sofortige Gewährung von Sicherheiten auf, so ist die Stellung der Sicherheiten nicht an dem Maßstab des § 283c zu messen; vielmehr ist § 283 einschlägig. Anders ist die Rechtslage, wenn ein bereits vor Eintritt der Zahlungsunfähigkeit faktisch gewährter Kredit nach Eintritt der Zahlungsunfähigkeit lediglich durch Abschluss eines förmlichen Darlehensvertrages legalisiert wird; in diesem Fall liegt die Situation des § 283c vor (*Tiedemann* aaO S. 516).

Umstritten ist dagegen, ob die Gläubigerstellung auch bereits bei Eintritt der Zahlungsunfähigkeit bestanden haben muss. Die bejahende Ansicht (*Vormbaum* GA **1981** 106 f; zust. *Lackner/Kühl* Rdn. 2) beruft sich auf die Gefahr von Manipulationen in dem kritischen Zeitraum nach Eintritt der Zahlungsunfähigkeit und möchte jede Leistung des Schuldners an einen Gläubiger, der diese Stellung erst nach Eintritt der Insolvenz des Schuldners erlangt hat, dem strengen Maßstab des § 283 unterwerfen. Den Vorzug verdient die von BGHSt **35** 357, 361 vertretene Gegenansicht (zust. auch *Fischer* Rdn. 2; *Radtke* MK Rdn. 9; *Sch/Schröder/Stree/Heine* Rdn. 12, je m.w.N.). Sie entspricht dem Wortlaut des § 283c und orientiert sich an der von § 283c als Normalfall angesehenen Konstellation, dass der Schuldner sich nach Eintritt der Zahlungsunfähigkeit nur mit einzelnen Gläubigern verständigt. Unter diesem Gesichtspunkt bleibt es daher für den Bereich des Sanierungskredits möglich, noch nach Eintritt der Zahlungsunfähigkeit mit einem neuen Kreditgeber Kreditbedingungen zu vereinbaren, die – unter Beachtung der Grenze des § 291 – der wirtschaftlichen Lage des Schuldners entsprechen. Ähnlich hebt BGHSt **35** 361 darauf ab, dass der in wirtschaftlichen Schwierigkeiten befindliche Schuldner einen Anspruch darauf hat, einen Rechtsanwalt seines Vertrauens hinzuzuziehen, ohne dass sich bei dieser Fallkonstellation „Manipulationsmöglichkeiten von Gewicht“ ergäben. Zu Recht führen *Stree/Heine* (aaO) das Kriterium ein, ob das Gläubigerverhältnis entgegen einer ordnungsgemäßen Wirtschaftsführung begründet worden ist. Die anschließende Stellung von Sicherheiten ist dann nicht inkongruent, da und soweit sie in dem Kredit- oder Anwaltsvertrag vorgesehen ist. Als kongruente Deckung unterfällt diese Leistung auch nicht dem § 283 Abs. 1 Nr. 1 (vgl. bereits oben Rdn. 1). **9**

Nach h.M. kann schließlich der **Schuldner** selbst nicht Gläubiger sein, auch wenn er (z.B. als Erbe im Nachlasskonkurs) eine Forderung gegen die Insolvenzmasse hat: Die *Selbstbegünstigung* des Schuldners, der sich für seine Forderung Befriedigung oder Sicherung aus der Insolvenzmasse zum Nachteil der übrigen Gläubiger verschafft, fällt nicht unter § 283c, sondern wird durch § 283 (Abs. 1 Nr. 1) erfasst.[14] Dies folgt daraus, dass der Schuldner, der zugleich Gläubiger ist, nicht ein Gläubiger wie jeder andere, sondern insolvenzstrafrechtlich – vor allem gegenüber anderen Gläubigern – sonderpflichtig ist (**krit.** *Hartwig* FS Bemmann, 323). Hierauf stellt BGHSt **34** 222, 226 zutreffend ab. – Ebenso ist es zutreffend, wenn die h.M. aus dem Gläubigerbegriff die **Gesellschafter** in der Insolvenz ihrer Handelsgesellschaft ausschließt, soweit es um ihren Kapital- bzw. Geschäftsanteil geht.[15] Zwar werden die Mitgliedsanteile von Gesellschaftern in der Buchführung und Bilanzierung als Guthaben dargestellt (Rdn. 152 Vor § 283). Da sich aus diesen aber gerade die Haftungsmasse zusammensetzt, können die Mitgliedsanteile in der Insolvenz der Gesellschaft keine Forderung der Gesellschafter begründen. Gesell- **10**

[14] RGSt **68** 368, 370; *Fischer* Rdn. 2; *Kindhäuser* LPK Rdn. 5 und NK Rdn. 3; *Radtke* MK Rdn. 9; *Sch/Schröder/Stree/Heine* Rdn. 12; *Wessels/Hillenkamp* BT 2 Rdn. 477; *Weyand/Diversy* Rdn. 123 S. 138; *Winkelbauer* JR **1988** 35 f; **aA** *Hartwig* FS Bemmann, 321 ff und *Renkl* JuS **1973** 613. Grundsätzliche Kritik bei *Thilow* S. 148 ff.

[15] *Bittmann* in Bittmann § 14, 13; *Fischer* aaO, *Kindhäuser* LPK Rdn. 6 und NK Rdn. 3; *Winkelbauer* aaO S. 36.

schafter einer OHG, KG, GmbH oder AG sind daher in der Insolvenz ihrer Gesellschaft keine Gläubiger im Hinblick auf ihre Kapitalanteile, Aktieneinlagen bzw. Geschäftsanteile (vgl. bereits *Hendel* NJW **1977** 1946). Anderes gilt seit 2008 (MoMiG) dann, wenn Darlehen oder kreditgleiche Leistungen der Gesellschafter bei Fälligkeit an diese zurückgezahlt werden, aber die Rückzahlung zur Zahlungsunfähigkeit oder Überschuldung der Gesellschaft führt oder im Zustand der Zahlungsunfähigkeit oder Überschuldung der Gesellschaft erfolgt (§§ 64 GmbHG, 130a, 177a HGB n.F.). Zwar sind (auch früher sog. eigenkapitalersetzende) *Gesellschafterdarlehen* nicht mehr wie Stammkapital zu behandeln (§ 30 Abs. 1 GmbHG n.F.), so dass seit dem MoMiG keine Rückzahlungssperre mehr besteht. Jedoch begründen die vorgenannten Vorschriften Zahlungsverbote (*K. Schmidt* in Schmidt/Uhlenbruck 11, 30 ff), von denen nur die in § 266a StGB und §§ 370 ff AO vorausgesetzten Zahlungspflichten ausgenommen sind (*K. Schmidt* aaO Rdn. 44 ff mit Nachw.) Zudem sind *alle* innerhalb eines Jahres vor dem Antrag auf Eröffnung des Insolvenzverfahrens erfolgten Rückgewährungen von Leistungen an einen Gesellschafter anfechtbar (§ 135 Abs. 1 InsO). Gesellschafterdarlehen führen also seit 2008 zwar zu einer Gläubigerstellung im Sinne des § 283c, dürfen aber nicht zurückgezahlt werden, wenn die Rückzahlung in der Krise der Gesellschaft erfolgt oder zwingend zu ihrer Zahlungsunfähigkeit führt (*Bittmann* wistra **2009** 104). Der Gesellschafter kann die Rückzahlung unter diesen Umständen „nicht ... beanspruchen" (Rdn. 21). Die Rückzahlung erfüllt daher § 283c, nicht dagegen – wie nach dem bis zum MoMiG geltenden Recht[16] – § 283.

**11** Zweifelhaft und umstritten ist, ob § 283c in den Fällen ausscheidet, in denen Gläubiger ein **Organ oder Vertreter** i.S.d. § 14 ist, zivilrechtlich also klassischerweise Gläubiger- und Schuldnerstellung auseinanderfallen. Praktisch geht es vor allem um den (Gesellschafter-)*Geschäftsführer* einer GmbH oder KG, der sich zur Sicherheit für seine Gehaltsforderungen an die Gesellschaft Vermögensgegenstände derselben übereignet (BGH NJW **1969** 1494 f) oder sich ein Darlehen aus dem Vermögen der Gesellschaft zurückzahlt (vgl. neben *Hendel* aaO *Schulte* NJW **1983** 1773; § 283 Rdn. 34). Insoweit kommt nach der bisherigen BGH-Rechtsprechung im Prinzip nur § 266 in Betracht, da und soweit die Handlungen des Geschäftsführers regelmäßig nicht im Interesse der Gesellschaft vorgenommen werden (vgl. Rdn. 79 Vor § 283). Allerdings eröffnet BGHSt **34** 222, 223 f dadurch einen Anwendungsbereich für § 283 bzw. § 283c, dass angenommen wird, der Geschäftsführer einer KG, der im Einverständnis mit dem Komplementär (Gemeinschuldner) handelt, werde gleichsam in dessen Auftrag und daher im Interesse der KG tätig (vgl. erneut Rdn. 79 Vor § 283). Darüber hinaus hat OLG Stuttgart 1 WS 46/84 vom 21.2.1984 angenommen, die inkongruente Deckung von Gehaltsforderungen durch GmbH-Geschäfts-führer stelle eine Gläubigerbegünstigung dar. Diese Ansicht geht wohl darauf zurück, dass es bei dem nach der Rechtsprechung an sich einschlägigen § 266 regelmäßig an einem Schaden fehlt, wenn der Geschäftsführer seine fälligen Ansprüche sichert oder begleicht (*Bittmann* § 14, 16; *Richter* GmbHR **1984** 146). Auch in dem verbleibenden Anwendungsbereich des Bankrottstrafrechts wendet aber die BGH-Rechtsprechung nicht § 283c, sondern § 283 an, da Organe und Vertreter strafrechtlich wie der Schuldner, der nicht gleichzeitig Gläubiger sein kann, zu behandeln seien (zust. *Fischer* Rdn. 2; **aA** *Bittmann* aaO und *Otto* BT § 61, 111, je m.w.N.). Die Nichtanwendung von § 283c wird einerseits mit der besonderen Gefährlichkeit des Täterverhaltens und der zivilrechtlichen Verfügungsbeschränkung (RGSt **68** 368, 370), andererseits damit begründet, dass bei derartigem Handeln zum eigenen Vorteil die von § 283c vorausge-

---

[16] *Bieneck* in Müller-Gugenberger/Bieneck § 79, 12 und 13; *Bittmann* aaO; *Sch/Schröder/Stree/Heine* aaO m.w.N.; **aA** *Hartwig* aaO S. 331 ff.

setzte Schuldminderung nicht vorliege (BGH NJW **1969** 1495) bzw. eigennütziges Handeln nicht nach § 283c privilegiert werden solle (BGHSt **34** 222, 226). Es geht somit um die Frage einer *teleologischen Einschränkung des Gläubigerbegriffes* (zust. BGH aaO), der jedenfalls im Ausgangspunkt zivil- und insolvenzrechtlich geprägt ist (oben Rdn. 6), insolvenzstrafrechtlich aber seine Inhaltsbestimmung durch die Sonderpflichtigkeit des Schuldners erfährt und damit zu einer strikten Trennung zwischen Insolvenzstraftäter und Insolvenzgläubiger führt. *Renkl* (JuS **1973** 613) und *Weber* (StV **1988** 18) sehen hier eine Verletzung des Art. 103 Abs. 2 GG durch die Rechtsprechung. Ein solcher Verfassungsverstoß könnte in der einschränkenden Auslegung des § 283c aber nur dann erblickt werden, wenn damit der Begriff des Gläubigers in seinem Kerngehalt tangiert würde (*Tiedemann* NJW **1980** 1558 f mit Nachw.). Davon kann keine Rede sein. Es handelt sich daher nur um eine Frage der Auslegung des einfachen Rechts. Dabei sind entgegen *Weber* (aaO) und *Winkelbauer* (JR **1988** 35) auch kriminalpolitische Überlegungen und prozessuale (Beweis-)Argumente, wie sie BGHSt **34** 225 f verwendet, nicht von vornherein illegitim. Ferner kann entgegen *Weber* (aaO) nicht ausnahmslos davon gesprochen werden, dass §§ 283 ff schlechthin „die zivil- und konkursrechtliche Begrifflichkeit rezipieren", auch wenn die Annahme einer solchen Rezeption jedenfalls bei ausdrücklicher Bezugnahme auf außerstrafrechtliche Vorschriften und Regelungen sinnvoll und geboten ist. Da in den hier in Frage stehenden Fällen die zivilrechtliche Gläubigerstellung des Täters nicht bezweifelbar ist, kann die Anwendung des § 283c – mit der Rechtsprechung – letztlich nur verneint werden, wenn der Privilegierung dieses Straftatbestandes neben der oben Rdn. 1 genannten Unrechtsminderung auch der Gesichtspunkt gemilderter Schuld zugrunde liegt. Dies ist allerdings zu bejahen, da das Verbot inkongruenter Leistung an einen An-sich-Berechtigten weniger einsichtig ist als das Verbot unberechtigter Schmälerung der Insolvenzmasse. Die Privilegierung des § 283c ist damit täterorientiert. Ganz in diesem Sinne dürfte auch der Hinweis auf BGHSt **34** 226 auf die „Eigennützigkeit des Konkursstraftäters" zu verstehen sein, die es verbiete, diesen nach § 283c zu privilegieren. Die Rechtsprechung verdient daher im Ergebnis Zustimmung (vgl. aber auch *Hoyer* SK Rdn. 6 und *Kindhäuser* NK Rdn. 3).

## III. Tathandlungen (Absatz 1)

Die Tathandlung der Gläubigerbegünstigung besteht in dem Gewähren einer Sicherheit oder einer Befriedigung an einen Gläubiger, der im Zeitpunkt der Tat keinen fälligen Anspruch auf diese Leistung hat, also eine „inkongruente Deckung" erhält (vgl. § 131 Abs. 1 InsO). Diese Handlung muss im Zustand der **Zahlungsunfähigkeit** (dazu Rdn. 125 ff Vor § 283) vorgenommen sein und zu einer Begünstigung des Gläubigers vor den übrigen Gläubigern führen, also einen **Nachteil** der übrigen Gläubiger entstehen lassen (vgl. oben Rdn. 1). **12**

### 1. Leistungen des Schuldners („Deckung")

a) Der Täter verschafft dem Gläubiger eine inkongruente **Sicherheit,** wenn der Gläubiger eine Rechtsstellung erhält, die „ihm die Möglichkeit eröffnet, eher, besser, gewisser befriedigt zu werden, als er zu beanspruchen hat".[17] Eine solche Verbesserung der Befrie- **13**

[17] RGSt 30 261, 262; RG JW **1934** 1289 (f); *Bittmann* in Bittmann § 14, 24; *Fischer* Rdn. 3; *Hoyer* SK Rdn. 10; *Kindhäuser* NK Rdn. 6; *Krause* S. 277; *Radtke* MK Rdn. 14; *Sch/Schröder/Stree/Heine* Rdn. 4; *Wessels/Hillenkamp* BT 2 § 12, 477; *Weyand/Diversy* Rdn. 125 S. 140.

digungsmöglichkeit kann zunächst – in Anlehnung an die in § 232 BGB genannten Mittel einer *Sicherheitsleistung* – durch rechtsgeschäftliche Akte erfolgen. Einschlägig ist z.B. die Einräumung eines Pfandrechts (einschließlich eines Grundpfandrechts, RGSt **30** 261, 262; BGH 1 StR 346/78 v. 21.11.1978 bei *Fischer* Rdn. 5; BGH ZIP **1999** 196 ff), die Sicherungsübereignung (RG JW **1910** 679), die Sicherungsabtretung (AG Siegen wistra **1985** 196) oder die Vereinbarung eines Zurückbehaltungsrechts.[18] Auf die zivilrechtliche Wirksamkeit kommt es nach h.M. nicht an, so dass auch bei einer nach § 138 BGB wegen Sittenwidrigkeit nichtigen Bestellung[19] oder bei einer nur unter Umständen wirksam werdenden Sicherung[20] sowie bei Fehlen der erforderlichen vormundschaftsgerichtlichen Genehmigung[21] eine Sicherheit i.S.d. § 283c gewährt ist (*Hartwig* FS Bemmann S. 318 f unter Hinweis auf § 16 Abs. 2 StGB). Dagegen fehlt es hieran, wenn die zur Sicherheit übereigneten Sachen nicht hinreichend bestimmt sind und daher ein Einigungsmangel vorliegt.[22] Jedoch kommt im letzteren Falle Versuch (Absatz 2) in Betracht. – Die Ausweitung auf **rechtlich unwirksame Verfügungen** wird damit begründet, dass die gleichmäßige Befriedigung der Gläubiger durch derartige Verfügungen in gleicher Weise wie durch rechtswirksame Geschäfte gefährdet werden kann, zumal die rechtliche Wirksamkeit wegen der Anfechtbarkeit nach § 131 InsO nicht entscheidend sei; auch treffe der Privilegierungsgedanke des § 283c stets dann zu, wenn der Täter zugunsten eines Gläubigers verfügt hat (*Vormbaum* GA **1981** 109 ff).

**14** § 283c meint aber keineswegs nur Sicherheiten i.S.d. § 232 BGB, wie bereits die in Rdn. 13 genannten und über die Pfandrechte hinausgehenden Beispiele zeigen. Es ist daher missverständlich, wenn Absatz 1 im Gegensatz zu § 241 KO a.F. und zu § 131 Abs. 1 InsO nicht von „Sicherungen", sondern von „Sicherheiten" spricht, die dem Gläubiger gewährt werden. Eine sachliche Änderung war vom Gesetzgeber des 1. WiKG mit diesem Wechsel des Ausdrucks nicht bezweckt (vgl. BTDrucks. 7/3441 S. 38 f). Bereits außerstrafrechtlich ergibt sich aus § 134 InsO, dass es bei der Gläubigerbegünstigung nicht nur um rechtsgeschäftliche Akte geht. §§ 129 ff InsO sprechen vielmehr von „Rechtshandlungen" und meinen damit alle Handlungen (und Unterlassungen), die zu einer masseschädigenden Rechtsfolge führen (*Baumann* Konkurs § 11 III 2a $\alpha$ mit Nachw.). Auch wenn sich die Insolvenzanfechtung nach §§ 129 ff InsO in ihren Voraussetzungen nicht voll mit den Tatbestandsmerkmalen des § 283c deckt, besteht doch angesichts der engen begrifflichen Anlehnung des Straftatbestandes an den Anfechtungsgrund des § 131 InsO und mit Rücksicht auf den gemeinsamen Zweck, im Interesse der nicht begünstigten Gläubiger gegen schädigende Handlungen i.w.S. vorzugehen, kein Anlass, für den Straftatbestand etwa nur rechtsgeschäftliche Handlungen ausreichen zu lassen. Die Ansprüche der nicht begünstigten Gläubiger werden vielmehr durch die Tathandlung auch dann gefährdet, wenn Vermögenswerte durch **Realakte**, wie z.B. die Übertragung des Besitzes auf einen Gläubiger, beiseite geschafft werden (zust. *Bittmann* § 14, 19). Die Tathandlung ist also letztlich dieselbe wie bei § 283 Abs. 1 Nr. 1 (vgl. dort Rdn. 25). Sie

---

18 *Bieneck* in Müller-Gugenberger/Bieneck § 79, 15; *Fischer* Rdn. 5; *Kindhäuser* LPK Rdn. 10; *Hoyer* SK Rdn. 10; *Kindhäuser* aaO; *Lackner/Kühl* Rdn. 4; *Sch/Schröder/Stree/Heine* aaO.

19 BGH bei Herlan GA **1958** 48; RG JW **1934** 1289 (f); *Fischer* aaO; *Lackner/Kühl* aaO; *Sch/Schröder/Stree/Heine* aaO; *Vormbaum* aaO S. 108.

20 BGH 1 StR 346/78 v. 21.11.1978 bei *Fischer* aaO.

21 BGH bei Herlan GA **1959** 341; *Sch/Schröder/Stree/Heine* aaO.

22 BGH bei Herlan GA **1958** 48; *Lackner/Kühl* aaO; *Sch/Schröder/Stree/Heine* aaO; *Vormbaum* aaO; **aA** *Hartwig* FS Bemmann S. 319 f.

muss allerdings zu einer Sicherung oder Befriedigung des Gläubigers führen. Die bloße Verbesserung der **Beweislage**, z.B. durch Zusammenfassung des Vorbehalts- und Sicherungseigentums in einem *Gläubigerpool* (oben Rdn. 6), kann zwar ebenfalls eine Sicherung darstellen. Auch abgesehen von dem Problem der Inkongruenz dieser Begünstigung entfällt aber für dieses Beispiel die Tatbestandsmäßigkeit (sowohl nach § 283c als auch nach § 283), wenn der Schuldner an der Verbesserung der Beweislage nicht mitwirkt oder soweit diese „Leistung" nicht aus seinem Vermögen gewährt wird (Rückgabe von Vorbehaltseigentum!). Unter dem letzten Gesichtspunkt scheidet auch die Veranlassung der Stellung der Bürgschaft eines Dritten aus.[23] Nach h.M. ist auch nicht schon die Verschaffung einer vollstreckbaren Urkunde oder eines anderen Vollstreckungstitels, sondern erst die aufgrund dieses Titels erfolgte Pfändung eine „Sicherheit" (oder Sicherung) des Gläubigers (RGSt **30** 46, 48; *Lackner/Kühl* Rdn. 4; *Sch/Schröder/Stree/Heine* Rdn. 4). Allerdings kommt insoweit ebenso wie bei der bloßen Bewilligung und Beantragung einer (Buch-)Hypothek (RGSt **65** 416 f) oder bei der Eintragung einer Briefhypothek ohne Übergabe des Hypothekenbriefes (RGSt **34** 172, 174 f; *Sch/Schröder/Stree* aaO) nach heutiger Rechtslage (und je nach Tätervorstellung) strafbarer Versuch nach Absatz 2 in Betracht (vgl. Rdn. 34).

Eine Sicherung stellt auch die Werterhöhung des Sicherungseigentums (von Banken **15** und anderen Gläubigern) dar, die durch Weiterarbeiten des schuldnerischen Betriebes mittels **Nettolohnfinanzierung** unter Vorgriff auf das Insolvenzgeld der Arbeitnehmer (§ 283 Rdn. 165) erfolgt (zust. *Bieneck* in Müller-Gugenberger/Bieneck § 79, 16 und *Kindhäuser* NK Rdn. 6). BAG AP § 30 KO Nr. 1 (m. Anm. *F. Weber)* neigt hier zur Bejahung der zivilrechtlichen Frage nach einer Insolvenzanfechtung. Zwar weist *F. Weber* (aaO B 1 1075) darauf hin, dass die Werterhöhung des Sicherungsgutes nicht die rechtliche Wirkung der Lohnzahlung ist, sondern die Lohnzahlung nur tatsächlich das Weiterarbeiten des Betriebes und damit die Veredelung des Sicherungsgutes ermöglicht (vgl. dazu auch *Uhlenbruck* KTS **1980** 84 f). Jedoch kann eine Rechtshandlung des Schuldners immerhin darin zu sehen sein, dass er die Bank zur Zahlung des Kaufpreises für den Erwerb der (künftigen) Ansprüche der Arbeitnehmer auf Insolvenzgeld veranlasst *und* durch Zuwendung dieses Kaufpreises an die Arbeitnehmer seine Lohnzahlungspflicht erfüllt. Leistet die Bank als Dritte (§ 267 BGB) unmittelbar an die Arbeitnehmer, so erhalten diese als Gläubiger eine Befriedigung, auf die sie keinen Anspruch haben, die freilich auch nicht aus dem Vermögen des Schuldners erfolgt. Die Weiterbearbeitung des Sicherungsgutes dagegen wird zwar aus dem schuldnerischen Vermögen geleistet, stellt aber als solche keine Rechtshandlung dar. Ähnlich wie bei der Schadensfrage (unten Rdn. 28) kommt es daher für das zivilrechtliche Erfordernis einer Rechtshandlung darauf an, ob mit dem BAG „eine Art Gesamtbetrachtung" (*F. Weber* aaO Bl. 1076) zugelassen wird, wie sie hier zu § 283 Abs. 1 Nr. 8 vertreten wurde (vgl. § 283 Rdn. 162). Die Frage ist strafrechtlich auch für § 283c zu bejahen (vgl. auch unten Rdn. 16 a.E.): Die Zuwendung einer Werterhöhung ist sogar unter zivilrechtlichen Anforderungen (einer Rechtshandlung) als Gewähren einer „Sicherheit" (Sicherung) anzusehen, wenn die Werterhöhung sich auf Gegenstände bezieht, die zuvor vom Schuldner an denselben Gläubiger zur Sicherheit übereignet wurden, also die durch einen Rechtsakt bestellte Sicherheit wertmäßig „aufgefüllt" wird. Erst recht und jedenfalls muss dies gelten, wenn strafrechtlich auf das Erfordernis einer Rechtshandlung verzichtet wird. Dieses Ergebnis

---

[23] Zustimmend *Bittmann* in Bittmann § 14, 22; *Sch/Schröder/Stree/Heine* Rdn. 4; *Weyand/Diversy* Rdn. 124 S. 139.

(ebenso *Kindhäuser* LPK Rdn. 10) wird auch nicht dadurch ausgeschlossen, dass es bei Vornahme der Handlung in der Situation des § 283c bei isolierter Betrachtung nicht auf den wirtschaftlichen Wert der Sicherheit im Zeitpunkt der Tathandlung ankommt, um die Strafbarkeit zu begründen. Auch die Bestellung einer *Hypothek an einem bereits überbelasteten Grundstück* ist tatbestandsmäßig (RGSt **30** 261, 262; *Fischer* Rdn. 5; *Sch/Schröder/Stree/Heine* Rdn. 4 m.w.N.; **aA** *Hoyer* SK Rdn. 7). Allerdings kann es hier ebenso wie bei der sog. Nettolohnfinanzierung an dem Eintritt einer Schädigung der übrigen Gläubiger und damit an der Vollendung der Tat fehlen (vgl. dazu unten Rdn. 26, 28).

**16** b) Die **Befriedigung** des Gläubigers erfolgt durch Erfüllung, insbesondere durch Bewirken der geschuldeten Leistung an den Gläubiger (§ 362 Abs. 1 BGB), aber auch durch Bewirken einer anderen als der geschuldeten Leistung durch den Schuldner und Annahme dieser Leistung an Erfüllungs statt durch den Gläubiger (§ 364 BGB). In Anlehnung an die zivilistische Erfüllungslehre sieht die Strafrechtsprechung in der Eingehung einer *Wechsel*- oder *Scheck*verpflichtung und nachfolgenden Übergabe eines eigenen Wechsels oder Schecks an den Gläubiger keine Erfüllung, sondern die Übernahme einer neuen Verbindlichkeit durch den Schuldner und damit nur eine Leistung „erfüllungshalber" nach § 364 Abs. 2 BGB; diese Leistung belastet das Schuldnervermögen nur mit einer Forderung und soll erst in Zukunft zur Befriedigung des Gläubigers führen (wobei diese Befriedigung nicht inkongruent ist).[24] Demgegenüber stellt die Hingabe eines Kundenwechsels oder eines Kundenschecks die Übertragung einer Forderung des Schuldners auf den Gläubiger und damit eine zusätzliche Leistung dar, die zwar noch keine Befriedigung des Gläubigers ist (so aber *Sch/Schröder/Stree/Heine* Rdn. 5 mit Nachw.), wohl aber eine Sicherheit des Gläubigers darstellt (auf die er keinen Anspruch hat);[25] die Befriedigung des Gläubigers, also der Eintritt der Erfüllungswirkung, erfolgt hier mit der vorbehaltlosen Gutschrift. Eine Befriedigung liegt auch in der *Überweisung auf Girokonto* als Leistung an Erfüllungs statt jedenfalls dann, wenn der Gläubiger durch die Kontoangabe auf den Geschäftspapieren im Voraus eingewilligt hat[26] oder diese Leistung annimmt; hierin liegt auch die erforderliche Mitwirkung des Gläubigers (vgl. sogleich Rdn. 17). Schließlich ist aufgrund einer Gesamtbetrachtung eine Befriedigung auch in der *Verschaffung einer Aufrechnungslage* zugunsten des Gläubigers mit nachfolgender Aufrechnung durch diesen (§ 389 BGB) zu sehen.[27] RGSt **6** 149 ff nahm dies für den Fall an, dass der Schuldner dem Gläubiger seine Werkstatt verkaufte und der Kauf-

---

[24] RG GA **39** (1891) 230, 231 und LZ **1918** 770 f; *Bieneck* in Müller-Gugenberger/Bieneck § 79, 17; *Bittmann* in Bittmann § 14, 37; *Fischer* Rdn. 6; *Kindhäuser* LPK Rdn. 11 und NK Rdn. 9; *Lackner/Kühl* Rdn. 4; *Maurach/Schroeder/Maiwald* BT 1 § 48, 38; *Sch/Schröder/Stree/Heine* Rdn. 5. Für die zivilrechtliche Lehre vgl. *Gernhuber* S. 174 mit Nachw.

[25] BGHSt **16** 279 f; RG JW **1927** 1106 mit Anm. *Bendix*; OLG Brandenburg ZIP **1999** 1015, 1017; OLG Dresden ZInsO **1999** 110; *Fischer* aaO; *Kruse* S. 24; *Sch/Schröder/Stree/Heine* aaO; *Weyand/Diversy* Rdn. 124 S. 139.

[26] BGH NJW **1953** 897 f; *Bittmann* in Bittmann § 14, 31; *Thilow* S. 35; weitergehend *Maurach/Schroeder/Maiwald* BT 1 § 48, 39 und *Sch/Schröder/Stree/Heine* Rdn. 6. Vgl. *Weyand/Diversy* aaO S. 139 f m.w.N.; vgl. auch *Gernhuber* S. 206 ff.

[27] BGH NJW **2001** 1940, 1942 und bereits bei Herlan GA **1961** 359; *Bittmann* in Bittmann § 14, 38; *Kindhäuser* LPK Rdn. 11 und NK Rdn. 86 vor § 283; *Krause* S. 297 ff; *Lackner/Kühl* aaO; *Sch/Schröder/ Stree/Heine* Rdn. 5; *Weyand/Diversy* aaO S. 139.

preis teilweise durch Verrechnung auf eine fällige Wechsel- und eine fällige Darlehensforderung des Gläubigers geleistet wurde; ist wesentlicher Zweck des Kaufvertrages die Tilgung der Gläubigerforderung, so kann in einem solchen Vertrag auch die Vereinbarung einer Leistung an Erfüllungs statt mit der Folge liegen, dass die Leistung des Schuldners nicht inkongruent ist (RG Rspr. 7 399, 400). Jedoch hält BGH bei Herlan GA **1956** 348 Inkongruenz dann für gegeben, wenn es den Parteien nicht auf den Ankauf und Verkauf ankam, sondern nur auf die Befriedigung des einen Vertragsteils für seine alten Forderungen (zur zivilrechtlichen Einordnung *Gernhuber* S. 185 ff mit Nachw.). Vor allem wenn die Abrede gerade in Erwartung der Insolvenz getroffen wurde, ist die anschließend erfolgte Leistung des Schuldners inkongruent, da die Vereinbarung nach §§ 134, 138 BGB nichtig ist[28] (vgl. auch unten Rdn. 23). Betont wird die „wirtschaftliche Betrachtungsweise des Gesamtzusammenhangs" in diesen Fällen von OLG Stuttgart (1 Ws 46/84 v. 21.2.1984 S. 4), welches unter Hinweis auf RGSt **6** 149 in dem Verkauf von Einrichtungen und Geräten an einen Gläubiger eine inkongruente Befriedigung sieht, wenn der Verkauf dem „Ausgleich der Forderungen ... mittels an Erfüllungs Statt hingegebener Sachwerte" dient (vgl. auch BGH LM § 241 KO Nr. 2). Dagegen fehlt es an einer Leistung (Zuwendung) des Schuldners gegenüber dem Gläubiger, wenn der Schuldner durch Rückzahlung eines Bankdarlehens das hierfür haftende Pfandrecht, welches der Gläubiger bestellt hatte, zum Erlöschen bringt; eine Leistung aus dem Schuldnervermögen erfolgt hier nur gegenüber der Bank.[29]

c) Die Tathandlung des **Gewährens** der Befriedigung oder Sicherheit setzt eine Leistung des Schuldners, nach h.M. aber auch eine **Mitwirkung des Gläubigers** vor aus.[30] **17**
RGSt **62** 277, 280 definierte in diesem Sinne das Gewähren geradezu als „eine Rechtshandlung, durch die mittels Angebot und Annahme der Zwangsvollstreckung unterliegendes Vermögen des Schuldners von diesem – unmittelbar oder mittelbar – dem Vermögen des einzelnen Gläubigers zugeführt wird". Diese Definition ist in sofern zu eng, als auch Realakte genügen können (vgl. oben Rdn. 14), und insgesamt der überholten Vertragstheorie der Erfüllung verhaftet, während die für § 283c weitgehend maßgebende zivilistische Erfüllungslehre heute überwiegend die Theorie der realen Leistungsbewirkung vertritt (vgl. nur *Palandt/Grüneberg* § 362 Rdn. 5 f mit Nachw.). Der Streit wird allerdings nur selten erheblich. So kann das Mitwirken des Gläubigers im Sinne einer Einverständniserklärung zeitlich vor der Erbringung der Leistung durch den Schuldner liegen (z.B. bei Angabe eines Girokontos auf der Lieferantenrechnung, oben Rdn. 16). Im Regelfall wird die Mitwirkung des Gläubigers zeitlich mit der Handlung des Schuldners zusammenfallen (z.B. bei Übereignung von Kundenwechseln oder Kundenschecks, oben Rdn. 16). Die Mitwirkung des Gläubigers kann aber auch der Handlung des Schuldners nachfolgen (z.B. bei Annahme einer Leistung an Erfüllungs statt, oben Rdn. 16). Umstritten sind dagegen Fälle fehlender Mitwirkung des Gläubigers. In ihnen wird es meist schon an dem Erfordernis einer Leistung (auf die Schuld!) fehlen. Die Geldanlage des Schuldners zugunsten von Verwandten ohne deren Wissen, um das Geld den anderen Gläubigern zu entziehen, ist keine Begünstigung der Verwandten-Gläubiger, sondern Bei-

---

[28] BGH bei *Fischer* Rdn. 7; RGSt **63** 78, 80; *Schaefer* LK[8] § 241 KO Anm. II 4.

[29] RGSt **62** 277, 280; *B. Kruse* S. 27 f; *Sch/Schröder/Stree/Heine* Rdn. 5; *Thilow* S. 154 ff.

[30] BGH bei Herlan GA **1953** 75; RGSt **29** 413 f; *Fischer* Rdn. 4; *Kindhäuser* LPK Rdn. 12 und NK Rdn. 6; *Lackner/Kühl* Rdn. 4; *Schaefer* aaO Anm. II 2; *Weyand/Diversy* Rdn. 124 S. 139; **aA** *Hoyer* SK Rdn. 12; *Radtke* MK Rdn. 11; *Sch/Schröder/Stree/Heine* Rdn. 6.

seiteschaffen i.S.d. § 283 Abs. 1 Nr. 1 (RGSt **29** 413, 414). Zwar gefährdet der Schuldner auch hier nicht die Gesamtheit der Gläubiger, sondern verstößt – unter Gefährdung der nicht begünstigten Gläubiger – nur gegen das Prinzip gleichmäßiger Verteilung. Jedoch trägt dieser Gesichtspunkt geringeren Unrechts allein jedenfalls nach Ansicht der Rechtsprechung nicht die Anwendung von § 283c und den Ausschluss von § 283 Abs. 1 Nr. 1 (vgl. auch oben Rdn. 11). Vielmehr erfordert das Gewähren hier ebenso wie bei §§ 291, 331 ff das Mitwirken des Leistungsempfängers (RG aaO): Ohne jede Mitwirkung des Gläubigers erscheint die Schuldminderung des Täters zumindest zweifelhaft. Aber auch die für § 283c weitgehend maßgebende zivilistische Erfüllungslehre fordert ein Mindestmaß an Mitwirkung des Gläubigers (vgl. nur *Gernhuber* S. 118 ff).

**18** d) Inwieweit eine Tatbegehung durch **Unterlassen** des Schuldners möglich ist, kann trotz des Anscheins weitergehender Äußerungen in der Kommentarliteratur zu § 283c nur ebenso wie bei § 283 (Abs. 1 Nr. 1 und Nr. 4) beantwortet werden: Die Tatbestandsverwirklichung durch Unterlassen setzt eine *Garantenstellung* des Schuldners voraus (*Kindhäuser* NK Rdn. 11; *Radtke* MK Rdn. 11). Auch unter Berücksichtigung der von § 283c erforderten Zahlungsunfähigkeit (die auch bei § 283 Abs. 1 vorliegen kann!) hat der Schuldner nicht etwa allgemein eine (Garanten-)Pflicht, sein Vermögen im Interesse der Befriedigung aller Gläubiger zu erhalten (vgl. § 283 Rdn. 37). Es besteht daher auch Einigkeit darüber, dass die Passivität des Schuldners gegenüber einer „eigenmächtigen Verrechnung durch einen Gläubiger" keine Gläubigerbegünstigung darstellt.[31]

**19** Weitergehend soll nach einer auf RGSt **48** 19 ff gestützten Literaturansicht an Stelle einer Erfolgsabwendungspflicht als Garantenstellung auch eine schlichte Handlungspflicht ausreichen, um das Unterlassen des Schuldners als tatbestandsmäßig erscheinen zu lassen. Insbesondere soll das Unterlassen oder die Verspätung der **Insolvenzantragstellung** bei einer entsprechenden rechtlichen Verpflichtung des Täters (z.B. aus § 15a InsO) den Tatbestand des § 283c erfüllen, wenn die Untätigkeit des Schuldners es dem Gläubiger ermöglicht, noch Pfändungen vorzunehmen.[32] Außerdem soll neben dem „kollusiven Anerkenntnis eines Klageanspruchs" (*Dreher/Tröndle*[48] Rdn. 6), also einem aktiven Tun, auch das „Hinnehmen eines Versäumnisurteils" den Tatbestand erfüllen,[33] jedenfalls wenn „ein mindestens stillschweigendes Einverständnis beider Parteien vorhanden" ist (*Schaefer* LK[8] § 241 KO Anm. II 2). Abgesehen davon, dass die bloße Verschaffung einer Vollstreckungsmöglichkeit lediglich einen strafbaren Versuch darstellt (oben Rdn. 14), ist gegenüber dem letztgenannten Beispiel der Hinnahme eines Versäumnisurteils auf die bereits zu § 283 Abs. 1 Nr. 4 dargelegten Bedenken zu verweisen (vgl. § 283 Rdn. 88). Aber auch im Übrigen haben die von der Literatur zitierten Entscheidungen stets ausschließlich auf ein aktives Tun des Schuldners abgestellt und insbesondere auf die Veranlassung des Gläubigers zur Zwangsvollstreckung hingewiesen (im Fall RGSt **17** 220 ff durch „Beredungen" mit dem Gläubiger; im Fall RGSt **28** 62 f durch die Aufforderung des Schuldners an seine Schwiegermutter, „sie solle ihr Geld retten"; im Fall RGSt **30** 46 ff durch Unterwerfung unter die Zwangsvollstreckung in einem vollstreckbaren Vergleich; im Fall RGSt **48** 18 ff durch Annahme des Vorschlags des Gläubigers, keinen

---

[31] BGH bei Herlan GA **1958** 48; *Fischer* aaO; *Hoyer* SK Rdn. 13; *Kindhäuser* LPK aaO und NK Rdn. 11; *Lackner/Kühl* aaO; *Sch/Schröder/Stree/Heine* Rdn. 7.

[32] *Lackner/Kühl* aaO; *Richter* GmbHR **1984** 147; *Sch/Schröder/Stree/Heine* Rdn. 7; *Weyand/Diversy* Rdn. 124 S. 139.

[33] *Fischer* Rdn. 4; *Klug* Konkurs-Strafrecht § 241 KO Rdn. 3; *Sch/Schröder/Stree* aaO. – Zur Relevanz derartigen prozessualen Unterlassens für die Insolvenzanfechtung *Baumann* Konkurs § 11 III 2a mit Nachw.

Konkursantrag zu stellen, worin aaO S. 20 ausdrücklich „nicht ein bloßes passives Verhalten des Angeklagten" gesehen wird). Für den Fall verzögerter oder ganz unterlassener Insolvenzantragstellung ist zusätzlich darauf hinzuweisen, dass § 15a InsO ein echtes Unterlassungsdelikt darstellt, welches rechtlich nicht einmal in einer Beziehung zu dem Erfolg der rechtzeitigen Eröffnung des Insolvenzverfahren steht (BGHSt **14** 280, 281; *Tiedemann* GmbH-Strafrecht[4] § 84 Rdn. 13; zust. *Hoyer* SK Rdn. 13 und *Kindhäuser* NK Rdn. 11). Um so weniger kann die einschlägige Handlungspflicht des Schuldners als Garantenpflicht zur Abwendung des Tatbestandserfolges bei § 283c verstanden werden (ebenso *Hoyer* SK Rdn. 13, *Kindhäuser* LPK Rdn. 12 und *Radtke* MK Rdn. 11). Die Begünstigung des bevorzugten Gläubigers und die ihr entsprechende Benachteiligung der übrigen Gläubiger ist zwar faktische Folge der Insolvenzverschleppung (vgl. bereits Rdn. 7 Vor § 283); der Schuldner ist jedoch hier wie auch sonst kein Garant für den Nichteintritt dieses bei § 283c zum Tatbestand gehörenden Erfolges.

e) Die für § 283c erforderliche **Inkongruenz** der Befriedigung oder Sicherheitsleistung **20**
des Gläubigers bestimmt sich nach bürgerlichem Recht.[34] Inkongruent ist daher die nicht der schuldrechtlichen Verpflichtung entsprechende, mit der Verpflichtung also nicht deckungsgleiche Leistung. Der Begriff stimmt mit der Umschreibung in § 131 Abs. 1 InsO überein: Inkongruent ist eine Leistung, die der Gläubiger „nicht zu beanspruchen hatte" bzw. die er „nicht in der Art" oder „nicht zu der Zeit" zu beanspruchen hatte. Für die zivilrechtliche Beurteilung sind auch die etwaigen Änderungen der Zivilrechtslage infolge der Eröffnung des Insolvenzverfahrens zu beachten, z.B. die Umwandlung des Erfüllungsanspruches des Gläubigers in eine Schadensersatzforderung bei Ablehnung der Erfüllung eines zweiseitigen Vertrages durch den Insolvenzverwalter nach § 103 Abs. 2 InsO (RGSt **40** 105, 109; *Sch/Schröder/Stree/Heine* Rdn. 8). – Während sich relativ einfach bestimmen lässt, ob der Gläubiger die Leistung der Art und der Zeit nach zu beanspruchen hatte, kann es schwieriger sein festzustellen, ob er die Leistung „nicht zu beanspruchen" hatte:

Hat der Gläubiger überhaupt **keinen Anspruch** auf die vom Schuldner erbrachte Leis- **21**
tung, so ist er im Sinne des § 283c nicht als Gläubiger anzusehen. In diesem Fall findet nicht § 283c, sondern nur § 283 Anwendung (oben Rdn. 1). Dies gilt z.B. für die Fälle, in denen ein Vertrag nicht zustande gekommen oder als *Wucher- oder Scheingeschäft* nichtig ist (*Sch/Schröder/Stree/Heine* Rdn. 9). Auch soweit der Schuldner mehr leistet, als er schuldet, wendet die h.M. § 283 an (vgl. unten Rdn. 40). Für § 283c verbleiben daher nur die Fälle, in denen ein Anspruch des Gläubigers zwar besteht, aber mit einer dauernden Einrede oder einem Gegenrecht des Schuldners behaftet ist, z.B. weil der Anspruch *verjährt* ist,[35] das zugrundeliegende Rechtsgeschäft nach §§ 119 ff BGB *anfechtbar* ist,[36] eine unvollkommene Verbindlichkeit (z.B. i.S.d. § 762 BGB) vorliegt[37] oder sonst die

---

[34] BGHSt **8** 55, 56 und bei Herlan GA **1953** 75; RGSt **66** 88, 90; *Kindhäuser* LPK Rdn. 13 und NK Rdn. 12; *Lackner/Kühl* Rdn. 5; *Sch/Schröder/Stree/Heine* Rdn. 8; *Sowada* S. 171; *Vormbaum* GA **1981** 111 f; *Weyand/Diversy* Rdn. 125 S. 140.

[35] *Bieneck* in Müller-Gugenberger/Bieneck § 79, 27; *Fischer* Rdn. 6; *Henckel* in Jaeger § 131 Rdn. 8; *Kindhäuser* LPK Rdn. 14; *Lackner/Kühl* aaO; *Radtke* MK Rdn. 14; *Sch/Schröder/Stree/Heine* Rdn. 9; *Vormbaum* aaO S. 116; *Wessels/Hillenkamp* BT 2 § 12, 479; *Weyand/Diversy* Rdn. 125 S. 140.

[36] *Bieneck* aaO; *Fischer* aaO; *Kindhäuser* aaO; *Lackner/Kühl* aaO; *Sch/Schröder/Stree/Heine* aaO; *Vormbaum* aaO; *Wessels/Hillenkamp* aaO; *Weyand/ Diversy* aaO; **aA** *Bittmann* § 14, 35 und *Radtke* aaO (die auf die Anfechtung abstellen wollen).

[37] *Bieneck* aaO; *Henckel* in Jaeger aaO; *Kindhäuser* aaO; *Sch/Schröder/Stree/Heine* aaO; *Wessels/Hillenkamp* aaO.

Möglichkeit einer Leistungsverweigerung oder einer Beseitigung der Rechtsgrundlage des Anspruchs besteht.[38] Dabei wird eine materielle Betrachtungsweise zugrunde gelegt, die sich insbesondere von der Ausübung etwaiger Gestaltungsrechte des Schuldners löst und die Rechtslage so beurteilt, als seien derartige Gegenrechte bereits geltend gemacht. Diese Sicht ist nicht frei von Bedenken: Die Nichtanwendung von § 283 zugunsten der Anwendung von § 283c weitet die Privilegierung des Schuldners erheblich aus. Da andererseits juristische Laien häufig nicht zwischen dem Vorliegen und der Geltendmachung von Einreden und Gestaltungsrechten usw. unterscheiden, entspricht diese Ausweitung des Anwendungsbereiches von § 283c aber insgesamt, jedenfalls aus der subjektiven Sicht des Täters, dem Sinn der Privilegierung. Die Ausweitung stimmt auch mit der Tatsache überein, dass der Insolvenzverwalter im Regelfall – sofern etwaige Fristen noch nicht abgelaufen sind – den Anspruch des Gläubigers nicht erfüllen müsste. Auch wird die Ausweitung durchaus vom Wortlaut des § 283c gedeckt, ja geradezu gefordert, da andernfalls – vor allem bei Berücksichtigung der beiden zusätzlich aufgezählten Alternativen einer Inkongruenz der Leistung und angesichts der Nichtanwendung von § 283c bei Fehlen jeden Anspruchs – kaum ein Anwendungsbereich für die Tatbestandsalternative bliebe, dass der Gläubiger die Leistung „nicht zu beanspruchen hat“. – Die insolvenzrechtliche Anfechtbarkeit nach §§ 129, 131 InsO ist dagegen ganz außer Betracht zu lassen, da sonst dasselbe Merkmal in § 283c und § 131 InsO einen unterschiedlichen Inhalt erhielte.[39]

22 **Nicht in der Art** zu beanspruchen hat der Gläubiger eine vom Schuldner erbrachte Leistung, wenn diese gegenüber der geschuldeten **andersartig** ist.[40] Das Fehlen der Deckungsgleichheit von schuldrechtlicher Verpflichtung und dinglicher Erfüllung wird hier besonders deutlich. Eine andere als die geschuldete Leistung wird vor allem dann erbracht, wenn die Leistung *an Erfüllungs statt* (§ 364 Abs. 1 BGB) oder *erfüllungshalber* (§ 364 Abs. 2 BGB) erfolgt.[41] Insoweit wurde als Beispiel bereits oben Rdn. 16 die Übereignung von Kundenschecks und Kundenwechseln genannt. Einschlägig ist ferner die oben Rdn. 16 erwähnte Hingabe von Waren für eine Geldschuld,[42] die Rückgabe von Waren, ohne dass Eigentumsvorbehalt des Gläubigers besteht (*Henckel* in Jaeger § 131 Rdn. 12 mit Nachw.), sowie die *Werterhöhung*, welche das Vorbehalts- und Sicherungseigentum von Warenlieferanten und Geldkreditgebern mittels Finanzierungsvorgriffs auf das *Insolvenzgeld* erfährt, jedenfalls sofern die Aktivität des schuldnerischen Unternehmens auf diese Werterhöhung konzentriert wird (vgl. *Henckel* aaO § 129 Rdn. 218 ff mit Nachw.; auch unten Rdn. 29). Diese Leistungen können allerdings dann kongruent sein, wenn sie schon in den Liefer- und Kreditverträgen im Sinne einer zivilrechtlich wirksamen Ersetzungsbefugnis des Schuldners vorgesehen wurden (vgl. aber auch Rdn. 23 a.E.). Dasselbe gilt für die *Abtretung einer Forderung* an Stelle von Geldzahlung.[43] Mangels hinreichender Bestimmtheit nimmt die h.M. auch Inkongruenz der nachträglichen

---

38 *Bieneck* aaO; *Fischer* aaO; *Vormbaum* aaO.

39 BGHSt 8 55, 56; RGSt **66** 80, 90; *Sch/Schröder/Stree/Heine* Rdn. 8; *Vormbaum* aaO S. 116; *Wessels/Hillenkamp* aaO.

40 *Preisendanz/Bieneck* Anm. 3 f bb; *Wessels/Hillenkamp* BT 2 Rdn. 480; *Weyand/Diversy* aaO.

41 *Bieneck* in Müller-Gugenberger/Bieneck § 79, 28; *Henckel* in Jaeger § 131 Rdn. 9; *Kindhäuser* LPK Rdn. 15; *Lackner/Kühl* Rdn. 5; *Radtke* MK Rdn. 16; *Sch/Schröder/Stree/Heine* Rdn. 10.

42 BGH bei Herlan GA **1956** 348; OLG Hamm NZI **2001** 432, 434; *Bieneck* aaO; *Henckel* aaO; *Kindhäuser* aaO; *Sch/Schröder/Stree/Heine* aaO; *Wessels/Hillenkamp* aaO; *Weyand/Diversy* aaO.

43 BGH NJW 2000 211, 212 und ZInsO 2002 766; *Henckel* aaO; *Sch/Schröder/Stree/Heine* aaO; *Wessels/Hillenkamp* aaO; *Weyand/Diversy* aaO.

„Bestellung oder Verstärkung bankmäßiger Sicherheiten“ an, obwohl Nr. 13 der *Allgemeinen Geschäftsbedingungen der Banken* insoweit einen Anspruch auf Sicherung „für alle Verbindlichkeiten“ zu begründen sucht (*Henckel* aaO Rdn. 32 mit Nachw.; *Vormbaum* GA **1981** 117 ff m.w.N.). – Wird eine andere Leistung als Geldzahlung geschuldet, so hängt es von der Verkehrsanschauung und der Parteivereinbarung ab, ob die erbrachte mit der geschuldeten Leistung identisch ist. Liefert der Schuldner z.B. statt der geschuldeten Möbel unfertige Möbelstücke, so hängt es von dem Grad der Fertigstellung ab, ob es sich um den – wenn auch nicht mangelfreien – Vertragsgegenstand oder um eine andere Leistung (Holz!) handelt (RGSt **67** 1 f).

Inkongruent ist auch die Bestellung einer **Sicherheit,** die im Verpflichtungsgeschäft nicht (wirksam) vereinbart wurde (und sich auch nicht aus Rechtsnormen wie §§ 648, 648a, 775 Abs. 2 BGB ergibt: RGSt **3** 191, 195 ff; BGHSt **35** 357, 362 mit abl. Bspr. *H. Schäfer* wistra **1990** 89). Der *Anspruch auf Erfüllung* (Befriedigung) gibt nämlich *kein Recht des Gläubigers auf Leistung einer Sicherheit.*[44] Insbesondere die Bestellung eines Pfandrechts oder die Vornahme einer Sicherungsübereignung ist daher inkongruent, es sei denn, dass ein entsprechender Anspruch bereits in dem schuldrechtlichen Verpflichtungsvertrag vereinbart wurde (*Vormbaum* GA **1981** 112 mit Nachw.). Auch eine vertraglich nicht vereinbarte Kontosperre stellt eine inkongruente Sicherung dar (*Henckel* in Jaeger § 131 Rdn. 42 mit Nachw.). Ebenso ist das Zulassen des Entstehens eines Pfändungspfandrechtes zugunsten des Gläubigers eine inkongruente Sicherheitsgewährung, sofern nicht ein bloßes (strafloses) Unterlassen des Schuldners vorliegt (RGSt **48** 19 ff; näher oben Rdn. 19). Bei entsprechender vertraglicher Vereinbarung führt dagegen die Berechtigung des Schuldners, bei Fälligkeit des geschuldeten Geldes statt dessen Waren zu liefern, zur Kongruenz der Leistung.[45] Jedoch ist im letzteren Fall, wie bereits oben Rdn. 16 a.E. erwähnt wurde, die Leistung inkongruent, wenn die einschlägige *vertragliche Abrede* gerade in *Erwartung der Insolvenz* getroffen wurde; die Abmachung ist dann nach §§ 134, 138 BGB nichtig.[46] Allerdings liegt in Fällen dieser Art die Möglichkeit eines Irrtums des Täters nahe (RGSt **63** 80 f). Schließen dagegen Schuldner und Gläubiger einen Vertrag, durch den der Gläubiger auf das Leistungsverweigerungsrecht aus § 321 BGB verzichtet und der Schuldner sich verpflichtet, Sicherheiten für offene Forderungen des Gläubigers zu bestellen, so ist die anschließende Bestellung der Sicherheiten nicht inkongruent. Endlich hat der Gläubiger keinen Anspruch auf eine Verbesserung der Vollstreckungsmöglichkeit im Wege der Ersetzung des bisherigen (zahlungsunfähigen) Schuldners durch einen neuen (zahlungskräftigen) Schuldner. Die Übernahme von Verbindlichkeiten durch eine *Auffanggesellschaft* unter Mitwirkung des Schuldners gem. §§ 414, 415 BGB und Übertragung von Aktiva auf die Auffanggesellschaft ist daher eine inkongruente Handlung, durch welche der Wert der Forderungen der ebenfalls mitwirkenden Gläubiger gesteigert wird: Sie erhalten die Möglichkeit, ohne quotenmäßige Begrenzung in die Aktiva zu vollstrecken. Dies stellt das Gewähren einer Sicherheit i.S.d. § 283c durch den Schuldner dar (zust. *Bittmann* § 14, 29; **aA** *Hoyer* SK Rdn. 10; vgl. oben Rdn. 14; *Krause* S. 276 f; *Tiedemann* ZIP **1983** 517). Die Strafbarkeit nach dieser Vorschrift bestimmt sich danach, ob die übrigen Gläubiger hierdurch benachteiligt werden und ob der Schuldner mit dolus directus handelt (dazu unten Rdn. 28 und 31). **23**

---

[44] BGH bei Holtz MDR **1979** 457; *Bieneck* aaO; *Henckel* aaO Rdn. 29; *Lackner/Kühl* aaO; *Sch/Schröder/Stree/Heine* Rdn. 8; *Vormbaum* aaO S. 112, 116; *Wessels/Hillenkamp* aaO Rdn. 480; *Weyand/Diversy* aaO S. 141.

[45] BGH bei Herlan GA **1956** 348; *Bendix* JW **1927** 1106; *Bittmann* in Bittmann § 14, 27; *Fischer* Rdn. 9.

[46] BGH 1 StR 539/80 v. 10.3.1981 bei *Fischer* Rdn. 7; RGSt **63** 78, 79 f; *Lackner/Kühl* Rdn. 5; *Sch/Schröder/Stree/Heine* Rdn. 10.

24 **Nicht zu der Zeit** zu beanspruchen hat der Gläubiger die Leistung des Schuldners, wenn die erbrachte Leistung (noch) *nicht fällig* war oder – bei einer aufschiebend bedingten Forderung – die Bedingung noch nicht eingetreten war.[47] Auch die Vorverlegung der Fälligkeit (z.B. durch Begründung einer neuen Verbindlichkeit) ist inkongruent (RGSt **4** 62 ff), da und soweit der Gläubiger auf sie keinen Anspruch hat.

25 **2. Begünstigung des Gläubigers und Benachteiligung der übrigen Gläubiger.** Der Erfolg der Begünstigung des Gläubigers, dem der Schuldner eine inkongruente Leistung gewährt, muss tatsächlich eintreten, damit die Tat vollendet ist (BTDrucks. 7/3441 S. 38; oben Rdn. 1 und 2). Tritt der Erfolg nicht ein oder lässt er sich nicht feststellen, so kommt nur Versuchsstrafbarkeit nach Absatz 2 in Frage (dazu näher unten IV.).

26 a) **Die Begünstigung** besteht in der Besserstellung des bevorzugten Gläubigers im Verhältnis zu den übrigen Gläubigern (*Hoyer* SK Rdn. 7; *Kindhäuser* LPK Rdn. 17; *Lackner/Kühl* Rdn. 6). Dabei bleibt eine spätere Insolvenzanfechtung außer Betracht (vgl. bereits oben Rdn. 21; RG JW **1905** 761). Der Vorteil, den der bevorzugte Gläubiger erhalten hat, liegt nicht schon in dem Empfang der (inkongruenten) Leistung; andernfalls wäre das Tatbestandsmerkmal der Begünstigung überflüssig (zust. *Bittmann* § 14, 40 mit Nachw.). Vielmehr ist die Situation nach Gewährung der Leistung an den Gläubiger mit derjenigen Lage zu vergleichen, die ohne Erbringung der Leistung eingetreten wäre (*Kindhäuser* aaO; *Lackner/Kühl* aaO; *Vormbaum* GA **1981** 119 ff). Es ist also der **hypothetische Kausalverlauf** für den gedachten Fall der Nichtgewährung der inkongruenten Deckung zu ermitteln (zust. *Hoyer* SK Rdn. 7). Bei inkongruenter Befriedigung des Gläubigers kann daher die Begünstigung insbesondere dadurch entfallen, dass der Gläubiger gegenüber dem Schuldner vor dessen Leistung oder Zug um Zug eine gleichwertige *Gegenleistung* erbringt (zust. *Bittmann* § 14, 41; *Vormbaum* aaO S. 120 mit Nachw.). Bei der Nettolohnfinanzierung durch missbräuchlichen Vorgriff auf das Insolvenzgeld (vgl. oben Rdn. 15) stellt allerdings die Finanzierung der Arbeitslöhne durch die Bank keine gleichwertige Gegenleistung dar, weil die Bank neben der Werterhöhung ihres Sicherungseigentums auch die (sicheren) Ansprüche gegen die Bundesanstalt für Arbeit (auf Zahlung von Insolvenzgeld) erhält (*Uhlenbruck* KTS **1980** 85). – Eine Begünstigung i.S.d. § 283c entfällt aber auch dann, wenn der Schuldner allen Gläubigern gleichmäßig eine inkongruente Deckung verschafft, z.B. durch Gewährung von Sicherheiten oder durch Werterhöhung des Vorbehaltseigentums der Gläubiger (zust. *Bittmann* aaO; *Vormbaum* aaO). Bei inkongruenter Sicherheitsleistung fehlt es an einer Begünstigung, wenn anstelle der tatsächlich erfolgten Verwertung der Sicherheit (z.B. durch Einziehung abgetretener Forderungen vor Eröffnung des Insolvenzverfahrens) rechtzeitig Befriedigung durch Erfüllung der Schuld erfolgt wäre (*Vormbaum* aaO S. 120 f). Die bloße zeitliche Bevorzugung des Gläubigers ist also nicht ohne weiteres strafbar.

27 b) Als „Kehrseite“ dieser Besserstellung des Empfängers einer inkongruenten Leistung muss eine entsprechende **Benachteiligung** der übrigen Gläubiger eingetreten sein (BGHSt **8** 55, 58; *Bittmann* § 14, 42; *Vormbaum* aaO S. 120). Der Vorteil muss mit anderen Worten auf Kosten der übrigen Gläubiger erlangt sein (*Sch/Schröder/Stree/Heine*

---

[47] RGSt **2** 439 (ff); *Bieneck* in Müller-Gugenberger/Bieneck § 79, 29; *Bittmann* in Bittmann § 14, 39; *Fischer* Rdn. 6; *Kindhäuser* LPK Rdn. 16; *Lackner/Kühl* Rdn. 5; *Radtke* MK Rdn. 17; *Sch/Schröder/Stree/Heine* Rdn. 11; *Vormbaum* aaO S. 116; *Wessels/Hillenkamp* BT 2 § 12, 481; *Weyand/Diversy* Rdn. 125 S. 141.

Rdn. 13). Dieser Nachteil der übrigen Gläubiger ist grundsätzlich mit dem Entstehen eines tatbestandsmäßigen Vorteils des bevorzugten Gläubigers gegeben, da jede Erbringung einer Leistung aus dem Schuldnervermögen die für die Verteilung an die übrigen Gläubiger zur Verfügung stehende Vermögensmasse verringert (vgl. nur RG JW **1934** 1290 [f]; *Vormbaum* aaO). Damit ist die Benachteiligung der übrigen Gläubiger geradezu „unvermeidliche Begleiterscheinung" der Bevorzugung eines Gläubigers (BGH aaO S. 58) und braucht im Regelfall nicht besonders festgestellt zu werden (zust. *Bittmann* aaO). Vor allem ist bereits eine **Gefährdung** der Befriedigungsinteressen der übrigen Gläubiger ausreichend (**aA** *Thilow* S. 91 ff), da die inkongruente Leistung durch Anfechtung nach § 131 InsO rückgängig gemacht werden kann (und zudem auch rechtlich unwirksame Verfügungen als Leistungen i.S.d. § 283c angesehen werden, oben Rdn. 13), also durch die Gewährung der inkongruenten Deckung nur selten ein endgültiger Schaden für die übrigen Gläubiger entsteht.

Die Benachteiligung der übrigen Gläubiger muss **unmittelbare** Folge der Bevorzugung **28**
eines Gläubigers sein (zust. *Bittmann* § 14, 44). Mittelbare Benachteiligung, mitwirkende Ursachen usw. bleiben daher ebenso wie bei § 131 InsO unberücksichtigt: Es kommt allein auf die Inkongruenz der Leistung und die Vollwertigkeit der etwaigen Gegenleistung an (BGH NJW **1955** 709; *Baumann* Konkurs § 11 III 2b und 3 m.w.N.). Die erforderliche unmittelbare Benachteiligung fehlt damit grundsätzlich bei vollwertiger **Gegenleistung** des Gläubigers, wie auch für § 283 Abs. 1 Nr. 1 als tatbestandsausschließend anerkannt ist (vgl. § 283 Rdn. 30). Allerdings fragt sich, ob dieser Grundsatz der Maßgeblichkeit des „Gesamttatbestandes" (BGH aaO) nicht Ausnahmen kennt, die bei § 283 Abs. 1 Nr. 1 (und Nr. 8) durch das Erfordernis ordnungsgemäßer Wirtschaftsführung und bei § 283c durch das Merkmal der Bevorzugung und Benachteiligung von Gläubigern ermöglicht werden. Die Frage ist zu bejahen. Auch die Ergänzung des rein vermögensrechtlichen Gedankens des Gläubigerschutzes durch den Gesichtspunkt einer funktionsfähigen Kreditwirtschaft zwingt zu einer Betrachtung, welche die Gegenleistung nur dann als strafrechtlich relevant erscheinen lässt, wenn sie nicht unter normativen Gesichtspunkten als Schädigung des Schuldners oder der übrigen Gläubiger erscheint (vgl. für die Ausnutzung einer Zwangslage des Schuldners nach § 291 *Dreiss/Eitel-Dreiss* S. 183).

Der Schaden bzw. die Gefährdung braucht nicht alle Gläubiger gleichmäßig zu tref- **29**
fen. Wird daher die Produktion des insolventen schuldnerischen Unternehmens durch *Vorgriff auf das Insolvenzgeld* finanziert und weitergeführt (vgl. oben Rdn. 15 sowie § 283 Rdn. 165) und hat der Kreditgeber nach den Kreditverträgen keinen Anspruch auf diese Werterhöhung, sondern nur einen Anspruch auf Geldzahlung oder Herausgabe von Ware, so reicht es für § 283c aus, dass diese Art der Finanzierung die Versichertengemeinschaft und/oder den Fiskus als Gläubiger schädigt (*Tiedemann* ZIP **1983** 519; zust. *Bieneck* in Müller-Gugenberger/Bieneck § 88, 3 sowie *Bittmann* § 14, 45 m.w.N.; zum Gläubigerbegriff Rdn. 45 Vor § 283). Die Zustimmung der Bundesagentur für Arbeit ändert am Vorliegen des Missbrauchs und damit an der Strafbarkeit nichts. Wird die Produktion gezielt nur für einzelne Bereiche und/oder bestimmte Waren weitergeführt oder werden neben der Arbeitsleistung der Arbeitnehmer auch kostenaufwendige sonstige Produktionsmittel eingesetzt, so entspricht der Besserstellung des bevorzugten Gläubigers unmittelbar ein Nachteil der übrigen Gläubiger (*Tiedemann* aaO). Dass diese ohne die Fortführung der Produktion denselben Nachteil erlitten hätten, ist strafrechtlich unbeachtlich, da es primär auf den durch den Schuldner erbrachten Vorteil der bevorzugten Gläubiger ankommt; dieser Vorteil steht für die Befriedigung der übrigen Gläubiger nicht zur Verfügung, so dass diese geschädigt werden. Deutlicher ist die Schädigung der

übrigen Gläubiger, wenn durch die Fortführung der Produktion Warenlieferanten ihr Vorbehaltseigentum durch Verarbeitung verlieren (*Bittmann* aaO; *Uhlenbruck* KTS **1980** 85). Die Weiterführung des zahlungsunfähigen schuldnerischen Unternehmens muss also allen Gläubigern gleichmäßig zugute kommen, wenn der Schuldner oder sein nach § 14 handelnder Vertreter nicht nach § 283c strafbar sein soll (zust. *L. Müller* in Lexikon des Rechts S. 463 f); eine Schädigung der Versichertengemeinschaft ist überhaupt nur dann ausgeschlossen, wenn nicht gegen den Zweck der Insolvenzgeldversicherung verstoßen wird, der Unternehmenszusammenbruch also nicht sicher bevorsteht (zust. *Bieneck* aaO).

### 3. Vorsatz, Absicht und Irrtum

**30** a) Hinsichtlich der *Zahlungsunfähigkeit* des Schuldners ist *sichere Kenntnis* erforderlich; dolus eventualis reicht insoweit nicht aus.[48] Dasselbe gilt wegen des engen Zusammenhanges mit der Zahlungsunfähigkeit für die Schuldner- sowie für die Gläubigereigenschaft (*Kindhäuser* NK Rdn. 17; *Vormbaum* aaO S. 121 f; **aA** *Bittmann* § 14, 51 m.w.N.). Eine eigene Wertung des Täters ist in Bezug auf das Vorliegen der Zahlungsunfähigkeit erforderlich, ohne dass der Täter aber diesen Begriff kennen müsste (vgl. § 283 Rdn. 188; *Sch/Schröder/Stree/Heine* Rdn. 16 m.w.N.). – In Bezug auf die *Inkongruenz* der Deckung genügt dagegen *bedingter Vorsatz*.[49] Entsprechend allgemeinen Grundsätzen (vgl. § 283 Rdn. 189) ist dieser Vorsatz hinsichtlich des Anspruchs des Gläubigers auf die Leistung aber nicht mit Tatsachenkenntnis identisch; vielmehr ist erforderlich, dass der Täter die rechtliche Wertung zumindest im Ergebnis kennt (vgl. bereits *Bendix* JW **1927** 1106; *Schaefer* LK[8] § 241 KO Anm. IV). Nimmt der Täter irrig an, er sei zahlungsfähig oder die Deckung sei kongruent, so entfällt nach § 16 der Vorsatz und damit die Strafbarkeit (und zwar auch nach § 283).[50] Die Annahme, eine Schuld z.B. wegen einer Notlage des Gläubigers bereits vor Fälligkeit erfüllen oder dem Gläubiger anstelle des geschuldeten Geldes Gegenstände überlassen zu dürfen, ist Verbotsirrtum (*Schaefer* aaO; *Sch/Schröder/Stree/Heine* aaO).

**31** b) Hinsichtlich der *Begünstigung* des Gläubigers vor den übrigen Gläubigern ist Absicht oder *Wissentlichkeit* erforderlich. Es muss dem Täter also entweder darauf ankommen, dass er den Gläubiger bevorzugt (Absicht), oder der Täter muss zumindest sichere Kenntnis davon haben, dass dieser Erfolg eintritt (dolus directus).[51] Dies hat Bedeutung u.a. für die oben Rdn. 23 erörterte Konstellation, dass die Gewährung einer Sicherheit gegenüber einigen Gläubigern dem Zweck dient, mit dieser Leistung einen Wertausgleich für das Beiseiteschaffen von Vermögensgegenständen durch ihre Übertragung auf eine *Auffanggesellschaft* zu schaffen. Handelt der Täter nur mit dolus eventualis, so darf wegen der Sperrwirkung des § 283c auch nicht auf § 283 Abs. 1 Nr. 1 zurückgegriffen werden. – Für diesen Fall des Fehlens von Absicht im engeren Sinne fordert eine verbreitete Ansicht hinsichtlich der *Inkongruenz* der Deckung ebenfalls sichere Kenntnis, da der

---

[48] *Fischer* Rdn. 8; *Hoyer* SK Rdn. 17; *Kindhäuser* LPK Rdn. 18; *Lackner/Kühl* Rdn. 7; *Otto* BT § 61, 112; *Radtke* MK Rdn. 22; *Sch/Schröder/Stree/Heine* Rdn. 16; *Wessels/Hillenkamp* BT 2 § 12, 482.

[49] *Fischer* aaO; *Hoyer* SK Rdn. 18; *Lackner/Kühl* aaO; *Radtke* aaO; *Sch/Schröder/Stree/Heine* aaO; *Wessels/Hillenkamp* aaO; vgl. aber auch unten Rdn. 31.

[50] RGSt **17** 220, 223; *Bendix* JW **1927** 1106; *Bittmann* in Bittmann § 14, 52; *Radtke* MK Rdn. 23; *Schaefer* LK[8] § 241 KO Anm. IV; *Sch/Schröder/Stree/Heine* aaO.

[51] Amtl. Begr. BTDrucks. 7/3441 S. 38; BGH LM § 241 KO Nr. 2; *Fischer* Rdn. 8; *Kindhäuser* aaO; *Lackner/Kühl* Rdn. 7; *Otto* aaO; *Radtke* MK Rdn. 22; *Wessels/Hillenkamp* aaO.

Schuldner andernfalls nicht die Absicht oder das Wissen von der Begünstigung haben könne.[52] Eine Gegenmeinung der Literatur[53] hält dem entgegen, dass die übrigen Gläubiger auch durch Gewährung einer kongruenten Deckung benachteiligt werden können. Jedenfalls fehlt aber nach h.M. die subjektive Tatseite, wenn der Täter in der („begründeten") Überzeugung handelt, „dem Interesse der übrigen Gläubiger zu dienen, weil er durch die Bestellung von Sicherheiten neue Mittel zur Fortführung des Betriebes und damit zur Befriedigung aller Gläubiger aus dem Gewinn zu erhalten hofft".[54]

**4. Strafbarkeitsbedingung (Absatz 3) und Verjährung.** Mit Eintritt des oben Rdn. 25 ff **32**
(27) genannten Erfolges, der in der Gefährdung der übrigen Gläubiger besteht, ist die Tat des Absatzes 1 vollendet. Objektive Bedingung der Strafbarkeit ist aber auch für § 283c, dass es – vor oder nach der Tathandlung – zur Zahlungseinstellung, Insolvenzverfahrenseröffnung oder Abweisung des Eröffnungsantrages mangels Masse kommt (Absatz 3). Dieser wirtschaftliche Zusammenbruch muss mit der Begünstigung und Benachteiligung in einem tatsächlichen Zusammenhang stehen (RG JW **1934** 1289, 1290; Rdn. 92 Vor § 283). – Erst mit Eintritt der objektiven Strafbarkeitsbedingung ist eine Strafverfolgung möglich. Die Verjährung beginnt daher mit diesem Zeitpunkt, wenn die Begünstigungshandlung früher vorgenommen wurde, bzw. mit Eintritt des Begünstigungs- und Gefährdungserfolges, wenn sich die Täterhandlung erst nach Eintritt der Strafbarkeitsbedingung ereignet (vgl. auch § 283 Rdn. 221, § 283b Rdn. 13). Gem. § 78 Abs. 3 Nr. 4 verjährt die Tat in fünf Jahren.

## IV. Versuch (Absatz 2)

**1. Beginn der Tatbestandsverwirklichung.** Die Einführung der Versuchsstrafbarkeit **33**
durch das 1. WiKG stellt einen Ausgleich dafür dar, dass der Tatbestand der Gläubigerbegünstigung von einem Absichts- zu einem Erfolgsdelikt umgestaltet, der Vollendungszeitpunkt also zurückverlegt worden ist. Bis zum Eintritt dieses Erfolges, nämlich bis zur Befriedigung des Gläubigers oder bis zu seiner Sicherung, ist daher auch gemäß § 24 strafbefreiender Rücktritt möglich.

Der Beginn der Begünstigungshandlung, also das unmittelbare Ansetzen zur Tatbe- **34**
standsverwirklichung i.S.d. § 22, liegt jedenfalls in der Vornahme der für die inkongruente Deckung erforderlichen Handlung des Schuldners, z.B. in der Erteilung eines Überweisungsauftrages an die Hausbank (zust. *Fischer* Rdn. 9), in der Übersendung von Kundenwechseln oder -Schecks an den Gläubiger (oben Rdn. 16), aber auch bereits in der Verschaffung einer Vollstreckungsmöglichkeit zugunsten des Gläubigers, etwa durch Unterwerfung in einer vollstreckbaren Urkunde (oben Rdn. 14) oder durch die Zusage, trotz Eintritts der Zahlungsunfähigkeit noch keinen Antrag auf Eröffnung des Insolvenzverfahrens zu stellen, um dem Gläubiger Pfändungen zu ermöglichen (zust. *Bittmann* § 14, 55; vgl. oben Rdn. 19). Gibt der Schuldner auf diese Weise das Geschehen in der Erwartung aus der Hand, der Gläubiger werde sich innerhalb kurzer Zeit durch Vollstreckung und Verwertung Sicherung und Befriedigung verschaffen, so setzt der Schuldner damit unmittelbar zur Gewährung der inkongruenten Deckung an.

---

52 BGH 1 StR 539/80 v. 10.3.1981 bei *Fischer* aaO; BGH bei Herlan GA **1959** 341; *Vormbaum* aaO S. 122.

53 *Bieneck* in Müller-Gugenberger/Bieneck § 79, 31; *Sch/Schröder/Stree/Heine* Rdn. 16.

54 BGH LM § 241 KO Nr. 2 mit Nachw.; *Bieneck* aaO; *Sch/Schröder/Stree/Heine* Rdn. 17. Vgl. auch BGHSt **35** 357 (361 f).

35 **2. Untauglicher Versuch.** In den Grenzen des § 23 Abs. 3 strafbar ist auch der untaugliche Versuch. Dies entspricht der heute ganz h.M., soweit die Untauglichkeit von Tatmittel und Tatobjekt in Frage steht. Die irrige Annahme des Schuldners, die von ihm gewährte Deckung sei inkongruent, führt daher ebenso zur Versuchsstrafbarkeit (*Sch/Schröder/Stree/Heine* Rdn. 20; *Vormbaum* GA **1981** 128) wie seine Fehlvorstellung, es bestehe eine wirksame Forderung gegen ihn, auf die er leiste (*Fischer* Rdn. 9; *Vormbaum* aaO S. 127). Soweit dagegen die Literatur auch die irrige Annahme von Zahlungsunfähigkeit als untauglichen Versuch der Gläubigerbegünstigung ansieht (*Fischer* aaO; *Radtke* MK Rdn. 25; *Stree/Heine* aaO), sind dieselben Bedenken wie bereits zu § 283 Abs. 1 (vgl. dort Rdn. 198) anzumelden: Da die Zahlungsunfähigkeit und die Eigenschaft als Schuldner sonderpflichtbegründend wirken, müssen beide Merkmale objektiv vorliegen, um das Handeln strafbar zu machen. Die nur irrige Annahme, Schulden zu haben oder zahlungsunfähig zu sein, ist nach richtiger Ansicht ein umgekehrter Verbotsirrtum und führt als Wahndelikt zur Straflosigkeit (zust. *Bieneck* in Müller-Gugenberger/Bieneck § 79, 33; **aA** *Sonnen* BT S. 152 und *Hoyer* SK Rdn. 19 m.w.N.).

## V. Teilnahme

36 **1. Anstiftung und Beihilfe.** Wegen der doppelten Voraussetzung, dass ein zahlungsunfähiger Schuldner handelt, ist § 283c ein echtes Sonderdelikt. Daher können sich andere Personen durch ihre Beteiligung an der Tat, abgesehen von dem Fall des § 14, nur als Anstifter oder Gehilfen strafbar machen (oben Rdn. 4). Nehmen sie selbst eine an und für sich unter §§ 283 Abs. 1 Nr. 1, 283c fallende Handlung vor, schaffen sie also insbesondere Vermögensbestandteile des Schuldners beiseite, so kommt allerdings bei Handeln mit Einwilligung oder zugunsten des Schuldners Täterschaft nach § 283d in Betracht. Inwieweit § 283c im Verhältnis zu diesem Straftatbestand Sperrwirkung entfaltet, wird zu § 283d (Rdn. 26) dargelegt.

37 Der Teilnehmer muss ebenso wie der Täter außer der Zahlungsunfähigkeit auch die Inkongruenz der Deckung kennen (§ 16). Der Teilnehmer muss ferner zumindest mit dolus eventualis davon ausgehen, dass beim Täter (Schuldner) die von § 283c geforderten Wissens- und Absichtsmerkmale vorliegen (dazu oben Rdn. 30, 31). Dagegen wirkt die Strafbarkeitsbedingung des § 283c Abs. 3 i.V.m. § 283 Abs. 6 auch für den Teilnehmer rein objektiv, braucht also nicht von seinem Vorsatz umfasst zu sein. – Zu der streitigen Frage, ob insbesondere für den Anstifter die Strafe nach § 28 Abs. 1 zu mildern ist, vgl. § 283 Rdn. 228 sowie *Vormbaum* GA **1981** 133.

38 **2. Notwendige Teilnahme des Gläubigers.** Soweit die Tatbestandserfüllung nach § 283c begrifflich die Beteiligung des begünstigten Gläubigers voraussetzt, die Leistung (Sicherheit oder Befriedigung) also nicht ohne seine Mitwirkung erbracht werden kann, ist der Gläubiger unter dem Gesichtspunkt der notwendigen Teilnahme **straflos;** er ist insbesondere nicht wegen Beihilfe zu § 283c strafbar.[55] Dies gilt vor allem für die bloße Ent-

---

[55] RGSt **2** 439, 440; **61** 314, 316; *Arzt/Weber* BT § 16, 61; *Kindhäuser* LPK Rdn. 19 und NK Rdn. 21; *Lackner/Kühl* Rdn. 8; *Maurach/Schroeder/Maiwald* BT 1 § 48, 39; *Otto* BT § 61, 115; *Renkl* JuS **1973** 614; *Sch/Schröder/Stree/Heine* Rdn. 21; *Tiedemann* ZIP **1983** 515; *Vormbaum* GA **1981** 131; *Wessels/Hillenkamp* BT 2 Rdn. 483; **aA** *Herzberg* JuS **1975** 795, der auf die Strafbarkeit des Gläubigers bei § 288 hinweist, und *Sowada* S. 170 ff sowie GA **1995** 71, der ein Verhalten im Sinne der InsO verlangt.

gegennahme der inkongruenten Leistung.[56] Weiter zählen zu diesen Akten strafloser Beteiligung die Annahme des Übereignungsangebots, die Vereinbarung eines Übergabesurrogates bei der Sicherungsübereignung und der Abschluss der schuldrechtlichen Sicherungsvereinbarung (*Vormbaum* aaO S. 131 f). Entgegen einer älteren Literaturmeinung sind dagegen solche Handlungen des Gläubigers, die über die bloße Mitwirkung bei der Begünstigungshandlung des Schuldners hinausgehen, als Anstiftung oder als Beihilfe strafbar.[57] Da § 283c anders als § 291 nicht den Geschäftspartner des Täters schützt, reicht die Straflosigkeit des an der Leistungserbringung mitwirkenden Gläubigers nicht weiter als die rechtliche Notwendigkeit seiner Teilnahme (zust. BGHR § 283c Abs. 1 Gläubiger 3; RGSt **61** 314, 315). Jedes Hinausgehen „über jene gewissermaßen passive Rolle" macht den Gläubiger strafbar (RGSt **5** 435, 437). Die von *Dreiss/Eitel-Dreiss* S. 186 geforderte „großzügige Beurteilung", weil „auch der insolvente Schuldner seinen Gläubigern die Leistungen nicht gerade nachzuwerfen pflegt", ist schon deshalb nicht möglich, weil jenseits der zivilrechtlich zu bestimmenden Notwendigkeit der Mitwirkung des Gläubigers kein Abgrenzungsmerkmal zwischen Strafbarkeit und Straflosigkeit ersichtlich ist. Geht daher die **Initiative** zur bevorzugten Befriedigung oder Sicherung **vom Gläubiger** aus, so liegt nach ganz h.M. strafbare *Anstiftung* vor (BGH aaO); so z.B. wenn eine Bank oder ein Lieferant in Kenntnis der Zahlungsunfähigkeit des Schuldners ihn zur Stellung von Sicherheiten, auf welche die Bank oder der Lieferant keinen Anspruch hat, oder zur Rückzahlung eines noch nicht fälligen Darlehens drängt.[58] Diese heute nahezu unbestrittene strafrechtliche Beurteilung hat für die **Sanierungspraxis** Bedeutung, vor allem soweit Banken Gesellschaftsanteile erwerben, um ihre Kredite hinreichend abzusichern; diese Kredite dürfen in der Krise der GmbH (usw.) vom Schuldner nicht zurückgezahlt werden (vgl. oben Rdn. 10; *Tiedemann* ZIP **1983** 515).

## VI. Konkurrenzen (und Sperrwirkung des § 283c)

1. Im **Verhältnis zu § 283 Abs. 1 Nr. 1** stellt § 283c eine Privilegierung dar (oben **39**
Rdn. 1), die als **lex specialis** vorgeht.[59] Da nämlich neben räumlichen Akten des Entfernens für das Beiseiteschaffen auch alle rechtlichen Verfügungen ausreichen, durch die ein Vermögensbestandteil dem Gläubigerzugriff entzogen wird (§ 283 Rdn. 25), erfüllt jede Sicherung und jede Befriedigung des Gläubigers zugleich den Tatbestand des § 283 Abs. 1 Nr. 1.[60] Verschafft der zahlungsunfähige Schuldner seinem Gläubiger eine kongruente Deckung, so entfällt nicht nur § 283c; vielmehr verbietet die in diesem Tatbestand zum

---

56 BGHR § 283c Abs. 1 Gläubiger 3; RGSt **2** 440 f; **20** 214, 216; *Otto* aaO; *Vormbaum* aaO; *Wessels/Hillenkamp* aaO.

57 BGH bei Herlan GA **1967** 264 und bei *Fischer* Rdn. 10; RGSt **5** 435, 436 f; **48** 18, 21; **61** 314, 315 f; **65** 416, 417; *Arzt/Weber* aaO; *Fischer* aaO; *Kindhäuser* aaO; *Maurach/Schroeder/Maiwald* aaO; *Otto* aaO; *Renkl* aaO; *Richter* GmbHR **1984** 146; *Sch/Schröder/Stree/Heine* aaO; *Vormbaum* aaO S. 132; *Wessels/Hillenkamp* aaO.

58 *Kindhäuser* aaO; *Tiedemann* ZIP **1983** 515; *Vormbaum* aaO S. 132; *Weyand/Diversy* Rdn. 128 S. 143. Einschränkend *Gropp* S. 230, der solche Anstiftungen ausnehmen will, die nur eine „beim Täter generell vorhandene Bereitschaft aktualisieren" (gegen *Gropp* aber zutreffend *Sowada* GA **1995** 68 ff).

59 *Fischer* Rdn. 11; *Kindhäuser* LPK Rdn. 21; *Lackner/Kühl* Rdn. 10; *Radtke* MK Rdn. 27; *Sch/Schröder/Stree/Heine* Rdn. 22; im Ergebnis auch BGHSt **8** 55, 56; RGSt **68** 368, 369.

60 Vgl. nur *Vormbaum* GA **1981** 123 mit Nachw.; zum früheren Recht RGSt **6** 94, 95; **aA** *Klug* Konkurs-Strafrecht § 241 KO Rdn. 10.

Ausdruck kommende Privilegierung auch einen Rückgriff auf § 283 Abs. 1 Nr. 1 (BGHSt **8** 55, 56 f; oben Rdn. 1). Diese **Sperrwirkung** des § 283c ergibt sich daraus, dass die Gewährung einer kongruenten Deckung in noch geringerem Maße als die inkongruente Leistung gegen die Regeln eines ordnungsgemäßen Wirtschaftens verstößt (BGH aaO S. 57). Straffrei (und auch nicht im Wege des Rückgriffs auf § 283 zu bestrafen) ist daher auch der Schuldner, der in Unkenntnis seiner Zahlungsunfähigkeit dem Gläubiger eine inkongruente Leistung gewährt (vgl. BGH aaO) oder die von § 283c geforderte Vorsatzintensität (oben Rdn. 30 und 31) nicht aufweist (*Hoyer* SK Rdn. 14) oder schließlich die inkongruente Leistung vor Eintritt der Zahlungsunfähigkeit erbringt (*Vormbaum* GA **1981** 126 f). Entscheidend für das Eingreifen der Sperrwirkung des § 283c ist, dass der Täter mit der Leistung einen Gläubiger (dazu oben Rdn. 6) sichern oder befriedigen will (*Vormbaum* aaO S. 125 f). Trifft der Täter besondere Vorkehrungen, um diese Bevorzugung des Gläubigers vor den übrigen Gläubigern und dem Insolvenzverwalter zu verbergen, so kann auch nicht auf das Tatbestandsmerkmal des Verheimlichens (des Anfechtungsrechtes des Insolvenzverwalters!) nach § 283 Abs. 1 Nr. 1 zurückgegriffen werden (BGH aaO S. 58 f).

**40** Sofern sich aus tatsächlichen Gründen nicht feststellen lässt, ob die privilegierende Situation des § 283c vorlag oder nicht, z.B. weil sich nicht ermitteln lässt, ob die Forderung des Gläubigers auf einem wirksamen oder auf einem nur zum Schein abgeschlossenen Vertrag beruht, so ist angesichts des Stufenverhältnisses von § 283 Abs. 1 Nr. 1 und § 283c nach dem Grundsatz **in dubio pro reo** § 283c anzuwenden (*Radtke* MK Rdn. 27; *Sch/Schröder/Stree/Heine* Rdn. 22). Zu Unrecht wollen BGH GA **1955** 365 und *Preisendanz/Bieneck* Anm. 6 *Wahlfeststellung* zulassen, wobei nach Ansicht des BGH nur die Strafe dem milderen § 283c entnommen werden soll. – Leistet der Schuldner seinem Gläubiger mehr, als dieser zu beanspruchen hat, so soll nach h.M. Tateinheit von § 283 Abs. 1 Nr. 1 und § 283c vorliegen.[61] Richtiger ist es, in diesem Fall der **Zuvielleistung** nur § 283 anzuwenden, da der Leistungsempfänger hinsichtlich eines Teiles der Leistung nicht Gläubiger ist (*Vormbaum* aaO S. 126). Aber auch dann, wenn dem Leistungsempfänger eine andersartige Mehrleistung zugewandt wird, würde die von *Vormbaum* (aaO) vorgeschlagene Annahme von Tateinheit zwischen § 283 und § 283c den Täter übermäßig belasten. Auch hier, also in jedem Fall der Zuvielleistung, ist vielmehr nur § 283 anzuwenden (so zutr. bereits *Schaefer* LK[8] § 241 KO Anm. VII). Die teilweise vorliegende Privilegierungssituation des § 283c ist bei der Strafzumessung zu berücksichtigen.

**41** Im Verhältnis zu **§ 283 Abs. 1 Nr. 4** ist § 283c dagegen nicht lex specialis (**aA** RGSt **68** 368, 369). Zwar setzt das Anerkennen erdichteter Rechte, welches ohnehin allenfalls einen Versuch des § 283c darstellen könnte (oben Rdn. 14), nach h.M. ein Zusammenwirken des Täters mit dem angeblichen Inhaber des Rechtes voraus (§ 283 Rdn. 85). Da aber „erdichtet" nur völlig (frei) erfundene Rechte sind, die in keiner Weise bestehen (§ 283 Rdn. 83), ist der Gläubiger bei § 283 Abs. 1 Nr. 4 in Wahrheit nur ein Scheingläubiger, also kein Gläubiger i.S.d. § 283c. Beim Vortäuschen von Rechten anderer dagegen wird das (fingierte!) Recht ohne notwendige Mitwirkung des (Schein-)Gläubigers nur gegenüber einem Dritten vorgebracht (vgl. § 283 Rdn. 84); es fehlt damit ebenfalls an einem Tatbestandserfordernis des § 283c (vgl. oben Rdn. 1).

---

[61] BGH NJW **1969** 1494, 1495 mit Nachw.; BGH bei Herlan GA **1953** 74, 76; BGH 2 StR 768/78 v. 21.12.1979; RG JW **1934** 1290, 1291 mit Anm. *A. Weber*; *Fischer* aaO; *Kindhäuser* aaO; *Klug* aaO Rdn. 10; *Lackner/Kühl* aaO; *Radtke* aaO; *Sch/Schröder/Stree/Heine* Rdn. 22.

2. **Mehrere Begünstigungshandlungen** nach § 283c werden nicht etwa durch den Eintritt der objektiven Strafbarkeitsbedingung zu einer Tateinheit zusammengefasst, sondern stehen regelmäßig im Verhältnis der *Tatmehrheit* (*Radtke* MK Rdn. 9; *Sch/Schröder/Stree/Heine* Rdn. 22). Die Ausführungen Rdn. 235 zu § 283 gelten hier sinngemäß. Bei mehreren Betätigungen kann daher auch Tatmehrheit mit § 283 Abs. 1 Nr. 1 gegeben sein (RGSt **68** 368, 369). **42**

3. **Tateinheit** ist möglich mit Vollstreckungsvereitelung (§ 288), wenn der Schuldner bei einer ihm drohenden Einzelzwangsvollstreckung in der Absicht, die Befriedigung des Gläubigers zu vereiteln, Vermögensgegenstände dadurch beiseite schafft, dass er sie anderen Gläubigern als Pfand oder an Zahlungs statt übergibt.[62] Unterlässt es der Täter, die Gewährung der Sicherheit (z.B. die Verpfändung) ordnungsgemäß zu verbuchen, so soll nach *Fischer* (Rdn. 11) und *Lackner/Kühl* (Rdn. 10) ebenfalls Tateinheit von § 283c mit dem Buchdelikt (§ 283 Abs. 1 Nr. 5, § 283b Abs. 1 Nr. 1) vorliegen. Dies entspricht der älteren Judikatur (RGSt **40** 105, 106), stimmt jedoch wohl nicht mit dem neueren Verständnis des Verhältnisses von Tun und Unterlassen überein (vgl. *Rissing-van Saan* LK § 52 Rdn. 14 und 15). Es ist vielmehr **Tatmehrheit** gegeben. Die gegenteilige Auffassung des RG dürfte auch durch dessen heute als überholt betrachtete Ansicht mitbestimmt gewesen sein, dass der Eintritt der objektiven Strafbarkeitsbedingung alle Bankrotthandlungen zu einer Handlungseinheit zusammenfasst (vgl. § 283 Rdn. 231). Ausdrücklich hervorgehoben wird diese Klammerwirkung der Zahlungseinstellung für die Annahme von Tateinheit zwischen § 283c und § 5 *BauforderungssicherungsG* durch RGSt **48** 89, 90;[63] wird das Baugeld zweckwidrig einem anderen Gläubiger zugewandt, so geht § 283c nach richtiger Ansicht als lex specialis vor (vgl. § 283 Rdn. 241). Auch mit § 37 *DepotG* soll nach RGSt **34** 238, 240 Tateinheit möglich sein;[64] vgl. dazu § 283 Rdn. 241. **43**

## § 283d
## Schuldnerbegünstigung

**(1) Mit Freiheitsstrafe bis zu fünf Jahren oder mit Geldstrafe wird bestraft, wer**
1. **in Kenntnis der einem anderen drohenden Zahlungsunfähigkeit oder**
2. **nach Zahlungseinstellung, in einem Insolvenzverfahren oder in einem Verfahren zur Herbeiführung der Entscheidung über die Eröffnung des Insolvenzverfahrens eines anderen**

**Bestandteile des Vermögens eines anderen, die im Falle der Eröffnung des Insolvenzverfahrens zur Insolvenzmasse gehören, mit dessen Einwilligung oder zu dessen Gunsten beiseite schafft oder verheimlicht oder in einer den Anforderungen einer ordnungsgemäßen Wirtschaft widersprechenden Weise zerstört, beschädigt oder unbrauchbar macht.**

**(2) Der Versuch ist strafbar.**

---

[62] RGSt 20 214, 215; *Fischer* Rdn. 11; *Klug* aaO Rdn. 12; *Lackner/Kühl* Rdn. 10; *K. Schäfer* LK[10] § 288 Rdn. 39; *Sch/Schröder/Stree/Heine* aaO.

[63] Zustimmend zu dieser Entscheidung *Fischer* aaO; *Klug* aaO Rdn. 12 und *K. Schäfer* aaO.

[64] Ebenso *Klug* aaO; *K. Schäfer* aaO; *Sch/Schröder/Stree/Heine* aaO.

**(3) In besonders schweren Fällen ist die Strafe Freiheitsstrafe von sechs Monaten bis zu zehn Jahren. Ein besonders schwerer Fall liegt in der Regel vor, wenn der Täter**
**1. aus Gewinnsucht handelt oder**
**2. wissentlich viele Personen in die Gefahr des Verlustes ihrer dem anderen anvertrauten Vermögenswerte oder in wirtschaftliche Not bringt.**

**(4) Die Tat ist nur dann strafbar, wenn der andere seine Zahlungen eingestellt hat oder über sein Vermögen das Insolvenzverfahren eröffnet oder der Eröffnungsantrag mangels Masse abgewiesen worden ist.**

**Schrifttum** siehe Vor und zu § 283.

**Entstehungsgeschichte** siehe Rdn. 40 ff Vor § 283.

*Übersicht*



## I. Aufbau und Einordnung des Tatbestandes

1 Der Tatbestand der Schuldnerbegünstigung stellt das Beiseiteschaffen von Bestandteilen des schuldnerischen Vermögens durch Außenstehende unter selbständige Strafdrohung: **Absatz 1** inkriminiert die Vornahme der in *§ 283 Absatz 1 Nr. 1* vorgesehenen Tathandlung durch Dritte, jedoch in Bezug auf Krise, Vorsatz und Motivation des Handelnden unter engeren Voraussetzungen. Dabei wird die Einschränkung damit erklärt, dass der außenstehende Dritte nicht die gleiche Verantwortung für die geschützten Rechtsgüter wie der Schuldner habe.[1] – Ebenso wie bei § 283 Abs. 1 Nr. 1 ist auch bei § 283d der Versuch strafbar (**Absatz 2**). In **Absatz 3** werden die Regel-Beispiele des

[1] Amtl. Begr. BTDrucks. 7/3441 S. 39; BGHSt 35 357, 359; *Arzt/Weber* BT § 16, 64; *Maurach/Schroeder/Maiwald* BT 1 § 48, 40; *Sch/Schröder/Stree/Heine* Rdn. 1; *Wessels/Hillenkamp* BT 2 Rdn. 486; *Wilts* Prot. 7/2833. Vgl. dazu aber auch AE „Straftaten gegen die Wirtschaft" S. 87.

§ 283a für die Tathandlung des Dritten übernommen; aber auch für sonstige (unbenannte) besonders schwere Fälle schärft **Absatz 3** in Übereinstimmung mit § 283a die Strafdrohung. **Absatz 4** beschränkt mit dem gesamten übrigen Insolvenzstrafrecht die Strafbarkeit auch der Schuldnerbegünstigung auf den Fall, dass es zum wirtschaftlichen Zusammenbruch des Schuldners kommt (objektive Strafbarkeitsbedingung).

Da die Tathandlung des § 283d mit der des § 283 Abs. 1 Nr. 1 identisch ist, liegt die Bedeutung dieses Sondertatbestandes vor allem in der **Erweiterung des Täterkreises** für die Bankrotthandlung nach § 283 Abs. 1 Nr. 1. Aus der Verselbständigung des Tatbestandes folgt, dass ein Zusammenwirken des Dritten mit dem Schuldner für § 283d nicht erforderlich ist, wie auch der Schuldner von der Begünstigungshandlung nichts zu wissen braucht und selbst straflos sein kann.[2] Liegt eine nach § 283 Abs. 1 Nr. 1 strafbare Haupttat des Schuldners vor und beteiligt sich ein Außenstehender hieran, so verdrängt die etwaige Täterschaft des Außenstehenden nach § 283d die gleichzeitig vorliegende Beihilfe zu § 283 (näher unter Rdn. 26). Gleichwohl hat die selbständige, nämlich von der Beteiligung des Schuldners gelöste Inkriminierung des Beiseiteschaffens durch Dritte in § 283d kriminalpolitisch im Verhältnis zu der Beihilfe zu § 283 Abs. 1 Nr. 1 nur relativ geringe Bedeutung. Immerhin behält aber auch der AE (§ 195) einen selbständigen Tatbestand der Schuldnerbegünstigung bei, während er auf eine besondere Vorschrift über Gläubigerbegünstigung verzichtet (vgl. AE „Straftaten gegen die Wirtschaft" Begr. S. 81). Dagegen hat auch die Neufassung des § 283d im Vergleich zu § 242 KO a.F. die selbständige Inkriminierung des Geltendmachens erdichteter Forderungen im Insolvenzverfahren (sog. *Konkursbetrug*) nicht übernommen. Dem Gesetzgeber erschien insoweit der Tatbestand des § 263 zu Recht als ausreichend (BTDrucks. 7/3441 S. 39). 2

Anders als § 283c (vgl. dort Rdn. 39) entfaltet § 283d im Verhältnis zu § 283 **keine Sperrwirkung:** Es bleibt bei der Straftat des Außenstehenden wegen Anstiftung oder Beihilfe zu der Tat des Schuldners nach § 283 Abs. 1 Nr. 1, wenn der den Schuldner Begünstigende wegen der engeren objektiven und subjektiven Voraussetzungen des § 283d nicht als Täter nach diesem Tatbestand strafbar ist.[3] 3

**Geschützte Rechtsgüter** des § 283d sind ebenso wie bei § 283 die Befriedigungsinteressen der Gläubiger (BGHSt **35** 357, 359) sowie das Interesse an einer funktionsfähigen Kreditwirtschaft (vgl. Rdn. 45 ff Vor § 283). Da der Eintritt der Verletzung oder der Gefährdung der Gläubigerinteressen nicht zum Tatbestand gehört, ist auch § 283d nach der üblichen Terminologie **abstraktes Gefährdungsdelikt.**[4] Dagegen reicht der bloße Verstoß gegen das Verteilungsprinzip der par condicio creditorum nicht aus: § 283d greift nur ein, wenn die Vermögensbestandteile den Gläubigern entzogen, nicht dagegen, wenn sie von dem Dritten einem Gläubiger zugewandt werden. Diese bereits zu § 242 KO a.F. von der Rechtsprechung vertretene Ansicht[5] ergibt sich vor allem daraus, dass andernfalls der außenstehende Dritte bei Gewährung einer inkongruenten Deckung an einen Gläubiger schärfer bestraft würde als der ebenso handelnde, strafrechtlich stärker verpflichtete (sonderpflichtige) Schuldner (*Sch/Schröder/Stree/Heine* Rdn. 2; *Vormbaum* GA **1981** 130). Die Gegenansicht von *Hoyer* SK Rdn. 9 (im Anschluss an die früheren Kom- 4

[2] Vgl. bereits RG Rspr **9** 684, 685; *Klug* Konkurs-Strafrecht § 242 KO Rdn. 2; *Schäfer* LK[8] § 242 KO Anm. I (für § 242 KO a.F.).

[3] Amtl. Begr. aaO S. 39; *Arzt/Weber* aaO; *Fischer* Rdn. 2; *Sch/Schröder/Stree/Heine* Rdn. 15.

[4] Zustimmend *Bittmann* in Bittmann § 22, 2, *Hoyer* SK Rdn. 2 und *Weyand/Diversy* Rdn. 131 S. 145; ebenso schon *Klug* aaO Rdn. 12; **aA** *Radtke* MK Rdn. 2 (konkretes Gefährdungsdelikt).

[5] BGH bei Herlan GA **1959** 341 sowie **1967** 265; zum geltenden Recht ebenso die h.M., vgl. nur *Kindhäuser* NK Rdn. 5 mit Nachw.

mentierungen von *Samson* Rdn. 5) stützt sich darauf, dass § 283d – anders als § 242 KO a.F. – neben dem Handeln zugunsten des Schuldners auch ein solches „mit dessen Einwilligung" genügen lässt. Damit soll wohl darauf hingewiesen werden, dass bei erklärter Einwilligung des Schuldners Täterschaft desselben nach § 283 Abs. 1 Nr. 1 oder nach § 283c anzunehmen und der Außenstehende als hieran Beteiligter nach § 27 strafbar ist, also jedenfalls insoweit Strafbarkeit vorliegt. Jedoch ist bereits hier einschränkend darauf hinzuweisen, dass die Einwilligung des Schuldners nur dann zu seiner („normativen") Tatherrschaft und Täterschaft führen kann, wenn er die Tat des Außenstehenden „veranlasst" (vgl. unten Rdn. 24). Vor allem entfällt aber diese rechtliche Konstellation ganz, wenn der Außenstehende ohne Einwilligung, jedoch „zugunsten" des Schuldners handelt. In diesem Fall bleibt der Schuldner auch bei Kenntnis von der Handlung straflos (vgl. § 283 Rdn. 37), so dass auch keine Strafbarkeit des Dritten wegen Teilnahme in Betracht kommt. Diese Tatbestandskonstellation des Handelns zugunsten des Schuldners ist entgegen dem Wortlaut des § 283d der primäre Anwendungsbereich dieser Vorschrift, wie die **Entstehungsgeschichte** klar erweist (zust. BGHSt **35** 357, 360; *Radtke* MK Rdn. 3 m.w.N.). Die Erweiterung des Tatbestandes der Schuldnerbegünstigung um die Alternative des Handelns mit Einwilligung des Schuldners wird nämlich von der amtl. Begr. (BTDrucks. 7/3441 S. 39) allein darauf gestützt, dass bei den – ebenfalls eher sekundären – Tathandlungen des Zerstörens, Beschädigens und Unbrauchbarmachens einer Sache kaum davon gesprochen werden könne, der Täter handele „zugunsten" des Eigentümers. Zusätzlich schließt es auch die geschichtliche Entwicklung des Sondertatbestandes der Gläubigerbegünstigung aus, § 283d für diejenige Situation anzuwenden, in der ein Außenstehender die Tathandlung des § 283c vornimmt, also einem Gläubiger aus dem Schuldnervermögen eine inkongruente Deckung gewährt (vgl. *Vormbaum* aaO S. 130). § 283d ist also eine Ergänzung des § 283 Abs. 1 Nr. 1, erfasst dagegen nicht die nur ungleichmäßige Verteilung von Schuldnervermögen an die Gläubiger.

## II. Täterkreis und Tatsituation (Krise)

5 **1. Tauglicher Täter.** § 283d ist **kein Sonderdelikt** (unstr., vgl. nur *Fischer* Rdn. 2). Täter kann daher grundsätzlich jedermann sein, also auch ein Gläubiger (vgl. Rdn. 15) oder der Insolvenzverwalter (vgl. Rdn. 28).[6] Bei eigennützigem Handeln des Gläubigers mit Einwilligung des Schuldners ergibt allerdings der oben Rdn. 4 erwähnte Gesichtspunkt der Vermeidung eines Wertungswiderspruchs, dass der Gläubiger bei Vorliegen der Situation des § 283c nicht als Täter des schärferen § 283d, sondern als Teilnehmer an dem milderen § 283c bestraft wird.[7] Dagegen scheidet der Schuldner von vornherein als Täter nach § 283d aus, da er nicht Täter seiner eigenen Begünstigung sein kann (zust. *Radtke* MK Rdn. 5); er kann sich vielmehr nur als Anstifter oder Gehilfe an der Tat eines anderen nach § 283d beteiligen.[8] Für den Schuldner, der als Mittäter mit einem Außenstehenden handelt, bleibt die Tat nach § 283 Abs. 1 Nr. 1 strafbar.[9] Entgegen *Sch/Schrö-*

---

[6] *Hoyer* SK Rdn. 1; *Kindhäuser* LPK Rdn. 1; *Klug* aaO Rdn. 3 ; *Sch/Schröder/Stree/Heine* Rdn. 12.

[7] BGHSt **35** 357, 359 f mit zust. Anm. *Marxen* EWiR **1989** 505 f; *Fischer* Rdn. 2; *Lackner/Kühl* Rdn. 2; *Otto* BT § 61, 117; *H. Schäfer* wistra **1990** 89; *Sowada* S. 170 f; *Vormbaum* GA **1981** 130.

[8] *Arzt/Weber* aaO; *Fischer* aaO; *Kindhäuser* LPK Rdn. 8; *Klug* aaO sowie Rdn. 12 a.E.; *Lackner/Kühl* Rdn. 5; *Maurach/Schroeder/Maiwald* aaO Rdn. 42; *Otto* aaO; *Radtke* MK Rdn. 20; *Sch/Schröder/Stree/Heine* Rdn. 12.

[9] *Arzt/Weber* aaO; *Fischer* aaO; *Radtke* MK Rdn. 5 und 23; *Wessels/Hillenkamp* BT 2 Rdn. 487.

*der/Stree/Heine* Rdn. 12 ist der Schuldner aber nicht Unterlassungstäter (nach § 283), wenn er das Beiseiteschaffen durch Dritte zu seinen Gunsten lediglich kennt und duldet (vgl. oben Rdn. 4 sowie ausführlich § 283 Rdn. 37).

Dem Schuldner gleichzustellen sind die für ihn nach § 14 handelnden **Organe**, Vertreter und Beauftragten. Auch sie scheiden als Täter des § 283d aus (zust. *Radtke* MK Rdn. 6). Für die bisherige BGH-Rechtsprechung ergibt sich dies schon daraus, dass § 14 von ihr auf ein Handeln „im Interesse" des Vertretenen beschränkt wird, bei Vorliegen einer derartigen Motivation des Handelnden also sein Verhalten niemals unter § 283 Abs. 1 Nr. 1, sondern stets unter § 283d fallen würde. Das Ergebnis, § 283d nicht auf die nach § 14 Tätigen anzuwenden, ist aber auch im Übrigen und allgemein zutreffend, da der von § 14 genannte Täterkreis nicht außerhalb des schuldnerischen Unternehmens steht, sein Handeln vielmehr dem Schuldner unmittelbar zuzurechnen ist. Auch insoweit ist jedoch der Schuldner nicht schon infolge der Besonderheiten der §§ 283 ff (Überwachungs-)Garant für das Verhalten seiner Angestellten. Eine **Garantenstellung** kann sich auch hier nur aus allgemeinen Grundsätzen, z.B. der Strafbarkeit des Betriebsinhabers bzw. Betriebsleiters, ergeben (vgl. § 283 Rdn. 37 m.w.N.). 6

**2. Tatsituation (Krise).** § 283d erfordert in zeitlicher Hinsicht, dass der Schuldner sich in einer wirtschaftlichen Krise befindet. Anders als bei § 283 Abs. 1 reicht insoweit nicht bereits die Überschuldung aus, und zwar auch dann nicht, wenn der Schuldner eine Kapitalgesellschaft ist, für welche die Überschuldung einen Insolvenzgrund darstellt (vgl. Rdn. 147 Vor § 283). Vielmehr muss der Schuldner entweder bereits seine Zahlungen eingestellt haben (Abs. 1 Nr. 2)[10], oder es muss ihm die Zahlungsunfähigkeit drohen (Abs. 1 Nr. 1)[11]. Dem letzteren Fall ist es im Wege des argumentum a minore ad maius durch Auslegung (wie z.B. auch bei § 315c!) gleichzustellen, wenn die **Zahlungsunfähigkeit** nicht nur droht, sondern eingetreten ist.[12] Neben der **Zahlungseinstellung** sowie der drohenden oder eingetretenen Zahlungsunfähigkeit reicht es auch aus, dass die wirtschaftliche Krise des Schuldners durch ein **Insolvenzverfahren** „offenbar geworden ist" (amtl. Begr. BTDrucks. 7/3441 S. 39). Als derartige Verfahren nennt das Gesetz (Abs. 1 Nr. 2) zunächst das Insolvenzverfahren, und zwar ab Rechtskraft des Eröffnungsbeschlusses bis zur Aufhebung des Insolvenzverfahrens nach § 258 InsO (*Sch/Schröder/Stree/Heine* Rdn. 5). Daneben genügt auch das Verfahren zur Herbeiführung der Entscheidung über die Eröffnung des Insolvenzverfahrens, also das Verfahren ab Stellung des Antrages auf Eröffnung (§ 13 InsO) bis zur Abweisung des Eröffnungsantrages (z.B. mangels Masse) bzw. bis zum Eröffnungsbeschluss.[13] – Kommt es trotz drohender oder eingetretener Zahlungsunfähigkeit nicht zur Zahlungseinstellung, Eröffnung des Insolvenzverfahrens oder Abweisung des Eröffnungsantrages mangels Masse, so bleibt die Tat wegen Fehlens der Strafbarkeitsbedingung nach Absatz 4 straflos. 7

Hervorhebung verdient, dass es für die Tathandlung (dazu sogleich III.) nur auf das zeitliche Moment des Handelns *„während" des Insolvenzverfahrens* (oder nach Eintritt der Zahlungseinstellung usw.) ankommt (zust. *Bittmann* § 22, 4; *Lackner/Kühl* Rdn. 3). Es ist allerdings zumindest missverständlich, wenn das Gesetz auf das Beiseiteschaffen von Vermögensbestandteilen „in" dem Insolvenzverfahren abstellt. Das Verfahren be- 8

---

[10] Zu diesem Begriff ausführlich Rdn. 143 ff Vor § 283.

[11] Dazu näher Rdn. 135 ff Vor § 283.

[12] *Fischer* Rdn. 5; *Lackner/Kühl* Rdn. 3; *Kindhäuser* LPK Rdn. 6; *Radtke* MK Rdn. 7; *Sch/Schröder/Stree/Heine* Rdn. 5.

[13] *Fischer* Rdn. 6; *Sch/Schröder/Stree/Heine* Rdn. 5; **aA** *Dreiss/Eitel-Dreiss* S. 187 f.

zieht sich gerade nicht auf den handelnden Dritten, der in dem Verfahren auch keine Rechtsstellung hat. Gleichwohl ist das Handeln „in" einem Insolvenzverfahren nicht auf die Gläubiger und den Insolvenzverwalter beschränkt (oben Rdn. 5). Diese Berichtigung des Gesetzeswortlautes dürfte sich – trotz gewisser Bedenken – noch im Rahmen der durch Art. 103 Abs. 2 GG zugelassenen Auslegung halten und stellt keine (verbotene) analoge Rechtsanwendung dar.

## III. Tathandlung und subjektiver Tatbestand

9 **1. Tathandlung und Vermögensbegriff.** Die objektive Tathandlung des § 283d deckt sich voll mit der des § 283 Abs. 1 Nr. 1. Es kann daher auf die Erläuterungen zu § 283 (Rdn. 25 ff) verwiesen werden. Diese Verweisung gilt auch für den Begriff des **Vermögens** als des betroffenen Tatobjekts, z.B. für die Behandlung von betrieblichem Know-how (*Dreiss/Eitel-Dreiss* S. 188 f; *Hörl* S. 301; § 283 Rdn. 15). Der Vermögensbegriff ist auch hier nicht nach rechtlichen Kriterien zu bestimmen. Ausreichend sind daher auch Beweisvorteile. Eine tatbestandliche Besserstellung kann folglich darin liegen, dass der Insolvenzverwalter Insolvenzgläubigern gegenüber Forderungen anerkennt, die „nicht auf einer sicheren Grundlage beruhen". Allerdings setzt diese von BGH bei Herlan GA **1954** 312 geäußerte Ansicht voraus, dass entgegen der herrschenden und in der neueren Rechtsprechung vertretenen Meinung (BGHSt **35** 357, 359) § 283d auch bei Zuwendungen an die Gläubiger – also in der Tatsituation des § 283c – angewandt wird (vgl. dazu oben Rdn. 4).

10 Bloßes **Unterlassen** ist auch bei § 283d nicht tatbestandsmäßig, selbst wenn es zur Sachzerstörung führt. Jedoch kann z.B. die fehlende Wartung von Maschinen oder mangelnde Fütterung von Tieren (vgl. *Dreiss/Eitel-Dreiss* S. 188) dann als aktives Tun gewertet werden, wenn diese Betriebsmittel weiterhin eingesetzt werden. – In Übereinstimmung mit der Rechtslage bei § 283 Abs. 1 Nr. 1 ist schließlich kein tatbestandsmäßiger Erfolgseintritt im Sinne einer konkreten Gefährdung oder Verletzung der Gläubigeransprüche erforderlich.

### 2. Handeln zugunsten oder mit Einwilligung des Schuldners

11 a) Neben dem erforderlichen Vorsatz (dazu sogleich Rdn. 16 f) setzt § 283d als subjektives Tatbestandsmerkmal[14] u.a. ein Handeln **zugunsten des Schuldners** voraus. Dies ist, wie bereits oben Rdn. 4 dargelegt wurde, entgegen dem durch den Wortlaut des § 283d erweckten Anschein der wichtigste Anwendungsfall der Schuldnerbegünstigung. Mit dieser vom Gesetz erst an zweiter Stelle genannten Alternative ist sachlich dasselbe gemeint, was § 242 Abs. 1 Nr. 1 KO a.F. als Handeln „im Interesse" des Schuldners umschrieb. Trotz des wirtschaftlichen Vermögensbegriffes des § 283d (oben Rdn. 9) braucht dieses Interesse allerdings kein ökonomisches zu sein. Zugunsten des Schuldners kann der Täter vielmehr auch dann handeln, wenn er einen Vermögensbestandteil des Schuldners einer Person zuwendet, mit der den Schuldner immaterielle Interessen verbinden (zust. *Radtke* MK Rdn. 13). Vor allem werden durch die Strafbarkeit des Handelns zugunsten des Schuldners freilich diejenigen Fälle angesprochen und erfasst, in denen der

---

[14] *Kindhäuser* LPK Rdn. 5 und NK Rdn. 6; *Klug* aaO Rdn. 6; *Radtke* MK Rdn. 12; *Schäfer* LK[8] § 242 KO Anm. IV; *Sch/Schröder/Stree/Heine* Rdn. 9; **aA** *Hoyer* SK Rdn. 6.

Täter durch das Beiseiteschaffen oder Verheimlichen den Vermögensbestandteil (auf Kosten der Gläubigergesamtheit) dem Schuldner erhalten oder dem Schuldner zukommen lassen will (vgl. nur *Sch/Schröder/Stree/Heine* Rdn. 9). Dabei befindet sich entweder der Vermögenswert im Schuldnervermögen, oder aber er soll diesem durch die Tathandlung zufließen (z.B. Auszahlung des „Gläubiger-Fonds" an den Schuldner durch den Sanierer nach gescheitertem Sanierungsversuch, *Richter* wistra **1984** 98).

Im Hinblick auf die Vorsatzintensität ist jedenfalls *zielgerichtetes Handeln* ausreichend; kommt es dem Täter in diesem Sinne auf die Zuwendung oder Erhaltung des Vermögensvorteils gegenüber dem Schuldner an, so ist unschädlich, dass daneben auch andere Zwecke verfolgt werden. Dolus eventualis reicht in Bezug auf den Begünstigungseffekt keinesfalls aus. Ebenso entfällt § 283d eindeutig dann, wenn der Täter ausschließlich im eigenen Interesse handelt. Zweifelhaft ist dagegen, ob in Bezug auf den Begünstigungseffekt Wissentlichkeit, also die Vorstellung des Täters ausreichend ist, dass dieser Effekt notwendige und sichere Folge seines Handelns ist. Die bejahende Ansicht von *Sch/Schröder/Stree/Heine* (Rdn. 9) stützt sich darauf, dass § 283d ebenso wie § 257 mit dem subjektiven Absichtsmerkmal den Rechtsgüterschutz vorverlege. Die verneinende Ansicht verlangt dagegen, dass der Täter „in erster Linie zum Vorteil des Schuldners" handelt (BGH bei Herlan GA **1967** 265), und gesteht nur zu, dass es nichts ausmache, wenn der Täter daneben noch seinen eigenen Vorteil oder den eines Dritten im Auge hat (BGH aaO; *Lackner/Kühl* Rdn. 2). Diese engere Auffassung erscheint vorzugswürdig. Die Vorverlegung des Rechtsgüterschutzes durch § 283d in einen zeitlichen Bereich vor Eintritt des Begünstigungseffektes vermag die Gegenansicht schon deshalb nicht zu tragen, weil die Begünstigungsabsicht bei § 283d im Vergleich zu § 283 nur ein zusätzliches Tatbestandskorrektiv ist und – anders als bei § 257 – nicht eigentlich für die Rechtsgutsbeeinträchtigung konstitutiv ist. Es muss dem Täter also bei § 283d gerade **darauf ankommen,** durch seine Handlung den Begünstigungseffekt herbeizuführen. Bloßes Wissen um den sicheren Eintritt dieses Effektes als weitere Folge des Täterhandelns reicht nicht aus (zust. *Weyand/Diversy* Rdn. 132 S. 146). 12

b) Statt eines Handelns „zugunsten" reicht ein solches mit **Einwilligung** des Schuldners aus. Diese bereits oben Rdn. 4 erwähnte Ausweitung des Tatbestandes der Schuldnerbegünstigung im Verhältnis zu § 242 KO a.F. betrifft schon den objektiven Tatbestand, da die Einwilligung des Schuldners objektiv vorliegen muss; entscheidend für die Strafbarkeit aus § 283d ist aber, dass der Täter in Kenntnis dieser Einwilligung handelt. Liegt die Einwilligung vor, so braucht die Handlung des Täters allerdings nicht mehr zusätzlich auch „zugunsten" des Schuldners zu erfolgen. Nach der Entstehungsgeschichte (oben Rdn. 4) hat das Merkmal des Handelns „mit Einwilligung" des Schuldners vor allem die Funktion, für Grenzbereiche die Ermittlung des schuldnerischen Interesses überflüssig zu machen, sofern der Schuldner ausdrücklich eingewilligt hat. Die uneingeschränkte Aufnahme dieses Merkmals in den gesetzlichen Tatbestand führt freilich zu Konsequenzen, die mit dem Tattypus der „Schuldner"begünstigung kaum noch etwas zu tun haben (vgl. Rdn. 15). 13

Im Einzelnen muss die Einwilligung bereits im Zeitpunkt der Tathandlung vorliegen; sie kann nicht etwa nach Art einer Genehmigung nachträglich erteilt werden.[15] Ein wirksamer Widerruf vor Tatbegehung beseitigt die Einwilligung (*Sch/Schröder/Stree/Heine* 14

---

[15] *Fischer* Rdn. 3; *Kindhäuser* LPK Rdn. 4 und NK Rdn. 4; *Radtke* MK Rdn. 9; *Sch/Schröder/Stree/Heine* Rdn. 3; *Weyand/Diversy* Rdn. 131 S. 145.

Rdn. 3). Deliktische Beeinflussung des Schuldnerwillens, z.B. durch Täuschung oder Zwang, soll die Relevanz der einmal erklärten Einwilligung nach *Stree/Heine* aaO dann nicht beseitigen, wenn der Wille des Erklärenden nicht völlig ausgeschaltet wird und sich auf die vom Täter vorgenommene Handlung erstreckt (ebenso *Weyand/Diversy* Rdn. 131 m.w.N.). Dies erscheint vor allem unter dem Gesichtspunkt der Entstehungsgeschichte des § 283d zweifelhaft; insbesondere in den Fällen des Zerstörens, Beschädigens und Unbrauchbarmachens dürfte bei Erschleichen oder Abnötigung der Einwilligung des Schuldners regelmäßig auch in einem weiteren Sinne kein Handeln zu seinen Gunsten vorliegen. Ebenso wie bei § 303, wo die Einwilligung des Eigentümers allerdings nur die Rechtswidrigkeit der Tathandlung betrifft, dürfte daher auch bei § 283d die Einwilligung entfallen, wenn sie auf Täuschung oder Zwang beruht.

**15** Nach allgemeinen Grundsätzen ist eine ausdrückliche Erklärung der Einwilligung nicht stets erforderlich; vielmehr genügt eine mittelbare oder **konkludent** erklärte Einwilligung des Schuldners (zust. *Sch/Schröder/Stree/Heine* Rdn. 3). Eine konkludente Einwilligung liegt dann vor, wenn das Verhalten des Schuldners nach der Verkehrsauffassung als Einwilligung zu deuten ist (vgl. auch *Tiedemann* NJW **1981** 948). Dies kann z.B. anzunehmen sein, wenn es der Schuldner ersichtlich duldet, dass Gläubiger Vermögensgegenstände vom Betriebsgelände des Schuldners abholen, um sich zu sichern oder zu befriedigen (zust. *Weyand/Diversy* Rdn. 131). In einem solchen Dulden kann je nach den Umständen des Einzelfalles zugleich psychische Beihilfe des Schuldners (durch aktives Tun!) zu der Handlung der Gläubiger liegen. Freilich zeigt dieses Beispiel, dass die Einbeziehung des Handelns „mit Einwilligung" des Schuldners den historischen Typus der „Schuldner"begünstigung verbiegt (vgl. bereits oben Rdn. 4 und 14). – Inwieweit eine **mutmaßliche** Einwilligung des Schuldners Beachtung verdient, braucht nicht näher erklärt zu werden, da sie ein Handeln im Interesse des Schuldners voraussetzt, in einem solchen Fall also ein Handeln „zugunsten" des Schuldners vorliegt.

**16** c) Der **Vorsatz** muss sich auf die Tathandlung und auf das etwaige Vorliegen der Einwilligung erstrecken; insoweit reicht dolus eventualis aus (*Fischer* Rdn. 7; *Sch/Schröder/Stree/Heine* Rdn. 7). Der Täter muss also zumindest billigend in Kauf nehmen, dass der beiseite geschaffte oder zerstörte Vermögensgegenstand im Falle der Eröffnung des Insolvenzverfahrens zur Insolvenzmasse gehören würde (was z.B. bei von Dritten gegebenen Sanierungsmitteln nur ausnahmsweise der Fall ist, *Richter* wistra **1984** 97 f); ein Irrtum hierüber würde nach § 16 den Vorsatz entfallen lassen.[16] Tatbestandsirrtum ist auch die irrige Annahme des Täters, der von ihm beiseite geschaffte Vermögensbestandteil werde einem Gläubiger des Schuldners zugewendet (*Sch/Schröder/Stree/Heine* Rdn. 7; vgl. oben Rdn. 4).

**17** Soweit es um die **Krisensituation** und ihre zeitliche sowie sachliche Form geht, reicht für Nr. 2 (Zahlungseinstellung, Insolvenzverfahren) dolus eventualis aus, da die Krise hier durch äußere Akte verlautbart worden ist.[17] Für Nr. 1 ist dagegen sicheres Wissen des Täters vom Drohen oder Vorliegen der Zahlungsunfähigkeit erforderlich.[18] Ein Irr-

---

[16] *Schäfer* LK[8] § 242 KO Anm. IV; *Radtke* MK Rdn. 16; *Sch/Schröder/Stree/Heine* Rdn. 7.

[17] *Bieneck* in Müller-Gugenberger § 68; *Fischer* Rdn. 7; *Kindhäuser* LPK Rdn. 7; *Otto* BT § 61, 119; *Sch/Schröder/Stree/Heine* Rdn. 8; *Weyand/Diversy* Rdn. 135 S. 147; **aA** *Dreiss/Eitel-Dreiss* S. 190.

[18] Amtl. Begr. BTDrucks. 7/3441 S. 39; *Bieneck* aaO; *Fischer* aaO; *Lackner/Kühl* Rdn. 4; *Otto* aaO; *Sch/Schröder/Stree/Heine* aaO; *Weyand/Diversy* aaO.

tum darüber, ob die Zahlungsunfähigkeit nur droht oder schon vorliegt, wäre unbeachtlich (zust. *Sch/Schröder/Stree/Heine* Rdn. 8). Dasselbe gilt für Irrtümer über das zeitliche Stadium eines Insolvenzverfahrens, sofern nur objektiv und in der Tätervorstellung einer der Fälle von Nr. 2 vorliegt. Weiß der Täter dagegen von der Einleitung eines Insolvenzverfahrens nichts, so ist er nur bei sicherer Kenntnis von der drohenden oder eingetretenen Zahlungsunfähigkeit strafbar (zust. *Sch/Schröder/Stree/Heine* aaO). Die irrige Annahme, ein Insolvenzverfahren sei bereits eingeleitet, kann als solche allenfalls einen Versuch nach Absatz 2 begründen, es sei denn, der Täter hat sichere Kenntnis vom Vorliegen oder Drohen der Zahlungsunfähigkeit. – Demgegenüber ist das Wissen um das Vorliegen der objektiven Strafbarkeitsbedingung (Absatz 4) nach allgemeinen Grundsätzen unerheblich. Da sich die einzelnen Formen dieser Strafbarkeitsbedingung allerdings zeitlich und sachlich teilweise mit Nr. 2 decken, dürften bei § 283d seltener als bei §§ 283, 283b, 283c Schuldprobleme in Bezug auf die Strafbarkeitsbedingung auftreten.

### 3. Anforderungen einer ordnungsgemäßen Wirtschaft, Rechtswidrigkeit und Zusammenhang mit der Strafbarkeitsbedingung

a) Während die Einhaltung der Anforderungen einer ordnungsgemäßen Wirtschaft bereits den Tatbestand des § 283 Abs. 1 Nr. 1 (vgl. dort Rdn. 27) und entsprechend auch den des § 283d entfallen lässt, entsteht für die Schuldnerbegünstigung angesichts der zeitlichen und sachlichen Krisenbeschreibung in Nr. 2 die Frage, welche Rechtswirkungen die **Genehmigung** des gerichtlich bestellten **Insolvenzverwalters** entfaltet. Dabei geht es hier nicht so sehr um die Genehmigung von Rechtsgeschäften als vielmehr allgemein um die Wahrnehmung von Amtsbefugnissen: Der Insolvenzverwalter in einem staatlichen Verfahren unter der Aufsicht des Gerichts (§ 58 InsO) hat eine Amtsstellung (vgl. zum Recht der KO *Baumann* Konkurs §§ 8 II 2b, 16 I 3b Fn. 50). Diese Stellung verleiht ihm eine gewisse Dispositionsbefugnis auch über die Gläubigerinteressen, deren Befriedigung das Verfahren dient. Eine nach pflichtgemäßem Ermessen, insbesondere aufgrund sachkundiger Prüfung erteilte Genehmigung des Insolvenzverwalters rechtfertigt daher insbesondere das Zerstören von Vermögensbestandteilen (z.B. zwecks Erneuerung des Anlagevermögens) auch in denjenigen – seltenen – Fällen, in denen die Genehmigung nicht bereits durch die Anforderungen einer ordnungsgemäßen Wirtschaft (dazu Rdn. 102 Vor § 283) gedeckt ist (*Dreiss/Eitel-Dreiss* S. 188). Zutreffend weist aber nach neuem Recht *Bittmann* (§ 22 Fn. 15) darauf hin, dass der Insolvenzverwalter selbst an diese Anforderungen gebunden ist (und Täter des § 283d sein kann, oben Rdn. 5). Die InsO hat die Stellung der Gläubiger gegenüber dem Insolvenzverwalter deutlich gestärkt (*Gerhardt* in Jaeger § 56 Rdn. 23 mit Nachw.). Ermessenswidrig wäre z.B. regelmäßig die vom Insolvenzverwalter erteilte Genehmigung des Verkaufes von Vermögensgegenständen an ein Unternehmen, das dem Insolvenzverwalter gehört. **18**

b) Ebenso wie bei § 283 Abs. 1 Nr. 1 ist auch für § 283d **kein Kausalzusammenhang** zwischen der Begünstigungshandlung und dem Eintritt der Strafbarkeitsbedingung nach Absatz 4, also dem endgültigen Zusammenbruch des schuldnerischen Unternehmens, erforderlich. Die amtl. Begr. sieht als rechtsstaatliches Mittel zwecks Herstellung eines inneren Zusammenhanges zwischen der Begünstigungshandlung und der von ihr verursachten Gefährdung vor allem die Einschränkung und teilweise Formalisierung der Krisensituation sowie das Erfordernis eines Vorsatzbezuges an (BTDrucks. 7/3441 S. 39). Jedoch muss auch hier zusätzlich beachtlich sein, was in Rdn. 168 Vor § 283 näher dargelegt wurde: Bei Ausschluss jeden Zusammenhanges zwischen Krise, Tathandlung und Strafbarkeitsbedingung – insbesondere also bei Sanierung des Schuldners nach drohender **19**

Zahlungsunfähigkeit und späterem Zusammenbruch aus anderen Gründen – entfällt das Strafbedürfnis und mit ihm die Strafbarkeit.

## IV. Versuch (Absatz 2)

**20** Die von Absatz 2 angeordnete Strafbarkeit des Versuchs entspricht § 283 Abs. 3. Es kann daher auf die Ausführungen Rdn. 197 ff zu § 283 verwiesen werden; diese Ausführungen gelten, soweit sie sich auf § 283 Abs. 1 Nr. 1 beziehen, hier sinngemäß. Jedoch muss zusätzlich jedenfalls im Zeitpunkt des Ansetzens zur Tatbestandsverwirklichung (§ 22) die Begünstigungsabsicht des Täters oder die – ihm bekannte – Einwilligung des Schuldners vorliegen. Ein unmittelbares **Ansetzen** zur Tatbestandsverwirklichung, also der Beginn der Tathandlung, ist insbesondere in solchen Akten zu sehen, die das Beiseiteschaffen oder Verheimlichen, Zerstören oder Beschädigen usw. einleiten, aber vor Eintritt dieses Effektes noch rechtzeitig entdeckt werden (*Klug* Konkurs-Strafrecht § 242 KO Rdn. 12). Dagegen ist die bloße Anfrage an den Schuldner, ob er mit der vom Täter geplanten Handlung einverstanden ist, grundsätzlich nur straflose Vorbereitung.

**21** Strafbar ist auch bei § 283d der **untaugliche Versuch** durch irrige Annahme von Tatbestandsmerkmalen, die in Wirklichkeit nicht vorliegen. Insoweit wurde bereits oben Rdn. 16 auf die Fallkonstellation hingewiesen, dass der Täter zu Unrecht von der Zugehörigkeit von (Sanierungs-)Mitteln zur (potentiellen) Insolvenzmasse ausgeht oder irrig meint, der Empfänger des beiseite geschafften Vermögenswertes sei ein Gläubiger des durch diese Handlung begünstigten Schuldners. Da § 283d kein Sonderdelikt ist (oben Rdn. 5), bestehen hier – anders als bei §§ 283, 283c – auch keine Bedenken gegen die Strafbarkeit wegen untauglichen Versuchs, wenn der Täter irrig annimmt, der Schuldner befinde sich in einer Krise i.S.d. Absatzes 1 Nr. 1 oder Nr. 2 bzw. gegen ihn sei ein Insolvenzverfahren i.S.d. Nr. 2 eingeleitet (*Sch/Schröder/Stree/Heine* Rdn. 11). Auch die Fehlvorstellung des Täters, der Schuldner habe in die Handlung eingewilligt, führt zur Versuchsstrafbarkeit (*Sch/Schröder/Stree/Heine* aaO), sofern der Täter zum Beiseiteschaffen usw. ansetzt.

**22** Zu beachten ist, dass auch der Versuch der Schuldnerbegünstigung nach Absatz 4 nur strafbar ist, wenn der Schuldner seine Zahlungen eingestellt hat oder über sein Vermögen das Insolvenzverfahren eröffnet oder der Eröffnungsantrag mangels Masse abgewiesen worden ist. Zu dem Problem des Zusammenhanges der Versuchshandlung mit dieser **objektiven Strafbarkeitsbedingung** vgl. § 283 Rdn. 197.

## V. Beteiligung mehrerer

**23** 1. Da § 283d kein Sonderdelikt darstellt, kann mit Ausnahme des Schuldners jedermann **Täter, Mittäter** oder **mittelbarer Täter** sein (vgl. bereits Rdn. 5). Die Abgrenzung der Täterschaftsformen untereinander sowie ihre Abgrenzung von Anstiftung und Beihilfe richten sich nach allgemeinen Grundsätzen (§§ 25 ff). Danach begründet die eigenhändige Tatausführung in der von § 283d geforderten Absicht der Begünstigung des Schuldners bzw. in Kenntnis von seiner Einwilligung grundsätzlich Täterschaft, bei arbeitsteiligem Zusammenwirken mehrerer Mittäterschaft (§ 25 Abs. 2). Bedient sich der Täter zur Tatausführung einer vorgeschobenen bösgläubigen Person, die selbst ohne Begünstigungsabsicht handelt und auch die Einwilligung des Schuldners nicht kennt (!), so liegt mittelbare Täterschaft des Veranlassers und Gehilfenschaft der absichtslos handelnden beteiligten Person vor (*Schaefer* LK[8] § 242 KO Anm. V). Für den Anstifter oder

Gehilfen, dem die Begünstigungsabsicht fehlt (und der das Vorliegen der Einwilligung des Schuldners nicht kennt), ist die Strafe nach § 28 Abs. 1 zu mildern, da und soweit die Begünstigungsabsicht als besonderes persönliches Merkmal angesehen wird (**aA** *Sch/Schröder/Stree/Heine* Rdn. 12).

2. Auch der **Schuldner** kann Anstifter oder Gehilfe zu der Tat nach § 283d sein (vgl. bereits Rdn. 15 a.E.). Er ist nach ganz h.M. nicht etwa wegen notwendiger Teilnahme straffrei,[19] da § 283d eine Mitwirkung des Schuldners weder zwingend noch auch nur für den Regelfall voraussetzt. Zwar wirkt der Schuldner bei Erteilung seiner Einwilligung unmittelbar – und insoweit notwendigerweise – an der Verwirklichung des § 283d mit. Diese Mitwirkung durch Erteilung der Einwilligung ist aber für den Täter des § 283d keineswegs notwendig, da er den Tatbestand auch ohne diese Mitwirkungshandlung verwirklichen kann, indem er „zugunsten" des Schuldners handelt. Auch wurde für die Fallgestaltung der Erteilung einer Einwilligung bereits oben Rdn. 4 darauf hingewiesen, dass der Schuldner hier jedenfalls bei Veranlassung der Tat durch ihn selbst kraft normativer oder sozialer Tatherrschaft regelmäßig zum Täter nach § 283 Abs. 1 Nr. 1 wird (vgl. dazu *K. Schäfer* LK[10] § 288 Rdn. 29 mit Nachw.). Eine weitergehende, auf die Sonderpflicht des Schuldners gestützte Unterlassungstäterschaft kann dagegen entgegen *Sch/Schröder/Stree/Heine* (Rdn. 12) nicht angenommen werden (vgl. § 283 Rdn. 37). Ist der Schuldner infolge Veranlassung der Begünstigungshandlung (Begehungs-)Täter nach § 283 Abs. 1 Nr. 1, so wird der Dritte regelmäßig Mittäter nach § 283d sein. Hinter dieser Täterschaft des Schuldners nach § 283 tritt seine Beteiligung an § 283d zurück (*Arzt/Weber* BT § 16, 64; *Radtke* MK Rdn. 23). Ist der Schuldner dagegen ausnahmsweise nur wegen Anstiftung oder Beihilfe zu § 283d strafbar, so kommt nicht etwa deshalb eine Strafmilderung für ihn in Betracht, weil ihm in technischem Sinne die Begünstigungsabsicht fehlt. Vielmehr ist § 28 Abs. 1 nach seinem Grundgedanken nicht anwendbar, da auch die Verselbständigung des § 283d nicht darüber hinwegtäuschen kann, dass der an der Verwirklichung des § 283d mitwirkende Schuldner zum Zwecke seiner eigenen Begünstigung handelt (zust. *Radtke* MK Rdn. 21). **24**

## VI. Besonders schwere Fälle (Absatz 3)

Die Regelung der besonders schweren Fälle einschließlich der Regel-Beispiele in Absatz 3 entspricht wörtlich dem § 283a mit der einzigen Ausnahme, dass die verlustbedrohten Vermögenswerte bei § 283d nicht dem Täter, sondern dem Schuldner anvertraut worden sein müssen. Für die Erläuterung kann daher auf Rdn. 3 ff zu § 283a verwiesen werden. Hervorhebung verdient lediglich, dass im Falle der Nr. 1 eigene Gewinnsucht des Täters (nicht des Schuldners!) vorliegen und dass der Täter bei Nr. 2 den Eintritt der Verlustgefahr bzw. der wirtschaftlichen Notlage vieler Personen als sicher voraussehen muss. **25**

---

[19] *Fischer* Rdn. 2; *Hoyer* SK Rdn. 10; *Kindhäuser* LPK Rdn. 8; *Klug* Konkurs-Strafrecht § 242 KO Rdn. 12; *Lackner/Kühl* Rdn. 5; *Maurach/Schroeder/Maiwald* BT 1 § 48, 42; *Radtke* MK Rdn. 20; *Sch/Schröder/Stree/Heine* Rdn. 12; *Wessels/Hillenkamp* BT 2 Rdn. 487.

## VII. Konkurrenzen

26 **1. Im Verhältnis** des § 283d **zu § 283 Abs. 1** Nr. 1 und zu § 283c besteht Exklusivität in dem Sinne, dass sich die Anwendung von § 283d neben § 283 Abs. 1 Nr. 1 oder neben § 283c verbietet. Dies ist freilich kein Konkurrenz-, sondern ein Tatbestandsproblem. Bei § 283 handelt nämlich der Schuldner, bei § 283d ein Dritter; die (inkongruente) Leistungserbringung an einen Gläubiger stellt von vornherein kein Beiseiteschaffen nach § 283d dar (oben Rdn. 4). Dagegen besteht **keine Sperrwirkung** des § 283d für den Rückgriff auf die strafbare Beteiligung an der Tat des Schuldners nach § 283, wenn für den Dritten die täterschaftlichen Voraussetzungen des § 283d nicht vorliegen oder nicht beweisbar sind (zust. *Radtke* MK Rdn. 23 m.w.N.). Aber auch im Übrigen, also bei täterschaftlicher Verwirklichung des § 283d durch den Dritten, besteht keine Exklusivität des § 283d. Vielmehr kann die Tat nach § 283d **zugleich** eine **Teilnahme an der Bankrotthandlung** des Schuldners nach § 283 darstellen. Handelt es sich allerdings um eine Teilnahme an der Handlung nach § 283 Abs. 1 Nr. 1, so tritt diese hinter der täterschaftlichen Begehung der Schuldnerbegünstigung zurück,[20] da der Unwert der Beihilfe zu § 283 mit der täterschaftlich begangenen Tat nach § 283d identisch ist bzw. nach § 28 Abs. 1 sogar gemildert erscheinen kann. Wegen der identischen Strafrahmen von § 283 und § 283d würde die zusätzliche Verurteilung wegen Teilnahme an § 283 nicht ins Gewicht fallen. Dagegen behält die Teilnahme an einer anderen Bankrotthandlung des Schuldners als der nach § 283 Abs. 1 Nr. 1 neben der Täterschaft nach § 283d selbständige Bedeutung (BGH 1 StR 1/58 v. 22.5.1958 bei *Fischer* Rdn. 2; *Sch/Schröder/Stree/Heine* Rdn. 15).

27 **2. Innerhalb des § 283d** werden mehrere Begünstigungshandlungen durch den Eintritt der objektiven Strafbarkeitsbedingung nach Absatz 4 nicht etwa zu einer Tateinheit verbunden; sie stehen vielmehr regelmäßig im Verhältnis der Tatmehrheit (§ 53).[21] Dies ist unstreitig und wurde bereits vom RG – entgegen seiner sonstigen Rechtsprechung – mit der Begründung angenommen, dass zwar für den Gemeinschuldner „alle seine verschiedenen vom Recht missbilligten Machenschaften nur seinen *einen* Konkurs zum Bankrott machen", dagegen der Dritte in Bezug auf „einen fremden wirtschaftlichen Zusammenbruch" handelt (RGSt **66** 268, 269). Nur eine Tat liegt dagegen vor, wenn der Täter sowohl mit Einwilligung als auch zugunsten des Schuldners handelt (zust. *Fischer* Rdn. 12; ebenso *Radtke* MK Rdn. 24). Bleibt offen, welche dieser Modalitäten gegeben ist, so ist angesichts ihrer weitgehenden rechtlichen und psychologischen Gleichwertigkeit *Wahlfeststellung* möglich (zust. *Fischer* aaO und *Radtke* aaO m.w.N.). Zu dem Verhältnis von Nr. 1 und Nr. 2 innerhalb des Absatzes 1 kann entgegen *Fischer* (aaO) nicht allgemein davon gesprochen werden, dass sich beide Alternativen schlechthin ausschließen. Zwar schließt das Vorliegen einer nur drohenden Zahlungsunfähigkeit begrifflich (und tatbestandlich) die Annahme einer Zahlungseinstellung aus. Dasselbe gilt aber nicht für das Verhältnis der nach Nr. 1 eingetretenen Zahlungsunfähigkeit (oben Rdn. 7) zur Zahlungseinstellung und auch nicht für das Verhältnis nur drohender Zahlungsunfähig-

---

20 *Fischer* Rdn. 2; *Hoyer* SK Rdn. 11; *Kindhäuser* LPK Rdn. 9; *Lackner/Kühl* Rdn. 7; *Maurach/Schroeder/Maiwald* BT 1 § 48, 43; *Radtke* MK Rdn. 23; *Sch/Schröder/Stree/Heine* Rdn. 15; *Wessels/Hillenkamp* BT 2 § 12, 487.

21 *Fischer* Rdn. 12; *Klug* Konkurs-Strafrecht § 242 Rdn. 13; *Lackner/Kühl* aaO; *Radtke* MK Rdn. 24; *Sch/Schröder/Stree/Heine* Rdn. 14.

keit zu den Insolvenzverfahren nach Nr. 2 (z.B. bei Überschuldung einer GmbH). Jedenfalls handelt es sich um ein Problem der Tatbestandsauslegung, nicht der Konkurrenzen.

3. **Im Verhältnis zu anderen Tatbeständen** außerhalb des Insolvenzstrafrechts ist Tateinheit insbesondere mit Begünstigung (§ 257) möglich,[22] z.B. bei dem Verheimlichen oder Beiseiteschaffen von Vermögensgegenständen, die der Schuldner durch Betrug oder Unterschlagung erlangt hat. Tateinheit kann auch im Verhältnis zu Betrug (§ 263)[23] und Untreue (Insolvenzverwalter!)[24] vorliegen. Mit einer Beihilfe zur Vollstreckungsvereitelung (§ 288) ist Tateinheit gegeben (zust. *Fischer* Rdn. 12 und *Radtke* MK Rdn. 25), wenn der Täter durch dieselbe Handlung Vorbehalts- und Sicherungseigentum von Gläubigern auf Veranlassung des Schuldners beiseite schafft; da fremdes Vorbehaltseigentum nicht zur Insolvenzmasse zählt, kommt insoweit kein Insolvenzdelikt, wohl aber § 288 in Betracht, wenn z.B. der Herausgabeanspruch des Vorbehaltsgläubigers tituliert ist (*K. Schäfer* LK[10] § 288 Rdn. 12). 28

---

22 RG Rspr. 9 684, 685; *Kindhäuser* NK Rdn. 14; *Lackner/Kühl* Rdn. 7; *Radtke* MK Rdn. 25; *Sch/Schröder/Stree/Heine* Rdn. 16.

23 *Lackner/Kühl* aaO; *Radtke* aaO.

24 *Klug* Konkurs-Strafrecht § 242 Rdn. 13; *Radtke* aaO.

# Sachregister

Die fetten Zahlen verweisen auf die Paragraphen, die mageren auf die Randnummern.